Handbuch Föderalismus – Föderalismus als
demokratische Rechtsordnung und Rechtskultur
in Deutschland, Europa und der Welt

Ines Härtel
(Hrsg.)

Handbuch Föderalismus – Föderalismus als demokratische Rechtsordnung und Rechtskultur in Deutschland, Europa und der Welt

Band I

Grundlagen des Föderalismus und der deutsche Bundesstaat

Band II

Probleme, Reformen, Perspektiven des deutschen Föderalismus

Band III

Entfaltungsbereiche des Föderalismus

Band IV

Föderalismus in Europa und der Welt

Ines Härtel
(Hrsg.)

Handbuch Föderalismus – Föderalismus als demokratische Rechtsordnung und Rechtskultur in Deutschland, Europa und der Welt

Band I: Grundlagen des Föderalismus und der deutsche Bundesstaat

Herausgeberin
Professor Dr. Ines Härtel
Lehrstuhl für Öffentliches Recht,
Verwaltungs-, Europa-, Agrar- und Umweltrecht
Direktorin des Instituts für Berg- und Energierecht
Juristische Fakultät
Ruhr-Universität Bochum
Universitätsstr. 150
44801 Bochum
Deutschland
LS-Haertel@rub.dc

Zitiervorschlag:
z.B.: Papier, Steuerungsprobleme und die Modernisierung bundesstaatlicher Ordnung, in: Härtel (Hrsg.), Handbuch Föderalismus – Föderalismus als demokratische Rechtsordnung und Rechtskultur in Deutschland, Europa und der Welt, Bd. I, 2012, §15 Rn. 1 ff.

Die Fritz Thyssen Stiftung für Wissenschaftsförderung, Köln, hat dankenswerter Weise einen Teil des Gesamtwerkes mit einem Zuschuss unterstützt.

ISBN 978-3-642-01572-4   ISBN 978-3-642-01573-1 (e-Book)
DOI 10.1007/978-3-642-01573-1
Springer Heidelberg Dordrecht London New York

Die Deutsche Nationalbibliothek verzeichnet diese Publikation in der Deutschen Nationalbibliografie; detaillierte bibliografische Daten sind im Internet über http://dnb.d-nb.de abrufbar.

© Springer-Verlag Berlin Heidelberg 2012
Dieses Werk ist urheberrechtlich geschützt. Die dadurch begründeten Rechte, insbesondere die der Übersetzung, des Nachdrucks, des Vortrags, der Entnahme von Abbildungen und Tabellen, der Funksendung, der Mikroverfilmung oder der Vervielfältigung auf anderen Wegen und der Speicherung in Datenverarbeitungsanlagen, bleiben, auch bei nur auszugsweiser Verwertung, vorbehalten. Eine Vervielfältigung dieses Werkes oder von Teilen dieses Werkes ist auch im Einzelfall nur in den Grenzen der gesetzlichen Bestimmungen des Urheberrechtsgesetzes der Bundesrepublik Deutschland vom 9. September 1965 in der jeweils geltenden Fassung zulässig. Sie ist grundsätzlich vergütungspflichtig. Zuwiderhandlungen unterliegen den Strafbestimmungen des Urheberrechtsgesetzes.
Die Wiedergabe von Gebrauchsnamen, Handelsnamen, Warenbezeichnungen usw. in diesem Werk berechtigt auch ohne besondere Kennzeichnung nicht zu der Annahme, dass solche Namen im Sinne der Warenzeichen- und Markenschutz-Gesetzgebung als frei zu betrachten wären und daher von jedermann benutzt werden dürften.

Einbandentwurf: WMXDesign GmbH, Heidelberg

Gedruckt auf säurefreiem Papier

Springer ist Teil der Fachverlagsgruppe Springer Science+Business Media (www.springer.com)

Vorwort

Föderalismus ist eine Geisteshaltung, ein normatives Konzept und ein reales Strukturprinzip von Territorialstaaten. Historisch wirkungsmächtig hat er in allen drei Bezügen eine lange, wechselvolle Tradition. Der Föderalismus wendet sich gegen starken Zentralismus und öffnet den „kleineren Einheiten" eine gesicherte Basis für eigenständige Entwicklungs-, Wirkungs- und Einflussmöglichkeiten. Es wäre allerdings verfehlt, wenn man hier ausschließlich an Über- und Unterordnungsverhältnisse denkt. Auch wenn wohl immer Machtungleichgewichte zu verzeichnen waren, gilt doch im Prinzip das durch Eigenständigkeit begründete Wirken „auf Augenhöhe". Diesem dienen vor allem die Institutionalisierung und entsprechende Beteiligungsregularien sowie Mitbestimmungsverfahren, die jeweils durch die zeitgeschichtlichen Konstellationen geprägt wurden.

Die historischen Erscheinungsformen föderaler Strukturen sind in den verschiedenen Territorien im europäischen wie weltbezogenen Kontext je nach politischer, wirtschaftlicher, kultureller Entwicklung und dann wieder differenziert in den jeweiligen Zeitepochen höchst unterschiedlich konturiert. Die Föderalismuswelt war und ist insgesamt äußerst vielfältig. Das zeichnet sie neben den Aspekten räumlicher Freiheitssicherung und Kreativitätsförderung besonders aus. Denn so werden nicht nur den Bürgerinnen und Bürgern eines Gemeinwesens politisch, rechtlich und kulturell entgegenkommende Strukturen geschaffen, sondern auch in der Vielfalt von Problemlösungsmöglichkeiten gegenseitiges Lernen besser ermöglicht.

Einen eigenständigen und höchst interessanten Weg hat auch Deutschland zu verzeichnen. Präföderale Formen haben sich frühzeitig im Mittelalter im Alten Reich entwickelt und ab dem 15. Jahrhundert in der Neuzeit, als sich für das Heilige Römische Reich der Zusatz „Deutscher Nation" einbürgerte, weiter ausgeprägt. Später im 19. Jahrhundert spielen dann die Diskussionen um den deutschen Nationalstaat, um Staatenbund oder Bundesstaat eine entscheidende Rolle für die weitere Ausgestaltung. Die große Anzahl von Fürstenstaaten, die Auseinandersetzungen um Monarchie und Demokratie, Bundesstaat oder Staatenbund, groß- oder kleindeutsche Lösungen sowie die Reformbestrebungen hinsichtlich einer verfassungsmäßigen Ausgestaltung (Konstitutionalismus) haben Auswirkungen auf föderale Institutionenbildung wie die damit verbundenen Ziele und Interessen gehabt.

Insbesondere seit der großen Wende zum freiheitlichen, demokratischen Föderalismus ist dieser in Deutschland mit der Weimarer Republik 1918/1919 und dann vor allem nach 1949 (und 1989/1990) in der Bundesrepublik Deutschland als Bundesstaat zu einem konstitutiven Verfassungsprinzip geworden, das mit Rechtsstaat, Sozialstaat und (parlamentarischer) Demokratie eng verflochten ist. Das Verhältnis von Bund und Ländern machte eine verfassungsrechtlich abgesicherte Kompetenzabgrenzung notwendig, die allerdings angesichts sich dynamisch wandelnder Verhältnisse und Problemlagen von Zeit zu Zeit der Überprüfung und Erneuerung bedarf. Als administrativer Verbundföderalismus auf Kooperation angelegt ist der deutsche Bundesstaat doch zugleich auch Teil der vertikalen Gewaltenteilung, die wiederum Ausdruck der Kontrolle demokratisch verliehener Herrschaft ist.

Das gesamte Erscheinungsbild des älteren wie des neueren, demokratischen Föderalismus bietet ein spannungsreiches Vexierbild, das je nach Perspektive und Ansatz unterschiedliche Aspekte zu Tage treten lässt. Das zeigt sich in den verschiedenartigen Spannungsfeldern wie beispielsweise den von geglückten oder defekten Bundesstaaten, kooperativem oder wettbewerblichem Föderalismus, unitarischen oder lose verkoppelten Föderalstrukturen, hoheitlichem oder nichthoheitlichem Föderalismus oder dem solidarisch-föderalem Politikbetrieb gegenüber dem Parteienwettbewerb in Hinblick auf „Divided Government". Spannungsmomente finden sich auch im verschränkten Mehrebenensystem der föderalen Europäischen Union oder in der Suche nach föderalen Perspektiven voranschreitender Globalisierung und beginnender Weltgesellschaft.

Der Föderalismus war stets Gegenstand wissenschaftlicher Klärung und Reflexion. Die historische Wissenschaft und das Allgemeine Staatsrecht, später auch die Politikwissenschaft und jüngst die Wirtschaftswissenschaft haben immer wieder auf unterschiedliche Weise das Verständnis von Föderalismus im Allgemeinen wie dem Bundesstaat im Besonderen geprägt. Die gewonnenen Erkenntnisse, Einsichten und Anfragen haben dabei für positive Entwicklungen wie Probleme sensibilisiert. Eine einheitliche Föderalismustheorie gibt es nicht, wohl aber eine der hoch dimensionierten Komplexität des wissenschaftlichen Objektes „Föderalismus" adäquate Vielfalt theoretischer Zugänge, Analysen und Reflexionen. Das gilt innerhalb eines Wissenschaftsfaches ebenso wie zwischen den unterschiedlichen Wissenschaftsgebieten. Gerade bei einer fachübergreifenden Querschnittsmaterie wie die des Föderalismus muss die Pluralität und damit Offenheit der wissenschaftlichen – theoretischen wie empirischen – Zugänge eine ‚conditio sine qua non' sein. Der aktuelle wissenschaftliche Pluralismus föderaler Theorien, Zugänge und Diskurse mit ihren jeweiligen normativen Grundlagen, Erfahrungsbezügen, Differenzierungen, Spezifizierungen und Weiterentwicklungen wird auch künftig das normale Erscheinungsbild darstellen. Zugangsoffenheit und Interdisziplinarität einschließlich der damit verbundenen Herausforderung an gewohnte Sichtweisen bedeuten aber letztlich einen Zugewinn an Erkenntnis für alle beteiligten Fachgebiete.

Ausgehend von dem verfassungs- und staatsrechtlichen Blickwinkel liegt deshalb den Beiträgen des „Handbuch Föderalismus" ein pluralistischer, multidisziplinärer Ansatz zugrunde. Dieser spiegelt die Vielschichtigkeit, Kohärenz und hohe Komplexität des modernen Föderalismus auf nationalstaatlicher, europäischer und globaler

Ebene wider. Über ein enges Föderalismusverständnis, das sich auf den Bundesstaat konzentriert, hinaus wird hier von einem weiter gefassten Föderalismusverständnis ausgegangen, in dessen Rahmen unterschiedliche Ansätze von Autoren und Disziplinen Platz finden. Die wissenschaftstheoretisch fundierte Pluralität der Zugangswege und Zugangsweisen ermöglicht Wissen, Einsicht, neue Fragestellungen und gedankliche Weiterführung. Information und Argumentation, Reflexion und Diskurs müssen Hand in Hand gehen. Das ist gerade notwendig bei einem so heterogenen wissenschaftlichen Gegenstand wie dem des Föderalismus. Denn dieser stellt sich auf der Ebene des Nationalstaates, der Ebene der Europäischen Union und auf der Weltebene in jeweils anderen Problembezügen dar und ist so zu einer Herausforderung für wissenschaftliche Analyse, Durchdringung, Reflexion und Fortentwicklung geworden. Gerade die gegenseitige Kenntnisnahme der disziplinären Ansätze, Sichtweisen und Argumentationen im interdisziplinären Dialog, der bekanntermaßen bisher sehr unterschiedlich verlief, konturiert die jeweiligen Stärken einer Fachdisziplin. Diese können dann eingebracht werden in das interdisziplinäre Erkenntnisinteresse der Grundlagen, Ausprägungen, Spezifika und Besonderheiten föderaler Strukturen und Entwicklungswege. Das gemeinsame Gespräch der verschiedenen Disziplinen bleibt gerade beim Föderalismus notwendig.

Die Rechtswissenschaften bilden den Ausgangspunkt der hier versammelten Föderalismusstudien. Um die Informations-, Erkenntnis- und Wissensbestände anderer Disziplinen zu erschließen sowie die angesprochenen interdisziplinären Diskurse und gegenseitigen Anregungen besser zu ermöglichen, wurden theoretisch wie empirisch angeleitete Analysen, Betrachtungsweisen, Zugänge und Reflexionswege von Geschichts-, Politik-, Wirtschafts-, Erziehungs-, Medien- und Kulturwissenschaft sowie der Philosophie aufgenommen. Diese wurden durch erfahrungsbezogene Analysen aus der lebensweltlichen Praxis von Persönlichkeiten des öffentlichen Lebens und als Vertreter von Institutionen erweitert. Dabei zeigt sich stets: Der Föderalismus war, ist und bleibt von differenzierter, komplexer, vielgestaltiger Natur.

Das „Handbuch Föderalismus – Föderalismus als demokratische Rechtsordnung und Rechtskultur in Deutschland, Europa und der Welt" will aus unterschiedlicher Perspektive informieren, Wissen zusammentragen, Probleme beschreiben, Lösungsmöglichkeiten erörtern, neue Entwicklungen aufzeigen. Es umfasst mit seinen jeweiligen thematischen Bezügen den diskursiven Raum eines hier semantisch breit verstandenen Föderalismus. Es ist in vier Bände mit jeweiligem Schwerpunkt gegliedert, eingefasst durch einen Prolog und einen Epilog. Der Band I widmet sich den „Grundlagen des Föderalismus und dem deutschen Bundesstaat", Band II untersucht die „Probleme, Reformen und Perspektiven des deutschen Föderalismus", Band III erörtert die verschiedenen „Entfaltungsbereiche des Föderalismus", und Band IV thematisiert den „Föderalismus in Europa und der Welt". Zusammengenommen ergeben die Beiträge zwar kein absolutes, insgesamt aber doch ein umfassendes, grundlegendes, differenziertes, vielfältiges und facettenreiches Bild eines dynamischen Föderalismus, der in Vergangenheit wie Gegenwart große Prägekraft entfaltet und auch in der Zukunft bestimmend sein wird. Über ihn nachzudenken und zu diskutieren lohnt sich mehr denn je. Dazu wollen die Autoren und die Herausgeberin mit ihren Beiträgen anregen und Interesse wecken. Dieses bezieht sich sowohl auf die disziplinären wie interdisziplinären Diskursräume der beteiligten Wissenschaften als auch auf die der öffentlichen Meinungs- und Urteilsbildung.

Der erste Band widmet sich den rechtlichen, historischen, philosophischen, politischen und ökonomischen Grundlagen des Föderalismus. Staatstheoretische und historische Bezüge sind darin ebenso einbeschlossen wie die philosophische, politikwissenschaftliche und wirtschaftswissenschaftliche Dimension föderaler Entwicklungen. Damit verknüpft sind auch Grundsatzfragen und Bezüge zur Rechtskultur, Regionalismus, Wettbewerb und Governance. Des Weiteren wird der staatszentrierte Föderalismus in der Bundesrepublik Deutschland in seinen bundesstaatlichen Grundlagen wie auch problembezogenen Ausformungen untersucht. Dazu gehören die Rolle von Zweiten Kammern, speziell die Sondersituation des Bundesrates und seine Mitwirkungsmöglichkeiten an der bundesdeutschen Gesetzgebung, die Abweichungsgesetzgebung als neues Kompetenzverteilungsinstrument, die Bundestreue, die grundsätzliche Steuerungs- und Modernisierungsproblematik und die Rechtsprechung des Bundesverfassungsgerichts zum Bundesstaat. Abgerundet wird der Band mit dem föderalen Blick auf Bundestag und Länderparlamente mit ihren jeweiligen Aufgaben und Ansprüchen.

Der zweite Band ist orientiert an den Problemen, Reformen und Perspektiven des bundesdeutschen Föderalismus. So geht es um die Darstellung der Strukturen wie Reformbestrebungen beispielsweise im Bereich der Verwaltungskompetenzen und der Verwaltungsmodernisierung oder des Finanzföderalismus einschließlich der Probleme der Staatsverschuldung und der Steuern, der Gemeinschaftsaufgaben, der Bund-Länder-Finanzbeziehungen und des Finanzausgleichs sowie der Haftung zwischen Bund und Ländern. Ebenso werden Rechts- und Politikverflechtung einschließlich möglicher Strukturbrüche und Verflechtungsfallen, föderaler Wettbewerb, Standortpolitik und Innovation, die föderalen Bedarfs- und Entwicklungsnotwendigkeiten von Städten, Kreisen und Gemeinden sowie Fragen direkter Demokratie thematisiert. Die beiden großen Reformen zur Modernisierung der bundesstaatlichen Ordnung gemäß den Vorschlägen der Föderalismuskommissionen I und II werden erläutert, und auch die immer wiederkehrende Frage nach Länderneugliederungen wird mitbedacht. Schließlich wird nach föderalen Weiterentwicklungen jenseits tradierter bundesstaatlicher Verwaltungsstrukturen gefragt und die Diskussion um die Entfaltung eines nichthoheitlichen Föderalismus am Beispiel metropolitaner wie regionaler Governance (Metropolregionen, „Regionen aktiv") und föderaler Mehrebenenvernetzung (am Beispiel ELER) aufgenommen.

Im dritten Band stehen die einzelnen Rechts- und Politikfelder der bundesdeutschen Föderalismuswelt im Vordergrund der Analyse und der Reflexion. Die bundesstaatlichen Strukturen erschöpfen sich ja nicht in der Institution Bundesrat oder den Bund-Länder-Finanzbeziehungen, sondern finden ihren politischen und rechtlichen Niederschlag – wenn auch in unterschiedlichem Maß – in den jeweiligen Teilbereichen unserer Gesellschaft. Die klassischen Länderbereiche von Polizei (innerer Sicherheit), Bildung und Kultur werden ausführlich in ihrem föderalen Verbund dargestellt und auch Streitfragen nicht ausgeklammert. Darüber hinaus werden die föderalen Elemente und Strukturen in weiteren Politikfeldern problemorientiert aufgezeigt wie Datenschutz, Medien, Katastrophenschutz, Sozialpolitik, Agrarbereich,

Umweltschutz, Wasserwirtschaft, Raumordnung und Landesplanung, Religion, Verbraucherpolitik und Migration/Integration. Die Rolle von Erinnerungs-, Gedenk- und Geschichtspolitik als Teil einer föderalen politischen Kultur, die Entwicklung und Förderung von bürgergesellschaftlichem Engagement auf den föderalen Ebenen, die Auswirkungen des demografischen Wandels in den Bundesländern und der Föderalismus im Spiegel der Demoskopie werden mit ihren Spannungsfeldern thematisiert.

Der vierte Band rekurriert auf die Entwicklung der föderal strukturierten, von den Mitgliedstaaten getragenen Europäischen Union. Über den Binnenmarkt und die ökonomische Wohlfahrt hinaus trägt sie inzwischen Züge eines nichtstaatlichen, rechtlich geordneten europäischen Gemeinwesens „sui generis" im gemeinschaftlichen Verfassungsverbund. In diesem Zusammenhang werden Prinzipien des föderalen europäischen Verhältnisses auf der Folie des supranationalen Föderalismus ebenso untersucht wie Formen föderaler Kohäsion im Modus moralisch-praktischer, rechtlicher und vernunftstrategischer Selbstbindung. Diese finden ihre Konkretion im europäischen Gemeinwohl und in den Rechtsprinzipien Loyalität, Solidarität und Subsidiarität. Aufgenommen werden unter anderem Fragen von Kompetenzordnung und zuwachsender Legitimität durch den Ausbau der demokratischen Rechtsetzung, von Verwaltungs-, Sozial- und Finanzstruktur in der föderalen Europäischen Union einschließlich der Diskussion um Schuldenbremsen im Euroland und der europäischen Gedächtniskultur als eine der nichtmateriellen Grundlagen des föderalen Zusammenhalts Europas.

Auf Weltebene wird eine Reihe ausgewählter föderaler Staaten aus allen Erdteilen vorgestellt, wobei die Bandbreite von klassischen Föderalstaaten über den dissoziativen Föderalismus bis hin zu prä-föderalen Strukturen reicht: USA, Kanada, Mexiko, Indien, Südafrika, Australien, Österreich, Schweiz, Belgien, Italien, Spanien und Russland. Jedes Land bildet dabei vor dem Hintergrund unterschiedlicher historischer Entwicklungen differenzierte und höchst eigenständige föderale Strukturen, Traditionen und Probleme aus, was sich auch in der Staatsorganisation und der Demokratiegestaltung niederschlägt.

Den Abschluss bildet die Frage nach den neuen Herausforderungen der Globalisierung für die Entwicklung des Föderalismus. Entsteht eine neue föderale Weltordnung, die Menschenrechte und Demokratie auf der Basis von Multi-Level-Governance befördert, dem starken weltweiten Wettbewerb der Märkte – vor allem der (spekulativen) Finanzmärkte – und der Standortkonkurrenz stand hält sowie den modernen Problemen beispielsweise von Klimaschutz und Nachhaltigkeit, der Weiterentwicklung des Völkerrechts zum Weltrecht und den neuen Zivilstrukturen einer Weltgesellschaft Rechnung trägt?

Über den nationalstaatlichen Föderalismus sagt man, er sei eine ‚ewige Baustelle'. Mit der erheblich erweiterten Europäischen Union und der Weltebene ist der Föderalismus nun zu einer beständigen Großbaustelle geworden.

Die vier Bände des Föderalismushandbuchs vermitteln zusammengenommen grundlegendes Wissen und Erkenntnisse, sind aber zugleich auch eine Fundgrube an Ideen, Fragestellungen und Vorschlägen. Wie ein Kaleidoskop ermöglichen Sie in der Zusammenschau unterschiedlicher Beiträge mit ihren jeweiligen theoretischen wie praktischen Ansätzen neue Bilder in Form von unterschiedlichen Gedanken, Anfragen und weiterführenden Anregungen eines Föderalismus in Deutschland, Europa und der Welt.

Mit großem Nachdruck danken möchte ich allen Autoren, die mit ihrer Arbeit das umfassende Projekt des „Handbuch Föderalismus – Föderalismus als demokratische Rechtsordnung und Rechtskultur in Deutschland, Europa und der Welt" ermöglicht und mitgetragen haben. Der Dank gilt auch dem Springer-Verlag sowie meinen Mitarbeitern[1], die mit großer Geduld geholfen haben, dass das Werk bei aller Interdisziplinarität und Bandbreite der föderalen Themenfelder in der notwendigen formalen Einheit präsentiert werden kann.

Ines Härtel

---

[1] Janosch Neumann, Heike Müller, Sebastian Petrack, Stefanie Schilling, Christian Buchwald, Jana Barnert, Katharina Schipper, Corinna Alfier, Mathias Olbrisch, Mark Hansen, Marco Kaiser, Thomas Felten.

Inhalt Band I

Teil I: Prolog: Einleitungs-Essays

Alte und neue Föderalismuswelten 3
Ines Härtel (jur)

Raumordnungen in der zivilisatorischen Evolution. Über die Reichweite des Föderalismusbegriffs 23
Hermann Lübbe (philos)

Teil II: Rechtliche, historische, philosophische, politische und ökonomische Grundlagen des Föderalismus

§1 Idee und Struktur des Föderalismus im Lichte der Allgemeinen Staatslehre 41
Christian Starck (jur)

§2 Der Gedanke des Föderalismus in der Staats- und Verfassungslehre vom Westfälischen Frieden bis zur Weimarer Republik 57
Bernd Grzeszick (jur)

§3 Föderalismus und Bundesstaat zwischen dem Alten Reich und der Bundesrepublik Deutschland 101
Siegfried Weichlein (hist)

§4 Historische Reflexionen zum Föderalismus in Deutschland. Wandel und Kontinuität seit dem 19. Jahrhundert 129
Dieter Langewiesche (hist)

§5 Philosophische Grundlagen des Föderalismus 145
Julian Nida-Rümelin (philos)

§6 Politiktheoretische Zugänge zum Föderalismus 165
André Kaiser (pol)

**§7 Politikwissenschaftliche Dimensionen von Entwicklung
und Stand des bundesdeutschen Föderalismus** 179
Ursula Münch (pol)

§8 Föderalismus als Rechtskultur 197
Stephan Kirste (jur)

§9 Föderalismus und Governance 223
Gunnar Folke Schuppert (jur)

**§10 Föderalismus, Regionalismus und Präföderalismus als alternative
Strukturformen der Gemeineuropäischen Verfassungskultur** 251
Peter Häberle (jur)

**§11 Föderalismus (asymmetrischer) und Regionalismus/regionales
Bewusstsein in vergleichender Perspektive** 283
Klaus von Beyme (pol)

**§12 Bundesstaaten und Einheitsstaaten im Rahmen
der Europäischen Union** 301
Florian Grotz (pol)

**§13 Die ökonomische Grammatik des Föderalismus: Von den
Anfängen des Grundgesetzes bis zur Föderalismusreform II** 319
Charles B. Blankart und Erik R. Fasten (oec)

**§14 Öffentliche Güter, Wettbewerb, Kompetenzverteilung –
ökonomische Analysen zum Föderalismus** 333
Michael Hüther und Klaus Hafemann (oec)

Teil III: Der Föderalismus und die Bundesstaatlichkeit

**§15 Steuerungsprobleme und die Modernisierung
bundesstaatlicher Ordnung** 361
Hans-Jürgen Papier (jur)

**§16 Der staatszentrierte Föderalismus zwischen Ewigkeitsgarantie
und Divided Government. Genese, Ausprägung und
Problemhorizonte des Bundesstaatsprinzips** 387
Ines Härtel (jur)

**§17 Der Bundesstaat in der Rechtsprechung des
Bundesverfassungsgerichts** 477
Hans Hugo Klein (jur)

§18 Die Bundestreue 497
Fabian Wittreck (jur)

§19 Die Gesetzgebungskompetenzen des Bundes und der Länder
im Lichte des wohlgeordneten Rechts 527
Ines Härtel (jur)

§20 „Abweichungsgesetzgebung" als neues
Kompetenzverteilungsinstrument zwischen den Gliederungsebenen
des deutschen Bundesstaates 611
Edzard Schmidt-Jortzig (jur)

§21 Der Deutsche Bundestag im Bundesstaat. Föderale Aspekte
eines unitarischen Organs 627
Hans-Joachim Stelzl (jur/pol)

§22 Der Bundesrat. Geschichte, Struktur, Funktion 651
Thorsten Ingo Schmidt (jur)

§23 Die Mitwirkung des Bundesrates an der Gesetzgebung:
Die wichtigsten Zustimmungstatbestände des Grundgesetzes 691
Richard Lehmann-Brauns (jur)

§24 Zweite Kammern in Deutschland und Europa: Repräsentation,
Funktion, Bedeutung 723
Roland Sturm (pol)

§25 Länder und Landesparlamente im föderalen System
der Bundesrepublik Deutschland 743
Sven Leunig und Werner Reutter (pol)

Sachverzeichnis 767

Hinweis zu den verwendeten Abkürzungen

Die im Rahmen der Inhaltsangaben verwendeten Abkürzungen bezogen auf die jeweilige Fachrichtung der Beiträge sind wie folgt zu verstehen:

jur	Rechtswissenschaften
hist	Historische Wissenschaft
kultw	Kulturwissenschaft
medw	Medienwissenschaft
oec	Wirtschaftswissenschaft
philos	Philosophie
pol	Politikwissenschaft
erzw	Erziehungswissenschaft

Inhalt des Gesamtwerkes

Band II: Probleme, Reformen, Perspektiven des deutschen Föderalismus

Teil I: Strukturelle Entwicklungen und Praxisprobleme des Parteien-, Verwaltungs- und Wettbewerbsföderalismus

§26 Parteienwettbewerb und Politikverflechtung: Strukturprobleme des deutschen Föderalismus aus politikwissenschaftlicher Perspektive
Christoph Strünck (pol)

§27 Landesverfassungen und Landesverfassungsgerichte in ihrer Bedeutung für den Föderalismus
Matthias Dombert (jur)

§28 Verwaltungskompetenzen im deutschen Bundesstaat
Hans-Heinrich Trute (jur)

§29 Verwaltungsmodernisierung im föderalen System der Bundesrepublik Deutschland
Wolfgang H. Lorig (pol)

§30 Die Bundesländer im Standortwettbewerb
Norbert Berthold und Holger Fricke (oec)

§31 Das ökonomische Innovationsregime der Bundesländer im föderalen Deutschland
Thorsten Hellmann und Matthias Kullas (oec)

§32 Die Stellung der Kommunen in der deutschen föderalistischen Ordnung
Thomas Mann (jur)

§33 Entwicklung(snotwendigkeiten) des Föderalismus in der Bundesrepublik Deutschland aus Sicht der Landkreise
Hans-Günter Henneke (jur/pol)

§34 Möglichkeiten und Probleme des Föderalismus in der Bundesrepublik Deutschland aus Sicht des Deutschen Städtetages: Bedarf und Perspektiven für neue Kooperationsformen im Bundesstaat
Stephan Articus und Markus Söbbeke (jur/pol)

§35 Direkte Demokratie und Föderalismus
Otmar Jung (pol)

§36 Blüten des Föderalismus in der Praxis – Anmerkungen eines Rechtsanwenders
Christian Winterhoff (jur)

Teil II: Der Finanzföderalismus in Deutschland – Ausprägung, Verflechtung, Neuordnung

§37 Der Finanzföderalismus in Deutschland und seine Reform
Clemens Fuest und Michael Thöne (oec)

§38 Staatsverschuldung im föderalen System der Bundesrepublik Deutschland
Paul Kirchhof (jur)

§39 Kooperativer Föderalismus in Gestalt der Gemeinschaftsaufgaben nach Art. 91a ff. des Grundgesetzes
Johannes Hellermann (jur)

§40 Gesetzgebungs- und Verwaltungskompetenzen von Bund und Ländern im Bereich der Steuern
Anna Leisner-Egensperger (jur)

§41 Der Finanzausgleich im föderalen System der Bundesrepublik Deutschland
Rudolf Wendt (jur)

§42 Die Haftung zwischen Bund und Ländern
Ulrich Stelkens (jur)

Teil III: Modernisierung und Reform – die Erneuerung des bundesdeutschen Föderalismus

§43 Reformvorschläge zur ersten Föderalismusreform 2006 – eine Übersicht
Ralf Thomas Baus und Jens Gerlich (pol)

§44 Reformbestrebungen zur bundesstaatlichen Ordnung – Aufgaben, Arbeitsweise und Ergebnisse der Föderalismuskommission I
Horst Risse (jur/pol)

§45 Reform der bundesstaatlichen Ordnung – Aufgaben, Arbeitsweise und Ergebnisse der Föderalismuskommission II
Angelika Pendzich-von Winter und Margot Frisch (jur/pol)

§46 Länderfinanzausgleich 2020
Udo Margedant (pol)

§47 Länderneugliederungen – ein Beitrag zur Reform der bundesstaatlichen Ordnung?
Kyrill-Alexander Schwarz (jur)

Teil IV: Entfaltung nichthoheitlicher Föderalstrukturen?

§48 Nichthoheitlicher Föderalismus – neue föderale Entwicklungen jenseits tradierter Staatlichkeit
Ines Härtel (jur)

§49 Metropolregionen – Plattformen föderaler regional-metropolitaner Governance in Deutschland und Europa
Stefan Dallinger und Silke Böhringer (pol)

§50 Föderale Mehrebenen-Vernetzung am Beispiel ELER. Rahmenbedingungen, Aufgaben und Methoden
Jan Swoboda (pol)

§51 Föderale Weiterentwicklung durch regionale Governance? Nichthoheitlicher Föderalismus am Beispiel von „Regionen Aktiv"
Ines Härtel (jur)

Sachverzeichnis

Band III: Entfaltungsbereiche des Föderalismus

Teil I: Innere Sicherheit, Katastrophenschutz, Datenschutz

§52 Polizei und Polizeirecht in der föderalen Ordnung des Grundgesetzes
Dieter Kugelmann (jur)

§53 Föderalismus im Politikbereich Innere Sicherheit
August Hanning (jur/pol)

§54 Katastrophenschutzrecht im deutschen Bundesstaat
Alexander Thiele (jur)

§55 Datenschutz und Föderalismus. Schöpferische Vielfalt oder Chaos?
Peter Schaar (pol)

§56 Harmonisierte Instrumente und Standards für Datenschutzkontrollen und Ermittlungsmethoden – Die Situation im föderalen Deutschland
Thilo Weichert (pol)

Teil II: Kultur

§57 Die bundesstaatliche Ordnung der Kultur aus rechtlicher und politischer Sicht
Ingeborg Berggreen-Merkel (jur/pol)

§58 Neue Entwicklungen im Kulturföderalismus. Anforderungen und Probleme
Max Fuchs (pol)

§59 Fluch und Segen – wird der Kulturföderalismus in Deutschland überleben?
Olaf Zimmermann (pol)

Teil III: Religion

§60 Religionsverfassungsrecht im föderalen Mehrebenensystem
Hinnerk Wißmann (jur)

Teil IV: Bildung

§61 Bildung und Föderalismus
Annette Guckelberger (jur)

§62 Kooperation im föderalen Bildungssystem – zwischen Wettbewerb und Qualitätssicherung
Jürgen Baumert und Hans-Peter Füssel (pol/erzw)

§63 Das Hochschulrecht im föderalen System der Bundesrepublik Deutschland
Max-Emanuel Geis und Daniel Krausnick (jur)

§64 Frühkindliche Bildungs-, Betreuungs- und Erziehungssysteme in den Bundesländern – Grundlagen, Gemeinsamkeiten, Unterschiede
Kathrin Bock-Famulla (pol)

§65 Bildungsausgaben im föderalen System: Zur Umsetzung der Beschlüsse des ‚Bildungsgipfels'
Klaus Klemm (pol/erzw)

Teil V: Medien

§66 Maßstabs-, Verfahrens- und Entscheidungskoordination in der föderalen Medienordnung
Matthias Cornils (jur)

§67 Föderale Medienstrukturen zwischen Tradition und Innovation
Jo Groebel (medw)

Teil VI: Umweltschutz, Raumordnung, Wasserwirtschaft

§68 Rechtsfragen des Umweltschutzes im föderalen System der Bundesrepublik Deutschland
Michael Kloepfer (jur)

§69 Bau-, Raumordnungs- und Landesplanungsrecht im föderalen System der Bundesrepublik Deutschland
Reinhard Hendler (jur)

§70 Wasserrecht im föderalen Staat
Michael Reinhardt (jur)

Teil VII: Landwirtschaft und Verbraucherpolitik

§71 Agrarpolitik und Föderalismus. Aufgabenverteilung von Bund und Ländern im Bereich der Agrarpolitik
Gert Lindemann (pol/jur)

§72 Kommerzkultur, Verbrauchermacht, moralischer Konsum – zur Verbraucherpolitik im Föderalismus
Bernward Baule (pol)

Teil VIII: Sozialpolitik

§73 Föderalismus und Sozialrecht in der Bundesrepublik Deutschland
Otfried Seewald (jur)

Teil IX: Politische Kultur – Geschichts- und Erinnerungspolitik

§74 Erinnerungs-, Gedenk- und Geschichtspolitik des Bundes im föderalen System der Bundesrepublik Deutschland
Hans Walter Hütter (pol/hist)

§75 Vom Wandel des Selbstbildes. Zur Erinnerungs- und Geschichtspolitik in der Bundesrepublik Deutschland von 1949 bis 2010
Edgar Wolfrum (hist)

Teil X: Gesellschaftliche Entwicklungen

§76 Föderalismus im Spiegel der Demoskopie
Renate Köcher (medw)

§77 Bürgergesellschaft als „starke Demokratie" – Engagementpolitik im föderalen System der Bundesrepublik Deutschland
Bernward Baule (pol)

§78 Weniger, älter, bunter – aber nicht überall gleich. Zu den Herausforderungen des demographischen Wandels in der Bundesrepublik Deutschland und seinen regionalen Unterschieden
Margret Karsch (pol)

§79 Migration und Integration. Licht- und Schattenseiten des Föderalismus
Rita Süssmuth (pol)

Sachverzeichnis

Band IV: Föderalismus in Europa und der Welt

Teil I: Supranationaler Föderalismus: strukturierendes Prinzip der Europäischen Union

§80 Die Europäische Union und ihre föderale Gestalt.
Historische Entwicklung, gegenwärtige Ausprägung und künftige Herausforderungen
Werner Weidenfeld (pol)

§81 Prinzipien des föderalen Verhältnisses in der Europäischen Union: ein Anwendungsdiskurs zum supranationalen Föderalismus
Armin von Bogdandy (jur)

§82 Kohäsion durch föderale Selbstbindung – Gemeinwohl und die Rechtsprinzipien Loyalität, Solidarität und Subsidiarität in der Europäischen Union
Ines Härtel (jur)

§83 Grundgesetzliche Grenzen der Kompetenzübertragung auf die EU und das Lissabon-Urteil des Bundesverfassungsgerichts
Wolfram Cremer (jur)

§84 Staatsvolk und Unionsvolk in der föderalen Supranationalen Union
Thomas Schmitz (jur)

§85 Die Kompetenzordnung in der föderalen Europäischen Union
Rudolf Streinz (jur)

§86 Zuwachsende Legitimität: Institutionen und Verfahren der Rechtsetzung in der föderalen Europäischen Union
Ines Härtel (jur)

§87 Integrative Wirkungen im föderalen Mehrebenensystem der Europäischen Union: Die Umsetzung des europäischen Rechts in das mitgliedstaatliche Recht
Ines Härtel (jur)

§88 Grundrechtsschutz im föderalen Europa
Stefanie Schmahl (jur)

§89 Die föderalen Strukturen der Europäischen Union und das europäische Verwaltungsrecht
Jörg Philipp Terhechte (jur)

§90 Das Finanzsystem der Europäischen Union
Ulrich Häde (jur)

§91 Schuldenbremsen im Euroland. Ein Beitrag zur Finanzstabilität der Europäischen Union
Nicolaus Heinen (oec)

§92 Sozialrecht in der Europäischen Union – aus föderaler Perspektive zu erschließen?
Eberhard Eichenhofer (jur)

§93 Der Ausschuss der Regionen – ein Beitrag zur föderalen Vielfalt in der Europäischen Union
Alexander Thiele (jur)

§94 Föderaler Zusammenhalt: Auf dem Weg zu einer europäischen Gedächtniskultur?
Aleida Assmann (kultw)

Teil II: Föderalismus in den Staaten der Welt

§95 Der Föderalismus in Mexiko, Indien, Südafrika und Australien
Rainer Grote (jur)

§96 Der Föderalismus in den USA
Werner Heun (jur)

§97 Der Föderalismus Kanadas: interstaatlich, exekutiv und asymmetrisch
Denise Brühl-Moser (jur)

§98 Österreich als Bundesstaat
Stefan Storr (jur)

§99 Schweizerischer Föderalismus: Ausgestaltung, Neugestaltung und Herausforderungen
Denise Brühl-Moser (jur)

§100 Dissoziativer Föderalismus (1): Belgo-Föderalismus
Malte Woydt (pol)

§101 Dissoziativer Föderalismus (2): Föderalismus in Italien
Alexander Grasse (pol)

§102 Der präföderale Staat: Das Beispiel Spanien
José Martinez (jur)

§103 Das föderale System in Russland
Angelika Nußberger (jur)

Teil III: Globalisierung: Das Entstehen einer „neuen Welt"

§104 Föderalismus als Strukturprinzip einer Weltordnung
Otfried Höffe (philos)

§105 Der Paradigmenwechsel vom Völkerrecht zum Weltrecht – ein Beitrag zur Erweiterung des föderalen Mehrebenensystems
Angelika Emmerich-Fritsche (jur)

§106 Multi-Level Governance als conditio politica der Politik im Zeitalter der Globalisierung
Michael Zürn (pol)

§107 Selbstbestimmungsrecht der Völker – Föderale Intervention als Instrument zur Bewahrung von Bundesstaaten
Falk Schöning (jur)

§108 Nachhaltigkeit und Föderalismus – Verortung im globalen Mehrebenensystem
Felix Ekardt (jur)

Teil IV: Epilog: Abschluss-Essays

Recht im Mehrebenensystem
Udo Di Fabio (jur)

Föderalismus und Neugier
Ines Härtel (jur)

Sachverzeichnis

Verzeichnis der Autoren

Prof. em. Dr. phil. Dr. h.c. Klaus von Beyme Institut für Politische Wissenschaft, Ruprecht-Karls-Universität Heidelberg, Bergheimer Str. 58, 69115 Heidelberg, Deutschland
E-Mail: klaus.von.beyme@urz.uni-heidelberg.de

Prof. Dr. Charles B. Blankart Institut für öffentliche Finanzen, Wettbewerb und Institutionen, Wirtschaftswissenschaftliche Fakultät, Humboldt-Universität zu Berlin, Spandauer Straße 1, 10178 Berlin, Deutschland
E-Mail: charles@blankart.net

Dr. Erik R. Fasten Institut für öffentliche Finanzen, Wettbewerb und Institutionen, Wirtschaftswissenschaftliche Fakultät, Humboldt-Universität zu Berlin, Spandauer Straße 1, 10178 Berlin, Deutschland
E-Mail: fasten@wiwi.hu-berlin.de

Prof. Dr. Florian Grotz Institut für Politikwissenschaft, Leuphana Universität Lüneburg, Scharnhorststr. 1, 21335 Lüneburg, Deutschland
E-Mail: grotz@uni.leuphana.de

Prof. Dr. Bernd Grzeszick LL.M. (Cambridge) Institut für Staatsrecht, Verfassungslehre und Rechtsphilosophie, Ruprecht-Karls-Universität Heidelberg, Friedrich-Ebert-Anlage 6-10, 69117 Heidelberg, Deutschland
E-Mail: grzeszick@web.de

Dr. Klaus Hafemann Institut der deutschen Wirtschaft Köln e.V., Konrad-Adenauer-Ufer 21, 50668 Köln, Deutschland
E-Mail: hafemann@iwkoeln.de

Prof. Dr. Dr. h.c. mult. Peter Häberle Forschungsstelle für Europäisches Verfassungsrecht, Universität Bayreuth, Universitätsstraße 30, 95440 Bayreuth, Deutschland
E-Mail: peter.haeberle@uni-bayreuth.de

Prof. Dr. Ines Härtel Lehrstuhl für Öffentliches Recht, Verwaltungs-, Europa-, Agrar- und Umweltrecht, Direktorin des Instituts für Berg- und Energierecht, Juristische Fakultät, Ruhr-Universität Bochum, Universitätsstr. 150, 44801 Bochum, Deutschland
E-Mail: LS-Haertel@rub.de

Prof. Dr. Michael Hüther Institut der deutschen Wirtschaft Köln e.V., Konrad-Adenauer-Ufer 21, 50668 Köln, Deutschland
E-Mail: huether@iwkoeln.de

Prof. Dr. André Kaiser Lehrstuhl für Vergleichende Politikwissenschaft, Universität zu Köln, Gottfried-Keller-Straße 1, 50931 Köln, Deutschland
E-Mail: ahw74@uni-koeln.de

Prof. Dr. Stephan Kirste Universität Heidelberg, Friedrich-Ebert-Anlage 6-10, 69117 Heidelberg, Deutschland
E-Mail: kirste@jurs.uni-heidelberg.de

Prof. em. Dr. Hans Hugo Klein Heilbrunnstraße 4, 76327 Pfinztal, Deutschland
E-Mail: hanshklein@web.de

Prof. Dr. Dr. h.c. Dieter Langewiesche Historisches Seminar Abt. Neuere Geschichte, Eberhard-Karls-Universität Tübingen, Wilhelmstraße 36, 72074 Tübingen, Deutschland
E-Mail: dieter.langewiesche@uni-tuebingen.de

Dr. Richard Lehmann-Brauns Rechtsanwälte Zirngibl Langwieser, Kurfürstendamm 54/55, 10707 Berlin, Deutschland
E-Mail: r.lehmann-brauns@zl-legal.de

Dr. Sven Leunig Institut für Politikwissenschaft, FSU Jena, Carl-Zeiß-Straße 3, 07740 Jena, Deutschland
E-Mail: s.leunig@uni-jena.de

Prof. Dr. Dr. h.c. Hermann Lübbe Mühlebach Str. 41, 8008 Zürich, Schweiz

Prof. Dr. Ursula Münch Akademie für Politische Bildung Tutzing, Buchensee 1, 82327 Tutzing, Deutschland
E-Mail: u.muench@apb-tutzing.de

Prof. Dr. Julian Nida-Rümelin Lehrstuhl für Philosophie IV, Ludwig-Maximilians-Universität München; Geschwister-Scholl-Platz 1, 80539 München, Deutschland
E-Mail: sekretariat.nida-ruemelin@lrz.uni-muenchen.de

Prof. em. Dr. Dres. h.c. Hans-Jürgen Papier Lehrstuhl für Öffentliches Recht, insbesondere Deutsches und Bayerisches Staats- und Verwaltungsrecht sowie öffentliches Sozialrecht, Ludwig-Maximilians-Universität München, Ludwigstr. 28/RG, 80539 München
E-Mail: ls.papier@jura.uni-muenchen.de

Priv.-Doz. Dr. Werner Reutter Philosophische Fakultät III, Institut für Sozialwissenschaften, HU Berlin, Unter den Linden 6, 10099 Berlin, Deutschland
E-Mail: werner.reutter@rz.hu-berlin.de

Prof. Dr. Thorsten Ingo Schmidt Juristische Fakultät, Lehrstuhl für Öffentliches Recht, insbesondere Staatsrecht, Verwaltungs- und Kommunalrecht, Universität Potsdam, August-Bebel-Str. 89, 14482 Potsdam, Deutschland
E-Mail: thorsten.ingo.schmidt@googlemail.com

Prof. Dr. Edzard Schmidt-Jortzig Lehrstuhl für Öffentliches Recht, Universität Kiel, 24118 Kiel, Deutschland
E-Mail: esjot@web.de

Prof. Dr. Gunnar Folke Schuppert Juristische Fakultät, Professur für Staats- und Verwaltungswissenschaft, insbesondere Staats- und Verwaltungsrecht, Humboldt-Universität zu Berlin, Reichpietschufer 50, 10785 Berlin, Deutschland
E-Mail: schuppert@wzb.eu

Prof. Dr. Christian Starck Schlegelweg 10, 37075 Göttingen, Deutschland
E-Mail: cstarck@gwdg.de

Dr. Hans-Joachim Stelzl Staatssekretär a.D., Direktor beim Deutschen Bundestag a.D., Deutschland
E-Mail: hans-joachim.stelzl@gmx.de

Prof. Dr. Roland Sturm Institut für Politische Wissenschaft der Universität Erlangen-Nürnberg, Kochstr. 4/7, 91054 Erlangen, Deutschland
E-Mail: Roland.Sturm@polwiss.phil.uni-erlangen.de

Prof. Dr. Siegfried Weichlein Departement Historische Wissenschaften – Zeitgeschichte, Universität Freiburg (Schweiz), Av. de l' Europe 20, CH-1700 Fribourg, Schweiz
E-Mail: Siegfried.Weichlein@unifr.ch

Prof. Dr. Fabian Wittreck Westfälische Wilhelms-Universität Münster, Bispinghof 24/25, 48143 Münster, Deutschland
E-Mail: fwitt_01@uni-muenster.de

Kurzbiografien der Autoren

Prof. em. Dr. phil. Dr. h.c. **Klaus von Beyme**, Ruprecht-Karls-Universität Heidelberg. 1967–1973 Prof. für Politikwissenschaften an der Eberhard-Karls-Universität Tübingen; 1974–1999 Prof. an der Ruprecht-Karls-Universität Heidelberg; Präsident der International Political Science Association 1982–1985. Letzte *Veröffentlichungen*: Der Gesetzgeber, 1997; Parteien im Wandel 2000, 2002; Russland zwischen Autokratie und Anarchie, 2001; Das Zeitalter der Avantgarden, 2005; Föderalismus und regionales Bewusstsein, 2007; Geschichte der politischen Theorien in Deutschland 1300–2000, 2009; Vergleichende Politikwissenschaft, 2010.

Prof. Dr. **Charles B. Blankart**, Seniorprofessor an der Humboldt-Universität zu Berlin, Wirtschaftswissenschaftliche Fakultät, Institut für Öffentliche Finanzen, Wettbewerb und Institutionen. Studium und Promotion an der Universität Basel (1969); Habilitation an der Universität Konstanz (1976); Professor an der Freien Universität Berlin (1978), an der Universität der Bundeswehr München (1978–1985), an der Technischen Universität Berlin (1985–1992) und seit 1992 Professor an der Humboldt-Universität zu Berlin; weitere Rufe auf Professuren: Universität Kassel (1979), Otto-Friedrich-Universität Bamberg (1985), Johannes-Gutenberg-Universität Mainz 1991; Gastprofessuren u.a. an der Universität La Sapienza in Rom (1987, 1998) und an der Wirtschaftsuniversität Wien (2004/2005); Mitglied des Wissenschaftlichen Beirats beim Bundesministerium für Wirtschaft; Mitglied verschiedener Ausschüsse beim Verein für Socialpolitik; Mitglied der Mont Pèlerin Society. *Forschungsschwerpunkte*: Öffentliche Finanzen; Public Choice; Föderalismus; Regulierung. Wichtigste *Veröffentlichungen*: Föderalismus in Deutschland und in Europa, 2007; Öffentliche Finanzen in der Demokratie, 8. Aufl. 2011; *Blankart/Fasten/Schwintowski*, Das deutsche Gesundheitswesen zukunftsfähig gestalten, 2009.

Dr. **Erik R. Fasten**, Humboldt-Universität zu Berlin, Wirtschaftswissenschaftliche Fakultät, Institut für Öffentliche Finanzen, Wettbewerb und Institutionen. Studium der Volkswirtschaftslehre und des Managements an der Humboldt-Universität zu Berlin und der University of Toronto (Kanada); Promotion als Stipendiat der Studienstiftung des Deutschen Volkes an der Humboldt-Universität zu Berlin zu

Themen der Öffentlichen Finanzen, Public Choice und Finanzmärkten; Mitarbeiter am Lehrstuhl von Prof. Dr. Charles B. Blankart. *Forschungsschwerpunkte*: Öffentlichen Finanzen; Public Choice; Finanzmärkte. Wichtigste *Veröffentlichungen*: *Blankart/Fasten/Schwintowski*, Das deutsche Gesundheitswesen zukunftsfähig gestalten, 2009; Financial Markets and Public Finance – Sovereign Risks, Credit Markets and Fiscal Federalism, 2012.

Prof. Dr. **Florian Grotz**, Universitätsprofessor für Politisches System der Bundesrepublik Deutschland am Institut für Politikwissenschaft und am Zentrum für Demokratieforschung (ZDEMO) der Leuphana Universität Lüneburg. 1992–1999 Studium der Politischen Wissenschaft, Slawistik und Philosophie an der Ruprecht-Karls-Universität Heidelberg; 1999 Promotion zum Dr. phil. (ebd.); 2000 Wissenschaftlicher Projektmitarbeiter am Institut für Politische Wissenschaft der Ruprecht-Karls-Universität Heidelberg; 2000–2006 Wissenschaftlicher Assistent am Otto-Suhr-Institut für Politikwissenschaft der Freien Universität Berlin, zugleich Mitarbeiter am Europäischen Zentrum für Staatswissenschaften und Staatspraxis der drei Berliner Universitäten (2000–2001) sowie am Internationalen Institut für Staats- und Europawissenschaften (ISE), Berlin (2002–2006); 2007 Habilitation an der Freien Universität Berlin; 2007/2008 Vertretung des Lehrstuhls für Vergleichende Politikwissenschaft und Systemlehre an der Julius-Maximilians-Universität Würzburg; 2008–2010 Vertretung des Lehrstuhls „Regierungssystem der Bundesrepublik Deutschland" an der Leuphana Universität Lüneburg. *Forschungsschwerpunkte*: Innenpolitik der Bundesrepublik Deutschland; Politische Institutionen im Rahmen der Europäischen Union; Wahlsysteme, Regierungssysteme und Parteiensysteme im internationalen Vergleich. Wichtigste *Veröffentlichungen*: Politische Institutionen und post-sozialistische Parteiensysteme, 2000; *Nohlen/Grotz/Hartmann* (Hrsg.), Elections in Asia and the Pacific. A Data Handbook, 2 Bde., 2001; *Hesse/Grotz*, Europa professionalisieren. Kompetenzordnung und institutionelle Reform im Rahmen der Europäischen Union, 2005; Europäisierung und nationale Staatsorganisation, 2007; *Grotz/Toonen* (Hrsg.), Crossing Borders: Constitutional Development and Internationalisation, 2007; *Bolgherini/Grotz* (Hrsg.), Germany after the Grand Coalition, 2010 (italienische Fassung 2010); *Nohlen/Grotz* (Hrsg.), Kleines Lexikon der Politik, 5. Auflage 2011; *Grotz/Müller-Rommel* (Hrsg.), Regierungssysteme in Mittel- und Osteuropa, 2011; *Grotz/Weber*, Party Systems and Government Stability in Central and Eastern Europe, in: World Politics 64 (2012), im Erscheinen.

Prof. Dr. **Bernd Grzeszick**, LL.M. (Cambridge), Direktor des Instituts für Staatsrecht, Verfassungslehre und Rechtsphilosophie sowie Inhaber des Lehrstuhls für Öffentliches Recht, Internationales Öffentliches Recht und Rechtsphilosophie an der Ruprecht-Karls-Universität Heidelberg. Studium der Rechtswissenschaft sowie der Neueren und Neuesten Geschichte Universität Bonn, Universität Freiburg und Universität Heidelberg; Mitarbeit beim Wissenschaftlichen Dienst des Deutschen Bundestages im Verfassungs- und Parlamentsrecht; 1992 Erstes Juristisches Staatsexamen Heidelberg; 1992 bis 1993 Mitarbeiter der Universität Freiburg, Stipendiat der Studienstiftung des Deutschen Volkes; 1993 bis 1994 LL.M.-Studium in Cambridge als Haniel-Stipendiat, Vorstandsmitglied Cambridge Graduate Law Society, Mitarbeiter Anwaltssozietät Herbert Smith in London; 1994 bis 1996 Referendar Kammergericht Berlin mit Stationen in Paris und New York; 1995 Promotion mit der Dissertation: „Vom Reich zur Bundesstaatsidee. Zur Herausbildung der Föderalismusidee im modernen deutschen Staatsrecht." 1996 Zweites Juristisches Staatsexamen Berlin; danach wissenschaftlicher Assistent zunächst an der Universität Mannheim, dann an der Universität zu Köln; Ende 2001 Habilitation mit der Schrift: „Rechte und Ansprüche. Eine Rekonstruktion des Staatshaftungsrechts aus den subjektiven öffentlichen Rechten." Vertretungen Universität Erlangen-Nürnberg, Universität Bonn und Universität Münster; 2003 Professor für Öffentliches Recht Universität Münster; ab Sommersemester 2004 Inhaber des Lehrstuhls für Öffentliches Recht, Völkerrecht und Rechtsphilosophie und Direktor des Instituts für Rechtsphilosophie und Allgemeine Staatslehre Universität Erlangen-Nürnberg, zudem ab Wintersemester 2006/2007 Direktor des Instituts für Anwaltsrecht und Anwaltspraxis Universität Erlangen-Nürnberg; ab Sommersemester 2009 Inhaber des Lehrstuhls für Öffentliches Recht, Internationales Öffentliches Recht und Rechtsphilosophie an der Universität Mainz sowie Direktor des Mainzer Medieninstituts; seit April 2010 Direktor des Instituts für Staatsrecht, Verfassungslehre und Rechtsphilosophie sowie Inhaber des Lehrstuhls für Öffentliches Recht, Internationales Öffentliches Recht und Rechtsphilosophie Universität Heidelberg. Wichtigste *Forschungsschwerpunkte*: Staats- und Verwaltungsrecht; Medienrecht; Europarecht; Völkerrecht; Rechtsvergleichung; Verfassungsgeschichte; Staatstheorie; Rechtstheorie; Rechtsphilosophie. Wichtigste *Veröffentlichungen*: Vom Reich zur Bundesstaatsidee. Zur Herausbildung der Föderalismusidee im modernen deutschen Staatsrecht, 1996; Rechte und Ansprüche. Eine Rekonstruktion des Staatshaftungsrechts aus den subjektiven öffentlichen Rechten, 2002; Rechte des Einzelnen im Völkerrecht. Chancen und Gefahren völkerrechtlicher Entwicklungstrends am Beispiel der Individualrechte im allgemeinen Völkerrecht, Archiv des Völkerrechts 43 (2005), S. 312 ff.; Hoheitskonzept – Wettbewerbskonzept, in: Isensee/Kirchhof (Hrsg.), Handbuch des Staatsrechts, 3. Aufl., Bd. 3, 2006, S. 367 ff.; Kommentierung von Art. 38 GG, in: Stern/Becker (Hrsg.), Grundrechte-Kommentar, 2009, S. 1516 ff.; *Grzeszick/Baldus/Wienhues*, Staatshaftungsrecht. Das Recht der öffentlichen Ersatzleistungen, 2005, 2. Aufl., 2007, 3. Aufl., 2009; Kommentierung von Art. 20 GG, in: Maunz/Dürig (Hrsg.), Grundgesetz, 2006 ff.

Dr. **Klaus Hafemann**, Persönlicher Referent des Direktors des Instituts der deutschen Wirtschaft (IW) e.V., Köln. Geboren 1974 in Wuppertal; 2002: Diplom-Volkswirt an der Westfälischen Wilhelms-Universität Münster; 2007: Promotion zum Dr. rer. pol. an der Westfälischen Wilhelms-Universität Münster; seit 1. Januar 2008 am IW Köln. *Forschungsschwerpunkte*: Fiskalföderalismus; Arbeitsmarktvergleiche. Wichtigste *Veröffentlichungen*: Hafemann/van Suntum, Beschäftigungspolitik in Osteuropa, 2004; *Hafemann/van Suntum*, Internationales Standort-Ranking, 2004; *Hafemann/Vehrkamp*, Korruption, Arbeitsmarkt und Beschäftigung, in: Jansen/Priddat (Hrsg.), Korruption, 2005; Auswirkungen dezentralen staatlichen Handelns und daraus abgeleitete Empfehlungen für eine Finanzverteilung im föderalen

Staat, 2007; *Hafemann/van Suntum*, Effizienter Steuerverbund statt korrigierender Finanzausgleich, in: Wirtschaftsdienst, 87. Jahrgang 2007, Heft 5, S. 319 ff.

Prof. Dr. Dr. h.c. mult. **Peter Häberle**, Geschäftsführender Direktor des Bayreuther Institutes für Europäisches Recht und Rechtskultur sowie der Forschungsstelle für Europäisches Verfassungsrecht der Universität Bayreuth. Promotion bei Konrad Hesse über den Wesensgehalt der Grundrechte, 1961, 3. Aufl. 1983, mehrfache Übersetzung in fremde Sprachen; Habilitation über das Öffentliche Interesse als juristisches Problem, 1969, 2. Aufl. 2006; sechs Rufe, darunter 1983 nach St. Gallen (Schweiz); o. Professor an der Philipps-Universität Marburg sowie an den Universitäten Augsburg und Bayreuth; Ehrendoktor der Universitäten Thessaloniki, Granada, Lima, Brasilia, Lissabon, Tiflis und Buenos Aires; zwanzig Jahre lang ständiger Gastprofessor für Rechtsphilosophie in St. Gallen (Schweiz); 1992/1993 Wissenschaftskolleg Berlin; 1998 Max-Planck-Forschungspreis; Mitglied zahlreicher nationaler und internationaler Akademien; Auszeichnungen der Verfassungsgerichte in Rom, Lima und Brasilia; Letzte Auszeichnung: Cruzeiro do Sul, Brasilien; Übersetzungen in 18 Sprachen. *Forschungsschwerpunkte*: nationales und europäisches Verfassungsrecht; Verfassungsvergleichung; Religionsverfassungsrecht; Rechtsphilosophie; Grundrechte; Verfassungsgerichtsbarkeit; Föderalismus/Regionalismus. Wichtigste *Veröffentlichungen*: Verfassung als öffentlicher Prozeß. Materialien zu einer Verfassungstheorie der offenen Gesellschaft, 1978, 2. erweiterte Aufl. 1996, 3. Aufl. 1998 (brasilianische Ausgabe i.V.); Klassikertexte im Verfassungsleben, 1981; Verfassungslehre als Kulturwissenschaft, 1982, 2. stark erweiterte Aufl. 1998, in spanischer Teilübersetzung der 2. Auflage: Teoría de la Constitutión como ciencia de la cultura, 2000, in italienischer Übersetzung: Per una dottrina della costituzione come scienza della cultura, 2001, in japanischer Teilübersetzung, in: Kobe Law Journal, Vol. 50, No. 4, March 2001; Das Menschenbild im Verfassungsstaat, 1988, 2. ergänzte Aufl. 2001, 3. ergänzte Aufl. 2005, 4. aktualisierte und erweiterte Aufl. 2008, in spanischer Übersetzung: La Imagen del Ser Humano Dentro del Estado Constitucional, 2001; Europäische Verfassungslehre, 2001/2002, 2. Aufl. 2004, 3. Aufl. 2005, 4. Aufl. 2006, 5. Aufl. 2007, 6. erweiterte Aufl. 2009; Nationalhymnen als kulturelle Identitätselemente des Verfassungsstaates, 2007; Nationalflaggen als bürgerdemokratische Identitätselemente und internationale Erkennungssymbole, 2008 (portugiesische Übersetzung i.V., spanische Übersetzung i.V.); Verfassungsvergleichung in europa- und weltbürgerlicher Absicht, Späte Schriften, 2009; Pädagische Briefe an einen jungen Verfassungsjuristen, 2010; Die Erinnerungskultur im Verfassungsstaat, 2011.

Prof. Dr. **Ines Härtel**, Inhaberin des Lehrstuhls für Öffentliches Recht, Verwaltungs-, Europa-, Agrar- und Umweltrecht an der Juristischen Fakultät der Ruhr-Universität Bochum; Direktorin des Instituts für Berg- und Energierecht der Ruhr-Universität Bochum; Gastprofessur für Europarecht, Agrar- und Umweltrecht an der China Agricultural University of Beijing. Forschungsaufenthalte und Gastdozenturen in den Niederlanden (Universität Wageningen), Belgien (Katholische Universität Leuven), Ungarn (Eötvös Lorand University Budapest) und China (Deutsch-Chinesisches Institut für Rechtswissenschaft, Universität Nanjing); Landesberichterstatterin auf dem

XXIV. Europäischen Agrarrechtskongress in Neapel und auf dem 18. Internationalen Kongress für Rechtsvergleichung in Washington; Mitarbeit an verschiedenen Forschungsverbundprojekten; Mitglied des wissenschaftlichen Beirates der Deutschen Stiftung Eigentum; Herausgeberin der Schriftenreihe „Forum Umwelt-, Agrar- und Klimaschutzrecht." *Forschungsschwerpunkte*: Europarecht, Verfassungsrecht, Agrar-, Energie- und Umweltrecht. *Ausgewählte Veröffentlichungen*: Handbuch Europäische Rechtsetzung, 2006; Demokratie im europäischen Verfassungsverbund – Zur Fortentwicklung der Dogmatik der Rechtsverordnung im Sinne von Art. 80 Abs. 1 GG, Juristenzeitung 2007, S. 431 ff.; Grenzen der Illusion: Schuldenbremse als Regulativ staatlichen Handelns, Zeitschrift für Gesetzgebung 2007, S. 399 ff.; Altes im neuen Gewande? Die Fortentwicklung der Grundrechtsdogmatik am Beispiel des BVerfG-Urteils zur Online-Durchsuchung, Niedersächsische Verwaltungsblätter 2008, S. 276 ff.; Globalisierung des Rechts als Chance? Zum Spannungsverhältnis von Umweltvölkerrecht und Welthandelsrecht, in: Hendler/Marburger/Reiff/Schröder (Hrsg.), Jahrbuch des Umwelt- und Technikrechts 2008, S. 185 ff.; Föderalismusreform II – Bund-Länder-Finanzbeziehungen im Lichte aktueller Ordnungsanforderungen, Juristenzeitung 2008, S. 437 ff.; Herausgeberin: Handbuch Föderalismus – Föderalismus als demokratische Rechtsordnung und Rechtskultur in Deutschland, Europa und der Welt (Bd. I: Grundlagen des Föderalismus und der deutsche Bundesstaat; Bd. II: Probleme, Reformen, Perspektiven des deutschen Föderalismus; Bd. III: Entfaltungsbereiche des Föderalismus; Bd. IV: Föderalismus in Europa und der Welt), darin Eigenbeiträge: Alte und neue Föderalismuswelten, Prolog; Der staatszentrierte Föderalismus zwischen Ewigkeitsgarantie und Divided Government. Genese, Ausprägungen und Problemhorizonte des Bundesstaatsprinzips, § 16; Die Gesetzgebungskompetenzen des Bundes und der Länder im Lichte des wohlgeordneten Rechts, § 19; Nichthoheitlicher Föderalismus – neue föderale Entwicklungen jenseits tradierter Staatlichkeit, § 48; Föderale Weiterentwicklung durch regionale Governance? Das Beispiel von „Regionen aktiv", § 51; Kohäsion durch föderale Selbstbindung – Gemeinwohl und die Rechtsprinzipien Loyalität, Solidarität und Subsidiarität in der Europäischen Union, § 82; Zuwachsende Legitimität: Institutionen und Verfahren der Rechtsetzung in der föderalen Europäischen Union, § 86; Integrative Wirkungen im föderalen Mehrebenensystem der Europäischen Union: Die Umsetzung des europäischen Rechts in das mitgliedstaatliche Recht, § 87; Föderalismus und Neugier, Epilog; Entfaltung nichthoheitlicher Föderalstrukturen?, in: Europäisches Zentrum für Föderalismus-Forschung Tübingen (Hrsg.), Jahrbuch des Föderalismus 2011, S. 96 ff.; Herausgeberin: Handbuch des Fachanwalts Agrarrecht, 2012; Die Gemeinsame Agrarpolitik (GAP) der Europäischen Union nach 2013" in juristischer Perspektive, in: Edmund Rehwinkel-Stiftung (Hrsg.), 2011, S. 41 ff.; Energieeffizienzrecht – ein neues Rechtsgebiet?, Natur und Recht 2011, S. 825 ff. Energiewende durch Energieeffizienz? Fortentwicklung der Gesetzgebung, in: Hendler u.a. (Hrsg.), Jahrbuch Umwelt- und Technikrecht 2012; Solidität, Austerität, Solidarität - Staatsverschuldung und die (verfassungs-)rechtliche Verankerung von Schuldenbremsen im föderalen Mehrebenensystem, in: Europäisches Zentrum für Föderalismus-Forschung Tübingen (Hrsg.), Jahrbuch des Föderalismus 2012.

Prof. Dr. **Michael Hüther**, Direktor und Mitglied des Präsidiums des Institutes der deutschen Wirtschaft (IW) e.V., Köln; Honorarprofessor für Allgemeine Volkswirtschaftslehre an der European Business School, Oestrich-Winkel. Geboren am 24. April 1962 in Düsseldorf; 1982 bis 1987: Studium der Wirtschaftswissenschaften sowie der mittleren und neuen Geschichte an der Justus-Liebig-Universität Gießen; Promotion 1991; danach wissenschaftlicher Mitarbeiter und 1995 Generalsekretär des Sachverständigenrates zur Begutachtung der gesamtwirtschaftlichen Entwicklung; 1999 Wechsel als Chefvolkswirt zur DekaBank, 2001 Bereichsleiter Volkswirtschaft und Kommunikation; seit August 2001 Honorarprofessor an der European Business School in Oestrich-Winkel; seit Juli 2004 Direktor und Mitglied des Präsidiums beim Institut der deutschen Wirtschaft (IW) e.V., Köln; Mitglied im Vorstand der Atlantik-Brücke, im Verwaltungsrat des TÜV Rheinland Berlin Brandenburg Pfalz e.V., im Aufsichtsrat Georgsmarienhütte GmbH sowie Allianz Global Investors und im Kuratorium der Friedrich und Isabel Vogel-Stiftung; Mitglied der 6. Altenberichtskommission der Bundesregierung sowie Berater der Kommission VI der Deutschen Bischofskonferenz; am 14. März 2009 wurde Herr Prof. Hüther vom Bundespräsidenten mit dem Verdienstkreuz am Bande des Verdienstordens der Bundesrepublik Deutschland ausgezeichnet. *Forschungsschwerpunkte*: Finanz- und Steuerpolitik; allgemeine Wirtschaftspolitik. Wichtigste *Veröffentlichungen*: Integrierte Steuer-Transfer-Systeme für die Bundesrepublik Deutschland. Normative Konzeption und empirische Analyse, Volkswirtschaftliche Schriften, Bd. 400, 1990; Institutioneller Wettbewerb und Verteilungspolitik, in: Jahrbuch für Wirtschaftswissenschaften 50, 1990, S. 91 ff.; *Bardt/Hüther*, Angebotsorientierte Umweltpolitik – Positionierung und Perspektiven, 2006; Braucht es eine Neue soziale Marktwirtschaft? Deutsche Wirtschaftspolitik in einer globalisierten Ökonomie, in: Tutzing (Hrsg.), IWH/Aka-demie für politische Bildung, Drittes Forum Menschenwürdige Wirtschaftsordnung. 60 Jahre Soziale Marktwirtschaft in einer globalisierten Welt. Beiträge zur Tagung 2007, S. 21 ff.; Intergenerational Justice and Economic Growth. A Challenge for Economic Policy, in: Tremmel (Hrsg.), Demographic Change and Intergenerational Justice, 2008, S. 31 ff.; Die Kategorie Eigentum in der ökonomischen Theorie. Verfügungsrechte, Vertragsfreiheit und Haftung, in: Depenheuer (Hrsg.), Eigentumsverfassung und Finanzkrise, Bibliothek des Eigentums Bd. 7, 2009, S. 27 ff.; *Hüther/Straubhaar*, Die gefühlte Ungerechtigkeit – Warum wir Ungleichheit aushalten müssen, wenn wir Freiheit wollen, 2009, S. 11 ff.

Prof. Dr. **André Kaiser**, Lehrstuhl für Vergleichende Politikwissenschaft, Wirtschafts- und Sozialwissenschaftliche Fakultät, Universität zu Köln. Studium der Politikwissenschaft, Geschichte, Germanistik und Wirtschaftspolitik an der Albert-Ludwigs-Universität Freiburg; dort auch Promotion; Habilitation an der Universität Mannheim; Wissenschaftlicher Mitarbeiter an den Universitäten Freiburg und Mannheim; Wissenschaftlicher Assistent an der Universität Mannheim; Lehrstuhlvertretungen an der Universität Konstanz sowie der Universität zu Köln; Rufe an die Otto-Friedrich-Universität Bamberg (2002, abgelehnt), die Albert-Ludwigs-Universität Freiburg (2008, abgelehnt) und die Universität zu Köln (2003); Aufenthalte als Gastwissenschaftler und Gastprofessor am Nuffield College, University of Oxford, Victoria University of Wellington, University of Melbourne,

Institut für Höhere Studien Wien, Max-Planck-Institut für Gesellschaftsforschung Köln; Vorsitzender des Arbeitskreises Deutsche England-Forschung (seit 2008); Mitglied im Executive Committee des European Consortium for Political Research (2009–2015); Fakultätsmitglied in der Cologne Graduate School in Management, Economics and Social Sciences, im DFG-Graduiertenkolleg „Social Order and Life Chances in Cross-National Comparison" und in der International Max Planck Research School „The Social and Political Constitution of the Economy". *Forschungsschwerpunkte*: Vergleichende Analyse der politischen Institutionen in den OECD-Ländern; vergleichende politische Ökonomie, Demokratietheorie und empirische Demokratieforschung. Wichtige *Publikationen*: Types of Democracy. From Classical to New Institutionalism, in: Journal of Theoretical Politics 9 (1997), S. 419 ff.; Mehrheitsdemokratie und Institutionenreform. Verfassungspolitischer Wandel in Australien, Großbritannien, Kanada und Neuseeland im Vergleich, 2002; *Franzmann/Kaiser*, Locating Political Parties in Policy Space. A Reanalysis of Party Manifesto Data, in: Party Politics, 12 (2006), S. 163 ff.; *Ehlert/Hennl/Kaiser*, Föderalismus, Dezentralisierung und Performanz. Eine makroquantitative Analyse zur Leistungsfähigkeit territorialer Politikorganisation in entwickelten Demokratien, in: Politische Vierteljahresschrift 48 (2007), S. 243 ff.; *Hennl/Kaiser*, Wahlsysteme und Frauenrepräsentation. Ein Vergleich der deutschen Landesparlamente, in: Zeitschrift für Politikwissenschaft 18 (2008), S. 167 ff.; Parliamentary Opposition in Westminster Democracies: Britain, Canada, Australia and New Zealand, in: Journal of Legislative Studies 14 (2008), S. 20 ff.; *Kaiser/Sauermann*, Taking Others into Account. Self-Interest and Fairness in Majority Decision Making, in: American Journal of Political Science, im Erscheinen.

Prof. Dr. **Stephan Kirste**, Professor für Öffentliches Recht, Europarecht und Rechtsphilosophie, Fakultät für Vergleichende Staats- und Rechtswissenschaft an der Deutschsprachigen Andrássy Gyula Universität Budapest. Studium der Rechtswissenschaften, Neuerer und Neuester Geschichte und Philosophie an der Universität Regensburg und der Albert-Ludwigs-Universität Freiburg; Assistent am Seminar für Rechtsphilosophie und Kirchenrecht der Universität Freiburg; Assistent am Lehrstuhl für Öffentliches Recht und Rechtsphilosophie der Ruprecht-Karls-Universität Heidelberg; 2001 Gastdozent in Belo Horizonte (Brasilien); 2006 Gastprofessor an der University of Virginia (USA); 2007 außerplanmäßiger Professor an der Universität Heidelberg; 2009 Ruf auf einen Lehrstuhl für Öffentliches Recht, Europarecht und Rechtsphilosophie an der Deutschsprachigen Andrássy Gyula Universität Budapest. Seit Februar 2010 Dekan der Fakultät für Vergleichende Staats- und Rechtswissenschaft der Deutschsprachigen Andrássy Gyula Universität Budapest; stellv. Vorsitzender der Deutschen Sektion der Internationalen Vereinigung für Rechts- und Sozialphilosophie (IVR). 2011 Ruf auf eine Universitätsprofessur für Rechtsphilosophie an der Universität Salzburg angenommen. *Forschungsschwerpunkte*: Staatsrecht; Verwaltungsorganisationsrecht; Rechtsphilosophie; Verfassungsvergleich. Wichtigste *Veröffentlichungen*: Die Zeitlichkeit des positiven Rechts und die Geschichtlichkeit des Rechtsbewußtseins,

1998; Dezentrie-rung, Überforderung und dialektische Konstruktion der Rechtsperson., in: Bohnert/Gramm/Kindhäuser/Lege/Rinken/Robbers (Hrsg.), Verfassung – Philosophie – Kirche, FS für A. Hollerbach zum 70. Geburtstag, 2001, S. 319 ff.; Rechtsschutz bei faktischer Vollziehung, DÖV 2001, S. 397 ff.; Gemeinwohl in Deutschland, Europa und der Welt, in: Anderheiden/Brugger/Kirste (Hrsg.), 2002; Das Zusammenwirken von Raum- und Bauleitplanungsrecht - dargestellt am Beispiel der Zulässigkeit von Windenergieanlagen, DVBl. 2005, S. 993 ff.; Paternalismus und Recht, in: Anderheiden/Bürkli/Heinig/Kirste/Seelmann (Hrsg.), 2006; Des Menschen Würde: (wieder)entdeckt oder erfunden im Humanismus der italienischen Renaissance?, in: Gröschner/Kirste/Lembcke (Hrsg.), 2008; Einführung in die Rechtsphilosophie, 2010.

Prof. em. Dr. *Hans Hugo Klein*, Richter des Bundesverfassungsgerichts a.D.; ehem. Universitätsprofessor an der Georg-August-Universität Göttingen. 1954 Abitur; 1954 bis 1957 Studium der Rechtswissenschaften an der Ruprecht-Karls-Universität Heidelberg und der Ludwig-Maximilians-Universität München; 1957 Erste und 1961 Zweite Juristische Staatsprüfung; 1961 Promotion; 1961 bis 1963 Regierungsassessor am Landratsamt und am Regierungspräsidium Tübingen; 1963 bis 1967 Wissenschaftlicher Assistent am Lehrstuhl für Öffentliches Recht der Juristischen Fakultät der Ruprecht-Karls-Universität Heidelberg (Prof. Dr. Ernst Forsthoff), 1967 Habilitation; 1969 bis 2001 Inhaber eines Lehrstuhls für Öffentliches Recht an der Georg-August-Universität Göttingen; 1972 bis 1983 Mitglied des Deutschen Bundestages; 1982 bis 1983 Parlamentarischer Staatssekretär beim Bundesminister der Justiz; 1983 bis 1996 Richter des Bundesverfassungsgerichts (Zweiter Senat). *Forschungsschwerpunkte*: Verfassungsrecht und Verfassungsgeschichte. Wichtigste *Veröffentlichungen*: Die Teilnahme des Staates am wirtschaftlichen Wettbewerb, 1968; Bundesverfassungsgericht und Staatsraison, 1968; Die Grundrechte im demokratischen Verfassungsstaat, 1972; Die Rundfunkfreiheit, 1978; Die Reorganisation des Herzogtums Sachsen-Weimar und Eisenach durch die Konstitution vom 26. September 1809, 2001; Das Parlament im Verfassungsstaat, 2006; Zahlreiche Kommentierungen im Grundgesetz-Kommentar von Maunz/Dürig (Hrsg.), Loseblatt.

Prof. Dr. Dr. h.c. *Dieter Langewiesche*, Historisches Seminar, Abteilung für Mittlere und Neuere Geschichte, Eberhard-Karls-Universität Tübingen. Gottfried Wilhelm Leibniz-Preis der Deutschen Forschungsgemeinschaft 1996; Mitglied des Gründungsrektorats der Universität Erfurt 1997–2000; Mitglied des Wissenschaftsrates 1993–1995; Fellow des Wissenschaftskollegs Berlin 1995/1996; Mitglied der Heidelberger Akademie der Wissenschaften. *Forschungsschwerpunkte*: Bürgertum und Liberalismus; europäische Revolutionen 1848; Nation, Krieg; Bildungs- und Universitätsgeschichte; Geschichtstheorie. Ausgewählte *Veröffentlichungen*: Liberalismus in Deutschland, 4. Aufl. 1995 (englische Ausgabe 2000); Nation, Nationalismus, Nationalstaat in Deutschland und Europa, 2000; Liberalismus und Sozialismus. Gesellschaftsbilder, Zukunftsvisionen, Bildungskonzeptionen. Ausgewählte Aufsätze, 2003; Europa zwischen Revolution und Restauration 1815–1849, 5. Aufl. 2007;

Reich, Nation, Föderation. Deutschland und Europa, 2008; Zeitwende. Geschichtsdenken heute, 2008; Staat, Nation und Föderation in der europäischen Geschichte. Gerda Henkel Vorlesung, 2008.

Dr. **Richard Lehmann-Brauns**, Rechtsanwalt, Berlin. Geboren 1980 in Berlin; 2000 bis 2005 Studium der Rechtswissenschaften an der Freien Universität Berlin; 2006 bis 2008 Referendariat in Berlin und Tel Aviv/Israel; Wissenschaftlicher Mitarbeiter bei Univ.-Prof. Dr. iur. habil. Helge Sodan; Promotion zum Dr. iur. an der Freien Universität Berlin 2008; seit Juni 2009 Rechtsanwalt bei ZIRNGIBL LANGWIESER Rechtsanwälte Partnerschaft. *Tätigkeitsschwerpunkt*: Immobilien- und Baurecht. Wichtigste *Veröffentlichungen*: Die Zustimmungsbedürftigkeit von Bundesgesetzen nach der Föderalismusreform, 2008.

Dr. **Sven Leunig**, Akademischer Rat am Institut für Politikwissenschaft der Friedrich-Schiller-Universität Jena. 1990–1996 Studium an der Friedrich-Alexander-Universität Jena; 1998–2001 Geschäftsführer der Stadtverordnetenfraktion von Bündnis 90/Die Grünen in Darmstadt; 2002 Promotion zum Dr. phil. an der FSU Jena; 2003–2004 Lehraufträge u.a. an der Martin-Luther-Universität Halle-Wittenberg, der Otto-von-Guericke-Universität Magdeburg und der Leibniz-Universität Hannover; 2005–2006 Lehrkraft für besondere Angelegenheiten an der FSU Jena; seit 2007 Akademischer Rat an der FSU Jena. *Forschungsschwerpunkte*: deutscher und internationaler Föderalismus; Verfassungspolitik. Wichtigste *Veröffentlichungen*: Verfassungsverhandlungen in Thüringen 1991 bis 1993, 1996; Föderale Verhandlungen. Bundesrat, Bundestag und Bundesregierung im Gesetzgebungsprozess, 2003; Die Regierungssysteme der deutschen Länder im Vergleich, 2007; Handbuch Föderale Zweite Kammern, 2009.

Prof. Dr. Dr. h.c. **Hermann Lübbe**, em. Ordinarius für Philosophie und Politische Theorie an der Universität Zürich. Geboren 1926 in Aurich/Ostfriesland; Studium der Philosophie und mehrerer sozialwissenschaftlicher Disziplinen an der Georg-August-Universität Göttingen, der Westfälischen Wilhelms-Universität Münster und an der Albert-Ludwigs-Universität Freiburg im Breisgau; 1951 Promotion in Freiburg im Breisgau; 1951–1956 Assistententätigkeit an der Johann Wolfgang Goethe-Universität Frankfurt am Main, der Friedrich-Alexander-Universität Erlangen und an der Universität zu Köln; 1956 Habilitation an der Universität Erlangen; 1956–1963 Tätigkeit als Dozent und Professor an den Universitäten Erlangen, Hamburg, Köln und Münster; 1963–1969 Ordentlicher Professor für Philosophie an der Ruhr-Universität Bochum; 1966–1969 Staatssekretär im Kultusministerium des Landes Nordrhein-Westfalen; 1969–1970 Staatssekretär beim Ministerpräsidenten des Landes Nordrhein-Westfalen; 1969–1973 Ordentlicher Professor für Sozialphilosophie an der Universität Bielefeld; 1971–1991 Ordentlicher Professor für Philosophie und Politische Theorie an der Universität Zürich; seit 1991 Honorarprofessor für Philosophie und Politische Theorie an der Universität Zürich; 1975–1978 Präsident der Allgemeinen Gesellschaft für Philosophie in Deutschland. Mitglied der Rheinisch-Westfälischen Akademie der Wissenschaften in Düsseldorf; Mitglied der

Akademie der Wissenschaften und der Literatur zu Mainz; Mitglied der Akademie der Wissenschaften zu Berlin 1987–1990; Mitglied der Berlin-Brandenburgischen Akademie der Wissenschaften; Mitglied des Deutschen P.E.N.; Mitglied der Academia Scientiarum et Artium Europaea. Ernst-Robert-Curtius-Preis für Essayistik 1990; Paracelsusring der Stadt Villach 1993; Freiheitspreis der Max-Schmidheiny-Stiftung an der Hochschule St. Gallen 1993; Hanns Martin Schleyer-Preis der Hanns Martin Schleyer-Stiftung 1995; Großes Verdienstkreuz der Bundesrepublik Deutschland 1996; Ehrendoktorat der Evang.-Theol. Fakultät der Universität München 2000; Reinhold-Schneider-Plakette der Reinhold-Schneider-Gesellschaft 2001; Alfried Krupp Wissenschaftspreis 2004. *Forschungsschwerpunkte*: Wissenschaftstheorie historischer Wissenschaften; Begriffs- und Ideengeschichte; Theorie Zivilisatorischer Evolution; Religionsphilosophie. Auswahl wichtiger *Veröffentlichungen*: Politische Philosophie in Deutschland, 1974; Religion nach der Aufklärung, 2004; Politischer Moralismus. Der Triumph der Gesinnung über die Urteilskraft, 1987; Modernisierungsgewinner. Religion, Geschichtssinn, Direkte Demokratie und Moral, 2004; Die Zivilisationsökumene. Globalisierung kulturell, technisch und politisch, 2005; Modernisierung und Folgelasten. Trends kultureller und politischer Evolution, 1997; Politik nach der Aufklärung. Philosophische Aufsätze, 2001.

Prof. Dr. **Ursula Münch**, Direktorin der Akademie für Politische Bildung Tutzing; Universitätsprofessorin für Politikwissenschaft unter besonderer Berücksichtigung der Innenpolitik und der Vergleichenden Regierungslehre, Institut für Politikwissenschaft, Fakultät für Staats- und Sozialwissenschaften Universität der Bundeswehr München; von 2009 bis Dekanin dieser Fakultät. 1989 Promotion zur Dr. phil. im Fach Politikwissenschaft an der Ludwig-Maximilians-Universität München; 1993 Visiting Assistant Professor an der University of Minnesota, Minneapolis (USA); 1996 Habilitation an der LMU München; 1996–1999 Lehrstuhlvertreterin am Geschwister-Scholl-Institut für Politische Wissenschaft der LMU München; seit 1999 Professorin für Politikwissenschaft an der Universität der Bundeswehr München; 1999–2002 Mitglied der Enquete-Kommission des Bayerischen Landtags „Reform des Föderalismus – Stärkung der Landesparlamente". *Forschungsschwerpunkte*: Föderalismusforschung; politische Strukturen und Prozesse in der Bundesrepublik Deutschland auch im Vergleich mit anderen westlichen Industriestaaten; politikwissenschaftliche Politikfeldanalyse (v.a. Familien-, Bildungs-, Sozial- und Migrationspolitik, politische Auswirkungen des demografischen Wandels). Wichtigste *Veröffentlichungen*: Das föderale System der Bundesrepublik Deutschland, 2010; Freistaat im Bundesstaat. Bayerns Politik in 50 Jahren Bundesrepublik Deutschland, 1999; Regelmäßige Artikel im Jahrbuch des Föderalismus. Föderalismus, Subsidiarität und Regionen in Europa, hrsg. vom Europäischen Zentrum für Föderalismus-Forschung, 2000 ff.; Familien-, Jugend- und Altenpolitik, in: Geschichte der Sozialpolitik in Deutschland seit 1945, hrsg. vom Bundesministerium für Arbeit und Sozialordnung und dem Bundesarchiv, Bd. 2-10, 2001 ff.

Kurzbiografien der Autoren XLI

Prof. Dr. *Julian Nida-Rümelin*, Lehrstuhl für Philosophie IV, Fakultät für Philosophie, Wissenschaftstheorie und Religionswissenschaft, Ludwig-Maximilians-Universität München. Studium der Philosophie und Physik an der LMU München und der Eberhard-Karls-Universität Tübingen; Promotion 1983; Habilitation 1989; Gastprofessur in den USA; Lehrstuhl für Ethik in den Biowissenschaften an der Eberhard-Karls-Universität Tübingen; Nachfolge von Günther Patzig am Lehrstuhl für Philosophie an der Georg-August-Universität Göttingen (1993–2003); 2004–2009 Lehrstuhl für Politische Theorie und Philosophie am Geschwister-Scholl-Institut der LMU München; zum Sommersemester 2009 Wechsel an die philosophische Fakultät der LMU München; 1998–2002 Wechsel in die Politik: Kulturreferent der Landeshauptstadt München, dann Kulturstaatsminister im ersten Kabinett Schröder; Mitglied der Berlin-Brandenburgischen Akademie der Wissenschaften und der Europäischen Akademie der Wissenschaften und Künste. *Forschungsschwerpunkte*: Rationalitätstheorie; normative Ethik und politische Philosophie. Wichtigste *Veröffentlichungen*: Kritik am Konsequentialismus, 1993; Strukturelle Rationalität, 2001; Ethische Essays, 2002; Über menschliche Freiheit, 2005; Demokratie und Wahrheit, 2006; Philosophie und Lebensform, 2009; Die Optimierungsfalle. Philosophie einer humanen Ökonomie, 2011.

Prof. em. Dr. Dres. h.c. *Hans-Jürgen Papier*, Präsident des Bundesverfassungsgerichts a.D.; ehemaliger Inhaber des Lehrstuhls für Öffentliches Recht, insbesondere Deutsches und Bayerisches Staats- und Verwaltungsrecht sowie Öffentliches Sozialrecht, Institut für Politik und Öffentliches Recht, Ludwig-Maximilians-Universität München. Geboren 1943 in Berlin; 1974 bis 1991 Professor an der Universität Bielefeld; 1992 bis 2011 Professor an der LMU München; Februar 1998 bis März 2010 Richter und Vorsitzender des Ersten Senats des Bundesverfassungsgerichts, zunächst Vizepräsident, von April 2002 bis März 2010 Präsident des Bundesverfassungsgerichts; 1991 bis 1998 ehrenamtlicher Vorsitzender der Unabhängigen Kommission zur Überprüfung des Vermögens der Parteien und Massenorganisationen der DDR. *Forschungsschwerpunkte*: Staatsrecht; Verwaltungsrecht; Sozialrecht; Staatshaftung. Wichtigste *Veröffentlichungen*: Die Forderungsverletzung im öffentlichen Recht, Dissertation Berlin, 1970; Die finanzrechtlichen Gesetzesvorbehalte und das grundgesetzliche Demokratieprinzip, Habilitation, 1973; Münchener Kommentar zum BGB (§ 839 – Staatshaftung); Maunz/Dürig, Grundgesetz (Kommentierung von Art. 13, 14 und 34); Merten/Papier (Hrsg.), Handbuch der Grundrechte in Deutschland und Europa.

Priv.-Doz. Dr. *Werner Reutter*, Privatdozent am Institut für Sozialwissenschaften der Humboldt-Universität zu Berlin. Studium der Politik-, Verwaltungs- und Rechtswissenschaft an der Hochschule für öffentliche Verwaltung in Kehl/Rhein sowie in Berlin und London; Dr. phil., Dipl.pol., Dipl.Verww (FH); u. a. Gastprofessor an der Humboldt-Universität zu Berlin, der Rheinischen Friedrich-Wilhelms-Universität Bonn, der University of Minnesota (USA), der Friedrich-Schiller-Universität Jena und der Freien Universität Berlin. Forschungsschwerpunkte: Nationale und internationale Gewerkschaftspolitik; Verbände; Föderalismus; Parlamentarismus;

Verfassungspolitik; politisches System der Bundesrepublik Deutschland. Wichtigste Veröffentlichungen: Föderalismus, Parlamentarismus und Demokratie. Landesparlamente im Bundesstaat, 2008; Reutter/Lorenz (Hrsg.), Ordnung und Wandel als Herausforderungen für Staat und Gesellschaft, FS für Gert- Joachim Glaeßner, 2009; (Hrsg.), Germany on the Road to 'Normalcy' Policies and Politics of the Red-Green Federal Government (1998–2002), 2004; Reutter (Hrsg.), Verbände und Interessengruppen in den Ländern der Europäischen Union 2012 (i. E.); Mielke/Reutter (Hrsg.), Landesparlamentarismus. Geschichte, Struktur, Funktionen, 2012; The Transfer of Power Hypothesis and the German Länder. In Need of Modification, in: Publius, The Journal of Federalism, Vol. 36, 2006, No. 2, S. 277 ff.; Who's afraid of Angela Merkel? The life, political career, and future of the new German chancellor, in: International Journal, Vol. 61,Winter 2005–2006, No. 1, S. 214 ff.

Prof. Dr. *Thorsten Ingo Schmidt*, Lehrstuhl für Öffentliches Recht, insbesondere Staatsrecht, Verwaltungs- und Kommunalrecht, Juristische Fakultät der Universität Potsdam. Habilitation 2004; von 2006 bis 2009 Richter am Verwaltungsgericht Hannover mit mehrfachen Abordnungen zum Niedersächsischen Staatsgerichtshof sowie in die Kommunalverwaltung; seit 2009 Professor an der Universität Potsdam. *Forschungsschwerpunkte*: Staatsorganisationsrecht; Verfassungs- und Verwaltungsprozessrecht; Allgemeines Verwaltungsrecht; Kommunalrecht. Wichtigste *Veröffentlichungen*: Grundpflichten, 1999; Die Geschäftsordnungen der Verfassungsorgane als individuell-abstrakte Regelungen des Innenrechts, in: AöR 128 (2003), 608 ff.; Abschied vom Verwaltungsgewohnheitsrecht, in: NVwZ 2004, 930 ff.; Kommunale Kooperation. Der Zweckverband als Nukleus des öffentlich-rechtlichen Gesellschaftsrechts, 2005; Die Analogie im Verwaltungsrecht, in: Verwaltungsarchiv 2006, 139 ff.; VwGO-Fallrepetitorium, 2007; *Schmidt/Blechschmidt*, Staatsrecht (hrsg. von Starck), 2. Auflage 2008.

Prof. Dr. *Edzard Schmidt-Jortzig*, Bundesminister der Justiz a.D.; ehemals Lehrstuhl für Öffentliches Recht, Rechtswissenschaftliche Fakultät der Christian-Albrechts-Universität Kiel. Jurastudium; beide Staatsexamina; Promotion; Kommunaljurist; Habilitation an der Georg-August-Universität Göttingen; 1977 Ruf an die Westfälische Wilhelms-Universität Münster; von 1982 bis zur Entpflichtung und Pensionierung (2007) Universitätslehrer an der Christian-Albrechts-Universi-tät Kiel und im Nebenamt Richter an verschiedenen Obergerichten; 1994–2002 Abgeordneter des Deutschen Bundestages mit diversen Kommissionszugehörigkeiten; Januar 1996 bis Oktober 1998 Bundesminister der Justiz; u. a. 2003–2006 Sachverständiges Mitglied in der „Föderalismuskommission I"; Vorsitzender verschiedener Stiftungsräte, Organisationen und Gremien (u.a. Deutscher Ethikrat, Deutsche Stiftung Eigentum). *Forschungsschwerpunkte*: Staatliches Organisationsrecht (Kommunale Selbstverwaltung, Bundesstaatlichkeit, Parlamentarismus); Recht und Ethik. Wichtigste *Veröffentlichungen*: Kommunale Organisationshoheit, 1979; Die Einrichtungsgarantien der Verfassung, 1979; Kommunalrecht, 1982; Rechtsfragen der Biomedizin, 2003; Missverständnisse bezüglich des parlamentarischen Regierungssystems, 2003; Reformbedürftigkeit des deutschen Föderalismus, 2005; „Menschenwürde" als Zauberwort der öffentlichen Debatte, 2008.

Prof. Dr. **Gunnar Folke Schuppert**, Inhaber der Forschungsprofessur „Neue Formen von Governance" am Wissenschaftszentrum Berlin (WZB) für Sozialforschung (emeritiert seit 1.10.2011). Seit 1979 Professuren für Staats- und Verwaltungswissenschaft, insbesondere Staats- und Verwaltungsrecht an den Universitäten Hamburg und Augsburg sowie der Humboldt-Universität zu Berlin; seit 2003 Forschungsprofessur „Neue Formen von Governance am Wissenschaftszentrum Berlin für Sozialforschung (WZB); 2008 Gründung des WZB Rule of Law Center, dessen Geschäftsführender Direktor bis 31.12.2011. *Forschungsschwerpunkte*: Staats- und Verwaltungswissenschaften. Wichtigste *Veröffentlichungen*: Verwaltungswissenschaft, 2000; Staatswissenschaft, 2003; Politische Kultur, 2008; Staat als Prozess, 2009.

Prof. Dr. **Christian Starck**, em. o. Prof, Dr. iur. utr., Lehrstuhl für Öffentliches Recht, Georg-August Universität Göttingen. Promotion 1963; Assessor 1964; Habilitation für Öffentliches Recht und Rechtsphilosophie an der Julius-Maximilians-Universität Würzburg 1969; seit 1971 o. Professor für Öffentliches Recht an der Georg-August-Universität Göttingen; dort 1976/1977 Rektor; o. Mitglied der Akademie der Wissenschaften seit 1982; 1978 bis 1992 Mitglied des Fernsehrates des ZDF; 1991 bis 2000 Vorsitzender des Beirates ARTE Deutschland; 1990/1991 Mitglied des Wissenschaftskollegs Berlin; 1991 bis 2006 Richter des Niedersächsischen Staatsgerichtshofs; Mitglied des Exekutivkomitees der International Association of Constitutional Law 1981 bis 2004, seitdem Ehrenpräsident; 1998 und 1999 Vorsitzender der Vereinigung der Deutschen Staatsrechtslehrer; 2003 bis 2007 Präsident der Societas Iuris Publici Europaei, seitdem Ehrenpräsident; Emeritierung 2005; seit 2008 Präsident der Akademie der Wissenschaften zu Göttingen. Wichtigste *Forschungsschwerpunkte*: deutsches und ausländisches Verfassungsrecht (einschl. Landesverfassungsrecht); Staat und Kirche; Staats- und Verfassungstheorie. Wichtigste *Veröffentlichungen*: Der Gesetzesbegriff des Grundgesetzes, 1970 (spanisch 1978); *v. Mangoldt/Klein/Starck* (Hrsg. seit der 3. Aufl. 1985), Kommentar zum Grundgesetz, 6. Aufl. 2010, Kommentierung der Präambel und der Art. 1–5; La Constitution, cadre et mesure du droit, 1994; Praxis der Verfassungsauslegung, 1994, Bd. II 2006; Der demokratische Verfassungsstaat, 1995; Freiheit und Institutionen, 2002; Verfassung. Entstehung, Auslegung, Wirkungen und Sicherung, 2009.

Dr. **Hans-Joachim Stelzl**, Staatssekretär und Direktor beim Deutschen Bundestag a.D. 1970 Erste Juristische Staatsprüfung; 1973 Zweite Juristische Staatsprüfung; 1973 Promotion zum Dr. jur.; 1973–1974 Regierungsrat z.A.; 1974–1976 Wissenschaftlicher Mitarbeiter im Ausschuss für Bildung und Wissenschaft des Deutschen Bundestages; 1976–1983 Persönlicher Referent des Präsidenten des Deutschen Bundestages; 1983–1986 Leiter des Organisationsreferates in der Bundestagsverwaltung; 1986–1991 Leiter des Personalreferates in der Bundestagsverwaltung;

1991–1992 Leiter der Unterabteilung Zentrale Technische Dienste, Allgemeine Verwaltung in der Bundestagsverwaltung; 1992–1996 Leiter der Verwaltung der CDU/CSU-Bundestagsfraktion; 1996–1998 Leiter der Wissenschaftlichen Dienste des Deutschen Bundestages; 1998–2006 Leiter der Zentralabteilung und Stellvertretender Direktor; 2006 Direktor beim Deutschen Bundestag; 2008–2010 Staatssekretär und Direktor beim Deutschen Bundestag; Träger des Verdienstkreuzes 1. Klasse des Verdienstordens der Bundesrepublik Deutschland. Interessensschwerpunkte: Verfassungsrecht, Parlamentsrecht, Staats- und Verwaltungsorganisationrecht, Allgemeines Verwaltungsrecht, Verwaltungsverfahrensrecht.

Prof. Dr. **Roland Sturm**, Lehrstuhl I, Institut für Politische Wissenschaft, Friedrich-Alexander-Universität Erlangen-Nürnberg. Studium der Politischen Wissenschaft, Anglistik und Geschichte an der Freien Universität Berlin, der Ruprecht-Karls-Universität Heidelberg, der University of Sheffield (UK) und der Stanford University (USA); Promotion zum Dr. phil. und Habilitation an der Ruprecht-Karls-Universität Heidelberg; 1991 Professor an der Eberhard-Karls-Universität Tübingen; seit 1996 Ordinarius an der Friedrich-Alexander-Universität Erlangen; Gastprofessuren an der University of Washington, Seattle (USA), 1992 und an der Peking Universität (VR China), 2007; Geschäftsführender Vorstand des Zentralinstituts für Regionenforschung der Friedrich-Alexander-Universität Erlangen-Nürnberg. *Forschungsschwerpunkte*: Vergleichende Politikwissenschaft, Vergleichende Politikfeldforschung, Politische Ökonomie, Europäische Integration, Bundesrepublik Deutschland. *Veröffentlichungen*: Haushaltspolitik in westlichen Demokratien, 1986; Die Industriepolitik der Bundesländer und die europäische Integration, 1991; Public Deficits, 1999; Politik in Großbritannien, 2009; Sturm/Dieringer (Hrsg.), Regional Governance in EU-Staaten, 2010; Müller/Sturm, Wirtschaftspolitik kompakt, 2010; Oberhofer/Sturm (Hrsg.), Koalitionsregierungen in den Ländern und Parteienwettbewerb, 2010; Jesse/Sturm (Hrsg.): Bilanz der Bundestagswahl, 2010; Föderalismus, 2010; Jesse/Strohmeier/Sturm (Hrsg.): Europas Politik vor neuen Herausforderungen, 2011; Gagnon/Sturm (Hrsg.): Föderalismus als Verfassungsrealität, 2011; Sturm/Pehle: Das neue deutsche Regierungssystem, 2012.

Prof. Dr. **Siegfried Weichlein**, Europäische und Schweizerische Zeitgeschichte, Departement für Zeitgeschichte, Universität Fribourg (Schweiz). 1981–1988 Studium der Geschichte, katholischen Theologie und Philosophie an der Albert-Ludwigs-Universität Freiburg, der Hebräischen Universität Jerusalem und der Eberhard-Karls-Universität Tübingen; 1992 Promotion „Sozialmilieus und politische Kultur in der Weimarer Republik"; 1992–1999 Wissenschaftlicher Assistent an der Humboldt-Universität zu Berlin; 2002 Habilitation „Nation und Region. Integrationsprozesse im Bismarckreich"; 2006 Professor für Europäische und Schweizerische Zeitgeschichte an der Universität Fribourg (Schweiz). *Forschungsschwerpunkte*: Nationalismusforschung; Föderalismusforschung; Parteienforschung; Geschichte der Arbeiterbewegung; Moderne Religionsgeschichte; Politik- und Sozialgeschichte des 19. und 20. Jahrhunderts. Wichtigste *Veröffentlichungen*: Sozialmilieus und politische Kultur in der Weimarer Republik. Lebenswelt, Vereinskultur, Politik in Hessen, Kritische Studien zur Geschichtswissenschaft, Bd. 115, Dissertation 1996; Nation und Region. Integrationsprozesse im Bismarckreich, Beiträge zur Geschichte des Parlamentarismus und der politischen Parteien, Bd. 137, Habilitation 2004, 2. Aufl. 2006; Nationalbewegungen und Nationalismus in Europa, Geschichte Kompakt, 2006; „Qu'est-ce qu'une Nation?" Stationen der deutschen statistischen Debatte um Nation und Nationalität in der Reichsgründungszeit, in: v. Kieseritzky/Sick (Hrsg.), Demokratie in Deutschland. Chancen und Gefährdungen im 19. und 20. Jahrhundert, Historische Essays, 1999, S. 71 ff.; Der Apostel der Deutschen. Die konfessionspolitische Konstruktion des Bonifatius im 19. Jahrhundert, in: Blaschke (Hrsg.), Konfessionen im Konflikt. Deutschland zwischen 1800 und 1970: ein zweites konfessionelles Zeitalter, 2002, S. 155 ff.; Milieu und Mobilität. Generationelle Gegensätze in der gespaltenen Arbeiterbewegung der Weimarer Republik, in: Schönhoven/Braun (Hrsg.), Generationen in der Arbeiterbewegung, Schriftenreihe der Stiftung Reichspräsident-Friedrich-Ebert-Gedenkstätte, Bd. 12, 2004, S. 165 ff.; Europa und der Föderalismus. Zur Begriffsgeschichte politischer Ordnungsmodelle, in: Historisches Jahrbuch 125 (2005), S. 133 ff.; Nationalismus und Nationalstaat in Deutschland und Europa. Ein Forschungsüberblick, in: Neue Politische Literatur 51 (2006), Heft 2/3, S. 265 ff.

Prof. Dr. *Fabian Wittreck*, Universitätsprofessor für Öffentliches Recht, Rechtsphilosophie und Rechtssoziologie an der Westfälischen Wilhelms-Universität Münster. Geboren 1968; Studium der Rechtswissenschaften und der Kath. Theologie an der Julius-Maximilians-Universität Würzburg; dort auch 2001 Promotion (bei Hugo J. Hahn) und 2005 Habilitation (bei Horst Dreier); seit 2007 Inhaber der Professur für Öffentliches Recht an der Westfälischen Wilhelms-Universität Münster; Vertrauensdozent der Studienstiftung des Deutschen Volkes; Mitglied im Kuratorium von Mehr Demokratie e.V. *Forschungsschwerpunkte*: Mittelalterliche Rechtsphilosophie; Naturrechtslehren; Verfassungsgeschichte; Landesverfassungsrecht; Gerichtsverwaltung. Wichtigste *Veröffentlichungen*: Geld als Instrument der Gerechtigkeit. Die Geldrechtslehre des Hl. Thomas v. Aquin in ihrem interkulturellen Kontext, 2002; Weimarer Landesverfassungen. Die Verfassungsurkunden der deutschen Freistaaten 1918–1933, Textausgabe mit Sachverzeichnis und einer Einführung, 2004; Die Verwaltung der Dritten Gewalt, 2006; Wittreck/Dreier (Hrsg.), Grundgesetz. Textausgabe mit sämtlichen Änderungen und andere Texte zum Verfassungsrecht, 2006; Nationalsozialistische Rechtslehre und Naturrecht – Affinität und Aversion, 2008; Interaktion religiöser Rechtsordnungen – Rezeptions- und Translationsprozesse dargestellt am Beispiel des Zinsverbots in den orientalischen Kirchenrechtssammlungen, 2009; Jahrbuch für direkte Demokratie (Mithrsg.), Bd. 1: 2010, Bd. 2: 2011, Bd. 3: 2012; Volks- und Parlamentsgesetzgeber – Konkurrenz oder Konkordanz?, 2012 (Hrsg.).

Teil I
Prolog: Einleitungs-Essays

Alte und neue Föderalismuswelten

Ines Härtel

Inhalt

A. Zwischen Nachtwächter- und Zentralstaat: Föderalismus als „tertium datur" 3
B. Föderalismus als gliedernde Organisationsform der Freiheit 4
C. Vielfalt in Einheit: Kooperativer Föderalismus 6
D. Historische Reminiszenzen: Pfadabhängigkeiten und Kontinuitätsbrüche 8
E. Paradigmenwechsel: Die doppelte Geburt des demokratischen Föderalismus 10
F. Engeres und weiteres Föderalismusverständnis 12
G. Föderalismus als zu bestimmender Politik- und Rechtsbegriff..................... 15
H. Eine entfaltete moderne Philosophie des Föderalen – Derivat wissenschaftlicher Forschung 18
I. Duale Strukturvarianten des praxisbezogenen Föderalismus 19
J. Die alten und die neuen Föderalismuswelten 21

A. Zwischen Nachtwächter- und Zentralstaat: Föderalismus als „tertium datur"

„Ist der Staat schwach, gehen wir unter; ist der Staat stark, erdrückt er uns" – so die weitreichende Einsicht des französischen Dichters *Paul Valery*. Beides sind zwar erfahrbare Möglichkeiten, augenscheinlich aber keine erstrebenswerten Alternativen. Haben wir wirklich nur die Möglichkeit der Wahl zwischen einem (an *Hobbes* erinnernden) Kampf aller gegen alle angesichts eines aufgabenreduzierten schwachen Nachtwächterstaates oder den Freiheitsräume erstickenden, alles von oben reglementierenden übermächtigen Zentralstaat? Weder das eine noch das andere ist das, was die moderne, Freiheit mit Gerechtigkeit, Recht mit Demokratie, Staat mit Verfassung verbindende Gesellschaft zur Grundlage machen kann. Wie aber kann man die maßvolle Mitte ausmachen zwischen zu schwachem und zu starkem Staat? Wie kann man in der Staatsorganisation eine sinnvolle und tragfähige, allerdings auch immer wieder neu herzustellende Balance finden zwischen den unterschiedlichen,

1

I. Härtel (✉)
Lehrstuhl für Öffentliches Recht, Verwaltungs-, Europa-, Agrar- und Umweltrecht,
Direktorin des Instituts für Berg- und Energierecht, Juristische Fakultät,
Ruhr-Universität Bochum, Universitätsstr. 150, 44801 Bochum, Deutschland
E-Mail: LS-Haertel@rub.de

kleinen und größeren Kräften? Oder anders: Wie kann man einen starken Staat schaffen und ihn doch sicher durch Machtteilung kontrollieren? Wie kann man eine starke Gesellschaft staatlich ordnen und zugleich ihre Freiheitsräume sichern? Wie kann man eine starke Demokratie durch mehr gegliederte Teilhabe schaffen und dabei die allgemeine Handlungsfähigkeit bewahren? Wie kann man die Mitte finden zwischen staatlicher Macht von oben und partizipatorischer Verantwortungsteilhabe von unten, individuellen Lebensweisen in selbständigen Lebenskreisen und dem regulativen Gemeinwohl für alle, der räumlich gesicherten Existenz kleinerer Einheiten und der größeren, umfassenderen Gemeinschaft, zwischen dem Bund und den Ländern, und auch zwischen der Sicherung kreativer Vielfalt und umgreifender kraftvoller Einheit? Die Antwort auf diese Fragen heißt: Föderalismus.

2   Es ist ein Föderalismus der neuen, auf Freiheit gründenden demokratischen Welt, die die Formen, Fesseln und Fassaden der alten Föderalismuswelt, welche in Europa und in Deutschland monarchisch-dynastisch strukturiert war, hinter sich gelassen hat. Der demokratische Föderalismus ist insofern ein Kind der sich entfaltenden demokratischen Moderne. Sein Geburtsort ist die Gründung der Vereinigten Staaten von Amerika, wo sich die Einzelstaaten nach langem, intensiven Diskussionsprozess 1787 zu einem Bund auf der Basis eines dualen Föderalismus zusammengeschlossen haben. Dieser Bundesstaat war ein moderner, freiheitlicher Föderalismus weniger der Machtteilung (das auch) als vielmehr der Machtgründung und Machtsteigerung durch den Bund, in dem die Gliedstaaten zugleich ihre vielfache Eigenständigkeit und Autonomie behielten.

B. Föderalismus als gliedernde Organisationsform der Freiheit

3   Der Föderalismus selbst ist älterer Natur. Vor allem im antiken Griechenland findet sich eine Vielzahl von Bündnissen auf Gegenseitigkeit, die trotz der Hegemonie mancher Städte Merkmale des Föderalismus aufwiesen. Oft bildeten mehrere Städte/Stadtstaaten einen Bund, so beispielsweise der pyläisch-delphische Bund, der peloponnesische Bund, der Delisch-Attische (See-)Bund, der korinthische Bund, der gesamtarkadische Bund, der Achaier-Bund und andere mehr. Auch wenn bei manchen die Gründung eines Bundes in der Abwehr von akuten Machtansprüchen und Kriegsgefahren lag, war immer wesentlicher „Hauptzweck der Föderation die Absicherung der (eigenen) Autonomie und Freiheit zu einem möglichst geringen Preis" (*Doukellis*). Das föderalistische Bündnis diente der Sicherung der Freiräume der polis, der Stadt/des Staatswesens – Autonomiesicherung durch Autonomieabgabe. Die Gründung eines Bundes zum Zwecke der Bewahrung der eigenen Autonomie und der wirtschaftlichen, gesellschaftlichen und politischen Handlungsfreiheit fußte auf der Zusammenlegung der einzelnen zu gemeinsamen Ressourcen. Dieses bewirkte eine Steigerung von Macht. Dabei behielten die kleineren Einheiten, die verschiedenen Städte und ihr regionales Umfeld, einerseits ihre ihnen besonders wichtige Eigenständigkeit, waren aber andererseits in dem gemeinsamen Bund in eine Unterstützungsstruktur und einen verbindlichen Verhaltenskodex eingebunden – et vice versa. Auf diese Weise wurde zugleich auch gegenseitige Machtkontrolle ausgeübt.

So lassen sich bereits im antiken Griechenland wichtige Elemente des Föderalismus herauskristallisieren. Die verklammerte Zwei-Ebenenstruktur von der größeren Einheit des Bundes und den kleineren, eigenständig bleibenden Einheiten, die Machtsteigerung und gleichzeitige Machtkontrolle und die dadurch gesicherten kleineren oder größeren Freiheitsräume sind, bei allen differenten historischen Entfaltungsweisen, zentrale Kennzeichen eines sich dann sukzessive politisch, rechtlich und territorial entfaltenden Föderalismus. Im Laufe der zeithistorischen Genese wurde unter dem Vorzeichen des Föderalen das Kleinbündische zum großen staatsbezogenen Bund (als Staatenbund – Bundesstaat – Staatenverbund), die kleinteiligen Stadtstaaten entwickelten sich zum Territorialstaat der Neuzeit, das gegebene Wort (Bundversprechen) wurde über den Konstitutionalismus zur Rechte garantierenden Verfassung, die kleinbündische Mitbestimmung zur föderal geordneten (bundesstaatlichen) parlamentarischen Demokratie. Diese historische Perspektive zeigt, so der Historiker *Nipperdey*: „Föderalismus ist kein statischer, sondern ein dynamischer Begriff: Er beschreibt nicht primär einen rechtlich fixierten Zustand, sondern einen Prozess, eine Bewegung, in der sich zwischen Einheit und Vielfalt ständig neu wechselnd (...) Gleichgewichtslagen herstellen".

Mit anderen Großbegriffen der Politischen Philosophie und des Staatsrechts teilt der Föderalismus eine gewisse semantische Unschärfe und muss daher definiert beziehungsweise ausgelegt werden. In grundsätzlicher Betrachtung erweist sich der Föderalismus als eine politisch-rechtliche und territorial gliedernde Organisationsform der Freiheit und darin als ein gesellschaftlicher, vor allem aber staatlich bezogener Ordnungsgedanke. Freiheit braucht immer auch Verortung, Gehäuse, Anknüpfungsmöglichkeiten und Bezugspunkte – dieser Grundgegebenheit in Hinblick auf reale Entfaltung eines abstrakten Prinzips kommt der Föderalismus entgegen. Zugleich weist diese Freiheit gliedernde Ordnungsidee eine hohe Variabilität auf. Sie kann sich auf unterschiedliche wirtschaftliche wie gesellschaftliche Gebilde und nationale wie staatliche Zustände beziehen, sie kann institutionell konservativ und in den politisch-rechtlichen Praktiken dynamisch sowie in der Problemverarbeitung progressiv sein, sie kann verschiedene historische Zeitprägungen miteinander in der Gegenwart verbinden und dabei offen für die Zukunftsdimension neuer föderaler Entwicklungen (wie der Europäischen Union) sein.

Die freiheitsbezogene föderale Ordnungsidee scheint in der „postnationalen Konstellation" (*Habermas*) sogar Zukunftsenergien freizusetzen mit dem Gedankenexperiment eines weltweiten föderalen Gefüges neuen Typs: einer Art nicht(national)staatlicher föderaler Weltrepublik (*Höffe*), oder auch der „realistischen Utopie" eines gestuften Weltgesellschaftsvertrags für eine Konföderation von Völkern (*Rawls*). Auch wenn diese Vorstellungsweisen im Rahmen der neuen demokratischen Föderalismuswelt Zukunftsdiskursen Raum geben, ohne aktuellen Umsetzungs- und Verwirklichungsgehalt zu besitzen, ist doch zu konstatieren, dass der Föderalismus Attraktivität besitzt und eine Reihe von Staaten der Welt sich danach ausgerichtet hat.

Zwar gehört der Föderalismus in den ursprünglichen, grundlegenden Wertebestand des „Westens" (also vor allem USA und Europa), ist aber mögliche Staatsorganisationsform in toto oder in parte für die internationale und inzwischen globale Staatenwelt insgesamt. Diese zentralen Werte und Prinzipien des Westens wie Menschenwürde und Menschenrechte, Freiheit, Gerechtigkeit, Friede, Sozial- und Rechtsstaat, Volkssouveränität und Demokratie, zu denen man auch den machtteilenden, machtgründenden und machtsteigernden Föderalismus zählen kann, haben ihren rechtlich bindenden Ausdruck nicht zuletzt im modernen Verfassungsstaat, vor allem in Europa, gefunden. In der deutschen Bundes-Republik sind diese Werte, Prinzipien und Rechte im Grundgesetz in Art. 1 bis Art. 20, der Föderalismus dort in Form des Bundesstaates, verankert. In Europa sind einige andere Staaten dem bundesstaatlichen Prinzip unter Anpassung an eigene historische Gegebenheiten gefolgt. In anderen wiederum hat der hoheitliche Föderalismus zwar nicht in der gleichen Weise seinen Niederschlag gefunden und zu bundesstaatlichen Regelungen geführt. Aber man kann durchaus der Meinung sein, dass die Kräfte des Föderalismus, die auf größere Eigenständigkeit von Teilen im Gesamten drängen und so gegliederte Freiheitsräume mit mehr Bezügen ermöglichen, auch in Zentral- oder Einheitsstaaten in mehr oder weniger verborgener Weise ihre Wirkung entfalten – hier vor allem in Form der Bestrebungen zu mehr Dezentralisation, Devolution oder Autonomie.

8   Der Sinn von Föderalismus ist Freiheit durch organisierte Gliederung. Föderalismus als Idee (als geistiges Prinzip) und als politisch-rechtliche Praxis zielt auf eine spezifische Organisation der Freiheitsermöglichung, Freiheitsentfaltung und Freiheitssicherung in den lebensweltlichen Räumen und staatlichen Gebilden. Diese Form der Organisation von Freiheit besteht in der gegliedert zusammengefügten oder sich zusammenfügenden Gedoppeltheit der Ebenen von kleineren, selbständigeren Einheiten und größerer, integrierender Einheit. Sie erscheint als umfassender, wirkmächtiger Bund unter Wahrung der Eigenständigkeit und Eigentümlichkeit der kleineren Einheiten (Länder). Auf diese Weise werden gegliederte, gestufte Freiheitsräume etabliert, die die beiden Grundrichtungen der Freiheit – „Freiheit von" und „Freiheit zu" – in beiderseitigen Entwicklungs- wie Verantwortungsbezügen vereinen und so auch beiderseitige umfassendere Teilhabe ermöglichen. Diese Gliederung von Freiheitsräumen bedeuten Schutz, Ermöglichung und Entfaltung des Eigenständigen und ist damit gegen zentralistisch-überwältigende, nivellierend-uniforme Tendenzen gerichtet.

C. Vielfalt in Einheit: Kooperativer Föderalismus

9   Dieses jeweilige „aufeinander-Verwiesen-sein" ist das Gegenteil eines isolierten Nebeneinander. Es darf nicht aufgelöst werden in eine einseitige, überhöhte bundesstaatliche Dominanz – selbst der unitarische Bundesstaat bewahrt letztlich die föderale Struktur. Es darf aber auch nicht auf die Seite der Länder reduziert werden – „Föderalismus ist Ländersache und bedeutet Stärkung der Länder" –, wie man mitunter in Deutschland hört. Föderalismus – und das ist einer seiner Vorzüge – hat gerade das Zusammenbringen von Bund und Ländern, der „Vielfalt in Einheit" zur Grundlage, und damit die Integration der selbständig bleibenden Teile zu einem

Ganzen als Bund. Deswegen ist Koordination und Kooperation auf der Basis geteilter Verantwortung in allen Formen des Föderalismus notwendig und die bevorzugte Handlungsform – der kooperative Föderalismus ist sozusagen die Normalform. Diese Kooperation ist nicht nur dynamischer Natur, sie kann auch je nach Organisation und Ausformung des politisch-rechtlichen Systems in einzelnen Staaten deutlich unterschiedliche Grade annehmen, beispielsweise als lose Verkopplung oder als starke Verdichtung.

Gerade in Deutschland ist der kooperative Föderalismus durch die enge Zusammenarbeit und Abstimmung von Bund und Ländern sowie der Länder untereinander sehr ausgeprägt. Dieser kooperative Verbundföderalismus wird durch die starke Stellung von Regierung und Exekutive (Exekutivföderalismus) gestärkt: Zum einen ist gemäß Art. 30 i. V. m. Art. 83 GG die Umsetzung der Gesetze, der Gesetzesvollzug, traditionell dominante Aufgabe der Länder und damit der Länderverwaltung. Zum anderen ist auch der Bundesrat, der Länderinteressen vertreten soll, gemäß Art. 51 GG durch die Exekutive (Länderregierungen) bestimmt. Hinzu kommt, dass zwar die völkerrechtliche Souveränität bei dem – die Länder als nicht-souveräne Gliedstaaten umfassenden – Bundesstaat liegt, aber weder die Bundesebene noch die Länderebene über eine unbeschränkte Regelungsmacht verfügen. Auch dadurch wird der Drang zu beiderseitiger Kooperation, fairer Zusammenarbeit und letztlicher Verständigung verstärkt. Dieser starke kooperative Föderalismus führt zwar auch zu einigen Problemen, die unter anderem unter den Stichworten „Politikverflechtung(sfalle)" und in Verbindung mit dem föderalen Parteienwesen als „Strukturbruchthese" diskutiert werden. Aber bei allen Unzulänglichkeiten und Problemen ist doch darauf hinzuweisen, dass letztlich durch dieses kooperative Korsett die Bundesstaatlichkeit und damit die föderal gestuften Freiräume gesichert werden.

Als Bestandteil des politischen Systems ist der kooperative Föderalismus als Bundesstaat ein auf spezifische Weise Freiheit sicherndes und Freiheit entfaltendes Strukturprinzip der parlamentarischen Mehrebenen-Demokratie und rechtlich ein in der Verfassung verankertes Staatsprinzip. Sieht man die Länder nicht nur als kleinere, demokratisch-rechtlich organisierte Einheiten mit Staatsqualität im Bund mit dem Gesamtstaat, sondern in anderer Perspektive zugleich als territoriale Einheiten, zeigt sich der Föderalismus als raumbezogene, räumlich gegliederte Organisation von Freiheit. In beiderlei Richtung bedeutet der Länderföderalismus Ausdruck, Bezugspunkt wie Umgrenzung von Räumen der Vielfalt und des Eingebundenseins in spezifische, oft auch historisch geprägte Regionalitätsstrukturen und sozialmoralische Milieus. Föderalismus in seiner bundesstaatlichen Erscheinungsweise der Länder ist ein Ort der Ermöglichung, Entfaltung und Sicherung von kreativen Herangehensweisen wie von Lösungen, Eigentümlichkeiten, Besonderheiten und eigenständiger Lebensweisen in lokalen, regionalen und überregionalen Bezügen. Als politisch-rechtliche wie raumbezogene Freiheitsorganisation besitzt der Bundesstaat in Form seiner Länder damit eine eigene Freiheitsqualität.

D. Historische Reminiszenzen: Pfadabhängigkeiten und Kontinuitätsbrüche

12 Die heutige Gestalt des deutschen Bundesstaates baut als Staatsorganisationsform auf längeren historischen Traditionslinien auf. In der Tat wird Deutschland neben den Vereinigten Staaten von Amerika oder der Schweiz als eines der urföderalen Länder angesehen. *Loewenstein* wies in seiner Verfassungslehre darauf hin: „Wer den Föderalismus in seinem letzten Raffinement studieren will, muss sich an Deutschland halten, das ihn seit Jahrhunderten praktiziert". *Lehmbruch* ist dabei sogar der Ansicht, die „Widerständigkeit der bundesstaatlichen Strukturen gegen Optimierungsversuche" läge daran, dass „die deutsche Föderalismusproblematik durch entwicklungsgeschichtliche Weichenstellungen bestimmt ist, die sich nicht leicht korrigieren lassen". Das bezieht sich vor allem auf den längeren historischen Entwicklungspfad der föderalen-bundesstaatlichen Institutionen, der alten Föderalismuswelt.

13 In der Tat haben sich föderale Strukturen zwischen Ländern und Bundesebene und eine föderale Doppelstaatlichkeit historisch frühzeitig herausgebildet. Schon seit dem Mittelalter waren die deutschen Lande herrschaftlich aufgeteilt zwischen den dominierenden, einflussreichen Landesfürsten und dem von ihnen gewählten König/Kaiser (zentrale Reichs- oder Bundesebene). Sukzessive bildeten sich dann die zentralen Reichsinstitutionen aus. Dazu gehörten die Reichsgerichtsbarkeit und auch die Länderkammer. So entwickelte sich aus den seit dem 12. Jahrhundert bestehenden Hoftagen die Versammlung/Vertretung der Reichsstände und daraus im 16. Jahrhundert – nach dem Westfälischen Frieden – als eine Art der Länderrepräsentation der Immerwährende Reichstag 1663 (als Gesandtenkongress) in Regensburg. Dieser wurde erst im Zuge der Entwicklung zur Neuordnung Europas 1806 wie das gesamte Heilige Römische Reich Deutscher Nation aufgelöst. In dieser Zeit entwickelte sich in Deutschland – anders als in den Zentralstaaten wie Frankreich oder Spanien – der neuzeitliche Territorialstaat mit seiner ausgebauten Verwaltung statt als Einheit in der speziellen Form kleinerer und größerer deutscher Staaten unter dynastischer Herrschaft. Vielfalt größerer und kleiner Herrschaftsgebiete und eine föderale Teilung der Herrschaftsgewalt, die allerdings nicht immer ausgewogen war und dynastisch-monarchisch blieb, kennzeichneten die Entwicklung neuzeitlicher territorialer Staatsstrukturen in Deutschland.

14 Auch die Verfassungsbewegung, der Konstitutionalismus, nahm in den deutschen Groß-, Mittel- und Kleinstaaten eine unterschiedliche Entwicklung. Es war, so *Johannes Burkhardt*, eine „Staatsbildung im Plural". Als Kleinstaaterei wurde dieses vor allem von der liberalen Nationalbewegung bekrittelt, die auf ein (national-) staatlich geeintes und demokratisch verfasstes Deutschland aus war. Aber gerade diese föderalstrukturelle Entwicklung fürstlicher „Kleinstaaterei" bewirkte den großen Schub kulturellen Reichtums, künstlerischer Buntheit und Fülle, die Deutschland bis heute kennzeichnet wie auszeichnet. Resultat ist, dass es kein weiteres Land auf der Welt gibt mit einer solchen territorialen Dichte an Opern, Musikphilharmonien, Literaturhäusern, Theatern, Bibliotheken, Kunstausstellungsräumen, Kleinbühnen und Stadthallen.

Ab dem 17. Jahrhundert dominierten die beiden zu europäischen Großmächten aufgestiegenen Staaten Österreich und Preußen mit ihrer jeweiligen Machtpolitik die deutschen Territorien. Die Reichsinstitutionen waren dadurch dem Niedergang ausgesetzt, das Alte Reich zerfiel. Nach dem Rheinbund setzte der Deutsche Bund nach 1815 die föderale Traditionslinie in modernisierter Weise mit durch die Reichsflurbereinigung vergrößerten Territorialstaaten fort. Die Revolution von 1848/1849, in der die Paulskirchenverfassung der Frankfurter Nationalversammlung den deutschen Partikularismus überwinden wollte zugunsten eines geeinten und freien Nationalstaates auf der Basis eines „hierarchischen Föderalismus" (*Funk*), scheiterte an gegenrevolutionären monarchischen (Kriegs-)Kräften. In der Folge wurden die weiteren Auseinandersetzungen um Nation, konstitutionelle Fürstenherrschaft, (parlamentarische) Demokratie und Föderalismus durch den Machtkampf zwischen Österreich und Preußen um die Hegemonie bestimmt. Mit der Bildung des Norddeutschen Bundes 1866 steuerte die historische Entwicklung auf die bundesstaatliche Gründung des Deutschen Reiches 1870/1871 zu. Das nationalstaatlich geeinte deutsche Kaiserreich beruhte zwar institutionell auf föderaler Grundlage mit dem zentralen Verfassungsorgan des Bundesrates, aber es war durch Preußens Vormachtstellung ein monarchisch-hegemonialer Bundesstaat. Dieser ging infolge des ersten Weltkrieges und der Revolution von 1918/1919 unter.

Der Weimarer Bundesstaat brachte über die Rechts- und Wirtschaftseinheit hinaus die parlamentarische Demokratie, war aber beladen mit vielfältigen Hypotheken. Die Pfadbezogenheit des deutschen Föderalismus kam auch hier zum Tragen. Der Verfassungsgeber der Weimarer Republik entschied sich wieder für den Bundesstaat. Dieser wurde in Ablehnung des „obrigkeitlich-konstitutionellen Föderalismus" (*Nipperdey*) des deutschen Kaiserreichs, aber auf der Grundlage des föderalen Verhandlungs- und Verbundsystems weiter in eher unitarischer Richtung gehandhabt und gestaltet. Die früheren Staaten wurden zu Bundesländern mit einem gewissen Maß an Eigenständigkeit und dem Reichsrat als ihr Vertretungsorgan. Auch die Finanzverfassung bewegte sich in den historisch vorgezeichneten Pfaden, wobei aber der Länderfinanzausgleich in der Weimarer Republik als Errungenschaft betrachtet wurde. Der Staatsstreich vom 20. Juli 1932 mit der Einführung der Präsidialkabinette und dann die Machtergreifung Hitlers mit seiner Ernennung zum Reichskanzler am 30.1.1933 führten zur Zerschlagung des deutschen Föderalsystems durch die brutale Entmachtung und Gleichschaltung der Länder. Im Zusammenwirken von Alliierten, den föderalen politischen Kräften der Nachkriegszeit und dem Parlamentarischen Rat konnte ein föderaler Neuanfang nach 1945 durch die (Wieder-)Einrichtung von Ländern in den Besatzungszonen begonnen werden. Der Verfassunggeber hat sich darauf aufbauend dann für den freiheitlichen, sozial- und rechtsstaatlichen, demokratischen Bundesstaat entschieden und diesen in dem am 8. Mai 1949 verabschiedeten Grundgesetz in Art. 20 verankert. Mit der friedlichen Revolution von 1989/1990 wurden dann auf dem Gebiet der DDR die fünf neuen Bundesländer gegründet, die dann am 3.10.1990 der Bundesrepublik Deutschland beitraten und nun gemeinsam mit den westlichen Bundesländern das deutsche Föderalsystem als Teil der neuen Föderalismuswelt tragen.

E. Paradigmenwechsel: Die doppelte Geburt des demokratischen Föderalismus

17 Dieser kurze Blick auf die historische Entwicklung des Föderalismus in Deutschland zeigt in der Tat, dass es einen „pfadabhängigen Entwicklungsprozess" (*Lehmbruch*) zumindest in der Art gegeben hat, dass an bestimmte föderale Strukturen (Zwei-Ebenen-Struktur, Machtteilung, Aushandlungs- und Verbundföderalismus, konkurrierende Gesetzgebungskompetenz, Länderexekutivföderalismus etc.) sowie an föderale Institutionen wie der Länderkammer/dem Bundesrat – dem nach *Theodor Eschenburg* „ältesten Verfassungserbgut" – angeknüpft wurde. Es gibt bei allem Funktionswandel deutliche Kontinuitäten. Solche „Pfadabhängigkeit" darf jedoch nicht den Blick auf erhebliche Wandlungsprozesse verstellen. Denn es gibt in dieser Entwicklung des Föderalen auch – weniger thematisierte – tief greifende Brüche, die zu Neuem führten. Dazu gehört, dass die Bundesländer nach 1945 mit Ausnahme Bayerns (die Pfalz hatte sich 1956 in einer Volksabstimmung gegen Bayern entschieden) und der Stadtstaaten Bremen und Hamburg alle de facto Neugründungen durch vereinigte Territorien darstellen und als solche keine historisch gewachsenen Staaten oder Gemeinwesen sind. Zustimmung, Teilhabe und Identifikation mussten sich daher erst im Laufe der Bundesrepublik Deutschland, der schließlich „geglückten Demokratie" (*Wolfrum*), herauskristallisieren. Wohl deshalb ist eine föderale (Geistes-)Haltung in der rechtlichen und politischen Kultur nicht umfassend ausgebildet worden. Allerdings gibt es erhebliche Resistenzen in der Bevölkerung gegenüber Vorschlägen zur Länderneugliederung unter Effizienzgesichtspunkten, was wiederum auf tiefere intentionale Anbindung und größere Zustimmung zum politischen, territorialen Föderalismus in Deutschland schließen lässt.

18 Wenn Föderalismus auf Freiheitsentfaltung und Freiheitssicherung durch gliedernde (Staats-) Organisation zielt, dann haben wir es neben der territorialen Neuordnung mit einem weiteren, darauf bezogenen, historischen Bruch zu tun. Bisher waren Freiheitsmomente in der Entwicklung föderaler Strukturen in Deutschland ganz unterschiedlich verteilt. In den deutschen – analog gilt das auch für die geschichtliche Entwicklung anderer Föderalstaaten – historischen Konstellationen der Reichseinheit, des Staatenbundes wie vor allem des Bundesstaates bis zum Beginn des 20. Jahrhunderts war der antidemokratische, etatistisch-monarchische Föderalismus dominant. Dieser hat für die Beteiligten der dynastischen Schichten und der Länderbürokratien spezifische Freiheitsräume für politische Handlung und Gestaltung ermöglicht, sicher auch für den einen oder anderen Bürger. Die Reichweite dieser föderalen Freiheitsräume wurde aber für die „Untertanen" bestimmt durch die volle obrigkeitsstaatliche Fürstenherrschaft der Länder, sie waren daher stark eingegrenzt.

19 Vor allem im 19. Jahrhundert bekam diese monokratisch-obrigkeitsstaatliche Herrschaft Gegengewichte durch den Konstitutionalismus und die demokratische Bewegung, was machtpolitische wie grundsätzliche Auseinandersetzungen auslöste. Im bundesstaatlichen Deutschen Reich verstanden Bismarck wie auch die Landesfürsten den Bundesrat nicht nur als Vertretung spezifischer Länderinteressen, sondern auch

als Gegengewicht zum Parlament und als Bremse demokratischer Bestrebungen. Es herrschte ein obrigkeitsstaatlich-bürokratischer, monarchischer Föderalismus, in dem mit Bezug auf die Reichsverfassung vom 16. April 1871 die politische Macht ausgeübt wurde. Interessen wurden zwar zumindest teilweise ausbalanciert, aber mit erheblicher Einschränkung von Freiheitsräumen und ohne wirkliche demokratische Reichweite für alle.

Auch wenn man die föderalen Kontinuitätslinien und institutionellen Pfadabhängigkeiten hervorhebt, darf man den dann folgenden entscheidenden Traditionsbruch im Föderalismus in Deutschland nicht unterbewerten, im Gegenteil bedarf diese fundamentale Kehre vielmehr der erheblich deutlicheren Hervorhebung als bisher: Die „Abdankung" des monarchischen Föderalismus mit dem Ende des 1. Weltkrieges ermöglichte die Konstituierung des vollen freiheitlichen Föderalismus und seine Verbindung mit der (parlamentarischen) Demokratie, die zu Freiheitssteigerung und darin zu gegenseitiger Stützung führte. Dieser Paradigmenwechsel in der Genese des deutschen Föderalismus trennt die alten Föderalismuswelten von den neuen Föderalismuswelten.

1918/1919 und 1948/1989, Weimarer Republik und Bundesrepublik Deutschland, das ist die doppelte Geburt des freiheitlich-demokratischen Föderalismus in seiner staatlichen Gestalt von Bund und Ländern auf jeweilig gleichem verfassungsrechtlichem Wertefundament. Mit diesem freiheitlichen Föderalismus wurde in Deutschland die neue Föderalismuswelt gegründet und aufgebaut. Zwar wird kritisiert, dass der damalige Verfassunggeber (aufgrund der historischen Konstellation des im Deutschen Reich dynastisch-antidemokratisch eingestellten Bundesrates) in der föderalen Reorganisation auch bedenkliche Bezüge und unitarische Formen der Weimarer Republik in den Bundesstaat der Bonner/Berliner Republik übernommen haben. Es ist demgegenüber aber doch als bedeutender herauszuheben, dass der Föderalismus in Deutschland nun eine genuin freiheitliche Grundlage hat und in seiner staatlichen Form als Bundesstaat zu den entscheidenden Verfassungsprinzipien gehört. Durch die „Vereinigung" von Föderalismus (in seiner Form als Bundesstaat) und sozial- wie rechtsstaatlicher Demokratie auf dem Fundament grundsätzlicher Freiheit ist der Föderalismus (mit Hegel gesprochen) „zu sich gekommen". Der freiheitlich-demokratische Föderalismus kann seitdem sein Potenzial der Ausprägung wie Sicherung von Freiheit durch organisatorisch-territoriale Gliederung (im Zusammenschluss von eigenständigen kleineren Einheiten im Bund) evolutiv voranbringen: im Bundesstaat, im nichthoheitlichen Föderalismus, in der nichtstaatlichen föderalen Europäischen Union.

Dabei gilt es, zwei zusammenhängenden Punkten stärkere Aufmerksamkeit entgegen zu bringen. Erstens: Der Föderalismus als spezifisch politische, territorial umgrenzte Organisations- und Gliederungsform von Freiheit besitzt vor allem in seiner Form als Bundesstaat eine verfassungsmäßige Sicherung und institutionelle Beharrungskraft. Trotzdem ist er in seiner Akzeptanz und Legitimität nicht ein für alle Mal gesichert. Wie alle anderen Verfassungsprinzipien bedarf auch er gerade in seinem Grundsatz der gegliederten Freiheit der tragenden Zustimmung und des Einsatzes sowohl der jetzt lebenden als auch der nachfolgenden Generationen, will er in seinem Kern nicht schleichend erodieren. Deswegen ist es wichtig, für seine dauerhafte Akzeptanz als Idee (und geistige Haltung) wie in der institutionellen Praxis durch vermehrte Bildung, Teilhabe und Mitbestimmung zu sorgen. Auf Selbstbindungsprozesse in aufgeklärter, vernunftbezogener Einsicht und Kommunikation muss gerade der freiheitliche, demokratische Föderalismus setzen.

23 Zweitens: Der freiheitliche Föderalismus gehört zum Freiheitsfundament der politischen und rechtlichen Ordnung der Bundesrepublik Deutschland. In dieser Weise hat ihn der Verfassunggeber als Bundesstaat den anderen Verfassungsprinzipien Rechtsstaat, Sozialstaat und Demokratie zugeordnet. Auf diese Grundlagen beziehen sich dann die gesellschaftlichen Ausformungen und Konkretionen des (Rechts-, Sozial- und) Bundesstaates mit den jeweiligen Institutionen, Regeln und Prozeduren, den Regularien und Verfahren des kooperativen Föderalismus, aber auch die öffentlichen, praktischen Politiken von Bund und Ländern sowie machtbezogene, von Parteientaktik geprägte Auseinandersetzungen.

24 Der Föderalismus weist also begrifflich selbst zwei Ebenen auf: die normative Ebene raumgebundener, gegliederter Freiheit und die empirisch-praktische Ebene der Konkretisierung mit den institutionellen Ausformungen und Einordnungen in das figurative Gesamtgefüge der sozial- und rechtsstaatlichen Parteiendemokratie. In dieser historisch-spezifischen, d. h. wandelbaren und sich wandelnden Figuration ergibt sich dann die Vermittlung der Interessen der Länder und des Bundes sowie darauf bezogene Diskurse und Konflikte. Diese bestimmen das politische Tagesgeschehen und prägen die öffentliche Wahrnehmung der Medien wie der Bürgerinnen und Bürger. Wenn aber nur die föderalen Interessensdurchsetzungen, die Machtspiele und vielfältigen Konflikte bis hin zur Instrumentalisierung des Bundesrates als (partei-)politisches Blockadeinstrument wahrgenommen und für das Eigentliche des Föderalen gehalten werden, wenn die normative Ebene der Freiheitsvielfalt und Freiheitssicherung durch Gliederung kaum noch bewusst ist, dann hat das auf Dauer erhebliche Konsequenzen für die Bewertung durch die Bürger, aber auch für die Richtigkeit der Ansätze bei Änderungsbestrebungen. Dass die neue Föderalismuswelt auf Freiheit bezogen und gegründet ist, sollte man jedenfalls auch bei Reformen wie bei den tagesaktuellen föderalismusbezogenen Auseinandersetzungen stets mitbedenken und öffentlich kund tun.

F. Engeres und weiteres Föderalismusverständnis

25 Vielfach wird der Föderalismus ausschließlich auf den Staat bezogen. Dem liegt zumeist ein enger gefasstes Föderalismusverständnis zugrunde, das die staatliche Organisation – vor allem in Form des Bundesstaates – als die eigentlich relevante Ausformung des Föderalismus ansieht und daher zum bevorzugten Untersuchungsgegenstand macht. Besonders in Deutschland – vor allem seit dem 19. Jahrhundert – hat sich diese Fokussierung auf einen etatistischen Föderalismus in den Vordergrund geschoben und im allgemeinen Staatsrecht in der Dichotomie von Staatenbund und Bundesstaat niedergeschlagen. Als Bundesstaat ist das föderale Prinzip Konstituierungsbedingung der Bundesrepublik Deutschland und daher gemäß Art. 20 GG vollständig integrativer Bestandteil der freiheitlichen, sozial- und rechtsstaatlichen Demokratie geworden. Der Bundesstaat ist dabei gekennzeichnet von der staatlichen Gedoppeltheit in Bund und Länder in Form von Verfassung und Rechtsprechung, Parlament und Regierung. Als ausgebauter kooperativer Föderalismus strukturiert er nicht nur das politisch-rechtliche Geschehen, sondern beeinflusst auch die einzelnen Gesellschafts-, Wirtschafts- und Politikfelder. Auch im Bewusstsein der Bürgerinnen und Bürger als den Normadressaten der Verfassung hat der Bundesstaat mit seinen zwei Ebenen und den damit zusammenhängenden politisch-rechtlichen Prozeduren heute eine eigene Selbstverständlichkeit erlangt. Die Deutschen sind inzwischen an den Bundesstaat und „ihre" Länder gewöhnt. Diese oft nur rudimentär reflektierte Gewöhnung hat ihren alltäglichen Niederschlag in den mit dem Bundesstaat einhergehenden gestuften politischen Identitäten und Zugehörigkeitsgefühlen gefunden, was die immer wieder aus Effizienzgründen eingeforderte Länderneugliederung konterkariert. So wichtig der etatistische Föderalismus ist und gerade für Deutschland eine gewisse Konzentration auf den Bundesstaat seine Bedeutung hat – für die umfassende Wahrnehmung föderaler Strukturen und deren Entwicklung reicht das nicht aus.

Daher steht dem engen ein weiter gefasstes Verständnis von Föderalismus gegenüber. Dieses umfasst die föderale Idee und die föderale Haltung, die föderalen Institutionen und die föderale Praxis in einem umfassenden Sinn. Bezugspunkte sind die gesellschaftliche Organisation kleiner Einheiten im Verbund, föderale Entwicklungen wie Strukturen innerhalb und zwischen Staaten, das jeweilige bundesstaatliche Ordnungsgefüge in gelingender Weise wie auch in seinen Problematiken – als „geglückter Bundesstaat" oder als „defekter Bundesstaat" –, die spezielle Fokussierung auf den deutschen Bundesstaat in seiner Entwicklung über die Jahrzehnte, die Prozesse eines nichthoheitlichen Föderalismus einschließlich regionaler Governance sowie supranationale, nichtstaatliche föderale Gemeinwesen wie die Europäische Union. Dazu gehören natürlich ebenso auch die differenzierten historischen Entwicklungen mit der inkludierten fundamentalen Unterscheidung von alten und neuen Föderalismuswelten – den alten föderalen Staatsgefügen auf obrigkeitsstaatlichen, monarchisch-dynastischen Grundlagen mitsamt den mitschwingenden Freiheitsmomenten und den neueren Entwicklungen eines im umfassenden Grundsatz freiheitlichen Föderalismus mit seiner Verschränkung von (parlamentarischer) Demokratie und rechtsgebundener Verfassung. Föderalismus umfasst hier das Kontinuum von historischen Entwicklungen und aktuellen, unterschiedlichen Ausprägungen, aber auch künftigen Erscheinungsformen in einer globalisierten Welt.

Föderalismus leitet sich aus dem lateinischen foedus – Bund, Bündnis, Vertrag – ab und zeigt damit schon die grundlegende Zweiseitigkeit und Mehrebenenstruktur auf. Alle drei Formen von foedus können immer nur zwischen mindestens zwei Partnern oder Einheiten gelten. Es geht in der Tat immer um den stets spannungsreichen Zusammenschluss von kleineren Einheiten zu einer großen Einheit, wobei die kleineren Einheiten stets ihre Eigenständigkeit, Eigenwilligkeit und Eigenart bewahren, aber zugleich das umschließende Ganze (Bund) fördern und von dort gefördert werden. Gegenüber einem Reduktionismus, der einseitig eines der beiden Teilebenen bevorzugt, verwirklicht sich Föderalismus auf Dauer nur in diesen gegenseitigen

Bezügen, in der ständig neu anzustrebenden Balance und im Zusammenwirken als Treueverhältnis. Darin liegt ein wesentliches Kraftmoment. Gelingt dieses aus unterschiedlichen Gründen nicht und können die zentrifugalen wie zentripetalen Kräfte auf Dauer nicht austariert werden, tendiert die föderale Organisation/der Bundesstaat entweder zum uniformierenden Einheitsstaat oder zum (anarchischen) Zerfall in kraftlose kleine Einheiten (siehe einerseits Russland, andererseits Belgien).

28 Der Sinn von Föderalismus ist Freiheitsentfaltung und Freiheitssicherung auf mindestens zwei zusammengehörigen Ebenen: derjenigen der kleineren Einheiten (Länder, Kantone etc.) und derjenigen des Bundes. Aufgrund der Ebenendopplung (Mehrebenensystem) verkörpert der Föderalismus damit eine umfassendere, nämlich „doppelte" politisch-rechtliche Sicherung und Entfaltung von Freiheit. Dieses kommt in der Wertegebundenheit und der verfassten Staatlichkeit der Länder wie des Bundes und im Zusammenwirken mit der parlamentarischen Demokratie und dem Rechtsstaat besonders zum Ausdruck. Dazu gehört auch die Verankerung in der gesellschaftlichen, politischen und rechtlichen Kultur.

29 Föderalismus ist auf der Basis dieser freiheitsbezogenen Sinnorientierung im Grundsatz politisch-rechtliches Prinzip, staatliche Ordnungsweise, raumbezogene Organisationsform und in all dem historisch wirkende Idee. Er verbindet Kreativität mit Organisation, Beharrung mit Entfaltung, (vertikale) Machtteilung mit Machtgründung und Machtentfaltung, institutionelle Dauerhaftigkeit mit der Dynamik ständiger Weiterentwicklung.

30 In dieser Perspektive besitzt der Föderalismus nicht nur bestimmte charakteristische Merkmale, sondern bringt auch stets Unterschiedliches in ein Gemeinsames zusammen. Einheit in Vielfalt – Vielfalt in Einheit ist daher das grundierende Leitbild des Föderalismus in seinen unterschiedlichen Erscheinungsformen. In diesem Verständnis ist Föderalismus nicht statisch, sondern dynamisch.

31 Personenbezogen kann der Föderalismus als innere Einstellung auf lebensweltlichen Erhalt, Entfaltung und Förderung kleinerer Einheiten in einem größeren Gliederungszusammenhang zum Zwecke der Freiheit gerichtet sein und so zu einer föderalen Lebenshaltung (ähnlich wie Gemeinsinn) werden. Der Föderalismus ist historisch wirksam geworden vor allem als territorialbezogenes Prinzip staatlicher Organisation in seiner Binnenstruktur als Bundesstaat oder in seinen Außenverhältnissen völkerrechtlich als Staatenbund, aber auch in der Europäischen Union als Ausprägung ganz eigener Art (sui generis). Als staatliche Struktur- und Organisationsform ist der Föderalismus geordnete Freiheit in (wohl-)geordnetem Recht. Föderalismus wurde darüber hinaus in Theorie und Praxis auch als gesellschaftliches und wirtschaftliches Organisationsprinzip verstanden. Denn Sicherung und Entfaltung von Freiheitsräumen, Ermöglichung von Vielfalt und Innovation, bündische Organisationsformen mit selbständigen Gliedeinheiten, Gewaltenkontrolle, Kooperation, Teilhabe und Mitwirkung – dieses und weitere Kriterien des Föderalismus sind auch Prinzipien von gesellschaftlichen und wirtschaftlichen Organisationsformen. So gliedern sich nach diesem Prinzip zum Beispiel Unternehmen, die Filialen gründen und zusammen eine Unternehmenseinheit bleiben – und ebenso transnationale Unternehmen, die den nationalen Untergliederungen größere Selbstständigkeit einräumen in dem Gesamtverbund. Auch Genossenschaften waren und sind dem

Föderalismus in Idee und Organisation verpflichtet. Sparkassen sind nach diesem föderalen System von selbständigen Einheiten im Gesamtbund organisiert. Man findet die Umsetzung ebenso bei Gewerkschaften – die selbständigen Einzelgewerkschaften und der DGB als Bund –, aber auch bei anderen Verbänden wie beispielsweise den Sportorganisationen. Auch Religionsverbände wie beispielsweise die katholische Kirche weisen bei aller Hierarchie föderale Organisationsweisen auf, wenn man an die selbständigen Bistümer in dem Gesamtverbund der Bischofskonferenz denkt. Analog gilt das für die evangelischen Gliedkirchen und die EKD. Mit der Entfaltung des europäischen und weltbezogenen Mehrebenensystems von Kommunal- und Landesebene, Bundesebene, europäischer Ebene und Weltebene organisieren sich viele Verbände und Nichtregierungsorganisationen auf die föderale Weise von jeweils relativ selbständigen Einheiten und größerem (Ver-)Bund – so besitzen sie das gebündelte Erfahrungswissen und können auf der jeweilig höheren Ebene kompetent mitwirken. Föderalismus ist daher in gesellschaftlicher und wirtschaftlicher Perspektive nicht nur ein Freiheitsräume durch Gliederung öffnendes und sicherndes Prinzip. Er ist über das politisch-rechtliche System hinaus auch in vielen Organisationen in mehr oder weniger geglückter Weise eine direkte Erfahrung der Bürger (in den unterschiedlichen Rollen) und damit Teil der konkreten Lebenswelt in Wirtschaft und Gesellschaft.

G. Föderalismus als zu bestimmender Politik- und Rechtsbegriff

Dabei gibt es keinen reinen, objektiven, transhistorischen, idealen Föderalismus im Sinne einer platonischen Idee, bei der die realen Föderalismusformen mehr oder weniger gut gelungene Abbilder oder Annäherungen an das Ideal wären. Es existiert keine beste Form des Föderalismus. Deswegen kann es auch kein Patentrezept der richtigen Umsetzung geben. Die Politik richtet ihr System deshalb an (unterschiedlich) begründete, verallgemeinerbare Normen aus. Sie ist in der Konkretion dabei abhängig von den kontingenten historischen, rechtlichen, wissenschaftlich-technologischen, wirtschaftlichen, gesellschaftlichen, regionalen und weiteren Einflüssen. Föderalismus ist daher auch als Norm in der konkreten Situation immer Orientierung durch begründete Interpretation. Das gilt auch für das Recht. Föderalismus ist ein unbestimmter Rechtsbegriff, der der Auslegung bedarf. Seine bisherige rechtliche Kontur hat er darin vor allem als Staatsprinzip „Bundesstaat" bekommen. Aber mit den Wandlungsprozessen von Staat und Gesellschaft, die auf den Bundesstaat einwirken, mit den Reformprozessen der „Modernisierung der bundesstaatlichen Ordnung", mit der Etablierung der hoheitlichen, aber nicht staatlichen Europäischen Union, und nicht zuletzt mit der Entwicklung des nichthoheitlichen Föderalismus wächst das Bedürfnis nach weiterer rechtlicher Auslegung in Hinblick auf eine dynamische Föderalismuswelt und die Fortentwicklung des Rechts deutlich an.

Mit dem Begriff Föderalismus verbindet sich ein Bündel inhaltlicher Zuordnungen von Merkmalen, die sich je nach historischem Kontext und je nach den

32

33

komplexen politischen, rechtlichen, wirtschaftlichen, gesellschaftlichen und kulturellen Entwicklungsständen unterschiedlich entfalten. Sie weisen dabei eine so große Variationsbreite auf, dass man nicht zuletzt mit Blick auf föderale Staaten resümiert: „Jede Föderation ist einzigartig" (*Anderson*) – „Jeder Bundesstaat ist Unikat" (*Isensee*). Hier kommt über die semantische Bestimmung des Begriffs Föderalismus zur Bezeichnung spezifischer realer Gegebenheiten hinaus die Bandbreite der Wirklichkeit des modernen Verfassungsstaates wie der modernen Lebenswelt unter den Bedingungen erheblichen wissenschaftlich-technischen Fortschritts, Wertewandels und der Globalisierung zur Geltung. Aber gerade diese aus dem Prinzip Freiheit geborene Mannigfaltigkeit und Vielschichtigkeit zu einer gesellschaftlichen und staatlichen Vereinbarkeit, Tragfähigkeit und Blüte zu bringen ist eine der wichtigen Fähigkeiten, Anforderungen und Aufgaben des Föderalismus.

34 Föderalismus kann aus unterschiedlicher Theoriesicht – vor allem verfassungsbezogen-rechtswissenschaftlich, ökonomisch, politikwissenschaftlich-demokratietheoretisch, philosophisch, historisch, geografisch – begründet werden. Dabei wird heute die verfassungsbezogene etatistisch-institutionelle Interpretation des Föderalismus durch Aspekte der Wandlung und Entwicklung im Sinne eines dynamischen Föderalismus weitergeführt. Dabei steht der deutsche Föderalismus durchaus in erheblicher Kritik, wie auch die beiden jüngsten Föderalismusreformen zeigen. Aus den unterschiedlichen Perspektiven werden aber auch Elemente des föderalen Positivbildes beigesteuert. So ermöglicht und sichert der Föderalismus vermehrte Freiheitsräume durch die Etablierung von gleichberechtigten kleineren Einheiten in einem Bund und damit verbunden die Dopplung der verfassungsmäßigen rechtsstaatlich-demokratischen Strukturen („Vielfalt in Einheit – Einheit in Vielfalt").

35 Diese Freiheitsräume führen zur höheren Ausbildung von Vielfalt individueller, lokaler und regionentypischer Lebensweisen. Gleichzeitig erlauben sie eher eine spezifische Integration heterogener Bevölkerungsteile und von religiös, ethnisch oder kulturell geprägten Minderheiten. Die Bewahrung regionaler und soziokultureller Eigenständigkeiten kann dadurch als Teil der rechtlichen und politischen Kultur in den politischen Prozess aufgenommen werden. Sie bieten zugleich eine größere Bandbreite an Partizipation, da Teilhabe sich an mehrere Funktionen und Orte anbinden kann. Politische Minderheiten/Oppositionen (mit der Chance auf spätere Mehrheiten) erhalten dadurch weitere Betätigungs- und Erprobungsfelder und können sachbezogene Alternativen entwickeln. Als Bund begründet der Föderalismus eine stärkere Machtentfaltung (vor allem nach außen), während durch die föderale Binnendifferenzierung eine vertikale Gewaltenteilung geschaffen wird. Die Gliedstaaten (Länder, Kantone etc.) bilden damit ein politisches Gegengewicht zur Ebene des Bundes. In Verbindung mit der horizontalen Gewaltenteilung entsteht so eine wirksame gegenseitige demokratische Machtkontrolle der „checks and balances".

36 Zugleich sind durch die Föderalstrukturen der „kleineren Einheiten" mit Entscheidungsgewalt größere Problemnähe wie auch Bürgernähe gegeben, weil die größere Vertrautheit mit den lokalen und regionalen Gegebenheiten die Chancen für sach- und bürgerorientierte, zielgenauere Lösungen erhöht. Allerdings setzt das zugleich die angemessene Verteilung von Kompetenzen, Finanzen und weiteren Ressourcen voraus. Die größere Problemnähe wiederum erhöht die Entfaltung von Kreativität, experimentellen Ausprobierens und grundsätzlicher Neuerungen. Damit entsteht die interessante Möglichkeit unterschiedlicher, angemessener, besserer Lösungen für Probleme, die dann für eine wettbewerbsorientierte Vorbildwirkung im Sinne von „best practices" genutzt werden können. Dadurch können insgesamt Komplexität reduziert und die Effektivität staatlicher Willensbildung, Entscheidung und Umsetzung verbessert werden. Die bundesstaatliche Struktur ermöglicht auch den sogenannten Kreislauf der politischen Eliten. Denn in den jeweilgen Ländern kann sich das politische Personal der Demokratie bei unterschiedlicher parteipolitischer Provenienz herausbilden, erproben und Erfahrung gewinnen (Rekrutierungsfunktion). Allerdings dient auch die Bundesebene der Bereitstellung von geeigneten Personen für die Übernahme politischer Ämter auf Landesebene. So wird im Sinne der Gesamtfunktionsfähigkeit der parlamentarischen Demokratie durch die bundesstaatlichen Strukturen das notwendige personale Reservoir geschaffen.

Die parlamentarische Demokratie wird durch den Föderalismus in außerordentlicher Weise gestützt – et vice versa. Dass durch die Wahrnehmung föderaler Freiheit in den demokratischen Institutionen wie Verfahren retardierende Prozesse entstehen, ist kein dem Föderalismus vorzuwerfendes Negativum, sondern ein bewusstes Ingredienz rechtstaatlicher, partizipatorischer, parlamentarischer Demokratie, in der Argumente geprüft und bewertet werden. Demokratie ist per se langsam, ebenso als sozialer und rechtsstaatlicher Bundesstaat.

Solche Vorteile des Föderalismus – oft in Form so genannter Tugendkataloge gefasst – ließen sich noch weiter aufzählen. Der Föderalismus bietet in der Tat grundsätzlich wie spezifisch viele Möglichkeiten der Freiheits- und Demokratieentfaltung. Allerdings müssen diese Möglichkeiten in der Realität auch genutzt werden. Partizipation erfordert aktives Bürgerengagement, der föderale Wettbewerb über „best practices" muss gewollt sein. Auch die Bundes- wie Länderverwaltungen werden den Möglichkeiten als Kreativwerkstatt und als Laboratorium innovativer Ideen nur gerecht, wenn die Rahmenbedingungen dafür auch von den Beteiligten und Betroffenen richtig gefasst sind. So berichtet der langjährige bayerische Kultusminister *Hans Maier* in seiner Biografie, dass die Bayerische Staatskanzlei unter dem Ministerpräsidenten Frans-Josef Strauss (mit ihrer aufgeblähten Personalstruktur) die anderen Landesministerien oft gegängelt und interne Aufstiegswege in den Ressort blockiert habe. In der Folge habe sich statt kreativen Ideenreichtums ein „Defensivgeist" herausgebildet: „Unter den Argusaugen der zentralen Aufsicht erstarrten viele Initiativen, die unter normalen Umständen von risikobereiten, unternehmungslustigen Einzelnen – und die gab es in der qualifizierten bayerischen Verwaltung zuhauf – ausgingen". Vermutlich wird man ähnliche Suboptimalitäten auf allen föderalen Ebenen berichten können. Die Vorzüge des Föderalismus werden sich nur dann entfalten, wenn alle Beteiligten sich auch in Geist und Haltung, in den Verfahren und Strukturen föderalismusgemäß verhalten.

H. Eine entfaltete moderne Philosophie des Föderalen – Derivat wissenschaftlicher Forschung

39 Bemerkenswert ist, wie gering die Auseinandersetzung der Politischen, Sozial-, Staats- und Rechtsphilosophie mit gedanklichen Grundlagen und Begründungen des Föderalismus in der Gegenwart ist. Bis in die fünfziger und sechziger Jahre des letzten Jahrhunderts gab es Diskurse zu den philosophischen Grundlagen des Föderalismus und Entwürfe einer Philosophie des Föderalismus, nicht zuletzt im Umkreis der Züricher Schule der Staatslehre. Diese waren vor allem der alten Begründungswelt des Föderalismus verhaftet. Danach ist Föderalismus entweder genuiner Ausdruck einer organisch gewachsenen und geordneten subsidiären Gesellschaft, wobei Bezug genommen wird auf die christliche Sozialehre und im Hintergrund auf den ontologischen Ordo-Gedanken einer göttlichen Seinsordnung. Oder der Föderalismus wird begründet als Vernunfterkennung aus dem tradierten Naturrecht – wobei trotz aller historischen Verdienste nach wie vor die alte Kritik am Naturrecht Geltungsanspruch besitzt, wonach man erst in das Naturrecht hineinlegt, was man dann herausholt. Eine ausgearbeitete moderne Philosophie des Föderalismus fehlt. Sie ist ein Derivat der Forschung. Dabei gibt es eine Reihe von Ansatzpunkten der modernen Politik-, Sozial-, Rechts- und Staatsphilosophie, von denen her der Föderalismus neu gedacht und eine neue Begründungswelt des Föderalismus geschaffen werden könnte. Dazu könnten kontraktualistische Konzeptionen (moderne Vertragstheorien) ebenso beitragen wie Ansätze kommunikativer Vernunft, vernunftbezogener Einsicht durch Deliberation oder normativ angeleitete Ausführungen, aber auch Überlegungen zur moralisch-praktischen, rechtlichen und vernunftstrategischen Selbstbindung (§82).

40 Dass das Nachdenken über die philosophischen Grundlagen des Föderalismus heutzutage nicht den Stellenwert besitzt, das diesem eigentlich zukommen müsste, liegt vielleicht auch daran, dass die neue, freiheitliche Föderalismuswelt nicht unmittelbar im Fokus interessierter Wahrnehmung steht. Denn als demokratischer Föderalismus bekommt dieser seinen Glanz erst auf den zweiten Blick. Er steht nicht in der ersten Reihe wirkmächtiger Begriffe wie Freiheit, Gerechtigkeit, Frieden oder revolutionärer Losungen wie „Freiheit, Gleichheit, Brüderlichkeit" und „Wir sind das Volk". Aber in Verbindung mit dem demokratischen Staat wird er seiner originären Aufgabe gerecht: der organisatorisch-gegliederten Freiheitsermöglichung, Freiheitsentfaltung und Freiheitssicherung. Diese geschieht über die territoriale Sicherung kleinerer Einheiten/Räume im bündischen Zusammenschluss, die Dopplung demokratischer Ebenen der Teilhabe, des Rechts und der Legitimation, die Macht- und Verantwortungsteilung einschließlich der Balance zwischen diesen, die Ressourcenentfaltung durch Förderung wie Zusammenlegung und auch die Machtgründung wie Machtsteigerung. Diese Entfaltung und Sicherung von Freiheit verbindet sich einerseits mit der Staatsorganisation und den politischen Bezügen des demokratischen Parteienstaates, andererseits mit den Imperativen der sozialen Welt und der Wirtschaftsentwicklung. Als Bundesstaat wird der Föderalismus verfassungsrechtlich gebunden, geordnet und in einen Zusammenhang gestellt mit den anderen Verfassungs- und Staatsprinzipien.

I. Duale Strukturvarianten des praxisbezogenen Föderalismus

Auf diesem Hintergrund ist in der neuen Föderalismuswelt mit den jeweiligen föderalen Ausprägungen eine Reihe von Begrifflichkeiten verbunden, die die föderalen Bestrebungen in ihren verschiedenen Verzweigungen entsprechend charakterisieren. Diese kennzeichnenden Zuschreibungen sind die mannigfaltigen Ausprägungen ordnende und zugleich vereinfachende Begriffe, die in der stets komplexeren historischen sozialen, wirtschaftlichen, politischen und rechtlichen Wirklichkeit grundsätzlich nur in Annäherungen, manchmal auch nur in spezifischen Elementen, mitunter auch in widersprüchlichen, nicht ganz kongruenten Elementen wiederzufinden sind. Dabei sind diese Begrifflichkeiten in zweierlei Hinsicht zugewiesen. Zum Ersten sind sie dichotomisch angeordnet in dem, was das Föderale in differenter Weise verkörpert oder was sein Gegenteil ist. Zum Zweiten werden bestimmte Spezifika besonders hervorgehoben, die seine jeweilige konkrete historische Ausformung kennzeichnen.

So lässt sich der Föderalismus grundsätzlich in seinem Bezugspunkt unterscheiden als nichtstaatszentrierter gesellschaftlicher Föderalismus oder als staatszentrierter hoheitlicher Föderalismus. Der letzte wiederum differenziert sich nach seinem Außenverhältnis als Staatenbund souverän bleibender Staaten (oft auch als Konföderation bezeichnet) auf der Grundlage eines völkerrechtlichen Vertrages und in seinem Binnenverhältnis als Bundesstaat mit integrierten Ländern, Kantonen etc. (oft auch als Föderation bezeichnet) auf der Grundlage einer Verfassung. In diesem Zusammenhang fragt man auch danach, ob sich konföderierte Staaten zu einem Bundesstaat zusammenschließen (was *v. Beyme* als coming-together-Föderalismus bezeichnet) oder ob in einem Bundesstaat Teile eine größere Eigenständigkeit gewinnen wollen (Differenzierungsföderalismus). Hinsichtlich des Bundesstaates kann man zudem von „geglückten Bundesstaaten" sprechen, bei denen die föderativen Elemente und Strukturen in einen funktionierenden Zusammenhang gebracht werden konnten – ohne perfekt zu sein –, (z. B. Österreich), und von „defekten Bundesstaaten", bei denen historische, traditionale, religiöse, ethnische, kulturelle oder sozioökonomische Bedingungen den Aufbau der bundesstaatlichen Ordnung in erheblichem Maß erschweren (z. B. Bosnien-Herzegowina). Des Weiteren unterscheidet man den dualen und den kooperativen Bundesstaat. Bei dem dualen Bundesstaat (Beispiel: die Vereinigten Staaten von Amerika) bleiben die Gliedstaaten unabhängig (deswegen auch als Trennföderalismus bezeichnet), zwischen ihnen herrscht ein interstaatlicher Wettbewerb, die Kompetenzverteilung erfolgt eher nach Politikfeldern; die Mitgliedstaaten sind über das Senatsprinzip (gewählte Vertreter) eher schwächer mit der Bundesregierung verbunden.

Dagegen ist der kooperative Bundesstaat (Beispiel: Bundesrepublik Deutschland) intrastaatlich in seinen Ebenen stark unter- und miteinander verknüpft und verzahnt (Verbundföderalismus) und daher auf eine ständige starke Kooperation angelegt, die Kompetenzverteilung erfolgt nach Kompetenzarten, die Ländervertretung im Bundesrat (von der Landesregierung bestimmt) ist stärker in Gesetzgebung und Gesetzesvollzug integriert. Der US-amerikanische Föderalismuswissenschaftler *M.*

Grodzins hat diesen strukturellen Gegensatz in einer einflussreichen Metapher einmal mit einer Schichttorte und einem Marmorkuchen verglichen (machte sich selbst aber diesen Gegensatz nicht zu eigen, da er in der amerikanischen Verfassung beide Elemente angelegt sah). Hinzu kommt, dass die Länder die Auftragsverwaltung des Bundes übernehmen, weshalb man die deutsche Föderalstruktur auch als Exekutivföderalismus kennzeichnet. Hinsichtlich der Kompetenzausstattung der Bundesländer als Gliedstaaten ist zu fragen nach einer verfassungsrechtlich gleichen oder ungleichen Kompetenzausstattung, also einem symmetrischen oder asymmetrischen Föderalismus. Die rechtlich gebundene und demokratisch geordnete Organisationsweise des Föderalismus sucht mittig die Balance zwischen zentralem Einheitsstaat und dem Partikularstaat zu halten. Als Bundesstaat kann die föderale Struktur alternativ in beide Richtungen ausgeprägt sein – so stehen sich der unitarische Bundesstaat und der lose verkoppelte Bundesstaat gegenüber mit erheblichen Nuancierungen im Zwischenfeld beider Alternativen. Der stark kooperative Bundesstaat sucht nach vermehrter Konkordanz, da der kooperative Bundesstaat in seinen Gliedstaaten Unterschiede – auch Rechtsunterschiede – schafft (was allerdings auch Ausdruck von Freiheit ist).

44 Im letzten Jahrzehnt ist dagegen von ökonomischer Seite vermehrt zum Einbezug von Konkurrenz (Wettbewerbsföderalismus) aufgefordert worden, damit die Geberländer im bundesdeutschen Finanzausgleich mehr vom Erwirtschafteten behalten und Nehmerländer sparsamer mit den Finanzen umgehen können. In der Tat sind Elemente von Kooperation und Kompetition auf Länderebene miteinander vereinbar – die Balance von Wettbewerb und Solidarität muss unter den jeweiligen historischen Umständen bestimmt werden. Im Zuge von Etablierung und Ausbau des (bundesdeutschen) Föderalismus haben sich verschiedene Zweige herauskristallisiert, deren Probleme dann unter gesonderten Bereichsbegriffen rubriziert wurden, so beispielsweise der Finanzföderalismus, der Kulturföderalismus, der Bildungsföderalismus. Diese gemäß Art. 104a Abs. 1 und Art. 70 Abs. 1 und 2 GG den Ländern zugehörigen Kompetenzbereiche wurden bis in die jüngsten Reformanstrengungen hinein von diesen als ureigenen Föderalismusbestand verteidigt.

45 Gerade im Bereich der Bildung trifft dieses aber auf einen völlig entgegengesetzten Meinungsbefund in der Bevölkerung. Dass die Kompetenzaufteilung zwischen den beiden bundesstaatlichen Ebenen Bund und Ländern nicht starr sein muss, sondern auch flexibel sein kann, zeigt das Beispiel der urföderalen Schweiz. Hier hat man 2006 im Zuge einer Föderalismusreform den Bildungsbereich neu geordnet und – nachdem in einem Schweizer Referendum rund 90 % für eine Abstimmung und stärkere Harmonie im Bildungssektor votiert hatten – verstärkte Eingriffsmöglichkeiten des Bundes beschlossen. Während im Zuge der Föderalismusreform in Deutschland im Bildungsbereich segregativ ein Kooperationsverbot beschlossen wurde, gilt in der Schweiz nun ein Kooperationsgebot.

46 In weiterer Folge ist in der neuen Föderalismuswelt zu unterscheiden zwischen staatlichen und nichtstaatlichen Föderalismusgebilden. So ist die Europäische Union mit den Ebenen der Mitgliedstaaten und der Unionsebene ein nichtstaatliches, aber hoheitliches Gemeinwesen mit vielfältigen Abstimmungen, das eine eigenständige, neue Föderalismusform ausprägt. Davon zu unterscheiden sind Bestrebungen eines nichtstaatszentrierten nichthoheitlichen Föderalismus. Hier bilden sich Regionen auf der Basis von lokalen und regionalen Governancestrukturen mit eigenständigen Zielsetzungen heraus, die oft die tradierten Verwaltungs- und Ländergrenzen innerhalb des deutschen Bundesstaates überschreiten und in einer Reihe von Fällen – nicht zuletzt in den regionalen Räumen der Europäischen Union – auch Zusammenschlüsse über nationalstaatliche Grenzziehungen hinweg ausformen. Vermutlich werden sich im Zuge weiterer Globalisierung, weltweitem politischen und ökonomischen Wettbewerb und grenzenloser Information wie Kommunikation weitere föderale Formen ausprägen.

J. Die alten und die neuen Föderalismuswelten

Alte und neue Föderalismuswelten: Die alten antiken, mittelalterlichen und neuzeitlichen Föderalismuswelten sind vergangen und dienen heute vor allem der geschichtlichen Vergegenwärtigung – historische Erfahrung als Ratgeber. Diese Föderalstrukturen waren gekennzeichnet von Zusammenschlüssen kleinerer Einheiten zum größeren Bund. Sie haben in unterschiedlichen historischen Konstellationen auch politisch freie Handlungsräume hervorgebracht mit rechtlichen Absicherungen, haben kleinteilige Freiheiten vor Ort ermöglicht und nichtdemokratische, hierarchische Macht der Dynastien gegründet wie geteilt, vor allem in Europa und in Deutschland vom siebzehnten bis zum Beginn des zwanzigsten Jahrhunderts. Dabei hat der alte Föderalismus obrigkeitsstaatlicher Provenienz mitgeholfen, zuerst die mittelalterliche feudale, dann die neuzeitliche monarchisch-dynastische Herrschaft zu strukturieren und abzusichern. Insofern hatte er ein deutlich ambivalentes Gesicht.

Trotz aller historischen Kontinuitäten, institutionellen Pfadabhängigkeiten und soziokulturellen Bezügen sind deshalb in Deutschland die alten obrigkeitsstaatlichen Föderalismuswelten fundamental getrennt von den neuen freiheitlichen Föderalismuswelten. Diese tragen zwar auch in weiter entwickelter Form Kennzeichen des Föderalen, wie sie sich in den alten Föderalismuswelten herauskristallisiert haben: die bündischen Zusammenschlüsse unter Wahrung von Eigenständigkeit, die Gegliedertheit auf mindestens zwei Ebenen, vertikale Machtkontrolle und ähnliches.

Aber die neuen Föderalismuswelten beruhen darüber hinaus auf grundsätzlicher Freiheit für alle, für Institutionen, für Regeln und Verfahren, für Beteiligte und Betroffene. Der neue Föderalismus bedeutet die Organisation grundsätzlicher Freiheit durch Gliederung auf demokratischer und rechtsstaatlicher Basis. Er bringt damit seinen ureigenen, eigentlichen Bestimmungsgrund zum Ausdruck. Damit fungiert er als (weitere) Freiheitssicherung für individuelle Lebensvollzüge, als Inspiration für gesellschaftliche Kreativität und Innovation, als politische Kraftquelle für den Bund und die Länder. Als Bundesstaat wird der Föderalismus zum Staatsprinzip und damit Teil der verfassten freiheitlich-demokratischen Ordnung. Hier bekommt die Machtgründung und Machtsteigerung einerseits, (vertikale) Machtkontrolle andererseits ihren eigentlichen freiheitlich-demokratischen Sinn.

Dabei beruht der deutsche Bundesstaat – ebenso wie andere Bundesstaaten – auf den gemeinsamen normativen Wertegrundlagen im Modus vernunftorientierter

Selbstbestimmung und kohäsiver Selbstbindung, die durch die föderalstrukturelle (staatliche) Gedoppeltheit von Bund und Ländern eine besondere Entfaltungs- und Sicherungsform besitzen. Angesichts der Kriegs- und Diktaturerfahrung insbesondere des zwanzigsten Jahrhunderts ist dieses von eminenter Bedeutung. Die Wertegrundlagen finden im Grundgesetz ihre rechtliche Qualität und Sicherung bis hin zur „Ewigkeitsgarantie" in Art. 79 Abs. 3 GG, ebenso in den Länderverfassungen.

51 Der von den Mitgliedstaaten gegründeten und getragenen, hoheitlichen, aber nicht staatlichen föderalen Europäischen Union liegt ebenfalls diese Wertegemeinschaft im Modus freiwilliger Selbstbindung in moralisch-praktischer, rechtlicher und vernunftstrategischer Hinsicht zugrunde. Als mehrebenenbezogener Staaten- und Verfassungsverbund bringt sie das Föderale genuin als Prinzip der Gliederung von Freiheit zwecks Freiheitsentfaltung und Freiheitssicherung zur Geltung und grundiert auf dieser Wertebasis die Europäische Union als supranationales Gemeinwesen. Auch die Entwicklung nichthoheitlicher Föderalstrukturen unter Einbeschluss regionaler Governance- und Teilhabestrukturen findet ihren Bezugspunkt und Grund im freiheitlichen Wertegefüge. Die neuen Föderalismuswelten stehen dabei den alten Föderalismuswelten nicht nach, was Ausprägung, Varianz, Eigenständigkeit, Eigentümlichkeit und Vielfalt angeht. Aber sie haben darüber hinaus das große Pro Bono grundsätzlicher Freiheitsentfaltung und Freiheitssicherung in gegliederten Formen und im fundamentalen Einklang mit den anderen Werthaltungen und Verfassungsprinzipien für sich. Das ist nicht nur eine gute Grundlage für die Weiterentwicklung bestehender föderaler Verhältnisse, sondern auch tragfähiger Orientierungspunkt für die anstehenden Diskussionen um ein neues politisch-rechtliches Ordnungsgefüge der zusammenwachsenden Welt.

Raumordnungen in der zivilisatorischen Evolution. Über die Reichweite des Föderalismusbegriffs

Hermann Lübbe

Inhalt

A. Der Föderalismus – verfassungsrechtspolitisch erfolgreich, modern und expansiv 23
B. Wieso die Europäische Union nicht föderativ verfasst ist 25
C. Die Bundesrepublik Deutschland: Föderalismus ohne Attraktivität 26
D. Emanzipative Nationalismen oder die Pluralisierung der Staatenwelt 29
E. Der Zivilisationsprozess: Zunehmende wechselseitige Abhängigkeiten und Autarkieverluste 31
F. Was entweder einvernehmlich oder gar nicht zu haben ist. Über expansives Völkerrecht, Netzverdichtungen und Märkte 33
G. Regionalismen in der globalisierten Zivilisation 34
H. Sachverstand und Bürgersinn. Über modernisierungsbegünstigte Volksrechte 36
I. Der Föderalismus: Eine abschließende Empfehlung, seinen Begriff exklusiv konventionell zu gebrauchen 38

A. Der Föderalismus – verfassungsrechtspolitisch erfolgreich, modern und expansiv

Föderalismus, so scheint es, ist heute weltweit verfassungsrechtspolitisch erfolgreich. Gern verweisen seine Theoretiker auf das Faktum global gewordener Präsenz von Bundesstaaten. Über die Hälfte des Erdkreises hinweg erstrecken sich heute föderal organisierte politische Territorien – Großflächenstaaten vor allem. Auffällig ist überdies, dass es sich dabei zumeist um hochentwickelte Länder handelt. Der zugleich weltpolitisch noch immer wichtigste Fall sind natürlich die USA. Aber auch Canada oder Australien repräsentieren weltweit Fälle der Verbindung von zivilisatorischer Modernität und föderaler Staatsverfassung. Dazu passt, dass auch die wichtigsten Großflächenstaaten unter den so genannten Schwellenländern bundesstaatlich organisiert sind – von Brasilien bis zur Indischen Union. Große Räume verlangen, komplementär zu ihrer politischen Einheit, auch regionale Zuständigkeiten selbstbestimmungskompetenter Gebietskörperschaften, und in einer komplexen

1

H. Lübbe (✉)
Mühlebach Str. 41, 8008 Zürich, Schweiz

und überdies hochdynamischen Zivilisation wächst der Anteil fälliger politischer und administrativer Entscheidungen in Angelegenheiten, die sich „vor Ort" ungleich besser als in fernen Zentralen „von oben" beurteilen und handhaben lassen.

2 Aber die naheliegenden und oft erwähnten Organisationsprobleme von Großflächenstaaten allein sind es nicht, die den Föderalismus auffällig und thematisierungspflichtig gemacht haben. In Europa sind es ja gerade Kleinstaaten, die sich ihres Föderalismus erfreuen – jedenfalls mit ungeteilterer Freude als die Bundesrepublik Deutschland. In Österreich wie in der Schweiz sind Zweifel am Sinn und an der Zukunftsfähigkeit bestehender bundesstaatlicher Strukturen ungleich weniger als beim deutschen Nachbarn verbreitet. Für die Schweiz gilt das in erster Linie. In der Perspektive historisch weniger interessierter Europapolitiker gewinnt die Eidgenossenschaft gelegentlich die Anmutung eines Relikts – als souveräner Bund eines Ensembles kleiner Staaten, die ihrerseits, sogar explizit, von ihrer Souveränität sprechen, obwohl ihre Einwohnerschaften in etlichen Fällen kleiner sind als die eines deutschen Landkreises. Der Europäischen Union ist die hochföderal verfasste Eidgenossenschaft bislang nicht beigetreten, und wer fälschlicherweise fände, die Europäische Union sei doch ihrerseits eine hochföderal organisierte supranationale staatsanaloge Körperschaft, hätte damit zugleich einen der Anlässe für die in der Schweiz verbreitete europapolitischen Skepsis benannt. Sogar der Beitritt der Schweiz zum Europäischen Wirtschaftsraum, den die Berner Regierung wünschte, scheiterte am Nein-Votum der Stimmbürger. Nichtsdestoweniger überbietet die wirtschaftliche Prosperität der Schweiz die seiner großen Nachbarländer einschließlich Deutschlands. Sogar für den Außenhandel gilt das, und auch gemäß anderen Indikatoren internationaler Verflechtung ist die Schweiz ungleich weltverbundener als die Mehrheit der Länder der Europäischen Union – vom Ausländeranteil unter den Landeseinwohnern und von der komplementären Präsenz eigener Bürger im Ausland bis hin zur Dichte des Forschungsverbunds.

3 Auch der österreichische Föderalismus verdankt sich nicht den Organisationsproblemen eines Großraumstaates, und als historisches Relikt aus dem Untergang der Doppelmonarchie wäre er missverstanden. Wichtig sind hingegen die Korrelationen von konsolidierter Bundesstaatlichkeit und großer wirtschaftlicher Prosperität, die inzwischen – gemessen am Durchschnittseinkommen der Einwohner – die des deutschen Nachbarn sogar überbietet. Anders als die Schweiz ist freilich Österreich der Europäischen Union nach dem Ende des Kalten Krieges beigetreten. Die Abstimmung zum Unionsbeitritt erbrachte 1995 eine im europäischen Vergleich sogar besonders hohe Mehrheit. Umso nachhaltiger wirkte dann die Ernüchterung durch den Brüsseler Ratsbeschluss, der über die Republik Österreich für einen zunächst ungewissen Zeitraum das Ruhen seiner unionsmitgliedschaftlichen Rechte verfügte – vertragswidrig überdies aus Gründen eines Koalitionswechsels in Wien, den scharf zu tadeln insbesondere die französische Regierung primär aus innenpolitischen Gründen für zweckmäßig hielt.

4 Dergleichen wäre in einem konsolidierten Föderalstaat undenkbar gewesen. Entsprechend bringt die zitierte europapolitische Affäre aus dem Jahre 2000 zur Evidenz, was rechtlich ohnehin klar ist: Die Europäische Union ist keine Föderation.

B. Wieso die Europäische Union nicht föderativ verfasst ist

Immerhin hatte die Idee, Europa bundesstaatlich zu verfassen, in der Vorgeschichte der europäischen Gemeinschaften einen prominenten und bis heute vielzitierten Auftritt, nämlich in *Winston Churchills* Zürcher Rede vom 19. September 1946. „United States of Europe" seien die fällige politische Antwort auf die Katastrophe des Kontinents im Zweiten Weltkrieg, und selbstverständlich beschwor damit Churchill als maßgebendes Beispiel die bundesstaatlich verfassten USA. Das wirkt heute, als Wort aus dem Munde der politisch gewichtigsten britischen Stimme des 20. Jahrhunderts, vielleicht überraschend. Es erklärt sich durch die Selbstverständlichkeit, mit der dabei *Churchill* an ein verfasstes Europa dachte, dem Großbritannien selber nicht angehöre würde. *Churchill*, als einer der Sieger des Zweiten Weltkriegs, dachte großraumpolitisch an eine globale Pentarchie, in der auch das Commonwealth als ein weltpolitisch handlungsfähiger Verbund von Ländern erhalten geblieben sein sollte.

Indessen: Die Herausforderungen des Kalten Krieges erzwangen weltpolitisch andere Konstellationen, unter denen sicherheitspolitisch das Atlantische Bündnis mit der Vormacht der USA die wichtigste bleiben sollte. Im Schutz dieses Bündnisses konnte dann später auch Großbritannien den Beitritt zur Europäischen Gemeinschaft wünschen. Dazu kam es schließlich 1972, nachdem der naheliegende französische Widerstand gegen diesen Beitritt erloschen war. Seither macht allein schon die Zugehörigkeit Großbritanniens zur Europäischen Union deren bundesstaatliche Transformation zu „United States of Europe" extrem unwahrscheinlich. Entsprechend hat sich denn auch Großbritannien erfolgreich gegen die Aufnahme des Begriffsnamens „federal" in die Texte des europäischen Vertragswerks gewandt. Stattdessen ist bekanntlich der Begriff der Subsidiarität europarechtlich positiviert worden – durchaus in Übereinstimmung mit seiner in der Katholischen Soziallehre tradierten Bedeutung, aber eben damit zugleich vom speziell staatstheoretischen Sinn des Föderalismus-Begriffs entlastet. „Subsidiär" – das ist ein Prädikator zur Kennzeichnung eines Verbunds sozialer Organisationen unabhängig von ihrer politisch-gebietskörperschaftlichen Qualität, unabhängig auch von ihrem öffentlichen oder privaten Charakter. „Soft law" hat man entsprechend die vertragliche Verpflichtung der Europäischen Union genannt, stets nur „in accordance with the principal of subsidiarity" tätig zu werden. Politisch heißt das: Die Europäische Union konstituiert sich ausdrücklich nicht in bundesstaatlicher Absicht, lässt aber zugleich offen, ob es in der Konsequenz der Tendenzfestschreibung, „immer enger" solle sich die europäische Gemeinschaft zusammenschließen, auch zu einer europäischen Bundesstaatlichkeit kommen könne. Eben das wollte also, noch einmal, Großbritannien mit seiner Verweigerung der Kennzeichnung der Union als „federal" ausgeschlossen halten – in historisch-politisch korrekter Erinnerung daran, was die Option für einen Bundesstaat in den „Federal Papers" einst bedeutet hatte.

Noch in der Zeit seiner letzten Präsidentschaft war *Charles de Gaulle* bekanntlich entschiedener Gegner eines etwaigen Beitritts Großbritanniens zur Europäischen

Gemeinschaft, aber auch das keineswegs in der Absicht, auf diese Weise eine bundesstaatliche Evolution der Gemeinschaft möglich zu halten, gar zu fördern. *De Gaulles* Konzept war vielmehr das einer dauerhaften Friedensordnung Europas durch Einbindung der Bundesrepublik als der Westhälfte des fortdauernd geteilten Deutschland in eine kontinentaleuropäische Staatengemeinschaft, die nach der politischen Natur der Sache von Frankreich dominiert sein würde. Das war ein vorläufig realistisches Konzept, nachdem unter den Herausforderungen des Kalten Krieges insbesondere die USA für eine rasche wirtschaftliche und staatliche Rekonsolidierung West-Deutschlands eintraten und damit alternative Vorstellungen, wie sich die deutsche Frage am besten beantworten ließe, definitiv obsolet geworden waren – die Ideen *Georges Bidault* zum Beispiel, der an ein kleingeteiltes Deutschland jenseits der französischen Rheingrenze dachte. Damit hat man zugleich einen historischen Hintergrund, vor dem evident wird, dass das stattdessen Wirklichkeit gewordene realistische Konzept der Sicherung guter europäischer Nachbarschaft im Rahmen einer Deutschland irreversibel einbindenden Staatengemeinschaft damals wie keinem anderen Land Deutschland zu Gute kommen musste. Die Einsicht in diese Zusammenhänge verbindet sich politisch wie mit keinem anderen Namen mit dem Namen *Konrad Adenauers*. Aber gerade *Adenauer* hat auch schmerzlich erfahren müssen, dass die rasche Einbindung Deutschlands in die europäischen Gemeinschaften sicherheitspolitisch nicht einmal bündnispartnerschaftliche, geschweige denn bundesgenossenschaftliche Qualität zu gewinnen vermochte. Diese Einsicht machte bekanntlich dauerhaft schon das Scheitern der Europäischen Verteidigungsgemeinschaft unwidersprechlich, deren Ratifikation 1954 in der Pariser Nationalversammlung wegen der Erwartung unterblieb, das könne die Sowjetunion zur Zurückhaltung gegenüber Frankreichs Kolonialkrieg in Indochina veranlassen. Seither ist, sogar über das Ende des Kalten Krieges hinaus, im Wesentlichen unwidersprechlich geblieben, dass zur Sicherheitsgewährleistung einschließlich ihres militärischen Aspekts die Europäische Union in den weltpolitischen Dimensionen der Sache nicht ausreicht und dass stattdessen, insoweit unverändert, das Atlantische Bündnis unverzichtbar bleibt. Auch nach dem Ende des Kalten Krieges ist die mangelhafte sicherheitspolitische Kompetenz der Europäischen Union und damit ihr faktischer Souveränitätsmangel während des Balkankrieges weltöffentlich sichtbar geworden. Dieser Krieg wurde im Spätsommer des Jahres 1995 bekanntlich, statt von der europäischen Gemeinschaft, auf der Legitimitätsgrundlage eines NATO-Beschlusses mit der Beendigung der Belagerung Sarajevos durch die USA entschieden.

C. Die Bundesrepublik Deutschland: Föderalismus ohne Attraktivität

8   Mit solchen Erinnerungen in der Absicht, anschaulich zu machen, wieso es historisch-politisch und überdies auch staatstheoretisch missleitend wäre, sich die gegenwärtige und zukünftige Europäische Union als einen gemäß dem Willen der

Beteiligten sich entwickelnden Bundesstaat vorzustellen, ließe sich lange fortfahren. Bekräftigt sei, dass auch Deutschland, als das nach Bevölkerung und Wirtschaftskraft größte Mitgliedsland der Union, kraft seiner bundesstaatlichen Verfassung den Föderalismus keineswegs zu einer Sache europapolitischer Attraktivität machen konnte. Immerhin blieb Deutschland bis zum Beitritt Österreichs und bis zur 1994er explizit föderalen Neuverfassung Belgiens der einzige Bundesstaat innerhalb der Europäischen Union. Zur Rolle Deutschlands in der kleinen Gemeinschaft der Partnerländer der römischen Verträge hätte es ohnehin nicht gepasst, der deutschen Bundesstaatstradition eine verfassungsrechtspolitische Musterrolle für die europäische Gemeinschaft zuzuschreiben. Im Gegenteil: Noch in der jüngeren Geschichte der Staaten, als deren Bund Deutschland sich darstellt, spiegelte sich doch markant die Unglücksgeschichte dieses Landes. Gewiss: Auch in anderen Bundesstaaten sind deren Mitglieder nach Zuschnitt, Grenzen und Verfassung keine Gebilde mit Ewigkeitsgarantie. Das österreichische Bundesland Vorarlberg gäbe es gar nicht, wenn nach dem Ende des Ersten Weltkriegs die Schweiz sich bereitgefunden hätte, die Vorarlberger wunschgemäß als Bürger eines neuen Kantons der Eidgenossenschaft aufzunehmen. Die Schweiz ihrerseits umfasst ihre alten Kantone mit Kontinuitäten seit Beginn ihrer Geschichte, aber auch junge Kantone, die der *napoleonisch* verfügten oder bedingten Transformation der europäischen Staatenwelt sich verdanken. Aber die Turbulenzen der deutschen Staatenwelt sind singulär. Bezogen auf die Bundesrepublik Deutschland heißt das: Als über alle Katastrophen hinweg eigenstaatlich verbliebene Länder sind einzig das große Bayern und die beiden Hansestädte Bremen und Hamburg in den neuen deutschen Bundesstaat eingegangen. Andere große Länder sind nie zuvor existent gewesene Gebilde aus dem Willen der Besatzungsmächte. Ihre historische Kontingenz spiegelt sich schon in ihren Bindestrichnamen – so im Falle Nordrhein-Westfalens oder Rheinland-Pfalz'. Auch die Liquidation Preußens erzwang die Neuschöpfung nie zuvor existent gewesener staatlicher Entitäten – so im Falle Niedersachsens, dem Braunschweig zugeschlagen wurde. Das mochte, immerhin, auch aus historisch-dynastischen Gründen plausibel erscheinen, nicht hingegen die staatliche Liquidation Oldenburgs. Die Eingliederung Lippe-Detmolds in Nordrhein-Westfalen erfolgte im Streit mit Niedersachsen immerhin mit der faktischen Zustimmung der Bevölkerungsmehrheit, nichtsdestoweniger in kontingenter Abhängigkeit vom Willen der Besatzungsmacht. Einzig Schleswig-Holstein verblieb in den Grenzen der jungen preußischen Provinz dieses Namens, und ein deutscher landespolitischer Eigenwille brachte sich vor allem beim Zusammenschluss der Vorgängerländer des Südweststaats zur Geltung. – So könnte man lange fortfahren – vom Sonderinteresse der amerikanischen Besatzungsmacht an der verbleibenden Selbstständigkeit Bremens bis zur juridischen Folgenlosigkeit des Mehrheitswillens, mit welchem sich in Abstimmungen die Bürger der vormaligen Reichsländer Oldenburg und Schaumburg-Lippe für die Wiederherstellung ihrer Staatlichkeit als Länder der Bundesrepublik Deutschland aussprachen.

Solche Erinnerungen an die jüngere Geschichte des deutschen Föderalismus sind also nicht geeignet, europapolitisch den Föderalismus als eine Erfolgsgarantie für die Organisation staatlicher Gebietskörperschaften zu empfehlen. Dieser Eindruck ließe sich durch zahllose zusätzliche Charakteristika der jüngeren deutschen Föderalismusgeschichte noch vertiefen. Die lange Reihe der Vorschläge zur Länderreform, näherhin zum Neuzuschnitt der Länderterritorien, gehörte dazu. Nahezu ausnahmslos plädieren diese Vorschläge für die Liquidation kleiner Länder und ihre Integration in eine drastisch zu verringernde Zahl territorial vergrößerter Länder. Bis in die Gegenwart hinein ist der „Nordstaat", in den hinein auch die traditionsreichen deutschen Stadtstaaten der Hansestädte verschwunden sein würden, ein diskussionsauslösender Dauerbrenner. Ausnahmslos verstehen sich die Subjekte dieser Vorschläge als Rationalisatoren. Die betroffenen Bürger denken zumeist anders – erwiesenermaßen zuletzt noch beim Versuch, das in der Tat in seinem territorialen Zuschnitt auf den ersten Blick unplausibel wirkende neue Kragenbundesland Bandenburg mit Berlin zu vereinigen. Dieser Versuch scheiterte am Unwillen der Stimmbürger.

10 Intellektuelle, die mehrheitlich dazu neigen, Regional- und Lokalpatriotismen für „provinziell" zu halten, neigen ohnehin dazu, den deutschen Föderalismus für ein politisch schadensträchtiges Traditionsgut zu halten – vor allem in bildungspolitischer Hinsicht. Überdies gibt es aber auch harte Fakten einer prekären Tendenz in der Entwicklung deutscher Bundesstaatlichkeit – vor allem den fortschreitenden Bedeutsamkeitsverlust der Landesgesetzgeber, der sich komplementär zum angewachsenen bundespolitischen Gewicht der Länderregierungen in der Bundesgesetzgebung vollzogen hat. In der Reformbedürftigkeit des deutschen Föderalismus ist sich die politische öffentliche Meinung einig. Zwei gewichtige Föderalismusreformen haben sich schließlich verfassungsrechtspolitisch tatsächlich durchsetzen oder auf den Weg bringen lassen. Eine Trendumkehr in der fortschreitenden Dominanz des Bundes über seine Mitglieder erwartet nichtsdestoweniger niemand. Irresistibel unitarisch wirkt vor allem das Verfassungsgebot der „Herstellung gleichwertiger Lebensverhältnisse im Bundesgebiet" und begrenzt damit die Erfolgsaussichten von Versuchen, den finanzverfassungsrechtlichen Kern der Länderkompetenz zu stärken. Die Kommentare der verfassungsrechtlichen und politikwissenschaftlichen Experten zu den politischen Unternehmungen zur Revitalisierung der deutschen Bundesstaatlichkeit bleiben entsprechend skeptisch, und gelegentlich gewinnt der interessierte Bürger den Eindruck, diese Unternehmungen verdankten sich schließlich einzig dem unabänderlichen Faktum, dass nun einmal die Bundesverfassung nicht nur die Menschen- und Bürgerrechte, vielmehr überdies auch noch die Bundesstaatlichkeit Deutschlands mit einer Ewigkeitsgarantie ausgestattet hat. Das ist selbstverständlich auch europapolitisch bedeutsam, wenn man der plausiblen Meinung jener Juristen folgt, die uns lehren, die verfassungsrechtlich festgeschriebene Bundesstaatlichkeit Deutschlands schlösse den Beitritt dieses Landes zu einem europäischen Bundesstaat definitiv aus – es sei denn, die Deutschen entschlössen sich „in freier Entscheidung" zu einer ganz neuen Verfassung, was ihnen das Grundgesetz auch nach seiner wiedervereinigungsbedingten Änderung tatsächlich freistellt. – Zu den prägenden historisch-politischen Erfahrungen des zwanzigsten Jahrhunderts gehört selbstverständlich auch, dass der nationalsozialistische Totalitarismus, ohne die Länder förmlich abzuschaffen, ihre vollständige „Gleichschaltung" verfügt hatte. Das empfahl immerhin den Föderalismus als einen Faktor binnenstaatlicher

Gewaltenteilung, und auch die vom internationalsozialistischen Totalitarismus verfügte Aufhebung der Länder in der Deutschen Demokratischen Republik bestätigte das.

Im Rückblick heißt das in der Zusammenfassung: Der Föderalismus hat als Prinzip moderner Staatsorganisation weltweit Geltung gewonnen und behauptet – von den USA bis zur Schweiz und von den hochentwickelten, aber bevölkerungsarmen Großflächenstaaten bis zu den so genannten Schwellenländern mit ihren rasch wachsenden Populationen in der Milliardendimension wie im indischen Fall. In der Verfassung der Europäischen Union hingegen ist der Föderalismus nicht einmal verbal präsent, vielmehr ausdrücklich aus dem Verkehr gezogen und durch den Begriff der Subsidiarität ersetzt, der gewiss eine markante Bedeutung hat, die aber anwendungspraktisch breit streut und über Staatsorganisationsformen hinaus sich generell auf gesellschaftstheoretische Zuordnungsverhältnisse in Hierarchien faktischer Kompetenzen bezieht einschließlich der privatrechtlich geregelten Beziehungen zwischen Personengruppen und Institutionen. Und der wichtigste Bundesstaat unter den Mitgliedsländern der Union, nämlich Deutschland, deklariert einerseits die von den Verfassungsexperten rhetorisch so genannte Ewigkeitsgeltung der Bundesstaatlichkeit, ist aber andererseits mit Bemühungen, die immer dringlicher werden, beschäftigt, diese Bundesstaatlichkeit nützlich und zukunftsfähig zu halten. Von einer europäischen Vorbildrolle dieses Föderalismus kann keine Rede sein.

D. Emanzipative Nationalismen oder die Pluralisierung der Staatenwelt

Noch ein weiterer großräumiger Vorgang, der die Weltpolitik des 20. Jahrhunderts mit Fortwirkungen bis in die Gegenwart hinein prägt, macht zusätzlich deutlich, dass das Staatsorganisationsprinzip des Föderalismus unbeschadet seiner expandierenden Geltung nicht eine sich modernisierungsabhängig ausbreitende Universalie ist. Gemeint ist der Vorgang der dramatisch verlaufenden Pluralisierung der Staatenwelt. Diese Pluralisierung der Staatenwelt gehört einerseits zu den Konsequenzen der Dekolonialisierung, zumal in Afrika und auch in Südostasien. Der Vorgang ist unabgeschlossen, und der Konsolidationsgrad der neuen Staaten ist bekanntlich extrem unterschiedlich. Einen ganz anderen Verlauf hat aber die Staatsgründungswelle in Ost- und Ostmitteleuropa, im Vorderen Orient sowie in der Kaukasus-Region genommen und im westlichen Zentralasien auch noch. Hier erstreckten sich bis zum Ende des Ersten Weltkriegs die drei Großherrschaftsräume des zaristischen Russland, der österreichisch-ungarischen Doppelmonarchie und des Osmanischen Reiches. In der Konsequenz der Pariser Vorortverträge sowie des sieben Jahrzehnte später sich ereignenden Zerfalls der Sowjetunion mit dem von ihr beherrschten Weltfriedenslager und überdies des Auseinanderbrechens der Vielvölkerstaaten der in der Zwischenkriegszeit so genannten Kleinen Entente hat sich in den zitierten Gebieten die Zahl der Staaten mehr als versiebenfacht.

13 Naheliegenderweise verlief dieser temporal ungemein verdichtete Prozess von Staatsneubildungen nicht konfliktfrei. Für den westlichen Balkan gilt das bekanntlich in erster Linie, und nördlich des Kaukasus manifestiert sich das fortdauernd bis heute. Nichtsdestoweniger gilt: Nie zuvor sind in der jüngeren Geschichte neue Staatsgrenzen im aktuell geltenden Umfang gewaltfreier gezogen worden. Das bedeutet zugleich: Die überwiegend herrschende weltöffentliche Meinung stützt den Vorgang der Pluralisierung der Staaten bis auf die Ebene der UNO hinauf. Die jungen Körperschaften existieren im Schutz ihrer völkerrechtlichen Anerkennung, und im noch hängigen Fall der staatlichen Verselbstständigung des Kosovo hat der Internationale Gerichtshof gutachtlich die Rechtmäßigkeit seiner Unabhängigkeitserklärung bestätigt. Sogar Frankreich, das die rasche Anerkennung der staatlichen Loslösung Sloweniens von Jugoslawien durch Deutschland und Österreich noch für voreilig gehalten hatte, ist heute eines der Länder, die die Unabhängigkeit des Kosovo bereits anerkannt haben.

14 Im Rückblick auf die europäische Schreckensgeschichte nationalistischer Exzesse lagen kritische Kommentare zur jüngsten Neubildung so vieler Staaten, die sich als Nationalstaaten verstehen, nahe. Aber um Vorgänge der Erhebung expansiver nationalistischer Vorherrschaftsansprüche handelte es sich ja im erwähnten slowenischen oder auch im litauischen Fall gerade nicht, sondern um Emanzipationen aus mehrheitsnationalistisch geprägt gewesenen Vielvölkerstaaten.

15 Das bedeutet zugleich: Die neuen Staaten sind zumeist Kleinstaaten – hervorgegangen aus dem partiellen oder sogar vollständigen Zerfall von Großföderationen mit der naheliegenden Konsequenz, dass für die davon unabhängig gewordenen neuen Staaten dem Föderalismus nicht die Rolle eines Ideals der Staatsorganisation zufallen konnte. Selbst als Medium für die Lösung fortdauernder nationaler Konflikte, die in etlichen Fällen die neuen Kleinstaaten von der Slowakei bis zu Estland aus sehr unterschiedlichen historischen Gründen prägen, bot sich der Föderalismus nicht mehr an. Allenfalls berief man sich beim Versuch, staatliche Selbstständigkeit zu erlangen, gern auf die im Regelfall unausgesprochene Basisfreiheit aller Mitglieder von Föderationen, sich aus dem Bund auch verabschieden zu können. Eine Unionsverfassung gab es in Europa tatsächlich, die den Unionsmitgliedern das Austrittsrecht ausdrücklich bescheinigte, die Verfassung der Sowjetunion nämlich. Darauf berief sich nach dem Untergang der Sowjetunion – jetzt als Mitglied der russischen Föderation – Tatarstan und bekam vom neu eingerichteten Verfassungsgericht dieser Föderation die naheliegende Antwort, auf die Sowjetverfassung könne sich, da sie nicht mehr gälte, niemand berufen.

16 Kurz: Die Pluralisierung der Staatenwelt, die die europäische Geschichte des vergangenen Jahrhunderts bis in die Gegenwart hineinwirkend fortprägt, ist, statt von Idealen des Föderalismus, eher von unguten Erinnerungen an die Bundesstaaten geprägt, denen man einmal angehörte. Gegen die Dominanz dieser Erinnerung verschlägt auch die Mahnung eines hohen Brüsseler Beamten, der hier ungenannten bleiben soll, nichts, es sei an der Zeit, endlich die europäische Kleinstaaterei zu überwinden. Diese Mahnung war ersichtlich ihrerseits an den großen staatlichen Einigungsvorgängen des 19. Jahrhunderts orientiert, die ja im italienischen wie im

deutschen Fall über alle Katastrophen dieser Länder hinweg sich als dauerhaft erwiesen haben, und wie damals die nationalstaatliche Integration Venedigs oder auch Lübecks, so stünde jetzt die „immer engere" Einbindung Italiens und Deutschlands und aller anderen integrationsbereiten europäischen Länder in die Union auf der weltpolitischen Tagesordnung. In der Tat: Slowenien oder auch Tschechien sind längst der Union beigetreten, und Kroatien, zum Beispiel, strebt diesen Beitritt an. Aber um den Beitritt zu einer Körperschaft, die schließlich uneingeschränkte Staatsqualität und näherhin die eines Bundesstaates gewänne, soll es sich nach dem Willen der genannten neuen Nationalstaaten gerade nicht handeln. Die politische Pragmatik der noch nicht einmal abgeschlossenen Pluralisierung der europäischen Staatenwelt lehrt es.

Man mag das Gewicht dieser Lehre, weil sie gegenwärtig vor allem die europapolitischen Optionen der neuen europäischen Kleinstaaten bestimmt, als gering einschätzen. Deswegen sei, diesen Teil abschließend, noch ein Grund benannt, der für gegenwärtig unabsehbare Zeit für zwei große Mitgliedsländer der Europäischen Union die bundesstaatliche Transformation dieser Union definitiv ausschließt. Frankreich und Großbritannien sind bekanntlich die beiden Unionsmitglieder, die als Inhaber des Veto-Rechts im Weltsicherheitsrat eine weltpolitische Sonderrolle spielen. Wäre es denkbar, dass die beiden genannten Länder, um sich mit egalisierten Kompetenzen und Rechten in einen europäischen Bundesstaat einzuordnen, auch für die Übertragung ihres Veto-Rechts auf diesen neuen europäischen Großstaat bei der UNO eintreten könnten? Die Beantwortung dieser Frage erübrigt sich.

E. Der Zivilisationsprozess: Zunehmende wechselseitige Abhängigkeiten und Autarkieverluste

Der Versuch, sich über die Rolle des Föderalismus in der aktuellen Entwicklung staatlich verfasster politischer Räume zu verschaffen, ergibt kein konsistentes Bild. Föderalstaaten machen Weltpolitik oder sind dabei, ein Faktor der Weltpolitik zu werden. Die Europäische Union, ein suprastaatlich verfasstes wirtschaftspolitisches Schwergewicht ersten Ranges, hat indessen die Bundesstaatlichkeit als Fernziel ihrer Transformationen ausdrücklich dementiert. Kleinstaaten gibt es, in denen wie in der Schweiz und in Österreich der Föderalismus im Patriotismus seiner Bürger verankert ist. Die Fülle der neuen Kleinstaaten hingegen, die aus dem partiellen oder gar vollständigen Verfall föderativ verfasster Großherrschaftsräume hervorgegangen sind, präferieren die unitarische Nationalstaatlichkeit und thematisieren rezente Spannungen zwischen Volksgruppen vor allem als Probleme der Gewährleistung von Minderheitenrechten, von denen man sich zugleich eine separatismusvorbeugende Wirkung erwartet. Der deutsche Föderalismus schließlich ist nach Tradition und Verfassung festgeschrieben, aber zugleich eine Reformbaustelle von Dauer. So oder so sind die Rollen und Funktionen des Föderalismus in der modernen Staatenwelt kontingent, und Erklärungen vom Typus historischer Erklärungen sind es, die man benötigt, um sich solche tiefreichenden verfassungspolitischen Differenzen im

Kontext der zivilisatorischen Evolution verständlich zu machen. In allen wichtigeren Fällen haben uns selbstverständlich die Geschichtswissenschaften die einschlägig benötigten historischen Erklärungen längst zur Verfügung gestellt. Indem man sie nutzt, erfährt man zugleich unsere Angewiesenheit auf eine komplexitätsreduzierende Analyse des Wandels der Zuordnungsverhältnisse rechtlich konstituierter politischer und sonstiger Handlungsräume in der Konsequenz zivilisationsevolutionär expandierender wechselseitiger Abhängigkeiten. Ein kleiner Beitrag zu dieser Analyse soll jetzt folgen.

19 Komplementär zum Prozess wachsender zivilisatorischer Abhängigkeiten, dem selbstverständlich auch Staaten unterliegen, verhalten sich die Versuche uneingeschränkter Wiedergewinnung allseitiger Selbstversorgungspotenz, wie sie von den totalitär verfassten Großmächten des 20. Jahrhunderts ausnahmslos vertreten wurden. Diese Versuche sind ebenso ausnahmslos schließlich gescheitert. Die realen Folgen des Willens, im Kontext der modernen Zivilisation sich als selbstgenügsamer Staat zu behaupten, sind zum Beispiel im nordkoreanischen Kommunismus-Relikt zu erkennen. Solche Relikte aus der Tradition totalitärer Autarkieprätentionen machen zugleich die Trivialität der Gründe evident, die die moderne Zivilisation sich global haben ausbreiten lassen. Die trivialen Lebensvorzüge dieser Zivilisation sind es, die weltpolitisch irreversibel wirken. Bilder besseren Lebens sind in einer Welt, die inzwischen nachrichtentechnisch integriert ist, omnipräsent. Gegen die Attraktivität dieser Bilder lässt sich mit Argumenten einer Zivilisationskritik, die sich unter Reichtumsbedingungen entwickelt hat, wenig ausrichten. Das bedeutet zugleich: Mit der Frage, ob die Politik oder die Ökonomie, ob die Staaten oder die Märkte die dominanten Faktoren wohlfahrtsträchtiger zivilisatorischer Evolution seien, säße man einer erwiesenermaßen falschen Alternative auf. Auch das lehrt ein Rückblick auf den real existent gewesenen Sozialismus. Sein Anspruch, die Leistungen des Marktes durch Leistungen der Politik ablösen und so noch überbieten zu können, ist gescheitert, und erwiesenermaßen war das sogar vorhersehbar. Westliche Sozialwissenschaftler, *Talcott Parsons* zum Beispiel, haben schon Anfang der sechziger Jahre des vergangenen Jahrhunderts angekündigt, die Sowjetunion, müsse, wenn sie über ihre schwerindustriell erzeugten Produkte hinaus auch technisch anspruchsvolle Infrastruktur- und Konsumgüter sowie Dienstleistungen massenhaft zugänglich machen wolle, ihre Plan- und Verwaltungswirtschaft und damit das altsozialistische Ideal unmittelbarer Identität individueller und kollektiver Interessen aufgeben, oder sie werde zusammenbrechen. Dieser Prognose, die eintraf, lag die Einsicht zugrunde, dass mit der dramatisch wachsenden Komplexität moderner zivilisatorischer Lebensbedingungen die Verschaffung und Verarbeitung der technischen und informationellen Voraussetzungen ihrer produktiven und distributiven Steuerung nicht mehr zentral möglich sei, vielmehr einzig in einem frei sich entwickelnden Verbund von Handlungssubjekten bis auf die vollendet dezentralisierte Ebene individueller unternehmerischer und sonstiger Initiativen hinab. Auch das chinesische Wirtschaftswunder verdankt sich bekanntlich der partiellen Zulassung solcher zentral unplanbaren informationellen, bildungspraktischen und unternehmerischen Aktivitäten und konnte allein so allein auch auf dem Weltmarkt sichtbar werden.

F. Was entweder einvernehmlich oder gar nicht zu haben ist. Über expansives Völkerrecht, Netzverdichtungen und Märkte

Dass erst über Autarkieverluste, wie sie mit neu eingegangen Abhängigkeitsverhältnissen verbunden sind, sich eminente wechselseitige Vorteile gewinnen lassen, ist also kein Paradox, vielmehr eine Erfahrung, die auch schon die ältere Völkerrechtsgeschichte geprägt hat – von den Handelsvorzügen wechselseitiger Machtgebrauchsbeschränkung durch gewährleistete Freiheit der Meere bis hin zu den anspruchsvollen Rechtsverbindlichkeiten des diplomatischen Verkehrs selbst im Verhältnis zu anhaltend unangenehmen Nachbarn. Generell nimmt zivilisationsevolutionär die Menge der Güter zu, die sich entweder gar nicht oder nur einvernehmlich nutzen lassen. Exemplarisch gilt das nicht zuletzt für staatsgrenzenübergreifende technische Großsysteme von den Frequenzen des Funkverkehrs bis zu den Sicherheitsvoraussetzungen einvernehmlicher Nutzung internationaler Schiffs- und Flugverkehrswege. Globalisierungskonsequent nimmt entsprechend die Zahl der internationalen Einrichtungen sprunghaft zu, in denen unsere wechselseitigen Abhängigkeiten organisiert und somit unsere nationalen Autarkieverluste wohlfahrtsfördernd kompensiert sind. Die Zahl dieser völkerrechtlich sanktionierten Einrichtungen aus internationalen Verträgen, deren Geltung sich auf Rechtsräume höchst unterschiedlicher Weite erstreckt, umfasst inzwischen bekanntlich mehrere Tausend. Die Verzeichnisse der Abkürzungen dieser Verträge in den Handbüchern des Völkerrechts schwellen von Auflage zu Auflage an. Inhaltlich betreffen diese Verträge weit über die Technik hinaus inzwischen alle Lebensbereiche von der Wirtschaft bis zum internationalen Schutz der Menschenrechte und vom Recht der Nutzung von Tiefseeressourcen in internationalen Gewässern bis hin zu staatsgrenzenüberschreitenden Polizeikooperationen. Jedem Medienkonsumenten und jedem Gemeinschaftskundeschüler sind die Namen der wichtigsten dieser Einrichtungen bekannt, die UNO selbstverständlich und die WTO und die kontinental begrenzten Zusammenschlüsse vom Europarat bis zum Europäischen Wirtschaftsraum auch noch, um für einmal die Europäische Union nicht zu erwähnen. Dabei wäre das Bild der Verflechtungen, in die uns die zivilisatorische Evolution hinein führt, grob unvollständig, wenn man nicht auch noch die institutionalisierten Beziehungen privaten Rechts gegenwärtig hielte, über die heute Kooperativen mit wechselseitigen Verpflichtungen großräumig organisiert sind. Dabei handelt es sich abermals nicht allein um wirtschaftliche Kooperationen. Der Sport und die Popkunst haben sich internationalisiert. Sogar Gewerkschaften und Parteien sind international verbunden, die Wissenschaften ohnehin und auch Kirchen sind international organisiert, soweit sie nicht ohnehin als Weltkirche präsent sind. Auch humanitäre Organisationen sind in ihrer Tätigkeit global orientiert und haben sich international handlungsfähig gemacht – Amnesty International oder auch Green Peace, die beide im Unterschied zum Roten Kreuz, das im Interesse seiner Sache politische Provokationen tunlichst vermeidet, mit ihren Aktionen die weltöffentliche Meinung zu beeinflussen suchen.

Der Anzahl nach liegt inzwischen die Zahl der großräumig, ja weltweit tätigen Organisationen privaten Rechts sogar noch um das wenigstens Fünffache höher als die Zahl der regierungsabhängigen Organisationen.

21 Dabei folgt dieses Verbundsystem der fortschreitenden Globalisierung einer Pragmatik von generalisierbarer Struktur. Man vergegenwärtige sie sich am Schlüsselbeispiel der Entwicklung der Informationsnetze. Bis weit in das Zeitalter der industriellen Revolution hinein waren mit einigen wenigen belanglosen Ausnahmen die Informationsnetze mit den Verkehrsnetzen identisch. Das bedeutet: Jede kaufmännische Bestellung, jede Rechnung, jeder Brief und jedes Manuskript, alle administrativen Anordnungen und militärischen Befehle mussten auf Land- oder Seewegen transferiert werden. Mit der Verlegung erster Überseekabel in den fünfziger Jahren des 19. Jahrhunderts nimmt dann ein technischer Vorgang seinen Anfang, der mehr als jeder andere die zivilisatorische Evolution dynamisiert hat, nämlich die technische Ablösung der Informationsnetze von den Verkehrsnetzen. Indem wir längst alle gelernt haben, die Vorteile dieser Ablösung zu nutzen, sind sie uns allein schon, zum Beispiel, aus der inzwischen weit über hundertjährigen Geschichte der Telefonie wohlvertraut. Umso mehr lohnt es sich, sich einmal explizit die zivilisatorische Quintessenz dieses Vorgangs zu vergegenwärtigen: Informationsnetze lassen sich schließen, das heißt sie verbinden jeden Netzteilnehmer potentiell direkt mit jedem anderen, und die Menge möglicher Beziehungen wächst in einem quadratischen Verhältnis zur Menge der Verbundenen.

G. Regionalismen in der globalisierten Zivilisation

22 Die Ökonomen pflegen, zu recht, den Kostenaspekt der Sache zu thematisieren, die dramatische Verbilligung der Informationsbeschaffung also. Man braucht einige Fantasie und auch Mut für einen Versuch der Beschreibung der kulturellen und auch politischen Folgen der zivilisatorischen Netzverdichtung. Worum handelt es sich? Nie zuvor war zivilisationsgeschichtlich der Anteil der Wissensbestände und Kulturgüter größer als heute, die wir alle miteinander teilen – von den inzwischen trivial gewordenen Gerätschaften der häuslichen Informationsbeschaffung über unsere Verkehrsmittel mit ihren weltweit bekannten Markennamen bis hin zum rudimentären Englisch, das uns elementare Verständigungsmöglichkeiten weltweit erschließt. Es soll sich hier nicht darum handeln, diesen Prozess im exemplarischen Detail vorzuführen und kulturkritisch zu validieren. Es kommt hier einzig auf den Aspekt der expandierenden simultanen Präsenz kommunikationsfähig gewordener wechselseitiger Kenntnisse, Verständnisse und Missverständnisse an. Wie nie zuvor ist uns gegenwärtig, was wir mit entfernten Anderen einschließlich unserer wechselseitigen Abhängigkeiten voneinander teilen und in genau diesem Sinne gemeinsam haben und wer wir uns damit zugleich wechselseitig als ein jeweils anderer sind.

23 Das allein schon macht plausibel, wieso die global expandierende moderne Zivilisation komplementär zu den mit ihr verbundenen Angleichungsprozessen politisch und kulturell relevante Interessen reflexiver Neuvergegenwärtigung kontingenter

Herkunftsprägungen auslösen muss. Europabezogen heißt das: Komplementär zum Einheitsnormenverbund, mit welchem die Europäische Union den kontinentalen Großraum eines grenzfreien Verkehrs von Personen, Gütern, Dienstleistungen, Kapitalien und Informationen überzogen hat, haben zugleich die europäischen Nationalkulturen ihre Sonderprofile neu geschärft, und die Regionalkulturen auch noch. Exemplarisch heißt das: Nie zuvor gab es in Europa anspruchsvollere Sprachregime als heute. Zweisprachige Ortstafeln sind, partiell durch Verfassungsgerichtsentscheidungen oder internationale Verträge abgesichert, in Südtirol wie am Karawankenrand installiert, im niederländischen Friesland ebenso wie in der sorbischen Lausitz. Der Anteil der deutschen Bevölkerung im Königreich Belgien liegt bei gut einem Prozent, hat aber gleichwohl den eigenständigen öffentlichen Status einer Gemeinschaft neben den großen Gemeinschaften der Flamen und Wallonen. Auch in der nicht zur Union gehörigen, aber in jedem Betracht des Wortes zentraleuropäischen Schweiz hat man die öffentliche Präsenz der kleinsten Landessprache noch verstärkt, nämlich als vierte Inschriftensprache der Geldnoten, die vor vierzig Jahren noch ausnahmslos dreisprachig waren. Der frankophone, ehemals bischöflich-baslerische Teil des großen Kantons Bern hat sich sogar als neuer Kanton Jura durch Separation souverän gemacht. In der Ausprägung neuer Gebietskörperschaften ist der Regionalismus inzwischen in vielen europäischen Ländern manifest. Frankreich hat über das Netz seiner guten neunzig kontinentalen Departements bekanntlich ein Netz von Regionen gelegt, die nicht mehr Verwaltungseinheiten, vielmehr Selbstverwaltungskörperschaften sind. Für Spanien gilt Analoges, und im europäischen Ausschuss der Regionen sind diese rechtstechnisch höchst heterogenen Gebilde einschließlich der Kommunen, deren Recht in Europa seinerseits sehr heterogen ist, in einer eigens geschaffenen Institution der europäischen Verfassung präsent – sogar mit gestärkten Rechten bei insgesamt freilich schwacher Zuständigkeit.

Es erübrigt sich, mit dieser Vergegenwärtigung der Phänomene des spezifisch modernen Regionalismus fortzufahren. Kritiker, die hier politisierte Folklore wirksam sähen, hätten nicht einmal Unrecht. Folklore ist tatsächlich auch im Regionalismus präsent – aber eben nicht als ein kulturevolutionäres Relikt, vielmehr als eine Bewegung kultureller Selbsthistorisierung, die mit ihren Stadt- und Dorfmuseen, ihren Provinzarchiven und perfekt restaurierten lokalen Baudenkmälern jeweils vor Ort sichtbar macht, dass der Historismus genau komplementär zur Modernisierungsdynamik überall, das heißt keineswegs allein in Europa, an Intensität gewinnt.

Man beachte: Die Heterogenität der körperschaftlichen Verfassung der jeweiligen Träger dieser insoweit skizzierten Regionalismen ist extrem. In Deutschland hätte man etliche unter den so genannten Höheren Kommunalverbänden mit ihren kulturpflegerischen Sonderzuständigkeiten auch noch zu erwähnen. Sogar Staatsgrenzen übergreifende Regionalismen haben sich konstituiert – am Oberrhein wie am Niederrhein, und ersichtlich wäre das alles unter den Begriff des Föderalismus nicht subsumierbar. Es empfiehlt sich auch deshalb, diesen Begriff exklusiv in seiner konventionellen staatstheoretischen Bedeutung zu verwenden. Alsdann ergibt sich insoweit: Selbstverständlich betätigen sich in den föderal organisierten Staaten auch die Teilstaaten – die Kantone, die Bundesländer – in der skizzierten Weise regionalpolitisch, aber zahlreiche andere Institutionen tun es im Rahmen ihrer speziellen regionalen Zuständigkeiten auch noch. Generalisiert heißt das in der Wiederholung: Mit der wachsenden Menge dessen, was uns in der modernen Zivilisation großräumig miteinander verbindet und damit zugleich voneinander abhängig macht, gewinnt auch der politische Wille zur Schärfung des eigenen herkunftsabhängigen Identitätsprofils an Intensität, und die Institutionen, in denen sich das abspielt, sind ihrerseits herkunftsabhängig kontingent und sind es sogar als eigens neu geschaffene Einrichtungen. Ein einschlägiger europarechtlicher Homogenisierungsbedarf besteht nicht oder bliebe schwach.

26   Der Regionalismus ist also spezifisch modern. Er ist komplementär zu den Angleichungseffekten expandierender Abhängigkeitsverhältnisse allgemein verbreitet und auf Gewährleistung durch zentral konstituierte Rahmenbedingungen angewiesen. Inhaltlich manifestiert er sich selbstbestimmt dezentral. Dabei wäre es zugleich als ein Phänomen nostalgischer Kompensation von Schwundstufenkulturen missverstanden. Vielmehr gilt kulturell, ökonomisch und sozial, also auch politisch generell: Die Lebensvorzüge großräumiger und somit auch zentral organisationsbedürftiger Abhängigkeitsverhältnisse sind dauerhaft nur zu haben, wenn sie an vitale, dezentral sich selbst organisierende Lebensverhältnisse zurückgebunden bleiben. Dabei werden diese Lebensverhältnisse zugleich differenzierter, und die Kompetenzen, die den beteiligten Individuen, familiären und sonstigen Kommunitäten, auch den privaten und öffentlichen Institutionen abverlangt sind, werden anspruchsvoller. Das ist deswegen so, weil ineins mit unseren zivilisationsevolutionär expandierenden wechselseitigen Abhängigkeiten in rasch sich verdichtenden Netzen die dezentral sich wie nie zuvor öffnenden Partizipationschancen und Handlungsmöglichkeiten genutzt sein wollen, aber zentral weder identifizierbar noch planbar wären. Was den Ökonomen seit eh und je bekannt ist – einzig auf Märkten mit ihren institutionell wie personell individualisierten Käuferentscheidungen finden in expandierenden Wirtschaftsräumen differenzierterer Produktion und Distribution, Angebot und Nachfrage maximal planungsverlustfrei zueinander –, gilt mutatis mutandis für die Selbstorganisation moderner Gesellschaften generell: Mit der Expansion sich verdichtender Abhängigkeitsverhältnisse, die selbstverständlich stets auch die Erfüllung von Funktionen verlangen, die einzig zentral bedienbar sind, wächst rascher noch der dezentrale Entscheidungsbedarf in Reaktion auf Sachzwänge und Chancen, die einzig vor Ort erkennbar und nutzbar sind.

H. Sachverstand und Bürgersinn. Über modernisierungsbegünstigte Volksrechte

27   Das ist es, was zugleich verständlich macht, wieso just in hochentwickelten Zivilisationen tradierte Formen der direkten Demokratie reicher als zuvor noch genutzt werden und neue direktdemokratische Rechte verfassungsrechtspolitisch sich durchsetzten – im Personalplebiscit der Bürgermeisterwahlen in norddeutschen Ländern nach süddeutschem Vorbild oder auch, zum Beispiel, in den direktdemokratischen Volksrechten der Verfassungen neuer Bundesländer. Dass demgegenüber auf Bundesebene Plebiscite nicht vorgesehen sind, lässt sich allenfalls historisch erklären – mit dem konservierten Misstrauen in die politische Urteilskraft des „großen Lümmels", wie *Heinrich Heine* das Volk der angestrebten Volksherrschaft genannt hatte.

Historisch beruht dieses Misstrauen auf einem politischen Missverständnis der Genesis der totalitären Systeme des 20. Jahrhunderts. Und das Sachverstandsargument, wonach die politische Steuerung wissenschaftlich-technisch voraussetzungsvoller und hochentwickelter Gesellschaften den bürgerlichen Gemeinsinn überfordere, ist gleichfalls unzutreffend. Die Zuständigkeiten und Kompetenzen des common sense nehmen in hochkomplexen Gesellschaften nicht ab, vielmehr zu. Bereits jeder Arztbesuch lehrt es: ineins mit unserer dramatisch angewachsenen Abhängigkeit von der Könnerschaft der medizinischen Experten und mit der Eingriffstiefe ihrer Leistungen zieht ineins der Laie sein Recht des Urteils über Nutzen und etwaige Nachteile dieser Leistungen rigoros an sich. Dem Arzt sind Vorinformationen wie nie zuvor abverlangt, und allein schon aus haftungsrechtlichen Gründen hat man zu bescheinigen, sie erhalten und verstanden zu haben. Komplementär dazu entfaltet sich, von publizistisch effizient aufbereiteten medizinischen Ratschlägen begleitet, wie nie zuvor eine gemeine Gesundheitskultur, und der Unterschied den es macht, gesund oder auch weniger gesund zu sein, ist in einem Umfang wie nie zuvor von selbstbestimmter Lebensführung abhängig geworden.

Auch das lässt sich verallgemeinern und auf unsere politischen Lebensverhältnisse übertragen. Der common sense ist das Subjekt nicht des Sachverständigenurteils, vielmehr des Urteils über die Betroffenheiten von Nutzen und Nachteil der fachwissensbasierten Angebote – von technischen Geräten bis zu so genannten Finanzprodukten auf den einschlägigen Märkten über die Leistungen der Schulen zugunsten der eigenen Kinder bis hin zur Vertrauenswürdigkeit der Pflichtversicherungssystem oder auch der Plausibilitäten und Unplausibilitäten der Besteuerung von Einkommen, Einkäufen, Unternehmungen oder auch Erbschaften. Selbstverständlich mögen im Prinzip auch Wahlen genügen, insoweit die Bürgermeinung wirksam zu machen. Nichtsdestoweniger ist die nicht zuletzt in Deutschland verbreitete Meinung, die Komplexität modernen Lebensverhältnisse müsse den Stimmbürger überfordern, ein Mythos, der in den gegebenen politischen Wirkungszusammenhängen leider vor allem die Volksfürsorgementalität der Großparteien nährt. Gewiss: Die Institutionen der direkten Demokratie sollte man romantisierungsresistent halten. Aber man muss zur Kenntnis nehmen, dass mannigfache Formen der direkten Demokratie nicht nur in Glarus oder Appenzell, vielmehr auch in Australien oder Neuseeland und in etlichen Staaten der USA mit Wohlfahrt auf höchstem Zivilisationsniveau korrelieren.

I. Der Föderalismus: Eine abschließende Empfehlung, seinen Begriff exklusiv konventionell zu gebrauchen

30 Auch das ließe sich mit einem „so oder so" resümieren, um abschließend zu sagen: Es sind gesellschaftstheoretisch beschreibbare irresistible Sachzwänge, die komplementär zu den politischen Institutionen und sonstigen Organisationen mit ihren Zuständigkeiten in Räumen von kontinentaler oder globaler Weite nach Inhalt und Kompetenz anspruchsvollere, dezentral selbstbestimmungskompetente Entscheidungs- und Handlungssubjekte erfordern. Der Föderalismus entspricht diesem Erfordernis staatsorganisatorisch. Den existenten Bundesstaaten kommt das, mit Einschränkungen vor allem im deutschen Fall, zugute, und zwar – entgegen verbreitenden Vorurteilen – erwiesenermaßen einschließlich des fiskalischen Aspekts der Sache. Auch Abstimmungen über Steuern können sich als überaus zweckmäßig erweisen.

31 Andererseits: Die gebietskörperschaftlichen Formen, deren sich die erwähnten regionalistischen Bewegtheiten bedienen, sind auf föderalistische Strukturen ersichtlich nicht eo ipso angewiesen, aber sind ihnen oft analog. Bei den erwähnten Kleinstaaten im Kontext des modernen Vorgangs der Pluralisierung der Staatenwelt legen sich föderale Strukturen ohnehin nicht nahe. Und vor allem: Die modernen Großraumorganisationen sind ja ausnahmslos sowohl in ihrer internationalen wie supranationalen Rechtsgestalt weder Bundesstaaten noch sonstige Staaten, sodass sich, wenn man ebenso konventionell wie zweckmäßig den Begriff des Föderalismus auf seinen staatstheoretischen Gebrauch einschränkt, von föderalen Strukturen in politischen Organisation der Weltgesellschaft ohnehin nicht die Rede sein kann. Diese konventionelle Einschränkung im Gebrauch des Föderalismusbegriffs hat, wie mir scheinen will, überwiegend Vorteile, sogar sehr gewichtige – zum Beispiel den, das damit zugleich der in der deutschen politischen Rhetorik dann und wann aufscheinende Begriff des Weltstaats definitiv aus dem Verkehr gezogen sein würde. Auch für den Begriff des Weltbürgers, der ja im Unterschied zum Begriff des Weltstaats eher eine freundliche Anmutungsqualität hat, müsste das dann freilich gelten. In einer zusammenwachsenden Welt, in deren interessanteren Regionen frei sich zu bewegen wir uns im Regelfall ohnehin nicht gehindert finden, wäre das auch gar nicht schlimm, und die weltweit hochnötige und zugleich überaus anspruchsvolle Regelung der Probleme der Massenmigration würde unmöglich, wenn sich ein jeder Mensch über seine Menschenrechte hinaus auch noch auf ein Weltbürgerrecht berufen könnte.

Teil II
Rechtliche, historische, philosophische, politische und ökonomische Grundlagen des Föderalismus

§1 Idee und Struktur des Föderalismus im Lichte der Allgemeinen Staatslehre

Christian Starck

Inhalt

A. Historische Erscheinungsformen und Legitimationsfragen 41
B. Verfassungsautonomie der Gliedstaaten und Homogenitätsanforderungen............. 45
C. Verteilung der Kompetenzen und der Finanzen 46
D. Kooperation im Bundesstaat 50
E. Die Zukunft des Föderalismus 52
F. Fazit 54
Schrifttum 55

A. Historische Erscheinungsformen und Legitimationsfragen

Häufig wird der Föderalismus als Erscheinungsform der **Dezentralisierung** des Staates betrachtet. In rechtsvergleichenden oder verfassungstheoretischen Kolloquien wird der Föderalismus neben den **Regionalismus** gestellt oder gar als Unterart des Regionalismus behandelt. So kennt die Europäische Gemeinschaft nur den Begriff der Regionen, deren Entwicklungsstand gesteigert werden soll (Art. 158 Abs. 2, 160 EGV, Art. 174 Abs. 2, 176 AEUV) und die in einem Ausschuss vertreten sind, der beratende Funktion hat (Art. 263 EGV, Art. 305 AEUV).

Die Kategorie der Dezentralisierung ist nicht geeignet, das Phänomen des Föderalismus als ganzes zu erfassen. Dezentralisation ist organisationssoziologisch gesehen nur eine Folge des Föderalismus. Auch die Devolution in Großbritannien ist zunächst nur eine rückholbare Dezentralisation, solange an der Parlamentssouveränität festgehalten wird und keine verfassungsrechtliche Sicherung der Autonomie von Schottland und Wales besteht.[1] Betrachtet man das Nationalgefühl der Schotten und der Waliser, ist in Großbritannien die Potenz für einen asymmetrischen Bundesstaat vorhanden.

---

[1] Zu Parlamentssouveränität und Föderalismus immer noch gültig: *Dicey*, An Introduction to the Study of the Law of the Constitution, 10. Aufl. 1959, S. 144 ff.

C. Starck (✉)
Schlegelweg 10, 37075 Göttingen, Deutschland
E-Mail: cstarck@gwdg.de

3　　Hält man sich die Entstehung der bekanntesten Bundesstaaten vor Augen, so geht es zunächst um ein bestimmtes Maß an **Zentralisierung**. Die Verfassung der USA von 1787 setzte eine Bundesstaatsgewalt ein mit Kompetenzen belehnt, die den Staaten, den ehemaligen englischen Kolonien, weggenommen wurden. Die alte schweizerische Eidgenossenschaft vor 1798 war ein bloßer Staatenbund und wurde nach dem napoleonischen Intermezzo (1798–1813) wieder ein solcher. 1848 wurde in einem Akt originärer Verfassunggebung der schweizerische Bundesstaat nach dem Vorbild der nordamerikanischen Unionsverfassung begründet. Totalrevisionen dieser Verfassung erfolgten 1874 und 1999. Auch hier spielten wie in Amerika Gedanken der Sicherheit des Volkes[2], aber auch schon der Liberalismus und die Handels- und Zollfreiheit die entscheidende Rolle für die Entwicklung des Bundes als Zentralgewalt. Das deutsche Kaiserreich wurde nach dem Vorläufer des Norddeutschen Bundes im Jahre 1871 gegründet, und zwar auf der Basis einer Verfassung, die als Fürstenvertrag (ewiger Bund zum Schutze des Bundesgebietes und des innerhalb desselben geltenden Rechts, sowie zur Pflege der Wohlfahrt des Deutschen Volkes, so die Präambel), zustande kam, allerdings mit Zustimmung auch des Reichstages.

4　　Alle drei Bundesstaaten wollten eine Nation sein, ohne die Staaten, Kantone und monarchisch regierten Territorien aufzugeben, also Zentralisierung der Staatsgewalt nur soweit nötig, um Angelegenheiten zu erledigen, die die Gliedstaaten in der damaligen Welt nicht angemessen erledigen konnten, wie die Außen- und Verteidigungspolitik und nach innen ein bestimmtes Maß an Rechtseinheit.[3] Die erwähnten **„gewachsenen" Bundesstaaten**, auch soweit sie nicht auf die verfassunggebende Gewalt des Volkes begründet sind, legitimierten sich aus dem Gedanken des Nationalstaates und des wirtschaftlichen Liberalismus[4], in Deutschland kommt noch ausdrücklich die Wohlfahrt des Deutschen Volkes als Gegengewicht zum Tragen.[5]

5　　Ein kurzer Rückblick auf die Lehren des allgemeinen Staatsrechts seit der Auflösung des alten Reiches, dessen Rechtsstruktur schwerlich zu erfassen war,[6] zeigt eine intensive Beschäftigung mit den Erscheinungsformen von Staaten, die auf den Begriff zu bringen versucht worden sind als **Staatenbund oder Bundesstaat**. Beide Begriffe enthalten das Wort „Bund", lateinisch foedus, woraus der Begriff Föderalismus abgeleitet ist. So wird Föderalismus gern als Oberbegriff verwendet.[7] Anschauungsmaterial für diese begriffliche Trennung waren der Deutsche Bund, die Schweizerische Eidgenossenschaft vor 1848 und danach sowie die Entwicklung in

---

[2] Vgl. für Amerika: The Federalist Nr. 4 (*Jay*), 9, 15 (*Hamilton*): (polical) safety.

[3] *Stolleis*, in: Starck (Hrsg.), Rechtsvereinheitlichung durch Gesetze, 1992, S. 15 (24 ff.).

[4] So ausdrücklich *Friedrich*, Der Verfassungsstaat der Neuzeit, 1953, S. 220.

[5] Präambel der Reichsverfassung; für die USA The Federalist Nr. 15 (*Hamilton*): „happiness".

[6] Siehe vor allem *Severini de Monzambo* (= Samuel Pufendorf), De statu imperii Germanici (1667); *Caesarinus Fürstenerius* (= Gottfried Wilhelm Leibniz), De Jure Suprematus ac Legationis Principum Germaniae (1677); *Pütter*, Kurzer Begriff des teutschen Staatsrechts, 2. Aufl. 1768.

[7] Vgl. *Pernthaler*, Allgemeine Staatslehre und Verfassungslehre, 2. Aufl. 1996, S. 287 ff.

§ 1 Idee und Struktur des Föderalismus im Lichte der Allgemeinen Staatslehre   43

den USA.[8] Die Zäsuren von 1787/9 in den USA, 1848 in der Schweiz und 1867/1871 in Deutschland können durchaus als maßgebend für eine begriffliche Schärfung der Lehre vom allgemeinen Staatsrecht, die heute in der allgemeinen Staatslehre aufgegangen ist, angesehen werden. Während Staatenbünde aus souveränen Staaten bestehen, ist der Bundesstaat selbst souverän. Die Ausübung der Souveränität ist durch die Bundesverfassung verbindlich normiert.[9] Wie die Kompetenzen zwischen Bund und Gliedstaaten verteilt sind, ergibt sich nur zum Teil aus dem Begriff des Bundesstaates, der nach außen als einheitlicher Staat auftritt, folgt ansonsten politischen Entscheidungen des Verfassunggebers, die historische, gesellschaftliche und wirtschaftliche Gründe haben.[10]

Es geht dabei stets, wie sie auch immer ausfällt, um **vertikale Gewaltenteilung**, die zur horizontalen Gewaltenteilung hinzutritt, die auf beiden staatlichen Ebenen die Staatsorganisation beherrscht. *Georg Jellinek* hat die auffällige Abhängigkeit des Bundesstaates von einer normativ verbindlichen Verfassung betont, die sein eigenes Gesetz sei,[11] das immer nur durch die Bundesgewalt, nie aber durch die Gesamtheit oder Mehrheit der Gliedstaaten geändert werden könne. Eine Mitwirkung der Gliedstaaten bei der Verfassungsänderung ist aber die Regel, entweder direkt durch die Parlamente der Gliedstaaten (Art. V US-Verfassung) oder durch ein Bundesorgan, das die Gliedstaaten repräsentiert (z. B. Art. 50, 79 Abs. 2 GG, Art. 192 ff. Schw.BV).[12]   6

Zur Gründungsidee der drei erwähnten Bundesstaaten gehört die verfassungsrechtliche **Kompetenzabgrenzung** zwischen Bund und Einzelstaat, die vertikale Gewaltenteilung. Die verfassungsrechtliche Sicherung der Kompetenzordnung ist deshalb notwendig, weil sie nicht zur Disposition des normalen Bundesgesetzgebers stehen darf. Die Bundesstaaten sind wesentliche Förderer der Idee des Vorrangs der Verfassung. Denn schon für die Inhaber der staatlichen Funktionen in den Gliedstaaten ist plausibel, dass die Normen über den jeweiligen Bundesstaat vorrangiges Recht sind, das nicht mit der einfachen Mehrheit des Bundesgesetzes geändert werden kann.[13] Damit scheint ein erstes Wesensmerkmal jeder Bundesstaatlichkeit, wie auch immer sie organisiert ist, gefunden zu sein.   7

Eng mit dem **Vorrang der Verfassung** verbunden ist die gerichtliche Sicherung des Vorrangs. Das (Verfassungs-)Gericht ist der neutrale Richter über die   8

---

[8] Vgl. *Welcker*, in: Rotteck/Welcker, Staatslexikon, Bd. II, 2. Aufl. 1846, S. 708 (711 ff., 722 ff., 729 ff.).

[9] So begrifflich klar beschrieben bei *Zachariae*, Deutsches Staats- und Bundesrecht, Bd. I, 3. Aufl. 1865, S. 98 f, 100 f.

[10] *Friedrich*, Der Verfassungsstaat der Neuzeit, 1953, S. 233 ff.

[11] *Jellinek*, Allgemeine Staatslehre, 3. Aufl. 1914, Nachdruck 1960, S. 770; ebenso *Dicey* (Fn. 1), S. 144.

[12] *Bothe*, Die Kompetenzstruktur des modernen Bundesstaates in rechtsvergleichender Sicht, 1977, S. 117 ff.

[13] *Friedrich*, Der Verfassungsstaat der Neuzeit, 1953, S. 258; *Loewenstein*, Verfassungslehre, 3. Aufl. 1975, S. 249 f.

Kompetenzbehauptungen des Bundes und der Gliedstaaten. So sind auch Bundesstaaten wesentliche Förderer der Verfassungsgerichtsbarkeit, die gewissermaßen als Kompetenzgerichtsbarkeit fungiert.[14]

9 Die Kompetenzabgrenzung zwischen Bund und Gliedstaaten kann nicht zeitlos gültig vorgenommen werden. Denn was zentral und was dezentral zu entscheiden ist, hängt von den Zeitumständen, insbes. der technischen und wirtschaftlichen Entwicklung und den daraus erwachsenden Gefahren ab. Deshalb werden Kompetenzabgrenzungen relativ häufig geändert, wobei die USA die Ausnahme von der Regel darstellt. Dafür sind qualifizierte Mehrheiten notwendig, und zwar auch in der gesetzgebenden Körperschaft, die Länderinteressen vertritt, in den USA sogar die Dreiviertel-Mehrheit der Parlamente der Gliedstaaten selbst (Art. V US-Verfassung), woraus sich die Schwierigkeit von Verfassungsänderungen ergibt.

10 Wenn man – gänzlich unerwartet – von der Legitimierung eines Bundesstaates durch Zentralisierung bestimmter Aufgaben spricht, so gehört dazu der Verbleib von Kompetenzen bei den Einzelstaaten nach Maßgabe des verfassungspolitisch wirkenden **Subsidiaritätsprinzips** als mindestens ebenso wichtige Legitimationsgrundlage des Bundesstaates. Die Entscheidungen auf der Ebene der Gliedstaaten beruhen auf der Nähe der entscheidenden Organe zu den Menschen und den Problemen. Damit kann die Effizienz der Entscheidungen gesteigert werden. Da die Parlamente der Gliedstaaten von der jeweiligen Bevölkerung unmittelbar gewählt werden, wird die demokratische Legitimation der Staatsgewalt im Bundesstaat verstärkt und werden die demokratischen Ableitungszusammenhänge verkürzt, insbesondere die Anteilnahme und Mitbestimmung der Bevölkerung verstärkt. Wenn in den Gliedstaaten andersartige Mehrheiten gewählt werden als im Bund, führt das zur politischen Verbreitung der Repräsentation.

11 Der **demokratische Mehrwert** der Bundesstaatlichkeit wirkt sich ferner dahin aus, dass die Akteure in den Regierungen und Parlamenten der Gliedstaaten politische Erfahrung sammeln, die sie für entsprechende Ämter auf Bundesebene befähigen. So kann eine langjährige Oppositionspartei im Bund, die nach gewonnenen Wahlen die Regierung bilden muss, auf Politiker der Gliedstaaten zurückgreifen, die Regierungserfahrung haben. Zu dem demokratischen Mehrwert ist in modernen „Parteienstaaten" die Abbremsung der parteipolitischen Polarisierung zu rechnen. Gliedstaatliche Verbände der Parteien erhöhen überdies die innerparteiliche Demokratie. Schließlich bewirkt die Bundesstaatlichkeit auf der Ebene der Gliedstaaten Wettbewerb auf dem Gebiete der Gesetzgebung. Es ist gerade der Sinn der Kompetenzen der Gliedstaaten, dass sie die Gesetze im Rahmen des Verfassungsrechts nach regionalen oder politischen Bedürfnissen fassen, die mehrheitsfähig sind. So kann sich niemand aus *Rechts*gründen auf Gleichbehandlung berufen, wenn in einem anderen Gliedstaat als in seinem Wohnsitzstaat eine sich für ihn günstiger auswirkende gesetzliche Regelung gilt. Auf *politische* Notwendigkeiten, auch übergreifend Gleichheit im Rahmen von Kompetenzen der Gliedstaaten zu gewährleisten, wird noch zurückzukommen sein (Rn. 28 ff.).

---

[14] Frühestes Beispiel sind die USA; *Pernthaler* (Fn. 7), S. 298; *Bothe* (Fn. 12), S. 133 ff.

B. Verfassungsautonomie der Gliedstaaten und Homogenitätsanforderungen

Ein weiterer wesentlicher Unterschied zum Regionalismus besteht darin, dass die Gliedstaaten des Bundesstaates selbst Staaten sind, die **Verfassungsautonomie** haben. Damit ist ein zweites unverzichtbares Element der Bundesstaatlichkeit benannt. Verfassungen im Sinne von Organisationsstatuten, die der Zentralstaat oktroyiert, genügen den Voraussetzungen nicht, um von einem Bundesstaat zu sprechen. Autonomie bedeutet, dass das Volk oder ein anderer innerstaatlicher Verfassungsgeber (früher monarchische Legitimität) die Verfassung erlässt.

Eine Staatsverfassung kann gemäß Art. 16 französische Erklärung der Menschen- und Bürgerrechte so definiert werden, dass sie (mindestens) die Gewaltenteilung regelt und die Rechte garantiert. Die Verfassung eines Staates umfasst nach *Georg Jellinek*[15] „die Rechtssätze, welche die obersten Organe des Staates bezeichnen, die Art ihrer Schöpfung, ihr gegenseitiges Verhältnis und ihren Wirkungskreis festsetzen, ferner die grundsätzliche Stellung des Einzelnen zur Staatsgewalt". Kurz: **Kreation, Kompetenzen und Verfahren** der Staatsorgane sowie Rechte der Menschen gegenüber dem Staat. Hinzukommen mögen im Einzelnen bezeichnete Staatsaufgaben, vor allem Schutzpflichten, wie sie sich in den Verfassungen der Staaten der USA, der schweizerischen Kantone und den deutschen Landesverfassungen finden. Mit der Verfassungsautonomie ist verbunden eine eigene Verfassungsgerichtsbarkeit der Gliedstaaten,[16] die in den USA und der Schweiz die obersten Gerichte der Staaten bzw. Kantone ausüben.

Die Verfassungsautonomie der Einzelstaaten ist durch Homogenitätsforderungen des Bundes begrenzt. **Homogenität** ist vor allen rechtlichen Anordnungen und Normierungen eine notwendige tatsächliche Voraussetzung jedes Bundesstaates. Dazu gehören eine gewisse Gleichartigkeit der Bevölkerung, gemeinsame Geschichte und Gleichartigkeit der Regierungsform, so 1871 in Deutschland die monarchischen Territorien mit Ausnahme der senatorial regierten Hansestädte und in den USA sowie der Schweiz die demokratische Staatsform, was seit 1919 und 1949 auch für Deutschland gilt.

Zumeist sind allgemeine **Homogenitätsklauseln** oder spezielle Anforderungen in der Bundesverfassung normiert, sie unterliegen der Auslegung durch die Gerichte und können deshalb im Laufe der Zeit gewissen geringfügigen Wandlungen unterliegen. Wenn die Reichsverfassung von 1871 auf solche Normativbestimmungen ganz verzichtete, heißt das nicht, dass ein Bundesmitglied aus dem damaligen deutschen Verfassungsstandard hätte ausscheren können. 1871 hatten alle Bundesmitglieder monarchische oder senatoriale Verfassungen, die Ausgangspunkt für die notwendige Homogenität der Reichsgründung waren. Das kann man den Standardwerken

---

[15] *Jellinek*, Allgemeine Staatslehre, 3. Aufl. 1914, Ausgabe 1960, S. 505.
[16] Ausführlich *Starck*, in: HStR VI, 3. Aufl. 2008, S. 317 ff.; *Eichenberger*, in: Starck/Stern (Hrsg.), Landesverfassungsgerichtsbarkeit, Teilbd. I, 1983, S. 435 ff.; *Kommers*, in: Starck/Stern (Hrsg.), Landesverfassungsgerichtsbarkeit, Teilbd. I, 1983 , S. 461 ff.

der damaligen Zeit über Staats- und Bundesrecht entnehmen.[17] Homogenität als faktischer Ausgangspunkt der Reichsgründung wurde verfassungsrechtlich nicht besonders garantiert. Anders war die Situation in den USA, in der Schweiz und bei Erlass der Weimarer Reichsverfassung 1919.

16 In den USA garantiert Art. IV Abschn. 4 der Bundesverfassung den Staaten eine republikanische Regierungsform, wodurch die Staaten davor geschützt werden, zu bloßen Verwaltungseinheiten degradiert zu werden. Weitere Homogenitätsforderungen folgen aus Grundrechten in den Verfassungsergänzungen. Diese beziehen sich seit dem XIV. Zusatzartikel (1868) ausdrücklich auf die Einzelstaaten. – In der Schweiz hat die Verfassung von 1874 die Kantone im Rahmen der Bundesverfassung für souverän erklärt (Art. 3) und unter bestimmten Voraussetzungen deren Verfassungen gewährleistet (Art. 6). In der neuen Verfassung von 1999 ist in Art. 51 bestimmt, dass sich jeder Kanton eine demokratische Verfassung gibt, die der Bund gewährleistet, wenn sie dem Bundesrecht nicht widerspricht (Art. 49).

17 In Deutschland ergeben sich **Grenzen der Verfassungsautonomie** der Länder aus Art. 28 Abs. 1 GG, der die Tradition der Homogenitätsklauseln der Art. 17 WRV und §§ 186, 187 Frankfurter Reichsverfassung aufnimmt. Danach muss die verfassungsmäßige Ordnung in den Ländern den Grundsätzen des republikanischen, demokratischen und sozialen Rechtsstaats im Sinne des Grundgesetzes entsprechen. Es folgt eine Garantie der Wahlrechtsgrundsätze und der kommunalen Selbstverwaltung. Art. 1 Abs. 3 GG bindet die öffentliche Gewalt auch der Länder an die Grundrechte des Grundgesetzes, was der Bund gemäß Art. 28 Abs. 3 zu gewährleisten hat. Unmittelbare Wirkung auf die Länder – über Homogenität hinausgehend – entfalten weitere Normen des II. Abschnitts des Grundgesetzes: Art. 21 über die politischen Parteien, Art. 33 über die staatsbürgerliche Gleichheit der Deutschen und über das Berufsbeamtentum, Art. 34 über die Haftung bei Amtspflichtverletzungen und Art. 35 über Rechts- und Amtshilfe. Zurückhaltung übt das Grundgesetz nur auf dem Gebiet der Staatsorganisation und der Festlegung von Staatszielen der Länder.

C. Verteilung der Kompetenzen und der Finanzen

18 Die Aufteilung der Staatlichkeit auf zwei Ebenen verlangt in erster Linie **Kompetenzabgrenzung**. Allgemein gesprochen, liegt jeder vernünftigen bundesstaatlichen Kompetenzverteilung das Subsidiaritätsprinzip zugrunde, wonach alles, was die untere Einheit erledigen kann, bei dieser bleibt. Das darf nicht zu knapp bemessen sein. Denn die Staatlichkeit der Gliedstaaten mit Parlament und Regierung, regelmäßigen Wahlen usw. verlangt substanzielle Aufgaben, weil anderenfalls der Sinn dafür verloren geht, warum Parlamente der Gliedstaaten gewählt werden. Was danach gliedstaatlich und was zentralstaatlich zu erledigen ist, hängt von Wertungen

---

[17] Vgl. *Zoepfl*, Grundsätze des gemeinen deutschen Staatsrechts, 5. Aufl. 1963; *Zachariae*, Deutsches Staats- und Bundesrecht, 3. Aufl. 1865.

ab, die in der Verfassung entschieden werden müssen. Die Kompetenzabgrenzung muss hinreichend klar normiert sein, damit im Fall von Kompetenzstreitigkeiten ein Maßstab für dann zu treffende Gerichtsentscheidungen vorliegt.

Zu verteilen sind vor allem die **Gesetzgebungskompetenzen** in den verschiedenen Formen der ausschließlichen, konkurrierenden oder rahmensetzenden Gesetzgebung. Soweit Exekutivbefugnisse kein Gesetzesvollzug sind und soweit der Gesetzesvollzug nicht der Gesetzgebungskompetenz folgt, sind auch Exekutivbefugnisse zu verteilen. Die Zuständigkeit für die Gerichtsbarkeit muss so organisiert sein, dass über die Auslegung des Bundesrechts in letzter Instanz Bundesgerichte entscheiden, um die notwendige Einheit des Bundesrechts zu gewährleisten, eine wichtige Voraussetzung des Bundesstaates.

In der **Verfassung der USA** liegt die klassische bundesstaatliche Kompetenzverteilung vor: Alle nicht ausdrücklich dem Kongress zugewiesenen Gesetzgebungszuständigkeiten (Art. I Abschn. 8) üben die Staaten aus, soweit nicht eine Staatenzuständigkeit ausdrücklich ausgeschlossen ist (Art. I Abschn. 10). An die dem Kongress verliehenen Gesetzgebungszuständigkeiten ist die Exekutivzuständigkeit des Präsidenten gekoppelt (Art. II Abschn. 1), darüber hinaus hat er den Oberbefehl über das Militär und verfügt über andere ihm besonders übertragene Exekutivfunktionen. Entsprechend sind die Aufgaben der rechtsprechenden Gewalt der Vereinigten Staaten zugeordnet (Art. III). Alles, was nicht zur Zuständigkeit des Bundes gehört, verbleibt den Einzelstaaten (Residualkompetenz gemäß Zusatzartikel X [1798]). Auf derselben Linie haben die schweizerischen Verfassungen von 1874 und 1999 (jeweils Art. 3), die Reichsverfassung von 1871 und die Weimarer Verfassung die Kompetenzen des Reiches in Gesetzgebungskatalogen und Exekutivmaterien festgelegt.

Ein wesentlicher Unterschied zwischen der Bundesstaatskonzeption der USA und der deutschen Tradition ist in der Regelung über die Ausführung der Bundesgesetze zu erblicken.[18] Während in den USA die Bundesgesetze durch Bundesbehörden ausgeführt werden, sind dafür in Deutschland von besonderen Ausnahmen abgesehen die Länder zuständig. In der **Reichsverfassung von 1871** kommt dies dadurch zum Ausdruck, dass dem Reich in Art. 4 bestimmte Angelegenheiten zur „Beaufsichtigung" und zur Gesetzgebung zugeteilt worden sind. Diese Bestimmung muss man so lesen, dass das Reich, soweit es zur Beaufsichtigung berufen ist, nicht zum Vollzug der Gesetze berechtigt war.[19] In Art. 14 WRV ist ausdrücklich geregelt worden, dass die Reichsgesetze durch die Landesbehörden ausgeführt werden, soweit nicht die Reichsgesetze etwas anderes bestimmen.[20] Damit war der Reichsgesetzgeber wie schon während der Geltung der Vorgängerverfassung[21] berechtigt, die Ausführung

---

[18] *Bothe* (Fn. 12), S. 224 ff.

[19] Vgl. *Meyer/Anschütz*, Lehrbuch des deutschen Staatsrechts, 7. Aufl. 1919, Nachdruck 2005, S. 938 ff.

[20] Auf die Kontinuität der Regelung weist hin *Anschütz*, Die Verfassung des Deutschen Reiches, 14. Aufl. 1933, Art. 14, Bemerkung 1.

[21] Dazu und zu abweichenden Meinungen *Meyer/Anschütz* (Fn. 20), S. 262; *Friedrich* (Fn. 11).

von Reichsgesetzen der Reichsverwaltung zu übertragen. In der Schweiz setzen die Kantone viele Bundesgesetze um.[22]

22 Das Grundgesetz ist diesem sog. **Administrativföderalismus** treu geblieben, nach dem der Schwerpunkt der Gesetzgebung beim Bund und der der Ausführung der Bundesgesetze bei den Ländern liegt. Allerdings bringt das Grundgesetz insofern eine Neuerung, als zwischen Länderverwaltung unter Bundesaufsicht als Regel (Art. 84) und Verwaltung der Länder im Bundesauftrag als in der Verfassung besonders angeordnete Ausnahme (Art. 83, 85) unterschieden wird; außerdem sind die Gegenstände der bundeseigenen Verwaltung im Einzelnen bezeichnet (Art. 87 ff.). Hinzu kommt – den Vorgängerverfassungen folgend – die Möglichkeit, durch einfaches Bundesgesetz zu regeln, dass Bundesgesetze durch den Bund ausgeführt werden; allerdings müssen dafür selbständige Bundesoberbehörden oder neue bundesunmittelbare Körperschaften und Anstalten des öffentlichen Rechts eingerichtet werden. Da damit erhebliche Kosten verbunden sind, wird der Bund nicht leichtfertig zusätzliche Bundesverwaltung einrichten. Soweit Mittel- und Unterbehörden des Bundes eingerichtet werden sollen, bedarf es der Zustimmung des Bundesrates und der Mehrheit der Mitglieder des Bundestages. Die Regelungen über die Ausführung der Bundesgesetze setzen abgestufte Aufsichtsbefugnisse des Bundes voraus, wie sie in Art. 84 und 85 im Einzelnen geregelt sind. Im weiteren Verständnis sind dies Kooperationsformen zwischen Bund und Ländern (Rn. 27 ff.).

23 Die **Zuständigkeitsverteilung für das Gerichtswesen** unterscheidet sich zwischen den USA auf der einen und der Schweiz und Deutschland auf der anderen Seite. Außer dem Obersten Bundesgericht gibt es in den USA darunter einen Instanzenzug von Bundesgerichten. Parallel dazu gibt es Gerichte der Staaten. In Deutschland und der Schweiz entscheiden die Landes- bzw. kantonalen Gerichte unter Anwendung auch von Bundesrecht. Die Bundesgerichte sind von Ausnahmen abgesehen nur als letztinstanzliche Gerichte tätig und sorgen für die einheitliche Auslegung des Bundesrechts. Während in Deutschland der Bund die Prozessgesetze erlässt (Art. 74 Abs. 1 Nr. 1 GG), ist das in der Schweiz Sache der Kantone (Art. 122 Nr. 2 BV).

24 Mit der Aufgabenverteilung zwischen Bund und Gliedstaaten hängt die **Finanzverteilung** eng zusammen.[23] Die Staatlichkeit der Einzelstaaten verlangt eine eigene Finanzausstattung, die nicht von Bewilligungen des Bundes abhängig ist, und eine Symmetrie zwischen Aufgaben und Finanzaufkommen. Diese Symmetrie muss verfassungsrechtlich gesichert sein und darf nicht von ad-hoc-Maßnahmen des Bundesgesetzgebers oder gar der Bundesregierung abhängig sein. Mit der verfassungsrechtlichen Kompetenz und einer dazu passenden Finanzverteilung ist eine weitere Voraussetzung der Bundesstaatlichkeit benannt. Die der Kompetenzverteilung entsprechende Finanzverteilung wird im Wesentlichen auf zwei Wegen erreicht.

25 Die Verfassung überlässt es Bund und Gliedstaaten durch den **Erlass von Steuergesetzen** selbst für die notwendige Finanzausstattung zu sorgen. Dabei kann die

---

[22] Übersicht bei *Häfelin/Haller*, Schweizerisches Bundesstaatsrecht, 5. Aufl. 2001, S. 313; zur früheren Rechtslage *Bothe* (Fn. 12), S. 230.

[23] Rechtsvergleichend *Bothe* (Fn. 12), S. 232 ff.

§1 Idee und Struktur des Föderalismus im Lichte der Allgemeinen Staatslehre

Gesetzgebung für die entsprechenden Steuern in der Verfassung auf Bund und Gliedstaaten verteilt sein, wie in der Schweiz, wo allerdings die direkten Steuern dem Bund, den Kantonen und den Gemeinden zukommen. Für den Bund sind Höchstsätze festgelegt (Art. 128 BV). Der Bund ist befugt, Grundsätze über die Harmonisierung der direkten Steuern von Bund, Kantonen und Gemeinden festzulegen (Art. 129 BV) und fördert den Finanzausgleich unter den Kantonen (Art. 135 BV).

Eine andere Lösung finden wir in Deutschland. Die Steuergesetzgebung liegt nahezu gänzlich beim Bund (Art. 105). Damit sollen **einheitliche Wirtschaftsverhältnisse** im Bundesgebiet gewährleistet werden.[24] Im Grundgesetz ist die Verteilung des Steueraufkommens in Art. 106 teils nach dem **Trennsystem** (bestimmte Steuern stehen dem Bund oder den Ländern zu) teils nach dem Verbundsystem (Gemeinschaftssteuern) geregelt: Am Aufkommen der Einkommen- und der Körperschaftsteuer sind Bund und Länder je zur Hälfte beteiligt. Die Anteile von Bund und Ländern an der Umsatzsteuer werden durch Bundesgesetz, das der Zustimmung des Bundesrates bedarf, festgesetzt. Auch die Gemeinden sind am Aufkommen der Gemeinschaftssteuern beteiligt.

Das Ziel der Steuerverteilung wird in Art. 104a Abs. 1 GG allgemein dahin umschrieben, dass Bund und Länder gesondert die Ausgaben tragen, die sich aus der Wahrnehmung ihrer Aufgaben ergeben. Die Verteilung des Steueraufkommens in der geschilderten Weise führt zu unterschiedlicher Finanzstärke der Länder. Deshalb stellt sich die Frage eines zusätzlichen **Finanzausgleichs**, der finanzschwache Länder auf Kosten finanzstarker Länder und durch Bundesmittel fördert. Die verfassungsrechtliche Verteilung des Steueraufkommens stärkt die Finanzautonomie der Länder und bewirkt einen **Konkurrenzföderalismus**. Das Gegenprinzip ist Angleichung der Lebensverhältnisse zwischen armen und reichen Ländern. Die Kurzformel dafür lautet: Autonomie und Solidarität. Bei der Verwirklichung dieser ambivalent wirkenden Ziele geht es immer nur um ein Mehr oder Weniger. Die Bundesstaatsidee verbietet allein auf Autonomie zu setzen. Dies würde auf Dauer den Zusammenhalt des Bundes gefährden. Übertriebene Solidarität verführt die finanzschwachen Staaten, über „ihre Verhältnisse" zu leben und verdunkelt die Verantwortungszusammenhänge zwischen Aufgabenerfüllung und Finanzierung, die bei den periodischen Wahlen erkennbar sein müssen.

Bundesstaatliche Finanzverteilung geht häufig über Steuerertragsverteilung und solidarischen Finanzausgleich hinaus. Es werden Institute geschaffen, die es dem Bund ermöglichen, den Gliedstaaten Finanzen zuzuweisen, wenn sie bestimmte eigene Aufgaben erfüllen, etwa auf Grund von Programmen, die der Bund ausschreibt. Das Problem besteht darin, dass der Bund über diese Institute Einfluss auf die Aufgabenerfüllung der Gliedstaaten im Einzelnen gewinnt. Verfassungsrechtlich normierte **„Gemeinschaftsaufgaben"** geben dem Bund noch intensivere Möglichkeiten, in die Gliedstaaten hineinzuregieren. Es handelt sich nicht um Bundesaufgaben. Der Bund wirkt dann bei der Erfüllung von Aufgaben der Länder mit, indem er mitplant, mitzahlt und mitentscheidet. Die Einflüsse des Bundes schwächen die Aufgabenverantwortung der Gliedstaaten. Das hat für das parlamentarische Regierungssystem

---

[24] Das gilt auch für die USA, vgl. *Bothe* (Fn. 12), S. 237.

der Gliedstaaten fatale Folgen. Die Haushaltsautonomie des Parlaments des Gliedstaates wird beeinträchtigt. Welches Parlament wird eine Bewilligung verweigern, wenn der Bund die andere Hälfte der Gesamtkosten übernimmt. Wenn solche Maßnahmen ohne verfassungsrechtliche Grundlage im Rahmen einer Fondswirtschaft vorgenommen werden, ist das nicht nur verfassungspolitisch zu kritisieren.[25] Vielmehr liegt ein Verstoß gegen den föderalistischen Staatsaufbau vor, wonach jede Aufgabe des Bundes, wozu auch die Finanzierung von Aufgaben der Gliedstaaten gehört, verfassungsrechtlich normiert sein muss.

D. Kooperation im Bundesstaat

29 Damit ist allgemein die Frage nach Kooperation im Bundesstaat aufgeworfen. Es geht dabei um zwei gänzlich verschiedene Probleme, die auseinander gehalten werden müssen, was oft übersehen wird: Kooperation zwischen Bund und einzelnen oder allen Gliedstaaten (**vertikale Kooperation**) und Kooperation zwischen den Gliedstaaten (**horizontale Kooperation**).

30 Vertikale Kooperation durch **Politikverflechtung:** Da die Bundesverfassung Kompetenzen und Finanzen zur Erfüllung der staatlichen Aufgaben auf Bund und Gliedstaaten verteilt, bedarf auch deren Kooperation verfassungsrechtlicher Grundlagen, entweder unmittelbar oder mittelbar durch entsprechende Ermächtigungen. Beispiele sind am Ende des vorangegangenen Abschnitts erörtert, wo schon gezeigt worden ist, dass es dazu verfassungsrechtlicher Ermächtigungen bedarf. Weitere schon behandelte Kooperationsformen sind Gesetzgebung durch den Bund und Gesetzesvollzug durch die Gliedstaaten, worüber der Bund die Aufsicht führt und die Befugnis zum Bundeszwang hat. Auch Rahmengesetzgebung durch den Bund und ausführende Gesetzgebung durch die Gliedstaaten ist eine mögliche Kooperationsform. Zu nennen sind ferner die Amtshilfe als Regel und als Ausnahme gemeinsame Verwaltung durch Bundes- und Landesbehörden (sog. Mischverwaltung).[26]

31 Ein Element der Kooperation im weiteren Sinne ist auch der **Einfluss der Gliedstaaten auf die Willensbildung des Bundes**. Das gilt auch dann, wenn ein aus Vertretern der Gliedstaaten zusammengesetztes Bundesorgan verfassungsrechtlich definierten Einfluss auf die Gesetzgebung, die Verwaltung und in Angelegenheiten der Europäischen Union hat wie z. B. der deutsche Bundesrat (Art. 50 GG)[27] oder wenn Verfassungsänderungen nur mit Zustimmung der qualifizierten Mehrheit der Parlamente der Gliedstaaten zustande kommen wie in den USA (Art. V Verfassung). Verträge mit auswärtigen Staaten zu schließen, liegt in Bundesstaaten in der Zuständigkeit des Bundes. Wenn die Verfassung für eng umgrenzte Gebiete auch den Gliedstaaten den Abschluss von Verträgen mit auswärtigen Staaten erlaubt, ist diese

---

[25] Zu den grants-in-aid in den USA vgl. *Bothe* (Fn. 12), S. 241 f.
[26] *Pernthaler* (Fn. 7), S. 303 ff.
[27] Zu der Schweiz und den USA siehe *Bothe*, (Fn. 12), S. 86 ff., 90 ff.

Erlaubnis regelmäßig an die Zustimmung der Bundesregierung gebunden, die das Gesamtinteresse des Bundes in der Außenpolitik vertritt.

In demokratischen Staaten stehen die staatlichen Entscheidungen in einem **demokratischen Ableitungszusammenhang** von der Parlamentswahl über die Regierungsbildung und die Verantwortlichkeit der Regierung für die Exekutive bis zu deren Entscheidungen. Zweck der Politikverflechtung durch die dargestellten Formen der Kooperation ist es, staatliche Entscheidungen auf zwei nebeneinander stehende politische Legitimationssysteme, das zentralstaatliche des Bundes und das gliedstaatliche zu stützen, die jeweils auf Parlamentswahlen zurückzuführen sind. Die kooperativ getroffene staatliche Entscheidung soll nach dem Willen der Verfassung auf einem föderalen Interessenausgleich beruhen. Soweit die Verfassung solch einen föderalen Interessenausgleich nicht vorsieht oder zulässt, werden staatliche Entscheidungen immer nur auf einen der beiden Legitimationsstränge gestützt.

Horizontale Kooperation: Die Kompetenzverteilung zwischen Bund und Gliedstaaten läuft der Idee nach darauf hinaus, dass alles, was zentral entschieden werden soll oder gar muss, dem Bund zusteht und die Gliedstaaten je für sich ihr Kompetenzfeld bestellen. Im Laufe der Entwicklung der Bundesstaaten zeigen sich Bedürfnisse für einheitliche Lösungen auf dem Gebiet der Kompetenzen der Gliedstaaten. Gründe sind[28] der Wunsch nach Rechtseinheit auch in Angelegenheiten der Gliedstaaten, Streben nach gleichmäßiger Behandlung der Bürger über die Grenzen der Gliedstaaten hinaus zur Angleichung der Lebensverhältnisse oder zur Herstellung gleichwertiger Lebensverhältnisse.

Ein **Koordinationszwang** kann durch Grundrechtsauslegung entstehen.[29] Hauptbeispiele sind in Deutschland die Rechtsprechung des Bundesverfassungsgerichts zu Art. 12 GG, betreffend die freie Wahl der Ausbildungsstätte, und Art. 5, betreffend die Rundfunkfreiheit und die Wissenschaftsfreiheit.[30] Zu welch ungestümem Unitarisierungshebel Grundrechte werden können, zeigt ferner die Wirkung der Datenschutzrechtsprechung des Bundesverfassungsgerichts auf das Polizei- und Ordnungsrecht der Länder. Das Volkszählungsurteil[31] bedeutete eine zweite Periode der Unitarisierung der Landespolizeigesetze. Besonders verfahrens- und organisationsrechtliche Ableitungen aus den Grundrechten können die Gesetzgebung der Gliedstaaten auf ihrem Kompetenzgebiet präjudizierend einengen und einen erheblichen **Unitarisierungsdruck** ausüben. Soweit die Gliedstaaten aus grundrechtlichen Gründen genötigt werden, durch Staatsverträge einheitliches Recht zu setzen[32], geht es um horizontale Kooperation. Soweit durch Grundrechtsauslegung des obersten Bundesgerichts oder Verfassungsgerichts inhaltliche Vorgaben gemacht werden, vermischen sich vertikale und horizontale Kooperation.

---

[28] *Pietzcker*, in: Starck (Hrsg.), Zusammenarbeit der Gliedstaaten im Bundesstaat, 1988, S. 36 ff.
[29] *Zimmermann*, Kanadische Verfassungsinstitutionen im Wandel. Unitarisierung durch Grundrechtschutz, 1992, S. 53 ff., 179 ff.
[30] Zu den Unitarisierungstendenzen *Starck*, Verfassungen, 2009, S. 275 ff. mit Nachweisen aus der Rspr.
[31] BVerfGE 65, 1 (41 ff.).
[32] Z.B. BVerfGE 33, 303 (357 f.).

35 Gliedstaatliche Kooperation soll einem Kompetenzübergang auf den Bund durch Verfassungsänderung vorbeugen. Wirtschaftlichkeitsüberlegungen spielen eine Rolle, wenn mehrere Gliedstaaten einheitliche Behörden oder Gerichte schaffen. Diese üben je nach der Herkunft des zur Entscheidung stehenden Falles Exekutive oder Gerichtsbarkeit des betreffenden Gliedstaates aus mit Bindung an die betreffende Landesverfassung.

36 Die rein horizontale Kooperation bewirkt keinen Eingriff in die verfassungsrechtliche Kompetenzverteilung, weil die Aufgabenwahrnehmung auf der Ebene der Gliedstaaten verbleibt, wohin sie nach dem geltenden Verfassungsrecht gehört. Deshalb stellen Verträge zwischen den Gliedstaaten in ihrem Kompetenzbereich kein bundesstaatliches Kompetenzproblem dar und bedürfen keiner verfassungsrechtlichen Regelung.[33] Die Formen der horizontalen Kooperation sind Staatsverträge (analog zu völkerrechtlichen Verträgen), durch die z. B. einheitliches Recht gesetzt wird. Eine schwächere Form ist die bloße Rechtsangleichung, vermittelt durch sog. **Mustergesetze**; das sind Gesetzesentwürfe, die Ministerialbeamte der Ressorts der Gliedstaaten ausarbeiten und die die Regierungen der Gliedstaaten in ihre Parlamente einbringen in der Absicht, dass die parlamentarischen Beratungen möglichst keine Änderungen erbringen, was regelmäßig misslingt. Bewirkt wird aber eine starke Rechtsangleichung, die bei der Rechtsanwendung durch Behörden und Gerichte noch verstärkt werden kann.

37 Schon die Schaffung einheitlichen Rechts setzt Tätigkeit der Exekutive der Gliedstaaten voraus, die die Verhandlungen führt. Darüber hinaus gibt **es regelmäßige Konferenzen** der Regierungschefs, der Ressortchefs, von Ressortbeamten, Ausschüsse von Sachverständigen, die die Gliedstaaten entsenden, besondere gemeinsame Verwaltungseinrichtungen.[34]

E. Die Zukunft des Föderalismus

38 Der Bundesstaat zeigt sich auch im Zeitalter der **Globalisierung** als vital. Das gilt nicht nur für die drei gewachsenen Bundesstaaten USA, Schweiz und Deutschland, die den Ausführungen hauptsächlich zugrunde liegen. Auch die drei großen aus dem britischen Kolonialreich entstandenen Bundesstaaten Kanada, Australien und Indien sind funktionierende Demokratien. In keinem Fall handelt es sich um künstlich gegliederte Zentralstaaten, sondern um Zusammenschlüsse ehemaliger Staaten oder Kolonien, die in die Selbständigkeit entlassen worden sind, also ebenfalls um gewachsene Bundesstaaten.[35]

---

[33] Gleichwohl wird die Vertragsschließung zwischen Kantonen in Art. 48 Schw.BV geregelt.
[34] Vgl. *Bothe*, in: Starck (Hrsg.), Zusammenarbeit der Gliedstaaten im Bundesstaat, 1988, S. 179 ff.
[35] Siehe *Bothe* (Fn. 12), S. 16 f.

§1 Idee und Struktur des Föderalismus im Lichte der Allgemeinen Staatslehre 53

Es gibt in keinem der genannten Bundesstaaten eine Volksbewegung für einen **Einheitsstaat**. Gleichwohl entzündet sich häufig Kritik an unterschiedlichen Regelungen in den einzelnen Gliedstaaten, was ein Unverständnis für die Bundesstaatlichkeit zum Ausdruck bringt und auf die Dauer zur Zentralisierung ursprünglicher Aufgaben der Gliedstaaten führt durch Kompetenzverlagerung auf den Bund oder durch Selbstkoordinierung der Gliedstaaten. Soweit es sich dabei um Einzelerscheinungen handelt, tut das dem Föderalismus keinen Abbruch, zumal im Austausch für Zentralisierungen Gliedstaaten Kompetenzen des Bundes übertragen bekommen können und damit die bundesstaatliche Kompetenzverteilung neu ausbalanciert werden kann.[36] Die periodischen Wahlen zu den Parlamenten der Gliedstaaten mit vorangehenden Wahlkämpfen und anschließenden Regierungsbildungen verankern immer wieder neu den Föderalismus in der Bevölkerung.

39

An dieser Stelle darf ein Wort zur **Wiedervereinigung Deutschlands** nicht fehlen. Die föderalistische Struktur der Bundesrepublik erleichterte das Zusammenwachsen der neuen Länder mit der alten Bundesrepublik. Denn durch die eigene Staatlichkeit der fünf wieder gegründeten Länder wird ein Teil der Staatsgewalt allein von der Bevölkerung in den fünf neuen Ländern getragen: Wahlen, Regierungsbildung, Präsenz im Bundesrat, Gesetzgebung, Ausführung der Bundesgesetze; zuvor Verfassunggebung durch die Landtage als verfassunggebende Versammlungen.[37] Die aktiven Mitglieder der Landtage konnten sich in diesem Prozess intensiv und schöpferisch mit der föderalistischen Struktur der Bundesrepublik auseinandersetzen. Was die bundesstaatliche Struktur Deutschlands für die Wiedervereinigung bedeutete und immer noch bedeutet, kann man sich am besten dadurch klarmachen, dass man sich die Wiedervereinigung in einen Einheitsstaat durch Einverleibung vorstellt.

40

Politiker wechseln aus Gliedstaaten in den Bund, seltener umgekehrt. Solche Wechsel stabilisieren den Bundesstaat. Das gilt in Deutschland auch für Politiker aus den neuen Ländern oder in diese. Kompetenzstreitigkeiten können gerichtlich entschieden werden, was etwa in Deutschland zur **Stabilisierung der Bundesstaatlichkeit** geführt hat. Eingriffe des Bundes in Länderangelegenheiten verbunden mit Dotationen werden nicht selten akzeptiert wegen des damit verbundenen Finanzzuflusses, stehen aber unter dem Damoklesschwert einer Verfassungswidrigerklärung durch das Bundesverfassungsgericht. Was in anderen Bundesstaaten im politischen Prozess und durch Mentalität gesichert wird, wird in Deutschland im Bund-Länder-Streit vor dem Bundesverfassungsgericht geschützt.

41

Eine Herausforderung für den Föderalismus Deutschlands und des kleinen Österreichs stellt die **europäische Integration** dar, die sich nach Art. 23 Abs. 1 Satz 1 GG nach „föderativen Grundsätzen" richten soll. Damit sagt das Grundgesetz nicht, dass die Europäische Union ein Bundesstaat ist oder werden soll. Dies folgt auch nicht aus der Präambel des Grundgesetzes, wonach Deutschland als gleichberechtigtes Glied in einem vereinten Europa dem Frieden der Welt dienen will. Die Europäische Union ist kein Bundesstaat, kann sich auch nicht mehr dazu entwickeln, weil die inzwischen 27 Mitgliedstaaten wirtschaftlich, politisch und historisch zu heterogen sind.

42

---

[36] Vgl. *Starck* (Hrsg.), Föderalismusreform. Einführung, 2007, passim.
[37] Vgl. *Starck*, in: ZG 1992, 1 ff.

In der wachsenden Verdichtung des europäischen Rechts und der geographischen Erweiterung der Union liegt eine erhebliche Spannung. Die Europäische Union ist ein Staatenbund besonderer Art wegen der Fülle der ihr übertragenen Kompetenzen, deren Wahrnehmung in den Mitgliedstaaten unmittelbare Rechtswirkung erzeugt.

43 Föderative Grundsätze können auch auf **supranationaler Ebene** verwirklicht werden. Das kommt im Gemeinschaftsrecht durch die Verpflichtung auf die Subsidiarität zum Ausdruck (Art. 5 Abs. 2 EGV, Art. 5 Abs. 3 EUV-Lissabon) und in der Verpflichtung der Europäischen Union, die nationale Identität der Mitgliedstaaten zu achten (Art. 6 Abs. 3 EUV, Art. 4 Abs. 2 EUV-Lissabon). Dazu gehört auch die souveräne Staatlichkeit und die Verfassungsautonomie der Mitgliedstaaten.[38] Der deutsche Bundesstaat hat innerstaatliche verfassungsrechtliche Integrationsgrenzen in Art. 23 Abs. 1 Satz 3 GG aufgestellt, die das Bundesverfassungsgericht zu schützen berufen ist.[39] Im **Lissabon-Urteil** wird die Regierung an die Zustimmung des Bundestages und des Bundesrates gebunden, wenn im Rat durch einstimmigen Beschluss das Vertragsrecht ohne Ratifikationsverfahren geändert werden soll.[40] Damit wird eine weitere Aushöhlung der Bundesstaatlichkeit nicht allein der Regierung überlassen. Diese Vorgabe des Bundesverfassungsgerichts dient der notwendigen Sicherung der nationalen Identität Deutschlands, die durch die Bundesstaatlichkeit entscheidend mitbestimmt wird.

44 Außer den hier behandelten verfassungsrechtlichen Sicherungen des Föderalismus erscheint eine rechtsvergleichende wissenschaftliche Bearbeitung des Föderalismus im Rahmen der Allgemeinen Staatslehre notwendig. Damit kann das gemeinsame Anliegen des Föderalismus bei verschieden ausgestalteter Bundesstaatlichkeit schärfer in den Blick kommen und können bundesstaatliche Systeme stabilisiert werden. Je niedriger die Ebene ist, auf der öffentliche Aufgaben erledigt werden, umso dichter ist die **demokratische Repräsentation** der Einwohner in den entscheidenden Organen. Die Bundesstaatlichkeit als eine konkrete Ausprägung der Subsidiarität erweist sich damit als Stütze der demokratischen Repräsentation. Aber nicht nur die Repräsentationsdichte, sondern auch die Nähe zur Sache spricht für die Bundesstaatlichkeit.

F. Fazit

Als Voraussetzungen stabiler Bundesstaatlichkeit kann man bezeichnen:

1. den Vorrang der den Bundesstaat im Einzelnen normierenden Bundesverfassung,
2. die Verfassungsautonomie der Gliedstaaten im Rahmen von Homogenitätsanforderungen,

---

[38] *Streinz*, in: Sachs, Grundgesetz Kommentar, 5. Aufl. 2009, Art. 23 Rn. 35.
[39] BVerGE 89, 155 (175) und wieder im Lissabon-Urteil v. 30.6.2009, Gründe unter Rn. 231 f., 238 ff.
[40] BVerfG - Lissabon-Urteil v. 30.6.2009, Rn. 406 ff.

3. die gesicherte verfassungsrechtliche Kompetenzverteilung und dazu passende Verteilung der Finanzen,
4. verfassungsrechtliche Grundlagen für Kooperationen zwischen Bund und Gliedstaat(en), da sie Kompetenzverschiebungen darstellen,
5. die Mitwirkung der Gliedstaaten an der Willensbildung des Bundes in einer zweiten Kammer des Bundesparlaments.

Schrifttum

M. Bothe, Die Kompetenzstruktur des modernen Bundesstaates in rechtsvergleichender Sicht, 1977, S. 117 ff.
ders. in: Starck (Hrsg.), Zusammenarbeit der Gliedstaaten im Bundesstaat, 1988, S. 179 ff.
A. V. Dicey, An Introduction to the Study of the Law of the Constitution, 10. Aufl. 1959
K. Eichenberger, Die Verfassungsgerichtsbarkeit in den Gliedstaaten der Schweiz, in: Starck/Stern (Hrsg.), Landesverfassungsgerichtsbarkeit, Teilbd. I, 1983, S. 435 ff.
C. J. Friedrich, Der Verfassungsstaat der Neuzeit, 1953
U. Häfelin/W. Haller, Schweizerisches Bundesstaatsrecht, 5. Aufl. 2001
G. Jellinek, Allgemeine Staatslehre, 3. Aufl. 1914, Nachdruck 1960
D. Kommers, Die Verfassungsgerichtsbarkeit in den Gliedstaaten der Vereinigten Staaten von Amerika, in: Starck/Stern (Hrsg.), Landesverfassungsgerichtsbarkeit, Teilbd. I, 1983, S. 461 ff.
K. Loewenstein, Verfassungslehre, 3. Aufl. 1975
P. Pernthaler, Allgemeine Staatslehre und Verfassungslehre, 2. Aufl. 1996
C. Starck, Verfassunggebung in den neuen Ländern, in: ZG 1992, 1 ff.
ders., Föderalismusreform. Einführung, 2007
ders., Verfassungsgerichtsbarkeit der Länder, in: HStR VI, 3. Aufl. 2008, S. 317 ff.
ders., Verfassungen, 2009, S. 275 ff
M. Stolleis, „Innere Reichsgründung" durch Rechtsvereinheitlichung, in: Starck (Hrsg.), Rechtsvereinheitlichung durch Gesetze, 1992, S. 15 ff.
H. A. Zachariae, Deutsches Staats- und Bundesrecht, Bd. I, 3. Aufl. 1865
B. Zimmermann, Kanadische Verfassungsinstitutionen im Wandel. Unitarisierung durch Grundrechtschutz, 1992
H. Zoepfl, Grundsätze des gemeinen deutschen Staatsrechts, 5. Aufl. 1963

§2 Der Gedanke des Föderalismus in der Staats- und Verfassungslehre vom Westfälischen Frieden bis zur Weimarer Republik

Bernd Grzeszick

Inhalt

A. Einführung	58
B. Föderale Strukturen im Heiligen Römischen Reich deutscher Nation	60
I. Vom Lehnswesen zur Territorialherrschaft der Reichsstände	60
II. Die Frage nach der Staatsform des Reiches	61
III. Landeshoheit, Bündnisrecht und Reichskreise	62
IV. Das Reich in der staatsrechtlichen Publizistik des 18. Jahrhunderts	63
V. Reichsdeputationshauptschluss und Wechsel der ideengeschichtlichen Kategorien	65
C. Der Rheinbund	67
I. Gründung des Rheinbundes	67
II. Rechtliche Grundlagen des Rheinbundes	67
III. Der Rheinbund in der Publizistik: Vom Reich zu Staatenbund und Bundesstaat	68
D. Deutscher Bund	70
I. Gründung des Deutschen Bundes	70
II. Die rechtliche Bundesordnung	71
III. Der Deutsche Bund in der Publizistik	72
IV. Der Bundesstaat als föderale Form der nationalen politischen Perspektive	74
E. Die Reichsverfassung von 1849 – Paulskirchenverfassung	77
I. Der Verfassungsentwurf von 1849	77
II. Die föderale Ordnung der Paulskirchenverfassung	77
III. Der Bundesstaat der Paulskirchenverfassung in der Publizistik	78
IV. Scheitern der Revolution 1848/1849	79
V. Entwicklungen in der Bundesstaatslehre	80
F. Norddeutscher Bund	81
I. Gründung des Norddeutschen Bundes	81
II. Die Verfassung des Norddeutschen Bundes	81
III. Der Norddeutsche Bund als Bundesstaat	81
G. Deutsches Reich	82
I. Die Reichsverfassung von 1871	82
II. Die Debatte über den föderalen Charakter des Reiches	85

B. Grzeszick (✉)
Institut für Staatsrecht, Verfassungslehre und Rechtsphilosophie, Ruprecht-Karls-Universität Heidelberg, Friedrich-Ebert-Anlage 6-10, 69117 Heidelberg, Deutschland
E-Mail: grzeszick@web.de

H. Weimarer Republik	87
I. Die Weimarer Reichsverfassung	87
II. Der Weimarer Bundesstaat in der staatsrechtlichen und staatstheoretischen Debatte	90
III. Das Ende der Reichsverfassung	95
I. Fazit	95
Schrifttum	96

A. Einführung

1 Herrschaftsverbände reagieren mit föderalen Strukturen regelmäßig auf spezifische Bedingungen. Föderale Verfassungselemente sind daher in besonderem Maße darauf angewiesen, auf die jeweils an sie gestellten Anforderungen adäquat zugeschnitten zu sein. Die jeweils gefundenen Antworten lassen sich deshalb nur begrenzt mit den Begriffen von Bundesstaaten, Staatenbünden, Staatenverbünden oder ähnlichen Modellen einfangen, und die staatstheoretische **Rationalisierung föderaler Strukturen** ist eine stets konkret zu leistende Aufgabe.[1]

2 Vor diesem Hintergrund kommt der **verfassungshistorischen Betrachtung** eine gesteigerte Bedeutung zu. Indem sie den Werdegang der jeweiligen föderalen Einheit in ihrem historischen Kontext erfasst, vermag sie Einblicke zu eröffnen in die Gründe, die hinter den föderalen Strukturen einer aktuellen Verfassung stehen.

3 Für das Verständnis des Föderalismus in Deutschland ist dies besonders wichtig. Deutschland ist nicht das einzige Gebiet mit einem föderalen Staatsaufbau, und es ist auch nicht das historisch erste Gebiet, das entsprechend organisiert und strukturiert wurde. Erste föderale Strukturen lassen sich bis in die Antike zurückverfolgen.[2] Die ersten Bundesstaaten im modernen Sinne wurden 1789 mit den Vereinigten Staaten von Amerika gegründet[3] und 1848 in der Schweiz nach einer langen föderalen Entwicklung. Aber die **föderative Tradition** hat **in Deutschland** eine größere historische Tiefe und Kontinuität als die moderne staatliche Tradition.[4] Wer Deutschland eine besonders lange und ausgeprägte föderale Tradition zuschreibt, der befindet sich in guter Gesellschaft.[5]

---

[1] *Oeter*, Integration und Subsidiarität, 1998, S. 1 ff., insbes. S. 3-5; *Volkmann*, in: FS für W. Frotscher, 2007, S. 184 f.

[2] *Deuerlein*, Föderalismus, 1972, S. 14 ff.; zu föderalen Strukturen in der Antike näher *Siewert/Aigner-Foresti*, Föderalismus in der griechischen und römischen Antike, 2005.

[3] Dazu *Deuerlein*, Föderalismus, 1972, S. 47 ff.

[4] *Isensee*, in: ders./Kirchhof (Hrsg.), HStR, Bd. 6, 3. Aufl. 2008, §126, Rn. 10.

[5] So unter anderen *Isensee*, in: ders./Kirchhof (Hrsg.), HStR, Bd. 6, 3. Aufl. 2008, §126, Rn. 10; *Kilper/Lhotta*, Föderalismus in der Bundesrepublik, 1996, S. 37; *Kimminich*, Historische Grundlagen, 1985, S. 15; *Sturm*, Föderalismus in Deutschland, 2001, S. 142; *Jestaedt*, in: Isensee/Kirchhof (Hrsg.), HStR, Bd. 2, 3. Aufl. 2004, §29, Rn. 5; *Senigaglia*, in: Brauneder/de Berger (Hrsg.), Föderalismus und Korporatismus, 1998, S. 11.

§2 Der Gedanke des Föderalismus in der Staats- und Verfassungslehre

Die verfassungshistorische Betrachtung föderaler Strukturen in Deutschland dient aber nicht allein dazu, das jeweilige Verfassungsrecht in seiner konkreten Gestalt zu erklären. Der Blick auf die Einflüsse, die die jeweiligen Strukturen bei ihrer Formung mitgeprägt und dann später wieder in Frage gestellt haben, erlaubt eine Rechtsvergleichung in der Zeit und ermöglicht damit ein gewisses Maß an **Abstraktion und Theoriebildung**. Eine Analyse der historischen Entwicklung von Föderalismus und Staatlichkeit gestattet daher nicht nur Rückschlüsse auf die praktischen Rahmenbedingungen föderaler Staatsformen, sondern kann auch Anregungen liefern zur Lösung von Problemen, die bei der Gestaltung föderativer Systeme immer wieder auftauchen,[6] beispielsweise für die weitere Entwicklung der **Europäischen Union**.

In der deutschen Verfassungsgeschichte sind föderale Strukturen in staatenbündischen Verbindungen und in Bundesstaaten, die sich im Einzelnen stark unterscheiden, zu erkennen.[7] In der jeweiligen Ausprägung spiegeln sich die Zeichen der Zeit wieder, denn Föderalismus und Staatlichkeit stehen im **Spannungsfeld politischer, ideengeschichtlicher und historischer Einflüsse**. Eine Betrachtung der konkreten föderalen Formen in den deutschen Gebieten soll Aufschluss geben über die Auswirkungen der jeweiligen Einflüsse. Die folgende Betrachtung erfolgt daher chronologisch und regional begrenzt, indem die einzelnen historischen Systeme auf dem deutschen Gebiet untersucht werden, wobei zum einen kontinuierliche Elemente nachverfolgt, aber auch Veränderungen aufgezeigt werden können. Dabei wird auch auf die Begriffe Bundesstaat und Staatenbund[8] zurückgegriffen. Allerdings darf dabei nicht unberücksichtigt bleiben, dass Staatenbund und Bundesstaat Konstrukte sind, die in der Reinform nur selten anzutreffen sind, sondern je nach den Gegebenheiten modifiziert vorliegen. Zudem ist Rücksicht zu nehmen auf die mit den Begriffen verbundenen normativen Konnotationen und der daran ansetzenden Kritik, dass sie sich deshalb für die Charakterisierung heutiger Staatenverbindungen nur bedingt eignen.[9] Die Begriffe Staatenbund und Bundesstaat werden daher vor allem zur beschreibenden Einordnung verwendet und nicht zur theoretischen oder gar rechtsdogmatischen Unterfangung einzelner Verfassungen.

---

[6] In diesem Sinne auch *v. Puttkammer*, Föderative Elemente, 1955, S. 20 ff., insbes. S. 21 und 24; *Koselleck*, Der Staat, Beiheft 6, 1983, S. 8 (11 ff.); *Volkmann*, in: FS für W. Frotscher, 2007, S. 184 f.

[7] *Kimminich*, in: Isensee/Kirchhof (Hrsg.), HStR, Bd. 1, 2. Aufl. 1995, §26, Rn. 4.

[8] Dazu *Grzeszick*, Vom Reich zur Bundesstaatsidee, 1996, S. 306.

[9] Vor allem *Schönberger*, AöR 129 (2004), 81 ff., der zu bedenken gibt, dass das Bundesstaat-Staatenbund-Schema für eine Charakterisierung von Staatsgebilden, insbesondere der EU überholt sei und sich bei seiner Analyse auf die Theorie des Bundes stützt; vgl. bereits *Preuß*, Deutschlands Republikanische Reichsverfassung, 1921, S. 9 f.

B. Föderale Strukturen im Heiligen Römischen Reich deutscher Nation

I. Vom Lehnswesen zur Territorialherrschaft der Reichsstände

6   Die Wurzeln eines föderalen Systems in Deutschland reichen bis ins **Heilige Römische Reich deutscher Nation** zurück.[10] Im damaligen Lehnswesen kristallisierten sich Strukturen heraus, bei denen die Kronvasallen eine immer stärkere Position im Bezug zum König aufbauten. Hier kann von einer Partikularisierung gesprochen werden.[11] Auch in den Städtebünden wie der Deutschen Hanse wird ein Ansatz von föderalen Strukturen erkannt.[12]

7   Ein Markstein auf dem weiteren Weg der föderalen Entwicklung ist mit dem **Westfälischen Frieden** von Münster und Osnabrück aus dem Jahr 1648 gesetzt worden. Der Westfälische Friede war zum einen ein völkerrechtlicher Vertrag und beendete den Dreißigjährigen Krieg. Zum anderen wurde er mit dem Jüngsten Reichsabschied von 1654 gemäß Art. XVII §2 IPO[13] bzw. §112 IPM[14] Reichsfundamentalgesetz und somit Teil der materiellen Verfassung des Reiches.[15] Damit wurde der religiöse und dynastische Universalismus des Reiches endgültig beseitigt.[16]

8   An der Spitze des Reiches stand zwar weiterhin der Kaiser. Allerdings war er in wichtigen reichspolitischen Fragen auf einen Beschluss des Reichstags gemäß Art. VIII §2 IPO angewiesen, so beispielsweise in der Gesetzgebung oder in der Abstimmung über Krieg und Frieden. Für Personen und Korporationen, die Sitz und Stimmrecht im Reichstag hatten, Reichsstände genannt, wurde die Territorialherrschaft ausdrücklich anerkannt. Die reichsständische Libertät[17] wurde bestätigt, so

---

[10] *Holste*, Der deutsche Bundesstaat im Wandel (1867-1933), 2001, S. 47; *Nipperdey*, Nachdenken, 1986, S. 60.

[11] *Nipperdey*, Nachdenken, 1986, S. 61; *Deuerlein*, Föderalismus, 1972, S. 25; ähnlich *Kimminich*, Historische Grundlagen, 1985, S. 2.

[12] So *Kimminich*, Historische Grundlagen, 1985, S. 2.

[13] Text des kaiserlich-schwedischen Friedensvertrags (IPO: Instrumentum pacis Osnabrucense) in: *Buschmann* (Hrsg.), Kaiser und Reich, S. 289 ff.

[14] Text des kaiserlich-französischen Friedensvertrags (IPM: Instrumentum pacis Monasteriense) in: *Buschmann* (Hrsg.), Kaiser und Reich, S. 380 ff.

[15] *Böckenförde*, Der Staat 8 (1969), S. 449 (453); *Stern*, Staatsrecht, Bd. 5, 2000, S. 61 ff., insbes. S. 68; *Kotulla*, Deutsche Verfassungsgeschichte, 2008, Rn. 364, 424; *Holste*, Der deutsche Bundesstaat im Wandel (1867-1933), 2001, S. 31; *Link*, JZ 1998, S. 1 (5); *Kremer*, Der Westfälische Friede, 1989, S. 42.

[16] *Holborn*, Deutsche Geschichte, Bd. 1, 1970, S. 338 ff., insbes. S. 346; *Oestreich*, in: Grundmann (Hrsg.), Handbuch der Deutschen Geschichte, Bd. 2, 9. Aufl. 1970, S. 378 f.; *Link*, JZ 1998, S. 1 (6).

[17] *Böckenförde*, Der Staat 8 (1969), S. 449 (454 f.); *v. Puttkammer*, Föderative Elemente, 1955, S. 3.

§2 Der Gedanke des Föderalismus in der Staats- und Verfassungslehre   61

dass die Reichsstände gemäß Art. VIII §4 IPO das Bündnisrecht (**ius foederis**)[18] inne hatten, soweit das Bündnis nicht gegen Kaiser oder Reich gerichtet war. Damit wurde die tatsächliche Verschiebung der Macht vom Kaiser und Reich hin zu den Landesherren rechtlich nachvollzogen. Von der Idee der Etablierung einer stärkeren zentralisierten Reichsebene wurde zugunsten der gestärkten Territorialstaaten Abstand genommen.

II. Die Frage nach der Staatsform des Reiches

Auf dieser rechtlichen Grundlage begann die bis heute in Deutschland zu registrierende politische und rechtliche Auseinandersetzung über das föderale Verhältnis zwischen Gesamtverband und Mitgliedern. In der Reichspublizistik wurde nach 1648 über die Frage nach der **Staatsform des Reiches** intensiv debattiert.[19] Dabei wird deutlich, dass diese Frage sich mit dem modernen Staats- und Verfassungsverständnis kaum klären lässt, da die mit dem Reich verbundenen Vorstellungen und Formen von Staatlichkeit und Verfassung denen moderner Staatlichkeit nur begrenzt entsprechen.[20] Diese Schwierigkeiten zeichneten sich bereits in den zeitgenössischen Klassifizierungsversuchen ab, die anhand einiger Stellungnahmen exemplarisch verfolgt werden können.

9

Der Reichspublizist **Ludolph Hugo** diente dem Fürsten von Hannover als Hofrat und Reichstagsgesandter und war ab 1677 Geheimrat und Vizekanzler. In seiner 1661 erschienenen Dissertation über den staatsrechtlichen Status der deutschen Gebiete mit dem Titel „**De Statu Regionem Germaniae**" vertrat er die Position, dass es an föderalen Formen zwischen dem Bündnis und dem dezentralisierten Einzelstaat eine dritte Verbindungsform mit einer doppelten bzw. aufgeteilten Herrschaftsgewalt gebe und das Reich als bestes Beispiel für diese Verbindungsform sei.

10

Die entgegengesetzte Position nahm **Samuel Pufendorf** ein. Er war ab 1661 in Heidelberg und ab 1670 in Lund Professor für Natur- und Völkerrecht, wurde 1677 Historiograph in Stockholm und arbeitete ab 1688 in Berlin für *Friedrich III.* als Historiograph und geheimer Hofrat. In seiner 1667 veröffentlichten Schrift „**De Statu Imperii Germanici**" beharrte er auf einer strikten Souveränitätsbetrachtung im Sinne *Bodins* mit der Folge, dass er nur souveräne Staaten und Staatenvereine, die aus souveränen Staaten bestehen, anerkannte. Aus dieser Perspektive erschien ihm das Reich als ein rechtliches „Monstrum".[21]

11

---

[18] Ausführlicher zum Bündnisrecht *Böckenförde*, Der Staat 8 (1969), S. 449 ff.

[19] Dazu sowie zum Folgenden *Grzeszick*, Vom Reich zur Bundesstaatsidee, 1996, S. 54 ff. m.w.N.

[20] *Randelzhofer*, Völkerrechtliche Aspekte des Heiligen Römischen Reiches nach 1648, 1967, S. 19 ff.; *v. Puttkammer*, Föderative Elemente, 1955, S. 20; *Volkmann*, in: FS für W. Frotscher, 2007, S. 185.

[21] *v. Pufendorf*, De Statu Imperii Germanici, Cap 6, §9, 1667, S. 198 f., der das Reich als „irregulare aliquod corpus et monstro simile" bezeichnet.

12   Vor allem in Reaktion auf die Schrift von *Pufendorf* sprach sich *Gottfried Wilhelm Leibniz*, der ab 1668 für den Kurfürsten von Mainz und ab 1676/1677 für den Fürsten von Hannover arbeitete und später zum preußischen geheimen Justizrat und 1713 in Wien zum Reichshofrat ernannt wurde, für ein Modell der Aufteilung von Aufgaben und Kompetenzen bzw. Hoheitsbefugnissen aus. In seiner 1677 publizierten Studie **„De Iure Suprematus ac Legationis Principum Germaniae"** anerkannte er als föderale Verbindungsform neben der „confoederatio", bei der die Mitglieder selbständige Träger von Hoheitsgewalt blieben und lediglich auf vertraglicher Grundlage zusammenwirkten, die „unio", bei der die Verbindung eine eigene und einheitliche Gewalt über die Mitglieder hatte und eine juristische Person mit Staatsqualität war; nach *Leibniz* war das Reich eine solche unio.

III. Landeshoheit, Bündnisrecht und Reichskreise

13   Die tatsächliche politische Entwicklung nahm allerdings eine Richtung, die vor allem die größeren Territorien zu den realen Trägern staatlicher Macht machte. Der Westfälische Friede hatte mit ermöglicht, dass die Reichsstände zwar keine förmliche und rechtliche **Souveränität**, aber eine weitreichende **Landeshoheit** erreichen konnten.[22] Zur Landeshoheit gehörte insbesondere das Bündnisrecht, dass nur soweit beschränkt war, als Bündnisse nicht gegen den Kaiser oder das Reich gerichtet sein durften. Das **Bündnis- und Assoziationswesen** wurde daher zum verfassungsgestaltenden Faktor.[23] Die neue förmliche Rechtsstellung der Fürsten im Reich realisierte sich rasch in dem Zusammenschluss von Fürsten im Jahr 1658 zum sogenannten – ersten – **Rheinbund**. Dieses Bündnis sollte die partikularen Interessen insbesondere bei den Wahlkapitulationen, in denen sich die Reichsstände vom Kandidaten Zusicherungen für den Fall der Wahl machen ließen, durchsetzen und war somit als Widerpart zum Kaiser und dessen Hausmacht konzipiert.[24]

14   Der Kaiser war dagegen bestrebt, dem Machtzugewinn der Territorien entgegenzuwirken, die reichseigenen Interessen zu unterstützen und so eine funktionierende Reichseinheit herzustellen. Hierzu belebte er 1681 die **Reichskreise**[25] als föderale Reichselemente wieder[26]. Die Reichskreise fungierten als eine vom Fürsten unabhängige Exekutiveinrichtung. Auch die von den Reichsständen neu gegründeten **Kreisassoziationen**[27], mit denen eine Zusammenarbeit in der Reichsverteidigung

---

[22] Art. VIII §1 IPO; *Kremer*, Der westfälische Friede, 1989, S. 226 ff.

[23] *Böckenförde*, Der Staat 8 (1969), S. 449 (477).

[24] *Hartung*, Verfassungsgeschichte, 9. Aufl. 1950, S. 158; *Willoweit*, Deutsche Verfassungsgeschichte, 5. Aufl. 2005, S. 225.

[25] Zu den Reichskreisen *Dotzauer*, Die deutschen Reichskreise, 1998; *Willoweit*, Deutsche Verfassungsgeschichte, 5. Aufl. 2005, S. 138 f., 225 f.

[26] Siehe dazu *Oestreich*, in: Grundmann (Hrsg.), Handbuch der Deutschen Geschichte, Bd. 2, 9. Aufl. 1970, S. 381 ff.; *Holborn*, Deutsche Geschichte, Bd. 1, 1970, S. 365 f.

[27] Näheres bei *v. Puttkammer*, Föderative Elemente, 1955, S. 4 f.

verfolgt wurde, sollten zur Reichsintegration führen. Daran ist erkennbar, dass das Bündnisrecht aus dem Westfälischen Frieden auch der Reichsintegration dienen konnte.[28] Allerdings konnte dieser Aspekt des Bündnisrechts in der weiteren Entwicklung keine große Wirksamkeit erlangen, da der politische Aufstieg der größeren Territorialfürstenstaaten sich fortsetzte.

IV. Das Reich in der staatsrechtlichen Publizistik des 18. Jahrhunderts

Der weitere Aufstieg der Territorien wirkte sich auch auf das Verständnis der Reichsverfassung aus. Im weiteren Verlauf der Diskussion über den rechtlichen Charakter des Reiches bevorzugten die führenden Reichsjuristen im Laufe des 18. Jahrhunderts auf der Grundlage eines vor allem positivistisch-historisch geprägten Zugangs zum Reichsrecht zwar sämtlich den Ansatz einer rechtlichen Beschreibung der Reichsverfassung als Ausprägung eines **ständischen partikularistischen Föderalismus**;[29] die Verteilung der Befugnisse zwischen dem Kaiser, den Territorien und den weiteren Ständen reflektiert dabei aber den fortschreitenden Aufstieg der Territorien.

15

Der württembergische Jurist und ab 1751 als Berater der württembergischen Landstände engagierte *Johann Jakob Moser* schrieb von 1737 bis 1754 das „**Teutsche Staatsrecht**" und von 1760 bis 1782 das „**Neue Teutsche Staatsrecht**". Dieses erschöpft sich weitgehend in einer Beschreibung der Reichsordnung, in der zwar die Territorien als halbsouverän bezeichnet wurden, ohne dass damit aber eine tiefergehende Analyse dogmatischer bzw. naturrechtlicher Art verbunden war.

16

Der Osnabrücker *Justus Möser*, der sich 1744 in Osnabrück niederließ und dort im Laufe seines Arbeitslebens zum maßgeblichen Leiter der Landesverwaltung aufstieg, sah das Reich als Produkt einer historisch-organischen Entwicklung an und anerkannte die Landesherrschaft der Grafen und Bischöfe. Er stellte deren Herrschaft aber nicht auf eine absolutistische, sondern auf eine ständische Grundlage, und auch für das Reich hielt er am **Prinzip der ständischen Gliederung** fest. Der Kaiser und die Fürsten wurden deshalb von ihm als Spitzen der gesamten Reichsstände gesehen, die der eigentliche Inhaber der Hoheitsrechte waren.

17

Johann Heinrich Gottlob von Justi war ab 1752 Professor für Kameralistik am Wiener Theresianum und unterrichtete nach einem kurzen Aufenthalt an der Universität Göttingen ab 1765 in Berlin. Er interpretierte das Reich bereits als einen **Bund freier Staaten**, die sich zur gemeinschaftlichen Verteidigung unter dem Kaiser als ihrem Oberhaupt zusammengeschlossen hatten, weshalb die Reichsregelungen in die inneren Angelegenheiten der Mitglieder nicht eingreifen durften.

18

Der Jurist *Johann Stephan Pütter* lehrte ab 1746 an der Universität Göttingen. Seine zwischen 1777 und 1779 erschienenen „**Beyträge zum teutschen Staats- und**

19

---

[28] So im Ergebnis auch *Mohnhaupt*, in: v. Aretin (Hrsg.), Kreisassoziationen, 1975, S. 16; *v. Aretin*, Das alte Reich, Bd. 1, 1. Aufl. 1993, S. 154.
[29] Dazu sowie zum Folgenden *Grzeszick*, Vom Reich zur Bundesstaatsidee, 1996, S. 72 ff. m.w.N.

Fürstenrecht" behandelten die Struktur des Reiches. Er bezeichnete das Reich als einen aus Staaten zusammengesetzten Staat mit dem Kaiser als Träger der höchsten Gewalt, an der die Stände Mitwirkungsrechte hielten. Da die Stimmen- und Machtverteilung im Reichssystem für die Regelungen bezüglich einzelner Staaten einen starken Einfluss der Stände sicherte, waren die Stände trotz des Einflusses des Kaisers wahre Regenten der Länder und Vertreter der Territorialstaaten. Die konkrete Kompetenzverteilung im Bereich erfolgte grundsätzlich aus einer positivistisch-historischen Perspektive, die um vernunftrechtliche Aspekte ergänzt wurde. Dabei ging *Pütter* davon aus, dass die Landesgewalt prinzipiell ausschließlich war, und dass die Reichsstände zum Widerstand gegen den Kaiser befugt waren, wenn die Ausübung der kaiserlichen Macht für ihr Gebiet nachteilig war. Die Stellung des Kaisers war demnach erheblich eingeschränkt, und die kaiserliche Gewalt war durch den Prüfungsvorbehalt zugunsten der Länder mediatisiert.

20 In der Reichswirklichkeit wurde zudem das Bündnisrecht von den Fürsten zu zentrifugal wirkenden und die Reichsebene schwächenden Fürstenbündnissen in der Art des Rheinbundes von 1658 genutzt. Besonders deutlich prägte diese Zweckrichtung den am 23. Juli 1785 unter Führung *Friedrich II.* gebildeten **Fürstenbund** zwischen den Kurfürsten von Preußen, Hannover und Sachsen, dem rasch weitere Fürsten beitraten. *Friedrich II.* knüpfte bewusst sowohl an den Rheinbund von 1658 als auch an die späteren Kreisassoziationen an.[30] In der Sache verfolgte er dabei aber keinerlei reichsintegrativen Interessen, denn entgegen dem formal erklärten Ziel der Stärkung der Reichsordnung erstrebte er tatsächlich allein die Sicherung der preußischen Positionen gegenüber Österreich.[31] Der Fürstenbund hielt sich damit zwar formell innerhalb der rechtlichen Grenzen des reichsständischen Bündnisrechts. Aus politischer Sicht war er aber als eine **lose Verbindung faktisch unabhängiger Fürsten** konzipiert. Dieser ambivalente Charakter prägte auch einige der zeitgenössischen Stellungnahmen zum Fürstenbund, der teils als Ausdruck einer angestrebten preußischen Dominanz über die kleineren Fürsten, teils als defensive Reaktion auf österreichische Hegemonialbestrebungen im Reich gesehen wurde.[32] In der Reichspublizistik wurde der Fürstenbund zum Teil als gegen den Kaiser gerichtet und daher rechtswidrig angesehen, ganz überwiegend aber rechtlich-deskriptiv und ohne weitergehende Ausführungen akzeptiert.[33]

21 Freilich deutete der Fürstenbund schon auf die neue Form föderaler Verbindungen in den deutschen Ländern, den **losen Bund souveräner Fürsten**, hin. Die Landesherrscher bauten ihre führende politische Stellung im Reich weiter aus. Die auf der Vorstellung einer föderalen, genossenschaftlichen Reichspolitik beruhenden Reichskreise wurden ebenso wie die Stellung des Kaisers von der zunehmenden Machtstellung absolutistisch regierter Territorien überflügelt.[34] Die Idee der

---

[30] *Hartung*, Verfassungsgeschichte, 9. Aufl. 1950, S. 158 m.w.N.
[31] Siehe dazu den Kabinettserlass von *Friedrich II*, in: Werke Friedrich des Großen, Bd. 5, S. 156 f.
[32] Dazu *Grzeszick*, Vom Reich zur Bundesstaatsidee, 1996, S. 86 ff. m.w.N.
[33] Dazu *Grzeszick*, Vom Reich zur Bundesstaatsidee, 1996, S. 91 f. m.w.N.
[34] Dazu auch *Holborn*, Deutsche Geschichte, Bd. 1, 1970, S. 366.

§2 Der Gedanke des Föderalismus in der Staats- und Verfassungslehre

Kooperation, die hinter den Reichskreisen stand, blieb zwar erhalten. Von den Territorialstaaten gingen aber starke partikuläre Kräfte aus, die weiter zunahmen und die zentralistischen Elemente des Reiches deutlich überragten.[35] Insgesamt entzogen sich die größeren deutschen Territorialstaaten bis zur Auflösung des Heiligen Römischen Reiches Deutscher Nation immer mehr den Einwirkungen des Reiches.

In der Zeit gegen Ende des 18. Jahrhunderts wurden auch verstärkt neue föderale Vorstellungen geäußert, die dem Beharren auf der tradierten Reichsverfassung entgegentragen und sich zum Teil vom Vorbild des Reiches lösten.[36] Neben einer stark republikanisch beeinflussten Reformströmung standen sich dabei vor allem zwei Grundvorstellungen gegenüber: Die eines preußisch geführten oder dominierten Bundes sowie die einer vor allem in Süddeutschland favorisierten reichsständischen Gliederung.

V. Reichsdeputationshauptschluss und Wechsel der ideengeschichtlichen Kategorien

Dem Ende des Reiches ging der Krieg gegen Frankreich voraus. Aus der Niederlage des Reiches und dem Frieden von Lunéville zwischen dem Reich und Frankreich aus dem Jahr 1801 folgte der **Reichsdeputationshauptschluss** 1803. Insgesamt kam es dadurch zu einer grundlegenden Wandlung der Territorialstaaten in Deutschland, wenn auch die Reichsverfassung zunächst formal unverändert blieb. Nachdem der Reichsdeputationshauptschluss die kleineren Stände beseitigt und die Kirchen aus den staatlichen Stellungen verdrängt hatte, fehlte nun die politische Grundlage zur Erhaltung des föderalen Verbandes von Kaiser und Reich. Stattdessen bildeten die arrondierten und zum Teil neu gebildeten Mittelstaaten den Ausgangspunkt für föderale Verbindungen zwischen politisch prinzipiell selbständigen Territorien.

Diese fundamentalen Änderungen wurden in der zeitgenössischen Publizistik rasch rezipiert.[37] Nach der grundlegenden Umgestaltung des Reichsverbandes durch den Reichsdeputationshauptschluss rückte dabei zunächst vor allem die Frage nach der **Staatlichkeit des Reiches** wieder in den Vordergrund.

Der den kleineren Ständen seiner schwäbischen Heimat verbundene *Johann Gottlieb Pahl* betonte 1803 in der Schrift „**Ist die teutsche Verfassung nicht mehr die alte?**", dass die nun zahlenmäßig reduzierten, an Größe aber arrondierten Stände eine bessere Grundlage für die Reorganisation des Reiches sein konnten. Er deutete die mit dem Deputationshauptschluss einhergehende Bildung größerer Mittelstaaten nicht als entscheidenden Schritt zur Reichsauflösung und postulierte den Fortbestand der Verfassung des Reiches, solange die Territorien nicht Souveränität im Sinne einer vollen Unabhängigkeit erlangt haben.

---

[35] *Ritter*, Föderalismus und Parlamentarismus, 2005, S. 6.

[36] Dazu *Grzeszick*, Vom Reich zur Bundesstaatsidee, 1996, S. 115 ff. m.w.N.

[37] Dazu sowie zum Folgenden *Grzeszick*, Vom Reich zur Bundesstaatsidee, 1996, S. 127 ff. m.N.

26	Der Oldenburger Professor *Adam Christian Gaspari* wandte sich in seiner Schrift „**Der Deputations-Recess**" aus dem Jahr 1803 ausdrücklich gegen eine Sichtweise des Reiches als eine föderale Verbindung selbständiger Staaten. Statt dessen betonte er den Charakter des Reiches als eine einheitliche, staatliche Monarchie, die durch die Beteiligung der Stände beschränkt war, wobei den Ständen keine direkte Mitherrschaft über das Reich zukam, sondern nur Rechte in Bezug auf die Beratung und Beurteilung bestimmter Angelegenheiten. Die Oberhoheit als höchste Autorität lag bei der **Einheit von Kaiser und Reich**, und jede andere Hoheit war davon abgeleitet, weshalb die Landesherren nach *Gaspari* nicht souveräne Herren ihrer Länder als Staaten, sondern Repräsentanten des Kaisers waren.

27	Differenzierter fielen die Überlegungen von *Nikolaus Thaddäus Gönner* in seinem 1804 veröffentlichten Werk „**Teutsches Staatsrecht**" hielt er zwar gleichfalls an der Staatlichkeit des Reiches fest, das er als Staat im Sinne einer beschränkten Wahlmonarchie deutete, in der die territoriale Macht von der Reichsgewalt abgeleitet, die Territorien Kaiser und Reich untergeordnet und die Einwohner Träger einer Reichsbürgerschaft waren. Allerdings ging er davon aus, dass im Reich verschiedene Hoheitsrechte dauerhaft auf die Territorien übergegangen waren, womit die staatliche Macht des Reiches auf die Territorialstaaten aufgeteilt war. In der Konsequenz sah *Gönner* aber das Reich als einen **aus mehreren Staaten bestehenden Staatskörper**, der weiterhin eine gemeinsame oberste Staatsgewalt hatte, der die Staatsgewalt der Territorien untergeordnet war. Auf dieser Grundlage betonte Gönner auch den Unterschied zwischen dem Staatscharakter des Reiches und der aus unabhängigen Staaten bestehenden föderalen Verbindungsform des Staatenbundes.

28	An der Staatlichkeit des Reiches hielten auch *Theodor von Schmalz* in seinem „**Handbuch des teutschen Staatsrechts**" von 1805 sowie *Andreas Joseph Schnaubert* in seinem 1806 veröffentlichten „**Lehrbuch des deutschen Staatsrechts**" weiterhin fest, wobei beide Autoren zwar davon ausgingen, dass das Reich und die Territorien jeweils eigene Verfassungen hatten, aber das Reich als eine Nation bezeichnet wurde, der bei *Schnaubert* explizit ein eigenes Reichsbürgerrecht zugrunde lag.

29	Der ideengeschichtlich entscheidende Wechsel von der tradierten reichsständischen Verfassungsperspektive zu den Begriffen des **Völker- oder Staatenbundes** und **Völker- oder Bundesstaates** wurde dann ausführlich erstmals von *Karl Solomo Zachariä* vorgeführt. *Zachariä* hatte in Leipzig und Wittenberg studiert, wo er 1802 ordentlicher Professor der Rechtswissenschaften wurde. Nach dem Ende des Reiches wurde er Hofrat und Professor in Heidelberg. Zudem war er in der Zeit des Deutschen Bundes zweitweise Mitglied in der ersten bzw. zweiten Kammer Badens. *Zachariä* stellte sich in seinem „Geist der neuen deutschen Reichsverfassung" von 1804 auf den Standpunkt, dass das Reich nach den Änderungen durch den Reichsdeputationshauptschluss mehr ein Völker- oder Staatenbund unabhängiger Staaten als ein Völker- oder Bundesstaat war. Für eine Staatlichkeit verlangte er auch eine tatsächliche oberste und damit souveräne Macht. Da auf dem Reichstag das Prinzip der Stimmenmehrheit durchbrochen war und die Exekutivgewalt fast ausschließlich den Ständen gehörte, konnte nach seiner Ansicht der Reichsverband nicht als Völkerstaat betrachtet werden. Der Reichsdeputationshauptschluss hatte die politischen

§2 Der Gedanke des Föderalismus in der Staats- und Verfassungslehre

Verhältnisse in Deutschland bereinigt und die Reichsverbindungen konsequent fortentwickelt, so dass nun der Charakter des Reiches als Völker- oder Staatenbund offenbar war. Die Reichsverfassung deutete er aus der Perspektive der Territorialstaatlichkeit und betonte, dass die dem Kaiser zugeordneten Rechte auch als Abgabe bestimmter Rechte der Territorien an den Kaiser zum Zwecke einer besseren Ausübung dieser Rechte betrachtet werden konnten. Die supraterritorialen Einrichtungen des Reiches ließen sich nach seiner Ansicht als gemeinsame Einrichtungen eines Staatenbundes zur Gewähr äußerer und innerer Sicherheit sowie zur Erleichterung des Verkehrs erklären. Auch *Zachariä* schlug Reformen zur Stärkung der Einheitlichkeit des Reiches vor, allerdings mit dem Ziel, die Einheitlichkeit des Reiches im Sinne eines Staatenbundes zu stärken. Von einer staatenbündischen Reform der Reichsstrukturen erhoffte er sich die Erhaltung des Reiches als einer einheitlichen politischen Verbindung der deutschen Gebiete.

C. Der Rheinbund

I. Gründung des Rheinbundes

Die militärische Niederlage des Reiches gegen Frankreich in der Schlacht von Austerlitz führte zu weiteren Neugliederungen der deutschen Gebiete. Parallel dazu forcierte *Napoleon* die **Gründung des Rheinbundes**.[38] Am 12. Juli 1806 wurde die Rheinbundakte (Traité de Conféderation des Etats du Rhin) von 16 deutschen Fürsten und *Napoleon* in Paris unterzeichnet. Aufgrund ihres Regelungsgehalts war sie völkerrechtlicher Vertrag und Verfassungsvertrag zugleich.[39] Daraufhin legte *Kaiser Franz II.* am 6. August 1806 die Kaiserkrone nieder; das Heilige Römische Reich existierte nicht mehr.

II. Rechtliche Grundlagen des Rheinbundes

Der Rheinbund zielte darauf ab, gemeinsamen außenpolitischen Zwecken der sich ihm angeschlossenen Staaten sowie Frankreichs zu dienen.[40] Gemäß Art. 4 und 26 der **Rheinbundakte** waren die nun vom Reich abgesonderten Gebiete formal souverän.[41] Allerdings ist zu berücksichtigen, dass der Rheinbund gemäß Art. 12 der

---

[38] *Holste*, Der deutsche Bundesstaat im Wandel (1867-1933), 2001, S. 48.

[39] *Huber*, Deutsche Verfassungsgeschichte, Bd. 1, 2. Aufl. 1967, S. 79; *Mückl*, Jura 2006, S. 602 (609).

[40] *Huber*, Deutsche Verfassungsgeschichte, Bd. 1, 2. Aufl. 1967, S. 80 f.

[41] *Holste*, Der deutsche Bundesstaat im Wandel (1867-1933), 2001, S. 51.

Rheinbundakte unter dem Protektorat *Napoleons*[42] stand und die Länderhoheit durch dessen Intervention zumindest teilweise eingeschränkt war.[43] So ordnete er 1810 Teile Norddeutschlands Frankreich zu, um die Wirtschaftsblockade gegen England, die sog. Kontinentalsperre, effizienter zu machen.[44] Der Rheinbund war demnach zwar formal ein **Staatenbund**, jedoch realiter ein politisches **Protektoratsgebiet** mit formeller staatsbündischer Struktur.[45] *Kimminich* hat ihn deshalb als eine „künstliche französische Zweckschöpfung"[46] bezeichnet.

32   Die Mitglieder des Rheinbundes trennten sich zwar gemäß Art. 1 und 3 der Rheinbundakte vom Reich ab, so dass der Rheinbund weder aus politischer noch aus juristischer Sicht als Nachfolger des Heiligen Römischen Reichs Deutscher Nation gesehen werden kann.[47] Der Rheinbund stellt aber eine – wenn auch eher lockere – Verknüpfung der deutschen Staaten dar und ist Element föderaler deutscher Kontinuität, da er Bindeglied zwischen dem ständisch organisierten Reich und den späteren föderalen Verbindungen deutscher Länder war.[48] Damit bestätigt auch der Rheinbund die Tradition einer föderalen Zusammenfassung der deutschen Länder.

III. Der Rheinbund in der Publizistik: Vom Reich zu Staatenbund und Bundesstaat

33   In der Publizistik wurde während der kurzen Zeitspanne des Rheinbundes der ideengeschichtliche Übergang von den tradierten Reichsvorstellungen zu modernen Bundesvorstellungen auf breiterer Front vollzogen, und die Begriffe von Staatenbund und Bundesstaat wurden prägende Bestandteile der föderalen Überlegungen zum deutschen Staats- und Verfassungsrecht.[49]

34   Der Jurist **Johann Ludwig Klüber** war seit 1787 in Leipzig und ab 1807 in Heidelberg Professor der Rechtswissenschaft und zudem ab 1804 in Baden Staatsrat. Später nahm er mit *Hardenberg* am Wiener Kongress teil und folgte ihm als Legationsrat nach Berlin, wo er wegen Widersprüche zur Politik der Restauration 1822 seinen Abschied nahm. In seinem 1808 in Tübingen erschienenen „**Staatsrecht des Rheinbundes**" qualifizierte er den Rheinbund rechtlich als einen Verein souveräner

---

[42] Dazu den Brief von *Napoleon* an *Dalberg*, abgedruckt bei *Huber*, Dokumente I, Nr. 6; *Stern*, Staatsrecht, Bd. 5, 2000, S. 178 ff.; *Koselleck*, in: ders. (Hrsg.), Geschichtliche Grundbegriffe, Studienausgabe, Bd. 1, 2004, S. 582 (653).

[43] *Grzeszick*, Vom Reich zur Bundesstaatsidee, 1996, S. 155.

[44] *Huber*, Deutsche Verfassungsgeschichte, Bd. 1, 2. Aufl. 1967, S. 78.

[45] *Huber*, Deutsche Verfassungsgeschichte, Bd. 1, 2. Aufl. 1967, S. 80 spricht von einer „scheinbar staatsbündische[n] Struktur".

[46] *Kimminich*, Deutsche Verfassungsgeschichte, 2. Aufl. 1987, S. 315.

[47] *Stern*, Staatsrecht, Bd. 5, 2000, S. 180.

[48] So auch *v. Puttkammer*, Föderative Elemente, 1955, S. 6; *Holste*, Der deutsche Bundesstaat im Wandel (1867-1933), 2001, S. 58 f.

[49] Dazu sowie zum Folgenden *Grzeszick*, Vom Reich zur Bundesstaatsidee, 1996, S. 163 ff. m.N.

deutscher Staaten, der auf einem völkerrechtlichen Vertrag zwischen den Mitgliedern beruhte; dies unterschied ihn deutlich vom Reichsverband, in dem nach *Klüber* dem Reich und den Ländern Staatsgewalt zukam. Der Rheinbundvertrag schuf dagegen rechtlich keine Gewalt mit einer Oberhoheit über die einzelnen Bundesmitglieder und beschränkte daher rechtlich die Souveränität der Bundesmitglieder nicht; rechtlich waren allein die Fürsten souveräne Gebietsherrscher. Dass der Rheinbund nach Ansicht *Klübers* über einen einfachen Staatenbund hinausging und ein besonderes Staatssystem war, war der faktischen Machtstellung *Napoleons* und seiner Position als Protektor des Rheinbundes geschuldet.

Günther Heinrich von Berg war gleichfalls Jurist und zunächst in Göttingen außerordentlicher Professor. Er trat dann in die Dienste des Hofes in Hannover und wurde nach dessen Auflösung 1811 Regierungspräsident in Schaumburg-Lippe, ehe er 1815 als oldenburgischer Gesandter an den deutschen Bundestag ging und anschließend als Rat und Minister in Oldenburg tätig war. In seinen „**Abhandlungen zur Erläuterung der Rheinischen Bundesakte**" von 1808 qualifizierte auch er den Rheinbund als Bündnis rechtlich souveräner Staaten, die sich zu einem begrenzten Zweck der Wahrung von Frieden und Sicherheit der Bundesgenossen vertraglich verbunden haben, ohne eine oberste, souveräne Gewalt im Sinne einer Staatlichkeit zu begründen. Der Rheinbund unterschied sich damit nach seiner Ansicht deutlich vom Reich, das über die Sicherung der Gesamtheit und der Einzelstaaten hinaus auch die Rechte der Regenten und der Untertanen im gesamten Reich und in den einzelnen Staaten bzw. Ständen erhalten sollte, was eine allgemeine höchste Staatsgewalt verlangte, die er dem Reich zuordnet wurde, und die einer souveränen Landeshoheit entgegenstand.

35

Karl Solomo Zachariä führte seine nach dem Reichsdeputationshauptschluss gefassten staatsrechtlichen Überlegungen fort. 1807 veröffentlichten „**Jus Publicum Civitatum**" qualifizierte er den Rheinbund rechtlich als eine Gesellschaft souveräner Staaten mit einer nur schwach ausgeprägten Zentralgewalt, und blieb bei dieser Sichtweise in seinem „Staatsrecht des Rheinbundes" von 1810. Dabei differenzierte er aber zwischen dem außenpolitischen Auftreten des Bundes als einer Einheit durch napoleonische Repräsentation sowie den übrigen staatlichen Bereichen, in denen die Selbständigkeit der Länder erhalten bleiben sollte. Im Übrigen betonte er die weiterhin geltende grundsätzliche Souveränität der Länder.

36

Auf ähnlicher Linie, aber deutlich ausführlicher argumentierte **Wilhelm Joseph Behr**, der seit 1799 Professor für Lehens- und Staatsrecht an der Universität Würzburg war. Von 1819 bis 1821 war er Prorektor der Universität Würzburg und als deren Abgeordneter im ersten bayerischen Landtag einer der Führer der liberalen Opposition. Als er 1821 zum Bürgermeister von Würzburg gewählt wurde, wurde er als Professor in den Ruhestand versetzt und verlor deshalb sein Landtagsmandat. 1831 wurde er seines Amtes enthoben, 1836 zu Festungshaft auf unbestimmte Dauer verurteilt und erst 1847/1848 voll rehabilitiert. Zum Rheinischen Bund äußerte *Behr* sich in mehreren Beiträgen und Schriften. Zu nennen sind vor allem der in der

37

Zeitschrift „Rheinischer Bund" in mehreren Teilen publizierte Beitrag „**Das teutsche Reich und der rheinische Bund**" sowie die „**Systematische Darstellung des Rheinischen Bundes aus dem Standpunkte des öffentlichen Rechts**" von 1810.

38 Da für *Behr* das Volk der eigentliche Träger der Souveränität war, bildete er zur Erläuterung seiner Bundestheorie das Gegensatzpaar von Völkerbund und Völkerstaat. Die föderale Qualität des Staatenbundes bestand in einer **Vereinigung souveräner Staaten** zur gemeinsamen Verfolgung des Zweckes rechtlicher Sicherheit unter sich und nach außen hin. Dagegen waren im Völkerstaat als einer engen Verbindung von Staaten die Mitglieder einer gemeinschaftlichen höchsten Gewalt unterworfen. Diese gemeinschaftliche höchste Gewalt wurde als wirkliche Staatsgewalt charakterisiert, der die Eigenschaft der Souveränität im Sinne der höchsten Gewalt zukam, und die aus legislativen, judikativen und exekutiven Elementen bestehen musste. Die mögliche Unterordnung der Mitglieder unter diese Gewalt erstreckte sich damit auf sämtliche Bereiche staatlichen Handelns, und der Völkerstaat regelte unmittelbar das Zusammenleben der die Völker konstituierenden Menschen. Im Gegensatz dazu beschränkte sich der Staatenbund auf das Festlegen der Beziehungen zwischen den Völkern und Ländern, und die Mitglieder eines Staatenbundes unterlagen nur in ihrem Wirken nach außen hin der Bundesgewalt, nicht dagegen in ihren inneren Angelegenheiten, weshalb sie im Übrigen weiterhin souverän waren. Seiner Ansicht nach war das Deutsche Reich ein **Völkerstaat** gewesen, wogegen der Rheinbund ein Staatenbund war.

39 Im Vergleich von Völkerstaaten und Staatenbünden bevorzugte *Behr* Staatenbünde, da nach seiner Meinung Völkerstaaten ständig von einem Machtkampf zwischen einer unitarisch ausgerichteten Bundesebene und den nach Unabhängigkeit strebenden Mitgliedern gefährdet seien, wodurch der Bundeszweck, die Herstellung stabiler politischer Verhältnisse, andauernd gefährdet sei. Dagegen führten Staatenbünde durch die Machtkonzentration beim Landesherrscher zu einem Höchstmaß an innerer politischer Stabilität in den Mitgliedsländern, während die auf das Maß des nötigen äußeren Schutzes beschränkte Bundesgewalt zur Erhaltung dieses Zustandes diente, ohne eine innerstaatliche Machtkonkurrenz auszulösen – der zeithistorische Kontext des Reichsendes wird hier mehr als deutlich.

D. Deutscher Bund

I. Gründung des Deutschen Bundes

40 Der Rheinbund war allerdings nur von kurzer Dauer. Die Niederlage Frankreichs in der **Völkerschlacht von Leipzig** im Jahr 1813 beendete die französische Vorrangstellung; der Rheinbund brach zusammen. Zudem hatte das deutsche Nationalbewusstsein an Bedeutung gewonnen.[50] Insbesondere hatte der König von

---

[50] *Dann*, in: Janz/Schiera/Siegrist (Hrsg.), Zentralismus und Föderalismus, 2000, S. 56.

§2 Der Gedanke des Föderalismus in der Staats- und Verfassungslehre

Preußen am 17. März 1813 mit dem Aufruf „An mein Volk"[51] an die nationale Gesinnung appelliert, die neuer Legitimations- und Integrationsbegriff wurde.[52]

Nach dem Befreiungskrieg gegen *Napoleon* wurde Europa auf dem **Wiener Kongress** 1814/1815 neu geordnet. Aus deutscher Sicht war nach dem Untergang des Reiches und den folgenden weitreichenden Umgestaltungen die Neuordnung der staatlichen Strukturen bedeutender als in den meisten europäischen Staaten. Der Kongress sollte die prinzipielle Existenz der deutschen Länder klären. Dabei stand auch die staatsrechtliche Form zur Diskussion. Sollte ein **Einheitsstaat**, der zentral gelenkt wird, geschaffen werden, oder ein Verband im Sinne einer **lockeren Föderation**?[53] In der erstgenannten Lösung hätte die Idee des Nationalstaates stärker zur Beachtung kommen können, während ein Staatenbund an die oben geschilderte Tradition anknüpfen konnte.[54]

41

II. Die rechtliche Bundesordnung

Am 8. Juni 1815 wurde die Neuordnung der deutschen Länder in einer **Bundesordnung**, der Bundesakte, geregelt,[55] deren Ausgestaltung insbesondere auch vom Ausland beeinflusst war. Aufgrund der Rivalität zwischen Preußen und Österreich blieb es bei einer losen **Verbindung souveräner Landesherrscher**, ein Bundesstaat mit eigener Staatsqualität kam nicht zustande. Die Hoffnungen auf die Gründung eines deutschen Nationalstaates wurden enttäuscht.[56] Art. 2 der Wiener Schlussakte[57] vom 15. Mai 1820 stellt zum **Deutschen Bund**, der in Art. 1 der Schlussakte als völkerrechtlicher Verein bezeichnet wird, fest: „Dieser Verein besteht in seinem Inneren als eine Gemeinschaft selbständiger, unter sich unabhängiger Staaten mit wechselseitigen, gleichen Vertragsrechten und Vertragsobliegenheiten, in seinen äußeren Verhältnissen aber als eine in politischer Einheit verbundene Gesamtmacht."

42

Dem Deutschen Bund fehlte es bezüglich der inneren Angelegenheiten an umfassender Staatsgewalt, sowohl im gesetzgebenden und im vollziehenden als auch im rechtsprechenden Bereich. Deutlich wird das daran, dass sich der Deutsche Bund –

43

---

[51] Text bei *Spies*, Erhebung gegen Napoleon, 1981, S. 254 f.

[52] *Wehler*, Gesellschaftsgeschichte, Bd. 1, 3. Aufl. 1996, S. 508 ff.; vgl. auch *Burg*, Wiener Kongreß, 1984, S. 107 ff.

[53] *Stern*, Staatsrecht, Bd. 5, 2000, S. 185.

[54] Zu bundesstaatlichen Überlegungen v. Steins, Hardenbergs sowie Humboldts *Deuerlein*, Föderalismus, 1972, S. 67 ff.; *Huber*, Deutsche Verfassungsgeschichte, Bd. 1, 2. Aufl. 1967, S. 510 ff.; *Grzeszick*, Vom Reich zur Bundesstaatsidee, 1996, S. 197 ff.

[55] *Huber*, Deutsche Verfassungsgeschichte, Bd. 1, 2. Aufl. 1967, S. 675; Deutsche Bundesakte abgedruckt bei: *Huber*, Dokumente I, Nr. 29.

[56] *Grzeszick*, Vom Reich zur Bundesstaatsidee, 1996, S. 267; *Oeter*, Integration und Subsidiarität, 1998, S. 24 f.; *Nipperdey*, Nachdenken, 1986, S. 69.

[57] Abgedruckt bei *Huber*, Dokumente I, Nr. 30.

abgesehen von der ständigen Bundesversammlung in Frankfurt – keinen organisatorischen Aufbau gegeben hat.[58] In die inneren Angelegenheiten eines Mitgliedes konnte in Ausnahmefällen nur durch Bundesintervention oder Bundesexekution eingegriffen werden,[59] so dass die Einwirkungsmöglichkeiten des Bundes begrenzt waren. Der Deutsche Bund war gemäß Art. 35 der Wiener Schlussakte Völkerrechtssubjekt, gleichzeitig waren dies auch die Mitgliedstaaten gemäß Art. 11 der Bundesakte.

44 Der föderale Charakter des Bundes ließ sich damit aus rechtlicher Sicht recht eindeutig bestimmen. Die Grundlage, das Verfahren seines Zustandekommens, seine Struktur, seine Funktionen und auch seine Wirkungen sprachen deutlich für die Qualifizierung als **Staatenbund**.[60] Der Deutsche Bund war eine lose föderale Verbindung, deren Bundesebene keine größere selbständige staatliche Macht hatte.

III. Der Deutsche Bund in der Publizistik

45 Diese Qualifizierung war in der Publizistik nahezu unbestritten[61] und wurde unter anderem geteilt von den Staatsrechtlern *Johann Ludwig Klüber* („Öffentliches Recht des Teutschen Bundes und der Bundesstaaten", 1817 erstmals erschienen), *Friedrich Wilhelm Tittmann* („Darstellung der Verfassung des Deutschen Bundes", 1818), *Wilhelm Joseph Behr* („Von den Rechtlichen Grenzen der Einwirkung des deutschen Bundes auf die Verfassung, Gesetzgebung und Rechtspflege seiner Glieder-Staaten", 1820), *Georg Leonhard von Dresch* („Öffentliches Recht des Deutschen Bundes", 1820) sowie *Karl Ernst Schmid* („Lehrbuch des gemeinen deutschen Staatsrechts", 1821); lediglich *Karl Friedrich Vollgraf* („Systeme der praktischen Politik im Abendlande", Teil 4, 1829) sah den Deutschen Bund als eine Mischform zwischen Staatenbund und Bundesstaat an, da er zur Unterscheidung föderaler Verbindungen auf die Stellung der Gesandten bzw. Vertreter der Mitgliedsländer abstellte, und in der Bundesversammlung saßen zwar einerseits instruierte Gesandte, was für einen Staatenbund sprach, die aber andererseits regelmäßig durch Mehrheitsentscheidungen handelten, was für einen Bundesstaat sprach.

46 Intensiver debattiert wurde vor allem über die Reichweite der Bundesrechte in Bezug auf die inneren Angelegenheiten der Länder, die zum Teil eine deutlich liberalere

---

[58] Dazu *Grzeszick*, Vom Reich zur Bundesstaatsidee, 1996, S. 232 f.; *Holste*, Der deutsche Bundesstaat im Wandel (1867-1933), 2001, S. 66 f., 69.
[59] Näher dazu *Stern*, Staatsrecht, Bd. 5, 2000, S. 206 ff.
[60] Dazu *Huber*, Deutsche Verfassungsgeschichte, Bd. 1, 2. Aufl. 1967, S. 668; *Meyer/Anschütz*, Lehrbuch des deutschen Staatsrechts, 7. Aufl. 1919, S. 121 ff.; *Stern*, Staatsrecht, Bd. 5, 2000, S. 193; *v. Puttkammer*, Föderative Elemente, 1955, S. 9; jedenfalls nach Ergänzung der Bundeakte durch die Wiener Schlussakte 1820 bestand an dem staatenbündischer Charakter kein ernsthafter Zweifel mehr.
[61] Dazu *Grzeszick*, Vom Reich zur Bundesstaatsidee, 1996, S. 249 ff. m.w.N.

§2 Der Gedanke des Föderalismus in der Staats- und Verfassungslehre

Politik verwirklichen wollten und sich dazu gegenüber der politisch restaurativ ausgerichteten Bundesebene rechtlich abschotteten. Denn politisch war der Deutsche Bund seit der Wiener Schlussakte restaurativ ausgerichtet: Er sollte einen deutschen Nationalstaat unterdrücken und die Einzelstaaten als Monarchien konservieren.[62] Deshalb wurde auf der staatsrechtlichen Ebene versucht, den Einfluss des Bundes zu vermindern und dadurch liberale Tendenzen in fortschrittlichen Ländern zu schützen und zu fördern. Das **Landesverfassungsrecht** gewann als Gegengewicht zu der Entwicklung des Bundes eine stärkere Bedeutung.[63] Jedoch sollte durch Verankerung des monarchischen Prinzips in Art. 57 der Wiener Schlussakte eine an den nationalen und liberalen Gedanken orientierte Verfassungsgebung beschränkt und eine Demokratisierung der Länder verhindert werden.[64] Zudem begrenzte die personelle Kontinuität[65] innerhalb der deutschen Regierungen, die durch das monarchische Prinzip abgesichert war, die Chancen auf eine stärkere nationalpolitische Föderation. Dass die Bundesstruktur prinzipiell dynamisch und ausbaufähig war, zeigte sich in der Zeit vor den **Karlsbader Beschlüssen** von 1819, als auf der Grundlage der monarchischen Legitimation mehrere fortschrittliche Landesverfassungen erlassen wurden. Die weitere Entwicklung war deshalb durch den Bundesföderalismus nicht festgelegt.

Im Deutschen Bund wurde eine föderale Verbindungsform gefunden, die moderne staatsrechtliche Grundlagen anerkannte und zugleich der Machtverteilung im deutschen Raum entsprach. Die Bundesordnung bildete die erste funktionsfähige moderne föderale Verbindung der deutschen Staaten. Alle weiteren föderalen rechtlichen Überlegungen sollten sich an der Bundesordnung orientieren. Damit kann der Deutsche Bund als eine **Übergangsform von der ständischen Reichsstruktur zum Bundesstaat** bewertet werden.[66] Auf wirtschaftlicher Ebene konnte zudem mit der Gründung des **Zollvereins** 1834 eine staatenbündische Organisation geschaffen werden, die vereinheitlichend wirkte. Sein Organ, das sogenannte Zollparlament, stellt die „erste Nationalrepräsentation im kleindeutschen Sinn"[67] dar. Der vereinheitlichende Zollverein diente damit als eine Grundlage für die Ideen der Einheit aus der Bewegung des Vormärz.[68]

47

---

[62] *Holste*, Der deutsche Bundesstaat im Wandel (1867-1933), 2001, S. 540.

[63] Dazu auch die Ausführungen bei *Stern*, Staatsrecht, Bd. 5, 2000, S. 208 ff.

[64] *Ritter*, Föderalismus und Parlamentarismus, S. 7 f.; *Stern*, Staatsrecht, Bd. 5, 2000, S. 208 ff., insbesondere S. 212; *Huber*, Deutsche Verfassungsgeschichte, Bd. 1, 2. Aufl. 1967, S. 652 f.

[65] Dazu auch *Vierhaus* in: Weis (Hrsg.), Reformen im rheinbündischen Deutschland, 1984, S. 293 ff.

[66] *Grzeszick*, Vom Reich zur Bundesstaatsidee, 1996, S. 312 f. m.w.N.

[67] *Nipperdey*, Nachdenken, 1986, S. 73.

[68] *Dann*, in: Janz/Schiera/Siegrist (Hrsg.), Zentralismus und Föderalismus, 2000, S. 58.

IV. Der Bundesstaat als föderale Form der nationalen politischen Perspektive

48   Die Folgen der **französischen Juli-Revolution 1830** brachten dann eine weitere Welle der Landesverfassungsgebung,[69] und auch auf der Ebene des einfachen Rechts fanden in den Ländern erhebliche Modernisierungen statt. Im Bund gab es allerdings keinerlei rechtliche Veränderungen, und die Tätigkeit der Bundesversammlung erschöpfte sich weiterhin in der Bestätigung der jeweils von Preußen und Österreich vorgeschlagenen repressiven Bundesmaßnahmen.

49   Für die ideengeschichtlichen Grundlagen des Föderalismus brachten die in Folge der Juli-Revolution weiter beförderten Vorstellungen einer liberalen und demokratischen politischen **Nationaleinheit Deutschlands** aber einen deutlichen Entwicklungsschub, der sich an ausgewählten zeitgenössischen publizistischen Darstellungen ablesen lässt.[70]

50   *Paul Achatius Pfizer* stammte aus einer alten württembergischen Juristenfamilie. Nach einem Jurastudium in Tübingen trat er 1823 in den württembergischen Staatsdienst ein und wurde in Folge der Juli-Revolution politisiert. Aufgrund der 1831 publizierten liberal-nationalen Schrift „**Briefwechsel zweier Deutscher**" musste er den Staatsdienst verlassen, bekam aber Wahlkreise angeboten und führte bis 1838 im württembergischen Landtag die Opposition. 1848 war er im Märzministerium württembergischer Kulturminister und zugleich Mitglied des Paulskirchenparlaments, trat aber aus der Nationalversammlung wegen Krankheit rasch wieder aus.

51   In der Schrift von 1831 und – umfassender und systematischer – in der Schrift „**Über die Entwicklung des öffentlichen Rechts in Deutschland durch die Verfassung des Deutschen Bundes**" von 1835 beschäftigte er sich mit föderalen Verbindungen. Er unterschied zwischen Völker- oder Staatenbündnissen, die ein völkerrechtliches Verhältnis zu einem vorübergehenden Zweck waren; Staatenbünden, die ein auf Dauer angelegtes völkerrechtliches Verhältnis von Staaten waren, bei denen ein Austrittsrecht bestand und die inneren Verhältnisse der Staaten durch den Bund nicht berührt wurden; sowie Bundesstaaten, bei denen die Mitglieder kein Austrittsrecht hatten und die Bundesgewalt alles umfasste, was zur Bildung und Wahrung der nationalen Gesamtheit und Wohlfahrt nötig war; diejenigen Ziele, die von den einzelnen Mitgliedern verwirklicht werden konnten, blieben Sache der Länder. Die Bürger der Gliedstaaten standen untereinander und im Verhältnis zum Bund in einer unmittelbaren rechtlichen Beziehung, und die Souveränität der Mitgliedsländer war beschränkt und zu einer „**Halbsouveränität**" reduziert. Als Grundlage eines Bundesstaates bevorzugte *Pfizer* im Grundsatz eine republikanische Vereinigung, bei der die Einzelstaaten und deren Bürger untereinander rechtlich gleich waren, war aber aus praktischen Gründen zur rascheren Herstellung einer nationalen politischen Einheit

---

[69] *Kimminich*, Deutsche Verfassungsgeschichte, 2. Aufl. 1987, S. 338 ff.; *Huber*, Deutsche Verfassungsgeschichte, Bd. 2, 3. Aufl. 1988, S. 30 ff.
[70] Dazu sowie zum Folgenden *Grzeszick*, Vom Reich zur Bundesstaatsidee, 1996, S. 278 ff. m.w.N.

§2 Der Gedanke des Föderalismus in der Staats- und Verfassungslehre

Deutschlands auch bereit, eine preußische Hegemonie für den Übergang hinzunehmen, in der Preußen die vollziehende Bundesgewalt ausüben sollte. Im Deutschen Bund sah er eines der größten Hindernisse auf dem Weg zu einer Nationaleinheit, weshalb der Deutsche Bund zu einem Bundesstaat fortentwickelt werden sollte.

Derselben politischen Leitidee entsprangen die Überlegungen **Friedrich von Gagerns**. Als ältester Sohn des Geheimrates und Reichsfreiherrn *Christoph von Gagern* bildete er gemeinsam mit seinen Brüdern *Max* und *Heinrich* die politische Familie *von Gagern*. *Friedrich* schlug die militärische Laufbahn ein, kämpfte in Waterloo gegen *Napoleon* und machte in der Folgezeit im niederländischen Heer Karriere. Als Mitstreiter auf Seiten der badischen und hessisch-darmstädtischen Regierungstruppen wurde er im Kampf gegen die Aufständischen in Baden am 20. April 1848 getötet.

Friedrich von Gagern beschäftigte sich in mehreren Schriften mit der politischen Zukunft und staatsrechtlichen föderalen Gestalt der deutschen Länder, wobei er stets den durch den Deutschen Bund gestützten Partikularismus zugunsten einer politischen nationalen Einheit zu überwinden suchte. Sein Hauptwerk über die deutsche nationale Föderation war die Denkschrift „**Vom Bundesstaat**" von 1835. Darin wird der Bundesstaat definiert als eine Vereinigung mehrerer Staaten, die sich zur vollkommenen Erreichung des Staatszwecks einer gemeinschaftlichen Staatsgewalt unterwerfen. Die Regenten der einzelnen Staaten verlieren dabei ihre Souveränität, aber sie entsagen dabei nicht allen inneren Hoheitsrechten, sondern geben alle äußeren und nur einen Teil der inneren Hoheitsrechte zugunsten des Bundes auf. Zur konstruktiven Unterfangung dieser Vorstellung unterschied *von Gagern* gedanklich zwischen der **Souveränität** im Sinne umfassender Hoheitsmacht, die die Eigenschaft als Staat begründete, und der Ausübung der einzelnen Hoheitsrechte, die auf Bund und Mitglieder verteilt wurde; er bezeichnete deren Stellung mit dem Begriff der „**Halbsouveränität**".

Entsprechend der Aufteilung der Hoheitsrechte haben die Bürger sowohl mit dem Territorium als auch mit dem Bund unmittelbare hoheitsrechtliche Beziehungen. Der Bundesgewalt stand vor allem das ausschließliche Waffenrecht zu. Auch die Gesetzgebung sollte grundsätzlich zentral erfolgen und die Partikularstaaten daran nur Mitwirkungsrechte haben. Ausnahmsweise sollte die Gesetzgebung aber auch den Einzelstaaten zustehen, wenn die Gegenstände in den einzelnen Territorien ohne Nachteil für die Bundesebene geregelt werden konnten. Ein Austrittsrecht der Mitglieder bestand nicht. Konkret schlug er für die deutschen Länder einen Bundesstaat mit einem erblichen Kaisertum und einer repräsentativen Verfassung vor. Der Reichstag sollte aus zwei Kammern bestehen: Während in der ersten die Fürsten der Mitgliedstaaten vertreten waren, bestand die zweite aus gewählten Abgeordneten.

Die weitgehend unitarisch orientierte Definition und Kompetenzbestimmung des Bundesstaates rechtfertigte *von Gagern* zum einen mit den Vorteilen dieses Bundesstaates gegenüber Staatenbünden und einem Einheitsstaat. Der Bundesstaat war für ihn die **adäquate föderale Verbindungsform**, eine außenpolitische Macht zu bilden und eine innenpolitische Homogenisierung zu erreichen, ohne die unterschiedlichen lokalen und individuellen Bedürfnisse zu vernachlässigen. Zum anderen war der Bundesstaat das Mittel zur Erreichung seines politischen Zieles: eines dauerhaften deutschen Nationalstaates. Eine staatenbündische Organisationsform schien ihm als zu schwach, um einen Nationalstaat zu sichern.

56 Die Etablierung des Begriffspaares Staatenbund – Bundesstaat wurde bestätigt durch den von **Karl Theodor Welcker** verfassten Artikel „**Bund**" im von ihm und *Carl von Rotteck* ab 1836 herausgegebenen Staats-Lexikon. *Welcker* hatte sich 1813 in Gießen als Professor der Rechte etabliert und lehrte in Kiel, Heidelberg, Bonn und von 1822 an in Freiburg. Ab 1831 war er gemeinsam mit *Rotteck* Führer der liberalen Opposition in der zweiten Kammer des badischen Landtages. Wegen seiner Äußerungen über die Pressefreiheit wurde er 1832 seines Amtes enthoben. Die Suspension wurde zwar 1840 aufgehoben, aber bereits im folgenden Jahr erneuert. An der Revolution von 1848 nahm *Welcker* als badischer Gesandter und Abgeordneter teil.

57 *Welcker* unterschied zwischen **Bundesstaat, Staatenbund und Allianzen** bzw. Staatenbündnissen. Der Bundesstaat wurde als eine staatsrechtliche Verbindung mit einem souveränen Gemeinwesen charakterisiert, bei dem die Souveränität der Mitgliedstaaten aufgehoben bzw. beschränkt war, und bei der die Mitglieder kein Austrittsrecht hatten. Dagegen wurde der Staatenbund als eine völkerrechtliche Verbindung souveräner Staaten gesehen, die die äußeren Souveränitätsrechte der Mitglieder umfasste. Allianzen regelten durch völkerrechtliche Verträge nur einzelne Pflichten zwischen souveränen Staaten.

58 Hauptzweck des Bundesstaates war nach *Welcker* die Bildung einer **nationalen staatlichen Einheit**. Soweit die einzelnen Staaten dies nicht erreichen oder sichern konnten, sollte der Bundesstaat staatliche Aufgaben wahrnehmen. Der Bundeszweck umfasste damit neben der umfassenden inneren und äußeren Sicherung des Bundes und seiner Mitglieder vor allem das Gesamtwohl der Nation, betraf die inneren staatsrechtlichen Verhältnisse direkt und führte zur Bildung eines Bundesbürgerrechts. Die Bundesorganisation sollte bestehen aus einem monarchischen Bundeshaupt mit exekutiven Befugnissen, einer aus von den Bürgern gewählten Abgeordneten bestehenden Nationalrepräsentation mit dem Recht der Steuergesetzgebung und der Beteiligung an anderen Gesetzgebungsgegenständen sowie einem Senat, in dem die Regierungen der einzelnen Bundesstaaten durch Abgeordnete vertreten wurden, und der vor allem an der Gesetzgebung beteiligt sein sollte.

59 **Übergangs- und Mischformen** zwischen Bundesstaat und Staatenbund lehnte *Welcker* ab, da nach seiner Ansicht solche Formen keine stabilen politischen Verhältnisse garantieren konnten. Gleichfalls wandte er sich gegen den Staatenbund, da diese Form nach seiner Ansicht leicht zur Wahrnehmung partikularer Interessen verleite. Zudem war seiner Meinung nach der höchste Staatszweck, die Bildung einer nationalen Staatenverbindung, nur durch einen Bundesstaat zu erreichen, der die Freiheit und Einheit der Bürger und Bundesmitglieder in ein stabiles Gleichgewicht brachte.

E. Die Reichsverfassung von 1849 – Paulskirchenverfassung

I. Der Verfassungsentwurf von 1849

Die **Paulskirchenverfassung**[71] von 1849 war der Versuch der Errichtung einer liberalen und demokratischen Verfassungsordnung.[72] Die revolutionäre Vormärzbewegung verfolgte das Ziel, eine freiheitliche und einheitlich-nationale Ordnung zu schaffen.[73] Nach langen Diskussionen, insbesondere um die deutsche Frage und den Grad des föderalen Charakters, konnte die demokratisch gewählte Nationalversammlung einen Verfassungsentwurf präsentieren.

60

II. Die föderale Ordnung der Paulskirchenverfassung

Im staatsorganisationsrechtlichen Bereich sah die monarchische Verfassung vor, dass sich die Nation in einem **Bundesstaat** organisieren soll. Das Reich sollte außenpolitisch und militärisch einheitlich auftreten sowie durch eigene Gesetzgebung einen Beitrag zur Rechtsvereinheitlichung, insbesondere im bürgerlichen Recht, leisten. Die Einzelstaaten wurden dem Entwurf nach mit dem Gesetzesvollzug betraut.[74]

61

Dieser bundesstaatlichen Ausgestaltung, die in §5 der Paulskirchenverfassung verankert war, gingen Diskussionen voraus, die sich mit dem Maß der föderalen Elemente auseinandersetze.[75] Die partikuläre Entwicklung der Vergangenheit und die deutschen Besonderheiten waren dabei so prägend, dass schließlich das Bundesstaatsmodell verfolgt wurde.[76] Das mit der Verfassung angestrebte Verhältnis zwischen Teilstaaten und Gesamtstaat stellte sich wie folgt dar: Den Mitgliedstaaten öffnete die Kammer des Reichstages, das sogenannte **Staatenhaus** gemäß §86 der Paulskirchenverfassung, die Möglichkeit der Einflussnahme auf die Willensbildung des Reiches.[77] Das Reich wiederum wahrte „oberaufsehend"[78] die Rechte

62

---

[71] RGBl 1848/1849, S. 101 ff.

[72] *Holste*, Der deutsche Bundesstaat im Wandel (1867-1933), 2001, S. 78.

[73] Dazu *Wigard*, Stenografischer Bericht der Sitzungen der Nationalversammlung IV, S. 2737; *Ritter*, Föderalismus und Parlamentarismus, 2005, S. 11; *Holste*, Der deutsche Bundesstaat im Wandel (1867-1933), 2001, S. 78; *Stern*, Staatsrecht, Bd. 1, 2000, S. 239 f.; *Deuerlein*, Föderalismus, 1972, S. 79.

[74] Nähere Darstellung der Kompetenzverteilung bei *Holste*, Der deutsche Bundesstaat im Wandel (1867-1933), 2001, S. 88; *Huber*, Deutsche Verfassungsgeschichte, Bd. 2, 3. Aufl. 1988, S. 821 ff.

[75] Dazu *Wigard*, Stenografischer Bericht über die Verhandlungen der deutschen konstituierenden Nationalversammlung, Bd. 4, 1848, S. 2726 f., 2742 f., 2943; kurze Darstellung bei *Deuerlein*, Föderalismus, 1972, S. 80 f.

[76] *Holste*, Der deutsche Bundesstaat im Wandel (1867-1933), 2001, S. 84, 541.

[77] *Holste*, Der deutsche Bundesstaat im Wandel (1867-1933), 2001, S. 90; *Kotulla*, Deutsche Verfassungsgeschichte, 2008, Rn. 1733.

[78] So §53 der Paulskirchenverfassung.

der Reichsverfassung und konnte reichsinterventiv und reichsexekutiv im Sinne des §54 der Verfassung tätig werden, wodurch der Gesamtstaat gestärkt worden wäre.[79] Durch einige Bestimmungen im Verfassungsentwurf sollte **Homogenität** zwischen Reich und Einzelstaaten hergestellt werden.[80]

63 Die Form des Föderalismus, die in der Paulskirchenverfassung vorgesehen war, stellt einen **Kompromiss** zwischen dem Bestreben nach der Verwirklichung eines Nationalstaates und der Anerkennung der bestehenden partikularen Verhältnisse in Deutschland dar.[81] Dabei mussten die in den deutschen Gebieten bestehenden Besonderheiten berücksichtigt werden, weswegen es nicht zu einer reinen Kopie anderer Bundesstaatsmodelle, beispielsweise des der Vereinigten Staaten, kommen konnte.[82] Wie Kompetenzverteilung und Reichsorganisation verdeutlichen, sollte durch die Paulskirchenverfassung ein **Bundesstaat mit unitarischem Charakter**[83] geschaffen werden. Durch die Stärkung des Gesamtstaates sollte verhindert werden, dass Preußen eine Vorrangstellung einnehmen könnte, und die unitarischen Instrumente der Verfassung wie Grundrechte, Homogenitätsprinzip, Reichsexekution und Reichsintervention sollten als Schutz vor monarchischer Repression der Einzelstaaten dienen.[84] Der Pragmatismus dieses Kompromisses ist deutlich;[85] die Realität setze den – teilweise – weitergehenden Wünschen nach Veränderung Grenzen. *Dippel* konstatiert, dass der die Paulskirchenverfassung prägende Rekurs auf vermeintliche wie tatsächliche deutsche Spezifika dem deutschen Föderalismus seine eigentümliche etatistische statt prinzipiell freiheitliche Ausrichtung gewiesen habe.[86]

III. Der Bundesstaat der Paulskirchenverfassung in der Publizistik

64 In der Publizistik war die Schaffung der Paulskirchenverfassung zum Zentralpunkt der Diskussion über föderative staatsrechtliche Verbindungen geworden, insbesondere über die Struktur von Bundesstaaten.[87] Dabei setzte sich vor allem der Staats- und Völkerrechtler *Johann Kaspar Bluntschli*, der ab 1848 an der Universität München

---

[79] *Huber*, Deutsche Verfassungsgeschichte, Bd. 2, 3. Aufl. 1988, S. 838.

[80] *Holste*, Der deutsche Bundesstaat im Wandel (1867-1933), 2001, S. 91.

[81] So auch *Holste*, Der deutsche Bundesstaat im Wandel (1867-1933), 2001, S. 94; *Nipperdey*, Nachdenken, 1986, S. 75.

[82] *Kühne*, NJW 1998, S. 1513 (1515); *Holste*, Der deutsche Bundesstaat im Wandel (1867-1933), 2001, S. 93 f.

[83] *Deuerlein*, Föderalismus, 1972, S. 86; *Huber*, Deutsche Verfassungsgeschichte, Bd. 2, 3. Aufl. 1988, S. 821 spricht vom „unitarisch-förderativen Kompromiß"; *Holste*, Der deutsche Bundesstaat im Wandel (1867-1933), 2001, S. 93; *Nipperdey*, Nachdenken, 1986, S. 75.

[84] *Holste*, Der deutsche Bundesstaat im Wandel (1867-1933), 2001, S. 94.

[85] So auch *Dippel*, Der Staat 38 (1999), S. 221 (227); *Holste*, Der deutsche Bundesstaat im Wandel (1867-1933), 2001, S. 94 f.

[86] *Dippel*, Der Staat 38 (1999), S. 221 (239).

[87] Dazu sowie zum Folgenden *Deuerlein*, Föderalismus, 1972, S. 86 ff. m.w.N.

und ab 1861 an der Universität Heidelberg lehrte, grundlegender mit den Problemen von Bundesstaaten auseinander. In den 1848 publizierten „**Bemerkungen über die neuesten Vorschläge zur deutschen Verfassung. Eine Stimme aus Bayern**" differenzierte er zwischen Staatenbund, Bundesstaat und Staatenreich. Staatenbund und Bundesstaat waren bei ihm nicht allein durch Maß und Umfang an Kompetenzen und Selbständigkeiten unterschieden, sondern prinzipiell verschieden: Während ein Staatenbund selbst keine Staatlichkeit besaß, sondern nur die Einzelstaaten, gab es im Bundesstaat neben den Einzelstaaten einen selbständigen Gesamt- bzw. Zentralstaat. Den Unterschied zwischen Bundesstaat und Staatenreich erkannte er darin, dass das Staatenreich die Einheit des Ganzen voraussetzte und Einzelstaaten weder erzeugte oder anerkannte, wogegen der Bundesstaat das Nebeneinander von Einzelstaaten voraussetzt und diese zum Ganzen verbindet. Obwohl er aus der Sicht der – von ihm gewünschten – nationalen politischen Einheit für eine Entwicklung hin zum Staatenreich tendierte, sah er im Bundesstaat die den politischen Umständen grundsätzlich adäquate föderale Verbindungsform, da sie sowohl die gegebene Partikularität der Einzelstaaten als auch die gewünschte Nationalität einer Zentralgewalt gebührend berücksichtigte.

IV. Scheitern der Revolution 1848/1849

Die politische Entwicklung verlief freilich anders. Der preußische König *Friedrich Wilhelm IV.* lehnte die ihm von der Nationalversammlung angebotene Kaiserkrone, die er als „imaginären Reif, aus Dreck und Letten"[88] bezeichnete, am 28. April 1849 endgültig ab. Die – stark verkleinerte – Nationalversammlung wurde am 18. Juni 1849 durch württembergische Truppen auseinandergetrieben.[89] Daraufhin wurde der **Deutsche Bund** wiederbelebt, ohne dass es zu einer Reform der Bundstrukturen kam. Zwar wies die von Preußen im Anschluss an das Scheitern der Paulskirchenverfassung erarbeitete „**Erfurter Unionsverfassung**" aus dem Jahr 1850 als Bündnis der Fürsten stärkere föderalistische Elemente auf,[90] aber aufgrund außenpolitischen Drucks musste Preußen davon Abstand nehmen.

Das Scheitern der Revolution[91] kann unter anderem auch auf die föderale politische Gliederung Deutschlands zurückgeführt werden, die das Entstehen einer einheitlichen und starken Revolutionsbewegung hemmte. Trotz des Scheiterns der

---

[88] *Friedrich Wilhelm IV, König von Preußen*, Brief an den Gesandten *Freiherr von Bunsen*, Dezember 1848, abgedruckt in: *Huber*, Dokumente I, S. 403.

[89] Vgl. *Nipperdey*, Nachdenken, 1986, S. 77; *Kotulla*, Deutsche Verfassungsgeschichte, 2008, Rn. 1741 ff.

[90] Dazu *v. Puttkammer*, Föderative Elemente, 1955, S. 11; Näheres zur Erfurter Unionsverfassung in *Kotulla*, Deutsches Verfassungsrecht, 2008, Rn. 1751 ff.

[91] Zum „Scheitern" von Revolutionen *Roellecke*, in: Bahners/Roellecke (Hrsg.), 1848 – Die Erfahrung der Freiheit, 1998, S. 1 ff. und *Kruip*, in: Bahners/Roellecke (Hrsg.), 1848 – Die Erfahrung der Freiheit, 1998, S. 189 ff.

Revolution und damit auch des Verfassungsentwurfs hatte die Paulskirchenverfassung zwar auf Dauer erhebliche verfassungshistorische Bedeutung,[92] denn sie diente als **Vorbild für die weitere Verfassungsentwicklung** in Deutschland.[93]

V. Entwicklungen in der Bundesstaatslehre

67   Zunächst flaute die Debatte über Verfassungen und föderale Staatsformen aber deutlich ab. Sie wurde dennoch weiter betrieben, und zentral waren dabei die Überlegungen von *Georg Waitz*, der Professor für Geschichte in Kiel war und erstmals 1853 die Schrift über „**Das Wesen des Bundesstaates**" veröffentlichte. Seine Überlegungen bauten auf die vorangegangene Diskussion in Deutschland auf, waren allerdings besonders intensiv geprägt von den Darlegungen über die US-amerikanische Verfassung von *Alexis de Toqueville*.

68   Nach *Waitz* war der Bundesstaat dadurch gekennzeichnet, dass er diejenige föderale Staatsform war, in der ein Teil der staatlichen Aufgaben und damit des staatlichen Lebens gemeinsam war, ein anderer Teil der Aufgaben dagegen den einzelnen Teilen als selbständigen Staaten zustand. Dem entsprechend fand eine zweifache Organisation des Volkes zum Staat statt: Teils in Gesamtheit, teils nach selbständigen Teilen. Im Ergebnis waren sowohl die Zentralgewalt als auch die Einzelstaaten selbständig und innerhalb ihres besonderen Bereiches souverän, und sowohl die Zentralgewalt als auch die Einzelstaaten standen in einem unmittelbaren Rechtsverhältnis zu den Bürgern. Das Wesen des Bundestaates bestand demnach für *Waitz* gerade nicht in einer Absolutheit der Souveränität entweder des Bundes oder Mitglieder, sondern in der **Teilung bzw. Doppelung der Souveränität**.

69   Vereinigungen zu einem Staatenbund waren nach seiner Ansicht grundsätzlich nur Übergangsphasen auf dem Weg zu einem Einheitsstaat oder einem Bundesstaat, die alleine die Bedingungen dauerhaften politischen Zusammenlebens gewährten. Im Bundesstaat sah *Waitz* die Verbindungsform, die dem staatlichen Bedürfnis eines Volkes entspricht, das zwar ein lebendiges Bewusstsein nationaler Einheit hat, aber zugleich deutlich verschiedene Lebensverhältnisse ausgebildet hat.

70   Diese Überlegungen polarisierten vor allem nach ihrer Zweitveröffentlichung 1862 zunächst die Debatte über föderale Staatsformen, wobei die von *Waitz* vorgetragene Bundesstaatsauffassung teils übernommen und fortgeführt, teils – aus verschiedenen Gründen – verworfen wurde. Diese Diskussion wurde dann aber wieder von neuen politischen Entwicklungen überlagert: Der **Gründung des Norddeutschen Bundes**.

---

[92] *Kimminich*, Deutsche Verfassungsgeschichte, 2. Aufl. 1987, S. 357; *Stern*, Staatsrecht, Bd. 5, 2000, S. 246, 252, 262.

[93] *Kühne*, NJW 1998, S. 1513 (1514 f.); *Kühne*, Reichsverfassung der Paulskirche, 2. Auflage 1998, S. 63 ff.

F. Norddeutscher Bund

I. Gründung des Norddeutschen Bundes

Der Deutsche Bund war durch die latente Rivalität zwischen Preußen und Österreich gezeichnet und in seiner Existenz nicht stabil. Nach dem **Deutschen Krieg** von 1866 kam es zur Auflösung des Deutschen Bundes. Damit wurde eine weitere Möglichkeit für die Etablierung eines nationalen Bundesstaates eröffnet. 17 Staaten schlossen sich einer Initiative Preußens an und am 17. Juli 1867 wurde der **Norddeutsche Bund** gegründet. Die Suche nach einer großdeutschen Lösung hatte damit Erfolg; Österreich war aus der Verbindung ausgeschieden.

71

II. Die Verfassung des Norddeutschen Bundes

Die am 16. April 1867 vom zuvor gewählten Reichstag verabschiedete **Bundesverfassung**[94] schöpfte inhaltlich sowohl aus der Deutschen Bundesakte von 1815 als auch aus der Paulskirchenverfassung von 1849.[95] Die Verfassung stattete den Norddeutschen Bund selbst mit **Staatsqualität** aus, so dass neben den Einzelstaaten ein aus diesen bestehender Gesamtstaat entstand. Im Bundesrat (Art. 6 der Verfassung) waren die Mitglieder des Bundes vertreten und wirkten zusammen mit dem Reichstag (Art. 20 ff. der Verfassung) an der Gesetzgebung gemäß Art. 5 Abs. 1 der Verfassung mit, wodurch sie Einfluss auf die Willensbildung des Bundes hatten.[96] Eine stärkere Machtposition war allerdings dem Präsidium des Bundes sowie dem Bundeskanzler eingeräumt (Art. 11-19 der Verfassung). Die Verwaltung oblag in weiten Teilen den Mitgliedstaaten; im Interesse eines einheitlichen Wirtschaftsraumes hatte der Bund Befugnisse im Zoll-, Handels-, und Infrastrukturbereich (vgl. Art. 33, 41 ff. der Verfassung).

72

III. Der Norddeutsche Bund als Bundesstaat

Die Frage der Rechtsnatur des Norddeutschen Bundes war unter den zeitgenössischen Autoren zwar umstritten; der Bund wurde aber überwiegend als Bundesstaat angesehen.[97] Auch im Rückblick kann im Ergebnis festgehalten werden, dass der

73

---

[94] Norddt. BGBl. 1867, S. 2.

[95] *Kimminich*, Deutsche Verfassungsgeschichte, 2. Aufl. 1987, S. 409; *Holste*, Der deutsche Bundesstaat im Wandel (1867-1933), 2001, S. 115.

[96] Knappe Darstellung des Bundesrats bei *Ogris*, JuS 1966, S. 306 (308).

[97] Dazu sowie zum Folgenden *Deuerlein*, Föderalismus, 1972, S. 131 ff.; *Holste*, Der deutsche Bundesstaat im Wandel (1867-1933), 2001, S. 118 ff.; jew. m.w.N.

Norddeutsche Bund der erste realisierte moderne **Bundesstaat**[98] auf den deutschen Gebieten war und an die Vorstellung der Nationalversammlung von 1849 anknüpfte. Allerdings ist zu berücksichtigen, dass der Norddeutsche Bund erhebliche **unitarische Elemente** aufweist; dies soll auf die konkreten politischen Verhältnisse zur Zeit seiner Gründung zurückzuführen sein.[99] Eine dieser Besonderheiten ist, dass die Verfassungsgestaltung auf der überragenden und initiierenden Stellung Preußens[100] im Norddeutschen Bund beruht[101] und auf dessen Vorstellungen von dem Zweck eines solchen Bündnisses ausgeht.[102] Dessen Ministerpräsident *Bismarck* wollte die Stellung der Monarchie und der traditionellen Eliten sichern und damit eine Demokratisierung verhindern;[103] der Föderalismus sollte folglich das **monarchische Prinzip** stützen. Gleichzeitig versuchte *Bismarck* die Hegemonie zu verschleiern, was er im Herbst 1866 wie folgt ausdrückt: „Man wird sich in der Form mehr an den Staatenbund halten müssen, diesem aber praktisch die Natur des Bundesstaates geben mit elastischen, unscheinbaren, aber weitgreifenden Ausdrücken."[104] Dieser Gedanke wurde auch in die Reichsverfassung von 1871 getragen, die auf der Bundesverfassung des Norddeutschen Bundes aufbaut; die rein national-unitarischen Vorstellungen wurden somit erneut nicht realisiert.

G. Deutsches Reich

I. Die Reichsverfassung von 1871

74   Die **Reichsverfassung**[105] vom 16. April 1871 übernahm in weiten Teilen die Bundesverfassung des Norddeutschen Bundes. Zwar enthielt die Reichsverfassung keine

---

[98] Der Einordnung als Bundesstaat folgen heute mehrheitlich *Kimminich*, Deutsche Verfassungsgeschichte, 2. Aufl. 1987, S. 409; *Huber*, Deutsche Verfassungsgeschichte, Bd. 3, 3. Aufl. 1988, S. 655; *Stern*, Staatsrecht, Bd. 5, 2000, S. 309 f.; *Frotscher/Pieroth*, Verfassungsgeschichte, 7. Aufl. 2008, Rn. 365. Daran wird aber insbesondere aufgrund der hegemonialen Stellung Preußens gezweifelt; vgl. *Holste*, Der deutsche Bundesstaat im Wandel (1867-1933), 2001, S. 109 ff., insbes. S. 115 f.

[99] Dazu *Schulze*, Einleitung, S. 432.

[100] Dazu *Mejer*, Einleitung, 2. Aufl. 1884, S. 292; *Frantz*, Föderalismus, 1879, S. 232.

[101] Zwar wurden auch andere, beispielsweise unitarische Vorstellungen über die Ausgestaltung des Bundes geäußert, diese fanden aufgrund der überragenden Stellung Preußens aber letztendlich keine Beachtung. Näheres dazu bei *Holste*, Der deutsche Bundesstaat im Wandel (1867-1933), 2001, S. 105 ff.

[102] *Holste*, Der deutsche Bundesstaat im Wandel (1867-1933), 2001, S. 100 ff.

[103] *Ritter*, Föderalismus und Parlamentarismus, 2005, S. 24; *Holste,* Der deutsche Bundesstaat im Wandel (1867-1933), 2001, S. 101, 104; *Oeter*, Integration und Subsidiarität, 1998, S. 29.

[104] *v. Bismarck* im Putbus Diktat, 30. Oktober 1866, abgedruckt bei: Scheler (Hrsg.), Bismarck Werke in Auswahl, S. 7.

[105] RGBl 1871, S. 64-85.

§2 Der Gedanke des Föderalismus in der Staats- und Verfassungslehre

ausdrückliche Bestimmung ihres föderalen Charakters; die Einordnung als **Bundesstaat**[106] mit herausragender Stellung Preußens, die durch die in der Verfassung festgeschriebenen Personalunionen von preußischem König und deutschem Kaiser sowie von preußischem Ministerpräsidenten und Reichskanzler abgesichert war,[107] konnte aber aus dem in einzelnen Vorschriften geregelten Verhältnis zwischen dem Reich und den Einzelstaaten gefolgert werden. Ein lockeres Staatenbündnis wie im Deutschen Bund sollte nicht wieder hergestellt werden.[108]

Sowohl die Mitgliedstaaten als auch das Reich besaßen **Staatsqualität** und wirkten entsprechend ihrer verfassungsrechtlichen Stellung bei der Aufgabenerfüllung zusammen. Im Ergebnis war das Reich ein Produkt verschiedener Strömungen, Tendenzen und Traditionen, angeleitet durch den preußischen Ministerpräsident *Bismarck*[109] und geprägt durch die Monarchen der Gliedstaaten, nicht durch das Volk des entstandenen Reiches.[110]

Der Kaiser stand in national-unitarischer Weise dem Reich vor.[111] Damit war die Entscheidung für eine **Monarchie** gefallen. Gemäß Art. 15 der Verfassung ernannte der Kaiser einen Reichskanzler, der politisch für die Entscheidungen verantwortlich war. Die Vertretung der Nation durch den Reichstag wirkte ebenfalls unitarisch. Daneben wurden **demokratische Züge** etabliert: Die Reichstagsmitglieder waren gemäß Art. 29 Vertreter des gesamten Volkes und gingen aus allgemeinen (ausgenommen der Frauen) und freien Wahlen im Sinne des Art. 20 der Verfassung heraus. Auch die weiten fakultativen Gesetzgebungskompetenzen aus Art. 4 der Verfassung, von denen das Reich nach und nach immer mehr Gebrauch machte, stärkten die Bedeutung des Reiches und schwächten die Einzelstaaten.[112]

Deutlich wird die **zentralistische Tendenz** der Verteilung der Kompetenzen auf Einzel- und Gesamtstaatsebene bei Betrachtung der Kompetenzverteilung im Rahmen der Verwaltung. Zwar waren nach herrschender Ansicht grundsätzlich die Länder unter Aufsicht des Reiches für die Verwaltung zuständig, selbst wenn gemäß Art. 7 der Reichsverfassung der Bundesrat Verwaltungsvorschriften zur Ausführung der Reichsgesetze beschließen konnte.[113] In der Praxis konnten hier aber unitarische

---

[106] *Mejer*, Einleitung, 2. Aufl. 1884, S. 294; *Laband*, Staatsrecht des Deutschen Reiches, Bd. 1, 5. Aufl. 1911, S. 88; *Stern*, Staatsrecht, Bd. 5, 2000, S. 345.

[107] Dazu *Volkmann*, in: FS für W. Frotscher, 2007, S. 187 f.; *Stern*, Staatsrecht, Bd. 5, 2000, S. 353 verwendet dazu den Begriff „hegemonialer Bundesstaat".

[108] *Stern*, Staatsrecht, Bd. 5, 2000, S. 352; *Triepel*, Unitarismus und Föderalismus, 1907, S. 120, hält es 1907 für „ausgemacht", dass der Staatenbund „eine für Deutschland schlechterdings unmögliche Gestaltung" sei.

[109] Ähnlich auch *Nipperdey*, Nachdenken, 1986, S. 80 f.

[110] *Holste*, Der deutsche Bundesstaat im Wandel (1867-1933), 2001, S. 541 f.; *Senigaglia*, in: Brauneder/Berger (Hrsg.), Föderalismus und Korporatismus, 1998, S. 15.

[111] *Laband*, JöR 1 (1907), 1 (15).

[112] *Triepel*, Unitarismus und Föderalismus, S. 53; *Holste*, Der deutsche Bundesstaat im Wandel (1867-1933), 2001, S. 161 ff., 169; zur Kompetenzverteilung unter der Reichsverfassung von 1871 auch *Preuß*, Reich und Länder, 1928, S. 107 f.

[113] *Holste*, Der deutsche Bundesstaat im Wandel (1867-1933), 2001, S. 170 ff. m.w.N.

Tendenzen wahrgenommen werden; unter anderem baute das Reich die reichseigene Verwaltung aus. Allerdings nahm aufgrund zunehmender öffentlicher Aufgaben gleichzeitig der Umfang der Verwaltungsaufgaben der Gliedstaaten zu.[114]

78 **Föderale Elemente** waren hingegen zum einen darin zu erkennen, dass das Reich selber kaum über Einnahmen verfügte. Die unmittelbare Verwaltung – und damit auch die Finanzverwaltung – oblag den Gliedstaaten; das Reich, der Gesamtstaat, war auf Beiträge der Gliedstaaten angewiesen, sogenanntes **System der Matrikularbeiträge**.[115] Das Reich stand somit in finanzieller Abhängigkeit zu den Gliedstaaten.[116] Zwar sah Art. 70 der Reichsverfassung die Einführung von Reichssteuern vor, jedoch wurden diese erst zum Ende des Reiches erhoben.[117] Neben dieser Stärkung der Gliedstaaten im Rahmen der Finanzverfassung wurden einigen süddeutschen Staaten Reservatrechte eingeräumt. Diese Sonderrechte verstärkten ebenfalls die Stellung einzelner Staaten gegenüber dem Reich. Darüber hinaus war dem Bundesrat gemäß Art. 6 der Verfassung ein Veto- und Initiativrecht eingeräumt, sodass die Einzelstaaten an der staatlichen Willensbildung teilnehmen konnten; sie waren damit unmittelbar an der Reichspolitik beteiligt.[118] Anders als beim Reichstag wurden hier die föderalen Elemente aufgegriffen und integriert,[119] was mit der Bezeichnung Bundesrat verdeutlicht werden sollte.[120]

79 Die **tatsächliche Position der Länder** war jedoch – mit Ausnahme von Preußen – sowohl im exekutiven Bereich als auch in der politischen Bedeutung eher schwach.[121] Mit der Reichsexekution des Art. 19 der Verfassung verfügte das Reich zudem über ein Instrumentarium, welches es erlaubte, gewissen Einfluss auf die Einzelstaaten geltend machen zu können. Zudem ging ein verstärkter tatsächlicher Machtanspruch von Preußen aus, der auf dessen politischer Machtstellung beruhte. Der preußische Monarch war gemäß Art. 11 der Reichsverfassung Deutscher Kaiser, und dieser konnte den Reichskanzler ernennen, was sich personal-politisch so auswirkte, dass es überwiegend preußisch-stämmige Reichskanzler gab.[122] Die föderal-kollektive Gestalt der Reichsgewalt wandelte sich zu einem **monarchischen Unitarismus**, verkörpert durch *Kaiser Wilhelm II*.[123] Sogar der Bundesrat als originär föderales Organ war letztendlich aufgrund der Beherrschung durch die einflussreiche

---

[114] *Holste*, Der deutsche Bundesstaat im Wandel (1867-1933), 2001, S. 180, 182.

[115] *Deuerlein*, Föderalismus, 1972, S. 140 ff.

[116] So *Holste*, Der deutsche Bundesstaat im Wandel (1867-1933), 2001, S. 196 f.

[117] *Laband*, JöR 1 (1907), 1 (8, 42 ff.); *Holste*, Der deutsche Bundesstaat im Wandel (1867-1933), 2001, S. 196 f.

[118] Vgl. *Deuerlein*, Föderalismus, 1972, S. 140.

[119] *Senigaglia*, in: Brauneder/Berger (Hrsg.), Föderalismus und Korporatismus, 1998, S. 15.

[120] So *v. Bismarck*, Immediatbericht vom 29. März 1871 über die Benennung des Bundesrates, abgedruckt in *v. Puttkammer*, Föderative Elemente, 1955, Nr. 31, S. 150 f.

[121] *Huber*, Deutsche Verfassungsgeschichte, Bd. 3, 3. Aufl. 1988, S. 849; *Oeter*, Integration und Subsidiarität, 1998, S. 31; *Laband*, JöR 1 (1907), 1 (18).

[122] *Kimminich*, Deutsche Verfassungsgeschichte, 2. Aufl. 1987, S. 434.

[123] *Holste*, Der deutsche Bundesstaat im Wandel (1867-1933), 2001, S. 543.

§2 Der Gedanke des Föderalismus in der Staats- und Verfassungslehre

Regierung und Verwaltung Preußens unitarisch geprägt.[124] Diese besonders intensive Verbindung beeinträchtigte auf der einen Seite die Rechtsgleichheit der Gliedstaaten, sorgte aber auf der anderen Seite dafür, dass das Reich als Gesamtstaat durch die besondere Verantwortung Preußens gestärkt wurde und bis 1919 erhalten blieb.[125] Für die weitere Entwicklung des föderalen Systems war zudem der Gedanke der **Bündnis- und Vertragstreue** wichtig, welcher der Reichsverfassung entnommen wurde, und die Grundlage für den heute geltenden Grundsatz der Bundestreue darstellt.[126] Zusammenfassend lässt sich festhalten, dass die Verfassung von 1871 ihrer Urkunde nach föderal aufgebaut war. In der Verfassungswirklichkeit wurden die föderalen Strukturen jedoch geschwächt und konnten unitarische Tendenzen sich verwirklichen.[127]

II. Die Debatte über den föderalen Charakter des Reiches

Diese politische Entwicklung wurde in der staatsrechtlichen Diskussion begleitet und großteils nachvollzogen.[128] Die Vorstellung von einer geteilten oder doppelten Souveränität wurde allmählich von **der Idee der souveränen Staatlichkeit des Gesamtstaates** verdrängt, und es wurde nun auf die Mitwirkung der Gliedstaaten an der Willensbildung des Gesamtstaates sowie die Aufteilung der staatlichen Kompetenzen fokussiert. Dem entsprechend konnte sich die These vom Reich als einem staatenbündischen Zusammenschluss der einzelnen Staaten, die sich über die Bundesverträge die Fortdauer als Staaten gesichert hatten, nicht dauerhaft durchsetzen; sie unterlag der Sichtweise der Reichsgründung als Begründung einer staatsrechtlichen Organisation.

Ähnlich war die Entwicklung der Vorstellung von der Souveränität im Bundesstaat. Zunächst entfaltete die Vorstellung einer geteilten bzw. doppelten Souveränität auch unter der Reichsverfassung noch einige Wirkkraft. So äußerte *Robert von Mohl* in seinem Werk „**Das deutsche Reichsstaatsrecht**" noch 1873 die Auffassung, das die Gliedstaaten nicht aufgehört hatten, ihre eigene Verfassung und Verwaltung zu haben, einen bestimmten Teil der Zwecke eines Staates selbstständig und mit eigenen Mitteln und nach eigenen Bestimmungen zu verfolgen. Seiner Ansicht nach ging

---

[124] So *Oeter*, Integration und Subsidiarität, 1998, S. 42.

[125] *Huber*, Deutsche Verfassungsgeschichte, Bd. 3, 3. Aufl. 1988, S. 802.

[126] *Bauer*, Die Bundestreue, 1992, S. 39 ff.; dazu auch: *Holste*, Der deutsche Bundesstaat im Wandel (1867-1933), 2001, S. 152 ff.

[127] So *Laband*, JöR 1 (1907), 1 (5); *Triepel*, Unitarismus und Föderalismus, 1907, S. 116; *Holste*, Der deutsche Bundesstaat im Wandel (1867-1933), 2001, S. 261; *Oeter*, Integration und Subsidiarität, 1998, S. 44.

[128] Dazu sowie zum Folgenden *Deuerlein*, Föderalismus, 1972, S. 131 ff., 148 ff.; *Oeter*, Integration und Subsidiarität, 1998, S. 46 ff.; *Holste*, Der deutsche Bundesstaat im Wandel (1867-1933), 2001, S. 120 ff., 243 ff.; jew. m.w.N.

für die Gliedstaaten allein ein durch die Zuständigkeit der Bundesgewalt bestimmter Teil der Souveränität verloren und an die Bundesorgane über.

82 Diese Auffassung hatte aber Gegner. Vor allem der bayerische Staatsrechtler *Max von Seydel* versuchte bereits 1872 in seinem Aufsatz „**Der Bundesstaatsbegriff**" die theoretische Unmöglichkeit des Bundesstaates zu beweisen und in der Folge das Reich als Staatenbund zu deuten. Seiner Ansicht nach gehörte es zum Begriff des Staates, dass dieser von einem **einheitlichen höchsten Willen** beherrscht wird, den er Staatsgewalt oder Souveränität nannte. Da nun zwei höchste Willen einander aufhöben und verneinten, seien diese begrifflich nicht möglich. Eine der wesentlichen Eigenschaften der Souveränität sei deshalb gerade, dass sie keinen bestimmten Umfang habe, sondern inhaltlich völlig unbeschränkt sei; ihre umfängliche Beschränkung sei deshalb ihre Negierung. Diese Gleichsetzung von Souveränität und Staatsgewalt sowie ihr Verständnis als höchste, einheitliche und unbeschränkte Herrschaftsgewalt stand Teilungen, Doppelungen und Beschränkungen prinzipiell entgegen. Der Begriff des Bundesstaates war deshalb für *von Seydel* rechtlich unhaltbar, weil er im Widerspruch zum Begriff des Staates stand; es konnte nach seiner Ansicht nur Staaten oder Staatenbünde geben.

83 Obwohl diese Auffassung vom vertragsmäßigen und staatenbündischen Charakter des Reiches in der Konstruktion und in ihrer Zuspitzung ganz überwiegend abgelehnt wurde, fand die Vorstellung einer nur als einheitlich und **unteilbar vorstellbaren Souveränität** grundsätzliche Zustimmung. Sie wurde vor allem von *Georg Meyer, Paul Laband, Georg Jellinek, Albert Haenel, Philipp Zorn und Joseph von Held* – sämtlich unitarisch gesinnte Positivisten des Reichsstaatsrechts – auf die Reichsverfassung übertragen und dabei so verwendet, dass sie in einem staatsrechtlichen Gefüge, also in einem durch Über- und Unterordnungsverhältnisse strukturierten Gebilde, dem Oberstaat, also dem Bund zustehen musste. Damit diese Annahme nicht in Widerspruch zur reichsverfassungsrechtlichen Rechtsstellung der Länder als Staaten stand, wurde zwischen Souveränität und Staatlichkeit unterschieden und Souveränität vor allem als **Kompetenz-Kompetenz** verstanden. Auch nicht-souveräne Staaten konnten so grundsätzlich anerkannt werden, wozu allerdings erheblich divergierende Positionen vertreten wurden. Insgesamt wurde der Bundesstaat überwiegend als ein aus nicht-souveränen Staaten zusammengesetzter souveräner Staat verstanden; diese Position wurde vorherrschend.

84 Freilich blieb die Auffassung von der Souveränität des Bundes nie unbestritten. So wies der Genossenschaftstheoretiker *Otto von Gierke* 1883 in einem gegen Paul Laband gerichteten Beitrag darauf hin, dass die vorherrschende Lehre entweder dem Deutschen Reich oder den deutschen Einzelstaaten die staatliche Qualität rauben musste.[129] *Hugo Preuß* äußerte 1889 die Ansicht, dass sich die deutsche Staatsrechtswissenschaft in Bezug auf die Bundesstaatlichkeit im Gespinst des Souveränitätsbegriffs verfangen habe wie die Fliege im Gewebe der Spinne.[130] *Otto Mayer* konstatierte 1903, dass die deutsche Staatsrechtswissenschaft die Konstruktion der Verfassung von 1871 nie wirklich akzeptiert habe und diese durch unitarische

---

[129] *v. Gierke*, Schmollers Jahrbuch 7 (1883), S. 1097 (1159 f.).

[130] *Preuß*, Gemeinde, Staat und Reich als Gebietskörperschaften, 1889, Vorbemerkung, S. VI.

Theorien und Konstruktionen von ihren Grundlagen abzulösen suchte.[131] Und **Rudolf Smend** betonte noch in seiner 1916 veröffentlichten Arbeit über die Bundestreue die föderal-dezentralen Elemente der Reichsverfassung, indem er davon ausging, dass Reich und Einzelstaaten nicht nur im Verhältnis der Über- und Unterordnung standen, sondern zugleich im Verhältnis des Bundes zu seinen Verbündeten und damit auf einer Ebene gleichgeordneter Rechte und Pflichten.[132] Die Ansätze einer stärkeren Betonung der staatenbündisch-monarchischen Elemente der Reichsverfassung konnten aber bis zum Ende des Reiches nicht die Oberhand gewinnen.

H. Weimarer Republik

I. Die Weimarer Reichsverfassung

Nach dem ersten Weltkrieg stand erneut die Frage nach der Ausgestaltung des Staates im Raum, wobei sich wiederum föderale und unitarische Gedanken gegenüberstanden. Sollte das Deutsche Reich ein dezentralisierter Einheitsstaat oder ein Bundesstaat werden?[133] Die **Weimarer Reichsverfassung** (WRV) ordnet keine allgemeine Staatsstruktur an. Ihre föderale Struktur ist somit aus den einzelnen Verfassungsbestimmungen über die Zuständigkeitsverteilung und den Kompetenzen zu entnehmen.

Die Nationalversammlung hat sich in der Weimarer Reichsverfassung (WRV) für eine **republikanische Gestalt** des Staates entschieden und sah sowohl auf Reichsebene, als auch über das Homogenitätsgebot des Art. 17 WRV auf der Ebene der Einzelstaaten die Abschaffung der Monarchie und die Etablierung der **Volkssouveränität** vor.[134] Zwar waren die Einzelstaaten weiter verfassungsautonom; allerdings wurde den adligen Monarchien, die ein besonders ausgeprägtes Interesse an der Beibehaltung des Föderalismus hatten, um ihre eigene Machtposition zu erhalten, damit die Machtgrundlage entzogen.

Insgesamt waren die partikularen Kräfte schwächer repräsentiert und hatte der Gedanke des **einheitlichen Nationalstaates** an Bedeutung gewonnen.[135] Bestärkt worden war dieser national-einheitliche Gedanke auch durch die Erfahrungen und Erlebnisse des ersten Weltkriegs, der zum einen die deutsche Bevölkerung

---

[131] *Mayer*, AöR 18 (1903), S. 337 (365 f., 370 f.).

[132] *Smend*, in: FG für O. Mayer, 1916, S. 247 (258 ff.).

[133] Die Idee eines zentralisierten Einheitsstaates hingegen wird 1928 von *Preuß*, Reich und Länder, 1828, S. 110 als „politisch unmöglich" umschrieben.

[134] Dazu *Holste*, Der deutsche Bundesstaat im Wandel (1867-1933), 2001, S. 302; *Stern*, Staatsrecht, Bd. 5, 2000, S. 579; *Huber*, Deutsche Verfassungsgeschichte, Bd. 6, 1. Aufl. 1981, S. 70 ff.; jew. m.w.N.

[135] *Sturm*, Föderalismus in Deutschland, 2001, S. 20 f.

emotional zusammenführte, zum anderen eine einheitliche Planung und Steuerung der Verwaltung und Regierung hinsichtlich der Kriegswirtschaft erforderte.[136] Bezeichnenderweise ging der verfassungsgebende Akt allein von der deutschen Nationalversammlung aus, ohne Beteiligung der Parlamente und war somit national-unitarisch legitimiert.[137] Die Verfassung selber gibt zudem die Vorstellung von gesonderten Landesnationen auf und stellt das einheitliche „**deutsche Volk**"[138] in den Mittelpunkt,[139] auch wenn weiter das Vermittlungsprinzip galt.[140]

88 Gleichwohl wurde kein dezentralisierter Einheitsstaat gegründet, sondern die Weimarer Reichsverfassung stellt die **unitarischen Elemente** den föderalen Gegebenheiten entgegen.[141] Art. 2 WRV bestimmt, dass sich das Deutsche Reich aus Ländern sowie dem Reich zusammensetzt; und Art. 5. WRV macht deutlich, dass die Staatsgewalt von Reich und Ländern ausgeübt wird. Geschuldet war dieser Umstand den noch immer vorhandenen partikularen Territorialkräften.[142] So blieb der Bestand der Länder unverändert, auch wenn diesbezüglich, insbesondere wegen der weiterhin beherrschenden Stellung Preußens, Reformbedarf gesehen wurde und sich Preußen ein republikanisches Gewand geben musste, wie es Art. 17 der Weimarer Reichsverfassung fordert. In Art. 18 WRV war eine Neugliederung der Länder bereits angedacht, was aber nicht im umfassenden Sinne realisiert wurde.[143] So war zwar rechtlich eine **Gleichheit der Länder** hergestellt worden, aber aus wirtschaftlicher Sicht blieb Preußen beherrschend.[144]

89 Darüber hinaus nahm die Bedeutung des **Reichsrats**, der Vertretungsorgan der Länder war, ab, so dass die Beteiligung der Länder an der Reichspolitik weniger stark ausgeprägt war.[145] Er hatte nur noch die Möglichkeit einen Einspruch im Sinne eines suspensiven Vetos[146] (vgl. Art. 74 WRV) einzulegen. Das Finanzsystem wurde

---

[136] So auch *Oeter*, Integration und Subsidiarität, 1998, S. 53 f.; *Nipperdey*, Nachdenken, 1986, S. 88; *Deuerlein*, Föderalismus, 1972, S. 171; *Senigaglia*, in: Brauneder/Berger (Hrsg.), Föderalismus und Korporatismus, 1998, S. 17.

[137] *Huber*, Deutsche Verfassungsgeschichte, Bd. 6, 1. Aufl. 1981, S. 60; *Kotulla*, Deutsche Verfassungsgeschichte, 2008, Rn. 2284; *Holste*, Der deutsche Bundesstaat im Wandel (1867-1933), 2001, S. 513, 544 f.

[138] Siehe dazu die Präambel der WRV: „Das Deutsche Volk, einig in seinen Stämmen (...) hat sich diese Verfassung gegeben."

[139] *Huber*, Deutsche Verfassungsgeschichte, Bd. 6, 1. Aufl. 1981, S. 74 f.

[140] *Schönberger*, Unionsbürger, 2005, S. 114 ff.

[141] Dazu auch *Holste*, Der deutsche Bundesstaat im Wandel (1867-1933), 2001, S. 544 ff.

[142] Dazu *Preuß*, Deutschlands Republikanische Reichsverfassung, 1921, S. 9 f.; *Preuß*, Reich und Länder, 1828, S. 115.

[143] Neugliederungen gab es in den bei *Huber*, Dokumente III, Nr. 186 und 187 aufgeführten Fällen.

[144] *Huber*, Deutsche Verfassungsgeschichte, Bd. 6, 1. Aufl. 1981, S. 63; *Kimminich*, Deutsche Verfassungsgeschichte, 2. Aufl. 1987, S. 490.

[145] *Nipperdey*, Nachdenken, 1986, S. 89; *Stern*, Staatsrecht, Bd. 5, 2000, S. 581, 612; *v. Puttkammer*, Föderative Elemente, 1955, S. 15.

[146] *Huber*, Deutsche Verfassungsgeschichte, Bd. 6, 1. Aufl. 1981, S. 383; *Oeter*, Integration und Subsidiarität, 1998, S. 63; *Kotulla*, Deutsche Verfassungsgeschichte, 2008, Rn. 2320; *Stern*, Staatsrecht, Bd. 5, 2000, S. 613.

§2 Der Gedanke des Föderalismus in der Staats- und Verfassungslehre

ebenso zentralisiert, wie weite Teile der Gesetzgebungskompetenz – nun Art. 6 bis 12 WRV und die Zuständigkeit im Verwaltungsbereich. Zwar verblieben auch den Ländern Gesetzgebungs- und insbesondere Verwaltungskompetenzen, aber in geringerem Umfang als in der Verfassung von 1871.[147]

Der vom gesamten Wahlvolk gewählte **Reichstag** stellte das verfassungsmäßig vorgesehene oberste Reichsorgan dar, wenn auch in der Realität zum Ende der Weimarer Republik der **Reichspräsident, im Wege der Notverordnungen, die Reichssouveränität** ausübte.[148] Die Souveränität lag beim Reich, die Länder konnten nur im Rahmen des Art. 78 Abs. 2 WRV Verträge mit auswärtigen Staaten schließen, also nur dann, wenn das Reich zustimmte und es sich um eine Angelegenheit der Länder handelte. Der Gedanke von einer Doppelsouveränität setzte sich nicht durch.[149]

Der Verfassungsbefund lässt also partikulare Elemente und unitarische Elemente erkennen, so dass *Hesses* Begriff vom **unitarischen Bundesstaat**[150] das System kennzeichnet. Einen Schutz erhielt diese Ausgestaltung dadurch, dass den Ländern Rechtsschutzmöglichkeiten durch den Staatsgerichtshof gemäß Art. 19 WRV eröffnet wurden, die sie vor einer weiteren Schwächung bewahren sollten.[151] Mit der Funktionalisierung der föderalen Strukturen in diesem neuen Typus des Bundesstaates wurde dem Föderalismus ein neuer Effekt zuteil: Er sicherte die Gewaltenteilung und somit den Rechtsstaat ab; damit war der Gedanke des **gewaltenteilenden Formalföderalismus**[152] umgesetzt worden.[153]

Insgesamt bewahrte die Weimarer Reichsverfassung partikulare Elemente, indem sie unter anderem Elemente der Reichsverfassung von 1871 aufgriff. Jedoch wurden die unitarischen Kräfte verstärkt;[154] die einheitsstaatlichen Tendenzen kamen in der Verfassung und noch stärker in der Verfassungswirklichkeit zum Ausdruck. Die Elemente, die noch partikular wirkten, wurden zudem gegen Änderungen verfassungsrechtlich nicht besonders geschützt und damit im Ansatz konserviert; es gab

---

[147] *Nipperdey*, Nachdenken, 1986, S. 89; *Oeter*, Integration und Subsidiarität, 1998, S. 61.

[148] *Huber*, Deutsche Verfassungsgeschichte, Bd. 6, 1. Aufl. 1981, S. 68; auch *Kotulla*, Deutsche Verfassungsgeschichte, 2008, Rn. 2284; *Kimminich*, Deutsche Verfassungsgeschichte, 2. Aufl. 1987, S. 536.

[149] So *Kimmnich*, Deutsche Verfassungsgeschichte, 2. Aufl. 1987, S. 489.

[150] So *Hesse*, Unitarischer Bundesstaat; dazu auch: *Huber*, Deutsche Verfassungsgeschichte, Bd. 4, 1981, S. 59 ff.

[151] *Huber*, Deutsche Verfassungsgeschichte, Bd. 6, 1. Aufl. 1981, S. 62; dazu auch *Holste*, Der deutsche Bundesstaat im Wandel (1867-1933), 2001, S. 496 ff.

[152] *Weber*, in: ders. (Hrsg.), Spannungen und Kräfte, 3. Aufl. 1970, S. 63.

[153] Bestätigend *Huber*, Deutsche Verfassungsgeschichte, Bd. 6, 1. Aufl. 1981, S. 66 m.w.N. Dazu auch *Ebke*, Bundesstaat und Gewaltenteilung, S. 29 ff.; *Hesse*, Unitarischer Bundesstaat, S. 27 f. Zudem BVerfGE 12, 205, 229.

[154] *Ritter*, Föderalismus und Parlamentarismus, S. 37; *Holste*, Der deutsche Bundesstaat im Wandel (1867-1933), 2001, S. 545 f.

keine eigenständige Bestandsgarantie.[155] Vor diesem Hintergrund hat *Anschütz* die bundesstaatliche Ordnung Weimars als juristisch labil[156] bezeichnet. Die Reichsverfassung von Weimar war von Beginn an ein relativ offener Kompromiss.[157] *Oeter* spricht von einem Kampf um die Reichsreform,[158] die dann aber ausblieb.[159] Trotz anhaltender Diskussionen kam es weder zu einer umfassenden territorialen Neugliederung der Länder, noch zu einer funktionalen Neuverteilung der Zuständigkeiten oder einer Regelung der Einflussrechte.

II. Der Weimarer Bundesstaat in der staatsrechtlichen und staatstheoretischen Debatte

93 In den staatsrechtlichen Überlegungen zur WRV wurde das Reich rasch und ganz überwiegend als **Bundesstaat** qualifiziert, und der Diskussion, ob das Reich den Charakter eines unitarischen Bundesstaates oder eines dezentralisierten Einheitsstaates hatte, wurde zunächst relativ wenig Bedeutung beigemessen; allein der Frage der **Bundestreue** wurde in Literatur und Rechtsprechung regelmäßig Aufmerksamkeit gewidmet.[160]

94 In der Staats- und Verfassungstheorie wurden dagegen rasch grundlegende Ansätze zur konstruktiven Unterfangung des Bundesstaates vorgetragen, die – parallel zum sich entwickelnden Weimarer Methoden- und Richtungsstreit – durchaus heterogen ausfielen.[161] Den ersten umfassenderen staatstheoretischen Ansatz unter der WRV entwickelte der in München lehrende *Hans Nawiasky* mit der 1920 veröffentlichten Monographie „**Der Bundesstaat als Rechtsbegriff**". Nach *Nawiasky* war **Souveränität** eine unverzichtbare Voraussetzung von Staatlichkeit. Er lehnte sowohl ihre Teilung ab als auch die Möglichkeit nicht-souveräner Staatlichkeit. Allerdings war für ihn Souveränität keine besondere Eigenschaft von Staatsgewalt, sondern dieser immanent, und die Staatsgewalt konnte nach Gegenständen bzw. Kompetenzen aufgeteilt werden, wobei auch die **Kompetenz-Kompetenz** für ihn eine gewöhnliche Zuständigkeit war. Für den Bundesstaat folgte daraus, dass in ihm sowohl der Gesamtstaat als auch die Gliedstaaten souverän waren. Der Bundesstaat war

---

[155] Vgl. auch *Kotulla*, Deutsche Verfassungsgeschichte, 2008, Rn. 2286; *Stern*, Staatsrecht, Bd. 5, 2000, S. 586.

[156] *Anschütz*, in: ders./Thoma HbDStR, Bd. 1, S. 182; so auch *Huber*, Deutsche Verfassungsgeschichte, Bd. 6, 1. Aufl. 1981, S. 67.

[157] *Holste*, Der deutsche Bundesstaat im Wandel (1867-1933), 2001, S. 323 bescheinigt der Weimarer Reichsverfassung „Unfertigkeit" und führt die andauernde Reformdebatte auf ihre Offenheit sowohl bezüglich einer unitarischen, als auch einer föderalistischen Weiterentwicklung zurück.

[158] *Oeter*, Integration und Subsidiarität, 1998, S. 66 ff.

[159] Dazu auch *v. Puttkammer*, Föderative Elemente, 1955, S. 14 f.

[160] Dazu *Oeter*, Integration und Subsidiarität, 1998, S. 74 ff.

[161] Dazu sowie zum Folgenden *Holste*, Der deutsche Bundesstaat im Wandel (1867-1933), 2001, S. 513 ff.

§2 Der Gedanke des Föderalismus in der Staats- und Verfassungslehre

für *Nawiasky* ein Staat, dessen Kompetenzen aus dem gemeinsamen Ausschnitt der Kompetenzen mehrerer dadurch verbundener Staaten bestehen. Gliedstaaten eines Bundesstaates waren Staaten, die dadurch verbunden sind, dass aus ihrer Zuständigkeit ein bestimmter Ausschnitt einem anderen besonderen Staat zugewiesen ist. Je nach Reichweite der Bundesgewalt waren die Gliedstaaten teilweise untergeordnete rechtliche Körperschaften, teilweise vollqualifizierte Staaten. Über Souveränität verfügten, je nach Bereich, Bund wie Gliedstaaten.

Das Charakteristikum bundesstaatlicher Ordnungen sah *Nawiasky* in der jeweiligen Unvollständigkeit und der wechselseitigen **Ergänzungsbedürftigkeit von Bund und Gliedern**. Dabei standen Bundesstaatsgewalt und Gliedstaatsgewalt grundsätzlich auf der gleichen Höhenstufe, waren gleichgeordnet. Eine Überwölbung von Gliedern und Bund durch einen Gesamtstaat lehnte er ab, da die rechtliche Überordnung der Gesamtstaatsgewalt über die Zentral- und Gliedstaatsgewalt diese ihres Charakters als unabhängige Staatsgewalten beraubte und damit die Idee des Bundesstaates als einer Staatenverbindung aufhob.

Die Vorstellungen *Nawiaskys* wurden von **Hans Kelsen** in der 1925 erschienenen „**Allgemeinen Staatslehre**" kritisiert. Seiner Ansicht nach verkannte *Nawiasky*, dass im Bundesstaat zwischen Gliedern und Zentralstaat ein Abhängigkeitsverhältnis bestand. Zugleich richtete *Kelsen* sich aber gegen die tradierte Rechts- und Staatslehre und deren Auffassung von der alleinigen Souveränität des Bundes, die er als methodisch inkorrekte Erfüllung politischer reichsunitarischer Wünsche betrachtete. *Kelsens* eigenes Bundesstaatsmodell baute methodisch auf seinem Positivismus auf. Die Problematik von Staatenverbindungen bestand für ihn lediglich in Fragen nach der räumlichen Normgeltung und -setzung. Innerhalb einer Rechtsgemeinschaft bestand Zentralisation, soweit Normen für das ganze Gebiet der Rechtsgemeinschaft galten, und Dezentralisation, soweit Normen auf bestimmte räumliche Teilgebiete beschränkt waren. Staatenbund und Bundesstaat unterschieden sich danach nicht prinzipiell, sondern alleine nach dem **Grad der Dezentralisation**: In einem Bundesstaat seien der Zentralordnung tendenziell mehr Kompetenzen zugewiesen als den lokalen Ordnungen, wogegen dies im Staatenbund umgekehrt sei.

Allerdings bedeutete es nach *Kelsen* ein besonderes Maß an Dezentralisation, wenn die Teilgemeinschaften einer Rechtsordnung über die Art und Weise des Zustandekommens von lokalen Normen selbst bestimmen konnten, also Verfassungsautonomie besaßen; dies entsprach nach *Kelsen* im Großen und Ganzen der Stellung der Gliedstaaten im Bundesstaat. In seinem etwas später gehaltenen Staatsrechtslehrerreferat[162] ergänzte er zudem, dass das Wesen des Bundesstaates seiner Ansicht nach darin bestand, dass an der zentralen Gesetzgebung und eventuell auch an der Vollziehung Repräsentanten der Glieder – unmittelbar oder mittelbar – beteiligt waren.

Im Ergebnis bestand ein Bundesstaat nach *Kelsen* aus **drei Gliederungen**: Einer Gesamtrechtsordnung, einer Zentralordnung und mehreren Lokalordnungen. Da die Gesamtrechtsordnung die gesamten sachlichen Kompetenzen an die Zentralordnung sowie die Lokalordnungen delegierte, standen sich diese beiden Ordnungen

---

[162] *Kelsen*, VVDStRL 5 (1928), S. 30 ff.

grundsätzlich gleichrangig gegenüber; keine dieser beiden Ordnungen leitete ihre Befugnisse von der anderen ab. Dennoch waren die beiden Ordnungen nicht souverän, da sie von der Gesamtverfassung delegiert waren.

99 Die publizistische Diskussion über Föderalismus und Bundesstaaten war mittlerweile nicht auf die Staatslehre beschränkt. Verschiedene politische Schriften über die föderale Form und mögliche Reform der WRV waren im Umlauf, und neben den Staatsrechtlern beteiligten sich auch Rechtshistoriker und Historiker an der Debatte, ob der Weimarer Staatsaufbau stärker unitarisch oder stärker föderativ ausgerichtet war oder zumindest werden sollte. Insbesondere der Münchener Professor für Rechtsgeschichte **Konrad Beyerle**, der von 1919 bis 1924 Mitglied der Nationalversammlung und des Reichstages war, veröffentlichte 1923 einen Aufsatz über „**Föderalismus**",[163] in dem er den Bundesstaat als staatsrechtliche Denkform für die Erfassung zusammengesetzter Staatsgebilde bezeichnete, deren Teile Staatscharakter trugen. Föderalismus war für ihn die grundsätzliche Einstellung politischer Art, die diese zusammengesetzten Staatsgebilde erhielt und vor dem Aufgehen im Einheitsstaat bewahrte. Bundesstaat und Föderalismus waren für ihn realer Weg der deutschen Verfassungspolitik.

100 Dieser Ansicht widersprach der Historiker *Wilhelm Mommsen* in seinem 1924 publizierten Aufsatz „**Unitarismus und Föderalismus in Deutschland**". Seiner Ansicht nach war der Föderalismus in Deutschland überholt. Er sah es als starke Übertreibung an, falls der Föderalismus als unerschütterliche Lebenserscheinung des deutschen Volkes und essentialer, unentbehrlicher Ausdruck des nationalen Lebensgefühls bezeichnet wurde. Freilich bedeutete dies für ihn nicht automatisch einen stärkeren Unitarismus, denn zwar war für ihn nach der gegenwärtigen Lage eine Rückwärtsrevidierung der Reichsverfassung im föderalistischen Sinne abzulehnen, aber auch ein Abbau überspannter zentralistischer Bürokratie war für ihn nicht ausgeschlossen. Diese Ausführungen wurden mit großem Interesse zur Kenntnis genommen, da das Bayerische Gesamtstaatsministerium Anfang 1924 eine prominente Denkschrift über eine föderalistische Revision der Weimarer Verfassung[164] vorgelegt und damit die Diskussion über die als **Reichsreform** bezeichnete Frage einer Veränderung der föderalen Verhältnisse zwischen Reich und Ländern weiter angeregt hatte.

101 Diese Frage wurde auch in der Staatsrechtslehre erörtert. Im April 1924 war auf der Staatsrechtslehrertagung in Jena „**Der deutsche Föderalismus in Vergangenheit, Gegenwart und Zukunft**" Thema, zu dem *Gerhard Anschütz* und *Carl Bilfinger* vortrugen.[165] Beide Referenten operierten dabei auf der Grundlage der tradierten staatsrechtlichen Auffassung vom Bundesstaat, und beide waren bemüht, stärker partikularen Ideen und Reformansätzen entgegenzutreten und die Ausrichtung des Bundesstaates und der WRV auf die nationale Einheit zu betonen.

---

[163] *Beyerle*, in: FS für Porsch, 1923, S. 128 ff.

[164] Denkschrift der bayerischen Staatsregierung auf Umgestaltung der Weimarer Verfassung vom 4. Januar 1924, in: Reichsministerium des Inneren (Hrsg.), Verfassungsausschuß der Länderkonferenz 1928. Beratungsunterlagen, 1929, S. 345.

[165] VVDStRL 1 (1924), S. 10 ff. und S. 35 ff.

Ganz in diesem Sinne versuchte auch *Hermann Heller* in der 1927 erschienenen Schrift **„Die Souveränität"** die tradierte Sichtweise eines souveränen und eher unitarisch ausgerichteten Bundesstaates gegenüber den Ansätzen von *Nawiasky* und *Kelsen*, die einer impliziten Aufwertung der Bundesebene kritisch gegenüberstanden, zu verteidigen. *Heller* hielt sämtliche Versuche, den Staat ohne Souveränität zu konstruieren, für gescheitert. Für ihn war die Ursprünglichkeit und Eigenständigkeit der staatlichen Hoheitsgewalt maßgeblich. Staatlichkeit war demnach untrennbar mit Souveränität verbunden, und Souveränität war nicht teilbar oder relativierbar, weshalb es auch keine doppelte Staatlichkeit auf dem gleichen Gebiet geben konnte. Dementsprechend waren die Gliedstaaten eines Bundesstaates diesem untergeordnet und leiteten ihre sämtlichen – vermeintlich eigenen – Rechte von diesem ab.

102

Die Kritik an der tradierten staatsrechtlichen Methodik und deren Dogma der **denknotwendigen Souveränität** des Bundes und der Unterordnung der Gliedstaaten unter den Bund ließ sich davon zwar nicht aufhalten. Allerdings wurden auch auf neuer methodischer Grundlage letztlich unitarisch ausgerichtete Bundestheorien vertreten. *Carl Schmitt* entwarf 1928 im Rahmen seiner **„Verfassungslehre"** eine entsprechende Verfassungslehre des Bundes. Die tradierte Unterscheidung zwischen Bundesstaat und Staatenbund explizit vernachlässigend verstand *Schmitt* unter einem Bund eine auf freier Vereinbarung beruhende, dem gemeinsamen Zweck der politischen Selbsterhaltung aller Bundesmitglieder dienende dauernde Vereinigung, durch welche der politische Gesamtstatus jedes einzelnen Bundesmitgliedes im Hinblick auf den gemeinsamen Zweck verändert wird. Das Charakteristikum des Bundes bestand danach in einer **Dualismus der politischen Existenz**: In der Verbindung bundesmäßigen Zusammenseins und politischer Einheit auf der einen Seite mit dem Weiterbestehen eines Pluralismus politischer Einzelheiten auf der anderen Seite. Weder durfte die Gesamtexistenz des Bundes die Einzelexistenz der Gliedstaaten, noch diese Existenz der Gliedstaaten jene des Bundes aufheben. Weder waren die Mitgliedstaaten einfach dem Bund subordiniert, noch war der Bund den Mitgliedstaaten subordiniert und untergeben.

103

Da aber *Schmitt* den Staat als **Status der politischen Einheit eines Volkes** verstand, lief das Nebeneinanderstehen selbständiger politischer Einheiten im Rahmen einer ebenfalls politisch existierenden Gesamtheit auf einen Widerspruch hinaus. Die Lösung dieses Widerspruches bei existenziellen Konflikten zugunsten des Bundes als Einheitsstaat oder zugunsten der Glieder als den Bund auflösende Staaten war nach *Schmitt* eine Frage der Souveränität. Daraus folgte, dass nach *Schmitt* zwischen Bund und Gliedstaaten die Frage der Souveränität dauerhaft offen war und sein musste, da andernfalls ein souveräner Einheitsstaat oder viele souveräne Einzelstaaten vorlagen. Voraussetzung dieser dauerhaften Offenheit war die **Homogenität aller Bundesglieder** und der daraus folgende Wille zur politischen Einheit, der alleine Garant für den Bestand des Bundes war. Die Homogenität wurde substantiell verstanden und vorrangig in der nationalen Gleichartigkeit der Bevölkerung sowie der Gleichartigkeit des politischen Legitimationsprinzips (Monarchie, Aristokratie, Demokratie) gesehen.

104

105 Die damit gegebene unitarische Grundausrichtung der *Schmitt'schen* **Bundesstaatslehre** wurde für demokratische Bundesstaaten von *Schmitt* offen ausgesprochen. Seiner Ansicht nach lag es in der natürlichen Entwicklung der Demokratie, dass die **homogene Einheit des Volkes** über die politischen Grenzen der Gliedstaaten hinwegging und den Schwebezustand des Nebeneinanderbestehens von Bund und selbständigen Gliedstaaten zugunsten einer durchgängigen Einheit beseitigt. In einem solchen Bundesstaat ohne bündische Grundlage gab es nur ein einziges Volk und auch nur eine politische Einheit, also einen Staat, weshalb seine bundesstaatliche Ordnung nach Schnitt kein Bund mehr war, sondern nur auf einer positiven Entscheidung der Verfassung beruhte.

106 Gleichfalls in Opposition zum – tradierten und neuen – rechtswissenschaftlichen Positivismus stand die Bundesstaatslehre von *Rudolf Smend*, die er in seinem Werk „**Verfassung und Verfassungsrecht**" von 1928 entwickelte. Darin verstand er die Verfassung als die rechtliche Ordnung des Lebens, in dem der Staat seine Lebenswirklichkeit hat, nämlich seines Integrationsprozesses. Den Sinn dieses Prozesses sah er in der immer neuen **Herstellung der Lebenstotalität des Staates**, wobei die Verfassung die gesetzliche Normierung einzelner Seiten dieses Prozesses ist. Wie die Staats- und Verfassungstheorie insgesamt, musste deshalb auch die Bundesstaatstheorie ganzheitlich orientiert sein und erklären, wieso der Bundesstaat ein sinnvolles politisches System sein konnte.

107 Für *Smend* bestand der legitimierende Sinn der bundesstaatlichen Integration in der **dauernden Einordnung des Lebens der Einzelstaaten in das Ganze**. Allerdings sollten die Einzelstaaten nicht nur Objekt, sondern auch Mittel der Integration sein. Dabei verwies *Smend* insbesondere auf die politischen, ökonomischen, konfessionellen und kulturellen Unterschiede der deutschen Länder, deren Bevölkerungen durch diese unterschiedlichen Momente jeweils partikular zusammengehalten wurden, weshalb der Einzelstaat die notwendige Integrationshilfe des Reiches war. Dem entsprechend war nach seiner Ansicht das mit der WRV errichtete System der bundesstaatlichen Integration durch die Leistungen der Länder für das Reich grundsätzlich gerechtfertigt. Die Gewährleistung der den Ländern verbleibenden Rechtsstellung wurde nicht als bloßer Schutz von Sonderinteressen verstanden, denn die Länder konnten in Ausübung ihrer Rechte, die sie integrierend in das Reichsganze einfügen sollten, mehr Reichs- als Landespolitik machen und dadurch um ihre Eigenart kommen. Entscheidend am Einflussrecht der Länder auf das Reich war demnach nicht so sehr die dadurch mögliche Durchsetzung von Sonderinteressen, sondern das formale Moment der **Beteiligung an der Reichsgewalt** als Ersatz für die den Ländern sonst verloren gegangene Staatsgewalt.

108 Allerdings beklagte *Smend* eine in Teilen zu starke unitarische Ausrichtung der WRV. Den Grund dafür erblickte er in einer Umkehrung der Lokalisierung der staatsrechtlichen Legitimationsquelle, die darin bestand, dass an die Stelle der geschichtlich-legitimen Staatsindividualität die demokratische Legitimität des Ganzen getreten wäre. Diese Schwäche sollte ausgeglichen werden durch eine starke Betonung der **Bundestreue** mit einer Pflicht der obersten Reich- und Länderorgane, bei Differenzen in Verhandlungen einen Ausgleich zu suchen. Allerdings war auch die Bundestreue bei *Smend* letztlich inhaltlich unitarisch ausgerichtet: Nach

seiner Ansicht ging bei allem gebotenen Ausgleich das Reichsinteresse vor und hatte das Einzelrecht sich dem gesamtstaatlichen Rechtsgedanken unterzuordnen. Hintergrund dieser Ausrichtung waren auch die ganz erheblichen Probleme, im Weimarer Reich eine stabile politische Herrschaft herzustellen.[166]

III. Das Ende der Reichsverfassung

Insgesamt trat das Streben nach **Sicherung der Einheit des Reiches** sowohl in der Verfassungsrechtsdogmatik als auch in der Staatslehre immer deutlicher hervor. Zwar sahen sich die Länder zum Ende der Weimarer Republik durch die Reichsexekution des Reichspräsidenten vom 20. Juli 1932 („**Preußenschlag**") in ihrer Eigenständigkeit bedroht.[167] Dieses Vorgehen des Reichspräsidenten war aber eher ein Zeichen des politischen Krisenzustands und der Schwäche des Weimarer Reiches. Die Aufhebung der föderalen Ordnung zugunsten eines Einheitsstaates folge zwar rasch, aber auf gänzlich andere Art und Weise.

Die traditionelle föderale Ordnung in Deutschland wurde nach der **Machtergreifung** durch die Nationalsozialisten aufgehoben.[168] Sie errichteten einen **totalitären Einheitsstaat**, der sich an dem Führerprinzip orientierte.[169] Mit dem Gesetz über den Neuaufbau des Reiches vom 30. Januar 1934 wurden die Länder endgültig aufgehoben, nachdem zuvor bereits eine Gleichschaltung durch die Gesetze vom 31. März und 7. April 1933 erfolgt war.[170]

Nach 1945 wurde der **staatsrechtliche Wiederaufbau Deutschlands** föderal organisiert. Kommunal- und Kreisverwaltung wurden reaktiviert und Länder[171] und der Bund verfasst. Deutschland wurde, wie es in Art. 20 Abs. 1 GG formuliert ist, wieder **Bundesstaat**. Zudem wurde Deutschland Mitglied der eng integrierten und föderal strukturierten Europäischen Gemeinschaft und dieser folgend der Europäischen Union.

I. Fazit

Die staatsrechtliche Entwicklung des Föderalismus in Deutschland enthält erheblich **kontinuierliche Elemente**. Ansätze eines Föderalismus lassen sich bis zum Ende des Heiligen Römischen Reiches deutscher Nation zurückverfolgen. Eine Realisierung in

---

[166] So *Oeter*, Integration und Subsidiarität, 1998, S. 85 m.N.

[167] So *v. Puttkammer*, Föderative Elemente, 1955, S. 16.

[168] *Kotulla*, Deutsche Verfassungsgeschichte, 2008, Rn. 2431.

[169] *Jestaedt*, in: Isensee/Kirchhof (Hrsg.), HStR, Bd. 2, 3. Auflage 2004, §29, Rn. 3.

[170] *Oeter*, Integration und Subsidiarität, 1998, S. 95.

[171] *Stolleis*, in: Isensee/Kirchhof (Hrsg.), HStR, Bd. 1, 3. Aufl. 2003, §7, Rn. 9, 54, 69, 96 ff.; *Oeter*, Integration und Subsidiarität, 1998, S. 99 f.

Form eines Bundesstaates war 1848/1849 greifbar, erfolgte aber erst 1867/1871 und ist seitdem Konstante der deutschen Verfassung. Aber auch ohne eine tatsächliche Umsetzung der Bundesstaatspläne zum Ende des 19. Jahrhunderts wird erkennbar, dass in diesen Überlegungen die Grundlagen des heutigen staatsrechtlichen Föderalismus in Deutschland angelegt waren.

113 Bei der Bildung des modernen staatsrechtlichen Föderalismus erwiesen sich die jeweiligen Besonderheiten des föderalen Staatsaufbaus als Schnittpunkt der vielfältigen realen Einflüsse auf die Verfassungsgebung. Diese realen Einflüsse wirkten insbesondere bestimmend auf den jeweiligen Organisationsgrad zwischen zentraler Organisation und partikularen Befugnissen. Die Idee von föderalen Elementen wird dabei immer auch getragen von der Verfolgung bestimmter Zwecke. Föderalismus hat im Laufe der deutschen Geschichte unterschiedliche Funktionen erfüllt.[172] Entsprechend hat sich der Grad der Föderalisierung im Laufe der Zeit verändert. Der historische Blick auf die Entwicklung des Föderalismus zeigt, dass dieser ein **dynamisches Prinzip**[173] ist, das sich im ständig im Wandel[174] befindet. Freilich ist eben dies auch eine **Konstante**: Die jeweils zu leistende Positionsbestimmung ist ständige Aufgabe in föderalen Ordnungen. Sie ist auch unter dem Grundgesetz nicht beendet, sondern prägt die stetigen Debatten über Föderalismusreformen sowie die Struktur der Europäischen Union und deren Verhältnis zu Deutschland. Aus der historischen Betrachtung wird deutlich, dass der Charakter der deutschen föderalen Systeme ein Kompromiss zwischen den innerdeutschen und den europäischen politischen Ansprüchen an die deutsche Staatsordnung war, ist und voraussichtlich auch sein wird.

Schrifttum

G. Anschütz, Der deutsche Föderalismus in Vergangenheit, Gegenwart und Zukunft, Veröffentlichungen der Vereinigung der Deutschen Staatsrechtslehrer, Bd. 1, 1924, S. 11 ff.
Anschütz, Gerhard/Thoma, Richard (Hrsg.), Handbuch des Deutschen Staatsrechts, Bd. 1, 1930
K. O. Freiherr von Aretin, Der Kurfürst von Mainz und die Kreisassoziationen 1648-1740, 1975
K. O. Freiherr von Aretin, Das alte Reich 1648-1806, Bd. 1, Föderalistische oder hierarchische Ordnung, 1648-1684, 1993
H. Bauer, Die Bundestreue, 1992
K. Beyerle, Föderalismus, in: Festschrift für F. Porsch zum 70. Geburtstag, 1923, S. 128 ff.
C. Bilfinger, Der deutsche Föderalismus in Vergangenheit, Gegenwart und Zukunft, Veröffentlichungen der Vereinigung der Deutschen Staatsrechtslehrer, Bd. 1, 1924, S. 35 ff.
G. B. Bolz, (Hrsg.), Die Werke Friedrich des Großen, Bd. 5, ins Deutsche übersetzt, 1913
E.-W. Böckenförde, Der Westfälische Frieden und das Bündnisrecht der Reichsstände, Der Staat 8 (1969), S. 449 ff.
P. Burg, Der Wiener Kongreß, 1984
A. Buschmann (Hrsg.), Kaiser und Reich, 1984

---

[172] So *Nipperdey*, Nachdenken, 1986, S. 107; *Ritter*, Föderalismus und Parlamentarismus, S. 65.
[173] *Ritter*, Föderalismus und Parlamentarismus, 2005, S. 6; *Nipperdey*, Nachdenken, 1986, S. 60.
[174] *Stern*, Staatsrecht, Bd. 1, 2. Aufl. 1984, S. 747 m.w.N.

§2 Der Gedanke des Föderalismus in der Staats- und Verfassungslehre

O. Dann, Der deutsche Weg zum Nationalstaat, in: O. Janz/P. Schiera/H. Siegrist (Hrsg.), Zentralismus und Föderalismus im 19. und 20. Jahrhundert, 2000, S. 51 ff.
H. Dippel, Die Konstitutionalisierung des deutschen Bundesstaates in Deutschland 1848-1949 und die Rolle des amerikanischen Modells, Der Staat 38 (1999), S. 221 ff.
E. Deuerlein, Föderalismus, 1972
W. Dotzauer, Die deutschen Reichskreise (1383-1806), 1998
K. Ebke, Bundesstaat und Gewaltenteilung, 1965
C. Frantz, Der Föderalismus als das leitende Prinzip die soziale, staatliche, internationale Organisation unter besonderer Bezugnahme auf Deutschland, 1879
W. Frotscher/B. Pieroth, Verfassungsgeschichte, 7. Aufl. 2008
O. v. Gierke, Labands Staatsrecht und die deutsche Rechtswissenschaft, Schmollers Jahrbuch, Bd. 7, 1883, S. 1097 ff.
B. Grzeszick, Vom Reich zur Bundesstaatsidee, 1996
F. Hartung, Deutsche Verfassungsgeschichte, 9. Aufl. 1950
K. Hesse, Der unitarische Bundesstaat, 1962
H. Holborn, Deutsche Geschichte in der Neuzeit, Bd. 1, Das Zeitalter der Reformation und des Absolutismus, 1970
H. Holste, Der deutsche Bundesstaat im Wandel (1867-1933), 2001
E. R. Huber, Deutsche Verfassungsgeschichte seit 1789, Bd. 1, Reform und Restauration 1789 bis 1830, 2. Aufl. 1967
E. R. Huber, Deutsche Verfassungsgeschichte seit 1789, Bd. 2, Der Kampf um die Einheit und Freiheit 1830 bis 1850, 3. Aufl. 1988
E. R. Huber, Deutsche Verfassungsgeschichte seit 1789, Bd. 3, Bismarck und das Reich, 3. Aufl. 1988
E. R. Huber (Hrsg.), Dokumente zur Deutschen Verfassungsgeschichte, Bd. 1, Deutsche Verfassungsdokumente 1803-1850, 3. Aufl. 1978
E. R. Huber, Deutsche Verfassungsgeschichte seit 1789, Bd. 6, Die Weimarer Reichsverfassung, 1. Aufl. 1981
J. Isensee, Idee und Gestalt des Föderalismus in Deutschland, in: J. Isensee/P. Kirchhof (Hrsg.), Handbuch des Staatsrechts, Bd. 6, 3. Aufl. 2008
M. Jestaedt, Bundesstaat als Verfassungsprinzip, in: J. Isensee/P. Kirchhof (Hrsg.), Handbuch des Staatsrechts, Bd. 2, 3. Aufl. 2004
H. Kelsen, Wesen und Entwicklung der Staatsgerichtsbarkeit, Veröffentlichungen der Vereinigung der Deutschen Staatsrechtslehrer, Bd. 5, 1928, S. 30 ff.
H. Kilper/R. Lhotta, Föderalismus in der Bundesrepublik Deutschland: eine Einführung, 1996
O. Kimminich, Historische Grundlagen und Entwicklung des Föderalismus in Deutschland, in: Probleme des Föderalismus, 1985, S. 1 ff.
O. Kimminich, Deutsche Verfassungsgeschichte, 2. Aufl. 1987
O. Kimminich, Der Bundesstaat, in: J. Isensee/P. Kirchhof (Hrsg.), Handbuch des Staatsrechts, Bd. 1, 2. Aufl. 1995
R. Koselleck, Begriffsgeschichtliche Probleme der Verfassungsgeschichtsschreibung, Der Staat, Beiheft 6, 1983, S. 7 ff.
R. Koselleck, Bund, Bündnis, Föderalismus, Bundesstaat, in: R. Koselleck (Hrsg.), Geschichtliche Grundbegriffe, Studienausgabe, Bd. 1, 2004, S. 582 ff.
M. Kotulla, Deutsche Verfassungsgeschichte, 2008
B. M. Kremer, Der Westfälische Friede in der Deutung der Aufklärung, 1989
G. Kruip, Gescheiterter Versuch oder verpflichtendes Erbe?, in: P. Bahners/G. Roellecke (Hrsg.), 1848 – Die Erfahrung der Freiheit, 1998, S. 189 ff.
J.-D. Kühne, 150 Jahre Revolution von 1848/49, NJW 1998, S. 1513 ff.
J.D. Kühne, Die Reichsverfassung der Paulskirche, 2. Aufl. 1998
P. Laband, Die geschichtliche Entwicklung der Reichsverfassung seit der Reichsgründung, JöR 1 (1907), S. 1 ff.
P. Laband, Das Staatsrecht des Deutschen Reiches, Bd.1, 5. Aufl. 1911

C. Link, Die Bedeutung des Westfälischen Friedens in der Verfassungsentwicklung, JZ 1998, S. 1 ff.
O. Mayer, Republikanischer und monarchischer Bundesstaat, Archiv für öffentliches Recht, Bd. 18, 1903, S. 337 ff.
O. Mejer, Einleitung in das Deutsche Staatsrecht, 2. Aufl. 1884
G. Meyer/G. Anschütz (Hrsg.), Lehrbuch des Deutschen Staatsrechts, 7. Aufl. 1919
S. Mückl, Das Heilige Römische Reich deutscher Nation, Jura 2006, S. 602 ff.
T. Nipperdey, Nachdenken über die deutsche Geschichte, Essays, 1986
G. Oestreich, Verfassungsgeschichte vom Ende des Mittelalters bis zum Ende des alten Reiches, in: H. Grundmann (Hrsg.), Gebhardt – Handbuch der Deutschen Geschichte, Bd. 2, Von der Reformation bis zum Ende des Absolutismus, 9. Aufl. 1970
S. Oeter, Integration und Subsidiarität im deutschen Bundesstaatsrecht, 1998
W. Ogris, Der Norddeutsche Bund. Zum hundertsten Jahrestag der Augustverträge von 1866, JuS 1966, S. 306 ff.
H. Preuß, Gemeinde, Staat und Reich als Gebietskörperschaften, 1889
H. Preuß, Deutschlands Republikanische Reichsverfassung, 1921
H. Preuß, Reich und Länder (hrsg. v. G. Anschütz), 1928
S. von Pufendorf, Die Verfassung des deutschen Reiches, übersetzt von Horst Denzer, 1994
E. von Puttkammer, Föderative Elemente im deutschen Staatsrecht seit 1646, 1955
A. Randelzhofer, Völkerrechtliche Aspekte des Heiligen Römischen Reiches nach 1648, 1967
G. A. Ritter, Föderalismus und Parlamentarismus in Deutschland in Geschichte und Gegenwart, 2005
G. Roellecke, Ein Reigen von Gewalt und Recht, in: P. Bahners/G. Roellecke (Hrsg.), 1848 – Die Erfahrung der Freiheit, 1998, S. 1 ff.
E. Scheler (Hrsg.), Bismarck Werke in Auswahl, Bd. 4, Die Reichsgründung, Zweiter Teil, 1968
C. Schönberger, Die Europäische Union als Bund, Archiv des öffentlichen Rechts, Bd. 129, 2004, S. 81 ff.
C. Schönberger, Unionsbürger. Europas föderales Bürgerrecht in vergleichender Sicht, 2005
H. Schulze, Einleitung in das deutsche Staatsrecht, 1867
C. Senegaglia, Parlamentarismus und Föderalismus in der deutschen Verfassungsfrage nach dem Ende des Ersten Weltkrieges, in: W. Brauner/E. de Berger (Hrsg.), Repräsentation in Föderalismus und Korporatismus, 1998
P. Siewert/L. Aigner-Foresti, Föderalismus in der griechischen und römischen Antike, 2005
R. Smend, Ungeschriebenes Verfassungsrecht im monarchischen Bundesstaat, in: Festgabe für Otto Mayer, 1916, S. 247 ff.
H.-B. Spies (Hrsg.), Die Erhebung gegen Napoleon 1806-1814/15, 1981
K. Stern, Das Staatsrecht der Bundesrepublik Deutschland, Bd. 1, Grundbegriffe und Grundlagen des Staatsrechts, Strukturprinzipien der Verfassung, 2. Aufl. 1984
K. Stern, Das Staatsrecht der Bundesrepublik Deutschland, Bd. 5, Die geschichtlichen Grundlagen des deutschen Staatsrechts, 2000
M. Stolleis, Besatzungsherrschaft und Wiederaufbau deutscher Staatlichkeit 1945-1949, in: J. Isensee/P. Kirchhof (Hrsg.), Handbuch des Staatsrechts der Bundesrepublik Deutschland, Bd. 1, 3. Aufl. 2003, S. 269 ff.
R. Sturm, Föderalismus in Deutschland, 2001
H. Triepel, Unitarismus und Föderalismus im deutschen Reich, 1907
R. Vierhaus, Aufklärung und Reformzeit, in: E. Weis (Hrsg.), Reformen im rheinbündischen Deutschland, 1984, S. 287 ff.
U. Volkmann, Die Neuordnung des Bundesstaates im Spiegel seiner Geschichte, in: G. H. Gornig/U. Kramer/U. Volkmann (Hrsg.), Staat – Wirtschaft – Gemeinde, FS für W. Frotscher, 2007, S. 183 ff.
W. Weber, Fiktionen und Gefahren des westdeutschen Föderalismus, in: *W. Weber,* Spannungen und Kräfte, 3. Aufl. 1970, S. 57 ff.

H.-U. Wehler, Deutsche Gesellschaftsgeschichte, Bd. 1, Vom Feudalismus des Alten Reiches bis zur Defensiven Modernisierung der Reformära 1700-1815, 3. Aufl. 1996

F. Wigard, Stenografischer Bericht über die Verhandlungen der deutschen constituierenden Nationalversammlung zu Frankfurt am Main, Bd. 4, 1848

D. Willoweit, Deutsche Verfassungsgeschichte, 5. Aufl. 2005

§3 Föderalismus und Bundesstaat zwischen dem Alten Reich und der Bundesrepublik Deutschland

Siegfried Weichlein

Inhalt

A. Einleitung 101
B. Das Alte Reich und die föderative Nation 102
C. Deutscher Bund: Föderalismus ohne Demokratie 104
D. Föderativrepublik und Demokratie: Die Revolution 1848/1849 107
E. Föderalismus im Kaiserreich: Bundesstaat und Demokratieprävention 110
F. Föderalismus in der Weimarer Republik und der Zwischenkriegszeit 117
G. Föderalismus in der Bundesrepublik nach 1945 121
Schrifttum 124

A. Einleitung

Der Föderalismus ist eine Form der **Konfliktbearbeitung**. Er bearbeitet und befriedet gesellschaftliche und politische Gegensätze. Das gilt nicht nur für Deutschland. Ob Bayern zur deutschen Gesellschaft zählte oder Katalonien zur spanischen, wurde auch dadurch entschieden, ob und wie regionale, ethnische oder religiöse Konflikte bundesstaatlich beantwortet wurden. Die Föderalismusforschung kennt zwei Traditionen der Begriffsbildung. Der erste Zugang sucht den Föderalismus in Verfassungen und staatlichen Institutionen. Dieser Ansatz dominiert in der **Verfassungsgeschichte** und der vergleichenden Regierungslehre. Ihr Interesse gilt den staatlichen Institutionen, ihrer Systemlogik und der Organisation der Staatsgewalt. Föderalismus ist so gesehen die Fähigkeit, Entscheidungen auf mehreren Ebenen treffen zu können.

1

Föderale Systeme werden zu Mehrebenensystemen.[1] Dies setzt die relative Autonomie der Gliedstaaten und ihre Repräsentation im Gesamtstaat voraus.[2] Dem steht ein Ansatz gegenüber, der den Föderalismus als dynamische Reaktion auf Konflikte in der Gesellschaft liest. Föderalismus ist aus dieser Perspektive eine **lebende Verfassung**, weniger eine Ordnung von Institutionen. In diesem „soziologischen Föderalismus" schlagen sich die Problemlagen der Gesellschaft nieder. „The essence of federalism lies not in the constitutional or institutional structure, but in the society itself".[3] Eine vermittelnde Position zwischen beiden Ansätzen bezog *Arthur Benz*. Föderalismus ist für ihn **dynamisch**, indem er die gesellschaftlichen Problemlagen aufnimmt und dafür Lösungen auf der staatlichen Institutionenebene sucht.[4] Der Föderalismus hat Voraussetzungen in der Kultur und der Gesellschaft, in ihren Weltbildern und Konflikten. Er institutionalisiert Konflikte und macht sie so bearbeitbar. Die Geschichte des deutschen Föderalismus im 19. Jahrhundert bietet Belege für beide Verständnisse des Föderalismus. Sie ist eine Geschichte politischer Institutionen und dynamischer Konfliktbearbeitung. In der Begrifflichkeit von Föderalismus und Bundesstaat wurden alle wichtigen gesellschaftlichen Fragen erörtert. „There was a longue durée in German federal discourse, in that certain federal stereotypes, images and tropes, once invented, formed a kind of cultural repository which fuelled political debates on the subject over a long period. Elements of this repository … remained surprisingly constant between the late eighteenth and early twentieth centuries".[5]

B. Das Alte Reich und die föderative Nation

2   **Föderale Institutionen** kannte bereits das Alte Reich mit seinen Institutionen zur Repräsentation und Konfliktlösung. Hierzu gehörten neben dem **Reichstag** in Regensburg die dortige Abstimmungsform der „itio in partes", das **Reichskammergericht** in Wetzlar und der **Reichshofrat** in Wien. Sie alle verkörperten das prekäre Gleichgewicht zwischen den Reichsständen und der gesamtstaatlichen Ebene, personifiziert durch den Kaiser in Wien. Freilich war dieser Föderalismus keine

---

[1] Vgl. *Jachtenfuchs*, in: ders./Kohler-Koch (Hrsg.), Europäische Integration, 1996, S. 1 ff. Die folgenden Ausführungen erheben keinen Anspruch auf Vollständigkeit der Geschichte des Föderalismus. Auf Literatur wird nur ausnahmsweise und an ausgewählten Beispielen hingewiesen.

[2] Vgl. *Benz*, in: ders./Lehmbruch (Hrsg.), Föderalismus. Analysen in entwicklungsgeschichtlicher und vergleichender Perspektive, Politische Vierteljahresschrift – Sonderheft 32/2001, 2002, S. 9 (16).

[3] *Livingston*, Federalism and constitutional change, 1956, S. 2.

[4] Vgl. *Benz*, in: ders./Lehmbruch (Hrsg.), Föderalismus. Analysen in entwicklungsgeschichtlicher und vergleichender Perspektive, Politische Vierteljahresschrift – Sonderheft 32/2001, 2002, S. 9 (16).

[5] *Umbach*, German Federalism. Past, Present, Future, 2002, S. 63.

nationalstaatliche, sondern vielmehr eine übernationale Ordnung, die verschiedene Nationalitäten integrierte.[6]

Dennoch bestand das föderale Erbe des Alten Reiches weniger in seinen Institutionen, sondern in dem historisch tief einlässigen **föderativen Nationsgedanken**. Das erwachende Bewusstsein nationaler Gemeinsamkeit stützte sich nicht auf staatliche Gemeinsamkeiten. Es war durch Sprachgesellschaften seit dem 17. Jahrhundert ebenso vorbereitet wie durch den Reichspatriotismus. Das Lob der Mannigfaltigkeit deutscher Staaten und das Bekenntnis zur Einheit der deutschen **Nation** gingen im Reichspatriotismus zusammen.[7] Dafür stand zum einen die österreichisch-kaiserlich-katholische Variante des Reichspatriotismus. Die Wiener Hofpublizistik gewann Autoren wie *Karl Friedrich von Moser* dafür, „Patriotische Briefe" zu schreiben, die die freiheitssichernde **Reichsverfassung** feierten und das Loblied der Reichsinstitutionen sangen. Das Reich schützte so gesehen vor der Autokratie der Fürsten und der städtischen Patriziate.[8] Gleichzeitig wurden einzelne Staaten, wie vor allem Preußen, als Vaterland aufgewertet. Vaterland war nicht mehr der Geburtsort, wie der Ulmer Jurist *Thomas Abbt* meinte, sondern konnte dort liegen, wo Vernunftrecht und gute Gesetze herrschten.[9] Es war mithin nicht von Geburt und Natur gegeben, sondern war vernünftigen Maßstäben unterworfen und konnte damit mehrere Staaten meinen. Vor allem die Akzentuierung von Recht und Vernunft prägten den föderalen Diskurs zwischen dem späten 18. Jahrhundert und dem späten **Kaiserreich**. Er verdichtete sich in der Debatte um den deutschen Fürstenbund.

3

Getragen und verstärkt wurde der **föderative Reichsnationalismus** im Alten Reich von der Konfessionsspaltung. Sie vergemeinschaftete überregional, aber nicht national und begründete, warum sich katholische, lutherische oder kalvinistische Staaten nicht zu eigenen Nationalstaaten verfestigten. Im Alten Reich fand die Konfessionsspaltung ihren politischen Niederschlag in der „itio in partes", die die Zustimmung zu Reichsgesetzen, die religiöse Angelegenheiten betrafen, von den Korpora der konfessionell gegliederten Reichsstände abhängig machte.[10] Die „**amicabilis compositio**" des Reichstages sollte einvernehmliche Entscheidungen

4

---

[6] Die Staatlichkeit im Alten Reich hebt *Schmidt* hervor. Vgl. *ders.*, Geschichte des Alten Reiches. Staat und Nation in der Frühen Neuzeit, 1495-1806, 1999.

[7] Vgl. *Langewiesche*, in: ders. (Hrsg.), Nation Nationalismus, Nationalstaat in Deutschland und Europa, 2000, S. 55 (56). Zum Reichspatriotismus vgl. *Waldmann*, in: Patriotismus und Nationsbildung am Ende des Heiligen Römischen Reiches, 2003, S. 19 ff.

[8] Vgl. hierzu *Burgdorf*, in: Langewiesche/Schmidt (Hrsg.), Föderative Nation. Deutschlandkonzepte von der Reformation bis zum Ersten Weltkrieg, 2000, S. 157 ff.

[9] Vgl. *Abbt*, in: Kunisch (Hrsg.) Aufklärung und Kriegserfahrung. Klassische Zeitzeugen zum Siebenjährigen Krieg, 1996, S. 597 ff.; *Prignitz*, Vaterlandsliebe und Freiheit. Deutscher Patriotismus von 1750 bis 1850, 1981, S. 7 ff.

[10] Zur „itio in partes" vgl. *Heckel*, in: ders. (Hrsg.), Gesammelte Schriften Staat – Kirche – Recht, Geschichte, Bd. 2, 1989, S. 636 ff.

des Reichstages ermöglichen. Damit wurde die Parität als Konfliktbearbeitung zwischen den Konfessionen eingeführt. In der politischen Entscheidungsfindung ging sie über den Föderalismus hinaus, indem sie Mehrheitsentscheidungen ausschloss.[11]

C. Deutscher Bund: Föderalismus ohne Demokratie

5 Die föderale Ordnung des Deutschen Bundes nach 1815 knüpfte an den Föderalismus des Alten Reiches an. In ihr waren 35 souveräne, monarchische Einzelstaaten und freie Reichsstädte zusammengeschlossen, diejenigen Einheiten also, die im Wesentlichen durch die *napoleonische* **Territorialrevolution von 1803** entstanden waren. Im Unterschied zur Zeit vor 1806 setzten die deutschen Staaten nunmehr verstärkt auf die Loyalität ihrer Bürger. Einzelne Teilstaaten wie Bayern arbeiteten auf eine **eigene nationale Identität** hin und nutzten dazu Schulpolitik, öffentliche Feiern und Denkmäler. *Abigail Green* spricht mit Blick auf die Zeit vor 1871 von „Fatherlands" im Plural.[12] Für die Königreiche Hannover, Württemberg und Sachsen weist sie nach, wie die Monarchien einen modernen Zuschnitt gewannen, wie Öffentlichkeitsarbeit, Schulpolitik, Transport und Verkehr, besonders der Eisenbahnbau einer Stärkung des **einzelstaatlichen Selbstbewusstseins** zuarbeiteten. Es war die hohe Zeit des monarchisch-bürokratischen Kondominats, das vor dem Zeitalter der politischen Massen mehr oder weniger erfolgreich um die Loyalität der zukünftigen Wähler bemüht war. Der württembergische und der bayerische König ergriffen hier weithin sichtbar die Initiative.[13] In ihrem Erfolg liegt eine wesentliche Ursache für die Fortdauer föderaler Einstellungen bis ins 20. Jahrhundert.

6 Die Bewohner des Deutschen Bundes lebten in zwei politischen Ordnungen, in der einzelstaatlichen und der gesamtstaatlichen.[14] Sie waren Staatsbürger der Einzelstaaten, nicht des Bundes. Von dort kamen jedoch wesentliche politische Impulse für ihren Alltag. Die beiden Ordnungen sollten sich ergänzen. Nach außen sollte Einheit, nach innen dagegen Vielheit bestehen. Die Monarchien in den Einzelstaaten hatten ihre Rückversicherung im Bund, der Bund seinerseits wurde von den monarchischen Einzelstaaten unter der **Doppelhegemonie Österreichs und Preußens** getragen. Diese wechselseitige Rückversicherungslogik und nicht seine von *Ernst-Rudolf Huber* behaupte systemische Stabilität begründete die Momente der Gesamtstaatlichkeit, genauer das, was *Wilhelm von Humboldt* die „**bundesstaatlichen Elemente**

---

[11] Zur Parität und anderen Formen der Konfliktbearbeitung vgl. *Lehmbruch*, Parteienwettbewerb im Bundesstaat. Regelsysteme und Spannungslagen im Institutionengefüge der Bundesrepublik Deutschland, 2000.

[12] Vgl. *Green*, Fatherlands. State-building and nationhood in 19th century Germany, Cambridge 2001; *Hanisch*, Für Fürst und Vaterland. Legitimitätsstiftung in Bayern zwischen Revolution 1848 und deutscher Einheit, 1991.

[13] Vgl. *Berding*, Staatliche Identität, nationale Integration und politischer Regionalismus, in: ders. (Hrsg.), Aufklären durch Geschichte. Ausgewählte Aufsätze, 1990, S. 284 ff.

[14] Vgl. *Ritter*, Föderalismus und Parlamentarismus in Deutschland in Geschichte und Gegenwart (Sitzungsberichte der Bayerischen Akademie der Wissenschaften), 2005, S. 7.

§3 Föderalismus und Bundesstaat zwischen dem Alten Reich   105

im **Staatenbund**" nannte.[15] Dazu gehörte in erster Linie die Pflicht zur Bundestreue. Auf dieser Grundlage gab es Versuche, eine rechtliche Verdichtung und Vertiefung der Gemeinschaft zu erreichen. Dazu gehörten Vorarbeiten für ein Bürgerliches Gesetzbuch genauso wie Planungen für gemeinsame Maße, Münzen und Gewichte.[16] Insgesamt wurde aber nicht der Deutsche Bund, sondern vielmehr Preußen der Orientierungspunkt für die spätere nationale Ordnung.

Aber Preußen war in sich **ethnisch heterogen**. Die polnische Bevölkerung Preußens verstand sich zwar als preußisch, nicht aber als deutsch. Sie lebte bis 1848 mit der Ausnahme Oberschlesiens außerhalb der Grenzen des Deutschen Bundes. Der westliche und nördliche Teil Posens sowie West- und Ostpreußen gehörten nur zwischen 1848 und 1851 zum Deutschen Bund. Im Westen Preußens gab es eine französisch sprechende Minderheit in Malmedy. Die preußische Staatstradition integrierte diese ethnischen Gruppen, indem sie die Verwaltung und die Schule, nicht aber die Sprache standardisierte. Dennoch wurden seit den 1860er Jahren die Unterschiede zwischen der Behandlung von Minderheiten im Osten und im Westen deutlicher. Die Unduldsamkeit gegenüber der polnischen Sprache nahm zu, während es im Westen eine sehr viel größere Toleranz administrativer und ethnischer Unterschiede gab. Aus der französischen Besatzungszeit im Westen stammten Verwaltungstraditionen, die mit der preußischen Verwaltung leichter zu vereinbaren waren als solche unter der polnischen Bevölkerung des Ostens. Je weiter das 19. Jahrhundert fortschritt und je weiter man nach Osten ging, desto unitarischer und kulturnationaler wurde der preußische Staat. Dort nahm er das Gepräge eines Nationalstaats an. Im Westen dagegen blieb er sehr viel länger eine **Staatsnation**.[17]

Von langfristiger Bedeutung für den Föderalismus waren ebenfalls die **Rheinbundstaaten**. Deren Modernisierung bedeutete in aller Regel Zentralisierung und Unitarisierung. Generell war die Intoleranz gegenüber regionalen Unterschieden in den kleineren deutschen Staaten stärker ausgeprägt als in Preußen. In diese Richtung wirkten auch der Konstitutionalismus und die einzelstaatlichen Parlamente. Als gewählte Gremien repräsentierten sie die Einzelstaaten nach innen und nach außen. In regionalen Unterschieden sahen Vertreter des Parlamentarismus und des Konstitutionalismus oft eine Verwässerung moderner Prinzipien wie der Volkssouveränität, wenn nicht sogar einen Widerstand dagegen. Noch die Modernisierungstheoretiker des 20. Jahrhunderts neigten zur Gleichsetzung von Modernisierung und Unitarisierung. Ihre Begrifflichkeit von Zentrum und Peripherie machte die rückständige

---

[15] Vgl. *Huber*, Deutsche Verfassungsgeschichte seit 1789, Bd. 1: Reform und Restauration 1789 bis 1830, 1957, S. 664 ff.

[16] Vgl. dazu *Müller*, Deutscher Bund und deutsche Nation, 1848-1866, 2005.

[17] Zum preußischen Osten vgl. *Makowski*, in: Hahn/Kunze (Hrsg.), Nationale Minderheiten und staatliche Minderheitenpolitik in Deutschland im 19. Jahrhundert, 1999, S. 51 ff.; zum Westen vgl. *Pabst*, in: Hahn/Kunze (Hrsg.), Nationale Minderheiten und staatliche Minderheitenpolitik in Deutschland im 19. Jahrhundert, 1999, S. 71 ff.; Green (Fn. 12), S. 195 ff.

Peripherie zum politischen Objekt des modernen Zentrums. Die Peripherie galt als modernitätsabgewandt.[18]

9 Der große **Unterschied des Deutschen Bundes zum Alten Reich** lag in der Zäsur Französische Revolution und der damit einhergehenden demokratischen Herausforderung. Der Deutsche Bund war vom Wiener Kongress ins Leben gerufen worden, um Demokratie und Republik zu verhindern. Er sollte die weitere nationale Demokratisierung der deutschen Staaten und erst recht des Deutschen Bundes verhindern. So verschärfte der Deutsche Bund die Zensur in den Karlsbader Beschlüssen von 1819 und schränkte so massiv die politische Meinungsfreiheit ein. Von den Einzelstaaten wurde ein Bekenntnis zur monarchischen Ordnung und Widerstand gegen jedwede Form der nationalen Demokratisierung gefordert. Dies schloss ein Recht zur Bundesintervention in den Einzelstaaten ein, wovon der Deutsche Bund in Luxemburg und Frankfurt am Main, in Kurhessen und Holstein 1850 und wieder in Holstein 1864 Gebrauch machte.

10 Dennoch hielt die liberale **Nationalbewegung** am Bundesstaat fest. Als Vorbild dazu diente die nordamerikanische Bundesverfassung von 1787. Sie hatte den Gegensatz zwischen Föderalismus und Unitarismus überwunden und Demokratie in einem Flächenstaat organisiert. Der einzelne US-Bürger trat nach der Verfassung von 1787 in eine direkte Beziehung zum Gesamtstaat. Dieser war nicht mehr die Summe seiner Einzelstaaten und wurde von deren Vertretern politisch gelenkt, sondern konstituierte sich selbst aus der **Volkssouveränität** heraus. Hauptkennzeichen der Föderativrepublik war die unmittelbare Beziehung des Bürgers zum Gesamtstaat. Der einzelne Bürger wählte die Bundesregierung direkt, diese trat durch die Gesetzgebung und ihre Ausführung durch Bundesbehörden in eine unmittelbare Beziehung zu ihm und nicht zu den Einzelstaaten. Darin unterschied sich der Föderalismus der Federalist Papers und der **US-Verfassung** von 1787 von den älteren Föderalismuskonzeptionen, in denen der Gesamtstaat sich aus Kollektiven, den Einzelstaaten, und nicht aus Individuen zusammensetzte.

11 Die Vereinigten Staaten waren ein politisches Vorbild für die Öffentlichkeit der Restaurationsepoche und des Vormärz. Die Begeisterung für die nordamerikanischen Freistaaten reichte weit über das Staatsrecht und die akademische Öffentlichkeit hinaus.[19] Die für die deutsche liberale **Nationalbewegung** maßgeblichen Ideale von **Einheit und Freiheit** schienen in Nordamerika gleichzeitig verwirklicht. Zudem hatten die Vereinigten Staaten Freiheit und Einheit gegen innere und äußere

---

[18] Vgl. die Aufsatzsammlung *Rokkan*, Citizens, Elections, Parties. Approaches to the Comparative Study of the Processes of Development, 1970. Zur Kritik am Modell von Zentrum und Peripherie vgl. *Applegate*, A Europe of Regions: Reflections on the historiography of sub-national places in modern times (AHR Forum), in: American Historical Review 104, 1999, 1157 ff.

[19] Dies übersehen *Dippel*, Die amerikanische Verfassung in Deutschland im 19. Jahrhundert. Das Dilemma von Politik und Staatsrecht, 1994; *Dreyer*, Föderalismus als ordnungspolitisches und normatives Prinzip. Das föderative Denken der Deutschen im 19. Jahrhundert, 1987.

§3 Föderalismus und Bundesstaat zwischen dem Alten Reich   107

Gegner verteidigt. Ihre demokratische Bundes-Republik galt als „Föderativrepublik". Sie war weder zentralistisch wie in Frankreich, noch dezentralisiert wie in Großbritannien.[20]

Amerika, zumal seine Bundesverfassung wurde zum politischen Argument und zum Studienobjekt der Liberalen. Dies sollen einige ausgewählte Beispiele belegen, die beliebig vermehrt werden könnten.[21] Unter den süddeutschen Liberalen war **Robert von Mohl** einer der besten Kenner des amerikanischen Bundesstaats. 1824 veröffentlichte er seine Schrift über das amerikanische Bundesstaatsrecht.[22] Für ihn waren diejenigen Kennzeichen der nordamerikanischen Verfassung von Interesse, die sie vom Staatenbund unterschieden. Der Hesse **Friedrich Murhard**, in Kassel nicht gerade verwöhnt vom politischem Fortschritt, beobachtete die nordamerikanische Verfassung besonders genau. Für ihn basierte sie in erster Linie auf der Volkssouveränität und sicherte die Demokratie in einem großen Flächenstaat. Die amerikanische Verfassung „verband das repräsentative Prinzip mit dem föderativen". Die höchste Vollendung der Verfassungsentwicklung war die nordamerikanische Verfassung für *Murhard*, weil sie weder durch zentralstaatlichen Zwang noch durch eine Hierarchie von Regierungsebenen zustande gekommen war. Für *Murhard* lag ihr großer Vorzug darin, dass verschiedene Regierungsfunktionen verschiedenen Institutionen zugeordnet waren: diejenigen des Bundes den Bundesinstitutionen, diejenigen der Bundesstaaten deren Behörden.[23] Bundesstaat, Demokratie und Republik stützten sich so wechselseitig. Die amerikanische „Föderativrepublik" wurde zum **politischen Ideal der deutschen Demokraten**. Politisch standen die Verfechter der Föderativrepublik eher auf der politischen Linken.

12

D. Föderativrepublik und Demokratie: Die Revolution 1848/1849

In den Beratungen der **Frankfurter Paulskirche trat 1848** die vielleicht größte Nähe zwischen dem amerikanischen Verfassungsdenken und der deutschen Bundesstaatsdiskussion zutage. Die nordamerikanische Erfahrung bildete ein über 100 Mal in den

13

---

[20] Vgl. *Ullner*, Die Idee des Föderalismus im Jahrzehnt der deutschen Einigungskriege dargestellt unter besonderer Berücksichtigung des Modells der amerikanischen Verfassung für das deutsche politische Denken, 1965, S. 15; *Angermann*, Historische Zeitschrift 219, 1974, 1 ff.

[21] Vgl. u. a. *Angermann*, Historische Zeitschrift 219, 1974, 1 ff.; *Franz*, Das Amerikabild der deutschen Revolution von 1848/49. Zum Problem der Übertragung gewachsener Verfassungsformen, 1958; *Krüger*, ZNR 18, 1996, 226 ff.; *Marsh*, The American Influence in German Liberalism before 1848, Ann Arbor 1957; *Moltmann*, in: Jahrbuch für Amerikastudien 12, 1967, S. 206 ff., S. 252 ff.

[22] *von Mohl*, Das Bundes-Staatsrecht der Vereinigten Staaten von Nord-Amerika. Erste Abteilung: Verfassungsrecht, 1824.

[23] *Murhard*, Nordamerikanische Verfassung. Ihre Grundideen, in: Staatslexikon 1841, Bd. 11, 1841, S. 381 (423); vgl. *ders.*, Nordamerikanische Revolution, in: Staatslexikon 1841, Bd. 11, 1841, S. 324 ff.; *ders.*, Nordamerikanische Verfassung. Ihre Hauptbestimmungen, in: Staatslexikon 1841, Bd. 11, 1841, S. 465 ff.

Frankfurter Debatten gebrauchtes Argument.²⁴ Amerika war anfangs nicht nur für Linke, Radikale und Demokraten und die liberale Mitte ein Argument. Selbst Konservative wie der katholische Sozialpolitiker *Franz-Joseph Ritter von Buß* aus Freiburg spielten auf dieser Klaviatur. Er hatte den Kommentar zur nordamerikanischen Verfassung von *John Story* übersetzt und kommentiert.²⁵

14 Freilich besaß die **Amerikabegeisterung** eine antimonarchische Spitze. Der badische Republikaner *Friedrich von Struve* forderte in der ersten Sitzung des Frankfurter Vorparlamentes die „Aufhebung der erblichen Monarchie (Einherrschaft) und Ersetzung derselben durch frei gewählte Parlamente, an deren Spitze frei gewählte Präsidenten stehen, alle vereint in der **föderativen Bundesverfassung** nach dem Muster der nordamerikanischen Freistaaten."²⁶ *Robert Blum* und damit die großdeutsche 1848er Richtung begeisterten sich ebenfalls für die US-Verfassung und ihren Bundesstaatsgedanken. Er meinte: „Von allen Bundesverfassungen der Welt ist wohl keine vollkommener, naturgemäßer, genauer den höchsten Grundsätzen und Bedürfnissen entsprechend als die nordamerikanische". Liberale wie *Theodor von Welcker, Friedrich Christoph Dahlmann* und **Georg Waitz** waren sich darin einig, dass das zu errichtende Deutsche Reich ein **Bundesstaat** werden musste, wollte man die gesamte bisherige Verfassungsentwicklung nicht mit einem Strich umstoßen. Die nordamerikanische Verfassung galt „als ein Wunder unserer Zeit" (*Mittermaier*).²⁷

15 Die **Frankfurter Beratungen** markierten aber auch den Ort, an dem der Föderalismus seine Attraktivität auf der Linken verlor. Besaß der Bundesstaatsgedanke vor 1848 seinen politischen Ort im Wesentlichen auf der Linken, so war er nach 1848 vor allem auf der Rechten zu finden. Die Ursache dafür lag darin, dass sich die Linke mit ihren vagen Vorstellungen einer Föderativrepublik 1848 nicht durchsetzen konnte. Dieser Vorgang ist auf das engste mit der politischen Trennung von Demokraten und Liberalen verbunden. Bereits in der Frage der Übertragbarkeit des nordamerikanischen Bundesstaates auf Deutschland unterschieden sich beide. Die für die demokratische Linke entscheidende Verbindung zwischen Föderalismus und Republik auf der Linken teilten gemäßigte Liberale um *Johann Christian Fick, Hermann Abeken, Johann Adam von Seuffert* und *Gottfried Gervinus* gerade nicht. Sie verwiesen auf spezifische Traditionen der deutschen Geschichte, die sie von der amerikanischen unterschieden, und warnten vor einer schematischen Übertragung der amerikanischen politischen Formen. Stattdessen forderten sie die deren Anpassung an die besonderen deutschen Gegebenheiten und Voraussetzungen. Eine Rolle

---

²⁴ *Dippel*, (Fn. 19), S. 43.

²⁵ *von Buß*, Vergleichendes Bundesstaatsrecht von Nordamerika, Teutschland und der Schweiz, Bd. I: Das Bundesstaatsrecht der Vereinigten Staaten Nordamerika's. Nach John Story's 'Commentaries on the Constitution of the United States', 1844.

²⁶ Stenographische Berichte 4 (2.4.1848), zit. *Franz* (Fn. 21), S. 104.

²⁷ Zit. bei *Hartmann*, How American Ideas Traveled: Comparative Constitutional Law at Germany's National Assembly in 1848-1849, in: Tulane European and civil law forum 23 (2002), 23 (48); Stenographischer Bericht über die Verhandlungen der Deutschen Constituirenden Nationalversammlung zu Frankfurt am Main (Hrsg.) auf Beschluß der Nationalversammlung von Franz Wigard, Frankfurt 1848-1849, Bd. 4, S. 2723, Mittermaier.

§3 Föderalismus und Bundesstaat zwischen dem Alten Reich

spielte dabei die Frage nach der politischen Reife oder Unreife des deutschen Volkes für ein **republikanisches System**. Dieser sozial distinktive Topos des Liberalismus verstärkte sich nach der zweiten Welle der Revolution im Juni 1848 weiter, als er Republik und soziale Revolution miteinander identifizierte. Liberale führten gegen die Demokraten das Rechts- und Traditionsbewusstsein der Deutschen an, das sich gegen einen schroffen Übergang zur Föderativrepublik sperren würde. Hinzu kämen die emotionalen Bindungen weiter Teile des einfachen Volkes an die Monarchie. Für *Gervinus* war eine deutsche Föderativrepublik daher ein Ding der Unmöglichkeit.[28]

Im Grunde hatten die badischen Ereignisse diese Frage bereits entschieden, als die **Frankfurter Nationalversammlung** zusammentrat. Liberale sperrten sich gegen die Republik, eine deutsche Föderativrepublik war in weite Ferne gerückt. Stattdessen sprach man von einem „**monarchischen Freistaat**", einer konstitutionellen oder auch „republikanischen Monarchie". Bereits zu Beginn der Verfassungsberatungen war deutlich, dass ihre Beschlüsse von einer konstitutionell-monarchischen und nicht von einer demokratisch-republikanischen Mehrheit getragen werden würden. Für die Linke war damit klar, dass sich eine deutsche Föderativrepublik nicht würde errichten lassen.[29] Dies schloss nicht aus, sondern vielmehr ein, dass die Verfassungsberatungen auf die nordamerikanischen Regelungen eingingen. Nur diente der Bezug auf die Vereinigten Staaten jetzt der Herrschaftsbegrenzung, nicht mehr der Herrschaftsbegründung, was generell zum Kennzeichen des deutschen Verfassungsdenkens wurde. Das Bundesstaatsmodell der Vereinigten Staaten galt als zu unitarisch. Um sich von einer zu großen Zentralisierung abzusetzen, müsse man – so viele Liberale – sich auch von den nordamerikanischen Institutionen gerade unterscheiden und neue Wege gehen. Der Liberale **Georg Waitz** wollte den **bundesstaatlichen Unitarismus** vermeiden. *Waitz* und seine politischen Freunde wollten bereits 1848 eine Trennung zwischen Oberaufsicht, die beim Gesamtstaat blieb, auf der einen Seite und der Verwaltung und Durchführung, die bei den Einzelstaaten lag, auf der anderen Seite. Dies sollte dem deutschen Bundesstaat und seinem kooperativen Föderalismus auf die Dauer sein typisches Gepräge gegen sollte. Es war eine Grundentscheidung, die, 1867 und 1871 umgesetzt, bis heute gültig ist. Das Reich gab die Gesetze, führte sie aber nicht durch. Nach *Waitz* würde eine solche Trennung der inneren Aspekte der Gesetzgebung im Unterschied zur äußeren Trennung von Kompetenzen weniger unitarisch als in den USA sein.

Dieses Verständnis des nordamerikanischen Modells beruhte auf einem Missverständnis, denn die deutsche Regelung, eingeführt, um Unitarismus zu beschränken, war in Wirklichkeit viel **unitarischer**. Die Paulskirche stattete die Reichsgewalt mit größeren Befugnissen und mit mehr Rechten aus als sie das „federal government" der USA besaß, die auf einem Trennungs-, nicht einem Kooperationsmodell basierte. 1853 sah Waitz seinen Irrtum ein. „Die Frankfurter Verfassung scheute sich, der Reichsgewalt die eigene Administration übertragen. Vielleicht keiner mehr als ich

---

[28] Vgl. *Gervinus*, in: Deutsche Zeitung 10. März 1848.
[29] Vgl. *Franz* (Fn. 21), S. 114 f.

selber im Namen des Ausschusses hat dagegen gesprochen; wir waren hier ganz und gar auf Irrwege geraten."[30]

18   Dass der nationale Bundesstaat 1848/1849 nicht gelang, lag aber auch an der **Nationalitätenfrage**. In den Grenzen des Deutschen Bundes besaß das cisleithanische Österreich neben deutsch sprechenden Österreichern noch Tschechen, Slowaken, Italiener und andere Nationalitäten. Die **Integration ethnischer Minderheiten** war eine der wichtigsten Fragen in der Frankfurter Paulskirche. Ausgetragen wurde dieser Konflikt um die ethnische Zugehörigkeit zum Nationalstaat in der Polenfrage. Der Abgeordnete *Wilhelm Jordan* widersprach scharf seinem Kollegen *Arnold Ruge*, der für das **Selbstbestimmungsrecht der Nationalitäten** und für einen eigenen Staat der Polen eintrat. *Jordan* begründete in der Polendebatte der Frankfurter Nationalversammlung vom 24. bis zum 27. Juli 1848 den deutschen Anspruch auf die polnischen Gebiete mit der vermeintlich historisch erwiesenen Überlegenheit der deutschen Kultur, was eine föderale Integration von vorne herein unwahrscheinlich machte.[31] Die ethnischen Differenzen mit den Tschechen und anderen cisleithanischen Nationalitäten waren 1848 innerhalb der Grenzen des Deutschen Bundes nicht föderal und noch weniger unitarisch zu lösen. Daran scheiterte auch die anfänglich noch überwiegende großdeutsche Richtung. Für die Frankfurter Revolutionäre blieb am Ende nur mehr der **kleindeutsche Weg** in den Nationalstaat. Und der führte über Preußen. Über den föderalen Gedanken Österreich in einen Bundesstaat hinein zu integrieren, erwies sich 1848 als unmöglich.

E. Föderalismus im Kaiserreich: Bundesstaat und Demokratieprävention

19   Der Gedanke einer demokratischen Föderativrepublik war mit der **Selbstbehauptung der Monarchien** 1848/1849 in weite Ferne gerückt. Das galt auch für den Bundesstaatsgedanken. *Georg Waitz* meinte 1853 realistisch: „Die Tage, da alles in Deutschland, was sich mit der Gegenwart und Zukunft des Vaterlandes beschäftigte, das Wort Bundesstaat im Munde trug und in Schriften und Reden über die Notwendigkeit, die Bedingungen und die Folgen seiner Begründung gehandelt wurde, sind vorüber."[32] Wollten liberale Theoretiker am Nationalstaat festhalten, dann durften

---

[30] *Waitz*, in: Allgemeine Monatsschrift für Wissenschaft und Literatur 1853, 494 (503). (später erneut in: *ders.*, Grundzüge der Politik nebst einzelnen Ausführungen, 1862, 153 ff.) Hier verwies er auch auf die Notwendigkeit einer eigenen Bundesverwaltung und damit einer unmittelbaren Einwirkung der Bundesregierung auf den einzelnen Staatsbürger. Dieses Kennzeichen des amerikanischen Föderalismus hatte bereits *Theodor Welcker* hervorgehoben.

[31] Vgl. *Wippermann*, in: Hahn/Kunze (Hrsg.), Nationale Minderheiten und staatliche Minderheitenpolitik in Deutschland im 19. Jahrhundert, 1999, S. 133 ff.; *ders.*, in: Baumann u.a. (Hrsg.), Blut oder Boden. Doppelpaß, Staatsbürgerrecht und Nationsverständnis, 1999, S. 10 ff.

[32] Vgl. *Waitz*, in: Allgemeine Monatsschrift für Wissenschaft und Literatur 1853, 494 (503). (später erneut in: *ders.*, Grundzüge der Politik nebst einzelnen Ausführungen, 1862, 153 ff.).

sie ihn nicht gegen die Monarchien, sondern nur mit ihnen begründen. Der Föderalismus wurde jetzt aus einer gegenüber dem Vormärz völlig veränderten Perspektive wichtig. Er besaß nunmehr die politische Funktion, die Monarchien zu integrieren und ihre Existenz zu legitimieren, nicht aber, sie in eine Föderativrepublik hinein zu reformieren oder gar abzuschaffen. Der Nationalstaat würde ihnen aus der Sicht der liberalen Bundesstaatstheoretiker der 1850er Jahre nichts nehmen, sondern ihre Souveränität aufrecht erhalten und ihnen neue Entfaltungsmöglichkeiten bieten. Vertreter dieser Richtung gingen nicht mehr in der Tradition der älteren Staatsrechtslehre von einer ungeteilten, absoluten und einheitlichen Souveränität, sondern vielmehr von einer geteilten, andere von einer **doppelten Souveränität** aus. Nur so war es einigermaßen realistisch, das politische Projekt eines nationalen Bundesstaates in der staatenbündischen Gegenwart des Deutschen Bundes am Leben zu erhalten. Begriffspolitisch zielte die Annahme einer geteilten Souveränität darauf, auch unter den Bedingungen der gegenrevolutionär festgeschriebenen monarchischen Souveränität die Tür für eine Verdichtung des Staatenbundes hin zu einem deutschen Bundesstaat offen zu halten. *Waitz* war der bekannteste Vertreter dieser Richtung.[33]

Er formulierte 1853 seine **Theorie der geteilten Souveränität im Bundesstaat**. Der Bundesstaat bezog sich nunmehr auf den einzig möglichen Partner, mit denen Liberale nach 1848 noch die Möglichkeit sahen, einen Nationalstaat zu gründen: die deutschen Fürsten. Damit verließ *Waitz* den Boden der Volkssouveränität, um den Bundesstaat zu begründen. Die Souveränität mehrerer (Gesamt- und Einzel-)Staatsgewalten auf dem gleichen Gebiet ergab sich für ihn aus ihren verschiedenen Zuständigkeiten heraus. Staatliche Aufgaben begründeten Souveränität, nicht umgekehrt wie in der klassischen liberalen Lesart. Es ging ihm um „den Umfang, nicht den Inhalt der Souveränität".[34] *Waitz'* Theorie wich damit an einem entscheidenden Punkt von der westlichen, vor allem anglo-amerikanischen Verfassungstradition ab, die die Herrschaft in der Verfassung begründete. Für *Waitz* diente die Verfassung dazu, **zwei Ebenen von Staatlichkeit** – Teilstaaten und Bundesstaat – Aufgaben zuzuweisen, die dann begriffslogisch die Zuweisung von Souveränität erforderten.

Der Begründungsversuch von *Georg Waitz* für einen nationalen Bundesstaat auf der Grundlage der geteilten Souveränität hatte in den 1860er Jahren Konjunktur und wurde noch danach von anderen Autoren aufgenommen und ausgebaut.[35] Der Altliberale **Robert von Mohl** etwa modifizierte den Ansatz von *Waitz* und sprach von der Teilung einer einzigen Souveränität in Bundesstaat und Einzelstaat. Letztlich stand für *Mohl* dahinter der **Dualismus von Staat und Gesellschaft**, der beiden eine Eigengesetzlichkeit zusprach.[36]

In der Sache arbeiteten diese Autoren der bundesstaatlichen Organisation des Norddeutschen Bundes und vor allem des Deutschen Reiches von 1871 vor und

---

[33] Vgl. *Weitzel*, in: Reinhardt (Hrsg.), Hauptwerke der Geschichtsschreibung, 1997, S. 707 ff.

[34] *Waitz*, in: Allgemeine Monatsschrift für Wissenschaft und Literatur 1853, 494 (503). (später erneut in: *ders.*, Grundzüge der Politik nebst einzelnen Ausführungen, 1862, 153 ff.).

[35] Vgl. dazu ausführlich *Dreyer* (Fn. 19).

[36] Vgl. *von Mohl*, in: ZgS 7, 1851, 3 ff.

formulierten begriffliche Vorentscheidungen. Die liberale Ära von 1867 bis 1878 wurde politisch, die Phase zwischen 1867 und 1871 verfassungsrechtlich zur „**critical juncture**" (*Gerhard Lehmbruch*) des deutschen Föderalismus. In dieser Phase geschahen diejenigen „institutionellen Landnahmen", die bis heute die Geschichte des deutschen Föderalismus prägen.[37] Das Bekenntnis zum Bundesstaat und zum Föderalismus verdankte sich zumindest aus der Sicht der unitarisch eingestellten Nationalliberalen einem Kompromiss. Ihr Anliegen war der auf die Volkssouveränität gegründete Nationalstaat. Der Föderalismus von 1871 war ihrer Ansicht nach kein Wesensprinzip des Reiches, sondern ein **Organisationsprinzip** für den inneren Aufbau des Gesamtstaates, dessen Souveränität ausschließlich vom Volk ausging. *Otto von Bismarck* und die Reichsregierung sahen das naturgemäß anders. Für ihn garantierte der Bundesstaat die Prärogative der Kronen gegenüber dem Reichstag. Der föderal-bundesstaatliche Gründungskompromiss beinhaltete institutionelle Grundentscheidungen wie den Bundesrat, den kooperativen Föderalismus oder den Exekutivföderalismus, den kulturellen Föderalismus, den Verwaltungs- und den Finanzföderalismus.

23 Bis 1867 hatte die politische und staatsrechtliche Theoriebildung den Bundesstaat erörtert, verteidigt und immer wieder neu konzipiert. Die politische Gründung des **Kaiserreichs** als Bundesstaat orientierte sich dagegen nicht an der Frage der Souveränität. Die Frage nach dem Sitz der Souveränität ließen die Verfassungen von 1867 und 1871 in der Schwebe, so dass sich jede Seite bestätigt sehen konnte: die nationalliberale eines *Paul Laband* und die des einzelstaatlichen Staatsrechts wie bei dem Bayern *Max von Seydel*. Es entsprach der Intention *Bismarcks*, möglichst keine begrifflichen Festlegungen vorzunehmen, die einzelne Akteure in einen unüberwindlichen Widerstand in der Gründungsphase des Reiches hätte treiben können. In den **Putbusser Diktaten**, die der Verfassungsdiskussion im Norddeutschen Bund von 1867 vorausgingen, meinte er im Oktober 1866: „Man wird sich in der Form mehr an den Staatenbund halten müssen, diesem aber praktisch die Natur des Bundesstaates geben mit elastischen, unscheinbaren, aber weitgreifenden Ausdrücken."[38] Die Verfassungsbestimmungen blieben entsprechend vage. *Bismarck* begründete dies am 11. März 1867 im verfassungsgebenden Reichstag: „Es hat nicht unsere Absicht sein können, ein theoretisches Ideal einer Bundesverfassung herzustellen, in welcher die Einheit Deutschlands einerseits auf ewig verbürgt werde, auf der anderen Seite jeder particularistischen Regung die freie Bewegung gesichert bleibe. Einen solchen Stein der Weisen, ..., zu entdecken müssen wir der Zukunft überlassen."[39]

24 *Bismarck* arbeitete zusammen mit *Karl Friedrich von Savigny* für eine Lösung, die die Einzelstaaten möglichst unbeschädigt ließ und dennoch das Reich konturierte.

---

[37] Vgl. *Lehmbruch*, Der unitarische Bundesstaat in Deutschland: Pfadabhängigkeit und Wandel, Max-Planck-Institut für Gesellschaftsforschung, Discussion Paper 02/2, 2002.

[38] Zit. bei *Koselleck*, in: ders./Brunner/Conze, Geschichtliche Grundbegriffe. Historisches Lexikon zur politisch-sozialen Sprache in Deutschland, Bd. 1, 1972, S. 583 (668). Bismarck weigerte sich bezeichnenderweise nach 1871, den Bundesrat in Reichsrat umzubenennen.

[39] StenBer. des Konstituierenden Reichstags des Norddeutschen Bundes, 11.3.1867, Berlin 1868, S. 136.

§3 Föderalismus und Bundesstaat zwischen dem Alten Reich

Diese Fassung des Bundesstaates brach die Brücken zu den Gegnern des **kleindeutschen Nationalstaates** nicht ab. Die integrative Wirkung dieses Konzeptes blieb nicht aus. In Bayern setzte sich in den Beitrittsverhandlungen im Januar 1871 die Ansicht durch, dass jedwedes Beiseite-Stehen oder auch ein Nicht-Beitritt früher oder später die Sezession Frankens oder der linksrheinischen Pfalz zur Folge haben müsse. Dort bestanden starke kleindeutsche Neigungen. Die Fortexistenz und die territoriale Integrität Bayerns erzwangen nicht nur aus liberaler Sicht, sondern auch aus derjenigen der Mehrheit der **antipreußischen katholischen Patriotenpartei** den Beitritt zum Reich.[40] Folgerichtig verweigerte sich die bayerische Patriotenpartei nicht bei nationalen Wahlen und kandidierte für den Reichstag des Deutschen Reiches. Für die Geschichte des Föderalismus war dies ein entscheidender Schritt. Die föderale Interessenvertretung im Reich hatte den sezessionistischen Partikularismus gegen das Reich abgelöst.[41]

Im **kooperativen Föderalismus** konnte das Reich zwar Gesetze beschließen. Ihre Ausführung oblag aber den Ländern. Dies hatte zur Folge, dass das Reichspersonal überschaubar blieb und bis um das Jahr 1890 kaum 1.000 Mitarbeiter erreichte.[42] Dem deutschen Bürger begegnete das Reich zumeist in Gestalt von Landesbeamten: sei es bei der Steuer, der Polizei, der Eisenbahn, der Schule oder dem Militär. Lediglich der Postbote war bis auf Bayern ein Reichsbeamter und verkörperte das Reich als übergeleiteter Landespostbeamter in der Reichspost nach 1871.[43]

Der **Föderalismus** *Bismarcks* hatte bei den Demokraten und generell auf der politischen Linken eine schlechte Presse. Die bundesstaatliche Konstruktion diente *Bismarck* dazu, den Einfluss des Reichstages einzuschränken. Zum einen wurde das Reich föderal aus dem Bundesrat heraus regiert, wodurch er die parlamentarische Verantwortlichkeit einer Bundesregierung umging. Formal sollte es gar keine Bundesregierung geben, sondern nur die verbündeten Regierungen im Bundesrat. Der Bundeskanzler – ein Amt, das er gar nicht für sich vorgesehen hatte – sollte lediglich die Geschäfte des Bundespräsidiums führen, nicht aber eine eigenständige ministerielle Verantwortung haben. Solange *Bismarck* mit den Liberalen zusammenarbeitete, stand dieses Manko der liberalen Gesetzgebung auf Reichsebene nicht entgegen. Tatsächlich brachte die liberale Ära nach 1867, genauer die Gesetzgebungswelle nach 1871 einen massiven Unitarisierungsschub, der die Lebenswelt der deutschen Bürger in den 25 Einzelstaaten einander anglich.

Bis 1918 blieb es bei dieser Konstruktion, die keine verantwortlichen Minister kannte, sondern nurmehr Staatssekretäre, und die die politische Verantwortung hinter den verbündeten Regierungen verschleierte. Eine **Parlamentarisierung war in der bundesstaatlichen Ordnung** gerade nicht vorgesehen. Der Föderalismus war

---

[40] Vgl. *Weichlein*, Nation und Region. Integrationsprozesse im Bismarckreich, 2006; *Hartmannsgruber*, Die bayrische Patriotenpartei 1868-1887, 1986.

[41] In diesem Licht können auch die Verweigerung der KPD bei den Wahlen zur Verfassungsgebenden Nationalversammlung 1919 und die Kandidatur der SED Nachfolgepartei PDS bei den ersten gesamtdeutschen Wahlen nach 1945 am 2. Dezember 1990 gesehen werden.

[42] Vgl. dazu immer noch *Morsey*, Die oberste Reichsverwaltung unter Bismarck, 1867-1890, 1957.

[43] Vgl. dazu *Weichlein* (Fn. 40), S. 105 ff.

damit aus der Sicht der einzelstaatlichen Regierungen und insbesondere Preußens ein Instrument, die weitere Parlamentarisierung zu verhindern, wie sie die Liberalen forderten.

28 Der Bundesstaat von 1871 bedeutete nicht nur wie 1848 die theoretische, sondern die **praktische Abkehr von der Föderativrepublik**, dem linken Ideal des Föderalismus. Der Föderalismus diente im Reich von 1871 der offensiven Abwehr aller Versuche, das Reich auf die demokratisch ausgeübte Volkssouveränität zu gründen. Darauf hatten besonders die Sozialdemokraten beharrt. Die bundesstaatliche Konstruktion und die nationaldemokratische Konstruktion durch den Reichstag basierend auf dem Prinzip der Volkssouveränität gingen von jeweils anderen Legitimationsgrundlagen aus. Das Reich als „ewiger Bund", wie es die Reichsverfassung in Art. 1 beschrieb, bezog sich auf 25 Mitglieder, das demokratische Wahlrecht der Reichsverfassung auf 40 Mio.[44] Als Demokratisierungssperre widersprach der Föderalismus der Volkssouveränität als der einzigen legitimen Grundlage des deutschen Nationalstaats. Weder die liberalen Reichsgründer noch *Bismarck* hatten indessen vorhergesehen, dass die Flottenrüstung einen **Unitarisierungsschub** bringen würde, der nicht nur die Reichsregierung, sondern auch den Reichstag stärkte. Der Nationalismus der Kolonial- und Flottenbegeisterten war durch das Budgetrecht an den Reichstag adressiert. Damit aber war auch in der praktischen Politik klar geworden, dass das Reich nicht auf einem, sondern auf zwei Prinzipien ruhte: auf dem **Bundesgedanken**, der die Bundesstaaten verband, und auf der **Volkssouveränität**, die demokratische Wahlen und der Reichstag verkörperten. Die daraus resultierende Uneindeutigkeit wurde später von *Carl Schmitt* herausgearbeitet.[45] Historiker nahmen dies auf und sprachen kritisch gewendet von der Reichsverfassung als einem „dilatorischen Herrschaftskompromiss" oder einem „System umgangener Entscheidungen".[46]

29 Aber auch wirtschaftlich und kulturell veränderte sich das Verhältnis von Region und Nation. Die Zunahme von Transport und Verkehr, von Kommunikation und Mobilität erweiterte die Lebens- und Wahrnehmungsräume der Reichsbevölkerung, ohne dass sie freilich ihren Lokalismus und Regionalismus aufgaben.[47] Schlossen sich bis in die frühe *Bismarck*zeit hinein nationale und regionale Identität aus, so bedingten sie sich spätestens ab den 1890er Jahren gegenseitig. Prozesse der gemeinsamen **Vorteilsbildung von National- und Einzelstaat** und der Ausbau von neuen Verkehrsräumen, die quer zu den Einzelstaaten lagen, begünstigten die Integration von Bayern, Sachsen oder Rheinländern ins Reich. Die wechselseitige Öffnung

---

[44] Zur Bedeutung des demokratischen Wahlrechts für die politische Kultur des Kaiserreiches vgl. *Anderson*, Lehrjahre der Demokratie: Wahlen und politische Kultur im Deutschen Kaiserreich, Übers. Hirschfeld, 2009

[45] Vgl. *Schmitt*, Verfassungslehre, 1928.

[46] Vgl. *Mommsen*, in: ders. (Hrsg.), Der autoritäre Nationalstaat. Verfassung, Gesellschaft und Kultur im deutschen Kaiserreich, 1990, S. 11 ff.; *ders.*, Die Verfassung des Deutschen Reiches von 1871 als dilatorischer Herrschaftskompromiß, in: ebd., S. 9 ff.

[47] Diesen Integrationsprozess habe ich nachgezeichnet in *Weichlein* (Fn. 40).

der Eisenbahnnetze bot allen beteiligten Staatsregierungen einen Vorteil. Gleichzeitig entstand dadurch ein nationales Eisenbahnnetz, von dem alle Bundesstaaten profitierten.[48]

In die gleiche Richtung wirkte die Historisierung von **Modernitätsvorstellungen** wie bei den 800-Jahr-Feiern der *Wettiner*-Dynastie 1889 genauso wie die Historisierung von **Reichsloyalität**. Die sächsische wie auch die bayerische Monarchie legten zunehmend Wert darauf, bereits im Mittelalter reichstreu gewesen zu sein, als von den *Hohenzollern* noch nichts zu sehen gewesen war. In Sachsen betonten die Organisatoren, wie modern das Land schon immer gewesen sei, wie sehr es also in der Vergangenheit bereits das verwirklicht hatte, was das Deutsche Reich sich erst anschickte zu verwirklichen. 30

Beides erleichterte die Integration ins Reich. Eine Konsequenz davon war, dass Bayern, Sachsen und andere Teilstaaten mehr und mehr kulturalisiert wurden. Ihr politisch-staatlicher Charakter trat hinter dem kulturellen Zugehörigkeitsgefühl zurück. Der bayerische Staat machte dem bayerischen Lebensgefühl Platz, das mit anderen in einen Wettbewerb um Deutschheit trat. Die Konstrukteure der **regionalen Stereotypen** mussten dabei nicht immer aus der betreffenden Region kommen. *Dieter Langewiesche* hat hierfür sprechende literarische Beispiele gefunden. Zahlreiche literarische Zeugnisse belegen die Verschiedenheit des Südens vom Norden Deutschlands. *Thomas Manns* Novellenbeginn „München leuchtet" aus „Gladius Dei" wurde dafür emblematisch. Solche kulturellen Stilisierungen machten den **Verlust einer politisch-separaten Existenz** tolerierbar. *Theodor Lessing* feierte in diesem Sinn die katholisch-süddeutsche Verweigerung gegenüber dem norddeutsch-protestantischen Spießbürger: „Dieses Volk wusch sich nicht und badete nicht und war doch kunstnäher als die gewaschene Menschheit des Nordens, wo der Spießbürger die erste Geige spielt. Deutschlands gewaschene Bevölkerung ist nicht deutsch, sie zerfällt in feindliche Klassen, Pöbel und Bourgeoisie, aber in Baiern lebt das einige drekete Volk, von Herzen auch nicht schöner als unsere norddeutschen Proleten, aber welch schöne Namen hatten sie. Aloisius, Genoveva, Bartholomäus und Veronika... Katholischer Himmel goß Süßigkeit über die Grobiane."[49] 31

Das traf auch für die **lokale Identifikation** zu. Jeder Deutsche hatte eine Heimat, war der nationale Grundgedanke der Heimatbewegung.[50] Nationale Zugehörigkeit und symbolische Ortsbezogenheit gingen jetzt Hand in Hand.[51] Die Heimatbewegung feierte Nation und Staat. 32

Integration und Identifikation konnten indessen drei gravierende **Strukturprobleme** des deutschen Föderalismus nicht verdecken. Dies war zum einen das **ungleiche Wahlrecht** auf der nationalen und der einzelstaatlichen Ebene. Während die Arbeiter 33

---

[48] Zu den Prozessen der gemeinsamen Vorteilsbildung in Transport und Verkehr vgl. *Weichlein* (Fn. 40), S. 101 f.

[49] Zit. bei Langewiesche (Fn. 7), S. 75.

[50] Dies haben *Confino* und *Applegate* in ihren Arbeiten beschrieben. Vgl. *Applegate*, A Nation of Provinces. The German Idea of Heimat, 1990; *Confino*, The Nation as a Local Metaphor. Württemberg, Imperial Germany and National Memory, 1871-1918, 1997.

[51] Vgl. hierzu *Treinen*, in: KZfSS 17 (1965), 73 ff., 254 ff.

im Reich gleich und allgemein wählten, konnten sie zwar in den Ländern allgemein wählen, aber ihre Stimmen waren im Vergleich zu den Hochbesteuerten ungleich. Daran hielten vor allem Preußen und Sachsen fest, das 1896 sein Wahlrecht weitgehend dem preußischen anpasste. Während 1903 kein Sozialdemokrat im sächsischen Landtag saß, gewann die SPD 22 von 23 sächsischen Reichstagsmandaten. Nichts demonstrierte mehr, wie weit die Schere zwischen regionaler Exklusion und nationaler Inklusion auseinander gegangen war.[52] Wie sollte der Föderalismus überleben, wenn so viele Reichstagswähler in den Einzelstaaten keine echte Mitsprache besaßen? Damit hing ein zweites Strukturproblem engstens zusammen: der **Dualismus zwischen Preußen und dem Reich**. Preußen stand in vielerlei Hinsicht dem Reich näher als alle anderen Bundesstaaten: durch seine schiere Größe, die knapp zwei Drittel des Reiches ausmachte, durch seine Monarchie, die das Bundespräsidium stellte und sich unter *Wilhelm II.* zur Reichsmonarchie zu entwickeln suchte, und schließlich durch die Dominanz preußischer Gesetzgebungs- und Verwaltungspraktiken auf der Reichsebene. Sogar die altpreußischen Konservativen rückten nach 1873 immer mehr an die Seite der Nationalbewegung, bis sie schließlich nach 1879 zu ihrer Trägerschicht wurden. Basierte die Dominanz Preußens ursprünglich auf seiner 1866 und 1871 erwiesenen militärischen Stärke, so nahm sie mit der Zeit stärker Formen der Modernität an, die im Wettbewerb mit den anderen Bundesstaaten in den Bereichen Verkehr, Verwaltung und Bildung hervortraten. Von einem Verhältnis unter einigermaßen Gleichen konnte unter den 25 deutschen Gliedstaaten nicht die Rede sein.

34   Beide Schieflagen setzten sich in einem dritten Strukturproblem fort, der **Finanzverfassung** der Einzelstaaten.[53] Die Lösung für die Finanzierung des Reiches bestand seit 1878 in einem **gemischten System** aus Matrikularbeiträgen der Länder an das Reich, und eigenen Einnahmequellen des Reiches. Noch die Finanzverfassung des Reiches spiegelte die Doppellegitimität der Reichsverfassung. Die Reichsspitze arbeitete mit Provisorien. Ihr sollten die indirekten, den Ländern hingegen die direkten Steuern zustehen, auch wenn sich das Reich nach dem *Miquelschen* Amendement 1873 eine konkurrierende Besteuerungskompetenz auch für direkte Steuern vorbehielt. Die indirekten Reichssteuern waren allgemeine Steuern. Die direkten Steuern der Länder waren so gewählt, dass sie die bürgerlichen Schichten, die vom politischen System mit seiner Wahlrechtsungleichheit profitierten, am wenigsten trafen. Wenn das Reich finanziell handlungsfähig sein wollte, dann sollte es sich das Geld über Steuern bei denen holen, die für seine Zusammensetzung verantwortlich waren: bei den breiten Massen. Die gehobenen Steuerklassen, die die Zusammensetzung der Landtage bestimmten, blieben davon unberührt. Damit aber unterfing und stützte die Steuergesetzgebung die politische Funktion des Bundesstaates, den demokratisch gewählten Reichstag im Zaum zu halten.

35   Das Reich hatte sich einstweilen aus Zöllen und indirekten Steuern zu finanzieren. Es wurde in der Hauptsache zum „**Kostgänger der Länder**", die per Kopf

---

[52] Vgl. *Weichlein* (Fn. 40), S. 274.
[53] Vgl. *Witt*, Finanzen und Politik im Bundesstaat – Deutschland 1871-1933, in: Witt/ Huhn (Hrsg.), Föderalismus in Deutschland: Traditionen und gegenwärtige Probleme, S. 75 ff.

bemessene Matrikularbeiträge zur Finanzierung des Reiches zahlten, was die Finanzkraftunterschiede der Länder krass hervortreten ließ. Die Matrikularbeiträge wurden nach der Verfassung vom Reichstag festgesetzt. Um sich davon weiter unabhängig zu machen, suchte Bismarck nach eigenen stetigen Einnahmequellen. Die Wirtschafts- und Agrarkrise seit 1873 legte dafür Schutzzölle nahe. Diesen Plan durchkreuzte die *Frankensteinsche* **Klausel** 1879, die die Zolleinnahmen nur bis zu einer bestimmten Höhe dem Reich, darüber hinaus jedoch den Ländern zusprach.

Im Ergebnis erwies sich das bundesstaatliche Finanzierungssystem von 1867 als nicht angemessen und funktionsfähig. Das Resultat war eine **steigende Staatsverschuldung**. Die im preußischen Landtag repräsentierten Schichten verweigerten sich den finanzpolitischen Bedürfnissen des Reiches. Der Reichsschatzsekretär und der preußische Finanzminister lagen in den Jahrzehnten vor 1914 in ständigem Streit, der durch die Rüstungspolitik weiter verschärft wurde. Gerade die Flottenpolitik des Reiches begründete den Anspruch auf Teilhabe an den Steuerquellen der Länder, die über keine Flotte verfügten. Der Streit um die erste große direkte Reichssteuer, die Erbschaftssteuer von 1906, betraf damit die Finanzverfassung des Bundesstaates im Kern. Der **Erste Weltkrieg** schließlich führte die bundesstaatliche Finanzverfassung von 1871 vollends ad absurdum.[54] War das Deutsche Reich noch ohne Reichsheer – wenn auch unter preußischem Oberbefehl – in den Krieg im August 1914 hineingezogen, so förderten Frontlagen und Kriegsgeschehen schon bald die **Unitarisierung alles Militärischen** und im Gefolge auch der Politik. Die informelle Militärdiktatur *Paul von Hindenburgs* und *Erich Ludendorffs* wirkte in die gleiche Richtung.

F. Föderalismus in der Weimarer Republik und der Zwischenkriegszeit

Sowohl die militärische als auch die politische Führung des Reiches war sich gegen Ende des Krieges über alle Parteigrenzen und Meinungsverschiedenheiten hinweg darüber einig, dass die Nachkriegsordnung die finanziellen Lasten des Krieges nur in einer scharf unitarisierten Finanzgesetzgebung gerecht tragen könne. Die Neuregelung der gewaltigen Kriegsfolgelasten konnte nicht auf Länderinteressen Rücksicht nehmen. Das nationale Interesse begründete die **unitarisierende Reichsfinanzreform**, die *Matthias Erzberger* zwischen Juli 1919 und März 1920 durch die politischen Entscheidungsgremien peitschte, ohne dass er auf nennenswerten politischen Widerstand stieß. Die Wirkungen der *Erzbergerschen* **Reichsfinanzreform** waren enorm. Sie kehrte die finanziellen Beziehungen zwischen Reich und Ländern um. Das Reich war nicht mehr „Kostgänger der Länder", sondern die Länder

---

[54] Vgl. *Lehmbruch* (Fn. 37), S. 47 ff.

wurden vielmehr zu „Kostgängern des Reiches". *Joseph Schumpeter* bezeichnete den Zentralisierungsschub der Reichsfinanzreform von 1919 als „Versailles der finanzpolitischen Autonomie" der Länder und Gemeinden.[55]

38 Zum einen wurde die Finanzverwaltung nationalisiert und vereinheitlicht. Aus 25 Länderfinanzbehörden wurde eine Reichsfinanzbehörde, die Ländern wie Preußen erstmals eine professionelle Finanzverwaltung bescherte.[56] Dem Reich wurde das gesamte Steuerrecht übergeben, und es erhielt neue Einnahmequellen. Unitarische Regelwerke wie die Reichsabgabenordnung und die Reichshaushaltsordnung stärkten die Reichsgewalt gegenüber den Ländern. Es entstand ein System des vertikalen föderalen Finanzausgleichs zwischen Reich und Ländern. Die Stellung der Länder wurde zwar im Laufe der 1920-er Jahre erheblich verbessert. Dies bestätigte aber nur den **Finanzföderalismus von 1919**. Eine gewisse Rückverlagerung der Finanzautonomie hin zu den Gemeinden geschah durch die **Dietramszeller Notverordnung** vom 24. August 1931 von Reichskanzler *Heinrich Brüning*. Die Länderregierungen und Kommunen erhielten dadurch freie Hand in der Gestaltung der Besoldung ihrer Beamten. Sie konnten vom Reich abweichen und ihre Beamten und Angestellten leichter entlassen. Als es nichts mehr zu verteilen gab, wurde die traditionelle Rollenverteilung im Finanzföderalismus wieder attraktiv, um die Verantwortung für Kürzungen und Entlassungen auf die Länder und die Kommunen abzuwälzen.

39 Eine „**critical juncture**" des deutschen Föderalismus war die Nachkriegsordnung nach 1918 dennoch nicht. Dass es nach dem Zusammenbruch des Reiches und der *Hohenzollern*-Monarchie im November 1918 nicht zu einem allumfassenden Unitarisierungsschub hin zum Zentralstaat kam, lag auch daran, dass sich die Länderexekutiven nach ihrer Parlamentarisierung und Demokratisierung schneller als das Reich erholten und wieder handlungsfähig wurden. In den Ländern entstand kein Machtvakuum, das von den liberalen und sozialdemokratischen Reichseliten, die zur Unitarisierung entschlossen waren, genutzt werden konnte. Dies umso weniger, als in den Ländern ebenfalls die Parteien an die Macht kamen, die auch im Reich Verantwortung trugen. Die Sorge um die **nationalstaatliche Einheit** nach der Novemberrevolution und die Erfahrungen mit dem Föderalismus des Kaiserreiches legten für die Mehrheitssozialdemokraten und ihre liberalen und katholischen Koalitionspartner eine unitarische Ordnung nahe. *Friedrich Ebert*, die MSPD und *Hugo Preuß*, der Autor des ersten Entwurfes der Reichsverfassung, konnten sich damit jedoch nicht durchsetzen. Es blieb bei der auf die Paulskirchenverfassung zurückgehende Kompromisslinie einer **funktionalen Kompetenzaufteilung** zwischen dem Gesamtstaat und den Ländern, wie sie im kooperativen Arrangement des Norddeutschen Bundes und der Reichsverfassung von 1871 Gestalt gefunden hatte. *Preuß* hatte eine deutliche Unitarisierung des Reiches angestrebt. Das bedeutete auch eine Länderneugliederung. Preußen, das etwa zwei Drittel des Reiches ausmachte, und

---

[55] Zit. bei *Ullmann*, Der deutsche Steuerstaat. Geschichte der öffentlichen Finanzen vom 18. Jahrhundert bis heute, M 2005, S. 115.

[56] Vgl. *Emse*, Die Finanzverfassung der Weimarer Republik. Die Erzbergersche Reichsfinanzreform, 2007.

§3 Föderalismus und Bundesstaat zwischen dem Alten Reich　　　　　　　　　　　119

die vielen kleinen Kleinststaaten wollte er durch 16 etwa gleich große Staaten ersetzen. Deren Vertretung im Reich sollte ein Staatenhaus mit gewählten Vertretern nach dem nordamerikanischen Senatsmodell garantieren. Damit stieß *Preuß* weder bei den Ländern auf Gegenliebe, wo jetzt wie in Bayern linke Mehrheiten herrschten, noch bei allen Mehrheitssozialdemokraten im Reich.

Auf der **institutionellen Ebene** des Bundesstaates dominierte Kontinuität in den Zeiten des Wandels. Die nunmehr demokratisierten und parlamentarisierten Institutionen von 1871 blieben in Kraft: der Bundesrat wurde zum Reichsrat, den die Länderregierungen, nicht die Länderparlamente beschickten. Die Länderparlamente wurden demokratisch gewählt und trugen ihrerseits die Länderregierungen. Das Reich wurde auf nationaler und auf Länderebene parlamentarisiert. Der Umbau der bundesstaatlichen Verfassung war am suspensiven Veto des Reichsrates abzulesen, das nur mit einer Zweidrittelmehrheit des Reichstages überstimmt werden konnte. In der Praxis verschaffte dies dem Reichsrat auch in Weimar erhebliche Mitspracherechte. Die gesamtstaatliche Ebene erhielt dafür die neue Aufgabe der Grundsatzgesetzgebung.[57]

In Weimar kam es zum unitarischen Fortbau der bundesstaatlichen Reichsverfassung hin zum **unitarischen Bundesstaat**. Der unitarische Bundesstaat hatte aus der Sicht der Reichseliten einen demokratiesichernden Sinn, woran die gemäßigten bürgerlichen Parteien und die SPD ein Interesse hatten. Bayern etwa widersetzte sich vor und nach 1923 nicht nur der unitarischen Reichsgewalt, sondern auch dem politisch-sozialen und kulturellen Projekt Weimar. Für Sozialdemokraten und Liberale verfestigte sich damit der Eindruck, dass unter dem Gewand des Föderalismus antidemokratische Einstellungen fortlebten. Dennoch war die demokratische und republikanische Gesinnung nicht im Reich, sondern vielmehr im größten Einzelstaat, in Preußen, am stärksten ausgeprägt. Das zeigte sich besonders am Ende der Weimarer Republik, als die **Nationalsozialisten** auf dem Vormarsch waren und Preußen zum Rückhalt der SPD im Kampf gegen *Adolf Hitler* wurde. Ministerpräsident *Otto Braun* und Innenminister *Carl Severing* verteidigten das „Bollwerk der Demokratie" gegen Nationalsozialisten und Kommunisten.[58] Der Föderalismus bot damit nicht nur den bayerischen Antidemokraten Schutz vor der Reichsebene, sondern auch den preußischen Sozialdemokraten Hilfe gegen eine Reichspolitik, in der nach 1930 die Zeichen auf Abkehr von der parlamentarischen Demokratie standen. Welchen Wert Föderalismus und Bundesstaat aber auch für die Reichsführung besaßen, zeigte sich 1932, als die Zustimmung des Reichsrates zu einer Art Legalitätsreserve gegenüber dem von den Nationalsozialisten und den Kommunisten dominierten Reichstag wurde.[59]

Auch der moderne Wohlfahrtsstaat, der auf die *Bismarcksche* **Sozialversicherungsgesetzgebung** der 1880er Jahre zurückging und in der Weimarer Republik

---

[57] Vgl. *Lehmbruch* (Fn. 37), S. 52 ff.
[58] Vgl. *Ehni*, Bollwerk Preußen? Preußen-Regierung, Reich-Länder Problem und Sozialdemokratie 1928-1932, 1975.
[59] Zum Konsultationsprozess zwischen Reichsregierung und Ländern vgl. *Besson*, Württemberg und die deutsche Staatskrise 1928-1933: Eine Studie zur Auflösung der Weimarer Republik, 1959.

massiv weiterentwickelt wurde, wirkte auf den Föderalismus zurück. Die Sozialpolitik wurde in einem Bundesstaat mit Gewerbefreiheit und Freizügigkeit zur Aufgabe des Gesamtstaates.[60] Das galt vor allem für das Armutsrisiko der Arbeitslosigkeit. Die Arbeitslosenversicherung von 1926 baute den deutschen Sozialstaat auf der Reichsebene massiv aus. In die gleiche Richtung wirkte der Ausbau des deutschen Sozialstaats seit den 1950er Jahren.[61] Hier deutete sich bereits eine innere systemische Bruchlinie des Bundesstaates an, die besonders in der Deutschen Einheit 1990 hervortrat. In der fortgeschrittenen deutschen Industriegesellschaft wurden die sozialen Probleme immer komplizierter. Der Primat des Sozialen aber wurde in der Regel nicht föderal, sondern national konzipiert.

43 Auch die kulturellen Grundlagen des Föderalismus veränderten sich in der Weimarer Republik. Hatte der **Heimatgedanke** das Bekenntnis zum deutschen Nationalstaat bis 1918 getragen, so bildeten die Vertreter der Heimatbünde in der Weimarer Republik die Speerspitze eines **Radikalnationalismus** gegen die Weimarer Republik. Der Heimatgedanke wurde zur ideologischen Grundlage des Nationalismus in der Peripherie.[62] Nach dem Ersten Weltkrieg kam es zur ersten Länderneugliederung seit 1866, ohne dass sich dadurch stabilisierende Momente für die Weimarer Republik ergaben. Die thüringische Staatenwelt wurde am 1. Mai 1920 zum Land Thüringen zusammengefasst.[63] Dieser neue Staat, wo anfangs mehr noch als in Bayern die USPD und die KPD eine wichtige Rolle spielten, wurde zum Tummelplatz für Heimatbünde, Rechtsextreme und Nationalsozialisten. Bereits im Januar 1930 war der Nationalsozialist *Wilhelm Frick* Innenminister dieses Landes.

44 Die Nationalsozialisten schafften bereits im Frühjahr 1933 den Föderalismus als Ordnungsmodell ab und ersetzten ihn durch einen rigorosen Zentralismus. In der NS-Sprache „**Gleichschaltung**" genannt, meinte dieser Vorgang die Ersetzung der bisherigen Landesregierungen durch Nationalsozialisten und diejenige der Eigenstaatlichkeit durch Reichsstatthalter. Das zweite Gesetz zur Gleichschaltung der Länder mit dem Reich vom 7. April 1933 und das Reichsstatthaltergesetz vom 30. Januar 1935 setzten an die Stelle des Bundesstaates einen strammen Zentralstaat, der jedwede Initiative von der expliziten oder impliziten Zustimmung *Hitlers* abhängig machte. Ihr Modell war der **Führerstaat**. Legitimatorische Grundlage dafür war, dass die Nationalsozialisten die Volkssouveränität, durch demokratische Wahlen in

---

[60] Darauf wies zu Recht hin *Pierson*, Fragmented Welfare States: Federal Institutions and the Development of Social Policy, in: Governance 8, 1995, 449 ff.

[61] Vgl. *Schmidt*, in: Leibfried/Wagschal (Hrsg.), Der deutsche Sozialstaat. Bilanzen-Reformen-Perspektiven, 2000, S. 153 ff.

[62] Vgl. dazu *Oberkrome*, Deutsche Heimat. Nationale Konzeption und regionale Praxis von Naturschutz, Landschaftsgestaltung und Kulturpolitik in Westfalen-Lippe und Thüringen (1900-1960), 2004; *ders*., Stamm und Landschaft. Heimatlicher Tribalismus und die Projektionen einer „völkischen Neuordnung" Deutschlands 1920-1950, in: Hardtwig (Hrsg.), Ordnungen in der Krise. Zur politischen Kulturgeschichte Deutschlands 1900-1933, 2007, S. 69 ff.

[63] Nur Sachsen-Coburg schloss sich Bayern an.

den Ländern und im Reich zur Geltung gebracht, durch den neuartigen Gedanken der **Führersouveränität** ersetzten, der den Föderalismus strikt ablehnte. *Hitler* gewann so eine eigene Machtbasis, die von den Befugnissen des Reichspräsidenten unabhängig war. Nach dem Tod *Hindenburgs* im August 1934 wurde *Hitler* nicht dessen Nachfolger. Vielmehr löste der nationalsozialistische Führerstaat das vielgliedrige Institutionenarrangement des demokratischen Bundesstaates Weimarer Prägung ab. Das galt auch für die NSDAP selbst, wo die Gauleiter anders als die Ras im italienischen Faschismus über keine regionale Machtbasis verfügten, die sie gegebenenfalls gegen die Zentrale gebrauchen konnten. Gauleiter und Reichsstatthalter waren dem Führer *Hitler* strikt untergeordnet. Das Gesetz über den Neuaufbau des Reichs vom 30. Januar 1934 besiegelte auf den Tag genau ein Jahr nach *Hitlers* Regierungsübernahme den vollständigen Umbau des Staates und die Zerstörung des Föderalismus.

G. Föderalismus in der Bundesrepublik nach 1945

Der Zentralstaat der Nationalsozialisten war zu einer nie gesehenen terroristischen Kraftanstrengung in Rüstung und Kriegsführung fähig, überzog Europa mit Krieg und ermordete die europäischen Juden. Nicht nur die Alliierten wollten die föderalen Momente wieder im Zentrum eines deutschen Staates sehen. Auch in der Bevölkerung galten die föderalen wie die naturrechtlichen oder christlichen Traditionen als vom Nationalsozialismus unbeschädigt und zustimmungsfähig beim ideellen **Wiederaufbau**. Der Föderalismus bildete ein zentrales politisches Argument beim Wiederaufbau nach 1945. Verstärkt wurde diese Tendenz durch die Alliierten, die am Beginn der Verfassungsberatungen auf einem föderalen Staatsaufbau bestanden.

Dabei gab es zwei **Triebkräfte**: Einerseits entstand die Bundesrepublik aus kleineren Teilen, den Besatzungszonen und den deutschen Ländern, die sich nach 1945 unter alliierter Ägide neu gebildet hatten. Die **Auflösung Preußens** durch alliierten Beschluss hatte 16 Länder (ohne das Saarland) in den vier Besatzungszonen geschaffen. Zwischen diesen sehr viel ähnlicheren Gebilden ohne ein alles dominierendes Preußen entstand ein höheres Koordinationsbedürfnis als dies in Weimar der Fall gewesen war.

Andererseits aber wirkten die älteren **Traditionen des unitarischen Bundesstaates**, des dezentralisierten Einheitsstaates und auch des demokratischen Nationalstaates nach. Dies galt insbesondere für das liberale Verständnis des Finanzföderalismus und des unitarischen Bundesstaates. In dieser Tradition stand bereits *Hugo Preuß*. Hatte der Bundesstaat im Laufe des 19. Jahrhunderts den Gegenentwurf zum lockeren Staatenbund gebildet, so stand er in den Beratungen des parlamentarischen Rates als Gegenentwurf zum Einheitsstaat da. Die demokratische Linke erkannte im Föderalismus ein Residuum antidemokratischer Kräfte in *Bismarckscher* Manier. Gleiche demokratische Teilhabe dagegen würde nur die unitarische Demokratie garantieren. Dieser Überzeugung waren neben der SPD auch Liberale wie der frühere preußische Finanzminister *Hermann Höpker Aschoff*. Stärker unitarisch dachten auch die west-

und norddeutschen Vertreter der CDU. Zusammen neigten sie einem Modell der Ländervertretung beim Bund nach der Vorbild des amerikanischen Senats zu, wobei die Ländersenatoren jeweils gewählt und nicht von der Regierung ernannt werden würden.[64]

48 Ihnen gegenüber stand der süddeutsche Flügel der CDU und insbesondere die bayerische CSU, die am massivsten föderalistische Überzeugungen vertrat. Ihr politisches Ziel war die **Sicherung der Eigenständigkeit der Länder** und die Sicherung der Länderexekutiven, weshalb Bayern das Senatsmodell ablehnte und die Bundesratslösung mit direkter Vertretung der Länderregierungen forderte. Der bayerische Ministerpräsident *Hans Ehard* (CSU) ging mit dem sozialdemokratischen Verfassungspolitiker *Walter Menzel* aus Nordrhein-Westfalen den bekannten **föderalen Verfassungskompromiss** ein, wonach die SPD den Bundesrat, Bayern und die CDU/CSU den Finanzföderalismus der Sozialdemokraten akzeptierten und auf das Veto des Bundesrates verzichteten. Im „Zielkonflikt zwischen Sicherung der Eigenständigkeit der Bundesländer... und Verankerung des traditionellen deutschen Beteiligungsmodells" der Länder bei der Bundesgesetzgebung entschied sich die bayerische CSU für den Primat der Beteiligung an der Bundesgesetzgebung.[65] So gesehen handelte es sich nicht um einen Kompromiss, sondern um eine Grundsatzentscheidung, wie die Interessen – weniger die Eigenständigkeit – der Länder langfristig am besten zu sichern seien: durch eine eigene Landeskompetenz der Gesetzgebung oder durch Mitwirkung an der Bundesgesetzgebung. 1949 brachte die Richtungsentscheidung für den Beteiligungsföderalismus, also für die Mitarbeit an den Gesetzen des Bundes.[66]

49 Die Sozialdemokraten erkannten im Finanzföderalismus den entscheidenden Hebel für den demokratisch-egalitären Unitarismus, der einen starken Gesamtstaat erforderte. Die Besatzungsmächte hatten dagegen erhebliche Vorbehalte und bestanden auf einer Lockerung des vergleichsweise **unitarischen Finanzföderalismus**, wie er der SPD vorschwebte. Im „Washingtoner Plazet" vom 8. April 1949 lenkten die westlichen Besatzungsmächte USA, Großbritannien und Frankreich schließlich ein und akzeptierten jede Finanzordnung, die die „finanzielle Unabhängigkeit und angemessene Finanzkraft" der Länder garantierte.[67] Die Zuweisung der Steuereinnahmen blieb nach Steuerarten getrennt. Die Umsatzsteuer ging an den Bund, die Einkommensteuer an die Länder.[68] Gleichzeitig wuchsen jedoch die Zwänge zur Umverteilung und zur zentralen Finanzierung durch den Bund. In diese

---

[64] *Renzsch*, Finanzverfassung und Finanzausgleich: die Auseinandersetzungen um ihre politische Gestaltung in der Bundesrepublik Deutschland zwischen Währungsreform und deutscher Vereinigung (1948 bis 1990), 1991; zur Debatte um den Bundesstaat im parlamentarischen Rat vgl. *Oeter*, Integration und Subsidiarität im deutschen Bundesstaatsrecht: Untersuchungen zur Bundesstaatstheorie unter dem Grundgesetz, 1998.

[65] *Oeter* (Fn. 64), S. 129; vgl. *Lehmbruch* (Fn. 37), S. 63.

[66] So der Begriff bei *Böckenförde*, in: Jekewitz u.a. (Hrsg.), Politik als gelebte Verfassung. FS für F. Schäfer, 1980, S. 182 (188 f.).

[67] Vgl. *Kilper*, Föderalismus in der Bundesrepublik Deutschland: eine Einführung, 1996, S. 98.

[68] Vgl. hierzu besonders *Renzsch* (Fn. 64).

Richtung wirkten die Kriegslasten, der Wiederaufbau, die Entschädigungsgesetzgebung. Bereits die Alliierten konzedierten dem Bund einen Teil der Einnahmen aus der Einkommensteuer, die eigentlich den Ländern zustand. Die Finanzreform von 1969 bedeutete einen weiteren Schritt in Richtung Verbundsteuersystem und Unitarisierung der Finanzverwaltung.

Doch die Unitarisierung bedeutete nicht **Zentralisierung**. Die Verfassungsberatungen des Parlamentarischen Rates behielten zum einen die funktionale Trennung in Gesetzgebung beim Gesamtstaat und Ausführung bei den Ländern bei. Der Bund verfügte über nur wenige eigene Behörden, um seine Gesetzgebung umzusetzen. Zum anderen aber erhielten die Länder – zumal die großen unter ihnen wie Nordrhein-Westfalen, Bayern oder Baden-Württemberg – durch ihre Vertretung beim Bund ein erhebliches Mitspracherecht bei der Bundesgesetzgebung. Beide Aspekte wurden schon bald miteinander verknüpft. Bei allen Gesetzen, die eine finanzielle Beteiligung der Länder erforderten, war auch ihre Zustimmung nötig. Durch die funktionale Trennung in Gesetzgebung und Ausführung durch die Landesverwaltungen betraf dies fast alle Bereiche der Gesetzgebung.

Die Weichenstellungen durch das Grundgesetz hatten Konsequenzen für die weitere Ausgestaltung des Föderalismus in der Bundesrepublik. Bis 1990 setzte sich die **Verflechtung von Bundes- und Länderzuständigkeit** in fast allen Politikbereichen durch. Die Zahl der zustimmungspflichtigen Gesetze nahm mit der Ausweitung der Bundeskompetenz zu. Systemisch bedeutete dies die Integration der jeweiligen Opposition, zumal sie häufig die Mehrheit in der Länderkammer stellte. Über den Bundesrat war die SPD bereits in den 1950er Jahren an der Bundespolitik beteiligt. Das gleiche galt für die CDU/CSU in den Jahren der sozial-liberalen Koalition. Der Politikwissenschaftler *Fritz Scharpf* nannte das Ergebnis eine Politikverflechtung und sprach von einer **Verflechtungsfalle**, weil der deutsche Beteiligungsföderalismus politische Problemfelder nicht isoliert, sondern eher miteinander verbindet und damit schwerer lösbar macht. Das politische System droht unter den Bedingungen dieses Beteiligungsföderalismus immobil zu werden.[69]

Der Föderalismus wurde zur **Aushandlungsarena** der Bundespolitik. Damit einher ging zum einem ein gewisser Zwang zum Konsens in allen Fragen, die eine Finanzierung erforderten. Konsensdemokratische Züge prägten die Geschichte der Bundesrepublik. Je weniger die Opposition ihre Vorstellungen im Bundestag wirkungsvoll durchsetzen konnte, umso mehr nutzte sie den Bundesrat dazu. Er blieb zwar Länderkammer, diente aber in erster Linie als Forum der Opposition in der Parteiendemokratie. Zum anderen aber erhöhte sich damit der Einfluss der Vetospieler in den Ländern. Ein finanziell wichtiges Gesetz zu Fall zu bringen war leichter, als es durch die politischen Institutionen zu bringen. Die „Parteiendemokratie im Bundesstaat" ordnete sich die Instrumente und Institutionen des Föderalismus unter und gestaltete den Bundesrat zu einem Organ der jeweiligen Opposition um.[70]

---

[69] Vgl. *Scharpf*, in: Hesse (Hrsg.), Politikverflechtung im föderativen Staat, 1978, S. 21 ff.; *Scharpf*, Politische Vierteljahresschrift 26, 1985, 323 ff.

[70] Vgl. *Lehmbruch* (Fn. 11).

53   Mit der Ausweitung der Beteiligungsrechte der Länderregierungen ging eine Einengung der Gehalte des Föderalismus einher. Er wurde immer mehr zum Finanzföderalismus. Fragen der Politikbegründung, der inhaltlichen Ausgestaltung von Länder- und Bundespolitik traten dahinter zurück. Seit der Weimarer Republik rückten finanzielle Fragen in den Vordergrund der föderalen Debatten, was sich durch die **Deutsche Einheit** 1990 noch weiter verstärkte. Alle Fragen des Verhältnisses zwischen Ländern und Bund werden in der Zwischenzeit über finanzielle Themen ausgetragen und entschieden. Ein Föderalismus, der um finanzielle Fragen kreiste, sicherte zwar die Handlungsfähigkeit der Länderexekutiven, ließ jedoch die Länderparlamente zur Bedeutungslosigkeit absinken. Sie kommen als Akteure in den Dauerverhandlungen von Bund und Ländern nicht mehr vor.

54   Die deutsche Einheit veränderte diese langen Linien des deutschen Föderalismus nicht, sondern ließ seine Schwächen eher noch weiter hervortreten. Auch sie bildete keine „**critical juncture**" der Bundesstaatsbildung in Deutschland. Eine Neugliederung der alten westdeutschen Länder zu langfristig selbsttragenden Größen blieb zugunsten der Kontinuität der Lebensverhältnisse aus. Die älteren ostdeutschen Länder, die bis 1952 existiert hatten, wurden wieder geschaffen. Ihr Finanzbedarf war aber so hoch, dass als Adressat nicht die Länder oder der horizontale **Länderfinanzausgleich**, sondern nur der Bund in Frage kam. Entsprechend wurden die Kosten der deutschen Einheit in erster Linie über zentral verwaltete Sozialkassen finanziert.[71] Die Akzeptanz für die Abhängigkeit der neuen Länder von Transferzahlungen des Bundes ergab sich aus dem Verfassungsauftrag der Gleichwertigkeit der Lebensverhältnisse, für die der Bundesgesetzgeber zu sorgen hat. Je mehr Fragen der Sozialpolitik nach einheitlichen Lösungen verlangten, umso fragwürdiger wurde die grundgesetzliche Kongruenz von Bundesstaat und Sozialstaat. Der Finanzföderalismus steht damit auch nach der deutschen Einheit im Zentrum der Reform des Bundesstaates. Nach der teilweisen Entflechtung der Kompetenzen und Zustimmungspflichten in der ersten Föderalismusreform des Jahres 2006 steht eine durchgreifende finanzielle Reform des Föderalismus noch aus.

Schrifttum

Th. Abbt, Vom Tode für das Vaterland (1761), in: Kunisch (Hrsg.), Aufklärung und Kriegserfahrung. Klassische Zeitzeugen zum Siebenjährigen Krieg, 1996, S. 597 ff.

M. L. Anderson, Lehrjahre der Demokratie: Wahlen und politische Kultur im Deutschen Kaiserreich, Übers. Hirschfeld, 2009

E. Angermann, Der deutsche Frühkonstitutionalismus und das amerikanische Vorbild, in: Historische Zeitschrift 219, 1974, 1 ff.

C. Applegate, A Europe of Regions: Reflections on the historiography of sub-national places in modern times (AHR Forum), in: American Historical Review 104, 1999, 1157 ff.

ders., A Nation of Provinces. The German Idea of Heimat, Berkeley 1990

---

[71] Vgl. *Ritter*, Der Preis der deutschen Einheit. Die Wiedervereinigung und die Krise des deutschen Sozialstaats, 2006.

§3 Föderalismus und Bundesstaat zwischen dem Alten Reich 125

A. *Benz*, Themen, Probleme und Perspektiven der vergleichenden Föderalismusforschung, in: ders./Lehmbruch (Hrsg.), Föderalismus. Analysen in entwicklungsgeschichtlicher und vergleichender Perspektive, Politische Vierteljahresschrift – Sonderheft 32/2001, 2002, 9 ff.

H. *Berding*, Staatliche Identität, nationale Integration und politischer Regionalismus, in: ders. (Hrsg.), Aufklären durch Geschichte. Ausgewählte Aufsätze, 1990, S. 284 ff.

W. *Besson*, Württemberg und die deutsche Staatskrise 1928-1933: Eine Studie zur Auflösung der Weimarer Republik, 1959

E. W. *Böckenförde*, Sozialer Bundesstaat und parlamentarische Demokratie, in: Jekewitz u.a. (Hrsg.), Politik als gelebte Verfassung. FS für F. Schäfer, 1980, S. 182 ff.

W. *Burgdorf*, „Reichsnationalismus" gegen „Territorialnationalismus". Phasen der Intensivierung des nationalen Bewusstseins in Deutschland seit dem Siebenjährigen Krieg in: Langewiesche/Schmidt (Hrsg.), Föderative Nation. Deutschlandkonzepte von der Reformation bis zum Ersten Weltkrieg, 2000, S. 157 ff.

A. *Confino*, The Nation as a Local Metaphor. Württemberg, Imperial Germany and National Memory, 1871-1918, 1997

H. *Dippel*, Die amerikanische Verfassung in Deutschland im 19. Jahrhundert. Das Dilemma von Politik und Staatsrecht, 1994

M. *Dreyer*, Föderalismus als ordnungspolitisches und normatives Prinzip. Das föderative Denken der Deutschen im 19. Jahrhundert, 1987

H.-P. *Ehni*, Bollwerk Preußen? Preußen-Regierung, Reich-Länder Problem und Sozialdemokratie 1928-1932, 1975

K. *Emse*, Die Finanzverfassung der Weimarer Republik. Die Erzbergersche Reichsfinanzreform, 2007

E. G. *Franz*, Das Amerikabild der deutschen Revolution von 1848/49. Zum Problem der Übertragung gewachsener Verfassungsformen, 1958

A. *Green*, Fatherlands. State-building and nationhood in 19th century Germany, 2001

A. *Green*, The Federal Alternative? A New View of Modern German History, in: The Historical Journal 46, 2003, 187 ff.

M. *Hanisch*, Für Fürst und Vaterland. Legitimitätsstiftung in Bayern zwischen Revolution 1848 und deutscher Einheit, 1991

B. J. *Hartmann*, How American Ideas Traveled: Comparative Constitutional Law at Germany's National Assembly in 1848-1849, in: Tulane European and civil law forum 23 (2002), 23 ff.

F. *Hartmannsgruber*, Die bayrische Patriotenpartei 1868-1887, 1986

M. *Heckel*, „Itio in partes". Zur Religionsverfassung des Heiligen Römischen Reiches Deutscher Nation, in: ders. (Hrsg.), Gesammelte Schriften Staat – Kirche – Recht, Geschichte, Bd. 2, 1989, S. 636 ff.

E.-R. *Huber*, Deutsche Verfassungsgeschichte seit 1789, Bd. 1: Reform und Restauration 1789 bis 1830, 1957

M. *Jachtenfuchs*, Regieren im dynamischen Mehrebenensystem, in: ders./Kohler-Koch (Hrsg.), Europäische Integration, 1996, S. 1 ff.

H. *Kilper*, Föderalismus in der Bundesrepublik Deutschland: eine Einführung, 1996

R. *Koselleck*, Artikel, Bund, Bündnis, Föderalismus, Bundesstaat', in: ders./O. Brunner/W. Conze (Hrsg.), Geschichtliche Grundbegriffe. Historisches Lexikon zur politisch-sozialen Sprache in Deutschland, Bd. 1, 1972, S. 583 ff.

P. *Krüger*, Einflüsse der Verfassung der Vereinigten Staaten auf die deutsche Verfassungsentwicklung, in: ZNR 18, 1996, 226 ff.

D. *Langewiesche*, Föderativer Nationalismus als Erbe der deutschen Reichsnation: Über Föderalismus und Zentralismus in der deutschen Nationalgeschichte, in: ders. (Hrsg.), Nation, Nationalismus, Nationalstaat in Deutschland und Europa, 2000, S. 55 ff.

G. *Lehmbruch*, Der unitarische Bundesstaat in Deutschland: Pfadabhängigkeit und Wandel, Max-Planck-Institut für Gesellschaftsforschung Discussion Paper 02/2, 2002 *ders.*, Parteienwettbewerb im Bundesstaat. Regelsysteme und Spannungslagen im Institutionengefüge der Bundesrepublik Deutschland, 2000

W.S. *Livingston*, Federalism and constitutional change, 1956

K. *Makowski*, Polen, Deutsche und Juden und die preußische Politik im Großherzogtum Posen: Versuch einer neuen Sicht, in: Hahn/Kunze (Hrsg.), Nationale Minderheiten und staatliche Minderheitenpolitik in Deutschland im 19. Jahrhundert, 1999, S. 51 ff.

R. R. *Marsh*, The American Influence in German Liberalism before 1848, Ann Arbor 1957

R. *von Mohl*, Das Bundes-Staatsrecht der Vereinigten Staaten von Nord-Amerika. Erste Abteilung: Verfassungsrecht, 1824

ders., Gesellschafts-Wissenschaften und Staats-Wissenschaften, in: ZgS 7. 1851, 3 ff.

G. *Moltmann*, Amerikanische Beiträge zur deutschen Verfassungsdiskussion 1848, in: Jahrbuch für Amerikastudien 12, 1967, S. 206 ff., S. 252 ff.

W. J. *Mommsen*, Das deutsche Kaiserreich als System umgangener Entscheidungen, in: ders. (Hrsg.), Der autoritäre Nationalstaat. Verfassung, Gesellschaft und Kultur im deutschen Kaiserreich, 1990, S. 11 ff.

ders., Die Verfassung des Deutschen Reiches von 1871 als dilatorischer Herrschaftskompromiß, in: ders. (Hrsg.), Der autoritäre Nationalstaat. Verfassung, Gesellschaft und Kultur im deutschen Kaiserreich, 1990, S. 39 ff.

R. *Morsey*, Die oberste Reichsverwaltung unter Bismarck, 1867-1890, 1957

J. *Müller*, Deutscher Bund und deutsche Nation, 1848-1866, 2005

F. *Murhard*, Nordamerikanische Verfassung. Ihre Grundideen, in: Staatslexikon 1841, Bd. 11, 1841, S. 381 ff.

ders., Nordamerikanische Revolution, in: Staatslexikon 1841, Bd. 11, 1841, S. 324 ff.

ders., Nordamerikanische Verfassung. Ihre Hauptbestimmungen, in: Staatslexikon 1841, Bd. 11, 1841, S. 465 ff.

W. *Oberkrome*, Deutsche Heimat. Nationale Konzeption und regionale Praxis von Naturschutz, Landschaftsgestaltung und Kulturpolitik in Westfalen-Lippe und Thüringen (1900-1960), 2004

ders., Stamm und Landschaft. Heimatlicher Tribalismus und die Projektionen einer „völkischen Neuordnung" Deutschlands 1920-1950, in: Hardtwig (Hrsg.), Ordnungen in der Krise. Zur politischen Kulturgeschichte Deutschlands 1900-1933, 2007, S. 69 ff.

S. *Oeter*, Integration und Subsidiarität im deutschen Bundesstaatsrecht: Untersuchungen zur Bundesstaatstheorie unter dem Grundgesetz, 1998

K. *Pabst*, Die preußischen Wallonen – eine staatstreue Minderheit im Westen, in: Hahn/Kunze (Hrsg.), Nationale Minderheiten und staatliche Minderheitenpolitik in Deutschland im 19. Jahrhundert, 1999, S. 71 ff.

P. *Pierson*, Fragmented Welfare States: Federal Institutions and the Development of Social Policy, in: Governance 8, 1995, 449 ff.

Chr. *Prignitz*, Vaterlandsliebe und Freiheit. Deutscher Patriotismus von 1750 bis 1850, 1981

W. *Renzsch*, Finanzverfassung und Finanzausgleich: die Auseinandersetzungen um ihre politische Gestaltung in der Bundesrepublik Deutschland zwischen Währungsreform und deutscher Vereinigung (1948 bis 1990), 1991

G. A. *Ritter*, Föderalismus und Parlamentarismus in Deutschland in Geschichte und Gegenwart (Sitzungsberichte der Bayerischen Akademie der Wissenschaften), 2005

ders., Der Preis der deutschen Einheit. Die Wiedervereinigung und die Krise des deutschen Sozialstaats, 2006

F.-J. *Ritter von Buß*, Vergleichendes Bundesstaatsrecht von Nordamerika, Teutschland und der Schweiz, Bd. I: Das Bundesstaatsrecht der Vereinigten Staaten Nordamerika's. Nach John Story's 'Commentaries on the Constitution of the United States', 1844

S. *Rokkan*, Citizens, Elections, Parties. Approaches to the Comparative Study of the Processes of Development, 1970

F.W. *Scharpf*, Die Theorie der Politikverflechtung, ein kurzgefasster Leitfaden, in: Hesse (Hrsg.), Politikverflechtung im föderativen Staat, 1978, S. 21 ff.

§3 Föderalismus und Bundesstaat zwischen dem Alten Reich

ders., Die „Politikverflechtungsfalle": Europäische Integration und deutscher Föderalismus im Vergleich, in: Politische Vierteljahresschrift 26, 1985, 323 ff.

C. *Schmitt*, Verfassungslehre, 1928

G. *Schmidt*, Geschichte des Alten Reiches. Staat und Nation in der Frühen Neuzeit, 1495-1806, 1999

M. G. *Schmidt*, Reformen der Sozialpolitik in Deutschland: Lehren des historischen und internationalen Vergleichs, in: Leibfried/Wagschal (Hrsg.), Der deutsche Sozialstaat. Bilanzen-Reformen-Perspektiven, 2000, S. 153 ff.

H. *Treinen*, Symbolische Ortsbezogenheit. Eine soziologische Analyse zum Heimatproblem, in: KZfSS 17 (1965), 73 ff., 254 ff.

H.-P. *Ullmann*, Der deutsche Steuerstaat. Geschichte der öffentlichen Finanzen vom 18. Jahrhundert bis heute, 2005

R. *Ullner*, Die Idee des Föderalismus im Jahrzehnt der deutschen Einigungskriege dargestellt unter besonderer Berücksichtigung des Modells der amerikanischen Verfassung für das deutsche politische Denken, 1965

M. *Umbach*, German Federalism. Past, Present, Future, 2002

G. *Waitz*, Das Wesen des Bundesstaates. Reden und Betrachtungen von J. v. Radowitz (Gesammelte Schriften, Bd. 2), in: Allgemeine Monatsschrift für Wissenschaft und Literatur 1853, 494 ff.

A. *Waldmann*, Reichspatriotismus im letzten Drittel des 18. Jahrhunderts, in: Patriotismus und Nationsbildung am Ende des Heiligen Römischen Reiches, 2003, S. 19 ff.

S. *Weichlein*, Nation und Region. Integrationsprozesse im Bismarckreich, 2006

J. *Weitzel*, Georg Waitz (1813-1886). Deutsche Verfassungsgeschichte, in: v. Reinhardt (Hrsg.), Hauptwerke der Geschichtsschreibung, 1997, S. 707 ff.

W. *Wippermann*, Das „ius sanguinis" und die Minderheiten im Deutschen Kaiserreich, in: Hahn/Kunze (Hrsg.), Nationale Minderheiten und staatliche Minderheitenpolitik in Deutschland im 19. Jahrhundert, 1999, S. 133 ff.

ders., Das Blutrecht der Blutsnation. Zur Ideologie- und Politikgeschichte des ius sanguinis in Deutschland, in: Baumann u.a. (Hrsg.), Blut oder Boden. Doppelpaß, Staatsbürgerrecht und Nationsverständnis, 1999, S. 10 ff.

P.-Chr. *Witt*, Finanzen und Politik im Bundesstaat – Deutschland 1871-1933, in: ders./Huhn (Hrsg.), Föderalismus in Deutschland: Traditionen und gegenwärtige Probleme, S. 75 ff.

§4 Historische Reflexionen zum Föderalismus in Deutschland. Wandel und Kontinuität seit dem 19. Jahrhundert

Dieter Langewiesche

Inhalt

A. Einleitung	129
B. 1848: föderative Nationalmonarchie, nicht zentralstaatliche Republik	130
C. Das Ende des Alten Reiches – Zentralisierungsschub durch feindliche Übernahmen	132
D. Die Föderativnation und ihre Loyalitätsräume	134
E. Der Föderalismus im Deutschen Reich als Parlamentarisierungshemmnis	136
F. *Theodor Heuss* und die Tradition der württembergischen Demokraten: zum Funktionswandel von Föderalismus und Zentralstaat	138
G. Kontinuität im Urteilsbruch	142
Schrifttum	143

A. Einleitung

Historische Erbschaften haben die Eigenheit, dass sich ihr Wert schwer ermessen lässt, und von Erbfall zu Erbfall kann er sich ändern. So ist es auch mit dem **deutschen Föderalismus**. Im 19. Jahrhundert sah man ihn anders als im zwanzigsten, und zu keiner Zeit beurteilte man ihn einhellig. Es hing davon ab, wo man in Deutschland lebte, zu welcher politischen Richtung man sich bekannte, welche Zukunftsvorstellungen man vor Augen hatte. Freunde und Gegner des Föderalismus bildeten eine bunte Gesellschaft, die ansonsten wenig verband.

Unter den Freunden finden sich Demokraten und Antidemokraten, Verteidiger und Kritiker des Althergebrachten. Und nicht anders auf Seiten der Zentralisten. Sie waren jedoch zu allen Zeiten radikaler in ihrem Willen zur Veränderung als die Föderalisten. Das kann angesichts der deutschen Geschichte nicht verwundern. Erst das Heilige Römische Reich Deutscher Nation mit seinen vielen Territorien von höchst unterschiedlichem staatlichen Gewicht, dann der Deutsche Bund, nicht mehr ganz so

1

2

D. Langewiesche (✉)
Historisches Seminar Abt. Neuere Geschichte, Eberhard-Karls-Universität Tübingen,
Wilhelmstraße 36, 72074 Tübingen, Deutschland
E-Mail: dieter.langewiesche@uni-tuebingen.de

vielgliedrig bunt, aber immer noch vielstaatlich, schließlich die beiden föderativen Nationalstaaten, zunächst der kurzlebige von 1848/1849, dann der von 1871. So sehr sich diese Gebilde, die man Deutschland zu nennen pflegt, in ihrer Staatlichkeit unterschieden, sie formten einen Gegenpol zum unitarisch-zentralistischen Staat, wie er u. a. in Frankreich entstanden war. Wer aus dieser staatenbündisch-föderativen deutschen Tradition aussteigen wollte, musste zu radikalen Mitteln greifen. Ohne Gewalt ging das nicht, Revolutionsgewalt oder Kriegsgewalt oder beides. Ein **deutscher Nationalstaat** war anders nicht zu haben; je zentralistischer, desto mehr Gewalt war erforderlich. Das unterschied ihn jedoch nicht von anderen Nationalstaaten.

3 Wie sich die **Föderalismuskonzeptionen** seit dem 19. Jahrhundert in Deutschland verändert haben und welche Kontinuitätslinien überdauerten, soll nun in einigen Zeitschnitten betrachtet werden. Dazu ist es notwendig, die föderativstaatlichen und die zentralstaatlichen Konzeptionen aufeinander zu beziehen. Denn es wird sich zeigen, dass aufgrund der Erfahrungen mit den Parlamentarisierungshemmnissen, die von föderativen Institutionen des Deutschen Reiches von 1871 ausgingen, zentrale Ziele demokratischer Föderalisten des 19. Jahrhunderts von ihren politischen Nachfahren im 20. Jahrhundert auf den Zentralstaat übertragen wurden.

B. 1848: föderative Nationalmonarchie, nicht zentralstaatliche Republik

4 Der radikale Flügel der Demokraten der 48er-Revolution forderte eine zentralstaatliche *tabula rasa*, weil er die überkommenen Fürstenstaaten nicht für demokratisierbar hielt.[1] Die deutsche Republik, die er verlangte, zielte auf den Zentralstaat, der mit **der deutschen Tradition der Vielstaatlichkeit** gänzlich bricht: der Zentralstaat als Demokratisierungshebel, Demokratisierung des Staates und der Gesellschaft durch Unitarisierung. Eine realistische Chance, den deutschen Nationalstaat als zentralistische Republik revolutionär zu erschaffen, bestand 1848/1849 allerdings nicht. Die verschiedenen Versuche, die es dazu gab, vor allem in Baden, sind nicht nur am preußischen Militär gescheitert, sondern auch an der mangelnden Zustimmung in der Bevölkerung. Die radikalen Republikaner mit ihrem Programm eines zentralistischen Nationalstaates, der die deutschen Einzelstaaten in Provinzen zerschlagen hätte, bildeten damals auch unter den Demokraten nur eine kleine Minderheit.

5 Die meisten Demokraten hatten 1848, wie die Revolution insgesamt, vor den Thronen halt gemacht und damit auch vor den Einzelstaaten. Das war eine der wirkungsmächtigsten Grundentscheidungen dieser Revolution. Ihr folgte die **Frankfurter Nationalversammlung**. Sie suchte das Neue durch Vereinbarung mit den Fürsten zu erreichen, und deshalb zielte ihr Verfassungswerk auf einen föderativen Nationalstaat. Der revolutionär erzwungene deutsche Gesamtstaat mit kaiserlichem Haupt konnte ein Staatenbund werden oder ein Bundesstaat, nicht aber ein

---

[1] Den detailliertesten Einblick in diese Revolution bietet dieser umfangreiche Band: *Dowe/Haup/Langewiesche* (Hrsg.), Europa 1848. Revolution und Reform, 1998.

Zentralstaat. Um die Frage Zentralstaat oder Föderativstaat ging es auch in der Grundsatzkontroverse *Konstitutionelle Monarchie oder Republik*, die das deutsche Bürgertum in den Revolutionsjahren erbittert austrug.

Die große Mehrheit der Deutschen, soweit sie sich politisch engagierten, setzte 1848 auf den **föderativen Nationalstaat**. Und deshalb konnte sie sich mit der Monarchie einverstanden erklären. Das fürstliche Oberhaupt in den Ländern und im Nationalstaat verkörperte die historische Kontinuität in der Revolutionszäsur. Nur eine bekrönte Revolution konnte das. Ein zentralistischer Nationalstaat hätte den Sturz aller deutschen Fürsten erfordert, der Nationalstaat als Föderation bot den fürstlichen Landesherren Raum zu überleben. Einem kaiserlichen Oberhaupt vermochten sie sich unterzuordnen, einem republikanischen Präsidenten nicht.

Der föderative Nationalstaat mit preußischem Erbkaiser, für den die **Frankfurter Nationalversammlung 1849** mehrheitlich votierte, allerdings sehr knapp, diese Allianz zwischen Nationalrevolution und Monarchie, welche die Paulskirche stiften wollte, griff tief in die deutsche Staatstradition ein, brach aber nicht mit ihr. Sämtliche Einzelstaaten sollten als Länder fortleben und alle Kompetenzen behalten, die nicht ausdrücklich der nationalen Ebene zugewiesen wurden. Was sich daraus entwickelt hätte, können wir nicht wissen. Doch gegen eine fortschreitende Aushöhlung der Länderkompetenzen standen die reformierten Landtage, die aus ihnen hervorgegangenen Landesregierungen und die fürstlichen Landesherren.

Den föderativen Nationalstaat an die Stelle des vielstaatlichen Alten Reiches und seines Nachfolgers, des Deutschen Bundes, zu setzen, bedeutete, eine Geschichtsbrücke zu errichten, die vielen, denen das Maß an nationalstaatlicher Unitarisierung 1848/1849 an sich zu weit ging, die Zustimmung erleichterte.

Gänzlich neu, ohne Vorbild in der deutschen Geschichte, waren das gesamtstaatliche Parlament und die gesamtstaatliche Regierung, gänzlich neu auch, und für viele nur schwer zu akzeptieren, das **Ausscheiden Österreichs aus Deutschland**. Wie schwer sich die Abgeordneten mit dem Ausscheiden der alten deutschen Kaisermacht taten, lässt die Reichsverfassung vom 28. März 1849 deutlich erkennen.[2] Sie sah auch für Österreich Abgeordnete im deutschen Staatenhaus, der Länderkammer, vor. Die territorialpolitische Kernentscheidung der Paulskirche für einen kleindeutschen Nationalstaat ohne Österreich wurde in einen Zusatz zum Paragraphen 87 ausgelagert, der die Zukunft für eine Revision offenzuhalten versprach. Er legte nämlich fest, welche Länder mehr Stimmen erhalten, solange „die deutsch-österreichischen Lande an dem Bundesstaate nicht Teil nehmen".

Auf der Grundlage dieser Verfassung wäre 1849 ein kleindeutscher Bundesstaat entstanden, der die Gewichtung zwischen den Institutionen auf nationaler Ebene und in den Ländern weitgehend der Zukunft überließ, aber doch festlegte, wo der Bund die Entwicklung bestimmen würde. Ein **parlamentarisches Regierungssystem** sah die Verfassung nicht ausdrücklich vor; es hatte sich aber bis dahin in der Praxis bereits eingespielt. Die Regierung braucht die Zustimmung der Parlamentsmehrheit, wird ihr diese entzogen, muss sie zurücktreten; dieser Grundregel des Parlamentarismus

---

[2] Zur Verfassung und ihren zukunftsweisenden Bestimmungen s. *Kühne*, Die Reichsverfassung der Paulskirche: Vorbild und Verwirklichung im späteren deutschen Rechtsleben, 1998.

folgten in den Revolutionsjahren die Frankfurter Paulskirche und das provisorische Reichsoberhaupt aus dem Hause der Habsburger.³

11   Die Revolution, die sich eine Kaiserkrone aufzusetzen suchte, schuf also in einer Mischung aus historischer Tradition und verfassungspolitischer Innovation einen parlamentarischen Bundesstaat. Mehr demokratische Teilhabe bot seinen männlichen Bürgern damals kein anderer Staat in Europa: staatsbürgerliche Teilhabe im Nationalstaat und ebenso in den Ländern, denen die neue Verfassung gewählte Parlamente vorschrieb. Hier übernahm die Reichsverfassung nur, was 1848 dank der Revolution schon verwirklicht worden war. Und auch in den Gemeinden vollzog sich ein mächtiger **Partizipationsschub**; für sie wurde ebenfalls eine demokratische Grundordnung festgelegt. Deutschland hätte also einen modernen föderativen Nationalstaat erhalten, durchgreifend demokratisiert und parlamentarisiert von den Gemeinden über die Länder bis zur gesamtstaatlichen Ebene. Es kam anders.

C. Das Ende des Alten Reiches – Zentralisierungsschub durch feindliche Übernahmen

12   Der kleine radikalrepublikanische Flügel der Demokraten hat **zentralistisch** gedacht, zentralistisch gehandelt haben, wo immer es ihnen möglich war, die fürstlichen Landesherren. Sie erwiesen sich als die wahren Zentralisierer des 19. Jahrhunderts, nicht die Parlamente und Parteien.⁴

13   Es begann im frühen 19. Jahrhundert, als mit der **Auflösung des Heiligen Römischen Reiches Deutscher Nation** der institutionelle Schutzschirm über den kleinen und mittleren Staaten entfiel. Im Bündnis mit *Napoleon* oder gegen ihn, auf welcher Seite auch immer, die deutschen Fürsten beteiligten sich daran, die Vielfalt selbständiger Territorien im Alten Reich kräftig zu lichten. Die **staatliche Neuordnung Europas** unter französischer Dominanz, die *Napoleon* militärisch zu erzwingen suchte, misslang ihm zwar, doch mit dem Ende des Alten Reiches, das er auslöste, entstand ein Machtvakuum, das ein Teil der deutschen Fürsten zu nutzen verstand, um ihr eigenes Herrschaftsgebiet auf Kosten der schwächeren Landesherren auszuweiten. Es war die große Zeit der feindlichen Übernahmen in Deutschland unter seinen Fürsten. Der militärisch Mächtigere oder der geschicktere Stratege von politischen Allianzen mit Mächtigen oder schlicht derjenige, der rechtzeitig die Front wechselte, – wer zu diesen Siegern im Übernahmekampf gehörte, vergrößerte sich auf Kosten anderer. Ein mächtiger Schub an staatlicher Verdichtung in Europa setzte ein, eine Art Entföderalisierung im Raum des Alten Reiches. Wie man dieses Geschehen beurteilt, hängt von den Perspektiven ab, mit denen man die geschichtliche Entwicklung bewertet.

---

[3] Ausführlich dazu *Botzenhart*, Deutscher Parlamentarismus in der Revolutionszeit 1848-1850, 1977.

[4] Vgl. dazu *Langewiesche*, in: ders. (Hrsg.), Reich, Nation, Föderation. Deutschland und Europa, 2008, S. 111 ff.

Wer den Nationalstaat von 1871 als Zielpunkt deutscher Geschichte vor Augen hat und von diesem Sehepunkt aus die Geschichte beurteilt, der pflegt die damalige Revolutionierung des mitteleuropäischen Staatsraumes als eine Abschlagszahlung auf die volle Unitarisierung zu begrüßen; – Abschlagszahlung, da die territoriale Flurbereinigung, wie man gerne sagt, immer noch 38 Staaten und Freie Städte übrig ließ. Sie wurden 1815 zu einem Staatenbund vereint, der unauflöslich sein sollte. Das neue, das nach-reichische Deutschland erhielt die Gestalt eines unkündbaren Staatenbundes unter europäischer Garantie. So hatten es 1815 die europäischen Fürsten auf dem **Wiener Kongress 1815** beschlossen. 14

Die Bewunderer des Kleinen urteilten gegensätzlich zu denen, die den zentralisierenden Nationalstaat als das Ziel der Geschichte priesen.[5] Ihr berühmtester Repräsentant ist *Jacob Burckhardt*. Das 19. Jahrhundert mit seinem Streben zum nationalen Machtstaat sah *Burckhardt* dem Mysterium der Größe verfallen, für ihn ein gefahrvolles Zeichen, Gefahr für den selbständigen Bürger und die bürgerliche Kultur. Eine Zeit, die in der Größe „den einzigen Maßstab" sehe, werde, so *Burckhardt*, geschlagen mit „großen Männern". Und das geschehe „fast nur in schrecklichen Zeiten".[6] Schrecklich für den Bürger und die bürgerliche Kultur; sie sah *Jacob Burckhardt* im Kleinen verankert. „Der Kleinstaat ist vorhanden, damit ein Fleck auf der Welt sei wo die größtmögliche Quote der Staatsangehörigen Bürger in vollem Sinne sind".[7] Dieser Satz aus seinen **Weltgeschichtlichen Betrachtungen** ist zum immer wieder zitierten Panier geworden, hinter dem die Verteidiger des Kleinstaates sich sammelten gegen seine Verächter. 15

Später hat *Werner Kaegi*, auch er, kein Zufall, ein Schweizer Historiker, ganz im Sinne *Burckhardts* die *napoleonische* Ära und, ein halbes Jahrhundert danach, die Gründungsphase des italienischen und des deutschen Nationalstaates die „beiden Massenkatastrophen unter den europäischen Kleinstaaten"[8] genannt. Die nationale Heroenzeit umschreiben zu kleinstaatlichen Katastrophen bedeutet eine radikale Umwertung des altvertrauten Geschichtsbildes, wie es im 19. Jahrhundert entstanden ist, ein kleinstaatlich-föderativer Gegenentwurf zu den Kündern des großen unitarischen Nationalstaates als dem einzigen Maßstab für Modernität. Der berühmte niederländische Historiker *Johan Huizinga* beteiligte sich an diesem geschichtspolitischen Widerspruch gegen das Mysterium der Größe, das andere als das Gesetz der Geschichte, gar als den Willen Gottes zu erkennen meinten.[9] 16

Der Nationalstaat – Katastrophe der Kleinen oder Höhepunkt nationaler Geschichte: ein **geschichtspolitischer Deutungskampf**. Historiker können ihn nicht 17

---

[5] Ausführlich dazu *Langewiesche*, Kleinstaat — Nationalstaat. Staatsbildungen des 19. Jahrhunderts in der frühneuzeitlichen Tradition des zusammengesetzten Staates, S. 194 ff.

[6] *Burckhardt*, Über das Studium der Geschichte. Der Text der »Weltgeschichtlichen Betrachtungen« auf Grund der Vorarbeiten von Ernst Ziegler nach den Handschriften hrsg. von Peter Ganz, 1982, S. 392.

[7] *Burckhardt* (Fn.6), S. 259.

[8] *Kaegi*, in: Teuteberg (Hrsg.), Historische Meditationen, 1942, S. 270

[9] *Huizinga*, in: ders. (Hrsg.), Im Banne der Geschichte. Betrachtungen und Gestaltungen, 1942, S. 131 ff.

rückblickend entscheiden. Wer es versucht, fügt sich ein in die lange Reihe der Geschichtspolitiker, die zu wissen meinen, wie die Geschichte hätte verlaufen sollen und dabei sich und ihre Zeit gerne als deren Ziel ausflaggen.

18   Aufschlussreicher ist es, zu fragen, warum so unterschiedlich über die Geschichte und ihre Entwicklungsmöglichkeiten geurteilt wurde und wird und wie sich diese Urteile immer wieder verändern. Das soll nun mit einigen Beobachtungen zu den Freunden und Gegnern des Föderalismus in Deutschland skizziert werden.

D. Die Föderativnation und ihre Loyalitätsräume

19   Wer in den ersten beiden Dritteln des 19. Jahrhunderts von der Einheit der deutschen Nation sprach, hatte in aller Regel ein föderatives Gebilde vor Augen. Diese deutsche Idee der **Föderativnation**[10] als Gegenpol zur zentralstaatlichen Nation erschließt sich in ihrer historischen Gestalt nur, wenn man die Verbindungslinien zwischen dem Alten Reich und seinen Nachfolgern anders zieht als dies üblich ist, offener Geschichtslinien, mit dem unitarischen Nationalstaat als *eine* Option unter mehreren, keine zwangsläufige, die alle anderen Formen als geschichtsdefizitär ausweist. Zumal die Option Nationalstaat im deutschen Sprachraum erst im Laufe des 19. Jahrhunderts aus dem Ideenraum in den Handlungsraum rückte und damit eine Realisierungschance erhielt. Aber immer nur in Zeiten der Revolution und des Krieges. Der Nationalstaat entstand überall in Europa, nicht nur in Deutschland, als ein Geschöpf der Gewalt, Revolutions- und Kriegsgewalt. Der föderative Nationalstaat kam mit geringerer Gewalt als Geburtshelfer aus, denn er arrangierte sich stärker mit dem, was die Geschichte überliefert hatte.

20   Singulär deutsch war die Idee einer Föderativnation nicht. In der Schweiz prägte sie sich noch stärker aus, und die eidgenössische Tradition ohne dominanten Kanton stabilisierte sie wirksamer. In Italien gab es ebenfalls Ansätze dazu; sie blieben wirkungsschwächer und gingen im *Risorgimento* in Gestalt der zentralstaatlichen Einheit unter.[11]

21   Föderation und Nation sind historisch eigentlich Gegensätze. Denn die Idee ‚Nation' gehört in der europäischen Geschichte der Neuzeit zu jenen Kräften, die staatlich auf **Herrschaftsverdichtung** bzw. Herrschaftskonzentration zielen und gesellschaftlich-kulturell auf **Homogenisierung**. Um 1800, im Umfeld der französischen Revolution und *Napoleons*, erreichte diese Entwicklung eine neue Qualität. In der französischen Revolution entfaltete die Idee Nation eine zuvor nicht gekannte Dynamik, indem sie sich in einem außerordentlich gewaltreichen Prozess mit dem Revolutionsprogramm der Herrschafts- und Gesellschaftsdemokratisierung verband.

---

[10] Detailliert ausgeführt in: *Langewiesche/Schmidt* (Hrsg.), Föderative Nation. Deutschlandkonzepte von der Reformation bis zum Ersten Weltkrieg, 2000; *Langewiesche*, Reich, Nation, Föderation, 2008; *ders.*, Nation, Nationalismus, Nationalstaat in Deutschland und Europa, 2000.

[11] Vgl. als zeitlich und räumlich weiten Überblick *Langewiesche*, Staat, Nation und Föderation in der europäischen Geschichte, 2008.

§4 Historische Reflexionen zum Föderalismus in Deutschland

Die moderne Idee ‚Nation', die damals entstand, verheißt allen, die zur Nation gehören, **Teilhabe an den gemeinsam erzeugten Ressourcen**. Wie die Teilhabe geregelt wird, welche Ressourcen gemeint sind, veränderte sich im Laufe der Zeit bis heute immer wieder, und es blieb stets umstritten. Ebenso ist es mit dem Kreis derer, die zur Nation gerechnet werden, und mit der Art ihres staatlichen Zusammenlebens. Hier entwickelte sich im Europa des 19. Jahrhunderts eine erhebliche Spannweite. Sie reichte von der Identität von Staat und Nation – die Nation lebt in einem einzigen Staat zusammen, und dieser Staat umfasst keine anderen Nationen – bis zu den Staaten, die eine Vielzahl von Nationen umfassen.

Am **vielfältigsten** war es in der **deutschen Staatenwelt**. Diejenigen, die sich zur deutschen Nation rechneten oder von anderen ihr zugerechnet wurden, lebten verteilt auf eine Vielzahl von Staaten. Darunter auch solche, deren Gesellschaft multinational war. Manche dieser Staaten gehörten nur mit einem Teil ihres Gebietes zum Alten Reich und dann zum Deutschen Bund. Und schließlich gab es Staaten, deren Monarch zugleich Oberhaupt eines nichtdeutschen, nicht dem Reich, nicht dem Deutschen Bund angehörigen Staates war. Eine Antwort auf diese komplexe Lage gab die Idee der Föderativnation.

Die Föderativnation kannte mindestens zwei **Loyalitätsräume**, zu denen die Menschen Bindungen unterhielten: erstens, der engere Raum, in dem sie lebten, der jeweilige Staat; und daneben, zweitens, das Reich und nach dessen Ende in steigender Intensität die Ordnungsidee deutsche Nation.

In dem **ersten Loyalitätsraum**, im **Einzelstaat**, bewegten sich alle Menschen, die dort lebten; in dem zweiten nur diejenigen, die fähig waren, zu der überstaatlichen Ebene, die lebensweltlich nur für einen Teil der Menschen präsent war, Bindungen aufzubauen. Zu ihnen gehörten im Alten Reich die Bürger von Reichsstädten. Sie standen in einem immediaten Verhältnis zum Reich. Im Deutschen Bund gab es das nicht; er griff nicht unmittelbar auf die Bürger der Mitgliedsstaaten durch. Darin lag eine strukturelle Schwäche des Deutschen Bundes. Er trug zwar erheblich zur rechtlichen, wirtschaftlichen und sozialen Nationsbildung bei, nicht aber zur politischen oder doch nur in negativer Abgrenzung. Politisch geriet er immer mehr in einen Gegensatz zur Ordnungsidee Nation, weil er sich deren Teilhabewünschen verweigerte.[12]

Als 1848 zu Beginn der Revolution versucht wurde, dies zu korrigieren und dem **Deutschen Bund** ein Parlament einzufügen, war es zu spät. Die Nationalbewegung sah in ihm keinen potentiellen Bündnispartner mehr. Er ist anders als das Alte Reich für keine Bevölkerungsgruppe ein **zweiter Loyalitätsraum** geworden, neben dem engeren, in dem man lebte. Die Kontinuitätslinien zum Alten Reich waren aber doch stark genug, um die neue Ordnungsidee Nation föderativ zu formen. Das war 1848 so und auch 1871.

---

[12] Die Einschätzung des Deutschen Bundes hat sich in der jüngsten Forschung stark verändert; s. dazu *J. Müller*, Deutscher Bund und deutsche Nation 1848-1866, 2005.

E. Der Föderalismus im Deutschen Reich als Parlamentarisierungshemmnis

27 Auf dem **kriegerischen Weg zum Nationalstaat von 1871** kam es zwar zu einer zweiten Welle feindlicher Übernahmen unter den deutschen Staaten, diesmal allein durch Preußen, doch als dann 1871 der deutsche Nationalstaat ins Leben trat, zeigte sich erneut die Kraft der föderativen Tradition in der deutschen Geschichte. Obwohl die Nationalstaatsgründung von 1871 in einer Radikalität zentralisierte, die es zuvor niemals auch annähernd gegeben hatte, blieb doch auch jetzt der föderative Grundzug der deutschen Geschichte gewahrt.

28 Der neue Nationalstaat nannte sich Deutsches Reich. Diese Selbstbezeichnung und die Institution des Kaisers stifteten eine historisch begründete Legitimität für eine Staatsordnung, die als Zentralstaat mit der Reichstradition der Vielstaatlichkeit brach, diese aber in einen starken Föderalismus überführte, verankert in Ländern mit eigenen historischen Traditionen, zu deren wirksamsten Fundamenten die Fürstenhäuser gehörten. Die im Alten Reich angelegte Geschichtstradition der Vielstaatlichkeit endete also 1871, doch ihre **Transformation** in einen auch institutionell ausgebauten Föderalismus setzte eine Kontinuitätslinie fort, die für die deutsche Geschichte bis heute prägend blieb.[13]

29 Der **Föderalismus des deutschen Nationalstaates von 1871** ist auf allen Ebenen staatlichen und gesellschaftlichen Lebens unübersehbar. Es gab einen Verwaltungsföderalismus, einen Finanzföderalismus, einen Kulturföderalismus, einen Verfassungsföderalismus, auch die Kirchen und die Parteien, Verbände und Vereine zeigten die föderale Grundstruktur des Deutschen Reiches, und nicht zuletzt die Lebensformen der Menschen bis in ihre Sprache hinein.

30 Trotz dieser Kontinuitätslinien hat der historisch überlieferte Föderalismus mit der Nationalstaatsgründung seine Zielrichtung gänzlich geändert. Das Leitbild Föderativnation richtete sich jetzt nicht mehr gegen den unitarischen Nationalstaat. Im Gegenteil, weil dieses seit langem fest etablierte, auch institutionell verankerte **föderative Leitbild** regionale und einzelstaatliche Traditionen bewahrte, trug es wesentlich dazu bei, dass der neue Nationalstaat in der deutschen Gesellschaft breit und schnell akzeptiert wurde. Man wuchs in den Nationalstaat hinein, indem man sich als Föderalist bekannte. Die Heimatbewegungen, die damals aufblühten, stritten nicht gegen den Nationalstaat, sondern machten ihn annehmbar, weil sie ihn föderativ ausgestalteten. Der neue, so stark zentralisierte Nationalstaat wurde gewissermaßen föderal möbliert. Das markiert einen gewichtigen Unterschied zu der Entwicklung im italienischen Nationalstaat. Seine Fürsten überlebten nicht als Landesherren unter dem neuen König von Italien aus dem Hause Piemont, die bisherigen italienischen Staaten wurden nicht zu föderalen Grundpfeilern des Nationalstaates. In Deutschland war das anders; ein wichtiger Grund, warum der deutsche Nationalstaat schneller

---

[13] Vgl. als Überblick *Ritter*, Föderalismus und Parlamentarismus in Deutschland in Geschichte und Gegenwart, 2005.

in der breiten Bevölkerung anerkannt wurde als der italienische. Auch die Verlierer der nationalen Einigung fanden sich rascher mit ihm ab und lernten schließlich, ihn zu schätzen. An den kirchentreuen Katholiken ist dieser Unterschied am besten zu erkennen. Den ‚Raub des Patrimonium Petri', wie Zeitgenossen das Ende des Kirchenstaates nannten, durch den italienischen Nationalstaat beklagten auch deutsche Katholiken, doch die Faszination des eigenen, so überaus dynamischen Nationalstaates wirkte. Sie und ihre Bischöfe standen nicht abseits.

Der deutsche Nationalstaat entwickelte sich rasch zum zentralen **Identifikationsraum der Deutschen**, aber das historisch eingeschliffene, alltäglich erlebte föderative Grundmuster der deutschen Staats- und Gesellschaftsordnung löschte er nicht aus. Nicht einmal der gemeinsam durchlittenen **Erste Weltkrieg** vermochte dies. Als der *Kapp-Lüttwitz*-**Putsch** die junge **Weimarer Republik** erschütterte, kommentierte das Organ des Bistums Württemberg, die „Rottenburger Zeitung": „Für die Berliner Experimente hat das Schwäbische Volk absolut keinen Sinn. Allerwärts begegnet man im Volke einmütiger Ablehnung des Berliner Gewaltstreichs [...]. Der Ruf nach dem Schwergewicht der Mainlinie wird wieder laut. Das deutsche Volk ist dem Herrenmenschentum des Ostens entwachsen. Die klein-deutsche, großpreußische Idee hat seit 60 Jahren zu viel gesündigt ob ihrer Einseitigkeit, Kurzsichtigkeit und Weltfremdheit. Kein Großpreußen mehr!"[14]

Dieses Zitat deutet etwas an, das nun ein wenig genauer betrachtet werden soll: Die föderative Grundlinie der deutschen Geschichte hat die Zentralisierungsdynamik des Nationalstaat von 1871 gebremst, indem sie ihn föderalisiert hat, doch zugleich hat dieser preußisch dominierte Nationalstaat der deutschen Föderativtradition ein schweres Erbe aufgebürdet, das bei vielen, und gerade bei Demokraten und Liberalen, zu einer Neubewertung des Föderalismus schon im späteren 19. Jahrhundert und stärker noch im zwanzigsten führte. Pointiert gesagt: der Föderalismus wurde als **Parlamentarisierungshemmnis** entdeckt. Vor allem im deutschen Südwesten, einem Kerngebiet all derer, die in den Traditionen des Alten Reiches dachten, also nicht zentralstaatlich, sondern zunächst staatenbündisch und dann föderal, vor allem dort kam der Föderalismus ins Gerede. Er habe die volle Parlamentarisierung des deutschen Nationalstaates allzu lange verhindert.

Das lag aber nicht am Föderalismus, sondern an der Verfassungsordnung, wie sie zwischen 1866 und 1871 als Kompromiss in einer äußerst schwierigen Situation entstanden ist. Alles schien damals in Veränderung, der ‚unauflösliche' Deutschen Bund zerbricht 1866 im **innerdeutschen Krieg**, Österreich scheidet aus Deutschland aus, ein preußisch-deutscher Teilstaat entsteht im Norden, erweitert sich 1871 um den deutschen Süden als Frucht des siegreichen Krieges gegen Frankreich. In einer solchen Zeit voller Dynamik, bestimmt durch Kriege, sind die Handlungsmöglichkeiten des Parlamentes begrenzt. Es stimmte einer nationalen Verfassung zu, in der ausgerechnet der Bundesrat, der Repräsentant der Länder, gegen das gewählte Nationalparlament, den Reichstag, aufgebaut wurde als „feste Barriere gegen jede Parlamentarisierung oder Quasi-Parlamentarisierung [...], Bollwerk des

---

[14] Rottenburger Zeitung 61, 15.3.1920.

deutschen konstitutionellen, also nichtparlamentarischen Systems, des monarchisch-bürokratischen Obrigkeitsstaates, der monarchischen Herrschaft über Parlament und Parteien".[15]

34   Föderalismus gerät so zur **Parlamentarisierungsblockade**, eingeschrieben in die Reichsverfassung, fassbar vor allem an der Institution des Bundesrates, der derart konstruiert war, dass die Reichsregierung in einem föderalistischen Verantwortungsnebel dem Zugriff des Reichsparlaments entzogen blieb. Diese Erfahrung war neu; 1848/1849 war das nicht so gewesen. Diese neue Erfahrung wurde zu einer schweren Belastung für die Idee des Föderalismus in Deutschland. Das soll nun an *Theodor Heuss* und der demokratischen Tradition in Württemberg erläutert werden.

F. *Theodor Heuss* und die Tradition der württembergischen Demokraten: zum Funktionswandel von Föderalismus und Zentralstaat

35   In den 1860er Jahren hatte das Königreich Württemberg zu den härtesten Widerstandsgebieten gegen einen preußisch beherrschten deutschen Nationalstaat gehört. Es entstand eine **antipreußische Allianz** überzeugter schwäbischer Föderalisten; sie reichte von den Demokraten bis zum Monarchen. Für oder wider Preußen, dieser Gegensatz ordnete die nationalpolitischen Lager in Württemberg.[16] Die Gründe, warum man sich zu einem der beiden Lager bekannte, waren unterschiedlich. Die radikalste Position verfochten die Demokraten, die damals ihre große Zeit hatten. Ein Deutschland ohne Österreich würde von Preußen überwältigt, glaubten sie, ein solcher Nationalstaat ließe sich nicht demokratisieren. Sie verlangten deshalb eine Art Föderalisierung Preußens. *Ludwig Pfau* hat dieses Programm am schärfsten formuliert: *ceterum censeo Borrussiam esse delendam*.[17] Preußen in seine Provinzen zerlegen. Das war gemeint. Die württembergischen Demokraten haben die Gründung des Nationalstaates unter Führung Preußens als eine katastrophale Niederlage erlebt, eine Katastrophe für die Demokratie.

36   Diese **Verurteilung des Nationalstaates von 1871** aus dem Geiste eines demokratischen Föderalismus findet man im 20. Jahrhundert kaum mehr. Auch nicht in Württemberg. Der Blick zurück auf diese Zeit veränderte sich und mit ihm das Urteil über Zentralisierung und Föderalismus. Ausschlaggebend für diesen Urteilswandel waren die Probleme bei der Parlamentarisierung des Deutschen Reiches.

---

[15] *Nipperdey*, Deutsche Geschichte 1866-1918, Bd. II, 1992, S. 93.

[16] Detailliert dazu *Langewiesche*, Liberalismus und Demokratie in Württemberg zwischen Revolution und Reichsgründung, 1974; aus der Sicht eines Zeitgenossen zum Verhältnis von Nationalstaat und Ländern: *Langewiesche* (Hrsg.), Das Tagebuch Julius Hölders 1877–1880. Zum Zerfall des politischen Liberalismus in Württemberg und im Deutschen Reich, 1977.

[17] *Pfau*, in: ders. (Hrsg.), Politisches und Polemisches aus den nachgelassenen Schriften 1895, S. 151 ff.

§4 Historische Reflexionen zum Föderalismus in Deutschland

Sie veränderten das Urteil über die historischen Zusammenhänge zwischen Parlamentarisierung und Demokratisierung auf der einen Seite und Föderalismus und Zentralismus auf der anderen.

An **Theodor Heuss** lässt sich dieser Urteilswandel besonders deutlich erkennen.[18] Denn *Heuss* hat sich selber stets in die Tradition der deutschen Demokraten des 19. Jahrhunderts gestellt. Er hatte das gleiche Ziel vor Augen wie im Jahrhundert zuvor seine Altvorderen, auf die er sich berief. Wie sie verlangte er eine starke, institutionell gesicherte parlamentarische Demokratie, und wie sie sah er in dem großen Preußen ein Haupthindernis auf dem Weg zu diesem Ziel. Doch während die Demokraten des 19. Jahrhunderts, nachdem die Grundentscheidung für die Monarchie gefallen war – eigentlich waren sie Herzensrepublikaner –, auf eine strikte Föderalisierung des deutschen Nationalstaates setzten, um ihn demokratisieren und parlamentarisieren zu können, zeigte sich *Heuss* überzeugt, dieses Ziel nur durch Zentralisierung erreichen zu können. Wie ist dieser radikale Urteilswandel zu erklären?

Theodor Heuss argumentierte: Die demokratische Nation braucht den **Zentralort**, an dem politisch gekämpft und entschieden wird. Nur dann entstünden eine starke Regierung und ein starkes Parlament, wenige starke Parteien und hinreichend viele starke Führungspersönlichkeiten. Deshalb plädierte er immer wieder energisch für eine politische Zentralisierung.

1918 hatte sich *Theodor Heuss* in seiner Schrift „Die Bundesstaaten und das Reich" programmatisch über Föderalismus und Zentralismus in Deutschland geäußert, und diese Haltung hat später nie grundsätzlich revidiert. Föderalismus setzte er gleich mit **„Partikularismus"**. Er sei in der deutschen Geschichte tief verankert, „aber die Vergangenheit hat darum noch keinen Anspruch auf Ehrfurcht".[19] Die Bundesstaaten bzw. die einzelnen Länder rechnete *Heuss* zu jenen Linien in der deutschen Geschichte, denen keine Pietät gebühre. *Napoleons* Anstoß zur Staatsvernichtung im Gebiet des Alten Reiches nannte er eine „Wohltat", denn erst jetzt sei die „deutsche Landkarte geschaffen worden", als unter dem Druck des Eroberers „viele Hunderte von Farbflecken reichsunmittelbarer Gebiete [...] auf ihr verschwunden sind".[20] Die deutschen Mittelstaaten, die davon profitiert hatten, zählte *Heuss* zu den „unendlichen Zufälligkeiten" der Geschichte, die „uns skeptisch erhalten gegenüber dem Pomp, der die altehrwürdigen Rechte jener staatlichen Parvenuegebilde umstellt".[21] *Heuss* konnte scharf formulieren.

Nach 1945, auf dem Wege zur Bundesrepublik, äußerte sich *Theodor Heuss* zurückhaltender zum Föderalismus, blieb aber weiterhin distanziert. Im Parlamentarischen Rat sprach er besorgt über den „Sonderungskomplex der Länderregierungen" und den „Föderalismus der Bürokratie". Die Worte Bundestag und Bundesrat mochte er nicht; sie erinnerten ihn zu sehr an die „Staatenbundgeschichte von Deutschland"

---

[18] Näher ausgeführt in *Langewiesche*, Liberalismus und Demokratie im Staatsdenken von Theodor Heuss, 2005.
[19] *Heuss*, Die Bundesstaaten und das Reich, 1918, S. 6.
[20] *Heuss* (Fn. 19), S. 7.
[21] *Heuss* (Fn. 19).

und hätten mit dieser, so *Heuss* 1949, „untergehen" sollen.[22] Die Landtage nannte er 1948 im Parlamentarischen Rat gar „Behelfsheime der deutschen Existenz"[23]. Die damalige Suche nach einer „Verfassung des ‚föderativen Typs' " spielte *Heuss* herab. Nur nicht zu viel festlegen, um Entwicklungen nicht zu verbauen. Und die historische Entwicklung, daran ließ er keinen Zweifel gelten, ziele auf **Zentralisierung**.

41   Nur keine Ehrfurcht vor historischen Petrefakten. Diese Linie verfocht *Heuss* auch in den Beratungen über die künftige staatliche Gestalt des deutschen Südwestens nach 1945. Er verpackte seine Sicht zwar in eine heiter klingende Sprache, aber seine Position blieb hart: keine Fortschreibung der Geschichte. Die Grenzen zwischen Baden und Württemberg sind, so *Heuss*, „„zwischen 1803 und 1810 in den Vorzimmern des Schlosses von Versailles bei den Sekretären *Napoleons* zusammengeschachert worden. [...] Dass daraus ein mittelstaatlicher Patriotismus entstand, schön, gut, ehrenvoll!! Aber es ist keine verpflichtende Angelegenheit für uns".[24]

42   *Heuss* **Ablehnung eines Föderalismus**, der die Einheit der Nation und die Entscheidungsfähigkeit des Gesamtstaates schwächen könnte, gründet in der Parlamentarisierungsblockade, die seit 1871 vom Bundesrat als dem Organ der Gliedstaaten des Deutschen Reiches ausgegangen war, ein „Kollegium seltsamer Art" nannte *Heuss* diese Länderkammer.[25] In ihr habe das fürstliche Deutschland mit der Dominanz Preußens und der – so spottete *Heuss* – „Quadratkilometersouveränität" der Kleinen und Kleinsten überdauert.[26] „Das muss in aller Offenheit ausgesprochen werden", schrieb er 1918, und so sah er es auch in seinen späteren Jahren, „jeder Schritt, den der Parlamentarismus in der Reichspolitik vorwärts macht, zertritt ein Stück des alten deutschen Föderalismus, stärkt den Zentralismus und den Unitarismus".[27] Und mit dem Föderalismus werde die Fürstenherrschaft geschwächt. Eine zentrale Aufgabe in seiner Sicht der deutschen Geschichte. Darin stimmte er völlig mit den Demokraten des 19. Jahrhunderts überein.

43   Beide kämpften gegen die Vorstellung, die deutsche Nation und der deutsche Nationalstaat seien Geschöpfe von oben, Geschenke der Fürsten und vor allem des preußischen Königs an die Deutschen. Ganz im Gegenteil, so argumentierte *Heuss* und so hatten die demokratischen Altvorderen argumentiert, Demokratie und Nationalstaat sind die historischen Weggefährten, nicht Monarchie und deutsche Nation. **„Die deutsche Fürstengeschichte"**, nennt *Heuss* einen **„Hemmschuh"** für die Geschichte der deutschen Nation. *Bismarck* preist er als den **„größten Revolutionär des neunzehnten Jahrhunderts in Deutschland"**, weil er sich über monarchische

---

[22] Der Parlamentarische Rat 1948-1949. Akten und Protokolle vom Deutschen Bundestag und vom Bundesarchiv (Hrsg.), Bd. 9, 1996, S. 533 f.

[23] Rede im Parlamentarischen Rat über die Grundlagen einer Verfassung (1948), zit. n. Dahrendorf/Vogt (Hrsg.), Theodor Heuss. Politiker und Publizist, 1984, S. 349 ff..

[24] *Dahrendorf/Vogt* (Hrsg.), Theodor Heuss. Politiker und Publizist, 1984, S 46 f.

[25] *Heuss* (Fn. 19), S. 19.

[26] *Heuss* (Fn. 19), S. 16.

[27] *Heuss* (Fn. 19), S. 45.

§4 Historische Reflexionen zum Föderalismus in Deutschland

Legitimität hinwegsetzte, als er „die Throne in Hannover und in Hessen-Nassau umgeworfen hat" auf dem Weg zum Nationalstaat.[28] Die Monarchie in Deutschland, die „Vielgestaltigkeit des kleinen deutschen Fürstentums" und die „Person des letzten deutschen Kaisers mit ihren Parvenü-Zügen" haben, so *Heuss* nach dem Ersten Weltkrieg bitter, viel „Subalternes und Lakaienhaftes [...] in die deutsche Seele hineingebracht".[29]

Auch **Gerhard Anschütz** hatte das Defizit an Parlamentarisierung und Demokratisierung der staatlichen Vielfalt Deutschlands angelastet, die er ausschließlich als partikularistischen Mangel, nicht als Möglichkeit für eine föderale Staatsstruktur begriff. Die Idee einer deutschen Föderativnation nahm er nicht auf, wenn er als Ziel und Sinn der deutschen Einheitsbewegung im 19. Jahrhundert postulierte, „aus der Kleinstaaterei und aus der Mittelstaaterei, überhaupt aus der deutschen Vielstaaterei herauszukommen" und an ihre Stelle „den nationalen Staat, das Reich" zu setzen.[30] „Ich bekenne, zu denen zu gehören, denen im Streitfalle das Reich alles, der Einzelstaat nichts ist".[31]

44

Aus der Erfahrung des Kaiserreichs, Länder erschweren die Parlamentarisierung und das übermächtige Preußen kann sie verhindern, hatte **Hugo Preuss**, der Architekt der Verfassung der Weimarer Republik, ursprünglich geplant, Preußen in mehrere Länder mittlerer Größe zu zerlegen.[32] *Theodor Heuss* stimmte 1919 zu: „Soll das künftige Deutschland einigermaßen ein inneres Gleichgewicht besitzen, dann muss Preußen aufgelöst werden". In einer Republik, so fürchtete er, würde das preußische Übergewicht noch drückender sein als im monarchischen Nationalstaat, in dem „dynastische Rücksichten" Preußen gezügelt hätten, seine überlegene Größe und Macht ungehemmt auszuleben.[33]

45

Endföderalisierung galt *Heuss* damals als eine andere Art, Preußen zu entmachten. Preußen in Provinzen zerschlagen, um es für einen föderalen Nationalstaat fähig zu machen, hieß das strikt föderative Programm der alten Demokraten. Den politischen Föderalismus durch Zentralisierung abbauen, um den **unitarischen Nationalstaat** handlungsfähig zu machen, auch und gerade gegen Preußen, wurde die Leitlinie der jungen Demokraten, zu denen *Heuss* gehörte.

46

---

[28] *Heuss*, Der demokratische Staat und die Volksgemeinschaft, in: Bericht über die Verhandlungen des 2. ordentlichen Parteitages der Deutschen Demokratischen Partei, abgehalten in Nürnberg, 11.-14. Dezember 1920, o. J., S. 218 (222, 224). Zu diesem Bismarck-Bild s. *Gall*, Bismarck. Der weiße Revolutionär, 1980 u.ö. Eine vorzügliche knappe Gesamtdarstellung *Ullmann*, Das deutsche Kaiserreich 1871-1918, 1995.

[29] *Heuss*, Der demokratische Staat und die Volksgemeinschaft, in: Bericht über die Verhandlungen des 2. ordentlichen Parteitages der Deutschen Demokratischen Partei, abgehalten in Nürnberg, 11.-14. Dezember 1920, o. J., S. 225.

[30] *Anschütz*, Drei Leitgedanken der Weimarer Reichsverfassung, 1923, S. 7.

[31] *Anschütz* (Fn. 30), S. 17.

[32] Zu *Preuß*, der wie *Heuss* die Parlamentarisierungsblockade in Gestalt des Bundesrat im Deutschen Reich als Ausgangspunkt für seine Reformpläne wählte, seine Hoffnungen jedoch bis zum Ende des Ersten Weltkrieges auf eine Demokratisierung Preußens gesetzt hatte: *Langewiesche*, in: ZSE 5 (2007), 313 ff.

[33] *Heuss*, Deutschlands Zukunft, 1919, S. 8.

47 Auch nach 1945 hielt er an diesem Urteil über Preußen fest: „Die deutsche föderale Vorstellung unserer Generation ist an die hegemoniale geschichtliche Lösung von 1866, 1870 gebunden. Und dann die Sorge: Soll ein **Hegemonialstaat** wieder kommen, darf er wieder kommen? Preußen ist nicht mehr, und sehr viele Deutsche haben davon innerlich noch nicht recht Kenntnis genommen, obwohl der Kontrollrat es merkwürdigerweise für notwendig gehalten hat, darüber sogar noch ein Gesetzlein herauszugeben, in dem er diesen Geschichtsvorgang feststellte. Wir stehen in einer totalen Verschiebung der Voraussetzungen".[34]

48 *Theodor Heuss* zeigt sich hier als ein **Geschöpf der Spätzeit**, der Zeit des Nationalstaates, wie er 1871 entstanden ist. Den damals ausgebildeten Föderalismus wertete er durch und durch negativ. Er habe die volle Parlamentarisierung verhindert, das Übergewicht Preußens stabilisiert und den Landesfürsten Herrschaftsrechte bewahrt, die mit einer Demokratie nicht zu vereinbaren seien. In dieser Sicht zeichnete er auch die Vorgeschichte des ersten Nationalstaates als einen partikularistischen Irrweg, den er allen voran den Fürsten auflastet.

49 *Heuss'* vehement **antidynastisch-demokratisches Geschichtsbild** erkannte klar: Das neue Reich wurde 1871 gegen die Tradition des alten gegründet. Denn so viel Zentralisierung hatte es noch nie in der deutschen Staatsgeschichte gegeben. Sehr viele hatten diesen deutschen Nationalstaat in seiner preußisch-protestantisch geformten Gestalt nicht gewollt. Aber er wurde dann, als die Würfel gefallen waren, schnell akzeptiert. Wesentlich beigetragen zu diesem raschen Ja zu dem Neuen hat, dass es als Erfüllung der Geschichte gedeutet wurde. Hier bezog *Heuss* eine eigenständige Position, die ihn scharf abhob sowohl von dem Föderativnationalismus, dem die württembergischen Demokraten gemeinsam mit vielen anderen, Liberalen und auch Konservativen, gehuldigt hatten, als auch von der Verklärung des jungen deutschen Nationalstaates als Gipfelpunkt der deutschen Geschichte. Heuss wollte vielmehr von diesem Nationalstaat aus, den er als dynastisch-partikularistisch unvollendet begriff, weitergehen zum demokratischen Nationalstaat. Und dies ohne jede Rücksicht auf die historische Last, als die ihm die deutsche Vielstaatlichkeit und ihr föderatives Erbe galt. Nur keine „heimatliche Geschichtsromantik" sagte er noch 1948 im Parlamentarischen Rat.[35]

G. Kontinuität im Urteilsbruch

50 Wie diese kurze Skizze zeigt, ist die Geschichte der Föderalismuskonzeptionen und der Einschätzung des föderalen Nationalstaates in Deutschland außerordentlich verwickelt und voller Urteilsbrüche. Alles hängt davon ab, von welchem **Sehepunkt** man in die Geschichte blickt und Linien in die Gegenwart zieht: von dem reichisch-vielstaatlichen, dem staatenbündischen und dem föderativen oder von dem

---

[34] *Heuss*, Rede im Parlamentarischen Rat über die Grundlagen einer Verfassung (1948), in: Dahrendorf/Vogt (Hrsg.), Theodor Heuss. Politiker und Publizist, 1984, S. 360.
[35] *Heuss* (Fn. 34), S. 355.

§4 Historische Reflexionen zum Föderalismus in Deutschland

zentralstaatlich-unitarischen. Doch wie auch immer geurteilt wurde, niemand, auch seine Gegner nicht, haben die politische Gestaltungskraft des Föderalismus je bestritten. Die deutsche Geschichte ist eine Geschichte des Föderativen und ihres Wandels, bis heute. Diese Kontinuitätslinie zieht sich durch allen Urteilswandel hindurch und vereint Freunde und Gegner.

Schrifttum

G. Anschütz, Drei Leitgedanken der Weimarer Reichsverfassung, 1923
M. Botzenhart, Deutscher Parlamentarismus in der Revolutionszeit 1848-1850, 1977
J. Burckhardt, Über das Studium der Geschichte. Der Text der »Weltgeschichtlichen Betrachtungen« auf Grund der Vorarbeiten von Ernst Ziegler nach den Handschriften hrsg. von Peter Ganz, 1982
D. Dowe/H.-G. Haup/D. Langewiesche (Hrsg.), Europa 1848. Revolution und Reform, 1998, 2001
L. Gall, Bismarck. Der weiße Revolutionär, 1980 u.ö.
T. Heuss, Der demokratische Staat und die Volksgemeinschaft, in: Bericht über die Verhandlungen des 2. ordentlichen Parteitages der Deutschen Demokratischen Partei, abgehalten in Nürnberg, 11.-14. Dezember 1920, o. J., S. 218 ff.
ders., Deutschlands Zukunft, 1919
ders., Die Bundesstaaten und das Reich, 1918
J. Huizinga, Wachstum und Formen des nationalen Bewusstseins in Europa bis zum Ende des XIX. Jahrhunderts (1940), in: ders., Im Banne der Geschichte. Betrachtungen und Gestaltungen, 1942, S. 131 ff.
W. Kaegi, Der Kleinstaat im europäischen Denken (1938), in: R. Teuteberg (Hrsg.), Historische Meditationen, 1942, S. 270
J.-D. Kühne, Die Reichsverfassung der Paulskirche: Vorbild und Verwirklichung im späteren deutschen Rechtsleben, 1998
D. Langewiesche, Die Monarchie im Jahrhundert der bürgerlichen Nation, in: ders., Reich, Nation, Föderation. Deutschland und Europa, 2008, S. 111 ff.
ders., Kleinstaat – Nationalstaat. Staatsbildungen des 19. Jahrhunderts in der frühneuzeitlichen Tradition des zusammengesetzten Staates
ders., Liberalismus und Demokratie in Württemberg zwischen Revolution und Reichsgründung, 1974
ders., (Hrsg.), Das Tagebuch Julius Hölders 1877–1880. Zum Zerfall des politischen Liberalismus in Württemberg und im Deutschen Reich, 1977
ders., Nation, Nationalismus, Nationalstaat in Deutschland und Europa, 2000
ders., Liberalismus und Demokratie im Staatsdenken von Theodor Heuss, 2005
ders., Moderner Staat in Deutschland – eine Defizitgeschichte. Hugo Preuß' radikale Kritik eines deutschen Sonderweges, in: ZSE 5 (2007), 313 ff.
ders., Staat, Nation und Föderation in der europäischen Geschichte, Gerda Henkel Vorlesung, 2008
ders./G. Schmidt (Hrsg.), Föderative Nation. Deutschlandkonzepte von der Reformation bis zum Ersten Weltkrieg, 2000
J. Müller, Deutscher Bund und deutsche Nation 1848-1866, 2005
T. Nipperdey, Deutsche Geschichte 1866-1918, Bd. II, 1992, S. 93
L. Pfau, Centralisation und Föderation, 1864, in: ders. (Hrsg.), Politisches und Polemisches aus den nachgelassenen Schriften 1895, S. 151 ff.
G. A. Ritter, Föderalismus und Parlamentarismus in Deutschland in Geschichte und Gegenwart, 2005
H.-P. Ullmann, Das deutsche Kaiserreich 1871-1918, 1995

§5 Philosophische Grundlagen des Föderalismus

Julian Nida-Rümelin

Inhalt

A. Klassische Paradigmen politischer Ordnung und ihr Verhältnis zum Föderalismus 146
    I. Thomas Hobbes 146
    II. John Locke 147
    III. Jean-Jacques Rousseau 148
    IV. Immanuel Kant 150
    V. Der Utilitarismus 155
B. Die Ergebnisse der Logik kollektiver Entscheidungen und die Unmöglichkeit
    unitarischer Konzeptionen politischer Ordnung 157
C. Demokratie als Kooperation auf mehreren Ebenen 159
Schrifttum 164

Föderalismus ist, wie alle *Ismen*, eine Doktrin. Diese Doktrin besagt, der Staat – im Allgemeinen oder wenigstens der eigene – sollte, unter den für ihn charakteristischen Bedingungen, föderal verfasst sein. Das Grundgesetz der Bundesrepublik Deutschland dekretiert diese Bedingungen als demokratisch, sozial und *föderal*.[1] Es stellen sich also zwei Fragen: Was ist föderal und warum sollte die Bundesrepublik Deutschland föderal sein? Auf diese beiden Fragen gibt es historische, politische, kulturelle und philosophische Antworten. Ich befasse mich in diesem Beitrag mit den **philosophischen Aspekten**, doch dass all diese Antworttypen nicht unabhängig voneinander sind, liegt auf der Hand. Entsprechend werden an der einen oder anderen Stelle Verbindungen zur historischen, politischen und kulturellen Dimension hergestellt. Die spezifischen institutionellen Verfasstheiten des deutschen, schweizerischen oder US-amerikanischen Föderalismus werden im Folgenden dagegen keine

1

---

[1] „Die Bundesrepublik Deutschland ist ein demokratischer und sozialer Bundesstaat" (Art. 20 Abs. 1 GG).

J. Nida-Rümelin (✉)
Lehrstuhl für Philosophie IV, Ludwig-Maximilians-Universität München;
Geschwister-Scholl-Platz 1, 80539 München, Deutschland
E-Mail: sekretariat.nida-ruemelin@lrz.uni-muenchen.de

Rolle spielen.² Der Gebrauch des Terminus „Föderalismus" im letzten Satz zeigt, dass dieser nicht nur eine politische Doktrin, sondern auch einen Typus institutioneller Grundstruktur bezeichnet. Föderalismus im ersten Sinne ist die – empirische sowie normative – Theorie von Föderalismus im zweiten Sinne. Im Weiteren geht es um die erste, nicht um die zweite Bedeutung von „Föderalismus". Im Mittelpunkt stehen dabei zwei philosophische Kategorien, die der **Rationalität** und die der **kollektiven Selbstbestimmung**.

A. Klassische Paradigmen politischer Ordnung und ihr Verhältnis zum Föderalismus

I. Thomas Hobbes

2   Das Verhältnis dieser beiden Kategorien – Rationalität und kollektive Selbstbestimmung – bildet das Zentrum der philosophischen Demokratie-Theorie. Die politische Moderne hat mit dieser Fragestellung begonnen. Es ist *Thomas Hobbes*, der die Legitimität der politischen Ordnung – also der **Konzentration aller Gewaltmittel in einer Hand** – auf die individuellen Interessen der Menschen (*in statu naturale*) und dann der Bürger (*in statu civile*) zurückführt.³ In dieser Hinsicht ist *Thomas Hobbes* gelungen, was er – vergeblich – für das Gesamt seiner Philosophie, insbesondere für seine Natur-Philosophie beanspruchte: Nämlich eine Revolution der Wissenschaften, d. h. in seinem Fall eine radikale Alternative zum alten, *aristotelisch* und *thomasisch* geprägten Denken zu entwickeln. Denn dieser Beginn der modernen politischen Theorie unterscheidet sich in der Tat radikal von der Tradition, wie sie rund 2000 Jahre europäischen politischen Denkens bestimmt hatte: Der Kosmos und die göttliche Ordnung treten als Legitimationsinstanzen ab und werden durch die je individuellen Eigeninteressen der Personen ersetzt. Dabei wird der Leviathan, d. h. der staatliche Souverän, als eine **Quasi-Person** konstituiert: Diese kann durch einen einzelnen Monarchen repräsentiert werden oder aber durch eine Gruppe, die zusammen herrscht, theoretisch sogar durch alle Bürger. Doch in jedem Fall tritt sie als *ein* Akteur auf, der durch seine Gesetzgebung Recht von Unrecht unterscheidet, der keine Kritik duldet und der Frieden durch Schrecken erzwingt. Für eine Pluralität politischer Akteure ist in diesem Modell kein Platz. Die Bürger sind keine politisch Handelnden und erst recht nicht Assoziationen, Parteien, Ethnien, Konfessionsgemeinschaften, Städte, Regionen oder Länder. Das erste Paradigma der politischen Moderne, das Legitimität auf individuelle Interessen zurückführt, ist somit **radikal anti-föderal**. Föderalistisches Denken hat in diesem Paradigma keinen Platz und kann auch nicht implantiert werden. Der *Hobbes'sche* Leviathan ist *ein* Akteur, die

---

[2] Vgl. *Deuerlein*, Föderalismus, 1972; *Livingston*, Federalism and Constitutional Change, 1974; *Elazar*, Exploring Federalism, 1987.

[3] Vgl. *Hobbes*, Leviathan, 2002.

§5 Philosophische Grundlagen des Föderalismus

politische Dimension kulminiert in der **Konstitution des Gewaltmonopols**, welches die individuelle Rationalität aller gleichermaßen repräsentiert. Die Einzelnen vollziehen einen einzigen politischen Akt, nämlich den der Konstitution des Gewaltmonopols, indem sie die Gewaltmittel, über die sie je individuell verfügen, unter der Bedingung abgeben, dass alle anderen sie auch abgeben. Fürderhin sind die Einzelnen als Bürger entpolitisiert, sie gehen ihren Geschäften nach, treiben Handel und Wandel und erfreuen sich eines erzwungenen, wenn auch gewollten Friedens.

Dies ist die übliche Lesart *Hobbes'*, die allerdings im Widerspruch zu zwei berühmt gewordenen Stellen des *Leviathan* steht. Nach diesen Passagen ist es nicht lediglich das Eigeninteresse und der von der Zentralgewalt verbreitete Schrecken, der die Konformität der Bürgerschaft mit der Friedensordnung hervorbringt, sondern auch die Einsicht in das, was zivile Gerechtigkeit verlangt.[4] Wenn man diese beiden Stellen nicht als unbedachte Abweichung vom allgemeinen Argumentationsgang interpretiert, so muss das *Hobbes'sche* Paradigma um eine **normative Dimension** der Bürgerpflichten ergänzt werden. Tatsächlich sprechen in meinen Augen sowohl exegetische als auch systematische Gründe für eine solche Ergänzung.[5] Vor allem ist dies auch für die Föderalismus-Thematik von Bedeutung: Denn nach dieser Lesart ist schon für den Urvater der politischen Moderne das auch für den Föderalismus konstitutive Gewaltmonopol normativ verfasst.

3

II. John Locke

Der zweite große Klassiker der politischen Moderne, *John Locke*, stattet alle Menschen mit Grundrechten aus, die sie von Geburt (als Eigentum Gottes) haben.[6] Es sind dieser drei: Das Recht auf Leben, das Recht auf körperliche Unversehrtheit und das Recht auf (rechtmäßig erworbenes) Eigentum. Es ist zutreffend, dass *John Locke* diese Rechte als *property rights* versteht, welche man in der zeitgenössischen libertären Doktrin der *self ownership* zusammenfasst:[7] Ich bin Eigentümer meines Lebens, meines Körpers und aller meiner Fähigkeiten sowie aller Produkte meiner Anstrengungen. Da die Menschen grundsätzlich fähig und bereit sind, diese Grundrechte anzuerkennen und zu respektieren, ist der Staat bei *Locke* – anders als bei *Hobbes* – lediglich ein notwendiges Übel: Seine Aufgabe ist es, bei Übertretungen dieser Rechte und der darauf folgenden legitimen Selbstjustiz sowie bei den Streitigkeiten, wie eine Übertretung zu beurteilen sei und ob Selbstjustiz angemessen war, Stabilität zu sichern. Es ist also die Rechtsordnung, die unverzichtbar erscheint und einen Staat erforderlich macht. Doch auch *John Locke* ist kein Föderalist, denn auch er kennt nur **eine Ebene politischen Handelns und politischer Legitimität**.

4

---

[4] Vgl. *Hobbes* (Fn. 3), S. 106 und S. 111.

[5] Vgl. beispielsweise *Kavka*, Hobbesian Moral and Political Theory, 1986; *Hampton*, Hobbes and the Social Contract Tradition, 1986; *Nida-Rümelin*, in: Kersting (Hrsg.), Leviathan, 1996, S. 109.

[6] Vgl. *Locke*, Zwei Abhandlungen über die Regierung, 1967.

[7] Vgl. *Vallentyne/Steiner* (Hrsg.), Left-Libertarianism and Its Critics, 2000.

Dennoch ist dieses Paradigma offener für die Einführung föderativer Elemente, da es das politische Institutionengefüge unter den einen Maßstab der Wahrung individueller Freiheitsrechte stellt, die Konkretisierung der Rechtsordnung aber weitgehend im Ungefähren lässt. Die Gründungsdokumente der ersten modernen Demokratie – die *Federalist Papers* und die Verfassung der USA – kann man als Beleg dafür lesen, dass eine *Locke'sche* Konzeption der Demokratie **mit föderalen Strukturen vereinbar** ist.[8]

5   Insofern ist es überraschend, dass die Wiederaufnahme des *Locke'schen* Projektes in der libertären politischen Philosophie *Robert Nozicks* doch wieder nur eine Ebene politischer Organisation zulässt.[9] Der philosophische Libertarismus der Gegenwart (der in der deutschsprachigen Diskussion häufig irreführend als Neo-Liberalismus bezeichnet wird) ist anti-föderal: Der **libertäre Minimalstaat** sorgt in seinen Grenzen für Sicherheit und verteidigt sich in der Anarchie der Nationalstaaten gegen seine Konkurrenten. Die Rahmenordnung des libertären Minimalstaates schafft Rechtssicherheit für Verträge, schützt Eigentum, Körper und Leben. Diese Aufgabe ist am effizientesten auf *einer* Ebene, d. h. – unter modernen Bedingungen – als **uniformer Nationalstaat** zu realisieren. Man mag vermuten, dass ein föderaler Staat den Libertären zu wenig minimalistisch wäre. Der wesentliche Grund für die anti-föderale Orientierung des zeitgenössischen Libertarismus ist jedoch, dass Libertäre den Staat als Rahmenordnung für die ökonomische und sonstige Konkurrenz der Individuen um knappe Güter verstehen. Es ist der Markt mit seinen spezifischen Bedingungen, die Effizienz über Konkurrenz und Transparenz sichern, der als Grundprinzip der gesellschaftlichen und staatlichen Organisation gilt. Für föderale Ordnungen steht jedoch – wie im Weiteren dargestellt werden wird – die Kooperation im Mittelpunkt; denn es ist die Kooperation, die das komplexe Mehr-Ebenen-Gefüge erst legitimiert. Kooperation ist aber ein Fremdkörper in einer Marktordnung, da sie die Effizienz des Marktes gefährdet.

III. Jean-Jacques Rousseau

6   Die libertäre Auffassung steht im schärfsten Konflikt zu der von *Jean-Jacques Rousseau*, die den Staat als sittliche Körperschaft versteht.[10] Für *Rousseau* überwindet der *citoyen* in der gesetzgebenden Versammlung seine *amour propre*, d. h. seine Eigenliebe bzw. sein Eigeninteresse, und orientiert sich als Teil des souveränen Gesetzgebers ausschließlich am **Gemeinwillen**. Kritiker waren und sind der Auffassung, dass die *Rousseau'sche* politische Philosophie auf einer metaphysischen Präsupposition beruht, die inhaltlich nicht konkretisiert werden kann: Der Gemeinwille sei beliebig

---

[8] Vgl. *Hamilton/Madison/Jay*, The Federalist, 2003.

[9] Vgl. *Nozick*, Anarchie Staat Utopia, 2006.

[10] Vgl. *Rousseau*, Vom Gesellschaftsvertrag, 2006.

§5 Philosophische Grundlagen des Föderalismus

interpretierbar und damit offen für totalitäre politische Programme.[11] Daran ist soviel richtig: Die politische Philosophie *Rousseaus* öffnet – bei aller humanistischen Orientierung am antiken Polis-Ideal und trotz des Zieles der Wiederherstellung der ursprünglichen menschlichen (individuellen) Freiheit – das Tor für die Instrumentalisierung des Einzelnen in Gestalt der vollkommenen Selbstentäußerung, die *Rousseau* von den Bürgern der **Republik** verlangt.[12] Es ist allein die **Republik**, d. h. die Versammlung aller Bürger in der gesetzgebenden Körperschaft, die entscheidet, was recht und was unrecht ist. Gegenüber dieser Körperschaft kann der Einzelne keinerlei Rechte geltend machen, denn im Gegensatz zu *Locke* kennt Rousseau keine vorstaatlichen und übergesetzlichen Freiheiten und Rechte der Menschen.

Aber das, was jeweils den Gemeinwillen der Bürgerschaft ausmacht und Leitschnur der Gesetzgebung sein soll und insofern die Versittlichung der Bürger als Gesetzgeber verlangt, ist weit weniger unbestimmt, als man zunächst vermuten mag. So hat unterdessen sowohl die kooperative Spieltheorie als auch der Zweig der rationalen Entscheidungstheorie, der als *collective choice* (auch *public* oder *social choice*) bezeichnet wird, wesentliche Beiträge zu einer inhaltlichen Aufhellung dieses Begriffs geleistet. In Situationen vom Typ des *prisoner's dilemma* kann man bspw. sagen, dass beidseitige Kooperation dem Gemeinwillen dieser Welt aus zwei Personen entspricht, während beidseitige Defektion das Ergebnis der Individualwillen der Privatpersonen ist.[13] Der Konflikt zwischen diesen beiden Willen zeigt sich darin, dass unterschiedliche Regelungen etabliert werden würden je nachdem, ob die Beteiligten gemeinsam entscheiden oder jeweils nur ihr Eigeninteresse optimieren. Wenn sie jeweils nur ihr Eigeninteresse optimieren, handeln sie im *Rousseau'schen* Sinne als Privatpersonen, wenn sie aber ein Gesetz etablieren, das alle zwingt, „frei" zu sein – d. h. das zu tun, was in ihrem gemeinsamen Interesse ist, und somit beidseitige Kooperation zu realisieren – dann handeln sie im Sinne des Gemeinwillens. Der **Republikanismus** – als diejenige politische Philosophie der Gegenwart, die sich am stärksten auf *Rousseau'sche* Grundgedanken stützt – versteht die Demokratie als **Kooperationsgefüge**, das eine politische Gemeinschaft stiftet, in der das Handeln der Bürger Gemeinwohl-orientiert ist.

Rousseau und die an ihn anschließende Theorietradition begreifen die politische Ordnung als **kollektive Selbstbindung**, die *idealiter* im Interesse aller ist. Dem Prinzip der Delegation und der Idee der parlamentarischen Demokratie stehen sie kritisch gegenüber. Vor allem aber ist der Republikanismus *Rousseau'scher* Form anti-föderal. Denn es gibt nur eine Ebene der politischen Willensbildung, nämlich die **allgemein verpflichtende Gesetzgebung**, an der alle Bürger zu beteiligen sind. Eine Mehr-Ebenen-Demokratie oder föderale Ordnung würde stattdessen zwei und mehr Bürger-Identitäten und somit eine Pluralität von Bürgerschaft schaffen und letztlich zu Interessenkonflikten führen sowie zu dem Zwang, diese durch Abstimmung oder (wie in Deutschland) durch konkurrierende Gesetzgebung zu beheben. Beides ist dem ursprünglichen *Rousseau'schen* Politikmodell fremd. Allerdings muss hinzugefügt

---

[11] Vgl. beispielsweise *Hampsher-Monk*, in: Wokler (Hrsg.), Rousseau and Liberty, 1995, S. 267.
[12] Vgl. *Rousseau* (Fn. 10), S. 17.
[13] Eine nähere Erläuterung des prisoner's dilemma wird in Abschnitt C (Rn. 23 ff.) vorgenommen.

werden, dass zeitgenössische Republikaner (wie etwa *Benjamin Barber*[14]) die Notwendigkeit anerkennen, sich mit der modernen parlamentarischen Demokratie und ihren föderativen Elementen zu arrangieren. Daher siedeln sie Formen unmittelbaren Bürgerengagements auf den unteren Ebenen, etwa in den Stadtvierteln oder Kommunen, an oder lagern sie gleich in die Zivilgesellschaft aus, also in jenen intermediären Raum gesellschaftlicher Praxis, der weder unmittelbar über politische Institutionen organisiert noch Teil des ökonomischen Marktes ist. In diesem Sinne kann man paradoxerweise sagen, dass der zeitgenössische Republikanismus die föderale Ordnung zwar nicht fördert, aber unter den Bedingungen der parlamentarisch-repräsentativen Demokratie voraussetzt.

IV. Immanuel Kant

1. Die normative Theorie des *foedus pacificum*

9   Von den großen Paradigmen des modernen politischen Denkens ist es allein das von *Immanuel Kant* etablierte, welches keine anti-föderalen, sondern sogar Föderalismus-freundliche Züge aufweist. In seiner Schrift *Zum ewigen Frieden* entwickelt *Kant* die Idee eines *foedus pacificum*, d. h. eines **Weltstaatenbundes der Republiken**, welcher über vertragliche Vereinbarungen sowie die Legitimationszwänge einer demokratischen Öffentlichkeit den Frieden sichern soll.[15] Es handelt sich dabei nicht um einen Bundesstaat, sondern ausdrücklich um einen Staatenbund – selbst wenn *Kant* offenkundig viele Jahre zwischen diesen beiden Optionen geschwankt hat. Grundlegend für diesen Staatenbund ist das allgemeine Kriterium politischer Gerechtigkeit (welches nach *Kant* auch im innerstaatlichen Kontext Gültigkeit hat), nämlich das Kriterium der **allgemeinen rationalen Zustimmungsfähigkeit**. Dieses gilt unabhängig davon, wer jeweils konkret die Gesetze gibt: So kann nach *Kant* auch eine Monarchie, in der allein der König die Gesetze erlässt, gerecht sein – sofern der König aufgeklärt genug ist, nur solche Gesetze zu erlassen, die allgemeiner rationaler Zustimmung fähig sind.

10   Die Konzeption einer Friedensordnung durch Vertrag der Republiken wirft ein schwerwiegendes theoretisches Problem im Rahmen der *Kant'schen* Philosophie auf: Wenn ein internationales Bündnis ausreicht, um den Frieden dauerhaft zu sichern, warum ist dann noch die Etablierung einzelner staatlicher Gewaltmonopole nötig, um den Friedenszustand der Individuen untereinander zu sichern? Eine mögliche Antwort wäre, dass Staaten in höherem Maße moralische Akteure sind als Individuen. Diese Auffassung stünde einerseits im Gegensatz zu der verbreiteten Auffassung der „schmutzigen Hände" in der Politik. Vor allem aber ist sie insofern unplausibel, als die unmittelbare soziale Kontrolle – die sich für den Einzelnen aus der Notwendigkeit

---

[14] Vgl. *Barber*, Strong Democracy, 1984.
[15] Vgl. *Kant*, Über den Gemeinspruch: Das mag in der Theorie richtig sein, taugt aber nicht für die Praxis. Zum ewigen Frieden, 1992, S. 49.

von Kooperation ergibt, da diese Anerkennung und eine unbescholtene Reputation voraussetzt – für Einzelpersonen viel gewichtiger ist als für Akteure der internationalen Politik. Denn letztere können, sofern sie sich die Zustimmung ihrer eigenen Bürgerschaft sichern, die Achtung oder Verachtung anderer Staaten und Gesellschaften ignorieren. Erstere können dagegen ohne die Kooperationsbereitschaft anderer Individuen und die soziale Anerkennung, die hierfür vonnöten ist, kaum überleben oder doch zumindest kein gutes Leben realisieren. Ist es vor diesem Hintergrund plausibel anzunehmen, dass die öffentliche Kontrolle staatlichen Handelns in der Republik Akteure der internationalen Politik in höherem Maße zur Konformität mit ansonsten nicht sanktionierten Vertragswerken zwingt als die Reputationsformen des sozialen Nahbereichs?

Es bieten sich zwei Auflösungen dieser Inkohärenz der *Kant'schen* politischen Philosophie an: Zum einen könnte man das Weltfriedensbündnis an die innerstaatliche Friedensordnung durch ein **rechtlich verfasstes Gewaltmonopol** anpassen. In diesem Fall wäre der Staatenbund zu einem Bundesstaat fortzuentwickeln um den ewigen Frieden zu garantieren. Wieder müsste man zwei Unterfälle unterscheiden: Entweder könnte man die überstaatliche Ordnung, also den föderalen Weltstaat, so konzipieren, dass er die oberste und in Konfliktfällen ausschlaggebende Gesetzgebungsinstanz ist, die nur im Rahmen gegebener Bundesgesetze einzelstaatliche Gesetzgebungsaktivitäten erlaubt und damit die Souveränität der Einzelstaaten aufhebt. Oder aber der föderale Weltstaat wird als ein solcher gedacht, der sein Gewaltmonopol auf Anwendungen gegen einzelstaatliche Akteure, die die Friedensordnung verletzt haben, beschränkt. In dieser Lesart gewährt er den Einzelstaaten eine lediglich in dieser Hinsicht eingeschränkte Souveränität, da die innerstaatlichen Angelegenheiten – etwa die Eigentums- und Sozialordnung, das Maß individueller Freiheitsrechte etc. – weiterhin in der Gesetzgebungskompetenz der Einzelstaaten liegen.[16] So verstanden wäre die föderale Weltrepublik ein **schwach integrierter Bundesstaat**.

Die zweite Möglichkeit, die diagnostizierte Inkohärenz aufzuheben, wäre, den Einzelstaat nach dem **Modell des Friedensbundes** zu organisieren. In diesem Fall hätten wir es mit einem freiwilligen Zusammenschluss von Individuen zu einer politischen Gemeinschaft zu tun, die lediglich durch die Einsicht in die Vernünftigkeit dieser Regelungen zusammengehalten würde und ohne staatliches Gewaltmonopol Bestand hätte. Diese Auflösung stünde in einem deutlichen Kontrast zur sonstigen politischen Philosophie *Immanuel Kants* und entspräche in ihrem Kern den (anarcho-) syndikalistischen Konzeptionen des späten 19. und frühen 20. Jahrhunderts. Deren einzige kurze historische Realisierungschance war im Spanien der 1930er Jahre und wurde militärisch durch die vereinigten faschistischen und nazistischen Kräfte Europas und ideologisch durch die zunehmende Dominanz der bolschewistischen bzw. leninistischen Ideologie in der politischen Linken der damaligen Zeit zunichte gemacht. Ein *Kant'scher* **Anarcho-Syndikalismus** müsste sich auf die moralische Qualität der Akteure verlassen. Die Leitschnur deren Handelns müsste das Sittengesetz sein, d. h. sie müssten akzeptieren, dass die freie Wahl der

---

[16] Vgl. *Höffe*, Demokratie im Zeitalter der Globalisierung, 1999, S. 228.

Maximen für die eigenen Handlungen dort ihre Grenze hat, wo es logisch unmöglich oder doch zumindest nicht wünschenswert ist, die betreffende Maxime zu einer universellen Handlungsregel zu verallgemeinern.[17] Im Friedensbündnis würde die Unterbestimmtheit des Sittengesetzes durch die konventionelle Etablierung allgemein geltender Regeln behoben, wobei „allgemeine Geltung" eben nicht bedeuten würde, dass die Konformität mit diesen Regeln durch ein allgemeines staatliches Gewaltmonopol erzwungen wäre. Da viele *Kantianer* diese offenkundige Unterbestimmtheit des Sittengesetzes nicht zu sehen scheinen, sei an dieser Stelle ein einfaches Beispiel hierfür gegeben: Die Maxime, im Straßenverkehr rechts zu fahren, ist als allgemeines Gesetz sowohl widerspruchsfrei denk- als auch wünschbar: Wenn alle sich rechts halten, ist ein flüssiger Verkehr garantiert. Das Gleiche gilt natürlich auch für die Maxime, im Straßenverkehr links zu fahren. Offenkundig liefert das Sittengesetz an dieser Stelle keine Bestimmung, die genau genug wäre, so dass eine konventionelle Regelung erforderlich ist, die zwischen beiden jeweils verallgemeinerbaren Maximen eine Entscheidung trifft, um eine wünschbare Straßenverkehrsordnung zu etablieren. Dieses Beispiel plausibilisiert die These, dass die je individuelle Autonomie der Akteure auch dann nicht hinreichend zur Stabilisierung einer politischen und gesellschaftlichen Ordnung ist, wenn sie das Sittengesetz befolgen. Denn in dieser – **quasi libertären** – Interpretation *Kants* fehlt das Element kollektiver Selbstbestimmung. Insofern wird das chronologische Verhältnis von *Rousseau* und *Kant* in systematischer Hinsicht auf den Kopf gestellt: Beiden geht es um die Freiheit des Individuums. *Kant* kann zwar die individuelle Freiheit gegenüber *Rousseau* wesentlich substantiieren, aber dabei geht der freiheitsbewahrende Kontext kollektiver Selbstbestimmung verloren. Die sittliche Körperschaft der *Rousseau'schen* Republik besteht in der Ausdehnung individueller Selbstbindung auf die politische Gemeinschaft durch den Akt der Gesetzgebung als kollektiver Selbstbestimmung. Und so, wie das Sittengesetz zwar die Willkür, nicht aber die Autonomie (und damit den substantiellen Teil individueller Freiheit) einschränkt, so ist auch kollektive Selbstbestimmung als freiwillige Selbstbindung aller an gemeinsam gewollte, weil mit dem Gemeinwillen übereinstimmende Regeln kein Freiheitsverlust. Die *Rousseau'sche* Republik verlängert insofern die individuelle Autonomie *Kants* in die politische Sphäre und löst das Problem der Unterbestimmtheit *Kant'scher* Ethik. Ohne das republikanische Element kollektiver Selbstbestimmung bliebe ein libertärer *Kantianismus* im Bereich des Vorpolitischen und könnte nicht als ein Paradigma des Föderalismus gelten.

2. Die empirischen Befunde zum *foedus pacificum* im Anschluss an *Kant*

13 Die **Kohärenzproblematik**, die die Forderung nach einem Weltfriedensbund, statt nach einer Weltrepublik für die *Kant'sche* praktische Philosophie aufwirft, kontrastiert auffällig mit den empirischen Befunden. So schwer sich das *foedus pacificum* in die politische Philosophie *Kants* einbetten lässt, so sehr hat es sich als eine

---

[17] Vgl. *Kant*, Grundlegung zur Metaphysik der Sitten, 1999, S. 45.

§5 Philosophische Grundlagen des Föderalismus

wirkungsmächtige und unterdessen auch empirisch gestützte Idee erwiesen. Denn die These, dass Republiken bzw. Demokratien untereinander Kriege vermeiden, die prominent von *Michael Doyle* aufgebracht wurde und die man als empirisches Gegenstück zum *Kant'schen Ewigen Frieden* verstehen kann, hat sich als äußerst robust erwiesen.[18] Dies ist umso bemerkenswerter, als seit der ersten Formulierung dieser These die Zahl der Demokratien weltweit und damit auch das Ausmaß der potentiell gewalttätigen internationalen Konflikte zwischen diesen stark angestiegen ist. Denn die potentiellen Konfliktfelder nehmen mit der Zahl der demokratischen Staaten nicht proportional, sondern potentiell zu, so dass zwei Staaten eine, drei Staaten 3, vier Staaten 6, fünf Staaten 10, zehn Staaten 45 und zwanzig Staaten 190 bilaterale potentielle Konfliktrelationen haben (und bezieht man multilaterale Konflikte mit ein, wächst die Zahl potentieller Konfliktrelationen noch schneller). Ebenfalls ist zu bedenken, dass heute nicht mehr die Rede davon sein kann, dass sich demokratische Staaten im Wesentlichen auf den cis- und transatlantischen Raum beschränken, sondern auch den größten Teil des Südens mit einbeziehen – mit der auffälligen Ausnahme des muslimischen Kulturkreises. Insofern erhält die empirische Theorie des demokratischen Friedens von Jahr zu Jahr, in dem es nicht zu einem Krieg zwischen Demokratien kommt, zusätzliches Gewicht. Die in den vergangenen Jahrzehnten hervorgebrachten Entkräftungstheorien haben sich dagegen meines Erachtens unterdessen erübrigt: So kann der anhaltende Frieden zwischen Demokratien nicht durch die These der geographischen Nähe und kulturellen Verwandtschaft erklärt werden. Dies haben die Balkan-Kriege der 90er-Jahre allen vor Augen geführt. Diese These scheitert zudem angesichts der anhaltend friedlichen Beziehungen zwischen Japan und Europa, die weder kulturell noch geographisch benachbart und deren Beziehungen darüber hinaus von massiven, insbesondere ökonomischen Interessenkonflikten geprägt sind (die Beziehungen zwischen den USA und China stellen für diese These eine ähnliche Herausforderung dar). Die Entkräftungsthese der ökonomischen Verflechtung ist ebenfalls durch die Balkankriege und zahlreiche andere Kriege zwischen ökonomisch eng verflochtenen Nationen widerlegt.[19] Die These schließlich, es sei nicht die demokratische Verfasstheit, sondern die *pax sovietica* bzw. *americana* gewesen, die durch ihre atomare Abschreckung und durch das Interesse der beiden Großmächte, Konflikte nicht eskalieren zu lassen, militärische Auseinandersetzungen zwischen demokratischen Staaten ausgeschlossen habe, konnte allenfalls bis 1989 Plausibilität für sich beanspruchen. Es bleibt die Vermutung, dass es sich bei dem andauernden demokratischen Frieden lediglich um eine **historische Zufälligkeit** handelt. Doch je länger dieser Frieden währt, desto unplausibler ist dieser letzte Erklärungsversuch.

Wenn jedoch die Theorie des demokratischen Friedens zutrifft, dann hat dies weitreichende **Konsequenzen** für die Föderalismus-Theorie. Die souveräne staatliche Ordnung bekäme dann nämlich in ihrer Aufgabe – die darin besteht, den Frieden

14

---

[18] Vgl. *Doyle*, Philosophy and Public Affairs 1983, S. 205 ff. und S. 323 ff.
[19] Für eine Übersicht über aktuelle sowie vergangene kriegerische Konflikte und deren Ursachen vgl. das *Conflict Barometer* des Heidelberg Centre for International Conflict Research, einzusehen unter http://www.hiik.de/de/konfliktbarometer/index.html (abgerufen im Mai 2009).

durch eine **rechtlich verfasste Zwangsordnung** zu sichern, die dem Gerechtigkeitssinn der Bürger in zureichendem Maße entspricht, um deren Loyalität zu sichern, die aber darüber hinaus auch über **Sanktionsandrohungen** in Gestalt eines Gewaltmonopols Konformität herstellt – Konkurrenz in Gestalt föderaler Systeme, die ohne eine Konzentration der Gewaltmittel auskommen, aber dennoch Kooperation und Frieden stiftend wirken. Dies ist nicht nur für die Theorie des Föderalismus, sondern auch für das systematische Verständnis eines politischen Gebildes wie der Europäischen Union von großer Bedeutung. Mit der EU ist ein Institutionengefüge entstanden, das nationalstaatliche, bundesstaatliche und staatenbundartige Elemente miteinander verbindet und als eine **Mehr-Ebenen-Demokratie** funktioniert – wenngleich mit einer atypischen Rolle des Parlamentes und der Exekutive. Politikwissenschaftler sprechen daher mit Blick auf die EU gern von einer politischen Ordnung *sui generis* und suchen so, der Problematik einer angemessenen Rubrizierung zu entgehen.[20] Charakteristisch für die Europäische Union ist, dass sie nicht über eigene Gewaltmittel verfügt, weder nach innen in Gestalt europäischer Polizeikräfte, noch nach außen in Gestalt einer schlagkräftigen europäischen Armee oder nuklearen Abschreckungsmacht. Die Europäische Union beruht zudem auf Verträgen, die bisher nicht – wie seit Maastricht geplant – in eine Verfassung überführt werden konnten. Die grundlegenden ersten drei Verträge der sechs Gründungsstaaten der Europäischen Union – die sog. Römischen Verträge – regelten wirtschaftliche und industriepolitische Angelegenheiten (Freihandel, Montanindustrie, Atomwirtschaft), hatten aber, wie man den Reden und Schriften der Gründungsväter *de Gasperi*, *Schuman*, *Adenauer*, *de Gaulle* und *Monnet* entnehmen kann, eigentlich die Aufgabe, den Frieden in Europa dauerhaft zu sichern. Dass diese Agenda – die letztlich auf *Monnet* zurückgeht und im Wesentlichen in der Idee besteht, das große Ziel der tiefgreifenden europäischen Integration, der **Überwindung nationalstaatlicher Gegensätze** und der Wiederanknüpfung an gemeinsame europäische Traditionen in Kultur, Bildung und Wissenschaft auf der Basis wechselseitiger ökonomischer Interessen zu erreichen – nicht unbegrenzt fortgeführt werden konnte, musste intelligenten Beobachtern spätestens seit der Aufnahme Großbritanniens klar geworden sein. Doch diese Strategie wurde – mit der Süd- vor allem aber mit der Osterweiterung – über jedes Maß ausgedehnt. Die Folge ist, dass das doppelte Versprechen einer Erweiterung und Vertiefung nicht eingelöst wurde und sich die EU spätestens nach Ablehnung des Verfassungsentwurfes durch zwei Gründerstaaten in einer anhaltenden Krise befindet. Hat die Europäische Union den *kairos*, den rechten Augenblick, für einen Übergang von einem bloßen *foedus pacificum* zu einem kontinentalen Bundesstaat verpasst? Muss sie sich jetzt damit abfinden, den zurückgelegten Weg in umgekehrter Richtung einzuschlagen, um sich am Ende auf den kleinsten gemeinsamen Nenner wechselseitiger ökonomischer Interessen zu verständigen? Wie realistisch ein solches Szenario ist, lässt sich heute schwer abschätzen. Gegen ein solches Szenario spricht jedoch die alltägliche und institutionell verankerte Praxis innereuropäischer Kooperation im Rahmen der Institutionen der EU, die auch in

---

[20] Für einen Versuch vgl. *Bieber*, in: Weidenfeld (Hrsg.), Europa-Handbuch, dritte, aktualisierte und überarbeitete Auflage 2004, S. 125.

Konfliktzeiten stabil geblieben ist. Denn selbst wenn das europäische Institutionengefüge in sich inkohärent zu sein scheint – da bspw. die Rolle des Parlamentes einen merkwürdigen Zwitter aus Ältestenrat und Legislative darstellt, die Bürokratien der Kommission politisch nur unzureichend kontrolliert sind und der Ministerrat seiner Gesetzgebungsfunktion unter den erschwerten Bedingungen von 27 Mitgliedstaaten mit einem entsprechend potenzierten Abstimmungsbedarf nachgeht – so scheint das Kooperationsgefüge doch dicht und tief genug geworden zu sein, um diese institutionellen Unzulänglichkeiten auch in schwierigen Zeiten aushalten zu können. De facto kann die Europäische Union heute als eine besondere Form eines **supernationalen Föderalismus gelten**, die Elemente eines *foedus pacificum* mit denen einer Kontinental-Republik verbindet.

V. Der Utilitarismus

Der **klassische Utilitarismus** der schottischen Aufklärung, der zugleich Geburtshelfer der modernen Nationalökonomie war, verstand sich als umfassendes Rationalisierungsprogramm der Politik: Die Gesetzgebung, das Recht, die Exekutive sollten auf das rationale Fundament der **Optimierung des Wohlergehens aller** gestellt werden. Überkommene Sittlichkeitsvorstellungen erschienen dabei ebenso störend wie die erstarrten Institutionen politischer Praxis im damaligen Großbritannien. Das programmatische Werk dazu schrieb *Jeremy Bentham* und gab mit seiner *Introduction to the Principles of Morals and Legislation* einer ganzen Generation von britischen Sozialreformern das Maß ihrer politischen Anstrengungen.[21] Die Begründung des utilitaristischen Prinzips schien auf der Hand zu liegen: Da jeder nach seinem eigenen Wohl strebt, ist es Aufgabe der Politik, nach dem allgemeinen Wohl zu streben.[22] Implizit berücksichtigt dieses Prinzip beide zentralen Normen der politischen Moderne, nämlich die **Freiheit und die Gleichheit** der Menschen: Die Freiheit wird insofern berücksichtigt, als es der Politik nicht zukommt, autoritär oder paternalistisch zu entscheiden, wie Menschen leben sollten – vielmehr muss sie die jeweiligen individuellen Bedürfnisse ernst nehmen. Der Gleichheit wird dagegen insofern Genüge getan, als die Bedürfnisse jedes Menschen unabhängig von seinem Rang oder Stand, seiner Hautfarbe oder seinem Geschlecht, seinem Glauben oder seiner Herkunft gleiches Gewicht haben. Der Utilitarismus ist in einem bestimmten Sinne in hohem Maße weltanschaulich neutral und egalitär und fügt sich daher gut in die liberale Demokratie.

Die genauere Analyse deckt allerdings eine Reihe von teilweise gravierenden Problemen auf. Wenn es um das je individuelle Wohlergehen geht, dessen Summe maximiert werden soll, dann stellt sich die Frage, wer bestimmt, was das Wohlergehen der Individuen ausmacht. Wäre dies bloß Aufgabe des Staates, würde der Utilitarismus in einen umfassenden Paternalismus münden. Wäre dies bloß Aufgabe

---

[21] Vgl. *Bentham*, Works Volume 1, 1962, S. 1.
[22] Vgl. *Mill*, Der Utilitarismus, 1991, S. 60.

der einzelnen Individuen, müssten in letzter Konsequenz die jeweils geäußerten Präferenzen zählen – selbst dann, wenn diese dem Wohlergehen der Person (objektiv) entgegenstehen oder (subjektiv) nicht durch das eigene Wohlergehen motiviert sind. Doch unabhängig davon, ob man sich für eine dieser beiden schwierigen Alternativen oder für eine Mischform entscheidet[23], gerät der Utilitarismus zudem in einen **Konflikt mit individuellen Freiheitsrechten**: Die Maximierung der Nutzensumme kann es erfordern, dass die Interessen eines Einzelnen (im Sinne seines eigenen Wohlergehens oder seiner eigenen Präferenzen) für den größeren Nutzen anderer Individuen geopfert werden. Wenn etwa die Versklavung von zwanzig Prozent der Bevölkerung das Nutzenniveau der restlichen achtzig Prozent so deutlich anhebt, dass die Nachteile der Versklavung für die zwanzig Prozent diese Verbesserung nicht aufwiegen, dann würde der Utilitarismus – im Widerspruch zu den Grundrechtskatalogen westlicher Verfassungsordnungen – eine Versklavung befürworten.[24] Zwar mag es in der Lebensplanung eines Individuums durchaus sinnvoll erscheinen, Nachteile in einer bestimmten Lebensphase in Kauf zu nehmen, um dadurch größere Vorteile für spätere Phasen zu gewinnen – doch diese Überlegung kann nicht auf das interpersonelle Verhältnis von Individuen übertragen werden. Wir haben jeweils nur ein Leben, und die Aggregation individueller Vorteile zu einem großen gesamtgesellschaftlichen Beurteilungsmaß verdeckt die *separateness of persons*, also die Eigenständigkeit und Getrenntheit menschlicher Individuen, was für *Rawls* den Haupteinwand gegen den Utilitarismus darstellt.[25] Der Utilitarismus verletzt offenkundig das Instrumentalisierungsverbot, das seit *Kant* im Zentrum der Ethik und politischen Philosophie steht.

17 Der Utilitarismus, verstanden als politische Ethik, mündet für die politische Akteure (für die Legislative gleichermaßen wie für die Exekutive) in einem Dilemma: Einerseits ziehen sie zur Begründung ihrer politischen Handlungen und Überzeugungen die Orientierung der Menschen an ihrem je eigenen Wohl heran; andererseits ist aber nicht anzunehmen, dass die Optimierung des allgemeinen Wohlergehens zu einer politischen Institutionalisierung und Praxis führt, die für alle Individuen zur Maximierung ihres je eigenen Wohls führt. Trotz der geistesgeschichtlichen Verwandtschaft und chronologischen Nähe von **Liberalismus und Utilitarismus** sind diese beiden Paradigmen des politischen Denkens also **nicht integrierbar**. Das liegt insbesondere daran, dass der Liberalismus in jedem Fall an den Individualrechten der Bürgerinnen und Bürger sowie am Konzept allgemeiner Menschenrechte festhalten will, die als Beurteilungsmaßstab der jeweiligen politischen Ordnung herangezogen werden. Ohne dass dies dem klassischen Utilitarismus bewusst gewesen wäre, konstituiert dieser im Gegensatz dazu impliciter einen Quasi-Akteur, der charakterisiert ist durch das Aggregat individueller Präferenzen bzw. individuellen Wohlergehens und dessen Wohl als Aggregat der Einzel-Wohlergehen verstanden wird. Die alte *Hobbes'sche* Idee des Leviathan als Aggregat der einzelnen Individuen lebt hier fort: Der Staat wird als ein Akteur verstanden, der in irgendeiner Weise die Interessen der

---

[23] Vgl. *Griffin*, Well-Being, 1986.

[24] Vgl. *Rawls*, Eine Theorie der Gerechtigkeit, 1994, S. 192.

[25] Vgl. *Rawls* (Fn. 24), S. 45; *Nida-Rümelin*, Demokratie und Wahrheit, 2006, S. 59.

Bürgerschaft aggregiert und so das gemeinsame Wohl realisiert. Aus dieser – meist unausgesprochenen – Perspektive bedarf es einer Zentralinstanz politischer Legitimation. Möglicherweise wirkt hier eine Prägung aus feudalen Zeiten nach: Der Fürst, der durch Gottes Gnade oder im Rahmen einer vorgegebenen kosmologischen Ordnung regierte, repräsentierte das Staatsvolk als Ganzes. Das Handeln des Monarchen hatte – bei aller Unterschiedlichkeit monarchistischer Regierungsformen – das Wohl des Ganzen zu wahren. Legitimiert hierfür war er über seine besondere Herkunft oder die unmittelbare Beziehung zu jenseitigen Mächten, welches jeweils eine höhere Einsicht versprach. Die Republik hat dieses Erbe aufgenommen und demokratisch transformiert. Die Bürger verleihen den neuen politischen Akteuren (etwa in einer demokratisch gewählten Regierung) die Legitimation, um das Wohl des Ganzen zu realisieren. Da die politische Praxis kohärent sein sollte, gibt es in letzter Konsequenz nur einen politischen Akteur, der idealiter mit einer Zentralfigur der Politik weitgehend identisch ist, welches besonders im Präsidialsystem augenfällig wird. Abstrakt gesprochen agiert dieser politische Akteur auf der Basis eines Verfahrens der Aggregation: Er schöpft seine Legitimität daraus, dass er die individuellen Interessen zu einem gemeinsamen Wohl zusammenfasst und sich dann in den konkreten Entscheidungen daran orientiert. Es liegt auf der Hand, dass solch **unitarische Konzeptionen** der Demokratie anti-föderal orientiert sind. Der Föderalismus ist mit der Idee der Konstitution eines politischen Akteurs durch Aggregation von individuellen Interessen nur schwer in Einklang zu bringen. Dies bestätigt sich eindrucksvoll in der zeitgenössischen Fortentwicklung des utilitaristischen Paradigmas in Gestalt der **Wohlfahrtsökonomie** und der **Logik kollektiver Entscheidungen**.

B. Die Ergebnisse der Logik kollektiver Entscheidungen und die Unmöglichkeit unitarischer Konzeptionen politischer Ordnung

Drei Resultate der Logik kollektiver Entscheidungen sind für die Philosophie des Föderalismus von besonderer Bedeutung.[26] Das erste ist das bekannte *Arrow-Theorem*, wonach es kein Verfahren der Aggregation individueller Präferenzen zu einer **kollektiven Präferenz** gibt, das minimalen Standards der Rationalität in der Demokratie genügt. Nach diesen Standards sollte es in einer Demokratie erstens keine einzelne Person geben, deren Präferenzen unabhängig davon, wie die Präferenzen der

18

---

[26] Im Deutschen hat sich für diesen Zweig der rationalen Entscheidungstheorie, der sich mit der Aggregationsproblematik individueller Präferenzen zu einer kollektiven Präferenz auseinandersetzt und dabei auch die institutionellen und speziell politischen Implikationen diskutiert, noch kein eigenständiger Terminus eingebürgert. Daher wird oft auch in deutschsprachigen Texten von *collective choice*, *social choice* oder *public choice* (je nach thematischer Akzentuierung) gesprochen. Da die Methode der Untersuchung jedoch eine apriorische ist, d. h. untersucht, welche logischen Implikationen bestimmte Bedingungen des Aggregationsverfahrens haben, scheint mir der Ausdruck *Logik kollektiver Entscheidungen* treffender zu sein. Die wichtigsten Ergebnisse präsentieren wir in Kern/Nida-Rümelin, Logik kollektiver Entscheidungen, 1994.

anderen beteiligten Individuen beschaffen sind, jeweils zur **kollektiven Präferenz** werden. Zweitens sollte, wenn alle Individuen sich in einer Präferenz einig sind, diese auch zur kollektiven Präferenz werden. Drittens darf das Auftreten zusätzlicher Alternativen nicht zu einer Veränderung der kollektiven Präferenzen bezüglich schon zuvor gereihter Alternativen führen. Und viertens sollten die Individuen insofern als souverän behandelt werden, als sie ihre eigenen Präferenzen frei bestimmen und in das Aggregationsverfahren einspeisen können. Selbst wenn man davon ausgeht, dass die Präferenzen der Individuen kohärent (also reflexiv, transitiv und vollständig) sind, zeigt sich, dass es bei jedem Aggregationsverfahren Verteilungen individueller Präferenzen gibt, so dass mindestens eine dieser vier Bedingungen verletzt ist.

19 Es gibt in der Literatur zahlreiche Versuche zu zeigen, dass dieses Ergebnis für die politischen Institutionen irrelevant sei.[27] Obwohl hier nicht der Ort ist, sich en detail mit dieser Abschwächungsstrategie zu befassen, bin ich der Ansicht, dass dieses Theorem von großer politiktheoretischer Relevanz ist. Denn es zeigt, dass die unitarischen Konzeptionen der Demokratie aus logischen Gründen scheitern. Dass die tatsächliche Praxis und die institutionelle Verfasstheit moderner Demokratien diesen unitarischen Konzeptionen ohnehin nicht entsprechen, wirkt im Vergleich zu diesem Ergebnis als bloßer Zusatz. Sowohl für föderale wie für nicht-föderale Systeme gilt insofern, dass es der Theorie nach nicht möglich ist, in rationaler und demokratieverträglicher Form einen unitarischen politischen Akteur zu etablieren.

20 Das *Gibbard-Satterthwaite*-**Theorem** wiederum zeigt, dass rationale individuelle Optimierer für beliebige Aggregationsverfahren bei bestimmten Präferenz-Verteilungen einen Anreiz haben, andere Präferenzen in die Aggregation einzuspeisen, als sie tatsächlich haben. Da dies zu iterativen Prozessen führt, wird die Aggregation generell instabil. Den kohärenten politischen Akteur kann es – nach diesem Theorem – selbst dann nicht geben, wenn die Mindestbedingungen demokratischer Entscheidungsfindung fallen gelassen werden.

21 Schließlich zeigt das *liberale Paradoxon* des indischen Ökonomie-Nobelpreisträgers *Amartya Sen*, dass die Minimalbedingung kollektiver Rationalität, nämlich das ***Pareto*-Prinzip**, mit der Garantie individueller Freiheiten unvereinbar ist. Dies mag auch deswegen überraschen, weil das *Pareto*-Prinzip für die Marktordnung konstitutiv ist, da gezeigt werden kann, dass der Markt unter idealen Bedingungen ausschließlich *Pareto*-effiziente Verteilungen hervorbringt. Für Libertäre garantiert der Markt beides: **Effizienz und Liberalität**. Das *Sen*-Theorem zeigt, dass diese Annahme unzutreffend ist. Die Lehre des liberalen Paradoxons lässt sich auch so formulieren: Ein rationaler politischer Akteur als Repräsentant der Bürgerschaft als Ganzer handelt bezüglich der Interessen der Bürgerinnen und Bürger *Pareto*-effizient, d. h. er bevorzugt eine Alternative dann, wenn alle Individuen diese bevorzugen.[28]

---

[27] Stilbildend für diese Versuche war der Aufsatz "The General Irrelevance of the General Impossibilty Theorem" von Gordon Tullock, vgl. *Tullock*, The Quarterly Journal of Economics 1967, 256 ff.

[28] Die stärkere Variante lautet: Ein rationaler politischer Akteur als Repräsentant der Bürgerschaft als Ganzer handelt Pareto-effizient, wenn er eine Alternative a gegenüber einer Alternative b schon dann bevorzugt, wenn mindestens ein Individuum der Bürgerschaft a gegenüber b bevorzugt und

Dieser rationale politische Akteur steht jedoch nicht im Einklang mit der Garantie liberaler Freiheitsrechte in der Demokratie. Die individuellen Freiheiten schränken den Raum ein, innerhalb dessen eine **rationale Aggregation** möglich und zulässig ist.

Die Antwort auf die drei genannten Unmöglichkeits-Theoreme der Logik kollektiver Entscheidungen kann nur eine strukturelle sein. Strukturelle Regeln, teilweise durch juridisch verfasste Institutionen gestützt, stecken den Rahmen politischer Praxis ab. Es ist zutreffend, dass die föderale Ordnung mit dem *einen* politischen Akteur und der Konstitution des Politischen auf nur *einer* Ebene der Aggregation unvereinbar ist. Aber wie die Aporien der Logik kollektiver Entscheidungen zeigen, ist dieser eine politische Akteur und die Aggregation des Politischen auf nur einer Ebene auch unter idealen Bedingungen (bei gegebener Kohärenz individueller wie kollektiver Präferenzen) eine Chimäre. Die föderale Ordnung ist eine Form der Strukturierung, die zudem den Vorteil hat, dass die Kooperationsgefüge der Demokratie **flexibler** und **bürgernäher** auszugestalten sind als in unitarischen Systemen.

C. Demokratie als Kooperation auf mehreren Ebenen

Die Demokratie-Theorie stellt in der Regel das Verfahren der Aggregation individueller Präferenzen zu politischen Entscheidungen in den Mittelpunkt. Tatsächlich ist die parlamentarisch-repräsentative Demokratie, zumal wenn sie föderal verfasst ist, ein komplexes Institutionengefüge, das man am besten als **Stützung bürgerschaftlicher Kooperation** versteht und das nur in zweiter Linie – insbesondere gegenüber anderen Staaten oder internationalen Organisationen – den Charakter eines Quasi-Akteurs annimmt.[29] Denn selbst die Abstimmungsprozeduren können ihre bindende und für die demokratische Ordnung unerlässliche Kraft nur entfalten, wenn sie als eine besondere Form der Kooperation fungieren.[30] Die **Bindungswirkung** ist nämlich in den wenigsten Fällen unmittelbar sanktioniert, politische Systeme werden aber erst dadurch handlungsfähig, dass die jeweils in der **Abstimmung** Unterlegenen dennoch ihren Teil zur Realisierung dessen, was in der Abstimmung obsiegt hat, beitragen. Dies erklärt, warum die Abstimmung (also dasjenige Element, das heute weithin als Kern der Demokratie gilt) in den klassischen Paradigmen der politischen Moderne bei *Hobbes*, *Locke*, *Rousseau* und *Kant* nur eine Rolle zur letzten Konfliktauflösung spielt und keineswegs alle Legitimation in sich tragenden Status innehat – wie das im heutigen Selbstverständnis der Demokratie weithin der Fall

---

kein Individuum der Bürgerschaft b gegenüber a bevorzugt. Vgl. *Kern/ Nida-Rümelin* (Fn. 26), S. 45.

[29] Im politischen System der Bundesrepublik wird diese in erster Linie (wenn auch nicht ausschließlich) durch den Bundeskanzler personifiziert.

[30] Die einfache Mehrheitswahlregel erfüllt dabei als einziges Verfahren kollektiver Entscheidungsfindung zugleich zwei attraktive Bedingungen, nämlich die der Anonymität (die besagt, dass es irrelevant ist, wer welche Präferenzen hat) und der Neutralität (nach der irrelevant ist, worum jeweils inhaltlich gerungen wird). Vgl. *Nida-Rümelin*, Demokratie als Kooperation, 1999, S. 150.

ist. Die demokratischen Abstimmungsprozeduren als eine Form bürgerschaftlicher Kooperation zu verstehen hat den Vorteil, dass die normative Bedingtheit der modernen, zumal der multikulturell verfassten Demokratie deutlich wird. Wenn etwa eine Gesellschaft aus zwei ethnischen Gruppen besteht, wobei beide politisch organisiert sind (etwa in Gestalt von Parteien) und die größere Ethnie ihre Interessen jeweils gegen die kleinere Ethnie im parlamentarisch-repräsentativen System durchsetzt, dann ist diese Staatsform als Demokratie nicht aufrecht zu erhalten. Der Grund dafür ist, dass bei dieser Sachlage das Abstimmungsverfahren nicht mehr als Kooperations-, sondern als dauerhaftes Dominanzverhältnis gelten muss. Der für eine demokratische Ordnung entscheidende Konsens zweiter Ordnung darüber, im Rahmen welcher Institutionen und auf der Basis welcher Verfahren politische Entscheidungen zu treffen sind, kann unter diesen Bedingungen nicht entstehen oder muss, wenn bereits gegeben, auf Dauer erodieren. Historische Beispiele dafür gibt es in großer Zahl, beginnend bei dem noch eher harmlos erscheinenden Fall Südtirols nach dem Zweiten Weltkrieg bis zur Staatskrise Belgiens in jüngster Zeit.

24 Wenn man die demokratische Ordnung primär als **Kooperationsgefüge** versteht, lassen sich individuelle Rechte auch dort, wo sie mit kollektiver Rationalität im Sinne des *Pareto*-Prinzips kollidieren, integrieren. Denn diese individuellen Rechte kann man dann als Basis der bürgerschaftlichen Kooperation verstehen, die jeden Einzelnen vor zu weit reichenden staatlichen Eingriffen und Interventionen anderer schützen und es ihm damit ermöglichen, sich als autonomer Partner an der Kooperation zu beteiligen.

25 Das Verständnis von Demokratie als Kooperation erlaubt zudem föderale Elemente einzubauen und eine Mehr-Ebenen-Institutionalisierung der Entscheidungsverfahren zu etablieren. Es ist dann nicht mehr die Abstimmung als solche und die Konstitution eines politischen Akteurs (das unitarische Modell), sondern es ist die institutionelle Stützung bürgerschaftlicher Kooperation, die als Grundlage der Demokratie verstanden wird. Kooperationen aber sind vielfältig, sie sind unterschiedlich dicht und verlangen daher auch ein unterschiedliches Maß an institutioneller Verfestigung. In föderalen Systemen haben die jeweils unteren Ebenen ein hohes Maß an eigener Entscheidungskompetenz im Rahmen der regionalen und nationalen Gesetzgebung. Die weitestgehende Föderalisierung der politischen Ordnung gehorcht dem **Subsidiaritätsprinzip**, wonach nur das auf die nächst höhere Ebene verlagert wird, was von der unteren Ebene nicht adäquat zu bewältigen ist. Dies hat den Vorteil der größeren Bürgernähe, der unmittelbaren Verbindung mit den Interessen der Betroffenen und ermöglicht eine intensivere Kommunikation – schon aufgrund der Zahlenverhältnisse (da von der jeweiligen politischen Maßnahme weniger Bürgerinnen und Bürger betroffen sind) aber auch aufgrund der kleinteiligeren medialen Vermittlung der politischen Inhalte. Da die großen politischen Zusammenhänge an Komplexität zunehmen, die unmittelbare Betroffenheit aber abnimmt, müssen diese oft in stark simplifizierender Form kommuniziert werden. Die Folge ist auf den höheren Ebenen ein gewisses Maß an Ideologisierung: Die Sachverhalte müssen radikal vereinfacht werden und die Bürger müssen sich eine Meinung ohne unmittelbare Kenntnis der Sachzusammenhänge bilden. Anders auf den unteren Ebenen, etwa im Stadtviertel: Die Bürger sind in diesem Fall unmittelbar betroffen, so dass sie auch

ohne wissenschaftliche Expertise die Sachfragen gut beurteilen können. Zudem ist die Zahl der Entscheidungen pro Zeiteinheit verringert, so dass die Phase der Meinungsbildung in der Regel deutlich länger ist. Es bleibt also Zeit für den Austausch von Argumenten und die Massenmedien spielen dabei eine untergeordnete Rolle, weil sie sich mit den politischen Auseinandersetzungen einzelner Stadtviertel (um bei diesem Beispiel zu bleiben) nicht befassen können. Ein konsequent realisiertes Subsidiaritätsprinzip der föderalen Ordnung bietet daher zusätzliche **Möglichkeiten bürgerschaftlicher Kooperation**. Erfolgreiche Kooperation verlangt beides: Kenntnis der eigenen ebenso wie der Interessen der anderen Betroffenen, und die Bereitschaft, sich an der Realisierung dieser Option auch dann zu beteiligen, wenn es Alternativen gibt, die für die Realisierung der eigenen Interessen günstiger wären. In der spieltheoretischen Analyse entspricht diese Situation einem prisoner's dilemma, d. h. einer Interaktion, für die eine Kombination individuell nicht optimierender Strategien vorliegt, die *Pareto*-effizient ist, während die Kombination je individuell optimierenden Verhaltens zu einer *Pareto*-ineffizienten Kombination von Strategien führt. Wenn die Einzelnen ihre Interessen je individuell optimieren (die dominante Strategie wählen), führt die Kombination dieser individuellen Entscheidungen zu einem Ergebnis, das alle schlechter stellt als, wenn sie eine andere Strategie, nämlich die kooperative Strategie gewählt hätten. Insofern besteht Kooperation darin, seinen Teil zu einer kollektiven Strategie beizutragen, die im allgemeinen Interesse ist. Rein punktuell optimierende Rationalität erlaubt ein solches Verhalten nicht. Die Bereitschaft, sich in befürwortete Strukturen des Handelns einzufügen – das, was ich als *strukturelle Rationalität* bezeichne[31] – scheint aber, ausweislich zahlreicher empirischer Befunde, die politische Praxis und das bürgerschaftliche Engagement zu prägen.[32]

Typischerweise kann man durch eine Verständigung über sekundäre Regeln auf **Kooperations-Dilemmata** antworten. Wenn Individuen, die Teilnehmer eines Kooperations-Dilemmas sind, eine Regel akzeptieren, die kooperatives kollektives Verhalten ermöglicht oder einen Akteur als Repräsentanten gemeinsamer Interessen etabliert, dann hebt dies die prisoner's dilemma-Struktur nicht auf, erlaubt aber in diesem strukturellen Rahmen ein individuelles Verhalten, das von punktueller Optimierung abweicht, ohne irrational zu werden.[33] Dies impliziert einen **Perspektivwechsel**, der für die Föderalismus-Thematik äußerst fruchtbar ist. Die realen politischen Interaktions-Situationen sind komplex genug, die Anzahl der beteiligten Individuen ist hinreichend groß und die Vielfalt der Entscheidungsmöglichkeiten so gewaltig, dass politisches Handeln in den meisten Fällen eine große Pluralität von kollektiven Entscheidungsoptionen beinhaltet. Sofern je individuelle und punktuelle Optimierung *Pareto*-effiziente Lösungen herbeiführt, kann sich das politische

---

[31] Vgl. *Nida-Rümelin*, Strukturelle Rationalität, 2001.

[32] Ob das prisoner's dilemma die einzige Interaktionsform ist, für die kooperatives Handeln definiert ist, kann hier offen bleiben. Ich tendiere zu dieser Auffassung. Jedenfalls ist die prisoner's dilemma-Situation paradigmatisch für Kooperation.

[33] Vgl. *Nida-Rümelin*, in: Gauthier/Sugden (Hrsg.), Rationality, Justice and the Social Contract, 1993, S. 53 ff.

System auf den Markt verlassen. Allerdings ist dabei zu beachten, dass die unterschiedlichen *Pareto*-effizienten Lösungen des Marktes verteilungsblind sind, d. h. nicht danach unterscheiden, welche Verteilungswirkung jeweils mit dieser *Pareto*-effizienten Güter-Allokation einhergeht. In der zeitlichen Abfolge *Pareto*-effizienter Markt-Lösungen mag es daher durchaus gefordert sein, durch politische Intervention – entweder in der Gestalt institutioneller Rahmenbedingungen oder *a limine* durch Außerkraftsetzen des Markt-Mechanismus – Verteilungsgerechtigkeit zu realisieren. Der Schluss von der je individuellen *Pareto*-Effizienz auf die *Pareto*-Effizienz der Folge der Markt-Lösungen ist ein *non sequitur*. Man könnte daher etwa mit *John Rawls* annehmen, dass eine Verletzung des Gerechtigkeitssinns bei den Benachteiligten der jeweiligen Markt-Lösung die Konformität mit der Demokratie insgesamt so beeinträchtigt, dass jeder ein Interesse daran hat, dass über sozialstaatliche Leistungen eine Modifikation der marktförmigen Allokation vorgenommen wird.[34] Wenn dies nicht für den je einzelnen Fall der marktförmigen Allokation, sondern erst für die langfristige Struktur der Verteilungswirkung des Marktes gilt, dann kann es durchaus sein, dass die Folge je punktuell *Pareto*-effizienter Verteilungen *Pareto*-ineffizient ist und sozialstaatliche Implikationen im allgemeinen Interesse sind.

27 Diese diachrone Betrachtungsweise lenkt den Blick auf ein zweites systematisches Marktversagen, nämlich das der Berücksichtigung der Interessen derjenigen, die nicht über eine kaufkräftige Nachfrage verfügen, z. B. zukünftige Generationen. Intergenerationelle Gerechtigkeit im Sinne von Fairness über die Zeiten (etwa im Sinne eines fairen Spargrundsatzes von *John Rawls* oder im Sinne der Verteilungskriterien, die *Birnbacher* vorschlägt[35]) können in der gleichen Weise allgemein zustimmungsfähig sein, wenn man die potentiell und noch nicht aktuell Betroffenen einbezieht.

28 Das zentrale Marktversagen ist aber das der **Produktion kollektiver Güter**.[36] Was jeweils als kollektives Gut gelten kann, hängt von der individuellen Bedürfnis-Situation der Einzelnen ab. Da diese Bedürfnisse aber im Fall kollektiver Güter nicht marktwirksam werden, ist die Nachfrage kein Indikator. Entweder man schafft daher künstliche Wahlsituationen, um diese Bedürfnisse zu ermitteln, oder man verlässt sich auf die bürgerschaftliche Verständigung im politischen und proto-politischen Raum. Die Bereitstellung kollektiver Güter muss nicht in der Form geschehen, wie dies *James Buchanans* Terminus des *productive state* nahe legt. D. h. der Staat muss nicht selbst als Produzent von Gütern und somit als Unternehmer auftreten, er kann diese Güter als Konsument auf dem Markt nachfragen und die Nachfrage selbst über Steuern, die dann im Interesse der Bürgerschaft insgesamt sind, finanzieren.

29 In der dargestellten Perspektive der *Demokratie als Kooperation* erscheint die föderale Ordnung von besonderer Attraktivität: Denn die **Mehr-Ebenen-Struktur**,

---

[34] Eine solche Modifikation stellt etwa das Differenz-Prinzip in John Rawls' Theorie der Gerechtigkeit dar, vgl. *Rawls* (Fn. 24), S. 104.

[35] Vgl. *Rawls* (Fn. 24), S. 319 ff.; *Birnbacher/Brudermüller* (Hrsg.), Zukunftsverantwortung und Generationensolidarität, 2001.

[36] Vgl. *Buchanan*, Grenzen der Freiheit, 1984.

die **Dezentralisierung** der Entscheidungen und die **Komplexität** der institutionellen Form der Politik ermöglichen entsprechend flexible Auflösungen der politischen Kooperations-Dilemmata unter Beteiligung der in erster Linie Betroffenen. Die politische Kommunikation, die die Suche nach überzeugenden Lösungen begleitet, ist hier in der Regel vielfältiger, sachbezogener und verständigungsorientierter. Genuin föderale Systeme müssten daher konkordanzdemokratische Züge aufweisen. Empirisch wird diese theoretisch begründete Vermutung bestätigt. So weist die Schweiz als das von allen westlichen Demokratien am stärksten föderal geprägte System auch die deutlichsten **konkordanzdemokratischen Züge** auf.[37] Die USA könnte man als Gegenbeispiel anführen, aber zum einen ist das Phänomen der unversöhnlichen Frontstellung zwischen Republikanern und Demokraten jüngeren Datums und zum anderen weist die USA eher Züge des Konkurrenz- als des Kooperationsföderalismus auf. Denn die Zuständigkeiten zwischen föderaler (Bundes-) Ebene und Einzelstaaten sind klar geregelt und die Einzelstaaten stehen untereinander in Konkurrenz. So gibt es etwa keinen Länderfinanzausgleich wie in Deutschland. Auch hat die zweite Kammer in den USA (anders als in Deutschland) nicht so sehr den Charakter einer Repräsentanz von Länder-Interessen, als den einer zweiten Ebene nationaler Meinungsbildung – während andererseits die Mitglieder des Repräsentantenhauses in geringerem Maße fraktionsgebunden ausgerichtet sind, als dies in Deutschland, Frankreich oder gar in Großbritannien der Fall ist.[38]

Der Vorteil der Kooperativität föderaler Systeme korrespondiert mit dem Nachteil unklarer Verantwortungsteilung, der Politikverflechtung mehrerer Ebenen und der Inkohärenz der politischen Lösungen – ein anschauliches Beispiel dafür ist die deutsche Bildungslandschaft. Die größere Bürgernähe der unteren Entscheidungsebenen föderaler Systeme korrespondiert mit eingeschränkter Handlungsfähigkeit der oberen Ebenen.[39] Je ernster das Subsidiaritätsprinzip als normatives Fundament des Föderalismus genommen wird, desto stärker wirkt die Kooperativität einer föderalen Ordnung und desto schwächer wird die Rolle identitätsstiftender politischer Akteure. Wie schwierig es ist, hier die richtige Balance zu finden, zeigt zum Beispiel die Auseinandersetzung um das Amt eines europäischen Außenministers, den es nach dem Verfassungsentwurf geben sollte, den es nach dem Reformvertrag aber nicht mehr geben darf. Ist die Europäische Union eine Form der gestuften Kooperation im kontinentalen Rahmen oder soll sie nach innen und außen zum identitätsstiftenden politischen Akteur werden?[40] Die philosophische Theorie kann zu dieser **Balance zwischen Identität und Kooperation**, die immer wieder neu austariert werden

---

[37] Vgl. *Lindner*, Schweizerische Demokratie, 1999, S. 135.

[38] Vgl. *Riker* (Hrsg.), The Development of American Federalism, 1987; *Gress/Fechtner/Hannes*, The American Federal System, 1994.

[39] Aufgrund dieses Faktums wurde in der BRD die Föderalismus-Reform angestoßen, vgl. *Decker* (Hrsg.), Föderalismus an der Wegschneide, 2004; *Holtschneider/Schön* (Hrsg.), Die Reform des Bundesstaates, 1. Auflage 2007.

[40] Vgl. *Nida-Rümelin/Weidenfeld* (Hrsg.), Europäische Identität: Voraussetzungen und Strategien, 2007.

muss, wenig sagen. Denn das richtige Verhältnis hängt von den konkreten kulturellen, sozialen, wirtschaftlichen und politischen Bedingungen ab. Das Verhältnis von Kooperation und Identität immer wieder neu zu bestimmen ist Sache der öffentlichen Verständigung und der politischen Praxis. Das jeweils angemessene Maß der Föderalisierung der politischen Ordnung hängt vom Ergebnis dieses Prozesses ab.

Schrifttum

B. Barber, Strong Democracy, 1984
J. Bentham, Works Volume 1, 1962
R. Bieber, Föderalismus in Europa, in: W. Weidenfeld (Hrsg.), Europa-Handbuch, 3. Auflage 2004, S. 125 ff.
D. Birnbacher/G. Brudermüller (Hrsg.), Zukunftsverantwortung und Generationensolidarität, 2001
J. Buchanan, Grenzen der Freiheit, 1984
F. Decker (Hrsg.), Föderalismus an der Wegscheide, 2004
E. Deuerlein, Föderalismus, 1972
M. Doyle, Kant, Liberal Legacies and Foreign Affairs Part 1, Philosophy and Public Affairs, 1983
ders., Kant, Liberal Legacies and Foreign Affairs Part 2, Philosophy and Public Affairs, 1983
D. Elazar, Exploring Federalism, 1987
F. Gress/D. Fechtner/M. Hannes, The American Federal System, 1994
J. Griffin, Well-Being, 1986
A. Hamilton/J. Madison/J. Jay, The Federalist, 2003
I. Hampsher-Monk, Rousseau and totalitarianism – with hindsight?, in: R. Wokler (Hrsg.), Rousseau and Liberty, 1995, S. 267 ff.
J. Hampton, Hobbes and the Social Contract Tradition, 1986
T. Hobbes, Leviathan, 2002
O. Höffe, Demokratie im Zeitalter der Globalisierung, 1999
R. Holtschneider/W. Schön (Hrsg.), Die Reform des Bundesstaates, 1. Auflage 2007
I. Kant, Über den Gemeinspruch: Das mag in der Theorie richtig sein, taugt aber nicht für die Praxis. Zum ewigen Frieden, 1992
ders., Grundlegung zur Metaphysik der Sitten, 1999
G. Kavka, Hobbesian Moral and Political Theory, 1986
L. Kern/J. Nida-Rümelin, Logik kollektiver Entscheidungen, 1994
W. Lindner, Schweizerische Demokratie, 1999
W. Livingston, Federalism and Constitutional Change, 1974
J. Locke, Zwei Abhandlungen über die Regierung, 1967
J. S. Mill, Der Utilitarismus, 1991
J. Nida-Rümelin, in: D. Gauthier/ R. Sugden (Hrsg.), Rationality, Justice and the Social Contract, 1993, S. 53 ff.
ders., in: W. Kersting (Hrsg.), Leviathan, 1996, S. 109 ff.
ders., Demokratie als Kooperation, 1999
ders., Strukturelle Rationalität, 2001
ders., Demokratie und Wahrheit, 2006
ders./ W. Weidenfeld (Hrsg.), Europäische Identität: Voraussetzungen und Strategien, 2007
R. Nozick, Anarchie Staat Utopia, 2006
J. Rawls, Eine Theorie der Gerechtigkeit, 1994
W. Riker (Hrsg.), The Development of American Federalism, 1987
J.-J. Rousseau, Vom Gesellschaftsvertrag, 2006
G. Tullock, The General Irrelevance of the General Impossibilty Theorem, The Quarterly Journal of Economics 1967
P. Vallentyne/H. Steiner (Hrsg.), Left-Libertarianism and Its Critics, 2000

§6 Politiktheoretische Zugänge zum Föderalismus

André Kaiser

Inhalt

A. Einleitung... 165
B. Drei Fragen der Föderalismustheorie 166
C. Die Anpassungsfähigkeit des Föderalismus 170
   I. Theorie der Politikverflechtung... 170
   II. Theorie des dynamischen Föderalismus 173
D. Asymmetrischer Föderalismus und Sezession 175
E. Ausblick 177
Schrifttum 177

A. Einleitung

Föderalismus ist vielgestaltig. Drei Faktoren haben auf seine Ausprägung Einfluss. Erstens variiert diese je nachdem, unter welchen Bedingungen er entstanden ist: Handelt es sich um zuvor souveräne Einzelstaaten, die sich zusammenschließen, oder entwickelt sich der föderale Staat als Antwort auf zunehmende, territorial segmentierte Disparitäten und Spannungen im bisherigen Einheitsstaat? Zweitens variiert die Ausgestaltung je nach institutioneller Einbettung in das politische System. Sieht man einmal von der Streitfrage ab, ob man auch unter nichtdemokratischen Bedingungen sinnvoll von Föderalismus sprechen kann,[1] sind föderale Institutionen eingebunden

---

[1] Nach überwiegender Auffassung kann Föderalismus nur in demokratischen Systemen langfristig stabil funktionieren; vgl. *Bednar*, The Robust Federation, 2009. Damit ist nicht impliziert, dass Föderalismus und Demokratie spannungsfrei kompatibel sind; vgl. dazu *Benz*, Politische Vierteljahresschrift, 2009.

A. Kaiser (✉)
Lehrstuhl für Vergleichende Politikwissenschaft, Universität zu Köln, Gottfried-Keller-Straße 1,
50931 Köln, Deutschland
E-Mail: ahw74@uni-koeln.de

in ganz **unterschiedliche demokratische Arrangements** – präsidentielle wie in den USA, parlamentarische wie in Deutschland, direktoriale wie in der Schweiz. Zudem kann Föderalismus grundsätzlich nach dem Prinzip der Trennung von Kompetenzen und Ressourcen zwischen den Ebenen staatlicher Herrschaft wie in Kanada oder auch nach dem Verbundprinzip wie in Deutschland gestaltet werden. Drittens schließlich spielt eine Rolle, welche gesellschaftlichen Bedingungen und Erwartungen der Föderalismus zum Ausdruck bringen soll: Geht es um die Erweiterung der Partizipationsmöglichkeiten, die Ermöglichung dezentraler Leistungserbringung sowie die Verstärkung institutioneller Machtteilung in einer pluralistischen Gesellschaft? Oder handelt es sich um eine multinationale Gesellschaft, in der territorial konzentrierte nationale Gruppen ihren kollektiven Identitäten durch staatliche Autonomien Ausdruck verleihen möchten?

2 Zudem wenden sich verschiedene Wissenschaften unterschiedlichen Aspekten des Föderalismus zu. Während die Politikwissenschaft Föderalismus als eine Form der **vertikalen Verteilung von Kompetenzen und Ressourcen** auf verschiedene Ebenen staatlicher Herrschaftsorganisation versteht, beschäftigt sich die Finanzwissenschaft unter dem Stichwort **Fiskalföderalismus** mit der Allokations-, Distributions- und Stabilisierungsfunktion eines dezentral oder zentral gestalteten öffentlichen Sektors um die Frage, welche Effekte mit zentraler oder dezentraler Politikimplementation verbunden sind.

3 Angesichts der **Kontextsensibilität** des Föderalismus, aber auch wegen unterschiedlicher disziplinärer Perspektiven in der Wissenschaft nimmt es nicht wunder, dass es keine umfassende und kohärente Föderalismustheorie gibt, sondern allenfalls **Bereichstheorien**, die sich mit je spezifischen Aspekten beschäftigen und damit eben nur begrenzten Allgemeinheitsanspruch erheben. Eine solche umfassende Theorie müsste Antworten auf drei Fragen liefern. Warum entstehen eigentlich föderale politische Systeme? Wie werden sie stabilisiert, was erklärt also ihre Dauerhaftigkeit oder ihr Auseinanderfallen? Und was ist von ihrer Leistungsfähigkeit zu erwarten?

B. Drei Fragen der Föderalismustheorie

4 Einen allgemeinen Anspruch kann am ehesten noch *Bednars* **Theorie des robusten Föderalismus**[2] erheben. Sie stellt die Frage, unter welchen Bedingungen eine föderale Ordnung dauerhaft erfolgreich öffentliche Güter wie Sicherheit vor äußerer Bedrohung, makroökonomische Leistungsfähigkeit und umfassende Berücksichtigung individueller Präferenzen bereitstellen kann. Weil sie Föderalismus nicht als Zweck, sondern als **Mittel zum Zweck der Leistungserbringung** betrachtet, verbindet sie die zweite mit der dritten Frage. *Bednar* geht davon aus, dass die Robustheit der Föderation permanent durch opportunistisches Handeln der einzig an ihrer Wiederwahl interessierten Akteure der konstituierenden territorialen Einheiten gefährdet

---

[2] *Bednar* (Fn. 1); *Bednar*, Constitutional Political Economy, 2005.

ist. Stabilität ist nur dann zu gewährleisten, wenn institutionelle Lösungen gefunden werden, die **opportunistische Anreize minimieren** bzw. in ihren Wirkungen begrenzen. Einzelstaaten suchen nach Wegen, ihren föderalen Verpflichtungen auszuweichen („shirking") oder diese auf andere abzuwälzen („burden shifting"); der Zentralstaat ist ständig versucht, seinen Einflussbereich auf Kosten der Einzelstaaten auszudehnen („encroachment"). Damit wird die Etablierung einer föderalen Ordnung zum Designproblem. Lösungen bieten strukturelle (Zweikammersysteme), politische (ebenenübergreifende Parteien) und rechtliche (Verfassungsgerichtsbarkeit) Sicherungen, die allesamt opportunistische Anreize abschwächen oder ein solches Verhalten bestrafen.

Auf die erste Frage nach den Gründen für die Errichtung föderaler Ordnungen antworten zwei Theorietraditionen. In der von dem nach dem Zweiten Weltkrieg erwachten Interesse an der Staatenbildung in der „Dritten Welt" und den politisch-soziologisch und systemtheoretischen Ansätzen der „comparative politics"-Bewegung in den USA geprägten **gesellschaftszentrierten Perspektive von *Livingston*** sind föderale Strukturen ein Reflex kulturell heterogener Gesellschaften und haben damit auch nur so lange Bestand, wie diese Heterogenität politisch relevant bleibt.[3] Dagegen wendet sich die **staatszentrierte, institutionalistische Perspektive**, wie sie insbesondere *Riker* geprägt hat.[4] In dieser Tradition sind föderale Arrangements das Ergebnis konstitutioneller Entscheidungen rationaler politischer Akteure. Einmal etabliert, sind sie weitgehend autonom gegenüber gesellschaftlichem Wandel. Nicht die politische Idee des Föderalismus, die Vorstellung, dass auf diese Weise bestimmte Vorstellungen von einer „guten Ordnung" realisiert werden können, sondern nüchterne Kosten-Nutzen-Kalküle sind ausschlaggebend dafür, dass politische Akteure einen föderalen „bargain" anstreben. *Riker* hat dazu zwei, aufeinander bezogene Hypothesen formuliert: Diejenigen, die eine föderale Ordnung vorschlagen, wollen ihren territorialen Machtanspruch auf friedlichem Wege ausweiten; diejenigen, die dem Vorschlag zustimmen und damit ihre politische Unabhängigkeit aufgeben, wollen einer militärischen Konfrontation ausweichen oder ihre Sicherheit vor externen Bedrohungen erhöhen. *Birch* hat diese Überlegungen dahingehend erweitert, dass als Auslöser auch interne Bedrohungen in Frage kommen.[5] Beide Theorietraditionen – die soziologische wie die institutionelle – haben ihre Relevanz. Zwar ist es richtig, dass heterogene Gesellschaften und föderale Institutionenarrangements häufig zusammenfallen, aber es existieren eben auch heterogene Gesellschaften, die sich mit der Etablierung föderaler Strukturen schwer tun (darunter mehrere südosteuropäische Länder, aber – zumindest in verfassungsrechtlicher Hinsicht – auch Spanien), wie auch relativ homogene Gesellschaften, die föderal verfasst sind (z. B. Australien oder Österreich).

Antworten zur zweiten Frage mit dem Anspruch, nicht nur Einzelfälle zu erfassen, sondern als allgemeines Erklärungsmodell zu dienen, sind rar und beziehen sich bis

---

[3] *Livingston*, Federalism and Constitutional Change, 1956.

[4] *Riker*, Federalism, 1975.

[5] *Birch*, Political Studies, 1966.

heute alle auf Überlegungen, die sich bereits bei den Federalists finden.[6] *Bednar, Eskridge* und *Ferejohn* nehmen die Überlegungen in Federalist No. 10 und No. 78 zum Ausgangspunkt für eine anregende Neuinterpretation.[7] Die Federalists argumentieren in No. 10, dass eine föderale Staatsorganisation dazu dient, die **Bildung einer permanenten Mehrheitskoalition** zu erschweren, „to break and control the violence of faction". In No. 78 betonen sie, dass eine föderale Aufgabenteilung nur dann dauerhaft gewährleistet werden kann, wenn ihre Einhaltung durch die Gerichte überwacht wird. *Bednar, Eskridge* und *Ferejohn* gehen davon aus, dass hier **zwei Stabilitätsbedingungen** für föderale Arrangements enthalten sind – ein „structural federalism" der politischen Kräfteverhältnisse in Bund und Gliedstaaten und ein „juridical federalism" der gerichtlichen Schiedsrichterrolle zwischen Bundesregierung und Gliedstaatenregierungen. Ihre These ist nun, dass sich föderale Arrangements nur dann dauerhaft stabilisieren lassen, wenn sich „structural" und „juridical federalism" gegenseitig stärken. Nur wenn die politischen Kräfteverhältnisse genügend fragmentiert sind und die Kontrolle von Bund und Gliedstaaten durch eine politische Mehrheit extrem unwahrscheinlich ist, sind die Gerichte in der Lage, die Einhaltung der Verfassungsregeln zur Kompetenzaufteilung zu gewährleisten. In dieser Perspektive bestätigt sich erneut die Einsicht von *Winfried Steffani*, dass sich Föderalismus erheblich leichter mit einem **präsidentiellen Regierungssystem** vereinbaren lässt als mit einer parlamentarischen Demokratie, die eine bipolare Blockbildung strukturell nahe legt und deren Balance zwischen strukturellem und verfassungsrechtlichem Föderalismus damit deutlich störanfälliger ist.[8]

7 Die dritte Frage hat in der politikwissenschaftlichen Forschung bislang noch kaum eine Rolle gespielt. Das ist in der Wirtschaftswissenschaft anders. Hier wurde seit den 1950er Jahren Schritt für Schritt eine mittlerweile außerordentlich facettenreiche **Theorie des Fiskalföderalismus** entwickelt.[9] Sie beschäftigt sich mit allen Fragen der vertikalen Struktur des öffentlichen Sektors und ist damit eine **Theorie der Dezentralisierung**, nicht aber des Föderalismus in irgendeinem verfassungsrechtlichen oder politischen Sinn. Aus der Sicht des Fiskalföderalismus ist nämlich jedes System föderal, insofern Staatstätigkeit auf verschiedenen territorialen Ebenen ausgeübt wird. Allerdings hat *Weingast* in den vergangenen Jahren einen Ansatz entwickelt, der eine **Brücke zwischen Dezentralisierungstheorie und Föderalismustheorie** zu schlagen versucht.[10] In einer räumlich und zeitlich weit ausholenden Analyse vom 16. Jahrhundert bis heute, von den angelsächsischen Demokratien bis zu den modernen lateinamerikanischen Transitionsländern, China, Indien und Russland, von autoritären zu demokratischen Regimes will er erklären, warum dezentralisierte politische Systeme in ihrer ökonomischen Performanz so dramatische Unterschiede aufweisen, warum sich manche zu reichen Industriestaaten

---

[6] *Madison/Hamilton/Jay*, The Federalist Papers, 1987, S. 1788.

[7] *Bednar/Eskridge/Ferejohn*, A Political Theory of Federalism, 2001.

[8] *Steffani*, Zeitschrift für Parlamentsfragen, 1983.

[9] Klassische Beiträge sind *Musgrave*, The Theory of Public Finance, 1959; *Oates*, Fiscal Federalism, 1972; *Tiebout*, Journal of Political Economy, 1956.

[10] *Weingast*, Journal of Law, Economics, and Organization, 1995.

§6 Politiktheoretische Zugänge zum Föderalismus

entwickelten, andere dagegen durch erhebliche wirtschaftliche Entwicklungsstörungen gekennzeichnet sind. Dezentralisierung der Staatsaufgaben, so folgert er, ist nur eine notwendige Bedingung für wirtschaftliches Wachstum. Erst wenn vier weitere Bedingungen erfüllt sind, können die daraus entstehenden Wachstumsimpulse auch tatsächlich umgesetzt werden: Erstens müssen die subnationalen Einheiten über relevante wirtschaftspolitische Kompetenzen verfügen und damit Wettbewerb zwischen Regionen möglich sein; zweitens muss es einen liberalisierten Binnenmarkt geben, dessen Regeln vom Zentralstaat überwacht werden; drittens muss die Möglichkeit der Staatsverschuldung klar und restriktiv geregelt sein, insbesondere für substaatliche Einheiten; viertens schließlich müssen diese Regeln, einschließlich der Kompetenzverteilung, zwischen den verschiedenen Ebenen des Staates verfassungsrechtlich gesichert sein. Erst mit dieser letzten Bedingung können wir von Föderalismus sprechen. Die Logik der von *Weingast* aufgestellten vier Zusatzbedingungen ist, dass es Aufgabe des Zentralstaats ist, marktbehindernde und -verzerrende Eingriffe substaatlicher Einheiten zu verhindern und ein stabiles makroökonomisches Regime zu gewährleisten. Diese Theorie wendet *Weingast* auf Entwicklungs- und Schwellenländer mit hohen Wachstumsraten an, um zu zeigen, dass Dezentralisierung dann in einen Wachstumspfad führt, wenn sie **sequentiell orientiert** ist. Einzelne Regionen werden wirtschaftlich liberalisiert, ihre Politiken werden im nächsten Schritt von anderen Regionen nachgeahmt. Soll der Wachstumspfad allerdings verstetigt werden, dann ist es Aufgabe des Zentralstaats und der Verfassung, ein klares Regelwerk zu entwickeln und zu garantieren, das „credible commitments" ermöglicht. Seiner Ansicht nach ist dafür zunächst völlig unerheblich, ob ein solchermaßen etablierter „Föderalismus" demokratisch verfasst ist. *Weingast* räumt allerdings ein, dass ein dauerhaftes föderales Arrangement möglicherweise durch die Etablierung eines demokratischen Verfassungsstaats am ehesten gewährleistet werden kann.[11] Auch das von *Eichenberger* vorgestellte und gemeinsam mit *Frey* entwickelte FOCJ-Konzept der „**functional, overlapping, and competing jurisdictions**"[12] ist im Grenzbereich von politikwissenschaftlicher Föderalismustheorie und wirtschaftswissenschaftlicher Dezentralisierungstheorie des Fiskalföderalismus angesiedelt. Ebenso wie *Weingast* sieht es den Föderalismus als **Wettbewerbssystem**. Es geht allerdings davon aus, dass über längere Zeitspannen kein optimaler Dezentralisierungsgrad und keine optimale Kompetenzverteilung bestehen bleiben kann. Vielmehr hält *Eichenberger* es für erforderlich, ein Verfahren zu etablieren, mit dem flexibel auf Veränderungen in der „Geographie der Probleme" reagiert werden kann. Im Anschluss an die frühe englische **Pluralismustheorie** von *Cole* und *Laski*, die den staatlichen Souveränitätsanspruch gegenüber Gruppeninteressen in Frage stellte,[13] plädiert das Konzept dafür, dass die Bürger jederzeit über Beitritt und Austritt ihrer Gemeinden zu staatlichen Dienstleistungsangeboten entscheiden können. Auf diese

---

[11] *Weingast/Montinola/Qian*, World Politics, 1995.

[12] *Eichenberger*, Föderalismus, 2000.

[13] Dieser Anschluss ist allerdings nur implizit. Die theoriegeschichtliche Traditionslinie scheint *Eichenberger* gar nicht bewusst zu sein. Siehe dazu *Hirst*, The Pluralist Theory of the State, 1989.

Weise soll ein intensiver Wettbewerb bei gleichzeitiger demokratischer Kontrolle gewährleistet werden.

C. Die Anpassungsfähigkeit des Föderalismus

8   Eines der großen Probleme der Föderalismustheorie ist, dass Föderalismus als **statisches Phänomen** erscheint, d. h. die Anpassungsfähigkeit an sich stetig verändernde Bedingungen nicht berücksichtigt wird. Im Folgenden werden daher mit *Scharpfs* **Theorie der Politikverflechtung**[14] und *Benz'* **Theorie des dynamischen Föderalismus**[15] zwei Zugänge skizziert, die insbesondere für die verbundföderalen Systeme Deutschlands und der Europäischen Union erhebliche Bedeutung haben. Hier sind – im Unterschied zum dualen Föderalismus des angloamerikanischen Raums (USA, Kanada, Australien) – die Kompetenzen stark verbunden und statt dessen die Funktionen der Gesetzgebung und der Gesetzesimplementation geteilt, die gemeinsamen Ressourcen nach einem Verhandlungsschlüssel zugewiesen und die intergouvernementalen Beziehungen zwischen Bund und Gliedstaaten durch **Zwangsverhandlungssysteme** charakterisiert.

9   Beide theoretischen Zugänge argumentieren aus einer **steuerungstheoretischen Perspektive**, d. h. sie fassen Föderalismus als politisch-administratives Verhandlungssystem auf. Sie kommen dabei allerdings zu entgegengesetzten Antworten. Während die Theorie der Politikverflechtung von *Scharpf* behauptet, dass föderale Systeme auf externe Herausforderungen nur sehr langsam reagieren, sich am kleinsten gemeinsamen Nenner zwischen den beteiligten Akteuren orientieren, mitunter in Politikblockaden münden und zu größeren institutionellen Reformen nicht in der Lage sind, weist die Theorie des dynamischen Föderalismus darauf hin, dass föderalen Verhandlungssystemen eine beträchtliche Flexibilität und Eigendynamik inhärent sei, die inkrementale Reformen zulässt und die dazu führt, dass sich das föderale System beständig an veränderte Rahmenbedingungen anpasst.

I. Theorie der Politikverflechtung

10   Die Theorie der Politikverflechtung ist ab Mitte der 1970er Jahre, zunächst vor allem am Beispiel der **Gemeinschaftsaufgabe** „Verbesserung der regionalen Wirtschaftsstruktur" entwickelt worden, wie sie 1969 als Art. 91a in das Grundgesetz aufgenommen worden war und auch die jüngsten Grundgesetzänderungen überstanden hat. Solche Gemeinschaftsaufgaben sind ursprüngliche Aufgabenbereiche der Länder, deren Erfüllung für die Gesamtheit bedeutsam und bei denen die Mitwirkung

---

[14] *Scharpf*, Optionen des Föderalismus in Deutschland und Europa, 1994.
[15] *Benz*, Politische Vierteljahresschrift 39, S. 558 ff.; *Hesse/Benz*, Die Modernisierung der Staatsorganisation, 1990.

des Bundes zur Erfüllung erforderlich ist. Zentrale Merkmale sind eine **gemeinsame Rahmenplanung** und ein **Kofinanzierungsprinzip**, nach dem der Bund mindestens 50 % der Kosten übernimmt.

Infolge dieser Bestimmungen etabliert sich eine verflochtene Verhandlungs- und Entscheidungsstruktur zwischen Bund und Gliedstaaten, in der Entscheidungen nur dann zustande kommen, wenn alle oder doch die überwiegende Mehrzahl der Beteiligten ihnen zustimmen. Damit ist der Anwendungsbereich der Theorie definiert: Es handelt sich um Verhandlungssysteme, deren Beteiligte Mitglieder von Exekutiven sind, die sich der Kontrolle durch Legislativen stellen müssen und entsprechend wettbewerbsorientiert handeln. Es besteht wegen der hohen Zustimmungshürde **Einigungszwang**. Es existiert kein hegemonialer Akteur, der Entscheidungen vorstrukturieren und durchsetzen kann. Die Entscheidungsmaterien sind distributiver bzw. redistributiver Art. Schließlich besteht eine ganz spezifische Rückfallregel: „In auf Dauer angelegten Entscheidungssystemen ohne Exit-Option oder mit hohen Austrittskosten ändert sich die Rückfallregel. Mit zunehmender Regelungsdichte bedeutet Nicht-Einigung immer häufiger die Weitergeltung früherer Beschlüsse und nicht die Rückkehr in einen Zustand ohne kollektive Regelung. (...) Die Konsensbasis und Interessengerechtigkeit der geltenden Kollektiv-Regelung schwinden in dem Maße, wie sich die bei der Beschlussfassung vorausgesetzten Rahmenbedingungen ändern. Die alte Regelung kann jedoch nicht korrigiert werden, solange auch nur ein Mitglied noch an ihr festhält".[16]

Mit dem Konzept der Politikverflechtung ist also nicht irgendeine Form von kooperativem Föderalismus, wie er in allen Bundesstaaten vorkommt, gemeint. Es ist vielmehr ein Phänomen, das aus **spezifischen institutionellen Strukturen und Interessenkonstellationen** resultiert, das sich besonders im Verbundföderalismus Deutschlands, aber auch in der Europäischen Union findet. In Systemen des dualen Föderalismus kann das Problem deshalb umgangen werden, weil Aufgabentrennung statt -verbund stattfindet und insoweit intergouvernementale Verhandlungsstrukturen nicht den Charakter von Quasi-Zwangsverhandlungssystemen annehmen.

Politikverflechtung kann zur Falle werden. Das ist deshalb der Fall, weil durch die hohen Konsenserfordernisse **suboptimale Politikergebnisse** produziert werden, gleichzeitig aber institutionelle Interessen zur Verteidigung des Status quo führen, d. h. keine institutionellen Reformen zur Verbesserung der Policyproduktion erreichbar sind. Spieltheoretisch kann die **Politikverflechtungsfalle** als eine Verhandlungssituation aufgefasst werden, in der „mixed motives" auftreten: konvergente Interessen an der Problemlösung (gemeinsame Lösungen lassen größeren Nutzen erwarten) und divergente Interessen an der Nutzenverteilung (Mitspieler haben unterschiedliche Verteilungsinteressen). Der in solchen „bargaining"-Situationen übliche Ausweg über Paketlösungen, nämlich über die Externalisierung von Kosten, ist möglich, aber auf lange Sicht äußerst problematisch. Eine **Kostenabwälzung** ist in dreierlei Hinsicht möglich: auf die Kommunen, da sie kein vetofähiger Teil

---

[16] *Scharpf* (Fn. 14), S. 29.

des Verflechtungssystems sind; auf schwach organisierte bzw. wenig konfliktfähige Gruppen; schließlich auf künftige Generationen.[17]

14 Im Kern ist die Politikverflechtungsfalle also eine „**Rationalitätsfalle**", weil sie gerade dann „zuschnappt", wenn die Beteiligten sich rational verhalten. Allerdings ist es je nach sachlichem Problem unterschiedlich wahrscheinlich, dass es zur Blockade, zur Status quo-Orientierung kommt. Die quantitative Ausdehnung oder Einschränkung von Policies ist in verflochtenen Entscheidungssystemen solange machbar, wie irgendein **allgemein akzeptierter Verteilungsschlüssel** zur Verfügung steht. Dagegen ist die Bearbeitung von Struktur- oder Verteilungsproblemen sehr schwierig, da hier Umverteilungen impliziert und die üblichen Verteilungsschlüssel häufig problemunangemessen sind. Auch Innovationen sind schwer durchsetzbar. Wegen der Unsicherheit über zukünftige Folgen bestehen hier erhebliche **Koordinationsprobleme**.

15 Allerdings sieht die Politikverflechtungstheorie von **externen Einflüssen** ab, die die Kosten der Status quo-Orientierung derart in die Höhe treiben können, dass Kompromisse angestrebt werden – etwa bei äußeren Bedrohungen oder wenn mächtige externe Akteure das Verhandlungssystem unter Druck setzen, also beispielsweise im deutschen Fall das Bundesverfassungsgericht oder die Europäische Kommission. Dieses Argument macht auf eine zentrale **Schwäche der Politikverflechtungstheorie** aufmerksam: Das föderale Verhandlungssystem ist nur ein Teil des institutionellen Regimes, je nach Konstellation ist das Wirken einer Politikverflechtungsfalle mehr oder weniger wahrscheinlich.

16 Als **Fazit** kann festgehalten werden, dass die Politikverflechtungstheorie nicht – wie häufig behauptet – argumentiert, dass verflochtene föderale Systeme in die Politikblockade führen. Vielmehr behauptet die Theorie, dass ihre Anpassungs- und Problemlösungsfähigkeit begrenzt ist. Es macht daher Sinn, die Aussagen dieser Theorie in eine engere Hypothese und eine weitere Hypothese zu unterteilen. Die Theorie besagt im engeren Sinne, dass ein verflochtenes föderales Entscheidungssystem bei bestimmten Problemlagen, die Problemlösung und Verteilungskonflikte verknüpfen, zum Status quo tendiert. Im weiteren Sinne besagt die Theorie, dass Politikverflechtungsfallen nur durch Externalisierung der Kosten oder durch externe Intervention vermieden werden können. Die Politikverflechtung im engeren Sinne funktioniert nur bei marginalen Problemen. Größere Probleme führen zur Politisierung der Politikverflechtung und zum Einbezug weiterer Akteure. Die föderale Politikverflechtung ist dann kein autonomes Entscheidungssystem mehr.

17 Zu einem ähnlichen Befund im Hinblick auf die Anpassungsfähigkeit des deutschen Föderalismus kommt die **Strukturbruch-These** von *Lehmbruch*, die das **Zusammenwirken von Föderalismus und Parteiensystem** in den Blick nimmt. *Lehmbruch* hat seine zuerst 1976 veröffentlichte Studie zum „Parteienwettbewerb im Bundesstaat" seit Ende der 1990er Jahre mehrfach aktualisiert. Die zentrale These eines „Strukturbruchs" innerhalb des institutionellen Regimes ist dabei die gleiche geblieben: „Das Parteiensystem einerseits, das föderative System andererseits sind

---

[17] Zu den Konsequenzen am Beispiel des deutschen Falls vgl. *Wachendorfer-Schmidt*, Politische Vierteljahresschrift, 1999.

von tendenziell gegenläufigen Entscheidungsregeln bestimmt und können sich unter bestimmten Bedingungen wechselseitig lahm legen".[18] Solche Reformblockaden sind nicht Folge eines opportunistischen Kalküls einzelner parteipolitischer Akteure, sondern Resultat einer schon im 19. Jahrhundert entwicklungsgeschichtlich angelegten institutionellen „Verwerfung"[19], nämlich der spannungsreichen **Kombination von konkurrenzdemokratischen und verhandlungsdemokratischen Strukturlogiken**. Damit schließt *Lehmbruch* explizit daran an, was in der vergleichenden Politikwissenschaft mittlerweile als „Neo-Institutionalismus" bekannt ist, und zwar in der Variante des „historischen Institutionalismus".[20] Danach enthalten institutionelle Regelsysteme ein erhebliches Prägepotential für die Akteursorientierungen – ohne dass diese damit bereits determiniert wären. *Lehmbruch* behauptet also nicht, dass parlamentarische Demokratie und Föderalismus als solche „unvereinbar" sind, sondern dass sie Handlungslogiken generieren, die, wenn sie von den Akteuren internalisiert werden und ihre Perzeptionen bestimmen, zu Spannungen führen können. Prinzipiell hält *Lehmbruch* es zwar für denkbar, dass die ja selbst föderal strukturierten Parteien die Spannungen zwischen den beiden Entscheidungsarenen von Verbundföderalismus und nach der Wettbewerbslogik strukturierter parlamentarischer Demokratie intern entschärfen. Gleichwohl beurteilt er die Chancen für einen solchen Übergang von einer „engen" zu einer „losen Koppelung"[21] von Entscheidungsarenen, wie dies in der Organisationsforschung bezeichnet wird, sehr skeptisch.

II. Theorie des dynamischen Föderalismus

Die Theorie des dynamischen Föderalismus, die in den 1980er Jahren als **Kritik an der Politikverflechtungstheorie** entwickelt wurde, nimmt ihren Ausgangspunkt in der Beobachtung, dass der deutsche Föderalismus bemerkenswert gut den Übergang von der Wachstumsphase zwischen den 1950er und den frühen 1970er Jahren zur Stagnations- beziehungsweise zur Stagflationsphase ab Mitte der 1970er Jahre gemeistert hat. Ökonomischer und demographischer Strukturwandel werden hier als Auslöser von Anpassungsdruck verstanden, der **institutionelle Veränderungen** verlangt. Es entstehen neue Entwicklungsaufgaben, wie z. B. die regionale Strukturpolitik, bei gleichzeitig steigendem Finanzierungsbedarf und einer entsprechenden Verschärfung von Verteilungskonflikten um ein stagnierendes Steueraufkommen. Zusätzlich stellen neue Partizipationsansprüche im Gefolge des Wertewandels die traditionellen Steuerungsmodi Hierarchie und Mehrheitsprinzip in Frage. Die sogenannte „Regierbarkeitsdebatte" eher konservativer Provenienz der späten 1970er

18

---

[18] *Lehmbruch*, Parteienwettbewerb im Bundesstaat, 2000, S. 7.

[19] *Lehmbruch* (Fn. 18), S. 12.

[20] *Lehmbruch* (Fn. 18), S. 200. Vgl. dazu *Kaiser*, Die Politische Theorie des Neo-Institutionalismus, 2009.

[21] *Weick*, Der Prozeß des Organisierens, 1985.

und frühen 1980er Jahre hat das Problem beschrieben, aber voreilig diagnostiziert, dass die Unregierbarkeit drohe, und dabei die durchaus vorhandenen Anpassungsreserven der Staatsorganisation übersehen. Aus der Sicht der Theorie des dynamischen Föderalismus existieren aber durchaus **Lösungsmöglichkeiten** durch die Dezentralisierung von Entwicklungsaufgaben (das Informationsproblem steht im Vordergrund) bei gleichzeitiger zentraler Lösung von Verteilungsproblemen (das Fairnessproblem steht im Vordergrund).

19 Eine Implementation dieses Lösungsansatzes kann offensichtlich nicht über groß angelegte, intendierte Prozesse der Institutionenreform nach einem idealen Modell gelingen. Vielmehr ist dies über inkrementale Schritte im Rahmen der normalen Policyproduktion erreichbar. Das funktioniert, weil die stark ausdifferenzierten Einzelinstitutionen Eigendynamiken zulassen. Das System kann sich beständig selbst anpassen. Im Kern wird hier also nicht handlungs-, sondern strukturtheoretisch argumentiert. Im politisch-administrativen System lassen sich Aufgabenstruktur, Entscheidungsstruktur und Ressourcenstruktur unterscheiden. Diese sind in ständigem Wandel begriffen. **Wandel der Aufgabenstruktur** bedeutet, dass die Relevanz der einzelnen Bestandteile, also der einzelnen Institutionen, sich dauernd verändert. **Wandel der Entscheidungsstruktur** bedeutet, dass Entscheidungen situationsbedingt eher in den formellen Institutionen oder eher informell in ad hoc-Gremien getroffen werden. **Wandel der Ressourcenstruktur** bedeutet, dass die Ressourcenausstattung der einzelnen Systembestandteile schwankt, damit aber auch die Handlungsmöglichkeiten sich ständig verändern. Diese Dynamiken lassen sich in normalen Zeiten durch Anpassungen innerhalb des institutionellen Rahmens leisten. In Krisenzeiten aber stehen die Institutionen selbst unter Druck: Gefordert ist **Institutionenwandel**.

20 Ist Institutionenwandel im Föderalismus möglich? Ausgangspunkt ist die These, dass Institutionen grundsätzlich ein **Selbsterhaltungsinteresse** haben und auf Herausforderungen durch die Anpassung ihrer Grundregeln reagieren. Eine Modernisierung der Staatsorganisation ist möglich, weil die zentralen Funktionsprinzipien, die die kognitiven Orientierungen und normativen Elemente der in den Institutionen tätigen Akteure umfassen, angepasst werden. Institutionen werden hier also als Organisationen verstanden, in denen Akteure sowohl Eigeninteressen als auch kognitive Orientierungen haben. Die Kernthese lautet: „Die Grundregeln sind nicht vorgegeben, sondern bilden sich durch **Interaktionen im Rahmen des bestehenden institutionellen Kontextes**. Sie sind prinzipiell kontingent, daher auch veränderbar, und somit als dynamisch aufzufassen".[22] Auch wenn die formale Staatsorganisation gleich bleibt, funktioniert sie anschließend anders.

21 Der deutsche Verbundföderalismus mit seinem hohen Grad an Politikverflechtung zeichnet sich nach dieser Theorie, anders als dies gemeinhin gesehen wird, im internationalen Vergleich eher durch ein hohes Maß an Flexibilität und Anpassungsfähigkeit aus. Zwar sind, wie dies die Theorie der Politikverflechtung prognostiziert, formale Institutionenreformen wie die Neueinteilung der Bundesländer und Bemühungen zur Aufgabenentflechtung weitgehend gescheitert. Aber

---

[22] *Hesse/Benz* (Fn. 15), S. 61.

in der faktischen Policyproduktion hat es durchaus **Entflechtungen** gegeben. Bund und Länder haben sich zugunsten der Kommunen und Regionen unterhalb der Ebene der Bundesländer aus Aufgabenbereichen im Bereich von Entwicklungsproblemen zurückzogen. Weiter ist es zum Abbau hoheitlicher Aufgabenerfüllung zugunsten weicherer Steuerungsformen gekommen. An die Stelle rechtlicher Regelungen und finanzieller Anreize bzw. Transfers ist prozedurale Steuerung über Aushandlungen und **nicht-formalisierte Kooperation** getreten. Daneben haben Länder und Kommunen auf Entwicklungsprobleme durch die Formulierung neuer Aufgaben reagiert: regionalisierte Strukturpolitik, Technologieförderung, Altlastenprogramm, regionale Energieversorgung, soziale Selbsthilfeinitiativen. Im Ergebnis ist es so zu beträchtlichen **Dezentralisierungsprozessen**, zur faktischen Entflechtung ohne formale Reform der Staatsorganisation gekommen. *Hesse* und *Benz* argumentieren: „Diese ‚prozessuale Anpassung' des föderativen Systems und der Beziehungen zwischen Staat und Gemeinden in der Bundesrepublik Deutschland verweist auf eine nicht unbeträchtliche **Flexibilität der Staatsorganisation**. Sie erlaubt eine der jeweils konkreten Situation angemessene Veränderung von Handlungs- und Interaktionsroutinen, ohne die mit einer Strukturreform meist verbundenen Kosten in Kauf nehmen zu müssen. Eine intensive Verflechtung zwischen Bund, Ländern und Gemeinden verhindert deshalb weder innovative Problemlösungen noch Lernprozesse".[23] Verflechtung wird hier sozusagen positiv gedeutet als institutionelle Voraussetzung für weiche Steuerung, um Anpassungsleistungen vornehmen zu können. Dies hat allerdings auch eine Schattenseite: Entflechtung führt zur Veränderung des Ressourcenbedarfs; damit sind **Verteilungskonflikte** unausweichlich. Dies wird an der finanziellen Überforderung der Kommunen und dem Dauerthema Reform des Finanzausgleichs sichtbar. Die Vertreter der Theorie des dynamischen Föderalismus müssen zugeben, dass Verteilungsprobleme in Blockaden führen können. Sie weisen aber darauf hin, dass über die Intervention externer Akteure, hier insbesondere des Bundesverfassungsgerichts, Lösungen gefunden werden können.

Beide Theorien weisen im Ergebnis darauf hin, dass Verbundföderalismus mit einem hohen Verflechtungsgrad durchaus zur Anpassung an veränderte Problemlagen in der Lage ist. Allerdings wird das dadurch erkauft, dass das Entscheidungssystem zum einen ausgedehnt wird – es werden weitere, bislang externe Akteure Teil des Verbundsystems –, zum anderen ausdifferenziert wird in einzelne **lose gekoppelte Verhandlungssysteme**. Problematisch ist Politikverflechtung dann nicht, weil sie in Reformblockaden und Politikstau mündet, sondern weil sie hohe Kosten produziert.

D. Asymmetrischer Föderalismus und Sezession

Abschließend soll auf einige Überlegungen hingewiesen werden, die sich der Frage widmen, ob föderale Arrangements geeignet sind, **nationale Konflikte in multinationalen Gesellschaften** dauerhaft zu befrieden. Das ist angesichts zahlreicher

---

[23] *Hesse/Benz* (Fn. 15), S. 155 f.

heterogener Gesellschaften, die sich auf dem Weg zur Demokratisierung ihrer politischen Systeme befinden, eine politisch wie wissenschaftlich relevante Fragestellung von enormer Tragweite.

Multinationale Staaten beherbergen nationale Gruppen, die in ihrer Heimatregion die Mehrheitsgesellschaft bilden, im Gesamtstaat aber nationale Minderheiten sind. Wenn diese Gruppen über genügend kollektive Identität verfügen, fordern sie für sich **staatliche Autonomie**. Daraus können existentielle Konflikte zwischen dem Staat und den nach Unabhängigkeit strebenden Minderheiten erwachsen. Häufig werden in solchen Konstellationen föderale Arrangements als befriedende Lösung propagiert,[24] und zwar dadurch, dass nationalen Minderheiten und ihren Gliedstaaten erweiterte Autonomien und Handlungsmöglichkeiten über das Maß hinaus gewährt werden, das anderen Gliedstaaten zur Verfügung steht. Ist ein solcher **asymmetrischer Föderalismus**, wie er zum Beispiel in Belgien, in Kanada, aber auch in Spanien im Rahmen bilateraler Autonomiestatuten praktiziert wird, tatsächlich ein gangbarer Weg?

Auf der Grundlage einer **spieltheoretischen Modellierung** zeigt *Zuber*,[25] dass das Verhandlungsspiel zwischen nationalen Minderheiten und Gesamtstaat der Konstellation eines Gefangenendilemmas gleicht, in dem die beiden Seiten jeweils ihren Nutzen maximieren, wenn sie nicht kooperieren, die andere Seite aber zur Kooperation bereit ist. Wenn die Akteure ihre dominante Strategie verfolgen, enden sie in einer für sie deutlich ungünstigeren Situation, nämlich einem möglicherweise verlustreichen Konflikt. Sobald aber bindende Vereinbarungen über einen asymmetrischen Föderalismus möglich sind, können die beiden Seiten zusätzlichen Nutzen generieren, der die Kosten eines Konflikts deutlich überwiegt, und zu einer kooperativen Lösung gelangen. Asymmetrischer Föderalismus hat also eine **stabilisierende Funktion**. Allerdings gibt es eine Akteursgruppe, die daran nicht beteiligt ist – die Vertreter derjenigen Regionen, denen kein privilegierter Status zugesprochen wird. Sie befinden sich in einem zweiten Spiel in Verhandlungen mit dem Gesamtstaat über die Angleichung ihrer Kompetenzen an diejenigen der privilegierten Gliedstaaten. Hier entspricht die Konstellation derjenigen eines „chicken game", also eines „Feiglingsspiels", das beiden Seiten Nichtkooperation nahelegt (dem Zentralstaat die Beibehaltung des asymmetrischen Föderalismus, den Regionen die gezielte Nichtbeachtung der föderalen Spielregeln), allerdings zum schlechtestmöglichen Ergebnis führt, wenn diese Strategie von beiden Seiten verfolgt wird. Auch hier ist ein Ausweg denkbar, nämlich die **Symmetrisierung des Föderalismus**. Da die beiden Spiele aber nicht unabhängig voneinander gespielt werden, zeigt sich, dass asymmetrischer Föderalismus zugleich stabilisierende und destabilisierende Wirkungen hat. Ähnlich sieht dies *Kymlicka*: „Where federalism is needed to keep a country together, the odds that the country will remain together over the long-term are not great. Federalism may be the best available response to ethnocultural pluralism, but the best may not be

---

[24] *Linz*, Democracy, Multinationalism and Federalism, 1999.
[25] *Zuber*, Understanding the Multinational Game, im Erscheinen. Die theoretische Analyse wird dazu genutzt, die Entwicklung des russischen Föderalismus zu analysieren.

good enough".[26] Über dem asymmetrischen Föderalismus schwebt also beständig die Gefahr der Sezession.

E. Ausblick

Angesichts der Vielfalt föderaler Systeme, der Gründe für ihr Zustandekommen und Zusammenbleiben, der Unterschiedlichkeit in der institutionellen Ausprägung und der Bandbreite an Erwartungen wie Herrschaftskontrolle, Identitätssicherung oder dezentrale Leistungserbringung nimmt es nicht wunder, dass es **keine einheitliche Föderalismustheorie** gibt. Die Pluralität der Objekte, auf die sich der prüfende wissenschaftliche Blick richtet, muss sich auch in der Vielfalt theoretischer Ansätze, der Analyse und der Reflexion widerspiegeln. Dies ist auch ein Gebot der Offenheit wissenschaftlicher Erkenntniszugänge. In diesem Sinne ist die Heterogenität der Theorien im wissenschaftlichen Diskurs Ausdruck eines freiheitlichen Wissenschaftspluralismus. Zudem unterliegen auch theoretische Zugänge gewissermaßen wissenschaftlichen Konjunkturen des Interesses. So kann der Fokus zeitgeschichtlich gebunden auf ganz verschiedenen Arrangements und Entwicklungen föderaler Strukturen liegen. Für die deutsche und europäische Diskussion haben sich beispielsweise mit *Scharpfs* Theorie der Politikverflechtung und *Benz'* Theorie des dynamischen Föderalismus zwei Zugänge etabliert, die im gegenseitigen Wettbewerb der Theorien fruchtbare Analysen und weitergehende Fragestellungen ausgebildet haben. Der wissenschaftliche Pluralismus föderaler Theorien mit seinen Ausdifferenzierungen und Weiterentwicklungen wird auch künftig das normale Erscheinungsbild prägen. Denn auf eines muss sich der theoretisch angeleitete Blick stets einrichten: In der Wirklichkeit ist und bleibt der Föderalismus vielgestaltig.

26

Schrifttum

J. Bednar, Federalism as a Public Good, in: Constitutional Political Economy 16, 2005, S. 189 ff.
ders., The Robust Federation. Principles of Design, 2009
ders./W. Eskridge/J. Ferejohn, A Political Theory of Federalism, in: J. Ferejohn/J. Rakove/J. Riley (Hrsg.), Constitutional Culture and Democratic Rule, 2001, S. 223 ff.
A. Benz, Politikverflechtung ohne Politikverflechtungsfalle. Koordination und Strukturdynamik im europäischen Mehrebenensystem, in: Politische Vierteljahresschrift 39, 1998, S. 558 ff.
ders., Ein gordischer Knoten der Politikwissenschaft? Zur Vereinbarkeit von Föderalismus und Demokratie, in: Politische Vierteljahresschrift 50, 2009, S. 3 ff.
A. Birch, Approaches to the Study of Federalism, in: Political Studies 14, 1966, S. 15 ff.
R. Eichenberger, Föderalismus: Eine politisch-ökonomische Analyse der Vorteile, Widerstände und Erfolgsbedingungen, in: H. H. von Arnim/G. Färber/S. Fisch (Hrsg.), Föderalismus. Hält er noch, was er verspricht? Seine Vergangenheit, Gegenwart und Zukunft, auch im Lichte ausländischer Erfahrungen. Schriftenreihe der Hochschule Speyer, Bd. 137, 2000, S. 101 ff.

---

[26] *Kymlicka*, Is Federalism a Viable Alternative to Secession?, 1998, S. 113.

J. J. Hesse/A. Benz, Die Modernisierung der Staatsorganisation. Institutionspolitik im internationalen Vergleich: USA, Großbritannien, Frankreich, Bundesrepublik Deutschland, 1990

P. Hirst (Hrsg.), The Pluralist Theory of the State. Selected Writings of G.D.H. Cole, J.N. Figgis and H.J. Laski, 1989

A. Kaiser, Die Politische Theorie des Neo-Institutionalismus: James March und Johan Olsen, in: A. Brodocz/G. S. Schaal (Hrsg.), Politische Theorien der Gegenwart II, 2009, S. 313 ff.

W. Kymlicka, Is Federalism a Viable Alternative to Secession?, in: P. Lehning (Hrsg.), Theories of Secession, 1998, S. 111 ff.

G. Lehmbruch, Parteienwettbewerb im Bundesstaat. Regelsysteme und Spannungslagen im politischen System der Bundesrepublik Deutschland, 2000

J. Linz, Democracy, Multinationalism and Federalism, in: W. Merkel/A. Busch (Hrsg.), Demokratie in Ost und West, 1999, S. 382 ff.

W. Livingston, Federalism and Constitutional Change, 1956

J. Madison/A. Hamilton/J. Jay, The Federalist Papers, 1987

R. Musgrave, The Theory of Public Finance. A Study in Public Economy, 1959

W. Oates, Fiscal Federalism, 1972

W. Riker, Federalism, in: F. Greenstein/N. Polsby (Hrsg.), Governmental Institutions and Processes. Handbook of Political Science, Bd. 5, 1975, S. 93 ff.

F. W. Scharpf, Optionen des Föderalismus in Deutschland und Europa, 1994

W. Steffani, Zur Unterscheidung parlamentarischer und präsidentieller Regierungssysteme, in: Zeitschrift für Parlamentsfragen 14, 1983, S. 390 ff.

C. Tiebout, A Pure Theory of Local Expenditures, in: Journal of Political Economy 64, 1956, S. 416 ff.

U. Wachendorfer-Schmidt, Der Preis des Föderalismus in Deutschland, in: Politische Vierteljahresschrift 40, 1999, S. 3 ff.

K. Weick, Der Prozess des Organisierens, 1985

B. Weingast, The Economic Role of Political Institutions. Market-Preserving Federalism and Economic Development, in: Journal of Law, Economics, and Organization 11, 1995, S. 1 ff.

ders./G. Montinola/Y. Qian, Federalism, Chinese Style: The Political Basis for Economic Success in China, in: World Politics 48, 1995, S. 50 ff.

C. I. Zuber, Understanding the Multinational Game. Toward a Theory of Asymmetrical Federalism, in: Comparative Political Studies 44, 2011, S. 546 ff.

§7 Politikwissenschaftliche Dimensionen von Entwicklung und Stand des bundesdeutschen Föderalismus

Ursula Münch

Inhalt

A. Charakteristika des deutschen Bundesstaates 179
   I. Aufgabenverteilung nach Funktionen 180
   II. Intrastaatlicher Verbundföderalismus 180
B. Entwicklung des bundesdeutschen Föderalismus 181
   I. Die erste Phase des bundesdeutschen Föderalismus 181
   II. Verfestigung zentripetaler Tendenzen in der zweiten Phase 183
   III. Veränderungen seit der deutschen Vereinigung 184
C. Reformbedarf und Reformierbarkeit des deutschen Bundesstaates 185
   I. Reformerfordernisse und Reforminhalte 186
   II. Einzelne Ergebnisse der Föderalismusreform 2006 186
   III. Föderalismusreform Teil II 187
   IV. Verfassungsreform in der föderalen Parteiendemokratie 188
D. Parteien und Parteiensysteme im deutschen Bundesstaat 188
   I. Parteienwettbewerb im Mehrebenensystem 188
   II. Indizien eines Strukturbruchs von Parteienwettbewerb und Bundesstaatlichkeit 189
   III. Veränderungen im föderalen Parteiensystem seit 1990 190
E. Widersprüchliche Entwicklungen 193
Schrifttum 194

A. Charakteristika des deutschen Bundesstaates

Der deutsche Bundesstaat unterscheidet sich in verschiedener Hinsicht von anderen bundesstaatlichen Ordnungen. Die im deutschen **Verbundföderalismus** angelegte Tendenz zur Verflechtung der politischen Ebenen trägt in Kombination mit den

1

U. Münch (✉)
Akademie für Politische Bildung Tutzing, Buchensee 1, 82327 Tutzing, Deutschland
E-Mail: u.muench@apb-tutzing.de

Funktionsmechanismen des Parteienwettbewerbs im Bundesstaat dazu bei, dass weit reichende Veränderungen im föderalen System der Bundesrepublik Deutschland selten sind. Selbst die als „Mutter aller Reformen" (*Edmund Stoiber* im Juni 2006) gelobte Föderalismusreform des Jahres 2006 erweist sich in Zusammenschau mit ihrem zweiten Teil von 2009 als weiteres Indiz dafür, dass eine Strukturreform des deutschen Bundesstaates nicht realisierbar ist. Auf der Grundlage der bisher auch für grundlegende Verfassungsreformen üblichen Aushandlungsprozesse scheinen höchstens Anpassungsreformen Aussicht auf Realisierung zu haben.[1]

I. Aufgabenverteilung nach Funktionen

2 Mindestens zwei bundesdeutsche Besonderheiten sind bereits in der deutschen Föderalismusgeschichte angelegt. Zum einen ist für das deutsche Bundesstaatsmodell eine Aufgabenteilung zwischen Zentralstaat und Einzelstaaten eher nach Funktionen und weniger nach Staatsaufgaben charakteristisch. So ist die Bundesebene auch nach der Föderalismusreform von 2006 weitgehend für die Gesetzgebung zuständig und die Länder für die Ausführung der Bundesgesetze. Im Unterschied zu Bundesstaaten, deren Kompetenzverteilung eher auf dem Trennsystem basiert (wie etwa die Vereinigten Staaten von Amerika oder durchaus auch die Schweiz) zieht diese **funktionale Kompetenzverteilung** des Grundgesetzes die Notwendigkeit einer intensiven Kooperation der politischen Ebenen nach sich. Die Verwaltungszuständigkeiten der Länder gelten als „stärkste Triebkraft zur Beförderung der Verflechtung der Entscheidungsebenen Bund und Länder, für Kompromisszwänge und die Verwischung von Aufgabenverantwortung der einzelnen föderalen Ebenen gegenüber der Öffentlichkeit und dem Souverän, dem Bürger".[2]

II. Intrastaatlicher Verbundföderalismus

3 Zum anderen stellt der Bundesrat eine ebenfalls im Zusammenhang zur funktionalen Kompetenzverteilung stehende Besonderheit des deutschen Bundesstaatsmodells dar: Die Beteiligung der Landesexekutiven an der Formulierung des Bundeswillens mittels Bundesrat bietet einer Landesregierung und ihrer Ministerialbürokratie die Gelegenheit, bereits in einem frühen Stadium des Gesetzgebungsprozesses mögliche Bedenken gegenüber der praktischen Vollziehbarkeit eines Bundesgesetzes vorzubringen. Diese funktionale Aufgabenverteilung und Gewaltenverschränkung und die starke **intrastaatliche Beteiligung der Landesregierungen an der Bundespolitik** in Kombination mit einer interstaatlichen Kooperation sowohl auf der Ebene der Länder als auch zwischen Bund und Ländern kennzeichnen zusammen

---

[1] *Schultze*, Zeitschrift für Politik, 1999, 173 ff.
[2] *Sturm/Zimmermann-Steinhart*, Föderalismus. Eine Einführung, 2005, S. 42.

das so genannte Verbundsystem des deutschen Föderalismus.[3] Die Konzentration der staatlichen Aufgaben beim Bund schränkte die Gesetzgebungskompetenzen der Länder und damit die Gestaltungsmöglichkeiten ihrer Landtage im Vergleich zu den subnationalen Ebenen anderer Bundesstaaten seit der Gründung der Bundesrepublik ein.[4] Gleichzeitig kam dem Bundesrat von Beginn an eine große Bedeutung zu: Bereits in der ersten Wahlperiode des Bundestages waren 43 % aller Bundesgesetze zustimmungspflichtig.[5] Sowohl die wachsende Bedeutung des Bundesrates als auch das Bemühen der Länder, in den ihnen verbleibenden Aufgabenbereichen eine möglichst weitgehende Selbstkoordination zu betreiben, führten zum so genannten **Mitwirkungsföderalismus**. Quantität und Qualität der von den Landtagen selbst zu gestaltenden Politikbereiche waren – ausgehend von einem ohnehin relativ niedrigen Niveau – rückläufig. Auf der anderen Seite stieg – bedingt durch den Anstieg der zustimmungspflichtigen Gesetze sowie die Beteiligung der deutschen Länder am europäischen Willensbildungsprozess bereits seit 1979 – die Chance der Landesregierungen, auf bundes- und europapolitische Entscheidungen Einfluss zu nehmen.

B. Entwicklung des bundesdeutschen Föderalismus

Ob sich der deutsche Bundesstaat eher zentripetal oder zentrifugal entwickeln würde, war bei seiner Wiederherstellung im Jahr 1949 keine offene Frage mehr. Die Dominanz des Bundes in der Gesetzgebung und die beschränkte Gestaltungsfähigkeit der deutschen Länder prägten seine Struktur bereits in den Anfangsjahren.

I. Die erste Phase des bundesdeutschen Föderalismus

Zwischen 1949 und dem Ende der 1960er Jahre verschob sich das Gewicht in der bundesstaatlichen Ordnung noch weiter zum Bund hin. Ausgangspunkt dieser Verlagerungen war eine bundesstaatliche Ordnung, in der das **gesetzgeberische Hauptgewicht** bereits beim Zentralstaat und nicht bei den Ländern lag. Während der Bund die Impulse zur Politikgestaltung gab, lag es an den Ländern, die Politikumsetzung zu kontrollieren. Diese schon frühe Dominanz des Bundes ist nicht nur auf die Übernahme einer in Deutschland grundsätzlich bereits 1871 bekannten Aufgabenverteilung zwischen Zentralstaat und Gliedstaaten zurückzuführen. Darüber hinaus hielt es die Mehrzahl der damaligen politischen Akteure angesichts der anfänglichen sozialen Not bei Kriegsende und den Erfordernissen der wirtschaftlichen Wiederbelebung für erforderlich, wichtige sozial- und wirtschaftspolitische Kompetenzen

---

[3] *Schultze,* in: Nohlen/Grotz (Hrsg.), Kleines Lexikon der Politik, S. 146 (S. 149).
[4] *Münch,* Sozialpolitik und Föderalismus. Zur Dynamik der Aufgabenverteilung im sozialen Bundesstaat, 1997, S. 91 f.
[5] *Antoni,* AöR 1988, 329 ff.

beim Bund zu konzentrieren. Das Wirtschaftswachstum der 1950er Jahre machte es möglich, auf die wirtschaftlichen Disparitäten zwischen den Ländern mit distributiver Politik zu reagieren und so bestehende Ungleichgewichte abzubauen.[6] Die daraus erwachsende **Homogenität der Länder** und weitgehende Symmetrie im deutschen Bundesstaat war umgekehrt eine wesentliche Voraussetzung dafür, dass die Selbstkoordination der Länder im Rahmen der Ministerpräsidentenkonferenzen und der Fachministerkonferenzen (wie z. B. der Kultusministerkonferenz) funktionierte und nicht an ökonomisch oder strukturpolitisch bedingten großen Interessendivergenzen und deren parteipolitischer Instrumentalisierung scheiterte.

6   Als die erste **Große Koalition** im Bund (1966–1969) die föderalen Beziehungen Ende der 1960er Jahre im Zuge der Finanzreform erstmals umfassend neu gestaltete, wurden die bereits bestehenden Ausprägungen des kooperativen Föderalismus bestätigt und sogar zementiert. Tatsächlich wagte die damalige Regierung von Union und SPD jedoch keinen radikalen Neubeginn, sondern griff Vorarbeiten auf, die von Bundeskanzler *Ludwig Erhard* und den deutschen Ministerpräsidenten bereits im Frühjahr 1964 im Rahmen der so genannten *Troeger*-Kommission auf den Weg gebracht worden waren.[7] Mit dem damals neuen Begriff des **kooperativen Föderalismus** wollte man zum Ausdruck bringen, dass ursprünglich autonome Entscheidungseinheiten nun Aufgaben zusammen lösen wollen. Nicht neu hingegen waren die so umschriebenen Strukturen und Funktionsweisen des deutschen Bundesstaates. Diese erste Föderalismusreform intensivierte schließlich die Kooperation zwischen Bund und Ländern in einem Maß, „dass es schwierig war, diese Kooperationsart vom „Unitarismus" zu differenzieren".[8] Zum einen wurde das Steuersystem, das bereits seit der ersten Finanzreform 1955 Gegenstand einer Bund-Länder-Kooperation gewesen war, in hohem Maße zentralisiert. Zum anderen wurde ein Großteil der Länderkompetenzen als Gemeinschaftsaufgaben in Mechanismen der gemeinsamen föderalen Entscheidungsfindung integriert.[9] Begründet wurden die damaligen Verfassungsänderungen u. a. mit dem Hinweis, dass „annähernd gleichmäßige öffentliche Leistungen ... und eine gleichmäßige Steuerbelastung ... auch im Bundesstaat zur selbstverständlichen Forderung" geworden seien. „Kein moderner Bundesstaat, der sozialer Rechtsstaat ist" könne sich „auf die Dauer einer weitgehenden Angleichung der Lebensverhältnisse entziehen".[10]

---

[6] *Benz*, in: Ellwein/Holtmann (Hrsg.), 50 Jahre Bundesrepublik Deutschland, 1999, S. 135 (139).

[7] *Hockerts*, in: Bundesministerium für Arbeit und Soziales/Bundesarchiv (Hrsg.), Geschichte der Sozialpolitik seit 1945, Band 5, Eine Zeit vielfältigen Aufbruchs, 2006, S. 1 (14); *Renzsch*, Finanzverfassung und Finanzausgleich. Die Auseinandersetzungen um ihre politische Gestaltung in der Bundesrepublik Deutschland zwischen Währungsreform und deutscher Vereinigung (1948 bis 1990), 1991, S. 214 ff.

[8] *Sturm*, in: Europäisches Zentrum für Föderalismus-Forschung, Tübingen (Hrsg.), Jahrbuch des Föderalismus 2007, 2008, S. 27 (31).

[9] *Münch*, Freistaat im Bundesstaat. Bayerns Politik in 50 Jahren Bundesrepublik Deutschland, 1999, S. 19 ff.

[10] Begründung zum Entwurf eines Gesetzes zur Änderung und Ergänzung des Grundgesetzes (Finanzreformgesetz), BT-Drs. V/2861 vom 30.4.1968, S. 11.

Obwohl die wirtschaftlichen Rahmendaten es schon seit den 1960er Jahren kaum mehr erlaubten, das Konfliktpotential von regionalen und territorialen Unterschieden im Wohlfahrtsniveau wie bisher durch die Gewährung sozialpolitischer Leistungen zu minimieren, gingen nicht nur Praktiker, sondern auch Verfassungsrechtler mindestens bis Ende der 1990er Jahre mit „erstaunlicher Unbekümmertheit" von einem Verfassungsgebot der Einheitlichkeit der Lebensverhältnisse aus.[11]

II. Verfestigung zentripetaler Tendenzen in der zweiten Phase

Die **sozialliberale Koalition** (1969–1982) war von der Überzeugung der damaligen Regierungsmehrheit geprägt, die wachsenden wirtschafts-, konjunktur- und strukturpolitischen Probleme setzten eine enge Kooperation und Abstimmung von Bund und Ländern voraus. Nicht nur das Geflecht aus Beziehungen und Abhängigkeiten, sondern auch die damalige parteipolitische Konfrontation erschwerte die Konsensfindung in den diversen Foren der föderalen Verhandlung beträchtlich. Nach 1972 machte eine Bundesregierung erstmals die Erfahrung, dass die Mehrheit des Bundesrates dem anderen parteipolitischen Lager entstammte als die Bundestagsmehrheit. Die mächtigen Ministerpräsidenten setzten ihren Einfluss auf die Bundespolitik gezielt ein, um Vorhaben der Regierungsmehrheit zwar nicht unbedingt zu verhindern, aber auf diese inhaltlich maßgeblich einzuwirken.

Höchst umstritten war, wer die Verantwortung für Verfassungsänderungen und Kompetenzverlagerungen trug. Während vor allem die unionsregierten Länder eine zentralistische Haltung der Bundesregierung beklagten, konnten die Regierungsfraktionen im Bund zum Beispiel darauf verweisen, dass die Initiative zur Überführung der Landeskompetenz für die Beamtenbesoldung in die konkurrierende Gesetzgebung des Bundes (Art. 74a GG i. d. F. von 1971 bis 2006) von den Ministerpräsidenten der Länder bereits in einer Ministerpräsidentenkonferenz des Jahres 1966 gefordert worden war.[12] Grundsätzlich einig waren sich die Akteure dabei jedoch darin, dem Gedanken der Gleichheit und Integration einen hohen Stellenwert einzuräumen. In der Praxis des bundesdeutschen Föderalismus ging es vornehmlich darum, in enger Abstimmung zwischen der Bundes- und den Landesregierungen gemeinsame nationale Ziele zu erreichen.[13] Auf diese Weise gelang es, ein relativ hohes Maß an **„Einheitlichkeit der Lebensverhältnisse"** herzustellen und zudem einem bis heute in der Bevölkerung mehrheitlich bestehenden Wunsch nach bundeseinheitlichen politischen Lösungen gerecht zu werden.[14]

---

[11] *Selmer*, in: ders./Kirchhof, Finanzverfassung, 1993, S. 10 (24).

[12] *Münch* (Fn. 9) S. 28 f.

[13] *Jeffery*, in: Europäisches Zentrum für Föderalismus-Forschung, Tübingen (Hrsg.), Jahrbuch des Föderalismus 2009, S. 122 (124).

[14] *Grube*, in: Europäisches Zentrum für Föderalismus-Forschung, Tübingen (Hrsg.), Jahrbuch des Föderalismus 2009, S. 149 ff.

10 Bis Anfang der 1970er Jahre gingen die wahrnehmbaren Vereinheitlichungstendenzen auch von den Ländern selbst aus; im Übrigen waren es eher die Pläne als die tatsächlichen Maßnahmen der sozialliberalen Bundesregierung, die als weitere Gefährdung der Eigenständigkeit der Länder gelten konnten. Auch die beiden herausragenden Initiativen der 1970er Jahre, mit denen die Bundesstaatsreform der Großen Koalition fortgeführt werden sollte, verliefen im Sand: Weder die Vorschläge der *Ernst*-Kommission zur Neugliederung des Bundesgebietes noch die der Enquete-Kommission Verfassungsreform, die vom Deutschen Bundestag im Oktober 1970 und nochmals im Februar 1973 mit dem Auftrag eingesetzt worden war, Vorschläge zur „Fortentwicklung der bundesstaatlichen Struktur" auszuarbeiten, hinterließen Spuren. Auf der anderen Seite waren die Erfolge der Politik des kooperativen Föderalismus jedoch bei weitem nicht so groß, wie man sich dies ursprünglich erhofft hatte. Gleichzeitig wurden seine negativen Begleiterscheinungen immer deutlicher. In Verhandlungen des Bundes mit den Ländern wurden Entscheidungen, die die Länder ungleich behandelten oder Ressourcen umverteilten, selbst bei sachlicher Rechtfertigung vermieden. Unter dem Eindruck aufbrechender regionaler Disparitäten gerade in Folge des Strukturwandels sowie einer wachsenden Finanzknappheit nahm die **Kritik am kooperativen Föderalismus** und dessen konkreten Erscheinungsweisen ab Mitte der 1980er Jahre deutlich zu. Diese Kritik wurde auch damals schon auf die Ausprägungen des Verbundföderalismus und die Intensität der Kooperationsformen bezogen; bei genauerer Betrachtung zeigt sich aber, dass es vor allem die bereits in dieser Phase sich abzeichnende Inkompatibilität zwischen der Notwendigkeit zur Kooperation sowie der steigenden wirtschaftlichen und sozialen Disparität im Bundesstaat war, die für Spannungen sorgte.

11 Die europäische Integration erhöhte den Reformdruck zusätzlich, weil Defizite in der Koordinierung von Bund und Ländern zum Standortproblem für Deutschland zu werden drohten. Die schon vor 1989/1990 zwischen den Gebietskörperschaften ausgebrochenen **Verteilungskonflikte** verschärften sich infolge der deutschen Vereinigung deutlich. Diese beendete die Ära der sozialen, kulturellen und wirtschaftlichen Homogenität.

III. Veränderungen seit der deutschen Vereinigung

12 Ein intrastaatlicher Föderalismus mit der ihm eigenen Verflechtung zwischen den staatlichen Ebenen funktioniert dann, wenn der Bundesstaat vor allem mit Blick auf die Leistungsfähigkeit seiner Mitglieder eine relativ **homogene Struktur** aufweist. In der Bundesrepublik war diese Homogenität der Länder bis zur Deutschen Vereinigung durchaus gegeben – auch wenn man konstatieren muss, dass es immer Länder gegeben hat, die „ganz einfach kompetenter als andere in der Umsetzung von Bundesgesetzen [waren] und/oder ... mehr Ressourcen [hatten], um der Umsetzung Wirkung zu verleihen".[15] Infolge des Beitritts der neuen, sehr leistungsschwachen

---

[15] *Jeffery* (Fn. 13), S. 126.

Länder zur Bundesrepublik wuchs die **Heterogenität** jedoch beträchtlich. Angesichts der sich nur punktuell schließenden ökonomischen und gesellschaftlichen Kluft vor allem zwischen den Ländern der alten Bundesrepublik und den 1990 beigetretenen Ländern fiel es zunehmend schwer, sich auf gemeinsame Standpunkte zu einigen und Landesinteressen wirksam gegenüber dem Zentralstaat zu vertreten. Die Kluft zwischen den leistungsstärkeren und den leistungsschwächeren Ländern weitete sich in dieser dritten Phase der Entwicklung des deutschen Bundesstaates weiter aus.

Daran hat sich auch zwanzig Jahre nach dem Fall der Mauer nur wenig geändert: Sowohl das durchschnittliche Bruttoinlandsprodukt je Einwohner als auch die Arbeitslosenquote weichen zwischen den einzelnen Ländern nach wie vor ganz beträchtlich ab. Die zentrale Trennungslinie verläuft dabei jeweils zwischen den westdeutschen und den ostdeutschen Ländern.[16] Doch nicht nur bei den Wirtschaftsdaten zeigt sich immer noch ein großes **innerdeutsches Gefälle**; Ergebnisse von Demokratiezufriedenheitsmessungen weisen auf die „Koexistenz zweier unterschiedlicher politischer Kulturen" in Deutschland hin, die als Indiz für die „Inkongruenz von politischer Kultur und politischer Struktur" gewertet werden kann.[17]

13

Da die Länder je nach ihrer wirtschaftlichen Lage und ihrer eigenen Durchsetzungsfähigkeit unterschiedlich stark vom Bund abhängig waren, variiert ihr jeweiliges Auftreten bei **föderalen Interessenskonflikten** zwischen den politischen Ebenen. Während die leistungsstärkeren Länder auf eine Ausweitung der Landeskompetenzen drängen und das Ausgleichsniveau im Finanzausgleich reduzieren wollen, versuchen die leistungsschwächeren Länder, ressourcenintensive Aufgaben abzuwehren. Die zum Beispiel aus den Unterschieden in der Wirtschaftskraft resultierenden De-facto-Asymmetrien in deutschen Bundesstaaten nahmen bereits seit den 1970er Jahren, vor allem aber in Folge der deutschen Vereinigung zu. Hinzu traten ebenfalls im Umfeld der deutschen Vereinigung zusätzliche De-jure-Asymmetrien in Form von Sonderregelungen im Finanzausgleich oder bei den Finanzhilfen des Bundes; als Ergebnis des ersten Teils der Föderalismusreform führen die neuen Abweichungsrechte der Länder zu weiteren De-jure-Asymmetrien. Die Bundesrepublik Deutschland entwickelt sich damit zusehends zu einem **asymmetrischen Bundesstaat**.[18]

14

C. Reformbedarf und Reformierbarkeit des deutschen Bundesstaates

Die vor allem vereinigungsbedingt gewachsene Heterogenität des deutschen Bundesstaates intensivierte die Forderung nach einer Reform der bundesstaatlichen

15

---

[16] Arbeitskreis Volkswirtschaftliche Gesamtrechnungen der Länder http://www.vgrdl.de/Arbeitskreis_VGR/tbls/tab01.asp#tab08; Statistische Ämter des Bundes und der Länder: http://www.statistik-portal.de/Statistik-portal/de_jb02_jahrtab13.asp.

[17] *Niedermayer*, in: Zeitschrift für Parlamentsfragen (40) 2009, 383 (397).

[18] *Palermo* u.a., Auf dem Weg zu einem asymmetrischen Föderalismus?, 2007; *v. Beyme*, Föderalismus und regionales Bewusstsein, 2007.

Ordnung. Von der so genannten **„Entflechtung" der staatlichen Ebenen** versprach man sich eine Verringerung von Verhinderungsmöglichkeiten. Die föderalismusrelevanten Ergebnisse der im Jahr 1991 eingesetzten Gemeinsamen Verfassungskommission von Bundestag und Bundesrat blieben insgesamt unbefriedigend. Während demnach weiterhin Reformbedarf bestand, gingen die Einschätzungen über Gestalt und Machbarkeit einer Bundesstaatsreform weit auseinander.

I. Reformerfordernisse und Reforminhalte

16   Die Regierungschefs leistungsstärkerer Länder plädierten für eine **wettbewerbsorientierte Reform deutscher Bundesstaatlichkeit**. An die Stelle des bisherigen Leitbilds eines kooperativen Föderalismus sollte nach ihrer Einschätzung ein Wettbewerb der Länder um die besten politischen Lösungen treten. Diese Einschätzung der Veränderbarkeit deutscher Bundesstaatlichkeit erschien angesichts der so genannten „**Pfadabhängigkeit**" föderaler Strukturen sehr optimistisch; diesem Konzept zufolge erweisen sich historisch und verfassungsrechtlich verwurzelte Prozesse und institutionelle Strukturen gegenüber Änderungsversuchen häufig resistent. Hinzu kam eine hohe verfassungsrechtliche und politische Hürde: Die Erfordernis einer Grundgesetzänderung im Rahmen der Strukturen des Verbundmodells setzte nicht nur die Überwindung des Interessenkonflikts zwischen Ländergesamtheit und Zentralstaat voraus, sondern auch den Ausgleich der Divergenzen zwischen finanzschwachen und finanzstarken Ländern. Dass beide Arenen neben Verteilungs- auch von Parteienkonflikten durchzogen waren, machte die Aufgabe noch komplexer.

17   Diese Einschätzung wurde durch den Verlauf der im Sommer 2003 eingesetzten „Kommission zur Modernisierung der bundesstaatlichen Ordnung" zunächst bestätigt. Das Gremium aus 16 Abgeordneten des Bundestages und 16 Mitgliedern des Bundesrates gab im Dezember 2004 sein Scheitern bekannt und begründete dies mit dem scheinbar unlösbaren Streit über die Aufteilung bildungspolitischer Kompetenzen. Dennoch blieb die Föderalismusreform auf der politischen Tagesordnung. Der Regierungswechsel im Herbst 2005 gab den Anlass für einen neuerlichen Versuch, der tatsächlich mit der bislang umfassendsten Grundgesetzänderung endete. Gemessen an den von den politischen Akteuren formulierten Erwartungen an die Föderalismusreform fiel deren Ergebnis jedoch bescheiden aus.

II. Einzelne Ergebnisse der Föderalismusreform 2006

18   Die Gesetzgebungskompetenzen der Länder wurden zwar erweitert und Art. 84 GG bietet auch die Möglichkeit, die Anzahl der zustimmungspflichtigen Gesetze zu reduzieren. Da die Länder aber vor allem Kompetenzen für einzelne (in ihrer politischen Bedeutung eher nachrangige) Teilbereiche erhielten, sind Abstimmungen zwischen Bund und Ländern weiterhin unumgänglich. Während noch abzuwarten ist, ob die

Änderung des Art. 84 Abs. 1 GG tatsächlich die erhoffte deutliche Verringerung der **Zustimmungspflichtigkeit** bringen kann, steht fest, dass durch die Neufassung von Art. 104a Abs. 4 GG ein zusätzliches Zustimmungserfordernis geschaffen wurde.

Ein besonders ambitioniertes Ziel bestand darin, die föderale Ordnung der Bundesrepublik **transparenter** zu gestalten. Erreicht wurde dieses Ziel nicht: Zum einen entsprach der politische Entscheidungsprozess im Zuge der Föderalismusreform I nicht dem ebenfalls erhobenen Anspruch, in Deutschland eine Föderalismuskultur zu begründen. Zum anderen erscheint die Neufassung der Kompetenzverteilung im Bereich der konkurrierenden Gesetzgebung mit ihrer Einführung von nunmehr drei Erscheinungsformen der konkurrierenden Gesetzgebung weder als Vereinfachung noch als Ausgangspunkt für eine nennenswerte Ausweitung der Gestaltungsmöglichkeiten der Länder. Entgegen dem zentralen Ziel der Föderalismusreform, die Zuständigkeiten von Bund und Ländern klarer voneinander zu trennen, wurde durch ihren zweiten Teil sogar noch eine weitere Gemeinschaftsaufgabe in das Grundgesetz aufgenommen: Art. 91c GG (neu) sieht die Möglichkeit zur Zusammenarbeit von Bund und Ländern sowie unter den Ländern bei der Nutzung informationstechnischer Systeme sowie beim Datenaustausch zwischen Bund und Ländern vor.

19

III. Föderalismusreform Teil II

Auch der zweite Teil der Föderalismusreform, der im Sommer 2009 verabschiedet wurde, weckt Bedenken, ob es tatsächlich gelang, die Eigenständigkeit der politischen Ebenen zu stärken und die Gestaltungsmöglichkeiten der Länder zu erweitern. Entgegen der ursprünglichen Erwartungen sowie der objektiven Anforderungen an eine stimmige Föderalismusreform waren sowohl der Finanzausgleich als auch das Ziel einer größeren Finanzautonomie der Länder von vornherein ausgeklammert worden.[19] Stattdessen konzentrierten sich sowohl die Beratungen als auch die Ergebnisse der Kommission auf das Verschuldungsproblem. Obwohl die nun vereinbarten **Schuldengrenzen** in Zukunft sowohl für den Bund als auch die Länder gelten sollen, wirken sie sich unterschiedlich auf die politischen Ebenen aus: Während der Bund durch seine Dominanz in der Steuergesetzgebung seine Einnahmen weitgehend selbst (unter Mitwirkung des Bundesrates) beeinflussen kann, besitzen die Länder mangels Steuergesetzgebungskompetenzen keinen nennenswerten Spielraum zur Gestaltung ihrer Einnahmen. Zugleich sind sie in ihren Ausgabenentscheidungen in hohem Maß durch Personalkosten und Gesetzesvorgaben des Bundes eingeschränkt. Durch die Neuregelung werden die Landtage noch weiter in ihrer **Haushaltsautonomie** beschränkt:[20] Sie sind nicht nur wie bisher in Hinblick auf ihre Steuereinnahmen vollständig von der Bundessteuergesetzgebung abhängig, sondern unterliegen ab

20

---

[19] *Renzsch*, in: Europäisches Zentrum für Föderalismus-Forschung, Tübingen (Hrsg.), Jahrbuch des Föderalismus 2009, S. 44 ff.

[20] *Kemmler*, in: Europäisches Zentrum für Föderalismus-Forschung, Tübingen (Hrsg.), Jahrbuch des Föderalismus 2009, S. 215 f.

2020 auch noch einem Verschuldungsverbot. Von der ursprünglich im Grundgesetz vorgesehenen Einnahmenautonomie der Länder bleibt also nur wenig übrig.

IV. Verfassungsreform in der föderalen Parteiendemokratie

21 Das Zustandekommen beider Teile der Föderalismusreform ist zunächst als Beweis für die Fähigkeit der politischen Akteure zu werten, auch unter den Bedingungen des Verbundföderalismus verfassungsändernde Mehrheiten zu bilden und umfassende Reformen zu bewirken. Dessen ungeachtet ist jedoch nicht zu übersehen, dass die Verfassungsänderungen sehr detaillierte, um- und sogar unverständliche Regelungen hervorbrachten, die die **(verfassungs-)politische Flexibilität** und damit die Handlungsfähigkeit der föderalen Akteure zusätzlich einschränken werden.[21] Dieser legalistische Rückzug ins Kleinteilige ist nicht allein der Komplexität des Gegenstands geschuldet, sondern ist auch auf die „Vermischung von verfasster Politik und Verfassungspolitik" zurückzuführen: Kommen Verfassungsreformen nach dem Muster und gemäß den Aushandlungspraktiken normaler Gesetzgebungsverfahren zustande (wenn auch mit höheren Mehrheitserfordernissen), geraten ihre Inhalte in die Gefahr, zur Durchsetzung der unterschiedlichen Interessen im Mehrebenensystem instrumentalisiert und dadurch überreguliert zu werden.[22]

D. Parteien und Parteiensysteme im deutschen Bundesstaat

22 In der politikwissenschaftlichen Föderalismusforschung gilt die Beziehung zwischen bundesstaatlicher Ordnung und **Parteienwettbewerb** als eine „zentrale Weiche, über welche die Funktionsweise des gesamten Regierungssystems in unterschiedliche Richtungen gestellt werden kann".[23]

I. Parteienwettbewerb im Mehrebenensystem

23 Das föderale System der Bundesrepublik Deutschland mit seiner Verankerung von starken Mitwirkungsrechten für die Landesexekutiven in der Bundes- und Europapolitik zeichnet sich durch den Zwang zum Kompromiss aus. Dagegen liegt der bundesdeutschen Parteiendemokratie mit ihrer **dualistischen Wettbewerbslogik** das

---

[21] *Benz*, German Dogmatism and Canadian Pragmatism? 2008, S. 18.

[22] *Benz*, in: Europäisches Zentrum für Föderalismus-Forschung, Tübingen (Hrsg.), Jahrbuch des Föderalismus 2009, S. 109 (118).

[23] *Kropp*, in: Einsichten und Perspektiven. Bayerische Zeitschrift für Politik und Geschichte 03/2005, 4 (5).

§7 Politikwissenschaftliche Dimensionen von Entwicklung

Prinzip der Konkurrenz um den Erwerb und Erhalt der Regierungsmacht zugrunde. Während im Bundestag demzufolge grundsätzlich das Mehrheitsprinzip zum Tragen kommt, ist der Bundesrat von der Dominanz des Konsensprinzips geprägt. Diese sich aus der Praxis des Parteienwettbewerbs im bundesdeutschen Mehrebenensystem ergebende **doppelte Konfrontation** prägt den bundesdeutschen Föderalismus stärker als die im Zuge der Föderalismusreformen geänderten Verfassungsbestimmungen.

Diese bundesdeutsche Konstellation unterscheidet sich trotz vordergründiger Parallelen von den historischen Vorläufern bzw. Vorbildern:[24] Anders als die Verfassung des Deutschen Reichs von 1871 vorgab, waren Bundesrat und Reichstag in der politischen Realität nicht getrennt, sondern arbeiteten in der Gesetzgebung eng zusammen.[25] In der Weimarer Republik fiel die Konfrontation zwischen Reichstag und Reichsrat nicht nur wegen der eingeschränkten Kompetenzen des Reichsrates gering aus, sondern auch deshalb, weil das Parteiensystem der Weimarer Republik im Unterschied zu dem der Bundesrepublik eher auf ein Verhandlungssystem angelegt war. Viel stärker als nach 1949 mussten Konflikte zwischen den zeitweise mehr als zehn Parteien im Reichstag durch Aushandeln und Einflusssicherung beigelegt werden. Überdies war die Stellung der Parteien im politischen und gesellschaftlichen System relativ schwach ausgeprägt. Im Unterschied hierzu stellte sich die politische Praxis in der Bundesrepublik mit ihrem bereits von *Konrad Adenauer* und *Kurt Schumacher* gelebten Parteienwettbewerb von vornherein anders dar. Das Aufeinandertreffen der beiden Strukturprinzipien – Mehrheitsprinzip im Bundestag und Konsensprinzip im Bundesrat – mit ihren gegenläufigen Entscheidungsregeln verursacht, *Gerhard Lehmbruch* zufolge, einen „**Strukturbruch**":[26] Während die politischen Parteien auf der parlamentarischen Ebene „aufeinander einschlagen", sollen sie auf der föderalen Ebene miteinander kooperieren.[27]

II. Indizien eines Strukturbruchs von Parteienwettbewerb und Bundesstaatlichkeit

Zu den Folgen dieses Strukturbruchs gehört, dass es aufgrund der **inkompatiblen Entscheidungsregeln** zu institutionellen Verwerfungen und Spannungen kommt: Wegen der unterschiedlichen Entwicklung der Parteiensysteme auf Bundes- und Landesebene werden gleichförmige Koalitionsformationen im Bund und in den Ländern seltener. Wenn dadurch Regierungsmehrheit und Gesetzgebungsmehrheit häufiger auseinander fallen, hat dies zur Folge, dass die Wähler eine Regierungsleistung nicht mehr eindeutig den Regierungspartnern zuordnen können. Im Ergebnis diffundiert

---

[24] *Sturm*, in: Europäisches Zentrum für Föderalismus-Forschung, Tübingen (Hrsg.), Jahrbuch des Föderalismus 2009, S. 137 ff.

[25] *Ritter*, Föderalismus und Parlamentarismus in Deutschland in Geschichte und Gegenwart, 2005, S. 28.

[26] *Lehmbruch*, Parteienwettbewerb im Bundesstaat, 3. Aufl. 2000, S. 82.

[27] *Scharpf*, Frankfurter Allgemeine Zeitung, Nr. 127, 5.6.1997, S. 35.

die politische Verantwortung in einer informalen Großen Koalition aus Bundestagsmehrheit und parteipolitisch divergierender Bundesratsmehrheit, Wahlen verlieren einen Teil ihrer Funktion und der eigentliche Vorteil des Parteienwettbewerbs und der **Mehrheitsdemokratie** – eindeutig zurechenbare Entscheidungen – geht verloren.

26 Als Indizien für den Strukturbruch zwischen dem Parteienwettbewerbsprinzip im Bundestag und dem **Konsensprinzip** der bundesstaatlichen Ordnung kommen zunächst verschiedene Größen in Betracht: Dabei zeigt sich, dass die Zahl der an einem Veto des Bundesrates gescheiterten Gesetzgebungsvorhaben kein zuverlässiger Indikator ist. In den ersten 15 Legislaturperioden scheiterten nur 72 Bundesgesetzen endgültig – von insgesamt fast 6.500 Gesetzen, die vom Bundestag beschlossen und beim Bundesrat eingebracht wurden.[28] Selbst wenn man versuchte, das seltene Scheitern eines Gesetzesvorhabens in ein Verhältnis zu seiner Wichtigkeit zu setzen, führte dies nicht weiter. Ebenso wenig lässt sich eine Zusammenhang zwischen der Zahl der verabschiedeten Gesetzesvorhaben sowie den jeweiligen Mehrheitskonstellationen nachweisen.

27 Dagegen ist das Kriterium der Anrufung des Vermittlungsausschusses tatsächlich eindeutig auf unterschiedliche Mehrheitskonstellationen zwischen Bundestag und Bundesrat zurückführbar.[29] Nachweisbar ist dabei jedoch lediglich, dass die Zahl der Vermittlungsverfahren unter den Bedingungen eines „**divided government**", also dem Auseinanderfallen von Bundestagsmehrheit und Bundesratsmehrheit, steigt. Da diese Vermittlungsverfahren jedoch überwiegend erfolgreich abgeschlossen werden, wäre es verkürzt, von abweichenden Mehrheitskonstellationen auf Blockaden des Gesetzgebungsverfahrens zu schließen.

III. Veränderungen im föderalen Parteiensystem seit 1990

28 Bis in die 1990er Jahre war das bundesdeutsche Parteiensystem deutlich von einer „**dualistischen Wettbewerbslogik**" geprägt:[30] Bereits in den Anfängen des deutschen Weststaates konkurrierten auf beiden politischen Ebenen zwei Parteien bzw. zwei Parteilager (CDU/CSU und SPD) um politische Ämter. Darüber hinaus bestand bis zur deutschen Vereinigung auch in sonstiger Hinsicht eine relativ große Kongruenz zwischen dem Parteiensystem im Bund und den Parteiensystemen in den Ländern.

29 Trotz dieser Annäherungen unterschieden sich jedoch selbst in der alten Bundesrepublik die Koalitionskonstellationen zwischen Bund und Ländern. So arbeiteten in der Nachkriegszeit in mehreren Ländern zum einen Allparteienregierungen und zum anderen stellten in einigen deutschen Ländern Einparteienregierungen und die ihnen zugrunde liegende Hochburgenbildung die Regel und nicht die Ausnahme dar. Erst ab

---

[28] *Bundesrat* (Hrsg.), Handbuch des Bundesrates für das Geschäftsjahr 2008/2009, 2008, S. 303 ff.
[29] *Burkhart*, Blockierte Politik, 2008, S. 123 f.
[30] *Grande*, in Benz/Lehmbruch (Hrsg.), Föderalismus. Analysen in entwicklungsgeschichtlicher und vergleichender Perspektive, 2002, S. 179 (196).

den 1950er Jahren glichen sich die Koalitionsmuster in den Ländern dem des Bundes an. Dieser Prozess wurde durch das Interesse der Bundesregierung begünstigt, die Koalitionen in den Ländern an die Mehrheitsverhältnisse im Bund anzupassen, um so die Durchsetzung ihrer eigenen Politik im Bundesrat zu gewährleisten. Zwischen 1972 und 1977 gab es in den Ländern nur Einparteienregierungen (8) oder kleine Koalitionen, die alle entweder dem Regierungs- oder dem Oppositionslager zuzurechnen waren. Erst im Jahr 1977 wurde in Niedersachsen wieder eine „gemischte" Landesregierung (CDU/FDP) gebildet, die von diesem Muster abwich.[31]

Im Gefolge des Auftretens zunächst der Grünen und schließlich der PDS verbreitete sich das bisherige Spektrum denkbarer und tatsächlicher Koalitionen auf Landesebene beträchtlich.[32] Grund hierfür war unter anderem das unterschiedliche Wahlverhalten der Wählerinnen und Wähler bei den Bundestags- und Landtagswahlen.[33] Die ursprünglich relativ ausgeprägte **Kongruenz** wich in Folge der deutschen Vereinigung anfänglich einer deutlich größeren **Inkongruenz**: Da die Wahlerfolge der PDS zunächst auf die neuen Länder beschränkt waren und es gleichzeitig sowohl Bündnis '90/Die Grünen als auch der FDP selten gelang, in einen ostdeutschen Landtag einzuziehen, unterschieden sich die Landtage im Osten und im Westen der Bundesrepublik in ihrer kräftemäßigen Zusammensetzung. Die Wahlerfolge neuer Parteien jenseits der politischen Mitte tragen dazu bei, dass die beiden Parteienlager weniger deutlich abgrenzbar erscheinen wie bisher. Die neue und wohl noch wachsende Vielfalt an Koalitionsoptionen hat zur Folge, dass es „immer schwerer fällt, Regierungen in den Ländern nach dem Vorbild oder als Gegenbild zur im Bund regierenden Koalition zusammenzusetzen".[34] Für die Mehrheitsbildung im Bundesrat bedeutet dies, dass die Zahl der so genannten „**Gemischten Länder**" eher zu- als abnimmt.

30

Veränderungen lassen sich nicht nur für die vertikale Dimension des bundesdeutschen Parteiensystems und die damit in Zusammenhang stehende **Koalitionsbildung** feststellen, sondern auch im Verhältnis der einzelnen Bundespartei zu ihren jeweiligen Landesverbänden. Die bundesdeutschen Parteien weisen insgesamt einen durchgehenden organisatorischen Aufbau von der untersten Ebene hin zur Parteispitze hin auf, sind also vertikal stark integriert. Der parteiinterne Meinungsbildungsprozess verläuft tendenziell von oben nach unten mit vielfältigen organisatorischen und personellen Verbindungen zwischen der Bundespartei und den jeweiligen Landesverbänden. Diese vor allem bis Ende der 1980er Jahre stark ausgeprägte **vertikale Integration der Parteien** sowie die Kongruenz von Bundes- und Landesparteiensystemen[35] ging unter dem Aspekt der föderalen Vielfalt mit dem Nachteil einher, dass

31

---

[31] *Decker*, Aus Politik und Zeitgeschichte 35-36/2007, 26 (30).

[32] *Detterbeck/Renzsch*, in: Jun/Haas/Niedermayer (Hrsg.), Parteien und Parteiensysteme in den deutschen Ländern, 2008, S. 39 (49).

[33] *Benz* (Fn 21.), S. 5.

[34] *Sturm*, in: Jesse/Sturm (Hrsg.), Demokratien des 21. Jahrhunderts. Historische Zugänge, Gegenwartsprobleme, Reformperspektiven, 2003, S. 124.

[35] *Grande*, in: Benz/Lehmbruch (Hrsg.), Föderalismus. Analysen in entwicklungsgeschichtlicher und vergleichender Perspektive, 2002, S. 179 (196).

der Parteienwettbewerb deutlich dominierte; die Interessen der einzelnen Länder traten hinter die Positionierung der sie tragenden Regierungskoalition regelmäßig zurück. Auf der anderen Seite bestand der Vorteil, dass diese Konstellation die Konfliktlinien im föderalen System reduzierte und damit die Konsensfindung erleichterte.

32 Seit der deutschen Vereinigung hat sich auch das föderale Parteiensystem gewandelt: Die Landesparteiensysteme unterscheiden sich sowohl voneinander als auch von dem des Bundes (Inkongruenz) und die verschiedenen Landesverbände der Parteien gewinnen an Eigenständigkeit; es ist also eine **Regionalisierung innerhalb der Parteien** festzustellen.[36] Diese äußert sich zum einen darin, dass sich die Landesverbände der meisten Parteien zunehmend von ihrer Bundespartei emanzipieren.[37] So haben die Parteizentralen auf Bundesebene ihren früheren Einfluss auf die Koalitionsbildung in den Ländern verloren, und auch die inhaltlichen Auseinandersetzungen zwischen Landes- und Bundespartei scheinen „häufiger und substantieller" geworden zu sein.[38] Diese Ausdifferenzierung der einzelnen Parteien lässt sich darauf zurückführen, dass die föderalen Verteilungskämpfe um Finanzen oder Arbeitsplätze auch den regionalen Parteienwettbewerb beeinflussen. Ein weiteres Indiz von Regionalisierung innerhalb der Parteien ist die sinkende Zahl von Ebenen überschreitenden Parteikarrieren. Insgesamt zeigt sich, dass die Vertreter der Landesebene häufiger divergierende Interessen zur Bundespartei auch artikulieren und Wert auf ein eigenständiges Erscheinungsbild legen. Während dieser Trend bei der ohnehin föderal geprägten Union schon früh auszumachen war, nutzten die Landesverbände der SPD die Oppositionszeit im Bund, um sich von der Bundespartei stärker zu emanzipieren.[39]

33 Die Regionalisierung des bundesdeutschen Parteiensystems entspricht zunächst den impliziten Anforderungen an das Auftreten von politischen Parteien in einem auch föderal gelebten Bundesstaat. Paradoxerweise zeigt sich aber, dass die wachsende Eigenständigkeit der Landesparteien das **Funktionieren des Verbundsystems** zusätzlich erschwert. Die föderalen Verhandlungen finden nicht mehr innerhalb eines dualen Parteiensystems statt, sondern zwischen wechselnden Parteibündnissen, deren Mitglieder zudem häufig noch auf ihren Koalitionspartner Rücksicht zu nehmen haben.[40] Diese neue Gemengelage bedeutet einen Verlust an Transparenz und erhöht die Hürden der Konsensfindung zusätzlich; schließlich ist unter diesen Bedingungen intergouvernementalen Verhandelns der Ablauf politischer Prozesse schwieriger vorauszuplanen und zu steuern als bisher.

34 Ursächlich ist diese Entwicklung jedoch nicht auf die Funktionsmechanismen der föderalen Parteiendemokratie zurückzuführen, sondern darauf, dass die heterogene Struktur des deutschen Bundesstaates vor allem seit 1990, die ökonomisch und

---

[36] *Benz*, Aus Politik und Zeitgeschichte B 29-30/2003, S. 32 ff.
[37] *Detterbeck/Renzsch* (Fn. 32), S. 52.
[38] *Sturm* (Fn. 34), S. 124.
[39] *Benz*, Aus Politik und Zeitgeschichte B 29-30/2003, 32 ff.
[40] *Benz*, Politische Vierteljahresschrift 2009, 17.

sozialpolitisch motivierten Interessensunterschiede zwischen den Ländern deutlich intensiviert. Länderbündnisse werden nicht allein mit Blick auf die parteipolitische Verortung einer Landesregierung geschmiedet, sondern gerade auch vor dem Hintergrund finanz-, wirtschafts- und sozialpolitischer, aber zum Beispiel auch demographisch bedingter Interessenlagen. Die immer auch stattfindende parteipolitische Orientierung trägt – anders als in Zeiten der Ausschließlichkeit von „A- und B-Ländern" – jedoch nicht mehr zur Reduktion von Komplexität bei, sondern erschwert die Konsensfindung aufgrund der Vielfalt der Koalitionslandschaft noch weiter. Umso wichtiger ist, dass politische Parteien nicht zwangsläufig Sand im Getriebe bilden; vielmehr können sie auch unter diesen durch mehrfache **Heterogenisierung** erschwerten Umständen auch Vermittlungsfunktionen übernehmen:[41] Vor allem die großen Parteien haben umfangreiche Netzwerke der Bund-Länder-Koordination entwickelt, in denen sich die jeweiligen Parteipräsidien mit den Ministerpräsidenten und der Spitze der jeweiligen Bundestagsfraktion treffen. Das regelmäßige Zusammentreffen in Ebenen übergreifende Parteigremien hilft selbst unter den Bedingungen einer größeren Eigenständigkeit der Landesverbände, Blockaden zwischen den politischen Institutionen dieser Ebenen bereits im Vorfeld zu verhindern oder ggf. abzubauen.[42]

E. Widersprüchliche Entwicklungen

Angesichts der seit 1990 gewachsenen Schwierigkeiten, die Funktionsweise des deutschen Bundesstaates mit den gesellschaftlich bedingten Veränderungen im Parteiensystem sowie den eher zu- als abnehmenden Disparitäten zwischen den Ländern zu vereinbaren, stellt sich die Frage, an welchen Stellschrauben überhaupt angesetzt werden könnte, um die Zukunftsfähigkeit deutscher Bundesstaatlichkeit sicher zu stellen. Eine Antwort hierauf wird durch die widersprüchlichen Entwicklungen im föderalen System der Bundesrepublik Deutschland zusätzlich erschwert: Auf der einen Seite scheint ein „**neuer Territorialismus**" im deutschen Bundesstaat feststellbar zu sein, der sich an verschiedenen Merkmalen festmachen lässt:[43]

- Am Aufkommen eines auf Wettbewerb zwischen den Gebietskörperschaften setzenden Föderalismusverständnisses,
- am verflechtungskritischen Diskurs in und im Umfeld der verschiedenen Föderalismuskommissionen,
- an den häufiger werdenden Versuchen einzelner Länder, in unterschiedlichen Handlungsfeldern (z. B. Bildung, Innere Sicherheit, regionale Wirtschaftspolitik) stärker auf eigene Akzente als auf die Absprache mit den anderen Ländern zu setzen.

---

[41] *Haas/Jun/Niedermayer*, in: Jun/Haas/Niedermayer (Hrsg.): Parteien und Parteiensysteme in den deutschen Ländern, 2008, S. 20.

[42] *Renzsch*, in: Männle (Hrsg.), Föderalismus zwischen Konsens und Konkurrenz, 1998, S. 93 (94).

[43] *Jeffery* (Fn. 13), S. 129 ff.

36 Auf der anderen Seite erscheint es jedoch augenfällig, dass die Akteure aus Ländern und Bund offenbar noch nicht in diesem neuen Territorialismus „angekommen" sind. Gerade die **Bildungspolitik** weckt Zweifel an der Ernsthaftigkeit des Länderanspruchs, die gerade auch im Zuge der Föderalismusreform neu erlangten bildungspolitischen Kompetenzen effektiv nutzen zu wollen.[44] Stattdessen zeugt das Verhalten von Bund und Ländern bei der gemeinsamen Wissenschaftsförderung gemäß Art. 91b GG oder beim Bildungsgipfel vom Sommer 2007 sowie der Bund-Länder-Kooperation in Sachen Hochschulpakt und Exzellenzinitiative eher von dem Bemühen, die ursprünglich beabsichtigte Trennung zwischen den Kompetenzen des Bundes und der Länder in der politischen und der administrativen Praxis möglichst flexibel handzuhaben.

37 Offenbar tragen sowohl praktische Erfordernisse in Zeiten der Wirtschaftskrise als auch eingeschliffene Verhaltensmuster dazu bei, dass sich an der Praxis föderalen Aushandelns viel weniger ändert als die Plädoyers für eine größere Eigenständigkeit der politischen Ebenen vermuten lassen. Der darin zum Ausdruck kommende Widerspruch birgt jedoch die Gefahr, dass der deutsche Föderalismus mehr als je zuvor von der Öffentlichkeit als wirklichkeitsfremd eingeschätzt wird. Während die politischen Akteure zumindest in ihren Verlautbarungen dem Leitbild eines neuen Territorialismus anhängen, hat sich bei einer Mehrheit der Deutschen die Präferenz für bundeseinheitliche Entscheidungen noch weiter verfestigt.[45] Anscheinend haben die Diskussionen um eine Reform des deutschen Bundesstaates, die fast ausschließlich kommissionsintern stattfanden, das Verständnis der **Öffentlichkeit** für die Funktionsbedingungen föderaler Politik nicht gefördert. Voraussichtlich werden dem ersten und zweiten Teil der Föderalismusreform bald neue Forderungen nach einer umfassenden Reform des deutschen Bundesstaates folgen. Dieser wäre – entsprechend dem Plädoyer von *Arthur Benz* für eine „**echte Verfassungsreform**" zu wünschen, dass sie durch die stärkere Einbeziehung der Bürgerschaft an Legitimität gewänne.[46]

Schrifttum

A. Benz, German Dogmatism and Canadian Pragmatism? Stability and Constitutional Change in Federal Systems, 2008

ders., Föderalismus in der "Entflechtungsfalle", in: Europäisches Zentrum für Föderalismus-Forschung, Tübingen (Hrsg.), Jahrbuch des Föderalismus 2007, 2008, S. 180 ff.

S. Burkhart, Blockierte Politik. Ursachen und Folgen von "Divided Government" in Deutschland, 2008

---

[44] *Münch*, in: Europäisches Zentrum für Föderalismus-Forschung, Tübingen (Hrsg.), Jahrbuch des Föderalismus 2009, 2009, S. 225 ff.

[45] *Grube* (Fn. 14), 158.

[46] *Benz,* in: Europäisches Zentrum für Föderalismus-Forschung, Tübingen (Hrsg.), Jahrbuch des Föderalismus 2009, 2009, S.109 (121).

K. Detterbeck/W. Renzsch, Symmetrien und Asymmetrien im bundesstaatlichen Parteienwettbewerb, in: U. Jun/M. Haas/O. Niedermayer (Hrsg.), Parteien und Parteiensysteme in den deutschen Ländern, 2008, S. 39 ff.

Europäisches Zentrum für Föderalismus-Forschung, Tübingen (Hrsg.), Jahrbuch des Föderalismus 2009

T. Fischer, Reformziel Aufgabenentflechtung - Die Beratungen der Föderalismuskommission zur Neuordnung der Gesetzgebungskompetenzen, in: Europäisches Zentrum für Föderalismus-Forschung, Tübingen (Hrsg.), Jahrbuch des Föderalismus 2005, 2005, S. 100 ff.

H. Laufer/U. Münch, Das föderale System der Bundesrepublik Deutschland, 8. Aufl. 2010

G. Lehmbruch, Parteienwettbewerb im Bundesstaat. Regelsysteme und Spannungslagen im Institutionengefüge der Bundesrepublik Deutschland, 3. Aufl. 2000

G. A. Ritter, Föderalismus und Parlamentarismus in Deutschland in Geschichte und Gegenwart, 2005

F. Scharpf, Nicht genutzte Chancen der Föderalismusreform, in: C. Egle/R. Zohlnhöfer (Hrsg.), Ende des rot-grünen Projektes. Eine Bilanz der Regierung Schröder 2002-2005, 2007, S. 197 ff.

H. Scheller/J. Schmid (Hrsg.), Föderale Politikgestaltung im deutschen Bundesstaat. Variable Verflechtungsmuster in Politikfeldern, 2008

R. Sturm, Von der Symmetrie zur Asymmetrie – Deutschlands neuer Föderalismus, in: Europäisches Zentrum für Föderalismus-Forschung, Tübingen (Hrsg.), Jahrbuch des Föderalismus 2007, 2008, S. 27 ff.

§8 Föderalismus als Rechtskultur

Stephan Kirste

Inhalt

A. Einleitung.. 197
B. Föderalismus 198
    I. Enger, weiter und vermittelnder Begriff des Föderalismus 198
    II. Legislativ- und Exekutivföderalismus 202
    III. Kulturellen Föderalismus prägende Verfassungsstrukturen 211
    IV. Kulturellen Föderalismus prägende Verfahren 213
    V. Kulturellen Föderalismus prägende Institutionen 213
    VI. Transformation der kulturellen Voraussetzungen des Föderalismus............... 214
C. Fazit 218
Schrifttum 219

A. Einleitung

Föderale politische Systeme gehen von der **kulturellen Vielfalt** innerhalb eines bestimmten Gebiets aus, gewähren ihr rechtliche Anerkennung und verschaffen ihr politische Ausdrucksmöglichkeiten, um das harmonische und sachgerecht differenzierte Zusammenwirken dieser Systeme zu gewährleisten. Recht erfüllt insofern nicht nur eine Funktion für die Kultur; es ist vielmehr selbst Teil der Kultur. Dies soll durch die folgenden Ausführungen belegt werden.   1

Dabei tritt sofort als Problem auf, dass beide Zentralbegriffe – der des **Föderalismus** und der der **Rechtskultur** – sehr unterschiedlich verstanden werden. „Föderalismus" und „Rechtskultur" sind somit keine Phänomene, die man irgendwo vorfinden könnte, sondern Begriffe, die sinnvoll anhand der leitenden Fragestellung zu bilden sind. Zunächst sind somit die verschiedenen Vorstellungen der Bedeutung der Begriffe zu diskutieren und das eigene Verständnis zu begründen. Anschließend soll dann die Bedeutung des Rechts als Teil der Kultur für den Föderalismus expliziert werden.   2

S. Kirste (✉)
Universität Heidelberg, Friedrich-Ebert-Anlage 6-10, 69117 Heidelberg, Deutschland
E-Mail: kirste@jurs.uni-heidelberg.de

B. Föderalismus

I. Enger, weiter und vermittelnder Begriff des Föderalismus

3   Dieses Handbuch wird die verschiedenen Vorstellungen von Föderalismus durch einen interdisziplinären Zugang präsentieren. Die vorliegenden Ausführungen können sich in dem Bemühen, diesem **Begriff** Konturen zu verschaffen, daher auf drei schematisch skizzierte Bedeutungsvarianten konzentrieren: einen engen Begriff, einen weiten und ein vermittelndes Verständnis des Föderalismus.

4   Der **enge Begriff** versteht unter Föderalismus nur diejenigen Bundesstaaten, die aus einem Zusammenschluss vormals souveräner Staaten entstanden sind[1]. Die USA sind hier das Paradigma. Schon Kanada wäre danach jedoch nicht föderal: Seine Rechtsgrundlagen wurden in Gestalt des Act of Union von 1840 und des Constitution Act von 1867 durch das Britische Parlament und nicht als Vertrag der zusammengeschlossenen Provinzen geschaffen. Diese Konzeptionen können sich unter anderem auf die Etymologie berufen – lateinisch „foedus"[2], Vertrag. Allerdings hat schon die protestantische Bundestheologie Luthers den Alten Bund so interpretiert, dass dieser kein Bundesschluss der Menschen mit Gott, sondern ein von Gott gestifteter Bund sei[3]; säkular gesprochen: Der Bundesstaat ist eine vom Inhaber der höchsten Souveränität vorgenommene **Dezentralisierung**. Der Vertragsschluss dient demnach nur als einschränkendes Kriterium für einige Bundesstaaten innerhalb der Gruppe föderaler Systeme, nicht als deren begründendes Merkmal; ansonsten müssten auch völkerrechtliche Zusammenschlüsse als föderal verstanden werden. Erwägenswert bleibt es, dass sich die Konzeption des Bundesstaats in der Begriffsgeschichte über das Kriterium der geteilten Souveränität gegenüber dem allgemeinen Föderalismusbegriff ausdifferenziert habe und nun von föderalen Systemen zu unterscheiden sei[4].

5   Nach dem **weiten Begriff** des Föderalismus ist nur erforderlich, dass ein Gebilde dezentralisiert ist[5]. Föderalismus sei ebenso wie die Gewaltenteilung, die

---

[1] In diesem Sinne schliesst *Häberle*, AöR 118 1993, 8, konsequent dezentralisierte Einheitsstaaten vom Konzept des Föderalismus aus. Auch die Möglichkeit der spanischen Autonomen Gemeinschaften in Art. 148 II der Verfassung, ihre Zuständigkeit „allmählich zu erweitern" mache Spanien nicht zu einem föderalen System. Es handelt sich um ein genuines Regionalismusinstitut, das allenfalls insoweit eine Nähe zum Föderalismus besitzt, als die erstarkende Region sich der Position eines *schwachen* Bundeslandes (wie z. B. in Österreich) – fast – annähern kann".

[2] *Oehlrich*, JURA 2009, 806.

[3] *Koselleck*, in: Brunner/Conze/Koselleck (Hrsg.), Geschichtliche Grundbegriffe, Bd. 1, 2004, S. 602.

[4] *Geiger*, in: Süsterhenn (Hrsg.), Föderalistische Ordnung, 1962, S. 114 u. 123. Zu dieser Konzeptionsgeschichte *Grzeszick*, Vom Reich zur Bundesstaatsidee. Zur Herausbildung der Föderalismusidee als Element des modernen deutschen Staatsrechts, 1996, S. 156 ff.

[5] *Kinsky*, in: Piazolo/Weber (Hrsg.), Föderalismus. Leitbild für die Europäische Union?, 2004, S. 290, „Im Verfassungsrecht wie in der Politologie versteht man meistens unter Föderalismus eine dezentralisierte, zumeist bundesstaatliche Ordnung, ein Gleichgewicht zwischen Einheit und

Selbstverwaltung oder das Subsidiaritätsprinzip ein Modell der Vermittlung von politischer Einheit und Vielheit[6], der Bundesstaat nur eine „Mega-Dezentralisierung"[7]. Im Grunde wird Föderalismus dann gleichbedeutend mit dem Begriff des Mehrebenensystems[8]. Auch Einheitsstaaten, deren Verfassungen eine kommunale Selbstverwaltung vorsehen, würden darunter fallen. Ungarn mit seiner Hauptstadt, den Komitaten, Städten und Gemeinden, die über das Recht der örtlichen Selbstverwaltung verfügen[9] (Art. F) Abs. 2 Ungarisches Grundgesetz vom 25.4.2011) wäre danach ein föderales politisches Gebilde. Unter Zugrundelegung dieses Begriffes von Föderalismus wird es schwierig, überhaupt noch Staaten auszugrenzen[10].

Zwischen diesen beiden Extremen ist daher eine Reihe von Konzeptionen zu berücksichtigen, die anhand von unterschiedlichen Kriterien Vermittlungsmodelle anbieten. Noch einen engen Begriff verwenden diejenigen Ansätze, die auf das Kriterium der Souveränität abstellen: Föderale Systeme seien nur solche mit geteilter Souveränität. Neben den Bundesstaaten geraten hierbei auch weitere vertragliche Zusammenschlüsse wie der **Staatenbund** und der **Staatenverbund** in den Blick[11]. Der Deutsche Bund von 1815-1866[12] und das Deutsche Reich von 1871 sind danach ebenso föderalistisch wie die Europäische Union. Bei dieser Begriffsbildung verschiebt sich die Differenzierung von einer Ausgrenzung nicht-föderaler Phänomene hin zu einer sorgfältigen Abgrenzung verschiedenartiger föderaler Systeme: Staatenbünde kennzeichnen sich dann innerhalb des Föderalismus durch die zweckgerichteten Souveränitätsabtretungen, die aber nur wenige und eng umrissene Souveränitätsrechte betreffen[13]. Beim Staatenverbund hingegen haben diese Souveränitätsübertragungen ein Maß erreicht, das ihn beinahe der geteilten Souveränität im Bundesstaat gleichstellt; jedoch verbleibt die verfassungsrechtliche Entscheidungshoheit über den Umfang der Abgabe von Kompetenzen (die sog. Kompetenz-Kompetenz) bei

6

Vielfalt". Ohne jeden Rekurs auf den Bundesstaat der langjährige Herausgeber der amerikanischen Zeitschrift für Föderalismus „Publius", *Elazar*, Publius 1, 1971, 3: „Federalism, as we understand the concept in its political form, is related to the whole problem of the concentration, diffusion and, most particularly, the sharing of power in political and social systems".

[6] *Kinsky* (Fn. 5), S. 291.

[7] *Ehrlich*, in: International Political Science Review 5, 1984, 361.

[8] Zu Recht differenzieren jedoch *Broschek/Schultze*, in: Piazolo/Weber (Hrsg.), Föderalismus. Leitbild für die Europäische Union?, 2004, S. 100: „Föderative institutionelle Arrangements können Bestandteil eines Mehrebenensystems sein, es beschränkt sich indes nicht auf sie".

[9] Hierzu *Küpper*, Autonomie im Einheitsstaat. Geschichte und Gegenwart der Selbstverwaltung in Ungarn, 2002.

[10] Zu Recht bezeichnet *Korioth*, in: Heun/Honecker/Morlok/Wieland (Hrsg.), Evangelisches Staatslexikon, 2006, Sp. 599, die Einbeziehung der kommunalen Selbstverwaltung daher als wenig sinnvoll.

[11] Gegen die Einordnung der Europäischen Union als föderales System *Häberle*, ZÖR 62, 2007, 55. Sie sei lediglich „prä-föderal".

[12] *Grzeszick* (Fn. 4), S. 189 ff.

[13] *Jellinek*, Allgemeine Staatslehre, 3. Aufl., 6. Nachdr., 1959, S. 762.

den Mitgliedstaaten des Verbundes. Im Zentrum des auf die Souveränität abstellenden Begriffsverständnisses steht weiterhin der Bundesstaat mit seiner aufgrund der Bundesverfassung vorgenommenen geteilten Souveränität zwischen Bund und Ländern. Klar ausgegrenzt werden können durch diesen erweiterten Begriff des Föderalismus innerstaatliche Differenzierungen, bei denen die Teilgebilde über keine Souveränität verfügen. Der italienische (Art. 114 der Italienischen Verfassung) und der portugiesische (Art. 6 der Portugiesischen Verfassung) Regionalismus[14] wäre ebenso ausgeschlossen wie die Autonomen Gebiete **Spaniens** (Art. 2 und 143 ff. der Spanischen Verfassung) oder die britische Devolution[15].

7 Im Sinne eines an der Frage der Souveränität orientierten Erkenntnisinteresses ist dieser **erweiterte Begriff** des Föderalismus sinnvoll. Er vermeidet die Vagheit des weiten Begriffes und gelangt zu klaren Abgrenzungen verschiedenartiger Souveränitätsverteilungen. Dennoch ist er für die hier interessierende Fragestellung der kulturellen Bedingungen und Auswirkungen des Föderalismus zu eng. Der Begriff des Föderalismus hat erst im 19. Jahrhunderts von zwei Seiten her diese Verengung auf den Nationalstaat als Bundesstaat erfahren, die jedoch keineswegs zwingend ist: Auf der einen Seite wurde mit den Französischen Girondisten die Bezugnahme auf autonome, unterstaatliche Einheiten weitgehend abgelegt; auf der anderen Seite trat auch die von *Kant* angesprochene idealistische und universalistische Bedeutung – „Das Völkerrecht soll auf einem Föderalismus freier Staaten gegründet sein".[16] – zurück[17]. Diese Verengung ist jedoch nur dann notwendig, wenn man Föderalismus als Frage der Verteilung von Souveränität ansieht. Angefangen mit *Proudhon*, setzte ein breiteres sozialwissenschaftliches Verständnis ein, dass das strikt juristische überlagert und inzwischen fast alle Gesellschaftsbereiche erfasst[18].

---

[14] Die Gemeinschaftscharta der Regionalisierung von 1988 definiert Region als ein „Gebiet, das aus geographischer Sicht eine deutliche Einheit bildet, oder aber (als) einen gleichartigen Komplex von Gebieten, die ein in sich geschlossenes Gefüge darstellen und deren Bevölkerung durch bestimmte gemeinsame Elemente gekennzeichnet ist" (Art. 1 Nr. 1). Diese gemeinsamen Elemente können insbesondere Sprache, Kultur und geschichtliche Tradition sein (Art. 1 Nr. 2). Erfasst werden alle Gebietskörperschaften zwischen den Mitgliedstaat und der kommunalen Ebene, *Grabitz/Hilf-Blanke*, in: Grabitz/Hilf (Hrsg.), Das Recht der Europäischen Union, 18. Ergänzungslieferung, Art. 263 Rn. 9.

[15] Scotland Act, Government of Wales Act, Northern Ireland Act alle aus dem Jahr 1998, hierzu *Sturm*, in: Piazolo/Weber (Hrsg.), Föderalismus. Leitbild für die Europäische Union?, 2004, S. 181. In diesem engen Sinn etwa *Shell*, in: Piazolo/Weber (Hrsg.), Föderalismus. Leitbild für die Europäische Union?, 2004, S. 25: „Dies ist zu unterscheiden von ‚Devolution', wo spezifische Aufgaben an untergeordnete, aber verantwortliche Regierungsorgane delegiert werden; oder ‚Dezentralisierung', wo auch in geographisch definierten Grenzen – veränderbar und widerruflich – Entscheidungskompetenzen oder die Durchführung von Aufgaben an von der zentralen Regierungsgewalt unabhängige politische Körperschaften weitergegeben werden".

[16] Zweiter Definitivartikel zum ewigen Frieden, *Kant*, Zum ewigen Frieden, 1992, B 30, S. 64.

[17] *Meier*, AöR 115, 1990, 214; *Koselleck* (Fn. 3), 2004, S. 637.

[18] *Kinsky* (Fn. 5), S. 290 f.; *Meier*, AöR 115, 1990, 214 f.

§8 Föderalismus als Rechtskultur

Schon in *Albert Venn Diceys* klassischer Formulierung der Bedingungen des Föderalismus sind die kulturellen Faktoren enthalten. Föderale Systeme setzten erstens ein Ensemble von Ländern voraus, die gemeinsame kulturelle Wurzeln hätten; zweitens aber sei ein Gefühl der Gemeinsamkeit, das in einen Wunsch nach Einheit münde, erforderlich[19]. Mit diesen subjektiven Bedingungen des Föderalismus sind diejenigen Aspekte erfasst, die den Föderalismus als Teil der politischen Kultur erscheinen lassen. Bedenkt man, dass die kulturellen Bedingungen des Föderalismus wie unterschiedliche Geschichte, Sprache und religiös oder ethnisch begründete **Identitäten** sowohl zur Begründung autonomer Regionen in einem Einheitsstaat als auch zu Bundesstaaten führen können[20] – wie etwa das Baskenland in Spanien einerseits oder die Einheit aus Wallonen, Flamen und deutschen Sprachgebieten in **Belgien**[21] –, dann legt dies nahe, den Begriff des Föderalismus durch Verzicht auf das Merkmal der geteilten Souveränität gegenüber dem erweiterten Begriff noch breiter zu fassen[22]. Diese Ausweitung des Begriffs entspricht auch den Verfassungen dezentralisierter Einheitsstaaten, die sich wie Belgien als föderal bezeichnen und dann zwischen den Regionen oder Gemeinschaften einerseits und der örtlichen und überörtlichen Selbstverwaltung andererseits unterscheiden[23]. Berücksichtigt man andererseits, dass kommunale Gebietskörperschaften zwar durch Identitäten, die sich auf einem beschränkten lokalen Territorium ausbilden, regelmäßig nicht aber durch eine gemeinsame Sprache oder ethnische und kaum noch durch eine

8

---

[19] *Dicey*, in: Publius 1, 1915, 75: „A federal state requires for its formation two conditions... There must exist, in the first place, a body of countries such as the Cantons of Switzerland, the Colonies of America, or the Provinces of Canada, so closely connected by locality, by history, by race, or the like, as to be capable of bearing, in the eyes of their inhabitants, an impress of common nationality... it is certain that where federalism flourishes it is in general the slowly-matured fruit of some earlier and looser connection... A second condition absolutely essential to the founding of a federal system is the existence of a very peculiar state of sentiment among the inhabitants of the countries which it is proposed to unite. They must desire union, and must not desire unity".

[20] Treffend daher *Meier*, AöR 115, 1990, 228 „die Bewegung der Dezentralisierung und Regionalisierung in Frankreich und Spanien" offenbare, „wie stark die Potentiale des Föderalismus heute auch in Einheitsstaaten wirksam sind, wie stark der Wunsch geworden ist, Konflikte und Probleme nicht ausschliesslich auf der Ebene des Zentralstaats zu lösen (der damit überfordert wäre!), sondern in einer Politik ‚vor Ort', mit Gemeinden und Regionen, die ein neues Selbstbewusstsein gewonnen haben".

[21] Die koordinierte Verfassung Belgiens vom 17.2.1994 unterscheidet drei Gemeinschaften (Art. 2), vier Sprachgebiete (Art. 4) und Regionen (Art. 3). Die Gemeinschaften verfügen über Parlamente (Art. 115) und Regierungen (Art. 121).

[22] Vgl. etwa *Bauer*, DÖV 2002, 838: „Aus traditioneller Sicht stellt der Föderalismus bekanntlich eine Organisationsform bereit, die historisch gewachsene regionale Eigenart, in Sonderheit landsmannschaftliche, kulturelle, sprachliche und geographische Identität, wahrt, räumliche und wirtschaftliche Lebenszusammenhänge achtet und diese Vielfalt zugleich in staatlicher Einheit zusammenführt".

[23] Art. 2 f. und 115 ff. zu den Gemeinschaften und Regionen und Art. 5 und 162 ff. zu den Provinzen und kommunalen Einrichtungen der koordinierten Verfassung Belgiens vom 17.2.1994. Allerdings gibt es Bundesstaaten, die sich als Einheit ihrer staatlichen und gemeindlichen Glieder verstehen (Art. 1 u. 18 der Brasilianischen Verfassung).

religiöse Identität kulturell geprägt sind, so ist der zuvor vorgestellte weite Begriff des Föderalismus für die vorliegende Fragestellung nicht hilfreich.

9   Vor diesem Hintergrund soll hier ein **vermittelnder Begriff des Föderalismus** mit mittlerer Reichweite vertreten werden. Danach ist föderal ein politisches System, dessen Staatsgewalt veranlasst durch unterschiedliche sprachliche, ethnische, religiöse oder sonstige kulturelle oder historische Identitäten, räumlich dezentralisiert ist. Damit unterfallen dem Begriff sowohl der Staatenbund, der Staatenverbund, der Bundesstaat als auch regional differenzierte Formen des Einheitsstaates. Ausgeschlossen ist die kommunale Selbstverwaltung. Indem darauf abgestellt wird, dass die Differenzierung des politischen Systems aus kulturellen Gründen veranlasst ist, ist nicht ausgeschlossen, dass seine Gliederung nicht nur der Aufrechterhaltung dieser Vielfalt, sondern zugleich anderen Zielen dient. Souveränität ist dann ein Abgrenzungskriterium innerhalb föderaler Systeme, das den Bundesstaat vom dezentralisierten Einheitsstaat einerseits und vom **Staatenbund** andererseits abgrenzt[24].

II. Legislativ- und Exekutivföderalismus

10 In der Politikwissenschaft wird eine Vielzahl von Arten des Föderalismus unterschieden[25]. Verfassungsrechtlich von Bedeutung ist insbesondere die **Differenzierung zwischen Legislativ- und Exekutivföderalismus**. Für den Staatenbund versteht sich von selbst, dass die Übertragung von Souveränitätsrechten auf den Bund sowie die Errichtung von gemeinsamen Organen das zur Erreichung des Zwecks notwendige Minimum nicht übersteigt[26]. Der Bundesstaat mit seiner geteilten Souveränität kann zwar sowohl als dualer Föderalismus mit Parallelstrukturen in Gesetzgebung und Verwaltung ausgestaltet sein; ohne Legislativkompetenzen unter Einschluss der verfassunggebenden Gewalt in den Ländern kommt er jedoch nicht aus. Wegen der verbleibenden Souveränität muss der Legislativföderalismus normhierarchisch auch Verfassungsföderalismus sein. Hierdurch unterscheidet er sich gerade vom dezentralisierten Einheitsstaat, der als dezentralisierter zwar den selbständigen Regionen notwendig Exekutivkompetenzen mit einer gewissen Autonomie einräumen muss; den Regionen Gesetzgebungsbefugnisse jedoch nicht notwendig verleihen muss, auch wenn dies sowohl den Autonomen Gebieten Spaniens als

---

[24] *Jellinek* (Fn. 13), S. 769.

[25] *Frenkel*, Föderalismus und Bundesstaat, Bd. I, Föderalismus. System, Recht und Probleme des Bundesstaates im Spannungsfeld von Demokratie und Föderalismus, 1984, S. 113 f.

[26] In diesem Sinne definiert *Elazar*, Federalism: An Overview. Pretoria, 1995, S. 6 „Confederation" as „a situation in which two or more polities come together to establish a limited-purpose general government that functions through the constituent states, which retain their position as the primary political communities, retaining ultimate sovereignty within the overall polity".

auch im System der Devolution Wales, Schottland und Nordirland zukommt. Einen Verfassungsföderalismus kennt also nur der Bundesstaat[27].

1. Rechtskultur

Recht geht aus kulturellen Faktoren hervor, wird von ihnen getragen und prägt die Kultur. Stärker noch als beim Begriff des Föderalismus ist die **Bedeutungsvielfalt** innerhalb des Begriffs der Rechtskultur[28]. Das Bedeutungsfeld lässt sich hier nicht nur nach dem Kriterium von „enger" und „weiter" gliedern. Zur Bedeutungsvielfalt haben nicht nur verschiedene kulturwissenschaftliche Ansätze beigetragen, sondern auch der Umstand, dass sehr unterschiedliche wissenschaftliche Disziplinen von der Soziologie über die Ethnologie[29], die Anthropologie[30], die Politikwissenschaft, die Philosophie und innerhalb der rechtswissenschaftlichen Grundlagenfächer die Rechtsvergleichung, die Rechtsphilosophie[31] und die Rechtssoziologie den Begriff verwenden.

11

Dennoch können auch hier **drei grundlegende Bedeutungsdimensionen** herausgestellt werden: In einer genetischen Perspektive bezeichnet Rechtskultur die gesellschaftlichen Entstehungsfaktoren und Erhaltungsbedingungen von Recht. Zweitens kann Rechtskultur in einem funktionalen Sinn verstanden werden als Auswirkung des Rechts auf die Kultur. Schließlich kann von Rechtskultur im rechtsvergleichenden Sinne der Kulturen oder Familien von Rechtssystemen gesprochen werden, die dann hinsichtlich ihrer Ähnlichkeiten oder Differenzen theoretisch untersucht oder mit dem Ziel der Rechtsangleichung angenähert werden[32]. Der genetische und der funktionale Begriff verstehen Recht in seinem kulturellen Zusammenhang. Das vernachlässigt der komparatistische Begriff der Rechtskultur nicht, jedoch ist er rechtsdogmatisch ausgerichtet und versucht juristische Fragen einer konkreten Rechtsordnung durch Auseinandersetzung mit der Lösung dieser Fragen in anderen

12

---

[27] Entsprechend haben auch die Belgischen Gemeinschaften keine eigenen Verfassungen, Art. 38 der Belgischen Verfassung.

[28] Hierzu sehr instruktiv *Sprenger*, in: ders. (Hrsg.), Von der Wahrheit zum Wert. Gedanken zu Recht und Gerechtigkeit, 2010, S. 76 f.

[29] *Von Benda-Beckmann*, Gesellschaftliche Wirkung von Recht. Rechtsethnologische Perspektiven, 2007, S. 151 f. u 165.

[30] *Senn*, ARSP-Beiheft 115, 2007, 20 f.

[31] *Sprenger* (Fn. 28), 2010, S. 91 f.; *Hofmann*, Recht und Kultur. Drei Reden, 2009, S. 34 f.; *Seelmann*, ARSP-Beiheft 115, 2007, 130 f.

[32] Quer hierzu liegt die Unterscheidung von *Blankenburg* zwischen einem normativen und einem empirischen Begriff der Rechtskultur. Normativ werde er im Sinne eines Erbes von Ideen und Werten, die eine kollektive Identität begründen. Dieser soll dann der Abgrenzung von „Unkultur" dienen, die abzulehnen ist. Empirisch bezeichne er die Werte, Erwartungen an und Einstellungen zum Recht und rechtlichen Institutionen, *Blankenburg*, in: Greiffenhagen (Hrsg.), Handwörterbuch zur politischen Kultur der Bundesrepublik Deutschland, 2002, S. 502 f.

Rechtsordnungen zu beantworten. Er versteht somit das Recht selbst als kulturelle Leistung, als Kultur.

13 Während also in einem komparatistischen Sinn die Rechtskultur durch die juristische Perspektive hinreichend von den Fragestellungen anderer Disziplinen unterschieden ist, stellt sich die Frage, warum die kulturellen Entstehungs- und Erhaltungsbedingungen des Rechts einerseits und sein Einfluss auf die Kultur andererseits nicht letztlich eine soziologische oder politikwissenschaftliche Frage betrifft. In diesem Sinne hat der aus der Critical Legal Studies Bewegung nach einem **Cultural Turn**[33] hervorgegangene postmodern beeinflusste und anti-positivistisch eingestellte Cultural Approach das Recht auf seine ideologischen, geschlechtlichen, ethnischen und sprachlichen Ursachen hin untersucht[34]. Als eine sinnvolle Antwort erscheint es, dass Kultur innerhalb anderer gesellschaftlicher Phänomene als Ausdruck menschlicher Sinnstiftung oder des menschlichen Geistes verstanden wird. Je nach philosophischem Modell kann sie nun als „objektiver Geist", als „Objektivation des Geistes" oder als „symbolische Formen" angesehen werden. Entscheidend ist hier eine geistes- oder eben kulturwissenschaftliche Perspektive, die sich von einer naturwissenschaftlichen oder soziologischen Konzeption der Gesellschaft absetzt. Der Ausdruck „Kultur" fungiert als ein Abstraktum für die Realisierung des Menschen in einem ihm eigenen Ausdrucksmedium. Mit *Ernst Cassirer* ließe sich davon sprechen, dass Kultur den Inbegriff der symbolischen Formen bezeichnet[35]. Symbolische Formen sind Arten von Zugängen des Menschen zur Welt und Weisen ihrer Gestaltung[36]. Mit ihnen erschafft sich der Mensch seine Kultur als eine ideale Welt[37]. Beispiele für symbolische Formen sind etwa Erkenntnisweisen, Sprache, Kunst, aber auch das Recht.

---

[33] *Seelmann,* in: Senn/Puskàs (Hrsg.), „Rechtswissenschaft als Kulturwissenschaft". Beiträge der Jahrestagung der Schweizerischen Vereinigung für Rechts- und Sozialphilosophie 2007, ARSP-Beiheft 115, 2007, 130 f.

[34] *Leonard,* 1995, S. 1 ff.; *Sarat/Simon,* in: dies. (Hrsg.), Cultural Analysis, Cultural Studies, and the Law. Moving beyond Legal Realism. 2003, S. 16 f.

[35] *Cassirer,* Versuch über den Menschen. Einführung in eine Philosophie der Kultur, 1994, S. IX: „Die Gebilde der Kunst wie die der Erkenntnis, – die Inhalte der Sitte, des Rechts, der Sprache, der Technik: sie alles weisen hier auf das gleiche Grundverhältnis hin . . . ", näher *Kirste,* ARSP-Beiheft 115, 2007, 180 f.

[36] Näher *Cassirer* (Fn. 35); dazu: *Kirste,* ARSP-Beiheft 115, 2007; *Kirste,* ARSP-Beiheft 115, 2007a, S. 180 f.; *Coskun,* Law as Symbolic Form. Ernst Cassirer and the Anthropocentric View of Law, 2007, 179 ff.

[37] *Cassirer,* Versuch über den Menschen. Einführung in eine Philosophie der Kultur, 1996, S. 345: „Im ganzen genommen könnte man die Kultur als den Prozess der fortschreitenden Selbstbefreiung des Menschen beschreiben. Sprache, Kunst, Religion und Wissenschaft bilden unterschiedliche Phasen in diesem Prozess. In ihnen allen entdeckt und erweist der Mensch eine neue Kraft – die Kraft, sich eine eigene, eine ‚ideale' Welt zu errichten. Die Philosophie kann die Suche nach einer grundlegenden Einheit dieser idealen Welt nicht aufgeben".

§8 Föderalismus als Rechtskultur

Im genetischen Sinn wird auch von Recht und „**Politischer Kultur**" gesprochen[38]. Unter dem Stichwort „politische Kultur" werden dann die zumeist nicht vollständig rational geprägten Wertüberzeugungen untersucht[39], die für die Ausbildung von **Identitäten** maßgeblich sind[40]. In diesem Sinn sprach auch *Rudolf Smend* davon, dass „die Einzelstaaten ... sich mit der ganzen Irrationalität ihrer geschichtlich-politischen Eigenart im Leben des Reichs auswirken und zur Geltung bringen" sollen[41]. Föderalismus erscheint dann als eine politische Ordnung, die aus Identitätskonflikten hinreichend großer Gruppen hervorgeht und diese Ethnien, Überzeugungs- oder Sprachgemeinschaften schützen und ihnen die Möglichkeit der politischen Selbstbestimmung geben soll, ohne dass es aufgrund der verschiedenen Identitäten zu einer Sezession kommt.

Während in dieser Perspektive Recht und Kultur unterschieden werden, begreift der **funktionale Begriff** der Rechtskultur das Recht selbst als eine symbolische Form innerhalb der Kultur[42]. Das kann nun bedeuten, das Recht als eine andere kulturelle Form zu verstehen[43], etwa es wie Sprache[44] oder als eine Erzählung zu betrachten[45]. Doch würde eine solche Auflösung des Rechts in einer allgemeinen Vorstellung von Kultur dem spezifischen Beitrag, den das Recht zu ihr leistet, nicht gerecht. Recht

---

[38] Grundlage bildet der amerikanische politikwissenschaftliche „Civic Culture"-Ansatz, *Kocka/Schmidt*, in: Gosewinkel/Schuppert (Hrsg.), Politische Kultur im Wandel von Staatlichkeit, 2008, S. 46 f.; zur Entwicklung *Schuppert*, Politische Kultur, 2008, S. 3 ff.

[39] In der Formulierung von *Glaab/Korte*, in: Weidenfeld/Korte (Hrsg.), Handbuch der Deutschen Einheit 1949-1989-1999, 1999, S. 642: „Politische Kultur steht als Begriff für die Summe der politisch relevanten Einstellungen, Meinungen und Wertorientierungen innerhalb der Bevölkerung einer Gesellschaft zu einem bestimmten Zeitpunkt".

[40] *Pye*, in: Sills (Hrsg.), International Encyclopedia of the Social Sciences, Bd. 11, 1968, S. 218: „Political culture is the set of attitudes, beliefs, and sentiments which give order and meaning to a political process and which provide the underlying assumptions and rules that govern behaviour in the political system. It encompasses both the political ideals and the operating norms of a polity. Political culture is thus the manifestation in aggregate form of the psychological and subjective form of politics. A political culture is the product of both the collective history of a political system and the life histories of the members of that system, and thus is rooted equally in public events and private experiences...".

[41] *Smend*, in: ders. (Hrsg.), Staatsrechtliche Abhandlungen. 1994/I, S. 59.

[42] Recht im Kontext der Kultur, *Häberle*, Verfassungslehre als Kulturwissenschaft, 1998, S. 5.

[43] *Sprenger* (Fn. 31), S. 76 f.: „Recht als Kulturerscheinung". *Sprenger* zeigt, wie gerade der Neukantianismus den Versuch unternommen hat, über den Begriff der Kultur das Naturrechtsdenken zu überwinden und dennoch einen reinen Positivismus zu vermeiden; vgl. auch *Seelmann*, in: Senn/Puskàs (Hrsg.), „Rechtswissenschaft als Kulturwissenschaft". Beiträge der Jahrestagung der Schweizerischen Vereinigung für Rechts- und Sozialphilosophie 2007, ARSP-Beiheft 115, 2007, 121 f.

[44] Vgl. hierzu die Übersicht von *Kirste*, ARSP 2009a, 129 ff.

[45] Vgl. etwa *Kahn*, The Cultural Study of Law. Reconstructing Legal Scholarship, 1999, S. 139: „A cultural approach sees that all of law's texts, including those of the legal scholar, are works of fiction. Calling them fiction allows us to see simultaneously the power of law's rule and its contingent character."

zeichnet sich gegenüber anderen kulturellen Erscheinungen durch bestimmte Eigenarten aus, die in der normativen Prägung der Verfahren und der Institutionalisierung des Rechts begründet sind[46]. Diese Eigenarten bestehen in der gegenüber anderen Kulturformen eigentümliche Art der Entstehung und der Realisierung. Recht wird in normativ gesteuerten Verfahren gesetzt und in normativ gesteuerten Verfahren durchgesetzt[47].

16 Es wird also nicht bestritten, dass Recht in einem Kontext mit anderen kulturellen Formen steht, von diesen beeinflusst wird und sie beeinflusst; stärker als im Verständnis des Rechts als politischer Kultur wird jedoch seine Eigenart hervorgehoben. Selbst Teil der Kultur, unterscheidet sich das Recht durch seine besondere Form von anderen Formen der Kultur und kann somit auch einen spezifischen Beitrag zu ihr leisten[48]. Die **Verfassungskultur** knüpft innerhalb der Rechtskultur an deren besondere, auch politischen Funktionen. Gerade an der Verfassung lässt sich beobachten, wie sie nicht nur aus kulturellen Faktoren hervorgeht, sondern diese durch ihre spezifischen materialen Gehalte und Verfahrensregeln prägt[49]. *Smend* hat 1927 betont, dass die Grundrechte nicht nur Ausdruck von Kultur sind, sondern die „Festlegung eines kulturellen Systems, eines bestimmten Wertkonstellationssystems"[50]. Die Verfassung wird damit zu einem herausgehobenen Ort für grundlegende gesellschaftliche Selbstverständigungsprozesse[51]. Mit dem komparatistischen Begriff

---

[46] *M. R. Lepsius* hat dies zutreffend bestimmt: „Politische Kultur ist wie jede typisch geltende Verhaltensorientierung das Ergebnis von Sozialisierungsprozessen, durch die bestimmte Denk- und Glaubensmuster, Wertbeziehungen und Ordnungsvorstellungen gelernt werden. Wertorientierungen für politisches Verhalten werden durch die Rahmenbedingungen, die Institutionen setzen, konkretisiert und entwickeln sich in der Auseinandersetzung mit den Wirkungen dieser Institutionen. Politische Kultur und politische Institutionen prägen sich gegenseitig: ohne legitimierende Wertbindungen können Institutionen nicht dauerhaft aufrechterhalten werden, ohne Institutionen gewinnen Wertorientierungen keine dauerhafte Geltung", *Lepsius,* in: ders. (Hrsg.), Interessen, Ideen und Institutionen, 2009, S. 63.

[47] Näher zum Rechtsbegriff *Kirste*, Einführung in die Rechtsphilosophie, 2010, S. 86.

[48] *Senn*, ARSP-Beiheft 115, 2007, 16, spricht zutreffend von einem dialektischen Verhältnis von Kultur und Recht, wenn er der Auffassung ist, „dass es keine Kultur ohne Recht und kein Recht ohne Kultur gibt". Zu kritisieren (*Möllers*, ARSP-Beiheft Nr. 113, 2008, 232 f.) ist dies nur, wenn das Spezifikum des Rechts innerhalb der Kultur nicht hinreichend herausgestellt wird.

[49] Zur Verfassung als identitätsbildendem Faktor auch *Gebhardt*, Verfassung und politische Kultur, 1999, S. 8.

[50] *Smend*, in: ders. (Hrsg.), Staatsrechtliche Abhandlungen, 3. Aufl. 1994, 1994/II, S. 96 mit dem bezeichnenden Schluss: „Wenn es richtig ist, dass die Grundrechte zu bestimmten sachlichen Kulturgütern in einer bestimmten geschichtlich bedingten Wertkonstellation von Verfassungs wegen Stellung nehmen, so sind sie dementsprechend geisteswissenschaftlich zu verstehen und auszulegen" – aber doch in einer Weise, die ihrer spezifischen Eigenart gerecht wird, wäre hinzuzusetzen.

[51] *Vorländer*, in: Gephardt (Hrsg.), Verfassung und politische Kultur. Anmerkungen aus aktuellem Anlass, 1999, S. 82: „Verfassungen sind nicht nur Teil einer spezifischen politischen Kultur, sie sind auch ein wichtiger Kristallisationskern der politisch-kulturellen Selbstverständigung einer Gesellschaft. Für das Verständnis einer Gesellschaft von sich selbst als einer politischen Gemeinschaft erbringen Verfassungen kommunitäre Leistungen. Regeln, die die politische Ordnung konstituieren,

der Rechtskultur teilt dieses Verständnis somit einen technischen Zugang, geht aber über ihn hinaus, indem es das Recht im Verhältnis zu anderen symbolischen Formen betrachtet.

Föderalismus als Rechtskultur bedeutet in dieser Perspektive, dass untersucht wird, wie sich föderale Systeme in der Form des Rechts darstellen. Die **Ausbildung und Erhaltung kultureller Identitäten**[52] hängt von einer Fülle von Faktoren ab. Recht ist einer von ihnen[53]. Entsprechend konserviert das Recht diese Identitäten nicht einfach, sondern fügt sie in eine Rechtsordnung und ordnet sie in deren Wertordnung ein. Die Rechtsordnung selbst wird Ausdruck des Selbstverständnis, das eine Gesellschaft von sich hat[54]; privilegierter Ausdruck, denn seine Formen sind durch besonders normierte Verfahren geklärt worden und haben dadurch eine besondere Legitimation erhalten. Politische Kultur mag ein „emergentes Phänomen"[55] sein; Rechtskultur ist eine durch prozedurale und prozedural generierte Rationalität abgesicherte symbolische Form, die dieser Emergenz eine rationale Form verleiht.

Nach diesen definitorischen Bemerkungen gilt es nun den **Zusammenhang zwischen Kultur und Föderalismus als Rechtssystem** näher zu untersuchen.

2. Kulturelle Identitäten und die föderalistische Verfassungen

Föderale Ordnungen haben ihren Ursprung in verschiedenen kulturellen Gemeinschaften, die zu einem gemeinsamen politischen Zweck oder einem Staat zusammengeführt oder in ihm erhalten werden sollen. Von **kulturbegründeter Identität** kann gesprochen werden, „wenn sich verhältnismäßig verfestigte Orientierungen des Denkens, Fühlens und Handelns im geschichtlichen Prozess regionalspezifisch so verdichtet haben, dass zwischen einer Region und ihrer Umwelt eindeutig kulturelle Unterschiede existieren".[56] Diese Identitäten knüpfen an die geographische

---

treffen zunächst einmal prozedurale und institutionelle Festlegungen für den politischen Prozess und politisches Verhalten. Die Regeln stecken zugleich aber auch den kommunikativen und deliberativen Raum einer politischen Gemeinschaft ab... Verfassungsdiskussionen sind gesellschaftliche Selbstverständigungsdiskurse".

[52] Zum Zusammenhang von Kultur, Identität und einer Pluralität von Zugehörigkeiten: *Möllers*, ARSP-Beiheft Nr. 113, 2008, 224 f.

[53] *Haltern*, in: Gosewinkel/Schuppert (Hrsg.), in: Politische Kultur im Wandel von Staatlichkeit, 2008, S. 261 schreibt zu Recht: „Politische Identität wird zumindest auch durch Recht konstruiert; zugleich speichert Recht umgekehrt diejenigen Ideen, Mythen und Narrationen, die durch politische Identität freigesetzt werden". Nur ist entscheidend, dass diese „gespeicherten" Vorstellungen nicht einfach aufbewahrt, sondern bei ihrer Verrechtlichung transformiert werden. Sie gelangen nur durch das Nadelöhr eines bestimmten Verfahrens in die ganz bestimmte Rechtsform".

[54] *Kahn*, The Cultural Study of Law. Reconstructing Legal Scholarship. Chicago and London, 1999, S. 6: „We have to remember that the rule of law … is a way of organizing a society under a set of beliefs that are constitutive of the identity of the community and of its individual members".

[55] *Benz*, in: Gosewinkel/Schuppert (Hrsg.), Politische Kultur im Wandel von Staatlichkeit, 2008, S. 79.

[56] *Rohe*, 1986, S. 64.

Umgebung an, so dass Territorialität zu einem kulturellen Faktor des Föderalismus wird[57].

19 Dieser Ursprung kann sich aus historisch und dynastisch geprägten Staaten ergeben, die – wie in der Entwicklung **nach der Auflösung des Heiligen Römischen Reichs** – sich zunächst zu einem Staatenbund mit einem begrenzten politischen Zweck zusammenschließen. Auch später blieb das dynastisch geprägte monarchische Prinzip maßgeblich für die weitere Integration zum Bundesstaat in Gestalt des Norddeutschen Bundes von 1867 und des Deutschen Reichs von 1871.

20 Eine gemeinsame Geschichte kann der Grund dafür sein, dass zwar ein Staat mit gemeinsamen Verfassungsorganen gegründet, dieser aber nicht die Integration eines Einheitsstaats erhalten hat. Ein Beispiel dafür ist die **frühere Sozialistische Föderative Republik Jugoslawien**. 1918 gegründet als Königreich der Serben, Kroaten und Slowenen, versuchte Jugoslawien eine Einheit aus den ethnisch, konfessionell und sprachlich höchst heterogenen und auch in verschiedenen Kriegen geschichtlich immer wieder in Auseinandersetzungen tretenden Ländern herzustellen. Mühsam wurden die zentrifugalen Kräfte dieser Tradition während des *Titoismus* zusammengehalten. Schon ab 1963 nahmen aber staatenbündische Entwicklungen zu. Nach 1991 zerfiel auch dieser lockere Bundesstaat in die Bundesrepublik Jugoslawien, die nur noch aus zwei der ehemaligen Bundesländer bestand. Die kulturelle Identität bezog sich zuvor, abgesehen von der Identifikationsfigur *Titos*, im wesentlichen auf die Landesidentitäten; als die integrierende Kraft *Titos* wegfiel, setzten die Sezessionstendenzen mit Vehemenz ein und führten zur Auflösung des Bundes[58].

21 Der kulturelle Ursprung eines föderalen Systems kann ferner sprachlich begründet sein, wie in Kanada, der Schweiz oder – nach dem hier vertretenen vermittelnden Föderalismusbegriff – auch Belgien oder Spanien. Hier zeigt sich, dass **Sprache** nicht nur ein beliebiges Kommunikationsmittel ist, sondern, dass über Sprache Wertüberzeugungen, Traditionen, Lebensweisen, Weltanschauungen vermittelt werden. Über Sprache können sich Gemeinschaften integrieren und gegenüber anderen Gemeinschaften abgrenzen. Ihren Angehörigen sind differenzierte Ausdrucks- und Verständigungsmöglichkeiten eröffnet, die sie zugleich in Ihrer Personalität prägen und die ihnen in anderen Sprachen nicht in gleicher Weise zu Gebote stehen. Hieraus können sich Identitäten bilden, denen im Bundesstaat Anerkennung und zugleich **Partizipation**smöglichkeiten, also „Voice" gegeben wird, um das Auseinanderbrechen der staatlichen Einheit – und damit „Exit" – zu verhindern[59]. In diesem Sinne

---

[57] *Gibbons*, Federalism in a Digital World, in: Canadian Journal of Political Science/Revue canadienne de science politique 33 2000, 670: „Although territoriality is a feature of all nation states, it has particular relevance for federalism. Federal states rest on territorial foundations; they bring together territorially delineated communities into larger, more complex, national communities".

[58] *Jovanovic*, Constitutionalizing Secession in Federalized States. A Procedural Approach 2007, S. 123 f.

[59] Vgl. hinsichtlich der Amtssprachen Englisch und Französisch etwa Sec. 16 der Kanadischen Verfassung mit den Spezialregelungen zur Sprachen im Parlament (Sec. 17), in der Gesetzgebung (Sec. 18), der Gerichte (Sec. 19) und der Verwaltung (Sec. 20). Geschützt sind explizit auch die Sprachen von Minderheiten bei der Erziehung (Sec. 23 f.)

geht Belgien sehr weit, indem die Verfassung in einzelnen Fällen eine Aufteilung der föderalen Kammern in Sprachgruppen zulässt (Art. 43 §1 der Verfassung).

Ein Beispiel für die **Föderalisierung eines Zentralstaats aufgrund kultureller Differenzen** ist **Spanien**: Die weitgehenden sowohl legislativen als auch administrativen Kompetenzen der „autonomen Gemeinschaften" sind hier ein Mittel, die ethnisch-kulturelle Vielfalt zu achten und ihnen zugleich zu ermöglichen im spanischen Nationalstaat zu verbleiben[60]. Basken etwa und Katalanen verfügen über eine starke – teilweise auch national bezeichnete – Identität, die sich auf eine gemeinsame Sprache[61], Geschichte und weiterentwickelte Wirtschaft als im übrigen Teil des Staates stützt[62]. So konnte sich in den Regionen ein eigenes Nationalbewusstsein entfalten. Wie in Italien wird also die Föderalisierung von wirtschaftlich prosperierenden Regionen vorangetrieben. Stärker als dort versteht sich die Bevölkerung – jedenfalls in den historischen Regionen Baskenland und Katalonien – als eigene Nation. In Spanien ist zudem das Bewusstsein für eine jedenfalls regionale Unabhängigkeit ausgeprägt und wurde durch den Zentralismus *Francos* unterdrückt. Mit seinem Tod konnte an die frühere Tradition angeknüpft werden[63]. Die Verfassung von 1978 ist auch deshalb für den Föderalismus interessant, weil sie einen Unterschied zwischen einem historisch-kulturell motivierten und einem aus Gründen der **Dezentralisierung** staatlicher Macht geschaffenen Föderalismus anerkennt: Der privilegierte Weg zur Autonomie steht den durch ihre „historischen, kulturellen und wirtschaftlichen Gegebenheiten" über Gemeinsamkeiten verfügenden Provinzen zu (Art. 143). Sie führt zur politischen Autonomie. Das abgekürzte Verfahren ist demgegenüber in Art. 151 geregelt. In Spanien bedeutete die Föderalisierung zugleich einen wesentlichen Beitrag zur Demokratisierung des Landes[64].

Nicht zutreffend ist es jedoch, als echte föderale Strukturen gerade solche anzusehen, die keinen kulturellen Hintergrund haben, während die gerade geschilderten kulturell begründeten Formen, bloße **Dezentralisierungen** sein sollen[65]. Zutreffend ist aber, dass Bundesstaaten, deren Glieder geringe kulturelle Identitäten ausgebildet haben oder die entgegen historisch gewachsener Zusammengehörigkeiten gebildet wurden, zur **Unitarisierung** neigen, wie es sich an Österreich[66] zeigen

---

[60] *Bernecker*, in: Piazolo/Weber (Hrsg.), Föderalismus. Leitbild für die Europäische Union?, 2004, S. 250.

[61] *Bernecker* (Fn. 60), S. 268 f.

[62] *Bernecker* (Fn. 60), S. 252 f.

[63] *Bernecker* (Fn. 60), S. 258 f.

[64] *Bernecker* (Fn. 60), S. 270.

[65] *Ehrlich*, in: International Political Science Review 5 1984, 361: „Their federal institutions are not committed to solving problems of race, nationality, or religion. Neither the Navajo Indians, nor the blacks in the United States, nor the new Turkish minority in the Federal Republic of Germany can realistically hope to be upgraded as subjects of territorial units that could be considered as federal subsystems".

[66] *Bußjäger*, in: Piazolo/Weber (Hrsg.), Föderalismus. Leitbild für die Europäische Union?, 2004, S. 129 u. 143 f.

lässt[67]. Abnehmende kulturelle Bindekräfte wandeln jedenfalls das Gesicht des Föderalismus[68]. An die Stelle der sich in der Volkssouveränität der Länder artikulierenden kulturellen Identitäten tritt dann die Begründung des Föderalismus aus der rechtsstaatlichen Gewaltenbalancierung. Dezentralisierter Föderalismus begünstigt zugleich einen symmetrischen Föderalismus, weil die gebildeten Einheiten in wesentlichen Aspekten gleich sind. Historisch gewachsener Föderalismus hingegen wird schon wegen der Unterschiedlichkeit der Bevölkerung einen asymmetrischen Föderalismus zur Folge haben[69].

24 Umgekehrt zeigen die Entwicklungen in Italien, vor allem jedoch in Spanien oder Großbritannien, dass **starke historische, auch wirtschaftliche Identitäten** zu mehr Autonomie drängen. Unter dem Dach der einen Souveränität des Einheitsstaates führt die Verfassungsentwicklung hier zu regionalen Autonomien, deren Umfang materiell sogar der unitarischer Bundesstaaten wie der Bundesrepublik nahekommt. Italiens Regionen verfügen in den Bereichen der Industrie- und Wirtschaftspolitik, Landwirtschaft und Tourismus über den deutschen Bundesländern vergleichbare Kompetenzen als die deutschen Bundesländer[70]. Zwar fehlt mit der Souveränität der Regionen deren Verfassunggebende Gewalt sowohl in bezug auf den Rechtssetzungs- als auch in bezug auf den Exekutivföderalismus stehen sie Bundesstaaten jedoch kaum nach.

25 Föderalistische Systeme gehen nicht nur auf **kulturelle Identitäten** zurück und werden von ihnen veranlasst; sie werden auch durch sie ausgestaltet: Ein Beispiel ist der **Belgische Föderalismus**. Die hier verfassungsrechtlich geschützten sprachlichen Gemeinschaften stehen den zugleich eingerichteten gebietskörperschaftlichen Regionen gegenüber. Diese Differenzierung ist ebenfalls ein kulturelles Produkt, insofern die Wallonen für die klassische territoriale Differenzierung, die Flamen hingegen für die sprachliche plädierten, was sich teilweise, aber nicht vollständig überdeckt[71]. Gerade Belgien zeigt so, dass der Föderalismus durch eine andere symbolische Form, die Sprache und mithin kulturell geformt ist[72].

---

[67] Erinnert sei noch einmal an *Dicey*, Introduction into the Study of the Law of the Constitution, 8. Aufl. 1915, S. 75: „it is certain that where federalism flourishes it is in general the slowly-matured fruit of some earlier and looser connection".

[68] *Gibbons*, in: Canadian Journal of Political Science/Revue canadienne de science politique 33 2000, 676: „As borders come down, the distinctive communities that federalism seeks to protect become less and less distinct".

[69] *Frenkel*, Föderalismus und Bundesstaat, Bd. I, Föderalismus. System, Recht und Probleme des Bundesstaates im Spannungsfeld von Demokratie und Föderalismus, 1984, S. 192.

[70] *Grasse*, in: Piazolo/Weber (Hrsg.), Föderalismus. Leitbild für die Europäische Union?, 2004, S. 235.

[71] *Freiburghaus/Gehl*, in: Piazolo/Weber (Hrsg.), Föderalismus. Leitbild für die Europäische Union?, 2004, S. 89 f.

[72] *Freiburghaus/Gehl*, in: Piazolo/Weber (Hrsg.), Föderalismus. Leitbild für die Europäische Union?, 2004, S. 91: „Wenn man so will, war also der ganze Föderalisierungsprozess ein Teil belgischer Sprachenpolitik".

Diese wenigen Skizzen müssen hier ausreichen, um zu zeigen, dass kulturelle 26
Identitäten die Ausbildung föderaler Systeme begünstigen. Umgekehrt können **föderalismusskeptische Einstellungen** Unitarisierungsprozesse auch im Bundesstaat befördern[73]. Föderalismus als Verfassungsprinzip setzt eine Föderalismuskultur, die sowohl kulturelle Vielfalt, als auch den Willen zur differenzierten Einheit dieser Vielheit ausgebildet hat, voraus[74]. Die Aufmerksamkeit ist nun auf die im funktionalen Begriff der Rechtskultur enthaltene Perspektive der Wirkung des Rechts auf den Föderalismus zu richten.

3. Verfassungskultur und Föderalismus

Die kulturellen Ursachen der Errichtung föderaler Systeme müssen nicht zugleich 27
die kulturelle Realität in ihnen darstellen. Vielmehr erfolgt durch die Vereinigung und deren Verrechtlichung in Gestalt von Verfassungen eine **Transformation** dieser kulturellen Voraussetzungen[75], die erhebliche Folgen für die föderalen Strukturen mit sich bringt. Die vormals historische, politische, sprachliche Einheit einer Region wird als Rechtssubjekt oder als Jurisdiktion (England) anerkannt. Der tatsächliche Konflikt mit anderen Regionen und dem Zentrum wird damit in die Bahnen des Rechts gelenkt und kann auf dessen Legitimationsstrukturen zurückgreifen. War in den USA die Vereinigung zum Bundesstaat in der Gründungsphase die Bedingung der Möglichkeit der Selbständigkeit der Bundesstaaten, so ist heute die Selbständigkeit der Bundesstaaten Bedingung der effektiven Begrenzung und Mäßigung der Staatsgewalt des Bundes[76]. Die Verfassung bewirkt also eine **Akzentverschiebung** der Bedeutung des Föderalismus: Ursprünglich im Dienst der Erhaltung der Vielfalt der Bundesstaaten, dient jetzt deren Vielfalt der Differenzierung der Staatsgewalt. Genetisch gesehen integrierendes Prinzip, wird der Föderalismus systematisch betrachtet, zum Differenzierungsprinzip[77].

III. *Kulturellen Föderalismus prägende Verfassungsstrukturen*

Die Vereinigung der Staaten unter einem gemeinsamen, wenn auch beschränkten 28
Zweck im Staatenbund, zu umfassenderen Zielen und einer reflexiven Rechtsstruktur, die in die Rechtsordnungen der Mitgliedstaaten hineinwirkt im **Staatenverbund**

---

[73] *Bußjäger* (Fn. 66), S. 142 f. diagnostiziert für Österreich: „Die föderale Gesinnung erschöpft sich nämlich zumeist bereits darin, zu einem Land zu gehören und dies auch durchaus plakativ zu dokumentieren. Vergleichsweise selten ist damit auch der Wunsch verbunden, Verantwortung und Eigenständigkeit tatsächlich leben zu wollen".
[74] *Bußjäger*, ZfP 49 2002, 157 ff. und noch einmal *Dicey* (Fn. 67), S. 75.
[75] Generell zu „Recht als Transformation" *Kirste* ARSP 2009, 134 ff.; *Kirste*, Einführung in die Rechtsphilosophie, 2010, S. 86.
[76] *Epstein*, in: Law and Contemporary Problems 55 1992, 149.
[77] *Hesse*, Der unitarische Bundesstaat, 1962, S. 26 f.

und die Einordnung in einen Bundesstaat unter weitgehendem Souveränitätsverzicht lassen die kulturellen Voraussetzungen föderaler Strukturen nicht unberührt[78]. Der Föderalismus als Verfassungsprinzip ist nicht nur kulturgeprägt, sondern auch kulturermöglichend und kulturprägend[79]. Er setzt eine Vielfalt von regionalen Identitäten nicht nur voraus, sondern kann sie – etwa als Bewusstsein einer Landeszugehörigkeit[80] – auch erzeugen und stärken. Zwischen beiden besteht also ein Wechselverhältnis[81]. Die kulturelle Vielfalt wird nicht aufgelöst, sondern erhält relative Bedeutung und gesicherten Freiraum in bezug auf die Einheit der Verbindung oder des Staates[82]. Ein unterschiedlich umfangreiches Arsenal notwendig gemeinsamer Prinzipien stellt dieses **Homogenitätsminimum** sicher. Das war im staatenbündischen Deutschen Bund durch Art. XIII der Deutschen Bundesakte[83], das ist im Staatenverbund der EU u. a. durch die „gemeinsamen Ziele" (Art. 1 EUV), die gemeinsamen Werte (Art. 2 EUV), die „gemeinsamen Verfassungsüberlieferungen der Mitgliedstaaten" (Art. 6 III EUV) und im Bundesstaat nicht zuletzt durch das Homogenitätsprinzip des Art. 28 I S. 1 GG gesichert[84].

29   Das **Gemeinwohl** als oberstes Staatsziel[85] führt zu einer Gemeinsamkeit, die auf die Vielfalt der föderalen Ziele nach Maßgabe der Verfassung einwirkt und sie modifiziert. Mag dies im **Staatenbund** wegen des beschränkten Bundeszwecks noch gering ausgebildet sein[86], so lässt sich schon hinsichtlich der Europäischen Union von einem „Gemeinwohlverbund" sprechen, dessen Ziel sich „vom jeweiligen nationalen Gemeinwohl der Mitgliedstaaten emanzipiert hat", auch wenn es „eng mit diesem verflochten" bleibt[87]. Noch inniger verwoben und aufeinander abzustimmen sind das Wohl des Bundes und der Länder im Bundesstaat[88]. Hier sind Bund und Länder zur

---

[78] *Bauer*, DÖV 2002, 838.

[79] *Häberle*, ZÖR 62, 2007, 47; *Möllers*, 2008, 237.

[80] *Isensee*, in: ders./Kirchhof (Hrsg.), Handbuch des Staatsrechts der Bundesrepublik Deutschland, Bd. IV, Finanzverfassung – Bundesstaatliche Ordnung. 2. Aufl. 1999, Rn. 305 ff.

[81] Treffend *Frenkel* (Fn. 69), S. 202: „Zwischen föderalistischer Kultur und föderalistischer Organisation besteht eine enge Wechselwirkung in dem Sinne, dass nicht nur die Kultur Legitimationsgrundlage der Institution ist. Diese wirken sich ihrerseits wieder erhaltend auf die politische Kultur aus".

[82] Wenn Kultur auf Identitäten verweist und Identitäten mit Abgrenzungen zu tun haben *Möllers*, ARSP-Beiheft Nr. 113, 2008, 226 f., dann ist eine politische Form wie der Föderalismus, der Differenzen institutionalisiert, identitäten- und damit kulturfördernd.

[83] Art. XIII. In allen Bundesstaaten wird eine landständische Verfassung stattfinden.

[84] Vgl. auch Art. IV, Abschn. 4 der US-Verfassung; Art. 25 der Brasilianischen Verfassung.

[85] *Brugger*, in: Anderheiden/Brugger/Kirste (Hrsg.) Gemeinwohl in Deutschland, Europa und der Welt, 2002, S. 17 ff.; *Kirste* (Fn. 75), S. 141 f.

[86] Vgl. etwa für den Deutschen Bund von 1815 Art. 2 des Bundesvertrages. Hierzu *Grzesick*, Vom Reich zur Bundesstaatsidee. Zur Herausbildung der Föderalismusidee als Element des modernen deutschen Staatsrechts, 1996, S. 239 f.

[87] *Calliess*, in: Anderheiden/Brugger/Kirste (Hrsg.), Gemeinwohl in Deutschland, Europa und der Welt, 2002, S. 173 ff. (212).

[88] *Kirste*, in: Anderheiden/Brugger/Kirste (Hrsg.), Gemeinwohl in Deutschland, Europa und der Welt, 2002, S. 339 ff.

gegenseitigen Rücksichtnahme auf ihr jeweiliges Wohl verpflichtet[89]. Schließlich anerkennt auch der dezentralisierte Einheitsstaat ein Gemeinwohl der Regionen, das mit dem des Zentralstaats zu harmonisieren ist. Der Konkretisierung dieser **geteilten Gemeinwohlverantwortung** in föderalen Systemen dienen rechtliche Strukturen, Verfahren und Institutionen, die die Bundesverträge des Staatenbundes und die (Bundes-)Verfassung vorsehen.

Zentral sind die **Kompetenzabgrenzungen**[90]. Sie belassen gerade im Bereich der Kultur wesentliche Befugnisse bei den Gliedstaaten. In multilingualen Staaten schützt Bundesverfassung bzw. die Verfassung des Einheitsstaates ferner deren Sprachenvielfalt, wie auch im Staatenverbund die Pluralität der Amtssprachen gesichert ist.

IV. Kulturellen Föderalismus prägende Verfahren

Strukturen alleine würden die kulturelle Vielfalt nicht sichern und das Bedürfnis der föderalen Glieder nach Selbständigkeit mit dem Interesse des Bundes oder des Zentralstaates nach Einheit nicht hinreichend ausbalancieren können. Hierfür sind Verfahren erforderlich, die **prozedurale Legitimation für den Interessenausgleich** liefern können[91]. Dabei muss die Position der Glieder um so stärker sein, je mehr ihre politische, kulturelle oder finanzielle Identität vom Verfahrensergebnis geprägt ist. Das Veto in Einzelfragen entspricht hier der verbliebenen Souveränität oder Autonomie der Glieder. Materielle, im Verfahren nicht zur Disposition stehende Beschränkungen muss es auch dort geben, wo das Gebiet eines Gliedes zum Gegenstand eines Neuordnungsverfahrens gemacht werden kann. Gerade bei diesen Verfahrensgrenzen spielen kulturelle Faktoren wie die landsmannschaftliche Zusammengehörigkeit eine gewichtige Rolle[92].

V. Kulturellen Föderalismus prägende Institutionen

Schließlich bedarf es der **gesicherten Institutionen als Rahmen für die Verfahren** zur Realisierung der föderalen Strukturen, wie sie im Staatenbund durch eine Versammlung der Repräsentanten der Bundesmitglieder, im Staatenverbund der Union

---

[89] BVerfG 4, 115 (141 f.) – Besoldungsgesetz von Nordrhein-Westfalen: „Wie aber dem Bund seine Befugnisse nur zum Wohl des Ganzen zugemessen sind, so müssen auch die Länder die Freiheit ihrer Entscheidung der Rücksicht auf das Gesamtwohl unterordnen. Ein Bundesstaat kann nur bestehen, wenn Bund und Länder im Verhältnis zueinander beachten, dass das Mass, in dem sie von formal bestehenden Kompetenzen Gebrauch machen können, durch gegenseitige Rücksichtnahme bestimmt ist".

[90] Vgl. nur Art. 21 f. der Brasilianischen Verfassung.

[91] Bestehen sie, so verbreitet der Föderalismus die „demokratische Legitimation des politischen Systems", *Lepsius*, in: ders. (Hrsg.), Interessen, Ideen und Institutionen, 2. Aufl. 2009, S. 71.

[92] Z. B. Art. 29 I S. 2GG, Art. 18 §3 S. 3 der Brasilianischen Verfassung.

in Gestalt des Rates, im Bundesstaat in der Bundesversammlung und dem Bundesrat und im dezentralen Einheitsstaat durch Organe der Vertreter der Regionen wie einem Senat geschaffen werden. Sie sind das Forum für den Interessenwiderstreit, damit dieser zu „Voice" und nicht zu „Exit" führt.

33 In Schutz genommen werden müssen aber nicht nur die Glieder vor einer Unitarisierung gegen ihren Willen, geschützt werden muss auch die föderale Struktur gegen den Willen der Glieder zur Ausbildung informaler gemeinsamer Strukturen. Gerade in den kulturell nicht stark differenzierten Bundesstaaten besteht die bekannte **Neigung zur Politikverflechtung**. Hier bedarf es der Gegenmaßnahmen, um die Gewinne der föderalen Strukturen nicht vordergründigem Nutzen kartellartigen Gemeinschaftshandelns in Gestalt von Mischverwaltung oder informalen Kooperationsstrukturen entgegenzuwirken.

34 Entscheidend ist aber, dass durch die Ausrichtung auf das föderal gegliederte Gemeinwohl, die gemeinsamen Verfassungsstrukturen, die Verfahren und die Institutionen, die föderale Kultur gewandelt wird. Hier kommt nun der Beitrag der Rechtskultur für den Föderalismus in den Blick. Unter dem **Ziel der Förderung des Gemeinwohls** auf der Grundlage eines Verfassungsvertrages oder einer Verfassung werden die kulturellen Identitäten zu notwendigen Widerlagern der Politik des Gemeinwesens. Kulturelle Vielfalt wird nicht nur geschützt und in ein kompatibles Verhältnis gebracht; diese Vielfalt dient gerade auch der Differenzierung des Ganzen.

VI. Transformation der kulturellen Voraussetzungen des Föderalismus

35 Föderalismus kann nicht nur auf Macht gegründet werden, sondern ist notwendig mit einem Minimum an Rechtsstaatlichkeit verbunden und fördert rechtsstaatliche Strukturen. Sowohl der Zusammenschluss souveräner Staaten als auch die verfassungsrechtliche Ausdifferenzierung des Einheitsstaates in Regionen gründen notwendig auf dem Recht[93]. Die **rechtsstaatliche Fundierung und Beschränkung staatlicher Macht** erfährt nicht nur durch die Gewaltenteilung eine sach- und funktionsgemäße Differenzierung. Durch die Ausbildung verschiedener Machtzentren werden Gegenlager zur zentralen Macht gebildet[94]. Dies geschieht nicht nur in sachlicher, sondern auch in zeitlicher Hinsicht durch gezielte Ent-synchronisierung[95]. Hier findet Interessenartikulation und -integration statt, die von der gesamtstaatlichen Willensbildung

---

[93] *Elazar*, 1995, S. 12: „In the federal model, the constitution must come first since it establishes the rules of the game for all to know and whose openness enables all in the polity to play".

[94] Zur Unterscheidung einer traditionsbezogenen und einer funktionalen Föderalismuskonzeption vgl. *Bauer*, DÖV 2002, 838; zur Verstärkung der Gewaltenteilung *Epstein*, Law and Contemporary Problems 55 1992, 149.

[95] Tiefgreifende politische Brüche im Bund werden aufgefangen durch zeitlich versetzte Veränderungen in den Ländern. So hatte Preußen 1920-1932 einen Ministerpräsidenten, während das Reich 12 Reichskanzler erlebte und fünf Innenminister. 8 Reichstagswahlen zwischen 1920 und 1933

abweicht und Hindernisse ihres ungehemmten Wirkens aufstellt[96]. Was mangels Subordination nicht ganz zutreffend **"vertikale Gewaltenteilung"** genannt wird[97], funktioniert aber nur, wenn die Interessen der Länder und in den Ländern oder Regionen hinreichend stark integriert sind, um sich von anderen abzugrenzen und wenn ihre Artikulation in Gestalt von Wahlen nicht schon auf die – auch durch ihre zeitliche Versetzung abgrenzte – Wahl zu den zentralen Organen gelenkt ist.

Der Pluralismus der politischen Entscheidungszentren in föderalen Systemen kann ferner eine Kultur des **Wettbewerb**s um Regelungsalternativen in Gang setzen[98]. In dieser Perspektive wird das föderale System als ein Markt verstanden, auf dem die Glieder dieses Systems als Anbieter auftreten und um die beste Lösung streiten, so dass eine nicht immer ganz unsichtbare Hand, das für das Ganze beste Ergebnis durch die Möglichkeit der Nachfrager herbeiführt, ihren Wohn- oder Firmensitz in einem anderen Teil des föderalen Systems aufzusuchen. Der erschwerten „Exit"-option der Gliedstaaten in Gestalt von Sezessionen und ihre Ersetzung durch Voice in Gestalt von Verfahren, korrespondiert eine erhöhte Mobilität der Bürger in diesen Systemen, also interner Exit-Options[99]. Deshalb kommt der Freizügigkeit im Bundesgebiet föderalimus- und kulturfördernde Wirkung zu[100]. Allerdings wirken Ebenenverflechtung und starke Unitarisierung wie in Österreich hemmend auf den **Wettbewerbsföderalismus**[101]. Diese Mobilität unter Marktgesichtspunkten hat nun aber ebenfalls kulturelle Auswirkungen, indem feste Identitäten aufgebrochen und zu funktionalen, zweckgerichteten umgewandelt werden: Man bleibt so lange, bis die Kosten der Zugehörigkeit grösser sind als der Nutzen eines Wechsels. Nicht immer wird hier eine rationale Abwägung stattfinden. Häufig ist die Verbundenheit durch die lokale oder regionale Zugehörigkeit gewichtiger als der ökonomische Nutzen.

---

standen 4 Landtagswahlen gegenüber, *Ritter*, Föderalismus und Parlamentarismus in Deutschland in Geschichte und Gegenwart, 2005, S. 41f.

[96] So für die USA *Dailey*, University of Pennsylvania Law Review 143 1995, 1787: „The value of federalism has always been understood to lie first and foremost in the prevention of governmental tyranny. Along with the horizontal separation of powers, the Framers relied on the vertical division of authority between the national and state governments to diffuse the potentially oppressive accumulation of power in a single governmental entity".

[97] *Sturm/Zimmermann-Steinhart*, Föderalismus, 2005, S. 18. – In Anführungsstriche zu setzen, wie *Häberle* wegen der fehlenden Subordination der Länder zu Recht hervorhebt, *Häberle*, ZÖR 62 2007, 47.

[98] Treffend Richter *Louis Brandeis* in New State Ice Co. v. Liebmann, 285 U.S. 262 (1932): „It is one of the happy incidents of the federal system that a single courageous state may, if its citizens choose, serve as a laboratory; and try novel social and economic experiments without risk to the rest of the country".

[99] *Epstein*, Law and Contemporary Problems 55 1992, 149: „The individuals who are subject to state regulation need not be content with a ‚voice' in the political process but can protect their interests through the right of ‚exit', that is, through the ability to avoid the difficulties of further association by picking up stock and going elsewhere".

[100] Art. 11 I GG, Sec. 6 der Verfassung von Kanada.

[101] *Bußjäger*, ZfP 49 2002, 170.

Mit abnehmenden ethischen Bindekräften gewinnen diese Erwägungen jedoch an Bedeutung.

37 Entscheidend an föderalen Systemen sind aber nicht die Exit-Options der Bürger, sondern die Zunahme an Voice in Form von gesteigerten **Partizipationsmöglichkeiten** an politischen Entscheidungen[102]. Gerade hierin liegen ganz wesentliche Auswirkungen des Föderalismus auf die politische Kultur. Die Politik wird näher an den Bürger herangeführt; seine Neigung, sich nicht für die ferne Zentrale, sondern das Regional- oder Länderparlament zu interessieren, ist, sofern hinreichende Entscheidungsbefugnisse gegeben sind, größer. Wie bei pluralistischen Arrangements werden zugleich **Vollzugsdefizite** durch stärker verfahrenslegitimierte Entscheidungen verringert und eine Annäherung zwischen Bürgern und Regierungen gefördert. Zudem werden politische Institutionen geschaffen, in den Konflikte friedlich ausgetragen werden können[103]. Föderalismus erscheint hier als eine Organisation die durch die Ausdifferenzierung von Entscheidungszentren und Verfahren, Teilaspekte von Konflikten dezentral kanalisiert und so selbst durch **erfolgreiche Konfliktverarbeitung** laufend bestärkt wird[104]. So kann „der Streit in einer dialektischen Operation zum Verbindenden" werden[105], wie in der Schweiz bzw. Belgien. Im Grunde ist damit der Föderalismus das territoriale Pendent zu den eher personenverbandlich geprägten pluralistischen Arrangements[106]. Zu diesen von *Friedrich* aufgezählten Zielen tritt noch die Stärkung der Institutionen durch ihre verfahrensmäßige Bewährung[107]. Wenn man Volk nicht als eine festliegende natürliche, sondern als eine sich ausbildende kulturelle Größe versteht, die sich in verfassungsrechtlichen Prozeduren als geformte Einheit durch Identifikation konstituiert, dann trägt der Föderalismus durch seine Prozeduren auch zur Entwicklung des Demos bei[108].

38 Die Verfassungskultur des Föderalismus fördert so nicht nur die Machtbalance und damit die negative **Freiheit** des Bürgers *gegenüber* dem Staat, sondern zugleich durch die bürgeraktivierenden Anreize die Freiheit des Bürgers *im* Staat[109].

---

[102] *Epstein*, Law and Contemporary Problems 55 1992, 150: „Federalism works best where it is possible to vote with your feet".

[103] *Sturm/Zimmermann-Steinhart* (Fn. 97), S. 18. In diesem Sinne kann auch davon gesprochen werden, dass Föderalismus eine Konfliktkultur fördert, *Schuppert*, Politische Kultur, 2008, S. 480 f., der hier zudem anhand von Beispielen acht verschiedene föderale Konfliktkulturen unterscheidet.

[104] *Frenkel*, Föderalismus und Bundesstaat, Bd. I, Föderalismus. System, Recht und Probleme des Bundesstaates im Spannungsfeld von Demokratie und Föderalismus, 1984, S. 183 f.

[105] *Freiburghaus/Gehl* in: Piazolo/Weber (Hrsg.) Föderalismus. Leitbild für die Europäische Union?, 2004, S. 92.

[106] *Frenkel* (Fn. 104), S. 78 ff.

[107] *Friedrich*, Limited Government. Englewood Cliffs, 1974, S. 57 f.

[108] *Habermas*, in: ders. (Hrsg.), Die Einbeziehung des Anderen. Studien zur politischen Theorie 1996, S. 135 f.

[109] *Elazar*, Publius 3 1973, 2: „The combination of individual responsibility and social cooperation, the possibilities for the diffusion of power without sacrificing energetic government, the emphasis on partnership-of people and institutions and the integrity of the partners, provides the best basis for the building of a free, democratic society of free men". Dies sei es, was den Föderalismus ausmache.

Die Möglichkeit zu regionaler Selbstbestimmung und Realisierung von gemeinsamen Überzeugungen regt zugleich Verantwortungsübernahme an[110] und bringt die Folgen eigener Entscheidungen unmittelbarer vor Augen[111]. Die Rechtskultur des Föderalismus ist so eine herausgehobene symbolische Form, indem sie nicht nur Ausdruck der freien Selbstbestimmung ihrer Autoren als den verfassunggebenden Gewalten ist, sondern zugleich erheblich freiheitsfördernde Funktionen übernimmt.

Prägnant bringen zwei Klassiker des politischen Denkens diese Funktionen auf den Punkt. In dezidiert anti-paternalistischer Intention zeigt **John Stuart Mill** gewachsene, kleinräumige politische Einheiten zwar den einzelnen möglicherweise nicht mit der bestmöglichen Allokation von Gütern bedienen, ihn aber freisetzen, selbst über das ihm Zuträgliche zu entscheiden: „In manchen Fällen ist es, obwohl der einzelne eine bestimmte Sache durchschnittlich nicht so gut ausführen mag wie ein Regierungsbeamter, trotzdem wünschenswert, dass er sie verrichte, um seiner eigenen geistigen Erziehung willen, als eine Methode, seine Energie zu stärken, seine Urteilsfähigkeit zu üben und ihn mit den Dingen vertraut zu machen, mit denen er später umgehen soll".[112] Diese föderalistische Kultur der Bürgeraktivierung hat *Alexis de Tocqueville* besonders am jungen Bundesstaat USA beobachtet: „Man interessiert ... die Staatsbürger für das Allgemeinwohl, wenn man ihnen die Verwaltung kleinerer Geschäfte [„l'administration des petites affaires"] anvertraut und ihnen zeigt, wie sehr sie ständig aufeinander angewiesen sind, um dieses Wohl zu erreichen. Das ist wertvoller als ihre Beteiligung an den großen Staatsgeschäften".[113] Hierdurch stellt sich eine Art Habitualisierung des Wirkens für das Gemeinwohl ein, das der Mensch – dessen Egoismus und Sozialfeindlichkeit *Tocqueville* durchaus nicht unterschätzt – nicht wieder verliert: „Zunächst kümmert man sich aus Notwendigkeit um das Allgemeinwohl, dann freiwillig; was Berechnung war, wird zur Neigung; je mehr man sich daran gewöhnt hat, für das Wohl seiner Mitbürger zu arbeiten, desto größer wir die Lust, ihnen zu dienen".[114] Gewiss wird man hier einen sozialromantischen Zug beim großen Beobachter der Neuen Welt bemerken können; Potentiale einer **Bürgerpartizipation**, die sich sowohl in der Selbstverwaltung als auch im Föderalismus finden, legt er dennoch frei[115].

---

[110] *Elazar*, Federalism: An Overview, 1995, S. 2: „Federalism is more than simply a structural arrangement; it is a special mode of political and social behavior as well, involving a commitment to partnership and to active cooperation on the part of individuals and institutions that at the same time take pride in preserving their own respective integrities".

[111] Näher hierzu *Blankart*, Föderalismus in Deutschland und Europa, 2007, S. 69 f.

[112] *Mill*, Über die Freiheit, 1974, S. 150.

[113] *Tocqueville*, Über die Demokratie in Amerika, 1985, S. 245.

[114] *Tocqueville* (Fn. 113), S. 247.

[115] So auch *Lepsius*, in: ders. (Hrsg.), Interessen, Ideen und Institutionen, 2. Aufl. 2009, S. 71: „Für die Entwicklung einer demokratischen politischen Kultur hat die erhöhte Partizipation an demokratischen Prozessen ... beschleunigend gewirkt".

40 So verbindet sich das Prinzip des Föderalismus mit dem der Republik[116], wie dies von *James Madison* entwickelt wird[117]. Er weist die Behauptung *Montesquieus*, Republiken könnten nur kleinteilige räumliche Gebilde sein, wie sie sich idealtypisch in den italienischen Stadtrepubliken verkörpert hätten, zurück[118] durch den Gedanken eines dauerhaften, nationalen Föderalismus. Der **republikanische Föderalismus** minimiert so die Gefahr des Entstehens despotischer Regime bei größer werdenden Staaten, indem er die Tugenden der Bürger für einen räumlich übersichtlichen Staat mobilisiert.

41 Diese Verfassungskultur des Föderalismus beschränkt sich nicht auf eine Balance zwischen Machtzentren[119]. Sie durchdringt die Gesellschaft und kann zudem führen, was in USA „**spirit of federalism**" genannt wird[120], „animating principle of American civil Society"[121]. Die Verteilung der Machtzentren verbunden mit den Gewinnen an politischer Selbstbestimmung ruft dann auch analoge Organisationsformen gesellschaftlicher Vereinigungen hervor: Verbände und Parteien gliedern sich entsprechend den föderalen staatlichen Strukturen. Aber auch darüber hinaus wird das Prinzip des Föderalismus inzwischen als ein Organisationsprinzip für privatrechtliche Personengesellschaften diskutiert.

C. Fazit

42 Nimmt man den Einfluss der kulturellen Vielfalt auf die föderalen Verfassungsstrukturen und die Rechtskultur des Föderalismus auf die **kulturellen Identitäten** zusammen, so kann von einer **Transformation** von politischer Vielfalt und Einheit durch das föderale Verfassungssystem gesprochen werden. Föderalismus als Bestandteil der Rechtskultur transformiert seine kulturellen Voraussetzungen in ein rechtlich geordnetes, an verfahrensmäßig konsentierten und legitimierten gemeinsamen Werten orientiertes System von politischer Einheit und Vielheit. Die kulturellen Identitäten, die im föderalen Verfassungssystem nach Schutz verlangten, werden unter seiner Geltung zu Faktoren, die das differenzierte und damit sachgerechte Funktionieren des Ganzen fördern. Die kulturellen Gemeinschaften verlieren ihre Identität dadurch nicht; im Bundesstaat werden sie jedoch zugleich zu Beförderern

---

[116] *Gröschner*, in: Isensee/Kirchhof (Hrsg.), Handbuch des Staatsrechts, Bd. II, 3. Auflage, 2004, S. 369 ff.

[117] *Diamond*, Publius 3 1973, 133 f.

[118] 1992, Buch 8, Kap. 16-19, S. 172 ff.

[119] So aber *Cato*, Publius 2 1972, 119: „Federalism, properly understood, is the operational relationship between competing centers of political power; it is a reality to the extent that it provides for a controlled tension which pits one locus of power against another. Power is the key element, and if you eliminate power from one side of the political equation, you are no longer working with a formula for Federalism".

[120] *Vile*, The Structure of American Federalism, 1961, S. 1: „The United States is a federal country in spirit, in its way of life, and in its constitution".

[121] *Elazar*, Publius 3 1973, 2.

des Gesamtinteresses. Verfassungsstrukturen, -verfahren und -institutionen greifen diese traditionellen und geschichtlichen Identitäten auf. Moderne Verfassungen sind jedoch nicht Institutionen zur Konservierung der Vergangenheit, sondern verbindliche Zukunftsentwürfe für eine nach dem Selbstverständnis der Verfassunggeber wertvollen Ordnung[122]. Im Lichte dieses Entwurfs werden die kulturellen Faktoren, die das föderale System begründet haben, zu Elementen seines differenzierten Gemeinwohls[123].

Schrifttum

H. Bauer, Entwicklungstendenzen und Perspektiven des Föderalismus in der Bundesrepublik Deutschland – Zugleich ein Beitrag zum Wettbewerbsföderalismus, in: DÖV 2002, 837 ff.
F. von Benda-Beckmann/Keebet, Gesellschaftliche Wirkung von Recht. Rechtsethnologische Perspektiven, 2007
A. Benz, Über den Umgang mit der Verfassung. Anmerkungen zur Verfassungskultur im deutschen Bundesstaat, in: Gosewinkel/Schuppert (Hrsg.), Politische Kultur im Wandel von Staatlichkeit, S. 65 ff.
W. L. Bernecker, Spanien – Vom zentralistischen Einheitsstaat zum Staat der Autonomen Gemeinschaften, in: Piazolo/Weber (Hrsg.), Föderalismus. Leitbild für die Europäische Union?, 2004, S. 250 ff.
C. B. Blankart, Föderalismus in Deutschland und Europa, 2007
E. Blankenburg, Rechtskultur, in: Greiffenhagen (Hrsg.), Handwörterbuch zur politischen Kultur der Bundesrepublik Deutschland, 2002, S. 502 ff.
J. Broschek/R.-O. Schultze, Kanadischer Föderalismus und Europäische Union – Zwei Mehrebenensysteme im Vergleich, in: Piazolo/Weber (Hrsg.), Föderalismus. Leitbild für die Europäische Union?, 2004, S. 98 ff.
W. Brugger, Gemeinwohl als Integrationskonzept von Rechtssicherheit, Legitimität und Zweckmäßigkeit, in: Anderheiden/Brugger/Kirste (Hrsg.), Gemeinwohl in Deutschland, Europa und der Welt, 2002, S. 17 ff.
P. Bußjäger, Der sklerotische Bundesstaat. Modernisierungsprobleme im österreichischen föderalen System, in: ZfP 49 2002, 149 ff.
ders., Der „zentralistischste aller Bundesstaaten" als (Lehr)Beispiel für Europa? – Der Fall Österreich, in: Piazolo/Weber (Hrsg.), Föderalismus. Leitbild für die Europäische Union? 2004, S. 128 ff.
C. Calliess, Gemeinwohl in der Europäischen Union – Über den Staaten- und Verfassungsverbund zum Gemeinwohlverbund, in: Anderheiden/Brugger/Kirste (Hrsg.), Gemeinwohl in Deutschland, Europa und der Welt, 2002, S. 173 ff.
E. Cassirer, Versuch über den Menschen. Einführung in eine Philosophie der Kultur, 1996
ders., Wesen und Wirkung des Symbolbegriffs, 1994
Cato, Federalism Old and New, in: Publius 2 1972, 116 ff.
D. Coskun, Law as Symbolic Form. Ernst Cassirer and the Anthropocentric View of Law, 2007
A. C. Dailey, Federalism and Families, in: University of Pennsylvania Law Review 143 1995, 1787-1888
M. Diamond, The Ends of Federalism, in: Publius 3 1973, 129 ff.
A. V. Dicey, Introduction into the Study of the Law of the Constitution, 8. Aufl. 1915

---

[122] *Kirste,* Die Zeitlichkeit des Positiven Rechts und die Geschichtlichkeit des Rechtsbewußtseins, 1998, S. 358 ff.
[123] *Elazar,* 1982, S. 3 f.

S. Ehrlich, Theoretical Reflections on Federations and Federalism, in: International Political Science Review 5 1984, 359 ff.

D. J. Elazar, The Themes of a Journal of Federalism, in: Publius 1 1971, S. 3 ff.

ders., Editor's Introduction. First Principles, in: Publius 3 1973, 1 ff.

ders., Federalism: An Overview, 1995

R. A. Epstein, Exit Rights under Federalism, in: Law and Contemporary Problems 55 1992, 147 ff.

D. Freiburghaus/F. Gehl, Föderalismus und Zweisprachigkeit – Belgien und die Schweiz im Vergleich, in: Piazolo/Weber (Hrsg.), Föderalismus. Leitbild für die Europäische Union?, 2004, S. 74 ff.

M. Frenkel, Föderalismus und Bundesstaat, Bd. I, Föderalismus. System, Recht und Probleme des Bundesstaates im Spannungsfeld von Demokratie und Föderalismus, 1984

C. J. Friedrich, Limited Government, 1974

W. Geiger, Die wechselseitige Treuepflicht von Bund und Ländern, in: Süsterhenn (Hrsg.), Föderalistische Ordnung. 1962, S. 116 f.

J. Gephardt, in: ders. (Hrsg.), Verfassung und politische Kultur, 1999

R. Gibbons, Federalism in a Digital World, in: Canadian Journal of Political Science/Revue canadienne de science politique 33 2000, 667 ff.

M. Glaab/K.-R. Korte, „Politische Kultur", in: Weidenfeld/Korte (Hrsg.), Handbuch der Deutschen Einheit 1949-1989-1999, 1999, S. 642 ff.

A. Grasse, Italien – Ein Bundesstaat in der Entstehung oder: Föderalismus als Modernisierungspolitik. in: Piazolo/Weber (Hrsg.), Föderalismus. Leitbild für die Europäische Union? 2004, S. 200 ff.

R. Gröschner, Die Republik, in: Isensee/Kirchhof (Hrsg.), Handbuch des Staatsrechts, Bd. II, 3. Auflage 2004, §23, S. 369 ff.

B. Grzeszick, Vom Reich zur Bundesstaatsidee. Zur Herausbildung der Föderalismusidee als Element des modernen deutschen Staatsrechts, 1996

P. Häberle, Der Regionalismus als werdendes Strukturprinzip des Verfassungsstaates und als europarechtspolitische Maxime, in: AöR 118 1993, 1 ff.

ders., Verfassungslehre als Kulturwissenschaft, 2. Aufl. 1998

ders., Föderalismusmodelle im kulturellen Verfassungsvergleich, in: ZÖR 62 2007, 39 ff.

J. Habermas, Der europäische Nationalstaat – Zu Vergangenheit und Zukunft von Souveränität und Staatsbürgerschaft, in: ders. Die Einbeziehung des Anderen. Studien zur politischen Theorie, 1996, S. 128 ff.

U. Haltern, Konfligierende Demokratieverständnisse als unterschiedliche Imaginationen des „body pollitic" in Deutschland, der EU und den USA, in: Gosewinkel/Schuppert (Hrsg.), Politische Kultur im Wandel von Staatlichkeit, 2008, S. 239 ff.

K. Hesse, Der unitarische Bundesstaat, 1962

H. Hofmann, Recht und Kultur. Drei Reden, 2009

J. Isensee, Idee und Gestalt des Föderalismus im Grundgesetz, in: ders./Kirchhof (Hrsg.), Handbuch des Staatsrechts der Bundesrepublik Deutschland, Bd. IV, Finanzverfassung – Bundesstaatliche Ordnung, 2. Aufl. 1999, §98, S. 512 ff.

G. Jellinek, Allgemeine Staatslehre, 3. Aufl., 6. Nachdr. 1959

M. Jovanovic, Constitutionalizing Secession in Federalized States. A Procedural Approach, 2007

P. W. Kahn, The Cultural Study of Law. Reconstructing Legal Scholarship, 1999

I. Kant, Zum ewigen Frieden, 1992

F. G. Kinsky, Föderalismus als Gesellschaftsmodell, in: Piazolo/Weber (Hrsg.), Föderalismus. Leitbild für die Europäische Union?, 2004, S. 290 ff.

S. Kirste, Die Zeitlichkeit des positiven Rechts und die Geschichtlichkeit des Rechtsbewusstseins, Schriften zur Rechtstheorie, H. 183, 1998

ders., Die Realisierung von Gemeinwohl durch verselbständigte Verwaltungseinheiten, in: Anderheiden/Brugger/Kirste (Hrsg.), Gemeinwohl in Deutschland, Europa und der Welt, 2002, S. 327 ff.

§8 Föderalismus als Rechtskultur

ders., Ernst Cassirer's Concept of Law and its Relation to Neo-Kantian Philosophies of Law, in: Legal Theory/Teoría des derecho. Legal Positivism and Conceptual Análysis/Positivismo jurídico y análisis conceptual, Moresco (Hrsg.), 2007, S. 232 ff.
ders., Ernst Cassirers Ansätze zu einer Theorie des Rechts als symbolische Form, in: Senn Puskás (Hrsg.), ARSP-Beiheft 115, „Rechtswissenschaft als Kulturwissenschaft". Beiträge der Jahrestagung der Schweizerischen Vereinigung für Rechts- und Sozialphilosophie 2007, S. 177 ff.
ders., Recht und Sprache in Europa, in: ARSP 2009a, 126 ff.
ders., Einführung in die Rechtsphilosophie, 2010
J. Kocka/J. Schmidt, Politische Kultur aus historischer Perspektive, in: Gosewinkel/Schuppert (Hrsg.), Politische Kultur im Wandel von Staatlichkeit, S. 41 ff.
S. Korioth, Föderalismus, in: Heun/Honecker/Morlok/Wieland (Hrsg.), Evangelisches Staatslexikon, 2006, Sp. 596 ff.
R. Koselleck, Bund, Bündnis, Föderalismus, Bundesstaat, in: Brunner/Conze/Koselleck (Hrsg.), Geschichtliche Grundbegriffe, Bd. 1., 2004, S. 582 ff.
H. Küpper, Autonomie im Einheitsstaat. Geschichte und Gegenwart der Selbstverwaltung in Ungarn, 2002
M. R. Lepsius, Die Prägung der politischen Kultur der Bundesrepublik durch institutionelle Ordnungen, in: ders. (Hrsg.), Interessen, Ideen und Institutionen, 2. Aufl. 2009, S. 63 ff.
H. Meier, Der Föderalismus – Ursprünge und Wandlungen, in: AöR 115 1990, 213 ff.
J. S. Mill, Über die Freiheit, 1974
C. Möllers, Pluralität der Kulturen als Herausforderung an das Verfassungsrecht?, in: Kulturelle Identität als Grund und Grenze des Rechts. Akten der IVR-Tagung vom 28.-30. September 2006 in Würzburg. ARSP-Beiheft Nr. 113 2008, 223 ff.
C.-L. Montesquieu, Übersetzt vom französischen *Forsthoff*, Vom Geist der Gesetze, 2. Aufl. 1992
M. Oehlrich, Vom Rhenser Weistum bis zur Föderalismusreform – Das Föderalismusprinzip als Konstante in den deutschen Verfassungen in: JURA 2009, 805 ff.
L. W. Pye, Political Culture, in: Sills (Hrsg.), International Encyclopedia of the Social Sciences, Bd. 11, 1968, S. 218
G. Ritter, Föderalismus und Parlamentarismus in Deutschland in Geschichte und Gegenwart, Bayerische Akademie der Wissenschaften, Philosophisch-Historische Klasse, 2005
A. Sarat/J. Simon, Cultural Analysis, Cultural Studies, and the Situation of Legal Scholarship, in: dies. (Hrsg.), Cultural Analysis, Cultural Studies, and the Law. Moving beyond Legal Realism. 2003, S. 1 ff.
G. F. Schuppert, Politische Kultur, 2008
K. Seelmann, Rechtswissenschaft als Kulturwissenschaft – ein neukantianischer Gedanke und sein Fortleben, in: Senn/Puskás (Hrsg.), „Rechtswissenschaft als Kulturwissenschaft". Beiträge der Jahrestagung der Schweizerischen Vereinigung für Rechts- und Sozialphilosophie 2007, ARSP-Beiheft 115 2007, 121 ff.
M. Senn, Recht und Kultur ein dialektisches Verhältnis. in: ders./Puskás (Hrsg.), „Rechtswissenschaft als Kulturwissenschaft". Beiträge der Jahrestagung der Schweizerischen Vereinigung für Rechts- und Sozialphilosophie 2007, ARSP-Beiheft 115 2007, 13 ff.
K. L. Shell, Der amerikanische Föderalismus eine kritische Perspektive, in: Piazolo/Weber (Hrsg.), Föderalismus. Leitbild für die Europäische Union?, 2004, S. 25 ff.
R. Smend, Ungeschriebenes Verfassungsrecht im Bundesstaat (1916), in: ders., Staatsrechtliche Abhandlungen, 3. Aufl. 1994/1, S. 39 ff.
ders., Das Recht der freien Meinungsäußerung, in: ders. (Hrsg.), Staatsrechtliche Abhandlungen, 3. Aufl. 1994, S. 89 ff.
G. Sprenger, Recht als Kulturerscheinung, in: ders. (Hrsg.), Von der Wahrheit zum Wert. Gedanken zu Recht und Gerechtigkeit, 2010, S. 75 ff.
R. Sturm, Devolution – Der pragmatische Weg zur Anerkennung regionaler Vielfalt im Vereinigten Königreich, in: Piazolo/Weber (Hrsg.), Föderalismus. Leitbild für die Europäische Union?, 2004, S. 181 ff

ders./S. Zimmermann, Föderalismus, 2005
ders./J. Dieringer, Regional Governance in EU-Staaten, 2009
A. *Tocqueville*, Über die Demokratie in Amerika, 1985
M. J. C. *Vile*, The Structure of American Federalism, 1961
H. *Vorländer*, Verfassung und politische Kultur. Anmerkungen aus aktuellem Anlass, in: Gephardt (Hrsg.), Verfassung und politische Kultur, 1999, S. 75 ff.

§9 Föderalismus und Governance

Gunnar Folke Schuppert

Inhalt

A. Einleitung: Was ist das spezifische an der Governance-Perspektive? 223
B. Vier Governance-Perspektiven auf den Föderalismus 226
    I. Der analytische Rahmen: Föderalismus als Mehrebenen-Governance 226
    II. Föderalismus zwischen Selbstkoordinierung, Verflechtung und Blockade 228
    III. Föderalismus als strukturierter Wettbewerb 234
    IV. Der Föderalismus im Spiegel seiner jeweiligen Finanzverfassung................. 241
C. Föderalismusreform: lessons to learn 247
    Lektion Nr. 1: Zum harten Los von Reformideen in den Mühlen interessengeleiteter Entscheidungsprozesse 247
    Lektion Nr. 2: Föderalismusreform als ausgehandelte Verfassungsgebung............. 249
Schrifttum 250

A. Einleitung: Was ist das spezifische an der Governance-Perspektive?

1   Dem mir gestellten Thema liegt offenbar die Annahme zu Grunde, dass ein Blick auf den Föderalismus aus der Governance-Perspektive nützlich sein könnte. Ob dies zutrifft, wird – um eine etwas altmodische Formulierung zu gebrauchen – der „geneigte Leser" am Ende dieses Beitrages selbst beurteilen müssen; wir wollen jedenfalls unser Bestes dafür tun, dass die Annahme vom Nutzen der Governance-Perspektive sich nicht als grundlos erweist und beginnen daher zunächst mit dem Versuch, das spezifische dieser Perspektive möglichst präzise zu benennen, was angesichts des „anerkannt uneindeutigen Begriffs"[1] von Governance nicht ganz einfach ist.

---

[1] Formulierung bei *von Blumenthal*, Zeitschrift für Politikwissenschaft 15 (2005), 1149 ff.

2   Der Zentralbegriff von Governance – darüber scheint in der Governanceliteratur[2] inzwischen eine gewisse Einigkeit zu bestehen – ist der der **Regelungsstruktur**[3], der sowohl in den Rechts- wie in den Sozialwissenschaften Verwendung findet und daher als Brücke zwischen diesen beiden disziplinären Diskursen zu fungieren vermag.[4] Im Mittelpunkt des Konzepts der Regelungsstrukturen stehen nicht einzelne Rechtsvorschriften oder Fragen guter Gesetzgebung, vielmehr kann man Regelungsstrukturen mit *Hans-Heinrich Trute* u. a.[5] als **aufgabenbezogene institutionelle Arrangements** bezeichnen, die die für die Regelung eines bestimmten Sachverhaltes wichtigsten Regulierungsinstanzen, Maßstäbe, Formen und Instrumente umfassen, sodass das Regelungsstruktur-Konzept als **analytischer Rahmen** dient, innerhalb dessen die Wirkungszusammenhänge zwischen Handlungsmaßstäben, Akteuren und Instrumenten thematisierbar werden.[6] In diesem Sinne wollen wir im Folgenden den Governance-Ansatz als analytischen Rahmen für den Blick auf den Föderalismus als ein spezifisch aufgabenbezogenes instiutionelles Arrangement verwenden.

3   Aber wir können noch mehr an Präzisierungsarbeit leisten und dabei auch deutlich konkreter werden. Zu diesem Zweck wollen wir so verfahren, dass wir zunächst darstellen, was das **Konzept** von als Regelungsstrukturen verstandener Governance hat so erfolgreich werden lassen, um dann zu fragen, ob damit für unser Föderalismus-Thema etwas anzufangen ist. Dazu müssen wir etwas weiter ausholen und fragen, welche Bedeutung unter der Governance-Perspektive Regelungsstrukturen im Allgemeinen für das Zusammenwirken verschiedener Akteure zukommt.

4   Regelungsstrukturen im weitesten Sinne des Wortes leisten insbesondere – und dies dürfte für die beobachtbare steile Karriere dieses Brückenbegriffs mit ursächlich sein – insbesondere dreierlei:

5   (1) Erstens lenkt der Begriff der Regelungsstruktur den Blick auf den gesamten **Steuerungszusammenhang einer Aufgabenerfüllung**, in dem die Regelungsstruktur-Perspektive nicht in Kästchen und Abgrenzungen denkt, sondern diese – wie etwa zwischen staatlichen und nicht-staatlichen Akteuren, zwischen privatem und öffentlichem Recht sowie zwischen formal und informal – überwindet; besonders wichtig dabei ist das Augenmerk auf die funktionale Verbindung

---

[2] Die wichtigsten deutschsprachigen Beiträge scheinen mir die folgenden zu sein: *Benz*, in: ders. (Hrsg.), Governance – Regieren in komplexen Regelsystemen, 2004, S. 11 ff.; *Benz/Lütz/Schimank/Simonis*, in: dies. (Hrsg.), Handbuch Governance, 2007, S. 9 ff.; *Mayntz*, in: Schuppert (Hrsg.), Governance-Forschung, 2. Aufl. 2006, S. 11 ff.; *Trute/Winkhaus/Kühlers*, Die Verwaltung 37 (2004), S. 451 ff.; *Zürn*, in: Schuppert/Zürn (Hrsg.), Governance in einer sich wandelnden Welt, 2008, S. 553 ff.; vgl. ferner *Schuppert*, in: ders. (Hrsg.), Governance-Forschung, 2. Aufl. 2006, S. 371 ff.

[3] Siehe dazu neben *Mayntz* (Fn. 1) und *Zürn* (Fn. 1) meinen Beitrag in Die Verwaltung 70 (2007), S. 465 ff.

[4] Vgl. *Franzius*, Verwaltungsarchiv 2006, 186 ff.

[5] *Trute/Kühlers/Pilniok*, in: Schuppert/Zürn (Hrsg.), Governance in einer sich wandelnden Welt, 2008, S. 173 ff.

[6] *Trute/Kühlers/Pilniok* (Fn. 5), durchgängig.

von unterschiedlichen Handlungsrationalitäten (und auch Rechtsregimen) staatlicher und privater Akteure zur Erreichung von Steuerungszielen in den jeweiligen Politikfeldern. Regelungsstrukturen sind also Koordinationsstrukturen und daher hervorragend geeignet, um das Zusammenwirken staatlicher und privater Handlungskompetenz als einer der Zentralaufgaben des modernen Verwaltungsstaates zu organisieren und institutionalisieren.

(2) Zweitens schärft die Perspektive der Regelungsstrukturen die Wahrnehmung für das Zusammenspiel von gesellschaftlicher Selbstregelung und staatlicher Steuerung, also für Prozesse, die in der Politikwissenschaft als „The New Interplay between the State, Business and Civil Society"[7] bezeichnet werden. Regelungsstrukturen erbringen soweit nicht nur Koordinationsleistungen, sondern verkoppeln die unterschiedlichen Handlungslogiken staatlicher und nicht-staatlicher Akteure, indem Strukturen geschaffen werden, innerhalb derer der Staat die private Leistungserbringung im Interesse des Gemeinwohls reguliert und überwacht (Regulierungsverantwortung), zum anderen durch Rahmenvorgaben selbstregulative Potentiale von Wirtschaft und Zivilgesellschaft gleichzeitig freisetzt und kanalisiert (Stichwort: **regulierte Selbstregulierung**).

(3) Damit kommt drittens die zentrale Eigenschaft der Regelungsstruktur-Perspektive in den Blick, sich in die jüngste Diskussion über den **Wandel von Staatlichkeit** einbringen zu können, in dem – wie gerade das Stichwort der regulierten Selbstregulierung als Steuerungskonzept des Gewährleistungsstaates zeigt – die Governance- und Regelungsstrukturen eines bestimmten Staatstyps oder Staatsbildes (Interventionsstaat, Präventionsstaat, Gewährleistungsstaat als Beispiele) sich in besonderer Weise dem analytischen Zugriff öffnen.

Wenn wir nun überlegen, was dies für unser Föderalismus-Thema leisten könnte, so scheint mir dies dreierlei zu sein:

- Erstens sind Regelungsstrukturen vor allem **Koordinationsstrukturen**. Da aber jedes föderale System durch einen enormen Koordinationsaufwand gekennzeichnet ist, nämlich einmal – nehmen wir das deutsche Beispiel – zwischen 16 Ländern mit durchaus unterschiedlichen Interessen und Handlungslogiken, zum anderen zwischen Bund und Ländern, scheint es uns lohnend zu sein, sich über diese Koordinationsmechanismen als Governancestrukturen Klarheit zu verschaffen.
- Zweitens hat Governance und haben Regelungsstrukturen zu tun mit dem **Zusammenspiel von Selbstregelung und zentraler Steuerung**, in dem Strukturen bestehen oder geschaffen werden müssen, die die Handlungskompetenzen von gliedstaatlicher Autonomie mit einer zentralen einheitsverbürgenden Rahmensteuerung zusammenbringen und austarieren: dies betrifft in der Tat „the very heart of federalism".
- Drittens schließlich bietet das Governance-Konzept die Chance, sich in die allgegenwärtige Diskussion über den **„Wandel von Staatlichkeit"**[8] einzuklinken und

---

[7] *Wolf*, in: Scherer/Palazzo (Hrsg.), Handbook of Research on Global Corporate Citizenship, 2008, S. 225 ff.

[8] Siehe dazu *Schuppert*, Der Staat 47 (2008), S. 325 ff.

diesen Wandlungsprozess auf seine Bedeutung für das dynamische System des Föderalismus zu befragen.[9]

So in unserer Aufmerksamkeit geschärft, wollen wir nunmehr aus vier verschiedenen Governance-Perspektiven einen näheren Blick auf den Föderalismus werfen.

B. Vier Governance-Perspektiven auf den Föderalismus

I. Der analytische Rahmen: Föderalismus als Mehrebenen-Governance

9   Da wir uns nicht in den Schwierigkeiten einer allseits akzeptierten Föderalismusdefinition verfangen wollen, legen wir diesem Beitrag eine einfache **Arbeitsdefinition** zu Grunde, die auf drei Mindestmerkmale abstellt, die nach allgemeiner Auffassung vorliegen müssen, um von einem föderalen System sprechen zu können; als mindestens zu erfüllende Kriterien sind dabei die folgenden anerkannt:

- Die **Staatsgewalt**, also die Fähigkeit, Entscheidungen mit unmittelbarer Verbindlichkeit für die Bürger zu treffen, ist zwischen (mindestens) **zwei Ebenen** aufgeteilt.
- Die **Gliedstaaten** verfügen über **eigene Kompetenzen**, die sie autonom ausüben und die ihnen durch die Verfassung garantiert sind.
- Die **regionalen Einheiten** sind **im Bund repräsentiert** bzw. Gliedstaaten verfügen über eine garantierte Mitwirkung im Bund.[10]

10   Schon anhand dieses einfachen Merkmalskatalogs kann man nützliche Unterscheidungen treffen, die zwar nicht im Zentrum unserer Aufmerksamkeit stehen, die wir aber ebenfalls kurz erwähnen wollen: man kann etwa Bundesstaaten von Einheitsstaaten unterscheiden oder Typen von Bundesstaatlichkeit, die nach ihrem Dezentralisierungs- bzw. Verflechtungsgrad differieren oder nach der Art und Weise der Vertretung von Gliedstaaten im Bund (z. B. durch direkt gewählte Abgeordnete in einem Senat oder durch Delegierte der Regierungen in einem Bundesrat).

11   Uns interessiert an dieser Stelle das erste Mindestmerkmal, nämlich die föderale Systeme kennzeichnende Mehrebenenstruktur: föderale Systeme sind – diese Redeweise hat sich inzwischen nahezu vollständig durchgesetzt – **Mehrebenensysteme** und das Insgesamt der sie kennzeichnenden Governancestrukturen wird heute als **multilevel governance** bezeichnet.[11] Dabei ist mit multilevel governance nicht einfach die Tatsache gemeint, dass in allen größeren Territorialstaaten Kompetenzen

---

[9] Vgl. dazu *Schneider*, in: Klönne/Rasehorn/Rittstieg (Hrsg.), Lebendige Verfassung – das Grundgesetz in Perspektive, 1981, S. 91 ff.

[10] Vgl. dazu mit weiteren Nachweisen *Benz*, in: Benz/Lehmbruch (Hrsg.), Föderalismus, 2001, S. 9 ff.

[11] Vgl. etwa *Brunnengräber/Walch* (Hrsg.), Multi-Level Governance, 2007; *Brunnengräber/Burchhardt/Görg* (Hrsg.), Mit mehr Ebenen zu mehr Gestaltung?, 2008.

vertikal aufgeteilt sind, also zwischen der zentralstaatlichen, der regionalen und der lokalen Ebene; vielmehr interessiert sich multilevel governance für das Verhältnis der Ebenen zueinander, für ihr Zusammenwirken und die dabei auftretenden Koordinationsprobleme:

> Von Governance in Mehrebenensystemen sollten wir nur dann sprechen, wenn politische Prozesse eine Ebene überschreiten. Was auf den ersten Blick als tautologische Aussage erscheinen mag, ist tatsächlich ein wichtiges Definitionsmerkmal. Unterstellt wird damit nämlich nicht einfach eine organisatorische Gliederung eines politischen Systems in Ebenen, auf denen jeweils getrennte Aufgaben erfüllt werden. Mehrebenensysteme der Politik entstehen, wenn zwar die Zuständigkeiten nach Ebenen aufgeteilt, jedoch die Aufgaben interdependent sind, wenn also Entscheidungen zwischen Ebenen koordiniert werden müssen. Die in der Föderalismusdiskussion vielfach negativ bewertete ‚**Politikverflechtung**' stellt somit ein wesentliches Merkmal von multilevel governance dar. Zentraler Gegenstand der politikwissenschaftlichen Analyse sind die Ursachen, die Formen und die Folgen der Verflechtung.[12]

Damit sind zwei wichtige Stichworte gefallen, nämlich das der Verflechtung und das der notwendigen Koordinierung der „Handlungsbeiträge" der jeweiligen Ebenen. Während wir auf das Verflechtungsphänomen im nächsten Gliederungspunkt (Rn. 16 ff.) noch ausführlicher zurückkommen werden, knüpfen wir jetzt an das Stichwort der **Koordinationsnotwendigkeit** an. Wenn es in der Föderalismus-Forschung ganz zentral um Koordinierung geht, dann rücken die dabei Verwendung findenden Koordinationsstrukturen und die Koordinierungsmodi in den Mittelpunkt, was nichts anderes meint, als dass wir nunmehr einen Blick auf diesen wohl wichtigsten Typ von Governancestrukturen werfen sollten.

12

In der Governanceforschung werden in der Regel **vier idealtypische Mechanismen der Handlungskoordinierung** unterschieden,[13] nämlich

13

- erstens das vertraute Ordnungsmuster der **Hierarchie**, das insbesondere für die binnenadministrativen Strukturen und Prozesse von zentraler Bedeutung ist;
- zweitens die Koordination durch **Netzwerke**, wobei wir von Netzwerken als Governanceform dann sprechen, wenn „formal autonome Akteure in relativ dauerhaften, aber nicht formal geregelten Interaktionsbeziehungen gemeinsame Ziele oder Werte verwirklichen"[14], und zwar in der Regel durch Austausch von Informationen bzw. Ressourcen;
- drittens erfolgt die Koordination in **Verhandlungen** durch wechselseitige Einflussnahme in direkter Kommunikation, und zwar entweder im Modus des „bargaining" im Wege der Kompromissbildung oder von wechselseitigen Tauschgeschäften in Paketlösungen oder im Modus des „arguing" durch den Versuch wechselseitiger Überzeugung;
- **Wettbewerb** ist die vierte elementare Governanceform, wobei man insbesondere die Formen des Leistungs- und Regulierungswettbewerbs unterscheiden kann.

---

[12] *Benz,* in: ders. (Hrsg.), Governance – Regieren in komplexen Regelsystemen, S. 126 f.

[13] Näher dazu *Benz,* in: Bogumil/Jann/Nullmeier (Hrsg.), Politik und Verwaltung, 2006, S. 29 ff.

[14] *Benz* (Fn. 12), S. 32.

14 *Arthur Benz* hat diese vier Grundformen der Handlungskoordination grafisch wie folgt zusammengefasst:[15]

Elementare Governanceformen in der Verwaltung

	Hierarchie	Netzwerk	Verhandlung	Wettbewerb
Koordinationsmechanismus	Wechselseitige Anpassung	Wechselseitiger Einfluss	Wechselseitiger Einfluss	Wechselseitige Anpassung
Struktur	Asymmetrische Verteilung von Macht und Informationen	Variable Verteilung von Einflussbeziehungen	Gleiche Vetomacht, variable Verteilung von Informationen und Tauschpotentialen (Ressourcen)	Formale Gleichheit, variable Wettbewerbsfähigkeit
Stabilisierung	Formale Regeln	Interdependenz, Vertrauen	Individuelle und gemeinsame Interessen	Komparative Orientierung, individuelle Interessen
Austrittskosten	Sehr hoch	Relativ hoch	Relativ gering	Gering

15 Da man sich in diesem Zweig der Governanceforschung, der sich des Näheren mit dem Föderalismus beschäftigt, einig ist, dass dort insbesondere die Koordinationsmodi der Verhandlung und des Wettbewerbs eine zentrale Rolle spielen, ergibt sich die nachfolgende Gliederung dieses Beitrages von selbst: wir beschäftigen uns zunächst mit dem Verflechtungsphänomen, sodann mit dem des Wettbewerbs.

II. Föderalismus zwischen Selbstkoordinierung, Verflechtung und Blockade

16 Wir alle kennen – um damit zu beginnen – die intensive **Selbstkoordination der Länder** untereinander in Form von mehr oder weniger institutionalisierten Ministerkonferenzen wie die wohl besonders bekannte Kultusministerkonferenz, die Innenministerkonferenz oder die unter dem schönen Kürzel JuMiKo firmierende Justizministerkonferenz. Es handelt sich hierbei um eine Erscheinungsform **horizontaler Koordination**, mit der de facto eine in der Verfassung nicht vorgesehene dritte Entscheidungsebene zwischen dem Bund und den einzelnen Ländern einbezogen worden ist. So praktisch wichtig diese Erscheinungsform der Selbstkoordination auch ist, theoretisch interessanter sind die Modi vertikaler **ebenenübergreifender Koordinationen**, denen wir uns jetzt zuwenden wollen:

---

[15] *Benz* (Fn. 132), S. 32.

1. Verflechtungsstrukturen: Ursachen, Formen und Strategien der Blockadevermeidung

In das Grundgesetz, das an sich dem föderalen Grundgedanken einer strikten Trennung von Aufgaben und Kompetenzen des Bundes und der Länder verpflichtet ist, wurde im Jahre 1969 die verfassungsrechtliche Novität der sogenannten **Gemeinschaftsaufgaben** gemäß Artikel 91a und 91b GG eingeführt, eine Verfassungsänderung, die gemeinhin als Geburtsstunde des sogenannten **kooperativen Föderalismus** gilt.[16] In der staatsrechtlichen Literatur wurde diese neue Kategorie durchaus freundlich aufgenommen, wobei dieser positive Grundton einmal auf der Erleichterung darüber beruhte, dass die seit Jahrzehnten in der verfassungsrechtlichen Grauzone praktizierte sogenannte Fondsverwaltung nunmehr auf eine sichere rechtliche Grundlage gestellt wurde, zum anderen auf der insbesondere von der Politik geltend gemachten Notwendigkeit einer gemeinsamen Planung und Finanzierung bestimmter Aufgaben im modernen Bundesstaat. Als repräsentativ mag insoweit eine Passage aus einem Beitrag von *Franz Knöpfle* zitiert werden:

17

> Dieser Staatsaufbau [gemeint ist der ursprüngliche Föderalismus des GG, G.F.S.] erwies sich allerdings als den Anforderungen einer modernen Industriegesellschaft, wie sie sich in der Bundesrepublik entwickelte, auf die Dauer nicht gewachsen: Der **Zwang zu gemeinschaftlicher Problembewältigung** und damit zu einer Aufweichung der starren Kompetenzgrenzen wurde immer deutlicher fühlbar. Besondere Impulse gaben das Bedürfnis nach umfangreichen Investitionen der öffentlichen Hand, deren gleichgewichtige Entwicklung eine gemeinsame Aufgaben- und Ressourcenplanung immer notwendiger machte, sowie das gesellschaftliche Streben nach Angleichung der Lebensverhältnisse im gesamten Staatsgebiet.[17]

Die Politik- und Verwaltungswissenschaft stand dem, was die Juristen als kooperativen Föderalismus prinzipiell eher gutheißen, von Anfang an eher skeptisch gegenüber und entwickelte aufgrund einer kritischen Bestandsaufnahme kooperativer Praktiken die sehr einflussreich gewordene **Theorie der Politikverflechtung**, die vor allem mit dem Namen von *Fritz Scharpf* verbunden ist.[18] Wie dieser Untersuchungsansatz vorgeht und was er erklären will, erläutert uns *Scharpf* wie folgt:

18

> Die empirisch-verhaltenswissenschaftliche Analyse beginnt mit der Tatsache der Politikverflechtung (ohne zunächst ihren Entstehungsgründen weiter nachzugehen). Sie differenziert dann unterschiedliche Arten von Verflechtungsstrukturen und entwickelt Hypothesen zum Entscheidungsverhalten (Informationsverarbeitung und Konfliktregelung/Konsensbildung) in diesen Verflechtungsstrukturen. Aus diesen lassen sich weitere Hypothesen zur Wahrscheinlichkeit oder Unwahrscheinlichkeit des Einsatzes unterschiedlicher **Steuerungsinstrumente** ableiten. Der Vergleich zwischen den wahrscheinlichen und den notwendigen Steuerungsinstrumenten erlaubt schließlich die Identifikation von strukturbedingten Steuerungsdefiziten.[19]

---

[16] Dazu vor allem *Hesse*, in: Geiger/Rittersbach (Hrsg.), FS für G. Müller, 1970, S. 143 ff.; *Kewenig*, AöR 93, 1968, 433 ff.; *Kisker*, Kooperation im Bundesstaat, 1971; *Kunze*, Kooperativer Föderalismus in der Bundesrepublik Deutschland, 1968.

[17] Knöpfle, in: Mäding/Knöpfle (Hrsg.), Organisation und Effizienz der öffentlichen Verwaltung, 1974.

[18] *Scharpf/Reisert/Schnabel*, Politikverflechtung 1976; *Scharpf*, Politischer Vierteljahresschrift 26, 1985, S. 323 ff.; *ders.*, in: Hesse (Hrsg.), Politikverflechtung im föderativen Staat, 1978, S. 21 ff.

[19] *Scharpf* (Fn. 18), S. 23 f.

19 Was zunächst die unterschiedlichen **Arten von Verflechtungsstrukturen** angeht, so lassen sich mit Scharpf die folgenden drei Grundtypen unterscheiden:

> Bei den Verflechtungsstrukturen unterscheiden wir zwischen horizontaler Verflechtung, hierarchischer Verflechtung und Verbundssystemen. Während bei der **horizontalen Verflechtung** (Modell: Kultusministerkonferenz) das Steuerungsprogramm ausschließlich von den dezentralen Einheiten selbst beschlossen wird, würde es bei der **hierarchischen Verflechtung** (Modell: Bundesauftragsverwaltung) ausschließlich von einer Zentralinstanz beschlossen. Bei **Verbundsystemen** sind die dezentralen Einheiten und die Zentralinstanz gemeinsam an der Formulierung des Steuerungsprogramms beteiligt. Dabei unterscheiden wir noch einmal zwischen bilateralen Verbundsystemen (Modell: Zweckzuweisungen des Landes an die Gemeinden) und multilateralen Verbundsystemen (Modell: Gemeinschaftsaufgaben), bei denen alle dezentralen Einheiten gemeinsam mit der Zentralinstanz an der Formulierung des Steuerungsprogramms zusammenwirken.[20]

20 Der Witz an der Theorie der Politikverflechtung besteht aber weniger in dieser hilfreichen Typologisierung, sondern in der **Hypothesenbildung** über verflechtungsstrukturentypische Verhaltensweisen der Akteure:

Verflochtene Politikbereiche wie die Gemeinschaftsaufgaben sind – so der Ausgangspunkt – gekennzeichnet durch einen hohen **Konsensbedarf** der Beteiligten. Damit ist für die Steuerungsfähigkeit in diesen Bereichen entscheidend, welche Strategien der Konfliktregelung/Konsensbildung in den kooperativen Arenen angewandt werden. *Scharpf*, *Reisert* und *Schnabel* kamen nun in ihren Untersuchungen zu dem in der Tat mehr als plausiblen Ergebnis, dass in aller Regel auf Strategien einer systematischen Minimierung des Konsensbedarfs ausgewichen wird. Hierbei erweisen sich Entscheidungsregeln als hilfreich, die die Konfliktwahrscheinlichkeit vermindern: diese sind „Strukturverhalten, Gleichbehandlung, Besitzstandswahrung, Konfliktvertagung und Eingriffsverzicht."[21]

21 Noch plastischer wird die Leistungsfähigkeit der Theorie der Politikverflechtung, wenn wir von der nationalstaatlichen Ebene der Gemeinschaftsaufgaben auf die **europäische Ebene** überwechseln, auf der für einen langen Zeitraum die Einstimmigkeitsregel dominierte, die es – so das plausible Ergebnis der Überlegungen *Fritz Scharpfs* – erklärbar macht, dass es in der Europäischen Gemeinschaft den so genannten Butterberg gab. *Scharpf* entfaltet in diesem lehrreichen Beitrag die These, „dass die institutionelle Struktur der Europäischen Gemeinschaft, insbesondere die Einstimmigkeitsregel – d. h. mit der Möglichkeit eines nationalstaatlichen Vetos und dem Zwang, sich durch Verhandlungsprozesse zu einigen –, zu Ergebnissen führt, die politisch – unter vernünftigen Leuten betrachtet – suboptimal sind. Man einigt sich auf das, was sich als kleinster gemeinsamer Nenner herausstellt. Das ist, wenn alle bestimmte Agrarmarktinteressen haben, die Stützung der Produktion durch künstliche Preise und durch Anlegung eines Butterberges. Wir können überspitzt, aber wohl zutreffend sagen: Der Butterberg ist das Ergebnis der **institutionellen Logik** der Europäischen Union."[22]

---

[20] *Scharpf* (Fn. 18), S. 26.
[21] *Scharpf* (Fn. 18), S. 23 f.
[22] *Scharpf,* Politischer Vierteljahresschrift 26, 1985, S. 677.

Wenn dies alles richtig ist, dann verfügen wir hiermit über einen ersten Beweis für die **Fruchtbarkeit des Governance-Ansatzes** für die Analyse des Föderalismus: Governancestrukturen wie der Typus von Verflechtungsstrukturen bieten ein interessantes und überzeugendes Erklärungsmodell für das tatsächliche Verhalten von föderalen Akteuren in der Architektur der föderalen Gesamtkonstruktion.

2. Ursachen der Mehrebenenverflechtung

Verflechtungen sind – darin sind sich Politik- und Verwaltungswissenschaft weitgehend einig – in den institutionellen Strukturen eines Mehrebenesystems angelegt; dies gilt nicht nur für nationalstaatliche Verflechtungsformen, sondern insbesondere für die europäische Ebene, wie die neuere Begriffsbildung vom **Europäischen Verwaltungsverbund**[23] und der europäischen Verwaltung als einem Informations-, Entscheidungs- und Kontrollverbund[24] uns deutlich vor Augen führt.

Aber es sind nicht nur diese institutionell-strukturellen Gründe, die eine Politikverflechtung begünstigen, sondern nach allem, was man beobachten konnte und kann, haben maßgebliche Akteure des föderalen Systems ein lebhaftes Eigeninteresse an der Kooperation über die Ebenen hinweg.[25] *Arthur Benz* hat einige der besonders plausiblen **Akteursinteressen** an der Politikverflechtung für uns zusammengestellt:

> Regierungen können durch Politikverflechtung bzw. durch Kooperation mit Regierungen auf anderen Ebenen oder in anderen Einheiten **Autonomie gegenüber ihren Parlamenten** gewinnen. Die in der intergouvernementalen Zusammenarbeit erzielten Politikergebnisse können als Sachzwänge präsentiert werden, für die Regierungen nur teilweise verantwortlich sind.

> Akteure in der Verwaltung profitieren von der Verflechtung ihrer Aufgaben zwischen Ebenen, weil sie durch **interadministrative Vereinbarungen** ihren Bestand an Programmen und Ressourcen gegen die Ansprüche anderer Ressorts absichern können. Vertikal verflochtene Programme sind in der Regel stabil und können auch in Phasen der Finanzknappheit gegen Kürzungen behauptet werden. Ferner können kooperierende Verwaltungen Gesetzgebungsvorschläge erarbeiten, die von den Parlamenten dann nur noch schwer zur Disposition gestellt werden können.

> Damit scheinen lediglich die Parlamente in den einzelnen Gebietskörperschaften als Gegner der Politikverflechtung zu handeln. Tatsächlich erleiden sie einen Machtverlust gegenüber den Regierungen und Verwaltungen. Die Klagen von Parlamentariern über Verflechtungsstrukturen im nationalen und internationalen Kontext haben allerdings vielfach symbolischen Charakter. Parlamente neigen zur **Selbstentmachtung**[26], weil gewählte Repräsentanten damit genauso wie Regierungen Verantwortlichkeit für konkrete Entscheidungen abwälzen können, für die dann die Regierungen oder Verwaltungen einstehen müssen.[27]

---

[23] *Schmidt-Aßmann/Schöndorf-Haubold* (Hrsg.), Der Europäische Verwaltungsverbund, 2005.

[24] *Schmidt-Aßmann*, in: Schmidt-Aßmann/Schöndorf-Haubold (Hrsg.), Der Europäische Verwaltungsverbund, 2005, S. 1 ff.

[25] Vgl. dazu *Marks*, Regional and Federal Studies 6 (1997), S. 20 ff.; *Wolf*, Die neue Staatsräson – Zwischenstaatliche Kooperation als Demokratieproblem in der Weltgesellschaft, 2000.

[26] *Klatt*, Jahrbuch zur Staats- und Verwaltungswissenschaft 3 (1989), S. 119 ff.

[27] *Benz*, Governance in Mehrebenensystemen, in: Schuppert (Hrsg.), Governance-Forschung, 2. Aufl., 2006, S. 95 (97 f.).

3. Varianten der Mehrebenenpolitik im deutschen Bundesstaat

25 In seinem jüngsten Beitrag zu multilevel governance hat *Arthur Benz*[28] auch einen näheren Blick auf Probleme der Mehrebenenpolitik im deutschen Bundesstaat geworfen und vorgeschlagen, die folgenden vier Formen von Mehrebenen-Aushandlungsprozessen zu unterscheiden:[29]

Vier Formen der Mehrebenenkoordination durch Verhandlungen

	Verhandlungssystem	Parteienwettbewerb
Zustimmungsgesetze	Zwang	Stark
Gemeinschaftsaufgaben	Zwang	Schwach
Kultusministerkonferenz	Freiwillig	Stark
Europapolitik	Freiwillig	Schwach

26 Da wir die Koordinationsformen der Gemeinschaftsaufgaben und der horizontalen Selbstkoordination der Länder durch Fachminister-Konferenzen schon – wenn auch nur kurz – erörtert haben, wollen wir uns im Folgenden auf die anderen beiden Varianten konzentrieren, nämlich die zustimmungspflichtige Gesetzgebung, deren Überhandnahme einer der Auslöser der Föderalismusreform I darstellte und die „doppelte Politikverflechtung" durch die Bund-Länder-Kooperation in der EU.

27 a) **Zustimmungspflichtige Gesetzgebung.** Zunächst der wohl unstreitige Befund:

> In der Gesetzgebung ist die Politikverflechtung in Deutschland besonders stark ausgeprägt, weil die meisten Gesetze vom Bund unter Mitwirkung der Landesregierungen im Bundesrat erlassen werden. Bei mehr als der Hälfte dieser Gesetze, die die Zustimmung des Bundesrats benötigen, zwingt die Verfassung zum Aushandeln eines Kompromisses zwischen den Vertretern der Mehrheiten in Bundestag und Bundesrat.
> Parteipolitisch umstrittene Gesetzesvorlagen drohen in dieser Situation [bei unterschiedlichen Mehrheiten in Bundestag und Bundesrat, G.F.S.] an den ideologischen Gegensätzen oder den kompetitiven Handlungsorientierungen der Parteipolitiker zu scheitern. Zum anderen sind Verhandlungen schwierig, wenn die Interessen des Bundes und der Länder divergieren. Das trifft insbesondere für Gesetze zu, die die Steuerverteilung oder die Finanzlastenverteilung betreffen, die also Verteilungskonflikte verursachen. Parteienkonfrontationen und Verteilungskonflikte können sich wechselseitig verstärken.[30]

28 Angesichts dieser in der Zustimmungspflichtigkeit liegenden Gefahr eines Lahmlegens der Gesetzesproduktion ist es erstens erklärungsbedürftig, warum diese Form der Unregierbarkeit bisher so dramatisch wie theoretisch möglich noch nicht aufgetreten ist und zum zweiten von Interesse, welche Strategien – seien sie institutioneller oder informeller Art – dazu geeignet sind bzw. genutzt werden, um **Blockaden der Gesetzgebung** zu vermeiden. *Arthur Benz* hat nun drei solcher institutioneller Vorkehrungen gegen Blockaden ausgemacht, auf die wir einen kurzen Blick werfen wollen:

> Zu den institutionellen Vorkehrungen gegen Blockaden gehört zum einen die **Initiativmacht der Regierung**. Zwar können Gesetze auch aus der Mitte des Bundestages und dem Bundesrat eingebracht werden, in der Regel gehen sie aber auf Entwürfe der Bundesregierung zurück,

---

[28] *Benz*, in: Jann/König (Hrsg.), Regieren zu Beginn des 21. Jahrhunderts, 2008, S. 407 ff.

[29] *Benz* (Fn. 28), S. 426.

[30] *Benz* (Fn. 28), S. 414 f.

die auf diese Weise ihr Regierungsprogramm verwirklicht. Die Initiativkompetenz verleiht der Regierung die Macht, den Ausgangspunkt von Verhandlungen zu definieren (agenda setting) und dessen Gegenstand vorzugeben. Verfügt im Bundesrat eindeutig die Oppositionspartei über die Mehrheit der Stimmen, so formuliert die Regierung Gesetzesvorschläge so, dass die Chancen auf Zustimmung möglichst hoch sind (Manow, Burkhardt 2006). Die ‚Vetospieler', d. h. die Parlamentsmehrheit und der Bundesrat müssen dann Änderungsvorschläge vorbringen. Zudem haben sie bei einem erreichten Kompromiss abzuwägen, ob ein Veto, mit dem ein Gesetz verhindert wird, besser ist als der Status quo.

Die zweite institutionelle Regelung, welche Verhandlungslösungen in der Gesetzgebung erleichtert, liegt in der **Sequenzialisierung des Verfahrens**. Auf eine Initiative der Regierung kann der Bundesrat mit einer Stellungnahme antworten. In dieser Phase wird dann offen gelegt, welche Konflikte bestehen. Diese können dann in Verhandlungen außerhalb des formalen Verfahrens bewältigt werden.

Das dritte Element der bundesstaatlichen Institutionenordnung, das Blockaden entgegen wirkt, ist der **Vermittlungsausschuss**. Dieser hat sich in der Geschichte der Bundesrepublik als ein effektives Gremium für die Kompromissfindung erwiesen (Lhotta 2000). Voraussetzung dafür war die Vertraulichkeit der Verhandlungen und die Regelung, dass ein Entscheidungsvorschlag des Ausschusses im Bundestag und Bundesrat nur noch angenommen oder abgelehnt werden kann.[31]

Aber neben diesen strukturell-institutionellen Faktoren, die das Zusammenspiel zwischen Parteienwettbewerb und Bund-Länder-Verhandlungen prägen,[32] haben sich in der Praxis der deutschen Mehrebenenpolitik eine Reihe von Strategien herausgebildet, die es ermöglichen, die Gesetzgebungsmaschinerie in Gang zu halten; *Arthur Benz* hat in diesem Kontext die folgenden **sechs Strategien** ausgemacht, deren Kenntnis uns für das Verständnis des Funktionierens des deutschen Föderalismus wichtig zu sein scheint:

Durch **Vorverhandlungen** auf unterschiedlichen Ebenen der Ministerialverwaltung des Bundes und der Länder werden Konflikte abgearbeitet. Zwar tagen Fachgremien der Verwaltung schon auf Abteilungsleiterebene nach Parteigruppierungen, dennoch dominieren in ihnen fachliche Gesichtspunkte, und zum Teil werden Verhandlungen durch Vertrauensbeziehungen in den Netzwerken der Verwaltung erleichtert.

Die bereits genannten **Verhandlungen in Parteigremien** dienen dazu, Interessenkonflikte zwischen den Gebietskörperschaften auf wenige Positionen der Parteien zu reduzieren. Durch diese Bilateralisierung sinkt die Komplexität der Verhandlungsgegenstände, was Entscheidungskosten reduziert.

Konflikte können zwischen unterschiedlich zusammengesetzten **Gremien verlagert** werden. So werden in Verhandlungen der Fachministerkonferenzen und Konferenzen der Regierungschefs politische Fragen geklärt, die in Fachverwaltungen nicht gelöst werden können. Umgekehrt können politisch umstrittene Themen in Fachgremien abgearbeitet werden.

Nicht selten werden zwischen Bund und Ländern Gesetze zu **Paketen** zusammengefasst, in denen sich Interessenausgleiche erreichen lassen. Auch versucht die Bundesregierung gelegentlich, einzelne Länder durch **Ausgleichszahlungen** dazu zu bewegen, die Front der Opposition zu verlassen.

---

[31] *Benz* (Fn. 28), S. 415 f.

[32] *Benz*, in: Mayntz/Streeck (Hrsg.), Die Reformierbarkeit der Demokratie, 2003, S. 205 ff.

Konfliktlösungen lassen sich auch erreichen, wenn **Konfliktgegenstände sequenziell abgearbeitet** werden, etwa wenn zunächst über die Sachfragen und später über die Vorteils- und Lastenaufteilung verhandelt wird. Allerdings unterliegt diese Strategie dem Risiko, dass verdrängte Verteilungskonflikte in einer zweiten Stufe des Gesetzgebungsprozesses aufbrechen und dann die Implementation bereits beschlossener Regelungen blockieren.

Die Bundesregierung umgeht Vetodrohungen des Bundesrats auch, indem sie **Gesetze aufteilt**, so dass nur noch Teile dessen Zustimmung erforderlich machen.[33]

30 b) Die „doppelte Politikverflechtung": Bund-Länder-Kooperation in der EU.
Unter dem Kürzel der „doppelten Politikverflechtung" werden die Probleme zusammengefasst, die sich daraus ergeben, dass durch die Mitgliedschaft des Mehrebenensystems Bundesrepublik in dem – wenn auch loser gekoppelten – Mehrebenensystem der EU **zwei Mehrebenensysteme miteinander verflochten** werden, was den Akteuren die Kunst abverlangt, sich nicht nur in diesem komplexen Ambiente zurechtzufinden, sondern seine Funktionslogik für die eigenen Interessen und ihre Durchsetzung zu nutzen. Haben wir es bei lediglich einem Mehrebenensystem „nur" mit dem Dilemma zu tun, zwei Entscheidungsebenen „unter einen Hut" zu bringen, wächst sich dies Dilemma im Falle der doppelten Politikverflechtung zu einem **Trilemma** aus, das uns Arthur Benz wie folgt schildert:

> Die komplexen Mehrebenenstrukturen der europäischen Politik stellen die Regierungen von Bund und Ländern vor besondere Herausforderungen. Die Bundesregierung muss bei der Entscheidungsfindung einerseits mit Regierungen anderer Mitgliedsstaaten verhandeln. Soweit die Länder in ihren Kompetenzen betroffen sind, muss sie zudem eine Einigung mit den Landesregierungen erreichen. Und schließlich müssen die Bundesregierung und die Landesregierungen auf die Willensbildung in ihren Parlamenten Rücksicht nehmen. Regieren im europäischen Mehrebenensystem erfordert damit nicht nur die Lösung des Dilemmas, das aus dem Zusammentreffen zwischen parlamentarischen Verfahren und intergouvernementalen Verhandlungen entsteht, sondern ein ‚Trilemma', weil sich die Effektivität der europäischen Verhandlungen, die Berücksichtigung der Belange des kooperativen Föderalismus in der Bundesrepublik und die Regeln der parlamentarischen Demokratie schwerlich auf einen Nenner bringen lassen. Die damit verbundenen Schwierigkeiten und Entscheidungskosten haben im Rahmen der Föderalismusreform eine Diskussion über die Entflechtung der europäischen Zuständigkeiten ausgelöst. Während der Bund eine Alleinzuständigkeit für die Vertretung der Bundesrepublik in der EU forderte, wollen die Länder ihre Interessen im Ministerrat durch einen Repräsentanten des Bundesrats selbst vertreten. Art. 23 Abs. 6 GG wurde schließlich dahingehend geändert, dass nunmehr in den Gebieten der schulischen Bildung, der Kultur und des Rundfunks in Europa ein vom Bundesrat benannter Ländervertreter für die Bundesrepublik handelt.[34]

III. Föderalismus als strukturierter Wettbewerb

31 Beginnen wollen wir diesen Gliederungspunkt mit einer der hilfreichen Übersichten von Arthur Benz, diesmal zu den verschiedenen Arten politischen Wettbewerbs:[35]

---

[33] *Benz* (Fn. 32), S. 417 f.

[34] *Benz* (Fn. 32), S. 423.

[35] *Benz*, in: Benz/Lütz/Schimank/Simonis (Hrsg.), Handbuch Governance, 2007, S. 54 (57).

§9 Föderalismus und Governance

Formen des politischen Wettbewerbs

	Gegenstand	Konkurrierende Akteure	Bewertende Instanz	Akteurskonstellation	Interessenkonstellation
Wettbewerb um Ämter, Parteienwettbewerb	Wählerstimmen/ Ämter/Macht	Politiker, Parteien	Wählerschaft	Oligopolitisch	Nullsummenspiel
Steuerwettbewerb, Regulierungswettbewerb	Einnahmen, Produktnormen	Gebietskörperschaften, Staaten	Mobile Steuerzahler	Pluralistisch	Tendenziell Nullsummenspiel
Anbieterwettbewerb	Aufträge	Unternehmen	Auswahlausschuss	Oligopolitisch oder pluralistisch	Nullsummenspiel
Leistungswettbewerb	Zustimmung	Körperschaften, Behörden	Parlamente, Wählerschaft	Pluralistisch	Positivsummenspiel
Systemwettbewerb	Zustimmung/ wirtschaftlicher Erfolg	Staaten, Staatensysteme	Mobile Unternehmen, Bürgerschaft	Oligopolitisch	In der Regel Positivsummenspiel

32 Für föderalistische Systeme sind es zwei Typen des politischen Wettbewerbs, die eine zentrale Rolle spielen, nämlich der **Steuer- und Regulierungswettbewerb** auf der einen Seite und der **Leistungswettbewerb** auf der anderen. Bevor wir diese beiden Wettbewerbsarten näher erörtern – und zwar am Beispiel der Europäischen Union – wollen wir noch einen Blick auf den deutschen Fall des sogenannten Wettbewerbsföderalismus werfen.

1. „The German Case" oder zu Aufstieg und Fall des Konzepts des Wettbewerbsföderalismus

33 Aufstieg und Fall von **Konzept und Begriff des Wettbewerbsföderalismus**[36] zu verfolgen, ist schlichtweg faszinierend.[37] Noch bei der Vorbereitung des vorerst letzten Angriffs der wohlhabenden Zahlerländer Bayern, Baden-Württemberg und Hessen auf das System des Länderfinanzausgleichs mit seiner – wie geltend gemacht wurde – Übernivellierung und Gleichmacherei sowie der ungerechtfertigten Bevorzugung der Stadtstaaten spielte der Argumentationstopos des Wettbewerbsföderalismus – wohl fundiert durch die ökonomische Plausibilität des Wettbewerbsgedankens – in den Schriftsätzen der Antragsteller eine zentrale Rolle. Aber schon in der von *Paul Kirchhof* dominierten mündlichen Verhandlung hatte dieses bisherige Zentralargument so gut wie keine Bedeutung mehr und auch in dem das **Maßstäbegesetz** kreierenden Urteil selbst[38] hat es mit Entscheidungsergebnis und Entscheidungsbegründung nichts zu tun. Wie lässt sich ein solch tiefer Fall erklären?

34 Mit der unterschiedlichen Interessenlage der Länder, lautet die realistische Antwort. Die wettbewerbsgeneigten Länder, die insbesondere für eine Stärkung der Einnahmeautonomie der Gliedstaaten und eine Reduzierung des Ausgleichsniveaus plädierten, waren mehr oder weniger allein auf weiter Flur, da die sog. neuen Bundesländer sich strukturell nicht wettbewerbsfähig fühlten und die doch zahlreichen struktur- und daher finanzschwachen alten Bundesländer den Wettbewerb scheuten; unter diesen nicht verfassungsrechtlichen, sondern **interessenbestimmten Rahmenbedingungen** konnte dem Konzept des Wettbewerbsföderalismus kein Erfolg beschieden sein. *Fritz Scharpf* hat diesen Befund mit großer Klarheit und Eindringlichkeit wie folgt zusammengefasst:

> Dass dafür die Unterstützung aller Länder nicht zu gewinnen war, lag auf der Hand – insbesondere da die publizistische Unterstützung durch die FDP und engagierte Ökonomen auch keinen Zweifel daran ließ, dass mit der Durchsetzung des Konzeptes auch das Versprechen ‚einheitlicher' oder wenigstens ‚gleichwertiger Lebensverhältnisse im Bundesgebiet' (Art. 106 Ab. 3 Ziff. 2 GG, Art. 72 Abs. 2 GG) aufgekündigt werden sollte. Solche Argumente waren (jedenfalls damals) nicht nur in Ostdeutschland politisch nicht zu vermitteln. Auch das Verfassungsgericht ließ sich von den ökonomischen Argumenten nicht beeindrucken und betonte in seinem Urteil sogar noch stärker als zuvor die Bedeutung des ‚bundesstaatlichen Gedankens der **Solidargemeinschaft**'. Im Ergebnis hat die Assoziation mit dem

---

[36] *Klatt*, Aus Politik und Zeitgeschichte 31 (1982), S. 3 ff.; *Arndt*, Wirtschaftsdienst 1998, S. 76 ff.

[37] Siehe dazu *Schuppert*, in: Hufen (Hrsg.), FS für H.-P. Schneider, 2008, S. 285 ff.

[38] BVerfGE 101, 158 – Maßstäbegesetz.

Vorstoß der reichen süd- und westdeutschen Länder gegen den Finanzausgleich den ‚Wettbewerbsföderalismus' zum ‚politischen Streitbegriff' werden lassen, der trotz (oder wegen) der fortdauernden publizistischen Unterstützung durch liberale Ökonomen im politischen Prozess mehr Widerstand als Zustimmung mobilisierte. In der späteren Föderalismuskommission wurde er geradezu als ‚Unwort' behandelt, von dem sich zu distanzieren ein Gebot der political correctness gerade für jene war, die auch auf die positiven Seiten eines politischen Wettbewerbs zwischen den Ländern hinweisen wollten.[39]

Aber ein weiteres Argument kommt hinzu, nämlich dass das Konzept des Wettbewerbsföderalismus selbst oder, soll man sagen, gerade aus ökonomischer Perspektive einen gravierenden **Konstruktionsfehler** aufweist: denn wie soll ein Wettbewerb funktionieren, wenn keiner der Teilnehmer wirklich vom Ausscheiden bedroht ist? Die entsprechende Argumentationskette ist von *Rüdiger Pohl* – bei den Ökonomen gewiss kein „Nobody" – wie folgt formuliert worden: 35

> Der Grundgedanke des Wettbewerbsföderalismus leuchtet jedem Ökonomen ein: Wettbewerb ist besser als kein Wettbewerb. Eine simple Übertragung des Wettbewerbsmodells des Marktes auf Gemeinwesen rechtfertigt das trotzdem nicht. Wettbewerb hat auch eine destruktive Seite: wer nicht mithält, scheidet aus. Das kann man sich bei einer Brotfabrik ohne weiteres vorstellen. Bei einem Land ist **Liquidation** ausgeschlossen; eine Übernahme durch den Bund auch. Das setzt dem Wettbewerbsmodell für Gemeinwesen Grenzen.
> Am Markt werden sich bisher konkurrierende Unternehmen zusammenschließen, um gemeinsam im Wettbewerb mit Dritten zu bestehen, d. h. es entstehen im Wettbewerb selbst wettbewerbsfähige Einheiten. Nicht so im föderalen Staat: Anzahl und Zuschnitt der Länder sind historisch entstanden, ohne dass die wirtschaftliche Wettbewerbsfähigkeit dabei eine Rolle gespielt hätte. Da Länderfusionen an den bekannten Hürden scheitern, würde Wettbewerbsföderalismus Wettbewerb zwischen Gemeinwesen organisieren, die dafür teilweise ungeeignet sind.[40]

Mehr ist dazu – so will uns scheinen – im Moment wirklich nicht zu sagen.

2. Regulierungs- und Leistungswettbewerb im Mehrebenensystem der EU

Der Politikwettbewerb begegnet uns im Mehrebenensystem der Europäischen Union vor allem in zwei Varianten, nämlich als Regulierungswettbewerb und als Leistungswettbewerb. Da die Probleme eines Regulierungswettbewerbs in der EU durch das Instrument der **gegenseitigen Anerkennung** von nationalen Regulierungen im europäischen Binnenmarkt – „mutual recognition as a new mode of governance"[41] – weitgehend entschärft worden sind, beschränken wir uns auf einige wenige Bemerkungen zum Leistungswettbewerb. Was dessen Funktionslogik angeht, so wird sie uns von Arthur Benz ebenso bündig und zutreffend wie folgt zusammengefasst: 36

> Governance durch Leistungswettbewerb findet in der EU unter der Bezeichnung der ‚**offenen Methode der Koordinierung**' statt, vor allem in den Bereichen der Wirtschafts-, Beschäftigungs-, Sozial- und Umweltpolitik. Die Steuerung der europäischen Ebene gegenüber den Mitgliedstaaten funktioniert, indem die Europäische Kommission Ziele und

---

[39] *Scharpf*, in: Becker/Zimmerling (Hrsg.), Politik und Recht, 2006, S. 306 (312 f.).
[40] *Pohl*, Wirtschaftsdienst 2005, S. 85 ff.
[41] *Schmidt*, Journal of European Public Policy 14 (2007), S. 667 ff.

Standards definiert und den Mitgliedstaaten die Umsetzung einschließlich der Wahl der Instrumente überlässt. Anreize für die Mitgliedstaaten, die Ziele und Standards zu erfüllen, resultieren aus dem **Leistungsvergleich (‚benchmarking')**, den Experten der Mitgliedsstaaten und der Kommission durchführen. Durch Publikation von ‚best practices' sollen Lernprozesse induziert werden und durch öffentliche Kritik von schlechten Praktiken die betreffenden Staaten angehalten werden, ihre Politik zu ändern und den Erfordernissen der europäischen Standards anzupassen.[42]

37 Die beiden zentralen Stichworte heißen also „benchmarking" und „open method of coordination" (OMC) und sollen daher kurz erläutert werden:

a) Von Bismarck to Benchmark. Mit dieser hübschen Formulierung, die ich an sich gerne für mich reklamieren würde, in Tat und Wahrheit aber einem Gespräch mit Werner Jann verdanke, wird die die Geschichte der Staats- und Verwaltungsreform schon länger begleitende Tendenz auf den Begriff gebracht, alles und jeden „zu benchmarken"; was es damit auf sich hat, erklärt uns Holger Straßheim anschaulich wie folgt:

In einer deliberativen Sicht ist Benchmarking ein Instrument, ein tool politischen Performanzmanagements. Es verwandelt Wohlfahrtsstaaten in Laboratorien. Benchmarking ermöglicht den **Wissens- und Informationsaustausch** in einem globalen Experimentierfeld. Kosten werden dabei insofern gesenkt, als das aufwendige zeitliche Nacheinander der Erfahrungsbildung in ein räumliches Nebeneinander transformiert wird. Die Ablösung des Learning by Doing durch das Learning by Seeing stellt dabei allerdings neue Anforderungen an die politische Präferenzbildung: statt der Rücksichtnahme auf Interessenkonstellationen und ideologische Positionen ist nun die Fähigkeit gefordert, durch kontinuierlichen Vergleich eine **Kultur des Lernens** zu etablieren.[43]

38 Benchmarking hört sich als „ein kontrollierter Prozess des Lernens aus Leistungsvergleichen"[44] nicht nur gut an, es ist auch eine international äußerst erfolgreiche Strategie. Benchmarking ist Teil eines international verbreiteten „**komparativen und kompetitiven Politikstils**, dem der Hinweis auf die Best Practice in anderen Ländern als Rechtfertigung [...] dient"[45], um Veränderungen im eigenen Lande durchzusetzen und politische Widerstände durch den Hinweis auf die internationale Wettbewerbsfähigkeit auszuhebeln.

39 Wegen dieser strategisch wichtigen Funktion sind benchmarkingbasierte Leistungswettbewerbe nicht unproblematisch und vor allem politisch ein sensibles Feld. Da der Leistungswettbewerb mit der **Qualität des Leistungsvergleichs** steht und fällt, seien kurz die beiden entscheidenden „Knackpunkte" benannt, die für die Funktionsfähigkeit dieses Governance-Mechanismus von entscheidender Bedeutung sind[46]:

---

[42] *Benz* (Fn. 35), S. 107.

[43] *Straßheim*, Der Ruf der Sirenen – Zur Dynamik politischen Benchmarkings, WZB-Diskussion-Paper FS II, 01-201, S. 4.

[44] *Nullmeier*, in: Blanke/Bandemer/Nullmeier/Göttrik/Wewer (Hrsg.), Handbuch zur Verwaltungsreform, 3. Aufl. 2005, S. 108.

[45] *Straßheim* (Fn. 43), S. 19.

[46] Näheres dazu bei *Benz* (Fn. 35), S. 62 f.

§9 Föderalismus und Governance

- Leistungswettbewerbe funktionieren nicht – wie etwa der Steuerwettbewerb, bei dem die Reaktionen der mobilen Akteure der Maßstab sind – automatisch, sie müssen vielmehr organisiert werden, in der Regel durch eine externe Instanz wie etwa durch die OECD im Falle von PISA oder von der Europäischen Kommission im Bereich der europäischen Wohlfahrtspolitik, aber auch durch die Weltbank oder den Internationalen Währungsfonds. Wie das alles funktioniert, nämlich durch die **Institutionalisierung multilateraler Beobachtungs- und Überwachungsstrukturen** hat *Armin Schäfer* unlängst mit reichem Anschauungsmaterial dargestellt[47].
- Zum Zweiten liegen **Bewertungsmaßstäbe** nicht auf der Hand und sind häufig fachlich und politisch umstritten. Dies öffnet die Tür für ein maßgebliches Votum von anerkannten Experten, auf deren Ranking sich Bürger und Fachöffentlichkeit mehr und mehr verlassen müssen[48]. Dass damit eine von hoher Eigendynamik charakterisierte Funktionslogik in Gang gesetzt wird und zu durchaus unintendierten Nebenfolgen führen kann, zeigt der bei der PISA-Studie beobachtbare Effekt der Verselbstständigung von Rankingsystemen durch die dominante und nicht mehr rückholbare Rolle der einmal eingesetzten Experten; unter der schönen Überschrift „PISA als trojanisches Pferd" schildern *Kerstin Martens* und *Klaus Dieter Wolf*,[49] was die Regierungen der USA und Frankreichs – die sich von der Etablierung international vergleichender Bildungsindikatoren die Überwindung innenpolitischer Reformwiderstände erhofften – damit im Ergebnis „lostraten":

> Niemand konnte zu diesem Zeitpunkt vorhersehen, dass damit ein Prozess in Gang gesetzt worden war, der nicht nur in eine regelmäßige Leistungsbeurteilung der nationalen Bildungssysteme einmünden würde. Vielmehr läutete der Bedeutungsgewinn der durch die OECD eingeführten Bildungsindikatoren, standardisierten Leistungsmessungen und Rankings den **Niedergang der traditionellen Regulierungsmodi** in der Bildungspolitik ein, die sich idealtypisch als Input-gesteuerte, hierarchische staatliche Steuerung beschreiben lassen. Diese wird verdrängt durch Governance-Formen, bei denen das Gewicht demokratisch legitimierter staatlicher Autoritäten gegenüber der fachlichen Autorität einer Experten-Organisation ebenso in den Hintergrund tritt wie horizontale, marktorientierte und Output-orientierte Regelungsformen an die Stelle effektiver staatlicher Steuerung treten. Aufgrund der nahezu unantastbaren Reputation der von der OECD eingesetzten Experten, deren Ausrichtung auf quantitative Methoden der Datenaufarbeitung immer mehr den Diskurs bestimmte, entglitten sowohl die Entwicklung der Bildungsindikatoren als auch deren Zielrichtung zunehmend der Kontrolle der ursprünglichen staatlichen Auftraggeber.[50]

b) Die „Open Method of Coordination". Die Open Method of Coordination (OMC), deren Funktionslogik hier nicht noch einmal erklärt werden muss, ist deswegen ein so interessantes Phänomen, weil sie in einem untrennbaren Zusammenhang

---

[47] *Schäfer*, Die neue Unverbindlichkeit, 2005.

[48] *Salmon*, Oxford Review of Economic Policy 3, 1987, S. 24 ff.; *Kuhlmann*, Verwaltungsarchiv 94, 2003, S. 99 ff.

[49] *Martens/Wolf*, in: Botzem u.a (Hrsg.), Governance als Prozess, 2009, S. 357 ff.

[50] *Martens/Wolf* (Fn. 49), S. 368 f.

mit der Entwicklung zur **„knowledge society"** steht und der wohl wichtigste „new mode of governance" ist,[51] um die Europäische Union zur „most competitive and dynamic knowledge-based economy" der Welt zu machen.[52] *Claudio M. Radaelli* bezeichnet daher in diesem argumentativen Zusammenhang die Open Method of Coordination als „a method embedded in the master discourse of competitiveness"[53].

41 Angesichts der vielfachen Ausrufung der OMC als neuer, fortschrittlicher Governanceform und angesichts der damit verbundenen hohen Erwartungen scheint uns doch eine kritische Nachfrage unverzichtbar zu sein. Wir bedienen uns dazu des von uns als besonders informativ und abgewogen empfundenen Beitrages von *Claudio M. Radaelli*, der die Erwartungen an die Open Method of Coordination mit ersten empirischen Befunden eindrucksvoll kontrastiert:

42 Was zunächst die positiven Erwartungen angeht, so hebt *Radaelli* drei wissensrelevante Aspekte besonders hervor, nämlich:

- Erstens sei die Open Method of Coordination „a **new way to produce usable knowledge**. The OMC is supposed to work like a network looking for usable knowledge at all levels."
- Zweitens befördere die Open Method of Coordination „**policy learning**. The greatest advantage of the open method is that it has considerable potential for policy learning. By learning from local knowledge and by generating trans-national diffusion, policy-makers can improve at their own pace."
- Drittens schließlich funktioniere die Open Method of Coordination wie ein Radargerät, das unermüdlich auch in den letzten Winkeln verborgenes Wissen zum Vorschein bringe: „In its ideal-typical form, the OMC has considerable potential for learning in at least two directions. The emphasis on participation and local knowledge should provide a platform for **bottom-up learning**, whereas peer review and benchmarking – if properly used – can generate cross-national policy diffusion and learning. Turning to the metaphor of the method as a radar, the idea is that the network structure of the OMC enables policy-makers to detect innovative solutions – wherever they are produced at the local level."[54]

43 Was die Schattenseiten der Open Method of Coordination angeht, so hat *Radaelli* davon einige ausgemacht, von denen wir aber nur zwei herausgreifen wollen, die daran zweifeln lassen, ob mit ihr wirklich das bewirkt wird, was den Charme des Wettbewerbs ausmacht, nämlich eine Vielzahl von neuen Ideen hervorzubringen; vielmehr sprechen die empirischen Ergebnisse eher dafür, dass die OMC Konformität bzw.

---

[51] *Borràs/Jacobson*, Journal of European Public Policy 11, 2004, S. 185 ff.

[52] Erklärung von Lissabon; dazu *Laffan*, Lisbon Europe: Experimental arrangements and new modes of governance. Paper prepared for the EU Presidency Conference on „Politics, institutions and citizens in the knowledge of society", Barcelona, 06.–08. Mai 2002.

[53] *Radaelli*, The Open Method of Coordination: A new governance architecture for the European Union?, Swedish Institute for European Policy Studies, 2003, S. 51.

[54] *Radaelli* (Fn. 53), S. 26 ff.

§9 Föderalismus und Governance

Imitation begünstigt und die Neigung befördert, es sich auf dem Sofa gemeinsamen Nichtwissens bequem zu machen und die Schwierigkeiten eines Politik- und Wissenstransfers zu unterschätzen:

- Die Erfolgserwartungen an die OMC seien in der Regel überzogen, da benchmarking häufig nur **Nachahmungseffekte** produziere, die unverzichtbare Heterogenität von Lösungsansätzen hingegen vernachlässige: „Instruments such as benchmarking have been adopted enthusiastically. Benchmarking in a political context may act as an obstacle to learning, however. It may reduce diversity and heterogeneity – two essential properties of evolutionary learning systems. [...] By focusing on success, benchmarking may not reflect enough on the lessons provided by failures (the so-called negative lessons). If based on best practice, benchmarking may ignore the simple fact that in the public sector the definition of success is problematic. Benchmarking may encourage imitation, but successful competitive strategies are more based on distinctive and unique aspects."
- Zweitens schließlich verführen benchmarking und OMC dazu, den **institutionellen und kulturellen Rahmen** von Lernen und Wissen nicht genügend zu berücksichtigen: „Finally, benchmarking may hinder learning by bracketing the institutional context. A number of political and institutional circumstances are often neglected in benchmarking exercises in the public sector because of the assumption of total fungibility of best practice. However, in all processes of policy innovation there are elements that cannot be transferred from one country to another without taking into account institutional legacies, state traditions, and the dominant legal culture."

Auch hier also – so können wir zusammenfassen – versprechen die Sirenen der „new modes of governance" mehr als sie einlösen können.

IV. Der Föderalismus im Spiegel seiner jeweiligen Finanzverfassung

1. Die Finanzverfassung als Seismograf politischer Reformbedürftigkeit und Reformfähigkeit[55]

Die Finanzverfassung ist – darin sind sich Finanzwissenschaft wie Staatsrechtslehre einig – ein, wenn nicht *das* Kernproblem der bundesstaatlichen Ordnung. Denn das Ergebnis der Auseinandersetzungen um die finanziellen Kompetenzen und die Beteiligung am nationalen Steueraufkommen entscheidet darüber, „ob die allgemeine Kompetenzordnung des Bundesstaates eine wirkliche Realisierungschance

44

---

[55] Wir knüpfen hier an unsere Überlegungen „Finanzverfassungsreform als Prüfstein der Reformfähigkeit des deutschen Föderalismus", in: Kocka (Hrsg.), Zukunftsfähigkeit Deutschlands, 2007, S. 89 ff. an.

erhält"[56]. Der Finanzverfassung sind damit zwei miteinander zusammenhängende **Grundfunktionen** im Bundesstaat zugewiesen:

- Bund und Länder müssen im Rahmen der verfügbaren Gesamteinnahmen so ausgestattet werden, dass sie die zur Wahrnehmung ihrer Aufgaben erforderlichen Ausgaben auch leisten können. Insbesondere der bundesstaatliche Finanzausgleich muss Bund und Länder finanziell in die Lage versetzen, die ihnen verfassungsrechtlich zukommenden Aufgaben auch wahrzunehmen.[57] Man kann diese Funktion der Finanzverfassung **Ausstattungs- oder Bereitstellungsfunktion** nennen.
- Da die Finanzverfassung und die durch sie determinierte Finanzausstattung letztlich ausschlaggebend ist für das Eigengewicht der Länder im Verhältnis untereinander und gegenüber dem Bund, muss sie dieses empfindliche Gleichgewicht zu wahren suchen und durch flexible Antworten auf Verschiebungen der Aufgabenverteilung und der Finanzbedarfe reagieren können (vgl. Art. 106 Abs. 4 GG). Diese Funktion der Finanzverfassung kann man als **Ausbalancierungsfunktion** bezeichnen.

45 Die bundesstaatliche Ordnung ist – darin sind sich Finanzwissenschaft und Staatsrechtslehre ebenfalls einig – eine dynamische Ordnung[58] mit einer dauernd sich verändernden Gewichtsverteilung zwischen Bund und Ländern. Bildet die Finanzverfassung das Herzstück der bundesstaatlichen Ordnung, nimmt sie notwendig an dieser Dynamik teil, sind Föderalismus und Finanzverfassung als aufeinander bezogene **dynamische Systeme** zu verstehen.[59]

46 Wenn dies richtig ist, dann müssten sich seit der Gründung der Bundesrepublik nicht nur verschiedene Entwicklungsphasen des Föderalismus unterscheiden lassen, sondern sie müssten sich in **Veränderungen der Finanzverfassung** wiederfinden. Das ist in der Tat der Fall;[60] in der Entwicklung des Bundesstaates unter dem Grundgesetz lassen sich bis heute sechs Phasen unterscheiden, wobei jeder dieser Entwicklungsphasen des Föderalismus ein bestimmter Typ von Finanzverfassung entspricht:

47 (1) Der die föderalistische Frühphase kennzeichnende Grundgedanke einer Betonung der Länder-Eigenständigkeit fand Ausdruck in einer strikten Aufgabentrennung und in einer dementsprechend klaren Aufteilung der Finanzquellen: dies sind die Grundelemente des so genannten **Trennsystems** der Finanzverfassung.

48 (2) Die so genannte zentralistische Phase der 60er Jahre mit ihrem Entwicklungstrend zum **unitarischen Bundesstaat**[61] brachte beträchtliche Kompetenzzuwächse

---

[56] *Wendt*, in: Isensee/Kirchhof (Hrsg.), Handbuch des Staatsrechts, Band IV, 1999, §104, Rn. 1.
[57] Grundlegend BVerfGE 72, 330.
[58] *Benz,* Föderalismus als dynamisches System, 1985; *Renzsch,* Finanzverfassung und Finanzausgleich, 1991.
[59] *Schuppert*, in: Becker (Hrsg.), Wiedervereinigung in Mitteleuropa, 1992, S. 219 ff.
[60] Näher dazu *Ossenbühl*, in: ders. (Hrsg.), Regionalismus und Föderalismus in Europa, 1990, S. 117 ff.
[61] *Hesse*, Der unitarische Bundesstaat, 1962.

des Bundes vor allem im Bereich der Gesetzgebung, und zwar abgestützt durch die sehr bundesfreundliche Rechtsprechung des Bundesverfassungsgerichts zu Art. 72 Abs. 2 GG (alte Fassung).

(3) Mit der Finanzreform von 1969 schlug die Geburtsstunde des kooperativen Föderalismus, der sich im Bereich der Finanzverfassung durch die Einführung des sogenannten **Verbundsystems** sowie von Formen der Mischfinanzierung auszeichnet: Die Einführung des Verbundsystems äußerte sich in der Umwandlung aller ertragreichen Steuern – Einkommensteuer, Körperschaftssteuer, Umsatzsteuer – in sog. Gemeinschaftssteuern (Art. 106 Abs. 3 GG), in der Einführung sog. Gemeinschaftsaufgaben (Art. 91a, 91b GG), die durch Bund und Länder gemeinsam geplant und finanziert werden, und in der sog. Finanzhilfekompetenz des Bundes, die es dem Bund erlaubt, den Ländern Finanzhilfen für besonders bedeutsame Investitionen der Länder und Gemeinden zu gewähren (Art. 104a).

(4) In den letzten Jahren war ein stetig anwachsender Trend zur „**Reföderalisierung**" zu beobachten, dessen Vertreter einen föderalen Kurswechsel vom kooperativen zum kompetitiven oder Wettbewerbsföderalismus empfehlen: Dieses Konzept eines Wettbewerbsföderalismus zielt auf eine Stärkung der Eigenstaatlichkeit der Länder durch den Abbau der Mischfinanzierung und durch die Anerkennung einer Einnahmeautonomie der Länder durch ein eigenständiges Zuschlagsrecht bei der Einkommens- und Körperschaftssteuer.

(5) In diese Entwicklung hinein und sie sozusagen überholend kam es zur Wiedervereinigung Deutschlands mit der finanzverfassungsrechtlich zu bewältigenden Konsequenz der Erweiterung der Bundesrepublik Deutschland um fünf neue Länder, die nach ihrer Wirtschafts- und Finanzkraft noch weit hinter den westdeutschen „Problemländern" wie Bremen und Saarland zurückblieben. Der Einigungsvertrag reagierte auf diese sog. **Neue Ungleichheit**[62] durch eine Nichteinbeziehung der neuen Länder in den bundesstaatlichen Finanzausgleich für die ersten fünf Jahre (Art. 7 Abs. 3 Einigungsvertrag); erst seit dem 1.1.1995 sind die neuen Länder gleichberechtigte Teilnehmer des Systems des gesamtdeutschen Länderfinanzausgleichs nach Art. 107 Abs. 2. Die Einbeziehung führte zu einer Vervielfachung seines Ausgleichsvolumens, nicht jedoch – was vielfach kritisiert worden ist[63] – zu einer Reform des Ausgleichssystems selbst.

(6) Der jüngsten Zeit entstammen Versuche zur **neuerlichen Reföderalisierung** und das Bestreben, Kompetenzverflechtungen zwischen Bund und Ländern rückgängig zu machen, wozu die Ergebnisse der Föderalismusreform I Schritte eingeleitet haben, deren tatsächlicher Effekt aber noch abzuwarten sein wird.

Wenn sich dies so verhält, dass das föderale System und seine Finanzverfassung miteinander verkoppelte dynamische Strukturen darstellen, besteht ein wichtiges Anliegen darin, Vorstellungen darüber zu entwickeln, wie die **zukünftigen Governancestrukturen** einer für den Föderalismus so entscheidenden Finanzverfassung aussehen könnten; den dazu „gehandelten" Ideen wollen wir uns nunmehr als Blick auf „Governancestrukturen in being" kurz zuwenden.

---

[62] Zu diesem Begriff *Scharpf*, Staatswissenschaften und Staatspraxis 1990, S. 579 ff.
[63] Stellvertretend *Peffekoven*, Finanzarchiv 51, 1994, S. 281 ff.

2. Reformentwürfe und ihre Governancestrukturen auf dem Prüfstand[64]

54 **a) Insolvenz von Gebietskörperschaften als zu Ende gedachte Bundesstaatlichkeit.** Wer Wettbewerb sagt, muss eigentlich auch Insolvenz sagen, und zwar deswegen, weil ohne die am Horizont dräuende Insolvenz es an den – und jetzt folgt ein Lieblingsbegriff aller Ökonomen – erforderlichen **Anreizstrukturen** fehlt, um sich verschuldungsvermeidend zu verhalten. Deswegen sei – so die zentrale These von *Charles Beat Blankart* u. a.[65] – der Föderalismus „bis zu einer institutionalisierten potentiellen **Insolvenz von Gebietskörperschaften** zu Ende zu denken". Eine solche Insolvenzmöglichkeit einzuführen, bedeute nicht etwa, dem Föderalismus den Todesstoß zu versetzen, sondern bewirke letztendlich seine Stärkung:

> Eine institutionalisierte Insolvenz bedeutet nicht Zusammenbruch und Chaos, sondern Stärkung der Voraussicht. Sie löst Vorsichtsmaßnahmen aus, durch die die Insolvenz zunächst möglichst verhindert wird und durch die klar gestellt wird, worum es geht, wenn es doch zur Insolvenz kommt, nämlich ein Arrangement zu einem Neustart zu finden, dem möglichst alle Beteiligten zustimmen können. Durch diese positive Sicht kann die Insolvenz auch zu einer politisch attraktiven Institution werden.[66]

55 Allerdings setzt dies voraus, die bisherige Konstruktion von Bundesstaatlichkeit zu überdenken und von § 12 Abs. 1 der Insolvenzordnung, der ein Insolvenzverfahren über das Vermögen des Bundes oder eines Landes ausdrücklich ausschließt, beherzt Abschied zu nehmen:

> § 12 der Insolvenzordnung blockiert alternative Regelungen. Fiele er weg, so würden Anreize freigesetzt, die übergeordneten Regeln, insbesondere das Prinzip der Bundestreue, neu zu überdenken und neue Lösungen zu finden. Es würden Fragen aufgeworfen, die jetzt gar nicht gestellt werden. Die Regierung einer Gebietskörperschaft könnte nicht mehr davon ausgehen, einem Insolvenzverfahren mit Sicherheit zu entgehen. Genau diese Unsicherheit gibt ihr die notwendigen Anreize, Vorkehrungen zu treffen, die Wahrscheinlichkeit des Eintretens einer Insolvenz zu verringern. Was aber für die einzelne Gebietskörperschaft gut ist, werden in der Tendenz auch die anderen Gebietskörperschaften tun. Bei einem reduzierten gebietskörperschaftlichen **Insolvenzrisiko** insgesamt wird das institutionelle Arrangement der Insolvenz zu einem rechtlich geordneten, prognostizierbaren und – das ist das Wesentliche – letztlich glaubwürdigen Verfahren.[67]

56 Ob eine Bereitschaft zu einem solch grundsätzlichen Umdenken besteht, wird die weitere Diskussion zur **Föderalismusreform II** zeigen; wir selbst halten diese für Gemeinden immer öfter angedachte Konsequenz eines Insolvenzverfahrens[68] auch für die Länder für letztlich unvermeidlich und sehen in dem sog. insolvenzrechtlichen

---

[64] Wir knüpfen hier an unsere Überlegungen „die bundesstaatliche Finanzverfassung zwischen Pfadabhängigkeit und Wandel", in: Hufen (Hrsg.), FS für H. Schneider, 2008, S. 285 ff. an.
[65] *Blankart/Fasten/Klaiber*, Wirtschaftsdienst 2006, S. 567 ff.
[66] *Blankart/Fasten/Klaiber* (Fn. 65), S. 570.
[67] *Blankart/Fasten/Klaiber* (Fn. 65), S. 571.
[68] Zum Stand der Diskussion siehe *Faber*, DVBl. 2005, S. 933 ff.

§9 Föderalismus und Governance   245

Planverfahren[69] ein durchaus geeignetes Verfahren, dessen Grundgedanke auch auf Gebietskörperschaften prinzipiell übertragbar erscheint.[70]

b) Zur Notwendigkeit einer wirksamen Schuldenordnung. Nach Auffassung vieler, die es wissen müssten, liegt das dringlichste Problem des Finanzwesens in der Bundesrepublik Deutschland „nicht in den laufenden Einnahmen und ihrer Verteilung, sondern im erreichten Ausmaß[71] ex- und impliziter Staatsverschuldung auf allen Ebenen des Bundesstaates"[72]. Dabei ist diese sog. **Schuldenkrise** durchaus kein neues Phänomen, schnappt doch – wie das Bundesverfassungsgericht gerade erst das Land Berlin belehrt hat – die Schuldenfalle keineswegs urplötzlich zu, sondern ist die heranziehende Einengung der fiskalischen Handlungsfähigkeit[73] – wie der Untergang beim Schachspiel, der sich aus einer Abfolge falscher Spielzüge ergibt – schon lange absehbar. Schon lange absehbar ist auch, dass die bisherigen rechtlichen Beschränkungen der Staatsverschuldung – insbesondere die Obergrenze des Art. 115 Abs. 1 GG – schlichtweg unwirksam sind. Bereits in unserem Staatsrechtslehrervortrag von 1983 (!) hatten wir den folgenden insoweit deprimierenden Befund erheben müssen: 57

> Kirchhof hat in seiner Begründung des Normenkontrollantrages der CDU-CSU-Fraktion betreffend den Vorstoß des Haushaltsgesetzes 1981 gegen Art. 115 GG auf die Gefahr hingewiesen, dass die bloße Zinslast der Staatsverschuldung in den nächsten Jahren die Obergrenze des Art. 115 GG überschreiten könne und damit diese Vorschrift ad absurdum führe. Skepsis gegenüber der Steuerungskraft haushaltsrechtlicher Vorschriften in Schlechtwetterzeiten ist daher geboten. In der Hansestadt Hamburg etwa werden trotz des mit Art. 115 GG inhaltlich übereinstimmenden §18 Abs. 1 LHO unter Berufung auf ein wirtschaftliches Ungleichgewicht auch die laufenden Kosten der Verwaltung aus Krediten finanziert. Eine Fortsetzung dieser Praxis wurde ausdrücklich angekündigt. Wenn also eine Steuerungsleistung des Haushaltsrechts darin besteht, Dämme zu errichten, so wird man wohl im Falle der Staatsverschuldung ‚Land unter' vermelden müssen.[74]

Da die Situation seither nicht besser, sondern eindeutig noch schlechter geworden ist, wird man all denjenigen nicht widersprechen können, die einer Reform des Staatsschuldenrechts mit dem Ziel effektiverer **Neuverschuldungsgrenzen** allererste Priorität einräumen.[75] Wenn man aber darüber nachdenkt, wie dies funktionieren 58

---

[69] Siehe dazu *Paulus*, DStR 2004, S. 1568 ff.

[70] *Schuppert/Rossi*, Bausteine eines bundesstaatlichen Haushaltsnotlagenregimes, Hertie School of Governce – working papers, Nr. 3 (2006).

[71] Seit 1993 (1.564 Mrd. DM) hat sich die Gesamtverschuldung der öffentlichen Haushalte nahezu verdoppelt (2005: 1.447,3 Mrd. Euro; davon Bund 887,9 Mrd. Euro, Länder: 468,2 Mrd. Euro, Kommunen: 91,2 Mrd. Euro; s. BMF Finanzbericht 2006).

[72] *Hey*, Finanzautonomie und Finanzverflechtung in gestuften Rechtsordnungen, Vortrag auf der Staatsrechtslehrertagung 2006 am 6.10.2006 in Rostock, Manuskript, S. 24; erschienen in: VVDStRL 66, 2007.

[73] Dazu *Konrad*, in: Kocka (Hrsg.), Zukunftsfähigkeit Deutschlands, 2007, S. 113 ff.

[74] *Schuppert*, in: VVDStRL 42, 1984, S. 216 (247).

[75] Siehe dazu die Beiträge in: *Konrad/Jochimsen* (Hrsg.), Föderalismuskommission II, 2008.

könnte, stellt man auch hier wieder fest, dass zunächst einmal falsche Anreize beseitigt werden müssen:

> Dabei liegt der Fehler hier nicht in zu wenig, sondern in zu viel, genauer: falsch gewichteter Autonomie der Länder. Bislang erklärt Art. 109 Abs. 1 GG Bund und Länder in ihrer Haushaltswirtschaft als „selbständig", auch wenn in Absatz 2 beide auf das gesamtwirtschaftliche Gleichgewicht verpflichtet werden. Gleichzeitig sind die Länder aber durch die Rückversicherung der Bundeshilfe im Fall extremer Haushaltsnotlagen in letzter Konsequenz von der Haftung freigestellt. Das bedeutet **Verschuldungsautonomie ohne Verschuldungsletztverantwortung**.[76]

59 Mit dem Berlin-Urteil des BVerfG ist ein wichtiger Schritt in diese Richtung getan. Aber das allein reicht noch nicht; es bedarf – und auch darin ist Johanna Hey voll zuzustimmen – der Einführung eines **Frühwarnsystems** mit formalisierten Feststellungs-, Sanierungs- und Sanktionsverfahren:

> Der durch die Föderalismusreform I eingeführte Art. 109 Abs. 5 GG greift zu kurz, indem er die Länder lediglich an allfälligen Sanktionen nach Art. 104 EGV beteiligt, also erst auf der Rechtsfolgenebene ansetzt. Steuerungsmechanismen auf Bundesebene zur Vermeidung haushaltsrechtlicher Notlagen der Länder – wie sie das Bundesverfassungsgericht schon 1992 gefordert hat – und eine ex ante Aufteilung des Verschuldungsvolumens sind bisher nicht vorgesehen. Aber nur eine verbindliche Aufteilung der gesamtstaatlichen Verschuldung zwischen den Ebenen und auf die einzelnen Länder ermöglicht rechtzeitige Intervention. Vorzusehen wäre ein Frühwarnsystem mit formalisiertem Feststellungs-, Sanierungs- und Sanktionsverfahren. Der derzeit praktizierte Rückgriff auf **allgemeine Grundsätze der Bündnistreue** bietet keine hinreichend klaren Regeln.[77]

60 Inzwischen hat der deutsche Bundestag mit verfassungsändernder Mehrheit am 29. Mai 2009 die Aufnahme einer so genannten **Schuldenbremse** in das Grundgesetz beschlossen, nach der die Länder ab 2020 keine Schulden mehr aufnehmen dürfen und der Bund ab 2016 nur in bestimmten Grenzen. Ob diese aber – so der skeptische Kommentar der *Süddeutschen Zeitung* vom folgenden Tag – mehr ist als „eine Bremse aus Papier" und nicht etwa nur ein „Appell an kommende Politiker-Generationen" wird abzuwarten sein.

61 **c) Zur Notwendigkeit eines Haushaltsnotlagenregimes als Beitrag zur Governance der Finanzbeziehungen im Bundesstaat.** Da wir uns zur Notwendigkeit eines Haushaltsnotlagenverfahrens nicht nur ausführlich geäußert, sondern darüber hinaus auch einen entsprechenden Gesetzestext vorgeschlagen haben,[78] macht es wenig Sinn, dies alles noch einmal zu wiederholen; wir beschränken uns hier vielmehr darauf, mit einer gewissen Zufriedenheit eine Passage des Berlin-Urteils zu zitieren, in der es ganz im Sinne unserer Argumentation darum geht, ein **defizitäres Governanceregime** in Sachen bundesstaatlicher Haushaltsnotlagen zu konstatieren und daraus – Bereitstellungsfunktion des Rechts – eine dringliche Regelungspflicht des Gesetzgebers abzuleiten:

---

[76] *Hey* (Fn. 72), S. 306.
[77] *Hey* (Fn. 72), S. 307.
[78] *Schuppert/Rossi* (Fn. 70).

Als gravierende Schwäche des geltenden Rechts kommt hinzu, dass es an den notwendigen verfahrensrechtlich wie auch inhaltlich handlungsleitenden Regelungen zum Umgang mit potentiellen und aktuellen Sanierungsfällen im Bundesstaat fehlt. Bereits in seiner Entscheidung vom 27. Mai 1992 hat der Senat (BVerfGE 86, 148 (266)) hervorgehoben, es sei ‚zuvörderst nötig und besonders dringlich [...], Bund und Länder gemeinsam treffende Verpflichtungen und Verfahrensregelungen festzulegen, die der Entstehung einer Haushaltsnotlage entgegenwirken und zum Abbau einer eingetretenen Haushaltsnotlage beizutragen geeignet sind. Dem Bundesgesetzgeber bietet hierzu Art. 109 Abs. 3 GG die Regelungskompetenz'.

Das Bild bundesstaatlichen Zusammenwirkens, das der Senat in jener Entscheidung vor Augen hatte, ist jedoch nicht Realität geworden. Bisher ist es trotz des ohnehin einfachgesetzlich geltenden **Prinzips einheitlicher Formalstruktur der Haushaltspläne** nicht einmal gelungen, die unterschiedlichen Haushaltssystematiken so aufeinander abzustimmen, dass jeweils ohne notwendige statistische Bereinigungen mit Hilfe einfach abzuleitender Haushaltskennzahlen transparente vergleichende Informationen über die jeweils verfolgte Haushaltspolitik gewonnen werden könnten. Auch die Aufgaben und Befugnisse des Finanzplanungsrats wurden – beschränkt auf Erörterungen und Empfehlungen zur Haushaltsdisziplin – gemäß §51a HGrG lediglich auf die Verpflichtungen im Rahmen der Europäischen Wirtschafts- und Währungsunion eingestellt. Erst in jüngster Zeit mehren sich die Anzeichen eines politischen Konsenses dazu, dass jedenfalls auf der so genannten zweiten Föderalismusreformstufe grundsätzliche Reformen der Finanzbeziehungen zwischen Bund und Ländern dringend erörterungsbedürftig sind und dass es dabei auch um die nähere Prüfung grundlegend neuer – einfachgesetzlich und verfassungsgesetzlich über Art. 109 Abs. 3 GG hinaus fundierter – Lösungskonzepte zur Vorbeugung von Haushaltskrisen und deren Bewältigung gehen muss. Das Bundesstaatsprinzip macht solche Bestrebungen angesichts der gegenwärtig defizitären Rechtslage erforderlich.[79]

C. Föderalismusreform: lessons to learn

Wir wollen unseren Beitrag damit beenden, dass wir zwei Lektionen schildern, die man aus der mit großem Aufwand ins Werk gesetzten Föderalismusreform I lernen könnte bzw. lernen müsste; wir bedienen uns dabei der Mithilfe zweier Experten, die als Sachverständige der Föderalismuskommission angehörten und daher über ein wertvolles Insider-Wissen verfügen.

62

Lektion Nr. 1: Zum harten Los von Reformideen in den Mühlen interessengeleiteter Entscheidungsprozesse

Wenn man aus der Beschäftigung mit der Föderalismusreform und insbesondere der Reform der Finanzverfassung etwas lernen kann, so scheinen uns dies zwei Dinge zu sein: erstens die Einsicht, dass es eine Sache ist, eine Reformidee zu haben und eine andere, sie in einer Gemengelage einer Vielzahl an Akteuren auch durchzusetzen;

63

---

[79] BVerfGE 116, 327 ff., Rn. 223.

zweitens die Einsicht, dass politische Entscheidungen interessengeleitete Entscheidungen sind, ein Befund, der bei großen Interessenunterschieden ein Festhalten am Status quo begünstigt.

64 Was zunächst die **Interessenunterschiede zwischen den Ländern** angeht, so hat *Fritz W. Scharpf* in ihrer Intensität ein Grundproblem des deutschen Föderalismus ausgemacht, das er uns wie folgt schildert:

> Hinzu kommt das zweite Grundproblem des deutschen Föderalismus – die wachsende Spannung zwischen dem in der Verfassung und der politischen Kultur verankerten Anspruch auf einheitliche oder zumindest gleichwertige Lebensverhältnisse im Bundesgebiet und der realen Ungleichheit zwischen den großen und wirtschaftlich leistungsfähigen und den kleinen und/oder wirtschaftsschwachen deutschen Ländern. Auf der einen Seite steht Nordrhein-Westfalen, das mit mehr als 18 Millionen Einwohnern der sechstgrößte Mitgliedsstaat der Europäischen Union sein könnte, während Bremen mit weniger als 700 000 und das Saarland mit einer Million Einwohnern so klein und arm sind, dass sie selbst zur Unterhaltung ihrer Regierungen und Parlamente eines besonderen Bundeszuschusses zu den „Kosten der politischen Führung" brauchen. Zugleich beläuft sich das Pro-Kopf-Bruttoinlandsprodukt in Thüringen nur auf knapp 63 % der Wirtschaftskraft Hessens (und auf nur 54 % im Vergleich zum reichen Stadtstaat Hamburg). Auch wenn man also von den soeben diskutierten Mehrebenenproblemen absehen könnte, müsste eine Kompetenztrennung zwischen Bund und Ländern, die für Bayern, Baden-Württemberg, Hessen und Nordrhein-Westfalen funktional angemessen wäre, zu einer Verfassung führen, die der Lage der ostdeutschen und der kleinen und finanzschwachen westdeutschen Länder keineswegs gerecht würde.[80]

65 Aus diesen unterschiedlichen Interessenlagen der Länder – und von Bund und Ländern natürlich auch – folgt, dass alle Reformschritte darauf abgeklopft werden, was sie für die eigene Interessenlage bedeuten, und zwar in Euro und Cent. Dies begünstigt keine radikalen Änderungen, sondern nach aller Erfahrung den **Status quo**;[81] bei *Scharpf* heißt es dazu aus der Insiderperspektive eines die Arbeit der Föderalismuskommission begleitenden Sachverständigen wie folgt:

> Die schwachen Länder haben also gute Gründe für ihre skeptische oder ablehnende Reaktion auf Kompetenzforderungen, die ihre Kapazität überfordern. Hinzu kommt ihre in manchen Fällen übertriebene (weil über-generalisierte) **Angst vor einem innerdeutschen Standortwettbewerb**, der ihren Rückstand gegenüber den wirtschaftsstarken Ländern noch vergrößern könnte. Dieser Interessenlage entsprachen die vor der Einsetzung der Föderalismuskommission fixierten Diskussionsverbote. Dagegen war die einvernehmliche Präsentation weitgehender Kompetenzforderung im Positionspapier der Ministerpräsidenten vom 7. Mai 2004 das Ergebnis von Kompromissen, mit denen eine gemeinsame Front gegen den Bund aufgebaut wurde – die aber schon unter den Argumenten der Bundesressorts in den Projektgruppen wieder bröckelte. Den schwachen Ländern gingen dann in der Verhandlungsphase sogar die Kompetenzangebote des Bundes zu weit, und als dieser die geforderte finanzielle Kompensation nicht auf alle Zeiten garantieren wollte, rückte man auch von der Forderung nach Abschaffung der Gemeinschaftsaufgaben ab. Kurz, das Interesse der schwachen Länder an der Föderalismusreform war in erster Linie defensiver Art. Es ging darum,

---

[80] *Scharpf* (Fn. 62), S. 323.

[81] Vgl. dazu schon *Schuppert*, Staatswissenschaften und Staatspraxis 1995, S. 675 ff.

drohende Verschlechterungen des Status quo zu verhindern, und wenn die beinahe vereinbarte Reform denn am Dissens über die Kompetenzen in Bildungspolitik scheitern sollte, dann hatte man wenige Gründe, ihr nachzutrauern.[82]

Lektion Nr. 2: Föderalismusreform als ausgehandelte Verfassungsgebung

Die zweite Expertenstimme, die gehört werden soll, ist die von *Hans Meyer*, der die Arbeit der Föderalismuskommission intensiv begleitet und seine Erfahrungen inzwischen in einem lehrreichen Buch dargestellt hat.[83] Wir wollen aus diesem Werk nur zwei Passagen zitieren, die sich auf das **Verfahren und die Arbeitsweise der Kommission** beziehen und den Leser sehr nachdenklich stimmen; in der ersten Passage geht es um die Nachteile einer solchen Kommissionslösung im Vergleich zu einem „normalen" Gesetzgebungsverfahren:

66

> Das eingeschlagene Verfahren dagegen, beide Seiten in eine Kommission zu zwingen, um einen von Bundestag wie Bundesrat akzeptierbaren Entwurf zu vereinbaren, hatte drei Nachteile, die das normale Gesetzgebungsverfahren gerade vermeidet: Keine der beiden Seiten brauchte seine Vorstellung von einem sinnvoll funktionierenden Bundesstaat darzulegen, man verhandelte vielmehr von Detail zu Detail, immer mögliche Tauschware im Auge. Da das Geschäft nur bei gegenseitigem Geben und Nehmen Erfolg versprach, war zum zweiten die Mühe einer ausführlichen Begründung überflüssig. Sie wäre zudem schädlich gewesen, weil sie nach außen Gewinn und Verlust dokumentiert hätte. Die dritte und verfassungspolitisch bedenklichste Folge war, dass der Bundestag bei der Beratung des schließlich eingebrachten Ergebnisses in eine Situation versetzt wurde, die in etwa dem bei der Zustimmung zu einem Vermittlungsausschussergebnis gleicht. Bis auf für beide Seiten nicht wesentliche Randfragen kann der Bundestag den Vorschlag nur im Ganzen ablehnen oder ihn im Ganzen akzeptieren. Während aber bei einer Vorlage des Vermittlungsausschusses der Bundestag vorher seine Vorstellungen in dem Gesetzesbeschluss kund tun konnte und kund getan hat, ist er durch das hier praktizierte Verfahren um seine aktive Rolle in der Gesetzgebung gebracht.[84]

So geriet – und mit dieser wohl zutreffenden Einschätzung wollen wir unseren Beitrag schließen – eine konzeptionell anspruchsvoll gedachte Föderalismusreformanstrengung zu einer **paktierten Verfassungsgebung** mit all ihren unvermeidlichen Nachteilen:

67

> Die Föderalismusreform war auf diese Weise von einem konzeptionellen Unternehmen, das die reformbedürftigen Schwächen des bisherigen Systems detailliert auflistet, systematische Wege aus dem Dilemma aufzeigt und den auswählt, der den besten Erfolg verspricht, zu einer Verfassungsgebung auf dem Verhandlungswege mutiert, der anfällig ist für halbe Lösungen, faule Kompromisse, undeutliche Ergebnisse, deren Wert später erst die Gerichte feststellen, und Kompensationszahlungen, deren Wert regelmäßig unterschätzt wird. Es war in einem besonderen Maße eine **Verfassungsgebung kraft Aushandlung**. Dem entsprach, dass wichtige Verhandlungen und Absprachen in allerkleinstem Kreis gepflogen worden sind und Intransparenz für ganze Phasen der Verhandlungen charakteristisch war.[85]

---

[82] *Scharpf* (Fn. 62), S. 323 f.

[83] *Meyer*, Die Föderalismusreform 2006, 2008.

[84] *Meyer*, (Fn. 83), S. 46.

[85] *Meyer*, (Fn. 83), S. 47.

Schrifttum

A. *Benz* (Hrsg.), Governance – Regieren in komplexen Regelsystemen, 2004

ders./G. Lehmbruch (Hrsg.), Föderalismus – Analysen in entwicklungsgeschichtlicher und vergleichender Perspektive, 2001

ders./S. Lütz/U. Schimank/U. Simonis (Hrsg.), Handbuch Governance, 2007

J. *Bogumil/W. Jann/F. Nullmeier* (Hrsg.), Politik und Verwaltung, 2006

J. *Hey*, Finanzautonomie und Finanzverflechtung in gestuften Rechtsordnungen, in: VVDStRL 66 (2007)

G. *Kisker*, Kooperation im Bundesstaat, 1971

K. *Konrad/B. Jochimsen* (Hrsg.), Föderalismuskommission II, 2008

R. *Kunze*, Kooperativer Föderalismus in der Bundesrepublik Deutschland, 1968

Lhotta, in: Holtmann/Voelkskow (Hrsg.), ZwischenWettbewerbs- und Verhandlungsdemokratie, 2000, S. 79 ff.

Manow/Burkhart, Zeitschrift für Politikwissenschaft 16, 2006, S. 807 ff.

R. *Mayntz/K. Streeck* (Hrsg.), Die Reformierbarkeit der Demokratie, 2003

H. *Meyer*, Die Föderalismusreform 2006

C. M. *Radaelli*, The Open Method of Coordination: A new governance architecture for the European Union?, Swedish Institute for European Policy Studies, 2003

E. *Schmidt-Aßmann/B. Schöndorf-Haubold* (Hrsg.), Der Europäische Verwaltungsverbund, 2005

G. F. *Schuppert* (Hrsg.), Governance-Forschung, 2. Aufl. 2006

ders./M. Rossi, Bausteine eines bundesstaatlichen Haushaltsnotlagenregimes, Hertie School of Governce – working papers, Nr. 3 (2006)

§10 Föderalismus, Regionalismus und Präföderalismus als alternative Strukturformen der Gemeineuropäischen Verfassungskultur

Peter Häberle

Inhalt

A. Einleitung	251
B. Gemeineuropäische Verfassungskultur – allgemeine Grundlegung	253
I. „Gemeineuropäisch"	253
II. „Verfassungskultur"	254
III. Beispiele für Elemente gemeineuropäischer Verfassungskultur	255
C. Eine Trias vom Föderalismus über den Regionalismus bis zum Präföderalismus im „europäischen Angebot" – der Theorierahmen	256
I. Beispielmaterial aus Geschichte und Gegenwart	256
II. Der Theorierahmen: das „gemischte", kulturwissenschaftliche Bundesstaatsverständnis	258
III. Die – sieben – Legitimationsgründe des deutschen Föderalismus	266
IV. Die Mischung verschiedener Bundesstaatskonzepte: vom klassischen Föderalismus über den kooperativen zum heutigen „Wettbewerbsföderalismus", einschließlich des fiduziarischen Föderalismus	266
V. Der Regionalismus als eigenwüchsige Strukturform – verfassungstheoretische und europarechtliche Überlegungen	270
VI. Die EU als „Vorform" des Föderalismus, präföderale Strukturen in der EU/EG	278
D. Ausblick	279
Schrifttum	281

A. Einleitung

Föderalismus bzw. **Regionalismus** entwickeln sich derzeit immer sichtbarer und wirkungskräftiger zu einem wesentlichen Strukturelement des „Idealtypus Verfassungsstaat". Durch ihre *gewaltenteilende* Kraft legitimiert, auch durch ihre eine *kulturelle Vielfalt* ermöglichende Wirkung gerechtfertigt, sind sie fast weltweit im Vordringen. Gewiss, es gibt noch manche Staaten, die „reine" Zentralstaaten sind,

P. Häberle (✉)
Forschungsstelle für Europäisches Verfassungsrecht, Universität Bayreuth, Universitätsstraße 30, 95440 Bayreuth, Deutschland
E-Mail: peter.haeberle@uni-bayreuth.de

vor allem autoritäre oder halbautoritäre wie Nordkorea, Kuba oder China (trotz der sogenannten „Autonomen Regionen" wie Tibet und Xinjiang, das Land der Uiguren), auch Burma und der Iran,[1] nicht mehr der Irak (das Kurdenland gab sich jüngst eine eigene Verfassung).[2] Auch dürften manche Föderal- oder Regionalstaaten, die „gute" föderale bzw. regionale Verfassungs*texte* haben, nicht selten „semantisch" bleiben – die Verfassungs*wirklichkeit* muss in ihnen noch „nachwachsen". Vor allem in Schwarzafrika mag es Beispiele geben, auch wenn selbst dort positive Trends sichtbar werden, etwa in der „Übergangsverfassung" der Demokratischen Republik Kongo (2003), bei der man sich freilich fragen muss, ob sie „föderalistisch" oder „zentralistisch" ist.[3]

2   Dabei besteht für Hochmut in den „alten" föderalen Verfassungsstaaten kein Anlass. Im Jahre 2004 ist der sog. „Österreich-Konvent" spektakulär (mindestens vorläufig) gescheitert.[4] Die deutsche **Föderalismusreform** I und II[5] tat sich schwer. Auch der Europäische Verfassungsvertrag (2004) wurde angesichts des doppelten Neins Frankreichs und der Niederlande (2005) zunächst „auf Eis gelegt" – er enthielt eine Verstärkung regionaler bzw. präföderaler Elemente (für manche ein „Unwort"), er überlebte jedoch in großen Teilen im Reformvertrag von Lissabon (2007),[6] vom BVerfG am 30. Juni 2009 mit einem „Ja, aber" soeben gebilligt. Umso wichtiger wird das weltweite Gespräch in Sachen Föderalismus und Regionalismus. Wohl jede tiefgreifende (im Kulturellen wurzelnde) Verfassungsreform des Typus Verfassungsstaat muss sich diesen Herausforderungen stellen, auch als Balance zur (ökonomischen) Globalisierung. Nur für die Schweiz gilt: „Felix Helvetica". Ihre neue Bundesverfassung (1999) und die totalrevidierten Kantonsverfassungen (zuletzt Schaffhausen, Graubünden und Zürich) sind geglückt.

3   Problem ist die große **Vielfalt der Erscheinungsformen vertikaler Gewaltenteilung**, die Erarbeitung ihrer Gemeinsamkeiten und Unterschiede. Ein Beispiel für

---

[1] Dazu *Parhisi*, Vom Wesen der Iranischen Verfassung, VRÜ 40, 2007, S. 23 ff.

[2] FAZ vom 2. Juli 2009, S. 7.

[3] Dazu *Hamann*, Die Übergangsverfassung der Demokratischen Republik Kongo – Föderalismus oder Zentralismus?, ZaöRV 65, 2005, S. 467 ff.; siehe auch *D. Nelle*, Demokratische Republik Kongo – Die Verfassung von 2005, Teil I, VRÜ 39, 2006, S. 480 ff.; *ders.*, Teil II, VRÜ 40, 2007, S. 48 ff.

[4] Aus der Lit.: *Bußjäger/Hrbek* (Hrsg.), Projekt der Föderalismusreform – Österreich-Konvent und Föderalismuskommission im Vergleich, 2005. Allgemein zum österreichischen Bundesstaat: *Pernthaler*, Österreichisches Bundesstaatsrecht, 2004; *Wiederin*, Österreich, in: IPE I 2007, §7 Rn. 78 ff.; *Kramer*, Österreichische Aspekte der Bundesstaatsreform, 2004.

[5] Dazu *Meyer*, Die Föderalismusreform 2006, 2008; *I. Härtel*, Föderalismusreform II, JZ 2008, S. 437 ff.; *Häberle*, Föderalismus/Regionalismus – Eine Modellstruktur des Verfassungsstaates, JöR 54, 2006, S. 569 (574 ff.); *Starck* (Hrsg.), Die Föderalismusreform 2006, 2006; *Häde*, Zur Föderalismusreform in Deutschland, JZ 2006, S. 390 ff.; *ders.*, Die Föderalismusreform I, in: Gröhe u.a. (Hrsg.), Föderalismusreform in Deutschland, 2009, S. 35 ff.; *Heitsch*, Die asymmetrische Verflechtung der Kompetenzordnung durch die deutsche „Föderalismusreform I", JöR 57, 2009, S. 333 ff.

[6] Dazu *Häberle*, Europäische Verfassungslehre, 7. Aufl. 2011, S. 701 ff. m.w.N.

historische Übergangsentwicklungen liefert Belgiens Weg zum Föderalismus. Die EU ist wohl eine „Vorform" des Föderalismus (vgl. die „kleine Homogenitätsklausel" in Art. 6 EUV). Doch bleibt die Frage: Zerfällt Belgien? Die Erstarkung der Autonomen Gebietskörperschaften in Spanien, besonders von Galicien, Katalonien, Andalusien und des Baskenlands sowie die „Kleine Versammlung" der neuen Regionalstatute Italiens deuten auf eine präföderale Entwicklung. Österreich ist ein „unitarischer Bundesstaat" mit schrittweisem Terraingewinn der Länder kraft und im Rahmen ihrer neuen Landesverfassungen.[7] Weltweit fasziniert die Charta 2008 in China,[8] sie will eine „Bundesrepublik". Eigene Formen finden sich in Bosnien,[9] die Loslösung des Kosovo von Serbien bleibt ein Sonderfall und Beispiel für eine Separation. Die im Juni 2009 erweiterte Autonomie Grönlands[10] gegenüber Dänemark könnte ein Zwischenschritt zur gänzlichen Loslösung von Dänemark sein. Europa bietet viele Haupt- und Nebenformen: vom schwachen Regionalismus (Portugal), d. h. einem starken Zentralstaat, bis zum starken Föderalstaat Schweiz (d. h. starken Kantonen). Föderalismus und Regionalismus können im Verfassungsstaat – jedenfalls in Europa – wissenschaftlich nur *zusammen* behandelt werden.

B. Gemeineuropäische Verfassungskultur – allgemeine Grundlegung

I. „Gemeineuropäisch"

Seit 1983/1991 entfaltet,[11] sind Wort und Sache dieses Begriffs in Europa fast schon ein Gemeinplatz geworden, freilich wurde vor etwa einem Jahrzehnt sogar die Übertragung dieser Leitidee auf Lateinamerikas und Südasiens Verfassungsstaaten gefordert.[12] „Gemeineuropäisch" ist das klassische private jus commune, seit und in Jahrhunderten geworden und bis heute geblieben. Im Nationalstaat nach 1789

4

---

[7] Dazu *Häberle*, mit Textanhängen: Textstufen in österreichischen Landesverfassungen – ein Vergleich, JöR 54, 2006, S. 367 ff.

[8] Zit. nach FAZ vom 22. Dez. 2008, S. 6 f. (Ziff. 18).

[9] Dazu *Graf Vitzthum/Mack*, in: Graf Vitzthum (Hrsg.), Europäischer Föderalismus, 2006, S. 81 ff.

[10] Dazu *Göcke*, The 2008 Referendum on Greenland's Autonomy and What it means for Greenland's Future, ZaöRV 69, 2009, S. 103 ff.

[11] Europa in kulturverfassungsrechtlicher Perspektive, JöR 32, 1983, S. 9 (13 f., 25 f.); *ders.*, Gemeineuropäisches Verfassungsrecht, EuGRZ 1991, S. 261 ff.; s. auch *Ridola*, Die kulturgeschichtlichen Grundlagen der gemeineuropäischen Verfassungsüberlieferungen, Liber Amicorum Häberle, 2004, S. 173 ff.

[12] *Häberle*, Ius Commune Americanum, in: *ders./Kotzur* (Hrsg.), De la soberania al derecho constitucional común: palabras clave para un diàlogo europeo-latinoamericano, 2003, S. 1 (16 ff.); *ders.*, Aspekte einer kulturwissenschaftlich rechtsvergleichenden Verfassungslehre in „weltbürgerlicher Absicht", JöR 45, 1997, S. 555 (576 ff.).

konnte erst in jüngster Zeit für das Verfassungsrecht an altes Theoriewissen angeknüpft werden – dank der europäischen Integration seit 1957 und der EMRK von 1950: „Gemeineuropäisches Verfassungsrecht" geht zum einen von der Idee von „*Gemeinrecht*" als *rechtswissenschaftliche Kategorie* aus, zum anderen arbeitet es mit der Erkenntnis vom *Prinzipiencharakter* des Rechts. Dabei war an die Lehren von *H. Heller* (Staatslehre von 1934) und *J. Esser* (Grundsatz und Norm von 1956) anzuknüpfen. Das Wissen um **„Gemeineuropäisches Verfassungsrecht"** eröffnet zwei Wege kraft Rechtsvergleichung: den der *Rechtspolitik* und den der *juristischen Interpretation*. Unverzichtbar ist dabei die neue These von der Rechtsvergleichung als „fünfter" Auslegungsmethode (1989), nach dem klassischen vier von *Savigny*, und von der Grundrechts- bzw. Verfassungsvergleichung als Kulturvergleichung (1982/1983) sowie die Erkenntnis der Kreativität, die sich dem eröffnet, der nach dem *Kontext* von Rechtsprinzipien fragt (Arbeit am Kontext meint: „Auslegen durch Hinzudenken").[13] Diese Ansätze haben sich seit den 80er Jahren europaweit verbreitet. Eine enorme Schubkraft verdankt sich dem „annus mirabilis" 1989, als es darum ging, in Osteuropa neue Reformverfassungen im Wege von schöpferischen Rezeptionen westeuropäischer Verfassungsprinzipien zu schaffen. Die beiden europäischen Verfassungsgerichte EGMR und EuGH tun ein Übriges, vor allem dank der Lehre von den Grundrechten als „allgemeinen Rechtsprinzipien". Wir sprechen seit 1991 von „Europäisierung der nationalen Rechtsordnungen und nationalen Verfassungsgerichte", und heute lässt sich wohl sagen, dass es im EU-Rechtsraum kein „Europarecht" *über* den nationalen Rechtsordnungen als eigene Rechtsmaterie mehr gibt, sondern nur noch Europäisches Verfassungs- und Verwaltungsrecht[14]: Zu intensiv ist die Osmose. Im arbeitsteiligen Prozess der Rechtsgewinnung hat auch die europäische Recht*wissenschaft* ihren Platz, sofern sie vergleichend arbeitet, sensibel für das je Eigene, Besondere der nationalen Rechtskulturen bleibt und gleichwohl den Kraftlinien von Gemeineuropäischem Verfassungsrecht nachspürt. Es gibt eine gemeineuropäische offene Gesellschaft der Verfassungsinterpreten; wir, „europäische Juristen", sind ein Teil von ihr.

II. „Verfassungskultur"

5   Auch dieser Begriff wurde 1982 gewagt: im Kontext einer **Verfassungslehre als Kulturwissenschaft**.[15] Heute wird er als allzu selbstverständlich in Ost und West

---

[13] Zur Kontextthese: *Häberle*, Kommentierte Verfassungsrechtsprechung, 1979, S. 44 ff. u.ö.; *ders.*, Die Verfassung im Kontext, in: Thürer u.a. (Hrsg.), Verfassungsrecht der Schweiz, 2001, S. 17 ff.

[14] Zu „Strukturen Europäischer Verwaltung und der Rolle des Europäischen Verwaltungsrechts" prominent und gleichnamig: *Schmidt-Assmann*, in: Liber Amicorum Häberle, 2004, S. 395 ff.

[15] Verfassungslehre als Kulturwissenschaft, 1982, S. 20 ff. (2. Aufl. 1998, S. 312 ff.). Eine Fortschreibung findet sich in: *Häberle*, Verfassungsvergleichung in europa- und weltbürgerlicher Absicht, 2009, bes. S. 3 ff., 6 ff., 28 ff.

verwendet, doch bedurfte es seinerzeit einer großen Theorieanstrengung, um zu diesem Begriff vorzustoßen: Im Begriff „Verfassungskultur" als dem Insgesamt der subjektiven Einstellungen, Erfahrungen, Werthaltungen der Erwartungen und des Denkens sowie des (objektiven) Handelns der Bürger und Pluralgruppen, der Organe auch des Staates im Verhältnis zur Verfassung als öffentlichem Prozess findet diese *nicht-juristische Fassung der Verfassung eines politischen Gemeinwesens* einen angemessenen Ausdruck.

Mit „bloß" *juristischen* Umschreibungen, Texten, Einrichtungen und Verfahren ist es nicht getan. *Verfassung* ist nicht nur rechtliche Ordnung für Juristen und von diesen nach alten und neuen Kunstregeln zu interpretieren – sie wirkt wesentlich auch als Leitfaden für Nichtjuristen: für den Bürger. Verfassung ist nicht nur juristischer Text oder normatives „Regelwerk", sondern auch **Ausdruck eines kulturellen Entwicklungszustandes**, Mittel der kulturellen Selbstdarstellung des Volkes, Spiegel seines kulturellen Erbes und Fundament seiner Hoffnungen. *Lebende* Verfassungen als ein Werk aller Verfassungsinterpreten der offenen Gesellschaft sind der Form und der Sache nach weit mehr Ausdruck und Vermittlung von *Kultur*, Rahmen für kulturelle (Re-)Produktion und Rezeption und Speicher von überkommenen kulturellen „Informationen", Erfahrungen, Erlebnissen, Weisheiten. Entsprechend tiefer liegt ihre – kulturelle – Geltungsweise. Dies ist am schönsten erfasst in dem von *H. Heller* aktivierten Bild *Goethes*, Verfassung sei „geprägte Form die lebend sich entwickelt". 6

III. Beispiele für Elemente gemeineuropäischer Verfassungskultur

Alle **europäische Rechtswissenschaft** lebt aus der Fülle nationaler Beispiele und ihrer Rückführung auf einzelne Prinzipien, wobei Letzteres auch Grenzen hat (Stichworte: Subsidiarität, nationale Identität). Die Schweizer Rechtskultur z.B. behält ihre Propria, etwa in Sachen „halbdirekte Demokratie". Frankreichs Verständnis von „Laizität" und „Republik" ist nicht gemeineuropäisch, und Deutschlands überaus verfeinerte „Grundrechtskultur" – auch dies ein Begriff schon aus dem Jahre 1979– lässt sich nicht von heute auf morgen z.B. nach Rumänien als 27. EU-Mitgliedstaat transportieren, wohl aber das Prinzip der Verhältnismäßigkeit, der Rechtsschutz und Elemente des Rechtsstaates, letzterer tendenziell in einigen Bausteinen sogar in die Welt des Völkerrechts als konstitutionelles Menschheitsrecht (Desiderat ist eine neue „Philosophie des Völkerrechts").[16] 7

Immerhin lassen sich als Elemente des *„europäischen Konstitutionalismus"* gewisse Prinzipien herausarbeiten, die „gemeineuropäisch" im gekennzeichneten Sinne sind[17]: 8

---

[16] Ansätze bei *Kotzur*, Wechselwirkungen zwischen Europäischer Verfassungs- und Völkerrechtslehre, Liber Amicorum Häberle, 2004, S. 289 ff.

[17] Dazu *Häberle*, Europäische Rechtskultur, 1994, S. 21 ff.

- Das Wissen um die *Geschichtlichkeit* des Rechts (begonnen hat sie vermutlich vor mehr als zweieinhalb Tausend Jahren im antiken Griechenland).
- Das Ringen um *Wissenschaftlichkeit*, d. h. die Erarbeitung der kunstregelorientierten juristischen Dogmatik (Regeln wie Konsistenz, Folgerichtigkeit, Rationalität, intersubjektive Vermittelbarkeit, Begründbarkeit).
- Der Verlass auf die *Unabhängigkeit der Rechtsprechung* als Ausdruck der Gewaltenteilung (mit Konnexgarantien wie rechtliches Gehör, effektiver Rechtsschutz) und als Teil des gemeineuropäischen Rechtsstaates.
- Die *weltanschaulich-konfessionelle Neutralität des Staates* – Religionsfreiheit individueller und kollektiver Art (das „Staatskirchenrecht" ist dabei eine sehr deutsche Eigenart, die sich nicht verallgemeinern lässt: Gemeineuropäisches „Religionsverfassungsrecht" ist der richtige Begriff).
- Sodann das Verständnis der europäischen Rechtskultur als *Einheit und Vielfalt*, wobei es schon nach EU-Verfassungsrecht eine „europäische Identität" gibt, aber auch rechtskulturelle Identitäten der einzelnen europäischen Nationalstaaten lebendig bleiben.
- Schließlich das Wissen um *Partikularität* und – in Ansätzen (Menschenrechte!) – um *Universalität* der Europäischen Rechtskultur (Würde des Menschen, zu der die *demokratische* Teilhabe gehört,[18] wie sie das Lissabon-Urteil des BVerfG jetzt auch sieht).

9 „Kultur" begreifen wir dabei mit *Cicero*. Auszugehen ist von einem **pluralistischen, offenen Kulturverständnis** mit Hochkulturen des „Wahren, Guten und Schönen", der Volkskulturen und Alternativ- bzw. Subkulturen. Diese Hervorbringungen menschlichen Tuns stehen dabei in Wechselwirkungen (Offenheit des Kulturkonzepts). Das Recht im Ganzen ist ein Stück dieser Kultur (Verfassung, z. B. das Grundgesetz *als* Kultur,[19] nicht nur Verfassung *und* Kultur!).

C. Eine Trias vom Föderalismus über den Regionalismus bis zum Präföderalismus im „europäischen Angebot" – der Theorierahmen

I. Beispielmaterial aus Geschichte und Gegenwart

10 **Strukturformen des Verfassungsstaates** kreisen um den Typus „Einheitsstaat", „Föderalstaat" und „Regionalstaat", mit jeweiligen „Vorformen" und manchen Varianten. So ist Spanien wohl auf dem Weg zu *prä*föderalen Strukturen und mehr – wie vielleicht auch die EU (dazu unter VI.):

---

[18] Zur Ableitung der (pluralistischen) Demokratie aus der Menschenwürde: *Häberle*, Die Menschenwürde als Grundlage der staatlichen Gemeinschaft, HStR I 1987, §20 Rn. 61 ff.
[19] Dazu mein Beitrag in: Verfassungsvergleichung, aaO., S. 6 ff., S. 15 ff.

1. Beispiele für Entwicklungen vom **Zentralstaat zum Regionalstaat** finden sich in Großbritannien („devolution") und Frankreich („Dezentralisation").[20]
2. Belgien bildet ein seltenes Beispiel dafür, dass ein **Regionalstaat zum Föderalstaat** wird (1993),[21] auch wenn sich derzeit große Spannungen zwischen Flamen und Wallonen aufgebaut haben.
3. *Neugründungen von Föderalstaaten* sehen wir historisch in der Schweiz seit 1291 dank wachsender Vertragswerke mit neuen Kantonen sowie in Deutschland, wo der Norddeutsche Bund 1867 aus völkerrechtlichen Vereinbarungen, freilich auch aus Machtpolitik hervorging. Gleiches gilt für die föderalistische *Bismarck*verfassung von 1871 (Die Sezession der Südstaaten der USA ist 1865 gescheitert.).
4. Der *Übergang von Regionalstaaten zu Föderalstaaten* kommt bislang eher selten vor (Ausnahme Belgien). Er könnte in Italien gelingen und steht jetzt in Spanien auf der Tagesordnung. Blicken wir nach Übersee, so haben wir im neuen Südafrika einen Verfassungsstaat, der auf der Grenze zwischen Regionalismus und Föderalismus liegt.[22]
5. Als glücklichen Sonderfall darf man die „Geburt" des neuen *Kantons Jura*[23] in der Schweiz sehen. Er spaltete sich vom großen Kanton Bern Ende der 60er Jahre des 20. Jahrhunderts *friedlich* ab. Beteiligt waren demokratische Verfahren des gesamtschweizerischen Volkes und die Bürger des zu bildenden Kantons Jura. Man kann die Verfahren und Modalitäten dieser **„Staatswerdung"** und „Verfassungsbildung" nur bewundern. Die Frage ist, ob und wie wir aus diesen Materialien etwas für Spanien und seine „Autonomien" lernen können. Vor allem sollte sich die Theorie inspirieren lassen (dazu unten Inkurs).

Bei allen Umwälzungsprozessen auf dem Weg von „Autonomien" zu präföderalen oder sogar föderalen Strukturen sollte man sich freilich gewisse **theoretische Prämissen** vergegenwärtigen. Gemeint sind die Klassiker *I. Kant*, in dessen Licht die Menschenwürde die kulturanthropologische Prämisse des Verfassungsstaates mit der

---

[20] *Grote*, Regionalautonomie für Schottland und Wales – das Vereinigte Königreich auf dem Weg zu einem föderalen Staat?, ZaöRV 58, 1998, S. 109 ff.; *Palmer/Jeffry*, Das Vereinigte Königreich – Die „Devolution-Revolution" setzt sich fort, in: Jahrbuch des Föderalismus 2002, S. 343 ff; zur britischen „devolution": *Cruz Villalón*, in: IPE I 2007, §13 Rn. 126 f; zu *Frankreich*: *Fromont*, Les progrès de la décentralisation en France, JöR 54, 2006, S. 307 ff.; zur „dezentralisierten Republik": *Jouanjan*, Frankreich, IPE I 2007, §2 Rn. 97 ff.; zur jüngsten französischen Verfassungsreform vom 23. Juli 2008 gleichnamig: *Karrenstein*, DÖV 2009, S. 445 ff.

[21] Dazu *Delpérée* (Hrsg.), La Belgique fédérale, 1994; *Senelle*, Rolle und Bedeutung der Monarchie in einem föderativen Belgien, JöR 35, 1987, S. 121 ff.; *Glaser*, Steuerwettbewerb in föderalen Staaten – eine vergleichende Perspektive, JöR 58, 2010, S. 251 ff., sowie unten Anm. 55.

[22] Dazu *Grupp*, Südafrikas neue Verfassung, 1999; *Klug*, Co-operative Government in South Africa/s Post-Apartheid Constitution: Embracing the German Model?, VRÜ 33, 2000, S. 432 ff.; *Murray*: Provincial Constitution-Making in South Africa: The (Non)Example of the Western Cape, JöR 49, 2001, S. 481 ff.

[23] Dazu die Dokumentation in JöR 34, 1985, S. 303 (424 ff.).

Demokratie als Konsequenz ist, und von Sir *Popper* dank seines Kritischen Rationalismus (Stichworte lauten „Stückwerktechnik", „social piece meal engineering"). Alle Entwicklungen müssen *friedlich und fair* bewerkstelligt werden. Erinnern wir uns auch der „werdenden" USA von 1776 bis 1787 oder der Devise von 1989 in Ostdeutschland: „*Wir* sind das Volk". „Constitution making" und „nationbuilding" sind Stichworte. Die neuen Verfassungen sind vom Volk bzw. den Bürgern her zu denken, nicht von einem *prä*konstitutionellen *Staatsbegriff* aus. Von *I. Kant* stammt die Einsicht vom Volk als einer „Menge Mensch unter Rechtsgesetzen". Die Rechtsstaatlichkeit als Leitbild des verfassunggebenden, pluralistischen Verfahrens ist unabdingbar. Der Supreme Court in Kanada hat dazu ein gutes Urteil gefällt in Sachen Quebec.[24]

12   Da der Begriff des *verfassungsstaatlichen Regionalismus* wohl jünger ist als der Föderalismus, sei mit diesem begonnen, obwohl oder gerade weil jener der „kleine Bruder" von diesem ist.

II. Der Theorierahmen: das „gemischte", kulturwissenschaftliche Bundesstaatsverständnis

1. Vorbemerkung

13   So groß die Faszination durch den **Bundesstaat** weltweit ist und so lange und so tief über ihn nachgedacht wurde und wird, die einzig „richtige" Bundesstaatstheorie ist bisher nicht gefunden worden. Sie wird sich wohl auch nicht entwickeln lassen, genauso wenig wie es „die" Theorie des Verfassungsstaates oder „das" allein richtige Verständnis der Grundrechte gibt. Dies enthebt nicht von der Aufgabe, i. S. des trial and error-Verfahrens immer neu zu fragen, welche Theorie*elemente* eine so geglückte kulturelle Hervorbringung wie den Bundesstaat teils erklären, teils weiter anleiten zu können und ob sich eine „pragmatische Integration von Theorieelementen" anbietet. Dabei ist freilich von vorneherein an die Grenzen jedes Theoriemodells, jedenfalls in der Verfassungslehre, zu erinnern. Es kann nur in Raum und Zeit vorläufige Teilwahrheiten formulieren und als wissenschaftliche Erkenntnis vermag es die politische Wirklichkeit nur begrenzt zu steuern, zu erfassen und wohl auch zu „verfassen". Hinzu kommt, dass im und für den Verfassungsstaat der Gegenwart als einem tendenziell universalen Projekt auf zwei sich miteinander verschränkenden Ebenen zu arbeiten ist: auf der abstrakteren Ebene des Typus „Verfassungsstaat" und auf der ihn variierenden, konkreten der je nationalen Ausbildung des einzelnen

---

[24] Dazu der Verweis von *Häberle*, Juristische Kultur in Katalonien, JöR 56, 2008, S. 503 (509). Zu den Problemen von Quebec: *Woehrling*, L' Evolution constitutionnelle au Canada depuis le référendum de 1995 sur la souveraineté de Quebec, JöR 46, 1998, S. 527 ff.

Bundesstaats als Beispiel bzw. Variante des Typus.[25] So hat der Bundesstaat Schweiz seine „individuelle" Gestalt und historisch-kulturelle Eigenheiten, die ihn etwa von Österreich klar unterscheiden; und doch ist er *ein* Beispiel des verfassungsstaatlichen Typus Bundesstaat, d. h. allen Bundesstaaten müssen gewisse allgemeine Momente gemeinsam sein.

Mit diesen Einschränkungen und Vorbehalten sei im folgenden ein Theorieangebot unterbreitet, das im Theorien- und Methodenpluralismus, auch „Wettbewerb", nur eine, vielleicht sehr deutsche, Stimme sein kann, das aber aus dem bisher ausgebreiteten wirklichkeitsgesättigten Textmaterial bzw. dem Gedanken der „Textstufenentwicklung" gearbeitet ist: das **„gemischte", kulturwissenschaftliche Bundesstaatsverständnis**. Es kann – wie jede verfassungsstaatliche Theorie – die diffuse bzw. pluralistische Wirklichkeit ordnend und z. T. gestaltend beim Namen nennen und auf Begriffe bringen, denen freilich kein Eigenwert zukommt, sondern die im Dienste der Bewahrung und Bewährung, auch Fortentwicklung des Typus Verfassungsstaat und als Ausdruck von ihm des Bundesstaates stehen. Die gemischte, kulturwissenschaftliche Bundesstaatstheorie kann auch nur für die heutige Entwicklungsstufe dieses „Modells" – greifbar in Gestalt des Text*stufen*paradigmas – in Anspruch genommen werden. Sie bleibt für neue Mosaiksteine offen, ergänzungsfähig und -bedürftig, im Ganzen wie im Einzelnen: in dem Maße wie der Verfassungsstaat selbst als letztlich auf die Würde des Menschen und die Demokratie als ihr „organisatorisches Gehäuse" bezogene Chance zu verstehen ist, die in der offen gedachten (Verfassungs-)Geschichte zu ergreifen ist, aber auch gefährdet bleibt und verspielt werden kann: wie alles, was auf der Freiheit der Kultur beruht und Ausdruck der „Kultur der Freiheit"[26] ist.

2. Eine „gemischte" Bundesstaatstheorie

Die Gemische Bundesstaatstheorie kann hier nur für die Bundesrepublik Deutschland, jetzt das vereinte Deutschland skizziert werden. Sie ist m. E. auch für die übrigen Bundesstaaten der Welt einschlägig, doch setzt die Beweisführung für diese These eine umfassende Verarbeitung der ausländischen Textstufenvorgänge und -inhalte voraus, die hier nicht einmal im Ansatz möglich ist.[27] Immerhin hat sich

---

[25] *Kimminich*, Der Bundesstaat, HdBStR Bd. I, 1987, S. 1113 (1118 f.), formuliert zwar eine „Kritik der allgemeinen Bundesstaatstheorie", doch braucht er sie dann doch, um den Bundesstaat vom Staatenbund und vom Einheitsstaat abzugrenzen. S. auch *Isensee*, Idee und Gestalt des Föderalismus, HdBStR Bd. IV, 1990, S. 517 (520).

[26] Dieser Begriff findet sich wörtlich in *Häberle*, Aktuelle Probleme des deutschen Föderalismus, in: Die Verwaltung 24, 1991, S. 169 (184).

[27] Speziell rechtsvergleichend: *Starck* (Hrsg.), Zusammenarbeit der Gliedstaaten im Bundesstaat, 1988. Einen neuen eigenen Akzent auf vergleichender Basis setzt *Schindler*, Differenzierter Föderalismus, FS Häfelin, 1989, S. 371 ff.; *Palermo* u.a. (Hrsg.), Auf dem Weg zum asymmetrischen Föderalismus?, 2009. – M.E. kann es wegen der Gefahren für die unverzichtbare Homogenität und die Gleichheit der Bundesländer einen „differenzierten Föderalismus" nicht geben, wohl aber

schon bisher zeigen lassen, dass die weltweite „Werkstatt" in Sachen **Bundesstaat** bzw. die in ihr ablaufenden Produktions- und Rezeptionsprozesse von den klassischen „Federalist Papers" bis zum „cooperative federalism" immer nur Teile, Ausschnitte, Mosaiksteine eines Ganzen betreffen: nie wird das Ganze einer Theorie, eines Modells rezipiert bzw. zu einer widerspruchsfreien Einheit zusammengefügt, zu vielgestaltig und vielfältig bedingt sind die Austauschverfahren und die einzelnen Nationen. „Reine" Lehren bilden auch hier weder die ganze Wirklichkeit ab, noch steuern sie diese; aus „einem" Gedanken gebildete Erklärungsmuster des Föderalismus bringen keinen Erkenntnisgewinn.

16 Das an den **Bundesstaat Deutschland** gerichtete Theorieangebot war und ist bis heute höchst vielfältig, und die weltweiten Theorieentwicklungen in Sachen Föderalismus wurden bei uns immer nur bruchstückhaft aufgegriffen, durchaus im Sinne der „Stückwerktechnik" *Poppers* rezipiert und weiterentwickelt. Drei Modelle sind gegenwärtig und wirksam. Der klassische Bundesstaat als „dual federalism",[28] die Lehre vom „unitarischen Bundesstaat" (*K. Hesse*) und der „kooperative Föderalismus", die „Politikverflechtung", für die sich der verfassungsändernde Gesetzgeber punktuell etwa in Art. 91 a und b a. F. GG stark gemacht hatte.[29] Der Bundesstaat Deutschland mischt diese drei Modelle immer neu und unterschiedlich.[30] So behalten alle drei entwicklungsgeschichtlich im Laufe der Zeit ihr relatives Recht: Bald tritt das Unitarische stärker hervor, so in den 50er und beginnenden 60er Jahren, bald wendet man sich den Tugenden des kooperativen Föderalismus zu. Im vereinten Deutschland sind sie besonders von Nöten, weit über die Normen des Einigungsvertrages von 1990 hinaus („Partnerländer"), der freilich seinerseits auch unitarische Spurenelemente birgt. Mitte der 80er Jahre und heute war in der politischen Diskussion bei uns eine deutliche Absetzbewegung weg vom Kooperativen erkennbar: so wurden bzw. werden die Gemeinschaftsaufgaben der Art. 91 a und b GG z. T. in Frage gestellt (Föderalismusreform I von 2006), man erinnerte wieder an die Vorteile klarer

---

einen differenzierten Regionalismus (wie in Italien, mit Formen auch des „kooperativen Regionalismus"). Anders *Pernthaler*, Der differenzierte Bundesstaat, 1992; *Palermo* u.a. (Hrsg.), Asymmetries in Constitutional Law, 2009.

[28] Zum Folgenden schon mein Diskussionsbeitrag in VVDStRL 46, 1988, S. 148 f.; s. auch das Votum in VVDStRL 39, 1981, S. 202 f. (zur „pragmatischen, kompromißhaften Integration von Theorieelementen"). – *Bauer* fragt: „Gemischtes Bundesstaatsverständnis: Königsweg der Föderalismustheorie?", in: Liber Amicorum P. Häberle, 2004, S. 645 (673 ff.) und bejaht differenziert.

[29] Dazu *Frowein/von Münch*, Gemeinschaftsaufgaben im Bundesstaat, VVDStRL 31, 1973, S. 13 ff.; *Marnitz*, Die Gemeinschaftsaufgaben des Art. 91a als Versuch einer verfassungsrechtlichen Institutionalisierung der bundesstaatlichen Kooperation, 1974. Aus der Kommentarlit.: W. *Heun*, in: Dreier (Hrsg.), Grundgesetz-Kommentar, Bd. III, 2000, Art. 91a und b (2006 freilich modifiziert).

[30] Bemerkenswerter Weise spricht *Kimminich*, Der Bundesstaat, HdBStR Bd. I, 1987, S. 1113 (1119 f.) von einer „Mischung unitarischer und föderalistischer Elemente", wobei er den grundgesetzlichen Bundesstaat auch als „kooperativen Bundesstaat" deutet (ebd. S. 1145 f.). *Ossenbühl*, in: ders. (Hrsg.), Föderalismus und Regionalismus in Europa, 1990, S. 117 (151 ff.) beobachtet für die Bundesrepublik eine „Wandlung vom separativen zum unitarisch-kooperativen Bundesstaat".

Kompetenzscheidung, an den klassischen, separativen Bund/Länder-Dualismus, an optimale Dezentralität, z. T. an das Kompetitive. Auffällig ist, dass bei allen Akzentverlagerungen und immer neuen Mischungen sowie wechselnden Varianten alle drei Bundesstaatsmodelle im Rahmen des deutschen GG irgendwie immer präsent bleiben: das *Klassisch-dualistische*, Separative, das *Unitarische* und das *Kooperative* – durchweg je in Verfassungstexten im engeren und weiteren Sinne greifbar! Die „Schuldenbremse" von 2009 (Verbot an die Länder, ab 2020 neue Schulden zu machen) indes verletzt m. E. deren Haushalts- und Verfassungsautonomie.[31] Kompetitiver Föderalismus auf Teilgebieten wie im Steuerrecht wäre sinnvoll, wie die Schweiz lehrt.

Aus dieser (vermeintlichen) „Not", dem Fehlen einer einzig richtigen Bundesstaatstheorie, ist eine „Tugend" zu machen: die *gemischte* **Bundesstaatslehre**. Sie erlaubt Flexibilität und schafft Offenheit für Fortentwicklungen, sie ermöglicht eine pragmatische Integration von Theorieelementen und läuft nicht Gefahr, im Interesse einer Theorie die Wirklichkeit zu vergewaltigen und wissenschaftliche Gerechtigkeits- und Wahrheitsansprüche durchzusetzen. Sie integriert die Vielfalt des Ringens vieler um den „guten" Bundesstaat und kann sich vielleicht sogar noch auf das Argumentationspotential der klassischen Lehre von der „gemischten Verfassung" berufen.[32] Man mag als „Synkretismus" schelten, was hier als „gemischte" Bundesstaatstheorie vorgeschlagen wird. Doch dieser angebliche oder wirkliche Synkretismus ist ins Positive gewendet nur eine Konsequenz der „Verfassung des Pluralismus". *K. Sterns* **„Pluralität der politischen Leitungsgewalt"** im Bundesstaat vermag eben auch wissenschaftstheoretisch nur durch ein Pluralismus-Modell eingefangen zu werden: die gemischte Bundesstaatslehre kann ein solches sein. Schließlich ist die hier umrissene gemischte Bundesstaatslehre flexibel genug, um Wandlungen in Raum und Zeit einzufangen: im Raum, insofern die verschiedenen nationalen Bundesstaaten die einzelnen Theorieelemente variabel und je ganz individuell kombinieren; in der Zeit, insofern die Verfassungsentwicklung bzw. Textstufengeschichte der einzelnen Bundesstaaten Phasen kennt, in denen bald das eine, bald das andere Theorieelement in den Vordergrund rückt bzw. zurücktritt.[33] So ist die Streichung der Rahmengesetzgebung nach Art. 75 GG n. F. im Jahre 2006 ein Terraingewinn für den *Trennungsföderalismus*. Gleiches gilt für die Aufhebung des alten Art. 74a GG. Das hier einschlägige Stichwort der „Entflechtung" charakterisiert auch die Neufassung von Art. 72 Abs. 2 GG (1994). Die Reduzierung der zustimmungsbedürftigen Bundesgesetze gehört in dieselbe Richtung. Die Reform in Sachen „Europatauglichkeit" (Art. 104 a Abs. 6 und Art. 109 Abs. 5 GG) im Jahre

17

---

[31] Aus der Lit. *vor* der GG-Reform von 2008: *Knop*, Verschuldung im Mehrebenensystem, 2008, S. 17 ff., 96 ff.; jetzt: *Ryezewski*, Die Schuldenbremse im GG, 2011.

[32] Dazu *Stern*, Staatsrecht Bd. 1, 2. Aufl. 1984, S. 735 ff. – Aus der weiteren Literatur: *Riklin*, Mischverfassung und Gewaltenteilung, FS Pedrazzini, 1990, S. 21 ff.

[33] Zustimmung zum „gemischten" Modell speziell für *Österreich* bei *Funk*, VVDStRL 46, 1988, S. 173 (Aussprache).

2006 verlangt hingegen Kooperation zwischen Bund und Ländern und ist Folge der Europäisierung des bundesdeutschen Verfassungsrechts.[34]

Dass die so skizzierte „gemischte" Bundesstaatslehre dem Gedanken des **offenen Kulturkonzeptes** entspricht, sei nur angemerkt.

3. Das kulturwissenschaftliche Bundesstaatsverständnis

18   Die Bundesstaatsstruktur ist – im vereinten Deutschland ganz besonders – integraler Bestandteil unseres Verfassungsstaates. Im Rahmen einer **Verfassungslehre als** juristischer Text- und **Kulturwissenschaft**[35] liegt es daher nahe, auch bei der Erfassung des Bundesstaates den Akzent auf das *Kulturelle* zu legen, so wichtig das Wirtschaftliche als Substrat bleibt und so sehr andere Theoriemodelle ihr relatives Recht behalten. Dabei ist sowohl der engere Kulturbegriff (Religion, Erziehung und Bildung, Wissenschaft und Kunst, Denkmalpflege und Medien) als auch der weitere Kulturbegriff (z. B. Volkskunst und Sport) einschlägig.[36] Und gerade das eminent *Pragmatische* jeder Bundesstaatsentwicklung legt theoretisch das Mischmodell nahe. Der Begriff „Kulturföderalismus" ist ein geglücktes Wort,[37] das für Deutschland historisch wie aktuell treffend die Verknüpfung von Bundesstaat und Kultur schon im Ansatz widerspiegelt. Das „offene Kulturkonzept", der „kulturelle Trägerpluralismus"[38] ist die juristische Verallgemeinerung dieses Gedankens.

19   Die **kulturelle Bundesstaatstheorie** ist *ein* Erklärungs- und Orientierungsversuch in Sachen Bundesstaat, der sich dem Wettbewerb mit anderen Theorien stellen muss und nur eine wissenschaftliche Teilwahrheit formulieren kann. Erstmals 1980 vorgeschlagen,[39] sei sie hier stichwortartig umrissen:

---

[34] Zur nur teilweise gelungenen Entflechtung der Mischfinanzierung: *Häde*, aaO, in: Gröhe (Hrsg.), S. 35 (39 ff.). Aus der Kommentarlit.: *Heun*, in: Dreier (Hrsg.), Grundgesetz-Kommentar, Bd. III, 2000, Art. 104a bis 115 GG (insbes. Vorbemerkungen).

[35] Zu diesem Programm meine Schrift von 1982: Verfassungslehre als Kulturwissenschaft (2. Aufl. 1998).

[36] Dazu *Häberle*, Vom Kulturstaat zum Kulturverfassungsrecht, in: *ders.* (Hrsg.), Kulturstaatlichkeit und Kulturverfassungsrecht, 1982, S. 1 (20 ff.); s. auch *Steiner*, Kulturauftrag im staatlichen Gemeinwesen, VVDStRL 42, 1984 S. 7 (8 ff.), *Grimm*, ebd., S. 46 (60 f.). Zu „Kulturstaat und kulturelle Freiheit" gleichnamig *Geis*, 1990. Später: *Steiner*, Kultur, in: HStR IV, 3. Aufl. 2006, §86.

[37] Eine weiterführende Ausarbeitung bei *Hufen*, Gegenwartsfragen des Kulturföderalismus, BayVBl. 1985, S. 1 ff., 37 ff. S. auch *Isensee*, Idee und Gestalt des Föderalismus im GG, HdBStR Bd. IV (1990), S. 517 (639): Kulturföderalismus als „dauerhafter Legitimationsgrund des deutschen Föderalismus".

[38] Dazu *Häberle*, Kulturpolitik in der Stadt, aaO., S. 34 f., 37; *ders.*, Kulturverfassungsrecht, S. 14 f. und passim.

[39] Vgl. meine Innsbrucker Schrift: Kulturverfassungsrecht im Bundesstaat, 1980 (zu ihrer Wirkung in Österreich: *Pernthaler* (Hrsg.), Föderalistische Kulturpolitik, S. 7 (Vorwort) und S. 9 ff.); s. auch meinen Diskussionsbeitrag in VVDStRL 46, 1988, S. 148 ff. Eine „Nachlese" in meinem Beitrag: Altes und Neues zu Kulturverfassungsrecht im Bundesstaat 1980/2008, in JöR 57, 2009, S. 601 ff.

Bundesstaatlichkeit *legitimiert* sich vor allem aus der **kulturellen Vielfalt** eines politischen Gemeinwesens im staatlichen *und* gesellschaftlichen Bereich (Parteien, Verbände, Minderheiten). Die Vielfalt kultureller Initiativen, Hoffnungen und Wünsche für die Zukunft, aber auch die Vielfalt schon geschaffener Kultur in Vergangenheit und Gegenwart („kulturelles Erbe") findet ihr relativ bestes „Gehäuse" in der Struktur des Bundesstaates (zumal in Deutschland). Die Vielfalt der einzelnen Länder (Kantone) basiert auf kulturell differenzierten Räumen; sie verlangt aber auch vitale Kulturpolitik dieser Länder bis hin zum „Eigensinn". Vieles hängt vom eigenen **Kulturwillen der Länder** ab, von ihrer Phantasie, Gestaltungskraft und Wettbewerbsfähigkeit, freilich auch von ihrer Kompromissbereitschaft und Konsensfähigkeit. Denn bei aller Vielfalt verlangt Bundesstaatlichkeit auch den *Rahmenkonsens*, die Grundierung durch Gemeinsames, die Integrierung des Verschiedenen zu einer Einheit.[40] Auch dieser Konsens ist *kulturell* grundiert und juristisch etwa durch die Homogenitätsklausel des Art. 28 GG abgesichert. Wo es heute Bundesstaaten gibt, dort finden sich *kulturelle* Differenzierungen, die historisch zum Bundesstaat drängten und die ihn in der Gegenwart lebendig erhalten. Diese kulturelle Vielfalt ist *eine* Form des Pluralismus und der Gewaltenteilung im weiteren Sinne (**Bundesstaat als kulturelle Pluralismusgarantie**). Letztlich und erstlich „macht" weniger die Wirtschaft als vielmehr die Kultur einen Staat – auf Bundes- wie auf Gliedstaatenebene. Nur sie gründet und sichert ihn in der Tiefe, im Bewusstsein der einzelnen Bürger und im „kollektiven Bewusstsein" aller.

20

Das Kulturverfassungsrecht erweist sich auf diesem Hintergrund als ein Proprium, ja Herzstück des Bundesstaates. Gerade in seiner Präsenz auf *mehreren* Ebenen und in seiner Kraft zur *Vielfalt* seiner rechtstechnischen Erscheinungsformen ist es sozusagen die raison d'être des Bundesstaates, sie verleiht ihm eine spezifische Legitimation. Solche *Ebenen* sind das **Kulturverfassungsrecht** der Länder (Kantone), das kommunale Kulturverfassungsrecht, punktuelle Kulturkompetenzen des Bundes und zunehmend Europas einerseits, universales Kulturrecht (etwa im Menschenrechtspakt über wirtschaftliche, soziale und kulturelle Rechte von 1966) andererseits.[41] Und solche *Textvielfalt* präsentiert sich als allgemeine und spezielle Kulturstaatsklausel, als kulturelle Erbes- und Pluralismus-Klausel, als kulturelle Freiheiten (in den verschiedenen Dimensionen: vom status negativus bis zum status corporativus) oder als Erziehungsziele etc.[42] Gegenüber den Egalisierungen des sozialen Rechtsstaates und den Uniformierungen der Wirtschaft schafft dieses

21

---

[40] Vgl. die These von *Maier*, Der Föderalismus – Ursprünge und Wandlungen, AöR 115, 1990, S. 213 (230), der Föderalismus werde durch die „komplexe Verspannung zentripentaler und zentrifugaler Wirkkräfte", durch die „Integration des Verschiedenen und des Gemeinsamen" und durch die „konzentrische Lagerung von Konflikt und Konsens" konstituiert.

[41] Zu Europa in kulturverfassungsrechtlicher Perspektive mein gleichnamiger Beitrag in JöR 32, 1983, S. 15 ff.; s. auch die Schichtungen in der Schrift Kulturverfassungsrecht im Bundesstaat, 1980, S. 17 ff.

[42] Dazu für die Entwicklungsländer: *Häberle*, Die Entwicklungsländer im Prozess der Textstufendifferenzierung des Verfassungsstaates, VRÜ 1990, S. 225 (269 ff.); ein Überblick über den Figurenreichtum auch in: *ders.*, Artenreichtum und Vielschichtigkeit von Verfassungstexten, FS Häfelin, 1989, S. 225 ff.

vielschichtige Kulturverfassungsrecht Gestaltungsspielraum für Eigenes, Kleineres, Individuelles, „Heimat", führt die Bundesstaatsstruktur auf Kulturanthropologisches. Hier ist die **Brücke zur Subsidiarität** geschlagen.[43] Das vielgestaltige Kulturverfassungsrecht im Bundesstaat wird zu einer spezifischen Garantie der Freiheit im egalitären Sozialstaat und in der egalitäten Demokratie. Die Kulturhoheit der Länder bzw. Gliedstaaten ist so ein Pendant zur kulturellen Freiheit der Bürger. Diese lässt sich besonders gut im Bundesstaat bewahren, sie kann sich hier spezifisch bewähren und weiterentwickeln.

22   Eine zusätzliche Schubkraft (und Herausforderung!) hat die kulturwissenschaftlich arbeitende Bundesstaatstheorie für Deutschland als Verfassungsstaat durch den und in dem *Prozess der deutschen* Einigung seit 1989 gewonnen.[44] Die Überlebenskraft der fünf ostdeutschen Länder im Einheitsstaat der DDR bzw. der SED ist ihrer *kulturellen Pluralität* als Thüringen, Brandenburg etc. zu verdanken. Dieses „Kulturwunder" hat die ostdeutschen Länder im Verlauf der friedlichen Revolution 1989 fast über Nacht wiedererstehen lassen; nicht die Wirtschaft hat ihre Staaten „gemacht", ihre länderbezogene Kultur ist es, die ihnen Identität vermittelt. Der **Einigungsvertrag** von 1990 hat sich, wenn auch spät, der Aspekte des Kulturellen intensiv angenommen: in Gestalt von Kulturförderungsklauseln (Art. 35 Abs. 1, 3 bis 7, Art. 38 und 39), in einer kulturellen Substanzgarantie (Art. 35 Abs. 2) und vor allem in dem großen Bekenntnis-Artikel 35 Abs. 1, die einer Kulturstaatsklausel entspricht („In den Jahren der Teilung waren Kunst und Kultur... eine Grundlage der fortbestehenden Einheit der deutschen Nation... Stellung und Ansehen eines vereinten Deutschland in der Welt hängen außer von seinem politischen Gewicht und seiner wirtschaftlichen Leistungskraft ebenso von seiner Bedeutung als Kulturstaat ab"). Die Wirtschafts-, Währungs- und Sozialunion von 1989 konnte nur ein erster Schritt im Prozess der deutschen Einigung sein. Die „*vierte* Dimension", die Kultur, trat als solche fast zu spät ins Bewusstsein der Öffentlichkeit und der Deutschlandpolitik. Dabei hat die Rechtsordnung als solche allerdings nur begrenzte Möglichkeiten. So sehr sie einerseits in Gestalt von differenziertem, experimentierfreudigem neuem Kulturverfassungsrecht in den ostdeutschen Ländern diese in ihrer Kulturhoheit „ausstatten" muss (die Verfassungsentwürfe ermutigen), und so sehr diese Kulturhoheit sich auch im wirtschaftlichen Substrat als rechtliche Infrastruktur zu behaupten hat, so sehr andererseits die westdeutschen Länder und der Bund i. S. einer „*Gemeinschaftsaufgabe Kultur*" im Zeichen des kooperativen Föderalismus den ostdeutschen Länder beispringen müssen: mittelfristig und letztlich muss sich die differenzierte, bundesstaatlich gegliederte Kultur Ostdeutschlands *aus sich* und in *Konkurrenz* mit den ostdeutschen Ländern behaupten. Das Recht, selbst das

---

[43] Dazu *Stern*, aaO., S. 660 f. Aus der Lit.: *J. Isensee*, Subsidiaritätsprinzip und Verfassungsrecht, 2. Aufl. 2001; *Nolte*, Staatliche Verantwortung im Bereich Sport 2004, S. 142 ff.; *Häberle*, Das Prinzip der Subsidiarität aus der Sicht des vergleichenden Verfassungsrechts, AöR 119, 1994, S. 169 ff.; *D'Atena*, Die Subsidiarität: Werte und Regeln, Liber Amicorum Häberle, 2004, S. 327 ff.; *Molsberger*, Das Subsidiaritätsprinzip im Prozess europäischer Konstitutionalisierung, 2009.

[44] Aus der Lit.: *Schneider*, Die bundesstaatliche Ordnung des vereinigten Deutschland, NJW 1991, S. 2448 ff.

§10 Föderalismus, Regionalismus und Präföderalismus als alternative Strukturformen

neue Kulturverfassungsrecht der Länder und die Elemente von neuem (Bundes- und Landes-)Kulturverfassungsrecht im Einigungsvertrag, vermögen nur „Gehäuse" zu sein, so wichtig sie als solche sind.

Gewiss ist der **„Kulturföderalismus"** ein constituens des *deutschen* Verfassungsstaates – seit 1991 wie wohl kaum je zuvor -, doch möchte der kulturwissenschaftliche Ansatz beanspruchen, darüber hinaus dem Typus verfassungsstaatlicher Bundesstaat ganz allgemein zusätzliche Legitimationsschichten erschließen. Die bisherigen Legitimationstheorien behalten ihre Bedeutung,[45] etwa die aktivbürgerliche *Demokratie*-fördernde, die politisch ausgleichende Kraft des Bundesstaates,[46] die Möglichkeit der Herausbildung oppositioneller Führungskräfte, die Auflockerung bzw. Demokratisierung der Parteistrukturen, die Vereinigung des lobbyistischen Einflusses durch Machtverteilung, die die horizontale *Gewaltenteilung* ergänzende *vertikale* Gewaltenteilung[47] sowie der Wettbewerb bzw. trial and error-Prozess in Sachen Kultur, Politik und Wirtschaft- **„Konkurrenzföderalismus"** (im Rechtspolitischen z. B. als experimentelle Werkstattarbeit im Kulturverfassungsrecht, allgemeine gliedstaatliche Verfassungshoheit als Chance zum Verfassungsreichtum).[48] Stichwortartig kann man alle Teilaspekte letztlich auf den Generalnenner der *freiheitsfördernden* Legitimation des Bundesstaates bringen,[49] wobei *P. Lerches* Homogenisierung der Konfliktlösungsverfahren[50] ein kaum zu überschätzender komplementärer Faktor ist (Freiheit aus Verfahren!). Diese Verknüpfung von Bundesstaatlichkeit und *kultureller Freiheit* im weitesten und tiefsten Sinne ist gerade in der Tradition „Deutscher Freiheit" sinnfällig. Der Bundesstaat wurzelt hier im kulturanthropologischen Boden der Bürger einer Nation. Föderalismus und Kultur gehören in Deutschland so intensiv zusammen, dass sich der plastische Begriff „Kulturföderalismus" eingebürgert hat. Der Bundesstaat bildet jedenfalls nicht erst seit dem GG, aber besonders unter und „in" ihm, neu akzentuiert seit dem Hinzukommen der 5 neuen Länder, das nahezu ideale „Gehäuse" für die Vielfalt der Kultur. Das Wort, *deutsche Freiheit sei föderale*

23

---

[45] *Isensee*, Idee und Gestalt des Föderalismus in Deutschland, in: HdBStR Bd. IV, 1990, S. 517 (683 f.) ordnet die Rechtfertigungen des Bundesstaats in die fünf Gruppen: Dezentralisation, Legitimation aus Systemstabilisierung, verfassungsstaatliche Konkordanz, Einheitsbildung durch Verfahren, geschichtlich gegebene, regionale Vielfalt Deutschlands. Im Grunde ist er einem gemischten Ansatz nahe, wenn er resümiert (aaO., S. 690): „Die fünf unterschiedlichen Legitimationstypen widerlegen und neutralisieren sich nicht gegenseitig. Sie bringen jeweils eine eigene Perspektive ein, die einen Aspekt des Bundesstaates zur Geltung bringt".

[46] Dazu und zum Folgenden *Hesse*, Der unitarische Bundesstaat, 1962, S. 30.

[47] Dazu *Hesse*, aaO., passim bes. S. 23.

[48] Zur Bedeutung des gliedstaatlichen Verfassungsrechts in der Gegenwart die gleichnamige Staatsrechtslehrertagung in: VVDStRL 46, 1988, S. 7 ff. mit Referaten von *Graf Vitzthum*, *Funk* und *Schmid*; s. auch *Herdegen*, Strukturen und Institute des Verfassungsrechts der Länder, HdBStR Bd. IV, 1990, S. 479 ff.

[49] Den freiheitsschützenden Gedanken betont z. B. *Stern*, aaO., S. 658 f. Von Bundesstaatlichkeit als „komplementären Element der demokratischen und rechtsstaatlichen Ordnung" spricht *Hesse*, Grundzüge des Verfassungsrechts der Bundesrepublik Deutschland, 20. Aufl. 1995, S. 118 ff. (Neudruck 1999).

[50] *Lerche*, VVDStRL 21, 1964, S. 66 (84 ff.).

Freiheit, will und kann zum Ausdruck bringen, dass in Deutschland an der *Wurzel der Freiheit* das Föderative liegt – ähnlich wie heute in Spanien das Regionale, die „Autonomien". Schon hier zeigt sich, dass das Föderalismusrecht nicht nur äußere Technik ist, sondern Freiheit in Deutschland recht eigentlich erst begründet. Dieses „radikale" Zusammendenken von Freiheit und Föderalismus und später: von Freiheit und Kultur erfordert, dass wir uns das deutsche Bundesstaatsverständnis kurz vergegenwärtigen.

III. Die – sieben – Legitimationsgründe des deutschen Föderalismus

24   Zu **unterscheiden** sind:

1. Die grundrechtstheoretische Legitimation (einschließlich der aus den kulturellen Freiheiten gewonnenen), i. S. der „Kultur der Freiheit" (1991).
2. Die demokratietheoretische Legitimation (einschließlich der ethnischen Aspekte).
3. Die gewaltenteilende Legitimation (Kontroll-Argument).
4. Die wirtschaftliche, entwicklungspolitische Legitimation (aktuell in Teilen Ostdeutschlands: vgl. Art. 72 Abs. 2 GG: „Herstellung gleichwertiger Lebensverhältnisse").
5. Die Integrationsfunktionen als Föderalismus-Argument.
6. Die aufgabenteilende, dezentralisierende Dimension (das Subsidiaritäts-Argument), eine begrenzte Steuerautonomie ist wünschenswert.
7. Speziell in Europa das europapolitische Argument (Stichwort „Europas Kultur als Vielfalt und Einheit", „Europaregionen").

IV. Die Mischung verschiedener Bundesstaatskonzepte: vom klassischen Föderalismus über den kooperativen zum heutigen „Wettbewerbsföderalismus", einschließlich des fiduziarischen Föderalismus

25   Wie jedes Normenensemble des Verfassungsstaates liegt auch dem Bundesstaatsprinzip[51] des GG ein bestimmtes „Vor-Verständnis" zugrunde, das offengelegt und damit rational erfahrbar und diskutierbar gemacht werden muss. (Partei)Politische Motive

---

[51] Die Lit. ist unüberschaubar: *Hesse*, Grundzüge des Verfassungsrechts der Bundesrepublik Deutschland, 20. Aufl. 1995, S. 96 ff.; *Isensee*, Der Föderalismus und der Verfassungsstaat der Gegenwart, AöR 115, 1990, S. 248 ff.; *Badura*, Die „Kunst der föderalen Form", FS Lerche, 1993, S. 369 ff.; *Bauer*, Die Bundestreue, 1992; *Hilf* u.a., Europäische Union: Gefahr oder Chance für den Föderalismus in Deutschland, Österreich und in der Schweiz?, VVDStRL 53, 1994, S. 8 ff.; *Dittmann*, Föderalismus in Gesamtdeutschland, HStR IX, 1997, §205; *Oeter*, Integration und Subsidiarität im deutschen Bundesstaatsrecht, 1998; *Jestaedt*, Bundesstaat als Verfassungsprinzip, HStR II, 3. Aufl. 2004, §29; *Karpen*, Der deutsche Bundesstaat im Internationalen Vergleich und

spielen dabei ebenso eine Rolle wie Schulen-Kontroversen der deutschen Staatsrechtslehre. In der **Entwicklungsgeschichte** des deutschen Föderalismus lassen sich bestimmte Phasen bzw. Modelle unterscheiden, die untereinander fast „antinomisch" konkurrieren, aber letztlich Mosaiksteine eines Ganzen sind, welche flexible Pluralität gerade eine Stärke des Föderalismus ausmacht, auch seine Wachstums- und Wandlungsfähigkeit.

Der „klassische Föderalismus" ist der auch aus den USA bekannte „**dual federalism**" mit seiner relativen Stärke der Glieder und der weitgehenden Trennung zwischen Bund und Ländern bzw. der Länder untereinander. Auf diesen „separative federalism" folgt der „**kooperative Föderalismus**", der in Deutschland im „*Troegergutachten*" zur Finanzreform (2. Aufl. 1966[52]) einerseits, in der Konstitutionalisierung der „Gemeinschaftsaufgaben"[53] andererseits einen auch textlich beglaubigten Ausdruck gefunden hat (Art. 91 a und b GG). Ebenfalls in den 60er Jahren prägte *K. Hesse* das Stichwort vom „**unitarischen Bundesstaat**" (1962), ein Begriff, der die Tendenz zur Unitarisierung einfangen wollte, freilich auch die kompensatorische Tendenz einer Stärkung des Bundesrats. Das Verhältnis von unitarischem Bundesstaat und kooperativem Föderalismus blieb freilich ungeklärt. „Generalbass" zu all dem war die auf *R. Smend* zurückgehende, vom BVerfG sanktionierte (z. B. E 12, 205 (255), zuletzt E 86, 148 (211 ff.); vgl. auch E 103, 81 (88); 104, 249 (282)) **Idee der „Bundestreue**",[54] die heute europaweit Karriere macht: in der Staatspraxis wie in der Literatur und z. B. in den nationalen Wissenschaftlergemeinschaften Spaniens und Italiens, die im Rahmen ihres Regionalismus rezipiert wird, jetzt auch in Belgien.[55] Bundestreue ist ein „Klassikertext", der auch auf der EU-Ebene eine Rolle spielt – als „Gemeinschaftstreue" bzw. „Solidarität".[56] Bei all dem ging das Moment des Separativen nie ganz verloren, auch gab es in Bayern (unter

26

Wettbewerb, DÖV 2008, S. 814 ff.; *Schneider* u.a. (Hrsg.), Judge made federalism?, 2009; *Palermo* u.a. (Hrsg.), Auf dem Weg zu asymmetrischem Föderalismus?, 2008; Jahrbuch des Föderalismus 2007, Föderalismus, Subsidiarität und Regionen in Europa, 2008; *Menzel*, Landesverfassungsrecht, Verfassungshoheit und Homogenität im grundgesetzlichen Bundesstaat, 2002. – Einen kritischen Akzent setzt *Huber*, Deutschland in der Föderalismusfalle, 2003.

[52] Dazu *Bauer*, Bundesstaatstheorie und Grundgesetz, Liber Amicorum Häberle, 2004, S. 645 (669 ff.).

[53] Dazu *v. Münch/Frowein*, Gemeinschaftsaufgaben im Bundesstaat, VVDStRL 31, 1973, S. 13 ff.; *Blümel*, Verwaltungszuständigkeit, HdBStR Bd. IV, 1990, S. 857 (939 ff.). Aus der Kommentarlit. zur *heute* geltenden Fassung von Art. 91a und b GG: *Siekmann*, in: Sachs (Hrsg.), Grundgesetz, 5. Aufl. 2009, Art. 91a und b.

[54] *Smend*, Ungeschriebenes Verfassungsrecht im monarchischen Bundesstaat, FS Laband, 1916, S. 245 ff.; *Bayer*, Die Bundestreue, 1961; *Bauer*, Die Bundestreue, 1992.

[55] Dazu die Beiträge in *López Pina* (Hrsg.), Spanisches Verfassungsrecht, 1993, S. 195 ff.; *Anzon*, La Bundestreue e il Sistema federale Tedesco, 1995; *Alen/Peeters/Pas*, Bundestreue im belgischen Verfassungsrecht, JöR 42, 1994, S. 439 ff.; allgemein zu Belgien: *Delperée*, in: Kramer (Hrsg.), Föderalismus zwischen Integration und Sezession, 1993, S. 133 ff.

[56] Vgl. Art. 4 Abs. 3 EUV – Lissabon, Art. 11 Abs. 2 EUV (= Art. 24 Abs. 2 Vertrag von Lissabon); aus der Lit.: *Lück*, Die Gemeinschaftstreue als allgemeines Rechtsprinzip im Recht der Europäischen Gemeinschaft, 1992; *Unruh*, Die Unionstreue, EuR 37, 2002, S. 41 ff.

F.-J. Strauß) und Baden-Württemberg ab und zu Versuche, ihm entgegenzuwirken – Ende der 70er Jahre wurde im politischen Diskurs von den „Südländern" sogar einmal die gänzliche Abschaffung der Gemeinschaftsaufgaben propagiert. Dennoch blieb das Kooperative im Bundesstaatsverständnis im Vordergrund. Es dürfte seine Bewährungsprobe im Rahmen der deutschen Einigung zu bestehen haben und bis heute bestehen. Die Personal-, Sach- und großen Finanzhilfen von Seiten des Bundes, unterschiedlich intensiv auch von den „alten" Bundesländern beim Aufbau der neuen waren eine spezifische Form von Solidarität von West nach Ost: eine ungewöhnlich dichte Kooperation, meist im Einigungsvertrag festgeschrieben, aber auch neben oder „unter" diesem ein Stück lebenden Föderalismus. Die Theorie musste angesichts der Einzigartigkeit des Vorgangs m. E. einen besonderen Begriff prägen. Vorgeschlagen wurde der Begriff des „*fiduziarischen Föderalismus*".[57] Das heißt: Bund und alte Länder stehen *auf Zeit* in einer besonderen **Solidaritätspflicht**. Sie rührt gelegentlich an die normale Kompetenzenverteilung im GG,[58] rechtfertigt sich aber aus der Ausnahmesituation seit 1989/1990. Es ist kein Zufall, dass in der heutigen Zeit knapper Kassen und unbestimmten großen Anstrengungen beim Finanztransfer von West nach Ost (zu Beginn 150 Mrd. DM pro Jahr!) seit kurzem in Politik, Wirtschaft und wissenschaftlicher Öffentlichkeit ein anderes Bundesstaatsmodell diskutiert wird: das des „Wettbewerbs-" oder „Konkurrenzföderalismus". In seinen Rahmen gehören die Bemühungen der großen „Südländer" Bayern und Baden-Württemberg um eine Neuordnung des Finanzausgleiches,[59] nachdem das BVerfG zum Glück früher Bremen und dem Saarland zu Hilfe gekommen war (BVerfGE 72, 330; 86, 148). Vermutlich ist dieses **„neue Bundesstaatsverständnis"** in nuce eine tendenziell durchaus positiv zu bewertende Wiederbesinnung auf das Element des „separative" bzw. „dual federalism". Vielleicht haben wir alle das Moment des Kooperativen überschätzt bzw. überbetont. Im Ensemble der im Laufe der Verfassungsgeschichte des GG beweglich miteinander zu verbindenden verschiedenen Modelle von Bundesstaatlichkeit ist es wohl Zeit, wieder einmal den Wettbewerb bzw. die **Entflechtung und Trennung** zu betonen. Freilich nicht primär von einem übersteigert ökonomischen Markt-Denken her, dies vielleicht auch, sondern mehr aus der kulturellen Vielfalt heraus. Damit ist das m. E. den Hintergrund bildende *kulturwissenschaftliche Bundesstaatsverständnis*[60] gefordert – das den Rahmen für alle wechselvollen „Mischungen" bildet. Föderalismus legitimiert sich in Deutschland erstlich und letztlich aus der kulturellen

---

[57] Erstmals in *Häberle*, Aktuelle Probleme des deutschen Föderalismus, in: Die Verwaltung 24 (1991), S. 169 ff.; aus der weiteren Lit. z. B. *Nierhaus*, Strukturprobleme des gesamtdeutschen Bundesstaates, in: Burmeister u.a. (Hrsg.), Germania restituta – FS für Stern, 1993, S. 35 (43 f.); *Bauer*, Bundesstaatstheorie und Grundgesetz, in: Liber amicorum P. Häberle, 2004, S. 645 ff.

[58] Dazu *Schulze-Fielitz*, Art. 35 EinigungsV – Freibrief für eine Bundeskulturpolitik?, NJW 1991, S. 2456 ff.

[59] Aus der Lit.: *Bull*, Finanzausgleich im Wettbewerbsstaat, DÖV 1999, S. 269 ff.; *Schmidt-Jortzig*, Herausforderungen für den Föderalismus in Deutschland – Plädoyer für einen Wettbewerbsföderalismus, DÖV 1998, S. 446 ff.; *Nettesheim*, Wettbewerbsföderalismus und Grundgesetz, FS Badura, 2004, S. 363 ff.

[60] Dazu *Häberle*, Kulturverfassungsrecht im Bundesstaat, 1980; *ders.*, Kulturhoheit im Bundesstaat, AöR 124, 1999, S. 549 ff.

§10 Föderalismus, Regionalismus und Präföderalismus als alternative Strukturformen 269

Vielfalt. Darum verbindet sich auch die unbegreifliche, auch von Bayern leider immer wieder geforderte Neugliederung des Bundesgebietes mit primär finanziellen bzw. ökonomischen Gründen.[61] Darum gehörte der Verf. zu den wenigen deutschen Staatsrechtslehrern, die dankbar, ja glücklich waren, dass das Volk von Brandenburg 1997 *gegen* die von Berlin vorwiegend mit ökonomischen, Effizienz- und Raumgründen propagierte Fusion beider Länder gestimmt haben.[62] Die Eigenständigkeit der Verfassungskultur Brandenburgs, in wenigen Jahren seit 1992 gewachsen und „erwachsen" geworden, blieb erhalten. Sie ist ein bemerkenswerter Farbtupfer im „gemeinsamen Haus Deutschland", dessen 16 „Zimmer" in Dissonanz und Konsonanz ein „föderalistisches Hauskonzert" bilden, in dem jeder Teil eine unentbehrliche „Stimme" der Gesamtpartitur darstellt. So ist doch das Wiedererstehen der 5 neuen Länder fast über Nacht 1989/1990 ein Beleg für den kulturwissenschaftlichen Ansatz: Trotz der Betondecke des Staatssozialismus der DDR blieb im kollektiven Gedächtnis der Ostdeutschen eine Erinnerung an die Vielgliedrigkeit in Ostdeutschland erhalten.[63] Grund und Konturen können und konnten nur die Vielfalt der Kultur sein: *Fontanes* „Wanderungen" durch die Mark Brandenburg, *Bachs* Leipzig in Sachsen oder *Goethe/Schillers* Weimar in Thüringen waren und sind bis heute Kristallisationspunkte, um die sich „eigenständige Länder" wieder bilden konnten und entwickelten. M. a. W.: Die „Kulturlandschaften" sind der Wurzelboden für das rasche Wiedererstehen von Ländern in Deutschland-Ost. Überdies war die Wiedervereinigung eine im Ganzen geglückte Bewährungsprobe für den Föderalismus in Deutschland. Die fünf neuen Länder sind – auch in Sachen unterschiedlicher Verfassungspolitik – eine Bereicherung für den ganzen Bundesstaat. Er bewies sich als große „Werkstatt" in Sachen Verfassungsstaat. Er gab Raum für *experimentelle* Verfassungsgebung – man vergleiche nur den unterschiedlichen „Geist" und Buchstaben der wagemutigen Verfassung von Brandenburg (1992) dort und den eher restriktiven Text der Verfassung Sachsen-Anhalt (1992) hier. (Zur etwaigen „Sezession" Frankens von Bayern sei kein Wort gesagt.).

---

[61] Vgl. *Häberle*, Die Zukunft der Landesverfassung der Freien und Hansestadt Bremen, JZ 1998, S. 57 (62); weitere Nachweise in *ders.*, Das Grundgesetz zwischen Verfassungsrecht und Verfassungspolitik, 1996, S. 233.

[62] *Häberle*, Verfassungslehre als Kulturwissenschaft, 2. Aufl. 1998, S. 799 ff.; *ders.*, Europäische Verfassungslehre, 7. Aufl. 2011, S. 47 ff. Aus der allgem. Lit.: *Hirsch*, Neugliederung des Bundesgebiets und europäische Regionalisierung, 2002; *Keunecke*, Die gescheiterte Neugliederung Berlin-Brandenburg, 2001; *Pernice*, in: Dreier (Hrsg.), Grundgesetz-Kommentar, Bd. II, 2. Aufl. 2006, Art. 29 Rn. 19 ff.

[63] Dazu mein Beitrag: Das Problem des Kulturstaates im Prozeß der deutschen Einigung – Defizite, Versäumnisse, Chancen, Aufgaben, JöR 40, 1991/92, S. 291 ff.

V. Der Regionalismus als eigenwüchsige Strukturform – verfassungstheoretische und europarechtliche Überlegungen

1. Der verfassungsstaatliche Begriff „Region": ein offenes Ensemble von unterschiedlichen gemischten Größen – textliche Richtgrößen, das Bild der „Skala" – Stichworte zum verfassungsstaatlichen Regionalismus, das Fehlen von „Regionalistic Papers", Textstufen

27   Die Regionalismusstruktur ist auf dem Wege, ein *typisches* Element des Verfassungsstaates der heutigen Entwicklungs- bzw. Textstufe zu werden. So unterschiedlich die einzelnen **Erscheinungsformen** in den verschiedenen Ländern sind[64] – von bescheidenen Ansätzen, etwa in Großbritannien, über vitale Beispiele in Spanien bis zur „Vollendung" des Regionalismus im Föderalismus (i. S. einer aufsteigenden Linie: Österreich/Deutschland/Schweiz): jede moderne Lehre vom Verfassungsstaat muss sich dem Thema „Regionalismus" zentral stellen. Wie sehr der Regionalismus mindestens in West-Europa und hoffentlich bald auch in Osteuropa dem Typus Verfassungsstaat innerlich „zuwächst", zeigt sich nicht zuletzt darin, dass er sich oft aus den Elementen konstituiert, die ihrerseits schon integrierende Bestandteile des Verfassungsstaates sind: die Idee von kultureller Freiheit, Selbstverwaltung bzw. Autonomie (vor allem ausgeformt in den Kommunen,[65] von Dezentralisation und Subsidiarität, von Demokratie (auch im Kleinen), von Gewaltenteilung und Machtkontrolle. Das sei im Rahmen der **Legitimationsgründe** vertieft. Hier muss zunächst der Hinweis genügen, dass der Regionalismus heute ein *„werdendes" Strukturelement des Verfassungsstaates* bildet *und* zur *Maxime des Europäischen Verfassungsrechts* heranreift. Mögen viele Verfassungsstaaten nach wie vor keine Bundesstaaten sein bzw. solche nicht werden wollen: am Ausbau von konstitutionellen Regionalstrukturen dürften sie mittelfristig alle mehr oder weniger arbeiten

---

[64] Aspekte eines Regionalismus-*Vergleichs* in der Form von Fragen bei *Ossenbühl*, in: ders. (Hrsg.), Föderalismus und Regionalismus in Europa, 1990, S. 8 ff., sowie in den „Länderberichten" ebd. Ein früher Versuch bei *Häberle*, Grundfragen einer Verfassungstheorie des Regionalismus in vergleichender Sicht, in: J. Kramer (Hrsg.), Die Entwicklung des Staates der Autonomien in Spanien und der bundesstaatlichen Ordnung in der Bundesrepublik Deutschland, 1996, S. 75 ff.; *ders.*, Föderalismus/Regionalismus, JöR 54, 2006, S. 569 ff.; *ders.*, Der Regionalismus als werdendes Strukturprinzip des Verfassungsstaates und als europarechtspolitische Maxime, AöR 118, 1993, S. 1 ff.; vergleichend auch *A. Gamper*, Die Regionen mit Gesetzgebungshoheit, 2004; *Pahl*, Regionen mit Gesetzgebungskompetenzen in der EU, 2004. Zur *europäischen* Perspektive: *Knemeyer* (Hrsg.), Europa der Regionen – Europa der Kommunen, 1994; *Breitenmoser*, Regionalismus – insbesondere grenzüberschreitender Art, in: Thürer u.a. (Hrsg.), Verfassungsrecht der Schweiz, 2001, S. 507 ff.; *Kotzur*, Grenznachbarschaftliche Zusammenarbeit in Europa, 2004; *ders.*, Föderalisierung, Regionalisierung und Kommunalisierung als Strukturprinzipien des europäischen Verfassungsraum, JöR 50, 2007, S. 257 ff.; *Berg*, Verwaltung im Europa der Regionen, Liber Amicorum Häberle, 2004, S. 417 ff. – Zum Folgenden schon: *Häberle*, Verfassungslehre als Kulturwissenschaft, 2. Aufl. 1998, S. 803 ff.

[65] Dazu *Häberle*, Die Werte der Selbstregierung als Elemente gemeineuropäischer Verfassungskultur, JöR 57, 2009, S. 457 ff.

§10 Föderalismus, Regionalismus und Präföderalismus als alternative Strukturformen   271

wollen – und vielleicht sogar arbeiten müssen (als Balance zu übernationalen Einbindungen, zu großen Märkten, aus Gründen des Minderheitenschutzes). Möglicherweise befinden wir uns in Europa bereits auf dem Weg zu *gemeineuropäischen Regionalstrukturen*, so unterschiedlich die einzelnen nationalen Beispiele sind, auf einem Weg, auf dem die Kommunen schon fortgeschritten sind: Ausdruck ist die Europäische Charta der Kommunalen Selbstverwaltung von 1985. Dieses Gemeineuropäische Regionalverfassungsrecht wäre dann Teil des „jus commune constitutionale", des gemeineuropäischen Verfassungsrechts, wie es jüngst in der älteren und neueren Rechtsgelehrsamkeit, inspiriert vom Zivilrecht, und zugleich in der aktuellen europapolitischen Szene verankert wurde.[66]

Das Thema **„Regionalismus"** sollte nicht zu vorschnell durch begriffliche Festlegungen und Einengungen fixiert werden. Es ist zwar schon ein werdendes Strukturelement des Typus Verfassungsstaat, aber es steht heute in einer dynamischen Entwicklungsphase mit sehr unterschiedlichen Momenten und Geschwindigkeiten. Gleichwohl muss bereits jetzt um eine Konturierung des Begriffs „Region" gerungen werden. Auch der Föderalismus bietet weltweit einen großen Beispielsreichtum nationaler Varianten und doch muss er (jeweils vorläufig) definiert werden. Parallel ist den konstituierenden Merkmalen des „Regionalismus" nachzugehen. Die Verfassungs- und transnational- bzw. europarechtlichen Texte liefern dabei wichtige Hinweise, auch wenn sie letztlich im Sinne einer bestimmten Regionalismus-Theorie „gelesen" werden sollten – sie klärt sich vor allem im Kontext der Legitimationsfrage, im Lichte eines kulturwissenschaftlichen Ansatzes und im Rahmen der Vielfalt und Einheit Europas.   28

Der Begriff „Region", der auf dem Weg zu einem konstitutionellen, d. h. verfassungsstaatlichen Begriff ist, gewinnt vor allem aus bestimmten zugehörigen **Richtbegriffen** seine Konturen. Eine Verfassungs-Analogie zu den Richtbegriffen des Neugliederungsartikels 29 GG liegt nahe, auch wenn man den Regionalismus keineswegs als bloßes „Durchgangsstadium" zu seiner „vollendeten" Form, dem Föderalismus, ansehen darf. Gemeint sind die Richtbegriffe aus Art. 29 Abs. 1 GG: „landsmannschaftliche Verbundenheit", „geschichtliche und kulturelle Zusammenhänge", „wirtschaftliche Zweckmäßigkeit", „Erfordernisse der Raumordnung und Landesplanung". Speziell für die Regionen finden sich parallele Orientierungs- und Legitimationsbegriffe etwa in Art. 143 Abs. 1 Verf. Spanien (1978) in den Worten: „gemeinsame historische, kulturelle und wirtschaftliche Eigenschaften[67]", in Art. 2   29

---

[66] *Häberle*, Gemeineuropäisches Verfassungsrecht, EuGRZ 1991, S. 261 ff. Vgl. jetzt das Handbuch IuS Publicum Europaeum, Hrsg. von v. Bogdandy, Cruz Villalón und Huber, 2007, 2008.

[67] Aus der *spanischen* Regionalismus-Literatur: *Cruz Villalón*, Die Neugliederung des Spanischen Staates durch die „Autonomen Gemeinschaften", JöR 34, 1985, S. 195 ff.; *Montoro Chiner*, Landesbericht Spanien, in: Ossenbühl (Hrsg.), Föderalismus und Regionalismus in Europa, 1990, S. 167 ff.; *Balaguer Callejón*, Die autonome Gemeinschaft Andalusien, JöR 47, 1990, S. 109 ff.; *ders.*, Die Territorialreformen in Spanien, JöR 57, 2009, S. 601 ff.; *García-Pechuan*, Wissenschaft vom Verfassungsrecht: Spanien, in: IPE II 2008, §37 Rn. 37 ff.; *Arzoz*, Das Autonomiestatut für Katalonien von 2006 als erneuter Vorstoß für die Entwicklung des spanischen Autonomiestaates, ZaöRV 69, 2009, S. 155 ff. – Aus der *deutschen* Regionalismusliteratur zu Spanien: *Häberle*, Juristische Kultur in Katalonien, JöR 56, 2008, S. 503 ff.

Abs. 2 und 3 sind die verschiedenen Sprachen – ein „Kulturgut" – als regionales Differenzierungselement erkennbar. Art. 147 Abs. 2 Ziff. 1 lässt die „historische Identität" als solches erkennen. Materielle Regionalismus-Elemente, die sich für die Konturierung des Begriffs konstitutionelle Regionaleinheit des Verfassungsstaates auswerten lassen, finden sich in Art. 227 Verf. Portugal (1978/1989). Für die Azoren und Madeira wird von den „geographischen, wirtschaftlichen, sozialen und kulturellen Besonderheiten" gesprochen, und die Autonomie der Regionen ganz allgemein zielt laut Verfassung „auf die demokratische Teilhabe der Bürger, auf die wirtschaftlich-soziale Entwicklung und auf die Förderung und den Schutz der Regionalinteressen" ab, sowie auf die Verstärkung der „nationalen Einheit" und der „Bande der Solidarität zwischen allen Portugiesen" (dies ist die Integrationsfunktion!). Eher technokratisch definierte (der später aufgehobene) Art. 115 Verf. Italien[68]: „Die Regionen sind Selbstverwaltungskörperschaften mit eigenen Befugnissen und Aufgaben gemäß den in der Verfassung festgelegten Grundsätzen"; es handelt sich um eine frühe verfassungsrechtliche Textstufe des Regionalismus (vgl. jetzt Art. 114 Abs. 1 mit seiner Aufwertung der Regionen). Demgegenüber lässt Belgien in seinen jüngeren Verfassungsänderungen (Art. 3 bis und Art. 3 ter) das Sprachliche bzw. Landmannschaftliche (vier Sprachgebiete, drei Gemeinschaften) als quasi Regionalismus-Element erkennen.

30 Bemerkenswert ist, dass einem „Entwicklungsland" wie **Peru**,[69] sicher beeinflusst von den beiden iberischen Ländern, in seiner Verfassung von 1979 ein beispielhafter Regionalismustext geglückt ist, der einzelne Richtgrößen des Begriffs „Region" dicht umschreibt und damit dem Typus Verfassungsstaat einen großen Dienst geleistet hat. Sein Art. 259 lautet:

> Die **Regionen** werden auf der Grundlage benachbarter, historisch, wirtschaftlich, verwaltungsmäßig und kulturell zusammengehöriger Gebiete errichtet. Sie bilden geo-ökonomische Einheiten.
> Die Dezentralisierung wird nach Maßgabe des nationalen Regionalisierungsplans durchgeführt, der durch Gesetz verabschiedet wird.

31 Die Verf. *Guatemala* (1985)[70] kommt dem verfassungsrechtlichen Textbild von Peru nahe, wenngleich sie etwas technokratisch-administrativer formuliert: Art. 224 Verwaltungseinteilung Abs. 2:

---

[68] Aus der *italienischen* Regionalismus-Literatur: *L. Paladin*, Diritto regionale, 5. Aufl. 1992; *Onida*, Landesbericht Spanien, in: Ossenbühl (Hrsg.), Föderalismus und Regionalismus in Europa, 1990, S. 239 ff.; *Cassese/Serrani*, Moderner Regionalismus in Italien, JöR 27, 1978, S. 23 ff.; *Martines*, Diritto Costituzionale, 6. Aufl. 1990, S. 757 ff.; *D'Atena*, L'Italia verso il „federalismo", 2001; *ders.*, Le Regioni dopo il *Big Bang*, 2005; *Ortino/Pernthaler* (Hrsg.), Verfassungsreform in Richtung Föderalismus, Der Standpunkt der autonomen Regionen und Provinzen, 1997; *Pernthaler/Ortino* (Hrsg.), Europaregion Tirol, 1997; *Dogliani/Pinelli*, Italien, in: IPE I 2007, §5 Rn. 132 ff.; *Luther*, Die Verfassungsgerichtsbarkeit in Italien, in: Starck/Weber (Hrsg.), Verfassungsgerichtsbarkeit in Westeuropa, Teilbd. I, 2. Aufl. 2007, S. 149 (159).

[69] Text in JöR 36, 1987, S. 641 ff.

[70] Text in JöR 36, 1987, S. 555 ff.

Die Verwaltung ist dezentralisiert. Es werden **Entwicklungsregionen** gebildet nach wirtschaftlichen, sozialen und kulturellen Kriterien, die ein oder mehrere Departements umfassen können, um einen Impuls für die rationale Entwicklung des ganzen Landes zu geben.

Es ist augenfällig, dass es sich hier um die für **Entwicklungsländer** typische Variante des Begriffs „Region" handelt. Das Entwicklungspolitisch-Rationale und Ökonomische steht im Vordergrund. Die alten Verfassungsstaaten können und sollten es sich leisten, demgegenüber stärker das Historisch-Kulturelle-Ideelle als „Substrat" des Regionalen zu konzipieren: vor allem in Europa.

Schließen wir diesen Überblick ab: Das *innerstaatliche* Textmaterial neuerer Verfassungen liefert viele Gesichtspunkte, die einen verfassungsstaatlichen Begriff, ja sogar eine verfassungsstaatliche Theorie von Region bereichern können. Vielleicht darf man vorläufig die landsmannschaftlich-ethnische, territorial-geographische, die historische, die kulturelle, insbesondere sprachliche, die ökonomische (einschließlich entwicklungspolitische) Dimension nennen. Sie alle bilden ein von Staat zu Staat unterschiedliches **offenes Ensemble**, das sich jedoch auf einer abstrakteren Ebene bereits zu dem Begriff „verfassungsstaatliche Regionalstruktur", „konstitutionelles Regionalismusrecht" fügen lässt.

Hilfreich ist die Umschreibung des Begriffs **„Region"**, die sich in der Erklärung von *Bordeaux* von 1978[71] findet:

> Der Begriff **Region**, manchmal verschieden von Land zu Land, bedeutet... eine menschliche Gemeinschaft, die innerhalb der größten, gebietsmäßigen Einheit eines Landes lebt und die gekennzeichnet ist durch eine geschichtliche oder kulturelle, geographische oder wirtschaftliche Homogenität oder eine Kombination dieser Kennzeichen, die der Bevölkerung eine Einheit verleiht in der Verfolgung gemeinsamer Ziele und Interessen.

Im Übrigen sei auf die „gemeinsamen Elemente" von Art. 1 Abs. 1 der **Gemeinschaftscharta der Regionalisierung des Europäischen Parlaments** (1988) verwiesen. Sie liefert uns präzise Texte zum Thema. Zunächst eine Legaldefinition: Art. 1:

> (1) Im Sinne dieser Charta versteht man unter Region ein Gebiet, das aus geographischer Sicht eine deutliche Einheit bildet, oder aber ein gleichartiger Komplex von Gebieten, die ein in sich geschlossenes Gefüge darstellen und deren Bevölkerung durch bestimmte gemeinsame Elemente gekennzeichnet ist, die die daraus resultierenden Eigenheiten bewahren und weiterentwickeln möchte, um den kulturellen, sozialen und wirtschaftlichen Fortschritt voranzutreiben.
> (2) Unter „gemeinsamen Elementen" einer bestimmten Bevölkerung versteht man gemeinsame Merkmale hinsichtlich der Sprache, der Kultur, der geschichtlichen Tradition und der Interessen im Bereich der Wirtschaft und des Verkehrswesens. Es ist nicht unbedingt erforderlich, dass alle diese Elemente immer vereint sind.

Erwähnt sei auch die **„Europäische Charta der Regional- oder Minderheitensprachen"** (1998).[72]

---

[71] Zit. nach *Esterbauer*, aaO., S. 215 ff. Dazu schon *Häberle*, Verfassungslehre als Kulturwissenschaft, 2. Aufl. 1998, S. 812 ff.

[72] Dazu der Text in: *Streinz* (Hrsg.), 50 Jahre Europarat, 1999, S. 148 ff.

36 So sehr diese Texte Materialien für eine Theorie liefern, eine solche fehlt noch. Es gibt derzeit keine den „Federalist Papers" analoge „*Regionalist Papers*". Sie bleiben aber ein Desiderat der Wissenschaft. Nicht zuletzt wegen des **„Ausschusses der Regionen"**[73] im Sinne des Europäischen Verfassungsrechts bedarf es einer *Theorie des Regionalismus*. Negativ kann gesagt werden, dass dabei eine Abgrenzung zwischen Föderalismus und Regionalismus notwendig wird. So viele „kleine Analogien" es gibt (etwa die Regionalismustreue bzw. das Prinzip der Solidarität und Kooperation sowie die Möglichkeit, ein Verfassungsgericht zur Entscheidung von Streitigkeiten zwischen Gesamtstaat und Regionen oder der Regionen untereinander einzurichten): ein entscheidender Unterschied bleibt: Die Regionen sind kein Staat – und sie haben auch (noch) keine „Verfassung", keine „Verfassungsautonomie", so sichtbar die neuen Regional- Statute in Italien und Spanien an Gewicht gewinnen und schon eigene Konturen skizzieren (dazu sogleich). Vielleicht kann gleichwohl das Wort vom Regionalismus als „kleinem Bruder" des Föderalismus gewagt werden.

37 Hilfreich dürfte das Bild einer *Skala* sein: Der Regionalismus als **„werdendes Strukturprinzip des Verfassungsstaates"** kann mit einer Skala versinnbildlicht werden: Sie führt von schwachen Formen wie (noch) in Großbritannien über ausgeprägte Beispiele wie in Spanien, von dort zu Bundesstaaten, (von der noch sehr unitarischen Gestalt wie in Österreich über Deutschland bis zur derzeit stärksten Gliedstaatlichkeit in der Schweiz).[74] Die einzelnen Verfassungsstaaten mögen sich im Laufe der Zeit wandeln: etwa von schwachen zu starken Regionalstrukturen, oder auch umgekehrt im Felde des Föderalismus von zunächst starken Gliedstaaten zu eher unitarischen Formen wie im Deutschland Weimars. Da und dort mag auch der „Sprung" vom starken Regionalismus zum schwachen Föderalismus erfolgen. Entscheidend ist, dass in *Übergängen* gedacht wird: im Sinne einer gleitenden *Skala*. Entscheidend ist, dass es im Verfassungsstaat von heute *entweder* zu Regional- *oder* zu Föderalstrukturen kommt. Was die jeweils „beste Form" für eine konkrete Nation ist, lässt sich nicht allgemein sagen. Die vergleichende Verfassungslehre kann nur *alternative* Modelle und Modellelemente zur Verfügung stellen. Das übrige hat die nationale Verfassungspolitik zu leisten.

38 Freilich sind präzise Kriterien der *Unterscheidung* zwischen **Föderalismus** und **Regionalismus** zu erarbeiten, auch wenn es zuweilen fließende Übergänge und Gradationen geben mag: An einem bestimmten Punkt schlägt die Quantität eben doch i. S. *Hegels* in die Qualität um. Von einem verfassungs- und staatstheoretischen Ansatz her unterscheiden sich die *Gliedstaaten* eines föderalistischen Verfassungsstaates von den *Regionen* in einem regionalistisch strukturierten wie folgt: Gliedstaaten haben eigene Völker mit verfassungsgebender Gewalt, sie verfügen über eigene Verfassungen bzw. Verfassungsautonomie, sie nehmen originäre Staatsaufgaben wahr. Sie zeichnen sich durch eigene Staatlichkeitselemente aus, wie Flaggen, Namen und andere identitätsbildende Faktoren, wie eigenes Staats- und Geschichtsverständnis.

---

[73] Aus der Lit.: *Theissen*, Der Ausschuss der Regionen, 1996; *Tauras*, Der Ausschuss der Regionen, 1997; *Blanke*, Der Ausschuss der Regionen, 2002.

[74] Aus der Schweizer Lit. zuletzt *Kreis* (Hrsg.), Zehn Jahre Bundesverfassung, 2009 (darin zur Föderalismusreform: *Mader*, S. 133 ff.).

In föderativen Verfassungsstaaten besitzen die Glieder bzw. Länder und Kantone ein substanzielles Mitwirkungsrecht auf der gesamtstaatlichen Ebene z. B. durch „zweite Kammern", mindestens aber qualifizierte Zustimmungsrechte. Schließlich ist substanzielle Finanzautonomie (nicht Steuerautonomie)[75] typisch, ebenso das Vorhandensein einer kompetenziellen Ausgangsvermutung zugunsten der Länder sowie die grundsätzlich auf *Rechts*kontrolle beschränkte Aufsicht des Gesamtstaates. Die Regionen mögen über *einige* dieser Elemente verfügen (etwa eigene Namen und Flaggen, auch Parlamente wie in Spanien), aber sie haben nicht grundsätzlich alle diese hier aufgezählten Elemente.

2. Anforderungen an den verfassungsstaatlichen Regionalismus

Vom *Typus* Verfassungsstaat her gedacht ergeben sich an *Regionalismus -Strukturen* folgende „Anforderungen" (auch zur Unterscheidung von bloßen administrativen Dezentralisierungsstrukturen):

1. Die **Regionalstruktur** muss in den Grundzügen in der geschriebenen Verfassungsurkunde des Gesamtstaates normiert sein und Teil der Verfassung im materiellen Sinne bilden (Frankreich bleibt hier derzeit deutlich „unterentwickelt").
2. Es muss eine effektive **Kompetenzverteilung** auf Gesetzgebungs-, Regierungs-, Verwaltungs- und Rechtsprechungsebene geben („Spiegelbild" der Gewaltenteilung).
3. Es können rudimentäre „Vorformen" einer **Eigenstaatlichkeit** vorliegen (wie Namen und Flaggen in Spanien: Art. 4 Abs. 2 Verf. Spanien).
4. Die Organstruktur der **Regionalismusfunktionen** (z. B. Parlamente) sollte im Grundsätzlichen umrissen werden.
5. Denkbar sind „kleine" Homogenitätsklauseln (vgl. Art. 152 Abs. 1 Verf. Spanien); doch sollte das Gegenprinzip der Pluralität und Vielfalt, das „Eigene" der Regionen sichtbar werden, bei allen möglichen Formen von **Kooperation** („kooperativer Regionalismus"; auch der Weg zu „gemeinem Regionalrecht" muss offen bleiben; „Regionalismustreue" – als Analogie zur „Bundestreue" – sollte kein Lippenbekenntnis bleiben.
6. **Mitwirkungsrechte** der Regionen auf gesamtstaatlicher Ebene sollten in Form einer „zweiten kleinen (Regional)Kammer" oder in Gestalt qualifizierter Zustimmungserfordernisse bestimmt sein.
7. Verfahren der **Konfliktregelung** zwischen den Gesamtstaaten und den Regionen sowie den Regionen untereinander sollten vorgesehen und von einer unabhängigen Instanz geschützt werden.
8. **Haushalts- bzw. Finanzautonomie** (am besten etwa durch eigene Steuern gesichert, Trennsystem) sollte den Regionen eingeräumt werden, ergänzt durch Formen des Finanzausgleichs.
9. Formen des **differenzierten Regionalismus** sind möglich.

---

[75] Dazu *Glaser*, Steuerwettbewerb in föderalen Staaten in rechtsvergleichender Perspektive, JöR 58, 2010, S. 251 ff. – In Italien spricht man seit kurzem von dem soeben gebilligten „Gesetzespaket zum Steuer-Föderalismus", vgl. FAZ vom 2. Mai 2009, S. 6.

40 Diese „verfassungsstaatliche Themenliste" für Regionen braucht nicht kumulativ ausgeschöpft zu werden, die einzelnen Nationen dürfen sich sehr unterscheiden, doch sollten wesentliche Teile real werden, nur dann kann von *„verfassungsstaatlichem Regionalismus"* gesprochen werden; andernfalls würde der Regionalismus zu einem farblosen Allerweltsbegriff. Vieles deutet darauf hin, dass etwa *Frankreich* sich erst knapp an der *unteren* Grenze dieser Anforderungen bewegt,[76] während *Spanien* an der „*oberen*" Grenze angelangt ist.[77] Im Rahmen einer Verfassungslehre des Regionalismus wären freilich auch die beiden Kategorien „grenzüberschreitender" Regionalismus zwischen verschiedenen Nationen[78] (z. B. Arge Alp) und „grenzüberschreitender" Regionalismus (Regionalismus *innerhalb* der Gliedstaaten eines Bundesstaates: z. B. Franken in Bayern!) typologisch aufzubereiten.

41 Welche Variante des Grundmusters eines „verfassungsstaatlichen Regionalismus" in der einzelnen Nation auch vorliegen mag: Ähnlich wie beim Föderalismus[79] ist auch beim Regionalismus nach den *nicht-juristischen* Bedingungen und Voraussetzungen zu fragen. Der **verfassungsstaatliche bzw. verfassungsrechtliche Regionalismus** braucht eine bestimmte „kulturelle Ambiance", braucht gesellschaftliche Vorgegebenheiten, die ihn „tragen", lebendig halten und fortentwickeln, etwa Aspekte soziokultureller Vielfalt, sprachlicher, landsmannschaftlicher oder geschichtlicher Pluralität.[80] Nur wo sie vorliegen, kann verfassungsstaatlicher Regionalismus gedeihen, er bliebe sonst auf dem Papier des Verfassungstextes, realiter siegte letztlich wieder der Einheitsstaat.

3. Die sieben Legitimationsgründe des verfassungsstaatlichen Regionalismus

42 Die Frage nach der inneren Rechtfertigung bzw. den **Legitimationsgründen** soll die Fundamente und Dimensionen der Region erarbeiten. Sie können vor allem aus Prinzipien des Verfassungsstaates der heutigen Entwicklungsstufe gewonnen

---

[76] Zu *Frankreich*: *Voss*, Regionen und Regionalismus im Recht der Mitgliedstaaten der Europäischen Gemeinschaft, 1989, S. 365 ff; *Héraud*, Die Regionalisierung Frankreichs, in: Esterbauer/Pernthaler (Hrsg.), Europäischer Regionalismus am Wendepunkt, 1991, S. 79 ff. S. schon oben Anm. 20.

[77] Dies zeigt sich auch darin, dass in Spanien diskutiert wird, wie die Autonomiestatuten die „territoriale Verfassung des Staates vervollständigt haben" (dazu *Cruz Villalón*, Die autonomen Gemeinschaften in Spanien, JöR 34, 1985, S. 195 (228 ff.) und „was sie zur materiellen Verfassung" Spaniens beigetragen haben (S. 241 ebd.). Der Verf. hat schon 1983 für Spanien von einer „Vorform eines möglichen Bundesstaates" gesprochen, (JöR 32, 1983, S. 12 (Anm. 18), dazu zustimmend und weiterführend: *Cruz Villalón*, aaO., S. 240 Anm. 97.

[78] Aus der Lit.: *von Trützschler von Falkenstein*, Grenzüberschreitende und transnationale Zusammenarbeit in der EU in der Finanzperiode 2006–2013, JöR 55, 2007, S. 261 ff.

[79] Dazu *Häberle*, Bundesrepublik Deutschland, in: Kramer (Hrsg.), Föderalismus zwischen Integration und Sezession 1993, S. 201 ff. (Symposion in Hannover).

[80] Grundlegend zu solchen Perspektiven *Möckl*, Der Regionalismus und seine geschichtlichen Grundlagen, in: Esterbauer (Hrsg.), Regionalismus, 1978, S. 17 ff. mit Aspekten wie „Geschichtslandschaften", „historische Räume" etc.

werden, unabhängig davon, ob sich ein Land schon *konkret* zum Regionalismus oder Föderalismus entschlossen hat. Zu unterscheiden ist:

1. Die grundrechtstheoretische Legitimation (einschließlich der aus den kulturellen Freiheiten gewonnenen)
2. Die demokratietheoretische Legitimation (einschließlich der etwaigen ethnische Minderheiten schützenden Aspekte)
3. Die gewaltenteilende Legitimation (Kontroll-Argument)
4. Die wirtschaftliche, entwicklungspolitische
5. Die Integrationsfunktion als Regionalismus-Argument
6. Die Aufgabenteilende, dezentralisierende (das Subsidiaritäts-Argument)
7. Speziell in Europa die europapolitische (Stichwort „Europas Kultur als Vielfalt und Einheit", Euro-Regionen).[81]

Es liegt auf der Hand, dass viele **Analogien** zur Legitimation des *Föderalismus* bestehen – würde er als „Vollendung" des Regionalismus verstanden, wäre dies nur konsequent. In dem hier entfalteten Konzept wird freilich nicht behauptet, der Föderalismus sei stets die „ideale" Form, sozusagen der „Endzustand" jedes Regionalismus. Das kann sich in einzelnen Nationen so entwickeln, muss aber nicht so sein. Es ist gut denkbar, dass einzelne Verfassungsstaaten sich bewusst „nur" für den real geltenden Regionalismus entscheiden, so dicht sie dabei an die Grenzen zum Modell des Föderalismus geraten mögen! 43

Inkurs: Die neuen Regionalstatute in Italien und die neuen Autonomien Spaniens 44
Aus aktuellem Anlass sei ein Blick auf die besonderen Entwicklungen im „System" der *Autonomien Spaniens* geworfen.

Diese Jahre haben eine große Dynamik in Sachen neue Statute für die **spanischen „Autonomien"** hervorgebracht, vor allem in Katalonien, aber auch in Galicien und Andalusien[82] sowie den Balearen[83] – das Baskenland bleibe hier ausgeklammert, da dort lange offenkundig nicht *friedliche* demokratische Verfahren ohne jede Gewaltausübung praktiziert werden konnten, erst 2009 eröffnen sich gute Chancen. Freilich beobachten wir auch in anderen Verfassungsstaaten eine Stärkung der Regionen von unten her und zwar im Spiegel neuer eigener „Verfassungen" oder doch sich anreichernder „Sonderstatute". Das gilt vor allem für **Italien**, wo das neue Statut der Region Toscana vom Februar 2005 an der Spitze liegt, was konstitutionelle Substanz, Ideenreichtum der Texte vor allem bei den Eingangsartikeln zu Grundwerten, Grundrechten und Europabezügen angeht. Man mag sich als teilnehmender deutscher Beobachter fragen, was die Hintergründe für diese „Parallelaktionen" „europäischer Regionen" sind: allgemein die im Kleinen beginnende „Europäisierung", speziell in Spanien wohl der Machtwechsel von *Aznar* zu *Zapatero* und die Liberalisierung der „Bürgergesellschaft" im Allgemeinen. Auch wächst das Sprachbewusstsein: so erhielt „katalanisch" ja jüngst auf EU-Ebene den Status einer anerkannten Regionalsprache.

---

[81] Ein Textbeleg: Art. 54 Abs. 1 KV Bern 1993: „Der Kanton beteiligt sich an der Zusammenarbeit der Regionen Europas."

[82] Dazu *Balaguer Callejón* (coord.), El Nuevo Estatuto de Andalucía, 2007.

[83] Dazu *Blasco Esteve* (Director), Comentarios al Estatuto de Autonomía de las Islas Baleares, 2008.

VI. Die EU als „Vorform" des Föderalismus, präföderale Strukturen in der EU/EG

45 Die in Raum und Zeit vergleichend arbeitende Verfassungslehre kennt Beispiele der Umwandlung eines Regionalstaates in einen Föderalstaat (Belgien) sowie „Vorformen" eines möglichen nationalen Regionalstaates auf dem Weg zu einem nationalen Föderalstaat (vielleicht Italien und Spanien). Warum sollte das Erfolgsmodell „Föderalismus" nicht auch auf der sog. „supranationalen Ebene" der EU geeignet sein, mindestens eine Vorform-Rolle zu spielen?

1. Die EU als „Verfassungsgemeinschaft" eigener Art

46 Bekanntlich ist politisch wie wissenschaftlich umstritten, was die heutige EU ist bzw. werden soll. Gängige Stichworte lauten: Die EU ist „noch" kein Bundesstaat, aber mehr als ein bloßer Staatenbund. Vorschläge sind: die EU als „Staatenverbund" (so das deutsche BVerfG E 89, 155, wiederholt im Lissabon-Urteil von 2009), die EU als „Verfassungsverbund" (*I. Pernice*), die EU als „Unionsgrundordnung" bzw. „Unionsverfassung" (*D. Tsatsos*), die EU als „Verfassungsgemeinschaft eigener Art" (mein eigener Versuch, das glückliche Wort von *W. Hallstein* von der „Europäischen Gemeinschaft" in den Konstitutionalisierungsvorgang hinüber zu nehmen). Bislang hat sich keine Charakterisierung durchgesetzt, weder in Deutschland, noch in den anderen Teilen der EU.[84] Das Lissabon-Urteil des BVerfG hat jetzt eine Grenze zu einem **europäischen Bundesstaat** bzw. zu vereinigten Staaten Europas gezogen und

47 auf Art. 146 GG verwiesen (E 123, 267 (332, 349)).

M.E. ist aber *gegen* eine verbreitete Qualifizierung entschieden Stellung zu beziehen: die Begriffe **„Mehrebenenkonstitutionalismus"** bzw. „Mehrebenenföderalismus" führen in die Irre. Von Politikwissenschaftlern vorgeschlagen, taugen sie nicht für das feine „konstitutionelle Gewebe". Denn die Metapher von den „Ebenen" der EU ist mit Hierarchiekonzepten verbunden, die weder der EU noch dem Föderalismus gerecht werden.[85] Weder stehen die nationalen Mitgliedsländer und ihre Bürger „unten", noch stehen die EU-Verfassungsorgane in irgendeiner Weise „oben". Auch innerhalb von Föderalstaaten ist das „oben/unten-Denken" schlicht falsch. Bayern ist genauso wenig „Berlin" untergeordnet, wie „Zürich" etwa „Bern". Nur im Rahmen des schmalen Feldes des Satzes verfassungsmäßiges „Bundesrecht bricht Landesrecht" macht das Hierarchiebild Sinn. So sollte es denn für diesen Beitrag trotz des Lissabon-Urteils des BVerfG vom 30. Juni 2009 dabei bleiben, dass die EU eine *präföderale Verfassungsgemeinschaft* ist. Auf keinen Fall freilich ist sie eine *regionale* Verfassungsgemeinschaft. Denn der Regionalstaat kennt bzw. hat ja in den kleineren Einheiten gerade keine „Verfassungen", die Regionen Spaniens z. B. sind erst auf dem Weg zur „Verfassungsautonomie" („kleine Verfassungen"),

---

[84] Zum Ganzen: *Häberle*, Europäische Verfassungslehre, 7. Aufl. 2011, S. 645 f. u.ö.
[85] Dazu mein kritisches Votum in: VVDStRL 66, 2007, S. 84.

so bemerkenswert die Regionalstatute in Italien sind. Und die große Einheit, die EU, ist ja kein (Regional) Staat wie die Nationalstaaten Italien und Spanien.

2. Präföderale Elemente in der EU-Verfassung

Stichwortartig seien diejenigen **präföderalen Elemente** aufgelistet, die es m. E. rechtfertigen, die EU in diesem Beitrag über „Föderalismus-Modelle" im kulturellen Rechtsvergleich überhaupt mitzubehandeln:

Präföderale Elemente sind: die Homogenitätsklausel von Art. 6 und 7 EUV, das Subsidiaritätsprinzip in Art. 2 EUV, Art. 5 EGV (= Art. 5 Abs. 1 EUV Lissabon) und die (geplante) Mitwirkung der nationalen Parlamente bei der Subsidiaritätskontrolle, die wechselseitigen Solidaritätspflichten (Stichwort Bundestreue, eklatant verletzt von Seiten der EU in der „Causa Österreichs"[86]), das Nebeneinander von geschriebenen bzw. prätorisch entwickelten Grundrechten der EU und der Mitgliedsstaaten, das Bestehen effektiver „Verfassungsgerichtsbarkeit" der EU und mit der korrelierenden einer solchen der meisten der 27 Mitgliedsstaaten, der Ausschuss der Regionen (Art. 263 bis 265 EGV = Art. 305–307 AEUV) als vielleicht „embryonaler Form" einer Art Zweiten Kammer, die Rechtsangleichung bzw. Harmonisierung (Art. 94 ff. EGV = 114 ff. AEUV) als Element der Vergemeinschaftung und partieller „Unitarisierung", nicht zuletzt: die Unionsbürgerschaft als gestufter Form der Bürgerschaft (Art. 17 bis 22 EGV = Art. 20 bis 24 AEUV) im Blick auf das Föderalismus-Modell.

Was fehlt: die **Staatlichkeit der Union** selbst, sie hat eine Verfassung, ohne Staat zu sein, die Mitgliedsstaaten bleiben sog. „Herren der Verträge", wenigstens in einem technischen, nicht ideellen Sinne, es gibt kein verfassungsgerichtliches Verfahren vor dem EuGH, das eine „kleine Analogie" zu sog. bundesstaatlichen Streitigkeiten nach Art. 93 Abs. 1 Ziff. 3 GG erlaubte, und zuletzt: es gibt keinen „europäischen Finanzausgleich" nach Art des föderalen Finanzausgleichs (Zusatz: m. E. wäre freilich eine eigene EU-Steuer angezeigt in Umkehrung des klassischen Satzes: „No taxation without representation" zu „no representation without taxation": diese kleine Provokation sei hier erlaubt).

Zur Erinnerung: Die Kulturhoheit der 16 deutschen Bundesländer ist die „Seele" des deutschen Föderalismus. Deutsche Freiheit ist föderative Freiheit! Der Bund (Berlin) hat nur punktuelle Kulturkompetenzen, auch wenn er nach „Mehr" drängt. Die *kulturelle Vielfalt* bleibt das Markenzeichen des deutschen Föderalismus.

D. Ausblick

Föderalismus und **Regionalismus** bilden die Themenfelder, in denen sich der heutige Verfassungsstaat besonders deutlich als *res publica semper reformanda*

---

[86] Dazu mein Votum von 2000 in: VVDStRL 60, 2001, S. 403 ff. sowie aus der späteren Lit.: *Wieland* (Hrsg.), Österreich in Europa, 2001, insbesondere das Referat von *Winkler* (S. 61 ff., 100 ff.).

erweist. Beider „Seele" ist die *Vielfalt der Kultur*. Das feine Verhältnis von Differenz bzw. Pluralität einerseits und unverzichtbarer Homogenität andererseits muss immer neu ausbalanciert werden, daher die ständige Reformbedürftigkeit und Reformfähigkeit von verfassungsstaatlichem Föderalismus bzw. Regionalismus. Das „Gemeinrechtliche" in Gestalt des gemeindeutschen Verfassungsrechts oder des gemeineidgenössischen Verfassungsrechts in der Schweiz[87] hat auf der europäischen Ebene seine Entsprechung in Gestalt der allgemeinen Rechtsgrundsätze der EU bzw. des „Gemeineuropäischen Verfassungsrechts" (1983/1991). Das Gemeinrecht als „Bindemittel" dieser Gebilde erweist sich als unverzichtbar, zugleich als flexibel. Die dem Föderalstaat, dem Regionalstaat und auch der „Verfassungsgemeinschaft" EU dadurch vermittelte Offenheit in der Zeit macht den Verfassungsstaat bzw. seine europäische Vorform relativ haltbar und zur großen „Werkstatt" – ein Begriff, der erstmals für die Schweiz geprägt wurde und verschafft die Möglichkeit zu Experimenten.[88] Dieser Gedanke lässt sich jetzt auf andere Felder übertragen. Man vergegenwärtige sich das thematische Experimentieren in Gestalt der Regionalstatute in Italien und Spanien, auch in den Kantonen der Schweiz.[89]

53 Der vorliegende Beitrag[90] ist für ein **„Handbuch"** geschrieben. Diese Literaturgattung bietet im Ensemble der anderen juristischen Literaturgattungen wie dem Kommentar, der Monographie oder dem Festschriftenaufsatz besondere Möglichkeiten – und Grenzen. Gewiss, es gibt in Deutschlands Verfassungsrechtswissenschaft schon viele Handbücher, etwa das seinerzeit bahnbrechende Handbuch des Verfassungsrechts (1. Aufl. 1983, 2. Aufl. 1994, unter der Anleitung von *K. Hesse*), das materialreiche vielbändige Handbuch des Staatsrechts, hrsg. von *J. Isensee* und *P. Kirchhof* (seit 1987), das vielbändige Handbuch der Grundrechte, hrsg. von *D. Merten* und *H.-J. Papier* (seit 2003) und neuerdings das Handbuch „Ius Publicum Europaeum[91]", hrsg. von *A. Bogdandy*, *P. Cruz Villalón* und *P.M. Huber* (2 Bände 2008).[92] Nimmt man die großen Bände zur Verfassungsgerichtsbarkeit,

---

[87] Dazu *Häberle*, Verfassungen und Verfassungsvorhaben in der Schweiz, JöR 34, 1985, S. 303 (340 ff.); s. jetzt auch *Ehrenzeller*, Gemeinsamkeiten und Unterschiede der totalrevidierten Kantonsverfassungen in Schweiz. ZBl. 110, 2009, S. 1 (29).

[88] Dazu *Häberle*, in: Kramer (Hrsg.), Föderalismus, aaO., S. 201 (206, 236 f.: „offen experimentierender Bundesstaat"); s. auch *Michael*, Der experimentelle Bundesstaat, JZ 2006, S. 884 ff.; *Möstl*, Landesverfassungsrecht – zum Schattendasein verurteilt?, AöR 130, 2005, S. 350 (389).

[89] Dazu die Dokumentation von *Häberle*, in JöR 54, 2006, S. 367 ff. – Österreich bzw. JöR 56, 2008, S. 279 ff. – Schweiz; JöR 58, 2010, S. 443 – Italien.

[90] Defizite seien beim Namen genannt: in den hier vorgeschlagenen Theorierahmen einzubeziehen wären die Bundesstaaten Lateinamerikas (dazu *Segado*, El federalismo en America Latina, VRÜ 36, 2003, S. 23 ff.) und Nordamerikas sowie die Rolle der Zweiten Kammern (dazu mein Beitrag: Rechtsvergleichung im Dienste der Verfassungsentwicklung am Beispiel des Föderalismus/Regionalismus sowie am Zweikammersystem, in FS Scholz, 2007, S. 583 ff.; *Mulert*, Die Funktion zweiter Kammern in Bundesstaaten, 2006; *Maurer*, Das föderative Verfassungsorgan im europäischen Vergleich, Liber Amicorum Häberle, 2004, S. 551 ff.).

[91] Der Begriff findet sich wörtlich schon in dem Beitrag von *Guggenheim*, JöR n.F. 3, 1954, S. 1 ff.

[92] Eine gründliche Rezension von *Kotzur*, DÖV 2009, S. 289 ff.

hrsg. von *C. Starck* und *A. Weber* hinzu (1. Aufl. 1986, 2. Aufl. 2 Teilbände 2007)[93] und auch die Festschriftenliteratur etwa zu Ehren des BVerfG (2 Bände 2002, hrsg. von *B. Badura* und *H. Dreier*), so zeigt sich, dass inzwischen sehr viele verfassungsstaatliche Themenfelder in Deutschland zu Rang und Würde von Handbuchliteratur „aufgestiegen" sind. Bislang fehlt indes ein Handbuch zum *Föderalismus* und (!) *Regionalismus*, darum ein Dank an die Herausgeberin. Das neue Handbuch zeigt, dass das deutsche Grundgesetz in das „Zeitalter des Handbuchs" als (vorläufige) Summe hineingewachsen ist. Dies hat Vor- und Nachteile.

Schrifttum

H. Bauer, Bundesstaatstheorie und Grundgesetz, in: Verfassung im Diskurs der Welt, Liber Amicorum für P. Häberle, Hrsg. von A. Blankenagel u.a., 2004, S. 645 ff.
R. Blindenbacher/A. Koller (Hrsg.), Federalism in a Changing World, 2002
F. Esterbauer (Hrsg.), Regionalismus, 1978
A. Glaser, Steuerwettbewerb in föderalen Staaten in rechtsvergleichender Perspektive, JöR 58 (2010), S. 251 ff.
W. Graf von Vitzthum, Europäischer Föderalismus, 2000
P. Häberle, Der Regionalismus als werdendes Strukturprinzip des Verfassungsstaates und als europarechtspolitische Maxime, AöR 118 (1993), S. 1 ff.
ders., Kulturhoheit im Bundesstaat, AöR 124 (1999), S. 549 ff.
ders., Textstufen in österreichischen Landesverfassungen – ein Vergleich, JöR 54 (2006), S. 367 ff.
ders., Föderalismus-Modelle im kulturellen Verfassungsvergleich, ZÖR 62 (2007), S. 39 ff.
ders., Kulturverfassungsrecht im Bundesstaat, 1980 (dazu *ders.*, Neues und Altes zu Kulturverfassungsrecht im Bundesstaat 2008, JöR 57 (2009), S. 641 ff.
U. Häde, Die Ergebnisse der zweiten Stufe der Föderalismusreform, AÖR 135 (2010), S. 541 ff.
M. Haag, Die Aufteilung steuerlicher Befugnisse im Bundesstaat, 2011
I. Härtel, Föderalismusreform II, JZ 2008, S. 437 ff.
W. Kahl (Hrsg.), Nachhaltige Finanzstrukturen im Bundesstaat, 2011
U. Karpen, Der deutsche Bundesstaat im Internationalen Vergleich und Wettbewerb, Die Bundesrepublik als neues Mitglied im „Forum of Federations – The Global Network on Federalism", DÖV 2008, S. 814 ff.
L. Michael, Abweichungsgesetzgebung als experimentelles Element einer gemischten Bundesstaatslehre, JÖR 59 (2011), S. 321 ff.
H. Obinger/S. Leibfried u.a. (Hrsg.), Federalism and the Welfare State, 2005
F. Palermo u.a. (Hrsg.), Auf dem Weg zu asymmetrischem Föderalismus?, 2008
H.-P. Schneider/J. Kramer/B. Caravita, Judge made Federalism?, 2009
J. Woelk, Konfliktregelung und Kooperation im italienischen und deutschen Verfassungsrecht, 1999

---

[93] S. auch das Handbuch des Schweizerischen Verfassungsrechts, Thürer/Aubert/Müller (Hrsg.), 2001.

§11 Föderalismus (asymmetrischer) und Regionalismus/regionales Bewusstsein in vergleichender Perspektive

Klaus von Beyme

Inhalt

A. Wandel in den Theorien des Föderalismus und Regionalismus 283
B. Institutionalisierung des Föderalismus 289
C. Der Kampf um Anerkennung, Regionalismus und Föderalismus 292
D. Asymmetrien des Einflusses der Gliedstaaten auf den nationalen Entscheidungsprozess und die Politikverflechtung 294
E. Effizienz und Ineffizienz des Föderalismus 295
Schrifttum 299

A. Wandel in den Theorien des Föderalismus und Regionalismus

Der **Föderalismus** erfuhr seit den 1980er Jahren eine starke Ausweitung des Konzepts. Quasi-föderale Systeme wie Belgien und Spanien wurden unter den Begriff subsumiert. Föderalismus wurde nicht mehr nur deskriptiv als Institutionengebilde verstanden. Föderalismus wurde zum normativen Konzept und „*federation*" stand in der angelsächsischen Literatur oft für die deskriptive Seite, jener 23 Bundesstaaten, die gegen Ende des 20. Jahrhunderts gezählt wurden[1]. Föderalismus wurde zum Oberbegriff für viele Unterbegriffe wie Föderationen, Konföderationen, assoziierte Staaten, Unionen, Ligen, Kondominium, Regionalisierung und verfassungsmäßig garantierte „home rule".

1

Zum Paradigmenwandel vom „Nationalstaat" zum „Föderalismus" kam es jedoch erst nach dem zweiten Weltkrieg in den Wellen des **Systemwechsels** zur Demokratie

2

---

[1] *Watts*, in: Annual Review of Political Science, 1998, S. 121.

K. von Beyme (✉)
Institut für Politische Wissenschaft, Ruprecht-Karls-Universität Heidelberg, Bergheimer Str. 58,
69115 Heidelberg, Deutschland
E-Mail: klaus.von.beyme@urz.uni-heidelberg.de

(1945 ff. in Mitteleuropa), 70er Jahre in Südeuropa, 1989 ff. in Osteuropa, und in Lateinamerika zu verschiedenen Zeitpunkten. Dieser Paradigmenwechsel erfasste auch zunehmend zentralistische Staaten. Anfangs wurde von „*Dezentralisierung*" oder „*Devolution*" gesprochen. Im Zeitalter der „*political correctness*" auch in der Sprache schienen diese Termini noch zu sehr von der hierarchischen Vorstellung geprägt, dass der Wandel von oben nach unten verläuft. Daher wurde „*noncentralization*" vorgeschlagen, ein Ausdruck der sich im Deutschen als „Nicht-Zentralisierung" schwerlich durchsetzen dürfte.

3   Der **quantifizierenden Politikwissenschaft** musste diese Inflation der Begriffe ein Dorn im Auge sein. Je mehr Phänomene unter „Föderalismus" subsumiert wurden, umso weniger ließen sich quantifizierbare Kriterien finden, wie sie die traditionelle institutionelle Politikwissenschaft noch bereit hielt. Der Begriff *Anerkennung* wurde mit *Hegel* gegen den liberalistischen Individualismus eingesetzt. Dabei betonte man, dass soziale Beziehungen den Individuen vorausgehen und die Intersubjektivität der Subjektivität gegenüber Vorrang hat. Neue Kategorien wie „Ethnizität", „Geschlecht" oder „Natur" haben die alten Deutungen der Gesellschaft unter den Begriffen „Klasse" oder „Schicht" abgelöst. Nicht bei allen Theoretikern kam es bei dieser Entwicklung zu einem Bruch zwischen der klassischen Moderne und der Postmoderne. Die Ausläufer der Frankfurter Schule vertraten daher die Meinung, dass Gerechtigkeit sowohl „Umverteilung" als auch „Anerkennung" verlange, und dass man nicht – wie viele amerikanische Theoretiker, denen die marxistischen Traditionen mit ihrem Umverteilungseifer immer fremd blieben – von einem Periodisierungsschema ausgehen könne, nach dem der „*Kampf um Anerkennung*" den „*Kampf um Umverteilung*" abgelöst habe[2].

4   Immer schon ist **Identitätspolitik** mit dem Föderalismus getrieben worden, vor allem seit er unterschiedlichen Ethnien als Schutzschild ihrer Identitätsbewahrung zu dienen begann. Die „Identitätsinflation" wird inzwischen viel kritisiert[3] und es wurde vorgeschlagen, lieber von „*identification*", „*self-understanding*" oder „*commonality*" zu sprechen. Aber die Austreibung eines Modebegriffs würde in der Sache nichts ändern. Wenn die Identität hinreichend verallgemeinerbar gefasst wird und nicht nur jeder Selbstanmaßung von Gruppen ohne hinreichende Gefolgschaft entspricht, erscheint sie einigen Theoretikern der ethnischen und sprachlichen Konflikte unverzichtbar. Auch der Einwand, es handele sich immer um „Konstrukte" zieht nicht. Es ist offensichtlich, dass nicht das „kulturelle Rohmaterial" an sich schon Identität konstituiert, sondern erst die „symbolische Verwertung kultureller Zutaten". Das soziale „Rohmaterial" verbietet, die konstruierte Identität als bloße Ideologie abzutun, wie es vor allem von *Hegel* bis *Marx* bei den „kleinen Volkssplittern" ohne staatliche Vergangenheit geschah. Etablierte Nationen neigten dazu, die Identitätsfrage zu vernachlässigen, weil sie „selbstverständliches" betraf (*Enzensberger*). Das Identitätsgefühl ist gelegentlich als „dünner Nationalismus" definiert worden, soweit er das Alltagsleben durchtränkt und den Zugang zur Politik strukturiert, ohne

---

[2] *Honneth*, in: Fraser/Honneth (Hrsg.), 2003, S. 17, 19, 146, 159, 1955.
[3] *Brubaker/Cooper*, in: Theory and Society, 2000, S. 14 ff.

zum ideologisch aufgeladenen Organisationsprinzip des Systems zu werden.[4] Sozialwissenschaftlich relevant ist nicht „ob" sondern „wie" und mit welchen politischen Mitteln eine Identität konstruiert wird.[5]

In Ländern, in denen regionale, ethnische, religiöse und soziale Konflikte einander überlagern, erscheint der **Föderalismus herkömmlicher Art** schon als ein Anachronismus, der nach altmoderner Symmetrie strebt. Gerade in Ländern, in denen es nicht von Anfang an föderalistische Traditionen gab wie in Spanien, Italien oder Belgien gibt es wenig Kooperation mit der Zentralregierung. Es geht eher um einen Verdrängungswettbewerb zwischen Zentrum und Peripherie. Konfrontation überwiegt die Kooperation, und wo Kooperation entsteht, verläuft sie meist nicht in den verfassungsmäßig vorgeschriebenen Bahnen, sondern entwickelt eine „Rätedemokratie" oder „Vertragsföderalismus" an dem etablierten Mehrebenensystem vorbei. Beim Studium der Frage, wie die Blockaden des Föderalismus gegen einen unitarisierenden Sozialstaat umschifft werden konnten, wurden „*Beipass-Strategien*" als offene Methoden der Koordinierung anstellt herkömmlicher staatlicher Regulierung von oben entdeckt.[6]

Identitätspolitik zielt auf asymmetrische Beziehungen im Föderalismus ab, es sei denn die großen Gruppen seien annähernd äquivalent wie in Belgien. **Föderalistische Theorien** hingegen sind für möglichst gleiche Rechte der Territorien. In multinationalen Föderationen kann es daher zu zwei Konzeptionen kommen, die mit einander konkurrieren: in Kanada wollten Franko-Kanadier und Aborigines einen asymmetrischen Föderalismus. Die Anglo-Kanadier hingegen konzipierten die ganze Föderation als ein möglichst symmetrisches Gebilde unter Gleichen, und wurden des „pan-kanadischen Nationalismus" verdächtigt. Ein „multination federalism" würde einen Umdenkungsprozess der englisch sprachigen Mehrheit erfordern.[7] Auch die Wiederentdeckung der Regionen und die Akzeptanz altmodisch klingender Termini wie „Heimat" können nicht verdecken, dass die modernen Menschen aufgrund ihrer Mobilität immer weniger „in einem Territorium" leben.[8]

Der Föderalismus war selbst ambivalent, als er mit der Idee von gleichen Rechten verbunden war, diese aber eher auf territoriale Kollektive bezog und in seinen frühen Formen oft die Gleichheit der Rechte der Individuen eines Gliedstaates weniger ernst nahm als die **Gleichheit der Rechte der Kollektive** in einer föderalen Union. Die Rechtsgleichheit, die vor allem in Föderationen mit einer Verfassungsgerichtsbarkeit vorangetrieben wurde, hat vielfach einzelstaatliche Widerstände brechen müssen – eine Dynamik, die heute selbst vor der Europäischen Union nicht halt macht.

Im „*Differenzierungsföderalismus*" der neueren Zeit mit seinen zentrifugalen Tendenzen ist die **Asymmetrisierung** des Föderalismus von vornherein angelegt. Identitätspolitik wird von Gruppen gegen einen traditionalen Konsens betrieben und

---

[4] *Kraus*, Europäische Öffentlichkeit und Sprachpolitik, 2004, S. 59, 84.
[5] *Castels*, The Power of Identity, 1997, S. 7.
[6] *Obinger/Leibfried/Castel* (Hrsg.), Federalisem and the Welfarr State, 2005, S. 506.
[7] *Kymlicka*, Finding Our Way, 1998, S. 166 (181).
[8] *Gerdes* (Hrsg.), Aufstand der Provinz, 1980, S. 15.

hofft auf Anerkennung. Identitätspolitik kann sich nie auf einen garantierten Besitzstand berufen. Sie ist im sozialen und politischen Prozess auf die Akzeptanz der größeren Umwelt der Gliedeinheit angewiesen. In konsolidierten Demokratien wird das Identitätsstreben nicht zum Identitätswahn. Die Modi der kulturellen Selbstauslegung wie „Traditionalismus", „Modernismus" und „Fundamentalismus" fanden sich auch in Konflikten ethnischer Gruppen. Aber meist fanden beide Seiten Kompromisse, sodass es zum Ethno-Fundamentalismus nur in Randgruppen wie der ETA kam.

9 In neueren Föderationen und Devolutionssystemen früher zentralistischer Staaten von Großbritannien bis Spanien haben die Gebietseinheiten die Idee gleicher Rechte für alle Untereinheiten aufgegeben, die im *„coming-together-Föderalismus"* der Schweiz und der USA einst betont wurden. Im Deutschen Reich (1871–1918) entstand zwar nur ein **Quasi-Föderalismus**, aber die mächtigsten süddeutschen Staaten handelten zum Teil skurrile Privilegien heraus, wie die Vertretung des Landes in einer Quasi-Gesandschaft in Paris. Mit der militanten Wahrnehmung der Rechte von ethno-nationalen Gruppen kam es zu Föderierungen, bei denen die meisten Rechte erhielt, wer politisch am effizientesten Druck ausübte – notfalls bis hin zur Gewalt, von Südtirol bis ins Baskenland.

10 Die Folge war eine weitere **Asymmetrisierung** des Föderalismus. Haben ethnische Gruppen vielfach mehr autonome Rechte gefordert, um eine tatsächliche oder vermeintliche Unterprivilegierung zu bekämpfen, so haben die reichen Gebiete der dominanten Ethnie gelegentlich eine Art „wirtschaftliche Identitätspolitik" getrieben. Sie wollten keinen Malus mehr auf gutes Wirtschaften ertragen und begannen die Transfersysteme für die ärmeren Gliedstaaten in Frage zu stellen.

11 Die wissenschaftliche und **Föderalismus-Forschung** entwickelte sich in Wellen, und demonstrierte damit, dass ein ideologisches Restelement auch in wissenschaftlichen Föderalismus-Theorien erhalten blieb. Föderalismustheorie war immer en vogue, wenn eine neue Gruppe von Ländern zur Demokratie überging. Als das *„constitutional engineering"* nach 1945 zum Ende gekommen war, schienen nur noch Paläo-Institutionalisten wie *Carl J. Friedrich* dieses Thema für wichtig zu halten. Die vergleichende Föderalismusforschung nahm erst in den 90er Jahren einen gewaltigen Aufschwung. Mehrere Gründe sind für dieses revival verantwortlich:

12 1) Seit der **dritten Welle der Demokratisierung** in Süd- und Ost-Europa und parallel dazu in vielen Ländern der Dritten Welt, erlebte das Thema eine Renaissance.

13 2) Nach den nationalistischen Exzessen der Nazi-Herrschaft in Europa war **Identitätspolitik** in Vorruf geraten, vor allem, wenn sie von ethnischen Gruppen vertreten wurde. Es setzte sich das Vorurteil fest: „Ethnicity leads to nationalism, nationalism leads to nazism." Selbst in aufgeklärten Ländern wie Großbritannien ist der Begriff „ethnisch" für „non-whites" reserviert, als ob Schotten und Iren keine ethnische Identität betont hätten. Der Drang nach einer Europäischen Gemeinschaft sollte Institutionen schaffen, welche die nationalen Identitäten transzendieren.[9] Vor allem in Deutschland wurden die Anteile von Identitätspolitik in den Institutionen gern verdrängt. Institutionen schaffen Symbole zur Stärkung von Identität. Gerade

---

[9] *Schöpflin*, Nations, Identity, Power, 2000, S. 12.

in Amerika ist für Europäer der Flaggenkult und das Absingen der Nationalhymne nach jeder Kino-Vorstellung ziemlich fremd.

Die **Modernisierungstheorien** à la *Karl Deutsch* setzen – wie ihre Konkurrenten unter den *Marxisten* – die ethnischen Gruppen nach dem zweiten Weltkrieg langfristig auf den „Aussterbe-Etat", weil Modernisierung angeblich letztlich zur Assimilierung führen müsse. Dennoch machten diese sich zunehmend lautstark bemerkbar. Selbst Terror wurde wieder eingesetzt. Die Südtiroler, als „hill-billies" belächelt, begannen damit. Sie hielten sich jedoch noch ohne Kenntnis von scharfsinnigen Unterscheidungen der Studentenbewegung von „Gewalt gegen Menschen" und „Gewalt gegen Sachen" an den zweiten Modus der Expression und sprengten allenfalls Hochspannungsmasten in den Bergen, fernab von Menschen, die hätten zu Schaden kommen können. Die baskische ETA hingegen stand am anderen Ende der Skala und versuchte die menschlichen Todesopfer zu maximieren, notfalls auch unter gänzlich unbeteiligten Touristen.

Mit dem Zusammenbruch des Kommunistischen Systems und der sowjetischen Hegemonie brachen ethnische Konflikte wieder aus – am brutalsten im ehemaligen Jugoslawien. Der **Kommunismus** konnte zwar die Zivilgesellschaften Osteuropas untergraben, aber die Suche nach nationaler Identität hat er nicht auszurotten vermocht. Alle drei Föderationen im Kommunismus, die Sowjetunion, die Tschechoslowakei und Jugoslawien, zerfielen. Es zeigte sich, dass der Kommunismus den territorialen Föderalismus missbraucht hatte, und wenig mehr als Volkstanzgruppen mit seinen Institutionen förderte.[10] Obwohl Westeuropa längst mit eigenen ethnischen Bewegungen konfrontiert war, brach eine Einstellung auf, die *Schöpflin*[11] „*Hans Kohnism*" genannt hat, nach einem Autor, der in zahlreichen Büchern den schlechten, brutalen „*tribalen Nationalismus*" dem guten „*verfassungspatriotischen westlichen Nationalgefühl*" entgegen gesetzt hatte. Gleichwohl mussten sich alle europäischen Institutionen zunehmend mit dem Problem unbefriedigter ethnischer Aspirationen auseinandersetzen. Sie waren umso schwieriger zu akkommodieren, als keine Föderationen – mit Ausnahme der Quasi-Föderation in Russland – übrig geblieben sind[12].

In der Postmoderne kam der starre Einheitsbegriff der „*nation une et indivisible*" zunehmend ins Wanken. „Identitätspolitik," die auch gefühlsmäßige Aspirationen von Gruppen berücksichtigste, trat neben das rationalistische „institutional engineering". Ethnische Gruppen verlangten **Selbstbestimmung**. Bundesstaaten schienen prima mehr geneigt, diese Anliegen aufzunehmen. Das Interesse am Föderalismus wurde daher durch die Ansprüche der kleinen Ethnien in Westeuropa vom Baskenland bis Schottland unterstützt. Die klassischen „*coming-together*"-„*Föderationen*" wurden durch einen neuen Typ ergänzt, der eher einen „*Differenzierungsföderalismus*" darstellte, wie in Kanada. Er entstand sogar in einem Zentralstaat wie Belgien. Territoriale Einheiten mussten mit nichtterritorialen Minderheitenfragen in Einklang gebracht werden. Während der ältere Institutionalismus den Föderalismus vor allem

---

[10] *von Beyme*, Der Föderalismus in der Sowjetunion, 1964.
[11] *Schöpflin*, Nations, Identity, Power, 2000, S. 4.
[12] *von Beyme*, Russland zwischen Anarchie und Autokratie, 2001, S. 96 ff.

als vertikale Gewaltenteilung begriff, haben frühe Zentralstaaten im Zeitalter der Devolution „Föderalismus", „Regionalismus" oder „Pluralismus" ein Kontinuum institutioneller Möglichkeiten suggeriert, die unterschiedliche Identitätsaspirationen in Einklang bringen sollten. Ein schöner rationaler Reißbrettföderalismus musste einem Flickenteppich von asymmetrischen Rechten und Kompetenzen weichen.

17 3) Alte Föderationen, wie die Schweiz, Deutschland, Kanada arbeiteten an **Föderalismus-Reformen** nachdem der kooperative Föderalismus oder gar die Politikverflechtung deutschen Musters zur Innovationsbarriere geworden war.

18 4) Die wachsende Skepsis gegenüber der **Steuerungsfähigkeit des Staates** hat das Verdikt gegenüber den asymmetrischen und nicht-demokratischen Relikten im Föderalismus wieder milder werden lassen. Im 19. Jahrhundert wurden von den verspäteten Nationalstaaten wie Italien und Deutschland eher die „zentrifugalen" als die „zentripetalen Kräfte" gefürchtet. In der Polemik der Modernisierer gegen die States-rights-Ideologen von Calhoun in den USA bis zu *Max von Seydel* in Deutschland wurde Symmetrie im Föderalismus nur so weit gelobt, wie sie die Vereinheitlichung der Nation nicht behinderte. Die Konzeption der States-rights-Ideologen schien im Zeitalter der Modernisierungstheorien nur noch die Position von „Hill-billies" in Rückzugsgebieten zu sein. Föderalismus sah eine Weile so aus, wie ein Stadium der Evolution, das überwunden werden muss.

19 In der **Postmoderne** hatte sich die Bewertung des Föderalismus gewandelt. Der Föderalismus wurde nun wieder zu einer „evolutionär höchst fortschrittlichen Struktur" erklärt.[13] Die prämoderne territoriale und funktionale Fragmentierung von Entscheidungssystemen schien nach Abklingen des ungebrochenen Rationalitäts- und Effizienzstrebens dem postmodernen Lebensgefühl zu entsprechen. Polyzentrische Organisationsformen waren wieder „en vogue". Für den Föderalismus ließ sich das Bonmot von *Daniel Bell*[14] mobilisieren, dass der Nationalstaat für große Probleme zu klein und doch zu groß für die kleinen Probleme des Landes sei.

20 Im älteren **Institutionalismus** herrschte ein rationales symmetrisches Bild der „states' rights" vor. Staaten wurden als kompetenzgleich gedacht. Dieses Modell schien dem Denken der klassischen Moderne angemessen. In der Postmoderne mit ihren Flickwerken von der Kunst bis zur privaten Lebensführung hat sich die Toleranz gegenüber Asymmetrien verstärkt. Eine neoliberale Theorie, als Ausdruck der Individualisierung selbst von kollektiven Akteuren in der postmodernen Gesellschaft, hat den Asymmetrismus des Denkens verstärkt. Föderalismus schien auch nicht mehr an eine bestimmte Machtverteilung zwischen Exekutive und Legislative gebunden.

21 Der institutionalistische Ansatz, der glaubte Fragen pauschal beantworten zu können wie „how federal government should be organized?"[15], wurde seit den 1970er Jahren durch einen aufgeklärten **Neo-Institutionalismus** ersetzt. Dieser Ansatz verband sich vielfach mit dem Rational Choice-Ansatz und untersuchte die Interessen der Akteure in dynamischer Form. Damit wurden auch Motive der Asymmetrisierung

---

[13] *Mayntz*, Föderalismus und die Gesellschaft der Gegenwart, 1989, S. 9.

[14] *Bell*, in: Dialogue, 1988, S. 2.

[15] *Wheare*, Federal Goverment, 1963, S. 53.

bestehender und entstehender Föderationen analysierbar, die im älteren Institutionalismus zu kurz kamen. Es waren vor allem zwei Dynamiken, die den Föderalismus asymmetrisch werden ließen:

1. der *Aufstand der Ethnien und Regionen*, die sich im **Nationsbildungsprozess** zu kurz gekommen wähnten,
2. die *wirtschaftlichen Ungleichgewichte*, die durch Globalisierung, Europäisierung, Migration und Umweltzerstörung innerhalb der Nationalstaaten entstanden waren.

In der **dritten Welle der Transformation zur Demokratie** ging die Forderung nach Demokratie und „home rule" vielfach Hand in Hand. Vor allem in Spanien hatten die „historischen Nationen" (Baskenland, Katalonien, Galizien) Anrechte auf Autonomie durch ihren Widerstand gegen die Diktatur erworben. Der Slogan „café para todos" (Kaffee für alle) klang egalitär – aber er verdeckte das Streben nach differenzierter Befriedigung des Strebens nach regionaler Autonomie.

Toleranz gegen die **Asymmetrisierung** des Föderalismus ist angebracht. Die Erkenntnis, dass es einen wirklich symmetrischen Föderalismus auch in den alten Föderationen nicht gibt, die noch eine gleiche Repräsentation aller Mitgliedschaften kennen, ist überfällig. Die Dynamik des gesellschaftlichen Wandels hat die Frage, „ob" eine Föderation überleben kann, wieder neben die Routinefrage gestellt, „wie" eine Föderation organisiert werden sollte.

Die **dritte Welle der Demokratisierung** in Süd- und Osteuropa hat mit zahlreichen Verfassungsgebungsprozessen den Blick für die Abstriche gestärkt, die wir vom symmetrisch-rationalistischen Denken machen müssen. Schließlich sind alle drei sozialistischen Föderationen, die einst bestanden, zerbrochen (Sowjetunion, ČSSR, Jugoslawien). Nur in Russland kam es zu einem Neuansatz des Föderalismus. Er war freilich stark behindert durch den Verlust großer Territorien der Sowjetunion wie die Ukraine oder Kasachstan, die ein Minimum an Symmetrie in die Asymmetrie hätten bringen können.

B. Institutionalisierung des Föderalismus

Aufgeklärter Neo-Institutionalismus ist policyorientiert. Föderalistische Strukturen können daher nicht mehr im Stil des Altinstitutionalisten Wheare verallgemeinert werden: „how federal government should be organized". Je nach Politikfeld können unterschiedliche Strukturen wünschenswert sein.

Transformationseliten haben in Prozessen der Föderalisierung zwei Instrumente eingesetzt, um der sozialen Heterogenität der Gliedeinheiten Rechnung zu tragen:

1. durch Gewährung von Autonomie an die Untereinheiten,
2. und durch Herstellung fairer Chancen für Minderheiten im Wahlsystem.

Das war einer der Gründe dafür, dass **Mehrheitswahlsysteme**, wie sie viele Postkommunisten bevorzugten, in den neuen Demokratien auf die Dauer nicht möglich waren. Der „Institutionenmix" als Produkt des „constitutional engineering" in Osteuropa war meist eine Form der Subsystemautonomie, in Verbindung mit einem

Verhältniswahlrecht. Nur in den Commonwealth-Ländern, vor allem in Kanada, war die Westminster-Tradition so stark, dass das Verhältniswahlrecht nicht durchsetzbar wurde. Ein nicht-föderaler Staat wie Neuseeland hat 1993 diese Tradition durchbrochen – durchaus aus Erwägungen der Schaffung von Subsystemautonomie, in diesem Fall für die Maori. In Russland wirkte sich die Wahl eines Grabensystems auf regionaler Ebene trotz des Kompromisses zweier Modelle eher wie ein Mehrheitswahlsystem[16] aus und stärkte die Lokalmatadoren, die unabhängiger vom Zentrum wurden. Der in Russland gewählte Institutionenmix förderte daher die zentrifugalen Tendenzen im System. Dennoch hat das Land die Illusion genährt, die föderalen Subjekte seien annähernd gleich – mit Abstrichen à la Deutschland oder Österreich. Kombiniert man aber die beiden Optionen des Föderalismus (gleiche – ungleiche modifizierte Rechte) und des Wahlrechts (Mehrheits- oder Verhältniswahl), so liegt Russland in einer auffallenden Zwitterposition in der Mitte.

Matrix: Institutionenmix zur Milderung territorialer Konflikte

		FÖDERALISMUS	
		Gleiche Rechte	*Ungleiche Rechte*
WAHLRECHT	*Proporz*	Gemäßigt egalitär: Deutschland, Österreich	Modifizierte Autonomien: Spanien, Italien
		Egalitär: Schweiz, Belgien	
	Majoritär	Equal states' rights: USA	Devolution: Großbritannien

28 Die graphische Momentaufnahme darf nicht den Blick für eine permanente Dynamik der Entwicklung verstellen. Die britische **Devolution** könnte nach der Einrichtung von Parlamenten für Schottland und Wales 1999 in die spanische Richtung gedrängt werden[17] und nur noch durch das Wahlrecht vom spanischen Modell getrennt sein. Selbst dieses könnte langfristig zur Disposition gestellt werden, wie die Wahl nach dem Verhältniswahlrecht für die Europawahlen in England zeigen.

29 Von Spanien bis Russland haben die neuen Föderationen laviert und Abstriche von einem **symmetrischen Föderalismus** zugelassen. Dem Idealbild einer Föderation mit symmetrischen Rechten bei Verhältniswahlrecht kommen heute allenfalls die Schweiz und Belgien nahe. Für eine Analyse der Asymmetrien des postmodernen Föderalismus ist eine Matrix mit einer bipolaren Differenz zu grobmaschig, um die Fülle der Divergenzen in Macht und Rang der Gliedeinheiten darzustellen. Die De-jure-Asymmetrien gelten nur für Föderationen, die bedeutendere Form der De-facto-Asymmetrien kann jedoch auch für die Analyse dezentralisierter Einheitsstaaten von Nutzen sein.

---

[16] *Nohlen/Kasapovic*, Wahlsystem und Systemwechsel, 1996, S. 34 ff.
[17] *Sturm*, Föderalismus in Deutschland, 2001, S. 101.

Zwei Arten der Asymmetrie existieren in allen Föderationen:
- de jure-Asymmetrien, die in der Verfassung und in den Gesetzen angelegt sind,
- de facto-Asymmetrien, die sich jenseits von Verfassung und Gesetz aus wirtschaftlichen, sozialen und politischen Dynamiken entwickelt haben.

Der Föderalismus ist eine Form der **vertikalen Gewaltenteilung**, die schon früh neben die horizontale Gewaltenteilung, vor allem von Exekutive und Legislative, getreten ist. Die Machtverteilung zwischen Bund und Gliedeinheiten erfordert einen hohen Regelungsbedarf, zumal sich die beiden Ebenen der Gewaltenteilung verquicken. Die Entscheidungskompetenz kann bei Bund und/oder Ländern liegen. Die Implementationskompetenz ist meist noch asymmetrischer verteilt und liegt nicht selten selbst für Beschlüsse des Bundes bei den Gliedeinheiten.

Seit dem Aufstieg von **Souveränitätstheorien** wurde im Zeitalter des Absolutismus „Diversität" als negativ und tendenziell instabil beschrieben. Die Entwicklung zum modernen Sozialstaat hat das Einheitsdenken noch verstärkt – im Namen wirtschaftlicher Effizienz und sozialer Verteilungsgerechtigkeit. Der klassische Konstitutionalismus ist in der Postmoderne in Verruf gekommen. Er schien geprägt vom imperialistischen Zeitalter und hat sich lange in den Dienst der Vereinheitlichung der Nation gestellt. Schon die Sprache der Verfassungen wird als imperiale „Meta-Erzählung" entlarvt und von postmodernen feministischen Standpunkten aus als männlich-dominiert. Wo die Verfassungen nicht nur formal-juristisch interpretiert werden, sondern der Konstitutionalismus Gegenstand theoretischer Reflexion wird, erschien er durch die drei einflussreichsten Schulen des Denkens im Sinne strikter Einheit interpretiert zu werden: für die Liberalen durch ihren Drang nach kultureller Neutralität, für die Kommunitarier durch ihre Suche nach „community" und die konservativen Nationalisten im Namen der Einheit der Nation. Dabei wurde nicht übersehen, dass es Vermittlungspositionen gibt, die kulturelle Anerkennung mit dem Universalismus verbinden, wie im Werk von *Kymlicka* oder *Benhabib* bei den Liberalen, oder *Taylor* und *Walzer* bei den Kommunitariern. Einige postmoderne Denker haben diese Kompromisse nicht akzeptiert und nicht nur Grundbegriffe wie „Souveränität" in Frage gestellt, sondern auch Konzepte wie „Identität" und „Anerkennung", mit der These, sie seien vom Mainstream zur Kooptation missbraucht worden.[18]

De jure Asymmetrien entstanden paradoxerweise auch in den alten Föderationen, wie der Schweiz oder den USA, in denen die **Bundesverfassung** kaum Hinweise auf die Struktur der Staaten- oder Kantonsverfassung enthält. Am anderen Ende der Skala liegt Indien mit zentralen Vorgaben für die Staatenverfassungen. Die *Russische Föderation* leistet sich die Inkonsequenz, einerseits gleiche Rechte für die föderalen „Subjekte", schon der Terminus verheißt nichts Gutes, zu postulieren (Art. 5.4), andererseits nur den nicht-russischen ethnischen Republiken Staatlichkeit zuzuerkennen. Die russischen Gebiete besitzen keine Verfassung, sondern nur ein Statut und begrenzte legislative Rechte (Art. 5.2). Die Gruppe der Republiken mit nicht-russischer Titularnation wurde – ähnlich wie in Spanien – flexibel auf politischen Druck hin verändert und von 16 (1989) auf 21 (1993) vergrößert. In einigen Fällen kam die

---

[18] *Tully*, Strange Multiplicity, 1995, S. 43 ff.

Zunahme durch Spaltung zustande (Tschetschenien und Inguschetien), in den meisten Fällen hingegen durch einen Prozess der Aufwertung (z. B. Altai). Nur diese Gruppe hat das Recht, den staatlichen Institutionen Zweisprachigkeit abzuverlangen. In *Italien* ist das Statut Siziliens noch vor der italienischen Verfassung geschaffen und niemals mit der Verfassung koordiniert worden. Sezessionsdrohungen führten zu dieser Form der „pre-autonomia". Die fünf ethnisch definierten „besonderen Regionen" und die 15 „ordentlichen Regionen" haben unterschiedliche Rechtsqualität ihrer Statuten und differierende Kompetenzen.[19]

C. Der Kampf um Anerkennung, Regionalismus und Föderalismus

33 Der Kampf um Anerkennung begann mit Identitätspolitik regionaler meist ethnischer Gruppen. Er entterritorialisierte sich zunehmend und weitete sich auf die gesamte Gesellschaft aus, als Kampf um Anerkennung Unterprivilegierter – von den Frauen bis zu den Homosexuellen. In atemberaubender Geschwindigkeit wechselten Theorien zur Erklärung der neuen Suche nach Identität.[20] Der Objektivismus einer traditionellen Sichtweise ging von der *Persistenz* unterdrückter Volksgruppen aus. Zur Erklärung, warum der Kampf um Anerkennung solche Schärfen annahm, wurde die *Modernisierungstheorie* bemüht. Marginalisierte Gruppen verlangten Gleichwertigkeit der Lebensverhältnisse. In der marxistische angehauchten *Dependenztheorie* wurde die Dynamik des Weltkapitalismus bemüht, der Regionen auch in den „Metropolen" marginalisiert und hoffnungslos „abhängig" erscheinen lässt, sodass von „*internem Kolonialismus*" gesprochen wurde oder gar wie bei *Michael Hechter*[21] von „institutionalisiertem Rassismus". Was schon für den „Celtic Fringe" unhaltbar war[22] ließ sich erst recht nicht bei wohlhabenderen Regionen halten. Die Südtiroler begehrten gegen die Einwanderung sehr viel ärmerer „terroni" aus dem Süden auf. Das Baskenland und Katalonien gehörten sogar zu den reichsten Regionen in Spanien. Die Argumente verlagerten sich daher schon vor dem „*cultural turn*" der Postmoderne auf Kultur und Sprache als bedrohtes Potential in den Regionen. Die *Theorie des Wertewandels* bei *Inglehart*[23] hat schließlich die Argumente schließlich von den ökonomischen Füßen auf den kulturellen Kopf gestellt: die **Identitätssuche** ist vor allem einer gewissen materiellen Saturiertheit zuzuschreiben, welche

---

[19] Vgl. *Pizzorusso*, in: Kramer (Hrsg.), Föderalismus zwischen Integration und Sezession, 1993, S. 48 ff.

[20] *Gerdes* (Fn. 8); *Sturm*, in: Hirscher (Hrsg.), Die Zukunft des kooperativen Föderalismus in Deutschland, 1991, S. 206 ff.

[21] *Hechter*, Internal Colonialism: The Celtic Fring in British national Development, 1975.

[22] *Sturm*, Nationalismus in Schottland, 1981, S. 165 ff.

[23] *Inglehart*, The Silent Revolution, 1977.

die Suche nach postmateriellen Werten ermöglicht. In der Politikwissenschaft wurden die neuen Identitätssuchbewegungen erst rezipiert, als sie das Netzwerk der traditionellen Bewegungen und Parteien durcheinander brachten.

Der Kampf um Anerkennung hat im Zeitalter des Neo-Nationalismus dazu geführt, dass der Föderalismus als symmetrisches Modell – in Kanada häufig das „US-Modell" genannt – nur unter Staaten einer Sprache denkbar sei. Die „ersten Nationen" oder „*aborigines*", sowie Territorien mit einer Minderheitssprache im Bund wie Québec, drängen auf einen asymmetrischen Föderalismus. In Kanada hat ein politischer Philosoph wie *Will Kymlicka*[24] versucht, die Anglo-Canadier auf die Anerkennung einer **„multination conception of federalism"** einzustimmen.

Der Versuch einer **Anerkennung**s-Deklaration aus einem Guss lässt viele Wünsche übrig. Wo die Anerkennung pragmatisch je nach Konflikte verteilt wurde, wie in der spanischen „Devolution" konnten sich die feindlichen Stimmen wenigstens zu keinem Zeitpunkt kumulieren und schufen weniger böses Blut im ganzen Land. Kanada hat wichtige Schritte in Richtung eines Einbaus der Territorien der „first nations" unternommen. Die nördlichen Territorien von Canada-Yukon, das Nordwest-Territorium und das neu geschaffene Nunavut-Territorium, das überwiegend von Inuits (Eskimos) bewohnt wird, wurde zum „de facto-Experiment" für „*aboriginal self-government*". Diese Territorien funktionieren heute eher wie Provinzen denn als „föderale Protektorate," die sie lange gewesen sind.[25] In der kanadischen Politikwissenschaft wird das Geflecht von Boards, die den aboriginals Einfluss über Land und Resourcen geben, und die quer zu den drei Ebenen des Föderalismus liegen, bereits als „*treaty federalism*" begrüßt, der viele Gravamina in den nördlichen Territorien gemildert hat.[26]

Besonders schwierig sind Identitätsfragen, wenn die aboriginals wie in den USA gleichsam außerhalb der Verfassung als Anomalie auftauchten. Auch die Politik gegenüber den amerikanischen Indianer-Stämmen, zeigte, dass trotz des „extra-constitutional status", den die Stämme seit *Nixons* Politik erhielten, den Status gegenüber den föderalen Gliedstaaten ungeklärt ließ. Dies führte zu einer weiteren **Asymmetrisierung** des Föderalismus, weil die ungeklärte Lage durch differenzierte Verhandlungen zwischen den Staaten und den Stämmen zu Entscheidungen geführt werden musste.[27]

Gewichtiger erschien ein zweites Argument, dass Kulturen sich nicht säuberlich trennen ließen, weil die Entwicklung interkulturell verlaufe. **Kulturelle Differenzen** sind durch die Massenwanderungen nach 1945 kein Phänomen von exotisch-fernen Ländern mehr. Kulturelle Differenz ist kein Panoptikum fixierter und gänzlich unvereinbarer Weltdeutungen mehr. Kulturelle Dominanz wird den USA in der dritten Welt oft vorgeworfen, aber deren Erzeugnisse sind im Zeitalter der Globalisierung vielfach „made in Hongkong" und vertrieben in ganz anderen Ländern.

---

[24] *Kymlicka* (Fn. 7), S. 129 (146 ff.).

[25] *Cameron/Simeon*, Intergouvernmental Relations in Canada, 2002, S. 63 (70).

[26] *White*, Treaty Ferdralisem in Northern Canada, 2002, S. 89.

[27] *Steinmann*, Federalism and Intergovernmental Innovation in State – Tribal Relations, 2004/2, S. 113.

38 Mit dem Aufstieg der **Umweltschutzbewegung** und der Entdeckung von „*small is beautiful*" wurde das Problem von dem Sonderfall der ethnischen Minderheiten gelöst. Die arme Peripherie schien in einigen Föderationen die Hauptlast der technischen Veränderungen in der Nutzung der natürlichen Resurcen zu tragen. Neue dezentralisierte Formen des Föderalismus und die Ausdehnung der regionalen Rechte und Stärkung der Kommunen – bis zur Wiederbelebung des Gemeindeeigentums als Mittel gegen die Überausbeutung regionaler Resourcen durch nationale und transnationale wirtschaftliche Akteure tauchten als Forderung auf.[28] Bei aller Sympathie für Gruppenrechte wurden jedoch mit Recht bald warnende Stimmen laut: es gibt Probleme des Schutzes regionaler Gruppen, die nur auf nationaler Ebene gelöst werden können. Eine exzessive Dezentralisierung, wie der Ökozentrismus sie manchmal forderte, droht schließlich lauter territoriale Kleingruppen machtlos gegenüber den Globalisierungstrends werden zu lassen.[29]

D. Asymmetrien des Einflusses der Gliedstaaten auf den nationalen Entscheidungsprozess und die Politikverflechtung

39 Die **Föderalismustheorie nach dem zweiten Weltkrieg** ist vielfach davon ausgegangen, dass eine zunehmende Zentralisierung im Bundesstaat stattgefunden habe. Zentralisierungsindices schienen dies zu belegen. Gerade ein Pionier der quantitativen Föderalismusforschung hat die alten Kontroversen zwischen *Elazar* und seinen Gegnern für überflüssig erklärt. Es wurde meist nur die technische Seite einer möglichen Zentralisierung gemessen, nicht eine wirklich politische Tendenz zu wachsendem Zentralismus.[30] In der Literatur sind die Bundesstaaten unter den Rubriken „*funktionale Teilung*" (Schweiz, Österreich, Deutschland) und „*rechtliche Teilung*" (USA, Kanada, Australien), bei denen zwei unabhängige Entscheidungsebenen geschaffen wurden, klassifiziert worden.[31] Der europäische Typ in den deutschsprachigen Ländern erfordert mehr Kooperation und Verhandlungsmacht. Das Ineinandergreifen von Bundesgesetzgebung und Länderverwaltung hat die Politikverflechtung in Deutschland begünstigt. In der Föderalismustheorie überwog lange ein eindimensionales Zentralisierungs- und Dezentralisierungs-Schema. Es erwies sich einem komplexen Mehrebenensystem von Entscheidungen nicht mehr als angemessen.[32] Parallel zu Theorie des Verhaltens von Wirtschaftsmonopolen wurde der Staat als Leviathan verdächtigt, wenn er zu sehr zentralisiert. Selbst „*revenue sharing*" war nach *Brennan* und *Buchanan* (1980: 183) war in dieser anti-monopolistischen Theorie von

---

[28] *Kothari/Camilleri*, in: Hampson/Reppy (Hrsg.), Earthly Goods: Environmental Change and Social Justice, 1996, S. 154 (122 ff.).

[29] *Kymlicka*, politics in the Vernacular: Multiculturalism and Citizenship, 2001, S. 142 f.

[30] *Riker*, in: Greenstein/Polsby (Hrsg.), Handbook of Political Science, Bd. V, 1975, S. 140.

[31] *Watts*, Comparing Federal Systems, 1996, S. 32 ff.

[32] *Scharpf/Reissert/Schaabel*, Politikverflechtung, Theorien und Empirien des kooperativen Föderalismus in der Bundesrepublik, 1990, S. 29.

Übel, weil die wichtigste Existenzgrundlage des Föderalismus, nämlich Wettbewerb zwischen verschiedenen administrativen Ebenen, ruiniere. „*Collusion*," eine informelle Vorform der Politikverflechtung schien vor allem negativ in der ökonomischen Föderalismustheorie. Die Leviathanthese hat jedoch den empirischen Test anhand der amerikanischen Staaten und transnationaler Vergleiche nicht immer überstanden.[33] Die verschiedenen Teste widersprachen einander, schon weil die Indikatoren für die Messung von Zentralisierung unterschiedlich ausfielen. Anhand von *Indien* wurde ein plausibles Kompromiss-Theorie-Angebot entwickelt: beide Hypothesen haben unter bestimmten Bedingungen recht, oder positiver ausgedrückt: föderalistische Dezentralisierung ist gut, aber nur unter der Bedingungen, dass die Ausgaben der Territorien begrenzt bleiben.[34]

Die **Politikverflechtung** wurde positiv bewertet, als Bundesstaaten sich in zunehmend komplexere Aufgaben einzumischen begannen, wie die Raumplanung oder die Forschungs- und Technologiepolitik. Selbst die *Schweiz* wurde von der Kooperation erfasst, die sachliche und funktionale Aufgabenteilung realisierte. Im Gegensatz zum deutschen Vorbild blieb jedoch einer größerer Grad von Autonomie auf der dezentralen Ebene erhalten.[35]

40

E. Effizienz und Ineffizienz des Föderalismus

Die **neuere wissenschaftliche Literatur** legt sich nicht mehr auf ein evolutionär-fortschrittliches Modell fest und falsifiziert solche Pauschalaussagen über die generelle Überlegenheit des föderalistischen Systems in der Policy-Performanz.[36] Der „statism" ist nicht das letzte Wort in der Föderalismusanalyse. Funktionale Imperative stimmen heute den Analytiker milder gegenüber Irregularitäten und Asymmetrien im Patchwork territorialer Politik. Die Europäische Union wird bereits mit dem Begriff „*treaty federalism*" bedacht, der aus der Sphäre der kanadischen Indianer-Rechte stammt[37] und vor allem dem Schutz von Rechten der Bürger dient. *Nicht-territorialer Föderalismus* ist eine Vision im Zeitalter der Globalisierung, das die Souveränitätsdebatten obsolet werden lässt, die auch viele Föderalismustheorien beherrscht haben.[38] Eine Nachkriegsentwicklung wurde als Bewegung vom „*statism*" zum Föderalismus bezeichnet. In der Postmoderne hatte sich der Föderalismus an den „*post-statism*" anzupassen.[39]

41

---

[33] *Oates*, Fiscal Federalism, 1972, S. 7.
[34] *Lalvani*, Can Decentralization Limit Government Growth, 2002/3, S. 25.
[35] *Linder*, Schweizerische Demokratie, 1999, S. 160.
[36] *Keman*, in: Wachendorfer-Schmidt (Hrsg.), Federalism and Political Perormence, 2000, S. 222.
[37] *Hueglin*, From Constitutional to Treaty Federalism: A Comparative Perspective, 2000/4, S. 141.
[38] *Elkins*, Beyond Sovereignty: Territory and Political Economy in the Twenty-First Century, 1995.
[39] *Watts*, in: Elazar (Hrsg.), Comperative Federalism and Post-Statism, 2000, S. 4.

42 Wichtiger als die territoriale Abgrenzung aber scheint die Verwirklichung eines Minimums an Zivilgesellschaft und der generellen Respektierung von Minderheitenrechten.[40] Die Migrationen im Zeitalter der **Globalisierung** werden solche künstlich stabilisierten Grenzen zunehmend aushöhlen. Im Zeitalter der Globalisierung und Europäisierung kann der Nationalstaat zunehmend weniger für die nationale und ethnische Homogenität der Bürger tun. Erziehung und Kultur sind internationalen Medien ausgesetzt. Schulen – und nicht einmal die Armee im Zeitalter der Berufsarmeen – taugen als Sozialisationsagenturen nationaler Identität im gleichen Maß wie in der Zeit der klassischen Moderne[41]. Zudem führt die Globalisierung zum Zweifrontenkrieg, weil die Schwäche des Nationalstaats die regionalen Identitäten als wirkungsvollere Einheiten ermutigen, ihre Identität konstruierend zu verstärken.

43 Als antiinnovativ kann der **Föderalismus** schon deshalb nicht gelten, weil er häufig ermögliche, dass Gliedstaaten Vorreiter von innovativen Gesetzen wurden, die später vom Bund übernommen werden. Supreme Court Justice *Louis Brandeis* hat 1932 in einem „dissenting vote" die Staaten als „Laboratorium"... „für neue soziale und wirtschaftliche Experimente" genannt.[42] Entgegen dem Vorurteil, dass die Staaten schwächer geworden seien, wurden seit den 50er Jahren im Zuge der Ausweitung von Staatstätigkeiten die Staaten stärker. Gouverneure haben stärkere Führung gezeigt, die Verwaltung der Staaten wurde dem modernen Wohlfahrtsstaat angepasst und selbst die Verfassungen wurden überholt. Häufiger als diese Fälle der Innovation waren jedoch die Möglichkeiten der Gliedeinheiten, hinter dem Innovationsgrad einer gesamtstaatlichen Regelung zurück zu bleiben, und sei es nur durch Obstruktion auf der Ebene der Implementation. Schon *Madison* hatte im „Federalist" X die Tyrannei der kleinen Staaten beklagt, weil sich in ihnen zu große Mehrheiten und „factions" bildeten, die zum Missmanagement führen mussten.

44 Diese Kritik war auch nach dem zweiten Weltkrieg noch nicht ausgestorben. In der Regel wird jedoch in der Literatur nicht mehr *Rikers*[43] Verdacht geteilt, dass die Entscheidungskosten in Bundesstaaten den kollektiven Nutzen übersteigen und dass der Föderalismus einen Bonus auf die „Tyrannei der Minderheit" setzt. Dennoch blieb es ein historisches Verdienst *Rikers* darüber nachgedacht zu haben, wer jeweils der größte **Nutznießer** einer Föderation ist. Zu seiner Zeit schienen das die Weißen der Südstaaten in den USA, Québec in Kanada, die Landlords der landwirtschaftlich unterentwickelten Gebiete in Indien, und in Deutschland der nicht-preußische Südwesten. Selbst für Australien, wo kein einzelner Nutznießer festgestellt wurde, schienen die Handelsinteressen am meisten zu profitieren, weil sie durch föderale Vetogruppenpolitik zentralen Regulierungen weitgehend ausweichen konnten. Die vergleichende Systemforschung zeigt freilich, dass die Kapitalinteressen dafür den

---

[40] *Knop* u.a., 1994, S. 7.
[41] *Benhabib*, Kulturelle Vielfalt und demokratische Gleichheit, 1999, S. 29.
[42] New York Ice Co. v. Liebermann, 285 U.S. 262, 311.
[43] *Riker*, Federalism, Origin, Operation, Significance, 1964, S. 145 (153).

§11 Föderalismus (asymmetrischer) und Regionalismus/regionales   297

Föderalismus nicht brauchen, ja dass er ihnen in der Kleinteiligkeit der Regulierungen eher lästig ist. Ein Schüler *Rikers*, wie *Mitra*[44], hat für Indien zeigen können, wie die Interessen sich seit *Rikers* wichtigem Buch auch verlagern können. Die „neuen Regionalisten" haben nicht mehr die gleichen Interessen wie einst die „alten Regionalisten". Sie stellen nicht mehr eine agrarische Oligarchie da, sondern sind hochmobile und gebildete urbane Kapitalisten.

Die **vergleichende Systemforschung** hat den Vorteil entwickelt, dass sie föderalistische mit angeblich zentralisierten Regimen vergleicht. Die Dezentralisation und Devolution hat auch einst reine Zentralstaaten erfasst. Zwischen dem Typ der unitarischen Staaten, der unter „fused hierarchy" subsumiert wurde (Belgien, Frankreich, Italien, Niederlande, Spanien, Island, Griechenland) und dem Bundesstaatstyp der funktionalen Teilung in den überwiegend deutschsprachigen Ländern (Schweiz, Österreich, Deutschland) sind starke Ähnlichkeiten entdeckt worden. Die Differenzen liegen im Grad der Kooperation zwischen den territorialen Ebenen. In unitarischen Staaten behält die Zentralregierung die letzte Entscheidungskompetenz, im föderalen System haben die Untereinheiten auf einigen Gebieten gleichen Status.[45] Die Föderalismusforschung musste zur Kenntnis nehmen, dass auch nichtbundesstaatliche Systeme stark dezentralisiert sein können. Vor allem Skandinavien hat diesen Weg in den letzten Jahren beschritten, der zu einem Untertyp „split hierarchy" unter den Zentralstaaten führte (Großbritannien, Irland, Neuseeland, skandinavische Staaten).

Die sozio-ökonomische Performanz war am besten bei den föderalen Staaten, welche zugleich dezentralisiert waren.[46] Föderalismus und **Zentralismus** werden nicht mehr als ontologische Einheiten konfrontiert, sondern sind Pole auf einer Skala von Übergängen im Dezentralisierungsgrad. Zudem sollten die territorial angelegten Entscheidungsfindungsmechanismen mit den eher auf funktionale Gruppen zugeschnittenen Kooperationsmustern verglichen werden, um dem Föderalismus keine übertriebene Wirkungsmacht zuzuschreiben. Die Performanz erwies sich nicht auf allen Sektoren in gleicher Weise generalisierbar. Die Inflationsbekämpfung scheint in föderalen Staaten besser zu funktionieren, weil diese die Kontrolle einer unabhängigen Bundesbank zu übertragen pflegen.[47] Aber einmal haben auch weniger dezentralisierte Systeme diese Lektion gelernt, und wo noch Defizite zu erkennen sind, hilft die Europäische Union auch den Zentralisten, ihre Lektion nachzuholen.

Verallgemeinerungen über die **Wirkung des Föderalismus** auf den Policy-Output erwiesen sich im Vergleich auch als problematisch. Bundesstaaten scheinen niedrigere Inflationsraten zu besitzen. Die do-parties-matter-Literatur aber relativiert solche

---

[44] *Mitra*, The nation, state and the federal process in India, 2000, S. 51.
[45] *Braun* (Hrsg.), Public Policy and Federalism, 2000, S. 34 (45).
[46] *Keman*, Federalism and policy Performence, 2000, S. 223.
[47] *Wachendorfer-Schmidt* (Hrsg.), Federalism and Political Perormence, 2000, S. 243.

Aussagen immer wieder nach den Perioden der Vorherrschaft einzelner ideologischer Parteigruppen. In den USA hat der Föderalismus zentrale Regulierungen in der Sozialpolitik weitgehend verhindert, in Kanada hat er diese eher gefördert.[48]

48 Symmetrie im Föderalismus schien einst eine Forderung der kleineren und schwächeren Einheiten. Angesichts der Privilegien, welche die Asymmetrisierung des Föderalismus für die ethnischen Sonderheiten schuf, gibt es in einigen Bundesstaaten wie Spanien oder Kanada auch die Gegenbewegung der größeren Einheiten, die mehr **Symmetrie** wieder herstellen möchten. Die Asymmetrisierung des Föderalismus im Zeitalter der Globalisierung der Ökonomie und der Reethnisierung mancher Staaten muss daher nicht das letzte Wort der Geschichte bleiben.

49 Der Traum von der **Symmetrie** der regionalen Kräfte ist immer neuen asymmetrischen Dynamiken ausgesetzt. Die Forderung nach sozialer Gerechtigkeit erzwingt periodisch territorialen Wandel. Die Balance zwischen den Interessen bei territorialen Konflikten ist deshalb schwer zu finden, weil alle Deklamation für das evolutionär progressive Element des Föderalismus nicht darüber hinwegtäuschen kann, dass auch prä-moderne Solidarbestände akkomodiert werden müssen, die sich rationaler Erörterung nur schwer erschließen.[49] Die Schweiz schien einst die ideale Akkomodation aller Cleavage-Gruppen im System. Sie hat jedoch durch das Erfordernis einer „doppelten Mehrheit" im Zweikammersystem und der Konkurrenz von Verfassungsreferenden eingefrorene Strukturen erzeugt, welche die traditionalen Mehrheiten und nicht die Repräsentation neuer Minderheiten begünstigt. In der Regel gilt freilich: wenn Störungen der horizontalen und vertikalen Gleichgewichte in regional differenzierten Systemen zu stark wird, stellen politische Initiativen und Bewegungen ein Gleichgewicht wieder her. Der Traum aller „constitutional engineers" ist ein nachhaltiges Gleichgewicht. Aber es gibt kein vollkommenes Gleichgewicht. Aber es kann auch nicht gänzlich aus den Fugen geraten, solange der Rechtsstaat funktioniert und vor allem in den Ländern in denen eine funktionierende Verfassungsgerichtsbarkeit besteht.

50 Wenn Föderationen in multikulturellen Gesellschaften leidlich funktionieren, wurde mehrere Erklärungsmuster angeboten, wie Eliten-Akkomodation, bei den Theoretikern der „consociational democracy", verstärkt durch die Kooperation regionaler und nationaler Parteien und die Verflechtung der Kooperationsebenen.[50] Das Beispiel Deutschland zeigt, dass die Politikverflechtung, einst als „Stein der Weisen" gepriesen, auch wieder in Verruf geraten kann. Die dahinter liegende Kooperationsideologie der Ebenen wird man jedoch vermutlich auch durch eine mit heißer Nadel gestrickte **Föderalismusreform** nicht aus der Welt schaffen. Alle diese Faktoren lassen vermuten, dass ein „grand design" weniger wirksam ist als Ad-hoc-Entscheidungen im zunehmend asymmetrisch entwickelten Föderalismus.

---

[48] *Wachendorfer-Schmidt* (Fn. 47), S. 4.
[49] *Evers* (Hrsg.), Chancen des Föderalismus in Deutschland und Europa, 1994, S. 64.
[50] *Watts*, The Canadian Experiance with Asymmetrical Federalism, 1999, S. 117 ff.

Schrifttum

D. *Bell*, The World in 2013, in: Dialogue, 1988, Heft 3: 2–9
S. *Benhabib*, Kulturelle Vielfalt und demokratische Gleichheit. Politische Partizipation im Zeitalter der Globalisierung, 1999
K. *von Beyme*, Der Föderalismus in der Sowjetunion, 1964
ders., Russland zwischen Anarchie und Autokratie, 2001, Kap. 6: Zentrifugale Tendenzen im Föderalismus Russlands: 96–110
K. *von Beyme*, Föderalismus und regionales Bewußtsein, 2007
D. *Braun* (Hrsg.), Public Policy and Federalism. Aldershot, Ashgate, 2000
G. *Brennan/J. M. Buchanan*, The Power to Tax: Analytical Foundation of a Fiscal Constitution, 1980
R. *Brubake/F. Cooper*, Beyond ‚identity'. in: Theory and Society. 29, 2000: 1–47
D. *Cameron/R. Simion*, Intergovernmental Relations in Canada: The Emergence of Collaborative Federalism. Publius, Jg. 32, 2, 2002: 49–71
M. *Castels*, The Power of Identity, 1997
D. *Elkins*, Beyond Sovereignty: Territory and Political Economy in the Twenty-First Century, 1995
T. *Evers* (Hrsg.), Chancen des Föderalismus in Deutschland und Europa, 1994
N. *Fraser/A. Honneth*, Umverteilung oder Anerkennung? Eine politisch-philosophische Kontroverse, 2003
D. *Gerdes* (Hrsg.), Aufstand der Provinz. Regionalismus in Westeuropa, 1980
M. *Hechter*, Internal Colonialism: The Celtic Fringe in British National Development, 1536–1966, 1975
Th. O. *Hueglin*, From Constitutional to Treaty Federalism: A Comparative Perspective. Publius, Jg. 30, Nr.4, 2000: 137–153
R. *Inglehart*, The Silent Revolution. Changing Values and Political Styles Among Western Publics, 1977
H. *Keman*, Federalism and policy performance, in: U. Wachendorfer-Schmidt (Hrsg.), Federalism and Political Performance, 2000: 196–227
J. *Kramer* (Hrsg.), Föderalismus zwischen Integration und Sezession, 1993
P. A. *Kraus*, Europäische Öffentlichkeit und Sprachpolitik, 2004
W. *Kymlicka*, Finding Our Way. Rethinking Ethnocultural Relations in Canada, 1998
ders., Politics in the Vernacular: Multiculturalism and Citizenship, 2001
M. *Lalvani*, Can Decentralization Limit Government Growth? A Test of the Leviathan Hypothesis for the Indian Federation. Publkus, Jg. 32, 3, 2002: 25–45
W. *Linder*, Schweizerische Demokratie. Institutionen, Prozesse, Perspektiven, 1999
R. *Mayntz*, Föderalismus und die Gesellschaft der Gegenwart, Max-Planck-Institut für Gesellschaftsforschung, Discussion Paper 3, 1989
S. K. *Mitra*, The nation, state and the federal process in India, in: U. Wachendorfer-Schmidt (Hrsg): Federalism and Political Performance, 2000: 40–57
D. *Nohlen/M. Kasapovic*, Wahlsysteme und Systemwechsel in Osteuropa, 1996
W. E. *Oates*, Fiscal Federalism, 1972
H. *Obinger/St. Leibfried/F. G.Castles* (Hrsg.), Federalism and the Welfare State, 2005
W. *Riker*, Federalism. Origin, Operation, Significance, 1964
F. W. *Scharpf/B. Reissert/F. Schaabel*, Politikverflechtung, Theorie und Empirie des kooperativen Föderalismus in der Bundesrepublik, 1990
G. *Schöpflin*, Nations, Identity, Power. A New Politics of Europe, 2000
E. *Steinmann*, American Federalism and Intergovernmental Innovation in State-Tribal Relations. Publius, Jg. 34, 2, 2004: 95–114
R. *Sturm*, Nationalismus in Schottland und Wales, 1981
ders., Westeuropäischer Regionalismus und deutscher Föderalismus, in: G. Hirscher (Hrsg.): Die Zukunft des kooperativen Föderalismus in Deutschland, 1991: 205–221
ders., Föderalismus in Deutschland, 2001

J. Tully, Strange Multiplicity. Constitutionalism in an age of diversity, 1995
U. Wachendorfer-Schmidt (Hrsg), Federalism and Political Performance, 2000
R. L. Watts, Federalism, Federal Political Systems and Federations, in: Annual Review of Political Science I, 1998: 117–137
ders., Comparing Federal Systems. Kingston/Ontario, Institute of Intergovernmental Relations, 2. Aufl. 1999
ders., The Canadian Experience with Asymmetrical Federalism, in: R. Agranoff (Hrsg): Accomodating Diversity: Asymmetry in Federal States, 1999: 118–136
ders., in: D. J. Elazar: Comparative Federalism and Post-Statism. Publius, Jg. 30, Nr. 4, 2000: 155–168
K. C. Wheare, Federal Government, 1946, 4. Aufl. 1963
G. White, Treaty Federalism in Northern Canada: Aboriginal-Government Land Claims Boads. Publius, 2002, 3: 89–114
R. William, Federalism, in: F. Greenstein/N. W. Polsby (Hrsg.): Handbook of Political Science, Bd. V, Governmental Institutions and Proesses. Reading, Mass, Addison-Wesley, 1975: 93–172

§12 Bundesstaaten und Einheitsstaaten im Rahmen der Europäischen Union

Florian Grotz

Inhalt

A. Einleitung 301
B. Staatsorganisation in Westeuropa: Strukturmerkmale und Entwicklungsbedingungen ... 303
C. Die Reform von Bundes- und Einheitsstaaten im Rahmen der EU: theoretische
   Perspektiven 307
D. Europäisierung und nationale Staatsorganisation: empirisch-vergleichende Befunde 311
   I. Die Bundesrepublik Deutschland im westeuropäischen Vergleich 311
   II. Die mittel- und osteuropäischen Transformationsstaaten 315
E. Fazit 316
Schrifttum 317

A. Einleitung

Seit Ende der 1970er Jahre unterliegen die Staatsstrukturen in Westeuropa einem tiefgreifenden Wandel. Dabei handelt es sich um zwei grenzüberschreitende Entwicklungen, die in unterschiedliche Richtungen weisen. Zum einen haben mehrere unitarisch verfasste Staaten **Dezentralisierungs- oder Föderalisierungsprozesse** eingeleitet. Dies gilt insbesondere für Belgien, Frankreich, Italien, Spanien und das Vereinigte Königreich. Auch föderale Staaten wie Deutschland und Österreich haben sich verstärkt um eine Reorganisation der Bund-Länder-Beziehungen bemüht. Zum anderen wurden immer mehr nationalstaatliche Regelungskompetenzen auf die europäische Ebene übertragen. So entstand ein **EU-Regierungssystem**, das selbst

1

F. Grotz (✉)
Institut für Politikwissenschaft, Leuphana Universität Lüneburg, Scharnhorststr. 1,
21335 Lüneburg, Deutschland
E-mail: grotz@uni.leuphana.de

föderale Züge trägt und vor nicht allzu langer Zeit sogar eine „Verfassung" erhalten sollte.[1]

2   Haben sich beide Entwicklungen – die Herausbildung eines supranationalen Regierungssystems und die Reformen der nationalen Staatsorganisation – völlig unabhängig voneinander vollzogen oder haben sie sich wechselseitig beeinflusst? Und selbst wenn man für die einzelnen Länder je spezifische Ausgangsbedingungen unterstellen muss: Standen die nahezu zeitgleichen institutionellen Reformprozesse in föderalen und unitarischen EU-Staaten nicht insgesamt unter „europäischen Vorzeichen"?

3   Auf diese Fragen liefert die **politikwissenschaftliche Staats- und Europaforschung** sehr unterschiedliche Antworten. So wurde argumentiert, dass vor allem Bundesstaaten unter „Europäisierungsdruck" stehen.[2] Andere Autoren sehen dagegen Einheitsstaaten stärker von der europäischen Integration betroffen.[3] Beobachtet wurde ferner eine institutionelle Konvergenz zwischen föderalen und unitarischen EU-Staaten[4], aber auch deren fortbestehende Heterogenität[5]. Nicht zuletzt findet sich eine empirisch-vergleichende Studie, die keine systematischen Auswirkungen der supranationalen Integration auf die Institutionensysteme der EU-Mitgliedstaaten feststellt.[6]

4   Der vorliegende Beitrag nimmt in diesem Zusammenhang eine kontextbezogene Position ein. Demnach sind **Rückwirkungen der europäischen Integration** auf die nationale Staatsorganisation keineswegs zwingend, können aber durchaus in vielfältigen Formen auftreten. Ob und inwieweit Reformen der binnenstaatlichen Kompetenzordnung durch Europäisierung beeinflusst werden, hängt wesentlich von den jeweiligen nationalen Rahmenbedingungen ab – unter anderem auch davon, ob es sich um einen Bundesstaat oder einen Einheitsstaat handelt.

5   Um diese These systematisch zu begründen, befasst sich der folgende Abschnitt zunächst allgemein mit der Staatsorganisation in Westeuropa (B.). Dabei wird vor allem deutlich, dass die institutionelle Entwicklung europäischer Bundesstaaten und Einheitsstaaten durch „Pfadabhängigkeiten"[7] und damit in hohem Maße

---

[1] Vgl. dazu *Weidenfeld*, Die Europäische Union und ihre föderale Gestalt. Historische Entwicklung, gegenwärtige Ausprägung und künftige Herausforderungen, in: Härtel (Hrsg.), Handbuch Föderalismus – Föderalismus als demokratische Rechtsordnung und Rechtskultur in Deutschland, Europa und der Welt, Bd. IV, 2011, § 49 sowie *von Bogdandy*, Prinzipien des föderalen Verhältnisses in der Europäischen Union: ein Anwendungsdiskurs zum supranationalen Föderalismus, in: Härtel (Hrsg.), Handbuch Föderalismus – Föderalismus als demokratische Rechtsordnung und Rechtskultur in Deutschland, Europa und der Welt, Bd. IV, 2011, § 81.

[2] *Börzel*, in: Benz/Lehmbruch (Hrsg.), Föderalismus, 2002, S. 363; *dies.*, States and Regions in Europe, 2002; *Kovziridze*, Regional and Federal Studies 12 (2002), S. 128.

[3] *Schmidt*, Publius: The Journal of Federalism 29 (1999), S. 19; *dies.*, British Journal of Politics and International Relations 8 (2006), S. 15 ff.

[4] *Hesse/Wright*, in: dies. (Hrsg.), Federalizing Europe?, 1996, S. 374; *Renzsch*, Frankfurter Allgemeine Zeitung vom 11.06.2003, S. 8.

[5] *Engel*, Regionen in der EG, 1993; *Fischer/Schley*, Europa föderal organisieren, 1999.

[6] *Anderson*, Journal of Common Market Studies 40 (2002), S. 793 ff.

[7] Zum Begriff allgemein *Schultze*, in: Nohlen/Grotz (Hrsg.), Kleines Lexikon der Politik, 5. Aufl. 2011, S. 440; zur Anwendung auf den deutschen Föderalismus s. *Lehmbruch*, in: Benz/Lehmbruch (Hrsg.), Föderalismus, 2002, S. 53.

endogen geprägt ist. Gleichwohl sind externe Einflüsse auf die binnenstaatliche Kompetenzordnung möglich. Anschließend wird herausgearbeitet, welche „Europäisierungseffekte" bei der Reform föderaler und unitarischer Staaten auftreten können (C.). Diese Annahmen werden dann empirisch überprüft (D.), wobei neben westeuropäischen Bundes- und Einheitsstaaten auch die spezifische Situation der neuen EU-Staaten Mittel- und Osteuropas Berücksichtigung erfährt. Ein kurzes Fazit beschließt den Beitrag (E.).

B. Staatsorganisation in Westeuropa: Strukturmerkmale und Entwicklungsbedingungen

Aus politikwissenschaftlicher Sicht erweist sich die begriffliche Unterscheidung zwischen **Bundes- und Einheitsstaaten** als ungewöhnlich schwierig.[8] Während eine unübersehbar große Menge an Föderalismusdefinitionen existiert, wird der Begriff des Einheitsstaats meist als selbstverständlich vorausgesetzt.[9] Diese Asymmetrie erklärt sich hauptsächlich aus den jeweils zugrundeliegenden Leitprinzipien. Der **Zentralismus** findet seinen gleichsam natürlichen Ausdruck im Einheitsstaat, in dem die politische Souveränität auf nationaler Ebene konzentriert ist. Die staatsorganisatorische Verwirklichung des Föderalismus ist dagegen alles andere als eindeutig. Je nachdem, ob man das Prinzip „Einheit in Vielfalt" (nur) an die formale Verfassungsordnung gebunden sieht oder auch als darüber hinausgehende „Lebensform" begreift, können drei **Grundverständnisse eines föderalen Systems** unterschieden werden:[10]

- ein **soziologischer Begriff**, der den politischen Ausgleich territorial heterogener Interessen betont, wobei die so verstandene „föderale Gesellschaft" mit bundesstaatlichen Organisationsstrukturen korrespondiert;
- ein **konstitutioneller Begriff**, der ein föderales System an der rechtlich-institutionellen Form der Kompetenzordnung zwischen Zentralstaat und Gliedstaaten festmacht; sowie
- ein **gouvernementaler Begriff**, der neben dem Verfassungsrahmen auch die politisch-administrativen Akteurskonstellationen einbezieht, um das Interaktionsgefüge zwischen gesamtstaatlicher Ebene und subnationalen Gebietskörperschaften zu erfassen.

Für den vorliegenden Beitrag, der sich auf Veränderungen der vertikalen Kompetenzordnung konzentriert, eignet sich das konstitutionelle Begriffsverständnis am besten. Zur Unterscheidung von Bundes- und Einheitsstaaten wird dabei die **Bestandsgarantie der „regionalen" Ebene** als primäres Differenzkriterium herangezogen. Demnach verfügen die regionalen Gebietskörperschaften in einem Bundesstaat in

---

[8] Ausführlich dazu *Grotz*, Europäisierung und nationale Staatsorganisation, 2007, S. 16 ff.

[9] *Rhodes*, in: Smelser/Baltes (Hrsg.), International Encyclopedia of Social and Behavioral Sciences, 2001, S. 15968.

[10] *Thorlakson*, West European Politics 26 (2003), S. 1 ff.

Tab. 1 Bundesstaaten und Einheitsstaaten in der EU-15. (Quelle: erweiterte Darstellung nach *Grotz*, ZParl 38 (2007), S. 769 (S. 778); zur Einordnung der einzelnen Länder vgl. *ders.* (Fn. 8), S. 32 ff.)

Grundtypen	Einheitsstaat		Bundesstaat		
Subtypen	Zentralisierter Einheitsstaat	Dezentralisierter Einheitsstaat	Zentralisierter Bundesstaat	Kooperativer Bundesstaat	Dezentralisierter Bundesstaat
Länder	Dänemark Griechenland Irland Luxemburg Portugal	Finnland Frankreich Großbritannien Italien Niederlande Spanien[a] Schweden[b]	Österreich	Deutschland	Belgien

[a] Die Einordnung Spaniens erweist sich als schwierig, was sich u. a. in Bezeichnungen wie „Federation in the Making" (*Solozábal*, in: Hesse/Wright (Hrsg.), Federalizing Europe?, 1996, S. 240) oder „Incomplete Federalism" (*Grau i Creus*, in: Wachendorfer-Schmidt (Hrsg.), Federalism and Political Performance, 2000, S. 58) dokumentiert. Aufgrund der benannten Kriterien wird das Land hier als dezentraler Einheitsstaat klassifiziert.
[b] Zur laufenden Regionalreform in Schweden vgl. u.a. *Bergmann-Winberg*, Jahrbuch des Föderalismus 2008, S. 393.

mindestens einem Politikbereich über das Letztentscheidungsrecht, wobei diese Zuständigkeit nicht einseitig von gesamtstaatlichen Einrichtungen verändert oder gar entzogen werden darf.[11] Dies hat auch grundlegende Konsequenzen für die Stellung regionaler Akteure innerhalb des Regierungssystems: Durch den formal institutionalisierten Kooperationszwang bei der (verfassungs-)politischen Willensbildung und Entscheidung haben gliedstaatliche Repräsentanten in Bundesstaaten eine deutlich stärkere Position inne als subnationale Akteure in Einheitsstaaten.

Gleichwohl kann die Zuständigkeitsverteilung zwischen nationaler Ebene und subnationalen Gebietskörperschaften innerhalb beider Grundtypen beträchtlich variieren. So ist die Schaffung regionaler Institutionen, die Gesetzgebungs- und/oder Vollzugsaufgaben autonom wahrnehmen, auch in Einheitsstaaten möglich. Als sekundäres Differenzkriterium wird daher der relative Kompetenzumfang der einzelnen Ebenen herangezogen (**Zentralisierungsgrad**): Ist der überwiegende Teil der politisch-administrativen Zuständigkeiten auf nationaler Ebene angesiedelt, ist der Staat zentralisiert; verfügen hingegen subnationale Gebietskörperschaften über eine hinreichendes Ausmaß an autonomen Zuständigkeiten, handelt es sich um einen dezentralisierten Staat.

Auf dieser Basis lassen sich nun die „alten" Mitgliedstaaten der Europäischen Union (EU-15) **typologisch ordnen** (Tab. 1). Auf Seite der Einheitsstaaten können die zugehörigen Länder in einen „klassischen" (zentralisierten) und einen dezentralisierten Typ unterteilt werden; im letzteren Fall existieren auch regionale Gebietskörperschaften, die über autonome politische Kompetenzen verfügen. Auf Seite der Bundesstaaten ist gleichfalls ein stärker zentralisierter Typ, bei dem die nationale Ebene ein deutliches Übergewicht besitzt, von einem dezentral organisierten Typ zu unterscheiden. Zwischen diesen Ausprägungen eines „dualen"

---

[11] *Riker*, in: Greenstein/Polsby (Hrsg.), Handbook of Political Science, Vol. 5, 1975, S. 93 (S. 101).

Föderalismus findet sich schließlich ein „kooperativer" Bundesstaat, bei dem Gesamtstaat und Gliedstaaten in den wichtigsten Aufgabenfeldern zusammenwirken. Dass diese Typologie noch weiter ausdifferenziert werden müsste, um alle relevanten Unterschiede der Staatsorganisation in Westeuropa systematisch zu erfassen, ist unstrittig.[12] Gleichwohl stellt sie einen guten Ausgangspunkt dar, um einige Befunde der entwicklungsgeschichtlichen Staatsorganisationsforschung zu verdeutlichen, auf denen die folgenden Ausführungen aufbauen.

Zunächst gibt es in der EU-15 deutlich weniger föderale als unitarische Staaten. Dies erklärt sich hauptsächlich daraus, dass die Entstehung von Bundes- und Einheitsstaaten in Westeuropa von bestimmten **historisch-kulturellen Bedingungen** abhing, die in den meisten Ländern weit vor die ersten Demokratisierungsversuche zurückreichen. Wie *Stein Rokkan* gezeigt hat,[13] wurden die Grundzüge der westeuropäischen Staatsorganisation wesentlich von den Prozessen der Staats- und Nationsbildung bestimmt, die im ausgehenden Mittelalter begannen. Hierbei erwiesen sich drei Strukturmerkmale als besonders bedeutsam:

10

- die **geopolitische Zugehörigkeit** zum zentraleuropäischen „Städtegürtel", der im Hochmittelalter innerhalb des Heiligen Römischen Reichs Deutscher Nation entstand und deutliche Elemente des Pluralismus und Partikularismus aufwies;
- der **sozioökonomische Zentralisierungsgrad**, der sich vor allem in der „mono"- bzw. „polykephalen" Struktur des Städtenetzes manifestierte; sowie
- das unterschiedliche **Ausmaß ethnisch-linguistischer Homogenität**, wobei der Entwicklung einer flächendeckenden Nationalsprache ein herausragender Stellenwert zukam.

Nach *Rokkan* war die erstbenannte Dimension insofern strukturprägend, als starke Zentren territorialer Kontrolle zunächst an den Rändern des alten Reiches entstanden, die sich frühzeitig als Einheitsstaaten konsolidierten. Dazu zählten Portugal und Spanien, aber auch – in je spezifischer Weise – Frankreich, Großbritannien sowie die historischen Königreiche Nordeuropas (Dänemark, Schweden). Im Bereich des „zentralen Städtegürtels", der sich aus ökonomisch hochentwickelten, aber politisch fragmentierten Territorien zusammensetzte, scheiterte dagegen eine militärisch-administrative Zentrumsbildung. Abgesehen von der Schweiz kam es hier zu „verspäteten" nationalen Einigungsprozessen. Vor diesem Hintergrund ist es kein Zufall, dass sich in diesem Raum sämtliche Bundesstaaten Westeuropas finden. Bis 1945 blieben die so geprägten Staatsstrukturen – von kriegsbedingten und/oder

11

---

[12] Dies gilt auch und gerade für die Berücksichtigung territorial asymmetrischer Arrangements, die nicht nur in Bundesstaaten (Regionen vs. Gemeinschaften in Belgien), sondern auch in etlichen Einheitsstaaten in jeweils unterschiedlicher Ausprägung zu finden sind (Schottland vs. Wales vs. England in Großbritannien; Grönland in Dänemark; Azoren und Madeira in Portugal). Vgl. *Agranoff* (Hrsg.), Accommodating Diversity, 1999, sowie *v. Beyme*, Föderalismus und regionales Bewusstsein, 2007.

[13] *Rokkan*, Staat, Nation und Demokratie in Europa, 2000, S. 185 ff.

autoritären Zwischenphasen abgesehen – in ihren Grundzügen bestehen.[14] Selbst Staaten wie Deutschland, die im 20. Jahrhundert mehrere Regimewechsel erlebten, knüpften nach dem Zweiten Weltkrieg wieder an ihre (föderative) Tradition an.[15]

12 Seit den 1970er Jahren sind jedoch in Westeuropa **nachhaltige Veränderungen der historisch tradierten Staatsorganisation** zu verzeichnen. Dabei handelt es sich vor allem um Einheitsstaaten, die die Grenze zum Föderalismus mehr oder minder eindeutig überschritten haben (Belgien, Spanien) oder zumindest von ihrer unitarischen Staatsform deutlich abgerückt sind (Frankreich, Großbritannien, Italien). Auch die zentraleuropäischen Bundesstaaten (Deutschland, Österreich und die Schweiz) haben in diesem Zeitraum wiederholt versucht, ihre vertikale Kompetenzordnung zu reformieren, wobei aber jeweils die typologischen Grundzüge der föderalen Staatsorganisation bestehen blieben.[16]

13 Worauf sind diese institutionellen Reformprozesse zurückzuführen? Die politikwissenschaftliche Literatur benennt dazu eine Fülle endogener **Erklärungsfaktoren**, die sich in drei Gruppen unterteilen lassen:[17]

- **Soziostrukturelle Ansätze** gehen von einem engen Zusammenhang zwischen der Staatsorganisation und ihrer gesellschaftlichen Umwelt aus.[18] Demnach tendieren „föderale Gesellschaften", die starke territoriale Disparitäten in soziokultureller oder sozioökonomischer Hinsicht aufweisen, zu dezentralen Staatsstrukturen, während in „nicht-föderalen Gesellschaften" die Präferenzen für unitarische Lösungen überwiegen.[19] Bei nachhaltiger Veränderung des sozioökonomischen bzw. soziokulturellen Kontextes muss daher die vertikale Kompetenzordnung angepasst werden, wenn diese nicht mehr mit den neuen Umweltbedingungen kompatibel ist. Dies gilt gleichermaßen für Bundes- wie für Einheitsstaaten. Dabei sind zwei idealtypische Entwicklungen denkbar: eine territorial-soziale Homogenisierung, die zu einer Zentralisierung bzw. Unitarisierung ehemals dezentraler Arrangements führt, und eine Vertiefung territorialer Konfliktlinien, die einen Bedarf nach stärker dezentralen Lösungen erzeugt.[20] Ob es aber tatsächlich zu entsprechenden Reformen kommt, hängt wesentlich von den Interessen der jeweiligen politischen Akteure ab.

---

[14] Die einzige Ausnahme bildeten die Niederlande, die nach der Auflösung des Bundesstaats im Gefolge der Napoleonischen Besatzung die einheitsstaatliche Form beibehielten (während die gleichzeitig „zwangsunitarisierte" Schweiz zu ihrer föderalen Verfassung zurückkehrte).

[15] *Boldt*, ZSE 1 (2003), S. 505 ff.; *Lehmbruch* (Fn. 7).

[16] *Grotz/Poier*, Zeitschrift für Vergleichende Politikwissenschaft 4 (2010), S. 233 ff.

[17] Vgl. u. a. *Benz*, in: ders./Lehmbruch (Hrsg.), Föderalismus, 2002, S. 9; *Keating*, The New Regionalism in Western Europe, 1997.

[18] *Livingston*, Federalism and Constitutional Change, 1956.

[19] *Erk*, Explaining Federalism, 2008, S. 2 ff. m.w.N.

[20] *Amoretti/Bermeo* (Hrsg.), Federalism and Territorial Cleavages, 2004; *Burgess/Pinder* (Hrsg.), Multinational Federations, 2007.

- **Akteursbezogene Ansätze** nehmen vor allem das nationale Parteiensystem in den Blick, um die Entwicklung föderaler und unitarischer Staaten zu erklären.[21] Als intermediäre Einrichtungen sind Parteien nicht nur bei der „normalen" politischen Willensbildung von herausragender Bedeutung, sondern auch bei Reformen der Verfassungsordnung die entscheidenden Akteure. Dabei wird ein enger Zusammenhang zwischen dem (De-)Zentralisierungsgrad einer Staatsorganisation und dem (De-)Zentralisierungsgrad des Parteiensystems angenommen:[22] Bei einer territorialen Ausdifferenzierung der Wählerpräferenzen und Parteiorganisationen steigt tendenziell das Interesse der Parteien an dezentralen Staatsstrukturen, bei einer Nationalisierung bzw. territorialen Homogenisierung des Parteienwettbewerbs ist die umgekehrte Entwicklung zu erwarten.

- **Institutionelle Ansätze** schließlich gehen davon aus, dass sowohl das Zustandekommen als auch der materielle Umfang einer Staatsreform mit den Entscheidungsstrukturen des jeweiligen Regierungssystems erklärt werden kann. In diesem Zusammenhang wird auch ein prinzipieller Unterschied zwischen den beiden Grundtypen der Staatsorganisation erkennbar: *Ceteris paribus* sind Bundesstaaten schwieriger zu reformieren als Einheitsstaaten, da die „regionalen" Gebietskörperschaften in föderalen Systemen an jeder Änderung der vertikalen Kompetenzordnung beteiligt werden müssen, mithin eine Vetoposition innehaben.[23] Diese These wird insofern durch die Empirie gestützt, als sich „kein historisches Beispiel für den grundlegenden Umbau eines Bundesstaates unter Bedingungen demokratischer Politik"[24] findet.

Insgesamt ist festzuhalten, dass die institutionelle Entwicklung föderaler und unitarischer Staaten wesentlich von dem **Zusammenspiel endogener Faktoren** abhängt. Dies schließt nicht aus, dass auch exogene Variablen – wie die fortschreitende Europäisierung – die Reformen föderaler und unitarischer Staaten in Westeuropa beeinflussen können.[25] Bevor jedoch derartige „Rückwirkungen" der supranationalen Integration empirisch identifiziert werden können, muss zunächst theoretisch geklärt werden, wo der „europäische Einfluss" im binnenstaatlichen Kontext ansetzt und welche Bedeutung ihm im Vergleich zu den benannten endogenen Faktoren zukommt.

C. Die Reform von Bundes- und Einheitsstaaten im Rahmen der EU: theoretische Perspektiven

Die Entwicklung der Europäischen Union wird nicht nur von den Mitgliedstaaten gestaltet, sondern wirkt auch in vielfältiger Weise auf diese zurück. Die

---

[21] *Grande*, in: Benz/Lehmbruch (Hrsg.), Föderalismus, 2002, S. 197; *Swenden*, Federalism and Regionalism in Western Europe, 2006; *Thorlakson*, European Journal of Political Science 46 (2007), S. 69 ff.

[22] *Riker* (Fn. 11), S. 137.

[23] *Saunders*, in: Hesse/Wright (Hrsg.), Federalizing Europe?, 1996, S. 46 (S. 49).

[24] *Lehmbruch*, ZSE 2 (2004), S. 82 (S. 91).

[25] *Hurrell/Menon*, in: Hayward/Menon (Hrsg.), Governing Europe, 2003, S. 395.

nationalstaatlichen Veränderungen infolge supranationaler Integration sind Gegenstand der **Europäisierungsforschung**, die sich seit Mitte der 1990er Jahre zu einer „akademischen Wachstumsindustrie"[26] entwickelt hat. Unmittelbar deutlich wird die Europäisierung nationaler Politik vor allem in jenen Aufgabenbereichen, in denen die EU weitgehende Regelungskompetenzen besitzt, wie der Agrar-, Umwelt- oder Geldpolitik.[27]

18 Im Gegensatz zu den meisten materiellen Politikfeldern existieren zur Staatsorganisation im oben definierten Sinn keine rechtlichen EU-Vorgaben. Das in den Europäischen Verträgen verankerte **„Prinzip der begrenzten Einzelermächtigung"** erlaubt der Union nur, in den Bereichen rechtlich tätig zu werden, die ihr im Primärrecht als Kompetenz zugewiesen sind; darunter fällt jedoch nicht die institutionelle Struktur der Mitgliedstaaten.[28] Auch im nationalen Verfassungsrecht finden sich explizite Schranken gegen normative Einwirkungen auf die Staatsorganisation. So ermöglicht Art. 23 Abs. 1 GG zwar die Übertragung von Hoheitsrechten auf die Europäische Union; darunter sind aber nur Rechtsetzungs-, Rechtsprechungs- und Vollziehungsbefugnisse zu verstehen, nicht die organisationsrechtliche Ausgestaltung des Staates.[29] Wenn also nationale politische Akteure über eine Reform der Staatsorganisation befinden, entscheiden sie *de jure* vollständig unabhängig von der europäischen Ebene.

19 Gleichwohl bleibt die **binnenstaatliche Kompetenzordnung** von der europäischen Integration nicht unberührt. So kann etwa funktionaler Bedarf entstehen, die Struktur der nationalstaatlichen Exekutive dem „europäischen Regieren" anzupassen.[30] Auch kann die Europäisierung von Gesetzgebungszuständigkeiten institutionelle Ungleichgewichte zwischen nationalen Staatsorganen erzeugen, die wieder auszugleichen sind, etwa in Form erweiterter Kontrollrechte des Parlaments bei der europapolitischen Willensbildung und Entscheidung.[31] Nicht zuletzt können innenpolitische Akteure europäische Entwicklungen in die binnenstaatliche Reformdiskussion strategisch einbringen, um ihre Eigeninteressen effektiver durchzusetzen.[32]

---

[26] *Olsen*, Journal of Common Market Studies 40 (2002), S. 921. Für einen Überblick siehe auch *Graziano/Vink* (Hrsg.): Europeanization, 2007; *Bulmer/Lequesne* (Hrsg.), The Member States of the European Union, 2006.

[27] Vgl. *Schmidt*, in: Schuppert/Pernice/Haltern (Hrsg.), Europawissenschaft, 2005, S. 129; *Börzel*, in: Schmidt/Zohlnhöfer (Hrsg.), Regieren in der Bundesrepublik Deutschland, 2006, S. 491.

[28] *Trüe*, Das System der Rechtsetzungskompetenzen der Europäischen Gemeinschaft und der Europäischen Union, 2002, S. 72 ff.

[29] *Schweitzer*, Staatsrecht III, 8. Aufl. 2004, Rn. 60.

[30] *Kassim/Peters/Wright* (Hrsg.), The National Coordination of EU Policy, 2000; *Knill*, The Europeanisation of National Administrations, 2002.

[31] *Auel/Benz* (Hrsg.), The Europeanization of Parliamentary Democracy, 2006; *O'Brennan/Raunio* (Hrsg.), National Parliaments within the Enlarged European Union, 2007.

[32] *Knill/Lehmkuhl*, European Journal of Political Research 41 (2002), S. 255 ff.; *Mastenbroek/Kaeding*, Comparative European Politics 4 (2007), S. 331 ff.

Wie aber kann man derartige Europäisierungseffekte auf die Reform der nationalen Staatsorganisation systematisch erfassen? Und inwieweit lassen sich dabei theoretische Gemeinsamkeiten und Unterschiede zwischen Bundesstaaten und Einheitsstaaten identifizieren? Zur Beantwortung dieser Fragen sind zunächst zwei Dimensionen zu unterscheiden. So kann die Europäisierung verschiedene Verhaltensweisen bei den innenpolitischen Akteuren hervorrufen, die an einer Staatsreform beteiligt sind: Entweder reagieren sie auf normativen und/oder funktionalen Anpassungsbedarf, der durch bestimmte Entwicklungen auf EU-Ebene (z. B. eine Neufassung der Europäischen Verträge) erzeugt wird, oder sie beziehen sich in eher allgemeiner Form auf die EU-Ebene bzw. verbinden diese „kreativ" mit dem nationalen Kontext. Innerhalb des **binnenstaatlichen Reformprozesses** wiederum können „europäische Bezüge" drei Ebenen beeinflussen: die Machtkonstellation zwischen den Akteuren, die Ausgestaltung des Reformverfahrens oder die Reforminhalte. Verknüpft man die beiden Dimensionen und bezieht sie jeweils auf föderale und unitarische Kontexte, ergibt sich das folgende Bild:

- Zunächst kann Europäisierung die bestehende Machtkonstellation zwischen den institutionenpolitischen Akteuren beeinflussen. Beispielsweise haben ethnoregionalistische Parteien in Westeuropa die EU gelegentlich als „günstigen Rahmen" für eine nationale Unabhängigkeitswerdung propagiert und so die öffentliche Unterstützung für ihre Autonomieforderungen vergrößert.[33] Solche **„kreativen" Verweise** auf die supranationale Ebene sind nicht an eine bestimmte Form der (föderalen oder unitarischen) Staatsorganisation gebunden, sondern hängen primär von der Struktur des nationalen Parteiensystems bzw. der Strategiefähigkeit der jeweiligen Parteien ab.
- Darüber hinaus bietet die europäische Integration auch konkrete Reaktionsmöglichkeiten für dezentrale Akteure und damit Gelegenheit, ihre Position im Rahmen binnenstaatlicher Reformprozesse zu stärken. Gemeint ist der Umstand, dass Veränderungen der Europäischen Verträge immer von den Mitgliedstaaten ratifiziert werden müssen. Verfügen regionale Vertreter hierbei über Mitentscheidungsrechte, können sie nicht nur ihre EU-bezogenen Präferenzen leichter durchsetzen, sondern auch ihre diesbezügliche Zustimmung an Veränderungen der binnenstaatlichen Kompetenzordnung binden. Das benannte Szenario gilt freilich nur für Bundesstaaten, wo die Gliedstaaten *per definitionem* an Veränderungen der vertikalen Kompetenzordnung zu beteiligen sind (vgl. Abschn. B). Regionen in Einheitsstaaten verfügen über kein derartiges **„institutionelles Drohpotential"**.
- Bezüglich binnenstaatlicher Reformverfahren existieren keinerlei Vorgaben des *acquis communautaire*, auf die innenpolitische Akteure unmittelbar oder indirekt reagieren könnten. Allerdings können sie ein auf EU-Ebene praktiziertes Verfahren als besonders geeignet für den nationalen Kontext ansehen und es deshalb – in mehr oder minder modifizierter Form – übernehmen. Für einen derartigen EU-Bezug bot in der jüngeren Vergangenheit der „Verfassungskonvent" ein gutes Beispiel, der vor allem in föderalen Mitgliedstaaten als geeignetes

---

[33] Vgl. u. a. *Loughlin*, Publius: The Journal of Federalism 26 (1996), S. 141 (S. 150).

Reformverfahren ins Gespräch gebracht wurde, da diese strukturell ähnliche Rahmenbedingungen aufweisen wie das EU-System.[34] Demnach wäre ein **Transfer des Konventsmodells** in unitarischen Staaten zwar nicht ausgeschlossen, aber doch weit weniger wahrscheinlich.

24 • Was die **Reforminhalte** betrifft, lassen sich zum einen „kreative" EU-Bezüge konstruieren. So ist es denkbar, dass nationale Akteure auf allgemeine „Standards" oder Entwicklungstendenzen innerhalb der EU verweisen, um die angestrebte Ausrichtung einer Staatsreform (zusätzlich) zu legitimieren. Beispielsweise können dezentrale Akteure das in den Europäischen Verträgen festgeschriebene Subsidiaritätsprinzip auch für die nationale Kompetenzordnung reklamieren, obwohl es in diesem Fall keine rechtliche Bindung besitzt, und so eine erweiterte Kompetenzübertragung auf die regionale Ebene rechtfertigen. Solche „kreativen" Verweise sind gleichermaßen in Bundes- wie in Einheitsstaaten möglich.

25 • Zum anderen kann die fortlaufende Europäisierung öffentlicher Aufgaben spezifische **Anpassungsbedarfe innerhalb der binnenstaatlichen Kompetenzordnung** hervorrufen. Hier lautet ein zentrales Argument, dass nicht nur nationale, sondern auch regionale Legislativzuständigkeiten nach Brüssel „abwandern" und die betroffenen Regionen daher mit anderen Kompetenzen zu entschädigen sind.[35] Diese Begründung wiegt in bundesstaatlichen Kontexten besonders schwer, da die Existenzberechtigung einer föderalen Ordnung ernsthaft in Frage steht, wenn gliedstaatliche Gestaltungskompetenzen in großem Stil „europäisiert" werden. Hinzu treten die Konsequenzen der Wirtschafts- und Währungsunion bzw. des Stabilitäts- und Wachstumspakts, die eine vertikale Abstimmung der Haushaltspolitiken erforderlich machen – vorausgesetzt, es existiert eine subnationale Ebene, die über einnahmen- und/oder ausgabenbezogene Kompetenzen verfügt.[36] Nicht zuletzt bedürfen die intergouvernementalen Willensbildungs- und Entscheidungsstrukturen einer grundsätzlichen Überprüfung, wenn die subnationalen Gebietskörperschaften in die Gestaltung und/oder den Vollzug europäischer Politiken eingebunden sind; auch dies ist hauptsächlich in Bundesstaaten (und stark dezentralisierten Einheitsstaaten) der Fall.

26 Die benannten Europäisierungseffekte sind in Tab. 2 nochmals systematisch zusammengestellt. Dabei handelt es sich selbstverständlich nur um eine analytische Unterscheidung von Wirkungszusammenhängen, die in der Realität auch gekoppelt vorkommen. Zudem sollte deutlich geworden sein, dass sämtliche Rückwirkungen der europäischen Integration auf die nationale Staatsorganisation vom Verhalten innenpolitischer Akteure sowie von weiteren endogenen Kontextbedingungen abhängen und daher nicht „automatisch" auftreten. Gleichwohl lassen sich daraus

---

[34] *Grotz*, Politische Vierteljahresschrift 46 (2005), S. 110 ff.
[35] *Jeffery*, in: ders. (Hrsg.), The Regional Dimension of the European Union, 1997, S. 56; *Börzel* (Fn. 2).
[36] *Jahndorf*, Grundlagen der Staatsfinanzierung durch Kredite und alternative Finanzierungsformen im Finanzverfassungs- und Europarecht, 2003, S. 224 ff.

Tab. 2 Europäisierung und Staatsreform: theoretische Rückwirkungen in föderalen und unitarischen Kontexten. (Quelle: *Grotz* (Fn. 8), S. 69 (modifiziert))

Dimensionen des Reformprozesses	Dimensionen der Europäisierung	
	„Kreative" Bezugnahmen auf EU-Ebene	„Reaktive" Verhaltensweisen gegenüber der EU-Ebene
Machtkonstellation	EU als Referenzrahmen stärkt bestimmte Akteure (*unitarisch und föderal*)	Vetopotential bei Vertragsratifizierung stärkt „regionale" Akteure (*föderal*)
Verfahren	EU-Verfahrensmodell (*eher föderal*)	–
Inhalte	EU-Strukturen als Modell für nationale Staatsreform (*unitarisch und föderal*)	Anpassungsbedarf der binnenstaatlichen Kompetenzordnung infolge von Aufgabeneuropäisierung (*eher föderal*)

zwei **allgemeine Schlussfolgerungen** ableiten, die für die vorliegende Problemstellung bedeutsam sind. Erstens zeigt die Tabelle, dass Bundesstaatsreformen *ceteris paribus* vielfältiger von der Europäisierung beeinflusst werden als Reformprozesse in Einheitsstaaten. Zweitens ist anzunehmen, dass europäische Rückwirkungen auf Staatsreformen im Zeitverlauf häufiger auftreten, da mit fortschreitender „Verdichtung" des *acquis communautaire* der Anpassungsbedarf der binnenstaatlichen Kompetenzordnung wächst und sich zugleich mehr strategische Gelegenheiten für „kreative" EU-Bezüge eröffnen.

D. Europäisierung und nationale Staatsorganisation: empirisch-vergleichende Befunde

I. Die Bundesrepublik Deutschland im westeuropäischen Vergleich

Inwieweit finden sich diese theoretischen Überlegungen auch in der politischen Realität wieder? Blickt man zunächst auf die Bundesrepublik Deutschland als den ältesten und bedeutendsten Föderalstaat im Rahmen der EG, werden die zuvor formulierten Annahmen insgesamt bestätigt. Eine **empirische Analyse der bundesstaatlichen Entwicklung** seit den 1950er Jahren führt diesbezüglich zu vier zentralen Befunden:[37]

- Erstens kam es bei den verschiedenen Anläufen zur Reform des deutschen Föderalismus zu charakteristischen Reaktionen auf EU-Entwicklungen, wie sie soeben für bundesstaatliche Kontexte skizziert wurden. Vor allem anlässlich der **Ratifizierung Europäischer Verträge** verwiesen die Länder auf ihre Vetomacht und

---

[37] Ausführlich dazu *Grotz* (Fn. 8), S. 81 ff.

konnten so dem Bund institutionelle Zugeständnisse abringen.[38] Das bekannteste Beispiel bildet die Neufassung des Art. 23 GG (1992), die dem Bundesrat weitreichende Mitwirkungsrechte in EU-Angelegenheiten übertrug.[39] Dabei bedienten sich die Länder auch des entsprechenden inhaltlichen Arguments, das eine Reform der vertikalen Kompetenzverteilung zu ihren Gunsten legitimieren sollte: die Notwendigkeit, den Kompetenzverlust an „Brüssel" innerstaatlich zu kompensieren und so die föderale Balance wiederherzustellen.[40]

29 • Während diese reaktiven Verhaltensmuster durchgängig zu beobachten waren, kam es – so der zweite Befund – nur zu vereinzelten **„kreativen" Verknüpfungen** zwischen Europäisierung und Bundesstaatsreform. Dazu zählt etwa der Vorschlag der Länderparlamente im Jahr 2003, einen nach europäischem Vorbild zusammengesetzten „Föderalismuskonvent" mit der Erarbeitung von Grundgesetzänderungen zu betrauen.[41] Ein weiteres Beispiel in diesem Kontext war der Versuch einiger Länderregierungen, die europäische Debatte um eine transparente und effiziente Kompetenzordnung, die nach dem Vertrag von Nizza (2001) stattfand, auf die bundesdeutsche Situation zu übertragen.[42] So unterschiedlich diese strategischen EU-Bezüge waren, hatten sie doch eines gemeinsam: Beide beeinträchtigten die Eigeninteressen zentraler Akteure. In einem „Föderalismuskonvent" wären sowohl die großen Parteien (Union und SPD) als auch die Länderexekutiven schlechter gestellt worden als in einer paritätisch besetzten Kommission von Bundestag und Bundesrat. Und die in der Post-Nizza-Debatte favorisierte Idee des „Trennföderalismus" war vor allem für finanzschwächere Länder inakzeptabel. In beiden Fällen fanden daher die „EU-Modelle" keinen nachhaltigen Niederschlag im weiteren Reformprozess.

30 • Drittens konzentrierten sich die europabezogenen Reforminhalte im Rahmen des deutschen Föderalismus vor allem auf einen bestimmten Teil der vertikalen Staatsorganisation: die **Beteiligungsrechte der Länderexekutiven** über den Bundesrat. In anderen Kompetenzbereichen spielte die europäische Dimension nur eine untergeordnete Rolle. So kam es selbst bei der jüngsten Debatte um eine „Entflechtung" der Gesetzgebungszuständigkeiten (in der Föderalismuskommission I) nur zu punktuellen Verweisen auf die EU-Ebene.[43] Auch die Finanzverfassung wurde lange Zeit ohne jegliche EU-Bezüge diskutiert und modifiziert. Erst anlässlich der Föderalismusreform von 2006 führten die vorausgehenden Verstöße gegen den Europäischen Stabilitäts- und Wachstumspakt in Verbindung mit der angespannten Haushaltssituation auf allen gebietskörperschaftlichen Ebenen zu entsprechenden Verfassungsänderungen (Art. 104a Abs. 6 GG; Art. 109 Abs.

---

[38] *Hrbek/Thaysen* (Hrsg.), Die deutschen Länder und die Europäischen Gemeinschaften, 1986.

[39] Vgl. *Schmalenbach*, Der neue Europaartikel 23 des Grundgesetzes im Lichte der Arbeit der Gemeinsamen Verfassungskommission, 1996.

[40] *Börzel* (Fn. 2).

[41] *Thaysen*, Aus Politik und Zeitgeschichte B 29–30 (2003), S. 14 ff.

[42] *Knodt*, Politische Vierteljahresschrift 43 (2002), S. 211 ff.

[43] *Hesse/Grotz*, Europa professionalisieren, 2005, S. 132 ff.

5 GG), die durch eine „zweiten Reformstufe" ergänzt wurden.[44] Diese inhaltliche Schwerpunktsetzung lässt sich insgesamt auf spezifische Merkmale des deutschen Regierungssystems zurückführen: die tragende Rolle der Länderregierungen im „Exekutivföderalismus" sowie die im „unitarischen Bundestaat" erkennbaren Vorbehalte, legislative und finanzbezogene Schlüsselkompetenzen zu dezentralisieren.

- Viertens haben sich die „europäischen Vorzeichen" im Rahmen der föderalstaatlichen Entwicklung seit der Einheitlichen Europäischen Akte (1986) deutlich vermehrt. Allerdings bedeutet das nicht, dass die Europäisierung dabei kontinuierlich an Bedeutung gewonnen hätte. Vielmehr blieben die EU-Bezüge auch während der jüngsten Ansätze zur Bundesstaatsreform überwiegend von **situativen Rahmenbedingungen** abhängig.

Im Fall des deutschen Föderalismus zeigten sich also die für Bundesstaaten erwarteten Europäisierungseffekte. Allerdings waren die benannten Rückwirkungen der europäischen Integration auf die nationale Staatsorganisation auch durch **endogene Kontextfaktoren** geprägt.

Inwieweit sind diese Befunde nicht nur deutschlandspezifisch, sondern auch für föderale EU-Staaten charakteristisch? Die Antwort auf diese Frage ist hinsichtlich ihrer Verallgemeinerbarkeit *a priori* stark eingeschränkt: Nicht nur sind Bundesstaaten in der EU eher die Ausnahme, auch haben längst nicht alle Einheitsstaaten in Westeuropa ihre vertikale Kompetenzordnung reformiert. Gleichwohl erlaubt der **internationale Vergleich** mit einem anderen Bundesstaat (Österreich) und zwei Einheitsstaaten, die in jüngerer Vergangenheit Dezentralisierungsprozesse durchlaufen haben (Italien und Großbritannien), einige allgemeinere Tendenzaussagen:[45]

- Erstens waren die in Deutschland erkennbaren Reaktionsmuster auf supranationale Entwicklungen ähnlich in **Österreich** zu beobachten. Auch dort forderten die Länder eine EU-bedingte „Ausbalancierung" der föderalen Zuständigkeitsverteilung und reklamierten so binnenstaatliche Kompetenzen für sich.[46] Dieser Forderung wurde durch die Vetoposition wirksam Nachdruck verliehen, die die österreichischen Länder anlässlich des EU-Beitritts innehatten. Wie in Deutschland wurden daher umfangreiche Beteiligungsrechte der Gliedstaaten in EU-Angelegenheiten konstitutionell festgeschrieben.[47] In Italien und Großbritannien dagegen waren vergleichbare Forderungen der regionalen Gebietskörperschaften bestenfalls ansatzweise zu beobachten.

- Zweitens kam es in den Reformprozessen aller drei Staaten zu **„kreativen" EU-Bezügen**, die stark situativ geprägt waren. So wurde in Österreich 2003 das Modell des „EU-Verfassungskonvents" übernommen, weil es den nationalen

---

[44] *ZSE-Redaktion*, ZSE 6 (2008), S. 381 ff.; *Oettinger*, ZSE 7 (2009), S. 6 ff.
[45] Ausführlich *Grotz* (Fn. 8), S. 321 ff.
[46] *Morass*, Regionale Interessen auf dem Weg in die Europäische Union, 1994, S. 291 ff.
[47] *Gsodam*, Mitwirkungsrechte der österreichischen Bundesländer am Integrationsprozess, 1993.

Akteuren besonders geeignet erschien, eine konsensfähige Staatsreform vorzubereiten.[48] Letztlich hatte diese „europäisierte" Verfahrenslösung aber keine spezifischen Auswirkungen auf das Reformergebnis, d. h. durch die Arbeiten des „Österreich-Konvents" wurden weder die Länder institutionell aufgewertet noch die „Europatauglichkeit" der Kompetenzordnung gesondert berücksichtigt.[49] In Italien wiederum verwies die Lega Nord Mitte der 1990er Jahre angesichts des bevorstehenden Beitritts zur Wirtschafts- und Währungsunion (WWU) auf die ökonomischen Vorteile, die eine Abspaltung Norditaliens vom südlichen Landesteil mit sich brächte. In Anbetracht der positiven Wählerresonanz trug dieser strategische EU-Bezug dazu bei, dass dann alle relevanten Parteien über eine umfassende Dezentralisierung der Staatsorganisation debattierten.[50] In Großbritannien versuchte die Schottische Nationalpartei seit Ende der 1980er Jahre, die EU als vorteilhaften „Rahmen" für die schottische Unabhängigkeit zu propagieren.[51] Diese Argumentation wirkte zwar insgesamt positiv auf den Prozess der Dezentralisierung, beeinflusste die Reform aber in materieller Hinsicht nur marginal.

36 • Drittens wurden bei den **EU-bezogenen Reforminhalten** deutliche Unterschiede zwischen bundes- und einheitsstaatlichen Fällen erkennbar. In Österreich standen – genau wie in Deutschland – die Mitwirkungsrechte der Länder im Zentrum der europabezogenen Reformdiskussion. In Italien hatte die Europäisierung eher indirekten Einfluss auf die Regionalisierung von finanzbezogenen und administrativen Kompetenzen,[52] während die supranationale Ebene für die Ausgestaltung der britischen Dezentralisierung nur geringe Bedeutung hatte.[53]

37 • Der **Zeitvergleich** zeigt schließlich, dass in den untersuchten Fällen die meisten Verweise auf die europäische Ebene Anfang und Mitte der 1990er Jahre auftraten, als der Vertrag von Maastricht verabschiedet wurde und es – zumindest für Österreich und Italien – um den Beitritt zur Euro-Gruppe ging. In der jüngeren Vergangenheit waren insgesamt weniger EU-Bezüge zu verzeichnen, obgleich der supranationale Integrationsprozess weiter voranschritt und auch die binnenstaatlichen Reformen in den untersuchten Ländern fortgesetzt wurden.

38 Insgesamt bestätigt der internationale Vergleich die zentralen Befunde der deutschen Fallstudie: einen erkennbaren Unterschied zwischen föderalen und unitarischen Staaten und den stark situativen, hochgradig kontextabhängigen Charakter der EU-Einflüsse auf die nationale Staatsorganisation.

---

[48] *Eberhard*, Journal für Rechtspolitik 11 (2003), S. 123 ff.; *Neisser*, in: Kopetz/Marko/Poier (Hrsg.), Soziostruktureller Wandel im Verfassungsstaat, 2004, S. 103.

[49] *Bußjäger*, Jahrbuch des Föderalismus 2006, S. 370.

[50] *Cento Bull/Gilbert*, The Lega Nord and the Northern Question in Italian Politics, 2001, S. 108 f.; *Gold*, The Lega Nord and Contemporary Politics in Italy, 2003, S. 104 ff.

[51] *Dardanelli*, Between two Unions, 2005.

[52] *Fabbrini/Brunazzo*, Regional and Federal Studies 13 (2003), S. 100 ff.

[53] Vgl. u. a. *Münter*, Verfassungsreform im Einheitsstaat, 2005; *Sturm*, in: Piazolo/Weber (Hrsg.), Föderalismus, 2004, S. 181.

II. Die mittel- und osteuropäischen Transformationsstaaten

Mit den Erweiterungen von 2004 und 2007 hat sich das zahlenmäßige Verhältnis zwischen Bundes- und Einheitsstaaten in der Europäischen Union weiter zugunsten der letzteren verschoben: Alle zehn neuen EU-Staaten Mittel- und Osteuropas (MOE) sind **unitarisch verfasst**. Hinzu treten ambivalente historische Erfahrungen, die in dieser Region mit Föderalismus bzw. Dezentralisierung als staatsorganisatorischen Strukturprinzipien gemacht wurden. Zwar wurde die (Wieder-)Einführung der kommunalen Selbstverwaltung in allen MOE-Staaten als Schlüsselbereich der Demokratisierung angesehen.[54] Regionale Verwaltungseinrichtungen galten jedoch nicht als Ausdruck von Subsidiarität oder gar vertikaler Gewaltenteilung, sondern vielmehr als „verlängerter Arm" der kommunistischen Staatsmacht und wurden daher bereits in der ersten Transformationsphase nach 1989 aufgelöst und/oder in die Zentralverwaltung eingegliedert.[55] Darüber hinaus haben auch die Erfahrungen in den sozialistischen Bundesstaaten (UdSSR, Jugoslawien, ČSSR), aus denen immerhin sechs neue EU-Mitglieder hervorgingen,[56] kaum zu einem positiven Image des Föderalismus in der Region beigetragen.[57]

Gleichwohl kam es seit Ende der 1990er Jahre in einigen MOE-Staaten zu umfangreichen **Dezentralisierungs- und Regionalisierungsprozessen**.[58] Dass diese Reformen der vertikalen Kompetenzordnung vor allem durch externen Einfluss zustande kamen, scheint auf den ersten Blick plausibel: Nicht nur vollzog sich die Regionalisierung in den betreffenden Ländern zeitlich parallel zum EU-Beitrittsprozess, auch die Umsetzung der Europäischen Struktur- und Regionalpolitik legte eine territorial-administrative Differenzierung nahe. Dabei konnte insbesondere der EU-Kommission ein strategisches Interesse unterstellt werden, in den künftigen Mitgliedstaaten „starke Regionen" zu schaffen.[59] Insgesamt führte dies zu der theoretischen Annahme, dass die Europäisierung die Staatsorganisation in Mittel- und Osteuropa nicht nur tendenziell stärker beeinflusst hat als in den westeuropäischen Fällen, sondern auch aufgrund der relativ homogenen Ausgangsbedingungen in den post-sozialistischen Ländern zu relativ ähnlichen Ergebnissen geführt hat.[60]

Die Befunde empirisch-vergleichender Untersuchungen stützen diese Überlegungen allerdings nur bedingt. Zwar hatte die Europäische Kommission „eine gewisse

---

[54] *Baldersheim/Illner/Wollmann* (Hrsg.), Local Democracy in Post-Communist Europe, 2002.

[55] *O'Dwyer*, East European Politics and Societies 20 (2006), S. 219 (S. 224).

[56] Estland, Lettland, Litauen, Tschechien, Slowakei und Slowenien.

[57] *Bunce*, Subversive Institutions, 1999.

[58] Vgl. u. a. *Brusis*, Governance 15 (2002), S. 531 ff.; *Dieringer*, Südosteuropa 43 (2005), S. 483 ff.; *Keating/Hughes* (Hrsg.), The Regional Challenge in Central and Eastern Europe, 2003; *LaPlant/Baun/Lach/Marek*, Publius: The Journal of Federalism 34 (2004), S. 35 ff.; *Yoder*, Europe-Asia Studies 55 (2003), S. 263 ff.

[59] *Fowler*, Debating Sub-state Reform on Hungary's Road to Europe, 2001; *Hughes/ Sasse/Gordon*, in: Keating/Hughes (Hrsg.), The Regional Challenge in Central and Eastern Europe, 2003, S. 69.

[60] Zusammenfassend *Brusis*, East European Politics and Societies 19 (2005), S. 291 (S. 292 ff.); *Sturm/Dieringer*, Regional and Federal Studies 15 (2005), S. 279 (S. 280 ff.).

Katalysatorfunktion auf die Prozesse des regionalen Wandels"[61] in den mittel- und osteuropäischen Beitrittsländern.[62] Allerdings war dieser EU-Einfluss keineswegs konstant, zumal die Kommission seit Anfang der 2000er Jahre bei der Umsetzung des struktur- und regionalpolitischen *acquis* einen stärker zentralisierten Ansatz verfolgte.[63]

42   Darüber hinaus erwiesen sich auch in Mittel- und Osteuropa **innenpolitische Interessenkonstellationen** als entscheidend dafür, ob und inwieweit eine Regionalisierung der Staatsorganisation umgesetzt wurde. So zeigt ein Vergleich von Polen, Tschechien und der Slowakei, dass vor allem die Kohärenz und ideologische Ausrichtung der jeweiligen Regierungskoalitionen für *„different versions of regional reform"* verantwortlich waren.[64] „Europäisierung" war dabei nur insoweit von Bedeutung, als binnenstaatliche Akteure jeweils strategisch auf den EU-Rahmen Bezug nahmen, um ihre institutionellen Eigeninteressen durchzusetzen.[65] Bei allen Unterschiedlichkeiten ergibt sich mithin eine grundlegende Gemeinsamkeit zwischen „alten" und „neuen" EU-Mitgliedern: Integrationsbedingte Rückwirkungen auf nationale Staatsreformen sind hochgradig von endogenen Kontextbedingungen abhängig.

E. Fazit

43   Bezüglich des Verhältnisses von Europäisierung und nationaler Staatsreform haben die voranstehenden Ausführungen zu zwei zentralen Ergebnissen geführt. Erstens waren die Rückwirkungen der europäischen Integration in föderalen Kontexten tendenziell vielfältiger als in unitarischen. Zweitens erwiesen sich die diesbezüglichen EU-Einflüsse in west- wie osteuropäischen Mitgliedstaaten als insgesamt begrenzt, d. h. sie modifizierten die binnenstaatlichen Reformprozesse zwar in spezifischen Situationen und in teils bedeutsamer Hinsicht, bestimmten sie aber in keinem Fall durchgängig.

44   Welche Schlussfolgerungen lassen sich daraus für den europäischen „Staatenverbund" ziehen? Einerseits wird einmal mehr deutlich, dass die Struktur der Europäischen Union grundsätzlich mit heterogenen Staatstraditionen und politisch-kulturellen Kontexten vereinbar ist. Andererseits zeigt die verfassungspolitische Praxis der Mitgliedstaaten, dass es sich bei der gesamteuropäischen Kompetenzordnung (noch) nicht um ein „durchstrukturiertes" Mehrebenensystem in dem Sinne handelt, dass die Zuständigkeitsverteilung zwischen EU, Nationalstaaten und Regionen systematisch aufeinander abgestimmt wäre. Die Schaffung einer transparenten

---

[61] *Bauer/Pitschel*, Jahrbuch des Föderalismus 2006, S. 44 (S. 53).

[62] *Brusis*, in: Keating/Hughes (Hrsg.), The Regional Challenge in Central and Eastern Europe, 2003, S. 89.

[63] Vgl. für Tschechien *Marek/Baun*, Journal of Common Market Studies 40 (2002), S. 895.

[64] *O'Dwyer* (Fn. 55), S. 236.

[65] *Brusis* (Fn. 60).

und effizienten Kompetenzordnung, die sich u. a. der „Post-Nizza-Prozess" zum Ziel setzte, bleibt auch von daher ein unerfülltes Desiderat.

Schrifttum

J. J. Anderson, Europeanization and the Transformation of the Democratic Polity, 1945–2000, Journal of Common Market Studies 2002, S. 793 ff.
A. Benz/G. Lehmbruch (Hrsg.), Föderalismus, 2002
K. v. Beyme, Föderalismus und regionales Bewusstsein, 2007
T. A. Börzel, States and Regions in the European Union, 2002
M. Brusis, The Instrumental Use of European Union Conditionality: Regionalization in the Czech Republic and Slovakia, East European Politics and Society 2005, S. 291 ff.
S. Bulmer/M. Burch/C. Carter/P. Hogwood/A. Scott, British Devolution and European Policy-Making, 2003
M. P. Chiti, Der Vertrag über die Europäische Union und sein Einfluß auf die italienische Verfassung, Der Staat 1994, S. 1 ff.
A. D'Atena (Hrsg.), L'Europa delle autonomie, 2003
P. Dardanelli, Between two Unions, 2005
M. S. De Vries, The Rise and Fall of Decentralization: A Comparative Analysis of Arguments and Practices in European Countries, European Journal of Political Research 2000, S. 193 ff.
S. Fabbrini/M. Brunazzo, Federalizing Italy: The Convergent Effects of Europeanization and Domestic Mobilization, Regional and Federal Studies 2003, S. 100 ff.
K. H. Goetz, Europeanization and Territory, in: P. Graziano/M. Vink (Hrsg.), Europeanization: New Research Agendas, 2007, S. 73 ff.
F. Grotz, Europäisierung und nationale Staatsorganisation, 2007
R. Hrbek (Hrsg.), Europapolitik und Bundesstaatsprinzip, 2000
J. Hughes/G. Sasse/C. Gordon, Europeanization and Regionalization in the EU's Enlargement to Central and Eastern Europe, 2004
M. Keating, The New Regionalism in Western Europe, 1997
M. Morass, Regionale Interessen auf dem Weg in die Europäische Union, 1994
St. Rokkan, Staat, Nation und Demokratie in Europa, 2000
V. A. Schmidt, European "Federalism" and its Encroachments on National Institutions, Publius: The Journal of Federalism 1999, S. 19 ff.
R. Sturm/J. Dieringer, The Europeanization of Regions in Eastern and Western Europe: Theoretical Perspectives, Regional and Federal Studies 2005, S. 279 ff.

§13 Die ökonomische Grammatik des Föderalismus: Von den Anfängen des Grundgesetzes bis zur Föderalismusreform II

Charles B. Blankart und Erik R. Fasten

Inhalt

A. Einleitung 319
B. Theorie des Föderalismus 320
C. Föderalismus in Deutschland 323
    I. Die Anfänge in der Bundesrepublik 323
    II. Vom Mischsystem zum Status quo 326
    III. Föderalismuskommission I und II 329
D. Schlussfolgerungen 331
Schrifttum 332

A. Einleitung

Die Ausprägung des deutschen Föderalismus hat sich in den letzten Dekaden vielfach gewandelt. **Verantwortlichkeiten der Gebietskörperschaften** waren anfangs deutlich, wurden über die Zeit verwässert und konnten kürzlich durch Entscheidungen des Bundesverfassungsgerichts und durch eine Einigung in der Föderalismuskommission II wieder klargestellt werden. Die verabschiedeten Verschuldungsregeln für den Bund und die Länder weisen in die richtige Richtung, wenn auch deren Befolgung nicht sicher ist.

Föderalismus hat in Deutschland Tradition. Schon das Kaiserreich war föderalistisch organisiert und in den folgenden Jahren haben föderale Strukturen in Deutschland lange Zeit die Oberhand behalten. In diesem Aufsatz werden Motivationen und Bedingungen für einen funktionierenden Föderalismus entwickelt, die in einem zweiten Schritt auf die Bundesrepublik übertragen werden. Dabei werden sowohl die Diskussionen zur Entstehung des Grundgesetzes aufgegriffen, als auch die danach folgenden Veränderungen durch die Gesetzgebung und die

C. B. Blankart (✉) · E. R. Fasten
Institut für öffentliche Finanzen, Wettbewerb und Institutionen, Wirtschaftswissenschaftliche Fakultät, Humboldt-Universität zu Berlin, Spandauer Straße 1, 10178 Berlin, Deutschland
E-Mail: charles@blankart.net; fasten@wiwi.hu-berlin.de

Tab. 1 Berücksichtigung individueller Präferenzen

	Ausprägung X	Ausprägung Y
Einwohner in A	20.000	30.000
Einwohner in B	35.000	15.000
Einwohner gesamt	*55.000*	*45.000*

Rechtsprechung erörtert. Die Ergebnisse der „Kommission zur Modernisierung der Bund-Länder-Finanzbeziehungen" (Föderalismuskommission II), die erst kürzlich die Finanzbeziehungen von des Bundes und der Länder neu justiert hat, werden abschließend diskutiert und auf ihre nachhaltige Wirkung untersucht.

B. Theorie des Föderalismus

3   Föderalismus macht Menschen glücklich. Dies ist das Ergebnis einer viel beachteten **Studie** von *Frey* und *Stutzer* aus dem Jahr 2000.[1] Wenn Föderalismus gut ist, weil er den Menschen Glück vermittelt, dann ist zu fragen: Wie viel Föderalismus ist denn gut? Soll der Staat in viele kleine oder in wenige große Gebietskörperschaften aufgegliedert werden? Könnten kollektive Entscheidungen gänzlich ohne Verhandlungskosten gefällt werden, so würde eine große Gebietskörperschaft genauso gut abschneiden wie viele kleine. Die Bürger könnten sich über alles einig werden, und jede Person erhielte ihr vereinbartes Steuer-Leistungspaket. Doch bei tatsächlich existierenden Verhandlungskosten ist dies nicht mehr der Fall. Kollektive Entscheidungen können dann nicht mehr durch Vereinbarung, also einstimmig verabschiedet, sondern sie müssen mit einfacher Mehrheit oder anderen Abstimmungsregeln gefällt werden. Doch dabei werden die Präferenzen der Minderheit übergangen. Es entstehen Kosten der Willkür. Diese nachteiligen Effekte lassen sich durch eine dezentrale Gliederung des Staates in verschiedene Gebietskörperschaften minimieren. Ein Staat soll folglich so organisiert sein, dass die Bürger ihre Präferenzen so umfassend wie möglich verwirklichen können. An dieser Zielsetzung soll sich auch der föderale Staatsaufbau ausrichten. Es ist zu prüfen, ob das Ziel der **Präferenzerfüllung** eher erreicht wird, wenn der Staat in viele kleine oder in wenige große Gebietskörperschaften aufgegliedert wird.

4   Die **Nutzenunterschiede** der Einwohner sollen an einem Beispiel exemplarisch aufgezeigt werden. Der Staat umfasse die zwei in Tab. 1 dargestellten Gebietskörperschaften A und B mit einer Bevölkerung von je 50.000, insgesamt also 100.000 stimmberechtigten Einwohnern. Diese Einwohner können über die Bereitstellung eines öffentlichen Gutes abstimmen, das die Ausprägung X oder Y annehmen kann. Hierbei kann es sich beispielsweise um den Umfang, die Art oder die Häufigkeit der Bereitstellung handeln. 55.000 Einwohner sind überzeugte Anhänger von X, 45.000 ebenso überzeugte Verfechter von Y. Jede der beiden Gruppen fühlt sich gleich stark betroffen, wenn das jeweils andere als das von ihnen präferierte gewählt wird. Sind

---

[1] *Frey/Stutzer*, The Economic Journal, Vol. 110 (2000), Nr. 466, 918 ff.

die beiden Gebietskörperschaften zu einem Zentralstaat zusammengefasst, so wird unter der Mehrheitsregel Option X gewählt. Damit werden 55 % der Präferenzen berücksichtigt, aber die von fast der Hälfte der Bevölkerung, nämlich von 45.000 Einwohnern, überstimmt. In einem stärker föderalistischen Staat lässt sich der Nachteil des Überstimmens jedoch u. U. abschwächen, indem in jeder Gebietskörperschaft separat abgestimmt wird. So wie die Präferenzen in Tab. 1 verteilt sind, spricht sich Agglomeration A mit 30.000 zu 20.000 für Ausprägung Y und Gebietskörperschaft B mit 35.000 zu 15.000 für Ausprägung X aus. Es werden die Präferenzen von nur 35.000 statt von 45.000 Individuen überstimmt.

Je heterogener die Präferenzen zwischen den Gebietskörperschaften und je homogener sie innerhalb der Gebietskörperschaften verteilt sind, desto vorteilhafter ist der Föderalismus. Im Grenzfall völliger **intraregionaler Homogenität** wird durch die föderalistische Lösung Einstimmigkeit erzielt, auch wenn die Individuen zwischen den Gebietskörperschaften unterschiedliche Präferenzen haben. Im ungünstigsten Fall bleibt die Zahl der überstimmten Präferenzen gleich, nämlich dann, wenn trotz regionaler Aufgliederung in beiden Gebietskörperschaften mehr Stimmen auf X als auf Y entfallen.

Geht man von der Hypothese aus, dass die Entscheidungen in A und B unter unvollständiger Information bezüglich X und Y erfolgen, so ergeben sich aus dem Föderalismus über die Zeit zusätzlich nützliche Erfahrungen. Die in einem föderalistischen System getroffenen Entscheidungen können als Experimente verstanden werden. Beispielsweise werden unterschiedliche Ausprägungen in A und in B gewählt, die anschließend miteinander konkurrieren und so Erfahrungen liefern, die sich für sukzessive Verbesserungen nutzen lassen. Der Föderalismus kann so betrachtet als **Entdeckungsverfahren für institutionelle Neuerungen und Kreativität** dienen. Er stellt ein Laboratorium dar, in dem sich Versuch und Irrtum konstruktiv entfalten können.[2]

Doch wie kommt Föderalismus zustande? Trotz vieler Bände, die über Föderalismus schon geschrieben worden sind, fehlt es bislang an einer solchen Theorie des Föderalismus. *Wallace E. Oates* nennt in seinem Überblicksaufsatz[3] **Theorien der „ersten Generation"**, nach denen Föderalismus aus der Abwägung von lokalen Präferenzen, Skalenvorteilen und Spillovereffekten folgt. Doch wer diese Abwägungen vornimmt, bleibt im Dunkeln. In den **Modellen der „zweiten Generation"** soll dieser Frage näher gekommen werden, indem Innovationen aus anderen Teilen der Literatur, vor allem der Prinzipal-Agententheorie, der Informationsökonomie, der Organisationstheorie und der Kontrakttheorie, auf die Föderalismustheorie übertragen werden.[4] Dabei wird zwar gezeigt, wie verfassungsmäßige föderale Strukturen durch asymmetrische Information verzerrt werden und wie infolgedessen mehr den Bürgerpräferenzen entsprechende Verfassungen unter Berücksichtigung

---

[2] *Oates*, Journal of Economic Literature, Vol. 37 (1999), Nr. 3, 1120 ff.
[3] *Oates*, Toward, International Tax and Public Finance, Vol. 12 (2005), Nr. 4, 349 ff.
[4] Vgl. i.a. *Weingast*, Journal of Urban Economics, Vol. 65 (2009), Issue 3, 279 ff.

dieser Asymmetrien aussehen könnten. Wie diese besseren Verfassungen zustande kommen, durch Vertrag oder Oktroy, bleibt jedoch nach wie vor verschlossen.

8 Historiker hingegen sehen den Föderalismus im Wesentlichen als **evolutorischen Prozess**. Institutionelle Faktoren wie Verträge, Rechtsstaat usw. begünstigen dessen Entstehung. Doch diese Faktoren werden wiederum durch den Föderalismus beeinflusst usw. Im Endeffekt wird der Föderalismus mit dem Föderalismus erklärt. Es gilt jedoch die Ursachen aufzuspüren und von der Wirkung zu trennen. Die Variablen, die im Regress letztlich als exogen bleiben, sind die von den ersten Einwanderern bei der Landnahme vorgefundenen geographischen Strukturen. Sie stellen Parameter dar, die über viele Jahrhunderte die Kosten der Herrschaft bestimmen, teils heute noch bestimmen und sich so als Ausgangspunkt für eine Theorie des Föderalismus heranziehen lassen. Vier wichtige Punkte seien skizziert:[5]

9 Auf großen kontinentalen Landmassen wächst die Fläche im Quadrat, während die Grenzlinien nur linear wachsen. Dies bewirkt zunehmende Skalenerträge oder abnehmende Kosten der Herrschaft. Zu erwarten ist ein **natürlicher Zentralismus** mit despotischen Regimen und vergleichsweise geringer Innovationskraft und Kreativität. Die Wahl der Bewohner zwischen „Voice" und „Exit", Optionen die der deutsch-amerikanische Wirtschaftswissenschaftler *Albert Otto Hirschman* prägte, ist vornehmlich auf „Voice" beschränkt, da die Kosten eines Exits hoch sind.[6]

10 In **fraktionierten Geländen**, die Mobilität und Kommunikation erschweren, überwiegen dagegen abnehmende Skalenerträge oder zunehmende Kosten der Herrschaft. Sie begünstigen den natürlichen Föderalismus mit kleineren interagierenden Herrschaften.

11 Durch das Nebeneinander solcher Herrschaften entsteht **Systemwettbewerb**, der friedlich oder kriegerisch sein kann. Häufig gelingt es, die friedliche Variante des Systemwettbewerbs durch eine Ordnungsmacht oder durch Verträge abzusichern und so einen institutionellen Föderalismus zu begründen, der durch Systemwettbewerb Innovationen begünstigt.[7] Den Einwohnern steht neben „Voice" die „Exit"-Option zu geringen Kosten zur Verfügung, wodurch sich der Wettbewerb z.B. um die Einwohner und deren Arbeitskraft entwickeln kann.[8]

12 Systemwettbewerb vollzieht sich typischerweise unter Herrschaften, die finanziell selbstverantwortlich sind. Sie müssen auf eigenen Füßen stehen. Dadurch werden Anreize gesetzt, finanziell vorsichtige Dispositionen zu treffen und dadurch finanziell zu überleben. Die Nachhaltigkeit der Gesamtsystems wird durch die **Selbstverantwortung** gestärkt.

---

[5] Detaillierte Ausführungen hierzu in: *Blankart*, Föderalismus in Deutschland und Europa, 2007. Blankart, Ch.B. (2012), Dezentraler Staat und wirtschaftliche Entwicklung, erscheint in: Jürgen von Ungern-Sternberg, ed.: Colloquium Rauricum XIII, Politische Partizipation – Idee und Wirklichkeit, Berlin, Boston: Walter de Gruyter.

[6] *Hirschman*, Exit, Voice, and Loyalty: Responses to Decline in Firms, Organizations, and States, 1970.

[7] Vgl. i.a. *Sinn*, The New Systems Competition, 2003.

[8] *Tiebout*, The Journal of Political Economy, Vol. 64 (1956), Nr. 5, 416 ff.

C. Föderalismus in Deutschland

I. Die Anfänge in der Bundesrepublik

Gerade der letzte Punkt wird in der deutschen Diskussion des Föderalismus häufig fahrlässig vernachlässigt. Die Gleichheit der Lebensverhältnisse sei bedroht, wird stets argumentiert. Doch schon als Deutschland nach dem **Zweiten Weltkrieg** aus Schutt und Asche wiedererstand und sich die Verantwortlichen anschickten, eine Finanzverfassung zu entwerfen, standen sich drei wichtige Spieler gegenüber, die zum Teil sehr gegensätzliche Ansätze verfolgten: die Westalliierten Mächte vertreten durch ihre Gouverneure, die Ministerpräsidenten der Länder und die Abgeordneten des Parlamentarischen Rates. Während die Westalliierten eine dezentrale Struktur favorisierten, waren die Ministerpräsidenten an dem Aufbau föderaler Strukturen von unten nach oben interessiert (**Autonomieprinzip**). Sie versuchten den verbliebenen Rest der Macht bei den Ländern zu belassen, nur falls zwingend nötig Kompetenzen abzugeben und dadurch ihre eigene Macht zu sichern. Die Abgeordneten des zum 1. September 1948 einberufenen Parlamentarischen Rates hingegen waren eher ein aus politischen Vertretern zusammengesetztes eigenständiges verfassungsgebendes Gremium auf Bundesebene, wobei die Angehörigen im neuen Staat durchaus Karriere machen wollten und somit die Konzentration der Kompetenzen beim Bund favorisierten (**Verwaltungsprinzip**). Die Finanzverfassung sollte von oben nach unten aufgebaut sein und ein einheitliches Steuersystem eingeführt werden. Die Gesetzgebungskompetenz über die Steuern sollte im Wesentlichen beim Bund liegen, der wiederum die nachgegliederten Gebietskörperschaften mit Finanzen versorgt (**Ertragskompetenz**).

In der Neuordnung der Finanzbeziehungen Deutschlands standen sich folglich zwei grundsätzlich unterschiedliche Formen des Föderalismus gegenüber: einerseits die zentralistische Form mit einem starken Bund, der das Gros an Kompetenzen auf sich vereint und nachgelagerte Gebietskörperschaften versorgt und überwacht und andererseits die föderale Form, in der die Länder Ihre Kompetenzen behalten und nach dem Subsidiaritätsprinzip dem Bund Aufgaben zuteilen. Beide Formen folgen grundsätzlich dem **Prinzip der institutionellen Kongruenz**. Die Kreise der Nutznießer, Entscheidungsträger und Steuerzahler decken sich jeweils in den Gebietskörperschaften konzentrisch (Abb. 1). Sie erfüllen damit beide wichtige Bedingungen, um nachhaltig funktionierende und effiziente Ergebnisse zu erzeugen. Diese Finanzbeziehungen unterscheiden sich von jenen der institutionellen Inkongruenz, in der diese Kreise auseinanderfallen und infolgedessen nicht mehr klar ist, wer über wen entscheidet und wessen Kosten trägt. Institutionelle Kongruenz ist somit eine unverzichtbare Voraussetzung, um überhaupt rational kalkulieren zu können. Entfällt sie, so geht auch jeder Maßstab, an dem Entscheidungen ausgerichtet werden können, verloren.

Institutionelle Kongruenz behält ihre Bedeutung wie schon angedeutet, unabhängig davon, ob ein Staat mehr oder weniger föderalistisch organisiert ist. Nur im Extremfall des Einheitsstaates ist sie per se erfüllt. Unterschiedliche Ausprägungen

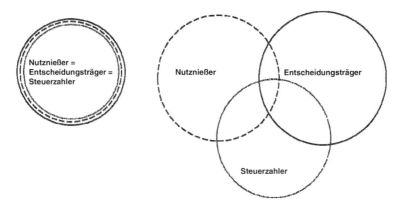

Abb. 1 Formen des Föderalismus

des Föderalismus unterscheiden sich aber in den Freiheitsgraden der untergeordneten Gebietskörperschaften und in der Nutzung von nur lokal zur Verfügung stehenden Informationen. Nach *Friedrich August von Hayek* gilt es asymmetrisch verteilte Informationen zu nutzen.[9] Lokale Gebietskörperschaften haben einen **Informationsvorsprung** bezüglich der lokalen Präferenzen der Bewohner und der örtlichen Bedingungen gegenüber einer zentralen Institution. Diesen zu nutzen ist nur eine Ordnung nach dem Autonomieprinzip in der Lage, in dem die Gebietskörperschaften über Souveränität und Selbstverantwortung verfügen.

16 Die Wahl eines entsprechenden Systems musste nun in den Verhandlungen für eine neue Verfassung getroffen werden. Das von den alliierten Gouverneuren bevorzugte und schon in Teilen umgesetzte **Autonomieprinzip**, forderte die Beibehaltung der länderweisen Gesetzgebung und Verwaltung, insbesondere die Vereinnahmung der Steuern nach dem Prinzip des örtlichen Aufkommens und nicht die Zusammenführung der Steuererträge in einem großen Topf und damit die Zentralisierung der Finanzmacht beim Bund. Hier musste der Parlamentarische Rat nachgeben. In den Verhandlungen wurde folgender Kompromiss gefunden, der beide Ansätze zu vereinen sucht:

17 Die Gesetzgebungskompetenz für die **Einkommen- und Körperschaftsteuer** (wie auch die für die Verbrauch- und Verkehrsteuern) wurde der konkurrierenden Bundesgesetzgebung unterstellt (Art. 105 Abs. 2 GG a. F.). D. h. sie war Ländersache, konnte aber relativ leicht, unter Anrufung von Art. 72 Abs. 2 GG, d. h. unter dem Vorwand gleichwertige Lebensverhältnisse oder unter der Maßgabe eine Rechts- und Wirtschaftseinheit im Bundesgebiet herzustellen, der Bundesgesetzgebung unterstellt werden. Allerdings war dies gar nicht mehr nötig. Denn versteckt in Art. 125 der Übergangsbestimmungen des Grundgesetzes wurde schon gesichert, dass im Besatzungsregime geltende Gesetze der konkurrierenden Gesetzgebung im neuen Staat zu Bundesgesetzen werden. Somit traten zunächst einmal mit Hilfe von Art.

---

[9] *Hayek*, The American Economic Review, Vol. 35 (1945), Nr. 4, 519 ff.

125 GG die alten Reichsgesetze als Bundesgesetze wieder in Kraft, namentlich das Einkommensteuergesetz von 1934 und das Körperschaftsteuergesetz aus demselben Jahr. Bei der Ertragskompetenz, d. h. der Vereinnahmung der Steuern, setzten sich die dezentralen Prinzipien der Alliierten durch. Daher gilt bei der Einkommen- und Körperschaftsteuer noch heute das Prinzip des örtlichen Aufkommens. Den Ländern gehört zunächst, was in ihrem Gebiet vereinnahmt wird (Art. 106 GG a. F.) Dies wiederum erfordert eine Steuerzerlegung, damit bei mehreren beteiligten Ländern das „richtige" Land in den Genuss des Steuerertrages kommt (Art. 107 Abs. 1 GG). Doch dies bedeutet noch nicht, dass das Land das Aufkommen der Steuern, die in seinem Territorium anfallen, vollumfänglich behalten darf. Vielmehr wurde dem Bund das Recht zugestanden, mit Zustimmung des Bundesrates Teile der Einkommen- und Körperschaftsteuer der Länder in Anspruch zu nehmen (Art. 106 Abs. 3 GG a. F. und n. F.). Damit wurde die Einkommen- und Körperschaftsteuer indirekt doch wieder eine Art Bundessteuer.

Derartige Konstruktionen waren bei den **Verbrauch- und Verkehrsteuern**, insbesondere der Umsatzsteuer (heute: Mehrwertsteuer) nicht erforderlich. Denn für diese wurde die Gesetzgebung und Vereinnahmung durch den Bund von den Alliierten von Anfang an zugestanden (108 Abs. 1 GG a. F.). Sollten einzelne Länder mit ihren Mitteln nicht auskommen, so sollten die Länder untereinander im Rahmen eines **horizontalen Finanzausgleichs** aushelfen (Art. 106 Abs. 4 GG a. F.). Insgesamt konnte der Parlamentarische Rat seine Ideen auf der Einnahmenseite nur teilweise durchsetzen. Zwar blieb die Steuergesetzgebungshoheit weitgehend beim Bund. Aber bei der Ertragshoheit musste der Parlamentarische Rat nachgeben. Die Zusammenführung aller Steuereinnahmen in einem großen Topf beim Bund und die nachherige Verteilung der Mittel „nach Bedarf" auf die Länder konnte nicht realisiert werden. Stattdessen kam es zu Ertragsquoten bei der Umsatzsteuer und zu Abführungsraten bei der (nach dem örtlichen Aufkommen erhobenen) Einkommen- und Körperschaftsteuer. Hinsichtlich der Kreditaufnahme bleiben die Länder völlig autonom. Denn Art. 109 GG Abs. 1. besagt: 18

> Bund und Länder sind in ihrer Haushaltswirtschaft selbständig und voneinander unabhängig.[10]

Das heißt: im Prinzip sollten die Länder frei sein, wie sie die ihnen zugewiesenen Steuermittel ausgeben, welche Ausgaben sie tätigen und ob sie, wenn das Geld nicht ausreicht, Kredite aufnehmen. Damit sind die Gefahren, die von der Einnahmenseite des Mischsystems ausgehen, charakterisiert: Die Länder sind in fast allen Steuereinnahmen durch die Bundesgesetzgebung beschränkt. Nur in der **Verschuldung** sind sie frei; denn da gilt die Unabhängigkeit nach dem genannten Art. 109 GG. 19

---

[10] Hierzu schreibt *Herzog*, in: Maunz/Dürig (Hrsg.), Grundgesetz, Loseblatt, Stand: 54. EL. 2009, Art. 109 Rn. 4: „Es ist bei der Selbständigkeit der Haushaltswirtschaft weder eine Genehmigung noch eine Mitwirkung noch auch nur eine Kenntnisgabe vorgeschrieben oder vorgesehen. Keine Seite, weder Bund noch Land, darf auf die Aufstellung des Haushaltsplans der anderen Seite mittelbar einwirken, auch nicht durch Antragstellung, Anhörung, Benehmen oder Einvernehmen."

Somit ist die Budgetbeschränkung, der sich die Länder auf der Einnahmenseite gegenübersehen, weich und nicht strikt bindend.

20   Die **Gesetzgebungskompetenz** für die Aufgaben und Ausgaben sollte nach der Absicht der Väter des Grundgesetzes eigentlich schwergewichtig bei den Ländern liegen (Art. 30 GG). Die Länder sollten bestimmen, wie sie die ihnen zugewiesenen Steuern und Steueranteile einsetzen wollen. Der Bund beschränkt sich auf die ihm zugewiesenen ausschließlichen Bundeskompetenzen wie Außenpolitik, Geld, Währung und Verkehrsnetze (Art. 73 GG a. F.), die er größtenteils mit seiner eigenen Verwaltung betreibt. Dabei blieb es jedoch nicht. Die konkurrierende Bundesgesetzgebung (Art. 74 GG), die der Bund wahrnimmt, aber die Länder nach Art. 84 GG durchführen, führte vermehrt zu einem **Mischsystem**, in dem die Nutznießer, Steuerzahler und Entscheidungsträger nicht mehr übereinstimmen und sich institutionelle Inkongruenz einstellt (Abb. 1). Triebkraft einer Ausweitung des Einflusses des Bundes ist der Wählerstimmenwettbewerb, den die jeweilige Regierung nur gewinnen kann, wenn sie ihre Gesetzgebung auf die Länder ausweitet und beispielsweise durch gezielte Subventionierung Stimmen vor Ort sammelt. So legt die Bundesregierung in den 50er und 60er Jahren eine Reihe von Programmen in der damals gesetzesfreien Verwaltung auf, z. B. für den Hochschulbau, für die Forschungsförderung, zur Verbesserung der Agrar- und Marktstruktur (so genannte „Grüne Pläne"), für regionale Wirtschaftspolitik und für die Förderung der Wirtschaftsstruktur (Emslandprogramm, Nordlandprogramm) und zur Verbesserung der Verkehrsinfrastruktur, wie auch die Projekte für den Wohnungsbau. Der Bund beteiligte sich an deren Finanzierung, indem er über Fonds aus der Mineralölsteuer beispielsweise den Verkehrsausbau im kommunalen Bereich förderte und mit so genannten Dotationsauflagen versah. Auch zahlreiche Subventionsprogramme, finanziert gemischt durch Bund und Länder aus der Einkommensteuer, wurden aufgelegt, z. B. Bergmannsprämien, Berlinhilfe, Wohnbauprämien, Sparprämien usw. Langsam entstand daraus der Föderalismus, der heute beschönigend kooperativer Föderalismus oder Mischverwaltung genannt wird: Eine Verwischung der Verantwortlichkeiten von Bund und Ländern.

II. Vom Mischsystem zum Status quo

21   Etwas vereinfachend lässt sich sagen: In der Bundesrepublik war der **kooperative Föderalismus** schon wirksam, bevor er im Zuge der großen Finanzreform von 1969 formal eingeführt wurde. Diese Reform war nicht Ursache, sondern Folge der **Mischfinanzierung**, sozusagen Reflex dessen, dass die vorgängige parakonstitutionelle Mischverwaltung rechtsstaatlich immer fragwürdiger wurde und daher nicht mehr aufrechterhalten werden konnte. Innerhalb der bestehenden Regeln wäre es richtig gewesen, die Mischfinanzierungen schrittweise abzubauen und so die Politik an die Verfassung anzupassen. Doch unter dem Gesichtspunkt des Wettbewerbs um Wählerstimmen und politische Macht scheint es opportun, die Verfassung an die Wirklichkeit anzupassen, d. h. die bestehenden Mischfinanzierungen zu belassen,

den Ländern in der Mitentscheidung entgegenzukommen und Steuern und Finanzausgleich an die so verteilten Ausgaben anzupassen. Dies geschieht in der großen Finanzreform von 1969.

In der **Finanzreform von 1969** werden die Einkommen- und Körperschaftsteuer sowie die Umsatz- bzw. Mehrwertsteuer als Gemeinschafts- oder Verbundsteuern definiert und auf Bund, Länder und Gemeinden aufgeteilt. Darüber hinaus verfügen Bund, Länder und Gemeinden über eigene Steuern. Dem Bund stehen Steuern wie die Mineralölsteuer, die Tabaksteuer, die Versicherungsteuer usw. zu, den Ländern insbesondere die Kraftfahrzeug-, Erbschaft-, Schenkungs- und Grunderwerbsteuern, den Gemeinden die Gewerbe- und Grundsteuer. Verbundsteuern und eigene Steuern des Bundes haben dabei ein am Gesamtsteuervolumen hohen Anteil von bis zu 90 % (Art. 106 GG).

Die genannten Steuern sind in der Finanzreform so verteilt worden, dass ein durchschnittliches Land mit seiner so erzielten Finanzkraft in der Lage sein sollte, die ihm obliegenden Staatsaufgaben im Wesentlichen **selbst zu finanzieren**. Im Einzelfall ergeben sich aber Abweichungen. Sie sollen durch den Finanzausgleich ausgeglichen werden. Die Grundlagen zu dessen Berechnung sind verschiedentlich, letztmalig im Jahr 2001 geändert worden und schreiben den Finanzausgleich bis zum Jahr 2019 fest.[11]

Der Bund und die Länder sind folglich über viele Verbindungen miteinander verwoben und die Verantwortlichkeiten sind nicht klar geregelt. Als Folge wurden in den zurückliegenden Dekaden Ausgaben getätigt, die nicht durch die Einnahmen gedeckt waren, wodurch zwangsläufig die Verschuldung der Länder steigen musste. Die Länder klagten über zu hohe Kosten für die vom Bund aufgebürdeten Pflichten. Die gipfelte dann 1992 in einem Normenkontrollantrag des Saarlandes und Bremens vor dem Bundesverfassungsgericht. Beide Länder sahen sich in einer **Haushaltsnotlage**, die nur mit Hilfe des Bundes wieder in den Griff zu bekommen war. Bundesergänzungszuweisungen sollten einen Weg aus der Krise ermöglichen und so urteilte das Bundesverfassungsgericht:

> Befindet sich ein Glied der bundesstaatlichen Gemeinschaft – sei es der Bund, sei es ein Land – in einer extremen Haushaltsnotlage, so erfährt das bundesstaatliche Prinzip seine Konkretisierung in der Pflicht aller anderen Glieder der bundesstaatlichen Gemeinschaft, dem betroffenen Glied mit dem Ziel der **haushaltswirtschaftlichen Stabilisierung** auf der Grundlage konzeptionell aufeinander abgestimmter Maßnahmen Hilfe zu leisten.[12]

Dieses Urteil begrub die letzten Unsicherheiten bezüglich des Ausbleibens einer finanziellen Auslösung. Die Länder konnten ungeniert weiterhin die Verschuldung erhöhen, da sie wussten, dass sie notfalls an den **Tropf des Bundesstaates** gehängt und an diesem überleben würden.

Abbildung 2 illustriert den **Verlauf der Staatsverschuldung** der Gebietskörperschaften in Deutschland von 1970 bis 2008. Die Länder haben über die Zeit stetig die

---

[11] Finanzausgleichsgesetz vom 20.12.2001 (BGBl. I S. 3955 f.), zuletzt geändert durch Artikel 4 des Gesetzes vom 2.3.2009 (BGBl. I S. 416).
[12] BVerfGE 86, 148 (149).

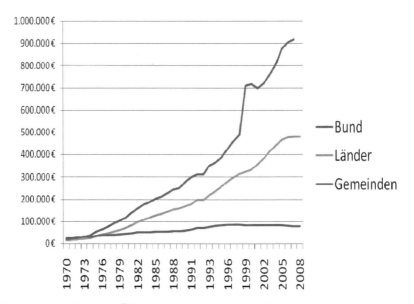

Abb. 2 Entwicklung der Öffentlichen Verschuldung der föderalen Ebenen. (Quelle: Destatis, Schulden der öffentlichen Haushalte – Fachserie 14 Reihe 5 – 2008)

Verschuldung erhöht. Dies geschah zwar nicht so stark wie beim Bund. Aber in Anbetracht, dass sich die Länder bei weitgehend fehlender Steuerautonomie nicht selbst refinanzieren konnten, war dies schon beachtlich. Infolge der derzeitigen Finanz- und Wirtschaftskrise ist für die nächsten Jahre nicht davon auszugehen, dass die Verschulung zurückgefahren oder gar eine Tilgung einsetzen wird. In Anbetracht der demographischen Entwicklung werden somit immer höhere Schuldenstände einer sinkenden zukünftigen Einwohnerzahl aufgebürdet.

27 Das Land Berlin versuchte nun im Jahr 2006 ebenfalls an die begehrten Bundesergänzungszuweisungen zu gelangen, um die Finanzierung des Landeshaushalts zu sichern und reichte Klage vor dem Bundesverfassungsgericht ein. Im **Berlin-Urteil** vom 19. Oktober 2006 jedoch relativierte das Bundesverfassungsgericht die Auslösepflichten der Bundesgenossen ganz erheblich. Während im 1992er Urteil Bundesergänzungszuweisungen noch als Instrumente der Behebung der Haushaltskrise angesehen wurden, heißt es jetzt:

> Ergänzungszuweisungen des Bundes … bilden einen **abschließenden Bestandteil** des mehrstufigen Systems zur Verteilung des Finanzaufkommens im Bundesstaat. … Ergänzungszuweisungen des Bundes [sind] kein Instrument zur Korrektur etwaiger Verteilungsmängel auf vorangegangenen Stufen des Finanzausgleichs.[13]

28 Das heißt, das verfassungsmäßige Finanzsystem als ganzes darf nicht dadurch ausgehebelt werden, dass seine letzte Stufe, die Bundesergänzungszuweisungen, nach Belieben als **Lückenbüßer** eingesetzt werden. Damit verschließt das Gericht den

---

[13] BVerfG, 2 BvF 3/03 vom 19.10.2006, Rn. 173.

Kanal, über den bisher Auslösungen vorgenommen worden sind. Konsequenterweise relativiert sich auch die im 1992er Urteil hoch gehaltene „Pflicht, ... Hilfe zu leisten". Es heißt jetzt:

> Das Bundesstaatsprinzip begründet selbst keine eigenständigen finanzverfassungsrechtlichen Kompetenzen im Verhältnis zwischen Bund und Ländern, sondern kann allenfalls dazu verpflichten, vorhandene verfassungsgesetzlich begründete Befugnisse, hier die Gewährung von Bundesergänzungszuweisungen im Sinne des Art. 107 Abs. 2 Satz 3 GG, nach Möglichkeit auszuschöpfen. Erforderliche Voraussetzung für Sanierungshilfen ist deshalb nicht nur eine Haushaltsnotlage im absoluten Sinn einer Existenzbedrohung des Not leidenden Landes, sondern auch im relativen Sinn eines **Vergleichs mit den Verhältnissen der übrigen Länder**. Dies folgt aus der fehlenden Kongruenz einerseits des Ausgleichszwecks des Art. 107 Abs. 2 Satz 3 GG und andererseits des unmittelbar bundesstaatlich begründeten Gewährleistungszwecks von Sanierungshilfen.[14]

Der **Paradigmenwechsel** des Bundesverfassungsgerichts hat somit den Weg zu klaren Verantwortlichkeiten und institutioneller Kongruenz geebnet. Länder können nur noch als „**Ultima ratio**" auf Hilfen des Bundes hoffen, wann diese eintritt und welche Bedingungen daran geknüpft sein können ist unklar. Ebenso wird der Tendenz mancher Länder die Sanierungsansprüche gegenüber dem Bund als geradezu regulären Teil des Finanzverteilungssystems aufzufassen ein Riegel vorgeschoben.[15] Die Anleger werden somit genauer hinschauen, ob sie einem hoch verschuldetem Land Anleihen zu den gleichen Konditionen abkaufen, wie einem Land mit soliden Staatsfinanzen. Ein Ausfall oder auch nur eine verspätete Rückzahlung der Verbindlichkeit wird in die Risikoprämien der Staatsanleihen eingepreist, sodass die jeweilige Gebietskörperschaft ein Signal über ihre eigene Kreditwürdigkeit vom Kreditmarkt erhält.

III. Föderalismuskommission I und II

Auch die Politik hat nach langer Zeit der Untätigkeit die Missstände in der Aufgabenverteilung und den Finanzbeziehungen zwischen Bund und Ländern erkannt. Während in der Föderalismuskommission I die Verflechtungen der Länder- und Bundeskompetenzen reduziert werden sollten, war es Ziel der zweiten Föderalismusreform, die Finanzbeziehungen von Bund und Ländern neu zu ordnen und hierbei deren Neigung, sich immer mehr zu verschulden, einen Riegel vorzuschieben.

Ein Überraschungscoup ist dabei den Verhandlungsführern *Oettinger* und *Struck* in der **Föderalismusreform II** gelungen. Die in Bundestag und Bundesrat mehrheitsrelevanten Parteien haben sich trotz erheblicher Meinungsverschiedenheiten geeinigt: Die SPD kann sich als Beschützer der finanzschwachen Länder darstellen,

---

[14] BVerfG, 2 BvF 3/03 vom 19.10.2006, Rn. 191.
[15] *Korioth*, Stellungnahme zur öffentlichen Anhörung der Kommission von Bundestag und Bundesrat zur Modernisierung der Bund-Länder-Finanzbeziehungen am 22.6., Kom-Drs. Nr. 17, 2007.

die CDU/CSU manifestiert Seriosität durch die von ihr durchgesetzte Subventionsobergrenze und die FDP erhält die von Anfang an von Ihr geforderte Neuverschuldung von Null für die Länder und – mit Einschränkungen – für den Bund. Mit diesen Eckpunkten hat die Föderalismuskommission ein unkonventionelles, innovatives Modell geschaffen.

32   Vom klassischen **Modell der Selbstverantwortung** im Autonomieprinzip nehmen die Föderalismusreformer des Jahres 2009 Abstand. Schuldenselbstverantwortung ist nicht ihr Anliegen, sondern ein **Schuldenverbot** ab dem Jahr 2020.[16] „Die Haushalte von Bund und Ländern sind grundsätzlich ohne Einnahmen aus Krediten auszugleichen" soll der neue Abs. 3 des Art. 109 GG lauten. Um dies zu ermöglichen, erhalten die finanzschwachen Länder Bremen, Saarland, Berlin, Schleswig-Holstein und Sachsen-Anhalt Übergangshilfen in der Höhe von 800 Mio. €. Ab 2020 ist ein defizitärer Haushalt verfassungswidrig; er kann mittels einer Organklage angefochten werden. Bund und Länder binden sich bewusst die Hände. Denn sie kennen ihre eigene Schwäche, die Verschuldung unkontrolliert auszudehnen, wenn sie erst einmal erlaubt ist. Nur in Katastrophen und Konjunkturkrisen sollen Schulden zulässig sein, wenn sie nachher wieder nach Maßgabe des Gesetzes zurückbezahlt werden. Ferner soll der Bund Einnahmen aus Krediten i. H. v. 0,35 % des Bruttoinlandsprodukts (BIP) in Anspruch nehmen können (**strukturelle Komponente**). Vorlage für diese Beschlüsse sind die Regelungen des Europäischen Stabilitäts- und Wachstumspakt, der einen strukturell nahezu ausgeglichenen Haushalt verlangt (close to balance).

33   Demgegenüber haben es die Gebietskörperschaften unter dem Autonomieprinzip einfacher. Sie können Schulden aufnehmen, wenn es sich anbietet, in die Zukunft zu investieren. Aber wegen des **Nichtauslösungsprinzips** tun sie dies in eigener Verantwortung. Jeder Missbrauch unterhöhlt ihre finanzielle Glaubwürdigkeit und wird daher vom Kapitalmarkt durch höhere Zinssätze bestraft. Auf dieses Ventil wollen die Regierungen von Bund und Ländern verzichten. Im Fall wo unter dem Autonomieprinzip wirtschaftlich lohnende Schulden aufgenommen werden, muss der neue Föderalismus mit gefesselten Händen stehen bleiben.

34   Politiker werden den Grundsatzentscheid vielleicht mittragen, dann aber nichts unversucht lassen, diese Fesseln zu lockern oder von sich zu werfen. Auswege aus dem vermeintlich starren Korsett sind an vielen Stellen zu finden. Beispielsweise soll die konjunkturelle Entwicklung in der Beachtung des Verschuldungsverbotes Berücksichtigung finden. Eine **antizyklische Kreditaufnahme** ist das Ziel, wobei im Abschwung zusätzliche Kredite aufgenommen werden können, die dann im folgenden Aufschwung zurückzuzahlen sind. Als kollektives Gedächtnis soll ein Kontrollkonto eingeführt werden, das die Abweichung der tatsächlichen von der zulässigen Kreditaufnahme abbildet. Der Saldo des Kontrollkontos soll 1,5 % des BIPs nicht überschreiten und ab 1 % konjunkturgerecht zurückgeführt werden. Die Berücksichtigung konjunktureller Schwankungen ist grundsätzlich zu begrüßen, da automatische Stabilisatoren negative konjunkturelle Auswirkungen

---

[16] Föderalismuskommission II, Beschlüsse der Kommission von Bundestag und Bundesrat zur Modernisierung der Bund-Länder-Finanzbeziehungen, Kom-Drs. 174 vom 5.3.2009.

§13 Die ökonomische Grammatik des Föderalismus   331

dämpfen können. Es ist jedoch fraglich, ob es nicht ein ums andere Jahr wieder zu Abgrenzungsproblemen der wirtschaftlichen Lage in jedem Land geben wird.

Ferner wurde die Einführung der neuen Regelung auf einen fernen Termin in der **Zukunft** verschoben. Für den Bund sollen die Regelungen ab 2016 und für die Länder ab 2020 gelten. Somit wurden zum einen die Verhandlungen vereinfacht, weil kein direkter Handlungsbedarf für die heutigen politischen Akteure besteht, zum Anderen werden Landesregierungen, die jetzt Hilfen erhalten um ihre Finanzen in Ordnung zu bringen, zwingende Gründe suchen und finden, um ihren Defizitabbau hinauszuzögern. So schaffen sie selbst die Voraussetzung, dass das gegenwärtige Programm ab dem Jahr 2020 durch ein Folgeprogramm aufgestockt wird. 35

Als ebenfalls schwacher Garant der Föderalismusreform wird sich das vorgesehene kooperative Frühwarnsystem erweisen. Ein **Stabilitätsrat**, dem die Finanzminister aus Bund und Ländern und der Bundesminister für Wirtschaft und Technologie angehören, soll die Haushaltsführung der Länder und des Bundes überwachen. Er kann jedoch nur Empfehlungen und auch die nur einstimmig abgeben. Die Haushaltshoheit des Bundestages und der Länderparlamente wird er schwerlich beschneiden können. Schließlich sind Sanktionen bei Regelverletzungen offenbar nicht vorgesehen. Aus welchem Grund sich die Länder an das Regelwerk halten sollen, ist daher nicht klar. Darüber hinaus kann ein Land stets auf die möglicherweise versäumte Warnung des Stabilitätsrates verweisen und sich so aus der eigenen Verantwortung herauszuwinden versuchen. 36

Das größte **Schlupfloch** ist jedoch der neue Art. 115 Abs. 6 GG n. F. Darin heißt es: „Im Falle von Naturkatastrophen oder außergewöhnlichen Notsituationen, die sich der Kontrolle des Staates entziehen und die staatliche Finanzlage erheblich beeinträchtigen, können diese Kreditobergrenzen aufgrund eines Beschlusses der Mehrheit der Mitglieder des Bundestages überschritten werden."[17] Außergewöhnliche Notsituationen sind schnell definiert. In den letzten 20 Jahren konnte man, wenn man wollte, fast jedes Jahr eine solche ausmachen. Die Wende, eine Flut, Massenarbeitslosigkeit, die demographische Entwicklung etc. können stets als Umgehung der strikten Befolgung des Schuldenverbots angeführt werden. Es ist somit fraglich, ob das strikte Verschuldungsverbot sich im Zeitverlauf bewähren wird. Ein Schuldenverbot, das sich Gebietskörperschaften nicht selbst auferlegen, wie beispielsweise in einigen US-amerikanischen Staaten geschehen, hat in der Geschichte nur sehr selten die Verschuldung nachhaltig eingrenzen können. Vor allem ist den Ländern die Möglichkeit nicht eingeräumt worden ihre Einnahmen flexibel zu gestalten. Sie können beispielsweise keine Zu- oder Abschlagsrechte für ertragsstarke Steuern erheben, womit für sie ein Handlungsspielraum auf der Einnahmenseite verschaffen worden wäre. 37

D. Schlussfolgerungen

Der deutsche Föderalismus steckt in der **Krise**. Über Dekaden wurden massive Staatsschulden aufgehäuft und ein Ende dieser Entwicklung ist in Zeiten einer 38

---

[17] Föderalismuskommission II (Fn. 16).

der schwersten Finanz- und Wirtschaftskrisen derzeit nicht in Sicht. Es stimmt jedoch hoffnungsvoll, dass in den letzten Jahren zaghaft institutionelle Änderungen herbeigeführt wurden, die eine Rückkehr klarer Verantwortlichkeiten der Gebietskörperschaften mit sich brachten. Das Berlin-Urteil des Bundesverfassungsgerichts aus dem Jahr 2006 hat die Auslösungserwartungen der Länder durch den Bund massiv gesenkt und die Föderalismusreform II hat einen Verschuldungsrahmen geschaffen, der Bund und Länder, wenn auch erst in ferner Zukunft, zu geringeren (keinen) Defiziten anhält. Der Druck auf die Politik, das selbst geschneiderte Korsett zu befolgen, ist jedoch nicht sehr hoch, sodass Abweichungen durchaus wahrscheinlich sein werden. Insgesamt jedoch gehen die Reformen in die richtige Richtung: nur mit klaren Verantwortungen und Transparenz können Sanktionen wirken und eine nachhaltige Finanzierung des deutschen Föderalstaats gesichert werden. Kreativität und Innovation werden durch Versuch und Irrtum im Föderalismus ermöglicht und langfristig den Standort Deutschland sichern.

Schrifttum

C. B. Blankart, Föderalismus in Deutschland und Europa, 2007

B. S. Frey/A. Stutzer, Happiness, Economy and Institutions, The Economic Journal, Vol. 110 (2000), Nr. 466, 918 ff.

F. A. Hayek, The Use of Knowledge in Society, The American Economic Review, Vol. 35 (1945), Nr. 4, 519 ff.

A. O. Hirschman, Exit, Voice, and Loyalty: Responses to Decline in Firms, Organizations, and States, 1970

W. E. Oates, An Essay on Fiscal Federalism, Journal of Economic Literature, Vol. 37 (1999), Nr. 3, 1120 ff.

ders., Toward A Second-Generation Theory of Fiscal Federalism, International Tax and Public Finance, Vol. 12 (2005), Nr. 4, 349 ff.

H.-W. Sinn, The New Systems Competition, 2003

C. Tiebout, A Pure Theory of Local Expenditures, The Journal of Political Economy, Vol. 64 (1956), Nr. 5, 416 ff.

B. R. Weingast, Second Generation Fiscal Federalism: The Implications of Fiscal Incentives, Journal of Urban Economics, Vol. 65 (2009), Issue 3, 279 ff.

§14 Öffentliche Güter, Wettbewerb, Kompetenzverteilung – ökonomische Analysen zum Föderalismus

Michael Hüther und Klaus Hafemann

Inhalt

A. Einführung in das Thema	334
B. Von der unpraktischen Existenz öffentlicher Güter und der Unvollkommenheit ihrer staatlichen Bereitstellung	334
I. Eingehen auf lokale Präferenzen – Das Dezentralisierungstheorem	335
II. Ja, wo laufen sie denn? – Wanderungen als Offenbarung	336
C. Von der Möglichkeit, von anderen zu lernen und Abschied zu nehmen	337
I. Die andere Seite des Zaunes – Laborföderalismus	337
II. Unter der Lupe – Bessere Anreize für Politiker	338
III. Höhere Motivation der Wähler	340
D. Von den Problemen der autonomen Kleinen	341
I. Wo Größe zählt – Skaleneffekte	341
II. Regionen als Nutznießer – Spillover-Effekte	342
III. Horizontale fiskalische Externalitäten erschweren Umverteilung	343
IV. Ebenes Spielfeld durch fiskalische Gleichheit	345
E. Sinnvolle Verteilung von Kompetenzen im föderalen Staat	347
I. Bereitstellung landesweit wirksamer öffentlicher Güter	347
II. Bereitstellung lokaler öffentlicher Güter	348
III. Transfers	349
IV. Finanzkraftausgleich	350
F. Die föderale Kompetenzzuweisung in Deutschland – Darstellung und Kritik	351
I. Entscheidungskompetenz	351
II. Durchführungskompetenz	351
III. Finanzierungspflicht	352
IV. Einnahmenkompetenz	353
Schrifttum	356

M. Hüther (✉) · K. Hafemann
Institut der deutschen Wirtschaft Köln e.V., Konrad-Adenauer-Ufer 21, 50668 Köln, Deutschland
E-Mail: huether@iwkoeln.de

K. Hafemann
E-Mail: hafemann@iwkoeln.de

I. Härtel (Hrsg.), *Handbuch Föderalismus – Föderalismus als demokratische Rechtsordnung und Rechtskultur in Deutschland, Europa und der Welt*,
DOI 10.1007/978-3-642-01573-1_16, © Springer-Verlag Berlin Heidelberg 2012

A. Einführung in das Thema

1 Befasst man sich mit der reizvollen Materie des Föderalismus aus ökonomischer Sicht, so genügt es nicht, nur ein Teilgebiet der Ökonomik auf den Untersuchungsgegenstand anzuwenden. Vielmehr müssen unterschiedliche Teilgebiete der Volkswirtschaftslehre dazu herangezogen werden, unter anderem die Allokationstheorie, die ökonomische Theorie des Föderalismus und Aspekte der politischen Ökonomie.

2 Im Folgenden werden von den **drei ökonomischen Staatszielen** das Ziel einer effizienten Allokation sowie das Distributionsziel betrachtet, das Stabilitätsziel hingegen nicht. Letztendlich soll dieser Beitrag Grundlagen aufzeigen, das föderale System so mit Institutionen und Anreizen zu gestalten, dass das System ein hohes Maß an Allokationseffizienz wie auch die Fähigkeit zur Redistribution gewährleistet und dabei politische Verantwortlichkeiten erkennbar lässt.

3 Zu diesem Zweck werden zunächst die Möglichkeiten analysiert, in einer föderalen Struktur öffentliche Güter bereitzustellen. Danach wird das Ausmaß politökonomischer Anreizprobleme auf zentraler und dezentraler Ebene verglichen. Es folgt eine Darstellung der diversen Schwierigkeiten, in kleinen Gebietskörperschaften Güter bereitzustellen und Transferleistungen zu gewähren. Sämtliche bis dahin gewonnenen Erkenntnisse münden in die Konzeption einer daraus **abgeleiteten Kompetenzverteilung**. Diese wird nachfolgend mit der in Deutschland bestehenden Kompetenzverteilung verglichen; für Defizite der bestehenden Regelungen werden Wege zur Verbesserung vorgeschlagen.

B. Von der unpraktischen Existenz öffentlicher Güter und der Unvollkommenheit ihrer staatlichen Bereitstellung

4 Bei öffentlichen Gütern profitieren alle Nichtzahler ebenso von der Bereitstellung des Gutes wie die Zahler, da bei diesen Gütern keine Exkludierbarkeit von Nutzern vorliegt und daher **keine Marktprozesse** wirken können. Stattdessen wird ein Prozess benötigt, um herauszufinden, welche Menge eines Gutes bereitgestellt werden sollte, und eine Institution benötigt, die die Kosten zur Bereitstellung des Gutes trägt.[1] Das Paket aus Steuern und Gütern, das ein Staat wählt, sollte an die Präferenzen der Bürger angepasst sein. Dann könnte durch die Bereitstellung ein Zustand erreicht werden, der im Vergleich zur Situation ohne Bereitstellung *pareto*-superior ist, also mindestens ein Subjekt besser stellt ohne ein Subjekt schlechter zu stellen.[2] Der Staat muss zu diesem Zweck versuchen, von außen zu erkennen, wie die Präferenzen der Wirtschaftssubjekte tatsächlich sind. Dies ist ausgesprochen schwierig. Da die Individuen bei einem öffentlichen Gut einen Anreiz haben, ihre individuellen

---

[1] Vgl. *Musgrave/Musgrave/Kullmer*, Die öffentlichen Finanzen in Theorie und Praxis, Bd. 1, 1994, S. 70 ff.

[2] Vgl. *Alchian*, Journal of Political Economy 58 (1950), 211 (212 ff.).

Zahlungsbereitschaften zu verschleiern bzw. falsch anzugeben, ist die Summe der marginalen Zahlungsbereitschaften schwierig zu ermitteln.[3]

Der Staat steht vor dem Problem, die Ursachen der Nichtbereitstellung eines Gutes durch den Markt zu identifizieren: Wird ein Gut deshalb nicht über den Markt bereitgestellt, weil die Individuen ihre Nachfrage danach nicht offenbaren, oder deswegen, weil die Nachfrage nach diesem Gut einfach nicht hoch genug ist? Da der Staat die nötigen Informationen nicht besitzt, kann er die Wohlfahrt der Bürger nicht so stark steigern, wie es unter der Annahme vollkommener Informationen theoretisch möglich wäre. Er wird die Allokationsaufgabe aufgrund dieser Probleme **weniger effizient lösen als ein Marktsystem** es könnte, in dem die Bürger ihre Präferenzen offenbaren müssten.

In einem nichtföderalen Staat kann dieses **Informationsproblem** allein über Abstimmungen begrenzt werden, in denen die Präferenzen der Bürger dieses Staates für ein Gut erfragt werden.[4] Denkbar wäre es, für jedes bereitzustellende öffentliche Gut die Bürger zur Wahl aufzufordern und mehrere Kosten-Mengen-Alternativen zur Auswahl zu stellen. Die Entscheidung über die Höhe der Bereitstellung des Gutes sollte also sichtbar mit der Entscheidung über die Höhe der Finanzierung für die Bürger gekoppelt werden. Forderte man Einstimmigkeit bei diesen Entscheidungen, wäre sichergestellt, dass kein Bürger benachteiligt wird.

In der Realität sieht es hingegen zumeist so aus, dass diese Entscheidungen erstens über ein ganzes Güterbündel, zweitens als Mehrheitsentscheidung und drittens von gewählten **Repräsentanten** getroffen werden, die unter Eigeninteresse agieren. Ihr Budget wird in der Regel aus Steuern gespeist, die oft dem Leistungsfähigkeitsprinzip folgen.[5] Eine *Pareto*-Superiorität durch eine derart koordinierte Bereitstellung des Gutes zu erzielen, ist kaum möglich.

I. Eingehen auf lokale Präferenzen – Das Dezentralisierungstheorem

Wallace Oates wies mit seinem Dezentralisierungstheorem darauf hin, dass es – in Abgrenzung zu national wirksamen öffentlichen Gütern – **lokale öffentliche Güter** gebe, also solche öffentlichen Güter, die nur lokale Wirkung haben. Vermutlich gebe es von Region zu Region Unterschiede in den Präferenzen für diese lokalen öffentlichen Güter. Eine Zentralregierung würde diese Unterschiede mit gewisser Wahrscheinlichkeit ignorieren und diese Güter einheitlich bereitstellen. Bei lokal koordinierter Bereitstellung würden diese Güter hingegen vermutlich präferenzgerechter bereitgestellt.

Oates postulierte, dass – abstrahiert man von Skaleneffekten und von Externalitäten zwischen Gebietskörperschaften – sich bei einer dezentralen, *pareto-*

---
[3] Vgl. *Block*, The Journal of Libertarian Studies 7/1 1983, 1 (19 ff.).
[4] In der institutionenökonomischen Terminologie handelt es sich um die so genannte Voice-Option.
[5] Vgl. *Tiebout*, Journal of Politcal Economy 64 (1956), 416 (417).

optimalen Bereitstellung öffentlicher Güter ein gleich hohes oder höheres **Wohlfahrtsniveau** erreichen lasse als bei einer zentralstaatlichen (und damit im gesamten Staatsgebiet einheitlichen), *pareto*-optimalen Bereitstellung.[6] Bei genauerer wohlfahrtsökonomischer Analyse lässt sich zwar nicht unbedingt eine eindeutige Verbesserung der Wohlfahrt durch eine dezentrale anstelle einer zentralen Bereitstellung nachweisen.[7] Trotzdem erscheint eine räumliche Heterogenität der individuellen Präferenzen hinsichtlich der Bereitstellung eines lokalen öffentlichen Guts als ein nicht unwesentliches Argument für eine **dezentrale Leistungserstellung und -finanzierung**. Eine derartige räumliche Heterogenität kann durch Unterschiede in Sprache, Religion, Geschichte oder Kultur verursacht werden, aber auch durch Bruttoeinkommensunterschiede. Regional konzentrierte Interessen derjenigen Bürger, die mehr, weniger oder andere öffentliche Leistungen wünschen, werden bedient. Eine dezentrale Leistungserstellung und -finanzierung schützt daher auch die Interessen regional konzentrierter Minderheiten.[8]

II. Ja, wo laufen sie denn? – Wanderungen als Offenbarung

10 Wie oben dargestellt besteht bei öffentlichen Gütern **Nichtexkludierbarkeit**, so dass der Staat vor dem nicht trivialen Problem steht, die Ursachen der Nichtbereitstellung eines Gutes durch den Markt zu identifizieren. Eine staatliche Bereitstellung kann unter diesen Umständen nur mit Glück nahe an den Präferenzen der Bürger liegen. Es wird jedoch stets einige Bürger geben, die mit dem Steuer-Güter-Bündel ihrer Region unzufrieden sind.

11 Erheblich befriedigender wäre es, wenn man die Bürger **zwingen** könnte, ihre Präferenzen für öffentliche Güter aufzudecken, und wenn der Staat diese Präferenzen dann wie auf einem privaten Gütermarkt befriedigen könnte und die Bürger entsprechend besteuert. *Charles Tiebout* wies darauf hin, dass ein Bürger seinen Wohnort in gewissem Ausmaß nach dem Aspekt wählen kann, was für ein Bündel an öffentlichen Gütern dort bereitgestellt wird. Er wird sich tendenziell in derjenigen Region niederlassen, die das Bündel aus Steuern und öffentlichen Gütern anbietet, welches seinen Präferenzen am besten entspricht. Es handelt sich also nicht wie oben um eine „Abstimmung per Wahl" über das präferierte Güterbündel, sondern um eine „Abstimmung mit den Füßen". Der Bürger offenbart quasi nebenbei seine Präferenzen.

12 Zwar kann eine solche **Präferenzenthüllung** nie so reibungslos ablaufen wie auf Märkten für private Güter, denn dazu sind in der Regel andere Faktoren der

---

[6] *Pareto*-effiziente Mengen an öffentlichen Gütern sind diejenigen Mengen, bei denen die Summe der Grenzraten der Substitution gleich der Grenzrate der Transformation ist. Vgl. *Samuelson*, The Review of Ecomomics and Statistics 36/4 (1954), 387 ff.

[7] Vgl. *Hafemann*, Auswirkungen dezentralen staatlichen Handelns und daraus abgeleitete Empfehlungen für eine Finanzverteilung im föderalen Staat, 2007.

[8] Vgl. *Ellingsen*, Journal of Public Ecomomics 68 (1998), 251 ff.

Regionswahl zu stark und die Anzahl der Regionen (und damit der unterschiedlichen Güterbündel) zu klein. Trotzdem kann man eine solche „Abstimmung mit den Füßen" zumindest als eine gewisse Annäherung an marktähnliche Abläufe interpretieren.[9]

Oft wird die Meinung geäußert, ein ausgeprägter Föderalismus sei vor allem hinsichtlich Sprache, Kultur, Klima usw. in heterogenen Staatsgebilden sinnvoll.[10] Beachtet man die vorangegangene Argumentation, so stellt sich das Argument genau andersherum dar: Gerade in relativ homogenen Staaten besteht ein großes **Migrationspotential**, welches die Funktionsfähigkeit der durch einen ausgeprägten Föderalismus ermöglichten Kontrollmechanismen stärkt, da Wanderungen vor allem zwischen ethnisch-kulturell ähnlichen Regionen erfolgen.[11]

13

C. Von der Möglichkeit, von anderen zu lernen und Abschied zu nehmen

I. Die andere Seite des Zaunes – Laborföderalismus

Bei dezentraler Erfüllung staatlicher Aufgaben werden die Regionen unterschiedliche Methoden nutzen, um dieses Ziel zu erreichen. So können in föderalen Staaten **Innovationen in kleinen Gebieten** getestet werden. Erweisen sie sich als Verbesserung gegenüber der alten Verfahrensweise, werden sie eventuell auch für andere Regionen interessant. *Oates* nennt diesen Aspekt „**Laborföderalismus**".[12] Der Vorteil gegenüber zentralisierten Staaten besteht nicht nur darin, dass mehr Methoden gleichzeitig getestet werden können. Weitere Vorteile sind, dass Innovationen dort getestet werden, wo sie besonders Erfolg versprechend sind, da die Erfolgschancen von Innovationen größer sind, wenn diese von unten tatsächlich gewünscht werden, anstatt „von oben" verordnet zu werden.[13] Zudem werden allzu hohe Risiken vermieden, denn das Scheitern einzelner Experimente ist mit geringeren Kosten verbunden als im Zentralstaat.

14

Nach gewisser Zeit können diese Lösungsansätze miteinander verglichen werden. Wird ein solcher Vergleich durchgeführt, so können sich die Regionen an den besonders erfolgreichen unter ihnen orientieren, und es wird zur **Imitation**

15

---

[9] Vgl. *Oates*, Fiscal Federalism, 1972, S. 12.
[10] Diese Auffassung vertritt z. B. *Renzsch*, in: Schmidt-Trenz/Fonger (Hrsg.), Bürgerföderalismus. Zukunftsfähige Maßstäbe für den bundesdeutschen Finanzausgleich, 2000, S. 43.
[11] Vgl. *Eichenberger*, in: Schmidt-Trenz/Fonger (Hrsg.), Bürgerföderalismus. Zukunftsfähige Maßstäbe für den bundesdeutschen Finanzausgleich, 2000, S. 107 ff.
[12] Vgl. *Oates*, Journal of Economic Literature 37/3 (1999), 1120 ff.
[13] Vgl. *Eichenberger* (Fn. 11), S. 107 ff.

der **erfolgreichsten Methoden** kommen. Dies führt im Zeitablauf zu Effizienzsteigerungen.[14] Auf diesem Weg wirkt der Wettbewerb zwischen Gebietskörperschaften näherungsweise wie der Wettbewerb auf privaten Märkten, nämlich wie ein fortschrittstreibendes Entdeckungsverfahren.[15]

16   Natürlich werden die oben dargestellten Prozesse in der Realität nicht reibungslos ablaufen, da Politiker in Amt und Würden mit Hinblick auf ihre Wiederwahlchancen in der Regel versuchen, wenig Angriffsfläche zu bieten. Daher bevorzugen sie oftmals die **Beibehaltung des Status Quo** und nicht die Übernahme erfolgreicher Lösungen oder gar die eigene Innovation.[16] Ein mögliches Korrektiv sind die Wahlberechtigten selbst. Informieren sie sich über die Politik ihrer Region und über erfolgreiche Politiken anderer Regionen, so können sie die von ihnen gewählten Politiker dazu anhalten, sich an diesen erfolgreichen Politiken zu orientieren. Dies ist umso leichter, je kleiner die Anzahl der betroffenen Bürger ist und je räumlich kleiner die Region ist.[17]

II. Unter der Lupe – Bessere Anreize für Politiker

17   Die Wahlentscheidung eines Bürgers wird umso informierter ausfallen, je eher sie im Wettbewerb der Gebietskörperschaften stattfindet.[18] Wettbewerb kann als disziplinierender Mechanismus dienen, um angesichts problematischer **Anreize für Politiker** (Agenten) deren Interessen mit denen ihrer Wähler (Prinzipale) in Übereinstimmung zu bringen.

18   Interessensgruppen versuchen oft, **Rent-Seeking** dadurch zu betreiben, dass sie politische Entscheidungsträger zu ihren Gunsten beeinflussen. Sind die politischen Kompetenzen vor allem auf lokaler Ebene angelegt, so werden diese Interessensgruppen Rent-Seeking auch vor allem lokal betreiben. In diesem Fall geht die Begünstigung dieser Gruppen vor allem auf Kosten anderer Gruppen in derselben Region. Dann haben die Mitglieder der benachteiligten Gruppen die Möglichkeit, sich durch **Abwanderung** dieser Benachteiligung zu entziehen. Dadurch kann der Erfolg der Rent-Seeking-Aktivitäten gemindert werden. Dies ist umso einfacher, wenn die Individuen nur eine relativ geringe Distanz wandern müssen, um in eine

---

[14] Vgl. *Kollman/Miller/Page*, Journal of Law, Economics and Organization 16 (2000), 102 ff.

[15] Vgl. *Schnellenbach*, Dezentrale Finanzpolitik und Modellunsicherheit: Eine theoretische Untersuchung zur Rolle des fiskalischen Wettbewerbs als wissengenerierender Prozess, 2004. Diese Überlegungen haben durchaus Auswirkungen auf die praktische Politik: So wurden im Zuge der Reform der amerikanischen Sozialhilfe 1996 Kompetenzen von der Bundesebene auf die Ebene der Bundesstaaten verlagert: Man erhoffte sich davon einen zusätzlichen Innovationsschub. Siehe hierzu *Inman/Rubinfeld*, Journal of Ecomomic Perspectives 11 (1997), 43 ff.

[16] Vgl. *Rose-Ackerman*, Journal of Legel Studies 9 (1980), 593 ff.

[17] Vgl. *Schnellenbach* (Fn. 15) und *Oates* (Fn. 9), S. 12.

[18] Vgl. beispielsweise *Coase*, Ecomonica (New Series) 4, 1937, 386 ff. oder *Holmstrom/Tirole*, in: Schmalensee/Willig (Hrsg.), Handbook of Industrial Organization 1, 1989, S. 61 ff.

Region mit „besserer" Politik zu gelangen. Sie werden, so möglich, in Regionen abwandern, in denen eine nach ihrer Auffassung bessere Politik betrieben wird. Dies schmälert die Steuereinnahmen der Ursprungsregion und damit auch das Budget, das den Politikern dieser Region zur Verfügung steht. Da Politiker i. d. R. daran interessiert sind, ein möglichst großes Budget zur Verfügung zu haben, werden sie versuchen, einen solchen Budgetschwund zu verhindern. Dies kann nur dadurch gelingen, indem die Präferenzen der Abwanderungswilligen berücksichtigt werden.

Föderaler Wettbewerb gibt Politikern und Verwaltungsbeamten in den Regionen also starke Anreize, eine Politik zu betreiben, die geeignet ist, die lokale Wirtschaftskraft zu stärken. Er limitiert gleichzeitig die Fähigkeit der Regionsregierungen, ihre Steuermittel ineffizient auszugeben, kostenträchtige Marktregulierungen einzuführen, sich korrumpieren zu lassen, Monopole zu schützen oder Staatsbediensteten überhöhte Löhne zu zahlen.[19] Schlecht geführte Regionen verlören in einem **Regionenwettbewerb** schnell Kapital und mobile Arbeitskräfte an besser geführte Regionen. Ihre Steuereinnahmen gingen in der Folge zurück.

Föderalismus kann zu einem solchen Wettbewerb zwischen Regionen führen.[20] In Ländern, in denen dezentrale Regionen umfangreiche Kompetenzen hinsichtlich Besteuerung und der Bereitstellung öffentlicher Güter besitzen, hat die Bevölkerung am ehesten die Möglichkeit, die Leistungen der Regionsregierung mit den Leistungen benachbarter Regierungen (über Kennzahlen oder in direkter Anschauung) zu vergleichen. Durch Wahlen kann sie dann im **Wettbewerbsföderalismus** solche Politiker entmachten, die nicht die Interessen einer breiten Allgemeinheit verfolgen.[21]

Betreiben Politiker eine sinnvolle Wirtschaftspolitik, so werden in einem föderalen Staat auch sie davon profitieren: Da **marktstärkende Politik** die Steuereinnahmen erhöht, lockert sie die Budgetrestriktion der Regierung und schafft so den regierenden Politikern direkten Nutzen. Dieser Effekt ist durch Rent-Seeking nicht zu erreichen. Aus diesem Zusammenhang wird auch deutlich: Je größer der Anteil an Steuereinnahmen ist, der in der Region verbleibt, desto geringer ist der Anreiz, das Regionsbudget für Rent-Seeking-Aktivitäten zu verausgaben, und desto höher ist der Anreiz, die Wirtschaft stärkende öffentliche Güter bereitzustellen.

Jegliche Art von **Steuerharmonisierung** oder gar eine **Zentralisierung der Kompetenzen** wäre aus dieser Sicht kontraproduktiv, da dem Staat die ausbeuterische Tätigkeit erleichtert würde.[22] Dieser Aspekt wird noch dadurch verstärkt, dass ein Transfersystem oft mit sich bringt, dass die Zentralregierung die politische Handlungsfreiheit der Regionen einschränkt. Dies versetzt Regionsregierungen

---

[19] Vgl. *Fisman/Gatti*, Journal of Public Economics 83/3 (2002), 325 ff. und *Arikan*, International Tax and Public Finance 11/2 (2004), 175 ff. sowie *Qian/Weingast*, Journal of Economic Perspectives 11 (1997), 83 ff.

[20] Siehe *Tiebout* (Fn. 5), *Oates* (Fn. 9) sowie *Brennan/Buchanan*, The Power to Tax: Analytical Foundations of a Fiscal Constitution, 1980. Für eine neuere Darstellung siehe *Shah*, World Bank Working Paper Nr. 2021, 1997.

[21] Siehe *Careaga/Weingast*, in: Rodrik (Hrsg.), In Search of Prosperity, 2003, S. 399 (410).

[22] Vgl. *Brennan/Buchanan* (Fn. 20).

in die komfortable Lage, schlechte Resultate ihrer Politik, welche durch Korruption und Rent-Seeking entstehen, mit der vorgeschobenen Rechtfertigung abtun zu können, diese resultierten aus den Auflagen der Zentralregierung.

23   Im Gegenteil: Um das **disziplinierende Potential der Dezentralisierung** auszunutzen, ist eine angemessene Gestaltung der Institutionen notwendig: Die Regionsregierungen müssen ausreichende politische und fiskalische Kompetenzen haben, um schlechte Politikergebnisse nicht ihrer Machtlosigkeit anlasten zu können, und sie müssen harte Budgetgrenzen erfahren, damit Korruption und ineffiziente Umverteilung in Form von Rent-Seeking für die eigene Bevölkerung in Form schlechterer Leistungen auch spürbar werden. Ansonsten könnten diese schlechteren Ergebnisse durch endlose Verschuldung der Region verschleiert werden, da hier per bail-out der Zentralstaat oder die anderen Regionen derselben Ebene letztlich die Kosten tragen.[23]

III. Höhere Motivation der Wähler

24   Die Gruppe der Wähler/politisch interessierten Bürger verfügt nicht über perfekte Informationen über die politischen Prozesse. Die **Aneignung von politischen Informationen** ist mit Kosten verbunden. Zudem gibt es wichtige politische Prozesse in Parteien, Verbänden, Exekutive und Legislative, die der Öffentlichkeit nicht oder allein über investigativen Journalismus – der dem Informationswilligen wiederum Kosten verursacht – zugänglich sind. Ein Desinteresse an politischen Informationen über ein individuell bestimmtes Maß hinaus ist also durchaus rational, da die Kosten politischer Information bzw. Tätigkeit nicht vernachlässigbar sind und der Einfluss des Einzelnen, z. B. bei Wahlen, gering ist.[24]

25   Der wichtigste Nutzen dieser Tätigkeit für den einzelnen dürfte sein, mit der eigenen politischen Arbeit etwas bewirken zu können, d. h. die politischen Entscheidungen in gewissem Maße beeinflussen zu können. Man kann mit gewissem Recht formulieren, dass die **politische Aktivität eines Bürgers** positive externe Effekte für weitere Bürger mit sich bringt. Steigert der Bürger durch seine Bemühungen, sich zu informieren und sein Wissen sinnvoll in den politischen Prozess einzubringen, die Qualität der politischen Entscheidungen, so ziehen viele Leute daraus einen Vorteil: Es ergibt sich ein Anreiz zum Trittbrettfahren.

26   Auf lokaler Ebene sollte es aufgrund der geringeren Anzahl an Individuen erheblich leichter sein, der eigenen Meinung ein bestimmtes politisches Gewicht zu geben.

---

[23] Vgl. *North*, (1981 und 1990). Studien, die untersuchen, wie sich Föderalismus auf die Korruption im öffentlichen Sektor und auf Rent-Seeking in einem Land auswirkt, kommen zu unterschiedlichen Ergebnissen. Einige Autoren behaupten, Föderalismus mindere Korruption und Rent-Seeking, andere halten ihn für korruptionsfördernd. Vgl. *Cooter*, in: Azfar/Cadwell (Hrsg.), Market-Augmenting Government: The Institutional Foundations for Prosperity, 2003 und *Treisman*, Journal of Public Economics 76 (2000), 399 ff.

[24] Vgl. *Downs*, An Economic Theory of Democracy, 1957.

Das Interesse der Bürger, sich politisch zu engagieren, sollte also allein aus Nutzenüberlegungen ceteris paribus auf lokaler Ebene höher liegen.[25] Trittbrettfahrer fallen weniger ins Gewicht.

Föderalismus steigert also das **Bewusstsein der Bürger** für die in ihrer Region bereitgestellten Güter und für ihr Regionsbudget. Er stärkt ihre Anreize, öffentliche Finanzmittel effektiv und effizient einzusetzen. Dabei ist entscheidend, dass die Bürger die Höhe ihrer Steuern selbst festlegen können. Zudem sind die demokratischen Rechte der Bürger auf lokaler Ebene durch Volksentscheide und weitere direktdemokratische Elemente oft stärker ausgebaut. Daher wird durch Dezentralisierung auch die demokratische Kontrolle der Politik gestärkt.[26]

27

Die Möglichkeit der Abwanderung ändert diese Konstellation zumindest im Bereich der Information über politische Verhältnisse: Das **politisch-ökonomische Wissen** wird nämlich persönlich nutzbar, wenn es sich um Wissen über die Verhältnisse in der eigenen und in benachbarten Regionen handelt. In diesem Fall kann sich ein Bürger mit Hilfe seines Wissens um die Stärken und Schwächen der verschiedenen Regionen die für ihn vorteilhafteste Region aussuchen, um sich dort anzusiedeln. Das Wissen um politische und ökonomische Verhältnisse wird also durch die dezentrale Bereitstellung eines lokalen öffentlichen Guts zumindest tendenziell zu einem privaten, für den eigenen Vorteil nutzbaren Gut.[27]

28

D. Von den Problemen der autonomen Kleinen

I. Wo Größe zählt – Skaleneffekte

Bei einer dezentralen Bereitstellung öffentlicher Güter treten jedoch auch Probleme auf. Bei der Bereitstellung mancher öffentlicher Güter können **Skaleneffekte** der Bereitstellung von einer einzelnen, auf untergeordneter Ebene angesiedelten Region nur unzureichend ausgeschöpft werden. Können durch die Zentralisierung der Bereitstellung erhebliche Skalenerträge bei der Bereitstellung eines lokalen öffentlichen Gutes erzielt werden, so kann eine zentrale Bereitstellung sinnvoller sein, obwohl die lokale Wirksamkeit des lokalen öffentlichen Gutes eine dezentrale Bereitstellung möglich machen würde.[28] Alternativ könnte das Gut von mehreren Regionen derselben föderalen Ebene bereitgestellt werden. Ein Problem stellt dies

29

---

[25] Vgl. z. B. *Dickertmann/Gelbhaar*, WISU Heft 4, 1996, 385 (390); *Oates* (Fn. 12), 1120 (1138).
[26] Vgl. *Eichenberger* (Fn. 11), S. 107 ff.
[27] Vgl. *Eichenberger* (Fn. 11), S. 107 ff.
[28] Vgl. *Oates* (Fn. 9), S. 37. *Oates* bezog dieses Argument auf alle lokalen öffentlichen Güter, die unter sinkenden Durchschnittskosten der Bereitstellung bereitgestellt werden. Relevant wird dieses Argument vor allem bei Punktinfrastrukturgütern, bei denen die Bereitstellungsmenge zwischen verschiedenen finanzierenden Regionen kaum variiert werden kann. Es gibt andere Güter, bei denen die einzelnen Regionen die Herstellung einem (privaten) Anbieter überlassen und von diesem Mengen erwerben können, die den Präferenzen ihrer Einwohner entsprechen. Bei derartigen Gütern

vor allem bei **Punktinfrastrukturgütern** dar, bei denen die Bereitstellungsmenge zwischen verschiedenen finanzierenden Regionen kaum variiert werden kann. Bei ihnen besteht ein **Trade-Off** zwischen dem Ausnutzen von Skalenerträgen und einer präferenzgerechten Bereitstellung des Gutes.

30 Ein Beispiel für ein derartiges Gut ist eine **Schule**. So ist es zwar möglich, dass erheblich mehr Schüler aus Kommune A diese Schule besuchen als aus Kommune B. Doch eine Schule hat eine bestimmte Größe – Räume, Lehrer, Fächerangebot – und ein bestimmtes Konzept oder Ziel. Wird eine Schule von mehreren Kommunen bereitgestellt, so ist es eventuell nicht möglich, dass die Leistungen der Schule *pro Schüler* für die Schüler einer Kommune anders gestaltet werden als für die Schüler einer anderen Kommune. Ähnliches gilt für manch andere punktinfrastrukturelle Einrichtungen, wie Theater, Schwimmbäder, Mülldeponien etc.

II. Regionen als Nutznießer – Spillover-Effekte

31 Ein ähnlicher Trade-Off besteht bei den **Spillover-Effekten**, die durch manche öffentlich bereitgestellten Güter ausgelöst werden. Bei ihnen handelt es sich um technologische Externalitäten, die durch die Bereitstellung eines Gutes durch eine Gebietskörperschaft in benachbarten Regionen hervorgerufen werden.

32 Individuen zahlen in der Regel ihre direkten Steuern in ihrer Wohnregion. Nutzt ein Individuum öffentlich bereitgestellte Güter – wie Straßen, Parks, Theater usw. – die sich in einer anderen Region befinden und von dieser Region finanziert werden, so profitiert es davon, ohne dazu mit seiner Steuerzahlung beigetragen zu haben.[29] Ein klassisches Beispiel für derartige Spillovers ist die **Kernstadt-Umland-Problematik**. Da Kernstädte geballt Leistungen anbieten, die entweder teilweise oder zur Gänze subventioniert sind und die auch von Einwohnern umliegender Regionen konsumiert werden, leiden sie in der Regel besonders stark unter Spillovers, wenn diese nicht internalisiert werden. Daraus folgt oft eine Suburbanisierung, die sich kumulativ entwickeln und dazu führen kann, dass die Steuerbasis der zentralen Orte immer weiter schwindet. Alternativ gilt, dass die Kernstädte das Gut in zu geringem Maße anbieten, da sie die Finanzierungsbereitschaft der Umlandbewohner nicht nutzen können. Derartige Spillover-Effekte sind nicht auf die Kernstadt-Umland-Problematik beschränkt; sie können auch in anderen Regionsbeziehungen auftreten.

---

tritt das dargestellte Problem nicht auf. Würde beispielsweise ein Straßenreinigungsdienst bereitgestellt, so ist denkbar, dass dieser in Gemeinde A zweimal pro Woche die Straße reinigt, in Gemeinde B hingegen nur einmal.

[29] Kann bei diesen Gütern exkludiert werden und wird auch tatsächlich exkludiert (durch Maut- oder Parkgebühren, Eintrittspreise etc.) und decken weiterhin die zu entrichtenden Gebühren die Durchschnittskosten, so ist dieses Verhalten unproblematisch. Diese Möglichkeit stellt prinzipiell die beste Lösung dar. Davon wird allerdings dem Thema gemäß in dieser Arbeit abstrahiert. Vgl. hierzu *Fritsch/Wein/Ewers*, Marktversagen und Wirtschaftspolitik, 2007, S. 134.

§14 Öffentliche Güter, Wettbewerb, Kompetenzverteilung

Theoretisch könnte man für jedes öffentliche Gut eine eigene **Bereitstellungsorganisation** bilden, die dieses Gut anbietet und entsprechende Steuern von allen tatsächlichen Nutzern erhebt. In der Realität können föderale Staaten nur eine begrenzte Anzahl von Ebenen enthalten. Dadurch werden Spillover-Effekte möglich. Zweckmäßiger Weise sollten die öffentlichen Güter auf einer Ebene bereitgestellt werden, auf der sie nur geringe Externalitäten zwischen Regionen verursachen.[30] 33

Eine Zuweisung der Bereitstellungsaufgabe an eine höhere Ebene, die alle Nutzer und alle Finanzierer des Gutes einschließt, würde die Spillovers beseitigen.[31] Ob eine Aufgabe eher von zentraler oder eher von dezentralerer Ebene übernommen werden sollte, ist nach einem **Optimalitätskalkül** zu entscheiden: Überwiegen die Nachteile, die aus Spillovers entstehen, die Vorteile der dezentralen Bereitstellung? Alternativ zu einer Verlagerung der Bereitstellung auf die höhere Ebene kann die höhere Ebene so genannte „**Matching Grants**" an die Regionen zahlen: Für jeden Euro, den die Region für ein Gut einsetzt, das positive Externalitäten in andere Regionen ausstrahlt, zahlt die höhere Ebene der Region einen bestimmten Betrag.[32] 34

III. Horizontale fiskalische Externalitäten erschweren Umverteilung

Bereits 1972 wies *Oates* darauf hin, dass ein Wettbewerb der Regionen um Unternehmen zu ineffizient **niedriger Unternehmensbesteuerung** führen könnte.[33] Dieser Andeutung gingen in der Folgezeit zahlreiche Autoren nach.[34] Sie wiesen formal nach, dass in einer Volkswirtschaft, in der Regionen unkoordiniert ihre lokalen öffentlichen Güter (zumindest teilweise) durch Steuern auf vollkommen mobiles Kapital finanzieren, weniger lokale öffentliche Güter bereitgestellt werden, als wohlfahrtsoptimal wäre. 35

Wie sich bei genauerer Untersuchung des Modells von *Zodrow* und *Mieszkowski* zeigt, gilt dies nur unter bestimmten Bedingungen: Steht der Besteuerung eine entsprechende *Gegenleistung* gegenüber, so findet keine **Abwanderung** statt.[35] Dieser Befund spricht also nicht gegen eine dezentrale Bereitstellung öffentlicher Güter. 36

---

[30] Vgl. *Oates* (Fn. 9), S. 46 ff.

[31] Vgl. *Treier*, in: Sulyok-Pap/Wenzel (Hrsg.), Finanzwissenschaft in Transformationsländern, 2002, S. 22.

[32] Vgl. *Koppel/Lichtblau*, in: Institut der deutschen Wirtschaft Köln (Hrsg.), Föderalismus in Deutschland, 2007, S. 9 (26).

[33] Vgl. *Oates* (Fn. 9).

[34] Vgl. *Wilson*, Journal of Urban Economics 19 (1986), 296 ff. und *Zodrow/Mieszkowski*, Journal of Urban Economics 19 (1986), 356 ff. Weitere Autoren, die das Thema der Horizontalen Fiskalexternalitäten pionierhaft analysiert haben, sind *Arnott/Grieson* (1981), *Gordon* (1983), *Dahlby/Wilson* (1994), *Giovannini* (1990) und *Hoyt* (1991).

[35] Vgl. *Hafemann* (Fn. 7).

Fehlt hingegen eine ausreichend hohe Gegenleistung – handelt es sich also letztendlich um eine Art der *Umverteilung* –, so findet Abwanderung statt, mit zwei Konsequenzen: Erstens folgt daraus eine geschwächte gesamtwirtschaftliche Effizienz, zweitens eine – angesichts des externen Nutzens – zu geringe Höhe der Umverteilung. Zu groß erscheinen die Anreize für Arme und Reiche, sich je nach ihrer wirtschaftlichen Lage in stark oder gering umverteilende Regionen zu begeben und damit letztlich den Spielraum für Umverteilung zumindest deutlich zu mindern.

37   Will der Staat umverteilen, z. B. über Transferelemente wie das Arbeitslosengeld, die als staatliche Absicherung gegen Risiken dienen, so legt der obige Befund tendenziell eine zentrale Koordination der Transfers nahe. Auch weite Teile der Literatur halten die **Distributionsaufgabe** für eine Aufgabe, die auf zentraler Ebene angesiedelt werden sollte.[36] Bei dezentraler Umverteilung könne gar ein „**Race to the bottom**" bei den Transferzahlungen die Folge sein.[37] Dadurch breche letztendlich die dezentrale Umverteilungspolitik zusammen.[38]

38   Wie gesehen, gibt es jedoch auch Argumente dafür, staatliche Transfers dezentral durchführen zu lassen, wie z. B. die leichtere Erkennbarkeit und Sanktionierung von **Moral-Hazard-Verhalten** bei Transferempfängern oder eine bessere Erkennbarkeit ineffizienter Transfersysteme. Untersucht man modellhaft die Auswirkungen einer Einbeziehung eines Arbeitsmarktes und eines Wohnungsmarktes auf die Siedlungsentscheidung, so zeigt sich, dass die Abwanderungseffekte deutlich sinken.

39   Es gibt Erfahrungen aus Föderalstaaten, die zeigen, dass Einkommensumverteilung mit dezentralisierten Elementen funktionieren könnte. Dies mag daher rühren, dass Dezentralisierung die Entscheidungsmacht der Bürger über ihre Region stärkt, was die lokale Verwurzelung erhöht, die Mobilität der Individuen senkt und letztlich die Bereitschaft zu lokaler Umverteilung steigert.[39]

40   Möglicherweise ist daher eine Kombination aus zentralen und dezentralen Elementen der Umverteilung erfolgversprechend, wie sie bei der **schweizerischen Sozialhilfe** verwirklicht sind: Die Kantone sind in ihrer Gesetzgebung bezüglich der Sozialhilfe frei, orientieren sich dabei aber an einem Leitfaden einer nationalstaatlichen Kommission. Die Gemeinden haben Freiheiten in der Einzelfallprüfung der Anträge, die Kantone greifen nur in Streitfällen ein. Aufgrund ihrer Vorteile wie der besseren Beobachtbarkeit von Moral Hazard etc. ist eine solche „teildezentralisierte" Umverteilung durchaus bedenkenswert.[40]

---

[36] Vgl. *Kellermann*, in: Brücker (Hrsg.), Heidenheimer Schriften zur Regionalwissenschaft – August Lösch in Memoriam, Heft 15, 2000, S. 51 (60).

[37] Vgl. *Krueger*, NBER Working Paper 7456, 2000.

[38] Vgl. *Sinn*, European Economic Review, 1990, 489 ff.

[39] Vgl. für die Schweiz *Feld*, Public Choice 105 (2000), 125 ff. *Ashworth/Heyndels/Smolders*, Kyklos 55 Nr. 1 (2002), 27 ff. arbeiten heraus, dass die Bereitschaft der Individuen zur Umverteilung mit zunehmender Größe der umverteilenden Gebietskörperschaft sinkt.

[40] Vgl. *Lenk/Schneider*, in: Schmidt-Trenz/Fonger (Hrsg.), Bürgerföderalismus. Zukunftsfähige Maßstäbe für den bundesdeutschen Finanzausgleich, 2000; *Huber*, Journal of Public Economics 71 (1999), 441 ff.

IV. Ebenes Spielfeld durch fiskalische Gleichheit

Angenommen, in zwei benachbarten Gebietskörperschaften sei die Steuergesetzgebung hinsichtlich Bemessungsgrundlage, Steuersätzen etc. identisch. In beiden Regionen existieren proportionale Steuern (beispielsweise eine Einkommensbesteuerung), und die Steuererträge verbleiben voll in der Gebietskörperschaft. Ein Bürger mit dem Einkommen Y wird dann in beiden Gebietskörperschaften die gleiche Steuerlast zu tragen haben.[41]

41

Der Bürger unterläge in beiden Regionen der gleichen Besteuerung und müsste an die Gebietskörperschaft den Betrag T entrichten. Der „Rückfluss" an öffentlichen Leistungen an dieses Wirtschaftssubjekt ist hingegen (zumindest in seiner monetär bewertbaren Höhe) möglicherweise ungleich: Lebt der Bürger in einer Region mit relativ reichen Mitbürgern zusammen, so ist der Rückfluss höher als in einer Gebietskörperschaft, die von ärmeren Mitbürgern bewohnt wird. Alternativ wird ein Individuum in einer „reichen" Region für ein bestimmtes Niveau an lokalen öffentlichen Gütern einen geringeren Steuersatz zahlen müssen als dasselbe Individuum in einer ärmeren Region, da es vom Wohlstand seiner Mitbürger profitiert. Das sogenannte **„fiskalische Residuum"**, das sich für ein Individuum aus der Differenz der durchschnittlichen Leistungen der Gebietskörperschaften und seiner individuellen Steuerzahlung ergibt, ist ungleich.[42] Gleiche Individuen werden also je nach Wohnort ungleich behandelt.

42

In der Realität ist Einkommen bzw. Vermögen räumlich nicht gleich verteilt. Es gibt z. B. in Deutschland Regionen mit höherem Einkommen als andere. So lag das Bruttoinlandsprodukt pro Einwohner im Jahr 2008 z. B. in Bayern bei 35.530 €, in Thüringen nur bei 21.875 €.[43] Diese erheblichen Unterschiede haben Auswirkungen auf die Finanzkraft (pro Person) der Länder (vor dem Finanzausgleich).

43

---

[41] Y steht hier für das Einkommen. Generell geht es hier um Bemessungsgrundlagen, bei denen die Elastizität des Steuerbetrags hinsichtlich der Höhe der Bemessungsgrundlage größer als Null ist. Dies umfasst Steuern mit regressiven, proportionalen und progressiven Steuersätzen. Z steht hier für Bemessungsgrundlagen, bei denen die Elastizität des Steuerbetrags hinsichtlich der Höhe der Bemessungsgrundlage gleich Null ist (zum Beispiel eine Kopfsteuer). Vgl. *Blankart*, Öffentliche Finanzen in der Demokratie, 2008, S. 171 ff.

[42] Hier ist die implizite Annahme herauszustellen, dass sich der Nutzen der Ausgaben einer Region gleichmäßig auf die in ihr wohnenden Wirtschaftssubjekte verteilt. Dies ist in der Realität natürlich nicht der Fall. Einzelne Wirtschaftssubjekte können von den politischen Entscheidungsträgern der Gebietskörperschaft bevorzugt werden und auch in einer „ärmeren" Region ein hohes fiskalisches Residuum erhalten. Dafür müssen jedoch andere Wirtschaftssubjekte in dieser Region benachteiligt werden. Insgesamt ändert sich nichts an der Richtigkeit der Aussage, dass sich Wirtschaftssubjekte in ihrer Gesamtheit tendenziell eher für eine Ansiedlung in „reicheren" Regionen entscheiden.

[43] *Statistische Ämter der Länder*, Bruttoinlandsprodukt, Bruttowertschöpfung in den Ländern und Ost-West-Großraumregionen Deutschlands 1991 bis 2008, auf www.vgrdl.de, 2009.

44　Berechnet man die Steuereinnahmen der Länder als die Ländersteuern[44] plus den Anteil der Länder an der Einkommen- und der Körperschaftsteuer sowie den Anteil der Länder an der Umsatzsteuer, der hier proportional nach Einwohnerzahl der Länder verteilt wird, dann liegen die ostdeutschen Länder bei ca. 60 bis 70 % der durchschnittlichen Finanzkraft und sind damit die finanzschwächsten Regionen. Finanzstärkstes Land ist durchgängig Hamburg mit 140 bis 155 % des Durchschnitts. Zu beachten ist, dass die proportionale Verteilung des Anteils der Länder an der Umsatzsteuer nach der Einwohnerzahl der Länder die Finanzkraft bereits deutlich nivelliert.[45] Trotzdem treten immer noch **erhebliche Unterschiede in der Finanzkraft der Länder** auf, das finanzstärkste und das finanzschwächste Land unterscheiden sich um etwa 80 Prozentpunkte in ihrer Finanzkraft.

45　Welche Auswirkungen hat dieses Phänomen nun auf **die räumliche Allokation**? Es wäre wohlfahrtsoptimal, wenn sich Individuen bei ihrer Wohnortwahl an dem Nutzen orientieren, denen ihnen ein Wohn- und Arbeitsort bietet. Dies schließt das Einkommen, welches sie dort erzielen können, mit ein. Ist jedoch der Unterschied zwischen den fiskalischen Residuen groß genug, so werden Individuen sich möglicherweise nicht für den Ort, an dem sie den höchsten privaten Nutzen erzielen können, entscheiden. Stattdessen wählen sie einen anderen Ort, nämlich den, an dem die Summe aus fiskalischem Residuum und privatem Nutzen höher liegt.[46]

46　Dies verzerrt die **räumliche Faktorallokation** und kann zu Ineffizienzen der Standortwahl führen, da Individuen in ärmeren Regionen Anreize haben, in reiche Regionen zu ziehen, ohne dass dies einen gesamtwirtschaftlichen Vorteil brächte.[47] Für sie ergibt sich dieser Anreiz aus einer Art Trittbrettfahren, das ihnen durch die hohen Steuerzahlungen ihrer reichen Nachbarn ermöglicht wird.[48] Wünschenswert wäre im Sinne der **räumlichen Allokationseffizienz**, wenn sich die Individuen nicht aufgrund des Reichtums ihrer (potentiellen) Mitbürger für eine Region entscheiden würden, sondern aufgrund des Nutzens, den sie durch eigene Aktivitäten dort erzielen können, und aufgrund der Tatsache, dass dort öffentliche Güter bereitgestellt werden, die in Umfang, Art und Preis ihren Präferenzen entsprechen.

47　Dies wäre tendenziell dann gewährleistet, wenn das fiskalische Residuum eines Bürgers in allen Regionen gleich hoch wäre. Genau dies ist beim *Buchanan'schen*

---

[44] Dazu gehören die Vermögensteuer, die Erbschaftsteuer, die Kraftfahrzeugsteuer, die Biersteuer, die Rennwett- und Lotteriesteuer mit Ausnahme der Totalisatorsteuer, die Feuerschutzsteuer und die Spielbankabgabe mit Ausnahme der Sonderabgabe und der Troncabgabe. Siehe dazu §7 des Gesetzes über den Finanzausgleich zwischen Bund und Ländern in der Version vom 7.3.2007.

[45] In der Realität wird der Länderanteil der Umsatzsteuer anders verteilt. Einen Teil des Länderanteils an der Umsatzsteuer, höchstens jedoch 25 %, erhalten diejenigen Länder als so genannte Ergänzungsanteile, deren Einnahmen aus der Einkommensteuer, der Körperschaftsteuer und den Landessteuern je Einwohner unterhalb des Länderdurchschnitts liegen, wobei ein linear-progressiver Auffüllungstarif verwendet wird. Der Rest des Länderanteils an der Umsatzsteuer, also mindestens 75 %, wird nach der Einwohnerzahl verteilt.

[46] Vgl. *Nourse*, Regional Economics – A Study in the Economic Structure, Stability and Growth of Regions, 1968, S. 232.

[47] Vgl. *Buchanan*, American Economic Review 40 (1950), 583 ff.

[48] Vgl. *Oates*, Studies in Fiscal Federalism, 1991, S. 25 ff.

„**Prinzip der fiskalischen Gleichheit**" der Fall. Bei Geltung dieses Prinzips haben die Gebietskörperschaften pro Bürger einen gleich hohen Betrag zur Verfügung, um öffentliche Leistungen bereitzustellen.

E. Sinnvolle Verteilung von Kompetenzen im föderalen Staat

I. Bereitstellung landesweit wirksamer öffentlicher Güter

Es gibt gewichtige Argumente dafür, dass der Bund ebenso staatliche Aufgaben übernimmt wie die untergeordneten Gebietskörperschaften. Klar ist, dass öffentliche Güter mit nationaler Wirkung vom Bund bereitgestellt werden sollten. Um Trittbrettfahrerverhalten von Regionen zu vermeiden, sollte das Gut von der höchsten Staatsebene bereitgestellt werden. Die Kompetenzen, über die Art und Höhe der Bereitstellung nationaler öffentlicher Güter zu entscheiden (**Entscheidungskompetenz bzw. Gesetzgebungskompetenz**), sind daher auf nationaler Ebene anzusiedeln.

48

Es gibt keinen sachlichen Grund, weswegen die Durchführung dieser Bereitstellung des Gutes (z. B. der Landesverteidigung) nicht auch vom Bund übernommen werden sollte. Im Gegenteil, würde die Durchführungskompetenz auf eine niedrigere Ebene verlagert, könnte es zu Prinzipal-Agenten-Problemen kommen. Die **Durchführungskompetenz** (bzw. Verwaltungskompetenz) sollte daher beim Bund angesiedelt sein.

49

Die Pflicht, diese Aufgabe zu finanzieren (**Finanzierungspflicht**), sollte ebenso beim Bund liegen, um gewissermaßen „politökonomische Allmendeprobleme" zu vermeiden. Zwar wäre letztendlich der Kreis der Nutzer und der Zahler auch dann identisch, wenn alle Länder die Finanzierung tragen müssten, da alle Bundesbürger zur Finanzierung herangezogen würden. Die politischen Entscheidungsträger des Bundes sähen jedoch das ihnen zur Verfügung stehende Budget durch die Ausweitung der Bereitstellung nicht eingeschränkt. Sie könnten den Nutzen aus der Ausweitung – persönliche Befriedigung aus der Umsetzung subjektiv wichtiger Projekte sowie möglicher Ansehensgewinn bei den Bürgern aufgrund höherer Leistungen – ziehen, ohne die Kosten der Reduktion des zur Verfügung stehenden Budgets tragen zu müssen.

50

Zur Finanzierung des Budgets – möglicherweise in sich ändernder Höhe – benötigt der Bund auch die Kompetenz, die notwendigen Steuereinnahmen per Gesetz zu generieren und den Ertrag einzunehmen (**Einnahmenkompetenz**).[49]

51

---

[49] Es wird angenommen, Gesetzgebungs- und Ertragshoheit seien stets bei derselben Gebietskörperschaft angesiedelt. Die Ansiedlung der drei Kompetenzen bei derselben Gebietskörperschaft ist mit der Ziel-Mittel-Träger-Regel zu begründen. Dazu siehe *Grossekettler*, in: Schmidt-Trenz/Stober (Hrsg.), Jahrbuch Recht und Ökonomik des Dritten Sektors 2005/2006: Der Dritte Sektor im 21. Jahrhundert – Auslauf- oder Zukunftsmodell?, 2006, S. 13 (626).

II. Bereitstellung lokaler öffentlicher Güter

52 Bei Gütern mit lokaler Wirkung ist zu differenzieren: Unter fiskalföderalen Aspekten sollte die zentralstaatliche Ebene um so eher die Bereitstellung übernehmen, je ähnlicher sich die regionalen Präferenzen sind, je mehr Skaleneffekte der Bereitstellung sich erzielen lassen und je höher die Spillover-Effekte der Bereitstellung eines Gutes sind (und Verhandlungen zwischen den Regionen nicht zum Erfolg führen). Andersherum gesagt: Sind Skaleneffekte und Spillovers gering, so spricht Vieles dafür, die Bereitstellung lokaler öffentlicher Güter auch lokal durchführen zu lassen: die bessere Anpassbarkeit an lokale Präferenzen, die Möglichkeit für die Bürger, in Regionen zu wandern, die andere, für sie bessere, Steuer-Güter-Bündel anbieten, die Möglichkeit, von zahlreichen lokalen Bereitstellungsprozessen die effizientesten zu identifizieren und nachzuahmen, und die verbesserten politökonomischen Anreize für Politiker und Bürger.

53 Zur Bereitstellung benötigen die Regionalregierungen ausreichende Kompetenzen, um lokal gültige Gesetze zu erlassen, um die Bereitstellung an lokalen öffentlichen Gütern den lokalen Bedürfnissen anpassen zu können und um Steuersätze festzulegen und Steuern zu erheben (welche idealer Weise den Nutzen aus den bereitgestellten Gütern widerspiegeln). **Entscheidungskompetenz und Durchführungskompetenz** müssen also bei der Region angesiedelt sein.

54 Zu beachten ist, dass Dezentralisierung nur dann zu effizienten Bereitstellungsniveaus führt, wenn die Bedingung der **fiskalischen Äquivalenz** erfüllt ist: Die lokalen öffentlichen Güter sollen von denjenigen – und nur von denjenigen – finanziert werden, die diese lokalen öffentlichen Güter in Anspruch nehmen. Die **Finanzierungspflicht** sollte also allein bei der Region liegen. Nur dann werden ihre Bürger den Nutzen dieser lokalen öffentlichen Güter exakt gegen die Kosten, die sie verursachen, abwägen. Würde z. B. das Budget für lokale öffentliche Güter von der Zentralregierung bereitgestellt, dann hätten die Einwohner jeder Region den Anreiz, für eine vermehrte Bereitstellung von lokalen öffentlichen Gütern zu kämpfen, denn davon profitierte nur ihre Region, die Kosten trügen jedoch alle Regionen.[50] Es handelt sich dann um ein Allmendeproblem zwischen Gebietskörperschaften. Es wäre inkohärent, einer Region die Kompetenz zur Bereitstellung von lokalen öffentlichen Gütern zuzuteilen, ihr gleichzeitig aber nicht die Möglichkeit zu geben, ihre Einnahmen entsprechend anzupassen. Die **Einnahmenkompetenz** sollte also ebenfalls in der Hand der Region liegen.

55 Die Ansiedelung der vier genannten Kompetenzen in einer Hand ermöglicht die Wahrung des **Kongruenzprinzips**. Will eine Region lokale öffentliche Güter finanzieren, so sollte sie darauf achten, Steuern von denjenigen Wirtschaftssubjekten zu erheben, die die lokalen öffentlichen Güter auch tatsächlich als Gegenleistung empfinden. Will die Gebietskörperschaften nicht bewusst umverteilen, so sollte sie insbesondere vermeiden, mobile Wirtschaftssubjekte zu besteuern, ohne ihnen eine

---

[50] Vgl. *Oates* (1972), S. 13.

Gegenleistung in Form präferenzgerechter lokaler öffentlichen Güter zu bieten. Erfolgt diese Gegenleistung, so ist die Besteuerung des mobilen Wirtschaftssubjektes in der Regel unproblematisch. Stellt eine dezentrale Ebene beispielsweise Güter bereit, welche die lokale Produktivität des (mobilen) Kapitals steigern, so sollte sie Kapital entsprechend besteuern. Tun dies alle Regionen, so führt dies zu einer effizienten Kapitalallokation.[51]

III. Transfers

Im Fall mancher **Sozialleistungen** (z. B. der Arbeitslosenunterstützung oder der Sozialhilfe) gibt es Gründe dafür, die Entscheidung über und die Finanzierung von Sozialleistungen dezentral anzusiedeln, etwa eine Steigerung der Effizienz und der Zielgenauigkeit von Sozialleistungen wie dem Einkommensersatz für Arbeitslose. Andererseits sind dann die Anreize für die Individuen signifikant, sich je nach ihrer persönlichen Situation in stark oder gering umverteilenden Regionen niederzulassen. Aufgrund dieses Trade-Offs ist möglicherweise eine Kombination aus zentralen und dezentralen Elementen der Umverteilung Erfolg versprechend. 56

Im Falle dieser Sozialleistungen sollte die **Entscheidungskompetenz** auf einer relativ hohen Ebene angesiedelt sein. Der Zentralstaat hat über die Existenz oder Nichtexistenz eines Umverteilungsinstruments und über seine grundsätzliche Ausrichtung und Höhe zu entscheiden. So könnte beispielsweise der Bund ein Rahmengesetz zu den Sozialleistungen vorgeben, innerhalb dessen Grenzen die Länder eigene Regelungen vornehmen könnten, die wiederum den Gemeinden einen gewissen Spielraum lassen. Die **Durchführungskompetenz** sollte im Bereich der Sozialleistungen, bei denen Moral-Hazard-Verhalten droht, grundsätzlich auf der niedrigsten staatlichen Ebene liegen, da Moral-Hazard-Verhalten hier am leichtesten beobachtbar ist und die Kenntnisse über lokale Verhältnisse, z. B. auf dem Arbeitsmarkt, am höchsten sein dürften. Letztendlich ist auch die Durchführung von Sozialtransfers mit gewissen Entscheidungskompetenzen verbunden: Zwar muss der Sachbearbeiter Gesetz und Vorschrift achten, aber er entscheidet in Grenzfällen, ob ein Individuum transferberechtigt ist oder nicht. 57

Können also mehrere Ebenen das Ausmaß der Umverteilung beeinflussen, sollten auch all diese Ebenen zur Finanzierung herangezogen werden. Insbesondere die lokale Ebene sollte nicht vollständig aus ihrer **Finanzierungspflicht** entlassen werden, 58

---

[51] In dieser Arbeit werden allein Steuern als Finanzierungsinstrumente betrachtet. Selbstverständlich könnten Regionen zur Finanzierung von Kollektivgütern statt dessen (an den Grenzkosten orientierte) Gebühren und – falls die Gebühren nicht ausreichen – Beiträge erheben. Um auch einkommensschwächeren Individuen die Zahlung dieser Beiträge und Gebühren zu ermöglichen, könnte der Zentralstaat im notwendigen Maße umverteilen. Diese Konstellation wäre mit erheblichen Vorteilen verbunden, da dann viele in dieser Arbeit genannten Probleme einer dezentralen Bereitstellung nicht aufträten, vgl. *Grossekettler* (Fn. 49). Als Konsequenz daraus wäre ein Finanzausgleich zwischen Gebietskörperschaften unnötig. Ein solches System schlug auch *Oates* (Fn. 9) vor. Es hat unzweifelhaft viele Vorteile. Aufgrund der Beschränkung dieser Arbeit auf das Finanzierungsinstrument der Steuern wird dieses System jedoch nicht weiter verfolgt.

denn so hat sie einen Anreiz, Missbrauch der Transferleistungen zu erkennen oder Arbeitssuchenden einen neuen Arbeitsplatz zu vermitteln. Sowohl dezentrale als auch zentrale Ebene müssen Steuern erheben, um den von ihnen zu tragenden Teil der Kosten an den Sozialleistungen zu decken, jede Ebene benötigt dementsprechend eine ausreichende **Einnahmenkompetenz**. Die zentrale Ebene kann relativ problemlos derartige Non-Benefit-Steuern erheben, denn dort wird diese Art der Steuererhebung aufgrund der Größe der Gebietskörperschaft wesentlich weniger Wanderungen und interjurisdiktionale Verzerrungen hervorrufen. Den Regionen können unterschiedliche Konzentrationen des Sozialhilfebezugs pro Einwohner unterschiedliche Finanzierungsbedarfe verursachen, die ceteris paribus unterschiedlich hohe Steuersätze erfordern, welche – bei mobilen Steuerobjekten – Wanderungen provozieren, die mit Blick auf eine effiziente Allokation möglichst zu vermeiden sind. Daher sollten die Regionen immobile Steuergegenstände zur Finanzierung von Transfers heranziehen. Sie können sich nicht durch Wanderung der Besteuerung entziehen. Grund und Boden, per definitionem immobil, sind dafür besonders geeignet.[52]

IV. Finanzkraftausgleich

59 Wie oben skizziert, ist fiskalische Gleichheit ein anzustrebendes Ziel. Fiskalische Gleichheit könnte entweder dadurch erreicht werden, dass die Regionen Kopfsteuern erheben (eine recht unwahrscheinliche Option) oder dadurch, dass die Gebietskörperschaften aller Ebenen einen **Steuerverbund** bilden, dem sämtliche Steuererträge zufließen. Die daraus resultierende Finanzmasse wird nach einem festen Satz auf Bund und Regionen zugeteilt. Auf der Ebene der Regionen wird die Finanzmasse nach einem festen Schlüssel bedarfsorientiert zugeteilt, z. B. nach Größe der Wohnbevölkerung und der Anzahl der Arbeitnehmer. Interessanter Weise könnte man mit einem derartigen System in Deutschland annähernd die gleiche Einnahmenverteilung auf Bund und Länder erzielen wie mit dem heutigen zweistufigen Verfahren aus primärer Steuerverteilung und anschließendem Finanzausgleich. Der Steuerverbund hätte allerdings den Vorzug, die Mischverantwortung von Bund und Ländern bei der Steuergesetzgebung zu beenden. Bei höherem Finanzbedarf einzelner Länder wäre es diesen unbenommen, selbst bis zu einem gewissen Maße Steuern zu erheben.[53]

60 Eine weitere Möglichkeit, fiskalische Gleichheit zu erreichen ist, den Regionen zwar Erträge aus redistributiven Steuerquellen zuzugestehen, dann aber über einen **horizontalen Finanzausgleich** die Finanzausstattung pro Kopf auszugleichen.[54] Bei einem solchen Finanzausgleich sieht man sich einem **Trade-Off** gegenüber.[55]

---

[52] Vgl. *van Suntum*, in: K. Morath (Hrsg.), Reform des Föderalismus, 1999, S. 13 (20).

[53] Vgl. *Hafemann/van Suntum*, in: Wirtschaftsdienst, Heft 5 (2007), 319 ff.

[54] Vgl. *Oates* (Fn. 9).

[55] Zum Thema „fiskalische Gleichheit" siehe *Buchanan*, (Fn. 47), S. 583 ff.; *van Suntum*, Regionalpolitik in der Marktwirtschaft – Kritische Bestandsaufnahme und Entwurf eines alternativen Ansatzes am Beispiel der Bundesrepublik Deutschland, 1981, S. 102 ff. sowie *van Suntum* (Fn. 52), S. 19.

Einerseits ist eine Annäherung an fiskalische Gleichheit, wie oben dargestellt, effizienzsteigernd. Andererseits werden die Regierenden einer Region nur dann darauf bedacht sein, ihre Steuerbasis zu pflegen, etwa durch eine sinnvolle Bereitstellung öffentlicher Güter, wenn die Region einen ausreichenden Teil ihrer Steuereinnahmen behält.[56] Daher ist den Regionen ausreichend eigene Steuerkraft zuzuteilen, um deren Interesse zu stärken, lokales Wirtschaftswachstum zu fördern.

F. Die föderale Kompetenzzuweisung in Deutschland – Darstellung und Kritik

I. Entscheidungskompetenz

In Deutschland sind die Entscheidungskompetenzen im Grundgesetz derart gestaltet, dass es eigentlich die Länder sind, denen die Zuständigkeit für die Gesetzgebung zugesprochen wird, sofern das Grundgesetz nicht ausdrücklich den Bund für zuständig erklärt (Art. 71 bis 75 GG). Aufgrund der umfangreichen Inanspruchnahme seiner konkurrierenden Gesetzgebungskompetenzen (Art. 74 und 74 a GG) konnte der Bund im Laufe der Jahrzehnte – durchaus in Übereinstimmung mit den Ländern – Gesetzgebungskompetenzen auf breiter Front an sich ziehen, so dass den Ländern wenige Entscheidungskompetenzen bleiben, vor allem in den Bereichen (Hoch-)Schule und Polizei; den Kommunen bleiben Kompetenzen vor allem im Bereich der so genannten Daseinsvorsorge[57]. Relativiert wird diese **Zentralisierung** durch das Mitspracherecht der Länder bei einer beträchtlichen Anzahl von Gesetzen über den Bundesrat, das die Handlungsflexibilität und die eindeutige Zurechenbarkeit von Entscheidungen mindert.

61

Angesichts der zuvor erläuterten Vorteilhaftigkeit einer regionalen Bereitstellung regional wirksamer öffentlicher Güter erstaunt die starke Zentralisierung der Entscheidungskompetenzen in Deutschland. Offenbar ist der Bund an einer Kompetenzausweitung interessiert, die Länder hingegen geben Kompetenzen ab und vermeiden so föderalen Wettbewerb. Dies ist negativ zu beurteilen. Allerdings wurden im Rahmen der **Föderalismusreform I** die Rahmengesetzgebung des Bundes abgeschafft und die Anzahl der vom Bundesrat zustimmungspflichtigen Gesetze gesenkt, was einen Schritt in die richtige Richtung darstellt.

62

II. Durchführungskompetenz

Die Durchführungskompetenz wird vom Grundgesetz hingegen überwiegend den Ländern zugeordnet, sogar, wenn es sich um den Vollzug von Bundesgesetzen handelt

63

---

[56] Vgl. hierzu *Koppel/Lichtblau* (Fn. 32), S. 32 ff.
[57] Vgl. zur Grundlegung dieses Begriffs: *Forsthoff*, Der Staat als Leistungsträger, 1938.

(Art. 83 GG). Diese historisch gewachsene Besonderheit kann zu **Anreizproblemen** führen, falls der Agent (die Länder) die Gesetzgebung anders umsetzt als vom Prinzipal (Bund) erwartet. Exemplarisch sei auf die Steuererhebung, die die Länder im Auftrag des Bundes (bei Bundessteuern und Gemeinschaftssteuern) durchführen, verwiesen:

64 „Die **Eigeninteressen** [der Länder, d. Verf.] sind bestimmt – durch die Art des derzeitigen Finanzausgleichs, der sowohl Geber- als auch Nehmerländer veranlasst, die jeweils eigene Steuerkraft zu schonen, – von dem Streben, die landeseigene Wirtschaft mit Hilfe der Besteuerung zu fördern (...), – durch die Pflicht der Länder, den personellen und sachlichen Aufwand der Auftragsverwaltung der Steuern tragen zu müssen."[58] Dieses Eigeninteresse äußert sich in mangelndem Informationsaustausch zwischen den Ländern und mangelnder Zusammenarbeit der Finanzbehörden, in unzureichender sachlicher und personeller Ausstattung sowie organisatorischer Mängel der Steuerfahndung, in gescheiterten Projekten einer bundeseinheitlichen EDV zur Steuerverwaltung, in Fällen ungleichmäßiger (und damit wettbewerbsverzerrender) Besteuerung von Unternehmen und Privaten etc.[59]

65 Die **Steuerverwaltung** mag aufgrund des nivellierenden Finanzausgleichs und des daraus folgenden geringen zurechenbaren Nutzens für das einzelne Land ein Extrembeispiel sein. Es verdeutlicht nichtsdestotrotz die generellen Probleme eines Auseinanderfallens von Entscheidungs- und Durchführungskompetenz.

III. Finanzierungspflicht

66 Die Finanzierungspflicht ist im Rahmen des Lastenverteilungsgrundsatzes an die **Aufgabenzuständigkeit** geknüpft: Die Gebietskörperschaft, die eine Aufgabe erfüllen muss, muss sie auch finanzieren. Somit sind die Finanzierungsverantwortlichkeiten der unterschiedlichen föderalen Ebenen strikt getrennt. Allerdings gibt es Ausnahmen, wie die **Gemeinschaftsaufgaben** im Hochschulbau, im Küstenschutz u. a., bei denen es zur Verbesserung der Lebensverhältnisse als notwendig angesehen wird, dass der Bund sich beteiligt (Art. 91a GG). Die durch Art. 91b GG eröffnete Möglichkeit, bei Bildungsplanung und Forschungsförderung zusammenzuarbeiten, nutzen Bund und Länder weidlich aus. Zudem kann der Bund den Ländern **Investitionshilfen** gewähren, die entweder der Abwehr eines gestörten gesamtwirtschaftlichen Gleichgewichtes oder dem Ausgleich regional unterschiedlicher Wirtschaftskraft oder der Förderung des Wirtschaftswachstums dienen müssen – letztlich ein breiter Katalog an Legitimationsmöglichkeiten für Zuweisungen.

---

[58] *Bundesrechnungshof*, Bericht an den Rechnungsprüfungsausschuss des Haushaltsausschusses des Deutschen Bundestages, A-Drs. 153 (14. Wahlperiode), 2000.

[59] Vgl. *Bundesrechnungshof*, in: Der Präsident des Bundesrechnungshofes als Bundesbeauftragter für Wirtschaftlichkeit in der Verwaltung (Hrsg.), Schriftenreihe des Bundesbeauftragten für Wirtschaftlichkeit in der Verwaltung, Bd. 13, 2006, S. 118 ff.

Aufgrund des **Auseinanderfallens von Entscheidungs- und Durchführungskompetenz** wird ein weiterer Passus notwendig, der Transfers vom Bund zu den Ländern erlaubt: Gewährt der Bund privaten oder öffentlichen Empfangsberechtigten über Bundesgesetze, die von den Ländern ausgeführt werden, Geldleistungen, so kann er diese teilweise oder zur Gänze finanzieren (Art. 104a, Abs. 3 GG). Ebenso ist vorgesehen, dass der Bund den Verwaltungsaufwand der Länder trägt, der sich daraus ergibt, dass die Länder Bundesgesetze ausführen. Insgesamt machten 2005 die Zahlungen des Bundes an die Länder aufgrund der genannten Tatbestände 19,1 Mrd. € aus.[60]

Langfristig könnte die Einhaltung der Finanzierungspflicht einer Gebietskörperschaft dadurch gefährdet sein, dass diese Region sich übermäßig verschuldet und ihre Schuldenlast nicht mehr alleine tragen kann, woraufhin die anderen Gebietskörperschaften ihr eventuell finanziell beistehen müssten. In Deutschland ist dieser Beistand aufgrund des bündischen Prinzips geboten, wie auch die Entschuldungsbeihilfen an die Bundesländer Bremen und Saarland zeigten. Daher ist sowohl die Einführung eines Verteilungsschlüssels für Sanktionen der EU-Kommission aufgrund von übermäßiger (Neu-)Verschuldung des deutschen Staats im Zuge der Föderalismusreform I wie auch das Einziehen von **Neuverschuldungsgrenzen** (bei denen konjunkturelle Defizite erlaubt sind) für Bund und Länder im Zuge der Föderalismusreform II zu begrüßen.

IV. Einnahmenkompetenz

Die Steuereinnahme erfolgt in Deutschland in einem komplexen Geflecht aus Steuererhebung, Steuerertragsaufteilung und einem mehrstufigen Finanzausgleich. Es gibt sowohl **Trennsteuern**, deren Erträge allein einer föderalen Ebene zufließen, wie die Mineralölsteuer (Bund), die Grundsteuer (Kommunen) und die Erbschaftsteuer (Länder), als auch – die sehr ertragreichen – **Gemeinschaftssteuern**, die zwei Drittel des gesamten Steueraufkommen ausmachen und deren Aufkommen nach festen Quoten mehreren föderalen Ebenen zufließt. Gemeinschaftssteuern sind die Körperschaftsteuer, die Einkommensteuer und die Umsatzsteuer. Während bei den anderen Gemeinschaftssteuern der Verteilungsschlüssel (durch Art. 106 Abs. 3 GG) festgeschrieben ist, besteht bei der Umsatzsteuer Handlungsspielraum, um die Anteile von Bund und Ländern gelegentlich an sich unterschiedlich entwickelnde Bedarfe anpassen zu können.

Horizontal wird das Steueraufkommen auf Ebene der Länder nach einem Mischsystem verteilt, bei dem das **Prinzip des örtlichen Aufkommens** gilt, wobei Einkommen- und Körperschaftsteuer durch die Steuerkrafterlegung nach dem Betriebsstättenprinzip umverteilt werden. Mangels Zurechenbarkeit wird der Umsatzsteuerertrag proportional zur Einwohnerzahl der Länder verteilt, wobei ein Teil

---

[60] Vgl. *Brügelmann/Tröger*, in: Institut der deutschen Wirtschaft Köln (Hrsg.), Föderalismus in Deutschland, 2007, S. 45 (51).

des Umsatzsteuerertrages zum Vorwegausgleich genutzt wird, um die Finanzkraft pro Kopf der Länder bereits vor dem eigentlichen Finanzausgleich zu nivellieren. Der eigentliche **Finanzausgleich** ist ein komplexes System aus horizontalem Finanzausgleich und vertikalem Finanzausgleich mit horizontaler Wirkung (Bundesergänzungszuweisungen). Der Nivellierungseffekt ist enorm: Bereits nach den allgemeinen Bundesergänzungszuweisungen liegen die Flächenländer mit der geringsten Finanzkraft pro Kopf bei 97 % der durchschnittlichen Pro-Kopf-Finanzkraft, diejenigen mit der größten Finanzkraft pro Kopf liegen bei 105 %. Durch diese **Nivellierung** sinkt der Anreiz der Länder, die eigenen Steuerquellen zu pflegen, erheblich. Sonder-Bundesergänzungszuweisungen nivellieren diese Unterschiede weiter und ändern teilweise auch die Reihenfolge der Länder hinsichtlich ihrer Pro-Kopf-Finanzkraft.[61]

71 Damit ergibt sich letztendlich ein hochkomplexes System aus Trennsteuern, Verbundsteuern und Finanzkraftausgleich, welches den einzelnen föderalen Ebenen kaum die Möglichkeit gibt, den Steuerertrag an ihren Finanzbedarf anzupassen, denn dazu sind die Trennsteuern zu wenig ergiebig. Zudem hat der Bund (zumeist mit Zustimmungsbedarf des Bundesrats) aufgrund von Art. 72 Abs. 2 GG auch bei den Länder- und Gemeindesteuern die Gesetzgebungskompetenz. Die untergeordneten Gebietskörperschaften verfügen somit mit Ausnahme der Grunderwerbsteuer (Länder) und der Hebesätze der Realsteuern (Kommunen) über keine nennenswerte Autonomie in der Steuerpolitik.

72 Diese Verflechtungen schwächen die Einnahmenkompetenz von Ländern und Kommunen deutlich. Wenn eine föderale Ebene ihren Steuerertrag nur mit der Zustimmung einer anderen föderalen Ebene signifikant an sich wandelnde Bedürfnisse anpassen kann, so wird dadurch die Anpassung extrem verzögert; dies hat zur Folge, dass – sollte einmal der Finanzierungsbedarf rasch steigen – die Länder kaum die Möglichkeit haben, erhebliche Neuverschuldung zu vermeiden. Auch die Zurechenbarkeit von Verantwortlichkeiten wird erheblich verwässert, und der wünschenswerte Wettbewerb um das effizienteste Steuer-Güter-Bündel wird zumindest auf der Steuerseite unmöglich. Eine größere **Einnahmenautonomie** der föderalen Ebenen ist daher erforderlich. Mögliche Wege dorthin wären Zu- und Abschlagsrechte für ertragreiche Steuern für die Länder und Kommunen sowie die Überlassung der Gesetzgebungskompetenz der Ländersteuern an die Länder und der Gemeindesteuern an die Kommunen.[62]

73 Auch beim Länderfinanzausgleich bestünde noch Potential zur Verbesserung. Der weiter oben dargestellte Trade-Off zwischen den Anreizen zur Pflege der Steuerquellen und der fiskalischen Gleichheit kann abgeschwächt werden, wenn man sich vor Augen führt, dass es weniger die absolute Höhe der Finanzkraft einer Region ist, die von einem Politiker beeinflusst werden kann, sondern die Veränderung der Finanzkraft in der Zukunft. Man kann einen erheblichen horizontalen Finanzkraftausgleich

---

[61] Zurzeit werden Sonder-Bundesergänzungszuweisungen für folgende Tatbestände gezahlt: Zur Deckung von teilungsbedingten Sonderlasten, zum Ausgleich von Sonderlasten durch die strukturelle Arbeitslosigkeit und wegen überdurchschnittlich hoher Kosten politischer Führung.

[62] Vgl. *Brügelmann/Tröger* (Fn. 60), S. 74.

und hohe fiskalische Grenzanreize für Politiker miteinander kombinieren, indem man ein Transfersystem entwirft, welches die Zuwächse an Steuerkraft den Regionen belässt. Das dazu notwendige **Modell für einen bundesstaatlichen Finanzausgleich** muss ein möglichst hohes absolutes Finanzkraft-Ausgleichsmaß anstreben, unter der Nebenbedingung, den Ländern einen großen Teil des Zuwachses (oder Verlustes) an Finanzkraft selbst zu überlassen. Als Beispiel kann man ein Modell heranziehen, in dem ein Land die Zuwächse an Finanzkraft, die es im Vergleich zur Finanzkraft von vor 6 Jahren erzielt hat, zu sechzig Prozent behalten darf. Vierzig Prozent des Zuwachses fließen proportional nach Bevölkerungszahl an die anderen Länder. Der Abstand des Steuerertrags des Landes von vor sechs Jahren zum durchschnittlichen Steuerertrag von vor sechs Jahren wird sogar zu 97 % ausgeglichen. In einer Simulationsrechnung für die deutschen Bundesländer zeigt sich, dass ein solches Modell trotz des Eigenbehalts von 60 % eine deutliche Nivellierung ermöglicht. So lag (in den sieben Jahren von 2001 bis 2007, die mit den vorliegenden Daten simuliert werden konnten) das finanzkraftschwächste Land je nach Jahr bei 92 bis 97 % der durchschnittlichen Finanzkraft pro Einwohner. Das finanzkraftstärkste Land lag je nach Jahr bei 103 bis 113 %.[63] Das sehr hohe Maß an **Finanzkraftnivellierung**, das in der Realität in Deutschland durch den Länderfinanzausgleich und vor allem die nachfolgenden allgemeinen Bundesergänzungszuweisungen erreicht wird, ist durch die hier vorgestellte Formel allerdings nicht zuwege zu bringen. Es ist ohnehin fraglich, ob eine derart starke Nivellierung aus ökonomischer Sicht notwendig ist. Es ist nicht unplausibel, dass Unterschiede der Finanzkraft pro Kopf von zehn bis 15 Prozentpunkten von den Individuen nur sehr unvollständig wahrgenommen werden und nur für wenige Bürger für die Wohnortwahl entscheidend sein werden.

Ein solcher Finanzausgleich ist durchaus in einem System anwendbar, in dem die Regionen über ihre lokalen Steuersätze entscheiden können. Dazu bietet sich ein Modell nach Art des in Kanada zur Anwendung kommenden „**Representative Tax System**" an. Dort entspricht die Finanzausgleichseinzahlung oder -auszahlung einer Region der Differenz zwischen den durchschnittlichen Steuererträgen der Regionen pro Kopf und dem Steuerertrag, den die Region erzielen könnte, wenn sie den regionalen Durchschnittssteuersatz erheben würde.[64] Letztlich ist hier nicht der Steuerertrag, sondern die Bemessungsgrundlage (multipliziert mit einem durchschnittlichen Steuersatz oder – alternativ – einem von der höheren Ebene vorgegebenen Steuersatz) die entscheidende Größe. Allerdings hat dieses Modell den Nachteil, den beteiligten Gebietskörperschaften Anreize zu allzu hohen Steuersätzen zu geben. Wird nämlich in einer Region eine Bemessungsgrundlage sehr hoch besteuert, und sinkt infolge dessen die Bemessungsgrundlage, so wird dieser Verlust an Steuerkraft durch den Finanzausgleich in erheblichem Maße ausgeglichen.[65]

---

[63] Vgl. *Hafemann*, (Fn. 7). Eine Stadtstaatenveredelung wurde in der Modellrechnung nicht vorgenommen, wäre aber problemlos integrierbar.

[64] Vgl. *Smart*, The Canadian Journal of Economics 31/1 (1998), 189 ff.

[65] Vgl. zu dieser Kritik ebenfalls *Smart* (Fn. 64).

Schrifttum

A. A. *Alchian*, Uncertainty, Evolution and Economic Theory, in: Journal of Political Economy 58 (1950), 211 ff.
G. *Arikan*, Fiscal Decentralization: A Remedy for Corruption?, in: International Tax and Public Finance 11/2 (2004), 175 ff.
J. *Ashworth/B. Heyndels/C. Smolders*, Redistribution as a local public good: An empirical test for Flemish municipalities, in: Kyklos 55 Nr. 1 2002, 27 ff.
C. B. *Blankart*, Öffentliche Finanzen in der Demokratie, 2008
W. *Block*, Public Goods and Externalities: The Case of Roads, in: The Journal of Libertarian Studies 7/1 1983, 1 ff.
G. *Brennan/J. M. Buchanan*, The Power to Tax: Analytical Foundations of a Fiscal Constitution, 1980
R. *Brügelmann/M. Tröger*, Die deutsche Finanzverfassung, in: Institut der deutschen Wirtschaft Köln (Hrsg.), Föderalismus in Deutschland, 2007, S. 45 ff.
J. M. *Buchanan*, Federalism and Fiscal Equity, in: American Economic Review 40 (1950), 583 ff.
M. *Careaga/B. R. Weingast,* Fiscal federalism, Good Governance and Economic Growth in Mexico, in: D. Rodrik (Hrsg.), In Search of Prosperity, 2003, S. 399 ff.
R. H. *Coase*, The Theory of the Firm, in: Economica (New Series) 4, 1937, 386 ff.
R. D. *Cooter*, The Optimal Number of Governments for Economic Development, in: O. Azfar/C. A. Cadwell (Hrsg.), Market-Augmenting Government: The Institutional Foundations for Prosperity, 2003
D. *Dickertmann/S. Gelbhaar*, Finanzverfassung und Finanzausgleich – Ökonomische Grundfragen und methodische Konzepte, in: WISU, Heft 4, 1996, 385 ff.
A. *Downs*, An Economic Theory of Democracy, 1957
R. *Eichenberger*, Steuerwettbewerb – Lehren aus der Schweiz, in: H.-J. Schmidt-Trenz/M. Fonger (Hrsg.), Bürgerföderalismus. Zukunftsfähige Maßstäbe für den bundesdeutschen Finanzausgleich, 2000
T. *Ellingsen*, Externalities and Internalities: A Model of Political Integration, in: Journal of Public Economics 68 (1998), 251 ff.
M. *Erlei/M. Leschke/D. Sauerland*, Neue Institutionenökonomik, 2007
R. *Fisman/R. Gatti*, Decentralization and corruption: evidence across countries, in: Journal of Public Economics 83/3 (2002), 325 ff.
L. P. *Feld*, Tax Competition and Income Redistribution: An Empirical Analysis for Switzerland, in: Public Choice 105 (2000), 125 ff.
E. *Forsthoff*, Der Staat als Leistungsträger, 1938
M. *Fritsch/T. Wein/H. Ewers*, Marktversagen und Wirtschaftspolitik, 2007
H. *Grossekettler*, Verbände zwischen Markt und Staat aus finanzwissenschaftlicher Sicht, in: H.-J. Schmidt-Trenz/R. Stober (Hrsg.), Jahrbuch Recht und Ökonomik des Dritten Sektors 2005/2006: Der Dritte Sektor im 21. Jahrhundert – Auslauf- oder Zukunftsmodell?, 2006, S. 13 ff.
ders., Öffentliche Finanzen, in: Vahlens Kompendium der Wirtschaftstheorie und Wirtschaftspolitik, Bd. 1, 2007, S. 561 ff.
K. *Hafemann*, Auswirkungen dezentralen staatlichen Handelns und daraus abgeleitete Empfehlungen für eine Finanzverteilung im föderalen Staat, 2007
ders./U. van Suntum, Effizienter Steuerverbund statt korrigierender Finanzausgleich, in: Wirtschaftsdienst, 87. Jahrgang, Heft 5 (2007), 319 ff.
B. *Holmstrom/J. Tirole*, The Theory of the Firm, in: R. Schmalensee/R. D. Willig (Hrsg.), Handbook of Industrial Organization 1, 1989, S. 61 ff.

§14 Öffentliche Güter, Wettbewerb, Kompetenzverteilung

B. Huber, Tax Competition and Tax Coordination in an Optimum Income Tax Model, in: Journal of Public Economics 71 (1999), 441 ff.

R. P. Inman/D. L. Rubinfeld, Rethinking Federalism, in: Journal of Economic Perspectives 11 (1997), 43 ff.

K. Kellermann, Die Rolle interregionaler Finanztransfers im Wettbewerbsföderalismus, in: J. Brücker (Hrsg.), Heidenheimer Schriften zur Regionalwissenschaft – August Lösch in Memoriam, Heft 15, 2000, S. 51 ff.

K. Kollman/J. H. Miller/S. E. Page, Decentralization and the Search for Policy Solutions, in: Journal of Law, Economics and Organization 16 (2000), 102 ff.

O. Koppel/K. Lichtblau, Föderalismustheorie: Ökonomische Kriterien für die Konstruktion eines föderalen Systems, in: Institut der deutschen Wirtschaft Köln (Hrsg.), Föderalismus in Deutschland, 2007, S. 9 ff.

A. B. Krueger, From Bismarck to Maastricht: The March to European Union and the Labour Compact, NBER Working Paper 7456, 2000

T. Lenk/F. Schneider, Grundzüge der föderalen Finanzverfassung aus ökonomischer Perspektive – Trennsystem versus Mischsystem, in: H.-J. Schmidt-Trenz/M. Fonger (Hrsg.), Bürgerföderalismus. Zukunftsfähige Maßstäbe für den bundesdeutschen Finanzausgleich, 2000

R. A. Musgrave/P. B. Musgrave/L. Kullmer, Die öffentlichen Finanzen in Theorie und Praxis – Bd. 1, 1994

H. O. Nourse, Regional Economics – A Study in the Economic Structure, Stability and Growth of Regions, 1968

W. E. Oates, Fiscal Federalism, 1972

ders., (Hrsg.), Studies in Fiscal Federalism, 1991

ders., An Essay on Fiscal Federalism, in: Journal of Economic Literature 37/3 (1999), 1120 ff.

Y. Qian/B. R. Weingast, Federalism as a Commitment to Preserving Market Incentives, in: Journal of Economic Perspectives 11 (1997), Nr. 4, 83 ff.

Renzsch, Kompetenzzuordnung und Finanzverantwortung – Eine Vorbemerkung und zehn Thesen, in: H.-J. Schmidt-Trenz/M. Fonger (Hrsg.), Bürgerföderalismus. Zukunftsfähige Maßstäbe für den bundesdeutschen Finanzausgleich, 2000

S. Rose-Ackerman, Risk-Taking and Reelection: Does Federalism Promote Innovation?, in: Journal of Legal Studies 9 (1980), 593 ff.

P. A. Samuelson, The pure theory of public expenditure, in: The Review of Economics and Statistics 36/4 (1954), 387 ff.

J. Schnellenbach, Dezentrale Finanzpolitik und Modellunsicherheit: Eine theoretische Untersuchung zur Rolle des fiskalischen Wettbewerbs als wissengenerierender Prozess, 2004

A. Shah, Balance, Accountablity and Responsiveness: Lessons about Decentralization. World Bank Working Paper Nr. 2021, 1997

H.-W. Sinn, Tax Harmonization and Tax Competition in Europe, in: European Economic Review 34 (1990), 489 ff.

M. Smart, Taxation and Deadweight Loss in a System of Intergovernmental Transfers, in: The Canadian Journal of Economics 31/1 (1998), 189 ff.

U. van Suntum, Regionalpolitik in der Marktwirtschaft – Kritische Bestandsaufnahme und Entwurf eines alternativen Ansatzes am Beispiel der Bundesrepublik Deutschland, 1981

ders., Die Idee des wettbewerblichen Föderalismus, in: K. Morath (Hrsg.), Reform des Föderalismus, 1999, S. 13 ff.

C. M. Tiebout, A Pure Theory of Local Expenditures, in: Journal of Political Economy 64 (1956), 416 ff.

V. Treier, Steuerwettbewerb in Reformländern Mittel- und Osteuropas: Transitorisch oder permanent?, in: M. Sulyok-Pap/H.-D. Wenzel (Hrsg.), Finanzwissenschaft in Transformationsländern, 2002

D. Treisman, The Causes of Corruption: A Cross-National Study, in: Journal of Public Economics 76 (2000), 399 ff.

J. D. Wilson, A Theory of Interregional Tax Competition, in: Journal of Urban Economics 19 (1986), 296 ff.

G. R. Zodrow/P. Mieszkowski, Pigou, Tiebout, Property Taxation and the Underprovision of Local Public Goods, in: Journal of Urban Economics 19 (1986), 356 ff.

Teil III
Der Föderalismus und die Bundesstaatlichkeit

§15 Steuerungsprobleme und die Modernisierung bundesstaatlicher Ordnung

Hans-Jürgen Papier

Inhalt

A. Vorbemerkung 361
B. Steuerungsprobleme der bundesstaatlichen Ordnung Deutschlands 362
    I. Bewährung eines Konzepts 362
    II. Reformbedarf der bundesstaatlichen Ordnung Deutschlands 364
C. Lösungsansätze 377
    I. Weitere Stärkung der Gesetzgebungsbefugnisse der Länderparlamente 377
    II. Rückführung der gesamtstaatlichen Schuldenlast 378
    III. Frage der Länderneugliederung 379
    IV. Senat statt Bundesrat? 381
    V. Subsidiarität und Föderalismus bei der Abstimmung über europäisches Sekundärrecht 383
D. Resümee 385
Schrifttum 385

A. Vorbemerkung[1]

Der Föderalismus ist ein **weltweites Phänomen**. Die föderal aufgebauten Staaten umfassen rund 40 % der Weltbevölkerung.[2] Und so unterschiedlich wie die dort zu lösenden Probleme sind, so unterschiedlich ist auch die Ausgestaltung

---

[1] Bei der Abfassung des Manuskripts wurde der Autor von seinem damaligen wissenschaftlichen Mitarbeiter beim BVerfG, Herrn Regierungsdirektor *Dr. Amadeus Hasl-Kleiber*, tatkräftig unterstützt.

[2] *Anderson,* Föderalismus, 2008, S. 13.

H.-J. Papier (✉)
Lehrstuhl für Öffentliches Recht, insbesondere Deutsches und Bayerisches Staats- und Verwaltungsrecht sowie öffentliches Sozialrecht, Ludwig-Maximilians-Universität München, Ludwigstr. 28/RG, 80539 München
E-Mail: ls.papier@jura.uni-muenchen.de

der verschiedenen föderalen Strukturen. Es ist deshalb auf der einen Seite notwendig, rechtsvergleichend Gemeinsamkeiten und Unterschiede herauszuarbeiten, so dass auf der Basis derartiger Erkenntnisse und empirischer Beobachtungen auch eine abstrakte staatstheoretische Betrachtung und Beurteilung des Phänomens „Föderalismus" erfolgen kann. Auf der anderen Seite erfordern aber jede einzelne föderale Verfassungsordnung und ihre historische Entwicklung auch eine eigenständige Betrachtung[3] und es können gerade aus einer Darstellung auch der Details der Probleme, Problemlösungs- und Reformansätze in den **Einzelrechtsordnungen** wertvolle allgemeine Erkenntnisse für den Föderalismus als solchen gezogen werden. Die nachfolgenden Überlegungen zur Modernisierung bundesstaatlicher Ordnung beschränken sich deshalb auf die bundesstaatliche Ordnung Deutschlands.

B. Steuerungsprobleme der bundesstaatlichen Ordnung Deutschlands

I. Bewährung eines Konzepts

2 Praktisch hat sich der Föderalismus seit der Nachkriegszeit in Deutschland summa summarum bewährt. Es wurden Strategien für so unterschiedliche Länder wie beispielsweise Bayern, Hessen und Nordrhein-Westfalen mit ihren völlig divergierenden und historisch keineswegs homogenen und konstanten wirtschaftlichen Rahmenbedingungen herausgearbeitet (Stichworte: Ablösung der Landwirtschaft als dominanter bayerischer Wirtschaftszweig, Ende des Kohleabbaus im Ruhrgebiet; Flughafen Frankfurt a. M.). Nicht zuletzt die Wiedervereinigung wäre in dieser Form und Schnelligkeit kaum möglich gewesen, wenn nicht anstelle der früheren DDR die neuen Länder Teil der Bundesrepublik Deutschland geworden wären.[4] Insgesamt hat der Föderalismus als **Prinzip staatlicher Einheitsbildung**, der seit den Zeiten des Heiligen Römischen Reiches zum historischen Erbe Deutschlands und zum Kernbestand deutscher Staatlichkeit gehört, von der *Bismarck'schen* Reichsgründung über den Wiederaufbau deutscher Staatlichkeit nach 1945 bis hin zur Wiedervereinigung Deutschlands unschätzbare Dienste geleistet und leistet sie immer noch.[5]

3 Rechtlich ist die **Eigenstaatlichkeit von Bund und Ländern** in Deutschland dabei eine tragende Säule der grundgesetzlichen Ordnung – sie wird in Art. 79 Abs. 3 GG mit einer „Ewigkeitsgarantie" versehen. Für eine föderale Verfassungsordnung gibt es gute Argumente, insbesondere das Argument der Verhinderung von Machtmissbrauch infolge der Machtverteilung zwischen den Ebenen, den Aspekt

---

[3] Vgl. *Stern*, Das Staatsrecht der Bundesrepublik Deutschland, Band I, 2. Auflage, 1984, S. 647 f. (§19 I 1 c)).

[4] Vgl. *Kilian*, in: Isensee/Kirchhof (Hrsg.), Handbuch des Staatsrechts, Bd. I, 3. Aufl. 2003, §12, Rn. 63 ff.

[5] Zur historischen Entwicklung vgl. bspw. *Funk*, Föderalismus in Deutschland – Von den Anfängen bis heute, 2008.

besserer Möglichkeiten **demokratischer Partizipation** der Bürger[6] und nicht zuletzt das Argument einer gegenüber einem Zentralstaat erhöhten Anpassungsfähigkeit an Veränderungen in Teilräumen[7].

Gerade der Aspekt der erhöhten **Anpassungsfähigkeit** der bundesstaatlichen Ordnung ist dabei nicht nur eine Frage der Pragmatik, sondern hat auch rechtlichen Gehalt. Er steht nämlich in Beziehung zum grundgesetzlichen „Konzept der Freiheit". Dieses Konzept ist eine Antwort des Grundgesetzes auf die Frage, wie Staat und Gesellschaft möglichst gute Lösungen für die sich wandelnden Lebensbedingungen finden können. Offenkundig sind eine zentrale Steuerbarkeit durch die menschliche Zivilisation und eine Determinierbarkeit des wirtschaftlichen und gesellschaftlichen Lebens eine Illusion. Deshalb sollte eine Verfassung alle Kräfte und alle Potentiale, die es den Menschen ermöglichen, mit der veränderlichen Welt zurecht zu kommen und ihr Leben selbst in die Hand zu nehmen, in den Vordergrund stellen und nicht von vorgegebenen oder vorzugebenden Lösungen ausgehen. Auch das Bundesverfassungsgericht hat bereits in seinem KPD-Urteil aus dem Jahr 1956 festgestellt, dass sich das Grundgesetz gegen die Idee einer determinierten Staats- und Gesellschaftsordnung zugunsten eines gesellschaftlichen Prozesses und einer Politik des „trial and error" ausgesprochen hat, die durch die ständige gegenseitige Kontrolle und Kritik die beste Gewähr für eine (relativ) richtige politische Linie gibt[8]. Die grundgesetzliche Ordnung ist also im wahrsten Sinne eine „offene".

Die Wirksamkeit des grundgesetzlichen Modells des politischen „**trial and error**" hat eine Verbindung auch zum Prinzip der Bundesstaatlichkeit. Denn der tiefere Sinn des Föderalismus ist ja gerade, dass für bestimmte Themen eben zu erwarten ist, dass die (relativ) richtigere politische Entscheidung nicht auf der weiträumigeren und notwendig stärker aggregiert vorgehenden Ebene, sondern auf der kleinräumigeren, regionalen Ebene gefunden und (weiter)entwickelt werden kann, für die nicht zuletzt auch das Wahlvolk dieser kleinräumigeren Ebene besonders sachkundig ist. Darin äußert sich ein allgemeiner Aspekt der **Gewaltenteilung**. Gewaltenteilung dient nämlich nicht nur der gegenseitigen Kontrolle der staatlichen Gewalten, sondern vor allem auch der Suche nach einer möglichst sachgerechten und effizienten Lösung von Problemen.[9] Schon von daher bedeutet sie keine Schwächung, sondern eine Stärkung des Staates in seiner Gesamtheit. Dieser Aspekt spricht für das Konzept des Föderalismus, ist aber gleichzeitig auch ein Maßstab, an dem sich die Ausgestaltung der bundesstaatlichen Ordnung messen lassen muss.

---

[6] *Stern* (Fn. 3), S. 658. (§19 II 2); vgl. auch *Wrede,* FAZ v. 13.09.2008 (Nr. 215), S. 13.

[7] *Bauer*, in: Dreier (Hrsg.), Grundgesetz, 2. Auflage, 2006, Art. 20, Rn. 21.

[8] BVerfGE 5, 85 (135).

[9] Vgl. BVerfGE 68, 1 (86) – Nato-Doppelbeschluss; BVerfGE 98, 218 (251 f.) – Rechtschreibreform.

II. Reformbedarf der bundesstaatlichen Ordnung Deutschlands

6   Trotz der konzeptionellen und verfassungsrechtlichen Stärke des bundesstaatlichen Gedankens und seiner historischen Erfolge hat die kluge Idee des Föderalismus in der öffentlichen Debatte keinen leichten Stand. Diese wird vorrangig bestimmt durch den Wunsch nach möglichst **einheitlichen Lebensverhältnissen** und damit durch das eher unitarische Prinzip des Sozialstaats. Wenn es um die Sicherungen persönlicher Freiheit geht, stehen heute die rechtsstaatliche Bindung der Staatsgewalt sowie der Schutz der Bürger durch Grundrechte und durch eine sie durchsetzende Verfassungsgerichtsbarkeit im Vordergrund; demgegenüber tritt die – keineswegs überholte – ethische Begründung von Föderalismus und Subsidiarität als Sicherungen persönlicher Freiheit gegen eine übermächtige Zentralmacht in den Hintergrund.

7   Ausgehend von diesem ernüchternden Befund lassen sich gegen die gegenwärtige Ausgestaltung der bundesstaatlichen Ordnung in Deutschland mehrere Kritikpunkte vorbringen, die ohne Berücksichtigung einiger historischer Entwicklungen des deutschen Föderalismus nicht erklärbar sind. Vorweg kann diese Entwicklung in groben Zügen[10] so gekennzeichnet werden, dass sich der deutsche Föderalismus von einer anfangs eher dualistischen Prägung, die die Eigenständigkeit der Verfassungsräume von Bund und Ländern und die Eigenstaatlichkeit der Länder betonte, zu einer **unitarisch**[11]**-kooperativen Staatsform** gewandelt hat. Nimmt man die Europäische Union hinzu, so sind die staatlichen Aufgaben und Kompetenzen heute auf drei föderative Ebenen – Länder, Bund und Europa – verteilt, zugleich aber auf vielfältige Weise miteinander verzahnt und verflochten. Verschiedene Faktoren hatten dazu beigetragen, dass sich in diesem komplexen System des **„Verbundföderalismus"** erhebliche Verflechtungen und hinsichtlich der Mitwirkung des Bundesrates an der Gesetzgebung des Bundes auch Blockademöglichkeiten etabliert hatten.[12] Diese Blockademöglichkeiten wurden allerdings nur in bestimmten politischen Konstellationen sichtbar, wobei insbesondere die häufig voneinander abweichenden parteipolitischen Mehrheitsverhältnisse in Bundestag und Bundesrat, die Brisanz der inhaltlichen Regelungsaufgaben sowie die jeweilige wirtschaftliche Prosperität des Staates von Belang waren. Durch die 2006 in Kraft getretene und vor allem wegen der regierenden großen Koalition möglich gewordene Föderalismusreform I[13] sollte im Wege der Verfassungsänderung vor allem eine **Entflechtung** von Bundes- und Landeskompetenzen erfolgen.[14] Eine abschließende Evaluation dieser wichtigen Reform ist derzeit noch nicht möglich – bislang liegen nur Zwischenergebnisse

---

[10] Details bspw. bei *Kluth* in: ders. (Hrsg.), Föderalismusreformgesetz – Einführung und Kommentierung, 2007, S. 43 ff.

[11] Vgl. zum Begriff bereits *Hesse,* Der unitarische Bundesstaat, 1962.

[12] Vgl. zur Situation vor der Föderalismusreform I bspw. *Huber*, Deutschland in der Föderalismusfalle?, 2003.

[13] Gesetz zur Änderung des Grundgesetzes (Artikel 22, 23, 33, 52, 72, 73, 74, 74a, 75, 84, 85, 87c, 91a, 91b, 93, 98, 104a, 104b, 105, 107, 109, 125a, 125b, 125c, 143c) vom 28. August 2006, BGBl. I S. 2034.

[14] Vgl. *Kluth* (Fn. 10), S. 54.

vor.[15] Nachfolgend werden einige historische Entwicklungen exemplarisch dargestellt und die Änderungen durch die Föderalismusreform I im Zusammenhang mit dem jeweiligen Phänomen behandelt.

1. „Hochzonung" staatlicher Aufgaben im Mehrebenensystem

Eine erste signifikante Entwicklung des Föderalismus in Deutschland besteht darin, dass sich Politik und Rechtsetzung stetig von den niedrigeren auf höhere Ebenen verlagert haben. Das gilt sowohl für das Verhältnis zwischen Bund und Ländern als auch für das Verhältnis zwischen der Europäischen Union und ihren Mitgliedstaaten. Die *„Hochzonung" von Aufgaben* beruht zum einen auf förmlichen Veränderungen im Verfassungsgefüge. Innerstaatlich sind neue Kompetenzen für den Bund im Wege der Verfassungsänderung begründet worden. In noch größerem Maße haben vertragliche Kompetenzübertragungen von den Mitgliedstaaten auf die Europäische Union stattgefunden. Zu diesen förmlichen Änderungen kommt hinzu, dass bestehende konkurrierende Gesetzgebungszuständigkeiten nahezu vollständig von der jeweils höheren Ebene an sich gezogen und ausgeschöpft wurden. Schon seit längerem verlagern sich also Politik und Rechtsetzung zunehmend von den kleinräumigeren auf die weiträumigeren, von den „unteren" auf die „höheren" Ebenen. Weder das **Subsidiaritätsprinzip** noch – innerstaatlich – die Bedürfnis- bzw. Erforderlichkeitsklausel des Art. 72 Abs. 2 GG haben bisher einen wirksamen Schutz zugunsten der jeweils niedrigeren Regelungsebene vermitteln können.

8

a) Nationale Perspektive: Die bis 1994 gültige sog. **Bedürfnis-Klausel** des Art. 72 Abs. 2 GG hatte den Ländern im Ergebnis nur einen äußerst geringen Schutz gegenüber dem Zugriff des Bundesgesetzgebers vermittelt. Das Bundesverfassungsgericht hatte die Entscheidung darüber, ob für die bundesgesetzliche Regelung eines Sachverhalts ein „Bedürfnis" besteht, bekanntlich als eine Frage des politischen Ermessens angesehen, das nur in begrenztem Umfang einer gerichtlichen Überprüfung zugänglich sei.[16]

9

Mit der 1994 erfolgten und bis 2006 gültigen Umwandlung des Art. 72 Abs. 2 GG[17] in eine sog. **Erforderlichkeits-Klausel** sowie mit der Einrichtung eines speziellen verfassungsgerichtlichen Verfahrens gemäß Art. 93 Abs. 1 Nr. 2a GG sollte demgegenüber die Position der Länder und insbesondere die der Landesparlamente gestärkt werden. Das Bundesverfassungsgericht hatte dem in mehreren Urteilen[18]

10

---

[15] Vgl. nur die Antwort der Bundesregierung auf die Große Anfrage der Abgeordneten Ernst Burgbacher, Dr. Volker Wissing, Dr. Max Stadler, weiterer Abgeordneter und der Fraktion der FDP, BT-Drs. 16/6499 vom 02.04.2008, S. 2 (Absatz 2).

[16] Bspw. BVerfGE 2, 213 – Straffreiheitsgesetz; BVerfGE 4, 115 – Besoldungsgesetz NRW; BVerfGE 10, 234 – Platow-Amnestie; BVerfGE 33, 224 – Bauordnung NRW.

[17] Gesetz zur Änderung des Grundgesetzes (Art. 3, 20a, 28, 29, 72, 74, 75, 76, 77, 80, 87, 93, 118a und 125a) vom 27. Oktober 1994, BGBl. I S. 3146.

[18] Bspw. BVerfGE 106, 62 – Altenpflegegesetz; BVerfGE 110, 141 – Kampfhunde; BVerfGE 111, 10 – Ladenschlussänderungsgesetz -; BVerfGE 112, 226 – Studiengebühren.

Rechnung getragen und in Art. 72 Abs. 2 GG eine in vollem Umfang justitiable Bestimmung gesehen. Doch ist der Anwendungsbereich dieser strenger ausgelegten Erforderlichkeitsklausel durch die 2006 in Kraft getretene Föderalismusreform I seinerseits auf eine enumerativ begrenzte Reihe von Gesetzgebungsmaterien begrenzt und damit der Bund von dieser Schranke insoweit – wieder – entlastet worden.

11 Herzstück der Föderalismusreform I war zweifellos die **Neuordnung der Gesetzgebungskompetenzen**[19]. Die überkommene Kompetenzordnung des Grundgesetzes wurde in vier wesentlichen Aspekten überarbeitet: Erstens wurde die Rahmengesetzgebung nach Art. 75 GG a. F. abgeschafft. Zweitens wurden Gebiete der früheren Rahmengesetzgebung sowie der konkurrierenden Gesetzgebung in die ausschließliche Zuständigkeit von Bund oder Ländern überführt. So ist etwa den Ländern die ausschließliche Zuständigkeit für das Versammlungsrecht und den Strafvollzug zugewachsen, während der Bund beispielsweise die ausschließliche Zuständigkeit für das Melde- und Ausweiswesen (Art. 73 Abs. 1 Nr. 3 GG) hinzugewonnen hat. Drittens wurden einige Kompetenztitel der konkurrierenden Gesetzgebung – wie bereits erwähnt – von der Erforderlichkeitsklausel des Art. 72 Abs. 2 GG freigestellt, die als solche aber unverändert blieb. Und schließlich wurde viertens dieser den Bund begünstigende teilweise Wegfall des Erforderlichkeitskriteriums zugunsten der Länder kompensiert durch das dem deutschen Staatsrecht bislang fremde Institut der Abweichungsgesetzgebung nach Art. 72 Abs. 3 GG. Die Länder erhalten hierdurch auf bestimmten Gebieten der konkurrierenden Gesetzgebung das Recht, in Ausnahme von der überkommenen Grundregel des Art. 31 GG von einem bestehenden Bundesgesetz abzuweichen und eigene, andere Regelungen zu treffen.

12 Die Abschaffung der Rahmengesetzgebung sowie die eindeutige Zuweisung ausschließlicher Kompetenztitel sind jedenfalls strukturell uneingeschränkt zu begrüßen und bedürfen keiner weiteren Erläuterung. Sie reduzieren den Bereich der Gemengelage der verschiedenen bundesstaatlichen Ebenen und damit die Felder des Beteiligungs- oder Exekutivföderalismus. Dagegen bestehen begründete Zweifel, ob man dies auch für die beiden anderen Punkte des Reformwerkes sagen kann. Die neuen Absätze 2 und 3 des Art. 72 GG sind in dieser Hinsicht als problematisch zu bezeichnen. Alles in allem ist den Errungenschaften der schon als „Jahrhundertreform" bezeichneten Föderalismusreform I mit einer gewissen Skepsis zu begegnen. Eine dauerhafte **Entflechtung** der Normebenen und Verantwortungsbereiche zwischen Bund und Ländern ist gerade im Bereich der Gesetzgebungszuständigkeiten nicht recht zu erkennen. Es besteht auch Anlass zu der Befürchtung, dass die neue Abweichungsgesetzgebung der Länder zu einem Normenwirrwarr führen kann, wenn denn seitens der Länder von dieser Möglichkeit tatsächlich in nennenswertem Umfang Gebrauch gemacht werden würde.

13 b) **Europäische Perspektive:** Die aus dem Verhältnis zwischen Bund und Ländern bekannte Ausschöpfung konkurrierender Gesetzgebungszuständigkeiten wiederholt sich im Übrigen im europäischen Rahmen, dort im Verhältnis zwischen der Union und ihren Mitgliedstaaten.

---

[19] Ausführliche Kommentierung der Änderungen des Art. 72 GG bei *Uhle* in: Kluth (Hrsg.), Föderalismusreformgesetz – Einführung und Kommentierung, 2007, S. 110 ff.

aa) Die schon im nationalen Recht häufig nicht einfache Frage der thematischen Konkretisierung der jeweils zugewiesenen Gesetzgebungsmaterien wird im Bereich der Union noch deutlich komplizierter. Insbesondere mit der praktisch äußerst wichtigen **Harmonisierungskompetenz** des Art. 114 AEUV[20] (ex-Artikel 95 EGV) steht der Gemeinschaft eine Normsetzungskompetenz zur Verfügung, die ja gerade nicht thematisch begrenzt ist, sondern ihre Grenzen allein funktional aus der Zielsetzung der Binnenmarktrichtung heraus erfährt. Hinzu kommt, dass der EuGH schon vor dem Inkrafttreten des Vertrags von Lissabon am 1. Dezember 2009[21] und unabhängig davon Kompetenzen der früheren EG großzügig zulasten der intergouvernementalen Zusammenarbeit ausgelegt und so – im Hinblick auf das dadurch ggf. entfallende Gebot der Einstimmigkeit (Art. 34 Abs. 2 Satz 2 EUV a. F.) – auch den über Art. 23 GG[22] vermittelten Einfluss der Länder auf das Beschlussverfahren im Rat geschwächt hat.[23] Ohne auf die intensive Folgediskussionen[24] zu dieser Judikatur und die Frage ihrer Relevanz auch nach dem Inkrafttreten des Vertrags von Lissabon hier näher eingehen zu können, gilt es doch, bei jeder zusätzlichen Veränderung der Unions- oder Gemeinschaftskompetenzen die Dynamik dieses an den Gemeinschaftszielen orientierten Konzepts zu berücksichtigen. Denn auch der Vertrag von Lissabon hat diese zielorientierte Grundstruktur der Kompetenzen der EU dem Grundsatz nach beibehalten.

14

bb) Das europarechtliche Subsidiaritätsprinzip[25], obwohl vielfach als Eingrenzungsmechanismus beschworen, hatte sich dabei nach früherer Rechtslage und in der bisherigen Praxis als wenig effektiv erwiesen, trotz der seit langem bestehenden Beteiligungsrechte des Bundesrates[26]. Zwar begründete bereits Art. 5 EG das Prinzip der **Subsidiarität des Gemeinschaftshandelns**, erwähnte die regionale und lokale Ebene aber jedenfalls nicht ausdrücklich; eine Verbindung zu den Ländern und den Kommunen ließ sich nur mittelbar herstellen über die in der Präambel zum EU-Vertrag und in Art. 1 Abs. 2 EU betonte „**Bürgernähe**".[27] Zwar hatte auch nach

15

---

[20] In der konsolidierten Fassung des Vertrags von Lissabon, ABl. EU C 115 vom 09.05.2008, S. 1 ff.

[21] Vgl. Art. 6 des Vertrags von Lissabon, ABl. EU C 306 vom 17.12.2007, S. 1 ff. (135).

[22] In Verbindung mit dem damaligen Gesetz über die Zusammenarbeit von Bund und Ländern in Angelegenheiten der Europäischen Union vom 12. März 1993, BGBl. I S. 2098.

[23] EuGH, Urteil vom 13.09.2005, Rs. C-176/03, Rn. 55, NStZ 2008, 702 – Umweltstraftaten; EuGH, Urteil vom 23.10.2007, Rs. C-440/05, Rn. 58 und 66, NStZ 2008, 703 (704) – Bekämpfung der Seeverschmutzung durch Schiffe; siehe auch EuGH, Urteil vom 10.02.2009, Rs. C-306/06, Vorratsdatenspeicherung (Richtlinie 2006/24/EG).

[24] Vgl. auf europäischer Ebene insbesondere die Mitteilung der Kommission vom 23.11.2005, KOM/2005/0583 endg., sowie die Entschließung des Europäischen Parlaments vom 14.06.2006, ABl. C 300 E v. 09.12.2006, S. 255 ff; vgl. aus der jüngeren Literatur (m.w.N.) *Zimmermann*, NStZ 2008, 662 ff.

[25] Vgl. Präambel EU-Vertrag und Art. 5 Abs. 3 EUV n.F.; vgl. auch Art. 5 Abs. 2 des früheren EG-Vertrages.

[26] Vgl. Art. 23 Abs. 2, Abs. 4, Abs. 5 und Abs. 6 GG.

[27] Vgl. *Callies*, Europarecht – Über die Köpfe von Ländern und Kommunen hinweg?, 2005 (Schriftenreihe des Niedersächsischen Städtetages, Heft 33), S. 5–7 m.w.N.

früherer Rechtslage die EU die nationale Identität der Mitgliedstaaten zu achten[28], doch ließ sich daraus kaum eine unmittelbare Bindung der Gemeinschaftsorgane an nationale Verfassungsprinzipien ableiten[29]. Vielmehr war es vornehmlich Sache der Bundesrepublik, die Eigenstaatlichkeit der Länder und die kommunale Selbstverwaltungsgarantie in jedes einzelne Verfahren auf EU-Ebene als ihr eigenes Anliegen einfließen zu lassen. Dabei hatten auch die Voten des „**Ausschusses der Regionen**"[30] keinerlei verbindliche Wirkung gegenüber den EU-Organen, der Ausschuss hatte in der europäischen Gesetzgebung kein Initiativrecht und er vertrat die keineswegs homogenen Interessen sowohl der lokalen Gebietskörperschaften – also der Kommunen – als auch der „regionalen Gebietskörperschaften", worunter sowohl die deutschen Bundesländer als auch beispielsweise die französischen „Départments" fallen. Das führte zu einer großen Heterogenität und zu schwierigen Einigungsprozessen.[31]

16   cc) Es bleibt abzuwarten, inwieweit der **Vertrag von Lissabon** dem Subsidiaritätsprinzip – gerade aus der Perspektive der deutschen Bundesländer – in Zukunft zu größerer Wirksamkeit verhelfen wird:

Anzuerkennen ist jedenfalls, dass er einige der beschriebenen Probleme im Hinblick auf **Subsidiarität und Mitsprache der Länder** an der EU-Gesetzgebung aufgegriffen hat und eine Reihe interessanter Änderungen vorsieht: So wird in Art. 5 Abs. 3 EUV n. F. ausdrücklich auch die regionale und lokale Ebene erwähnt und es wird eine ganze Reihe verfahrensrechtlicher Sicherungsmechanismen geschaffen, von der frühzeitigen Unterrichtung des Bundestages und des Bundesrates[32] (einschließlich der Möglichkeit einer direkten Subsidiaritätsrüge des Bundesrates gegenüber EU-Organen[33]), über die Einführung einer Klagemöglichkeit sowohl des Bundesrates[34] als auch des Ausschusses der Regionen hinsichtlich der Subsidiarität

---

[28] Art. 6 Abs. 3 EUV a.F.
[29] Vgl. *Callies* (Fn. 27) S. 8 m.w.N.
[30] Art. 263 ff. EG-Vertrag.
[31] Vgl. *Callies* (Fn. 27), S. 11 m.w.N.
[32] Vgl. Art. 8 i.V.m. Art. 1–7 des Protokolls Nr. 1 über die Rolle der nationalen Parlamente in der Europäischen Union zum Vertrag von Lissabon; hierzu auch §13 Integrationsverantwortungsgesetz (IntVG) vom 22.09.2009, BGBl. I S. 3022, in der Fassung des Art. 1 des Gesetzes zur Umsetzung der Grundgesetzänderungen für die Ratifizierung des Vertrags von Lissabon vom 01.12.2009, BGBl. S. 3822 sowie §9 und Anlage zu §9 des Gesetzes über die Zusammenarbeit von Bund und Ländern in Angelegenheiten der Europäischen Union (EUZBLG) vom 12.03.1993, BGBl. I, S. 313, 1780, in der Fassung des Art. 1 des Änderungsgesetzes vom 22.09.2009, BGBl. 3031; vgl. zur neuen Begleitgesetzgebung auch *Nettesheim*, NJW 2010, 177 ff.
[33] So ausdrücklich auch §11 Abs. 2 Integrationsverantwortungsgesetz (IntVG).
[34] Vgl. Art. 23 Abs. 1a GG in der Fassung des Art. 1 des Änderungsgesetzes vom 08.10.2008, BGBl. I, S. 1926 und Art. 5 Abs. 3 EU-Vertrag (in der konsolidierten Fassung des Vertrags von Lissabon) i.V.m. Art. 8 Abs. 1 des Protokolls Nr. 2 über die Anwendbarkeit der Grundsätze der Subsidiarität und der Verhältnismäßigkeit zum Vertrag von Lissabon; hierzu §12 Integrationsverantwortungsgesetz (IntVG) vom 22.09.2009, BGBl. I S. 3022, in der Fassung des Art. 1 des Gesetzes zur Umsetzung der Grundgesetzänderungen für die Ratifizierung des Vertrags von Lissabon vom 01.12.2009, BGBl. S. 3822.

im Namen der Regionen und lokalen Behörden[35] bis hin zu einem Anhörungsrecht „repräsentativer Verbände"[36], was für die kommunalen Spitzenverbände von Interesse sein dürfte.[37]

Allerdings ist der **Ausschuss der Regionen**, in dem nicht nur die Länder, sondern auch die Kommunen vertreten sind[38], nach wie vor nur ein „beratendes" Gremium[39] ohne eigenes Initiativrecht bei der Normsetzung und er vertritt nach wie vor die Interessen „regionaler Gebietskörperschaften" nicht im spezifisch föderalen Sinne, so dass auch in Zukunft mit einer großen Heterogenität von Interessen und schwierigen Einigungsprozessen gerade auch im Hinblick auf Subsidiaritätsklagen des Ausschusses der Regionen zu rechnen ist.

17

Auch im Bereich des **Frühwarnsystems**, also der direkten Einbindung u. a. des Bundesrates in die EU-Gesetzgebungsverfahren, wird sich erst erweisen müssen, ob die für Subsidiaritätsprüfung und ggf. begründete Stellungnahme zur Verfügung stehenden acht Wochen einen praktisch ausreichenden Zeitraum darstellen. Dabei sind die europäischen Gesetzgebungsorgane an diese Stellungnahme im weiteren Rechtsetzungsprozess grundsätzlich nicht gebunden (bloße Berücksichtigungspflicht). Eine förmliche Überprüfung des monierten Vorhabens ist erst dann geboten, wenn ein Drittel bzw. bei Fragen der justiziellen Zusammenarbeit und der inneren Sicherheit ein Viertel der nationalen Parlamente die Subsidiaritätsrüge erhoben hat.[40]

18

Demgegenüber stärkt die neue – wie gezeigt auch dem Bundesrat zustehende – Verfahrensart der **Subsidiaritätsklage** die Rolle nicht nur des Bundestages (und damit der parlamentarischen Opposition), sondern auch der Bundesländer. Aus föderaler Sicht wird sich allerdings auch bei dieser Neuerung die praktische Wirksamkeit erst noch erweisen müssen – eine gewisse Skepsis ist angebracht. Zum einen ist die nachlaufende gerichtliche Kontrolle immer nur der zweitbeste Weg, um einen Missstand zu beheben. Zum anderen wird abgewartet werden müssen, ob der Europäische Gerichtshof den Maßstab seiner Prüfung bei Subsidiaritätsklagen auf die vielfach vorgelagerten – und letztlich oft entscheidenden – Kompetenzfragen überhaupt erstreckt oder ob er sich auf die reine Überprüfung der Subsidiaritätskriterien beschränkt, was gerade die gröbsten Zuständigkeitsanmaßungen aus dem

19

---

[35] Vgl. Art. 5 Abs. 3 EU-Vertrag (in der konsolidierten Fassung des Vertrags von Lissabon) i.V.m. Art. 8 Abs. 2 des Protokolls Nr. 2 über die Anwendbarkeit der Grundsätze der Subsidiarität und der Verhältnismäßigkeit zum Vertrag von Lissabon.

[36] Art. 11 Abs. 1 EU-Vertrag in der konsolidierten Fassung des Vertrags von Lissabon.

[37] Vgl. *Zimmermann*, KommJur 2008, 41 ff. (46).

[38] Vgl. §14 Abs. 2 Satz 2 des Gesetzes über die Zusammenarbeit von Bund und Ländern in Angelegenheiten der Europäischen Union (EUZBLG) in der Fassung des Änderungsgesetzes vom 22.09.2009 (BGBl. S. 3031).

[39] Vgl. Art. 300 Abs. 3 EUV n.F.

[40] Vgl. insoweit Art. 4, Art. 6, Art. 7 des Protokolls Nr. 2 zum Vertrag von Lissabon über die Anwendung der Grundsätze der Subsidiarität und der Verhältnismäßigkeit.

Anwendungsbereich der Subsidiaritätsklage herausnähme.[41] Und schließlich bleibt abzuwarten, ob die bloße Einführung der neuen Verfahrensart der Subsidiaritätsklage dazu führen wird, dass der Europäische Gerichtshof seine im Bereich Begrenzung der EU-Normsetzungskompetenzen bislang recht zurückhaltende Rechtsprechung auch inhaltlich ändern wird.

20   Zusammenfassend lässt sich festhalten, dass trotz einer Stärkung des Subsidiaritätsgedankens auch der Vertrag von Lissabon nichts Grundlegendes an der inneren, zielorientierten Dynamik der Entwicklung hin zu einer „immer engeren" Europäischen Union[42] geändert hat und dass aus Sicht der Mitgliedstaaten, vor allem aber auch der deutschen Bundesländer, keine sichere „formale" oder „automatische" Grenze des **schleichenden Kompetenzverlustes** primärrechtlich garantiert ist, sondern dass es sich insoweit um eine Aufgabe permanenter Einbringung von Länderinteressen handeln muss (zu möglichen Strategien vgl. unter C. V.).

2. „Exekutivföderalismus" und „kooperativer Bundesstaat"

21   Die geschilderte „Hochzonung" staatlicher Aufgaben ist nicht nur unter dem Blickwinkel der Unitarisierung und Zentralisierung von Politik und Rechtsetzung von Bedeutung. Sie hat vielmehr auch zu einschneidenden Veränderungen im parlamentarischen System geführt. Mit der beschriebenen „Hochzonung" von Zuständigkeiten hat nicht eine bloße Aufgabenverlagerung zwischen den Parlamenten stattgefunden, also eine Art **„In-Sich-Geschäft" der Parlamente** untereinander. Denn an die Stelle der verlorengegangenen Parlamentszuständigkeiten auf der jeweils kleinräumigeren Ebene sind Beteiligungsrechte der Exekutive an der Rechtsetzung auf der weiträumigeren Ebene getreten. Sehr plastisch wird deshalb insoweit auch von „Beteiligungs-" oder „**Exekutivföderalismus**" gesprochen.

22   a) Innerstaatlich handelt es sich um die Mitwirkung der Länder an der Gesetzgebung des Bundes durch den **Bundesrat**, der bekanntlich aus Mitgliedern der Landesregierungen besteht.[43]

23   b) Im Rahmen der Europäischen Union bildet die zentrale Rechtsetzungsinstanz der **Rat**, der sich aus Vertretern der Mitgliedstaaten auf Ministerebene zusammensetzt.[44] Dass der Bundesrat an der Beschlussfassung im Rat gemäß Art. 23 GG[45]

---

[41] Vgl. bereits *Peter Altmaier*, Die Subsidiaritätskontrolle der nationalen Parlamente nach dem Subsidiaritätsprotokoll zum EU-Verfassungsvertrag, in: Hans-Jörg Derra (Hg.), Festschrift für Jürgen Meyer, 2006, S. 301 (318 f.); s. aber auch *Volkmar Götz*, Kompetenzverteilung und Kompetenzkontrolle in der Europäischen Union, in: Jürgen Schwarze (Hg.), Der Verfassungsentwurf des Europäischen Konvents, 2004, S. 43 (60 f.).

[42] Vgl. Erwägungsgrund Nr. 13 zum EU-Vertrag in der konsolidierten Fassung des Vertrags von Lissabon.

[43] Zum Problem der demokratischen Legitimation vgl. *Anderheiden*, HStR VI, ³2008, §140, Rn. 9.

[44] Vgl. allgemein zum Verhältnis von parlamentarischer Demokratie und föderaler Struktur der Europäischen Union *Dann*, Parlamente im Exekutivföderalismus, 2004.

[45] In Verbindung mit dem Integrationsverantwortungsgesetz (IntVG) und dem Gesetz über die Zusammenarbeit von Bund und Ländern in Angelegenheiten der Europäischen Union.

mittelbar beteiligt wird, wird dabei im Ergebnis zurecht nicht als „echte Kompensation für den Verlust eigener Zuständigkeiten" der Länder angesehen.[46] Auch der Vertrag von Lissabon und die im Zuge der Ratifizierung – im Gefolge des Lissabon-Urteils des Bundesverfassungsgerichts vom 30. Juni 2009[47] – erweiterte Begleitgesetzgebung haben an dieser zentralen Stellung der Länderexekutive nichts Grundlegendes geändert – ganz im Gegenteil. Denn gerade die zur Stärkung des Subsidiaritätsprinzips vorgesehenen Rechte auf Beteiligung, direkte Stellungnahme und ggf. auch Klage (s. o. B.II.1.b)cc)) werden ja aus Länderperspektive durch die im Bundesrat agierenden Länderexekutiven wahrgenommen. Und selbst soweit landesintern eine Abstimmung der exekutiven Bundesratsvertreter mit dem Landesparlament vorgesehen sein sollte, würde zumindest die bereits oben (B.II.1.b)cc)) beschriebene Kürze der Äußerungsfristen im Rahmen des Frühwarnsystems dem Einfluss der Länderparlamente praktische Grenzen setzen.

c) Sowohl auf nationaler wie auf europäischer Ebene sind es also vorrangig Regierungsvertreter, die an Stelle des Parlaments handeln. Und in beiden Fällen handelt es sich nicht mehr um Entscheidungen, die für die jeweilige politische Einheit autonom getroffen werden, sondern die in zwischenstaatlicher oder intergouvernementaler Kooperation einheitlich für eine Mehrzahl von Staaten ausgehandelt und – vielfach – nach dem Mehrheitsprinzip beschlossen werden. Im Gegenzug hat sich die Funktion der Parlamente nicht selten auf die einer *„Ratifikationsinstanz"* ohne wesentliche eigene Gestaltungsmacht verkürzt. Besonders deutlich tritt dies bei der Umsetzung der auf europäischer Ebene getroffenen Entscheidungen hervor, zum Beispiel im Bereich der zumeist sehr detaillierten Richtlinien.

d) Ist die partielle Kompetenzverlagerung von den Parlamenten auf die Regierungen in der Funktionsweise des „Beteiligungsföderalismus" vorgezeichnet, so ist auf der anderen Seite festzustellen, dass sich dasselbe Handlungsmuster auch dort findet, wo den Bundesländern de iure eigene Gesetzgebungszuständigkeiten eingeräumt sind. Denn auch dort vollzieht sich die Rechtsetzung nicht selten so, dass sich die Landesexekutiven untereinander, zum Teil auch mit dem Bund, abstimmen und sich auf **Musterentwürfe** oder im Kern gleichförmige Regelungen einigen.

e) Zusammenfassend lässt sich also festhalten, dass ganz gleich, ob in Straßburg, Brüssel, Berlin oder den Landeshauptstädten über die Rechtsetzung entschieden wird, keineswegs immer die parlamentarischen Gesetzgeber die einzigen oder auch nur faktisch gewichtigeren Gestalter sind, sondern dass gerade auch in der Gesetzgebung vielfach eine faktische Vorherrschaft der Exekutive und damit der **Ministerialbürokratien** festzustellen ist. An diesem Befund hat weder die Föderalismusreform I noch der Vertrag von Lissabon im Kern etwas geändert.

---

[46] Vgl. *Puttler*, HStR VI, ³2008, §142 Rn. 54 m.w.N.
[47] BVerfGE 123, 267 vom 30.06.2010 – Vertrag von Lissabon.

3. Der Bundesrat – „Mediatisierung"[48] von Länderinteressen auf Bundesebene in einer „zweiten Parlamentskammer"

27 a) Eine **zweite Parlamentskammer**: Das Gegenstück zum Bedeutungsverlust der Landesparlamente bildet ein deutlicher Machtzuwachs des Bundesrats und dessen Wandel zu einer Art „zweiter Parlamentskammer". Durch den Bundesrat wirken die Länder, wie bereits genannt, an der Gesetzgebung, und im Übrigen auch an der Verwaltung des Bundes sowie in Angelegenheiten der Europäischen Union mit. Der sich aus dieser Funktion ergebende Machtzuwachs beruhte in der Vergangenheit vor allem auf einem Anstieg des Anteils zustimmungsbedürftiger Bundesgesetze, also solcher Gesetze, bei denen dem Bundesrat im Ergebnis ein definitives Vetorecht zukommt. Der Anteil der Zustimmungsgesetze an der Gesamtzahl der zustande gekommenen Bundesgesetze soll bis zur Föderalismusreform I bei etwa 60 % gelegen haben. Hinzu kam, dass es eine nicht näher fassbare Zahl von Gesetzesvorhaben gegeben haben dürfte, die mit Rücksicht auf eine Vetodrohung des Bundesrats von vorneherein unterblieben oder aber im Gesetzgebungsverfahren zurückgezogen wurden.

28 Ob die **Föderalismusreform I** tatsächlich eine Verringerung der zustimmungsbedürftigen Gesetze bewirken wird, bleibt abzuwarten. Nach einer Auswertung der Bundesregierung[49] hat sich zwar im ersten Jahr nach Inkrafttreten der Reform der Anteil der zustimmungsbedürftigen Gesetze auf 44,2 % verringert, wohingegen er nach altem Recht 59,2 % betragen hätte. Bei den im Bundesgesetzblatt Teil I veröffentlichten Gesetzen hätten sogar lediglich 4 der 107 erlassenen Gesetze wegen Art. 84 Abs. 1 GG einer Zustimmung bedurft. Nach dessen alter Fassung wären es 39 gewesen. Dies sind freilich nur die nackten Zahlen. Eine Bewertung des Erfolgs der Reform ist jedoch erst dann vollständig möglich, wenn sie auch das politische Gewicht der jeweils betroffenen Gesetze berücksichtigt. Für die weitere Entwicklung wird auch viel davon abhängen, wie eng der in Art. 84 Abs. 1 GG vorgesehene Ausnahmefall des besonderen Bedürfnisses nach bundeseinheitlicher Regelung, der ein Zustimmungsbedürfnis des Bundesrates nach sich zieht, gehandhabt wird. Insgesamt kann somit derzeit noch nicht abschließend beurteilt werden, ob mit den genannten Verfassungsänderungen – wie manche vermuten – das Ziel der Reform nach weiterer Entflechtung und damit größerer demokratischer Verantwortungsklarheit verfehlt werden wird.

29 b) Situationsabhängige **politische Faktoren** des Bundesratseinflusses: Das praktische Erscheinungsbild des Bundesrats und mit ihm das Bild des Föderalismus in Deutschland beruhen allerdings nicht allein auf dessen verfassungsrechtlicher (institutioneller) Stellung, sondern auch auf politischen Faktoren, die sich von Wahl zu Wahl stark verändern können.[50]

---

[48] Vgl. zum Begriff treffend *Puttler*, (Fn. 46), §142, Rn. 49.

[49] Vgl. Antwort der Bundesregierung auf die Große Anfrage der Abgeordneten Ernst Burgbacher, Dr. Volker Wissing, Dr. Max Stadler, weiterer Abgeordneter und der Fraktion der FDP, BT-Drs. 16/6499 vom 02.04.2008, Anlage 2, S. 42.

[50] Vgl. zur Bedeutung des politischen Agierens für die Wahrnehmung des deutschen Föderalismus bspw. *Bauer* in: Dreier (Hrsg.), Grundgesetz, 2. Auflage, Band 2, 2006, Art. 50, Fn. 93 (zu Rn. 15) m.w.N.

Das bestehende Verhältniswahlrecht führt dazu, dass Regierungen in Deutschland typischerweise aus einer Koalition von zwei oder mehr Parteien gebildet werden. Auf Bundesebene war dies seit 1949 ausnahmslos der Fall, auf Länderebene bestehen Koalitionsregierungen in regelmäßig mindestens zwei Dritteln der Länder. Alle im Bundestag vertretenen Parteien tragen derzeit in Bund oder Ländern – zum Teil mit unterschiedlichen Partnern – Regierungsverantwortung und haben auf diese Weise Anteil am **„Verhandlungsverbund" des „Beteiligungsföderalismus"**. Es kann deshalb nicht nur die einfache Polarität zwischen Bundesregierung und Bundesrat geben, sondern zusätzlich auf beiden Seiten und in vielfältiger Ausführung den Mikrokosmos von Koalitionsvereinbarungen. Das hat im Hinblick auf Art. 51 Abs. 3 Satz 2 GG (Gebot der einheitlichen Stimmabgabe eines Landes im Bundesrat) in der Vergangenheit nicht selten zu diversen Schwierigkeiten und Diskussionen geführt.[51]

30

Hinzu kommt ein nicht selten eigentümliches **Wahlverhalten** der Bürger. In der Vergangenheit bevorzugten die Wähler über längere Zeit bei den für die Zusammensetzung des Bundesrats maßgeblichen Wahlen zu den Landesparlamenten häufig diejenigen Parteien, die sie bei der jeweils zurückliegenden Bundestagswahl in die Opposition verwiesen hatten.[52] Auch der derzeit beobachtbare Trend hin zu einer Fünfparteienlandschaft macht homogene Mehrheitsverhältnisse, wie sie in Zeiten großer Koalitionen ausnahmsweise zu erwarten sind, mittel- und langfristig unwahrscheinlich.[53] Erst aus diesem Hin- und Her- Pendeln der Wählergunst, das Ausdruck eines zunehmenden Verlusts der Stammwählerpotentiale ist, resultierte und resultiert das grundsätzliche Blockadepotential des Bundesrats.

31

Insgesamt ist festzuhalten, dass die konkrete Stellung des Bundesrates und sein Einfluss auf das Gesetzgebungsverfahren ganz wesentlich von den politischen Koalitionsbedingungen abhängen. In Zeiten einer „Großen Koalition" tritt sein **Blockadepotential** kaum in Erscheinung, weil die politischen Abstimmungen – auch was die föderalistischen Aspekte betrifft – zu einem nicht geringen Teil auf der Ebene der Parteiführungen gelöst werden. In Zeiten anderer Koalitionen können alle möglichen Varianten vorkommen – von der zufälligen Korrespondenz der Mehrheiten in Bundesrat und Bundestag bis hin zu mehrfach wechselnden Konstellationen innerhalb einer Legislaturperiode des Bundestages. Der institutionell statischen Funktion des Bundesrates steht somit eine politisch-operativ variable Funktionswahrnehmung gegenüber.

32

Bei der Wahrnehmung der Länderinteressen im Bundesrat können und dürfen selbstverständlich auch parteipolitische Gesichtspunkte eine Rolle spielen. Aber je mehr der Bundesrat bzw. seine Mehrheit sich de facto als **„Ersatz-Opposition"** im Verhältnis zur Bundestagsmehrheit gerieren kann, desto größer ist – systemisch

33

---

[51] Hierzu bspw. *Bauer* (Fn. 50), Art. 51, Rn. 27; *Sachs*, VVDStRL 58 (1999), S. 39 ff. (76; 80 < These Nr. 23 >); vgl. auch BVerfGE 106, 310 – Zuwanderungsgesetz.

[52] Insoweit differenzierend *Klein*, Das Parlament im Verfassungsstaat, 2006, S. 386 ff. (388–393) – entspricht ZG 17 (2002), 297 ff.

[53] Vgl. auch *Anderheiden*, in: HStR VI, ³2008, §140, Rn. 7 mit dem Hinweis, dass die „Mehrheiten in Bundestag und Bundesrat in den vergangenen 60 Jahren fast die Hälfte der Zeit und seit 1969 ganz überwiegend divergierten".

gesehen – die Gefahr einer rein oppositionspolitisch motivierten Blockadepolitik[54] und desto stärker ist die bereits genannte Tendenz zur Entparlamentarisierung. Denn im parlamentarischen Regierungssystem des Grundgesetzes ist es zwar durchaus angelegt, dass sich die Kontrolle der Regierung nicht über das Parlament als solches vollzieht, sondern auf einem Gegenspiel von Bundesregierung und Regierungsmehrheit im Bundestag einerseits und parlamentarischer Opposition andererseits beruht. Wenn sich dann aber auch die Kontrollfunktion in wesentlichen Teilen aus dem Bundestag in den Bundesrat verlagert, so läuft das Parlament Gefahr, einer zentralen Aufgabe verlustig zu gehen.

34   c) **Mediatisierung** und Aggregierung: Aber nicht nur aus der Perspektive des Parlaments, sondern auch aus der Perspektive der Länder selbst ist der Bundesrat eine nicht außerhalb jeder Kritik stehende Konstruktion. Denn mit ihm zwangsläufig und untrennbar verbunden ist die Notwendigkeit, die Länderinteressen auf der Ebene der Bundespolitik zu bündeln – insoweit wird treffend von einem Moment der „Mediatisierung der Länder durch den Bundesrat" gesprochen.[55] Diese „Mediatisierung" steht konstruktionsbedingt in einem Gegensatz zur Grundidee des Föderalismus, nämlich für die von Land zu Land unterschiedlichen Regionen im Wege von „trial and error" die jeweils relativ „richtigere Lösung" und nicht den aggregierten gemeinsamen Nenner aller Länderinteressen zu finden. Die Alternative zu einem solchen System könnte nur in der konsequenten Trennung der Zuständigkeitsräume bestehen, damit jedes Land für sich die beste Lösung suchen kann (s. u.). Quasi spiegelbildlich besteht auch die Gefahr, dass Landespolitik (zu) stark im Hinblick auf die Bundespolitik betrieben wird.[56] Dieses Problem hat sich im Rahmen der europäischen Integration noch deutlich verstärkt. Denn gerade auch nach Inkrafttretens des Vertrags von Lissabon (s. o. B.II.2.b)) wirken die Länder an der europäischen Gesetzgebung – abgesehen vom Ausschuss der Regionen, dessen Einfluss wie gezeigt Grenzen gesetzt sind (s. o. B.II.1.b)) – im Außenverhältnis allein durch den Bundesrat mit.[57]

4. Finanzverfassungsrechtliche Asymmetrie von Bund und Ländern

35   Der konzeptionelle Ausgangspunkt einer dualistischen und souveränen Konstruktion von Bund und Ländern ist in der deutschen Praxis auch deshalb kaum noch zu erkennen, weil über die Gesetzgebung, über ihren Vollzug und über dessen Finanzierung nicht auf der jeweils gleichen Ebene entschieden wird. Zwar kommt den Landesparlamenten mit dem Budgetrecht eine zentrale legislative Kompetenz zu. Dieses Budgetrecht ist aber nicht mit einer umfassenden legislativen Kompetenz für die zu

---

[54] Zu diesen Begrifflichkeiten allerdings kritisch *Klein*, Das Parlament im Verfassungsstaat, 2006, S. 386 ff. – entspricht ZG 17 (2002), 297 ff.
[55] Vgl. *Puttler* (Fn. 46), §142, Rn. 49.
[56] Vgl. insoweit kritisch bereits *Friesenhahn*, VVDStRL 16 (1958), 9 (51 – Fn. 117) mit Hinweis auf *Hennis*, Gesellschaft – Staat – Erziehung, 1956, S. 205 (215).
[57] Vgl. im Einzelnen *Puttler* (Fn. 46), §142, Rn. 48–55.

finanzierenden Aufgaben selbst verbunden. Zu einer umfassenden parlamentarischen Budgetentscheidung würde an sich nicht nur die Kompetenz in Bezug auf die Finanzierung des Gesetzesvollzugs gehören, sondern vor allem auch die Gesetzgebung für die jeweilige Fachmaterie selbst, aus der sich ja die inhaltlichen Weichenstellungen für den mit dem Vollzug dieser Fachmaterie verbundenen Aufwand ergeben. Gesetzgebungskompetenz, Vollzugskompetenz und **Finanzierungskompetenz** sind in Deutschland aber in geradezu verwirrender Weise zwischen Bund und Ländern und den Ländern untereinander aufgeteilt. Die meisten Bundesgesetze werden von den Ländern vollzogen, die auch die Vollzugslasten zu tragen haben (vgl. Art. 84 Abs. 1 Satz 1 GG, Art. 104a Abs. 1 GG); im Ergebnis sind dabei allerdings zwingende Vorgaben des Bundes für das Verwaltungsverfahren (anders für die Behördenorganisation) nach wie vor nicht ausgeschlossen, wenn der Bundesrat zustimmt (vgl. Art. 84 Abs. 1 Sätze 5 und 6 GG). Dadurch können für die Länder grundsätzlich Vollzugslasten durch die Bundesfachgesetzgebung nach wie vor vorgezeichnet werden[58], wenn auch im Ausgangspunkt nicht mehr im Bereich der Kommunen (vgl. Art. 84 Abs. 1 Satz 7 GG).[59] Gleichzeitig liegt die Gesetzgebungskompetenz für die Steuerquellen aber weitestgehend beim Bund (vgl. Art. 105 Abs. 2 GG) – sogar für die Steuern, deren Erträge den Ländern zustehen (vgl. Art. 106 Abs. 2 GG). Den Ländern bleibt wiederum vor allem der Einfluss über den Bundesrat (Art. 105 Abs. 3 GG und Art. 104a Abs. 4 GG). Dabei sind den Ländern für ihre originären Gesetzgebungs- und Vollzugsbereiche (bspw. Kultur, Polizei) so gut wie keine Gesetzgebungskompetenzen zur Steuerfinanzierung zugewiesen, sondern das Grundgesetz beschränkt sich im Wesentlichen darauf, den Ländern feste Quoten an den Erträgen der bundesgesetzlich geregelten Steuern zuzusprechen (vgl. Art. 106 Abs. 2 und Abs. 3 GG) und den Maßstab für die Aufteilung zwischen den Ländern festzuschreiben (vgl. Art. 107 Abs. 1 GG).

Dieser strukturelle Ansatz schwächt nicht nur die Rolle der Landesparlamente, sondern auch die Stellung der Länder insgesamt. Denn die Ursache für Vollzugslasten sind in der Überzahl auf Bundesebene verabschiedete Gesetze, die von Ländern und Kommunen zu vollziehen sind, ohne dass die **Refinanzierung** von diesen eigenverantwortlich gestaltbar wäre. Die Länder und Gemeinden haben in solchen Fällen nämlich weder die Macht, im Falle einer Finanzierungslücke eigenverantwortlich die (Bundes)Aufgabe zu modifizieren oder abzuschaffen noch die Macht, einen vom Bund erzeugten Finanzbedarf eigenverantwortlich durch von ihnen selbst festgelegte Steuern zu refinanzieren. Es bleibt ihnen im Ausgangspunkt nur die Möglichkeit, Schulden aufzunehmen oder die Kosten zu minimieren. Letzteres kann den Nebeneffekt haben, dass wegen unterschiedlicher finanzieller Leistungsfähigkeit der Länder auch der Vollzug formal bundeseinheitlich geltender Gesetze von Land zu Land qualitativ unterschiedlich ausfällt.

36

---

[58] Vgl. hierzu bspw. die Kommentierung zu Art. 84, Rn. 46, bei *Germann*, in: Kluth (Hrsg.), Föderalismusreformgesetz – Einführung und Kommentierung, 2007, S. 191 f.
[59] Vgl. hierzu BVerfGE 120, 331 (359) – Hartz IV; vgl. aber auch die praktisch wichtige Übergangsregelung des Art. 125b Abs. 2 GG.

37 Diese wichtige Problematik hat die Föderalismusreform I nicht bewältigt – die in Art. 105 Abs. 2a Satz 2 GG eingeräumte Teilbefugnis zur Bestimmung des Steuersatzes bei der Grunderwerbsteuer ist zwar sicher ein Schritt in die richtige Richtung, kann aber für sich kaum als ausreichende Kompetenzzuweisung betrachtet werden.[60] Auch der Abbau der Mischfinanzierungen (Art. 91a und Art. 91b GG)[61] hat an diesem Phänomen nichts Grundlegendes geändert. Vielmehr hat sich die Föderalismusreform I hier auf kleinere Korrekturen beschränkt und die eigentliche **Modernisierung der finanzverfassungsrechtlichen Ordnung** zunächst ausgespart. Sie sollte Kernstück der „Föderalismusreform II"[62] werden, mit der im Jahr 2009 vor allem die überaus wichtigen Regeln und Grenzen für die Verschuldung der Haushalte von Bund und Ländern strikter als bisher geregelt worden sind (Art. 109 Abs. 3 GG n. F. und Art. 115 Abs. 2 GG n. F.; vgl. hierzu C.II.). Allerdings hat auch die Föderalismusreform II die Forderung nach einer größeren finanziellen Eigenständigkeit und substantiell-eigenstaatlichen Verantwortung der Länder unerfüllt gelassen; in diesem Zusammenhang ist zu erwähnen, dass Art. 104b Abs. 1 Satz 2 GG n. F. für besondere Notsituationen Finanzhilfen des Bundes auch ohne Gesetzgebungsbefugnisse ermöglicht.

38 Zusammenfassend präsentieren sich die Länder praktisch also weniger als eigenständige Staaten – die sie ja von Verfassung wegen an sich sind -, sondern als mit dem Bund verflochtene Gebilde, deren wirkliches **Steuerungspotential** sich aufteilt zwischen der Bundesratsmitwirkung an der Bundesgesetzgebung (vgl. Art. 105 Abs. 3 und Art. 104a Abs. 4 GG), dem Landesvollzug von Bundesgesetzen und den Residuen ausschließlicher Landesgesetzgebung.

5. Inhomogene Leistungsfähigkeit und nivellierende Umverteilung der Länder untereinander

39 Mit dem Befund der unzureichenden finanziellen Eigenständigkeit der Länder insgesamt im Vergleich zum Bund hängt untrennbar zusammen die unterschiedliche finanzielle Leistungsfähigkeit der Länder im Vergleich zueinander. Die Forderung nach mehr **finanzieller Eigenverantwortung** steht zunächst in einem gewissen Kontrast zu dem realen Zustand vieler Länderhaushalte und zu der Finanzverfassung des Grundgesetzes. Letztere ist geprägt durch den Gedanken des Ausgleichs der unterschiedlichen Finanzkraft der Länder, einschließlich der Möglichkeit von Ergänzungszuweisungen des Bundes an leistungsschwache Länder (vgl. Art. 107

---

[60] Vgl. die Kommentierung zu Art. 105 GG, Rn. 11 bei *Seer/Drüen* in: Kluth (Hrsg.), Föderalismusreformgesetz – Einführung und Kommentierung, 2007, S. 266 f.

[61] Vgl. die Kommentierung zu Art. 91a GG von *Schmidt-De Caluwe* in: Kluth (Hrsg.), Föderalismusreformgesetz – Einführung und Kommentierung, 2007, S. 214 ff.

[62] Gesetz zur Änderung des Grundgesetzes (Art. 91c, 91d, 104b, 109, 109a, 115, 143d) vom 29. Juli 2009, BGBl. I S. 2248, vgl. auch BR-Drs. 262/09 vom 24.03.2009; BT-Drs. 16/12410 vom 24.03.2009; Gesetzesbeschluss des Bundestages vom 29.05.2009, BR-Drs. 510/09; Zustimmungsbeschluss des Bundesrates vom 12.06.2009, BR-Drs. 510/09.

Abs. 2 Satz 3 GG).[63] Es findet also eine korrigierende, teilweise auch **nivellierende Umverteilung** statt, die der Haushaltswirtschaft in den Ländern eine gewisse Folgenlosigkeit und – wenn man so will – Unverantwortlichkeit verleiht. Das ist freilich nur die eine Seite des Problems. Die andere Seite besteht darin, dass die deutschen Länder hinsichtlich ihrer Einwohnerzahl, Gebietsgröße, Wirtschaftskraft und finanziellen Leistungsfähigkeit in höchstem Maße inhomogen sind. Beide Seiten bedingen sich gegenseitig: Die strukturelle Ungleichgewichtigkeit der Länder erfordert und rechtfertigt unter dem Blickwinkel bundesstaatlicher Solidarität im Grundsatz den Ausgleich der unterschiedlichen Finanzkraft.

Weder die Föderalismusreform I des Jahres 2007 noch die Föderalismusreform II des Jahres 2009 haben hier Änderungen gebracht.

C. Lösungsansätze

Welche Möglichkeiten gibt es, diese trotz der Föderalismusreform I fortbestehenden Probleme abzubauen? Hierbei ist zunächst zu berücksichtigen, dass die Grundlagen unserer bundesstaatlichen Ordnung in der Verfassung verankert und in ihrem Kern sogar einer Verfassungsänderung entzogen sind (Art. 79 Abs. 3 GG). Allerdings steht dieser **änderungsfeste Kern des deutschen Föderalismus** auch nicht in Frage. Es bedarf aber trotz der bereits durch die Föderalismusreform I angestoßenen Schritte weiterer und fortgesetzter Reformen auch des Grundgesetzes.

40

I. Weitere Stärkung der Gesetzgebungsbefugnisse der Länderparlamente

Ein naheliegender und richtiger Gedanke der Föderalismusreform I war und ist es, den Parlamentarismus auch durch eine Stärkung des Föderalismus zu revitalisieren, sprich: den kleinräumigeren Ebenen und ihren Parlamenten wieder mehr **ungeteilte Kompetenzen** zu geben. So einfach dieser Grundansatz ist, so eindeutig entspricht er dem Ziel des Föderalismus, die relativ beste regionale Entscheidung zu treffen. Konsequenterweise war Herzstück der Föderalismusreform I die Neuordnung der Gesetzgebungskompetenzen. Allerdings erscheint – wie gezeigt – rückblickend weder das Institut der Abweichungsgesetzgebung überzeugend noch der Umstand, dass die Steuergesetzgebungskompetenzen aus der Entflechtungsdiskussion – von Art. 105 Abs. 2a Satz 2 GG abgesehen[64] – weitgehend ausgeklammert blieben. Hier müssen Zeiten nach der Reform Zeiten vor der Reform sein.

41

---

[63] Hierzu bspw. BVerfGE 116, 327 – Berliner Haushalt; zum hier bestehenden weiten Entscheidungsspielraum vgl. *Wendt,* HStR VI, ³2008, §139 Rn. 114.

[64] Vgl. hierzu die Kommentierung zu Art. 105 GG, Rn. 11 und zu Art. 107 GG, Rn. 4 bei *Seer/Drüen* in: Kluth (Hrsg.), Föderalismusreformgesetz – Einführung und Kommentierung, 2007, S. 266 f. und S. 270.

42 Eine klarere Abgrenzung und weitere Ausdehnung ausschließlicher Bereiche der Landesgesetzgebung wäre dabei auch ein Weg, einen direkteren Einfluss der Länder im Bereich der **EU-Gesetzgebung** zu ermöglichen. Je klarer die Verantwortungsbereiche nämlich getrennt sind, desto eher lässt es sich rechtfertigen, den Ländern weitere Bereiche zur unmittelbaren Verhandlung mit der EU zu übertragen, wie das derzeit nur für die Gebiete der schulischen Bildung, der Kultur oder des Rundfunks möglich ist (vgl. Art. 23 Abs. 6 GG).

II. Rückführung der gesamtstaatlichen Schuldenlast

43 *„Eine übermäßige Staatsverschuldung und die damit verbundene wachsende Zinslast hemmen das langfristige Wachstum der Wirtschaft, verengen die aktuellen Handlungsspielräume des Staates und verlagern Finanzierungslasten in die Zukunft auf **künftige Generationen**. Vieles spricht deshalb dafür, die gegenwärtige Fassung des Art. 115 GG in ihrer Funktion als Konkretisierung der allgemeinen Verfassungsprinzipien des demokratischen Rechtsstaats für den speziellen Bereich der Kreditfinanzierung staatlicher Ausgaben (...) nicht mehr als angemessen zu werten und verbesserte Grundlagen für wirksamere Instrumente zum Schutz gegen eine Erosion gegenwärtiger und künftiger Leistungsfähigkeit des demokratischen Rechts- und Sozialstaats zu schaffen."* Diesen Worten des Bundesverfassungsgerichts aus seiner Entscheidung zum Bundeshaushalt 2004[65] ist nichts hinzuzufügen. Der in Jahrzehnten angehäufte Schuldensockel und die in jüngster Zeit durch die Finanzmarktkrise verursachten zusätzlichen Verbindlichkeiten belasten das gesamte staatliche System und damit auch die Wirksamkeit der Bundesstaatlichkeit. Die Verantwortung für eine Reform dieses Zustands lag dabei beim – zur Verfassungsänderung berufenen – Bundesgesetzgeber, weil das Bundesverfassungsgericht nicht über den Wortlaut des Art. 115 Abs. 1 Satz 2 GG hinaus verfassungsrechtliche Vorgaben für diese Konkretisierungs- und damit Selbstbindungsaufgabe machen konnte.[66] Zu erwähnen sind in diesem Zusammenhang die Mitte 2009 im Rahmen der **Föderalismusreform II**[67] beschlossenen Verfassungsänderungen, wonach die Haushalte von Bund und Ländern grundsätzlich ohne Einnahmen aus Krediten ausgeglichen werden müssen.[68] Die Neuregelung ist aber erst für das Haushaltsjahr 2011 anzuwenden und zusätzlich werden dem Bund bis zum Jahr 2015[69] und den Ländern bis Ende 2019[70] gewisse Abweichungsmöglichkeiten eingeräumt. Hinzu kommt,

---

[65] BVerfGE 119, 96.
[66] Vgl. BVerfGE 119, 96 und BVerfGE 79, 311.
[67] Gesetz zur Änderung des Grundgesetzes (Art. 91c, 91d, 104b, 109, 109a, 115, 143d) vom 29. Juli 2009, BGBl. I S. 2248, vgl. auch BR-Drs. 262/09 vom 24.03.2009; BT-Drs. 16/12410 vom 24.03.2009; Gesetzesbeschluss des Bundestages vom 29.05.2009, BR-Drs. 510/09; Zustimmungsbeschluss des Bundesrates vom 12.06.2009, BR-Drs. 510/09.
[68] Vgl. Art. 109 Abs. 3 Satz 1 GG n.F. (für den Bund auch Art. 115 Abs. 2 Satz 1 GG).
[69] Vgl. Art. 143d Abs. 1 Satz 5 GG.
[70] Vgl. Art. 143d Abs. 1 Sätze 3 und 4 GG.

dass Einnahmen aus Krediten bei Naturkatastrophen oder außergewöhnlichen, vom Staat nicht kontrollierten und die staatliche Finanzlage erheblich beeinträchtigenden Notsituationen möglich bleiben[71] und der Bund auch unabhängig davon 0,35 % des Bruttoinlandsprodukts an Krediten aufnehmen darf.[72] Hier wird die tatsächliche Entwicklung abgewartet werden müssen. Schon aus diesem Grund soll eine Bewertung dieser sogenannten **Schuldenbremse** an dieser Stelle unterbleiben. Auch von einer Bewertung der Details – insbesondere der Bedeutung des in der Neuregelung aufgeführten Gebotes der „symmetrischen Berücksichtigung" von Auf- und Abschwung im Haushalt[73], der Führung des sog. Kontrollkontos[74] und des Gebotes der „konjunkturgerechten" Zurückführung von Krediten bei Überschreitung der Schwellenwerte[75] durch den Bund – kann hier abgesehen werden. Sicher ist jedenfalls, dass ohne eine Rückführung der Staatsverschuldung alle anderen Reformbemühungen – gerade auch in Sachen Föderalismus – kaum praktische Wirksamkeit erlangen dürften.

Auch dieser Punkt hängt mit dem Ziel einer stärkeren Aufgabentrennung von **44** Bund und Ländern (s. o.) zusammen. Bekanntlich gilt rechtlicherseits das Prinzip der „**offenen Staatsaufgaben**" und in tatsächlicher Hinsicht haben die vom Staat übernommenen Aufgaben in den letzten Jahrzehnten kontinuierlich zugenommen. Die Folge war ein Anstieg der Staatsquote auf beinahe 50 %.[76] Wirkliche Einsparungen lassen sich deshalb nicht allein über „Schuldenbremsen" erzielen, sondern nur durch eine Reduzierung der Schuldenfaktoren, also vor allem durch eine Begrenzung und ggf. auch eine Reduktion staatlicher Aufgaben. Es ist aber in erster Linie eine Frage politischer Gestaltung, ob und inwieweit neue Aufgaben geschaffen, bestehende erweitert, eingeschränkt oder abgebaut werden. Doch ist klar, dass die politische Verantwortlichkeit für diese Fragen umso klarer zugeordnet werden kann, je eindeutiger die Aufgabenbereiche voneinander getrennt sind und – vor allem – je stärker auch die Refinanzierung einer Aufgabe von derselben Stelle zu verantworten ist, die die Entscheidung über die Aufgabe selbst getroffen hat.

III. Frage der Länderneugliederung

Ein weiterer Reformbereich betrifft die **Länderneugliederung**. *Wolfgang Durner* **45** kommt in seiner Analyse zur Geschichte der Verfassungsreformen in Deutschland unter anderem zu dem Ergebnis, dass die „Stunde der großen Verfassungsreform" oftmals versäumt wurde und überfällige Reformen oft zu spät kamen. Er verweist in

---

[71] Vgl. Art. 109 Abs. 3 Satz 2 Alternative 2 GG n.F.
[72] Vgl. Art. 109 Abs. 3 Satz 4 i.V.m. Art. 115 Abs. 2 Satz 2 GG (dagegen gemäß Art. 109 Abs. 3 Satz 5 GG keine entsprechend pauschale Ausnahme vom Kreditverbot für die Länder).
[73] Vgl. Art. 109 Abs. 3 Satz 2 Alternative 1 und Art. 115 Abs. 2 Satz 3 GG.
[74] Vgl. Art. 115 Abs. 2 Satz 4 Halbsatz 1 GG.
[75] Vgl. Art. 115 Abs. 2 Satz 4 Halbsatz 2 GG.
[76] Vgl. *BMF* „Entwicklung der Staatsquote", Stand: 06.07.2009, abrufbar unter:http://www.bundesfinanzministerium.de/nn_39848/DE/BMF__Startseite/Service/Downloads/Abt__I/Entwicklung__der__Staatsquote__250209,templateId = raw, property = publicationFile.pdf.

diesem Zusammenhang auf die Reichsreform 1495, auf den Reichsdeputationshauptschluss 1803 sowie auf die Parlamentarisierung des Reiches 1918.[77] Ernüchternd ist auch sein Fazit, dass grundlegende Reformen oft nur unter den krisenhaften Vorzeichen von Krieg, Diktatur und erzwungenem Neubeginn erfolgten.[78] Es erscheint offenbar völlig undenkbar, einmal abgesehen von den Verhältnissen in den 50iger Jahren des vorigen Jahrhunderts im Gebiet des heutigen Baden-Württemberg, dass ein Staat innerhalb des föderalen Systems Deutschlands an seiner eigenen Abschaffung mitwirkt und es leuchtet in gewisser Weise auch ein, dass vor allem die politischen Entscheidungsträger in den Ländern jede Diskussion in Sachen Neugliederung verweigern, deren Existenz auf dem Spiel stehen würde.

46   Gleichwohl betrifft das Thema „Länderneugliederung" – gewissermaßen querschnittartig – fast alle anderen Problembereiche. Die Neugliederung des Bundesgebietes ist nicht nur Vorbedingung für eine Neuordnung der Finanzverfassung, sondern im Grunde auch Vorbedingung für alle anderen substantiellen Reformschritte. Die Rückübertragung von Aufgaben und Kompetenzen auf die Länder, die Stärkung des Subsidiaritätsprinzips und generell des Parlamentarismus auf der Länderebene, die bereits vorangebrachte Entflechtung der Gemeinschaftsaufgaben und Beseitigung der Mischfinanzierungen – all dies macht nur Sinn, wenn die Länder auch in der Lage sind, die wiedergewonnenen Handlungsspielräume kraftvoll und im Sinne einer wirklich eigenständigen gestalterischen Politik zu nutzen. Wirkliche **Eigenstaatlichkeit**, die die Länder nach wie vor und zu Recht für sich beanspruchen, setzt unter den heutigen gesellschaftlichen und wirtschaftlichen Verhältnissen ein Handlungspotential voraus, über das nicht mehr alle Länder der Bundesrepublik in einem hinreichenden Maße verfügen.

47   Dabei erschwert die derzeit gültige Fassung von Art. 29 GG eine **Gebietsreform** in besonderem Maße, weil die seit 1976[79] gültige Fassung – entgegen den Vorläuferregelungen – als „letzte Instanz" nicht mehr einen Volksentscheid auf Bundesebene vorsieht, sondern die Entscheidung ausschließlich in die Hände der betroffenen Gebietsteile legt. Der Art. 29 GG geltender Fassung ist in der Sache daher ein **Neugliederungs-Verhinderungs-Artikel**.

48   Es erscheint müßig, über eine Rückkehr zur früheren Rechtslage zu diskutieren. Klar ist aber die Kehrseite der bestehenden Ländergliederung: Solange die reale finanzielle und wirtschaftliche Leistungskraft der Länder so **inhomogen** wie bislang bleibt, kann auf einen unitarischen Ausgleich wie bspw. die Ergänzungsanteile nach Art. 107 Abs. 1 Satz 4 Halbsatz 2 GG, den Länderfinanzausgleich nach Art. 107 Abs. 2 Satz 1 GG oder die Möglichkeit von Ergänzungszuweisungen des Bundes an leistungsschwache Länder nach Art. 107 Abs. 2 Satz 3 GG nicht verzichtet werden – und

---

[77] Vgl. *Wolfgang Durner*, Die Idee der „Reform an Haupt und Gliedern": Verfassungsreformen auf Bundesebene 1495 bis 2005, in: Durner/ Peine (Hrsg.), Reform an Haupt und Gliedern – Verfassungsreform in Deutschland und Europa (München, 2009), Tagungsband zum Symposium aus Anlass des 65. Geburtstages von Hans-Jürgen Papier am 16. Juli 2008, S. 2 ff. (23).

[78] Vgl. *Durner*, a. a. O., S. 23.

[79] Vgl. Dreiunddreißigstes Gesetz zur Änderung des Grundgesetzes (Artikel 29 und 39) vom 23. August 1976, BGBl. I S. 2381.

solange wird es bei einer korrigierenden, teilweise auch nivellierenden Umverteilung bleiben, die der Haushaltswirtschaft in den Ländern eine gewisse Folgenlosigkeit und – wenn man so will – Unverantwortlichkeit verleiht. Durch diese Kombination von **Folgenlosigkeit**, falschen Entwicklungen und partieller Wirkungslosigkeit richtiger Weichenstellungen wird das eingangs dargestellte Prinzip des „trial and error" undeutlich, die Wirkungen der Wahlentscheidung auf landesparlamentarischer Ebene werden verwischt und es besteht die Gefahr weiterer Wählerdistanzierung vom parlamentarischen Geschehen.

Dieses Dilemma ist durch die letzten Föderalismusreformen nicht gelöst worden.[80] Ohne die Herstellung vergleichbarer Leistungsfähigkeiten der Länder werden jedenfalls alle Bemühungen um mehr Eigenständigkeit und Eigenverantwortlichkeit letztlich eher theoretisch bleiben. Wenn angesichts der bislang wenig erfolgversprechenden Erfahrung in Sachen Gebietsreform als Alternative eine **verstärkte „Kooperation"** der Länder untereinander vorgeschlagen wird[81], so wird damit jedenfalls nicht das eigentliche Ziel des Föderalismus verfolgt, im jeweiligen Teilraum möglichst optimale (regionale) Ergebnisse zu erzielen (s. o.). Als insoweit nicht überzeugende Entwicklung sei auf die vielfältigen Staatsverträge oder sonstigen Abstimmungsstrategien der Länder hingewiesen, mit denen die Länder gerade dort, wo sie an sich eine für das jeweilige Gebiet „maßgeschneiderte" Ordnung herstellen könnten, allzu oft eine durch 16 abgestimmte Regelungen herzustellende Homogenität suchen, die sich im praktischen Ergebnis kaum von einer Bundesregelung unterscheidet.

IV. Senat statt Bundesrat?

Wie bereits dargestellt, ist das Institut des Bundesrates nicht nur aus parlamentarischer Sicht, sondern auch aus föderaler Sicht nicht unproblematisch, weil er – als „Ausgleich" der starken Legislativbefugnisse des Bundes – zu einer „Mediatisierung" der Länderinteressen führt, anstatt den Ländern klar abgegrenzte Räume weitestgehend eigenständiger Gestaltung einzuräumen. In der Institution des Bundesrats kulminiert gewissermaßen die bundesstaatliche **Politikverflechtung**; viele Fäden laufen in diesem Organ zusammen und häufig liegt hier aber auch der Knoten, wenn es nicht mehr vorangeht.

Es überrascht deshalb nicht, dass hier viele Reformerwägungen im Raum standen, wobei sich die Föderalismusreformkommission I allerdings vor allem mit der speziellen Frage einer **Änderung der im Bundesrat erforderlichen Mehrheiten** (Art. 51 Abs. 3 Satz 2 GG) befasste.[82] Indes hat die Föderalismusreform I am Institut

---

[80] Zu den Hintergründen vgl. die Kommissionsmaterialien, abgedruckt in „Zur Sache" 1/2005, S. 988–996.

[81] Vgl. *Würtenberger*, HStR VI, ³2008, §132, Rn. 81–86 und Rn. 92.

[82] Zu den Gründen für die letztlich unterbliebene Änderung vgl. die Nachweise in Bundesrat (Hrsg.): Zur Sache 1/2005, S. 997–1002.

des Bundesrates als solchem und an seinem Entscheidungsverfahren, insbesondere im Zusammenhang mit Koalitionsregierungen, keine Änderung vorgesehen. Neben der in ihren Ergebnissen abzuwartenden Einschränkung der Zustimmungszuständigkeiten des Bundesrats und einer Änderung seiner Abstimmungsregeln sind aber immer wieder auch grundlegende Strukturänderungen, etwa der Übergang zu einem Senatsmodell, diskutiert worden.

52 Vorweg seien dabei zwei Punkte betont: Erstens wäre bei einer Reform zu berücksichtigen, dass Art. 79 Abs. 3 GG die Grundlagen unserer bundesstaatlichen Ordnung einer Verfassungsänderung entzieht. Dazu zählt ausdrücklich auch die „grundsätzliche Mitwirkung der Länder bei der Gesetzgebung" des Bundes. Das Organ „Bundesrat", über das sich diese Mitwirkung derzeit vollzieht, könnte daher jedenfalls nicht ohne Ersatz aufgehoben werden. Zweitens kann auch ein **Senatsmodell** keinen „Ersatz" schaffen für die – wie dargelegt – notwendige Stärkung ländereigener und präzise abgegrenzter Kompetenzräume, etwa bei den (Steuer)Gesetzgebungskompetenzen (s. o.).

53 Der Verfassungskonvent von **Herrenchiemsee** hatte neben der Mitwirkung über den Bundesrat noch das Modell eines Senats, ähnlich wie er in den Vereinigten Staaten von Amerika besteht, erörtert und einen entsprechenden Textentwurf ausgearbeitet.[83] Der Parlamentarische Rat hat sich zwischen beiden Alternativen für die traditionelle Form des Bundesrats entschieden, weil – so das damalige Hauptargument – dieser eher die Länder und ihre dauerhaften objektiven Interessen zur Geltung bringe, während sich ein Senat eher parteipolitisch orientieren werde. Die Geschichte hat gezeigt, dass der Einfluss der Parteipolitik sich nicht durch die Wahl der Organisationsform ausschließen lässt und dass die Gegenüberstellung von sachorientierter Politik und Parteipolitik vielleicht von vorneherein etwas idealistisch-naiv gedacht war. Jedenfalls im Interesse der Wissenschaft lohnt es sich nach wie vor, unvoreingenommen das Senatsmodell als Alternative zu der bestehenden Bundesratslösung zu diskutieren, und zwar vor allem aus der Perspektive einer Stärkung des repräsentativ-demokratischen und politischen Systems Deutschlands.

54 Nach diesem Modell wird die **zweite Kammer**, neben dem Bundestag, durch einen Senat gebildet, dessen Mitglieder entweder durch die Landtage oder durch das jeweilige Landesvolk gewählt werden; der letztere Wahlmodus erscheint mir konsequenter, er ist in seiner verfassungsrechtlichen Zulässigkeit allerdings nicht unumstritten.[84] Diese und weitere Einzelheiten seien hier dahingestellt.

55 Die Frage ist, welche wesentlichen strukturellen Änderungen im politischen System sich durch die Umstellung auf ein Senatsmodell ergäben. An erster Stelle ist sicherlich ein ganz erheblicher **„Entflechtungseffekt"** zu nennen, und zwar in mehrfacher Hinsicht. Zum einen würde eine deutliche Trennlinie zwischen der staatlichen Organisation in Bund und Ländern gezogen. Die Mitglieder des Senats wären –

---

[83] Vgl. bspw. *Morsey*, Die Entstehung des Bundesrates im Parlamentarischen Rat, in: Bundesrat (Hrsg.), Der Bundesrat als Verfassungsorgan und politische Kraft, 1974, S. 64 ff; *Klein*, Das Parlament im Verfassungsstaat, 2006, S. 348 ff. (357–361) – entspricht AöR 108 (1983), 329–370.

[84] Vgl. bspw. *Sachs*, VVDStRL 58 (1999), S. 42 (49 ff.).

anders als die Mitglieder des Bundesrats – nicht zugleich Mitglieder einer Landesregierung; die Landesregierungen verlören – umgekehrt – ihren unmittelbaren Einfluss auf die Bundespolitik. Aufgelöst wäre damit zugleich – unter dem Blickwinkel des Gewaltenteilungsprinzips – die Verknüpfung zwischen den Länderexekutiven und der Bundesgesetzgebung. Schließlich und vor allem hätten aber auch die Wahlen in den Ländern wieder ihren jeweils eindeutigen Bezugspunkt: Landtagswahlen würden unter landespolitischen, Senatswahlen unter bundespolitischen Vorzeichen stehen. Es entfiele die derzeitige Gemengelage, bei der jeder Landtagswahl eine mittelbare bundespolitische – bei knappen Mehrheitsverhältnissen im Bundesrat vielleicht sogar ausschlaggebende – Bedeutung zukommt. Dies könnte zugleich dazu beitragen, den faktischen **„Dauerwahlkampf"** etwas abzumildern, der durch die beständige Abfolge der Landtagswahlen entsteht und der sich auf die Gesetzgebungsarbeit im Bund nicht eben förderlich auswirkt. Vorzüge könnte das Senatsmodell auch unter dem Gesichtspunkt der demokratischen Kontrolle und Verantwortlichkeit aufweisen. Das politische Verhalten eines Senats wäre, insbesondere bei einer Direktwahl der Senatoren durch das Landesvolk, wesentlich unmittelbarer und wohl auch wirkungsvoller sanktioniert als das derzeit beim Bundesrat der Fall ist. Zudem könnten sich über ein Senatsmodell klarere Mehrheitsverhältnisse und eine Stärkung des Persönlichkeitselements ergeben.

Natürlich hat das Senatsmodell auch Nachteile. Am schwersten würde wohl wiegen, dass die Erfahrung und der Sachverstand der **Landesexekutiven** von der Bundesgesetzgebung abgekoppelt würden. Auch würde das eine oder andere Ministerpräsidentenamt an politischer Attraktivität verlieren. Das Für und Wider von Bundesrats- oder Senatsmodell bedürfte deshalb selbstverständlich noch einer sehr viel sorgfältigeren vertiefenden Erörterung und Abwägung. Die Diskussion um eine wirklich substantielle Reform des Föderalismus greift aber zu kurz, wenn sie solchen grundsätzlichen institutionellen Fragen aus dem Wege geht.

V. Subsidiarität und Föderalismus bei der Abstimmung über europäisches Sekundärrecht

Wie gezeigt, hat auch der Vertrag von Lissabon – trotz einer Stärkung des Subsidiaritätsgedankens – nichts Grundlegendes an der zielorientierten und dynamischen Entwicklung hin zu einer „immer engeren" Union geändert. Aus Sicht der Mitgliedstaaten, vor allem aber auch der deutschen Bundesländer, ist eine sichere „formale" oder „automatische" Grenze des schleichenden **Kompetenzverlustes** an die Europäische Union primärrechtlich keineswegs „garantiert" (s. o. B.II.1.b).

Dabei lässt sich allgemein feststellen, dass gerade auch nach dem Vertrag von Lissabon – abgesehen von dem nicht spezifisch auf föderale Eigenstaatlichkeit ausgerichteten Ausschuss der Regionen – die Hauptplattform für eigene europabezogene Aktionen der Länder wiederum der „mediatisierende" (s. o. B.II.3.) Bundesrat ist (s. o. B.II.2.b). Das gilt insbesondere für die frühzeitige Unterrichtung und die Klagemöglichkeiten im Bereich der Subsidiarität des Unionshandelns.

59   Vor diesem Hintergrund wird ein ganz wesentlicher Faktor für die **praktische Wirksamkeit des Subsidiaritätsgedankens** im Rahmen des Unionshandelns und damit für den Erhalt föderaler Gestaltungsspielräume sein, dass alle Institutionen der Europäischen Union den Grundsatz der Subsidiarität aus eigener Initiative bei den Rechtsetzungsprozessen der Union integriert berücksichtigen. Im Kreis dieser Institutionen der Europäischen Union wird wiederum dem Europäischen Rat (vgl. Art. 10 Abs. 2 EUV n. F.) und dem Rat als zentrales Rechtsetzungsorgan, in dem die nationalen Regierungen auf Ministerebene abstimmen, entscheidendes Gewicht zukommen. Dass sich die Vertreter der Bundesregierung im Rat für die Erfordernisse der Länder – als eigene Aufgabe gerade auch des Bundes – im Zusammenhang mit der Wahrung der Subsidiarität des Unionshandelns einsetzen, ist deshalb auch nach Inkrafttreten des Vertrags von Lissabon unverzichtbar.

60   Aus all dem ergibt sich die wichtige Erkenntnis, dass es für einen Erhalt des Föderalismus nicht nur auf die primärrechtlichen Rahmenbedingungen ankommt, sondern dass mindestens ebenso wichtig ist, dass in jedem einzelnen sekundärrechtlichen Verfahren sowohl ganz allgemein das Interesse an der Erhaltung nationaler Regelungsbereiche als auch speziell die föderalen Interessen der Länder (einschließlich ihrer Kommunen) verstärkt eingebracht werden. Denn sowohl nach früherer als auch nach neuer Rechtslage eröffnen jede Verordnung und jede Richtlinie, die der Rat und das Parlament der Europäischen Union beschließen, ein weiteres Feld eines für Bund und Länder einheitlich und damit nicht föderal differenziert geltenden Rechts. Dabei ist klar, dass jede **sekundärrechtliche Harmonisierung** auf EU-Ebene den Spielraum für zukünftige nationale Föderalismusreformen, die den Gedanken der „relativ richtigeren" regionalen Länderlösung fördern wollen, eingrenzt. Jeder einzelne heute durchgeführte weitere sekundärrechtliche Harmonisierungsschritt kann die Wirksamkeit zukünftiger – in Form von Grundgesetzänderungen durchzuführender – Föderalismusreformen schwächen. Dabei darf nicht übersehen werden, dass zu jeder weiteren sekundärrechtlichen Normsetzung auf EU-Ebene zwingend auch die diesbezügliche Rechtsprechung der Gerichte der Europäischen Union gehört und bereits beim Normerlass von vornherein mitbedacht werden sollte.

61   Der Schlüssel für eine effektive Wahrung des Subsidiaritätsgedankens liegt also im Ergebnis vor allem bei der Handhabung dieses Instituts im Rahmen des vielfältigen Sekundärrechts der Europäischen Union. Denn der konkrete Umfang des europaweit vereinheitlichten Rechts – und als Kehrseite des noch zur Verfügung stehenden nationalen und föderalen Spielraums – wird ganz maßgeblich in der täglichen EU-Gesetzgebung von den nationalen Regierungen im Rat mitbestimmt.[85] Wichtig erscheint es deshalb, Auswirkungen sekundärrechtlicher EU-Regelungen auf die föderalistische Ordnung im **täglichen Gesetzgebungsprozess** stärker zu thematisieren und in einem permanenten gesellschaftlichen und politischen Diskurs

---

[85] Vgl. zum – freilich mehr formalen Aspekt – der Beteiligung des Bundesrats in Angelegenheiten der Europäischen Union das „Gesetz über die Zusammenarbeit von Bund und Ländern in Angelegenheiten der Europäischen Union (EUZBLG) in der Fassung des Änderungsgesetzes vom 22.09.2009 (BGBl. S. 3031).

auch für konkrete Projekte der Europäischen Union zu problematisieren. Gesetzgebung wird dadurch zwar zu einem nicht nur formal, sondern gerade auch inhaltlich immer komplizierteren Prozess. Über den Weg der vielen kleinen Schritte kann aber viel bewirkt werden, ohne auf die immer wieder diskutierten – nicht selten doch nur begrenzt wirksamen – „großen Würfe" und ihre Evaluierung warten zu müssen.

D. Resümee

Trotz diverser Schwierigkeiten, des fortbestehenden Reformbedarfs und des nicht gerade überschwänglich positiven Bildes des Föderalismus in der öffentlichen Wahrnehmung kann die Bundesstaatlichkeit gleichwohl ein Weg sein, durch intensivere demokratische Teilhabe – etwa über die Wahl der in ihrer Bedeutung gestärkten Landesparlamente – die relativ beste Entscheidung für das jeweilige Bundesland zu erzielen. Dadurch könnte auch ganz wesentlich der zunehmenden – sich vor allem in sinkender Wahlbeteiligung ausdrückenden – **Politikverdrossenheit** der Bevölkerung entgegengewirkt werden. Denn motivierend sind Landtagswahlen für die Wählerinnen und Wähler nur, wenn für sie ersichtlich ist, dass ihre Wahlentscheidung auch wirklich mit bedeutsamen politischen und realen Konsequenzen verbunden ist. Dieser positive Effekt wird allerdings kaum realisierbar sein, solange die Länder gegenüber dem Bund und der Europäischen Union in einer hoffnungslosen Unterlegenheit in Fragen der Gesetzgebung und der finanziellen Gestaltungskraft verharren.

62

Schrifttum

G. Anderson, Föderalismus, 2008
P. Dann, Parlamente im Exekutivföderalismus, Beiträge zum ausländischen öffentlichen Recht und Völkerrecht, Bd. 166, 2004
R. Dolzer, Das parlamentarische Regierungssystem und der Bundesrat – Entwicklungsstand und Reformbedarf, Veröffentlichungen der Vereinigung der Deutschen Staatsrechtslehrer – Jahrestagung 1989, Bd. 58, 1999, (Abk.: VVDStRL 58 (1999))
P.M. Huber, Deutschland in der Föderalismusfalle?, 2003
J. Isensee/P. Kirchhof (Hrsg.), Handbuch des Staatsrechts der Bundesrepublik Deutschland, Band VI – Bundesstaat, 3. Auflage, 2008 (Abk.: HStR VI, ³2008)
H. H. Klein, Das Parlament im Verfassungsstaat – Ausgewählte Beiträge, 2006
W. Kluth (Hrsg.), Föderalismusreformgesetz, 2007
M. Sachs, Das parlamentarische Regierungssystem und der Bundesrat – Entwicklungsstand und Reformbedarf, Veröffentlichungen der Vereinigung der Deutschen Staatsrechtslehrer – Jahrestagung 1989, Bd. 58, 1999, (Abk.: VVDStRL 58 (1999))

§16 Der staatszentrierte Föderalismus zwischen Ewigkeitsgarantie und Divided Government. Genese, Ausprägung und Problemhorizonte des Bundesstaatsprinzips

Ines Härtel

Inhalt

A. Einführung: Föderalismus zwischen Freiheitssicherung und Staatsfreundschaft	388
I. Der hoheitliche Föderalismus als Teil der constitutio libertatis	388
II. Der Gegenpol: defekte Bundesstaaten	390
B. Begriffliche Zugänge: Bundesstaat und Föderalismus	392
I. Abgrenzung von Bundesstaat und Föderalismus zu anderen Erscheinungsformen	392
II. Die Staatsqualität von Bund und Ländern als Wesensmerkmal des Bundesstaates	399
III. Zweigliedriger und dreigliedriger Bundesstaatsbegriff	400
IV. Rangverhältnisse zwischen Bund und Ländern	402
C. Historische Entwicklung des Bundesstaates in der deutschen Rechts- und Demokratietradition	403
I. Kontinuitätswahrung und historische Interpretation	403
II. Traditionsstränge des Föderalismus bis zum 19. Jahrhundert	405
III. Deutsches Reich und monarchischer Bundesstaat	408
IV. Der Weimarer Bundesstaat: Unitarisierungstendenzen und Suspendierung	410
V. Föderale Entwicklung nach 1945: Freiheitliche Ordnung, Einheitsdiktatur und der wiedervereinigte Bundesstaat	412
D. Zur Legitimation des Bundesstaates	417
E. Verfassungsrechtliche Grundlagen des Bundesstaatsprinzips	421
I. Die Ausgestaltung des Bundesstaatsprinzips	421
II. Der unveränderliche Kern des Bundesstaates – die „Ewigkeitsgarantie"	425
F. Kooperativer Föderalismus	434
I. Gründe und Entwicklungen	435
II. Verfassungsrechtliche Grenzen der Kooperation	440
G. Strategische Politikblockaden? Zu „Divided Government" im Bundesstaat	443
I. Der Bundesrat zwischen parteipolitischer Konvergenz und Divergenz	443
II. Phasen der Instrumentalisierung und ihre Folgen	445
III. Divided Government – Politikverflechtung – „Strukturbruch"	448
IV. Zustimmungsgesetze: Machtstrategische Blockade und Reformbestrebungen	450

I. Härtel (✉)
Lehrstuhl für Öffentliches Recht, Verwaltungs-, Europa-, Agrar- und Umweltrecht,
Direktorin des Instituts für Berg- und Energierecht, Juristische Fakultät,
Ruhr-Universität Bochum, Universitätsstr. 150, 44801 Bochum, Deutschland
E-Mail: LS-Haertel@rub.de

I. Härtel (Hrsg.), *Handbuch Föderalismus – Föderalismus als demokratische Rechtsordnung und Rechtskultur in Deutschland, Europa und der Welt,*
DOI 10.1007/978-3-642-01573-1_18, © Springer-Verlag Berlin Heidelberg 2012

H. Bundesstaat und europäische Integration 453
    I. Innerstaatlicher und supranationaler Föderalismus 453
    II. Europäischer Bundesstaat? Kontroversen und Souveränitätsanfragen 460
I. Ausblick: Integrationswirkung, Standortwettbewerb und die „Falle der Verrechtlichung" 471
Schrifttum 475

A. Einführung: Föderalismus zwischen Freiheitssicherung und Staatsfreundschaft

I. Der hoheitliche Föderalismus als Teil der constitutio libertatis

1   Der hoheitliche Föderalismus ist der auf den Staat[1] bezogene Teil eines umfassend verstandenen Föderalismus, der in unterschiedlichen, geistige Orientierung und Ordnung ermöglichenden Bezügen sowie in verschiedenen Ausformungen auftreten kann. Er nimmt mit seiner Staatszentrierung als Bundesstaat verfassungsrechtliche Gestalt an. Dabei ist „der Bundesstaat, bei dem beide föderalen Ebenen Staatscharakter haben, nur eine der möglichen Erscheinungsformen des Föderalismus."[2] Sinn dieser föderalen Gedoppeltheit der Ebenen (und damit auch der Kompetenzverteilung) ist vor allem die **„Wohlverteilung der Staatsgewalt**, ihre Strukturierung und Balance".[3]

2   Der Bundesstaat ist Teil der „constitutio libertatis" der Bundesrepublik Deutschland. Nach der totalitären nationalsozialistischen Diktatur galt es, eine freiheitsgründende und freiheitssichernde Verfassung auf der Basis von Menschenwürde und Menschenrechten, von Rechtsstaat und parlamentarischer Demokratie zu schaffen. Das konnte nur in Anerkennung föderaler Grundstrukturen geschehen, zumal die Länder noch vor der Bundesrepublik Deutschland selbst gebildet wurden und sich dort die Anfänge von Parteiendemokratie und Parlamentarismus in der Nachkriegszeit finden. Der Föderalismus und die Bundesstaatlichkeit beruhen auf einer erheblich längeren **historischen Tradition**. Auch wenn diese territorial und politisch von monarchisch-dynastischen Konstellationen geprägt war, wurde in ihr mit der Zeit eine institutionelle Struktur wie eine politische Kultur ausgeformt, an die der Parlamentarische Rat in seinen föderalen Bestrebungen – wenn auch nicht umstandslos – anknüpfen konnte. Nach dem Scheitern der Revolution von 1848/1849 war der erste Versuch einer freiheitlichen Verbindung von parlamentarischer Demokratie und Bundesstaat in der Weimarer Republik unternommen

---

[1] Zum Staat gehören hier die klassischen Staatselemente Staatsgebiet, Staatsvolk, Staatsgewalt und damit die Verfassung sowie die verschiedenen staatlichen Institutionen und Prozesse einschließlich der Verwaltung; zum Staatsbegriff siehe *Zippelius*, Allgemeine Staatslehre, 16. Aufl. 2010, S. 40 ff., Zur Abgrenzung von Staat und Verwaltung siehe *Baer*, in: Hoffmann-Riem/Schmidt-Aßmann/Voßkuhle (Hrsg.), Grundlagen des Verwaltungsrechts, 2006, §11, Rn. 14; *Von Bogdandy*, Gubernative Rechtsetzung, 2000, S. 107 ff.

[2] *Grzeszick*, in Maunz/Dürig (Hrsg.), Grundgesetz, Loseblatt, Stand: März 2006, Art. 20 IV Rn. 18.

[3] *Isensee*, in: ders./P. Kirchhof (Hrsg.), Handbuch des Staatsrechts der Bundesrepublik Deutschland, Bd. VI, 3. Aufl. 2008, §126, Rn. 196.

worden. Angesichts der anhaltenden prekären politischen, sozialen und ökonomischen Gemengelagen, der schwierigen Lasten des Ersten Weltkrieges, der hohen Widerstände gegen den Parlamentarismus durch antidemokratische Haltungen von rechts und links[4] scheiterte schließlich diese erste Demokratie in den Präsidialkabinetten, den Notstandsverordnungen und der nationalsozialistischen totalitären Diktatur. Umso wichtiger war nach 1945 die gemeinsame Anknüpfung an die föderalen wie die **freiheitlich-demokratischen Traditionsstränge** in Bezug auf die neue Staatsordnung Deutschlands. So hat der staatszentrierte Föderalismus in seiner der freiheitlichen, rechtsstaatlichen Demokratie zugewandten Weise in der bundesstaatlichen Ordnung der Bundesrepublik Deutschland seinen prägenden und prägnanten Ausdruck gefunden.[5] In bundesstaatlicher Perspektive ist die „res publica libera" immer auch eine „res publica composita".[6]

Der Bundesstaat enthält mit seiner grundsätzlichen Anerkennung der Länder einschließlich deren regionalen Besonderheiten und ebenso mit seiner Wendung gegen einen überzogenen, erst recht gegenüber dem erfahrenen diktatorischen Zentralismus spezifisch **freiheitssichernde Elemente**. Diese wurden wichtiger Bestandteil des Fundaments der parlamentarischen Demokratie. Dabei ist nun in dem Dreiklang von Rechtsstaat, Demokratie und Bundesstaat – als freiheitliche Grundgegebenheiten unserer politischen Ordnung – eine grundsätzliche „Staatsfreundschaft"[7] angelegt. In dieser Staatsfreundschaft wird heilsamer und einträglicher als in der Weimarer Republik die historische föderale Frontstellung von Monarchie und Demokratie überwunden, der Föderalismus fest und dauerhaft mit der freiheitlichen Ordnung verknüpft und zugleich die Vertretung der Länderinteressen im politischen Gesamtgefüge gewahrt. Die positive gegenseitige Bindung von Bundesstaat und Demokratie bedeutet keine Gleichförmigkeit, wohl aber Gleichgerichtetheit auf Grundwerte, parlamentarische Demokratie und Gemeinwohl. Dass die parlamentarische Demokratie und die bundesstaatliche Ordnung mit ihrer Sicherung von Freiheitssphären und Entfaltungsmöglichkeiten der „eigenständigen kleineren Einheiten"[8] ein integrales Bezugssystem bildet, gehört zu den großen Errungenschaften der Bundesrepublik Deutschland gegenüber den Jahrzehnten zuvor.[9] Diese Grundentscheidung hat mit dazu beigetragen, dass man heute (anders als von „Weimar") von der „geglückten

3

---

[4] *Sontheimer*, Antidemokratisches Denken in der Weimarer Republik, 1978; *Frotscher/Pieroth*, Verfassungsgeschichte, 8. Aufl. 2009, Rn. 573 ff.

[5] Der Begriff „Föderalismus" erscheint nicht im Grundgesetz (das Wort föderativ nur in Bezug auf die Europäische Union Art. 23 Abs. 1 S. 1 GG), sondern die konkrete Ausformung: der Bundesstaat (Art. 20 Abs. 1 GG).

[6] Zum Begriff „res publica composita" siehe *Isensee* (Fn. 3), Rn. 196.

[7] Zum Begriff „Staatsfreundschaft" siehe *Sternberger*, Gesammelte Schriften, Bd. IV, 1980, S. 209; zu dieser Staatsfreundschaft gehört auch das Verfassungsgebot des bundesfreundlichen Verhaltens (Bundestreue), BVerfGE 1, 299 (315 f.), siehe dazu *Isensee* (Fn. 3), Rn. 152 und Rn. 166.

[8] *Isensee* (Fn. 3), Rn. 196.

[9] Bis heute ist „die nationalsozialistische Diktatur [...] zum großen argumentum e contrario für die westliche Demokratie, für die Menschen und Bürgerrechte" geworden, *Winkler*, Der lange Weg nach Westen. Deutsche Geschichte vom „Dritten Reich" bis zur Wiedervereinigung, 2000, S. 656.

Demokratie"[10], von einer „Erfolgsgeschichte"[11] der Bundesrepublik Deutschlands sprechen kann.

II. Der Gegenpol: defekte Bundesstaaten

4   Dadurch, dass der Föderalismus in seiner bundesstaatlichen Ausprägung eine nicht auflösliche Verbindung mit der freiheitlichen parlamentarischen Demokratie eingegangen ist, sind die freiheits- und demokratiesichernden Elemente normativer Teil des semantischen Kerngehalts des Bundesstaates geworden. Deutschland hat den monarchisch-dynastischen Staatsföderalismus endgültig hinter sich gelassen und gilt trotz mancher Kritik insgesamt als ganzheitlicher, geglückter Bundesstaat, dessen föderale Elemente allerdings von Zeit zu Zeit neu ausbalanciert werden (müssen).

5   In einer verallgemeinernden Sicht ist die Integration von Föderalismus und freiheitlicher Demokratie zum normativen Bezugspunkt geworden, auch wenn die bundesstaatlichen Ausformungen in der Praxis jeweils historisch-individuellen Charakter tragen. Hoheitlicher Föderalismus ist heute ohne Freiheit, Demokratie und Rechtsstaat substantiell nicht mehr angängig, genügend und hinreichend vertretbar. Staaten wie beispielsweise die Vereinigten Arabischen Emirate, die zwar in der Staatsorganisation eine „föderale Struktur" besitzen, aber damit keine freiheitliche, auf dem Rechtsstaat aufbauende (parlamentarische) Demokratie verbinden oder wo historische, religiöse, ethnische oder gesellschaftliche Prozesse der Verfassungsumsetzung deutlich entgegenstehen, sind in dieser Perspektive vom Grundsatz her **„defekte Bundesstaaten"**[12]. Das gilt selbstverständlich in Abstufungen, denn die Art und Weise der Defekte unterscheidet sich normativ wie strukturell darin, ob mit der bundesstaatlichen Organisation nichtdemokratische Herrschaft gekoppelt und aufrechterhalten wird oder ob mit dieser in der Grundausrichtung eine Menschenrechte achtende, rechtsstaatliche demokratische Ordnung anvisiert wird. Diese auszubilden und zu festigen kann aufgrund der historischen, sozialen, wirtschaftlichen und ethnischen Gegebenheiten ein langwieriger Prozess sein. Dieses zeigt sich bei jungen Bundesstaaten wie dem Irak, der aufgrund von jahrzehntelanger Diktatur, fehlender politisch-demokratischer Kultur, aufgeblähter Bürokratie, verbreiteter Korruption und Nepotismus sowie rivalisierender, teilweise gewaltbereiter Gruppen im religiösen Spektrum äußerst große Schwierigkeiten hat, die

---

[10] *Wolfrum*, Die geglückte Demokratie, 2007; siehe auch den Beitrag *Wolfrum*, Vom Wandel des Selbstbildes. Zur Erinnerungs- und Geschichtspolitik in der Bundesrepublik Deutschland von 1949 bis 2010, in: Härtel (Hrsg.), Handbuch Föderalismus – Föderalismus als demokratische Rechtsordnung und Rechtskultur in Deutschland, Europa und der Welt, Bd. III, 2012, §75.

[11] *Winkler* (Fn. 9), S. 638.

[12] Ich wähle diesen Begriff in Anlehnung an den Begriff „Defekte Demokratie" von Wolfgang Merkel, siehe *Merkel u.a.*, Defekte Demokratie, Bd. I: Theorie und Probleme, 2. Aufl. 2010, S. 65 ff.

bundesstaatliche Ordnung der Verfassung vom 15. Oktober 2005 in eine förderliche Praxis umzusetzen.[13] Das ist beispielsweise auch der Fall bei dem Bundesstaat Bosnien-Herzegowina[14], dessen (dreigliedrige) föderale Strukturen (gemäß dem Dayton Peace Agreement[15]) die Grundlage des friedlichen multiethischen Zusammenlebens sind. Bosnien-Herzegowina, dessen Existenzrecht bisher bereits von rund einem Drittel der Staaten bestätigt wurde, ist staatsorganisatorisch als Bundesstaat verfasst, verfügt über eine Verfassung, eine Parlamentarische Versammlung (Völkerhaus und Repräsentantenhaus), einen exekutiven Ministerrat, eine gesamtbosnische Staatsbürgerschaft sowie neben den beiden Landesteilen (Entitäten) über 10 Kantone als föderale Einheiten mit Parlament, Kantonspräsidenten mit der Befugnis der Ernennung der Regierung und Gerichte. Allerdings stehen der freiheitlichen parlamentarischen Demokratie die ethnisierenden Elemente entgegen (so überschneiden sich „die territoriale Radizierung als Funktionsprinzip eines Bundesstaates und die Identifizierung eines Wahlbürgers mit einer Ethnie"[16]), die Kantone besitzen keine volle Staatsqualität und sind daher eher Fast-Gliedstaaten, neben den problematischen Strukturen ermangelt es an politischer, rechtsstaatlicher und auch föderaler Kultur. All dies sind Gefährdungslagen, die Bosnien-Herzegowina als defekten Bundesstaat kennzeichnen, der sich aber trotz aller beachtlichen Schwierigkeiten auf den Weg gemacht hat zu einem vollgültigen **„multiethnischen" demokratischen Bundesstaat**.

Die bundesstaatliche Ordnung ist heute neuen Problemen ausgesetzt. Im Zuge der **Globalisierung** erleiden die Bundesrepublik Deutschland als Ganzes, aber ebenso auch die Bundesländer politische Funktionsverluste (Absinken der Verfügungsmacht). Zugleich müssen sich beide gleichzeitig im weltweiten wirtschaftlichen Standortwettbewerb, der auch in damit verbundenen sozialen und kulturellen Bereichen ausgetragen wird, behaupten. Im Zuge des ansteigenden Druckes durch

---

[13] Zum Irak-Prozess siehe *Naeen*, Die neue bundesstaatliche Ordnung des Irak, 2008.
[14] Zum Folgenden vor allem mit spezieller thematischer Durchdringung *Vitzthum/Mack*, in: Vitzthum (Hrsg.), Europäischer Föderalismus. Supranationaler, subnationaler und multiethnischer Föderalismus in Europa, 2000, S. 101; sowie *ders.*, in: Europäisches Zentrum für Föderalismusforschung (Hrsg.), Europäischer Föderalismus im 21. Jahrhundert, 2003, S. 118 ff.; *Stahn*, in: Europäisches Zentrum für Föderalismusforschung Tübingen (Hrsg.), Jahrbuch des Föderalismus 2002, 2002, S. 388 ff.; *Woelk*, in: Europäisches Zentrum für Föderalismusforschung Tübingen (Hrsg.), Jahrbuch des Föderalismus 2009, 2009, S. 353 ff.
[15] Die Verfassung von Bosnien-Herzegowina ist im Annex 4 des Dayton-Abkommens enthalten, wobei es sich hier nicht nur um ein internationales Abkommen handelt, sondern auch um kollektive Verfassunggebung durch die Erklärung und die Annahme der beiden Teile Bosnien und Herzegowina. Bei der Gründung dieses Staates ging es, so *Wolfgang Graf Vitzthum*, weniger um deutsche reine Dogmatik und mehr um angelsächsischen Pragmatismus, *Graf Vitzthum/Mack*, in: Graf Vitzthum (Hrsg.), Europäischer Föderalismus. Supranationaler, subnationaler und multiethnischer Föderalismus in Europa, 2000, S. 81 (88).
[16] *Graf Vitzthum/Mack* (Fn. 15), S. 81 ff; ein anderes Beispiel für multiethnischen Föderalismus bietet Nigeria, das versucht, ethnische Heterogenität durch Föderalismus einzubinden, siehe *Heinemann-Grüder*, in: Europäisches Zentrum für Föderalismusforschung Tübingen (Hrsg.), Jahrbuch Föderalismus 2009, 2009, S. 411 ff.

die Globalisierung wächst den Bundesländern nochmals Eigenständigkeit zu, wobei wiederum die Länder mit ihren hergebrachten Verwaltungsstrukturen neu herausgefordert werden durch die Entstehung von Regionen unter primär funktionaler Zielsetzung (nichthoheitlicher Föderalismus).[17]

7   Vor diesem Hintergrund werden im Folgenden nach begrifflichen Klärungen Merkmale wie Staatsqualität untersucht und nach Rangverhältnissen von Bund und Ländern gefragt. Nach einer Darstellung der historischen Entwicklung von Föderalismus und Bundesstaat werden Legitimationsfragen erörtert und die verfassungsrechtlichen Grundlagen des Bundesstaates dargestellt und im Einzelnen beleuchtet. Das Augenmerk wird sodann auf den „kooperativen Bundesstaat" als vorherrschender Praxis gerichtet. Anschließend wird dem weit verbreiteten Vorwurf nachgegangen, dass die Politikverflechtung im Bundesstaat zu Politikblockaden führe (Divided Government). Den Abschluss bildet die Darstellung des Verhältnisses von deutschem Bundesstaat und dem supranationalen Föderalismus der Europäischen Union, wobei die Frage nach einem europäischen Bundesstaat auch unter Souveränitätsaspekten aufgegriffen wird.

B. Begriffliche Zugänge: Bundesstaat und Föderalismus

I. Abgrenzung von Bundesstaat und Föderalismus zu anderen Erscheinungsformen

8   Als Gegenstand der Wissenschaften erscheinen „Bundesstaat" und „Föderalismus" je nach Sichtweise in einem unterschiedlichen Licht. Es ergeben sich bereits disziplinspezifisch, vor allem aber interdisziplinär verschiedenartige Beschreibungen, Erklärungen und Reflexionen. So hat die Rechtswissenschaft zum Bundesstaat wie Föderalismus aufgrund ihrer Traditionslinien (differenzierte) eigenständige Zugänge entwickelt, ebenso auch die Geschichts-, Politik- und jüngst auch die ökonomische Wissenschaft. Bezogen auf das aktuelle phänotypische Erscheinungsbild des Bundesstaates, aber auch bezogen auf den Bundesstaat als Genotyp ist im Laufe der Zeit eine Reihe von Aussagen und Grundsätzen ausgebildet worden, die mit ihm kategorisch verbunden werden. Dazu gehört auch die Charakterisierung durch auf ihn bezogene Gegenbegriffe. In den Rechtswissenschaften, aber auch in anderen Einzeldisziplinen hat das zu spezifischen Sichtweisen auf den Föderalismus, zu Festschreibungen von Begriffen und Argumentationsweisen gewissermaßen als „herrschende Meinung" geführt. Solche durchaus notwendigen Begriffskanonisierungen werden aber stets herausgefordert durch die jeweiligen sozio-ökonomischen,

---

[17] Zum nichthoheitlichen Föderalismus siehe *Härtel*, Nichthoheitlicher Föderalismus – neue föderale Entwicklungen jenseits tradierter Staatlichkeit, in: dies. (Hrsg.), Handbuch Föderalismus – Föderalismus als demokratische Rechtsordnung und Rechtskultur in Deutschland, Europa und der Welt, Bd. II, 2012; §48. *Härtel*, Entfaltung nichthoheitlicher Föderalstrukturen?, in: Europäisches Zentrum für Föderalismus-Forschung Tübingen (Hrsg.), Jahrbuch des Föderalismus 2011, 2011 S. 96 ff.

politischen und rechtlichen Fortentwicklungen, was zur Weiterbildung und – wo notwendig – zur Neuformulierung von Theorien und Begriffen führt. Dies ist gewissermaßen Ergebnis eines allgemein akzeptierten **Wissenschaftspluralismus**, der nicht nur Ausdruck grundlegender Freiheit des Erkenntniszugangs ist, sondern ohne den die moderne Welt mit ihrer sich steigernden Komplexität und Entwicklungsgeschwindigkeit nicht mehr zureichend erfasst werden kann. Umso wichtiger ist neben der Wahrnehmung der Pluralität der eigenen Disziplin die verstärkte Aufnahme der interdisziplinären Bezüge – vor allem zu den jeweiligen Nachbardisziplinen. Dadurch verbreitern sich die gemeinsamen Wissens-, Erkenntnis- und Reflexionsbestände in Bezug auf Bundesstaat und Föderalismus.

Gleichwohl ist es sinnvoll, den zu erörternden Gegenstand von einer Grundsicht her aufzugreifen und ihn dann um entsprechende Erkenntnisse aus Nachbardisziplinen zu erweitern, um ein Grundgerüst zu bekommen. Im Folgenden werden daher die Begriffe Bundesstaat und Föderalismus und die damit verbundenen Konstitutions- und Strukturzusammenhänge vom Grundsatz her in der Doppelperspektive der Allgemeinen Staatslehre/Staatstheorie und des Staatsrechts behandelt. Dabei werden dann Erkenntnisse von Nachbardisziplinen wie der Geschichts- und der Politikwissenschaft mit einbezogen. 9

Die **Staatstheorie** befasst sich mit dem Begriff und dem Wesen des Staates, seiner Legitimation, seinen Zwecksetzungen, Funktionen und Gestaltungsformen. Es werden hierbei in der Regel die unterschiedlichen Erscheinungsformen des Staates in Vergangenheit und Gegenwart berücksichtigt sowie staatspolitische und staatsphilosophische Fragestellungen mit in die Betrachtung hinein genommen.[18] Das Staatsrecht bezieht sich auf einen konkreten Staat wie die Bundesrepublik Deutschland und umfasst, was die Verfassung und damit das Verfassungsrecht aussagt. Maßgeblich für die Entscheidung (bundes-)staatsrechtlicher Fragen sind die Normen des Staatsrechts und ihre Auslegung.[19] Muss in der Bundesrepublik Deutschland also ein staatsrechtliches Problem mit bundesstaatlichem Bezug gelöst werden, sind Maßstab der Rechtsanwendung die zum Bundesstaatsprinzip einschlägigen Normen des Grundgesetzes.[20] Dabei reflektiert die Staatstheorie das positive Verfassungsrecht. Sie kann aber auch in die Auslegung des Verfassungsrechts einfließen, jedoch nicht die Entscheidungen des Verfassunggebers konterkarieren.[21] 10

Die Begriffe Bundesstaat und Föderalismus werden sowohl in der **Staatstheorie** als auch im **Staatsrecht** verwandt. In einem ersten Ansatz wird im Staatsrecht der Bundesstaat durch die Gegenbegriffe Einheitsstaat und Staatenbund bestimmt; die Staatstheorie prägt zum Föderalismus vornehmlich den Gegenbegriff Unitarismus.[22] 11

---

[18] Zur Beschreibung der Allgemeinen Staatslehre vgl. u. a. *Schöbener*, Allgemeine Staatslehre, 2009, §1, Rn. 1 ff.; *Doehring*, Allgemeine Staatslehre, 3. Aufl. 2004, §1, Rn. 4 ff.; *Mastronardi*, Verfassungslehre. Allgemeines Staatsrecht als Lehre vom guten und gerechten Staat, 2007, Rn. 113 ff.

[19] *Maurer*, Staatsrecht I, 5. Aufl. 2007, §1, Rn. 3.

[20] *Isensee* (Fn. 3), Rn. 5.

[21] *Grzeszick* (Fn. 2), Art. 20 IV Rn. 16.

[22] *Grzeszick* (Fn. 2), Art. 20 IV Rn. 18.

Näher betrachtet braucht allerdings auch das Staatsrecht die Begriffe der Staatstheorie, um den Bundesstaat adäquat beschreiben zu können[23]. Das gilt vice versa auch für die Staatstheorie, die Begriffe des Staatsrechts aufnimmt.[24] Zudem wird die Unterscheidung der Föderalismuszugänge der Staatslehre und des Staatsrechts von der Entwicklung der Europäischen Union modifiziert. Denn gemäß Art. 23 Abs. 1 S. 1 GG wirkt die Bundesrepublik Deutschland „zur Verwirklichung eines vereinten Europas (...) bei der Entwicklung der Europäischen Union mit, die demokratischen, rechtsstaatlichen, sozialen und föderativen Grundsätzen (...) verpflichtet ist". Damit kommt zum Ausdruck, dass das Staatsrecht auch Föderalstrukturen bei einem nichtstaatlichen Gebilde wie der Europäischen Union anerkennt. Insofern öffnet sich das Staatsrecht auch – zumindest in diesem Zusammenhang – einem erweiterten Föderalismusverständnis der Staatslehre.

12   Der Föderalismus als umfassende Idee verkörpert sich im Bundesstaat, ohne darin aufzugehen. Der Bundesstaat, wie er im Grundgesetz zur realen Geltung kommt, ist zuallererst moderner Staat und damit in die darauf basierende Staatstätigkeit eingebunden. In Bezug auf die jeweilige Verfassung sowie auf die vielfältigen nationalen Traditionen und sozioökonomischen Einflüsse kann er realiter immer nur ein Unikat sein. Aufgrund der stetigen Entwicklung moderner Gesellschaften in all ihren Teilsystemen ist auch der Bundesstaat keine statische Angelegenheit. Es handelt sich stets um einen hoheitlichen Föderalismus *in progresso*.

13   Der Bundesstaat als eine Staatsform des umfassend verstandenen Föderalismus[25] wird hier als **staatszentrierter Föderalismus** bezeichnet. Etymologisch liegt dem Wort Föderalismus das Lateinische „foedus" zugrunde, was mit „Bund", „Bündnis" und „gemeinsamer Vertrag" übersetzt werden kann.[26] Staatsrechtlich ist das Föderale nach dem Grundgesetz ausgedrückt im Begriff des Bundesstaates, bei dem einzelne Gliedstaaten, die eigenständig staatliche Aufgaben erfüllen können, zum Bund

---

[23] *Grzeszick* (Fn. 2), Art. 20 IV Rn. 30.

[24] Ähnlich auch bei *Isensee*: „Der staats*rechtliche* Begriff des Föderalismus macht den staats*theoretischen* nicht entbehrlich [...]. Der Föderalismus im staatsrechtlichen Sinne bildet das besondere Maß, nach dem das Grundgesetz die Gewichte des Unitarismus und des ‚Föderalismus' (im staatstheoretischen Sinne) verteilt und zu gewünschter Balance von Bund und Ländern austariert", *Isensee* (Fn. 3), Rn. 8.

[25] Stellvertretend *Hain*, in: v. Mangoldt/Klein/Starck (Hrsg.), Kommentar zum GG, Bd. 2, 6. Aufl. 2010, Art. 79 Rn. 120 mit zahlreichen Nachweisen; zur Unterscheidung und zum Zusammenhang von Bundesstaat und Föderalismus siehe *Kimminch*, in: Handbuch des Staatsrechts, Bd. I, 1995, §26, Rn. 1-4 m. w. N.

[26] „Foedus" gehört vom Stamm her zu „fidere", was wiederum „Vertrauen" bedeutet. Zugleich steht es in Verbindung mit „fides" (Treue, Schutz). Siehe dazu *Pfeifer*, Etymologisches Wörterbuch des Deutschen, 4. Aufl. 2004; ferner *Maier*, Der Föderalismus – Ursprünge und Wandlungen, AöR 1990, 213 ff. – nach *Hans Maier* hat das Wort foedus erst im Mittelalter jene auf das Innere der Staaten bezogene „bündische" Bedeutung angenommen; seine heutige Bedeutung erhielt der Begriff erst in den Auseinandersetzungen im Zuge der amerikanischen Revolution. Zur begrifflichen Differenzierung siehe auch *Kosellek*, in: Brunner/Conze/Kosellek (Hrsg.), Geschichtliche Grundbegriffe, Bd. 1, 1972, S. 582 ff.

zusammengeschlossen sind unter gleichzeitiger Festlegung der jeweiligen Kompetenzen.[27] Dem Staatsrecht ist also ein enges Föderalismusverständnis zu eigen, das vor allem auf die Staatsqualität der Länder wie die des Bundes abstellt. Im Gegensatz zum Staatsrecht kann bei der modernen Allgemeinen Staatslehre[28] ein weites Verständnis des Föderalismus zugrunde gelegt werden. Danach kommt es in erster Linie nicht auf die Staatlichkeit der Glieder an, sondern auf die Eigenständigkeit der „kleineren Einheiten", die sich zu einem Bund zusammenschließen. Demnach bildet der hoheitliche Föderalismus ein Ordnungs- und Strukturprinzip, bei dem die einzelnen Glieder über eine spezifische Eigenständigkeit verfügen, gleichzeitig aber zu einem übergeordneten Ganzen, zu einer übergreifenden Gesamtheit zusammengeschlossen sind. Staatliche Hoheitsgewalt wird auf verschiedene territorial radizierte Hoheitsträger verteilt.[29] Die einzelnen Glieder verfügen über eine eigene Rechtsstellung und eigene Befugnisse, ohne Staatsqualität aufweisen zu müssen. Dabei bestehen verschiedene Gestaltungsmöglichkeiten mit Blick auf die Verteilung der Aufgaben und Befugnisse und die Regelung des gegenseitigen Verhältnisses der verschiedenen föderalen Ebenen. Dies kann dazu führen, dass nicht nur der Bundesstaat und der Staatenbund, sondern sogar der Einheitsstaat bei starker Dezentralisierung föderale Elemente aufweisen kann. Föderalstrukturen können damit auch zwischen verschiedenen rechtlichen konstituierten Gebilden existieren – so zwischen dem Staat und den unter seiner Hoheit stehenden Selbstverwaltungskörperschaften oder im Verhältnis von bestehenden Staaten zu internationalen und supranationalen Einheiten.[30]

Durch den Staats- wie den Bundes-Charakter ist der Bundesstaat als deskriptiv-idealtypischer Begriff ein „mixtum compositum". Als „Bund" inkorporiert er die föderalen Elemente, als „Staat" die einheitsstiftenden (unitarischen) Bezüge. Erst die Verbindung beider Belange macht die Qualität des Bundesstaates aus: „Ohne das föderale Element kein Bundesstaat, ohne das unitarische kein Staat".[31] Im Sinne einer „concordia discors"[32] muss in der Praxis stets aufs Neue eine Balance zwischen den föderalen und unitarischen Elementen gesucht werden.

Ein zentrales Abgrenzungskriterium der verschiedenen Staatsformen Bundesstaat, Staatenbund und Einheitsstaat bildet die Rechtssubjektivität. Dabei drückt sich die **Rechtssubjektivität des Bundesstaates** durch seine Staatlichkeit auf zwei Ebenen aus – sowohl der Bund als auch die Länder besitzen Eigenstaatlichkeit.[33] Der

---

[27] Zum Begriff des Bundesstaates siehe *Laufer/Münch*, Das föderative System der Bundesrepublik Deutschland, 5. Aufl. 2010, S. 17 f.; *Frenkel*, Föderalismus und Bundesstaat, Bd. I, 1984, hier insbesondere Bd. II, 1986; *Isensee* (Fn. 3), S. 517 ff.

[28] Diese widmet sich nicht nur dem tradierten Staat, sondern auch den neuen Entwicklungen wie Europäisierung und Globalisierung der Rechtswelt, in denen sich Staaten befinden. Dazu siehe z. B. *Kokott*, VVDStRL 63 (2004), 7 ff.; *Vesting*, VVDStRL 63 (2004), 41 ff.; *Voßkuhle*, JuS 2004, 2 ff.; *Starck*, in: FS J. Delbrück, 2005, S. 711 ff.

[29] Vgl. zum weiten staatsrechtlichen Verständnis *Grzeszick* (Fn. 2), Art. 20 IV Rn. 18.

[30] *Grzeszick* (Fn. 2), Art. 20 IV Rn. 18.

[31] *Isensee* (Fn. 3), Rn. 4.

[32] *Isensee* (Fn. 3), Rn. 4.

[33] Vgl. u. a. *Huster/Rux*, in: Epping/Hillgruber (Hrsg.), BeckOK GG, 7. Ed. 2010, Art. 20 Rn. 7.

Bürger ist Adressat von Hoheitsakten beider staatlichen Ebenen und kann gegenüber beiden Ebenen ggf. subjektiv-öffentliche Rechte geltend machen.[34] Auch wird dadurch die Möglichkeit demokratischer Teilnahme und Teilhabe erhöht. Die beiden Staatsebenen stehen sich dabei nicht unverbunden gegenüber, sondern sind durch in einem beständigen formellen wie informellen Informations-, Koordinierungs- und Abstimmungsaustausch vielfältig demokratisch verflochten.

16 Die Zwei-Ebenen-Struktur von Bund und Ländern ist als einfache Form demokratischer Politikverflechtung ausgebildet, die dann durch das Hinzukommen weiterer Ebenen wie beispielsweise die Kommunen oder die Europäische Union zum föderalen Mehrebenensystem mit komplexen Koordinationsaufgaben konstituiert wird.[35] Der **Staatenbund** ist ein Zusammenschluss verschiedener Staaten zur Verfolgung gemeinsamer Interessen. Die Mitgliedsstaaten sind durch einen völkerrechtlichen Vertrag mehr oder weniger fest miteinander verbunden. Sie verfügen auch im Staatenbund nach wie vor einzeln über die maßgebliche Staatsgewalt. Der Staatenbund besitzt keine völkerrechtliche Subjektivität. Die Entscheidungen des Bundes sind grundsätzlich nur an die Mitgliedstaaten gerichtet und nicht direkt an den Bürger. Die Verbindlichkeit des Bundesrechts gegenüber dem einzelnen Bürger bedarf grundsätzlich der Umsetzung durch die Mitgliedstaaten.[36] Staatstheoretisch gesehen ist der Gegenbegriff des Föderalismus der **Unitarismus**[37]. Diesem liegt das System „zentral organisierter, geschlossener, monolithischer Staatlichkeit"[38] zugrunde, dem die staatsrechtliche Form des Einheitsstaates als Grundtypus entspricht. Davon zu unterscheiden sind unitarische Tendenzen, die jeder Staatlichkeit zu eigen sind. Der Bundesstaat, der die Gliedstaaten zu einem Gesamtstaat eint, weist zusammen mit der föderalen Grundstruktur durch den Bundescharakter neben der föderalen auch eine unitarische Tendenz auf. Insofern ist der Bundesstaat der Bundesrepublik Deutschland eine besondere Form des staatszentrierten Föderalismus.[39] Der **Einheitsstaat** verfügt als zentral organisierter unitarischer Staat nach außen über völkerrechtliche Subjektivität. Nach innen hingegen existieren neben ihm keine Rechtssubjekte mit eigener Staatsqualität. Die Staatsgewalt liegt konzentriert ganz beim Einheitsstaat,[40] der über eine entsprechend organisierte Verwaltung verfügt. Auch wenn im Einheitsstaat eine Dezentralisation von Hoheitsgewalt durchaus möglich ist, sind die so gebildeten Träger der Hoheitsgewalt Körperschaften ohne Staatscharakter.[41]

---

[34] *Grzeszick* (Fn. 2), Art. 20 IV Rn. 33.

[35] *Benz*, Politik in Mehrebenensystemen, 2009, S. 21 ff.; *Schuppert,* in: ders. (Hrsg.), The Europeanisation of Governance, 2006, S. 9 ff.; *Dann* und *Mayer*, in: von Bogdandy (Hrsg.), Europäisches Verfassungsrecht, 2. Aufl. 2009, S. 343 ff. und S. 596.

[36] *Grzeszick* (Fn. 2), Art. 20 IV Rn. 32.

[37] Vom lateinischen „unitas": Einheit.

[38] *Isensee* (Fn. 3), Rn. 4; vgl. auch *Šarčević*, Das Bundesstaatsprinzip, 2000, S. 16-19.

[39] *Isensee* (Fn. 3), Rn. 4; vgl. auch *Šarčević* (Fn. 38), S. 16-19.

[40] *Šarčević* (Fn. 38), S. 15.

[41] *Grzeszick* (Fn. 2), Art. 20 IV Rn. 31.

Zwar kann auch in einem Einheitsstaat eine gute parlamentarische Demokratie verkörpert sein, die Menschenwürde, Freiheitsrechte und Teilhabe garantiert. Echte Bundesstaaten besitzen aber durch die Strukturierung in Ebenen und „kleineren Einheiten" ein spezifisch freiheitssicherndes Potential. Staaten als Diktaturen sind deshalb stets bestrebt, entweder die Bundesstaatlichkeit auszuhöhlen und nur die formale Hülle einer föderalen Struktur bestehen zu lassen, oder aber bundesstaatliche Strukturen so schnell wie möglich zu zerschlagen, um diktatorisch-zentralen Zugriff zu bekommen. Deutschland hat das bitter erfahren müssen in zwei Diktaturen – dem Nationalsozialismus und dem DDR-Sozialismus. 17

Auch dem **Bundesstaat** kommt wegen seiner unitarischen Elemente völkerrechtliche Subjektivität zu. Er ist aber nach innen durch die politische Selbständigkeit der Gliedstaaten gekennzeichnet. Diese weisen eine eigene Rechtssubjektivität auf. Zugleich haben sie sich aber gemeinschaftlich zum Bundesstaat zusammengefügt. Dessen Grundlage ist eine gemeinsame Verfassung, wobei der Souverän das Volk ist. Sowohl dem Bundesstaat wie den Gliedstaaten ist die Qualität der Staatlichkeit zu eigen. Beide verfügen über Institutionen der Legislative (Parlament), der Exekutive (Regierung und Verwaltung) sowie der Judikative (Gerichte). In einem Bundesstaat sind die Kompetenzen zwischen Bundesebene und Landesebene in der Verfassung geregelt. In Deutschland besitzt der Bundesgesetzgeber die Möglichkeit, diese Kompetenzverteilung zu ändern. Das Bundesrecht ist in den Ländern unmittelbar anzuwendendes Recht. Andererseits können die Länder in ihren Zuständigkeitsbereichen jeweils von der Bundesebene unabhängige, eigenständige Entscheidungen treffen.[42] 18

Im hoheitlichen Föderalismus finden sich aufgrund des historischen Wandels in der Realität unterschiedliche **Übergangs- oder Annäherungsformen** sowie neue Begriffsbildungen. Mit Blick auf das Verhältnis von Einheitsstaat und Bundesstaat sind der unitarische Bundesstaat sowie der dezentralisierte Einheitsstaat als benachbarte Übergangsformen zu betrachten.[43] Eine bisher einzigartige Sonderform zwischen dem völkerrechtlichen Staatenbund und dem Bundesstaat stellt die Europäische Union als **„Staatenverbund"**[44] – und zwar „sui generis" – dar. Dabei erfasst der Begriff des Staatenverbunds – nach der Definition des Bundesverfassungsgerichts – „eine enge, auf Dauer angelegte Verbindung souverän bleibender Staaten, die auf vertraglicher Grundlage öffentliche Gewalt ausübt, deren Grundordnung jedoch allein der Verfügung der Mitgliedstaaten unterliegt und in der die Völker – das heißt die staatsangehörigen Bürger – der Mitgliedstaaten die Subjekte demokratischer 19

---

[42] Hinzu tritt seit der Föderalismusreform I die Möglichkeit der Abweichungsgesetzgebung, siehe *Schmidt-Jorzig*, „Abweichungsgesetzgebung" als neues Kompetenzverteilungsinstrument zwischen den Gliederungsebenen des deutschen Bundesstaates, in: Härtel (Hrsg.), Handbuch Föderalismus – Föderalismus als demokratische Rechtsordnung und Rechtskultur in Deutschland, Europa und der Welt, Bd. I, 2012, §20.

[43] *Jestaedt*, in: Isensee/P. Kirchhof (Hrsg.), Handbuch des Staatsrechts, Bd. II, 3. Aufl. 2004, §29, Rn. 9.

[44] BVerfGE 89, 155 (155 [Leitsatz 2], 156 [Leitsatz 8], 181, 184 f., 185 f., 186 f., 190).

Legitimation bleiben."[45] Es existiert daher keine staatliche Gewaltordnung (mit direkten Erzwingungsmöglichkeiten) in der Europäischen Union. Deshalb ist beim supranationalen Staatenverbund der Europäischen Union das **Prinzip der Selbstbindung** in Freiheit von entscheidender Bedeutung.[46] Dabei ist die Bindungstiefe mit der Zeit größer geworden – von der „Verbindung" zu föderaler „Integration", von der Wirtschaftsgemeinschaft zur politischen Union. Das Ziel einer zunehmenden Integration gilt auch angesichts der erweiterten Europäischen Union mit dem Lissabon-Vertrag. Gegenüber der seit der Neuzeit an Staatsgewalt orientierten Souveränitätsvorstellung handelt es sich bei der supranationalen „Souveränität"[47] um eine neue Qualität, die vor allem der Globalisierung und damit der Entwicklung neuer politischer, wirtschaftlicher und rechtlicher Strukturen einer Weltgesellschaft jenseits eines Weltstaates[48] geschuldet ist.

20   In Freiheit anerkannte **Selbstbindung** mit dem ihr eigenen intrinsischen Verpflichtungsmodus, die von jedem Mitglied der Europäischen Union in diese eingebracht wird, trägt dabei im Grundsatz alle Rechtsakte der einzelnen europäischen Institutionen bis hin zum Europäischen Gerichtshof. Das ist ein wesentlicher Punkt, der zu einem Formwandel des tradierten Nationalstaates[49] führt. Insofern ist die föderale Europäische Union auf dem Weg zur ersten politischen (Bündnis-)Formation der beginnenden Weltgesellschaft[50], die „Erste Union globaler Staaten... als Speerspitze eines globalen Regionalisierungsprozesses"[51], an der andere Weltregionen sich orientieren, auch wenn die bisherigen weltregionalen Zusammenschlüsse ihre Prägung

---

[45] BVerfGE 123, 267 (Leitsatz 1 und 348).

[46] *Härtel*, Kohäsion durch föderale Selbstbindung – Gemeinwohl und die Rechtsprinzipien Loyalität, Solidarität und Subsidiarität in der Europäischen Union, in: dies. (Hrsg.), Handbuch Föderalismus – Föderalismus als demokratische Rechtsordnung und Rechtskultur in Deutschland, Europa und der Welt, Bd. IV, 2012, §82.

[47] Unterschieden wird im Grunde genommen zwischen der Übertragung von Hoheitsrechten auf die EU und der von Souveränität. Allerdings ist diese Souveränitätsfrage strittig. Meinen die einen, Souveränität sei unteilbar und auf den Nationalstaat bezogen, meinen die anderen, Souveränität sei teilbar und könne auch so zum Teil auch auf die EU übertragen werden.

[48] Siehe dazu *Höffe*, Demokratie im Zeitalter der Globalisierung, 1999; sowie *ders.*, Föderalismus als Strukturprinzip einer Weltordnung, in: Härtel (Hrsg.), Handbuch Föderalismus – Föderalismus als demokratische Rechtsordnung und Rechtskultur in Deutschland, Europa und der Welt, Bd. IV, 2012, §104.

[49] *Beck*, Was ist Globalisierung? 1997, S. 23.

[50] Dabei ist „Weltgesellschaft keine Mega-Nationalgesellschaft, die alle Nationalgesellschaften in sich enthält und auflöst, sondern ein durch Vielheit und Nicht-Integriertheit gekennzeichneter Welthorizont", *Beck* (Fn. 49), S. 31.

[51] *Schwengel*, Globalisierung mit europäischem Gesicht, 1999, S. 22 und S. 128, „Die Transformation der europäischen Nationalstaaten in eine Erste Union globaler Staaten [...] bedeutet einen global exemplarischen Formwandel des nationalen Staates, ohne auf die stabilisierenden Leistungen seines kulturellen Gedächtnisses verzichten zu müssen. Globale Staaten lernen, die wechselseitige Interdependenz von Staaten und Gesellschaften in ihren zentralen Selbstbeschreibungen zu verankern und dennoch ihre Geschichte von Souveränität und Legitimität fortzuschreiben" (a. a. O. S. 22). Für Schwengel ist dies der erste konstitutionalistische Prozess, der zweite wäre der Formwandel von der industriegesellschaftlichen Produktions- und Lebensweise zur informationsindustriellen,

als Freihandelsbündnisse oder als zeitliche politische Zweckbündnisse zumindest bisher noch nicht recht überwinden konnten.[52]

II. Die Staatsqualität von Bund und Ländern als Wesensmerkmal des Bundesstaates

Das Wesensmerkmal des Bundesstaates als staatszentrierter Föderalismus im Vergleich zu allen anderen Formen des Föderalismus ist die Staatsqualität von Bund und Ländern. Durch das „Vorliegen des völkerrechtlichen Attributs der Souveränität"[53] erfüllt der Bund nach außen die völkerrechtlichen Kriterien des Staates; er stellt sich als eine Handlungs- und Verwaltungseinheit dar und unterscheidet sich in dieser Hinsicht nicht von einem Einheitsstaat.[54] Hingegen sind die Bundesländer mangels Unabhängigkeit nach außen keine Staaten im Sinne des Völkerrechts.[55] Insofern kann dieses Recht im Innenverhältnis des Bundes keine Anwendung finden.[56] Für die **Staatsqualität der Länder im Verhältnis zum Bund** ist auf das staatsrechtliche Verständnis im Sinne des Grundgesetzes abzustellen.[57] Danach ist die Staatlichkeit der Länder Ausdruck der originären, nicht vom Bund abgeleiteten Hoheitsrechte, wozu insbesondere die Verfassungsautonomie und ein „Kernbestand eigener Aufgaben" gehören, der einem Land als „Hausgut" dauerhaft verbleiben muss.[58] Dabei ist die originäre Hoheitsgewalt im Lichte des Demokratieprinzips zu

21

---

und der dritte ermöglichte eine neue kulturelle Gewaltenteilung angesichts erweiterter Erfahrungsräume, dem Entstehen einer globalen Lehr- und Lerngesellschaft und technologisch veränderter Bedingungen menschlicher Identität.

[52] Als jüngste Entwicklung haben im September 2009 die zehn ASEAN-Staaten mit ihren 600 Millionen Einwohnern bis 2015 eine politische und wirtschaftliche Gemeinschaft „nach europäischem Vorbild" beschlossen. Am 1.1.2010 ist – gemessen an der Bevölkerung von 1,9 Mrd. Einwohnern – mit dem Verbund von China und sechs ASEAN-Staaten die größte Freihandelszone der Welt ins Leben gerufen worden, in fünf Jahren sollen die weiteren vier ASEAN-Staaten folgen. Abkommen mit Neuseeland, Japan, Indien und Südkorea sollen weitere globalregionale Verzahnungen bringen. Japan strebt unter Zusammenschluss aller Abkommen Asiens eine „Ostasiatische Union" an, die aber die USA mit einbeziehen soll.

[53] *Isensee*, in: Badura/Dreier (Hrsg.), Klärung und Fortbildung des Verfassungsrechts, FS 50 Jahre Bundesverfassungsgericht, 2001, S. 719 (737).

[54] *Isensee* (Fn. 53) S. 737.

[55] Vgl. *Doehring*, Allgemeine Staatslehre, 3. Aufl. 2004, §6, Rn. 160; *Sommermann*, in: v. Mangoldt/Klein/Starck (Hrsg.), Kommentar zum Grundgesetz, Bd. 2, 6. Aufl. 2010, Art. 20 Abs. 1 Rn. 26. *Laband* nannte bereits die Gliedstaaten des deutschen Reichs „nichtsouveräne Staaten" (*Laband*, Das Staatsrecht des Deutschen Reiches, Bd. 1, 5. Aufl. 1911 (Neudruck 1964), S. 55 ff.).

[56] BVerfGE 34, 216 (231); *Roellecke*, in: Umbach/Clemens (Hrsg.), Grundgesetz, Bd. 1, 2002, Art. 20, Rn. 31.

[57] Statt vieler siehe nur *Bauer*, in: Dreier (Hrsg.), GG, Bd. II, 2. Aufl. 2008, Art. 20 (Bundesstaat), Rn. 35 f.

[58] BVerfGE 34, 9 (20); 87, 181 (197).

sehen.[59] In der parlamentarischen Demokratie des Grundgesetzes müssen die wesentlichen Entscheidungen für die Gesellschaft vom Parlament getroffen werden. Aus dem Grunde erlangt der Hoheitsträger im Bundesstaat erst mit der gesetzgebenden Gewalt die Staatsqualität.[60] Insofern besteht ein **Unterschied zwischen den Ländern und Kommunen**. Auch wenn die Kommunen wegen der Selbstverwaltungsgarantie (Art. 28 Abs. 2 GG) über einen eigenen geschützten Kompetenzbereich verfügen, besitzen sie nicht die für die gesetzgebende Gewalt notwendige Legitimation im Sinne des Art. 20 Abs. 2 S. 1 GG. Vielmehr brauchen die Kommunen für wesentliche Entscheidungen eine parlamentarische gesetzliche Grundlage[61]; so leiten die Kommunen ihr Satzungsrecht aus dem Landesrecht (wie etwa aus den Kommunalgesetzen), aber auch aus dem Bundesrecht (wie z. B. aus dem Baugesetzbuch das Satzungsrecht für Bebauungspläne) ab[62]. Hingegen kommt den Ländern ein eigenes parlamentarisches Gesetzgebungsrecht und dementsprechend originäre Hoheitsgewalt zu. Eigenstaatlichkeit im demokratischen Bundesstaat bedeutet also „autonome politische Gestaltung im parlamentarisch-demokratischen Verfahren" – so zutreffend *Bernd Grzeszick*.[63]

III. Zweigliedriger und dreigliedriger Bundesstaatsbegriff

22 In verfassungsrechtlicher und verfassungstheoretischer Hinsicht stellt sich die Frage, ob der Bundesstaatsbegriff zwei- oder dreigliedriger Natur ist. In Anknüpfung an *Kelsen*[64] wurde von *Nawiasky* für den Geltungsbereich des Grundgesetzes die **Lehre von der Dreigliedrigkeit** des Bundesstaates entwickelt. Hier wird unterschieden zwischen den Ländern als Gliedstaaten, dem Bund als Zentralstaat und der Bundesrepublik Deutschland als Gesamtstaat.[65] Die gleichgeordneten Staatssubjekte Bund und Land ergeben dabei zusammen den Gesamtstaat. Die dritte Ebene sei dem Grundgesetz daraus zu entnehmen, dass das Grundgesetz neben dem Bund den Begriff Bundesrepublik Deutschland verwende und dass es mit dem Begriff Bundesrepublik den Gesamtstaat in Bezug nehme.[66]

23 Nach der **Zweigliedrigkeitslehre** besteht der Bundesstaat aus den beiden Ebenen Zentralstaat (Bund) und Gliedstaaten (Länder) mit jeweiliger Staatsqualität.

---

[59] *Möllers*, Staat als Argument, 2000, S. 363 f.
[60] *Grzeszick* (Fn. 2), Art. 20 IV Rn. 42.
[61] *Möllers* (Fn. 59), S. 363, 365.
[62] *Betghe*, NVwZ 1983, 577 (579).
[63] *Grzeszick* (Fn. 2), Art. 20 IV Rn. 42 mit Verweis auf *Dolzer*, VVDStRL 58 (1999), 7 (17).
[64] *Kelsen*, Allgemeine Staatslehre, 1925, S. 198 ff.
[65] *Nawiasky*, Die Grundgedanken des Grundgesetzes für die Bundesrepublik Deutschland, 1950, S. 35 ff.; *ders.*, Allgemeine Staatslehre, 3. Teil, 1956, S. 150 ff.
[66] Vgl. z. B. *Stern*, Das Staatsrecht der Bundesrepublik Deutschland, Bd. 1, 2. Aufl. 1984, S. 650 ff.; *Kimminich* (Fn. 25), §26, Rn. 40 ff. m. w. N.

§ 16 Der staatszentrierte Föderalismus

Dieser Sicht schloss sich auch das Bundesverfassungsgericht, das in seinem Konkordatsurteil von 1957[67] noch der Dreigliedrigkeitslehre zugeneigt erschien, im Neugliederungsurteil von 1961[68] an. De constitutione lata besteht in der Tat keine eigenständige dritte Ebene mit einem Gesamtstaat. Denn mangels eigenständiger Staatsgewalt stellt diese keinen Staat dar. Die staatlichen Aufgaben und Befugnisse sind zwischen den beiden Ebenen Bund und Ländern aufgeteilt, so dass für einen eigenständigen Gesamtstaat keine eigenständigen Aufgaben und Befugnisse verbleiben.[69]

Auch wenn es verfassungsrechtlich keinen Gesamtstaat als dritte eigenständige Ebene gibt, so ist es jedoch verfassungstheoretisch sinnvoll, einer dritten Ebene als überwölbende Einheit von Zentralstaat und Gliedstaaten Bedeutung beizumessen.[70] Dabei ist die dritte Ebene – der ‚umfassende Gesamtstaat' – nicht „seinerseits als Staat organisiert", sondern sie ist – in den Worten von *Isensee* – ein „Theorem, das die Einheit von Bund und Ländern als staatstheoretische Basis verkörpert, die als Zurechnungssubjekt des beide Ebenen verbindenden Gemeinwohls gedacht wird und darüber hinaus alle Verfassungselemente zusammenfasst, welche diese Einheit rechtlich wie tatsächlich gewährleisten".[71] Die heuristische Perspektive führt zu der grundsätzlichen Frage, was den Bundesstaat zusammenhält. **Föderale Kohäsion** ist das Ergebnis moralisch-praktischer und rechtlicher Selbstbindungsprozesse.[72] Deren Ergebnis ist ein in vernünftiger Einsicht wie durch Gefühl gestützter Wille zur Zusammengehörigkeit, die dazu führt, dass sich die Gliedstaaten zu einem Bundesstaat zusammenschließen[73] oder sich als Bundesstaat gründen. Durch Selbstbindung entsteht also eine föderale Kohäsion, die dazu führt, dass sich Zentralstaat wie Gliedstaaten zwar als eigenständige Teile, aber eben auch als zugehörige Teile eines einheitlichen Gemeinwesens verstehen und daraus wesentliche Kraft für den Zusammenhalt schöpfen.[74] Damit verzahnt ist das gemeinsame Bewusstsein einer Wertegemeinschaft von Bund und Ländern, welches gerade durch das

24

---

[67] BVerfGE 6, 309 (340).

[68] BVerfGE 13, 54 (77): „Es gibt nicht neben dem Bundesstaat als Gesamtstaat noch einen besonderen Zentralstaat, sondern nur eine zentrale Organisation, die zusammen mit den gliedstaatlichen Organisationen im Geltungsbereich des Grundgesetzes als Bundesstaat alle die staatlichen Aufgaben erfüllt, die im Einheitsstaat einer einheitlichen staatlichen Organisation zufallen."

[69] *Herzog*, DÖV 1962, 81 (82 f.); *Kaiser*, ZaöRV 18 (1958), 526 (530 ff.); *Grzeszick* (Fn. 2), Art. 20 IV Rn. 61.

[70] In diesem Sinne ebenso *Oeter*, Integration und Subsidiarität im deutschen Bundesstaatsrecht, 1998, S. 573; *Isensee* (Fn. 3), Rn. 90; *Jedstaedt*, in: Isensee/P. Kirchhof (Hrsg.), Handbuch des Staatsrechts, Bd. IV, 3. Aufl. 2004, §29, Rn. 10; *Grzeszick* (Fn. 2), Art. 20 IV Rn. 63 ff.

[71] *Isensee* (Fn. 3), Rn. 90.

[72] *Härtel*, Kohäsion durch föderale Selbstbindung – Gemeinwohl und die Rechtsprinzipien Loyalität, Solidarität und Subsidiarität in der Europäischen Union, in: dies. (Hrsg.), Handbuch Föderalismus – Föderalismus als demokratische Rechtsordnung und Rechtskultur in Deutschland, Europa und der Welt, Bd. IV, 2012, §82.

[73] Und nicht wieder austreten dürfen, wenn es ihrer jeweiligen Interessenlage entspricht.

[74] Vgl. *Schmidt*, AöR 87 (1962), 253 ff.; *Hempel*, Der demokratische Bundesstaat, 1969, S. 177 ff.; *Grzeszick* (Fn. 2), Art. 20 IV Rn. 65.

Föderale gesichert wird. Bindekräfte zwischen beiden Ebenen erzeugen auch die parlamentarisch-demokratischen Institutionen und Verfahren der bundesstaatlichen Ordnung und das damit verbundene kooperative Zusammenwirken.

25 Des Weiteren beruht der Zusammenhalt des Bundesstaates auf dem, was gemeinschaftlich geteilte Bestände der Tradition und der Lebenswelt sind: territoriales Gefüge, politisch-föderale Kultur, Rechtswesen und Rechtskultur, Geschichtsbewusstsein wie Erinnerungskultur, aber auch die Imagination als (föderale) Zukunftsgemeinschaft. Dieses Gemeinsame wird als jeweilige Besonderheit in der Gesamtheit als Bundesstaat wie als Gliedstaaten mit ihren Regionen, Landstrichen, Städten und Dörfern erfahren, aber auch als das Verbindende wahrgenommen. Aus all diesem entsteht ein gemeinschaftliches Band wechselseitiger Anerkennung, welches das Zugehörigkeits- und Zusammengehörigkeitsgefühl in der bundesstaatlichen Struktur vertieft. Im Übrigen ist gerade der dreigliedrige Bundesstaatsbegriff in der Lage, besondere Phänomene wie die föderale Kohäsion und die gemeinschaftliche Kooperation zwischen Bund und Ländern staatstheoretisch zu erfassen.[75]

IV. Rangverhältnisse zwischen Bund und Ländern

26 Eine wesentliche Frage der Ausgestaltung des Bundesstaates betrifft die vertikalen wie horizontalen Rangverhältnisse zwischen Bund und Ländern. In sehr strukturierter Weise unterscheidet *Josef Isensee*[76] im Wesentlichen vier Konstellationen der Rangverhältnisse im deutschen Bundesstaat: 1) die Überordnung des Bundes über die Länder, 2) die Gleichordnung von Bund und Ländern, 3) die Gleichordnung der Länder untereinander und 4) die Überordnung der Länder über den Bund.

27 Eine **Überordnung des Bundes über die Länder (1)** sieht das Grundgesetz nur in wenigen Fällen vor. Sie besteht vor allem bei der Ausübung der Kompetenzhoheit des Bundes. Außerdem verfügt der Bund über Befugnisse, das staatliche Handeln der Länder zu steuern, so beispielsweise mit seinen Ingerenzrechten bei der Ausführung der Bundesgesetze durch die Länder (Art. 84, 85 GG), mit dem Bundeszwang (Art. 37 GG) und der Bundesintervention (Art. 35 Abs. 3, 91 Abs. 2 GG). Schließlich sind die Länder an Bundesgesetze gebunden (Art. 20 Abs. 3, 31 GG).[77] Eine **Gleichordnung von Bund und Ländern (2)** herrscht vor allem in den Bereichen vor, in denen keine besonderen Regelungen hinsichtlich des Verhältnisses von Bund und Ländern bestehen.[78] Dabei muss jede Seite die Eigenständigkeit der anderen Seite beachten und kann ihr nicht ihren Willen aufdrängen.[79] Allerdings sind alle Glieder des Bundesstaates dem „übergreifenden gesamtstaatlichen Gemeinwohl"[80]

---

[75] Vgl. *Grzeszick* (Fn. 2), Art. 20 IV Rn. 65.
[76] *Isensee* (Fn. 3), Rn. 98 ff. Ihm wesentlich folgend *Grzeszick* (Fn. 2), Art. 20 IV Rn. 102 ff.
[77] *Grzeszick* (Fn. 2), Art. 20 IV Rn. 103; *Isensee* (Fn. 3), Rn. 98 f.
[78] Siehe hierzu *Grzeszick* (Fn. 2), Art. 20 IV Rn. 112 ff.; *Isensee* (Fn. 3), Rn. 100 ff.
[79] *Isensee* (Fn. 3), Rn. 100.
[80] *Isensee* (Fn. 3), Rn. 102.

verpflichtet. Dies kann wechselseitige Abstimmungen, Koordinierung und Kooperation zwischen den Ebenen erfordern. Die **Länder untereinander** sind **gleichrangig (3)**.[81] Nach dem Prinzip der föderativ-bündischen Gleichheit verfügen die Länder im Verhältnis untereinander und zum Bund grundsätzlich über dieselben Rechte und Pflichten.[82] Das Grundgesetz hat hiervon einige Abweichungen vorgesehen.[83] So gibt es beispielsweise entsprechend der Einwohnerzahl bei der Stimmenzuteilung im Bundesrat Abstufungen (Art. 51 Abs. 2 GG) oder bei der Zusammensetzung der Bundesversammlung (Art. 54 Abs. 3 GG). Ferner kennt der Finanzausgleich eine Differenzierung zwischen den Ländern nach Einwohnerzahl, Finanzkraft und Finanzbedarf (Art. 107 GG).[84] Somit muss die Gleichheit der Länder immer im Zusammenhang mit der spezifischen Norm beachtet werden.[85] Bei der Konstellation der **Überordnung der Länder über den Bund** (4)[86] ist hervorzuheben, dass der Bund gemäß Art. 20 Abs. 3 GG das Landesrecht zu beachten, nicht aber auszuführen hat. Beispiele dafür, dass der Bund (die Bundesverwaltung) dem Landesrecht unterliegt, bilden das Bauordnungsrecht der Länder und die Bauleitpläne für seine Bauvorhaben und der Denkmalschutz für Gebäude.[87]

C. Historische Entwicklung des Bundesstaates in der deutschen Rechts- und Demokratietradition

I. Kontinuitätswahrung und historische Interpretation

„Persönlichkeiten, nicht Prinzipien bringen die Zeit in Bewegung" – diese Sentenz von Oscar Wilde ist allerdings, bei aller Achtung historischer Persönlichkeiten und ihrer Tatkraft, nur die halbe Wahrheit. Denn ebenso wichtig sind grundlegende Werte und Prinzipien gewesen. Freiheits- und Gerechtigkeitsfragen haben beispielsweise ebenso die jeweilige Zeit bewegt wie der Nationalgedanke oder Parlamentarismus und Demokratie. Bewegt in diesem Sinne hat auch der Gedanke des Föderalismus vor allem in seiner Verbindung mit der Nationalstaatsbewegung des 19. Jahrhunderts, und – historisch später – bei seiner staatlichen Konkretion im Bundesstaat in der

28

---

[81] *Isensee* (Fn. 3), Rn. 108.

[82] *Bauer* (Fn. 57), Art. 20 Rn. 37 mit Verweis auf *Schneider*, NJW 1991, 2448 (2451), dazu wohl auch *Pleyer*, Föderative Gleichheit, 2005, S. 57 ff.

[83] *Bauer* (Fn. 57), Art. 20 Rn. 37; *Sommermann* (Fn. 55), Art. 20 Abs. 1 Rn. 36.

[84] Vgl. BVerfGE 72, 330 (404 ff.).

[85] Ein Verstoß gegen das Verbot der rechtlichen Privilegierung stellte das Bundesverfassungsgericht in seinem Urteil zum „Einmaligen Sonderprogramm für Gebiete mit speziellen Strukturproblemen" fest (BVerfGE 41, 291 (308)).

[86] Siehe hierzu *Grzeszick* (Fn. 2), Art. 20 IV Rn. 104 ff.; *Isensee* (Fn. 3), Rn. 111 ff. mit einigen Beispielen. In einer anderen Sicht ist der Bund prinzipiell den Ländern übergeordnet und kann somit nicht dem Landesrecht unterworfen werden (*Kölble*, DÖV 1962, 661 (664 f.)).

[87] *Isensee* (Fn. 3), Rn. 111.

Weimarer Republik und dann in der bundesstaatlichen Ordnung der Bundesrepublik Deutschland.[88]

29   In diesem Sinn kommt den historischen Vorläufern des heutigen Bundesstaates bei der Verfassungsauslegung eine entsprechende Bedeutung zu.[89] Zwar werden die auch historische Erkenntnisse umfassenden Aussagen der Staatslehre grundsätzlich nicht zur Begründung einer Bundesstaatstheorie herangezogen, weil die Bundesstaatstheorie den Charakter eines „Verfassungsdestillats" haben soll.[90] Aber die historische Auslegung erweist sich auch hier als unentbehrlich, weil bundesstaatliche Institutionen und ihre spezifische Ausprägung zu einem Gutteil nur aus ihrer historischen Entstehung und Entwicklung heraus verstanden werden können. Föderale und bundesstaatliche Strukturen sind verbunden mit geistigen, politischen, ökonomischen und kulturellen Entwicklungen über größere Zeiträume hinweg[91]. Darauf bezogene historische Problemlagen, die vom Föderalismus aufgenommen werden und nicht zuletzt in staatlicher Institutionsbildung ihren Niederschlag finden, wirken oft bis in die Gegenwart. Wenn die heutige Bundesstaatsverfassung an ältere föderale und bundesstaatliche Strukturen anknüpft, besteht deshalb zumindest in spezifischen Aspekten zu Recht eine gewisse Vermutung der Kontinuität,[92] auch wenn die heutige Institutionenausprägung einen eigenständigen Charakter im Gefüge der bundesdeutschen rechts- und sozialstaatlichen Demokratie aufweist. Zudem klären geschichtliche Kenntnisse über die traditionalen Bezüge und Konfliktlagen auf und ermöglichen damit dem Verfassungsinterpreten die Klärung seines Vorverständnisses in Bezug auf Struktur und Aufgaben des Bundesstaates und damit Weiterentwicklung. Denn „(...) ohne kritische Überprüfung der den dogmatischen Weichenstellungen zugrunde gelegten theoretischen (und ideologischen) Grundannahmen wird es kaum gelingen, altetablierte Strukturen der Bundesstaatsrechtsdogmatik zu überholen und auf eine neue, angemessenere Basis zu stellen."[93]

30   Das Bundesstaatsprinzip ist seit jeher ein grundlegendes Organisationsprinzip des deutschen Staatsrechts.[94] Es bezieht sich in Deutschland auf eine Traditionslinie seit Entstehen der modernen Staatenwelt, die also weit über die Zeit des Grundgesetzes hinausreicht.[95] Bezogen auf die staatliche Organisation zwischen Kleinstaaterei und

---

[88] Zwar wird der Föderalismus als charakteristisches Element der deutschen Staats- und Verfassungsgeschichte angesehen, aber er weist durch seine historischen, sozialen, kulturellen und politischen Aspekte über die reine Staatlichkeit hinaus; *Zippelius*, Staatslehre, 16. Aufl. 2010, §§ 38, 39; *Kimminich* (Fn. 25), S. 1114 ff.; *Isensee* (Fn. 3), Rn. 10.

[89] *Isensee* (Fn. 3), Rn. 10.

[90] *Šarčević* (Fn. 38), S. 30-32.

[91] *Grzeszick*, Vom Reich zur Bundesstaatsidee. Zur Herausbildung der Föderalismusidee als Element des modernen deutschen Staatsrechts, 1996, S. 30.

[92] *Isensee* (Fn. 3), Rn. 10.

[93] *Oeter* (Fn. 70), S. 14.

[94] *Huster/Rux* (Fn. 33), Art. 20 Rn. 1.

[95] *Isensee* (Fn. 3), Rn. 10. Siehe zur Entwicklung auch die Beiträge von *Weichlein*, Föderalismus und Bundesstaat zwischen dem Alten Reich und der Bundesrepublik Deutschland (§ 3), *Grzeszick*, Der Gedanke des Föderalismus in der Staats- und Verfassungslehre vom Westfälischen Frieden

zentralistisch-vereinheitlichenden Bestrebungen wurde lange keine Lösung von Bestand gefunden[96] und damit auch keine tragfähige Balance von föderalistischen und unitaristischen Elementen.

II. Traditionsstränge des Föderalismus bis zum 19. Jahrhundert

Hinzu kommt, dass die föderalistische Tradition länger in der deutschen Geschichte verwurzelt ist als die bundesstaatliche Tradition. So besitzt der Föderalismus als Grundprinzip Wurzeln, die bis in die griechische und römische Antike[97] reichen. Durch Vertrag vereinigte (politische oder rechtliche) Gemeinschaftsverbünde mit mehr oder weniger großer Eigenständigkeit der Glieder[98] finden sich in dieser Zeit ebenso wie Staatenbündnisse als der Zusammenarbeit selbständiger Staaten oder gewissermaßen „bundesstaatliche" Organisationsformen, bei denen Hoheitsrechte und die Regierung zwischen Zentrale und Gliedstaaten aufgeteilt sind. Das Polis-Ideal der föderalen Gliedstaaten auf der Basis von Selbstbestimmung und Selbstregierung (autonomia), analog zu den späteren freien Reichsstätten im Mittelalter, bildet einen wichtigen Kristallisationspunkt in der föderalen Tradition.[99] In der Folgezeit entwickelte sich der Föderalismus über verschiedene Stränge, zum Beispiel der freien Reichsstädte des Mittelalters und Bünde wie der Hanse, sukzessive zu einem Element des modernen Staates.[100]

Die Gründung des **Heiligen Römischen Reiches Deutscher Nation** nach dem Westfälischen Frieden von Münster und Osnabrück im Jahre 1648 stand am Beginn moderner Staatlichkeit.[101] Allerdings war dieses politische Gebilde zu sehr

---

bis zur Weimarer Republik (§2) und *Langewiesche*, Historische Reflexionen zum Föderalismus in Deutschland. Wandel und Kontinuität seit dem 19. Jahrhundert (§4), in: Härtel (Hrsg.), Handbuch Föderalismus – Föderalismus als demokratische Rechtsordnung und Rechtskultur in Deutschland, Europa und der Welt, Bd. I, 2012.

[96] Vgl. *Detjen*, Einheit und Vielfalt. Der Wandel des Bundesstaats, BRAK-Mitteilung 1999, 107 (107).

[97] Siehe dazu ausführlich *Siewert/Aigner-Foresti* (Hrsg.), Föderalismus in der griechischen und römischen Antike, 2005; solche Bünde konnten durchaus hegemonial geführt sein, vgl. *Meier*, Athen, 1993; *March*, Föderalismus. Fakten – Probleme – Chancen, 2008, S. 12 ff.; *March* sieht die Ursprünge des Föderalismus sogar noch historisch früher und weist hin auf föderale Strukturen bei der ältesten israelischen Staatsgründung durch die zwölf Stämme um 1000 vor Christus.

[98] So zum Beispiel der erste Delisch-Attische Seebund („Die Athener und ihre Bundesgenossen"), heute die NATO.

[99] *Siewert*, in: ders./Aigner-Foresti (Hrsg.), Föderalismus in der griechischen und römischen Antike, 2005, S. 41; allerdings kam es auch bei den Bündnissen zu Vorherrschaften, siehe Sparta einerseits, Athen andererseits; zu den föderalen Aspekten im Alten Reich, die „Landesherrschaften" im Mittelalter und die Aufwertung der Länder im Zuge der Reformation („cuius regio, eius religio") siehe *March* (Fn. 97), S. 18 ff.

[100] *March* (Fn. 97), S. 12 ff.

[101] *Grzeszick* (Fn. 2), Art. 20 IV Rn. 3.

durchdrungen vom monarchisch-ständestaatlichen Gedanken und ermangelte auch der Institutionen moderner Staatlichkeit. Zwar waren einige föderal-bundesstaatlich interpretierbare Elemente vorhanden wie Kurfürstenkolleg, Reichskammergerichte und der als Gesandtenkongress tagende („immerwährende") Reichstag in Regensburg, aber letztlich ist das Heilige Römische Reich Deutscher Nation vollständig und eindeutig weder als ein Staatenbund noch als ein Bundesstaat einordbar – damals wie heute.[102] Zu den politischen Macht- und Handlungseinheiten wurden die großen, dynastisch zusammengehaltenen Territorien.[103] Diese allerdings wurden im Laufe der Zeit strukturiert durch eine anwachsende Vielzahl weltlicher wie geistiger Fürstentümer sowie reichsfreier Städte. Am Ende bestand das Reich aus fast 1800 politischen Einheiten mit jeweiliger sozialer, wirtschaftlicher und kultureller Prägekraft[104]. Von diesen politischen Gebilden waren allerdings nur rund 300 im Reichstag vertreten, da sie im Besitz der Reichsstandschaft waren. Durch den von Napoleon erzwungenen Reichsdeputationshauptschluss im Jahre 1803 wurde diese ausgeprägte territoriale Vielgliedrigkeit des Reiches zurückgeführt auf weniger als dreißig.[105] Allerdings wurde das Heilige Römische Reich Deutscher Nationen schon drei Jahre später aufgelöst.

33 In der Folgezeit wurde zunächst der **Rheinbund**[106] und später als völkerrechtlicher Verein mit 39 „souveränen Fürsten und freien Städte" als Gründungsmitglieder der **Deutsche Bund** (1815-1866) gegründet. Die „Souveränität der Territorien war Grundlage der föderalen Verbindung".[107] Aber insgesamt mangelte es dem Deutschen Bund ebenso wie seinen Vorgängern an den Attributen moderner Staatlichkeit und war deshalb eher ein staatenbündischer Zusammenschluss, der trotz seines modernen Ansatzes in der föderalen Tradition des alten Reiches stand.

---

[102] *Grzeszick* (Fn. 2), Art. 20 IV Rn. 3 m. w. N.; allerdings wurde mit in dieser Zeit, in der sich in Europa Nationen herauszubilden begannen, eine Entwicklungslinie begründet, die an der Differenz von Forderungen nach nationaler Einheit und denen nach nationalem Einheitsstaat anknüpfte und später – bis zum Einheitsmythos von 1871– wirkungsmächtig wurde; die Wurzeln der Idee der „deutschen Nation" sind verknüpft mit der Idee des Föderalismus, vgl. *Langewiesche*, Nation, Nationalismus, Nationalstaat in Deutschland und Europa, 2000, S. 55 sowie *Oehlrich*, JURA 2009, 805 (808); *Holste* sieht die Wurzeln des deutschen Bundesstaates im Heiligen Römischen Reich Deutscher Nation, *Holste*, Der deutsche Bundesstaat im Wandel (1867-1933), 2002, S. 31 ff.

[103] *Grzeszick* (Fn. 2), Art. 20 IV Rn. 4.

[104] Siehe *March* (Fn. 97), S. 21.

[105] *Huster/Rux* (Fn. 33), Art. 20 Rn. 1.

[106] Dieser Bund bestand von 1806 und stand unter der Vorherrschaft Napoleons. Mit dem Beginn der Befreiungskriege begann er auseinanderzubrechen (*Grzeszick* (Fn. 2), Art. 20 IV Rn. 5.).

[107] Der Deutsche Bund wurde am 8.6.1815 gegründet und war Teil der Wiener Kongressakte. *Grzeszick* (Fn. 91), Rheinbund – S. 139 ff. und 179 ff., Deutscher Bund – S. 189 ff.; *Winkler* (Fn. 9), S. 70 ff.; *Nipperdey*, Deutsche Geschichte 1800-1866, 1983; *Grzeszick* (Fn. 2), Art. 20 IV Rn. 5. Allerdings waren die Großmächte Preußen und Österreich nur mit Teilen ihres eigenen Territoriums im Deutschen Bund vertreten; außerdem gehörten dazu drei nicht deutsche Monarchen: der englische König, der König von Dänemark und der König der Niederlande (mit jeweiligen deutschen Besitztümern).

Mit den **Vereinigten Staaten von Amerika** war allerdings 1787 der erste eindeutige Bundesstaat entstanden,[108] von dem wichtige Impulse nach Europa ausgingen. Für die Menschen in den „deutschen Landen" war das Ringen um die deutsche Einheit zugleich ein „Ringen um die rechte Form des Föderalismus".[109] Mit der **Revolution von 1848/1849** ergab sich ein neuer Anlauf, moderne Staatlichkeit mit föderalen Traditionen, der Idee der deutschen Nation und der parlamentarischen Demokratie zu verbinden.[110] Der Verfassungsentwurf der parlamentarischen Nationalversammlung in der Frankfurter Paulskirche, die damals modernste Verfassung Europas[111], sah die Zusammenführung der Länder in einen (monarchisch-parlamentarischen) Bundesstaat vor. Nach der Aufteilung der Kompetenzen zwischen Bund und den Gliedstaaten sicherte in dem Verfassungsentwurf der §5 den deutschen Staaten die Beibehaltung der Selbständigkeit zu, soweit sie nicht ausdrücklich der Bundesebene übertragen worden waren (so im Kompetenzkatalog der §6–§67).[112] Trotz des Scheiterns des Frankfurter Paulskirchenparlaments und der Revolution von 1848/1849 insgesamt[113]

34

---

[108] *Maier*, AöR 1990, 213; *Frenkel*, Föderalismus und Bundesstaat, Bd. I, 1984, S. 81, *Hertel*, in: Graf Vitzthum (Hrsg.), Europäischer Föderalismus. Supranationaler, subnationaler und multiethnischer Föderalismus, 2000, S. 13 ff.; siehe auch *Heun*, Der Föderalismus in den USA, in: Härtel (Hrsg.), Handbuch Föderalismus – Föderalismus als demokratische Rechtsordnung und Rechtskultur in Deutschland, Europa und der Welt, Bd. IV, 2012, §96.

[109] *Kimminich* (Fn. 25), §26, Rn. 29 f.; *Görtemaker*, Deutschland im 19. Jahrhundert. Entwicklungslinien, 1996; zur Gesamtentwicklung siehe *Schulze*, Der Weg zum Nationalstaat. Die deutsche Nationalbewegung vom 18. Jahrhundert bis zur Reichsgründung, 1985; zur „deutschen Nationalrevolution" siehe *Langewiesche*, in: Dowe/Haupt/Langewiesche (Hrsg.), Europa 1848. Revolution und Reform, 1998, S. 167 ff.; siehe auch *Fenske*, in: Bahners/Roellecke (Hrsg.), 1848 – Die Erfahrung der Freiheit, 1998, S. 87 ff.

[110] Siehe dazu *Mommsen*, 1848. Die ungewollte Revolution, 1998; *Hein*, Die Revolution von 1848/49, 1998; *Siemann*, in: Dowe/Haupt/Langewiesche (Hrsg.), Europa 1848. Revolution und Reform, 1998.

[111] Siehe *Kühne*, in: Dipper/Speck(Hrsg.), 1848. Revolution in Deutschland, 1998, S. 355 ff.

[112] *Huber*, Dokumente zur deutschen Verfassungsgeschichte, Bd. 1, 3. Aufl. 1978, S. 375 ff.; *Bergsträsser* (Hrsg.), Die Verfassung des Deutschen Reiches vom Jahr 1849 mit Vorentwürfen, Gegenvorschlägen und Modifikationen bis zum Erfurter Parlament, 1913; *von Wedel*, Das Verfahren der demokratischen Verfassungsgebung. Dargestellt am Beispiel Deutschlands 1848/49, 1919, 1948/49, 1976; siehe dazu *Boldt*, in: Bahners/Roellecke (Hrsg.), 1848 – Die Erfahrung der Freiheit, 1998, S. 49 ff.; *Detjen* (Fn. 96), 107; *Grzeszick* (Fn. 2), Art. 20 IV Rn. 6.; gerade die Gruppe um *Heinrich von Gagern* bevorzugte die kleindeutsche Lösung, aber nicht als einen „von Preußen geführten Bund mittlerer, kleiner und kleinster souveräner Einzelstaaten, sondern als einen ‚engeren' Bundesstaat, in welchem der Reichsgewalt [...] eine verfassungsmäßig starke Stellung und ausreichende bundesstaatliche Kompetenzen zufallen sollten", *Hildebrandt*, in: Schmidt (Hrsg.), Demokratie, Liberalismus und Konterrevolution. Studien zur deutschen Revolution von 1848/49, 1998, S. 336 ff.; zur Bundesstaatstheorie des Bruders *Friedrich von Gagern* siehe *Grzeszick* (Fn. 91), S. 285 ff.

[113] Siehe dazu *Winkler*, in: Hardtwig (Hrsg.), Revolution in Deutschland und Europa 1848/49, 1998, S. 185 ff.

wirkten föderale und bundesstaatliche Vorstellungen im Gesamtkonstitutionalismus des 19. Jahrhunderts weiter[114].

III. Deutsches Reich und monarchischer Bundesstaat

35 Aufbauend auf der Verfassung des **Norddeutschen Bundes 1867**[115] gewann schließlich der Föderalismus in der „kleindeutschen" Verfassung des **Deutschen Reiches von 1871**[116] eine bundesstaatliche Qualität.[117] Auch wenn die Reichsverfassung keine dem Art. 20 Abs. 1 GG vergleichbare Bestimmung enthielt, stand das Deutsche Reich doch aufgrund der Gliedstaaten in der föderalistischen Tradition. Es galt nicht nur als erste staatliche Verkörperung der Deutschen Nation[118], sondern auch als erster Bundesstaat in Deutschland. Die Institution des Bundesrates sollte die Interessen der Länder(regierungen) und ihrer Fürsten sichern.[119] Eine Reihe von Verfassungsvorschriften regelte in diesem Sinn das Verhältnis von Reichsebene und den Einzelstaaten.[120] Dazu gehörte die Zuschreibung der Bereiche zwischen Reich und Gliedstaaten (Kompetenzaufteilung in Gesetzgebungskompetenz und Verwaltungs-

---

[114] Zum Durchbruch der Bundesstaatsidee im 19. Jahrhundert siehe *Grzeszick* (Fn. 91), S. 271 ff.; siehe auch *Böckenförde*, in: ders. (Hrsg.), Recht, Staat, Freiheit. Studien zur Rechtsphilosophie, Staatstheorie und Verfassungsgeschichte, 1991, S. 244 ff.; mit Ausnahme von Württemberg wurden die nach 1815 erlassenen Verfassungen der Form wie der Sache nach von den Monarchen gegeben und nicht von der Bürgerschaft, siehe *Meier*, Die parlamentarische Demokratie, 1999, S. 84 f.

[115] Abgedruckt bei *Huber*, Dokumente der deutschen Verfassungsgeschichte, Bd. 2, 3. Aufl. 1986, S. 272 ff.; *Holste* (Fn. 102), S. 87 ff.

[116] Abgedruckt bei *Huber* (Fn. 115), S. 384 ff.; das Deutsche Reich war eine Gründung der 22 Mitgliedstaaten des Norddeutschen Bundes unter Führung Preußens mit den süddeutschen Staaten Bayern, Baden, Württemberg und Hessen; zu den unterschiedlichen politischen Kräften insbesondere der adeligen und monarchistischen Richtung und der liberalen und demokratischen Richtung sowie der unterschiedlichen juristischen Auffassungen siehe im Einzelnen *Oeter* (Fn. 70), S. 29 ff.; zur Entwicklung des deutschen Kaiserreichs siehe *Ullmann*, Das deutsche Kaiserreich 1871-1918, 1995; *Stürmer*, Die Reichsgründung. Deutscher Nationalstaat und europäisches Gleichgewicht im Zeitalter Bismarcks, 1984; zur deutschen Frage, die nun zur kleindeutschen Lösung führte *Gruner*, Die deutsche Frage in Europa 1800-1990, 1993 sowie *Longerich* (Hrsg.), „Was ist des Deutschen Vaterland". Dokumente zur Frage der deutschen Einheit 1800-1990, 4. Aufl. 1996.

[117] *Frotscher/Pieroth* (Fn. 4), Rn. 418; *Grzeszick* (Fn. 2), Art. 20 IV Rn. 6; *Isensee* (Fn. 3), Rn. 10. Zur Entwicklung des deutschen Bundesstaates ab dieser Zeit siehe auch *Holste*, Der deutsche Bundesstaat im Wandel (1867-1933), 2002; *Oeter* (Fn. 70), S. 23 ff.; siehe dazu auch den Beitrag von *Sturm*, Zweite Kammern in Deutschland und Europa: Repräsentation, Funktion, Bedeutung, in: Härtel (Hrsg.), Handbuch Föderalismus – Föderalismus als demokratische Rechtsordnung und Rechtskultur in Deutschland, Europa und der Welt, Bd. I, 2012, §24.

[118] Allerdings schloss die kleindeutsche Lösung die sich als Deutsche fühlenden Österreicher aus.

[119] *Meier*, Die parlamentarische Demokratie, 1999, S. 100.

[120] Art. 2 BRV (Reichsrecht bricht Landesrecht), Art. 4 BRV (Kompetenzabgrenzung zwischen Reich und Ländern), Art. 5, 7 BRV (Mitwirkung des Bundesrathes bei der Gesetzgebung), Art. 19 BRV (Einschreiten der Reichsexekution bei Treuepflichtverletzungen der Länder); *Huber*, Deutsche Verfassungsgeschichte, Bd. 3, 3. Aufl. 1988, S. 786 f. *Grzeszick* (Fn. 2), Art. 20 IV Rn. 6; siehe zur

§ 16 Der staatszentrierte Föderalismus

bzw. Vollzugskompetenz), der Vorrang der Reichsgesetze vor den Landesgesetzen, die Einsetzung einer Reichsaufsicht, die Mitwirkung bei der Reichsgesetzgebung durch den Bundesrat als Vertretung der Länder (mit Gesetzesinitiativrecht und Vetorecht im Gesetzgebungsverfahren). Hierbei waren nicht nur Bundes- und Länderebene insgesamt austariert, sondern auch die traditional-ständische Fürsten- und Monarchenherrschaft im Bundesrat (monarchische Souveränität) mit den demokratischen Bestrebungen im Reichstags-Parlament (Volkssouveränität). Allerdings wurde der Letztgrund eigentlicher Souveränitätsträgerschaft in der Verfassung offen gehalten.[121] Einigen Ländern wurde eine Reihe von Sonderrechten zugestanden.[122] In der Praxis kam außerdem Preußen durch die Stimmenzahl eine gewisse Dominanz zu. Da der Bundesrat von den monarchischen Kräften besetzt war, wurde von liberalen und sozialdemokratischen Gruppierungen lange der Föderalismus mit den ständestaatlich-feudalen, antidemokratischen und obrigkeitsstaatlichen Kräften gleichgesetzt und dagegen republikanisch-unitarische Tendenzen gefördert.

Die „Gründerländer" des Deutschen Reiches, deren Vertretung nach Art. 6 der Reichsverfassung im „Bundesrath" gesichert war, besaßen Staatsqualität. Sie verfügten über die Kompetenzen in den Bereichen Bildung/Schule, Wissenschaft, Kultur und größtenteils bei Wirtschaft, Finanzen und Justiz sowie der Polizei und der Binnenverwaltung. Das Reich besaß – mit Ausnahme der beachtlichen Einkünfte aus den Bereichen Eisenbahn, Post und Zoll – keine eigenen Steuereinnahmen und blieb (zunächst) „Kostgänger der Länder"[123]. Ebenso verfügte es nicht über Minister und eine Bundesverwaltung – der Kompetenzausstattung des Reichstages folgte aus bundesstaatlichen Gründen keine Verwaltungskompetenz, die „Reservatbereich der Gliedstaaten"[124] bleiben sollte. Im Gegensatz zur Weimarer Reichsverfassung (Art. 18) und des Grundgesetzes (Art. 29) garantierte die Reichsverfassung von 1871 ein nicht entziehbares Recht auf Existenz.

Im Laufe der nächsten Jahrzehnte und nicht zuletzt unter dem Anspruch der Weltmachtgeltung Deutschlands, sichtbar in der Flottenpolitik und den Kolonialmachtbestrebungen, wurden ungeachtet des im Reichsstaatsrecht entwickelten

---

damaligen Interpretation der Staatsrechtslehre *Laband*, Das Staatsrecht des Deutschen Reiches, Bd. I, 5. Aufl. 1911, S. 70 ff. sowie *Meyer/Anschütz*, Lehrbuch des deutschen Staatsrechts, 6. Aufl. 1905, S. 201 ff.; *Christian Meier* weist allerdings darauf hin, dass im Konstitutionalismus des Deutschen Reiches „der Reichstag kein wirkliches Kraft-, kein Willenszentrum gewesen ist", *Meier* (Fn. 119), S. 95.

[121] Zu den Gründen insbesondere bei Bismarck siehe *Oeter* (Fn. 70), S. 35, siehe auch *Oeter* (Fn. 70), S. 54 ff.

[122] Vor allem die Weiter-Überlassung von Hoheitsrechten: Württemberg im Postwesen, Hamburg im Hafen- und Zollwesen, Bayern im Post-, Telegrafen- und Eisenbahnwesen, dazu bleibt der bayerische König (in Friedenszeiten) Oberkommandierender des bayerischen Heeres, Bayern darf zehn diplomatische Gesandtschaften einrichten, für bayerische Schlösserbauten werden von Bismarck erhebliche Finanzmittel bereitgestellt.

[123] Was sich selbst noch im Parlamentarischen Rat mit der Kontroverse um die Senats- oder Bundesratslösung bemerkbar machte, *March*, Föderalismus, 2008, S. 40.

[124] *Oeter* (Fn. 70), S. 36.

Grundsatzes der Bundestreue[125] die unitaristischen Tendenzen immer stärker.[126] Verfassungsrecht und Verfassungswirklichkeit fielen sukzessive auseinander. Trotzdem war mit dem Verhältnis von Länder- und Reichsebene einschließlich des Institutionengefüges das Modell eines „dualistischen Gleichgewichtssystems installiert, das (auch angesichts beschränkter demokratisch-parlamentarischer Mitwirkung) viele Entwicklungsmöglichkeiten [...] bot".[127]

IV. Der Weimarer Bundesstaat: Unitarisierungstendenzen und Suspendierung

38 Der Erste Weltkrieg ließ die Bundesstaatlichkeit weiter zurücktreten und beförderte vor allem die Unitarisierung des Deutschen Reiches unter den Erfordernissen einer zentralen Kriegswirtschaft, wobei die Dritte Oberste Heeresleitung faktisch auch die politische Kontrolle ausübte. Nach dem Zusammenbruch der Monarchie einschließlich der Flucht und der Abdankung des Kaisers Wilhelm II. (28.11.1918) konnte im Zuge der Revolution von 1918/1919[128] mit der – durch Scheidemann und Liebknecht zweifachen – Ausrufung der Republik am 9.11.1918 und der Wahl zur Nationalversammlung am 19.1.1919 (mit der erstmaligen reichsweiten Geltung des Wahlrechts für alle ab 20 Jahre) die rechtsstaatliche parlamentarische Demokratie als Staats- und Herrschaftsform etabliert werden.[129] Mit der **Weimarer Reichsverfassung**[130], die von der Nationalversammlung beschlossen wurde und am 14.8.1919 in Kraft

---

[125] *Smend* unter Rückgriff auf den Bundestreue-Ansatz von Bismarck: *Smend*, in: Festgabe für Otto Mayer, 1916, S. 247 ff.

[126] *Böckenförde*, in: ders. (Hrsg.), Recht, Staat, Freiheit. Studien zur Rechtsphilosophie, Staatstheorie und Verfassungsgeschichte, 1991, S. 273 ff.

[127] *Oeter* (Fn. 70), S. 31.

[128] Zur historischen Darstellung der Ereignisse von 1918/19 und dem Entstehen der Weimarer Republik mit unterschiedlicher Akzentsetzung in der Bewertung siehe *Haffner*, Die deutsche Revolution 1918/19, 1979 (zuerst 1969 unter dem Titel: Die verratene Revolution); *Kluge*, Die deutsche Revolution 1918/1919. Staat, Politik und Gesellschaft zwischen Weltkrieg und Kapp-Putsch, 1985; *Mommsen*, Die deutsche Revolution 1918-1920. Politische Revolution und soziale Protestbewegung, in: Geschichte und Gesellschaft 4/1978, S. 362 ff.; *Rosenberg*, Geschichte der Weimarer Republik, 17. Aufl. 1975; *Kolb*, Die Weimarer Republik 1918-1933, 1984; *Huber*, Deutsche Verfassungsgeschichte seit 1789, Bd. V, Weltkrieg, Revolution und Reichserneuerung 1914-1919, 1978; zum Vergleich mit der gescheiterten Revolution von 1848/49 siehe *Langewiesche*, 1848 und 1918 – zwei deutsche Revolutionen, 1998.

[129] Zur Entwicklung siehe *Heiber*, die Republik von Weimar, 18. Aufl. 1988; *Böckenförde* (Fn. 126), S. 306 ff.; *Lehnert*, Die Weimarer Republik, 1999; *Büttner*, Weimar. Die überforderte Republik 1918-1933. Leistung und Versagen in Staat, Gesellschaft, Wirtschaft und Kultur, 2008.

[130] Die Verfassung von Weimar, Abdruck in: *Lehnert*, Die Weimarer Republik, 1999, S. 335 ff.

§16 Der staatszentrierte Föderalismus

trat, kam gewissermaßen die Entwicklung vom (dynastischen) originären Bundesstaat zum (demokratischen) unitarischen Bundesstaat zum Ausdruck[131]: Nicht die verschiedenen Gliedstaaten mit ihren Verfassungen gründeten die Republik, sondern das Volk selbst gab sich durch seine parlamentarische Repräsentation seine Verfassung. So wurde die Weimarer Reichsverfassung ohne ausdrückliche Zustimmung und Befragung der Länder in Kraft gesetzt.[132]

Allerdings gelang es den Ländern, im Zuge der Diskussion des von dem Staatsrechtslehrer und Staatssekretär des Innern, *Hugo Preuss*, vorgelegten Verfassungsentwurfs, unitarische Elemente abzuschwächen und auch eine Länderneugliederung zu verhindern. Die tradierte bundesstaatliche Struktur (unter Verzicht auf die dynastischen Grundlagen politischer Herrschaft) blieb so in der Weimarer Republik erhalten und damit auch der Reichsrat. Insgesamt wurde die Gesetzgebungskompetenz des Reiches jedoch ausgedehnt inklusive der Unterscheidung in die Grundsatzgesetzgebung, ausschließliche und konkurrierende Gesetzgebung, ein Staatsgerichtshof geschaffen und die Reichsfinanzen auf eine eigene Steuergrundlage gestellt. Die Gliedstaaten, deren Existenzrecht nach Art. 18 WRV nicht mehr unantastbar war, verfügten aber weiterhin über die Verwaltungshoheit, auch wenn die reichsunmittelbare Verwaltung ausgedehnt wurde. Der Reichsrat als ein „Gremium aus weisungsgebundenen Regierungsvertretern"[133] der Gliedstaaten blieb an der Gesetzgebung beteiligt, besaß aber nur noch ein suspensives Vetorecht gegenüber den vom Parlament verabschiedeten Gesetzesbeschlüssen. Die Änderung der Finanzverfassung – die Länder hatten nur noch wenige Möglichkeiten eigener Steuererhebung und wurden stattdessen prozentual am allgemeinen Steueraufkommen beteiligt – drehte die früheren finanziellen Abhängigkeitsstrukturen um: Nun wurden die Länder zu Kostgängern des Reiches. 39

Die Weimarer Republik und mit ihr die rechtsstaatliche Demokratie und die bundesstaatliche Ordnung ging in der Agonie-Phase der Präsidialkabinette und Notstandsverordnungen des Reichspräsidenten und dann in der nationalsozialistischen totalitären Diktatur unter.[134] Am 30. Januar 1933 wurde der Reichstag aufgelöst, mit dem sog. Ermächtigungsgesetz vom 24.3.1933[135] die Gewaltenteilung und formell 40

---

[131] Vgl. *Oeter* (Fn. 70), S. 55 f.; allerdings ergab sich wie in der Verfassung des Deutschen Reiches auch in der Weimarer Verfassung das Bundesstaatsprinzip nicht durch explizite Nennung, sondern durch Interpretation u. a. der Zuständigkeitsvorschriften, *Grzeszick* (Fn. 2) Art. 20 IV Rn. 7; *Huster/Rux* (Fn. 33), Art. 20 Rn. 3.

[132] *Huber*, Deutsche Verfassungsgeschichte seit 1789, Bd. V: Weltkrieg, Revolution und Reichserneuerung 1914-1919, S. 1205, des Weiteren Bd. VI: Die Weimarer Reichsverfassung, 1978; siehe auch *Hartung*, Deutsche Verfassungsgeschichte der Neuzeit, 9. Aufl. 1969, S. 320; allerdings wurde der Preuss'sche Verfassungsentwurf von *Friedrich Ebert* noch vor Konstituierung der Nationalversammlung Vertretern der einzelnen Gliedstaaten vorgelegt, die daraufhin einen „Staatsausschuß" gründeten, der zum Vorläufer des Reichsrates wurde.

[133] Vgl. *Oeter* (Fn. 70), S. 62.

[134] *Broszat*, Die Machtergreifung. Der Aufstieg der NSDAP und die Zerstörung der Weimarer Republik, 1984.

[135] Gesetz zur Behebung der Not von Volk und Reich vom 24. März 1933, RGBl. 1933 I, S. 141.

der Reichstag abgeschafft, ebenso de facto die verfassungsrechtliche Zuständigkeitsverteilung.[136] Die Aufhebung der föderalen Länderstruktur erfolgte zuerst durch die beiden Gleichschaltungsgesetze vom 31.3. und 7.4.1933[137]: Die Landesregierungen wurden de facto durch Reichsstatthalter ersetzt, die deren Zusammensetzung und Politik vorgaben und kontrollierten, und die Länderparlamente gemäß dem Nationalsozialismus ‚neu' ausgerichtet. Mit dem „Gesetz über den Neuaufbau des Reiches" vom 30.1.1934[138] wurden dann die unterschiedslose innere Einheit des deutschen Volkes erklärt und damit alle föderalen Elemente negiert, die Hoheitsrechte der Länder auf das Reich übertragen, die Landesregierung der Reichsregierung unterstellt und die Volksvertretung in den Ländern aufgehoben. Kurz danach wurde der Reichsrat abgeschafft und damit die Vertretung der Länder beim Reich.[139] Die Länder waren nur noch Verwaltungsbezirke des nationalsozialistischen Einheitsstaates ohne eigene Staatsqualität. Von 1933/1934 bis zum Ende des Zweiten Weltkrieges und dem Zusammenbruch 1945 war Deutschland ein zentralistischer, nationalsozialistischer, totalitärer Führerstaat.[140]

V. Föderale Entwicklung nach 1945: Freiheitliche Ordnung, Einheitsdiktatur und der wiedervereinigte Bundesstaat

41 Die **Alliierten als Besatzungsmächte**[141] übten nach 1945 gemäß den Beschlüssen der Konferenzen von Jalta und Potsdam die politische Herrschaft aus und bestimmten zusammen mit den erwachenden demokratischen Kräften in Deutschland die Wiederherstellung der rechtsstaatlichen, parlamentarischen Demokratie zuerst in den Besatzungszonen, dann in den wieder errichteten Ländern und schließlich über den Herrenchiemsee-Konvent und den Parlamentarischen Rat auf Bundesebene.[142] Nach den Erfahrungen mit der totalitären Diktatur war gerade aus freiheitssichernden

---

[136] *Broszat*, Der Staat Hitlers, 1969, S. 82 ff.

[137] Vorläufiges Gesetz zur Gleichschaltung der Länder mit dem Reich vom 31. März 1933, RGBl. 1933 I, S. 153 sowie Zweites Gesetz zur Gleichschaltung der Länder mit dem Reich vom 7. April 1933, RGBl. 1933 I, S. 173.

[138] RGBl. 1934 I, S. 75.

[139] Gesetz vom 14. Februar 1934, RGBl. 1934 I, S. 89.

[140] *Bracher*, Die deutsche Diktatur. Entstehung, Struktur, Folgen des Nationalsozialismus, 6. Aufl. 1969; *Grzeszick* (Fn. 2), Art. 20 IV Rn. 8; *Broszat/Frei* (Hrsg.), Das Dritte Reich im Überblick. Chronik, Ereignisse, Zusammenhänge, 1989; *Kershaw*, Der NS-Staat. Geschichtsinterpretationen und Kontroversen im Überblick, 1994.

[141] *Graml*, Die Alliierten und die Teilung Deutschlands. Konflikte und Entscheidungen 1941-1948, 1985; *Benz*, Potsdam 1945. Besatzungsherrschaft und Neuaufbau im Vier-Zonen-Deutschland, 1986; *Steininger*, Deutsche Geschichte 1945-1961. Darstellung und Dokumente in zwei Bänden, 1983.

[142] Zur Entwicklung siehe *Kleßmann*, Die doppelte Staatsgründung. Deutsche Geschichte 1945-1955, 3. Aufl. 1991; *Benz*, Potsdam 1945. Besatzungsherrschaft und Neuaufbau im Vier-Zonen-Deutschland, 1986; *Loth*, Die Teilung der Welt 1941-1955, 1980.

und machtkontrollierenden Gründen die Aufnahme föderaler Traditionen und die Rückkehr zu einer bundesstaatlichen Ordnung das Gebot der Stunde.[143] Nach der Zentralisation zuvor wurde die territoriale und staatsrechtliche Neuordnung Deutschlands zwar auf Dezentralisation (Neu-Föderalisierung) ausgerichtet. Aber die Pläne der Alliierten für die Neuordnung Deutschlands wichen durch den beginnenden Kalten Krieg schnell voneinander ab[144]. In den westlichen Zonen kam es nach der Rekonstruktion der kommunalen Verwaltungen bald auch zu Länderverwaltungen, um die drängendsten Probleme der Versorgung, des Wiederaufbaus von Wohnungen und Infrastruktur sowie der Wirtschaftsproduktion anzugehen.

Die territoriale Rekonstruktion Deutschlands vollzog sich durch Zusammenschluss der **westlichen Besatzungszonen** und der Neufundierung einer bundesstaatlichen Ordnung auf der Basis föderaler Länderstrukturen. Allerdings zerschnitten die Besatzungszonen als neue Hoheitsbereiche zu einem erheblichen Teil die alten Länderstrukturen, so dass es später sowohl zu Wiedereinrichtungen (z. B. Bayern) wie zu Neugründungen (z. B. Rheinland-Pfalz) kam.[145] Die Schaffung starker Länder, die wieder eine eigene Staatsqualität erhielten einschließlich Landesverfassung, Landesparlament und Landesregierung, wurde als Gegengewicht zu den zentralen Einrichtungen auf Bundesebene im Sinne einer vertikalen Gewaltenteilung angestrebt.[146]

42

---

[143] *Fromme*, Von der Weimarer Verfassung zum Grundgesetz. Die verfassungspolitischen Folgerungen des Parlamentarischen Rates aus Weimarer Republik und nationalsozialistischer Diktatur, 1962; es gab föderale Bestrebungen bei den Gruppierungen, die sich als Deutsche für die politische Neuordnung einsetzten, aber auch bei den westlichen Alliierten; *Grzeszick* (Fn. 2), Art. 20 IV Rn. 9; *Huster/Rux* (Fn. 33), Art. 20 Rn. 4; *Sachs*, in: ders. (Hrsg.), Grundgesetz, 5. Aufl. 2009, Art. 20 Rn. 55.

[144] *Graml*, Die Alliierten und die Teilung Deutschlands. Konflikte und Entscheidungen 1941-1948, 1985; *Benz*, Potsdam 1945. Besatzungsherrschaft und Neuaufbau im Vier-Zonen-Deutschland, 1986; Zur europäischen Entwicklung siehe *Judt*, Die Geschichte Europas seit dem Zweiten Weltkrieg, 2006, S. 27 ff.

[145] Dies war allerdings von den Alliierten teilweise auch beabsichtigt, um traditionelle Strukturen zu brechen. Dazu gehörte vor allem die Auflösung Preußens. Weitere Probleme gab es im Südwesten, wo die Grenzziehung aufgrund des Kriegs- und Besatzungsverlaufs quer durch „gewachsene" Landesteile erfolgte. Dies führte mitunter zu Verstimmungen in der Bevölkerung, die an ältere Länderstrukturen anknüpfen wollte. Nur in Bayern, Bremen und Hamburg wurde die ursprüngliche Grenzziehung beibehalten (*Detjen*, Einheit und Vielfalt. Der Wandel des Bundesstaats, BRAK-Mitt. 1999, 107). Zu der Entwicklung der einzelnen Bundesländer siehe *Künzel/Rellecke* (Hrsg.), Geschichte der deutschen Länder. Entwicklungen und Traditionen vom Mittelalter bis zur Gegenwart, 2008.

[146] *Oeter* (Fn. 70), S. 96 ff.; das Motiv der Verhinderung totalitär-diktatorischer Machtkonzentration macht die innere Verbindung von Art. 19 Abs. 1 GG und Art. 29 GG mit Art. 79 Abs. 3 GG aus. Dabei wird nicht die Existenz eines Bundeslandes geschützt, sondern die bundesstaatliche Ordnung insgesamt einschließlich die Mitwirkung der Länder bei der Gesetzgebung, BVerfGE 5, 34; vgl. *Oehlrich*, JURA 2009, 805 (813).

43 In dem **Frankfurter Dokument** Nr. 1 der westlichen Alliierten vom 1.7.1948 wurden gleichberechtigt die Ziele des Föderalismus und der Demokratie eingefordert.[147] Dies entsprach auch den Vorstellungen vieler Deutscher, die sich für eine neue Ordnung einsetzten. War von republikanisch-demokratischer Seite im Deutschen Reich von 1871 der Zentralismus gegen die „monarchischen" Länder unterstützt worden, wurde nun in der veränderten historischen Konstellation umgekehrt aus Gründen der Machtkontrolle und Machtbalance föderalen Prinzipien vielfältig Rechnung getragen.[148] Bei den Beratungen des **Parlamentarischen Rates**[149] zum Grundgesetz war deshalb auch nur die genaue Ausgestaltung des Bundesstaates, nicht aber die Frage, ob Deutschland überhaupt ein Bundesstaat sein soll, umstritten.[150] Mit Ausnahme der KPD war keine Partei föderalismusfeindlich eingestellt, es gab aber große Unterschiede in den Vorstellungen über die konkrete Ausgestaltung; besonders bei der liberalen Strömung war die Erinnerung an die „monarchischen" Länderregierungen und ihren Kampf gegen die liberale Demokratie präsent, so dass Theodor Heuss eine stärkere Zentralisierung befürwortete – im Parlamentarischen Rat charakterisierte er deshalb die Landtage als „Behelfsheime der deutschen Existenz". Ansonsten wurde durchaus positiv an die föderalen Überlegungen und Konzepte der National- und Demokratiebewegung angeknüpft.[151]

44 Mit dem Zusammenschluss der drei westlichen Zonen zur Bundesrepublik Deutschland und der Verabschiedung des **Grundgesetzes** – Genehmigung durch die westlichen Alliierten Besatzungsmächte, Mehrheitsbeschlüsse der Länderparlamente (mit Ausnahme Bayerns mit der Begründung eines mangelnden Föderalismus) und der letzten feierlichen Sitzung des Parlamentarischen Rates vom 23.5.1949[152] – wurde auch die bundesstaatliche Ordnung einschließlich der Institution des Bundesrates auf neuem Fundament wiederhergestellt.[153] Sie wurde ausdrücklich in Art. 20

---

[147] Frankfurter Dokument Nr. 1 abgedruckt bei *Wilms,* Dokumente zur neuen deutschen Verfassungsgeschichte, Bd. III/2, 2001, S. 13 f.; *Detjen,* Einheit und Vielfalt. Der Wandel des Bundesstaats, BRAK-Mitt. 1999, 107.

[148] *Laufer/Münch,* Das föderative System der Bundesrepublik Deutschland, 8. Aufl. 2010, S. 63 ff.; siehe *Feldkamp,* Der Parlamentarische Rat 1948-1949. Die Entstehung des Grundgesetzes, 1998.

[149] *Feldkamp* (Fn. 148); *Oeter* (Fn. 70), S. 116 ff.

[150] *Grzeszick* (Fn. 2), Art. 20 IV Rn. 10. Umstritten waren unter anderem der Finanzausgleich, die Frage von Senats- oder Bundesratslösung, der Name Bundesrepublik oder Bund deutscher Länder.

[151] *Laufer/Münch* (Fn. 148), S. 66 ff.; zu den Kontroversen bei der Bewertung der Kompromisse des Parlamentarischen Rates siehe *Oeter* (Fn. 70), S. 138 ff. und *Feldkamp* (Fn. 148).

[152] *Feldkamp* (Fn. 148), S. 178 ff.

[153] Zur Austarierung des Verhältnisses von Demokratie und bundesstaatlicher Ordnung siehe *Möllers,* in: Aulehner u.a. (Hrsg.), Föderalismus – Auflösung oder Zukunft der Staatlichkeit? 1997, S. 81 ff. Auf die historische Kontinuität des (aus der Bundesversammlung des Deutschen Bundes von 1815 hervorgegangenen) Bundesrates seit 1867, der alle späteren Verfassungsumbrüche in seiner Struktur weitgehend unversehrt überstanden hatte und der in dieser Kontinuitätsperspektive das älteste und traditionsreichste deutsche Verfassungsorgan ist, weist *Hans-Peter Schneider* hin, in: Deutschland – Die Modernisierung der bundesstaatlichen Ordnung, in: 60 Jahre Bundesrat. Föderalismus-Symposium des Bundesrates am 24. und 25. Juni 2009, Tagungsband, 2010, S. 65; dagegen macht *Sturm* darauf aufmerksam, dass hier ein gehöriges Stück „Geschichtspolitik" vorliege;

§ 16 Der staatszentrierte Föderalismus

Abs. 1 GG verankert.[154] Dabei ist „die bundesstaatliche Ordnung nicht so föderalistisch organisiert wie diejenige des zweiten Kaiserreichs, noch ist sie so unitarisch wie diejenige der Weimarer Republik".[155] Aber erstmalig wurde substantiell die Verbindung von Freiheit, parlamentarischer Demokratie und Bundesstaat gesichert und durch die Ewigkeitsklausel gegenüber möglichen antidemokratischen oder extremistischen Bestrebungen geschützt. Dabei darf nicht verkannt werden, dass die Anstrengungen, eigene Landesidentitäten zu schaffen, auf sehr unterschiedlichen fruchtbaren Boden fielen. Bundesländern wie Bayern mit ihrer langen Geschichte gelang das eher als beispielsweise den „Bindestrich"-Ländern,[156] und auch in den fünf neuen Bundesländern mussten erhebliche Anstrengungen unternommen werden.

Für das Gebiet der **sowjetischen Besatzungszone** wurden zunächst die föderalen Strukturen übernommen und fünf Länder wieder errichtet. Allerdings standen alle Ländereinrichtungen unter der Kontrolle der sowjetischen Militäradministration und der KPD bzw. ab 1946 der SED.[157] Der Zusammenschluss der SBZ-Länder zur DDR am 7.10.1949 auf der Grundlage der nach SED-Vorgaben verfertigten Verfassung setzte die föderale Entwicklung fort. Nach Art. 1 der DDR-Verfassung waren die Länder nicht nur territoriale Einheiten, sondern konstitutive Elemente der „Volksrepublik" unter Führung der SED. Als Vertretungsorgan war gemäß Art. 71 Verf. DDR eine Länderkammer vorgesehen. Allerdings war dies nur eine Zwischenetappe zum eigentlichen Ziel der „sozialistischen Demokratie"[158] in Form eines

45

---

denn der Verweis auf die Vorläufer des bundesdeutschen Bundesrates „suggeriert eine Ahnenreihe, die erst dann plausibel wurde, als die Entscheidung 1949 gefallen war". Denn zuvor „fanden Demokratie und Föderalismus lange nicht recht zusammen". Vor allem im Bundesrat des Deutschen Reiches war die Vetomacht des monarchisch-fürstlichen ancien régime institutionalisiert gegenüber dem nach demokratischem Wahlrecht gewählten Reichstag, *Sturm*, in: Europäisches Zentrum für Föderalismus-Forschung Tübingen (Hrsg.), Jahrbuch des Föderalismus 2009, 2009, S. 137 ff., Zitat hier S. 138; sowie *Kielmansegg*, in: Bundesrat (Hrsg.), Vierzig Jahre Bundesrat, 1989, S. 43 ff.

[154] Siehe zu diesen Regelungen unter Gliederungspunkt E.

[155] *Oehlrich*, JURA 2009, 805 (813); *Schunck/Clerck/Guthardt*, Allgemeines Staatsrecht und Staatsrecht des Bunds und der Länder, 14. Aufl. 1993, S. 223.

[156] Frühere Animositäten, z. B. zwischen „Bayern" und „Preußen" oder zwischen Badenern und Württembergern haben sich weitgehend abgeschliffen und tauchen höchstens gelegentlich auf, was aber nicht automatisch die Identität eines Bundeslandes befördert. Auch Niedersachsen hat viele Anstrengungen unternommen, durch Staatssymbole, vor allem durch das Niedersachsenlied, eine Landesidentität zu schaffen, doch darf man trotz einiger Erfolge insgesamt bezweifeln, ob in Niedersachsen das Niedersachsenlied ebenso bekannt ist wie die Deutschlandhymne.

[157] Sehr plastische Schilderung der strategisch angesetzten Transformation findet sich bei dem damals Beteiligten *Leonhard*, Die Revolution entlässt ihre Kinder, 1955; zum gesamten Prozess siehe *Weber*, Die DDR 1945-1990, 2. Aufl. 1993, S. 3 ff. sowie *ders.*, DDR. Grundriss der Geschichte, 1991; *Glaeßner*, Die andere deutsche Republik. Gesellschaft und Politik in der DDR, 1981.

[158] *Waldrich*, Der Demokratiebegriff der SED, mit einer Einführung von Iring Fetscher, 1988; *Holzweißig* sowie *Schröder*, beide in: Kuhrt/Buck/Holzweißig (Hrsg.), Die SED-Herrschaft und ihr Zusammenbruch, 1996, S. 29 ff. und S. 83 ff.; *Schroeder*, Der SED-Staat, Geschichte und Strukturen der DDR, 1998; *Glaeßner*, Herrschaft durch Kader. Leitung der Gesellschaft und Kaderpolitik in der DDR am Beispiel des Staatsapparates 1977, S. 89 ff.; *Neugebauer*, Partei und Staatsapparat in der DDR. Aspekte der Instrumentalisierung des Staatsapparates durch die SED, 1978, S. 18 ff.

zentral organisierten sozialistischen Staates. Im Zuge der Durchsetzung des leninschen „demokratischen Zentralismus" als Strukturprinzip des SED-Staates[159] – was Ausschaltung jeden Pluralismus, jeder Opposition und eigenständiger Einrichtungen bedeutete – wurden 1952 die Länder aufgelöst[160] und in 14 Bezirke mit jeweiligen Bezirkstagen und Bezirksräten überführt. In der zweiten Verfassung der DDR vom 6.4.1969 kamen föderative, bundesstaatliche Elemente oder Institutionen nicht mehr vor. Stattdessen war nun die „zentrale staatliche Leitung und Planung der Grundfragen der gesellschaftlichen Entwicklung" verbindliche inhaltliche wie organisationsstrukturelle Vorgabe (Art. 9 Abs. 3 Satz 3 Verf. DDR 1968).

46 Erst die **Freiheitsrevolution in der DDR 1989** ermöglichte mit dem Sturz der SED die ersten freien Wahlen zur Volkskammer und einer wirklich demokratischen Regierung.[161] Aus „Wir sind das Volk" wurde im Zuge des Prozesses die Forderung nach Einheit: „Wir sind ein Volk". Diese Wiedervereinigungsbestrebungen[162] führten mit den Verhandlungen der ersten freien DDR-Regierung und der westdeutschen Bundesregierung über den Staatsvertrag zur Schaffung einer Währungs-, Wirtschafts- und Sozialunion vom 1.7.1990 und der Kennzeichnung der DDR als föderativen Staat in der Verfassungsänderung vom 17.6.1990 zur bundesstaatlichen Reorganisation in der DDR durch die Wiedereinrichtung der fünf Länder.[163] Diese

---

[159] *Staritz*, Die Gründung der DDR. Von der sowjetischen Besatzungsmacht zum sozialistischen Staat, 1984, S. 151 ff.; *Sontheimer/Bleek*, Die DDR. Politik – Geschichte – Wirtschaft, 5. Aufl. 1979, S. 41 ff.; *Glaeßner* (Fn. 157), S. 41 ff.; *Warbeck*, Die deutsche Revolution 1989/90. Die Herstellung der staatlichen Einheit 1991, S. 23 ff.; *Glaeßner*, Der schwierige Weg zur Demokratie. Vom Ende der DDR zur Deutschen Einheit 1991, S. 26 ff.; zur Definition gemäß SED-Parteistatut vgl. *Brunner*, in: Isensee/P. Kirchhof (Hrsg.), Handbuch des Staatsrechts der Bundesrepublik Deutschland, Bd. I, 1987, S. 389.

[160] So der (von der SED vorbereitete) Gesetzesbeschluss der Volkskammer: Gesetz über die weitere Demokratisierung des Aufbaus und der Arbeitsweise der staatlichen Organe in den Ländern v. 23.7.1952; *Grzeszick* (Fn. 2), Art. 20 IV Rn. 11.

[161] *Glaeßner* (Fn. 159); *ders.*, Demokratie nach dem Ende des Kommunismus. Regimewechsel, Transition und Demokratisierung im Postkommunismus, 1994; *Thaa*, Die Wiedergeburt des Politischen. Zivilgesellschaft und Legitimitätskonflikte in der Revolution von 1989, 1991;*Opp/Voß/Gern*, Die volkseigene Revolution, 1993; *Jäger*, Die Überwindung der Teilung. Der innerdeutsche Prozess der Vereinigung 1989/90, 1998; *Maier*, Das Verschwinden der DDR und der Untergang des Kommunismus, 1999; *Neubert*, Unsere Revolution. Die Geschichte der Jahre 1989/90, 2008; *Kowalczuk*, Endspiel. Die Revolution von 1989 in der DDR, 2009; *Rödder*, Deutschland, einig Vaterland. Die Geschichte der Wiedervereinigung, 2009; *Schuller*, Die Deutsche Revolution 1989, 2009; Henke (Hrsg.), Revolution und Vereinigung 1989/90, 2009.

[162] *Maier* (Fn. 161), S. 238 ff.

[163] Gemäß Verfassungsgesetz v. 22. Juli 1990. *Grzeszick* (Fn. 2), Art. 20 IV Rn. 12; *Wolle*, Der Weg in den Zusammenbruch: die DDR vom Januar bis zum Oktober 1989, sowie *Jesse*, Der innenpolitische Weg zur Deutschen Einheit: Zäsuren einer atemberaubenden Entwicklung, in: Jesse/Mitter (Hrsg.), Die Gestaltung der deutschen Einheit. Geschichte-Politik-Gesellschaft, 1992, S. 73 ff. und S. 111 ff.; *Laufer/Münch* (Fn. 148), S. 79 ff.; die Wahl der Landtagsabgeordneten bedeuten dabei einen sehr weitgehenden Elitenwechsel – 77 % der neu gewählten Abgeordneten waren vor dem Fall der Mauer politisch nicht aktiv gewesen, siehe *Ritter*, Über Deutschland. Die Bundesrepublik in der deutschen Geschichte, 1998, S. 197 f.

§ 16 Der staatszentrierte Föderalismus

Länder traten dann – nach dem Einigungsvertrag und den 2 + 4-Verhandlungen – mit Wirkung vom 3.10.1990 der Bundesrepublik Deutschland nach Art. 23 GG bei, wodurch die staatliche Einheit Deutschlands hergestellt wurde.[164] Damit wurde die bundesstaatliche Ordnung gemäß Art. 20 Abs. 1 GG auch auf die fünf neuen Bundesländer ausgedehnt.[165] Die neuen Bundesländer lehnten sich dabei in ihren neu geschaffenen Landesverfassungen an die traditionellen staatsorganisatorischen Regelungen der westdeutschen Bundesländer an, wobei auch eigenständige Elemente entwickelt wurden.[166]

Sieht man die historische Gesamtentwicklung föderaler und bundesstaatlicher Bestrebungen in der Geschichte Deutschlands, sind die Phasen des Einheitsstaates während der zwölfjährigen nationalsozialistischen Diktatur sowie der vierzigjährigen SED-Diktatur in der DDR kurze Episoden der Deutschen Geschichte.[167] Allerdings haben sie auf die freiheitssichernde und machtaustarierende Stärke des Föderalismus verwiesen und damit auf die hohe Bedeutung, die der Verbindung von Rechtsstaat, parlamentarischer Demokratie und bundesstaatlicher Ordnung zukommt.

47

D. Zur Legitimation des Bundesstaates

Ein Vergleich verschiedener Organisationsformen für einen Staat zeigt, dass jede Form Vor- und Nachteile mit sich bringt und deshalb der eigenen Legitimationsprüfung bedarf. Der Einheitsstaat lässt sich insbesondere rechtsstaatlich insofern rechtfertigen, als er die Rechtsgleichheit besser garantiert als der Bundesstaat, der von Gliedstaat zu Gliedstaat Unterschiede schafft.[168] Während sich die Bürger in einem Einheitsstaat grundsätzlich im gesamten Staatsterritorium auf den **Gleichheitssatz** berufen können, gilt der Gleichheitssatz in einem Bundesstaat lediglich für das Subsystem, das für den jeweiligen Fall zuständig ist. In der Bundesrepublik Deutschland hat also jeder Träger öffentlicher Gewalt den Gleichheitssatz nur innerhalb seines eigenen Zuständigkeitsbereichs zu beachten.[169] Im Verhältnis zwischen

48

---

[164] *Korte*, Die Chance genutzt? Die Politik zur Einheit Deutschlands, 1994; zum Einigungsvertrag und seine Folgen siehe *Jäger*, Die Überwindung der Teilung. Der innerdeutsche Prozess der Vereinigung 1989/90, 1998, S. 478 ff.

[165] *Grzeszick* (Fn. 2), Art. 20 IV Rn. 12; siehe zur Entwicklung nach der deutschen Wiedervereinigung auch *Detjen*, Einheit und Vielfalt. Der Wandel des Bundesstaats, BRAK-Mitt. 1999, 107 (109 f).

[166] So etwa eine stärkere Ausprägung der Landesverfassungsgerichte, *Detjen*, Einheit und Vielfalt. Der Wandel des Bundesstaats, BRAK-Mitt. 1999, 107 (110).

[167] *Isensee* (Fn. 3), Rn. 10.

[168] So *Mastronardi* (Fn. 18), Rn. 751.

[169] BVerfGE 21, 54 (68); 79, 127 (158); aus dem Schrifttum siehe statt vieler *Osterloh*, in: Sachs (Hrsg.), GG, 5. Aufl. 2009, Art. 3 Rn. 81.

Bund, Ländern und Gemeinden gilt dies aufgrund der föderalen Kompetenzordnung.[170] Dies kann beispielsweise dazu führen, dass bundeseinheitliche Gesetze durch die Länder unterschiedlich vollzogen werden und dies mit dem Gleichheitssatz vereinbar ist; allerdings wirft dies rechtsstaatliche Probleme auf.

49 Außerdem sind in einem Bundesstaat die Lebensstandards der Menschen in den einzelnen Gliedstaaten durchaus unterschiedlich, was auch auf die autonome Politikgestaltung der Gliedstaaten zurückzuführen sein kann. Auch wenn im öffentlichen Raum des Öfteren zu vernehmen ist, dass in Deutschland die **Gleichwertigkeit der Lebensverhältnisse** in allen Ländern das Ziel sei, so fordert dies nicht das Grundgesetz. Auf die „Herstellung gleichwertiger Lebensverhältnisse im Bundesgebiet"[171] nimmt die Kompetenzausübungsregel des Art. 72 Abs. 2 GG Bezug. Diese Regel nach Art. 72 Abs. 2 GG ist kein Staatsziel, sondern verlangt die Herstellung der Gleichwertigkeit der Lebensverhältnisse als Voraussetzung für den Erlass eines Bundesgesetzes (im Rahmen der konkurrierenden Gesetzgebungskompetenz des Bundes). Sie bezieht sich auf das Verhältnis von Bund und Ländern, verankert aber nicht einen Anspruch des Bürgers.[172] Ungeachtet dessen wird die Forderung nach Gleichwertigkeit der Lebensverhältnisse in der Politik wie bei den Bürgern immer wieder erhoben und dient als Begründung für Ausgleichsmaßnahmen und Investitionen, zum Beispiel bei dem Ausbau des Breitband-Internet in den (peripheren) ländlichen Gebieten.

50 Darüber hinaus zeichnet sich der staatszentrierte Föderalismus im Vergleich zum Einheitsstaat aufgrund der Mehrebenenverflechtung durch eine höhere Komplexität aus. Dies zieht in der Regel ein breites Maß an bürokratischen Gremiensitzungen nach sich. Das muss dann kein Nachteil sein, wenn dadurch Problem- und Konfliktlagen besser bearbeitet werden können. Insgesamt weist der Bundesstaat eine Vielzahl gewichtiger Vorzüge auf: So liegt ein wesentlicher Vorteil des Bundesstaates in der **Begründung und Gewährleistung von Freiheit für den Bürger** durch vertikale Gewaltenteilung, durch Verstärkung der demokratischen Bürgerrechte, durch den Schutz kleinerer Einheiten und den Grundsatz der Subsidiarität[173] mitsamt einem besseren Schutz der jeweiligen lebensweltlichen Besonderheiten.

51 So ist in einem Bundesstaat die staatliche Hoheitsmacht auf mehrere Entscheidungsträger, nämlich auf den Bund und die Länder, verteilt. Diese **vertikale Gewaltenteilung** verhindert die Machtkonzentration auf eine einzige Zentrale und

---

[170] St. Rspr. des BVerfG, vgl. z.B. 106, 225 (241); 114, 371 (383); dazu ausführlich *Boysen*, Gleichheit im Bundesstaat, 2005, S. 100 ff., 171 ff.

[171] Bis zur Novellierung im Jahre 1994 hieß es in Art. 72 Abs. 2 GG „Einheitlichkeit der Lebensverhältnisse".

[172] Auch die Bezugnahme auf die „Einheitlichkeit der Lebensverhältnisse im Bundesgebiet" in Art. 106 Abs. 3 S. 4 Nr. 2 GG – der Verteilungsregel für die Anteile von Bund und Ländern am Aufkommen des Umsatzsteueraufkommens – greift nicht direkt für den Bürger. Zum ganzen siehe u. a. *F. Kirchhof*, in: Gröhe u.a. (Hrsg.), Föderalismusreform in Deutschland, 2008, S. 49 (51).

[173] *Isensee* (Fn. 3), Rn. 260; *Oeter* (Fn. 70), S. 397; *Härtel*, Die Gesetzgebungskompetenzen des Bundes und der Länder im Lichte des wohlgeordneten Rechts, in: dies. (Hrsg.), Handbuch Föderalismus – Föderalismus als demokratische Rechtsordnung und Rechtskultur in Deutschland, Europa und der Welt, Bd. I, 2012, §19.

wirkt somit der Gefahr einer Freiheitsbeschneidung entgegen; denn je umfassender die Staatsmacht, desto größer das Eingriffspotential in die Rechte der Bürger. Beispielhaft sei die Konzentration der Gewaltmittel, vor allem von Armee und Polizei, auf einer zentralistischen Staatsebene genannt. Diese kann im Konfliktfall (oder aber bei Missbrauch) zu einer stärker freiheitsbedrohenden Wirkung führen als die Verteilung dieser Institutionen auf Bund und Länder. Die vertikale Gewaltenteilung trägt dazu bei, die Freiheitsrechte der Bürger in ihrer rechtsstaatlichen Dimension zu sichern.[174]

Eine **Verstärkung demokratischer Rechte** wird dadurch erzielt, dass der Bürger sich zweier Staatsebenen gegenüber sieht, wodurch sich seine politischen Mitbestimmungs- und Einwirkungsrechte wenn auch in unterschiedlichen politischen Arenen gewissermaßen verdoppeln. Da der Landesgesetzgeber eine größere Nähe zum Bürger aufweist, ist für ihn im Sinne einer besseren Responsivität die Möglichkeit gegeben, Bedürfnisse der Bürger in förderlicherer Weise zu registrieren, aufzunehmen und zu „verarbeiten". Zugleich ist die Chance eines adäquaten Minderheitenschutzes stärker gegeben.[175]

Überdies ist das bundesstaatliche Gefüge Ausdruck des **Prinzips der Subsidiarität**,[176] wonach der unteren Ebene (den kleineren Einheiten, dem kleineren Verband) Vorrang vor der nächst höheren Ebene eingeräumt wird. Die höhere Ebene (Einheit, Verband) darf der kleineren keine Aufgaben entziehen, wenn diese die Aufgaben selbst (besser) erfüllen kann. Die föderalen Ebenen wirken damit auch auf die Möglichkeiten der Persönlichkeitsentfaltung ein; gerade die untergeordneten Ebenen schaffen mehr Raum für die Bürger zu eigenverantwortlichem Handeln und für besser angepasste, individuelle Lösungen.[177] Die landestypischen Eigenheiten werden dadurch bewahrt und mit diesen auch die eigenständigen Entwicklungen der lokalen Lebenswelten wie regionalen Zusammenschlüsse.

Dem Bundesstaat sind auch im Vergleich zum Zentralstaat die Möglichkeit größerer **Effizienzsteigerung** und höherer **Systemstabilisierung** zuzuschreiben. Probleme oder politisch „heikle" Themen können von der Zentralebene auf die Subsysteme verlagert oder von den Ländern selbst aufgegriffen werden, um neue Ideen zu erproben und andere Wege auszuloten. Hier kann einer Vielzahl an Gestaltungsmöglichkeiten Rechnung getragen und deren Wirksamkeit in kleinerem Raum getestet werden. Ist die Zentrale besser mit einer Problemlösung befasst, kommt in

---

[174] *Isensee* (Fn. 3), Rn. 260 f.
[175] Sommermann in: v. Mangoldt/Klein/Starck (Hrsg.), Kommentar zum GG, Bd. 2, 6. Aufl. 2010, Art. 20 Rn. 21; *Isensee* (Fn. 3), Rn. 260.
[176] Dazu siehe *Härtel*, Die Gesetzgebungskompetenzen des Bundes und der Länder im Lichte des wohlgeordneten Rechts, in: dies. (Hrsg.), Handbuch Föderalismus – Föderalismus als demokratische Rechtsordnung und Rechtskultur in Deutschland, Europa und der Welt, Bd. I, 2012, §19, Rn. 65 ff.; aus EU-rechtlicher Sicht vgl. *Härtel*, Kohäsion durch föderale Selbstbindung – Gemeinwohl und die Rechtsprinzipien Loyalität, Solidarität und Subsidiarität in der Europäischen Union, in: dies. (Hrsg.), Handbuch Föderalismus – Föderalismus als demokratische Rechtsordnung und Rechtskultur in Deutschland, Europa und der Welt, Bd. IV, 2012, §82 jeweils auch m. w. N.
[177] *Isensee* (Fn. 3), Rn. 262.

der Regel nur eine Lösung zum Zug, deren Effektivität mangels Vergleichsmöglichkeit nur eingeschränkt überprüft werden kann. Der Bundesstaat dagegen kann viele Lösungen erproben. Sollte sich eine Lösung im bundesweiten Vergleich besonders bewähren, kann sie von den anderen Bundesländern im Sinne des „best-practice"-Lernens übernommen werden, so dass langfristig das gesamte Bundesgebiet davon profitieren kann (win-win-Situation). Im Falle des Fehlschlags hingegen sind die negativen Auswirkungen begrenzt, da nicht – anders als bei Lösungen durch die Zentralebene – das gesamte Bundesgebiet betroffen ist.[178]

55 Des Weiteren treten die Bundesländer – heute erheblich mehr als früher – in einen innerstaatlichen **Standortwettbewerb**, wenn sich beispielsweise für Unternehmen, Wissenschaftler, Künstler, Urlauber, Studenten etc. die Frage stellt, wo in Deutschland sie ihr Vorhaben umsetzen wollen. Dieser Wettbewerb führt zu einer erhöhten Bereitschaft der Länder, Initiative zu ergreifen und ihr Bundesland je nach Ausrichtung wissenschaftlich, ökonomisch und kulturell attraktiver zu gestalten. Die Ergebnisse eines solchen Wettbewerbsföderalismus kommen wiederum der Allgemeinheit zu Gute und erhöhen insgesamt die Qualität des Standortes Deutschland.[179] Inzwischen ist allerdings der Wettbewerb nach außen durch die sich intensivierende Globalisierung so groß geworden, dass der Standortwettbewerb nicht nur die Bundesländer, sondern auch die Kommunen und Regionen ergreift. Das führt zur Ausprägung eines nichthoheitlichen Föderalismus durch Regionenbildung, um so durch eine spezifische Kommunikation, die Bündelung von Ressourcen und Wissen sowie den Einbezug von Stakeholdern besser bestehen zu können.[180]

56 Ein wichtiger Zweck des Bundesstaates liegt auch in der **Wahrung der regionalen Vielfalt**.[181] In den sechzig Jahren der Geltung des Grundgesetzes haben die Bundesländer – wenn auch unterschiedlich in Art und Intensität – durch Tradition,

---

[178] *Kirchhof*, in: Föderalismusreform in Deutschland, 2008, S. 50 f.; *Isensee* (Fn. 3), Rn. 329. Zum Wettbewerbsföderalismus siehe *Schatz/van Ooyen/Wartberg*, Wettbewerbsföderalismus, 2004; *Zenthöfer*, Wettbewerbsföderalismus, 2006; *Blankart*, Föderalismus in Deutschland und Europa, 2007, siehe auch *ders.*, Die ökonomische Grammatik des Föderalismus: Von den Anfängen des Grundgesetzes bis zur Föderalismusreform II, in: Härtel (Hrsg.), Handbuch Föderalismus – Föderalismus als demokratische Rechtsordnung und Rechtskultur in Deutschland, Europa und der Welt, Bd. I, 2012, §13.

[179] *Kirchhof* (Fn. 178), S. 50 f; *Isensee* (Fn. 3), Rn. 330 ff.

[180] Siehe dazu die Darstellung der Modellprogramme, Projekte und regionalen Zusammenschlüsse: *Härtel*, Nichthoheitlicher Föderalismus – neue föderale Entwicklungen jenseits tradierter Staatlichkeit (§48), *Dallinger/Böhringer*, Metropolregionen – Plattformen föderaler regional-metropolitaner Governance in Deutschland und Europa (§49), *Swoboda*, Föderale Mehrebenen-Vernetzung am Beispiel ELER. Rahmenbedingungen, Aufgaben und Methoden (§50), *Härtel*, Föderale Weiterentwicklung durch regionale Governance? Nichthoheitlicher Föderalismus am Beispiel von „Regionen Aktiv" (§51), in: Härtel (Hrsg.), Handbuch Föderalismus – Föderalismus als demokratische Rechtsordnung und Rechtskultur in Deutschland, Europa und der Welt, Bd. II, 2012.

[181] *Bauer* (Fn. 57), Art. 20 Rn. 19; *Pieroth*, in: Jarass/Pieroth (Hrsg.), GG, 10. Aufl. 2009, Art. 20 Rn. 16; BVerfGE 55, 274 (318 f.). Im nationalen Verfassungsrecht wird auf den Zweck der Vielfalt etwa in Art. 29 Abs. 1 S. 2 GG eingegangen, wonach die Bundesländer die landsmannschaftliche Verbundenheit, sowie die geschichtlichen und kulturellen Zusammenhänge sicherstellen sollen (*Isensee* (Fn. 53), S. 747).

Kultur und Mentalität eine Zusammengehörigkeit der Landesbürger entwickeln und festigen können[182], die wiederum zur **Identitätsbildung der Bürger** beiträgt. Diese differenzierte Identitätsbildung zu ermöglichen und voranzubringen ist ein weiterer Vorteil des Bundesstaates. Viele Einwohner identifizieren sich zumindest zum Teil eher mit kleineren Einheiten, die in Bezug zu ihrer örtlichen Umgebung und Heimat stehen.[183] Das verdichtet sich im Laufe der Zeit zu gestuften Identitäten mit dem Geburtsort, der Kommune, der Region, dem Bundesland, der Bundesrepublik. Dabei werden die Identifikationsbezüge um weitere Ebenen erweitert wie die der Europäischen Union und auch der sich in nuce entfaltenden Weltgesellschaft, wie beispielsweise die weltweite Hilfe für die Opfer der großen Tsunami-Katastrophe 2004 zeigt. In dieser Perspektive „will der heutige Mensch nationale und internationale Mobilität, regionale kulturelle Vernetzung und lokale Geborgenheit zugleich. Je nach Bedürfnis identifiziert er sich mit unterschiedlichen Gemeinschaften."[184]

E. Verfassungsrechtliche Grundlagen des Bundesstaatsprinzips

I. Die Ausgestaltung des Bundesstaatsprinzips

Das Bundesstaatsprinzip gehört zu den verfassungsrechtlichen Grundentscheidungen.[185] Es hat seinen Sitz in Art. 20 Abs. 1 GG, der lautet: „Die Bundesrepublik Deutschland ist ein demokratischer und sozialer Bundesstaat." Auf den bundesstaatlichen Charakter wird also in zweifacher Weise Bezug genommen: durch den Begriff „Bundesstaat" und durch den Namen „Bundesrepublik Deutschland". In seinem Kern wird das Bundesstaatsprinzip durch die Ewigkeitsgarantie des Art. 79 Abs. 3 GG der Gestaltungsmacht des verfassungsändernden Gesetzgebers entzogen, andererseits aber auch gegen extremistische, verfassungsfeindliche Bestrebungen geschützt. Während allein die Bundestreue[186], die nicht expressis verbis im Grundgesetz geregelt ist, aus dem Bundesstaatsprinzip nach Art. 20 Abs. 1 GG abzuleiten ist, wird das Prinzip sonst durch eine Vielzahl von Verfassungsnormen konkretisiert – sogar durch mehr als die Hälfte des Grundgesetztextes.[187] Dabei sind die

57

---

[182] Zieht man sich die Verfassungsnorm zur möglichen Neugliederung des Bundesgebietes Art. 29 GG zu Gemüte, so findet man neben den zweckrationalen Bestandteilen der „wirksamen Aufgabenerfüllung" und der „wirtschaftlichen Zweckmäßigkeit" auch Kriterien der „landsmannschaftlichen Verbundenheit", sowie der „geschichtlichen und kulturellen Zusammenhänge", *Isensee* (Fn. 3), Rn. 339.

[183] *Kirchhof* (Fn. 178), S. 50 f.

[184] *Mastronardi* (Fn. 18), Rn. 752.

[185] *Maurer* (Fn. 19), §10, Rn. 12.

[186] Dazu siehe *Wittreck*, Die Bundestreue, in: Härtel (Hrsg.), Handbuch Föderalismus – Föderalismus als demokratische Rechtsordnung und Rechtskultur in Deutschland, Europa und der Welt, Bd. I, 2012, §18.

[187] *Isensee* (Fn. 53), S. 720.

Normen auf die Sicherung bundesstaatlicher Vielfalt, aber auch auf die Sicherung der Einheit im Bundesstaat angelegt.[188] Insgesamt wird der Bundesstaat allerdings von Unitarisierungen geprägt, die sich in den erheblichen Kompetenzen des Bundes und in der gleichförmigen Kompetenzausübung durch die Länder widerspiegeln.[189] Allerdings haben hier die Reformen zur Modernisierung der bundesstaatlichen Ordnung (Föderalismusreform I und II) zu einer andersgearteten Kompetenzverteilung geführt.[190]

1. Vielfaltschützende Normen

58 Die wichtigsten Verfassungsnormen zur Konkretisierung des Bundesstaatsprinzips betreffen die Verteilung staatlicher **Kompetenzen zwischen Bund und Ländern**. Ausgehend vom Subsidiaritätsgedanken sieht die allgemeine Verteilungsregel des Art. 30 GG vor, dass die Ausübung der staatlichen Befugnisse und die Erfüllung der staatlichen Aufgaben Sache der Länder ist, soweit dieses Grundgesetz keine andere Regelung trifft oder zulässt. Demnach verfügt der Bund nur über die ihm zugewiesenen Kompetenzen, während die Residual-Kompetenz, also die unbenannten weiteren Kompetenznormen, bei den Ländern liegt.[191] Das in dieser Grundregel anmutende Schwergewicht der Länderkompetenzen besteht jedoch nicht. Vielmehr zeigt eine Gesamtschau der einzelnen Kompetenznormen, dass dem Bund ein Übergewicht zukommt. Auch die Verfassungspraxis – die Ausübung der Kompetenzen durch den Bund – hat die Dominanz des Bundes verfestigt. Für die Bundesstaatlichkeit ist Art. 30 GG deshalb von grundlegender Bedeutung, weil in ihm die Staatsqualität der Länder zum Ausdruck kommt; diese weist sich durch eine eigene, nicht vom Bund abgeleitete Hoheitsmacht aus, die insbesondere durch Aufgabenwahrnehmungen (Kompetenzen) in allen Staatsbereichen verkörpert wird.[192]

59 Für die vertikale Kompetenzverteilung zwischen Bund und Ländern sieht das Grundgesetz eine Reihe von Spezialvorschriften vor: für die auswärtigen Beziehungen (Art. 32 GG), die Gesetzgebung (Art. 70 ff. GG), die Verwaltung (Art. 83 ff. GG),

---

[188] Vgl. *Sachs* (Fn. 143), Art. 20 Rn. 59 ff.

[189] Vgl. dazu *Hesse*, Der unitarische Bundesstaat, 1962, S. 14 ff.; *Hoppenstedt*, Die bundesstaatliche Ordnung des Grundgesetzes zwischen Unitarisierung und Föderalismus, 2000; *Kimminich* (Fn. 25), §26, Rn. 49 ff.; *Boysen* (Fn. 170), S. 61 ff.; *Stern* (Fn. 66), S. 748, 756 ff.; *Oeter* (Fn. 70), S. 143 ff.

[190] Zur Föderalismusreform siehe *Starck* (Hrsg.), Föderalismusreform, 2007, sowie *Härtel*, Föderalismusreform II, JZ 2008, 437 ff.; vgl. dazu auch *Baus*, Reformvorschläge zur ersten Föderalismusreform 2006 – eine Übersicht (§43), *Risse*, Reformbestrebungen zur bundesstaatlichen Ordnung – Aufgaben, Arbeitsweise und Ergebnisse der Föderalismuskommission I (§44), *Pendzich-von Winter/Frisch*, Reform der bundesstaatlichen Ordnung – Aufgaben, Arbeitsweise und Ergebnisse der Föderalismuskommission II (§45), in: Härtel (Hrsg.), Handbuch Föderalismus – Föderalismus als demokratische Rechtsordnung und Rechtskultur in Deutschland, Europa und der Welt, Bd. II, 2012.

[191] *Pieroth* (Fn. 181), Art. 30 Rn. 1.

[192] *Erbguth*, in: Sachs (Hrsg.), Grundgesetz, 5. Aufl. 2009, Art. 30 Rn. 2-5.

§16 Der staatszentrierte Föderalismus

die Rechtsprechung (Art. 92 ff. GG) und für die Finanzen (Art. 104a ff. GG). Mit Ausnahme der Zuständigkeiten für die auswärtigen Beziehungen und für die Finanzen folgen die verfassungsrechtlichen Verteilungsvorschriften der Ausgangssystematik des Art. 30 GG.[193]

Das **föderative Verfassungsorgan** auf gesamtstaatlicher Ebene ist der **Bundesrat** (Art. 50 bis 53 GG).[194] Durch ihn wird eine Beteiligung der Länder bei der Willensbildung des Bundes gewährleistet.[195] Die Länder wirken so „bei der Gesetzgebung und Verwaltung des Bundes und in Angelegenheiten der Europäischen Union mit".[196] Einige Verfassungsnormen sehen eine **Beteiligung der** betroffenen **Länder als solche** an Entscheidungen auf Bundesebene vor: so bei der Neugliederung des Bundesgebietes (Art. 29 Abs. 2 GG), bei völkerrechtlichen Verträgen (Art. 32 Abs. 2 GG), bei der Verwaltung der Bundeswasserstraßen (Art. 89 Abs. 3 GG) sowie bei Gemeinschaftsaufgaben (Art. 91a Abs. 3 S. 2 GG).[197]

60

2. Einheitsstiftende Normen

Bundesstaatliche Einheit wird vor allem durch das **Homogenitätsprinzip** in Art. 28 Abs. 1 S. 1 GG gesichert. Nach Art. 28 Abs. 1 S. 1 GG muss die verfassungsmäßige Ordnung in den Ländern den Grundsätzen des republikanischen, demokratischen und sozialen Rechtsstaates im Sinne des Grundgesetzes entsprechen. Diese Bestimmung weist eine zweifache Bedeutung auf. Einerseits begrenzt sie die konstitutionelle Gestaltungsfreiheit der Länder durch die vier Normativvorgaben. Das ist insofern nicht problematisch, weil die Gliedstaaten dieselben Prinzipien teilen und damit im Grundsatz übereinstimmen. Andererseits erkennt damit das Grundgesetz die Verfassungsautonomie der Länder an, die zugleich ihre Eigenstaatlichkeit verkörpert.[198]

61

---

[193] Vgl. *Erbguth* (Fn. 192), Art. 30 Rn. 6.

[194] *Schmidt*, Der Bundesrat, in: Härtel (Hrsg.), Handbuch Föderalismus – Föderalismus als demokratische Rechtsordnung und Rechtskultur in Deutschland, Europa und der Welt, Bd. I, 2012, §22; zu Divided Government siehe unten Rn. 106 ff.

[195] Zum Teil wird dabei die Ansicht vertreten, dass der Bundesrat aus diesem Grund nur landespolitische Gesichtspunkte geltend machen dürfe und sich somit in anderen Bereichen – wie eindeutig bundespolitischen oder europäischen Angelegenheiten – zurückhalten müsse. Andere Ansichten vertreten genau das Gegenteil, nämlich dass der Bundesrat gerade ein Bundesorgan sei und somit keine landespolitischen Themen verfolgt werden dürften (Siehe hierzu Hinweis bei *Maurer* (Fn. 19), §16, Rn. 38.).

[196] Art. 50 GG. Zudem bestehen weitere wichtige Aufgaben, so etwa die Wahl der Hälfte der Bundesverfassungsrichter. Darüber hinaus ist die Aufzählung in Art. 50 GG missverständlich, da nur von Verwaltung, nicht aber von vollziehender Gewalt die Rede ist (*Schmidt*, Der Bundesrat, in: Härtel (Hrsg.), Handbuch Föderalismus – Föderalismus als demokratische Rechtsordnung und Rechtskultur in Deutschland, Europa und der Welt, Bd. I, 2012, §22).

[197] Ferner nach Art. 108 Abs. 1 S. 2 GG, Art. 138 GG.

[198] Vgl. *Pieroth*, in: Jarass/Pieroth (Hrsg.), 11. Aufl. 2011, Art. 28 Rn. 1; *Nierhaus*, in: Sachs (Hrsg.), Grundgesetz, 5. Aufl. 2009, Art. 28 Rn. 7; *Hufen*, BayVBl. 1987, 513 (516 f., 518); *Sachs*, DVBl. 1987, 857 (864).

Das Homogenitätsprinzip verlangt keine Konformität oder Uniformität, sondern eine „gewisse Homogenität durch Bindung an die leitenden Prinzipien".[199] Es gewährleistet also ein Mindestmaß an Grundsatz-Übereinstimmung der politischen Systeme von Gesamtstaat und Gliedstaaten, gibt aber den Gliedstaaten gleichzeitig genügend Raum für Wandlung und Fortentwicklung.[200]

62 Auch **andere Verfassungsnormen** sorgen für die **inhaltliche Homogenität** zwischen den Rechtsordnungen des Bundes und der Länder.[201] So bilden die Grundrechte des Grundgesetzes Durchgriffsnormen für die Länder, deren unmittelbare Geltung sich explizit aus Art. 1 Abs. 3 GG ergibt.[202] In komplementärer Weise zu Art. 1 Abs. 3 GG bindet Art. 20 Abs. 3 GG die gesamte Gesetzgebung der Bundesrepublik Deutschland an die verfassungsmäßige Ordnung und die gesamte vollziehende Gewalt und die gesamte Rechtsprechung an Verfassung, Gesetz und Recht. Ferner gelten einheitlich die allgemeinen Grundsätze zur kommunalen Selbstverwaltungsgarantie (Art. 28 Abs. 2 GG), zur staatsbürgerlichen Rechte- und Pflichtengleichheit, zum gleichen Zugang zu öffentlichen Ämtern (Art. 33 GG) und zur Haftung bei Amtspflichtverletzungen (Art. 34 GG).

63 Die Kollisionsnorm „Bundesrecht bricht Landesrecht" (Art. 31 GG) bestimmt, dass ein Widerspruch zwischen Bundesrecht und Landesrecht durch den **Vorrang des Bundesrechts** zu lösen ist. Leges speciales zu Art. 31 GG, die vorrangig die Widerspruchsfreiheit der bundesstaatlichen Rechtsordnung gewährleisten, sind insbesondere das Homogenitätsgebot nach Art. 28 Abs. 1 GG und die Kompetenzvorschriften der Art. 70 ff. GG.[203]

64 Einheitsstiftende Wirkung entfalten auch die **Einwirkungsrechte des Bundes** gegenüber den Ländern, wobei jedoch der Bundesrat stets zu beteiligen ist. So kann der Bundesgesetzgeber die Verfassung ändern (Art. 79 GG) und auch Hoheitsrechte des Staates einschließlich die der Länder auf die Europäische Union sowie internationale Organisationen übertragen (Art. 23 Abs. 1 S. 2, 24 Abs. 1 GG). Die Bundesregierung kann die Landesverwaltung bei der Ausführung der Bundesgesetze unterschiedlich beeinflussen und beaufsichtigen. Sie kann beispielsweise auch für die Landesbehörden allgemeine Verwaltungsvorschriften erlassen[204] oder in Einzelfällen den Landesbehörden Einzelweisungen erteilen[205]. Ferner besitzt sie Sonderbefugnisse im Rahmen des Bundeszwangs (Art. 37 GG), des Katastrophenschutzes (Art.

---

[199] Ständige Rechtsprechung des Bundesverfassungsgerichts: BVerfGE 9, 268 (279); 24, 367 (390 f.); 27, 44 (55 f.); 36, 342 (361); 41, 88 (116); 83, 37 (58); 90, 60 (84 f.).

[200] *Ipsen*, Staatsrecht I, 21. Aufl. 2009, §13, Rn. 711.

[201] Dazu siehe *Sachs* (Fn. 143), Art. 20 Rn. 5, 62; *Grzeszick* (Fn. 2), Art. 20 Rn. 80 ff.

[202] Nach Art. 1 Abs. 3 GG binden die Grundrechte des Grundgesetzes Gesetzgebung, vollziehende Gewalt und Rechtsprechung als unmittelbar geltendes Recht.

[203] Vgl. dazu *Šarčević* (Fn. 38), S. 243; *Huber*, in: Sachs (Hrsg.), 5. Aufl. 2009, Art. 31 Rn. 3 ff.

[204] Art. 84 Abs. 2, Art. 85 Abs. 2 S. 1, Art. 108 Abs. 7 GG.

[205] Art. 84 Abs. 5, Art. 85 Abs. 3, Art. 108 Abs. 3 S. 2 GG.

§16 Der staatszentrierte Föderalismus

35 Abs. 3 GG), des inneren Notstandes (Art. 91 GG) und des Verteidigungsfalls (Art. 87a Abs. 4 GG).[206]

Einheitssichernde Funktion übernimmt im Bereich der **Judikative** das Bundesverfassungsgericht mit seinen verschiedenen Entscheidungsbefugnissen.[207] Überdies sind die obersten Bundesgerichte den Landesgerichten des Gerichtszweiges übergeordnet.[208]

II. Der unveränderliche Kern des Bundesstaates – die „Ewigkeitsgarantie"

Der Bundesstaat ist in seinem Kern der Verfassungsänderung entzogen. Geschützt wird er durch die Ewigkeitsgarantie des Art. 79 Abs. 3 GG. Danach ist eine Änderung des Grundgesetzes unzulässig,

- durch welche die Gliederung des Bundes in Länder (1. Variante),
- die grundsätzliche Mitwirkung der Länder bei der Gesetzgebung (2. Variante) oder
- die in den Artikeln 1 und 20 niedergelegten Grundsätze (3. Variante)

berührt werden. Damit nimmt die Ewigkeitsgarantie gleich dreimal auf die bundesstaatliche Ordnung Bezug. Mit Blick auf die föderale Ewigkeitsgarantie in der 3. Variante des Art. 79 Abs. 3 GG ist Art. 20 Abs. 1 GG – der Sitz des Bundesstaatsprinzips – maßgeblich, der lautet „Die *Bundes*republik Deutschland ist ein demokratischer und sozialer *Bundesstaat*."

1. Das Bundesstaatsprinzip als solches

In der Staatsrechtslehre ist allerdings das dogmatische Verständnis der föderalen Ewigkeitsgarantie umstritten. Eine eher restriktive Lesart sieht den unveränderlichen Kern des Bundesstaates allein in den beiden zuerst konkret genannten Elementen „Gliederung des Bundes in Länder" und der „grundsätzlichen Mitwirkung der Länder bei der Gesetzgebung". Dem Verweis in der dritten Variante auf die Grundsätze in Art. 20 GG komme hingegen mit Blick auf den Bundesstaat keine weitere Bedeutung

---

[206] Siehe *Schöning*, Föderale Intervention als Instrument zur Bewahrung eines Bundesstaates, 2008, S. 312 ff.

[207] Art. 93 Abs. 1 Nr. 2 und 2a, Abs. 2, Art. 100 Abs. 1 S. 2, Abs. 3, Art. 126, Art. 93 Abs. 1 Nr. 3, Nr. 4, 2. Alt., Nr. 4a und b sowie zur Landesverfassung nach Art. 93 Abs. 1 Nr. 4, 3. Alt., Art. 99 GG; siehe *Sachs* (Fn. 143), Art. 20 Rn. 64. Zur Rolle des BVerfG in diesem Zusammenhang siehe *Schlaich/Korioth*, Das Bundesverfassungsgericht, 7. Aufl. 2007.

[208] Art. 95 Abs. 1 GG.

zu.[209] Nach einer eher weiten Auslegung[210] hingegen erschöpft sich die föderale Ewigkeitsgarantie nicht in den beiden ersten Varianten des Art. 79 Abs. 3 GG, sondern bezieht sich auch auf die in Art. 20 GG normierte Bundesstaatlichkeit als allgemeine Kategorie. Dementsprechend kommt den Varianten 1 und 2 vielmehr exemplarische Bedeutung zu.[211]

68 Die Vertreter der engeren Ansicht führen verschiedene Argumente an. Entstehungsgeschichtlich[212] sei darauf hinzuweisen, dass der Parlamentarische Rat in Art. 79 GG zwei ursprünglich im Entwurf des Verfassungskonventes von Herrenchiemsee[213] vorgesehene Konzepte zusammengefasst habe. So enthielt der **Herrenchiemsee-Entwurf (HChE)** in Art. 106 die erforderlichen Verfahrensvorschriften für ordinäre Verfassungsänderungen sowie das Gebot textlicher Inkorporation. Art. 107 und 108 HChE legten Zusatzhürden für besondere Verfassungsänderungen fest. Nach Art. 107 HChE war für „ein Gesetz, durch das von der bundesstaatlichen Grundordnung abgegangen wird" als Zusatzhürde die einstimmige Annahme im Bundesrat erforderlich; nach Art. 108 HChE war eine „Änderung des Grundgesetzes, durch die die freiheitliche und demokratische Grundordnung beseitigt würde", unzulässig. Nach dieser differenzierenden Konzeption gehörte die „bundesstaatliche Ordnung" nicht zum änderungsfesten Kern der Verfassung. Vielmehr sollten für wesentliche Änderungen dieser lediglich erhöhte Quoren gelten. Auch wenn der Wortlaut des Art. 79 Abs. 3, 3. Var. GG diese Trennung nicht explizit vorsehe, sei mit einer subjektiv-teleologischen Auslegung davon auszugehen, dass der Verfassunggeber an ihr festhalten wollte. Denn der Parlamentarische Rat habe die Konzepte ohne eine Begründung zusammengeführt, obgleich die vorherigen Materialien eine Begründung enthielten. Diese Auslegung könnte auch mit weiteren historischen Aspekten untermauert werden. Desweiteren wird für das engere Verständnis der föderalen Ewigkeitsgarantie die Rechtsklarheit angeführt. Mit der begrenzten Bezugnahme der föderalen Ewigkeitsgarantie auf die ersten beiden Varianten werde eine klare Kontur vorgegeben, die es bei einer Einbeziehung des Bundesstaatsprinzips als solches nicht gäbe.

---

[209] So *Šarčević* (Fn. 38), S. 257; *Ridder,* in: Azzola (Bearb.), AK-GG, 2. Aufl. 1989, Bd. 2, Art. 79 Rn. 30 ff.; *Lücke/Sachs* in: Sachs (Hrsg.), Grundgesetz, 4. Aufl. 2007, Art. 79 Rn. 62.

[210] *Isensee* (Fn. 3), Rn. 287; *Hesse*, AöR 1973, 1 (8 f.); *Dreier,* in: ders. (Hrsg.), GG, 2. Aufl. 2008, Art. 79 III Rn. 39; *Evers*, in: Dolzer/Vogel (Hrsg.), BK-GG, 1982, Art. 79 Abs. 3 (Zweitbearbeitung) Rn. 208 ff.; *Hain*, Die Grundsätze des Grundgesetzes, 1999, S. 393 ff., *Zacharias*, in: Thiel (Hrsg.), Wehrhafte Demokratie, 2003, S. 57 ff., 97; *Sachs* (Fn. 143), Art. 79 Rn. 62; *Blasche,* Die grundsätzliche Mitwirkung der Länder bei der Gesetzgebung, 2006, S. 112 ff.

[211] So *Isensee* (Fn. 3), Rn. 287; *Hesse*, AöR 1973, 1 (8 f.); *Dreier* (Fn. 210), Art. 79 III Rn. 39.

[212] Zu der Begründung der folgenden Sichtweise siehe ausführlich *Jestedt,* HStR II (Fn. 43), §29, Rn. 50 ff.

[213] Abdruck des Textes von Art. 106-108 HChE in Teil C (Entwurf eines Grundgesetzes) des Berichts über den Verfassungskonvent auf Herrenchiemsee vom 10. bis 23.8.1948, in: Deutscher Bundestag/Bundesarchiv (Hrsg.), Der Parlamentarische Rat 1948-1949. Akten und Protokolle, Bd. II: Der Verfassungskonvent auf Herrenchiemsee, 1981, S. 504 (603 f.).

Dabei gehen einige Vertreter dieser Ansicht – mit dem sogenannten **summativen Bundesstaatsverständnis**[214] – davon aus, dass das Bundesstaatsprinzip nach Art. 20 Abs. 1 GG mit dem Aussagegehalt der einzelnen föderalen Verfassungsnormen übereinstimmt und somit das Bundesstaatsprinzip als Institution entbehrlich ist. Eine andere Richtung, der sich das überwiegende Schrifttum und ebenso das Bundesverfassungsgericht zuordnen, legt ein **integrales Bundesstaatsverständnis** zugrunde.[215] Danach konstituiert Art. 20 Abs. 1 GG ein Bundesstaatsprinzip, dessen normativer Gehalt über den Aussagegehalt der bundesstaatlichen Einzelnormen der Verfassung hinausgeht. Das Bundesstaatsprinzip sei keine „inhaltlich ausgedünnte Zusammenfassung der einzelnen Regelungen, sondern deren Kondensat. Das aber ist mehr als die Summe der Teile: nämlich ein integrales Ganzes, das eigene Substanz birgt und Zusammenhänge quer zu den Einzelregelungen herstellt (...)"[216]. Auswirkungen hat dieser dogmatische Streit auch für die Herleitung der Bundestreue, die von der überwiegenden Meinung aus dem Bundesstaatsprinzip abgeleitet wird. Auch bildet das Bundesstaatsprinzip die Grundlage für weitere föderale Subprinzipien[217], etwa für das föderative Gleichbehandlungsgebot, dem der Bund im Verhältnis zu den Ländern zu genügen hat[218], die Pflicht von Bund und Ländern zu bundesfreundlichem Verhalten[219] sowie das bündische Gebot solidarischen Einstehens füreinander im Finanzausgleich.[220]

69

Zudem wird vorgebracht, dass Art. 79 Abs. 3 GG mit der „Gliederung des Bundes in Länder" und der „grundsätzlichen Mitwirkung der Länder bei der Gesetzgebung" nur organisatorische Kategorien des Bundesstaates anspreche – im Gegensatz zu den übrigen Gewährleistungen der Norm, die eindeutig inhaltlicher Art seien.[221] Durch diese rein organisatorischen Erfordernisse sei der unabänderliche Kern des Bundesstaates aber nicht hinreichend deutlich zu erfassen, da Organisation nie Selbstzweck sei. Maßgeblich sei immer der sachliche Zweck, dem die Organisation diene. Zweck und Funktionen der bundesstaatlichen Ordnung würden aber erst durch den in Art. 20 Abs. 1 festgehaltenen Grundsatz des demokratischen und sozialen Bundesstaates bezeichnet. Daher sei der Verweis auf Art. 20 GG in Art. 79 Abs. 3 GG für den Kerngehalt des Bundesstaates von Bedeutung.

70

Mit Blick auf die föderale Ewigkeitsgarantie kann die enge Ansicht unter Berücksichtigung aller Argumente nicht überzeugen. Zum einen spricht der Wortlaut des Art. 79 Abs. 3, 3. Var. GG selbst dafür, die Grundsätze des Art. 20 GG und damit auch das Bundesstaatsprinzip einzubeziehen. Der Normtext kann auch nicht mit der Begründung der Entstehungsgeschichte auf die freiheitliche demokratische

71

---

[214] *Šarčević* (Fn. 38), S. 131 f.
[215] *Isensee* (Fn. 3), Rn. 293.
[216] *Isensee* (Fn. 3), Rn. 293.
[217] *Isensee* (Fn. 3), Rn. 293.
[218] BVerfGE 72, 330 (331 LS 10).
[219] BVerfGE 43, 291 (348); 92, 203 (230).
[220] BVerfGE 86, 148 (213 ff., 263 ff.); 101, 158 (232 f.).
[221] *Hesse*, AöR 1973, 1 (8).

Grundordnung reduziert werden.[222] Zwar zeigen die Beratungen zur Entstehung des Grundgesetzes hinsichtlich des änderungsfesten Bestandes der Verfassung, dass es zwei verschiedene Konzeptionen zum föderalen Schutz nebeneinander gab und der Parlamentarische Rat erst am Ende die Konzeptionen in Art. 79 Abs. 3 GG vereinigte, ohne seine Endlösung explizit zu begründen. Hierbei kann jedoch nicht von einem redaktionellen Versehen ausgegangen werden.[223] Für die heutige Geltung des Verfassungsrechts ist damit letztlich der klar gewählte Wortlaut des Verfassunggebers entscheidend.

72 Für das integrale Bundesstaatsverständnis spricht darüber hinaus die Bedeutung des Bundesstaatsprinzips. Dabei ist im Ausgangspunkt festzuhalten, dass der Begriff des Bundesstaates nicht abschließend definiert werden kann. Insofern ist die Aufzählung der Merkmale und Strukturen nicht abschließend. Diese Merkmale und Strukturen gilt es, durch Auslegung der Verfassungsnormen zu ermitteln. Dass dabei wiederum der Kerngehalt des Bundesstaates einschließlich der föderalistischen Tradition Deutschlands eine besondere Rolle spielt, stellt ein „allgemeines Problem der Verfassungshermeneutik, kein spezifisches des Bundesstaatsbegriffs" dar.[224]

73 Dem Bedürfnis, den Bundesstaat in seiner Gesamtheit zu sehen, trägt das integrale Bundesstaatsverständnis besser Rechnung. Gesamtheit heißt, nicht nur die einzelnen föderalen Verfassungsnormen jeweils für sich zu betrachten, sondern auch ihre Wechselwirkungen und Zusammenhänge zu berücksichtigen. Ebenso bestätigt das integrale Bundesstaatsverständnis die Entwicklungsoffenheit des Grundgesetzes. Mit der Annahme der eigenständigen Bedeutung des Bundesstaatsprinzips ist es nur konsequent, das Bundesstaatsprinzip dem änderungsfesten Kern nach Art. 79 Abs. 3, 3. Var. GG zuzuordnen, und zwar in seinen Grundsätzen bzw. Essentialia.

74 Allerdings weisen die beiden konträren Ansichten zur Bedeutung des Art. 79 Abs. 3, 3. Var. GG in Bezug auf die Bundesstaatlichkeit auch eine gemeinsame Schnittmenge auf. Betrachtet man die Wendungen „Gliederung des Bundes in Länder" und „grundsätzliche Mitwirkung der Länder bei der Gesetzgebung" genauer, so fällt auf, dass diese auch nicht aus sich selbst heraus verständlich, sondern ausfüllungsbedürftig sind: Welche Voraussetzungen müssen vorliegen, damit man noch von „Ländern" sprechen kann? Welche Mindestvoraussetzungen der Länderbeteiligung umfasst die „grundsätzliche Mitwirkung"? Zur Auslegung dieser Begriffe muss auch die enge Ansicht, die dem Verweis auf Art. 20 GG keine Bedeutung zumisst, auf ein übergeordnetes, mittels Abstraktion aus den grundgesetzlichen Normen gewonnenes Verständnis vom deutschen Bundesstaat zurückgreifen. Bezüglich der Reichweite des änderungsfesten Kerns und damit auch des Wesens des Bundesstaates betreffenden, inhaltlichen Erwägungen können die beiden Ansichten in vielerlei Hinsicht zum gleichen Ergebnis gelangen.

---

[222] *Sachs* (Fn. 143), Art. 79 Rn. 48, 62; *Thoma*, in: Anschütz/Thoma (Hrsg.), Handbuch des Deutschen Staatsrechts, 1930, S. 169 (184); *v. Münch*, Staatsrecht I, 6. Aufl. 2000, Rn. 498.

[223] So zu Recht *Dreier* (Fn. 210), Art. 79 III Rn. 47.

[224] *Isensee* (Fn. 3), Rn. 289.

2. Die Gliederung des Bundes in Länder

Der Schutz der „Gliederung des Bundes in Länder" gemäß Art. 79 Abs. 3, 1. Var. GG betrifft die Gliederung des ‚Gesamtstaates' in Bund und Länder. Änderungsfest ist die Existenz von Ländern überhaupt, nicht jedoch der Bestand und die Grenzen der gegenwärtig existierenden Bundesländer. Damit ist die Möglichkeit der Neugliederung und Zusammenlegung der Länder gegeben.[225] Wie viele Länder nach einer Neugliederung mindestens verbleiben müssen, ist umstritten.[226] Da die einzelnen Bundesländer als solche nicht geschützt sind, wird Deutschland auch als „labiler Bundesstaat" bezeichnet[227], wobei labil sich nur auf die Frage des Bestandes der einzelnen Länder bezieht.

75

Die Länder dürfen nicht bloße territoriale Untergliederungen sein. Vielmehr müssen sie **Staatsqualität** im bundesstaatlichen Sinne besitzen.[228] Von dieser Vorstellung waren auch die Beratungen des Parlamentarischen Rates geprägt[229], die sich folgendermaßen im Grundgesetz niederschlugen: Die Länder wurden mit der Befugnis ausgestattet, sich eine eigene Verfassung zu geben[230] sowie mit Kompetenzen in den Bereichen der Gesetzgebung (Art. 70 ff. GG), der Verwaltung (Art. 83 ff. GG) und der Rechtsprechung (Art. 92 ff. GG); dieser Aspekt von Staatlichkeit kommt auch in der Generalklausel des Art. 30 GG zum Ausdruck. Des Weiteren war der Verfassunggeber bemüht, dem Bund und den Ländern einen zur Erfüllung ihrer Aufgaben angemessenen Anteil am Gesamtsteueraufkommen zu sichern[231] sowie ihnen eine unabhängige Haushaltswirtschaft einzuräumen[232]; eine finanzielle Unabhängigkeit ist zur Wahrnehmung der eingeräumten Kompetenzen unerlässlich und ist daher auch als Ausdruck von Staatlichkeit zu verstehen.[233] Zugleich sah das Grundgesetz schon von Anfang an zahlreiche Einschränkungen dieser Rechte der Länder vor, etwa durch die Homogenitätsklausel gemäß Art. 28 Abs. 1 S. 1 GG oder durch die Abhängigkeit der materiellen Haushaltsgestaltung vom grundgesetzlichen Steuerverteilungs- und

76

---

[225] Vgl. Art. 29, 118, 118 a GG. *Pieroth* (Fn. 181), Art. 79 Rn. 8.

[226] Die überwiegende Ansicht geht von mehr als zwei Ländern aus: *Pieroth* (Fn. 181), Art. 79 Rn. 8; *Dreier* (Fn. 210), Art. 79 III Rn. 21; *Hain* (Fn. 25), Art. 79 Abs. 3 Rn. 131.

[227] *Thoma,* Das Reich als Bundesstaat, in: HdbDStR I, S. 169 ff. (184); verwendet in BVerfGE 1, 14 (48); siehe dazu ferner u. a. *Dreier* (Fn. 210), Art. 79 III Rn. 21; *v. Münch*, Staatsrecht I, Rn. 498.

[228] *Sachs* (Fn. 143), Art. 79 Rn. 43; *Huster/Rux* (Fn. 33), Art. 20 Rn. 41.

[229] An die Einrichtung bloßer Provinzen wurde eine Absage erteilt – im Herrenchiemsee-Entwurf und im ParlRat, JöR n. F. 1 (1951), 579 (581); siehe insbesondere auch die Ausführungen von *Carlo Schmid* als Vorsitzender des Hauptausschusses, in: Deutscher Bundestag/Bundesarchiv, Der Parlamentarische Rat 1948-1949. Akten und Protokolle. Bd. IX: Plenum 1996, S. 438 f.; vgl. zum ganzen auch *Hain* (Fn. 25), Art. 79 Abs. 3 Rn. 126; *Feldkamp* (Fn. 148).

[230] Insbesondere vorausgesetzt in Art. 28 Abs. 1 S. 1 GG.

[231] Siehe Art. 106 (a, b), 107 GG – alte wie neue Fassung.

[232] Art. 109 Abs. 1 GG.

[233] *Hain* (Fn. 25), Art. 79 Abs. 3 Rn. 127.

Finanzausgleichssystem.[234] Hierdurch wird deutlich, dass den Ländern diese Rechte und Aufgaben nicht als absolute Größen eingeräumt werden sollten, sondern dass deren Einschränkbarkeit mit der Vorstellung von Länderstaatlichkeit vereinbar war.

77 Dass die erforderliche Staatsqualität der Länder eine förmliche Einführung eines – auch dezentralisierten – Einheitsstaates ausschließt, ist offensichtlich. Darüber hinaus schützt die Ewigkeitsgarantie auch materiell davor, dass „die Länder in ihrer Qualität als Staaten durch Grundgesetzänderungen nach und nach ausgehöhlt werden, so dass am Ende nur noch eine leere Hülse von Eigenstaatlichkeit übrig bliebe".[235] Nach Ansicht des Bundesverfassungsgerichts verlangt die Eigenstaatlichkeit einen „Kernbestand eigener Aufgaben", der einem Land als **„Hausgut"** dauerhaft verbleiben muss.[236] Dazu gehören jedenfalls „die freie Bestimmung über seine Organisation einschließlich der in der Landesverfassung enthaltenen organisatorischen Grundentscheidungen sowie die Garantie der verfassungskräftigen Zuweisung eines angemessenen Anteils am Gesamtsteueraufkommen im Bundesstaat".[237]

78 Der weiteren Bestimmung des änderungsfesten Kerns der Eigenstaatlichkeit dient eine **funktionale Betrachtungsweise**. Diese orientiert sich an der ratio des Bundesstaates und fragt danach, welche Mindestzuständigkeiten den Ländern verbleiben müssen, damit die vom Grundgesetz intendierte föderative Ordnung noch funktioniert.[238] Eine Funktion der „Gliederung des Bundes in Länder" ist die Dezentralisierung und Verteilung politischer Entscheidungsmacht auf die Gliedstaaten. Eine Interpretationsrichtung stellt daher darauf ab, ob die Länder als eigene **„Zentren demokratisch legitimer politischer Entscheidungen"** erhalten bleiben.[239] Ein Eingriff in den Kerngehalt des Bundesstaates soll dann vorliegen, wenn die politischen Funktionen der Länder – die sich vornehmlich auf Gesetzgebung und Regierung beziehen[240] – nicht mehr gewährleistet werden. Wesentlicher Aspekt hierbei ist, dass es sich um eine von den Landesbürgern getragene eigenständige Volksvertretung handelt.[241] Indikator für eine effektive Dezentralisierung der politischen Entscheidungsmacht ist das Bestehen einer länderbezogenen politischen Willensbildung in der Gesellschaft, sowie eine länderbezogene Ausrichtung der Parteien, Verbände und Massenmedien.[242] Allerdings ist es hier nicht immer einfach, länderbezogene und bundesbezogene Aspekte voneinander zu trennen.

---

[234] *Hain* (Fn. 25), Art. 79 Abs. 3 Rn. 127.
[235] BVerfGE 34, 9 (19 f.); 87, 181 (196 f.).
[236] Vgl. BVerfGE 34, 9 (20); 87, 181 (197).
[237] BVerfGE 34, 9 (20).
[238] *Isensee* (Fn. 3), Rn. 299.
[239] *Hesse*, AöR 98 (1973), 1 (14 ff., 31 ff.); ferner *Lerche,* VVDStRL 21 (1964), 66 (90 f.); *Scheuner,* DÖV 1962, 641 (646); *Herdegen*, in: Maunz/Dürig (Hrsg.), GG, Loseblatt, Stand Mai 2008, Art. 79 Abs. 3 Rn. 92.
[240] In Abgrenzung zu den „unpolitischen" Funktionen der Verwaltung und der Rechtsprechung, vgl. *Isensee* (Fn. 3), Rn. 299, 300, 303.
[241] *Hesse*, AöR 1973, 1 (19 f).
[242] *Isensee* (Fn. 3), Rn. 299.

Zudem kann der Kerngehalt des Bundesstaats mit einem weiteren funktionalen Ansatz[243] nach Maßgabe des Prinzips der vertikalen Gewaltenteilung bestimmt werden. Hierbei ist weniger auf inhaltliche Kriterien abzustellen, sondern danach zu fragen, ob den Ländern nach Verfassungsänderung ein gewisses **quantitatives Mindestmaß** an (Gesetzgebungs-) **Kompetenzen** verbleibt. Dieses verlangt die Wahrung einer Balance zwischen Bundes- und Länderzuständigkeiten. Es kommt also nicht auf die isolierte Betrachtung einzelner Zuständigkeiten an, sondern auf den Gesamtbestand der Kompetenzen.[244]

79

Nichts desto trotz spielt auch die **Qualität der Kompetenzen** für die Bestimmung des unantastbaren Kerngehalts eine Rolle, dem bei den Ländern verbleibenden „Hausgut" – so das Bundesverfassungsgericht.[245] Die **institutionelle Betrachtungsweise** gibt Aufschluss darüber, worin dieses „Hausgut" besteht.[246] Für *Josef Isensee*[247] ist die Präsenz der Länder in allen Funktionsbereichen – also in den Bereichen der Gesetzgebung, Regierung, Verwaltung und Rechtsprechung – entscheidend. Dabei würde es beispielsweise für die Gesetzgebung nicht ausreichen, wenn substantielle Kompetenzverluste der Länder dadurch kompensiert werden sollen, dass der Bundesrat noch mehr Zustimmungsrechte erhält. Der Beteiligungsföderalismus ist nämlich keine gleichwertige Alternative zum Kompetenzföderalismus. Der Bundesrat wirkt bei der Gesetzgebung lediglich mit, das einzelne Land kann im Bundesrat überstimmt werden und im Bundesrat sind nicht die Landtage sondern die Landesregierungen vertreten.[248] Die Ersetzung einer bestimmten Kompetenz durch Partizipation darf kein Regelfall sein, da Art. 79 Abs. 3 GG eine eigenverantwortliche Aufgabenerfüllung voraussetzt, die durch einen solchen, bloßen Beteiligungsföderalismus nicht gewährleistet wird.[249]

80

Des Weiteren soll den Ländern auf bestimmten Aufgabengebieten die unmittelbare **Gemeinwohlverantwortung** vorbehalten sein, wobei diese Aufgabenbereiche – zumindest zum Teil – so beschaffen sein müssen, dass sie den Ländern eine Identitätsverwirklichung ermöglichen. Ein wirkungsvolles Regulativ der Kompetenzverteilung ist im Subsidiaritätsprinzip zu sehen.[250] Hiernach kommt eine Verlagerung von Aufgaben von den Ländern auf den Bund nur in Frage, „wenn diese

81

---

[243] *Hain* (Fn. 25), Art. 79 Abs. 3 Rn. 128 f.; so ähnlich *Herdegen* (Fn. 240), Art. 79 Abs. 3 Rn. 92.
[244] So *Isensee* (Fn. 3), Rn. 302.
[245] BVerfGE 34, 9 (20).
[246] So *Isensee* (Fn. 3), Rn. 301.
[247] *Isensee* (Fn. 3), Rn. 303-306.
[248] *Maurer* (Fn. 19), §5, Rn. 19.
[249] *Isensee* (Fn. 3), Rn. 308.
[250] Dazu vgl. auch *Härtel*, Die Gesetzgebungskompetenzen des Bundes und der Länder im Lichte des wohlgeordneten Rechts, in: Härtel (Hrsg.), Handbuch Föderalismus – Föderalismus als demokratische Rechtsordnung und Rechtskultur in Deutschland, Europa und der Welt, Bd. I, 2012, §19.

die Kapazität der Länder überfordern oder von der Sache her zentralstaatliche Lösungen geboten sind"[251]. Zudem gibt Art. 23 Abs. 6 S. 1 GG[252] Aufschluss darüber, dass die Gesetzgebungsmaterien schulische Bildung, Kultur und Rundfunk für die Länder von besonderer Bedeutung sind. Sie gehören dem Bereich der kulturstaatlichen Kompetenzen an, die seit jeher schwerpunktmäßig in der Hand der Länder lagen und in denen sie ihre Identität und Besonderheiten zum Ausdruck bringen können; Verfassungsänderungen zulasten der Länder würden in diesen Bereich daher unter einen hohen Rechtfertigungszwang gestellt. Letztlich gehörten zum „Hausgut" jene Kompetenzen, „die das Recht auf Eigenorganisation und auf eigenverantwortliche Aufgabenerfüllung" gewährleisteten, wozu insbesondere die Organisationshoheit, Ämterhoheit, Personalhoheit und Finanzhoheit zählten.

82 Die unterschiedlichen Ansätze zur Bestimmung des änderungsfesten Kerns der Bundesstaatlichkeit müssen nicht als sich gegenseitig ausschließende Maßstäbe verstanden werden. Vielmehr ist es sinnvoll, für die Bewertung einer Verfassungsänderung ggf. die verschiedenen Anknüpfungspunkte bzw. Prüfkriterien in einer Gesamtschau heranzuziehen.

3. Die grundsätzliche Mitwirkung der Länder bei der Gesetzgebung

83 „Die grundsätzliche Mitwirkung der Länder bei der Gesetzgebung" gemäß Art. 79 Abs. 3, 2. Var. GG meint nicht die Gesetzgebungskompetenzen der Länder in ihren Bereichen, sondern ihre Mitwirkung bei der Bundesgesetzgebung. Ersteres wird bereits durch die Bestimmung „der Gliederung des Bundes in Länder" sicher gestellt, da ein bestimmtes Maß an Gesetzgebungskompetenzen Voraussetzung für ihre Staatlichkeit ist. De constitutione lata wird diese Mitwirkung der Länder durch den Bundesrat gewährleistet. Da Art. 79 Abs. 3 GG keine bestimmte Form der Mitwirkung der Länder an der Gesetzgebung als änderungsfest ansieht, werden die Existenz des Bundesrates oder seine konkreten Befugnisse nicht durch die Ewigkeitsgarantie geschützt.[253]

84 Im Schrifttum bestehen unterschiedliche Ansichten darüber, ob der Bundesrat durch ein anderes Modell, etwa dem US-amerikanischen entlehnten Senatsmodell, abgelöst werden dürfte.[254] Beim **Senatsmodell** werden die Mitglieder des Senats

---

[251] *Isensee* (Fn. 3), Rn. 304.

[252] Im Wortlaut: „Wenn im Schwerpunkt ausschließliche Gesetzgebungsbefugnisse der Länder auf den Gebieten der schulischen Bildung, der Kultur oder des Rundfunks betroffen sind, wird die Wahrnehmung der Rechte, die der Bundesrepublik Deutschland als Mitgliedstaat der Europäischen Union zustehen, vom Bund auf einen vom Bundesrat benannten Vertreter der Länder übertragen. Die Wahrnehmung der Rechte erfolgt unter Beteiligung und in Abstimmung mit der Bundesregierung; dabei ist die gesamtstaatliche Verantwortung des Bundes zu wahren."

[253] Siehe dazu *Huster/Rux* (Fn. 33), Art. 20 Rn. 47; ferner *Sachs* (Fn. 143), Art. 79 Rn. 47; *Dreier* (Fn. 210), Art. 79 III Rn. 24 f.

[254] Bejahend *Sachs* (Fn. 143), Art. 79 Rn. 45; *Dreier* (Fn. 210), Art. 79 III Rn. 24; *Korioth,* in: v. Mangoldt/Klein/Starck (Hrsg.), Kommentar zum Grundgesetz, Bd. 2, 5. Aufl. 2005, Art. 50 Rn. 19; *Jestaedt* (Fn. 43), §29, Rn. 67; *Hanf,* Bundesstaat ohne Bundesrat?, 1999, S. 78 f.; *Bryde,*

entweder direkt vom Volk oder vom Landesparlament gewählt, wohingegen der Bundesrat aus Mitgliedern der Landesregierungen besteht. Die Antagonisten zu einem Senatsmodell verstehen unter „Länder" im Sinne des Art. 79 Abs. 3, 2. Var. GG nur Länder und nicht Landesvölker[255]. Neben dem Wortlaut stellen sie darauf ab, dass der Senat aus weisungsunabhängigen Mitgliedern bestünde, damit auch die Vertreter eines Landes unterschiedliche Meinungen vertreten könnten und so eine einheitliche Willensbekundung des jeweiligen Landes nicht möglich sei.[256] Zum anderen käme gerade der verschiedenartigen Zusammensetzung von Bundestag und Bundesrat eine große Bedeutung zu. Der Zweck des Zweikammersystems würde untergraben, wenn Föderativorgan und Bundestag einen ganz ähnlichen Aufbau besäßen, was beim Senatsmodell der Fall wäre.[257]

Nach der überwiegenden Meinung[258] ist hingegen die gegenwärtige Gestalt des Bundesrates – zu Recht – nicht von Art. 79 Abs. 3 GG geschützt. Die Formulierung „Länder" umfasst sowohl Landesregierungen als auch Landesvölker und ist daher für verschiedene Modelle offen.[259] Gerade in einer Demokratie ist eine Gegenüberstellung von Land und Landesvölkern nicht treffend, weil die Legitimation der Landesregierungen im Volk wurzelt.[260] Der Begriff „Land" ist eine allgemeine Bezeichnung für die Gliedstaaten und beschränkt sich nicht auf ein bestimmtes Landesorgan wie die Landesregierung.[261]

85

4. Der unitarische Kerngehalt des Bundesstaates

Die integrative Kraft des Bundesstaates ist ebenso essentiell wie die föderalen Elemente. Ein Bundesstaat kann nur durch eine immer wieder herzustellende Balance von unitarischen und föderalen Elementen bestehen. Weist er zu viele föderale Elemente auf, so wird der Bundesstaat zu einem Staatenbund. Art. 79 Abs. 3 GG schützt

86

Verfassungsentwicklung, 1982, S. 237 ff.; *Stern* (Fn. 66), S. 170; *Hain* (Fn. 210), S. 414 f.; *Hesse*, AöR 98 (1973), 1 (38 ff.); gegen die Zulässigkeit einer Senatslösung: *Evers* (Fn. 210), Art. 79 Abs. 3 (Zweitbearbeitung) Rn. 219 f.; *Harbich*, Der Bundesstaat und seine Unantastbarkeit, 1965, S. 131; *Herdegen* (Fn. 239), Art. 79 Abs. 3 Rn. 102. Zum gesamten Streitstand siehe auch: *Estel*, Bundesstaatsprinzip und direkte Demokratie im Grundgesetz, 2006, S. 179 ff.

[255] *Harbich* (Fn. 254), S. 131.
[256] *Harbich* (Fn. 254), S. 132.
[257] *Harbich* (Fn. 254), S. 133.
[258] *Bryde*, in: von Münch/Kunig (Hrsg.), GG, 5. Aufl. 2003, Art. 79 Rn. 32; *Diekmann*, Das Verhältnis des Bundesrates zu Bundestag und Bundesregierung im Spannungsfeld von Demokratie- und Bundesstaatsprinzip, 2007, S. 191 ff.; *Elgeti*, Inhalt und Grenzen der Föderativklausel des Art. 79 Abs. 3 GG, 1968, S. 70 ff.; *Estel* (Fn. 254), S. 183; *Evers* (Fn. 210), Art. 79 Abs. 3 (Zweitbearbeitung) Rn. 220; *Hain* (Fn. 25), Art. 79 Abs. 3 Rn. 133 Fn. 487; *Korioth* (Fn. 254), Art. 50 Rn. 19; *Stern* (Fn. 66), S. 170.
[259] *Bryde* (Fn. 258), Art. 79 Rn. 32; *Elgeti* (Fn. 258), S. 72; *Stern* (Fn. 66), S. 170.
[260] *Elgeti* (Fn. 258), S. 70; *Estel* (Fn. 254), S. 183; *Hain* (Fn. 25), Art. 79 Abs. 3 Rn. 133 Fn. 487; *Korioth* (Fn. 254), Art. 50 Rn. 19.
[261] *Estel* (Fn. 254), S. 183 f.

daher nicht nur den föderalen sondern auch den zentralstaatlichen Charakter des Bundesstaates. Dieser besteht in der Verfassungshoheit, der Kompetenz-Kompetenz[262], der Gewähr der föderativen Homogenität, dem Vorrang der Bundesverfassung vor dem Landesrecht, den notwendigen Ingerenzrechten des Bundes, der Verbandskompetenz zur Außenvertretung sowie in einer (im Ernstfall erzwingbaren) Bundessolidarität.[263]

F. Kooperativer Föderalismus

87 Die Idee des kooperativen Föderalismus stammt aus dem US-amerikanischen Bundesstaatssystem[264] und hat in erheblichem Ausmaß im deutschen Bundesstaat Eingang gefunden. Der staatszentrierte Föderalismus ist in vielfältiger und facettenreicher Weise durch Kooperationen zwischen seinen föderalen Einheiten geprägt. So gibt es die Kooperation zwischen Bund und Ländern (vertikale Kooperation) sowie die Kooperation zwischen den Ländern (horizontale Kooperation).[265] Während das Grundgesetz die Kooperation im Bundesstaat nur in einigen Normen vorsieht, hat die Verfassungswirklichkeit ein Geflecht von Kooperation ausgebildet. So haben sich in der Praxis – über die im Grundgesetz hinaus geregelten Fälle – vielfältige Formen der Zusammenarbeit (und damit der Verflechtung[266]) entwickelt. Dabei gilt es, das ungeschriebene Prinzip der Bundestreue zu beachten, das auch schon selbst Ausdruck von Kooperation ist. Das Bundesverfassungsgericht hielt die Länder sogar schon für zur Kooperation verpflichtet, „um ihrer Mitwirkung für eine kooperative Verwirklichung des Grundrechtsschutzes gerecht zu werden"[267] oder „soweit das für ein funktionierendes System erforderlich ist".[268] Eine diesbezügliche verfassungsrechtliche Kooperationspflicht geht jedoch nicht soweit, dass die

---

[262] Zum Problemkreis der Kompetenz-Kompetenz siehe *Schliesky*, Souveränität und Legitimität von Herrschaftsgewalt, 2004, S. 368.

[263] *Isensee* (Fn. 3), Rn. 310 f.; siehe auch *Herdegen* (Fn. 239), Art. 79 Abs. 3 Rn. 160.

[264] Vgl. hierzu *Kewing*, Kooperativer Föderalismus und bundesstaatliche Ordnung, AöR 93 (1968), 433 ff.; *Gunlicks*, in: P. Kirchhof/Kommers (Hrsg.), Deutschland und sein Grundgesetz, S. 99 (110 ff.); *Kincaid*, in: Benz/Lehmbruch (Hrsg.), Föderalismus, PVS Sonderheft 32/2001, 134 (142 ff.); zum Föderalismus in den USA siehe *Hertel* (Fn. 108) sowie auch den Beitrag von *Heun*, Der Föderalismus in den USA, in: Härtel (Hrsg.), Handbuch Föderalismus – Föderalismus als demokratische Rechtsordnung und Rechtskultur in Deutschland, Europa und der Welt, Bd. IV, 2012, §96.

[265] Siehe dazu auch *Benz* (Fn. 35).

[266] *Scharpf/Reissert/Schnabel*, Politikverflechtung. Theorie und Empirie des kooperativen Föderalismus in der Bundesrepublik, 1976; Scheller/Schmid (Hrsg.), Föderale Politikgestaltung im deutschen Bundesstaat. Variable Verflechtungsmuster in Politikfeldern, 2008; *Benz* (Fn. 35), S. 56 ff.

[267] BVerfGE 33, 303 (357).

[268] BVerfGE 73, 118 (197).

Länder beispielsweise Staatsverträge abschließen oder das betroffene Landesrecht harmonisieren müssen.[269]

I. Gründe und Entwicklungen

Eine der wesentlichen Gründe für Kooperationen in einem Bundesstaat liegt in den föderal bedingten verschiedenen Kompetenzsphären von Bund und Ländern. Diese sind in der Praxis immer wieder voneinander abzugrenzen. Ohne jegliche Kooperation könnte das föderale System gelähmt werden, auch wenn die unabhängige Instanz – die Verfassungsgerichtsbarkeit – Kompetenzkonflikte lösen kann.[270] Aber auch die im Grundgesetz angelegte Verzahnung von Bund und Ländern bei der Gesetzgebung und Verwaltung zieht erhebliche Kooperationen nach sich, gerade im Hinblick auf die Handlungsfähigkeit des Bundesstaates.[271] Bei der **Normsetzung** besteht eine Verzahnung zum einen durch den Bundesrat, durch den die Länder bei der Gesetzgebung des Bundes mitwirken. Zum anderen existiert die Möglichkeit des Bundes, die Länder zur Rechtsetzung zu ermächtigen, etwa im Bereich seiner ausschließlichen Gesetzgebung nach Art. 71 GG oder im Bereich der Exekutive zum Erlass für Rechtsverordnungen (vgl. Art. 80 GG). Im Bereich der **Verwaltung** besteht eine besonders starke Verzahnung, da die Länder nicht nur ihre eigenen Gesetze, sondern auch die des Bundes ausführen.[272] Diese genannten Verzahnungen sind als **direktive Koordinationen** einzuordnen, bei denen eine Koordinierungsstelle besteht, die eine einseitige Regelung treffen kann.[273] Sie stellen zwar selbst keine **kooperative Koordination** dar, bei der eine gemeinsame Regelung getroffen werden muss[274], aber sie bilden einen Anlass für entsprechende Kooperationen.

88

Das Grundgesetz selbst sieht nur wenige **Vorschriften zu Kooperationen** vor. So kennt es seit seiner Entstehung die Kooperation bei der Rechts- und Amtshilfe (Art. 35 Abs. 1 GG), bei der Gefährdung der öffentlichen Sicherheit (Art. 35 Abs. 2 GG), bei einer Naturkatastrophe oder einem Unglücksfall (Art. 35 Abs. 3 GG) sowie die kooperative Polizeihilfe (Art. 91 GG).[275] Mit der Verfassungsreform im

89

---

[269] *Rudolf*, in: Isensee/P. Kirchhof (Hrsg.), Handbuch des Staatsrechts, Band VI, 3. Aufl. 2008, §141, Rn. 95; *Rudolf/Jutzi*, ZRP 1987, 2 ff.

[270] *Sommermann* (Fn. 55), Art. 20 Abs. 1 Rn. 45.

[271] Vgl. *Rudolf* (Fn. 269), Rn. 6, 18.

[272] Dies ist keine Selbstverständlichkeit, da auch eine Trennung des Gesetzesvollzugs in der Weise möglich wäre, dass Bund und Länder jeweils ihre eigenen Gesetze ausführen. Zu den Aufgaben der Landesverwaltungen siehe *Bogumil/Jann*, Verwaltung und Verwaltungswissenschaft in Deutschland, 2. Aufl. 2009, S. 97 ff.

[273] *Kisker*, Kooperation im Bundesstaat, 1971, S. 3.

[274] *Kisker* (Fn. 273), S. 3.

[275] So kann nach Art. 91 Abs. 1 GG ein Land zur Abwehr einer drohenden Gefahr für den Bestand oder die freiheitliche demokratische Grundordnung des Bundes oder eines Landes Polizeikräfte anderer Länder sowie Kräfte und Einrichtungen anderer Verwaltungen und des Bundesgrenzschutzes anfordern.

Jahre 1969 sind insbesondere die Gemeinschaftsaufgaben (Art. 91a und Art. 91b GG) sowie die Möglichkeit der Mischfinanzierung (Art. 104a GG) in das Grundgesetz aufgenommen worden, die dann wiederum mit der Föderalismusreform I im Jahre 2006 modifiziert worden sind, was vor allem die Bereiche Bildung und Wissenschaft betrifft.[276] Die Föderalismusreform II aus 2009 brachte die Neuregelungen zur Verwaltungszusammenarbeit von Bund und Ländern im Bereich ihrer informationstechnischen Systeme (Art. 91c GG) und des Leistungsvergleichs (Art. 91d GG) mit sich.[277] Als Folge der Entscheidung des Bundesverfassungsgerichts zum Verbot der Mischverwaltung bei den Arbeitsgemeinschaften zu den Jobcentern von 2007 ist nun für diesen Spezialbereich eine neue Verfassungsnorm zur Mischverwaltung in das Grundgesetz (Art. 91 e) aufgenommen worden.

90 In der **Staatspraxis** begann die Entwicklung zum kooperativen Bundesstaat bereits in den 50er Jahren[278] und intensivierte sich in den 60er Jahren. Dabei bildeten sich Formen der Zusammenarbeit von Bund und Ländern, die das Grundgesetz nicht vorsah, die sich aber aus den Praxiserfordernissen ergaben. Vor allem auch die Kooperationen veranlassten bereits *Konrad Hesse* zu der Diagnose des **„unitarischen Bundesstaats"** in seiner gleichnamigen Schrift aus dem Jahre 1962. Er bezeichnete das Phänomen der Unitarisierung als „Notwendigkeit der Zeit", da „das steigende Gewicht von Technik, Wirtschaft und Verkehr, die gewachsenen Verflechtungen und Interdependenzen des wirtschaftlichen und sozialen Lebens wie die gestiegenen Planungs-, Lenkungs- und Verteilungsaufgaben, welche dadurch hervorgerufen worden [seien], kurz: die Entwicklung zum sozialen Rechtsstaat", nach Einheitlichkeit und Gleichmäßigkeit verlange.[279] Insbesondere die Tendenz der Länder zur freiwilligen Selbstkoordinierung zeige, dass es mehr auf Einheitlichkeit und Gleichheit ankomme als auf die Beachtung regionaler Besonderheiten.[280]

91 Unter der Regierung Erhard wurde 1964 eine Sachverständigenkommission (**„Troeger-Kommission"**)[281] eingesetzt mit dem Auftrag, eine Neuordnung der Finanzverfassung auszuarbeiten. Das Gutachten der Kommission von 1966 forderte

---

[276] Insbesondere zu den Änderungen in den Bereichen Bildung und Wissenschaft (Neufassung von Art. 91b Abs. 1 und 2 GG sowie die Neuregelung der Bundesinvestitionshilfekompetenz in Art. 104b GG) siehe *Hellermann*, in: Starck (Hrsg.), Föderalismusreform, 2007, Rn. 368 ff.; *Meyer*, Die Föderalismusreform 2006, 2008, S. 250 ff.; siehe ferner *Hellermann*, Kooperativer Föderalismus in Gestalt der Gemeinschaftsaufgaben nach Art. 91a, 91b des Grundgesetzes (Bd. II, §39), *Guckelberger*, Bildung und Föderalismus (Bd. II, §61) und *Geis/Krausnick*, Das Hochschulrecht im föderalen System der Bundesrepublik Deutschland (Bd. II, §63), in: Härtel (Hrsg.), Handbuch Föderalismus – Föderalismus als demokratische Rechtsordnung und Rechtskultur in Deutschland, Europa und der Welt, 2012.

[277] Vgl. dazu z. B. *Seckelmann*, DÖV 2009, 747 (753 f.).

[278] *Grzeszick* (Fn. 2), Art. 20 IV Rn. 142.

[279] *Hesse* (Fn. 189), S. 13.

[280] *Hesse* (Fn. 189), S. 20.

[281] Kommission für die Finanzreform, Gutachten über die Finanzreform in der Bundesrepublik Deutschland, 2. Aufl. 1966.

§ 16 Der staatszentrierte Föderalismus

einen kooperativen Föderalismus[282] und füllte zugleich den Begriff mit Inhalt:[283] „Der kooperative Föderalismus ist ein aktives Staatsprinzip; er verwirklicht den Ausgleich zwischen einer klaren Aufgabenabgrenzung, ohne die eine Ordnung des Bundesstaates nicht denkbar ist, und der bundesstaatlichen Kräftekonzentration, die den höchsten Wirkungsgrad des öffentlichen Mitteleinsatzes gewährleistet. Eine solche Ordnung unseres Bundesstaates erfordert es, die bisherigen Formen der Zusammenarbeit durch die Schaffung neuer Institutionen aus bundesstaatlichem Geist zu verbessern."

Die sich daran anschließenden allgemeinen Reformüberlegungen zu einer Stärkung der kooperativen Elemente des Bundesstaates mündeten 1969 in eine Verfassungsreform, mit der ein gesonderter Abschnitt „Gemeinschaftsaufgaben" (Art. 91a und Art. 91b GG) und zudem eine Mischfinanzierung sowie Finanzhilfen des Bundes an Länder für besonders bedeutsame Investitionen (Art. 104 a Abs. 4, Art. 106 Abs. 8 GG) in das Grundgesetz eingefügt wurden. Der abschließende Katalog der Gemeinschaftsaufgaben in Art. 91 a und 91 b GG blieb zwar hinter den Erwartungen derjenigen zurück, die eine Generalklausel für Gemeinschaftsaufgaben und eine noch weitreichendere Verflechtung zwischen Bund und Ländern befürwortet hatten, führte aber zu einer Institutionalisierung der Idee des kooperativen Föderalismus im Grundgesetz.[284] Die politische und wirtschaftliche Situation war damals allerdings anders als der heutige Entwicklungsstand. Einerseits ging es noch immer um die längerfristige Folgenbeseitigung des Zweiten Weltkrieges, andererseits waren die Anforderungen an ein wirtschaftlich „modernes Deutschland" mit wohlfahrtsstaatlicher Prägung gewachsen. Die weiter zu führende oder neu aufzubauende Infrastruktur insbesondere hinsichtlich Mobilität (wachsender Autoverkehr), Sozialwesen (z. B. ausreichend Krankenhäuser) und Wissenschaft (Universitätsneubauten) überforderten Kommunen und Länder, so dass zwingend eine Beteiligung des Bundes an der Finanzierung notwendig wurde. Ähnlich war es bei den Gemeinschaftsaufgaben. Von dieser damals geschaffenen Infrastruktur zehrt das Gemeinwesen heute

92

---

[282] Gutachten über die Finanzreform in der Bundesrepublik Deutschland (Troeger-Gutachten), 1966, S. 20, Rn. 74-76: „ [...] Des weiteren wird das Prinzip der föderalen Freiheit zunehmend von den Forderungen des modernen Sozialstaats überlagert, der die Gleichmäßigkeit der öffentlichen Leistungen und die Einheitlichkeit der Lebensverhältnisse höher bewertet als die Rücksichtnahme auf regionale oder örtliche Besonderheiten. So erklärt es sich, dass man in der Öffentlichkeit die Erfüllung neuer wichtiger Aufgaben in erster Linie vom Bund erwartet. In ähnlicher Weise richtet sich die Kritik gegen die Bundesregierung, wenn dringende Staatsaufgaben nicht rasch erledigt werden; das gilt auch dann, wenn nach der verfassungsrechtlichen Ordnung eindeutig die Landeszuständigkeit gegeben ist. [...] In einer Zeit der Spannungen und Konflikte, umgeben von Völkern, die eine starke Dynamik entfalten, muss sich die Bundesrepublik großen Zukunftsaufgaben gewachsen zeigen. [...] Es muss deshalb eine Form des Föderalismus entwickelt werden, die ein ausgewogenes und bewegliches System der Zusammenordnung und der Zusammenarbeit zwischen dem Bund und den Ländern und unter den Ländern ermöglicht. Der Föderalismus unserer Zeit kann nur ein kooperativer Föderalismus sein."
[283] So das Gutachten über die Finanzreform in der Bundesrepublik Deutschland, 2. Aufl. 1999, S. 20 Rn. 77.
[284] *Oeter* (Fn. 70), S. 283, 286, 287.

93 noch. Die Kritik aus heutiger Sicht übersieht vielfach, dass die damalige Kooperationslösung einschließlich der Verfassungsänderung eine ganz andere soziale und ökonomische Situation zu bewältigen hatte.

93 Andererseits wird aus der heutigen Sicht wiederum auch deutlich, dass der kooperative Föderalismus neben seinen Vorteilen auch eine Reihe von Nachteilen für den Bundesstaat mit sich bringen kann. Kritisiert wurden zunehmend vor allem die hohen bürokratischen und politischen „Kosten" der Verflechtung, die Schwierigkeit der Konsensfindung und die damit einhergehenden Minimallösungen, die Entmachtung der Parlamente (denn die Akteure im kooperativen Föderalismus sind die Exekutiven) und der Verlust klarer Verantwortungszuschreibung zu den Parteien angesichts der Ebenenvermischung und damit verbundener Intransparenz. *Fritz Scharpf* prägte aufgrund seiner Analysen für dieses Phänomen den plakativen Begriff der **„Politikverflechtungsfalle"**.[285] Angesichts der Wahrnehmung wachsender Probleme mit dieser Form des kooperativen Föderalismus wurde zunehmend stärker eine Reform des bestehenden Föderalismus – vor allem auch durch Politikentflechtung[286] – eingefordert.[287] Die Gemeinsame Kommission von Bundestag und Bundesrat zur Modernisierung der bundesstaatlichen Ordnung (2005) hat sich mit der grundsätzlichen Kritik mit Blick auf die Gemeinschaftsaufgaben auseinandergesetzt.[288] Im Ergebnis hat jedoch der verfassungsändernde Gesetzgeber im Rahmen der Föderalismusreform I (2006) an dem Institut der Gemeinschaftsaufgabe festgehalten und sich auf eine Modernisierung und Entbürokratisierung begrenzt.[289] Die Neuerungen bezogen sich lediglich auf die verfahrensmäßige Ausgestaltung sowie auf einzelne Änderungen in den Bereichen Wissenschaft und Bildungswesen.

94 Die **Formen der Kooperation** im Bundesstaat sind vielfältig. Sie reichen von Erscheinungsformen rein informeller Natur wie rechtlich unverbindliche Besprechungen, Emails, Arbeitsessen über institutionalisierte Treffen in Form von Arbeitsgemeinschaften, Ausschüssen und Konferenzen wie den Ministerpräsidenten- und Fachministerkonferenzen[290] bis hin zu den vertraglichen Regelungen in Form

---

[285] *Scharpf*, PVS 1985, 323 ff. Ein weiterer Bereich der Politikverflechtungsfalle betrifft den Bundesrat.

[286] *Oeter* (Fn. 70), S. 318-322 m. w. N.

[287] Zu den unterschiedlichen Reformstimmen siehe den Beitrag von *Baus*, Reformvorschläge zur ersten Föderalismusreform 2006 – eine Übersicht, in: Härtel (Hrsg.), Handbuch Föderalismus – Föderalismus als demokratische Rechtsordnung und Rechtskultur in Deutschland, Europa und der Welt, Bd. II, 2012, §43.

[288] Vgl. Dokumentation der Kommission von Bundestag und Bundesrat zur Modernisierung der bundesstaatlichen Ordnung, Zur Sache 1/2005, S. 483 ff.

[289] *Hellermann* (Fn. 276), Rn. 279; *Seckelmann*, DÖV 2009, 747 (753).

[290] *Rudolf* (Fn. 269), Rn. 31 ff.; *Sommermann* (Fn. 55), Art. 20 Abs. 1 Rn. 50. Dabei gibt es eine Vielzahl unterschiedlicher Kooperationsgremien im Bundesstaat, schon 1989 zählte eine vom Landtag NRW eingesetzte Kommission rund 330 Bund-Länder-Gremien und 120 bis 140 reine Länderkommissionen (*Kropp*, Kooperativer Föderalismus und Politikverflechtung, 2010, S. 126 f.).

von Staatsverträgen und Verwaltungsabkommen.[291] Bei der Verhandlungspraxis zwischen dem Bund und seinen Gliedern und zwischen den Ländern ist allerdings immer das Gebot des bundesfreundlichen Verhaltens zu beachten.[292]

Kennzeichnend für den kooperativen Föderalismus ist die Dominanz der Exekutive. Vertreter der Regierungen und Verwaltungen führen die Verhandlungen in den maßgeblichen Gremien. Auch wenn die Beschlüsse der Bund-Länder- bzw. Ländergremien grundsätzlich nicht rechtsverbindlich sind, so entfalten sie doch eine politische, faktische Bindungswirkung für die Landesparlamente.[293] Diesen Befund spiegelt deutlich der Begriff **Exekutivföderalismus** wider.[294]

Beispiele für die **vertikale Kooperation** bilden die gemeinsame Förderung von Forschungseinrichtungen im Sinne des Art. 91b GG oder die Einrichtung des IT-Planungsrates, für den auf der Grundlage des Art. 91c GG ein Staatsvertrag zwischen Bund und Ländern abgeschlossen wurde[295]. Ferner sind zu nennen die Vertretungen der Länder beim Bund[296], das Treffen des Bundeskanzlers mit den Regierungschefs der Länder und die vielen Bund-Länder-Ausschüsse, die sich aus Mitgliedern der Ministerialbürokratie beider Ebenen zusammensetzen und Politikinhalte abstimmen.[297]

Als **Beispiele** für die **horizontale Kooperation** sind etwa die Schaffung gemeinsamer Rundfunkanstalten[298] und gemeinsame Musterentwürfe für Gesetze anzuführen. Die Hauptinstrumente der Länder zur Selbstkoordinierung ihrer Angelegenheiten bilden die Ministerpräsidentenkonferenz und die Fachministerkonferenzen, auf denen der Bund regelmäßig durch den entsprechenden Bundesminister als Gast vertreten ist.[299] Einen höheren Grad der Institutionalisierung hat die Kultusministerkonferenz (KMK) erreicht, auf der fast alle Bereiche der Bildungs- oder

---

[291] Staatsverträge beziehen sich dabei auf einen Gegenstand der Gesetzgebung und bedürfen grundsätzlich der Zustimmung durch das Parlament, wohingegen dies bei Verwaltungsabkommen gerade nicht erforderlich ist (vgl. *Grzeszick* (Fn. 2), Art. 20 IV Rn. 155; *Sommermann* (Fn. 55), Art. 20 Abs. 1 Rn. 50. Zu dem Streit hinsichtlich der Beurteilung, nach welchen rechtlichen Regelungen die Verwaltungsabkommen sowie Staatsverträge zu beurteilen sind, siehe *Sommermann* (Fn. 55), Art. 20 Abs. 1 Rn. 51 ff. m. w. N.).

[292] BVerfGE 12, 205 (255); 81, 310 (337); 98, 106 (118).

[293] *Rudolf* (Fn. 269), Rn. 94.

[294] Vgl. u. a. *Kropp* (Fn. 290), S. 127.

[295] Der IT-Staatsvertrag trat am 1.4.2010 in Kraft.

[296] Als Scharnier zwischen Landes- und Bundespolitik repräsentieren die Bevollmächtigten der Landesvertretungen in Berlin das Land im Bund und versuchen rechtzeitig, noch im Prozess der Agenda-Setting, auf den Gesetzgebungsprozess im Bund Einfluss zu nehmen. Einflussadressaten sind dabei die Bundesministerien und deren Verwaltungsapparat, Bundestag und Bundesrat, Medien und Interessengruppen. Dazu siehe *Kropp* (Fn. 290), S. 128.

[297] *Kropp* (Fn. 290), S. 130.

[298] Das ZDF und die fusionierten Anstalten MDR, RBB, NDR und SWR (*Kropp* (Fn. 290), S. 135).

[299] *Sommermann* (Fn. 55), Art. 20 Abs. 1 Rn. 50; *Rudolf* (Fn. 269), Rn. 38 f.

Kulturpolitik beraten werden. Auch wenn deren Beschlüsse nicht rechtsverbindlich sind, werden sie doch faktisch von den Kultusverwaltungen der Länder als handlungsleitend angesehen.[300]

II. Verfassungsrechtliche Grenzen der Kooperation

98 Die verfassungsrechtlichen Grenzen für die Kooperation im Bundesstaat finden sich vornehmlich in der Staatlichkeit des Bundes und der Länder, der Kompetenzordnung sowie im Demokratieprinzip und im Rechtsstaatsprinzip.[301] Grundsätzlich verleiht die **Staatlichkeit** des Bundes und der Länder das Recht zur Kooperation. Deshalb bedürfen sie hierzu auch grundsätzlich keiner weiteren verfassungsrechtlichen Ermächtigung.[302] Allerdings zieht die Staatlichkeit der Kooperation auch Grenzen – Bund und Länder dürfen diese nicht selbst preisgeben. Die für die Staatlichkeit „unverzichtbaren Hoheitsrechte"[303] dürfen nicht durch Kooperationen aufgegeben werden. Ferner dürfen weder der Bund noch die Länder – im Rahmen von Kooperationen – ihre im Grundgesetz festgelegten **Kompetenzen** abgeben; „Kompetenzverschiebungen zwischen Bund und Ländern sind auch mit Zustimmung der Beteiligten nicht zulässig".[304]

99 Das **Demokratieprinzip** und das **Rechtsstaatsprinzip** gebieten im Rahmen der Kooperation insbesondere Verantwortungszurechenbarkeit und -klarheit sowie Verantwortungserhaltung bei der Wahrnehmung staatlicher Kompetenzen und Erfüllung staatlicher Aufgaben.[305] So darf etwa nicht die Gesetzgebung in der Sache von den Parlamenten auf intergouvernementale Gremien verschoben werden.[306] Die verfassungsrechtliche Grenze könnte dann überschritten sein, wenn für die selbständige Entscheidung der Parlamente kaum mehr inhaltlicher Spielraum besteht.[307] Auch wenn die bisherige Staatspraxis im kooperativen Föderalismus durchaus dazu geführt hat, dass die Verwaltungen und Regierungen eine dominante Rolle einnehmen und damit ein Bedeutungsverlust der Parlamente einhergehen kann, wird aus diesem pauschalen Befund wohl kaum ein Verstoß gegen das Demokratieprinzip abzuleiten sein, da die Parlamente nach wie vor ihren politischen Einfluss zur Geltung bringen können.[308]

---

[300] *Kropp* (Fn. 290), S. 137.
[301] Dazu überzeugend *Grzeszick* (Fn. 2), Art. 20 IV Rn. 159-163.
[302] Vgl. BVerfGE 63, 1 (40).
[303] BVerwGE 22, 299 (305 ff., 309); 23, 195 (197 f.).
[304] Siehe BVerfGE 63, 1 (39 f.).
[305] *Grzeszick* (Fn. 2), Art. 20 IV Rn. 163.
[306] *Rudolf* (Fn. 269), Rn. 93.
[307] *Kisker* (Fn. 273), S. 123 ff.; *Zacher*, BayVBl. 1971, 375 ff.; *Schenke*, in: Schneider/Zeh (Hrsg.), Parlamentsrecht und Parlamentspraxis in der Bundesrepublik, 1989, S. 1485 (1514 ff.).
[308] Vgl. *Rudolf* (Fn. 269), Rn. 94.

§ 16 Der staatszentrierte Föderalismus

100 Zwar scheinen im Ansatz die verfassungsrechtlichen Grenzen eher vage zu klingen und kaum konkret fassbar zu sein. Doch hat das Bundesverfassungsgericht in seinem Urteil vom 20. Dezember 2007 zu den Arbeitsgemeinschaften nach dem Sozialgesetzbuch II eines Besseren belehrt. Das Gericht hielt die Arbeitsgemeinschaften (ARGEn)[309], in denen die Bundesagentur für Arbeit mit kommunalen Selbstverwaltungsträgern eine Mischverwaltung eingeht, für verfassungswidrig.[310] Das Bundesverfassungsgericht hatte die dazu einschlägige Vorschrift des § 44b SGB II mit Art. 28 Abs. 2 S. 1 und 2 i. V. m. Art. 83 GG für unvereinbar erklärt und zugleich tenoriert, dass die Vorschrift bis zum 31. Dezember 2010 anwendbar bleibt, wenn der Gesetzgeber nicht zuvor eine andere Regelung trifft. Der verfassungsändernde Gesetzgeber hat mittlerweile auf diese Entscheidung reagiert. Er hat mit der Einführung des Art. 91e GG – mit der Geltung ab dem 27. Juli 2010 – ein ARGE-Modell als Mischverwaltung legitimiert und es zudem als Regelmodell ausgestaltet.[311] Die hohe Bedeutung der Neuorganisation des SGB II wird nicht zuletzt daran deutlich, dass sich die Gesamtausgaben des Hartz-IV-Systems für derzeit rund 6,7 Mio. Menschen auf etwa 50 Mrd. € im Jahr belaufen, von denen der Bund etwa 38 Mrd. € trägt und den Rest die Kommunen.[312]

101 Da das Verfassungsrecht nach wie vor keine Generalklausel für Gemeinschaftsaufgaben für jegliche Politikbereiche vorsieht, könnten die Ausführungen des Bundesverfassungsgerichts zu den Arbeitsgemeinschaften für mögliche künftige Neuentwicklungen zu Mischverwaltungsformen maßstabsbildend sein. Nach Ansicht des Bundesverfassungsgerichts verstießen die Bundesarbeitsgemeinschaften (vor Einführung des Art. 91e GG) gegen das verfassungsrechtliche **„Verbot der Mischverwaltung"**[313], dessen dogmatische Wurzeln in der Verwaltungskompetenzordnung nach Art. 83 ff. GG in Verbindung mit der Rechtsstaatlichkeit und dem Demokratieprinzip zu sehen sind. Ausgangspunkt für die verfassungsrechtliche Prüfung der gesetzlichen Regelung zu den Arbeitsgemeinschaften bildeten Art. 28 Abs. 2 GG

---

[309] Die Arbeitsgemeinschaften sind gemeinschaftliche Verwaltungseinrichtungen der Bundesagentur und der kommunalen Träger zum Vollzug der Grundsicherung für Arbeitssuchende (BVerfGE 119, 331 (368). Auch wurde die alleinige Aufgabenwahrnehmung zugelassener kommunaler Träger (sog. Optionskommunen) vorgesehen.

[310] BVerfGE 119, 331. Aus dem Schrifttum zu diesem BVerfG-Urteil siehe die Beiträge von *Henneke*, Entwicklungs(notwendigkeiten) des Föderalismus in der Bundesrepublik Deutschland aus Sicht der Landkreise (§ 33) und von *Articus/Söbbeke*, Möglichkeiten und Probleme des Föderalismus in der Bundesrepublik Deutschland aus Sicht des Deutschen Städtetages: Bedarf und Perspektiven für neue Kooperationsformen im Bundesstaat (§ 34), in: Härtel (Hrsg.), Handbuch Föderalismus – Föderalismus als demokratische Rechtsordnung und Rechtskultur in Deutschland, Europa und der Welt, Bd. II, 2012; ferner *Huber*, DÖV 2008, 844 ff.; *Schnapp*, JURA 2008, 241 ff.; *H. Meyer*, NVwZ 2008, 275 ff.; *Korioth*, DVBl. 2008, 812 ff.; *Frenz*, JA 2010, 39 ff.; *Schoch*, DVBl. 2008, 937 ff.; *Trapp*, DÖV 2008, 277 ff.

[311] Kritisch hierzu *Henneke*, Der Landkreis 2010, 159 (160).

[312] Siehe *Schwenn/Müller*, Legal wird, was sich bewährt hat, FAZ Nr. 72 v. 26.3.2010, S. 5.

[313] Das Bundesverfassungsgericht hatte bereits in den ersten Jahrzehnten seiner Judikatur ein Verbot der Mischverwaltung angenommen, dann später relativiert, und nun mit diesem Urteil wieder aufleben lassen. Dazu siehe *Huber*, DÖV 2008, 844 (845).

(Selbstverwaltungsgarantie) in Verbindung mit Art. 83 GG (Verwaltungszuständigkeit). Der Senat führte zur Verwaltungskompetenzordnung aus:

102 „Die **Kompetenzaufteilung nach Art. 83 GG** ist eine wichtige Ausformung des bundesstaatlichen Prinzips des Grundgesetzes und dient dazu, die Länder vor einem Eindringen des Bundes in den ihnen vorbehaltenen Bereich der Verwaltung zu schützen [...]. Die Verwaltungszuständigkeiten von Bund und Ländern sind grundsätzlich getrennt und können selbst mit Zustimmung der Beteiligten nur in den vom Grundgesetz vorgesehenen Fällen zusammengeführt werden. Zugewiesene Zuständigkeiten sind mit eigenem Personal, eigenen Sachmitteln und eigener Organisation wahrzunehmen. Ausnahmen hiervon sind nur in seltenen Fällen und unter engen Voraussetzungen zulässig. Diese Grundsätze gelten auch für das Verhältnis von Bund und Kommunen [...]. Die Verwaltung des Bundes und die Verwaltung der Länder, zu denen auch die Kommunen gehören, sind organisatorisch und funktionell im Sinne von in sich geschlossenen Einheiten prinzipiell voneinander getrennt [...]. Die Verwaltungszuständigkeiten von Bund und Ländern sind in den Art. 83 ff. GG erschöpfend geregelt und grundsätzlich nicht abdingbares Recht [...]. Der Spielraum bei der organisatorischen Ausgestaltung der Verwaltung findet in den Kompetenz- und Organisationsnormen der Art. 83 ff. GG seine Grenzen [...]. Aus dem Normgefüge der Art. 83 ff. GG folgt, dass Mitplanungs-, Mitverwaltungs- und Mitentscheidungsbefugnisse gleich welcher Art im Aufgabenbereich der Länder, wenn die Verfassung dem Bund entsprechende Sachkompetenzen nicht übertragen hat, durch das Grundgesetz ausgeschlossen sind [...]. Das Grundgesetz schließt auch, von begrenzten Ausnahmen abgesehen, eine sogenannte Mischverwaltung aus [...]."

103 Der Senat begründet das Verbot der Mischverwaltung zudem mit dem Grundsatz der Rechtsstaatlichkeit und dem Demokratieprinzip. So bedeutet aus Sicht des Bürgers „**rechtsstaatliche Verwaltungsorganisation** zuallererst Klarheit der Kompetenzordnung; denn nur so wird die Verwaltung in ihren Zuständigkeiten und Verantwortlichkeiten für den einzelnen ‚greifbar'".[314] „Eine hinreichend klare Zuordnung von Verwaltungszuständigkeiten ist vor allem im Hinblick auf das **Demokratieprinzip** erforderlich, das eine ununterbrochene Legitimationskette vom Volk zu den mit staatlichen Aufgaben betrauten Organen und Amtswaltern fordert und auf diese Weise demokratische Verantwortlichkeit ermöglicht [...]. Demokratische Legitimation kann in einem föderal verfassten Staat grundsätzlich nur durch das Bundes- oder Landesvolk für seinen jeweiligen Bereich vermittelt werden [...]. Aus verfassungsrechtlicher Sicht ist zwar nicht die Form der demokratischen Legitimation staatlichen Handelns entscheidend, sondern deren Effektivität; notwendig ist ein bestimmtes Legitimationsniveau [...]. Daran fehlt es aber, wenn die Aufgaben durch Organe oder Amtswalter unter Bedingungen wahrgenommen werden, die eine klare Verantwortungszuordnung nicht ermöglichen. Der Bürger muss wissen können, wen er wofür – auch durch Vergabe oder Entzug seiner Wählerstimme – verantwortlich machen kann."[315]

---

[314] BVerfGE 119, 331 (366) (Hervorhebungen durch die Verfasserin).
[315] BVerfGE 119, 331 (336).

Infolge der Entscheidung des Bundesverfassungsgerichts, die auch nur knapp mit fünf zu drei Stimmen erging[316], stand der Gesetzgeber konkret für die Regelung zu den Arbeitsgemeinschaften vor der Wahl, die Form der Mischverwaltung aufzugeben oder aber diese durch eine Grundgesetzänderung zu legitimieren.[317] Er hat sich nach längerem Ringen für letzteres entschieden. Entscheidend war für ihn, dass die Durchführung der Grundsicherung für Arbeitssuchende in den Arbeitsgemeinschaften sich grundsätzlich bewährt habe.[318] Das Argument klarer Kompetenzordnung und damit Verantwortungszuordnung, das noch bei der Föderalismusreform I eine bedeutende Rolle einnahm, musste hier zugunsten von Praktikabilitätserwägungen weichen.

104

Es gibt allerdings nicht nur verfassungsrechtliche Grenzen der Kooperation mit Blick auf Verfassungsprinzipien oder die Kompetenzordnung, sondern auch Grenzen der Kooperation durch parteipolitische Strategien in Bezug auf die Institutionen der bundesstaatlichen Ordnung. Diese werden – so die öffentliche Meinung – begünstigt durch unterschiedliche parteipolitische Mehrheitsverhältnisse im Bundestag und Bundesrat. Dies gilt es im Folgenden zu prüfen, wobei Ergebnisse der Politikwissenschaft zugrunde gelegt werden. Auch aus verfassungstheoretischer Sicht hätte diese Prüfung den Nutzen, dass der verfassungsändernde Gesetzgeber adäquat an den tatsächlichen Problemlagen bei seinem Reformbemühen ansetzen könnte. Dies betrifft insbesondere die Zustimmungsgesetze.[319]

105

G. Strategische Politikblockaden? Zu „Divided Government" im Bundesstaat

I. *Der Bundesrat zwischen parteipolitischer Konvergenz und Divergenz*

In der Verfassungspraxis wurde nicht nur das bundesstaatliche kooperative Geflecht ausgebildet, sondern ebenso auch der Umgang mit Divided Government-Konstellationen. Der parteipolitische Umgang damit war allerdings in den historischen Phasen der Bundesrepublik Deutschland unterschiedlich.

106

Nach den Schrecken der totalitär-diktatorischen Gewaltherrschaft lag es in der Intention des Parlamentarischen Rates, die parlamentarische Demokratie und den Bundesstaat als Ausdruck des staatszentrierten Föderalismus in eine gemeinsame

107

---

[316] Zum Sondervotum des Richters *Broß*, der Richterin *Osterloh* und des Richters *Gerhardt* zum Urteil des Zweiten Senats vom 20. Dezember 2007 siehe BVerfGE 119, 331 (386 ff.).
[317] Kritisch zu letzterem *Huber*, DÖV 2008, 844 (850 f.).
[318] Siehe BT Drs. 17/1554 v. 4.5.2010 zu B.
[319] Zu den wichtigsten Zustimmungstatbeständen des Grundgesetzes siehe *Lehmann-Brauns*, Die Mitwirkung des Bundesrates an der Gesetzgebung: Die wichtigsten Zustimmungstatbestände des Grundgesetzes, in: Härtel (Hrsg.), Handbuch Föderalismus – Föderalismus als demokratische Rechtsordnung und Rechtskultur in Deutschland, Europa und der Welt, Bd. I, 2012, §23.

Verbindung zu bringen. Der demokratische (und soziale) Bundesstaat[320] wurde, wie weiter oben ausgeführt, gemäß Art. 20 Abs. 1 GG zu einem Strukturprinzip der Verfassung. Er ist nicht nur infolge der „Ewigkeitsgarantie" nach Art. 79 Abs. 3 GG gesichert, er hat sich im Grundsatz auch bewährt. Das gilt sowohl für seine freiheitssichernden Elemente wie für die föderativen Institutionen und Verfahren, die die föderal-länderbezogene Ausdifferenzierung wie die staatliche Einheit der „res publica composita"[321] wahren. Über die Bewährung des Bundesstaates über das Grundsätzliche hinaus wurde die Verfassungswirklichkeit von einer Reihe verschiedenartiger Entwicklungen geprägt, die zur teilweise auch vehementen Kritik an dem Erscheinungsbild der bundesstaatlichen Ordnung geführt haben. Mangel an Zurechenbarkeit der politischen Verantwortung, Verzögerung von Gesetzen, inadäquate Problemlösungen, institutionelle Konflikte, Einschränkung der Handlungsfähigkeit der Regierung waren dabei wesentliche Punkte.

108 Vor allem die Konstellation des **„Divided Government"**, also bei divergierenden parteipolitischen Mehrheiten von Bundesrat und Bundestag, würde, so eine Hauptkritik, zu einem Verlust von Effizienz bundesstaatlichen Zusammenwirkens bis hin zu parteipolitisch motivierten Reformblockaden führen.[322] Mit Blick auf die durch Mehrheitsdivergenzen gewissermaßen „blockierte Politik" forderte Altbundespräsident *Roman Herzog*: „Wir müssen die Rolle des Bundesrates neu definieren. Wenn die Mehrheitsverhältnisse in Bundestag und Bundesrat gegensätzlich sind, herrscht bei Reformen Stillstand".[323] Der Altmeister der Politikwissenschaft, *Wilhelm Hennis*, erwog sogar die Abschaffung „dieses Monstrums"[324]. Die sich heute zeigende deutliche phänotypische Plastizität des deutschen Bundesstaates in der **Parteiendemokratie** hat sich jedoch erst im Laufe der Jahrzehnte ergeben. Zur Zeit der Konstituierung des Grundgesetzes herrschten andere Vorstellungen und Geisteshaltungen. Vor allem der Bundesrat wurde damals vom Verfassunggeber vornehmlich in der historischen Tradition von Wahrung und Repräsentation der Länderinteressen[325]

---

[320] Siehe dazu insgesamt *Hanebeck* sowie *Jestaedt*, in: Isensee/P. Kirchhof (Hrsg.), Handbuch des Staatsrechts Bd. II, 3. Aufl. 2004, §29.

[321] *Isensee* (Fn. 3), Rn. 196 ff.

[322] Im Folgenden werden politikwissenschaftliche Untersuchungen zum Problem Divided Government herangezogen.

[323] Interview *Roman Herzog* in der Berliner Morgenpost v. 18.2.2002, siehe *Darnstädt*, Die Konsensfalle. Wie das Grundgesetz Reformen blockiert, 2004, S. 26; zur Kritik an der Staatspraxis der bundesstaatlichen Zuständigkeitsverteilung und der „Gewaltenverfilzung" siehe *Herzog*, Strukturmängel der Verfassung? Erfahrungen mit dem Grundgesetz, 2000, S. 81 ff. sowie *ders.*, Wie der Ruck gelingt, 2005, S. 102 ff.

[324] *Hennis* zitiert nach *Darnstädt* (Fn. 323), S. 26, zur grundsätzlichen Kritik an der Politik im deutschen Bundesstaat S. 13-101; *Scharpf/Reissert/Schnabel* (Fn. 266); *Lehmbruch*, Parteienwettbewerb im Bundesstaat, 1. Aufl. 1976 und 3. Aufl. 2000; *Schatz/van Ooyen/Werthes*, Wettbewerbsföderalismus. Aufstieg und Fall eines politischen Streitbegriffs, 2000; Benz/Lehmbruch (Hrsg.), Föderalismus. Analysen in entwicklungsgeschichtlicher und vergleichender Perspektive, 2002; vgl. *Burkhart*, Blockierte Politik. Ursachen und Folgen von „Divided Government" in Deutschland, 2008, S. 14 ff.

[325] *Laufer*, ZParl1970, 314 ff.

und deren Einbringung in den nun freiheitlich-demokratischen Willensbildungs- und Entscheidungsprozess gesehen. Das galt auch für das eigene Selbstverständnis des Bundesrates in den Anfangsjahren der Bundesrepublik Deutschland. Diese Sichtweise dominierte dann auch – nach Konzentration und Konsolidierung des bundesdeutschen Parteiensystems – die beiden Jahrzehnte der Nachkriegszeit, wo der Bundesrat als Ort der demokratischen Wahrung und der Artikulation von Länderinteressen und als Ort darauf bezogener sachlicher Entscheidung betrachtet wurde[326]. So war „in der Konstruktion des Bundesrates eine parteipolitische Polarisierung gar nicht vorgesehen".[327] Bis Ende der sechziger Jahre wurde die weitreichende parteipolitische Konvergenz von Bundesregierung, Bundestag und Bundesrat als eine Art Normalzustand empfunden.

II. Phasen der Instrumentalisierung und ihre Folgen

In der Folgezeit lassen sich zwei Strukturausbildungen parteipolitischen Wettbewerbs unterscheiden. Die **erste Struktur** war durch ein **Parteiensystem mit zwei großen Lagern** gekennzeichnet. Im Jahre 1969 wurde eine Regierungskoalition von SPD und FDP gebildet, die die erste Große Koalition ablöste. Die oppositionelle CDU/CSU verfügte im Bundesrat über die knappe Mehrheit von einer Stimme. Kiesinger, der damalige CDU-Vorsitzende, benannte als neue strategische Option die Blockierung von Gesetzesentwürfen der Regierung: „Ich sehe im Bundesrat während dieser Legislaturperiode in der Tat ein wichtiges **Instrument der Opposition**. Wir haben eine solche Mehrheit [...] Und wir werden diese Mehrheit selbstverständlich benützen".[328] Auch seine Nachfolger unterschiedlichen parteipolitischen Couleurs benutzten seitdem den Bundesrat als machtpolitisches Instrument der Opposition gegen die Regierung. Durch diesen instrumentellen Einsatz des Bundesrates konnte die (jeweilige) Opposition nicht nur Gesetzesentwürfe der Regierung verzögern oder verhindern sowie die eigene politische Programmatik einbringen und zumindest teilweise über den Vermittlungsausschuss durchsetzen. Sie konnte auch die Regierung in der Öffentlichkeit machtpolitisch schlecht aussehen lassen – mit entsprechenden Hoffnungen auf Konsequenzen im Wählerverhalten. Mitte der 1990er Jahre wurde von Lafontaine (SPD) strategisch Blockadepolitik über den Bundesrat als Machtmittel gegenüber der unionsgeführten Koalitionsregierung eingesetzt. Eine analoge Situation gab es in der Amtszeit der zweiten rotgrünen Bundesregierung, als die damals im Bundestag in der Opposition befindliche CDU/CSU die Mehrheit im

---

[326] *Laufer*, ZParl 1970, 314 ff.; vgl. *Burkhart* (Fn. 324), S. 21 ff.

[327] *Burkhart* (Fn. 324), S. 106; allerdings spielten im Parlamentarischen Rat bei der Entscheidung über Bundesrats- oder Senatslösung unterschiedliche Demokratievorstellungen der damaligen Parteien(vertreter) eine Rolle, siehe *Niclauß*, ZParl 2008, 595 ff.

[328] So der damalige CDU-Vorsitzende (und ehemalige Bundeskanzler) Kiesinger in einem Interview des Saarländischen Rundfunks v. 22.2.1970 (Hervorhebung durch die Verfasserin); siehe *Laufer*, ZParl 1970, 314 (319).

Bundesrat hatte und mit gezielten „Blockaden" – in der Öffentlichkeit aber als aus der Sachlage her geboten begründet – die Regierungskoalition unter Bundeskanzler Schröder zu schwächen suchte. Allein in der Zeit der zweiten rotgrünen Koalition 2002-2005 wurde zu jedem vierten Gesetz – sowohl in der Einspruchs- als auch in der Zustimmungsgesetzgebung – der Vermittlungsausschuss angerufen.[329] Bei der Abstimmung über die Vertrauensfrage mit dem Ziel von Neuwahlen nahm der damalige Bundeskanzler Schröder diese „destruktive Blockadehaltung" des Bundesrates in seiner Rede auf: „Ersichtlich geht es der Bundesratsmehrheit [...] nicht mehr um inhaltliche Kompromisse oder staatspolitische Verantwortung, sondern um machtversessene Parteipolitik, die über die Interessen des Landes gestellt wird".[330]

110 Die **zweite Struktur** war durch ein **mehrpoliges Parteiensystem** gekennzeichnet (die bis heute gilt) und ist mit der friedlichen Revolution in der DDR sowie dem Wiedervereinigungsprozess 1989/1990 verbunden gewesen. Hier wurden einerseits die fünf neuen Bundesländer in die bundesstaatliche Ordnung integriert und somit das Spektrum der Bundesländer mit ihren deutlich unterschiedlichen Interessenlagen vergrößert. Andererseits erweiterte und veränderte sich mit der Etablierung der PDS als ostdeutsche Regionalpartei und später – nach dem Zusammenschluss mit der WASG – als gesamtdeutsche Partei „Die Linke" das Parteienspektrum in einem mehrpoligen System. Der parlamentarische Etablierungsprozess der „Linken" verlief schneller noch als bei den Grünen, die nach dem Stadium der „Anti-Parteien-Partei" und dem Zusammenschluss mit dem „Bündnis'90" inzwischen zu einem festen Faktor im Parteiengefüge, bei Koalitionen und in den Parlamenten geworden war. Die frühere Parteienkonstellation von zwei Großlagern auf Bundesebene – Union und FDP, SPD und Grüne – wird angesichts der politischen Entwicklung wohl immer mehr neuen Mehr-Parteien-Arrangements mit darauf basierenden Konsens- wie Konfliktmustern weichen. Das gilt auch für die Bundesländer, wo die Koalitionsbandbreite stets größer war. Die empirische Forschung zeigt jedenfalls auf, dass sich besonders in der Zeit nach der Wiedervereinigung die Konfrontation zwischen Regierung und Opposition grundsätzlich erhöht hat.[331]

111 Zusammen mit der deutlichen Erosion der früheren großen sozialmoralischen Milieus[332], dem Wertewandel und wachsender Volatilitäten im Wählerverhalten, insbesondere nach 1990, ergaben sich differente Mehrheiten bei Wahlen und unterschiedliche Koalitionsarithmetiken quasi als neuer Normalzustand mit entsprechenden Konsequenzen für den Bundesrat.[333] Gleichgerichtete Mehrheiten von Bundestag, Bundesregierung und Bundesrat wurden in der Tendenz immer mehr zur

---

[329] *Burkhart* (Fn. 324), S. 123 f.
[330] Siehe Plenarprotokoll 15/185, v. 1.7.2005, S. 17467 (D); siehe *Gerhard Schröder*, Entscheidungen. Mein Leben in der Politik, 2006, S. 446 f.
[331] *Burkhart* (Fn. 324), S. 136 ff.
[332] Insbesondere das (konservativ-)katholische Milieu (Lager) und das sozialdemokratische Arbeitermilieu (Lager), siehe *Rohe*, Wahlen und Wählertradition in Deutschland. Kulturelle Grundlagen deutscher Parteien und Parteiensysteme im 19. und 20. Jahrhundert, 1992.
[333] Natürlich auch für Länderregierungen und Länderparlamente.

Ausnahme, ein oppositionsdominierter Bundesrat zumeist der Normalfall[334], auch wenn der Verlust von Gleichgerichtetheit bei den jeweiligen Regierungen zeitlich unterschiedlich war. Aufgrund des mehrpoligen Parteienspektrums führen zudem in zunehmendem Maß unterschiedliche Koalitionen auf Länderebene im Konfliktfall zu Enthaltungen im Bundesrat, wie es entsprechende Koalitionsverträge vorsehen und übliche Praxis geworden ist. Im Bundesrat, der seine Beschlüsse gemäß Art. 52 Abs. 3 S. 1 GG[335] mit mindestens der Mehrheit seiner Stimmen fasst, zählen Stimmenthaltungen wie Nein-Stimmen[336]. Der aus der Perspektive des Bundesstaates erwünschte Rückgang zentralisierender Tendenzen aufgrund der Pluralisierung des Parteienwettbewerbs führt anscheinend zu der „paradoxen Situation, dass im politischen Entscheidungsprozess die politische Meinungsvielfalt wächst, aber immer mehr Länder sich nicht in der Lage sehen, einen Beitrag dafür zu leisten, diese zum Ausdruck zu bringen".[337] Allerdings scheinen angesichts von Europäisierung und vor allem Globalisierung Prozesse in Gang zu kommen, die regionale und länderspezifische Interessen wieder stärker in den Vordergrund rücken, was in der Tendenz zu einer Revitalisierung von Landesparlamenten und Länderregierungen führen könnte.[338] Zumindest ergeben sich immer wieder in programmatischen Einzelpunkten wie im pragmatischen Vorgehen Unterschiede zwischen Ministerpräsidenten und Bundesebene, zwischen Landespartei und Bundespartei.

Strategische Verfolgung von Politikblockaden angesichts divergenter Mehrheitsverhältnisse – „Divided Government" – unter Beachtung des formalen bundesstaatlichen Regelwerks gehört inzwischen zum „normalen" Repertoire politischer Machterhaltung respektive Machterringung. Länderinteressen werden dabei zwar nicht

112

---

[334] „...der Verlust von Eigenständigkeit und Autonomie der Länder durch eine Stärkung des Bundesrates kompensiert, der wiederum – da sich in ihm häufig die Opposition durchsetze – die Gesetzgebung des Bundes blockieren konnte", *Häde*, Die Föderalismusreform I – eine Zwischenbilanz, in: Föderalismusreform in Deutschland, 2009, S. 36.

[335] Dazu näher siehe *Robbers*, in: Sachs (Hrsg.), Grundgesetz, 5. Aufl. 2009, Art. 52, Rn. 11.

[336] Siehe dazu auch *Schmidt*, Der Bundesrat. Geschichte, Struktur, Funktion, in: Härtel (Hrsg.), Handbuch Föderalismus – Föderalismus als demokratische Rechtsordnung und Rechtskultur in Deutschland, Europa und der Welt, Bd. I, 2012, §22. Fraglich ist, ob dieses dem politischen Wettbewerb geschuldete Verhalten auch der dieser bundesstaatlichen Einrichtung gemäßen notwendigen entgegenkommenden Praxis entspricht. Die Mitwirkungsbefugnisse des Bundesrates verstehen sich auch als eine Art Kompensation für verloren gegangene Zuständigkeiten der Bundesländer. Deshalb dienen die Mitwirkungsbefugnisse der Vertretung länderspezifischer Interessen. Insofern dürften eigentlich nur kollidierende Länderinteressen zu einer Blockade des parlamentarischen Willens führen, aber nicht die Entscheidungsschwäche oder Entscheidungsabsentismus einer Landesregierung und erst recht nicht der Zufall, siehe dazu *Huber*, Deutschland in der Föderalismusfalle 2003, S. 22 ff.

[337] *Sturm* (Fn. 153), S. 142.

[338] Siehe dazu den Beitrag von *Leunig/Reutter*, Länder und Landesparlamente im föderalen System der Bundesrepublik Deutschland, in: Härtel (Hrsg.), Handbuch Föderalismus – Föderalismus als demokratische Rechtsordnung und Rechtskultur in Deutschland, Europa und der Welt, Bd. I, 2012, §25; vgl. *Mielke/Reutter*, Länderparlamentarismus in Deutschland. Geschichte, Struktur, Funktionen, 2004; *Freitag/Vatter*, Die Demokratie der deutschen Bundesländer, 2008.

ausgeblendet, aber auf Bundesebene doch überformt durch die **parteienpolitische Machtperspektive**.

113 Dass aber auch angesichts solcher Tendenzen immer wieder **landespolitische Interessen** an spezifischen Punkten durchbrechen können, zeigen die Beispiele, wo Länder mittels ihrer Vetospielerposition[339] im Bundesrat bei parteigleicher wie parteiungleicher Regierung (in der Regel) erhebliche finanzielle Vorteile erreichen können. Das gilt beispielsweise für das Votum des Ministerpräsidenten Stolpe (SPD) 1992 für die Steuerreform der CDU/CSU-FDP-Koalition nach Zusage über Fortführung des Fonds deutscher Einheit mit mehreren Milliarden zusätzlicher Einnahmen für die ostdeutschen Länder, die Zustimmung von Bundesländern mit CDU-Beteiligung (Große Koalition) wie Bremen und Berlin für das Steuerkonzept der regierenden rot-grünen Koalition im Jahr 2000 nach Zusage über erhebliche Summen an Bundesfinanzmitteln[340], oder jüngst für die Aufgabe der Vetoposition der vom Ministerpräsidenten *Carstensen* geführten CDU/FDP-Koalition in Schleswig-Holstein bei dem Wachstumsbeschleunigungsgesetz der schwarz-gelben Bundesregierung nach milliardenschweren Zusagen[341]. Solche Tausch- und Koppelgeschäfte zwischen Bundesregierung und Landesregierung werden inzwischen als normaler Teil eines kooperativen Föderalismus im Rahmen der bundesstaatlichen Ordnung angesehen und berühren daher kaum noch die Legitimität der bundesstaatlichen Ordnung.

III. Divided Government – Politikverflechtung – „Strukturbruch"

114 Das Konzept des „Divided Government" wurde zuerst wissenschaftlich in den USA verwandt für eine divergierende Parteien-Konstellation zwischen Legislative/Kongress (Senat und Repräsentantenhaus) und Exekutive/Präsidentschaft.[342] Es wurde unter anderem auf parlamentarische Regierungsformen übertragen, wobei im staatszentrierten Föderalismus Deutschlands damit ein Zustand bezeichnet wird, in dem divergierende parteipolitische Mehrheiten in Bundestag und Bundesrat vorliegen. In der Weiterentwicklung dieses Konzepts werden **Ursachen und Folgen**

---

[339] *Strohmeier*, Vetospieler: Garanten des Gemeinwohls und Ursache des Reformstaus. Eine theoretische und empirische Analyse mit Fallstudien zu Deutschland und Großbritannien, 2005.

[340] Bundeskanzler *Schröder* (SPD) zog zudem mittels erheblicher, auf die einzelnen Länder zugeschnittene Zugeständnisse die von unterschiedlichen Koalitionen regierten Bundesländer Brandenburg, Mecklenburg-Vorpommern und Rheinland-Pfalz auf seine Seite.

[341] Auch der sächsische Ministerpräsident *Tillich* hatte zuvor mit einem Veto gedroht und stimmte danach zu.

[342] Von „Unified Government" wird dann gesprochen, wenn Kongressmehrheit und Präsidentschaft von einer Partei gestellt werden; dieses Konzept von „Divided Government" und „Unified Government" reflektiert die typische amerikanische Politik- und Parteienkonstellation; *Burkhart* (Fn. 324), S. 14 ff.; vgl. *Lösche*, Amerika in Perspektive. Politik und Geschichte der Vereinigten Staaten, 1986; sowie *Lösche/ Loeffelholz/Ostermann*, Länderbericht USA, 2005.

von „**Divided Government**" stärker unter empirischen Gesichtspunkten auf (systemische) Reaktionen und spezifische Folgen untersucht.[343] Ausgangspunkt ist die oft vorgebrachte Kritik an negativen Entwicklungen innerhalb der bundesstaatlichen Ordnung, insbesondere an der „deutschen Krankheit Politikverflechtung" (*Darnstädt*) in pointiert-polemischer Zuspitzung: „Über 16 Kleinstaaten, die sich ineinander verknäulen, damit ja keiner etwas ohne den anderen tut, und die fast alle Entscheidungen an eine Zentrale delegiert haben – die sie gleichzeitig eifersüchtig bewachen, so dass niemand dort entscheiden kann, weil die 16 dauernd ‚Veto' rufen"[344]. Dieser Zustand des bundesdeutschen Föderalismus wird gesteigert durch die Konstellation eines oppositionsdominierten Bundesrates gegenüber der Regierung(skoalition). „Divided Government" kann dann zu einer parteipolitisch motivierten Politikblockade führen, in der notwendige Reformen verhindert oder in deformierter Weise als unzulänglicher Kompromiss – öffentlich dargestellt als das „politisch Machbare" – verabschiedet werden. Solche Konstellationen sind oft mit langwierigen Verhandlungen und der Verschleppung von Gesetzesverfahren verbunden, was zu Effizienzeinbußen führt. In der Folge kommen Transparenz, Zurechenbarkeit und Verantwortungsübernahme zu kurz.

Die **Theorie der Politikverflechtung** beschreibt diese Konstellation als ein Auseinanderfallen von Problemstruktur und Entscheidungsebene.[345] Da die Probleme in verschiedene Zuständigkeitsbereiche fallen und sich nicht mit den durchaus differenzierten Entscheidungsstrukturen decken, kommt es zu Dezentralisierungsproblemen, die entweder durch Verlagerung der Problemlösung auf übergeordnete Ebenen oder aber durch Politikverflechtung als dem koordinierten Zusammenwirken der dezentral beteiligten mit Hilfe übergeordneter (eingeschränkter) Steuerung gelöst werden. Es kann dabei zur Vertagung von Konflikten, Teillösungen oder Aussparungen von Besitzständen kommen. Die Politikverflechtungstheorie ist kein streng analytischer Ansatz hinsichtlich einer strategischen Blockadepolitik. Sie weist eher auf das Unvermögen hin, aus der Politikverflechtung resultierende Blockademöglichkeiten und andere Probleme institutionell zu lösen.

115

Eine Blockierung entsteht, so die **Theorie des Strukturbruchs**[346], durch die Entwicklung verschiedener gegenläufiger Handlungslogiken des staatszentrierten

116

---

[343] Ausführlich und weiterführend *Burkhart* (Fn. 324); siehe auch *Sturm*, in: Elgie (Hrsg.), Divided Government in Comparative Perspective, 2001, S. 167 ff. sowie *ders*. (Fn. 153), S. 27 ff.; zu entsprechenden Interaktionsstrategien von Politikblockaden und Vermeidung von Blockadeverfahren, insbesondere von internen und externen Vetopositionen, siehe *Benz* (Fn. 35), S. 166 ff. sowie *Strohmeier* (Fn. 339).

[344] *Darnstädt* (Fn. 323), S. 33.

[345] Siehe *Scharpf/Reissert/Schnabel* (Fn. 266); diese Theorie bezog sich ursprünglich auf die Gemeinschaftsaufgaben des Bundes und der Länder nach den damaligen Art. 91a und 91b GG und die Investitionshilfen des Bundes im Zuge der Großen Finanzreform von 1969, Planung und Durchführung mussten gemeinsam zwischen Bund und Ländern geregelt werden; die Politikverflechtungstheorie wurde später mehrfach erweitert (unter anderem um die Vetomöglichkeit des Bundesrates), siehe *Scharpf*, PVS 1985, 323 ff. sowie ausführlich *ders*., Föderalismusreform. Kein Ausweg aus der Politikverflechtungsfalle?, 2009.

[346] *Lehmbruch* (Fn. 324).

Föderalismus als Bundesstaat und des demokratischen Parteiensystems. Während das letztere kompetetiv organisiert ist und um programmatische Verwirklichung wie um die Macht konkurrenzbezogen ringen muss, sind die Grundlagen des deutschen Bundesstaates und sein Erscheinungsbild in der Praxis von eher kooperativem Charakter durchwirkt und auf Aushandlungen wie Kompromissbildung angelegt. Dieses Auseinanderbrechen der inkompatiblen Handlungslogiken führt dann zu Spannungen und Effizienzverlusten politischer Entscheidungen und ihrer Durchsetzung. Diese treten vor allem bei „Divided Government"-Situationen auf, die parteipolitischen Blockadestrategien Vorschub leisten und zu Gesetzesblockaden führen. Das Grundmuster des polarisierenden Parteienwettbewerbes verhindert letztlich Strukturreformen, insbesondere solche mit hohem Konsensbedarf. Bei allen Möglichkeiten der Konflikt- und Problembearbeitung lässt sich das Spannungsverhältnis der kooperativem Verflechtung der bundesstaatlichen Ordnung und dem dualistischen Parteienwettbewerb nicht aufheben.[347]

IV. Zustimmungsgesetze: Machtstrategische Blockade und Reformbestrebungen

117 Nicht nur der wissenschaftliche, auch der öffentliche Blick war in einem hohen Maß auf die Zustimmungsgesetze gerichtet, besonders zur Zeit der Arbeit der Kommission I zur **Reform der bundesstaatlichen Ordnung**. Aus dieser Perspektive wurde auf ein hohes Potential an Blockierungsmöglichkeit der Regierung geschlossen.

118 Rund 60 % der Gesetze bedürfen als **Zustimmungsgesetze** der Beteiligung des Bundesrates. Politikblockaden aufgrund von „Divided Government" müssten sich empirisch bei den Gesetzen nachweisen lassen. Das gilt erst recht angesichts der Vielzahl in einer Legislaturperiode verabschiedeten Gesetze, die zu der viel kritisierten „Normenflut"[348] geführt hat. Die gesetzgeberischen Aktivitäten des Bundesgesetzgebers werden angesichts der vielfach detaillierten Regelungen auch als „furor teutonicus legislativus"[349] bezeichnet. So sind von 1949 bis heute über 5000 Gesetze verabschiedet und nach Maßgabe des Art. 80 GG etwa 16.000 Rechtsverordnungen des Bundes erlassen worden.[350] Auf den ersten Blick ließe sich daraus schließen,

---

[347] *Lehmbruch* (Fn. 324), S. 184 ff.; anders *Sturm*, Föderalismus in Deutschland, 2001.

[348] *Herzog*, in: ders. (Hrsg.), Staat und Recht im Wandel, 1993, S. 173; *Herzog* sieht durch die „Flut von Gesetzen, Verordnungen, Erlassen, Rundschreiben und richterlichen Grundsatzentscheidungen" die freie Entwicklung von Gesellschaft und Wirtschaft bedroht, siehe *Herzog* (Fn. 323), S. 108 ff.; vgl. auch *Stober*, Rechtsstaatliche Übersteuerung – der Rechtsstaat in der Rechtsetzungsfalle, in: Stern (Hrsg.), Vier Jahre Deutsche Einheit 1995, S. 65 ff.

[349] *Boysen* (Fn. 170), S. 62.

[350] *Lücke*, in: Sachs (Hrsg.), Grundgesetz-Kommentar, 3. Aufl. 2003, Art. 80 Rn. 2; in der 14. Legislaturperiode wurden 1515 und in der 15. Legislaturperiode 968 Rechtsverordnungen erlassen bei 549 bzw. 385 Gesetzen, siehe *Mann*, in: Sachs (Hrsg.), Grundgesetz-Kommentar, 5. Aufl. 2009, Art. 80 Rn. 3.

dass angesichts der in der Regel konsensual verabschiedeten Vielzahl der Gesetze die Formgebung des kooperativen Föderalismus der bundesstaatlichen Ordnung seine Bestimmung erfüllt. Es zeigt sich jedoch, dass die Quantität der vom Bundestag verabschiedeten Gesetze unter Mitwirkung des Bundesrates noch keine belastbare Schlussfolgerung auf die strategische Blockadepolitik aufgrund divergierender Mehrheiten zulässt. Die Versuche, über statistische Erhebungen zu den Gesetzgebungen zu relevanten Aussagen zu kommen, waren nicht wirklich erfolgreich[351], weil das Problem quasi eingeebnet wurde. Die quantitativen Analysen hinsichtlich einer parteipolitischen Machtstrategie auf der Basis von „Divided Government" zeigten nämlich keinen nennenswerten Hinweis. Es ließ sich in einem größeren Umfang weder eine bedeutende Verzögerung der Gesetzgebung noch eine größere Blockade von Gesetzen nachweisen[352]. So „scheitern selbst in Zeiten eines oppositionsdominierten Bundesrates in der Vergangenheit innerhalb einer Legislaturperiode maximal zehn Zustimmungsgesetze an einem Veto der Länderkammer", also weniger als 3 % aller vom Bundestag gebilligten Gesetzesvorlagen.[353]

Die quantitativen Analysen waren allerdings unter anderem an der Konzentration auf das Endergebnis orientiert, während prozessorientierte Faktoren wie die strategischen Entscheidungen der an der Gesetzgebung beteiligten Akteure zu wenig berücksichtigt wurden. Außerdem stellte der Hauptteil der Gesetze kleinteilige Anpassungen und Novellierungen vielfältigster Art dar – ohne parteiideologische Aufladung oder sonstwie konfliktbesetzte Ausformung. Deshalb wurde der übergroße Teil der (Zustimmungs-)Gesetze gemeinsam verabschiedet. Die eigentliche Blockadekonstellation verschwand gleichsam in der quantitativen Analyse der verabschiedeten Gesetze (weshalb Fallanalysen hier vorzuziehen wären). Parteipolitisch motivierte Blockadepolitik ist kein quantitatives, sondern ein qualitatives Problem. In der Wahrnehmung der Politik und der politisch-medialen Öffentlichkeit war es allerdings umgekehrt.

119

Es zeigte sich: „Divided Government"-Konstellationen wurden bisher für eine **machtstrategische Blockierungspolitik** mit dem Ziel öffentlicher Degradierung der Regierung und Wählerbeeinflussung vor allem bei ausgewählten profitträchtigen Symbolthemen oder politisch stark umstrittenen Themen genutzt, vornehmlich aus den Bereichen der Steuer-, Wirtschafts-, Arbeits-, Umwelt-, Innen- und Sozialpolitik. Ob diese Blockade-Strategie zum Erfolg führte, hing dabei aber auch von der Höhe der Mehrheiten in den beteiligten Institutionen, der Popularität des (der) Vorsitzenden der Parteien, der Person des (der) Ministerpräsidenten(in) und des Bundeskanzlers(in), der jeweiligen sozialen und wirtschaftlichen Lage und weiterer Parameter ab[354] – eine höchst komplexe Situation.

120

Die **Föderalismusreform I** sollte unter Rekurs auf das „Divided Government" einschließlich der Politikblockaden die damit assoziierten Probleme insbesondere

121

---

[351] *Schulze-Fielitz*, ZG 1986, 364 ff.; vgl. *Burkhart* (Fn. 324), S. 117 ff.
[352] *Strohmeier*, ZParl 2004, 717 ff.
[353] *Burkhart* (Fn. 324), S. 118.
[354] Siehe zu den jeweiligen Forschungsergebnissen *Burkhart* (Fn. 324).

durch stärkere Trennung der föderalen Ebenen verringern. Vor allem war es ein wesentliches Anliegen, den Anteil der Zustimmungsgesetze, die für die strategische Blockademöglichkeit bei divergierenden Mehrheitskonstellationen verantwortlich gemacht wurden, deutlich zurückzudrängen. Angestrebt worden war ein Anteil von 35 bis 40 %.[355] Tatsächlich ist der Anteil der zustimmungsbedürftigen Gesetze von knapp 60 % auf 44,2 % zurückgegangen.[356] Da aber die strategische Blockademöglichkeit nur bei spezifischen Themen mit hoher Bedeutung und ebenso nur angesichts einer spezifischen komplexen Konstellation eingesetzt werden kann, wird sich wohl in dieser Hinsicht die mit der Reduktion einhergehende Erwartung kaum erfüllen[357]: „In ‚konfliktiven' Politikfeldern, in denen es [...] zu [...] Uneinigkeit zwischen der Regierungsmehrheit im Bund und einer oppositionellen Mehrheit im Bundesrat kommen kann, die zum Missbrauch der Zweiten Kammer als parteipolitisch genutztes Blockadeinstrument führt, (kann) die **Föderalismusreform keine blockadelösenden Wirkungen** entfalten".[358]

Laut den Untersuchungen von *Burkhart*[359] muss eine neu gewählte Bundesregierung damit rechnen, dass während der Legislaturperiode ihre Machtbasis in den Bundesländern schwindet. Landtagswahlen werden zudem stark durch die Zufriedenheit oder Unzufriedenheit der Wähler mit der aktuellen Bundespolitik konnotiert. Der wachsende Anteil von gemischten Koalitionen führt neben anderem zu wachsenden „Divided Government"-Konstellationen, was kohärentes Regieren schwerer macht und im herausgehobenen Fall zu strategischer Blockadepolitik führen kann. Im Jahre 2010 zeigte sich dies in den Blockade-Ankündigungen der rotgrünen Minderheitskoalition in Nordrhein-Westfalen zu spezifischen Themen. Im Vermittlungsausschuss muss dann ein nachgelagerter Kompromiss erreicht werden. Allerdings zeigte es sich auch, dass die jeweilige Bundesregierung versucht, diesen Zustand antizipativ vorweg zu nehmen und bereits im Prozess der Gesetzgebung per Aushandlung Kompromisse zu erreichen – oder aber die Gesetze werden gesetzestechnisch so zugeschnitten, dass es der Zustimmung des Bundesrates nicht mehr oder nur noch in rudimentären Bereichen bedarf. Solche Strategien seitens der Bundesregierung werden künftig wohl zunehmen. Die Gefahr von Ineffizienzen und größerer Einschränkung der Handlungsspielräume der Regierung wächst jedenfalls mit „Divided Government"-Konstellationen[360]. Angesichts des erweiterten Parteienwettbewerbs, steigender Wahrscheinlichkeit „bunter" Länderkoalitionen, wachsender Volatilität der Wähler und ökonomischer Instabilitäten nicht zuletzt

---

[355] BT-Drs. 16/813, S. 14.

[356] BT-Drs. 16/8688, S. 2; dies wurde durch die Änderung des Art. 84 Abs. 1 GG, der nunmehr anstelle der Zustimmungsbedürftigkeit ein Abweichungsrecht der Länder vorsieht, erreicht. Es darf aber nicht übersehen werden, dass der neue Art. 104a Abs. 4 GG seinerseits eine Zustimmungsbedürftigkeit statuiert.

[357] *Burkhart* (Fn. 324), S. 161 ff; *Sturm* (Fn. 153), S. 145 ff.

[358] *Höreth*, in: Europäisches Zentrum für Föderalismusforschung Tübingen (Hrsg.), Jahrbuch des Föderalismus 2008, 2008, S. 139 (156). Hervorhebungen durch die Verfasserin.

[359] *Burkhart* (Fn. 324), S. 193 ff.

[360] *Burkhart* (Fn. 324), S. 196 ff.

angesichts der Globalisierung wird man künftig vermehrt mit solchen politischen Verhältnissen und deren Instrumentalisierung rechnen müssen. Die **Leistungsfähigkeit des bundesdeutschen politischen Systems** gerade in der Verbindung von Demokratie und Bundesstaat könnte in Zukunft durch parteipolitisch motivierte Blockaden beeinträchtigt sein. Letztlich kommt es aber auch hier darauf an, ob die Grundlagen der bundesstaatlichen Ordnung gefestigt sind – auch durch das Recht – und ob sich die Parteien in normativ gebotener Weise auf die neuen parteidemokratischen Verhältnisse einstellen werden. Dazu gehört nicht zuletzt der Ausbau einer Kultur des demokratischen Kompromisses[361], der positiv gesehen auch in der kooperativ-föderalen Politikverflechtung angelegt ist.[362]

Träfe die Prognose erhöhter strategischer Blockadepolitik aufgrund von vermehrter „Divided Government"-Konstellationen zu, stellte sich nicht nur die Frage nach der Effizienz in der Politik, sondern dann wäre auch aufgrund der Dominanz der parteipolitischen Machtebene mittel- und langfristig die Legitimität der bundesstaatlichen Ordnung berührt. Schon deshalb sollten bundesstaatliche Anreize geschaffen werden mit dem Ziel, dass von den Beteiligten immer wieder eine Balance hergestellt werden kann zwischen den Imperativen des Parteienwettbewerbes um Macht und denjenigen des kooperativen, aushandlungsorientierten Föderalismus. Vielleicht kommt der Trend stärkerer Vitalisierung von Regionen und Länderinteressen diesem entgegen.

H. Bundesstaat und europäische Integration

I. Innerstaatlicher und supranationaler Föderalismus

Das Grundgesetz ist auf Dauer angelegt und zugleich offen für neue Entwicklungen wie Konstellationen. In diesem Sinne ist die Bundesrepublik Deutschland ein „offener Verfassungsstaat"[363], der eine Mitwirkung an supranationalen Organisationen wie die Europäische Union ermöglicht. Das Grundgesetz will sowohl die bundesstaatliche Ordnung[364] als auch die europäische Integration[365] gewährleisten. Zwar

---

[361] *Greiffenhagen*, Kulturen des Kompromisses, 1999, S. 189 ff.

[362] Gegenüber den pejorativen Schlussfolgerungen der Lehmbruch'schen Strukturbruchanalyse kann man in der Verbindung von Parteienwettbewerb und Bundesstaat zusammengenommen positiv auch eine Form der Problemverarbeitung sehen, die beispielsweise durch die Scharnierfunktion der Parteien (trotz des Wettbewerbs) die föderalen Ebenen zusammenhält und die Konflikte zwischen Ländern und Bund besser lösen lässt, siehe *Renzsch*, in: Männle (Hrsg.), Föderalismus zwischen Konsens und Konkurrenz, 1998, 93 ff.

[363] Dazu siehe insbesondere *Hobe*, Der offene Verfassungsstaat zwischen Souveränität und Interdependenzen, 1998; *Fassbender*, Der offene Bundesstaat, 2007.

[364] Art. 20 Abs. 1, 30, 79 Abs. 3 GG.

[365] Präambel, Art. 23 Abs. 1 S. 1 GG.

genießen die deutschen Länder als Untergliederungen des Mitgliedstaates Bundesrepublik Deutschland die Vorteile der europäischen Integration.[366] Jedoch stehen **„Föderalisierung nach innen"** und **„Supranationalisierung nach außen"**[367] in einem gewissen Spannungsverhältnis. Auf der einen Seite kann die Europäisierung des Staates unitarische Tendenzen fördern. Dies liegt daran, dass Hoheitsrechte des Bundes und der Länder auf die Europäische Union übertragen werden, und auch daran, dass die innerstaatliche Kompetenzordnung mit Blick auf die Europatauglichkeit zulasten der Landeskompetenzen geändert wird. Auf der anderen Seite gestaltet sich die Europapolitik der Bundesregierung wegen der föderalen Struktur Deutschlands im Vergleich zu zentralistisch organisierten Mitgliedstaaten nach innen schwieriger und komplizierter und ist daher nach außen weniger durchsetzungsmächtig als bei einem Zentralstaat.[368] So hat sich der deutsche Vertreter im Rat der Europäischen Union mit dem Bundesrat für die europäische Willensbildung rückzukoppeln, was ihm in der Praxis nicht selten Spielräume für Verhandlungen mit anderen Mitgliedstaaten verschließt oder sogar zur Stimmenthaltung im Rat führt; im Brüsseler Jargon wird „Enthaltung" nicht von ungefähr als „German Vote" bezeichnet.[369] All dies darf jedoch nicht dazu führen, dass die bundesstaatliche Ordnung zum Hemmnis der europäischen Integration wird.

125 Auch wenn die Europäische Union selbst ein föderales Gebilde ist, so behandelt sie jeden ihrer Mitgliedstaaten als körperschaftliche Einheit, unabhängig davon, ob er in seiner Binnenorganisation zentral oder föderal aufgebaut ist. Die Europäische Union ist insofern „landesblind", als dass sie die Aufteilung innerstaatlicher Funktionen zwischen verschiedenen Ebenen ausblendet.[370] Auch aus der Sicht des Grundgesetzes verfügt der Bund über die Verbandskompetenz für rechtsförmliche Außenbeziehungen. Nur der Bund ist für die Außenvertretung gegenüber der Europäischen Union und für die Wahrnehmung der mitgliedstaatlichen Rechte zuständig.[371]

126 Dementsprechend ist es auch der Bund, der Hoheitsrechte auf die Europäische Union übertragen darf (Art. 23 Abs. 1 S. 2 GG) – dies betrifft seine eigenen Hoheitsrechte, aber auch die der Länder.[372] Bislang sind mit der Übertragung von

---

[366] *Puttler*, in: Isensee/P. Kirchhof (Hrsg.), Handbuch des Staatsrechts, Bd. VI, 3. Aufl. 2008, §142, Rn. 36.

[367] BVerfGE 123, 267 (356 f.).

[368] So ausdrücklich *Puttler* (Fn. 366), Rn. 4; zur Problematik der Europatauglichkeit des deutschen Föderalismus siehe auch *Baier*, Bundesstaat und europäische Integration, 2006, S. 284 ff.; *Volkmann*, DÖV 1998, 613 (620); *Grzeszick* (Fn. 2), Art. 20 IV Rn. 196; weniger skeptisch *Hillgruber*, JZ 2004, 837 (846).

[369] Siehe *Huber*, in: Merten (Hrsg.), Die Zukunft des Föderalismus in Deutschland und Europa, 2007, S. 209 (216).

[370] Zur „Landes-Blindheit" der europäischen Gründungsverträge ausdrücklich bereits *Ipsen*, in: von Caemmerer/Schlochauer/Steindorff (Hrsg.), FS für W. Hallstein, 1966, S. 248 (256 ff.).

[371] *Isensee* (Fn. 3), Rn. 252.

[372] *Heintschel v. Heinegg*, in: Epping/Hillgruber (Hrsg.), Beck OKGG 7. Ed. 2010, Art. 23 Rn. 18; *Scholz*, in: Maunz/Dürig (Hrsg.), GG-Kommentar, Loseblatt, Stand: Oktober 2009, Art. 23 Rn. 62;

Hoheitsrechten auf die Europäische Union sowohl die legislativen wie exekutiven Kompetenzen des Bundes als auch die der Länder erheblich modifiziert, verändert oder reduziert worden. Dabei werden die **Länder** im Vergleich zum Bund als „**Verlierer**" bezeichnet. Der Bund hat zwar auch Gesetzgebungskompetenzen abgegeben. Allerdings kommt dem Bund der Kompetenzzuwachs der Europäischen Union auf der anderen Seite dadurch zugute, dass seine Organe in den Rechtsetzungsorganen der Union vertreten sind – so konkret die Bundesregierung/Bundesminister im Rat der Europäischen Union.[373] Hingegen besitzen die Länder kein eigenes Mitspracherecht auf europäischer Ebene. Ein förmliches Gremium der Union öffnet sich den Ländern durch den Ausschuss der Regionen,[374] der jedoch lediglich beratende Funktion hat.

Allerdings sind die Länder auch „**Gewinner**" insofern, als sie ihren rechtlichen Kompetenzverlust faktisch kompensieren durch eine Steigerung ihres Einflusses auf die politische Willensbildung und Rechtsetzung der Europäischen Union auf informellem Wege. Die Länder haben Länderbüros in Brüssel[375] eingerichtet – nach dem Vorbild der Landesvertretungen beim Bund in Berlin. Mit ihren Verbindungsbüros erschließen sie eigene Informationsquellen für Vorhaben der Unionsorgane und verfügen über einflussreiche Lobbystrukturen für die direkte Vertretung ihrer Interessen bei den Unionsorganen.[376] Darüber hinaus profitieren die Länder mit ihren Regionen, Städten und Dörfern von den Mittelzuflüssen aus den unterschiedlichen EU-Fonds (wie Strukturfonds, Kohäsionsfonds, Europäischer Landwirtschaftsfonds für die Entwicklung des ländlichen Raumes). Dies betrifft auch Bereiche tradierter Länderhoheiten wie z. B. die Kultur (u. a. über die Förderung von Museumsverbünden, Baudenkmälern, Kulturveranstaltungen). Es ergeben sich daher positive Wirkungen für die Lebensqualität der Bevölkerung eines Bundeslandes bis hin zur Förderung von Landesidentitäten. Dadurch gewinnen die Länder wieder eigene politische Möglichkeiten der Gestaltung des eigenen Bundeslandes. Insofern wird auch deutlich, dass formale Kompetenzzuordnungen und informale Einflüsse zusammen gesehen werden müssen. Dies entspricht dem umfassenden Blick der Staatslehre. Es wird zugleich deutlich, dass die Abgabe von Kompetenzen nicht nur den eigenen Handlungsspielraum der Länder verkleinert, sondern dass sich dadurch auch gerade in Bezug auf die Europäische Union neue Gestaltungsmöglichkeiten der Länder erschließen. Die bundesstaatliche Ordnung und die europäische Integration sind nicht nur in einem Spannungsverhältnis zu sehen, sondern auch im Lichte beiderseitiger Synergieeffekte und der Eröffnung innovativer Möglichkeitsräume.

Streinz, in: Sachs (Hrsg.), Grundgesetz-Kommentar, 5. Aufl. 2009, Art. 23 Rn. 55. Gefolgert werden kann dies aus Art. 23 Abs. 5 S. 2 und Abs. 6 S. 1 GG.

[373] *Isensee* (Fn. 3), Rn. 312.

[374] Die Bundesregierung schlägt die von ihnen benannten Vertreter dem Rat als Mitglieder des Ausschusses der Regionen vor (§ 14 S. 1 EUBLG).

[375] Dazu siehe *Puttler* (Fn. 366), Rn. 56 m. w. N.

[376] Geregelt sind Befugnisse und Status der Länderbüros mittlerweile in § 8 EUZBLG. Die Länderbüros besitzen keinen diplomatischen Status, die Außenvertretung der Bundesrepublik Deutschland wird durch die Ständige Vertretung wahrgenommen.

128 Gleichwohl stellt sich die Frage, inwiefern das Grundgesetz die bundesstaatliche Ordnung Deutschlands auch angesichts der Mitwirkung an der Europäischen Union gewährleistet. Dabei ist im Ausgangspunkt grundsätzlich zwischen der Setzung von Primärrecht und von Sekundärrecht der Europäischen Union zu unterscheiden. Während für die Ratifikation von EU-Primärrecht stets die Zustimmung des Bundesrates geboten ist (Art. 23 Abs. 1 S. 3 GG), sind bei der innerstaatlichen Willensbildung für die Entstehung des Sekundärrechts abgestufte Mitwirkungsrechte des Bundesrates und der Länder vorgesehen (Art. 23 Abs. 2-7 GG).

129 Da jede **Übertragung von Hoheitsrechten** auf die Europäische Union eine materielle Verfassungsänderung bewirkt – so vor allem bei der Setzung von Primärrecht der EU –, ist für die Übertragung stets ein Bundesgesetz erforderlich[377]. Dieses bedarf zudem zwingend der **Zustimmung des Bundesrates**[378], wodurch der Übertragung föderal vermittelte demokratische Legitimation verliehen wird[379]. Die Zustimmungsbedürftigkeit besteht dabei ohne Rücksicht darauf, ob der betreffende Regelungsgegenstand innerstaatlich in die Kompetenz des Bundes oder der Länder fällt[380], so dass hierin zugleich eine grundlegende Abweichung von der bisherigen Kompetenzsystematik des Grundgesetzes zu sehen ist[381]. Nach Ansicht der Gemeinsamen Verfassungskommission von Bundestag und Bundesrat rechtfertigt sich das allgemeine Zustimmungsrecht des Bundesrats mit dem Befund, dass sich weitere Übertragungen von Hoheitsrechten angesichts des erreichten hohen Integrationsniveaus unmittelbar auf die Verfassungsstrukturen und somit auch auf die Stellung der Länder im Bundesrat auswirkten[382]. Die Unterscheidung zwischen staatsinternen Bundes- und Länderzuständigkeiten kann daher im Rahmen der Übertragung von Hoheitsrechten nicht mehr vollständig in der bisherigen Form aufrechterhalten werden[383].

130 Die absolute materielle Verfassungsschranke für die Änderung der bundesstaatlichen Ordnung durch die Übertragung von Hoheitsrechten setzt die **Ewigkeitsgarantie** nach Art. 79 Abs. 3 GG, auf die Art. 23 Abs. 1 S. 3 GG Bezug nimmt. Neben der materiellen Schranke des Art. 79 Abs. 3 GG setzt Art. 23 Abs. 1 S. 3 GG dem Integrationsgesetzgeber für eine Verfassungsänderung auch die formelle Schranke

---

[377] Das Übertragungsgesetz nach Art. 23 Abs. 1 S. 2 GG stellt gleichzeitig das Zustimmungs- bzw. Vertragsgesetz im Sinne des Art. 59 Abs. 2 GG dar. Das Bundesgesetz erteilt dem Sekundärrecht den innerstaatlichen Anwendungsbefehl, sichert den Anwendungsvorrang ab und enthält einen Rechtsbefolgungsbefehl, vgl. hierzu näher *Rojahn*, in: v. Münch/Kunig (Hrsg.), GG-Kommentar, Bd. 2, 5. Aufl. 2001, Art. 23 Rn. 44, *Schmahl*, in: Sodan (Hrsg.), GG-Kommentar, 2009, Art. 23 Rn. 17.

[378] Art. 23 Abs. 1 S. 2 GG. Vor der Einführung dieser Bestimmung war es umstritten, ob die Zustimmung erforderlich war (dazu siehe *Fastenrath*, Kompetenzverteilung im Bereich der auswärtigen Gewalt, 1986, S. 150; *Stern* (Fn. 66), S. 533 f.).

[379] *Pernice*, in: Dreier (Hrsg.), GG, 2. Aufl. 2008, Art. 23 Rn. 84.

[380] *Heintschel v. Heinegg* (Fn. 372), Art. 23 Rn. 20; *Scholz* (Fn. 372), Art. 23 Rn. 62.

[381] *Scholz* (Fn. 372), Art. 23 Rn. 62.

[382] BT-Drucks. 12/6000, S. 21.

[383] *Scholz* (Fn. 372), Art. 23 Rn. 62.

des Art. 79 Abs. 2 GG – verfassungsändernde Mehrheit von zwei Dritteln der Stimmen der Mitglieder des Bundestages und des Bundesrates. Ein Verstoß gegen die formelle oder materielle Schranke macht das Vertragsgesetz nichtig.[384]

Darüber hinaus werden in föderaler Hinsicht aus dem Grundsatz der **Bundestreue** Grenzen der Integration abgeleitet; zugleich kann die Bundestreue aber auch die Integration fördern. Aufgrund der Bundestreue ist der Bund verpflichtet, bei der Übertragung von Hoheitsbefugnissen auf die Europäische Union und bei der Wahrnehmung seiner Mitwirkungsrechte in den EU-Organen als Sachwalter der Länder deren verfassungsmäßige Rechte zu vertreten. So ist der Bund auch gehalten, im Interesse der Länder, eine ausufernde Inspruchnahme von Kompetenzen durch die Europäische Union zu verhindern.[385] Andererseits sind die Länder aufgrund der Bundestreue gehalten, dem Bund die Erfüllung europarechtlicher Verpflichtungen zu ermöglichen.[386]

131

Die **Struktursicherungsklausel** des Art. 23 Abs. 1 S. 1 GG erlaubt der Bundesrepublik Deutschland nur die Mitwirkung an einer Europäischen Union, die demokratischen, rechtsstaatlichen, sozialen und föderativen Grundsätzen und dem Grundsatz der Subsidiarität verpflichtet ist und einen Grundrechtsschutz gewährleistet, der dem des Grundgesetzes im Wesentlichen vergleichbar ist. Mit dieser Klausel wird im europäischen Verfassungsverbund die erforderliche Verfassungshomogenität zwischen der staatlichen und der supranationalen (nicht-staatlichen) Ebene sichergestellt.[387] Zugleich bestätigt sie den in der Europäischen Union gewählten und entwickelten Ansatz eines föderalen Systems[388], in dem die hoheitliche Zuständigkeit und Verantwortung auf zwei oder mehrere Ebenen im Verfassungsverbund verteilt sind. Werden die Vorgaben der Struktursicherungsklausel bei der Übertragung von Hoheitsrechten bzw. bei verfassungsändernden Integrationsakten nicht beachtet, zieht dies die Rechtswidrigkeit sowie gegebenenfalls die Unwirksamkeit der betreffenden Maßnahmen nach sich.[389]

132

Die Verpflichtung in Art. 23 Abs. 1 S. 1 GG auf **föderative Grundsätze** hatte ihren Ursprung in „der Sorge der Länder vor einer Aushöhlung ihrer Kompetenzen und einer Gefährdung ihres Bestandes".[390] Ausgeschlossen ist aufgrund der im Verhältnis zwischen der Europäischen Union und den Mitgliedstaaten geltenden föderativen Grundsätze eine Entwicklung der Europäischen Union zum Zentralstaat.[391] Da das Anliegen der Länder bereits durch die Verfassungsbestandsklausel (Art. 23 Abs. 1

133

---

[384] *Streinz* (Fn. 372), Art. 23 Rn. 86.
[385] BVerfGE 80, 74 ff.
[386] *Huber* (Fn. 369), S. 217.
[387] *Pernice* (Fn. 379), Art. 23 Rn. 48.
[388] *Pernice* (Fn. 379), Art. 23 Rn. 49.
[389] *Jarass*, in: ders./Pieroth (Hrsg.), GG-Kommentar, 10. Aufl. 2009, Art. 23 Rn. 7.
[390] *Streinz* (Fn. 372), Art. 23 Rn. 32.
[391] *Everling*, DVBl. 1993, 936 (945); *Heintschel v. Heinegg* (Fn. 372), Art. 23 Rn. 13; *Jarass* (Fn. 389), Art. 23 Rn. 11; *Pernice* (Fn. 379), Art. 23 Rn. 65; *Risse*, in: Hömig (Hrsg.), GG-Kommentar, 8. Aufl. 2007, Art. 23 Rn. 2; *Streinz* (Fn. 372), Art. 23 Rn. 34.

S. 3 i. V. m. Art. 79 Abs. 3 GG) aufgegriffen wird, muss der Norm eine weitergehende Bedeutung dahin zukommen, dass deutsche Hoheitsträger verpflichtet werden, das föderative Element innerhalb der Europäischen Union zu fördern,[392] ohne dass hierfür indes konkrete Vorgaben aufgestellt werden.[393] Gesucht wird vielmehr ein innovatives Ordnungssystem, das nicht notwendig bundesstaatliche Züge tragen muss, um der zwischen Renationalisierung und Kompetenzverstärkung liegenden Union einen angemessenen Ordnungsrahmen zu geben.[394]

134 Das Strukturelement der „föderativen Grundsätze" steht im engen Zusammenhang mit dem weiteren Strukturelement des **Subsidiaritätsprinzips**, da dieses ebenfalls ein System von Organisation und Kompetenzverteilung darstellt, das eine dezentrale Konstruktion aufweist[395] und der Wahrung der Eigenständigkeit der Länder sowie der kommunalen Selbstverwaltung[396] dient. Es obliegt danach den deutschen Vertretern im Rat sowie den zu ihrer Überwachung berufenen Organen Bundestag und Bundesrat, für eine präventive Kontrolle jeder Form supranationaler Kompetenzausübung Sorge zu tragen. Überdies beschränkt das verfassungsrechtliche Subsidiaritätsprinzip den Integrationsgesetzgeber im Hinblick auf die Übertragung von Hoheitsrechten dergestalt, dass eine Übertragung von Hoheitsrechten nur dann zulässig ist, wenn und soweit die mit der Rechtsetzung verfolgten Ziele von den Mitgliedstaaten auf Bundes-, Landes- oder kommunaler Ebene nicht ausreichend erreicht werden können und zudem die Zielverfolgung auf Unionsebene leistungsfähiger ist.[397] Die Geltung des Subsidiaritätsprinzips – sowohl im innerstaatlichen wie europäischen Verfassungsrecht – hat aus der Sicht der deutschen Länder nicht die von ihnen erhoffte Wirkung gebracht. Vor diesem Hintergrund ist mit dem Lissabon-Vertrag ein neuer Mechanismus zur Kontrolle über die Wahrung der Subsidiarität in der Europäischen Union eingeführt worden.[398]

---

[392] BT-Drucks. 12/3338, S. 6; *Heintschel v. Heinegg* (Fn. 372), Art. 23 Rn. 13; *Heyde*, in: Umbach/Clemens (Hrsg.), GG-Kommentar 2002, Art. 23 Rn. 37; *Rojahn* (Fn. 377), Art. 23 Rn. 29; *Schmahl* (Fn. 377), Art. 23 Rn. 7; *Streinz* (Fn. 372), Art. 23 Rn. 32.

[393] *Rojahn* (Fn. 377), Art. 23 Rn. 29.

[394] *Rojahn* (Fn. 377), Art. 23 Rn. 12.

[395] *Scholz* (Fn. 372), Art. 23 Rn. 96. Vgl. eingehender *Härtel*, Kohäsion durch föderale Selbstbindung – Gemeinwohl und die Rechtsprinzipien Loyalität, Solidarität und Subsidiarität in der Europäischen Union, in: dies. (Hrsg.), Handbuch Föderalismus – Föderalismus als demokratische Rechtsordnung und Rechtskultur in Deutschland, Europa und der Welt, Bd. IV, 2012, §82.

[396] *Heintschel v. Heinegg* (Fn. 372), Art. 23 Rn. 14; ferner auch *Scholz* (Fn. 372), Art. 23 Rn. 96, wonach die Bestandsgarantie der kommunalen Selbstverwaltung der Bundesrepublik Deutschland unter die Struktursicherungsklausel des Art. 23 Abs. 1 S. 1 GG fällt.

[397] *Jarass* (Fn. 389), Art. 23 Rn. 12; *Heintschel v. Heinegg* (Fn. 372), Art. 23 Rn. 14.

[398] Dazu siehe *Härtel*, Kohäsion durch föderale Selbstbindung – Gemeinwohl und die Rechtsprinzipien Loyalität, Solidarität und Subsidiarität in der Europäischen Union, in: dies. (Hrsg.), Handbuch Föderalismus – Föderalismus als demokratische Rechtsordnung und Rechtskultur in Deutschland, Europa und der Welt, Bd. IV, 2012, §82.

Infolge der mit der Ewigkeitsgarantie geschützten **Beteiligung der Länder** an der Gesetzgebung ist eine Einbeziehung des Bundesrates und/oder der Länder in die europäische Willensbildung erforderlich.[399] Die Reichweite der verfassungsrechtlichen Mitwirkungsbefugnisse der Länder bzw. des Bundesrates richtet sich nach der jeweiligen innerstaatlichen Kompetenzverteilung zwischen Bund und Ländern[400]. So gibt es drei Stufen der Beteiligungsintensität (Art. 23 Abs. 5 und 6 GG).[401] Auf der ersten Stufe hat die Bundesregierung die Stellungnahme des Bundesrates zu berücksichtigen, soweit in einem Bereich ausschließlicher Zuständigkeiten des Bundes Interessen der Länder berührt sind (Art. 23 Abs. 5 S. 1 GG). Auf der zweiten – intensiveren – Stufe ist bei der Willensbildung des Bundes die Stellungnahme des Bundesrates „maßgeblich" zu berücksichtigen[402], wenn im Schwerpunkt Gesetzgebungsbefugnisse der Länder, die Einrichtung ihrer Behörden oder ihre Verwaltungsverfahren betroffen sind (Art. 23 Abs. 5 S. 2 GG).

135

Am weitesten geht die Beteiligung der Länder auf der dritten Stufe, wenn im Schwerpunkt ausschließliche Gesetzgebungsbefugnisse der Länder in den Bereichen der schulischen Bildung, der Kultur und des Rundfunks betroffen sind[403]. Während auf der ersten und zweiten Stufe die Beteiligung des Bundesrates auf den innerstaatlichen Bereich beschränkt ist, erfolgt auf der dritten Stufe bei der Wahrnehmung der Rechte Deutschlands als Mitgliedstaat in der Europäischen Union eine Beteiligung des Bundesrates bzw. der Länder im Außenverhältnis (Art. 23 Abs. 6 S. 1 GG)[404]. Die Mitwirkung wird von der Bundesregierung einem Vertreter der Länder überlassen, der vom Bundesrat[405] ernannt wird[406] und Mitglied einer Landesregierung im Ministerrang sein muss[407]. Die Regelung zu dem Ländervertreter steht unter erheblicher Kritik. So wird sie zum einen als systemfremder Einbruch in die Bundeskompetenz für die Außen- und Europapolitik bewertet, da die mitgliedstaatlichen Rechte der Bundesrepublik Deutschland in der Union durch einen Landesminister wahrgenommen werden.[408] Zum anderen wird der Konstruktion des Ländervertreters die „Desorientierung der parlamentarischen Verantwortung" vorgeworfen.[409]

136

---

[399] *Jarass* (Fn. 389), Art. 23 Rn. 28.

[400] Art. 23 Abs. 4 bis 6 GG. *Scholz* (Fn. 372), Art. 23 Rn. 162.

[401] *Pernice* (Fn. 379), Art. 23 Rn. 106.

[402] *Heyde* (Fn. 392), Art. 23 Rn. 98 f.; *Jarass* (Fn. 389), Art. 23, Rn. 58; *Streinz* (Fn. 372), Art. 23 Rn. 105 f.

[403] *Streinz* (Fn. 372), Art. 23 Rn. 114.

[404] *Jarass* (Fn. 389), Art. 23 Rn. 61.

[405] Oder dessen Europakammer nach Art. 52 Abs. 3a GG.

[406] Art. 52 Abs. 3 S. 1 GG. *Heintschel v. Heinegg* (Fn. 372), Art. 23 Rn. 46; *Jarass* (Fn. 389), Art. 23 Rn. 62; *Streinz* (Fn. 372), Art. 23 Rn. 115.

[407] §6 Abs. 2 S. 2 EUZBLG. *Heyde* (Fn. 392), Art. 23 Rn. 102; *Scholz* (Fn. 372), Art. 23 Rn. 176.

[408] Vgl. *Huber*, DVBl. 2009, 576; *Huber*, ZG 2006, 354 (358 f.); *Rojahn* (Fn. 377), Art. 23 Rn. 76; a. A. *Streinz* (Fn. 372), Art. 23 Rn. 119; *Schmalenbach*, Der neue Europaartikel 23 des Grundgesetzes im Lichte der Arbeit der Gemeinsamen Verfassungskommission, 1996, S. 206 f.

[409] *Badura*, in: Bender (Hrsg.), FS für K. Redeker, 1993, S. 126 f.; *Breuer*, NVwZ 1994, 428 ff.; *Streinz* (Fn. 372), Art. 23 Rn. 119.

Es ist unklar, wer den Ländervertreter zur Rechenschaft zieht, wenn sein Abstimmungsverhalten „nicht akzeptabel" ist.[410] Der Ländervertreter ist, obwohl er den Bund vertritt, dem Bundestag gegenüber nicht unmittelbar verantwortlich, sondern könnte dies möglicherweise seinem Landesparlament gegenüber sein[411]; dieses ist aber wiederum nicht vom gesamten deutschen Volk legitimiert[412]. Der Ländervertreter ist an die Stellungnahmen des Bundesrates gebunden und vertritt somit die Interessen nicht nur eines Landes, sondern aller Länder[413]. Eine Lösung wird teils in dem Konstrukt der mittelbaren parlamentarischen Verantwortlichkeit des Ländervertreters gegenüber dem Bundestag gesehen[414]. Darüber hinaus hat die Regelung zum Ländervertreter die Gesamtvertretung der Interessen Deutschlands in der Praxis bereits erschwert. Aufgrund der genannten Kritikpunkte muss diese Regelung auf dem Prüfstand bleiben – auch mit Blick auf die Forderung ihrer Abschaffung.[415]

II. Europäischer Bundesstaat? Kontroversen und Souveränitätsanfragen

137 Die Frage eines europäischen Bundesstaates hat die (pan)europäische Bewegung in der Weimarer Zeit und besonders nach 1945 immer wieder in die öffentliche Diskussion getragen. Die „Vereinigten Staaten von Europa", wie Churchill in seiner berühmten Züricher Rede im Jahre 1946 gefordert hatte, sollten durch den bundesstaatlichen Zusammenschluss der Völker Europas vor allen Dingen Frieden, Freiheit und Demokratie sichern. Insbesondere durch die Entwicklung des Kalten Krieges und der damit verbundenen Teilung Europas ließ sich kein gesamteuropäischer Staat verwirklichen. Der Gedanke eines europäischen Bundesstaates blieb aber im westlichen Europa stets virulent.[416] Die tatsächliche Entwicklung verlief aber in sukzessiven Schritten hin zu einer Europäischen Union, die als **Staaten- und Verfassungsverbund sui generis** eigene Rechtspersönlichkeit besitzt, aber keine eigene

---

[410] *Huber* (Fn. 369), S. 222.

[411] So *Pernice* (Fn. 379), Art. 23 Rn. 116. A.A. *Jarass* (Fn. 389), Art. 23 Rn. 62, der aus der Bindung an die Stellungnahmen des Bundesrates eine Verantwortlichkeit diesem gegenüber ableitet.

[412] *Classen*, in: v. Mangoldt/Klein/Starck (Hrsg.), Kommentar zum GG, Bd. 2, 6. Aufl. 2010, Art. 23 Rn. 103; *Streinz* (Fn. 372), Art. 23 Rn. 119, wonach das Landesparlament nicht die allein berechtigte Kontrollinstanz sein könne.

[413] So *Pernice* (Fn. 379), Art. 23 Rn. 116. A.A. *Jarass* (Fn. 389), Art. 23 Rn. 62.

[414] *Rojahn* (Fn. 377), Art. 23 Rn. 76.

[415] Zu dieser Forderung siehe *Huber* (Fn. 369), S. 222; *ders*. DVBl. 2009, 574 ff.

[416] Siehe dazu BVerfGE 123, 267 (272 ff.) – Lissabon-Urteil; skeptisch in damaliger Sicht *Lübbe*, Abschied vom Superstaat. Vereinigte Staaten von Europa wird es nicht geben, 1994; anders: *Münkler*, Leviathan 1991, 521 ff.; *Münch*, Projekt Europa. Zwischen Nationalstaat, regionaler Autonomie und Weltgesellschaft, 1993; Von Bogdandy (Hrsg.), Die Europäische Option, 1993 sowie *ders.*, Supranationaler Föderalismus als Wirklichkeit und Idee einer neuen Herrschaftsform, 1999.

Staatsqualität. Die Mitgliedstaaten bilden die Quelle der Legitimation für die Europäische Union. Sie übertragen auf diese Hoheitsrechte aber keine Souveränität. Trotzdem bleibt die Frage, ob sich dieses nicht im Laufe der Jahre geändert hat und sich die Europäische Union hin zu einem Bundesstaat entwickelt. Dies wird kontrovers beurteilt.

In dieser Sicht ist auch die Frage nach der Zulässigkeit der Einbindung Deutschlands in einen europäischen Bundesstaat umstritten.[417] Eine Richtung lehnt dies vor allem deswegen ab, da sie darin eine Verletzung der Ewigkeitsgarantie des Art. 79 Abs. 3 GG sieht; die souveräne Staatlichkeit der Bundesrepublik Deutschland dürfe nicht aufgegeben werden. Eine andere Richtung sieht Art. 79 Abs. 3 GG hier nicht tangiert, da die Bundesrepublik Deutschland auch bei einem europäischen Bundesstaat ihren Staatscharakter nicht verlieren würde. Das wäre nur dann der Fall, wenn es zu einem Europa umfassenden zentralistischen Einheitsstaat kommen würde – dieser aber wird von keinem der beteiligten Akteure und Mitgliedstaaten angestrebt. Ein zulässiger europäischer Bundesstaat würde vielmehr eine weitere föderale Ebene darstellen und so ein politisches wie rechtliches komplexes Mehrebenensystem konstituieren. Aus dieser Sicht kommt nach *Ingolf Pernice* bereits heute der Europäischen Union eine **„dreistufige föderale Verfassung"** zu.[418] Zudem ist dabei die Art und Weise der Ausgestaltung des „supranationalen Föderalismus"[419] von entscheidender Bedeutung, nicht zuletzt mit Blick auf die europäische Demokratie und die Kompetenzordnung. Es wäre dann möglicherweise geboten, auf europäischer Ebene analog zu Art. 79 Abs. 3 GG eine Art Ewigkeitsklausel aufzunehmen, die auch die

138

---

[417] Bejahend bzw. differenzierend: *Pernice* (Fn. 379), Art. 23 Rn. 36; *Sommermann* (Fn. 55), Art. 20 Abs. 1 Rn. 59; *Hobe*, in: Friauf/Höfling (Hrsg.), Berliner Kommentar zum GG, Bd. 2, Loseblatt, Stand 2010, Art. 23 Rn. 53; *Jarass* (Fn. 389), Art. 23 Rn. 29; *Stern* (Fn. 66), S. 521; *Cremer*, Grundgesetzliche Grenzen der Kompetenzübertragung auf die EU und das Lissabon-Urteil des Bundesverfassungsgerichts, in: Härtel (Hrsg.), Handbuch Föderalismus – Föderalismus als demokratische Rechtsordnung und Rechtskultur in Deutschland, Europa und der Welt, Bd. IV, 2012, §83, Rn. 20; *Magiera*, Jura 1994, 1 (8); *Scheuing*, EuR 1997, Beiheft 1, 7 (23 f.); *Brockmeyer*, in: Schmidt/Bleibtreu/Klein (Hrsg.), GG, 10. Aufl. 2004, Art. 23a Rn. 5a; *Rüß*, Vereintes Europa – Das unerreichbare Staatsziel? Zur Grundgesetzkonformität eines Beitritts der Bundesrepublik Deutschland zu einem europäischen Bundesstaat, 2005; *Hilf*, Die Europäische Union und die Eigenstaatlichkeit ihrer Mitgliedstaaten, in: Hommelhoff/P. Kirchhof (Hrsg.), Der Staatenverbund der Europäischen Union, 1994, S. 75 (83 ff.); bejahend auch nach dem Lissabon-Urteil des BVerfG: *Hector*, ZEuS 2009, 599 (604); *Sack*, Der „Staatenverbund" – Das Europa der Vaterländer des Bundesverfassungsgerichts, ZEuS 2009, 623 (624-629); *Selmayr*, ZEuS 2009, 637 (642-645); verneinend: *Isensee*, in: Due (Hrsg.), FS Everling, 1995, S. 567 (586 ff.); *Hillgruber*, HStR II, 3. Aufl. 2004, §32 Rn. 41; *Streinz* (Fn. 372), Art. 23 Rn. 84; *Classen* (Fn. 412), Art. 23 Rn. 4; *Rupp*, JZ 2005, 741 (742 f.); *Randelzhofer*, in: Maunz/Dürig, GG, Loseblatt, Stand: Dezember 1992, Art. 24 I Rn. 204; *Rojahn* (Fn. 377), Art. 23 Rn. 15.

[418] *Pernice*, DVBl. 1993, 909 (921 ff.); siehe auch *Sommermann* (Fn. 55), Art. 20 Abs. 1 Rn. 59.

[419] *Von Bogdandy* (Fn. 416).

Bundesstaatlichkeit schützt.[420] Für die Zulässigkeit eines europäischen Bundesstaates spricht auch die 1990 geänderte Präambel des Grundgesetzes[421], in der es heißt „Im Bewusstsein seiner Verantwortung vor Gott und den Menschen, von dem Willen beseelt, als gleichberechtigtes Glied in einem vereinten Europa dem Frieden der Welt zu dienen, hat sich das Deutsche Volk kraft seiner verfassungsgebenden Gewalt dieses Grundgesetz gegeben".

139 In seinem Urteil vom 30.6.2009 bejaht das **Bundesverfassungsgericht** die Verfassungsmäßigkeit des **Lissabon-Vertrages**.[422] Über die verfassungsrechtliche ex post-Beurteilung hinaus hat es aufgrund der Argumentation der Antragsteller auch mögliche Dynamiken der europäischen Integration antizipiert im Hinblick auf die Etablierung eines europäischen Bundesstaates. Während das Bundesverfassungsgericht in seinem Maastricht-Urteil die Frage der Zulässigkeit eines europäischen Bundesstaates offen ließ, bezog es nunmehr in seinem Lissabon-Urteil explizit Stellung und kam zu folgendem Ergebnis: „Das Grundgesetz ermächtigt die für Deutschland handelnden Organe nicht, durch einen Eintritt in einen Bundesstaat das Selbstbestimmungsrecht des Deutschen Volkes in Gestalt der völkerrechtlichen Souveränität Deutschlands aufzugeben. Dieser Schritt ist wegen der mit ihm verbundenen unwiderruflichen Souveränitätsübertragung auf ein neues Legitimationssubjekt allein dem unmittelbar erklärten Willen des Deutschen Volkes vorbehalten. [...]"[423]

140 „Wenn dagegen die Schwelle zum Bundesstaat und zum nationalen Souveränitätsverzicht überschritten wäre, was in Deutschland eine freie Entscheidung des

---

[420] Ähnliche Überlegungen bei *Graf Vitzthum*, in: ders. (Hrsg.), Europäischer Föderalismus. Supranationaler, subnationaler und multiethnischer Föderalismus in Europa, 2000, S. 121.

[421] Dazu ausführlicher *Pernice* (Fn. 379), Art. 23 Rn. 36.

[422] BVerfGE 123, 267; NJW 2009, 2267 ff.

[423] Lissabon-Urteil, BVerfGE 123, 267 (347, 348). Angesichts der Bedeutung, die das Bundesverfassungsgericht hier dem unmittelbar erklärten Willen des deutschen Volkes als letztlichem Souverän zumisst, ist doch daran zu erinnern, dass de facto auch das Grundgesetz nicht auf dem unmittelbar erklärten Willen des deutschen Volkes beruht, sondern auf dem mittelbaren: das Grundgesetz ist von den westalliierten Militärgouverneuren genehmigt, von den Länderparlamenten (mit Ausnahme Bayerns) mehrheitlich verabschiedet und in der letzten Sitzung des Parlamentarischen Rates feierlich verkündet und in Kraft gesetzt worden. Dass sich gemäß der Präambel „das Deutsche Volk kraft seiner verfassungsgebenden Gewalt dieses Grundgesetz gegeben" hat, ist also nur in einem übertragenen, gewissermaßen idealen Sinn zu verstehen. Unabhängig von den historischen Verläufen bleibt aber systematisch der Urgrund demokratischer Legitimation bestehen, wie er in Art. 20 Abs. 2 GG („Alle Staatsgewalt geht vom Volke aus", das daher Inhaber der Volkssouveränität ist) festgelegt ist. In dem Zusammenhang verweist auch *Ukrow* darauf, „dass das Grundgesetz weder 1949 noch 1990 Gegenstand einer Volksabstimmung war" (*Ukrow*, ZEuS 2009, 717 (725)). Kritisch zu den Ausführungen des BVerfG mit Blick auf eine gebotene Volksabstimmung nach Art. 146 GG für eine weitere Vertiefung der Integration *Cremer*, JURA 2010, 296 (304); *ders.*, Grundgesetzliche Grenzen der Kompetenzübertragung auf die EU und das Lissabon-Urteil des Bundesverfassungsgerichts, in: Härtel (Hrsg.), Handbuch Föderalismus – Föderalismus als demokratische Rechtsordnung und Rechtskultur in Deutschland, Europa und der Welt, Bd. IV, 2012, §83; *Calliess*, ZEuS 2009, 559 (574 f.); *Classen*, JZ 2009, 881 (887); dem BVerfG zustimmend: *Gärditz/Hillgruber*, JZ 2009, 872 (875).

Volkes jenseits der gegenwärtigen Geltungskraft des Grundgesetzes voraussetzt, müssten demokratische Anforderungen auf einem Niveau eingehalten werden, das den Anforderungen an die demokratische Legitimation eines staatlich organisierten Herrschaftsverbandes vollständig entspräche. Dieses Legitimationsniveau könnte dann nicht mehr von nationalen Verfassungsordnungen vorgeschrieben sein."[424] Und weiter: „Nicht nur aus der Sicht des Grundgesetzes handelt es sich bei der Beteiligung Deutschlands an der Europäischen Union indes nicht um die Übertragung eines Bundesstaatsmodells auf die europäische Ebene, sondern um die Erweiterung des verfassungsrechtlichen Föderalmodells um eine überstaatlich kooperative Dimension. Auch der Vertrag von Lissabon hat sich gegen das Konzept einer europäischen Bundesverfassung entschieden, in dem ein europäisches Parlament als Repräsentationsorgan eines damit konstitutionell verfassten neuen Bundesvolkes in den Mittelpunkt träte. Ein auf Staatsgründung zielender Wille ist nicht feststellbar. Auch gemessen an den Grundsätzen der freien und gleichen Wahl und den Erfordernissen einer gestaltungskräftigen Mehrheitsherrschaft entspricht die Europäische Union nicht der Bundesebene im Bundesstaat. Der Vertrag von Lissabon ändert demnach nichts daran, dass der Bundestag als Repräsentationsorgan des Deutschen Volkes im Mittelpunkt eines verflochtenen demokratischen Systems steht."[425] Damit verbleibt die Souveränität beim Mitgliedstaat.

Einerseits kann man darauf hinweisen, dass es sich bei der Europäischen Union inzwischen um mehr handelt als um eine „überstaatlich kooperative Dimension", denn sie „übertrifft nach Aufgabenbestand, Kompetenzfülle und Organisationsdichte alle anderen supranationalen Organisationen".[426] Andererseits ist (mit dem Bundesverfassungsgericht) festzuhalten: Bisher begründet die Europäische Union keine neue Staatlichkeit und so in dieser Sicht kein System geteilter Souveränität[427]; diese verbleibt – wie auch das Gewaltmonopol – bei den Mitgliedsstaaten. Nur diese besitzen die verfassunggebende Gewalt und damit die Selbstbestimmung bezogen auf die konstitutionellen Grundlagen.

141

Mit Blick auf den **Souveränitätsbegriff** ist allerdings zu konzedieren, dass sich das „alte" Souveränitätsverständnis mit der klaren Trennung von staatlichem Innen

142

---

[424] Lissabon-Urteil, BVerfGE 123, 267 (364).

[425] Lissabon-Urteil, BVerfGE 123, 267 (370, 371).

[426] „. . . ohne jedoch die Schwelle zum Bundesstaat überschritten zu haben", *Grimm*, Souveränität. Herkunft und Zukunft eines Schlüsselbegriffs, 2009, S. 114. Selbst das Bundesverfassungsgericht kommt nicht umhin, in seinem Lissabon-Urteil festzustellen, dass „die Europäische Kommission bereits auf der Grundlage des geltenden Rechts in die Funktion einer – mit Rat und Europäischem Rat geteilten – europäischen Regierung hineingewachsen (ist)" siehe Lissabon-Urteil, BVerfGE 123, 267 (380); auch dem direkt gewählten Europäischen Parlament sind im Laufe der Zeit immer mehr wichtige Aufgaben und Funktionen zugewachsen.

[427] Das Bundesverfassungsgericht unterscheidet hier zwischen übertragbaren Hoheitsrechten und nicht übertragbarer Souveränität. Welche Bedeutung aber für das Gericht die Frage der Souveränität besitzt, zeigt sich daran, dass dieser Begriff im Urteil zum Lissabon-Vertrag 46-mal vorkommt.

und Außen seit dem Zweiten Weltkrieg „in einem fundamentalen Wandel befindet".[428] Unter den modernen Umständen der Europäisierung und Globalisierung findet eine Erosion im Sinne von Souveränitätseinbußen statt.[429] „So greift das Völkerrecht inzwischen durch die Staatsgrenzen hindurch".[430] Hier ist zu verweisen beispielsweise auf den sich verstärkenden Vorrang des Menschenrechtsschutzes im weltweitem Maßstab, der das frühere Interventionsverbot in innere Angelegenheiten (als Ausdruck des „alten" Souveränitätsdenkens) deutlich beeinträchtigt hat, auf die Vereinten Nationen, die WTO, den Internationalen Strafgerichtshof, die Europäische Menschenrechtskonvention und viele weitere Institutionen und Verfahren, die souveränitätsbeschränkende Wirkungen haben.[431] Das gilt vor allem für die Europäische Union, bei der „die Mitgliedstaaten zwar noch ‚Herren der Verträge' sind, aber nicht mehr Herren des auf ihrem Territorium anwendbaren Rechts".[432] Allerdings handelt es sich hier um in freiheitlicher Entscheidung eingegangene Selbstbindung, wozu auch die Bindung an das Recht und damit an den Anwendungsvorrang des EU-Rechts vor dem mitgliedstaatlichen Recht gehört.[433]

143 „Souveränität kommt jedem selbständigen Staat *ipso jure* zu."[434] Dabei geht es allerdings nicht um ein diesbezügliches, absolutes Souveränitätsverständnis. Denn

---

[428] Zur Entwicklung vom alten zum neuen Souveränitätsverständnis siehe *Grimm* (Fn. 426), S. 82.

[429] Dazu im Folgenden *Grimm* (Fn. 426), S. 81 ff.; ähnlich auch *Ernst-Wolfgang Böckenförde*, der einen durch weltweite Liberalisierung und Entgrenzung hervorgerufenen „sich kontinuierlich ausweitenden partiellen Souveränitätsverlust" konstatiert, in: Die Zukunft politischer Autonomie. Demokratie und Staatlichkeit im Zeichen von Globalisierung, Europäisierung und Individualisierung, in: ders. (Hrsg.), Staat, Nation, Europa. Studien zur Staatslehre, Verfassungstheorie und Rechtsphilosophie, 1999, S. 103 (104).

[430] *Grimm* (Fn. 426), S. 120.

[431] „Die Grenzen zwischen den Staaten verschwinden [...] nicht, werden aber für fremde Herrschaftsakte durchlässig. Die Trennung von Innen und Außen verwischt sich" – und damit das Souveränitätsverständnis, *Grimm* (Fn. 426), S. 91; zum Souveränitätswandel des (National-)Staates angesichts der Globalisierung aus soziologischer Sicht siehe *Schwengel* (Fn. 51), u. a. S. 181 ff.; aus politischer Sicht: *Zürn*, Regieren jenseits des Nationalstaates. Globalisierung und Denationalisierung als Chance, 1998; *Albrow*, Abschied vom Nationalstaat. Staat und Gesellschaft im globalen Zeitalter, 1998; aus kultureller Sicht: *Meyer*, Weltkultur. Wie die westlichen Prinzipien die Welt durchdringen, 2005; *Maalouf*, Die Auflösung der Weltordnungen, 2010; aus philosophischer Sicht: *Höffe* (Fn. 48); siehe auch *ders.*, Föderalismus als Strukturprinzip einer Weltordnung, in: Härtel (Hrsg.), Handbuch Föderalismus – Föderalismus als demokratische Rechtsordnung und Rechtskultur in Deutschland, Europa und der Welt, Bd. IV, 2012, §104. Siehe auch *Stichweh* und *Di Fabio*, in: Schulte/Stichweh (Hrsg.), Rechtstheorie 39. Band – Sonderheft Weltrecht (2/3), 2008, S. 329 ff. und S. 399 ff.

[432] *Grimm* (Fn. 426), S. 90.

[433] Zur Selbstbindung siehe *Härtel*, Kohäsion durch föderale Selbstbindung – Gemeinwohl und die Rechtsprinzipien Loyalität, Solidarität und Subsidiarität in der Europäischen Union, in: dies. (Hrsg.), Handbuch Föderalismus – Föderalismus als demokratische Rechtsordnung und Rechtskultur in Deutschland, Europa und der Welt, Band IV, 2012, §82.

[434] *Fastenrath*, in: Giegerich (Hrsg.), Der „offene Verfassungsstaat" des Grundgesetzes nach 60 Jahren. Anspruch und Wirklichkeit einer großen Errungenschaft, 2010, S. 295 – dort auch differenzierte Kritik am Souveränitätsverständnis des Bundesverfassungsgerichts.

§16 Der staatszentrierte Föderalismus

Souveränität darf nicht allein um ihrer selbst willen bestehen, sondern ist auf die Wahrung der demokratischen Ordnung gerichtet. Insofern bezieht sich das „neue" Souveränitätsverständnis – so das Bundesverfassungsgericht im Lissabon-Urteil – auf das Demokratieprinzip (mit seinem Kern der Selbstbestimmung des Volkes), das gemäß der „Ewigkeitsgarantie" des Art. 79 Abs. 3 GG unaufhebbar ist. Demokratie ist hier besonders bezogen auf den Grund der Demokratie als Herrschaft des Volkes, auf die Kompetenz der Verfassungsschöpfung und damit auf die Selbstbestimmung der politischen Grundordnung, zu der dann auch die demokratischen Institutionen und Willensbildungsprozesse und zu verantwortenden Entscheidungen gehören. Die Mitgliedstaaten sind insofern als ‚verfasster politischer' Primärraum grundgesetzlich geschützt. Souverän bleibt das Volk als der Gemeinschaft der Bürgerinnen und Bürger durch die Selbstbestimmung der Verfassung, des Weiteren durch das Gewaltmonopol und damit der Staatsqualität.

Mit der Berufung auf Souveränität, bei der man sich über den Staat hinaus immer auch im Bereich der Vorstellungen und Imaginationen bewegt,[435] stellt man seit jeher Macht- und Herrschaftsansprüche. Insofern ist und bleibt es gerade in historischer Perspektive ein erheblicher Rechtsfortschritt, wenn das Souveränitätsverständnis an die freiheitliche Demokratie und damit an das Volk als Souverän gekoppelt wird. **144**

Aber auch hier ist zu fragen, ob Deutschland nicht Mitglied eines europäischen Bundesstaates sein könnte, wenn es seine Staatsqualität beibehält und die freiheitlich-demokratische Grundordnung garantiert bliebe. Auf diese Sicht rekurrieren Überlegungen, die von dem monistischen Souveränitätsbegriff (mitsamt geteilter Hoheitsrechte) einschließlich des Kriteriums der Unteilbarkeit von Souveränität abgehen wollen zugunsten eines (pluralistischen) Konzepts geteilter Souveränität – und zwar einer „zwischen den Mitgliedstaaten und der EU geteilten Souveränität"[436]. Dabei bliebe – so die Denkfigur – das deutsche Volk Souveränitätsgrund demokratischer Legitimität – so wie bei allen weiteren Mitgliedstaaten auch –, gäbe aber (wie ebenfalls diese) in freier Selbstbestimmung bewusst und mit Gründen versehen einen Teil seiner Souveränität ab an die Europäische Union in der Form eines gesamten Bundesstaates. Die Europäische Union und die Mitgliedsstaaten verfügten danach (gleichberechtigt) über Souveränitätsansprüche und erkennen diese sich gegenseitig an. Souveränitätsabgaben können also unter den Auspizien freiheitlich-demokratischer Selbstbestimmung durchaus an verschiedene Träger erfolgen. **145**

Man muss bedenken, dass das Konzept ungeteilter, **absoluter** (oder monistischer) **Souveränität** damals – von *Bodin* – angesichts des ökonomischen wie politischen Zerrüttungszustands seines Landes entworfen wurde und auf die Wiederherstellung des Staates unter den Bedingungen monarchischer Herrschaft der damaligen Zeit abzielte. Die absolut(istisch)e Souveränität bezog sich deshalb zwar auf den neuzeitlichen Territorialstaat, gleichzeitig war dieser damals von *Bodin* nur in Form **146**

---

[435] *Haltern*, Was bedeutet Souveränität, 2007, S. 4, 11 f.; zu den – auch historischen – Einschränkungen eines absoluten Souveränitätsbegriffs siehe *Grimm* (Fn. 426), S. 117.
[436] *Calliess*, in: Bauer/Huber/Sommermann (Hrsg.), Demokratie in Europa, 2005, S. 285.

monistischer, absoluter Souveränität des Fürsten nach Innen wie Außen vorstellbar.[437] Mit dem Aufstieg der (parlamentarischen) Demokratie gewann das Konzept der **Volkssouveränität** dann Boden und wurde zum Legitimationsgrund der rechtsstaatlichen, freiheitlich-demokratischen Grundordnung. Das konnte und kann aber nicht einfach eine umstandslose Ersetzung des Monarchen und der Fürstensouveränität durch das (Staats-)Volk und die Volkssouveränität bedeuten. Der Demos ist der Souveränitätsgrund, aber gleichzeitig in Freiheit gewählten ethischen und demokratischen Bindungen und Beschränkungen unterworfen. So dürfen (beispielsweise) weder Menschenrechte und Grundfreiheiten suspendiert noch eine Diktatur demokratischer Mehrheitsentscheidungen etabliert werden. Zugleich sind durch Gewaltenteilung und föderale Balancen einerseits, freie Öffentlichkeit, Kritik und Kontrolle andererseits spezifische limitierende Formen eingebaut. Das bedeutet letztlich auch eine durch die freiheitliche Demokratie (selbst-)beschränkte Souveränität nach innen. Ebenso wird zunehmend Souveränität nach außen durch Globalisierung und weltweite Veränderungsprozesse Erodierungen und damit Beschränkungen ausgesetzt.[438] Da liegt es nahe, vermehrt über eine Neubegründung und Neukonzeptionierung von demokratischer Souveränität nachzudenken. Wie eine Reihe von Autoren geht auch der EuGH davon aus, dass der Europäischen Union ein Anteil der Souveränität der jeweiligen Mitgliedsstaaten übertragen worden ist.[439] Souveränität ist dann entweder als Letztinstanzlichkeit auf den jeweiligen Zuständigkeitsbereich bezogen oder zwingt andererseits zu dialogischen Austragungsformen: übrig bleibt die Aushandlung der gegensätzlichen Sichtweisen und Standpunkte.[440] Insofern wird der Souveränitätsbegriff nicht aufgegeben, aber die früher damit verbundenen Absolutheitsansprüche werden in relative, beschränkte Formen transformiert.

---

[437] Die souveräne Herrschaftsausübung des Monarchen war von allen Beschränkungen und Zustimmungserfordernissen abgekoppelt. So heißt es bei *Jean Bodin*: „Der Begriff der Souveränität beinhaltet die absolute und dauerhafte Gewalt eines Staates [...] Souveränität bedeutet höchste Befehlsgewalt [...] Da es auf Erden nichts Größeres gibt als die souveränen Fürsten, die Gott als seine Statthalter eingesetzt hat, damit sie der übrigen Menschheit befehlen [...] Wer sich gegen den König wendet, versündigt sich an Gott, dessen Abbild auf Erden der Fürst ist [...] Die wahren Attribute der Souveränität sind nur dem souveränen Fürsten eigen [...] das hervorragendste Merkmal der fürstlichen Souveränität besteht in der Machtvollkommenheit, Gesetze für alle und für jeden einzelnen zu erlassen, und zwar [...] ohne dass irgendjemand [...] zustimmen müsste [...], *Jean Bodin*, Über den Staat (1. Buch), Auswahl, Übersetzung und Nachwort von *Gottfried Niedhart*, 1976, S. 19 ff. – das absolute, monistische Souveränitätsverständnis ist eindeutig der Legitimation monarchischer Herrschaft geschuldet.

[438] *Grimm* (Fn. 426), S. 91; *Böckenförde* (Fn. 429), S. 104.

[439] EuGH, Rs. 26/62, Slg. I 1963, 1 (25) – Van Gend en Loos; Rs. 6/64, Slg. 1964, 1251 (1269, 1271) – Costa/E.N.E.L.; *Grimm* (Fn. 426), S. 110; *Peters*, Elemente einer Theorie der Verfassung Europas, 2001, S. 147 f.; *Schmitz*, Integration in der Supranationalen Union, 2001; siehe auch *Schliesky* (Fn. 262), S. 363 f.

[440] *Grimm* (Fn. 426), S. 111 ff.; von daher erstaunt nicht der Aufstieg des „Mehrebenensystem"-Ansatzes oder des „Governance"-Konzeptes, in denen neben Hierarchie und Anreizsystemen gerade Verhandlungen gleichberechtigter Partner eine wichtige Rolle spielen; in diesen Konzepten wird Souveränität und damit verbundene Konflikte oder semantische Veränderungsnotwendigkeiten aufgrund veränderter Gegebenheiten allerdings explizit kaum erörtert.

Das entspricht auch einem modernen, demokratisch-rechtlichen Verständnis, das diese nicht gleichsetzt und Volkssouveränität auch nicht an die „Leerstelle" früherer (absolutistisch) monistischer Souveränität monarchisch-dynastischen Typs setzt. In einer parlamentarischen, rechtsstaatlichen Demokratie bleibt diese Stelle vielmehr grundsätzlich frei.[441] Allerdings bleibt es dabei, dass „Selbstbestimmung bis auf weiteres auf den Staat angewiesen ist".[442]

Wenn über ein **modernes Souveränitätsverständnis** nicht nur im demokratischen Innenverhältnis, sondern ebenso auch im Außenverhältnis nachgedacht wird, liegt dies auch an den eingeschränkten Problemlösungsmöglichkeiten des demokratischen Nationalstaates. Die vielfältigen Probleme der Gegenwart und der Zukunft könnten wohl schwerlich in alter Weise einer Lösung zugeführt werden. Man denke nur an den weltweiten Terrorismus[443], die globalen Umweltprobleme bis hin zur Bewältigung des Klimawandels[444] oder die Spekulationen auf den weltumspannenden Finanzmärkten. Kein souveräner (demokratischer) Nationalstaat in Europa kann hier für sich allein das Problem lösen, sondern bedarf dazu eines über das Übliche hinausgehende Mehr an gemeinschaftlichen Kooperationen, Abmachungen und integriertem Zusammenwirken auf supranationaler Ebene. Das gelingt mit eng verbundenen, befreundeten, in vielerlei Hinsicht integrierten Staaten auf gemeinsamer Wertegrundlage besser als mit anderen Staaten, die dazu neutral oder sogar dazu gegensätzlich sind. 147

So stand am Anfang der europäischen Einigung bereits die Grundidee der Friedenssicherung durch Integration, durch den Aufbau möglichst vieler gegenseitiger Bindungen der Menschen und Staaten. Von daher liegt der Gedanke nahe, dass hier die (Teil-)Abgabe nationalstaatlicher Souveränität auf ein größeres Gebilde wie die Europäische Union – in Form eines Bundesstaates – neue Stärke und größere Problemlösungskapazität bedeutet. In diesem Sinne ist die (Teil-)Abgabe von Souveränität gerade kein Verlust, sondern ein deutlicher Gewinn. Das Souveränitätskonzept im neuen, modernen Sinn wäre kein Nullsummenspiel, wo der Gewinn bei dem einen den Verlust bei dem anderen bedeutet, sondern ein Positivsummenspiel, wo durch (Teil-)Abgabe von Souveränität ein gemeinsamer Mehrwert erzielt wird. 148

Diese Denkfigur findet sich, darauf hat besonders eindrücklich *Hannah Arendt* in ihrem Buch über die Revolution hingewiesen, bereits bei den amerikanischen Gründervätern, namentlich in den Diskussionen der „Föderalisten" um Madison, Jay 149

---

[441] Vgl. *Rödel/Frankenberg/Dubiel*, Die demokratische Frage, 1989.
[442] *Grimm* (Fn. 426), S. 122.
[443] *Holley*, Das Recht der internationalen Terrorismusbekämpfung: Asset Freezing, UN- und FATF-Vorgaben, US-Recht, EuGH-Judikatur, Grundrechte, 2010; *Kerber*, Der Begriff des Terrorismus im Völkerrecht: Entwicklungslinien im Vertrags- und Gewohnheitsrecht unter besonderer Berücksichtigung der Arbeiten zu einem „Umfassenden Übereinkommen zur Bekämpfung des Terrorismus", 2009; *Fernández-Sánchez,* International legal dimension of terrorism, 2009.
[444] Siehe *Härtel*, Globalisierung des Rechts als Chance? Zum Spannungsverhältnis von Umweltvölkerrecht und Welthandelsrecht, in: Hendler u. a. (Hrsg.), Jahrbuch des Umwelt- und Technikrechts, 2008, S. 185 ff.; *dies.*, Einführung in das Klimaschutzrecht, i. E.

und Hamilton mit den Anhängern Jeffersons.[445] Diese wollten die Frage lösen, wie Macht zu kontrollieren sei angesichts der Disparitäten der menschlichen Natur und des politischen Lebens einerseits, der Existenz der Einzelstaaten andererseits. Dazu gehörte auch die Frage: Staatenbund oder Bundesstaat – Bewahrung der Einzelstaatlichkeit bei lockerem Verbund (Anti-Federalist) oder fester Zusammenschluss zum Bund bei Erhalt der Staatsqualität der Mitgliedsländer im föderalen Gesamtstaat (Federalist). Sie stießen dabei auf Montesquieu und seine Lehre der Gewaltentrennung und des Machtausgleichs. Diese alteuropäische Erfahrung der Gewaltenkontrolle durch Teilung war eingängig und konnte übernommen werden. Aber das eigentlich Bedeutende bestand dann für die Väter der amerikanischen Revolution, so *Hannah Arendt*, in der Entdeckung der Gründung, Erhaltung und **Steigerung neuer Macht durch die Zusammenfügung der Einzelstaaten** zur bundesstaatlichen Republik. „Die amerikanische Verfassung ist primär dazu bestimmt, Macht zu konstituieren, und die Sorge, diese Macht wiederum in Schranken zu halten, ist sekundär".[446] Die Abgabe einzelstaatlicher Macht und (Teil-)Souveränität an den Bundesstaat, die Schaffung der „Bundesrepublik" als eine auf dem föderativen Prinzip gegründete republikanische Staatsform,[447] war eine Möglichkeit, nicht nur bestehende Macht (der Einzelstaaten) zu erhalten und im Sinne einer Balance auszutarieren wie auch zu begrenzen, sondern gerade neue Macht zu konstituieren, zu erhalten und zu steigern.[448] Zu der Sicht, dass geteilte Macht (zur Kontrolle) weniger Macht bedeute (Nullsummenspiel), kam die Einsicht hinzu, dass mit dem Bund, dem Verhältnis der Gliedstaaten zum Bundesstaat und der Machtabgabe an ihn eine neue zusätzliche Machtquelle zum Vorteil auch der Mitgliedstaaten etabliert werden konnte (Positivsummenspiel). Es ging nicht um Limitation, sondern um Konstitution, nicht um Begrenzung, sondern um Steigerung. Wendet man die Denkfigur der damaligen amerikanischen Lösung auf die umstrittene Frage nach einem europäischen Bundesstaat an, dann handelt es sich auch hier um eine historische Erweiterung der Perspektive: Es geht nicht mehr um eine jeweilige Einschränkung von Souveränität zwischen Europäischer Union und den Mitgliedsstaaten, sondern um Steigerung von Macht und Möglichkeiten durch (Teil-) Souveränitätsabgabe der Mitgliedsländer unter Beibehaltung ihrer Staatsqualität.

---

[445] *Hamilton/Madison/Jay*, Der Föderalist, herausgegeben von Felix Ermacora, 1958 (1787/88); *von Oppen-Runstedt*, Die Interpretation der amerikanischen Verfassung im Federalist, 1970; *Gerstenberger*, in: Wehler (Hrsg.), 200 Jahre amerikanische Revolution und moderne Revolutionsforschung, 1976, S. 38 ff.; *Davis*, Freiheit-Gleichheit-Befreiung. Die Vereinigten Staaten und die Idee der Revolution, 1993; zum Verlauf der amerikanischen Revolution siehe *Dippel*, Die amerikanische Revolution 1763-1787, 1985; zu föderalen Aspekten siehe *Heun*, Der Föderalismus in den USA, in: Härtel (Hrsg.), Handbuch Föderalismus – Föderalismus als demokratische Rechtsordnung und Rechtskultur in Deutschland, Europa und der Welt, Bd. IV, 2012, §96.

[446] *Arendt*, Über die Revolution, Neuausgabe 1974 (1963), S. 191.

[447] *Arendt* (Fn. 446), S. 200 und 218.

[448] Es galt ja, aus den 13 Einzelstaaten eine Einheit zu machen („de pluribus unum"), ohne sie zu entmachten; die Lösung war die föderale Bundesrepublik, siehe *Arendt* (Fn. 446), S. 198.

§16 Der staatszentrierte Föderalismus

150

Insofern kann man *Grimm* nicht umstandslos zustimmen, wenn er darauf verweist, dass: „auch die Akte der Europäischen Union für die Mitgliedstaaten Fremdbestimmung sind, jedenfalls wenn diese ihnen nicht zugestimmt haben oder gar keine Gelegenheit hatten, an ihnen mitzuwirken [...]".[449] „Die Akte der Europäischen Union können schon deswegen keine Fremdbestimmung sein, weil sie in Form der freiwilligen dreifachen Selbstbindung – moralisch-praktisch, rechtlich und vernunftstrategisch – grundgelegt sind, was die jetzige Institutionenstruktur mitsamt darauf bezogener Willensbildungs- und Entscheidungsprozesse und rechtlichen Regelungen mit impliziert."[450] Die Entscheidung zu den Grundsätzen impliziert dabei nicht die Zustimmung zu jedem einzelnen Entscheidungsakt. Dieses ist unter Anerkennung freiheitlich-pluralistischer Strukturen und damit wechselnder Mehrheiten auch nicht möglich. Ebenso wenig sind die Entscheidungsakte einer nationalstaatlichen repräsentativ-parlamentarischen Demokratie Fremdbestimmung für die, die ihnen im Einzelnen nicht zugestimmt oder an ihnen nicht mitgewirkt haben. Denn die Ergebnisse pluralistischer Prozesse sind bei aller parteilichen oder verbandlichen Vermachtungsprozesse doch immer an das Wertefundament und die damit verbundene rechtliche Ordnung zurück gebunden. Das heißt: Alle sind durch den freiheitlich-demokratischen Grundkonsens und die darauf aufbauenden Prozesse und Strukturen verbunden – trotz der konfliktbesetzten Themen und streitigen Entscheidungen. Auch impliziert die Potentialität von Teilhabe nicht die Notwendigkeit der Teilnahme aller. Mitwirkung und Zustimmung geschieht in einer repräsentativen Demokratie immer und umso mehr, je größer die Bevölkerungszahl ist, auf mehreren Ebenen und durch eine Vielzahl unterschiedlicher Personen – vor allem durch diejenigen, die als gewählte Repräsentanten des Volkes in der Legislative oder aber durch die Exekutive wirken, nie aber durch alle. Insofern handelt es sich auch bei der Europäischen Union um eine abgeleitete Legitimität (Legitimitätskette). Über die grundsätzliche Zustimmung zur Europäischen Union durch die demokratisch-souveränen Mitgliedstaaten, ja deren selbst bestimmte Schaffung einschließlich deren Institutionen und Verfahren sowie die Mitentscheidung in den EU-Institutionen erfolgt eine entsprechende erste Legitimierung. Durch direkte Wahlen von Unionsorganen wie dem Europäischen Parlament oder durch Rechtsetzungsakte des Deutschen Bundestages erfolgt eine weitere Legitimation der EU-Rechtsakte. Auch in der parlamentarischen Demokratie mit ihren Repräsentativorganen einschließlich der bundesstaatlichen Ordnung sind viele Akte demokratischer Entscheidung von Ferne und Nichtteilhabe der Bevölkerung, also von indirekter Legitimität geprägt. Gerade angesichts wachsender Komplexität von Wirtschaft, Gesellschaft und Politik, der Vielzahl der Bürger und der großen Variationsbreite der Themen besteht oft nicht die praktische Möglichkeit direkter Zustimmung oder Mitwirkung für alle, diese bleibt im Möglichkeitsmodus. Gleichwohl sind durch die abgeleitete Legitimität parlamentarische Entscheidungen

---

[449] *Grimm* (Fn. 426), S. 122.

[450] Zur Selbstbindung siehe *Härtel*, Kohäsion durch föderale Selbstbindung – Gemeinwohl und die Rechtsprinzipien Loyalität, Solidarität und Subsidiarität in der Europäischen Union, in: dies. (Hrsg.), Handbuch Föderalismus – Föderalismus als demokratische Rechtsordnung und Rechtskultur in Deutschland, Europa und der Welt, Band IV, 2012, §82.

keine Fremdbestimmung für die Bürger. Das gilt auch für die europäische Ebene: Auch die Akte der Europäischen Union sind keine solche.

151 Zu bedenken ist dabei auch: Die Europäische Union beruht auf dem Prinzip der in Freiheit getroffenen vertraglichen Zugehörigkeit und Anerkennung und damit der **freiwilligen Selbstbindung** an die freiheitlich-demokratischen Werte, Institutionen, Verfahren und Prozesse, die so auf einem breiten Legitimitätsfundament beruhen. Die Europäische Union ist damit ein erweiterter Schutzraum für Menschenrechte, Demokratie und Selbstbestimmung. Insofern ist auch das von *Grimm* vorgebrachte Argument nicht zwingend, dass das Lissabon-Urteil die Souveränität der Bundesrepublik nicht um des Nationalstaates, sondern der demokratischen Herrschaft willen verteidigt, die im Nationalstaat günstigere Voraussetzungen finde.[451] Gerade die Europäische Union mit der verbindlich gewordenen Grundrechtecharta erweitert den nationalstaatlichen Schutzraum der in freiheitlicher Selbstbestimmung gründenden **demokratischen Herrschaft** und ist damit eine zusätzliche stabilitätsverbürgende Stütze für sie. Günstigere Voraussetzungen für die Geltung der Demokratie in der notwendigen Kontinuität bildet gerade der freiheitliche Rechtsraum der Europäischen Union und ihrer Mitgliedstaaten. Das gilt im Übrigen umso mehr für die Mitgliedsstaaten, in denen aufgrund jahrzehntelanger Diktatur politische Verfahren und politische Kultur der Demokratie ungleich schwächer ausgebildet sind als in der – im Gegensatz zur Weimarer Republik – über sechs Jahrzehnte gefestigten Demokratie der Bundesrepublik Deutschland. Die Aufnahme von Ländern wie Spanien, Portugal und Griechenland in die Europäische Union wurde ja zu Recht vor allem damit begründet, dass die Europäische Union nach dem **Sturz der diktatorischen Systeme** in diesen Ländern die Entwicklung der jungen Demokratien besonders fördern und stützen muss. Ähnliches gilt nach dem Fall des Kommunismus für die Staaten in Mittel- und Osteuropa. Diese Unterstützung und die damit einhergehende Verbreiterung eines Raumes der Freiheit, des Rechtsstaates und der Demokratie ist eine der großen Leistungen der Europäischen Union, die man heute zu wenig beachtet.

152 Im Übrigen galt das auch für die Gefahr durch den die jungen europäischen Demokratien bedrohenden Nationalismus, der nach den mittel- und osteuropäischen Freiheitsrevolutionen 1989/1990 dort deutlich virulent war. Zudem wurde dieser durch schwierige ethnische Minoritätenprobleme (wie beispielsweise zwischen Ungarn und Rumänien) verstärkt. Man hat im zerfallenden Jugoslawien – den Kämpfen um territoriale Separationen und Staatsneubildungen – sehen können, welche zerstörerischen Kräfte durch Nationalismus freigesetzt werden können. Auch hier waren es die den Nationalismus dämpfenden, demokratischen Aufbaukräfte der Europäischen Union, die heilsam den Prozess zur Stärkung der freiheitlichen, rechtsstaatlichen parlamentarischen Demokratie befördert haben. Heute können sich die Gliedstaaten der Europäischen Union gerade durch die Stärkung der europäischen Ebene nicht nur wirtschaftlich im gemeinsamen Binnenmarkt, sondern im Verfassungsverbund auch als freiheitliche Demokratien gegenseitig stützen. Vor dem Hintergrund

---

[451] *Grimm* (Fn. 426), S. 122.

der deutschen und europäischen Geschichte hat sich die Entwicklung der Europäischen Union als Werte- und Rechtsgemeinschaft und damit als **stabilisierter und stabilisierender Friedens- und Freiheitsraum** als großer Vorteil erwiesen.

Ob es historisch einmal zu einem europäischen Bundesstaat kommen wird, ist offen. Der Staatenverbund, laut Bundesverfassungsgericht das Gebilde „sui generis", kann auch dahin interpretiert werden, dass sich sukzessive etwas ganz Neues jenseits der tradierten staatsrechtlichen Begrifflichkeit herausbildet[452], dem dann auch gegebenenfalls mit einer neuen Semantik zu begegnen wäre. Schon jetzt weist jedenfalls die Europäische Union beachtliche föderale Qualitäten auf.

153

Ein europäischer Bundesstaat, wenn darauf die Geschichte hinauslaufen würde, bedeutete jedenfalls in der Perspektive des erweiterten Stützraumes von Freiheit und Demokratie keine Austrocknung der national-staatlichen Quelle demokratischer Legitimation und Kontrolle.[453] Vielmehr wäre er im Sinne des Steigerungsgedankens **neuer Quellzufluss** in Hinsicht auf eine den demokratischen Nationalstaat bewahrende und ihn zugleich transzendierende freiheitlichen Ordnung in einem föderalen Mehrebenensystem.

154

I. Ausblick: Integrationswirkung, Standortwettbewerb und die „Falle der Verrechtlichung"

Auch wenn der staatszentrierte Föderalismus der Bundesrepublik Deutschland zu den komplizierteren Staatsordnungen gehört und Kritik aus unterschiedlichen Gründen an ihm geübt wurde, so ist doch festzuhalten, dass er sich für die Ordnung des Gemeinwesens in den Jahrzehnten seit der Gründung der Bundesrepublik Deutschland insgesamt bewährt hat. Der Paradigmenwechsel **vom monarchischen Bundesstaat zur freiheitlich-demokratischen bundesstaatlichen Ordnung** erst in der Weimarer Republik, dann aber vor allem mit der Bundesrepublik Deutschland 1949 hat seinen Teil mit dazu beigetragen, dass in Deutschland ein prosperierendes Gemeinwesen entstehen und weiterentwickelt werden konnte. Heute ist der Bundesstaat als integraler Bestandteil der freiheitlichen, rechtsstaatlichen Demokratie auch für die Bevölkerung ein gewohnter Teil der Verfassung geworden. Insofern hat die bundesstaatliche Ordnung im Grundsatz wie durch seine Praxis mit zu der hohen Wertschätzung des Grundgesetzes und seiner politischen identitätsstiftenden Wirkung beigetragen. Verfassungen sind die Grundlage für Institutionengefüge wie Spielregeln der rechtsstaatlich-parlamentarischen Demokratie, tragen aber ebenso durch die zentralen Leitideen und Staatsprinzipien zu Konsens und Integration der

155

---

[452] Vgl. *Härtel*, Kohäsion durch föderale Selbstbindung – Gemeinwohl und die Rechtsprinzipien Loyalität, Solidarität und Subsidiarität in der Europäischen Union, in: dies. (Hrsg.), Handbuch Föderalismus – Föderalismus als demokratische Rechtsordnung und Rechtskultur in Deutschland, Europa und der Welt, Bd. IV, 2012, §82.

[453] Was Grimm befürchtete (*Grimm* (Fn. 426), S. 123).

politischen Gemeinschaft der Bürger bei.[454] Insofern wächst politische Bindung und Zugehörigkeit sowohl aus den gemeinsamen geschichtlichen Traditionen als auch der gemeinsamen Wahrnehmung der in dem Grundgesetz niedergelegten Prinzipien und Rechte, der ihm zugrunde liegenden Werte und Möglichkeiten sowie der Teilhabe wie Teilnahme.

156   Das zeigen auch entsprechende Umfragen[455]: 78 % der deutschen Wähler sind stolz darauf, ein Deutscher zu sein, 74 % sind stolz auf das Grundgesetz, 85 % aller Deutschen sind stolz darauf, dass Werte wie Freiheit und Rechtsstaatlichkeit in Deutschland hoch gehalten werden. 77 % der Deutschen finden das Grundgesetz im Großen und Ganzen gut,[456] und 65 % glauben, „dass das Grundgesetz eine große Bedeutung für das Gemeinschaftsgefühl und die Identität der Menschen in Deutschland besitzt".[457] Hier kommt eine von der Verfassung und darauf beruhender Staatspraxis geprägte Grundhaltung zum Ausdruck, die genuiner Bestandteil einer gefestigten Politik- und Rechtskultur geworden ist.

157   Allerdings darf man dabei nicht verkennen, dass die bundesstaatliche Ordnung sich nicht im Grundsatz, wohl aber in der **Verfassungspraxis** geändert hat. Das kommt in den öffentlichen Diskursen wie in den wissenschaftlichen Reflexionen und Analysen des Bundesstaates zum Ausdruck. So wurden vor allem Vereinheitlichungstendenzen und Verflechtungsentwicklungen mit ihren negativen Folgen kritisiert. Der „unitarische Bundesstaat"[458], ja der „verkappte Einheitsstaat"[459] stehen für die eine Richtung, die Politikverflechtungsfalle[460] und die Strukturbruchthese zwischen Parteienwettbewerb und Kooperationserfordernissen[461] für die andere. Bei allen richtigen Beobachtungen, Analysen und Argumenten zum Bundesstaat und seiner Entwicklung muss man aber in der Gesamtschau *Arthur Benz* zustimmen, wenn er resümiert: „Bei den Beiträgen von Wissenschaftlern, vor allem aber in der öffentlichen Debatte, wurden die Probleme des deutschen Bundesstaates vielfach überzeichnet. Weder verbarg sich hinter der föderativen Verfassungsordnung ein ‚verkappter Einheitsstaat' noch folgte aus dem Ziel, einheitliche oder gleichwertige Lebensverhältnisse in allen Regionen zu erreichen, eine ‚Übernivellierung'. In der Gesetzgebung kam es selten zu wirklichen Blockaden, und ebenso wenig erwies sich

---

[454] *Vorländer*, Integration durch Verfassung, 2002 sowie *ders.*, Verfassungspatriotismus als Modell. Der Rechts- und Verfassungsstaat im Ordnungsdiskurs der Bundesrepublik Deutschland, in: Hertfelder/Rödder (Hrsg.), Modell Deutschland. Erfolgsgeschichte oder Illusion?, 2007, S. 110 ff.

[455] Die Ergebnisse der Befragung sind niedergelegt bei *Schaal/Vorländer/Ritzi*, 60 Jahre Grundgesetz. Deutsche Identität im Spannungsfeld von Europäisierung und Regionalisierung. Ergebnisse einer repräsentativen Bevölkerungsbefragung, 2009.

[456] Diese Angabe ist der Allenbach-Umfrage entnommen – siehe FAZ vom 28.01.2009.

[457] *Schaal/Vorländer/Ritzi* (Fn. 455), S. 8.

[458] *Hesse* (Fn. 189).

[459] *Abromeit*, Der verkappte Einheitsstaat, 1992.

[460] *Scharpf/Reissert/Schnabel* (Fn. 266) sowie *Scharpf*, Europäisches Demokratieprinzip und deutscher Föderalismus, in: Staatswissenschaften und Staatspraxis 3, 1992, S. 293 ff.

[461] *Lehmbruch*, Regelsysteme und Spannungslagen im Parteienwettbewerb im Bundesstaat, 3. Aufl. 2000.

§ 16 Der staatszentrierte Föderalismus

der deutsche Staat als unfähig, Reformen durchzuführen".[462] Mit seinem kooperativen Föderalismus ist Deutschland insgesamt gut gefahren. Überall sind natürlich dabei die Kompromisse unübersehbar, die jedoch – egal in welcher strukturellen Ausprägung – zum Grundsätzlichen einer parlamentarischen Demokratie gehören.

Das gilt auch für den eine Zeit lang stark propagierten **Wettbewerbsföderalismus** der Länder untereinander. Dieser zielte im Kern darauf, wieder stärker eine Balance im Ausgleichssystem des Finanzföderalismus zu erzielen. Die Forderung danach kam vornehmlich von Bayern, Baden-Württemberg und Hessen, also den „Geberländern". Hinter der Stoßrichtung Wettbewerbsföderalismus verbarg sich aber auch das weitergehende Ansinnen der Förderung eines grundsätzlichen Standortwettbewerbs der einzelnen Bundesländer insgesamt, wobei in Form von Benchmarks ein Anreizsystem zu mehr Effizienz und Leistung der bundesstaatlichen Ordnung gesetzt werden sollte.[463] Allerdings bezieht sich ein solcher Länderwettbewerb auf insgesamt gestiegene Anstrengungen von Bund, Ländern und Kommunen (hoheitlicher Föderalismus) wie zunehmend auch von Regionen und selbständigen regionalen Zusammenschlüssen (nichthoheitlicher Föderalismus), um sowohl im „europäischen Konzert" des Binnenmarktes als auch im gestiegenen globalen Standortwettbewerb[464] standzuhalten, mitzugestalten und eigene Chancen zu realisieren. Das macht über das Ökonomische hinaus den Einbezug von Sozialem und Kulturellem notwendig. Es zieht auch andere Steuerungsformen als die traditionelle Verwaltungshierarchie[465] im deutschen Bundesstaat nach sich, vor allem Formen unterschiedlicher Governance[466] und eine auf den Einbezug mehrerer Ebenen gerichtete Politik[467]. Diese Tendenzen werden sich vermutlich in Zukunft verstärken – der bundesdeutsche Föderalismus bleibt auch über die zwei Reformen zur Modernisierung der bundesstaatlichen Ordnung (Föderalismusreform I und II)[468] hinaus in Bewegung.

158

---

[462] *Benz*, in: Europäisches Zentrum für Föderalismus-Forschung Tübingen (Hrsg.), Jahrbuch des Föderalismus 2009, 2009, S. 109.

[463] *Berthold/Müller/Kosturkova*, Die Bundesländer im Standortwettbewerb 2009/2010. Einkommen – Beschäftigung – Sicherheit, herausgegeben von der Bertelsmann-Stiftung, 2010.

[464] Siehe dazu auch *Bertold/Fricke*, Die Bundesländer im Standortwettbewerb, in: Härtel (Hrsg.), Handbuch Föderalismus – Föderalismus als demokratische Rechtsordnung und Rechtskultur in Deutschland, Europa und der Welt, Bd. II, 2012, §30.

[465] *Bogumil/Jann* (Fn. 272), S. 211 ff.

[466] *Benz/Lütz/Schimank/Simonis* (Hrsg.), Handbuch Governance. Theoretische Grundlagen und empirische Anwendungsfelder, 2007; *Schuppert* (Hrsg.), Governance-Forschung, 2. Aufl. 2006; *Schuppert/Zürn* (Hrsg.), Governance in einer sich wandelnden Welt, 2008; *Benz/Dose* (Hrsg.), Governance – Regieren in komplexen Regelsystemen, 2. Aufl. 2010.

[467] *Benz* (Fn. 35).

[468] Zur Föderalismusreform I siehe *Starck* (Hrsg.), Föderalismusreform, 2007; sowie *Höreth* (Fn. 358), 139 ff.; zur Föderalismusreform II siehe *Oettinger*, in: Europäisches Zentrum für Föderalismusforschung Tübingen (Hrsg.), Jahrbuch des Föderalismus 2009, S. 15 ff.; *Härtel*, Föderalismusreform II, JZ 2008, 437 ff.; siehe auch dazu die Beiträge von *Baus*, Reformvorschläge zur ersten Föderalismusreform 2006 – eine Übersicht (§43), *Risse*, Reformbestrebungen zur bundesstaatlichen Ordnung – Aufgaben, Arbeitsweise und Ergebnisse der Föderalismuskommission I (§44), *Pendzich-von Winter/Frisch*, Reform der bundesstaatlichen Ordnung – Aufgaben,

159 Föderale Politik- und Rechtsgestaltung im Rahmen der bundesstaatlichen Ordnung wird aber künftig neben den – den Nationalstaat entgrenzenden – europäischen und globalen Faktoren auch binnenstaatliche, ebenfalls nicht geringfügige Probleme zu bewältigen haben. Dazu gehören nicht nur immer wieder auszubalancierende Gemengelagen im Bereich der Kompetenzzuordnungen, Ressourcenverteilungen, Koordinierungsbedürfnisse und möglichen Politikblockaden aufgrund von „Divided Government"-Situationen. Dazu gehört vor allem auch die stark anwachsende Regelungsdichte und -tiefe einschließlich der zunehmenden Haltung, wie zuvor auch auf die neuen internen wie externen Problemlagen mit Verfassungsänderungen zu reagieren. Auch unabhängig von den jüngsten Föderalismusreformen ist zu vermerken, dass sich der Bundesstaat – wie weiland bei Gulliver und seine Fesselung durch die Liliputaner – durch eine Vielzahl aufeinander folgender Einzelländerungen des Grundgesetzes seiner Bewegungsmöglichkeiten beraubt. „Unabhängig davon, ob diese Änderungen auf Zentralisierung oder Dezentralisierung, auf Verflechtung oder Entflechtung, auf mehr Einheitlichkeit oder Vielfalt zielten, im Ergebnis endeten sie mit zusätzlichen Verfassungsregeln [...] Mit dieser Praxis [...] geriet die Politik in die **Falle der Verrechtlichung**".[469] Zwar ist ein Teil dieser Entwicklung jeweils den aktuellen Strukturen des kooperativen Föderalismus und der erhöhten Komplexität angesichts der Europäisierung und Globalisierung geschuldet, zum anderen Teil handelt es sich hier aber um eine Eigendynamik in der bundesstaatlichen Ordnung. Wie hier Abhilfe zu schaffen ist, wird ebenfalls Teil des kommenden Zukunftsdialogs um die Weiterentwicklung der bundesstaatlichen Ordnung sein müssen.

160 Der Bundesstaat hat also wie in der Vergangenheit so auch in Zukunft **neuerliche Bewährungssituationen** zu bestehen. Das Vertrauen auf die verfassungsmäßig geschützte institutionelle Grundfestigkeit unserer freiheitlichen, rechtsstaatlichen und demokratischen bundesstaatlichen Ordnung, ihre trotz der politischen wie rechtlichen Verflechtungen noch immer bestehende Veränderungsoffenheit und ihre (dem Föderalismus immer zu eigen gewesene) **kreative Problemlösungsfähigkeit** könnten entscheidende Garanten für Zukunftsfähigkeit sein. Die „res publica composita" als ein Leuchtturm nicht nur für die Unverwechselbarkeit der bundesdeutschen Länder mit ihrer Vielfalt an Traditionen, kulturellen Eigenarten, regionalen Besonderheiten und wirtschaftlichen Leistungskräften, sondern auch als ein Leuchtturm für freiheitliche Bestrebungen, den Pluralismus der Lebensweisen und Lebenswelten sowie größere Teilhabe und Teilnahme der Bürger – das ist ein wert- und bedeutungsvolles Ziel, dem näher zu kommen beständige Aufgabe von Politik wie Recht ist und bleibt.

Arbeitsweise und Ergebnisse der Föderalismuskommission II (§45), in: Härtel (Hrsg.), Handbuch Föderalismus – Föderalismus als demokratische Rechtsordnung und Rechtskultur in Deutschland, Europa und der Welt, Bd. II, 2012.

[469] *Benz* (Fn. 462), S. 110 – „weil Verfassungsrecht damit praktisch wie normales Recht behandelt wird, entsteht die kritisierte Überregulierung", S. 120 (Hervorhebung durch die Verfasserin); *Benz* schlägt deshalb eine echte Verfassungsreform mit einem besonderen Verfahren vor (u. a. Einschluss gesellschaftlicher Interessen und Beteiligung der Bürgerschaft getrennt von den anderen politischen Sachmaterien).

§16 Der staatszentrierte Föderalismus 475

Schrifttum

U. Beck, Was ist Globalisierung?, 1997
C. Calliess, Optionen zur Demokratisierung der EU, in: H. Bauer/P. Huber/K.-P. Sommermann (Hrsg.), Demokratie in Europa, 2005, S. 285 ff.
S. Detjen, Einheit und Vielfalt. Der Wandel des Bundesstaats, BRAK-Mitteilung 1999, 7 ff.
U. Di Fabio, Verfassungsstaat und Weltrecht, in: M. Schulte/R. Stichweh (Hrsg.), Rechtstheorie 39. Band – Sonderheft Weltrecht (2/3), 2008, S. 399 ff.
U. Fastenrath, Souveräne Grundgesetzinterpretation – zum Staatsbild des Bundesverfassungsgerichts (Zweiter Senat), in: Th. Giegerich (Hrsg.), Der „offene Verfassungsstaat" des Grundgesetzes nach 60 Jahren. Anspruch und Wirklichkeit einer großen Errungenschaft, 2010, S. 295 ff.
M. Frenkel, Föderalismus und Bundesstaat, Band I und II, 1984 und 1986
W. Graf Vitzthum/F. Mack, Multiethnischer Föderalismus in Bosnien-Herzegowina, in: W. Graf Vitzthum (Hrsg.), Europäischer Föderalismus. Supranationaler, subnationaler und multiethnischer Föderalismus in Europa, 2000
ders., Ethnischer Föderalismus unter Protektoratsbedingungen. Das Beispiel Bosnien-Herzegowina, in: Europäisches Zentrum für Föderalismusforschung Tübingen (Hrsg.), Europäischer Föderalismus im 21. Jahrhundert, 2003, S. 118 ff.
D. Grimm, Souveränität. Herkunft und Zukunft eines Schlüsselbegriffs, 2009
B. Grzeszick, Vom Reich zur Bundesstaatsidee. Zur Herausbildung der Föderalismustheorie als Element des modernen deutschen Staatsrechts, 1996
I. Härtel, Föderalismusreform II, JZ 2008, 437 ff.
dies., in: dies. (Hrsg.), Handbuch Föderalismus – Föderalismus als demokratische Rechtsordnung und Rechtskultur in Deutschland, Europa und der Welt, 2012, mit folgenden Beiträgen: Die Gesetzgebungskompetenzen des Bundes und der Länder im Lichte des wohlgeordneten Rechts, Bd. I, §19
Nichthoheitlicher Föderalismus – neue föderale Entwicklungen jenseits tradierter Staatlichkeit, Bd. II, §48
Föderale Weiterentwicklung durch regionale Governance? Nichthoheitlicher Föderalismus am Beispiel von „Regionen aktiv", Bd. II, §51
Formen föderaler Selbstbindung: Gemeinwohl und die Rechtsprinzipien Loyalität, Solidarität und Subsidiarität in der Europäischen Union, Bd. IV, §82
Zuwachsende Legitimität: Institutionen und Verfahren der Rechtsetzung in der föderalen Europäischen Union, Bd. IV, §86
Integrative Wirkungen im föderalen Mehrebenensystem der Europäischen Union: Die Umsetzung des europäischen Rechts in das mitgliedstaatliche Recht, Bd. IV, §87
A. Heinemann-Grüder, Nigeria: Ethnischer Föderalismus als Patronage, in: Europäisches Zentrum für Föderalismusforschung Tübingen (Hrsg.), Jahrbuch Föderalismus 2009, S. 411 ff.
W. Hempel, Der demokratische Bundesstaat, 1969
W. Hertel, Formen des Föderalismus. Die Beispiele der USA, Deutschlands und Europas, in: W. Graf Vitzthum (Hrsg.), Europäischer Föderalismus. Supranationaler, subnationaler und multiethnischer Föderalismus, 2000, S. 13 ff.
R. Herzog, Bundes- und Landestaatsgewalt im demokratischen Bundesstaat, DÖV 1962, 81 ff.
H. Holste, Der deutsche Bundesstaat im Wandel (1867–1933), 2002
O. Höffe, Demokratie im Zeitalter der Globalisierung, 1999
J. Isensee, Der Bundesstaat – Bestand und Entwicklung, in: P. Badura/H. Dreier (Hrsg.), Klärung und Fortbildung des Verfassungsrechts, FS 50 Jahre Bundesverfassungsgericht, 2001, S. 719 ff.
ders., Idee und Gestalt des Föderalismus im Grundgesetz, in: ders./P. Kirchhof (Hrsg.), Handbuch des Staatsrechts der Bundesrepublik Deutschland, Band VI, 3. Aufl. 2008, §126
J. H. Kaiser, Die Erfüllung völkerrechtlicher Verträge des Bundes durch die Länder, ZaöRV 1958, 526 ff.

R. *Kosellek*, Bund – Bündnis, Föderalismus, Bundesstaat, in: O. Brunner/W. Conze/R. Kosellek (Hrsg.), Geschichtliche Grundbegriffe, Bd. 1, S. 582 ff.
D. *Langewiesche*, Nation, Nationalismus, Nationalstaat in Deutschland und Europa, 2000
H. *Laufer/U. Münch*, Das föderative System der Bundesrepublik Deutschland, 8. Aufl. 2010
A. *Maalouf*, Die Auflösung der Weltordnungen, 2010
H. *Maier*, Der Föderalismus – Ursprünge und Wandlungen, AöR 1990, 213 ff.
U. *March*, Föderalismus. Fakten – Probleme – Chancen, 2008
W. *Merkel u.a.*, Defekte Demokratie, Bd. I: Theorie und Probleme, 2. Aufl. 2010
C. *Möllers*, Staat als Argument, 2000
N. *Naeen*, Die neue bundesstaatliche Ordnung des Irak, 2008
M. *Oehlrich*, Vom Rhenser Weistum bis zur Föderalismusreform: Das Föderalismusprinzip als Konstante deutscher Verfassungen, JURA 2009, 808 ff.
S. *Oeter*, Integration und Subsidiarität im deutschen Bundesstaatsrecht, 1998
A. *Puttler*, Die deutschen Länder in der Europäischen Union, in: Isensee/P. Kirchhof (Hrsg.), Handbuch des Staatsrechts der Bundesrepublik Deutschland, Band VI, 3. Aufl. 2008, §142
U. *Rödel/G. Frankenberg/H. Dubiel*, Die demokratische Frage, 1989
E. *Šarčević*, Das Bundesstaatsprinzip, 2000
U. *Schliesky*, Souveränität und Legitimität von Herrschaftsgewalt, 2004
H. *Schwengel*, Globalisierung mit europäischem Gesicht, 1999
M. *Seckelmann*, „Renaissance" der Gemeinschaftsaufgaben in der Föderalismusreform II?, DÖV 2009, 747 ff.
K. *Sontheimer*, Antidemokratisches Denken in der Weimarer Republik, 1978
C. *Stahn*, Föderalismus im Dienste der Friedenssicherung – Bosnien-Herzegowina unter dem Friedensabkommen von Dayton, in: Europäisches Zentrum für Föderalismusforschung Tübingen (Hrsg.), Jahrbuch des Föderalismus 2002, S. 388 ff.
C. *Starck*, Allgemeine Staatslehre in Zeiten der Europäischen Union, in: FS J. Delbrück, 2005, S. 711 ff.
ders. (Hrsg.), Föderalismusreform, 2007
ders., Idee und Struktur des Föderalismus im Lichte der Allgemeinen Staatslehre, in: I. Härtel (Hrsg.), Handbuch Föderalismus – Föderalismus als demokratische Rechtsordnung und Rechtskultur in Deutschland, Europa und der Welt, Bd. I, 2012, §1
R. *Stichweh*, Das Konzept der Weltgesellschaft. Genese und Strukturbildung eines globalen Gesellschaftssystems, in: M. Schulte/R. Stichweh (Hrsg.), Rechtstheorie 39. Band – Sonderheft Weltrecht (2/3), 2008, S. 329 ff.
H. A. *Winkler*, Der lange Weg nach Westen. Deutsche Geschichte vom „Dritten Reich" bis zur Wiedervereinigung, 2000
J. *Woelk*, Stagnation oder Integration: die Verfassung Bosnien-Herzegowina, in: Europäisches Zentrum für Föderalismusforschung Tübingen (Hrsg.), Jahrbuch des Föderalismus 2009, S. 353 ff.
E. *Wolfrum*, Die geglückte Demokratie, 2007.

§17 Der Bundesstaat in der Rechtsprechung des Bundesverfassungsgerichts

Hans Hugo Klein

Inhalt

A. Einleitung... 477
B. Das Prinzip des Bundesstaats.. 479
   I. Theorie des Bundesstaats...................................... 479
   II. Normative Bedeutung des bundesstaatlichen Prinzips........... 480
C. Bund und Länder.. 487
   I. Die Rechtsbeziehungen zwischen Bund und Ländern............... 487
   II. Kompetenzverteilung... 489
D. Der Bundesstaat in der Europäischen Union........................... 492
   I. Kompetenzschwund der Länder................................... 492
   II. Der Bund: Sachwalter der Länderrechte......................... 493
   III. Die Länder in der Europäischen Union......................... 494
Schrifttum... 495

A. Einleitung

Der deutsche Föderalismus wurzelt im Mittelalter.[1] Weder der Deutsche Bund (1815–1866) noch die *Bismarcksche* Reichsgründung (1867/1871) oder die Weimarer Republik (1919–1933), obzwar sie weit zentralistischer geprägt war als ihre Vorgänger, wären ins Leben getreten, hätten ihre Gründer sie als Einheitsstaaten konzipiert. Vollends hatte die durch das nationalsozialistische Regime bewirkte Auslöschung der Länder als selbständiger politischer Größen[2] die Idee eines deutschen Einheitsstaates diskreditiert. Es bedurfte deshalb 1948/1949 – auch weil der Neuaufbau der deutschen Staatlichkeit nach 1945 mit der Wiedererrichtung der Länder begonnen hatte – keines Oktroi der Besatzungsmächte, um sicherzustellen,

1

---

[1] *Nipperdey*, in: ders. (Hrsg.), Nachdenken über die deutsche Geschichte, 2. Aufl. 1986, S. 60.
[2] Gesetz über den Neuaufbau des Reichs vom 30.1.1934, RGBl. I S. 75.

H. H. Klein (✉)
Heilbrunnstraße 4, 76327 Pfinztal, Deutschland
E-Mail: hanshklein@web.de

dass das bundesstaatliche Prinzip zu einer der **Grundlagen der Verfassungsordnung der Bundesrepublik Deutschland**[3] wurde.[4] Die Anknüpfung an die föderalistische Tradition deutscher Verfassungsstaatlichkeit bedeutet freilich nicht, dass das bundesstaatliche Prinzip des Grundgesetzes mit demjenigen älterer deutscher Verfassungen gleichgesetzt werden darf: „Jeder Bundesstaat ist ein Unikat"[5] – eine Feststellung, die im historischen Längsschnitt ebenso Gültigkeit besitzt wie im rechtsvergleichenden Querschnitt. Zwar gibt es eine Reihe struktureller Merkmale, die allen bundesstaatlichen Verfassungen gemeinsam sind: Bundesstaaten sind eine Verbindung von Staaten, in ihnen kommt sowohl dem Gesamtstaat wie den Gliedstaaten Staatsqualität zu;[6] die staatlichen Kompetenzen und Mittel werden durch die Verfassung des Gesamtstaats auf die beiden staatlichen Ebenen verteilt;[7] die Gliedstaaten haben teil an der Willensbildung des Gesamtstaats, der seinerseits einen gewissen Einfluss auf die Gliedstaaten ausübt; das Vorhandensein an- und ausgleichender Instrumente der Koordination im Interesse einer reibungslosen Zusammenarbeit beider Ebenen;[8] die Kompetenz-Kompetenz des Gesamtstaats und die (freilich nicht unbegrenzte) Verfassungsautonomie der Gliedstaaten. Indes: ungeachtet solcher Gemeinsamkeiten lässt sich das Verständnis jeder bundesstaatlichen Verfassungsordnung „viel eher von einer **historisch-pragmatischen Betrachtung** als von einer abstrakten Theorie her" erschließen.[9] Mit anderen Worten: die hohe Dichte bundesstaatlicher Regelungen im Grundgesetz[10] mahnt zur Vorsicht beim Rückgriff auf das „Wesen" oder „Prinzip" des Bundesstaats bei der interpretatorischen Erschließung des normativen Gehalts der Verfassung.[11]

---

[3] Vgl. nur BVerfGE 1, 14 (34); 11, 77 (85); 108, 169 (181).

[4] *Mußgnug*, in: Isensee/Kirchhof (Hrsg.), Handbuch des Staatsrechts, Bd. 1, 3. Aufl., 2003, §8 Rn. 71.

[5] *Rudolf*, in: Isensee/Kirchhof (Hrsg.), Handbuch des Staatsrechts, Bd. 6, 3. Aufl., 2008, §141 Rn. 1. – Das BVerfG knüpft deshalb bei der Auslegung das Bundesstaatsprinzip konkretisierender Normen des Grundgesetzes, etwa der Kompetenzverteilung im Bereich der Gesetzgebung, nur dann an historische Vorbilder, insbesondere die WRV, an, wenn das GG im Wortlaut an sie anschließt: BVerfGE 3, 407 (414 f.); 41, 205 (220); 109, 190 (213 f.).

[6] BVerfGE 36, 342 (360 f.). – Siehe schon BVerfGE 4, 115 (136); st. Rspr. *Möllers*, Der Staat als Argument, 2000, S. 350 ff., weist allerdings darauf hin, dass die Formel von der Staatlichkeit der Länder in der Rechtsprechung des BVerfG kaum je einen selbständigen Argumentationstopos bildet, also keinen über die konkreten grundgesetzlichen Regelungen hinausgehenden normativen Mehrwert hat (S. 357, 374). – Zur Weimarer Reichsverfassung vgl. *Thoma*, in: Anschütz/Thoma (Hrsg.), Handbuch des Deutschen Staatsrechts, Bd. 1, 1930, S. 169 (170 ff.).

[7] BVerfGE 104, 249 (282): „System kompetenzgeteilter Staatlichkeit" – Abw. Meinung der Richter *Di Fabio* und *Mellinghoff*.

[8] *Holste*, Der deutsche Bundesstaat im Wandel (1867–1933), 2002, S. 25 f.

[9] *Scheuner*, DÖV 1962, 641.

[10] *Isensee*, in: Badura/Dreier (Hrsg.), FS 50 Jahre BVerfG, 2001, Bd. 2, S. 121 (122); ders., in: ders./Kirchhof (Hrsg.), Handbuch des Staatsrechts, Bd. 6, 3. Aufl., 2008, §126 Rn. 5.

[11] Näher dazu unten Rn. 4 ff.

§ 17 Der Bundesstaat in der Rechtsprechung des Bundesverfassungsgerichts

Die regelungsintensive Ausgestaltung der Bundesstaatlichkeit im Grundgesetz nährt die Reichhaltigkeit der einschlägigen Rechtsprechung des BVerfG. Die Begrenztheit des hier zur Verfügung stehenden Raumes zwingt zur Konzentration. Untersucht wird nachfolgend, inwieweit sich das BVerfG auf Fragen der Theorie und der Legitimation des Bundesstaates eingelassen hat und welche normative Bedeutung es dem Prinzip des Bundesstaates, wie es in Art. 20 Abs. 1, 28 Abs. 1 und 79 Abs. 3 GG niedergelegt ist, unabhängig von den konkreten verfassungsgesetzlichen Realisierungen beimisst (B), und wie sich die Rechtsbeziehungen zwischen Bund und Ländern darstellen (C). Ein abschließender Blick wird auf die Auswirkungen der Eingliederung der Bundesrepublik Deutschland in die Europäische Union auf die Bundesstaatlichkeit zu werfen sein (D).

B. Das Prinzip des Bundesstaats

I. Theorie des Bundesstaats

Der Theorie des Bundesstaats hat sich das BVerfG nur in seinen Anfängen gewidmet. So schien es im Konkordatsurteil,[12] als wolle sich das Gericht im überkommenen Theorienstreit für die **Dreigliedrigkeitsthese** (Gesamtstaat, bestehend aus Bund und Ländern) aussprechen, ohne dass erkennbar geworden wäre, warum es dieser Konstruktion zur Begründung des Urteils bedurfte. Wenig später hat das BVerfG den zunächst entstandenen Eindruck korrigiert: zwischen einem Zentralstaat und einem Gesamtstaat als zwei verschiedenen Rechtssubjekten habe nicht unterschieden werden sollen.[13] – Nur gelegentlich finden sich in den Entscheidungen des BVerfG Reflexionen über die **Rechtfertigung des Bundesstaats**.[14] Betont wird vor allem, dass die Kompetenzaufteilung zwischen Bund und Ländern „ein Element zusätzlicher funktionaler Gewaltenteilung" bilde.[15]

---

[12] BVerfGE 6, 309 (340).

[13] BVerfGE 13, 54 (77 f.). – Ausführlich *Rudolf*, in: Starck (Hrsg.), Bundesverfassungsgericht und Grundgesetz, 1976, Bd. 2, S. 233 (236 ff.). – Während etwa *Hesse*, Grundzüge des Verfassungsrechts der Bundesrepublik Deutschland, 20. Aufl. 1995, S. 96, die Dreigliedrigkeitsthese für die bundesstaatliche Ordnung des Grundgesetzes als überwunden ansieht, bescheinigt ihr *Jestaedt*, in: Isensee/Kirchhof (Hrsg.), Handbuch des Staatsrechts, 3. Aufl., Bd. 2, 2004, § 29 Rn. 10, „größeren Erklärungswert für das geltende Verfassungsrecht". Klärend *Isensee*, in: ders./Kirchhof (Fn. 10), § 126 Rn. 171: Irrelevanz des Dreigliederungstheorems für das positive Verfassungsrecht.

[14] BVerfGE 55, 274 (318 f.); 108, 169 (181).

[15] Grundlegend: *Hesse*, Der unitarische Bundesstaat, 1962; *ders.* (Fn. 13), S. 98 f., 119 f.; ferner etwa: *Isensee*, in: ders./Kirchhof (Fn. 10), § 126 passim; *Maurer*, Staatsrecht I, 5. Aufl. 2007, S. 313 ff.; *Stern*, Das Staatsrecht der Bundesrepublik Deutschland, Bd. 1, 2. Aufl. 1984, S. 657 ff.; zusammenfassend *Jestaedt* (Fn. 13), § 29 Rn. 12.

II. Normative Bedeutung des bundesstaatlichen Prinzips

4   Im Streit um ein „**summatives**" oder „**integrales**" **Verständnis** des Bundesstaatsprinzips[16] hat sich das BVerfG zu Recht im letztgenannten Sinne ausgesprochen: es erkennt dem föderalistischen Prinzip eine eigenständige, also unabhängig von seinen konkreten Ausformungen im Verfassungstext bestehende, normative Bedeutung zu. Augenfälligstes Beispiel ist der ungeschriebene Grundsatz des bundesfreundlichen Verhaltens.[17]

1. Staatlichkeit der Länder

5   Aus dem bundesstaatlichen Prinzip leitet das BVerfG die Erkenntnis ab, dass die Länder „als Glieder des Bundes Staaten mit eigener – wenn auch gegenständlich beschränkter – nicht vom Bund abgeleiteter, sondern von ihm anerkannter staatlicher Hoheitsmacht" sind.[18] Im Bundesstaat des Grundgesetzes entfaltet sich **Staatlichkeit** mithin **auf zwei Ebenen**: der des Bundes und der der Länder. Hier „stehen sich Bund und Länder und die Länder untereinander gegenüber; die Kommunen sind staatsorganisatorisch den Ländern eingegliedert."[19] Aus der Staatsqualität der Länder ergeben sich zufolge der Rechtsprechung des BVerfG weitere Konsequenzen:

6   a) An erster Stelle ist die **Selbständigkeit der Verfassungsräume** von Bund und Ländern zu nennen. Wesentlicher Bestandteil der staatlichen Hoheitsmacht der Länder ist, wie das BVerfG schon in seinem ersten Urteil[20] festgehalten hat, „die Gestaltung der verfassungsmäßigen Ordnung im Lande, solange sie sich im Rahmen des Art. 28 Abs. 1 GG hält. ... Solange die Länder bestehen und ihre verfassungsmäßige Ordnung sich im Rahmen des Art. 28 Abs. 1 GG hält, kann der Bund ohne Verletzung des im Grundgesetz garantierten bundesstaatlichen Prinzips in ihre Verfassungsordnung nicht eingreifen."[21] Daraus wurde später gefolgert, dass Bundesverfassungsrecht inhaltsgleiches Landesverfassungsrecht nicht bricht.[22] Das „selbständige Nebeneinander der Verfassungsräume (scil.: des Bundes und der Länder) darf aber nicht als Bezugslosigkeit aufgefasst werden."[23] Das folgt einerseits aus den in Art. 28 Abs. 1 und 2 GG enthaltenen bundesverfassungsrechtlichen Normativbestimmungen für das Landesverfassungsrecht, die das BVerfG dahin interpretiert,

---

[16] Dazu: *Isensee*, in: FS 50 Jahre BVerfG (Fn. 10), S. 730 ff.

[17] Dazu unten Rn. 12.

[18] BVerfGE 1, 14 (34); 6, 309 (346 f.); 13, 54 (74 f.); 34, 9 (19); 36, 342 (360 f.); 60, 175 (207 f.); 72, 330 (385); 81, 310 (334); 87, 181 (196); 101, 158 (222).

[19] BVerfGE 86, 148 (215, 218 f.).

[20] BVerfGE 1, 14 (34).

[21] BVerfGE 1, 14 (34); vgl. ferner: BVerfGE 4, 178 (189); 6, 376 (382); 22, 267 (270); 60, 175 (209); 64, 301 (317); 96, 345 (368 f.); 98, 145 (157 f.); 99, 1 (11); 102, 224 (234); 103, 332 (347, 350).

[22] BVerfGE 36, 342 (363 und passim).

[23] BVerfGE 103, 332 (351).

§17 Der Bundesstaat in der Rechtsprechung des Bundesverfassungsgerichts

dass das Grundgesetz „nicht Konformität oder Uniformität, sondern nur eine gewisse Homogenität durch Bindung an die leitenden Prinzipien herbeiführen" wolle.[24] Der **Verfassungsautonomie der Länder** bleibt also ein weiter Entfaltungsspielraum. So bleibt es ihnen nicht nur unbenommen, in ihre Verfassungen „Staatsfundamentalnormen aufzunehmen, die das Bundesverfassungsrecht nicht kennt, sondern auch Staatsfundamentalnormen, die mit den entsprechenden Staatsfundamentalnormen des Bundesverfassungsrechts nicht übereinstimmen."[25] Beispielhaft für mit denen des Grundgesetzes nicht übereinstimmende, gleichwohl aus bundesverfassungsrechtlicher Sicht unbedenkliche „Staatsfundamentalnormen" der Vorläufigen Niedersächsischen Verfassung[26] nannte das BVerfG u. a. die Abhängigkeit des aktiven und passiven Wahlrechts von einer bestimmten Dauer der Staatsangehörigkeit, das Selbstauflösungsrecht des Landtags, die Ministeranklage und das Notverordnungsrecht der Landesregierung. Bei anderer Gelegenheit hat das Gericht festgestellt, dass die Aufnahme von Vorschriften über Volksbegehren und Volksentscheid in den Bereich verfassungsrechtlicher Gestaltungsfreiheit der Länder fällt.[27] Auch werde das parlamentarische Regierungssystem für die Landesverfassungen durch Art. 28 Abs. 1 S. 1 GG nicht zwingend vorgeschrieben.[28]

Die Verfassungsautonomie der Länder ist nach der Rechtsprechung des BVerfG auch dadurch gewissen Einschränkungen unterworfen, dass das Bundesverfassungsrecht in den landesverfassungsrechtlichen Raum *hineinwirkt*.[29] „Die Verfassung der Gliedstaaten eines Bundesstaats ist nicht in der Landesverfassungsurkunde allein enthalten, sondern in sie hinein wirken auch Bestimmungen der Bundesverfassung. Beide Elemente zusammen machen erst die Verfassung des Gliedstaates aus."[30] So seien „die in Art. 3, 20 Abs. 3 und 25 GG normierten Verfassungsgrundlagen ... **ungeschriebene Bestandteile der Landesverfassungen**".[31] Gleiches gelte für „die

7

---

[24] BVerfGE 9, 268 (279); 24, 367 (390); 27, 44 (56); 41, 88 (116); 83, 37 (58); 90, 60 (84).

[25] BVerfGE 36, 342 (361) – in diesem Verfahren ging es um die Gültigkeit einer mit Art. 33 Abs. 5 GG (damaliger Fassung) wörtlich übereinstimmenden Norm der Vorläufigen Niedersächsischen Verfassung.

[26] Sie wurde mit Wirkung vom 1.6.1993 durch die Verfassung vom 19.5.1993 (NdsGVBl. 1993, S. 107) abgelöst.

[27] BVerfGE 60, 175 (208).

[28] BVerfGE 9, 268 (281 f.). Siehe auch BVerfGE 27, 44 (56): der Grundsatz, dass das Amt des Regierungschefs stets mit dem Zusammentritt eines neuen Parlaments ende (vgl. Art. 69 Abs. 2 GG), gehöre nicht zu den gem. Art. 28 Abs. 1 S. 1 GG für die Länder verbindlichen Grundsätzen des demokratischen Rechtsstaats im Sinne des Grundgesetzes. – Konziser Überblick über bundesverfassungsrechtliche Vorgaben für das Landesverfassungsrecht und dessen Freiräume bei *Pieroth*, in: Jarass/Pieroth, Grundgesetz für die Bundesrepublik Deutschland, 11. Aufl. 2011, Art. 28 Rn. 4 und 5.

[29] BVerfGE 1, 208 (232); ferner: BVerfGE 66, 107 (114); 103, 332 (347 ff.).

[30] BVerfGE 1, 208 (232).

[31] BVerfGE 1, 208 (233).

in Art. 5 Abs. 1 GG enthaltene Garantie des Rundfunks"[32] und Art. 21 GG.[33] Allerdings soll es mit Rücksicht auf die Verfassungsautonomie der Länder für ein solches „Hineinlesen" einer grundgesetzlichen Bestimmung in die Landesverfassungen einer „besonderen Rechtfertigung" bedürfen; es sei zu bedenken, dass durch eine solche Operation die Verfassungsautonomie eines Landes „und damit seine Staatlichkeit ganz nachhaltig beschädigt werden ... Auf diese Weise wird letztendlich ein Eckpfeiler des Staatswesens der Bundesrepublik Deutschland untergraben: das föderale Prinzip des Art. 20 Abs. 1 GG."[34]

8   b) Sind die Verfassungsräume des Bundes und der Länder – grundsätzlich – voneinander geschieden, so gilt dieses „Trennungsprinzip" auch für die **Verfassungsgerichtsbarkeit** beider Ebenen. „Daraus folgt, dass der Bereich der Verfassungsgerichtsbarkeit der Länder vom BVerfG nicht in größere Abhängigkeit gebracht werden darf, als es nach dem Bundesverfassungsrecht unvermeidbar ist."[35] So einfach die Ausgangslage erscheint – das BVerfG als Hüter der Bundesverfassung, die Landesverfassungsgerichte als Hüter der jeweiligen Landesverfassung –, so wenig sind „glatte Aussagen" möglich.[36] Das BVerfG hat die folgenden „Modifizierungen und Durchbrechungen des Trennungsprinzips" aufgelistet: „Prüfung der Vereinbarkeit mit dem Grundgesetz oder sonstigem Bundesrecht als Vorfrage (scil.: durch das Landesverfassungsgericht); Hineinwirken des Grundgesetzes in die Landesverfassung; Prüfung über das landesverfassungsrechtliche Rechtsstaatsprinzip; Art. 100 Abs. 3 GG und die Entscheidung des Bundesverfassungsgerichts in BVerfGE 60, 175".[37] Die komplexe Rechtslage kann hier nicht im Einzelnen dargestellt werden.[38]

9   c) Nach Art. 32 Abs. 1 GG ist die Pflege der Beziehungen zu auswärtigen Staaten (und ihnen gleichgestellten Völkerrechtssubjekten[39]) Sache des Bundes. Damit wird dem Bedürfnis Rechnung getragen, die Interessen der Bundesrepublik Deutschland

---

[32] BVerfGE 13, 54 (80).
[33] BVerfGE 1, 208 (227) – st. Rspr., zuletzt BVerfGE 120, 82 (104).
[34] BVerfGE 103, 332 (347, 357). – Wichtigste Konsequenz dieser Rechtsprechung ist die Erweiterung der Prüfungsmaßstäbe der Landesverfassungsgerichte, was wiederum zu einer Entlastung des BVerfG führt. Zur verbreiteten Kritik an der Theorie von den „Bestandteilsnormen" siehe nur *Dreier*, in: ders. (Hrsg.), Grundgesetz, 2. Aufl., Bd. 2, 2006, Art. 28 Rn. 54 mit Nachw.
[35] BVerfGE 96, 231 (242).
[36] *Bethge*, in: Maunz u.a. (Hrsg.), BVerfGG, Loseblatt, Stand: März 1998, Vorbemerkung Rn. 241.
[37] BVerfGE 103, 332 (352). – Die Entscheidung BVerfGE 60, 175, erging zum Volksbegehren „Startbahn West" in Hessen.
[38] Verwiesen sei auf *Bethge* (Fn. 36), Rn. 243 ff., 250 bis 285; *E. Klein/Benda*, Verfassungsprozessrecht, 2. Aufl. 2001, S. 16 ff.; *Schlaich/Korioth*, Das Bundesverfassungsgericht. Stellung, Verfahren, Entscheidungen, 7. Aufl. 2007, Rn. 347 ff.
[39] BVerfGE 2, 347 (374). In Ansehung der Beziehungen zum Heiligen Stuhl hat das BVerfG festgestellt, dass die Länder im Bereich ihrer Gesetzgebungskompetenz ihre konkordatären Beziehungen ohne Ingerenz des Bundes gestalten können: Konkordate unterfallen damit nicht der Regelung der Art. 32 und 59 GG: BVerfGE 6, 309 (362).

§ 17 Der Bundesstaat in der Rechtsprechung des Bundesverfassungsgerichts

auf der internationalen Ebene einheitlich und dementsprechend wirksam wahrnehmen zu können.[40] Die Regel des Art. 32 Abs. 1 GG (**Kompetenzvermutung zu Gunsten des Bundes**[41]) wird indessen auf mehrfache Weise durchbrochen:

- Art. 32 Abs. 2 GG verpflichtet den Bund, vor Abschluss eines Vertrages, der die besonderen Verhältnisse eines Landes berührt, das Land rechtzeitig zu **hören**.
- Art. 32 Abs. 3 GG begründet eine Verbandskompetenz der Länder für den Abschluss von Verträgen und Verwaltungsabkommen[42] mit auswärtigen Staaten im Rahmen ihrer Gesetzgebungs- und Verwaltungszuständigkeit,[43] von der sie allerdings nur mit Zustimmung der Bundesregierung Gebrauch machen dürfen. Ob diese **Kompetenz der Länder** eine ausschließliche oder eine nur konkurrierende ist und ob die Kompetenz des Bundes nach Art. 32 Abs. 1 GG auch die Befugnis einschließt, auch jenseits der eigenen Gesetzgebungszuständigkeit Verträge mit auswärtigen Staaten abzuschließen, ist seit jeher umstritten.[44] Zu einer verfassungsgerichtlichen Entscheidung des Meinungsstreits ist es nicht gekommen, weil Bund und Länder im **„Lindauer Abkommen"** sich über die praktische Handhabung ihrer beiderseitigen Zuständigkeiten geeinigt haben.[45]
- Nach Art. 24 Abs. 1a GG können die Länder mit Zustimmung der Bundesregierung Hoheitsrechte auf **grenznachbarschaftliche Einrichtungen** übertragen, soweit sie für die Ausübung der staatlichen Befugnisse und die Erfüllung der staatlichen Aufgaben zuständig sind. Im Rahmen der „unionswärtigen Gewalt" räumt Art. 23 Abs. 2 ff. GG den Ländern ein über den Bundesrat auszuübendes Mitwirkungsrecht ein.[46]

Für eine **„Nebenaußenpolitik" der Länder**, wie sie in der Praxis vielfach stattfindet, lässt das Grundgesetz also einen nicht zu unterschätzenden Spielraum.[47] Es ist ihnen jedoch verwehrt, in Ausübung ihrer Vertragsgewalt eine selbständige Außenpolitik zu betreiben. Es widerspräche dem „Wesen des Bundesstaates", wenn sie sich damit in einen Gegensatz zur Politik des Bundes stellten.[48]

10

---

[40] Vgl. BVerfGE 55, 349 (368).

[41] BVerfGE 6, 309 (362).

[42] BVerfGE 2, 347 (369 f.).

[43] „Parallelität zwischen innerstaatlicher Kompetenz und Auswärtiger Gewalt": *Calliess*, in: Isensee/Kirchhof (Hrsg.), Handbuch des Staatsrechts, 3. Aufl., Bd. 4, 2006, § 83 Rn. 56.

[44] Überblick: *Calliess* (Fn. 43), Rn. 57 mit Nachw.

[45] Text des Lindauer Abkommens bei *Streinz*, in: Sachs (Hrsg.), Grundgesetz, 5. Aufl. 2009, Art. 32 Rn. 35; zur Frage seiner Vereinbarkeit mit dem GG vgl. Rn. 39 ff.

[46] Dazu unten Rn. 26–28.

[47] Die Einzelheiten sind umstritten; grundlegend: *Fastenrath*, Kompetenzverteilung im Bereich der auswärtigen Gewalt, 1986; Überblick: *Calliess* (Fn. 43), § 83 Rn. 59 ff.; *Isensee*, in: ders./Kirchhof (Fn. 10), § 126 Rn. 244 ff., jew. m.w.N.

[48] BVerfGE 2, 347 (379).

2. Statusgleichheit der Länder

11 „Als Glieder des Bundes besitzen die Länder, soweit positive verfassungsrechtliche Bestimmungen nicht entgegenstehen, den gleichen Status ..."[49]. Die Ansätze zur Begründung dieser These sind in der Rechtsprechung des BVerfG unterschiedlich und im Schrifttum umstritten.[50] Das BVerfG stützt sich teils auf den Gleichheitssatz,[51] teils auf das „föderalistische Prinzip",[52] an anderer Stelle dann auf eine Kombination aus Bundesstaatsprinzip und allgemeinem Gleichheitssatz.[53] Richtig ist: das **föderative Gleichbehandlungsgebot** besteht nach Maßgabe des Grundgesetzes, das Pflichten des Bundes zur Gleich-, aber auch zur Ungleichbehandlung der Länder begründet.[54]

3. Bundestreue

12 In ständiger Rechtsprechung anerkennt das BVerfG den ungeschriebenen Grundsatz bundesfreundlichen Verhaltens als eine Ausprägung des föderalistischen Prinzips.[55] Denn im Bund sind, „dem **Wesen des Bündnisses** entsprechend", Bund und Länder verpflichtet, „zusammenzuwirken und zu seiner Festigung und zur Wahrung seiner und der wohlverstandenen Belange seiner Glieder beizutragen".[56] Der Verfassungsgrundsatz der Bundestreue kann nur aus der Zusammenschau mit allen anderen Verfassungsnormen, die das Verhältnis zwischen dem Bund und seinen Gliedern und dieser untereinander regeln, richtig verstanden werden[57] – auch hier also die Rückbindung an das positive Verfassungsrecht und die Absage an alle von diesem abgehobene Theorie. „Das Prinzip der Bundestreue konstituiert oder begrenzt Rechte und Pflichten innerhalb eines bestehenden Rechtsverhältnisses" zwischen den Gliedern des Bundes, vermag aber nicht selbst ein solches Rechtsverhältnis zu begründen,[58] der Satz vom bundesfreundlichen Verhalten ist **akzessorischer Natur**.[59]

---

[49] BVerfGE 1, 299 (315).

[50] Ausführlich: *Isensee*, in: ders./Kirchhof (Fn. 10), §126 Rn. 137 ff.

[51] BVerfGE 35, 263 (271 f.).

[52] BVerfGE 1, 299 (315); 41, 291 (308).

[53] BVerfGE 72, 330 (404).

[54] *Bauer*, in: Dreier (Hrsg.), Grundgesetz, 2. Aufl., Bd. 2, 2006, Art. 20 (Bundesstaat) Rn. 37, im Anschluss an *Pleyer*, Föderative Gleichheit, 2005. Augenfälligstes Beispiel föderativer Ungleichheit ist die Stimmgewichtung der Länder im Bundesrat (Art. 51 Abs. 2 GG).

[55] Beginnend mit BVerfGE 1, 299 (315); vgl. aus der älteren Rspr. ferner: BVerfGE 6, 309 (361); 8, 122 (138); 12, 205 (254 f.). Aus jüngerer Zeit: BVerfGE 106, 1 (27); 110, 33 (52).

[56] BVerfGE 1, 299 (315).

[57] BVerfGE 6, 309 (361).

[58] BVerfGE 13, 54 (75); 21, 312 (326); st. Rspr., zuletzt BVerfGE 103, 81 (88). So vermag die Bundestreue keinen Haftungsanspruch zwischen Bund und Ländern oder zwischen den Ländern zu begründen: BVerwGE 12, 253 (255); 96, 45 (50) – siehe jetzt Art. 104a Abs. 5 S. 1 2. Alt. GG.

[59] BVerfGE 42, 103 (117); st. Rspr., zuletzt BVerfGE 110, 33 (52).

Das BVerfG hat auf dieser Grundlage eine Reihe konkreter Pflichten zwischen Bund und Ländern entwickelt, insbesondere die Verpflichtung zu gegenseitiger Rücksichtnahme beim Gebrauch bestehender Kompetenzen.[60] Das Procedere und der Stil der Verhandlungen, die zwischen den Gliedern des Bundes gepflogen werden, stehen unter dem Gebot des bundesfreundlichen Verhaltens.[61] Im Verhältnis verschiedener Bundesorgane zueinander, z. B. des Bundesrates zu Bundestag und Bundesregierung, kommt dem Rechtsprinzip der Bundestreue keine Bedeutung zu – hier waltet die Verfassungsorgantreue.[62]

4. Bündische Solidargemeinschaft

Das „**bündische Prinzip des Einstehens füreinander**", der „bundesstaatliche Gedanke der Solidargemeinschaft" ist für das BVerfG leitender Gedanke bei der Auslegung der Vorschriften der Finanzverfassung.[63] Dabei gilt es freilich, „die Balance zwischen Eigenstaatlichkeit der Länder und bundesstaatlicher Solidargemeinschaft" zu finden. Sie „wäre insbesondere verfehlt, wenn die Maßstäbe des horizontalen Finanzausgleichs oder ihre Befolgung die Leistungsfähigkeit der gebenden Länder entscheidend schwächen oder zu einer Nivellierung der Länderfinanzen führen würde". Es verbietet sich folglich „eine Verkehrung der Finanzkraftreihenfolge unter den Ländern im Rahmen des horizontalen Finanzausgleichs ... Eine Solidarität unter Bundesstaaten mindert Unterschiede, ebnet sie nicht ein."[64] Unzulässig ist es, einem Land eine Garantie für seine Finanzkraft zu geben „und sie damit ein Stück weit aus der politischen Schicksalsgemeinschaft des Bundesstaates zu entlassen".[65] Das bundesstaatliche Prinzip ist insbesondere berührt, wenn sich ein Glied der bundesstaatlichen Gemeinschaft – Bund oder Land – in einer extremen Haushaltsnotlage befindet. Es erfährt dann „seine Konkretisierung in der Pflicht aller anderen Glieder der bundesstaatlichen Gemeinschaft, dem betroffenen Glied auf der Grundlage konzeptionell aufeinander abgestimmter Maßnahmen Hilfe zu leisten".[66]

13

---

[60] BVerfGE 4, 115 (141 f.); 8, 122 (138); 12, 205 (255 f., 259); 81, 310 (339); 98, 106 (118 f.); 106, 1 (27). – Zusammenfassend: *Rudolf* (Fn. 13), S. 246 ff.; Überblick über Konkretisierungen: *Bauer* (Fn. 54), Art. 20 (Bundesstaat) Rn. 42 ff.; *Isensee*, in: ders./Kirchhof (Fn. 10), §126 Rn. 160 ff.; *Grzeszick*, in: Maunz/Dürig, Grundgesetz, Loseblatt, Stand: März 2006, Art. 20 Rn. 126 ff. Die rechtsdogmatische Begründung der Bundestreue und ihre Bedeutung im Detail sind durchaus streitig, siehe nur *Jestaedt* (Fn. 13), §29 Rn. 73 ff. mit Nachw.

[61] BVerfGE 12, 205 (206, 255).

[62] Vgl. BVerfGE 35, 193 (199); 45, 1 (39).

[63] Vgl. vor allem BVerfGE 1, 117 (131); 72, 330 (383 ff.); 86, 148 (213 ff.); 101, 158 (221 f.); 116, 327 (380).

[64] BVerfGE 101, 158 (222); ferner: BVerfGE 116, 327 (380). Zuvor schon: BVerfGE 1, 117 (132); 72, 330 (386); 86, 148 (215).

[65] BVerfGE 72, 330 (419).

[66] BVerfGE 86, 148 (149 Leitsatz 6, 263 ff.); siehe auch BVerfGE 116, 327, zur (angeblichen) Haushaltsnotlage des Landes Berlin, die das BVerfG nicht als hinreichend extrem betrachtet hat, um eine Sanierungspflicht des Bundes auszulösen.

5. „Labilität" und Unantastbarkeit des Bundesstaats (Art. 79 Abs. 3 GG)

14 Die Bundesrepublik Deutschland ist – im Sinne *Richard Thomas*[67] – ein „labiler Bundesstaat". Das heißt: „Eine Garantie für die derzeit bestehenden Länder und ihre Grenzen kennt das Grundgesetz nicht."[68] Die Möglichkeit einer **Neugliederung des Bundesgebiets** ist in Art. 29 GG (siehe auch Art. 118 GG) ausdrücklich eröffnet. Nach Art. 79 Abs. 3 GG ist die Bundesstaatlichkeit der Bundesrepublik Deutschland als einer der „in den Artikeln 1 und 20 niedergelegten Grundsätze" selbst der Verfassungsänderung entzogen; sie darf auch im Zuge der „Verwirklichung eines vereinten Europa" nicht preisgegeben werden (Art. 23 Abs. 1 GG). Das änderungsfeste bundesstaatliche Prinzip wird in Art. 79 Abs. 3 GG in zweierlei Hinsicht konkretisiert: „die Gliederung des Bundes in Länder" und „die grundsätzliche Mitwirkung der Länder bei der Gesetzgebung" sind der Verfassungsänderung entzogen. Im Streit darüber, ob mit diesen beiden Konkretisierungen der Grundsatz schon vollständig abgedeckt ist[69] oder die Garantie des Grundsatzes einen überschießenden Gehalt besitzt,[70] hat das BVerfG im letztgenannten Sinne Position bezogen. Jedenfalls hat es – über den Wortlaut der beiden ersten Alternativen des Art. 79 Abs. 3 GG hinaus und damit unter Rückgriff auf den in Art. 20 GG niedergelegten „Grundsatz" der Bundesstaatlichkeit – dem Begriff der „Länder" substantiellen Gehalt beigemessen. Die Länder seien „gegen eine Verfassungsänderung gesichert, durch die sie die **Qualität von** *Staaten* oder ein Essentiale der Staatlichkeit einbüßen" würden. „Die Länder im Bund sind nur dann Staaten, wenn ihnen ein **Kern eigener Aufgaben** als ‚Hausgut' unentziehbar verbleibt."[71] Den Ländern ist mithin auch gegenüber dem verfassungsändernden Gesetzgeber jenes Maß an autonomer Gestaltungsmacht gewährleistet, das sie als *Staaten* qualifiziert, darin eingeschlossen ein „angemessener **Anteil am Gesamtsteueraufkommen**".[72] „Eine bundesstaatliche Ordnung muss sicherstellen, dass Finanzhilfen aus dem Bundeshaushalt an die Länder die Ausnahme bleiben und ihre Gewährung rechtlich so geregelt wird, dass sie nicht zum Mittel der Einflussnahme auf die Entscheidungsfreiheit der Gliedstaaten bei der Erfüllung der ihnen obliegenden Aufgaben werden."[73]

---

[67] In: Anschütz/Thoma (Hrsg.), Handbuch des Deutschen Staatsrechts, Bd. 1, 1930, S. 184.
[68] BVerfGE 1, 14 (48); 5, 34 (38). – Dazu *Rudolf* (Fn. 13), S. 245 f.
[69] So etwa: *Grzeszick* (Fn. 60), Art. 20 Rn. 42; *Hesse*, AöR 98 (1973), 5 (8 f., 14 ff.); *Sarcevic*, Das Bundesstaatsprinzip, 2005, S. 255 ff.; mit umfänglicher entstehungsgeschichtlicher Begründung auch *Jestaedt* (Fn. 13), §29 Rn. 48 ff.
[70] So die h. L.; statt vieler: *Herdegen*, in: Maunz/Dürig, Grundgesetz, Loseblatt, Stand: Mai 2008, Art. 79 Rn. 152 ff.
[71] BVerfGE 34, 9 (19 f.) – Hervorhebung im Original; ebenso BVerfGE 87, 182 (196).
[72] BVerfGE 34, 9 (20); siehe schon BVerfGE 32, 333 (338).
[73] BVerfGE 39, 96 (107) – die dortige Aussage bezieht sich zwar nicht auf Art. 79 Abs. 3 GG, kann aber gleichwohl als wesentlich für das Verständnis des „Grundsatzes" der Bundesstaatlichkeit verstanden werden.

C. Bund und Länder

I. Die Rechtsbeziehungen zwischen Bund und Ländern

1. Über- und Gleichordnung

Das BVerfG spricht von einem **„Überordnungsverhältnis von Bund und Land"**.[74] Der Bund als „Oberstaat" sei „den Ländern prinzipiell übergeordnet ... ; nur in den Bereichen, die die Bundesverfassung nicht geordnet hat, besteht Gleichordnung".[75] Zur Begründung wird auf „die Kompetenz-Kompetenz (vgl. Art. 79, 24 GG)" verwiesen; „im Rahmen der bundesstaatlichen Ordnung ist grundsätzlich den Organen des Bundes die Wahrung der Gesamtverfassung allein anvertraut (vgl. Art. 28 Abs. 3, Art. 32 Abs. 3, Art. 37, Art. 91 Abs. 2 GG)".[76] Die Terminologie ist nicht glücklich. Bei genauem Hinsehen meint das BVerfG denn auch nichts anderes, als dass die Rechtsbeziehungen zwischen Bund und Ländern ausschließlich nach dem Grundgesetz zu bestimmen sind. Die „in der Bundesverfassung begründeten Homogenitätsbestimmungen, Gewährleistungs-, Verpflichtungs-, Ingerenz- und Aufsichtsbefugnisse gegenüber den Einzelstaaten lassen sich prinzipiell nur als Regelungen verstehen, die ihren Geltungsgrund und Geltungsanspruch sowie ihre Rechtswirkungen nur in dem gegenständlichen Kompetenzraum des Gesamtstaates finden und nicht in einem Überordnungsverhältnis."[77]

15

2. Staatsrecht, nicht Völkerrecht

„Das innere Verhältnis des Bundesstaates, d. h. sowohl die staatsrechtlichen Beziehungen zwischen Bund und Ländern als auch die staatsrechtlichen Beziehungen zwischen den Gliedern des Bundesstaats ... werden nach dem Recht des Grundgesetzes ausschließlich durch das geltende Bundesverfassungsrecht bestimmt. Insoweit ist kein Raum für die Anwendung von Völkerrecht."[78] Das Verhältnis der Länder im Bundesstaat zueinander ist lückenlos durch das Bundesverfassungsrecht geregelt.[79] Soweit dies nicht ausdrücklich geschehen ist, wirkt der ungeschriebene Grundsatz des bundesfreundlichen Verhaltens moderierend ein.[80]

16

---

[74] BVerfGE 1, 14 (51).

[75] BVerfGE 13, 54 (78).

[76] BVerfGE 13, 54 (79).

[77] *Bartlsperger*, in: Isensee/Kirchhof (Hrsg.), Handbuch des Staatsrechts, 3. Aufl., Bd. 6, 2008, §128 Rn. 31. – Ebenda, Rn. 32: „begriffsjuristischer Fehlgriff".

[78] BVerfGE 34, 216 (231).

[79] BVerfGE 34, 216 (232) – Siehe auch BVerfGE 36, 1 (24).

[80] Siehe oben Rn. 12.

3. Entwicklungen

17 Die Entwicklung, welche die Bundesstaatlichkeit seit dem Inkrafttreten des Grundgesetzes genommen hat, ist zum einen durch eine sich stetig verdichtende **Kooperation** zwischen dem Bund und den Ländern und der Länder untereinander gekennzeichnet,[81] zum anderen durch eine über Jahrzehnte hin fortschreitende **Unitarisierung**, d. h. die Verlagerung vor allem von Gesetzgebungskompetenzen, nicht zuletzt auf dem Gebiet des Finanz- und Steuerrechts, von den Ländern zum Bund und deren intensive Inanspruchnahme durch den Bundesgesetzgeber.[82] Die dadurch ausgelösten tiefgreifenden Veränderungen der Struktur des Bundesstaates können hier nur angedeutet werden:[83]

18 Im Vordergrund steht der **Bedeutungsverlust der Landesparlamente**. Wo die Länder untereinander oder mit dem Bunde kooperieren, fällt die Rolle des Akteurs den Regierungen zu, den Parlamenten bleibt neben ihrer meist wirkungslosen Kontroll- die abschließende Ratifikationsfunktion (wo die zwischen den Regierungen ausgehandelten Vereinbarungen der gesetzlichen Umsetzung bedürfen), die ihnen kaum eigene Entscheidungsspielräume beläßt. Die Abwanderung von Zuständigkeiten zum Bund wurde regelmäßig durch eine Erweiterung der Mitwirkungsbefugnisse des Bundesrates ausgeglichen, was wiederum den Regierungen der Länder, die die Mitglieder des Bundesrates aus ihren Reihen entsenden, zusätzlichen Einfluss verschaffte. An die Stelle der ursprünglich intendierten Trennung der Verantwortungsbereiche von Bund und Ländern (separativer Föderalismus) traten – auch auf der Ebene der Finanzverfassung – Zentralisierung, Vergemeinschaftung von Verantwortlichkeiten und Entparlamentarisierung (**kooperativer Exekutivföderalismus**, unitarischer Bundesstaat).

19 An der Unitarisierung des Bundesstaats hat das BVerfG in mancherlei Hinsicht mitgewirkt. Seine Rechtsprechung hat die der „**Bedürfnisklausel**" des Art. 72 Abs. 2 GG (in der bis zum 14. November 1994 geltenden Fassung) zugedachte Schrankenfunktion jeglicher Wirkung beraubt[84] – hier hat erst die Neufassung des Art. 72 Abs. 2 GG durch das 42. Gesetz zur Änderung des Grundgesetzes vom 27. Oktober 1994 (BGBl. I S. 3146) Wandel geschaffen. Das BVerfG hat der vom verfassungsändernden Gesetzgeber beabsichtigten (teilweisen!) Verschärfung der

---

[81] Dazu *Rudolf* (Fn. 5), § 141.

[82] Erst jüngste Entwicklungen deuten, zögerlich genug, eine gewisse Umkehr an; vgl. insbesondere das 52. Gesetz zur Änderung des Grundgesetzes vom 28.8.2006, BGBl. I S. 2034– „Föderalismusreform I".

[83] Dazu: *H. H. Klein*, ZG 17 (2002), 297 (309 ff.).

[84] Vgl. BVerfGE 1, 264 (272 f.); 13, 230 (233 f.); 33, 224 (229). – Zusammenfassende Darstellung: *Scholz*, in: Starck (Hrsg.), Bundesverfassungsgericht und Grundgesetz, 1976, Bd. 2, S. 252 (258 ff.). Einen freilich auf anderer Ebene liegenden Ausgleich für den durch die extensive Inanspruchnahme seiner konkurrierenden Gesetzgebungsbefugnis durch den Bund bewirkte die verfassungsgerichtliche Interpretation des Art. 84 Abs. 1 GG (in der bis zum 31.10.2006 geltenden Fassung), nach der ein von den Ländern als eigene Angelegenheit auszuführendes Gesetz der Zustimmung des Bundesrats bedurfte, wenn es das Verwaltungsverfahren regelte: BVerfGE 8, 274 (294 f.); 55, 274 (319, 326 f.); siehe auch BVerfGE 37, 363 (383); 114, 196 (224, 230 f.).

Voraussetzungen für die Inanspruchnahme der Befugnis zur konkurrierenden Gesetzgebung durch den Bund unterdessen Geltung verschafft.[85] Unitarisierend wirkte aber auch die **Grundrechts-Rechtsprechung** des BVerfG; denn die Grundrechte des Grundgesetzes gelten einheitlich in Bund und Ländern (Art. 1 Abs. 3 GG) und die Entscheidungen des BVerfG binden deren Verfassungsorgane gleichermaßen (§ 31 Abs. 1 BVerfGG). Augenfälligstes Beispiel ist die Rechtsprechung des BVerfG zur Rundfunkfreiheit (Art. 5 Abs. 1 S. 2 GG), die den Spielraum des zuständigen Landesgesetzgebers auf nahezu Null reduziert.[86]

Zur **Kooperation im Bundesstaat** sich zu äußern, hatte das BVerfG bisher wenig Gelegenheit. Wo Bund und Länder einvernehmlich zusammenwirken, besteht kein Grund zu gerichtlicher Streitaustragung.[87]

20

II. Kompetenzverteilung

1. Grundsatz der Länderkompetenz

Der Bundesstaat ist ein **„System kompetenzgeteilter Staatlichkeit"**.[88] Die Verteilung der Zuständigkeiten zwischen Bund und Ländern ist deshalb ein entscheidender „Baustein der föderativen Ordnung", der „ ‚harte juristische Kern' der Zwei-Ebenen-Staatlichkeit".[89] Das BVerfG deutet die Kompetenzaufteilung als „eine wichtige Ausformung des bundesstaatlichen Prinzips im Grundgesetz und zugleich (als) ein Element zusätzlicher **funktionaler Gewaltenteilung**".[90] In Ansehung der Verteilung der Gesetzgebungskompetenzen gehe das Grundgesetz „vom Grundsatz der Länderkompetenz aus", die Systematik des Grundgesetzes fordere eine strikte Interpretation der Art. 73 ff. GG.[91] Es bestehe „ein Regel-Ausnahme-Verhältnis zu

21

---

[85] BVerfGE 106, 62 (135 f., 143 ff.); 110, 141 (175); 111, 226 (252 ff.); 112, 226 (243 ff.); 119, 59 (82).

[86] Beginnend mit BVerfGE 12, 205. – Zusammenfassende Darstellung: *Bullinger*, in: Badura/Dreier (Hrsg.), FS 50 Jahre BVerfG, 2001, Bd. 2, S. 193 ff.

[87] Zu den verfassungsrechtlichen Grenzen der Kooperation im Bundesstaat: *Rudolf* (Fn. 5), § 141 Rn. 92 ff. – Vgl. auch BVerfGE 1, 299 (315); 41, 291 (307 f.), zu Art. 104a Abs. 4 GG (in der bis zum 31. 10. 2006 geltenden Fassung), die immerhin erkennen lassen dürften, dass das BVerfG keine grundsätzlichen Bedenken gegen ein vertraglich koordiniertes Zusammenwirken der Glieder des Bundes hat. Siehe auch *H. H. Klein*, in: Starck (Hrsg.), Bundesverfassungsgericht und Grundgesetz, 1976, Bd. 2, S. 277 (288).

[88] BVerfGE 104, 249 (282 – Abw. Meinung). – Hervorhebung nicht im Original.

[89] *Isensee*, in: FS 50 Jahre BVerfG (Fn. 10), S. 739.

[90] BVerfGE 107, 169 (181); siehe auch BVerfGE 119, 331 (364).

[91] BVerfGE 12, 205 (228 f.); 26, 246 (254); 106, 62 (136) – siehe allerdings BVerfGE 15, 126 (139).

Gunsten der Länder"[92] – das Gericht hält an dieser Auffassung fest trotz der Kritik, die sie auch aus den eigenen Reihen erfahren hat,[93] ohne die Augen davor zu verschließen, dass das Schwergewicht der Gesetzgebung beim Bund liegt.[94] Bei der näheren Bestimmung der in den Art. 73 ff. GG genannten Gegenstände hebt das BVerfG in ständiger Rechtsprechung hervor, dass sie „im steten Rückblick auf die Weimarer Reichsverfassung formuliert worden" sind.[95] Neben der Entstehungsgeschichte wird der Staatspraxis bei der Auslegung von Kompetenznormen besondere Beachtung geschenkt.[96] Für ungeschriebene Gesetzgebungskompetenzen des Bundes (aus der Natur der Sache, kraft Sachzusammenhangs) bleibt daher nur wenig Raum.[97]

22 Das „**Kompetenzprinzip der Alternativität**"[98] gilt auch im Bereich der Verwaltung. Hier spricht – unabhängig davon, ob es um gesetzesakzessorische oder gesetzesfreie Verwaltung geht – eine Vermutung für die Zuständigkeit der Länder.[99] Ungeschriebene Verwaltungskompetenzen des Bundes werden nicht völlig ausgeschlossen, können aber nur ausnahmsweise angenommen werden.[100] Jedenfalls bildet die Gesetzgebungskompetenz des Bundes die äußerste Grenze seiner Verwaltungszuständigkeit.[101] Das BVerfG hält jedoch die Bundesregierung „auf Grund ihrer Aufgabe der Staatsleitung überall dort zur Informationsarbeit berechtigt, wo ihr eine gesamtstaatliche Verantwortung zukommt, die mit Hilfe von Informationen wahrgenommen werden kann".[102]

2. Verbot der Mischverwaltung

23 „Es gilt der allgemeine Verfassungssatz, dass weder der Bund noch die Länder über ihre im Grundgesetz festgelegten Kompetenzen verfügen können; Kompetenzverschiebungen zwischen Bund und Ländern sind auch mit Zustimmung der Beteiligten nicht zulässig."[103] Von begrenzten Ausnahmen abgesehen, ist damit eine

---

[92] BVerfGE 111, 226 (247).
[93] *Rinck*, in: Ritterspach/Geiger (Hrsg.), FS für G. Müller, 1970, S. 289 ff.; ihm nachdrücklich zustimmend *Scholz* (Fn. 84), S. 254 ff.
[94] Vgl. etwa BVerfGE 37, 363 (390).
[95] BVerfGE 3, 407 (414 f.); 33, 52 (61); 42, 20 (29).
[96] BVerfGE 41, 205 (220); 61, 149 (175 f.); 109, 190 (213).
[97] BVerfGE 98, 265 (299). – Siehe auch BVerfGE 3, 407 (422); 11, 89 (98 f.); 12, 205 (242); 15, 1 (24); 22, 180 (217); 84, 133 (148); 88, 203 (331); 95, 243 (249); 106, 62 (115); 109, 190 (215).
[98] *Isensee*, FS 50 Jahre BVerfG (Fn. 10), S. 739.
[99] BVerfGE 11, 6 (15); 12, 205 (250 ff.); 108, 169 (179).
[100] BVerfGE 11, 6 (17 f.); 108, 169 (182).
[101] BVerfGE 12, 205 (229); 15, 1 (16).
[102] BVerfGE 105, 252 (270 f.); 105, 279 (306 f.). – Zu diesen Entscheidungen und der vielfach an ihnen geübten Kritik: *Pietzcker*, in: Isensee/Kirchhof (Hrsg.), Handbuch des Staatsrechts, 3. Aufl., Bd. 6, 2008, §134 Rn. 24 ff. mit Nachw.
[103] BVerfGE 63, 1 (39); 119, 331 (364 f.).

sog. Mischverwaltung (gemeint sind: Mitplanungs-, Mitverwaltungs- und Mitentscheidungsbefugnisse des Bundes und der Länder auf der jeweils anderen staatlichen Ebene) ausgeschlossen.[104]

3. Ingerenzrechte des Bundes

Dem Grundsatz der Unverrückbarkeit der verfassungsrechtlichen Kompetenzverteilung (abgesehen, wie sich versteht, von den Befugnissen des verfassungsändernden Gesetzgebers) entspricht es, dass „ein Eingriff der Bundesgewalt in die Verfassungsordnung der Länder nur zulässig (ist), soweit es das Grundgesetz bestimmt oder zulässt".[105] Befugnisse des Bundes, in den Zuständigkeitsbereich der Länder einzugreifen, stehen unter **Verfassungsvorbehalt**. So hat der Bund die Aufgabe, zu gewährleisten, „dass die verfassungsmäßige Ordnung der Länder den Grundrechten und den Bestimmungen der Absätze 1 und 2 (scil.: des Art. 28 GG) entspricht (Art. 28 Abs. 3 GG)". Dafür stehen dem Bund indessen nur diejenigen Instrumente zur Verfügung, die ihm das Grundgesetz einräumt: verschiedene verfassungsgerichtliche Verfahren (Art. 93 Abs. 1 Nrn. 2, 3 und 4 GG), die Bundesintervention (Art. 35 Abs. 2 und 3, 87a Abs. 3 und 4, 91 Abs. 1 und 2 GG), die Verweigerung der Zustimmung nach Art. 32 Abs. 3 GG und der Bundeszwang (Art. 37 GG).[106] „Eine selbständige Bundesaufsicht kennt das Grundgesetz nicht."[107]

24

4. Bundesrat

„Durch den Bundesrat wirken die Länder bei der Gesetzgebung und Verwaltung des Bundes und in Angelegenheiten der Europäischen Union mit" (Art. 50 GG). Während die Ingerenzrechte des Bundes gegenüber den Ländern bei verschiedenen Bundesorganen angesiedelt sind, sind die der Länder gegenüber dem Bund beim Bundesrat gebündelt.[108] Es handelt sich allerdings, genau besehen, um die Mitwirkung eines Bundesorgans,[109] bei dem kraft seiner Zusammensetzung (vgl. Art. 51 GG) die Mitentscheidungs- und Mitspracherechte der Regierungen der Länder konzentriert sind, soweit sie rechtsförmlichen Charakter haben: die Mitwirkung der

25

---

[104] BVerfGE 119, 331 (365), unter Bezugnahme auf BVerfGE 63, 1 (38 ff.); 108, 169 (182). – Definition des Begriffs der Mischverwaltung: BVerfGE 11, 105 (124). Die Rechtsprechung des BVerfG ist nicht durchweg konsistent: *Isensee*, in: ders./Kirchhof (Fn. 10), §126 Rn. 188 ff., sie ist auch nicht unumstritten, siehe nur *Blümel*, in: Isensee/Kirchhof (Hrsg.), Handbuch des Staatsrechts, Bd. 4, 1990, §101 Rn. 120 ff. mit zahlr. Nachw.

[105] BVerfGE 88, 203 (332); siehe auch BVerfGE 11, 77 (85 f.); 102, 167 (172 ff.).

[106] Vgl. *Erbguth*, in: Sachs (Hrsg.), Grundgesetz, 5. Aufl. 2009, Art. 28 Rn. 100. Streitig ist, ob auch die Verfahren der Bundesaufsicht (Art. 84 Abs. 3 und 4, 85 Abs. 4, 108 Abs. 3 GG) in Betracht kommen – siehe einerseits *Erbguth*, ebenda, andererseits *Pieroth* (Fn. 28), Art. 28 Rn. 33, jew. mit Nachw. Ferner: *Isensee*, in: FS 50 Jahre BVerfG (Fn. 10), S. 722 ff.

[107] BVerfGE 8, 122 (131).

[108] *Herzog*, in: Isensee/Kirchhof (Hrsg.), Handbuch des Staatsrechts, 3. Aufl., Bd. 2, 2005, §57 Rn. 10 f.

[109] BVerfGE 1, 299 (311); 8, 104 (120); 106, 310 (330).

Länder, von der Art. 50 GG spricht, wird „durch die Mitglieder der Landesregierungen vermittelt".[110] Mit Emphase hat das BVerfG in Abrede gestellt, dass es sich beim Bundesrat um „eine **zweite Kammer** eines einheitlichen Gesetzgebungsorgans" handele[111] – eine Qualifizierung „rein terminologischer Natur", die materiellrechtliche Schlussfolgerungen nicht zulässt.[112] Im föderativen System des Grundgesetzes verfügen der Bundesrat und über ihn die Länder (Landesregierungen) über eine starke Position, auch wenn das BVerfG betont, dass auf dem Gebiet der Gesetzgebung das Erfordernis der Zustimmung des Bundesrats nach der Systematik des Grundgesetzes die Ausnahme darstellt,[113] und die Zustimmungsbedürftigkeit eines Gesetzes, das ein mit Zustimmung des Bundesrats ergangenes Gesetz ändert, einzuschränken sucht.[114]

D. Der Bundesstaat in der Europäischen Union

I. Kompetenzschwund der Länder

26 Nicht nur binnenstaatliche Vorgänge,[115] sondern auch die Eingliederung Deutschlands in die Europäische Union haben die Struktur des Bundesstaats tiefgreifend verändert.[116] Zur Verwirklichung eines vereinten Europa – Staatsziel der Bundesrepublik Deutschland (vgl. die Präambel des Grundgesetzes[117]) – ist der Bund befugt, Hoheitsrechte auf die Europäische Union (Art. 23 Abs. 1 S. 2 GG) resp. „zwischenstaatliche Einrichtungen" (Art. 24 Abs. 1 GG) zu übertragen.[118] Das gilt

---

[110] BVerfGE 8, 104 (120); 106, 310 (330); siehe auch BVerfGE 94, 297 (311).

[111] BVerfGE 37, 363 (380).

[112] *Reuter*, Praxishandbuch Bundesrat, 2. Aufl. 2007, Art. 50 Rn. 48.

[113] BVerfGE 37, 363 (381). Zu dieser Entscheidung: *H. H. Klein*, ZParl 5 (1974), 485 ff.

[114] BVerfGE 37, 363 (379 ff.). – Mit der Föderalismusreform I (52. Gesetz zur Änderung des Grundgesetzes vom 28. 8. 2006, BGBl. I S. 2034) wurde der Versuch unternommen, einerseits Gesetzgebungszuständigkeiten vom Bund auf die Länder (zurück) zu verlagern, andererseits die Zahl der Zustimmungsgesetze zu reduzieren.

[115] Dazu oben Rn. 17–20.

[116] Zusammenfassend: *Isensee*, in ders./Kirchhof (Fn. 10), §126 Rn. 312 ff.; *ders.*, in: FS 50 Jahre BVerfG (Fn. 10), S. 751 ff. – jeweils mit Nachw.; *Schmitz*, Integration in der Supranationalen Union, 2001, S. 104 ff.; näherhin *Puttler*, in: Isensee/Kirchhof (Hrsg.), Handbuch des Staatsrechts, 3. Aufl., Bd. 6, 2008, §142.

[117] Siehe nur *Dreier*, in: ders. (Hrsg.), Grundgesetz, 2. Aufl., Bd. 1, 2004, Präambel Rn. 36; differenzierend: *Murswiek*, in: Dolzer/Waldhoff/Graßhof (Hrsg.), Bonner Kommentar zum Grundgesetz, Loseblatt, Stand: September 2005, Präambel Rn. 245 ff.

[118] Nach BVerfGE 37, 271 (280), ermächtigt „Art. 24 GG nicht eigentlich zur Übertragung von Hoheitsrechten, sondern öffnet die nationale Rechtsordnung derart, dass der ausschließliche Herrschaftsanspruch Deutschlands im Geltungsbereich des Grundgesetzes zurückgenommen und der

§ 17 Der Bundesstaat in der Rechtsprechung des Bundesverfassungsgerichts

gleichermaßen für Hoheitsrechte des Bundes wie der Länder.[119] Während indessen dem Bund im Falle der Übertragung von Hoheitsrechten auf die Europäische Union Einflussmöglichkeiten auf europäischer Ebene zuwachsen,[120] erleiden die Länder, soweit ihre Hoheitsrechte betroffen sind, einen substantiellen Verlust, der auch nicht dadurch ausgeglichen wird, dass das übertragende Bundesgesetz nach Art. 23 Abs. 1 S. 2 GG nunmehr ausnahmslos der Zustimmung des Bundesrats bedarf[121] – die **Schmälerung der Verbandskompetenz der Länder** bleibt davon unberührt. Weitere Kompetenzeinbußen ergeben sich aus dem Anwendungsvorrang des Gemeinschaftsrechts gegenüber jedwedem nationalen Recht, also auch dem Landesrecht.[122] Zudem unterliegen die Länder bei der Umsetzung gemeinschaftsrechtlicher Vorgaben in nationales Recht dort, wo sie in ihre Zuständigkeit fällt, den gleichen Bindungen wie der Bundesgesetzgeber:[123] von ihrer politischen Entscheidungsbefugnis bleibt oft wenig übrig.

II. Der Bund: Sachwalter der Länderrechte

Angesichts der strukturbedingten Mediatisierung der Länder in den politischen Willensbildungsprozessen auf der europäischen Ebene hat das BVerfG den Bund für verpflichtet erachtet, gegenüber der Gemeinschaft als **Sachwalter der Länder** aufzutreten.[124] Beansprucht beispielsweise die Europäische Union eine Rechtsetzungskompetenz auf einem Gebiet, dessen Regelung innerstaatlich dem Landesgesetzgeber vorbehalten ist, so sind die Organe des Bundes gehalten, die verfassungsmäßigen Rechte der Länder zu vertreten, also eine Kompetenzüberschreitung der Gemeinschaft nach Kräften zu verhindern.[125] Aus dieser Verpflichtung

27

---

unmittelbaren Geltung und Anwendbarkeit eines Rechts aus anderer Quelle innerhalb des staatlichen Herrschaftsbereichs Raum gelassen wird". Vgl. auch BVerfGE 58, 1 (28); 68, 1 (90); 73, 339 (374). Für Art. 23 Abs. 1 GG gilt Gleiches.

[119] Auf der Grundlage des Art. 23 Abs. 1 GG unstreitig, h. L. schon zu Art. 24 Abs. 1 GG: *Randelzhofer*, in: Maunz/Dürig, Grundgesetz, Loseblatt, Stand: Dezember 1992, Art. 24 Rn. 37 ff.

[120] Vgl. BVerfGE 89, 155 (182 f.).

[121] Übertragungsgesetze nach Art. 24 Abs. 1 GG bedürfen (und bedurften auch vor der Einfügung des Art. 23 GG durch das 38. Gesetz zur Änderung des Grundgesetzes vom 21. 12. 1992, BGBl. I S. 2086) als solche nicht der Zustimmung des Bundesrats; vgl. *Streinz*, in: Sachs (Hrsg.), Grundgesetz, 5. Aufl. 2009, Art. 24 Rn. 25.

[122] BVerfGE 31, 145 (174); 85, 191 (204). – Zum Gebot gemeinschaftsrechtskonformer Auslegung vgl. BVerfGE 116, 271 (314).

[123] Vgl. Art. 10 Einigungsvertrag.

[124] BVerfGE 92, 203 (230 f.). – Dazu: *Isensee*, in: FS 50 Jahre BVerfG (Fn. 10), S. 766 ff.

[125] Nach Artikel 8 des Protokolls über die Anwendung der Grundsätze der Subsidiarität und der Verhältnismäßigkeit zum Vertrag von Lissabon kann ein Mitgliedstaat wegen eines vermeintlichen Verstoßes eines Legislativakts der Union gegen das Subsidiaritätsprinzip (Art. 5 Abs. 1 S. 2 EUV) auf Veranlassung seines Parlaments oder einer seiner Kammern (Bundesrat!) Nichtigkeitsklage zum europäischen Gerichtshof erheben. Vgl. dazu Art. 23 Abs. 1a GG i.d.F. des 53. Änderungsgesetzes zum Grundgesetz vom 8. 10. 2008, BGBl. I S. 1926.

erwachsen der Bundesregierung **prozedurale Pflichten** zu bundesstaatlicher Zusammenarbeit und Rücksichtnahme,[126] wie sie in Art. 23 Abs. 2 ff. GG und in dem Gesetz über die Zusammenarbeit von Bund und Ländern in Angelegenheiten der Europäischen Union – EUZBLG – vom 12. März 1993 (BGBl. I S. 313), Gestalt angenommen haben.[127] Darüber hinaus sind die Bundesorgane durch das bundesstaatliche Prinzip der Bundestreue verpflichtet, „einer langfristigen Entwicklung entgegenzuwirken, bei der durch eine schrittweise ausdehnende Inanspruchnahme der Gemeinschaftskompetenzen, vor allem der sog. Querschnittskompetenzen, verbliebene Sachkompetenzen der Mitgliedstaaten und damit auch Länderrechte beeinträchtigt werden können".[128] Im Blick auf Art. 23 Abs. 1 S. 3 GG kann daraus der weitergehende Schluss gezogen werden, dass der Bund im Zielkonflikt zwischen der Verwirklichung der Einheit Europas und der Unantastbarkeit des bundesstaatlichen Prinzips (Art. 79 Abs. 3 GG) stetig um einen beide Prinzipien schonenden Ausgleich besorgt sein muss. Das **Bundesstaatsprinzip begrenzt die Integrationsgewalt.**

III. Die Länder in der Europäischen Union

28 Die Gründungsverträge der Europäischen Union sind völkerrechtlicher Natur. Ungeachtet der strukturellen Verflochtenheit der europäischen mit der mitgliedstaatlichen Ebene fällt im deutschen Bundesstaat dessen Vertretung gegenüber der Union in die Zuständigkeit des Bundes: die **unionswärtige Gewalt ist Bundeskompetenz**.[129] Der Mitgliedstaat muss gegenüber der Union mit einer Stimme sprechen können. Des ungeachtet haben die Länder ein berechtigtes Interesse, sich in ihren Beziehungen zur Europäischen Union nicht allein auf die Sachwalterfunktion des Bundes verlassen zu müssen, sondern sich auch selbst auf der europäischen Ebene artikulieren zu können. Diese Möglichkeit ist ihnen auf zwei Wegen eröffnet:[130] einerseits durch die Einführung des **Ausschusses der Regionen** (Art. 263 bis 265 EGV = Art. 305 bis 307 AEUV i. d. F. des Vertrages von Lissabon), dessen Einfluss füglich ein bescheidener genannt werden darf,[131] andererseits durch die **Verbindungsbüros**, die die deutschen Länder in Brüssel unterhalten, abgesichert durch §8 EUZBLG – was

---

[126] BVerfGE 92, 203 (231 ff.).

[127] Dazu: BVerfGE 97, 350 (374 f.) und *Isensee*, in: FS 50 Jahre BVerfG (Fn. 10), S. 763 ff., der die normative Steuerungskraft der Vorschriften skeptisch beurteilt; *Puttler* (Fn. 116), §142 Rn. 48 ff.; ferner: *Scholz*, in: Maunz/Dürig, Grundgesetz, Loseblatt, Stand: Oktober 1996, Art. 23 Rn. 90, 102 ff., 120 ff., 134 ff. – Das Gesetz wurde verschiedentlich, zuletzt durch das Gesetz vom 22.9. 2009 (BGBl. I S. 3031) geändert.

[128] BVerfGE 92, 203 (239).

[129] Das ist im Ergebnis unstreitig, auch wenn Art. 32 Abs. 1 GG keine – jedenfalls keine unmittelbare – Anwendung findet.

[130] Die Vertretung des Bundes durch einen vom Bundesrat benannten „Vertreter der Länder" ist keine solche Möglichkeit, denn der „Vertreter der Länder" vertritt de iure den Bund.

[131] Darstellung und Bewertung bei *Puttler* (Fn. 116), §142 Rn. 9 ff.

die Länder hier treiben, hält sich im verfassungsrechtlichen Rahmen ihrer zulässigen Neben-, hier Europa-Außenpolitik.[132] Insgesamt führen die Länder – wie im Zuge der von Stufe zu Stufe fortschreitenden Integration zunehmend auch die Mitgliedstaaten in Ansehung ihrer Eigenschaft als Staaten – in der Europäischen Union eine prekäre Existenz.[133]

Schrifttum

J. Isensee, Der Bundesstaat – Bestand und Entwicklung, in: P. Badura/H. Dreier (Hrsg.), FS 50 Jahre Bundesverfassungsgericht, Bd. 2, Klärung und Fortbildung des Verfassungsrechts, 2001, S. 719 ff.

J. Isensee/P. Kirchhof (Hrsg.), Handbuch des Staatsrechts, 3. Aufl., Bd. 6, Bundesstaat, 2008

W. Rudolf, Die Bundesstaatlichkeit in der Rechtsprechung des Bundesverfassungsgerichts, in: C. Starck (Hrsg.), Bundesverfassungsgericht und Grundgesetz. FG aus Anlass des 25-jährigen Bestehens des Bundesverfassungsgerichts, 1976, Bd. 2, Verfassungsauslegung, S. 233 ff.

---

[132] Siehe oben Rn. 9 f.; ferner: *Isensee,* in: FS 50 Jahre BVerfG (Fn. 10), S. 768 ff., mit Nachw.

[133] Zur Unaufgebbarkeit der Staatlichkeit Deutschlands im Zuge der europäischen Integration: BVerfGE 123, 267, und dann: *H.H. Klein,* Europäische Integration und demokratische Legitimation, 2011.

§18 Die Bundestreue

Fabian Wittreck

Inhalt

A. Bundestreue: Genese, Belastungen und gegenwärtiger Stellenwert	498
I. Bundestreue zwischen Verfassungsprinzip und dogmatischem Gespinst	498
II. Die Geburt der Bundestreue aus dem Geist der organischen Staatsauffassung	500
III. Bundestreue als theologieaffiner Kompaktbegriff	502
B. Bundestreue im inter- und supranationalen Kontext	503
I. Bundestreue als Rechtsfigur eines allgemeinen Bundesstaatsrechts?	503
II. Gemeinschafts- und Unionstreue?	506
C. Bestandsaufnahme: Bundestreue in der verfassungsgerichtlichen Rechtsprechung	507
I. Entwicklungsphasen der Rechtsprechung	507
II. Gefestigte Gehalte der Bundestreue nach ständiger bundesverfassungsgerichtlicher Rechtsprechung	509
III. Bundestreue in der Rechtsprechung der Landesverfassungsgerichte	516
D. Die normative Deckung des Verfassungssatzes von der Bundestreue	517
I. Ableitung aus dem geschriebenen Verfassungsrecht	517
II. Bundestreue als Satz des Verfassungsgewohnheitsrechts	519
III. Bundestreue als allgemeiner Rechtsgrundsatz	520
IV. Weitere Begründungsansätze	520
V. Fazit: Die normative Unterdeckung der Bundestreue	521
E. Einzelfragen der Pflicht zum bundesfreundlichen Verhalten	522
I. Berechtigte und Verpflichtete der Bundestreue	523
II. Bundestreue nach den Föderalismusreformen?	524
F. Schluss: Bundestreue oder Bundesverfassungsgerichtstreue?	524
Schrifttum	525

F. Wittreck (✉)
Westfälische Wilhelms-Universität Münster, Bispinghof 24/25, 48143 Münster, Deutschland
E-Mail: fwitt_01@uni-muenster.de

A. Bundestreue: Genese, Belastungen und gegenwärtiger Stellenwert

I. Bundestreue zwischen Verfassungsprinzip und dogmatischem Gespinst

1 Wenige Rechtsfiguren wirken ähnlich polarisierend wie die Bundestreue oder – sachlicher formuliert – die **Pflicht zum bundesfreundlichen Verhalten**:[1] Auf der einen Seite als „Verfassungsprinzip"[2] oder „wichtigste Emanation des bundesstaatlichen Prinzips"[3] angesprochen und als **Proprium des deutschen Verfassungsrechts** namentlich im Ausland *wahr*genommen (allerdings lediglich im Einzelfall auch *über*nommen[4]), ist sie auf der anderen Seite schon mehrfach grundsätzlich in Abrede gestellt oder doch ihre Verabschiedung angeregt worden.[5] Gleichwohl gehen die ständige verfassungsgerichtliche Rechtsprechung (unten C.)[6] und der ganz überwiegende Teil der Literatur[7] davon aus, dass eine Rechtspflicht zum bundes- bzw. länderfreundlichen Verhalten Bestandteil der grundgesetzlichen Ordnung ist; die so verstandene „Bundestreue" verpflichtet Bund wie Länder dazu, bei der Ausübung von Hoheitsgewalt „Rücksicht auf das Gesamtinteresse des Bundesstaates und auf die Belange"[8] der jeweils anderen Seite zu nehmen.

---

[1] Beide Begriffe begegnen in Judikatur wie Literatur nebeneinander, ohne dass nach einhelliger Auffassung damit ein inhaltlicher Unterschied einhergeht: Statt aller *Pieroth*, in: Jarass/Pieroth, GG, 11. Aufl. 2011, Art. 20 Rn. 20 sowie *Robbers*, in: Dolzer/Waldhoff/Graßhof (Hrsg.), Bonner Kommentar, Art. 20 Abs. 1 (2009), Rn. 1129; vgl. noch unten Rn. 23 zur Terminologie der Rechtsprechung des Bundesverfassungsgerichts.

[2] So besonders emphatisch *Geiger*, in: Süsterhenn (Hrsg.), Föderalistische Ordnung, 1961, S. 113 (114); aufgegriffen wird der Terminus von *Schmidt*, Der Bundesstaat und das Verfassungsprinzip der Bundestreue, 1966, S. 1, 112 sowie *Bauschke*, Bundesstaatsprinzip und Bundesverfassungsgericht, 1970, S. 108. Ähnlich ferner *Maunz*, DÖV 1959, 1 (4) sowie BVerfGE 13, 54 (75): „Prinzip der Bundestreue"; vgl. noch E 31, 337 (354 f.) – Sondervotum *Geiger/Rinck/Wand*.

[3] *Bauer*, in: H. Dreier (Hrsg.), Grundgesetz-Kommentar, Bd. 2, 2. Aufl. 2006, Art. 20 (Bundesstaat), Rn. 38 (i.O. durch Fettdruck hervorgehoben, F.W.).

[4] Vgl. unter B.

[5] Klassisch die Kritik von *Hesse*, Der unitarische Bundesstaat, 1962, S. 6 ff. (zuletzt zusammengefaßt und aktualisiert in: *ders.*, Grundzüge des Verfassungsrechts der Bundesrepublik Deutschland, 20. Aufl. 1995, Rn. 268 ff.); grundsätzliche Kritik auch bei Fuß, DÖV 1964, 37 ff.; *Bullinger*, AöR 87 (1962), 488 (489, 495) sowie zuletzt *Schröder*, Kriterien und Grenzen der Gesetzgebungskompetenz kraft Sachzusammenhangs nach dem Grundgesetz, 2007, S. 368 ff., der die Bundestreue zumindest als sog. Kompetenzausübungsschranke praktisch für entbehrlich hält.

[6] Zuletzt – unter ausdrücklicher Ausflaggung als „nach gefestigter Rechtsprechung" – BVerfGE 106, 1 (27); 110, 33 (52); ältere Zusammenfassung von *Faller*, in: Lerche/Zacher/Badura (Hrsg.), FS für T. Maunz, 1981, S. 53 (54 ff.).

[7] Als wichtigste Monographien seien genannt: *Bayer*, Die Bundestreue, 1961, S. 23 ff.; *Bauer*, Die Bundestreue, 1992, S. 218 ff. sowie jüngst *Egli*, Die Bundestreue, 2010, S. 550 ff.

[8] Zitat: BVerfGE 104, 249 (270). In der Sache wie dort E 110, 33 (52); siehe ferner E 31, 337 (355) – Sondervotum *Geiger/Rinck/Wand*.

Der Gedanke, dass die Lebensfähigkeit des einmal gestifteten Bundesstaates den Bundesgliedern im Sinne eines **Funktionsvorbehalt**s eine Pflicht zur Berücksichtigung der Belange der Gesamtheit wie der anderen Partner auferlegt, kann auf den ersten Blick einige Evidenz für sich reklamieren.[9] Gleichwohl sind – einmal ganz abgesehen von der Fundamentalkritik einzelner Fachvertreter – die allgegenwärtigen Mahnungen, die Bundestreue „eng", „behutsam" oder „zurückhaltend" auszulegen,[10] ein deutliches Indiz für das berechtigte Unbehagen an dieser Rechtsfigur, deren Funktion sich darin erschöpft, unter Rückgriff auf ein metakonstitutionelles Normprogramm Rechte und Pflichte zu begründen, die dem Grundgesetz als geschriebener Verfassung fremd sind:[11] In ihrem Kern ist die Bundestreue eine zumindest **naturrechtsanaloge Rechtsfigur**, die im demokratischen Verfassungsstaat unter erhöhtem Rechtfertigungsdruck steht.[12]

Tatsächlich erweist sich die Bundestreue ungeachtet ihrer prominenten Position in Judikatur wie Literatur in mehrfacher Hinsicht als hochproblematisch. Als dogmatischer Figur haften ihr bis in die Gegenwart hinein ihre Entstehung in einem mit dem freiheitlichen Verfassungsstaat inkompatiblen Umfeld (II.) sowie die nahezu beliebige ideologische Ausdeut- und Ausbeutbarkeit des Treuebegriffs an (III.). Schwerer wiegt, dass sich für eine Pflicht zum bundes- oder länderfreundlichen Verhalten unter dem Grundgesetz keine belastbare und hinreichend bestimmte rechtliche Grundlage benennen lässt (D). Die Bundestreue präsentiert sich vielmehr als bloße **bundesstaatliche Klugheitsregel**, die weder rechtlich bindend noch justiziabel ist. Gegenüber diesem fundamentalen normlogischen Befund erweist sich der häufig erhobene Einwand, dass die mit Hilfe der Pflicht zum bundesfreundlichen Verhalten „gelösten" Problemkonstellationen unter Rückgriff auf geschriebenes Verfassungsrecht oder anerkannte Rechtsinstitute sachgerecht(er) geregelt werden könnten,[13] zwar ganz überwiegend als zutreffend, aber sekundär.[14]

---

[9] In diesem Sinne etwa *Woelk*, ZÖR 52 (1997), 527 (545); der an *Luhmann* angelehnte Versuch einer Begründung der Rechtspflicht „aus der Tatsache der Organisation selbst" bei *Roellecke*, in: Umbach/Clemens (Hrsg.), GG, 2002, Bd. 1, Art. 20 Rn. 38.

[10] Solche Mahnungen bei *Spanner*, DÖV 1961, 481 (484 f.); *Benda*, in: Probleme des Föderalismus, 1985, S. 71 (80); *Isensee*, in: ders./Kirchhof (Hrsg.), Handbuch des Staatsrechts der Bundesrepublik Deutschland, Bd. 6, 3. Aufl. 2008, § 126 Rn. 165 f.; *Maurer*, Staatsrecht I, 5. Aufl. 2007, § 10 Rn. 53; *Pieroth* (Fn. 1), Art. 20 Rn. 20; eine „restriktive Auslegung" durch das Bundesverfassungsgericht beobachtet (und lobt) auch *Faller* (Fn. 6), S. 62 (vgl. *dens*., ebda., S. 69). – Die Warnung vor der „vorzeitigen" Beiziehung der Bundestreue begegnet bei *Kölz*, ZBl 81 (1980), 145 (160).

[11] Dass es sich bei der Pflicht zu bundesfreundlichem Verhalten um einen „Verfassungsrechtssatz" handeln soll, unterstreicht BVerfGE 42, 103 (117).

[12] Die Warnung vor einer „Art naturrechtlich beseligten Bundesmythos" begegnet bereits bei *Lerche*, VVDStRL 21 (1964), 66; vor ihm moniert die „naturrechtliche anmutende Fassung" von Ausführungen zur Bundestreue *Schüle*, VerwArch. 38 (1933), 399 (417).

[13] So namentlich *Scheuner*, DÖV 1962, 641 (646); *Hesse* (Fn. 5), S. 7 f.; *Schmidt* (Fn. 2), S. 117; gleichsinnig aus der jüngeren Literatur auch *Schröder* (Fn. 5), S. 370. – Zumindest angedeutet wird diese Möglichkeit der Alternativlösung bei *Herzog*, in: Maunz/Dürig (Hrsg.), Grundgesetz, Art. 20 IV (1980), Rn. 63.

[14] Mit anderen Worten: Selbst wenn in einer gegebenen Konstellation ein allseits gewünschtes Ergebnis nur durch Aktivierung einer ungeschriebenen „Pflicht zum bundesfreundlichen Verhalten"

II. Die Geburt der Bundestreue aus dem Geist der organischen Staatsauffassung

4   Als Geburtshelfer der Rechtsfigur des bundesfreundlichen Verhaltens gilt gemeinhin *Rudolf Smend* mit seiner mitten im Ersten Weltkrieg erschienenen Abhandlung „Ungeschriebenes Verfassungsrecht im monarchischen Bundesstaat" in der Festschrift für *Otto Mayer*.[15] Tatsächlich dürfte dem späteren Göttinger Staatsrechtslehrer ungeachtet einzelner Vorläufer und Vorarbeiten[16] das Verdienst gebühren, den Gedanken einer dem Verfassungstext voraus liegenden Treuepflicht begrifflich auf den Punkt gebracht und dem Grunde nach operabel gemacht zu haben.[17] Im Kern leitet *Smend* die Pflicht zur „bundesfreundlichen Gesinnung" nicht aus der Reichsverfassung, sondern der „geschichtliche[n] Tatsache ihrer Vereinbarung" ab, aus „dem Verhältnis des Bundes zu den Verbündeten".[18] Ganz konsequent weist er sie als „ausschließliche Eigentümlichkeit unseres monarchischen Bundesstaatsrechts" aus, die nicht auf föderale Staaten mit republikanischer Organisationsform übertragen werden könne.[19]

5   Dieser Ursprungskontext muss *als solcher* die Rechtsfigur der Bundestreue nicht desavouieren.[20] Gravierender als die bloße Genese im monarchischen Staat des Spätkonstitutionalismus ist erstens die Beobachtung, dass *Smends* Überlegungen ihre Überzeugungskraft aus einer Verfassungsstruktur herleiten, die mit gutem Grund als Bündnis ehedem souveräner Fürsten angesprochen werden konnte und damit tatsächlich Vertragselemente aufwies, vom Grundgesetz aber denkbar weit entfernt ist.[21]

---

erzielt werden könnte, folgt daraus keinesfalls, dass eine solche Pflicht als eine *rechtliche* existiert: treffend *Meßerschmidt*, Die Verwaltung 23 (1990), 425 (430).

[15] *Smend*, Ungeschriebenes Verfassungsrecht im monarchischen Bundesstaat (1916), in: ders. (Hrsg.), Staatsrechtliche Abhandlungen und andere Aufsätze, 3. Aufl. 1994, S. 39 ff. – Hinweise auf die geistige Urheberschaft *Smends* etwa bei *Hertl*, Die Treuepflicht der Länder gegenüber dem Bund und die Folgen ihrer Verletzung, 1956, S. 5; *Unruh*, EuR 37 (2002), 41 (49 f.) sowie *Robbers* (Fn. 1), Art. 20 Abs. 1 Rn. 1130.

[16] Differenzierte und kenntnisreiche Aufarbeitung der Diskussion bei *Bauer* (Fn. 7), S. 36 ff.

[17] Wie hier i.E. *Fuß*, DÖV 1964, 37 (39); *Korioth*, Integration und Bundesstaat, 1990, S. 39 f.; *Bauer* (Fn. 7), S. 3, 30, 56 ff. u.ö. – Kritisch hingegen *Stern*, Das Staatsrecht der Bundesrepublik Deutschland, Bd. 1, 2. Aufl. 1984, S. 646.

[18] Alle Zitate: *Smend* (Fn. 15), S. 51.

[19] *Smend* (Fn. 15), S. 56 ff. (Zitat S. 59).

[20] So aber wohl *Hesse*, Bundesstaat (Fn. 5), S. 8 f.; für „Distanz zu entstehungsgeschichtlichen Hypotheken" plädiert auch *Lerche* (Fn. 12), S. 88. Wie hier pointiert *Isensee* (Fn. 10), §126 Rn. 161.

[21] Konzise *Kölz*, ZBl 81 (1980), 145 (162 f.) sowie *Jestaedt*, in: Isensee/Kirchhof (Hrsg.), Handbuch des Staatsrechts der Bundesrepublik Deutschland, Bd. 2, 3. Aufl. 2004, §29 Rn. 73; auf dieser Disparität von Vertrags- und Verfassungsdenken fußt etwa die Kritik von *Fuß*, DÖV 1964, 37 (38 f.) und *Kowalsky*, Die Rechtsgrundlagen der Bundestreue, 1970, S. 43 ff.; gleichsinnige Stimmen aus der Weimarer Zeit bei *Bauer* (Fn. 7), S. 87.

Ferner markiert der Beitrag in der Festschrift für *Mayer* sehr sensibel den methodischen Schwenk in der Staatsrechtslehre des späten Kaiserreiches, der an die Stelle des staatsrechtlichen Positivismus *Labandscher* Prägung verschiedene Richtungen einer materialen oder eben „geisteswissenschaftlichen" Aufladung des Verfassungsrechts treten lässt.[22] Der Gedanke des „bundesmäßigen Einvernehmens"[23] erweist sich in dieser Perspektive als schattenhafter **Vorläufer der** späteren **Integrationslehre** und trägt deren inzwischen nahezu einhellig anerkannte Geringschätzung der normativen Verbindlichkeit der geschriebenen Verfassung als Last mit sich.[24]

Alfred Kölz hat in diesem Kontext auf eine beunruhigende frühe eidgenössische Parallele zu *Smends* Vorstoß hingewiesen, nämlich den Versuch *Johann Caspar Bluntschlis*, im Vorfeld des Sonderbundskrieges von 1847 „höhere Pflichten" der Kantone aus ihrer Gliedstellung in einem **„Bundeskörper"** abzuleiten.[25] Dem liegt allzu deutlich die Vorstellung vom Staat als Analogon zum physischen Menschen zugrunde, die kennzeichnend für die vom Schweizer Publizisten vertretene organische Staatsauffassung ist.[26]

In der **Weimarer Republik** gewinnt *Smends* Position nach anfangs heftiger Kritik zwar zunehmend Anhänger in der Lehre;[27] die Verfassungspraxis kann allerdings nach fast einhelliger Ansicht kaum als durchgehend „treuegeprägt" gelten.[28] Der Staatsgerichtshof schließlich geht in einzelnen Entscheidungen von der Existenz einer ungeschriebenen „Treupflicht" der Länder aus: Während er in seinem Urteil zum „Preußenschlag" einen Verstoß des Landes gegen diese dem Reich geschuldete Pflicht verneint,[29] sieht er das Land Baden gegenüber Württemberg und Preußen in der (ungeschriebenen) Pflicht, Maßnahmen gegen die sog. Donauversinkung zu

---

[22] Näher *Stolleis*, Geschichte des öffentlichen Rechts in Deutschland, Bd. 2, 1992, S. 376 ff.

[23] *Smend* (Fn. 15), S. 53.

[24] Explizit zur Funktion des „bundesfreundlichen Verhaltens" für die „gesamtstaatliche[n] Integrationsaufgabe" *Smend*, Verfassung und Verfassungsrecht (1928), in: ders. (Fn. 15), S. 119 (268 ff.; Zitate S. 269, 272); für einen engen Konnex von Bundestreue und Integrationslehre bereits *Schüle*, VerwArch. 38 (1933), 399 (421 f.). – Kritische Darstellungen dieses Aspekts der Integrationslehre: *Korioth* (Fn. 17), S. 299 ff.; *H. Dreier*, in: Hufen (Hrsg.), FS für H.-P. Schneider, 2008, S. 70 (77 f. u. passim); positiver fällt das Votum von *Obermeyer*, Integrationsfunktion der Verfassung und Verfassungsnormativität, 2008, S. 86 ff. und passim aus.

[25] Zitate: *Bluntschli*, Denkwürdiges aus meinem Leben, Bd. 1, 1884, S. 372; vgl. dazu *Kölz*, ZBl 81 (1980), 145 (146 f.) sowie *Stern* (Fn. 17), S. 646; zum verfassungshistorischen Kontext nur *Kölz*, Neuere Schweizerische Verfassungsgeschichte, 1992, S. 409 ff., 459 ff.

[26] Siehe nochmals *Kölz*, ZBl 81 (1980), 145 (148 f., 157); näher zu *Bluntschlis* Konzept der organischen Staatsauffassung und ihrem Kontext *Böckenförde*, Art. Organ, in: Brunner/Conze/Koselleck (Hrsg.), Geschichtliche Grundbegriffe, Bd. 4, 1978, S. 519 (587 ff.; kritisch zur Beliebigkeit derartiger Spekulationen S. 606).

[27] Siehe dazu m.N. *Hertl* (Fn. 15), S. 8 ff.; *Bauer* (Fn. 7), S. 73 ff.; *Egli* (Fn. 7), S. 42 ff.

[28] Eingehend zum bestenfalls ambivalenten Bild *Korioth* (Fn. 17), S. 187 ff.; *Bauer* (Fn. 7), S. 70 ff.

[29] Staatsgerichtshof RVBl. 1932, 1012 (1014); vgl. dazu *Triepel*, DJZ 1932, 1501 (1504, 1508) sowie knapp zusammenfassend *Bauer* (Fn. 7), S. 93 f.

ergreifen, die den Nachbarn buchstäblich das Wasser abzugraben droht.[30] Gegen Ende der Republik steht die Bundestreue nach alledem als nicht interpretierte These im Raum.

III. Bundestreue als theologieaffiner Kompaktbegriff

8 Der genetische Kontext der Bundestreue stellt ihre Übertragbarkeit auf den Verfassungsstaat des Grundgesetzes nicht allein aufgrund der skizzierten verfassungspolitischen wie methodischen Prämissen in Frage. Schwerer dürfte wiegen, dass die Bundestreue bei ihrem ersten Auftreten auf der staatsrechtlichen Bühne eingangs des 20. Jahrhunderts terminologisch Anschluss an rechtshistorische Thesen sucht, die auf die Konfiguration einer besonderen **„germanischen Treue"** hinauslaufen und sich in dieser Form als nahezu beliebig instrumentalisierbar erweisen.[31]

9 Der geläufige Hinweis, dass die Rechtsfigur der Bundestreue nach der Machtübergabe an die Nationalsozialisten funktionslos geworden bzw. suspendiert worden sei,[32] trifft vor diesem Hintergrund die Wahrheit bestenfalls zur Hälfte. Das belegen weniger (frühe) zeitgenössische Überlegungen, sie „modifiziert" fortgelten zu lassen,[33] als die Durchdringung, ja **Durchtränkung zahlreicher Rechtsverhältnisse mit Treuepflichten**, die sich als charakteristisch für das nationalsozialistische Denken erweist.[34] Treue kann der „Führer" von seiner Gefolgschaft einfordern,[35]

---

[30] Staatsgerichtshof, in: Lammers/Simons (Hrsg.), Die Rechtsprechung des Staatsgerichtshofs für das Deutsche Reich und des Reichsgerichts auf Grund Artikel 13 Absatz 2 der Reichsverfassung, Bd. 1, 1929, S. 178 (186 f.; = RGZ 116 Anh. 18 [30 f.]); dazu (affirmativ) *Thoma*, Das Reich als Bundesstaat (1930), in: H. Dreier (Hrsg.), Richard Thoma, Rechtsstaat – Demokratie – Grundrechte, 2008, S. 258 (270 f.) sowie im Überblick nochmals *Bauer* (Fn. 7), S. 95 f.

[31] Klassisch *Waitz*, Deutsche Verfassungsgeschichte, Bd. 1, 4. Aufl. 1880 (ND 1953), S. 46 f.: „Vor allem aber ist die Treue heilig; sie soll im ganzen Leben, des Hauses und der Familie wie der Gemeinde und des Staates walten; der Gatte der Frau, der Freund dem Freunde, der junge Mann dem Fürsten dem er dient, alles Volk ist dem Herrscher in Treue verbunden." In zeitbedingter nochmaliger Zuspitzung *Frhr. v. Schwerin*, Germanische Rechtsgeschichte, 2. Aufl. 1944, S. 24, 28 u.ö. – Kritische Nacherzählung dieser Deutungsrichtung bei *Kroeschell*, Die Treue in der deutschen Rechtsgeschichte (1969), in: ders. (Hrsg.), Studien zum frühen und mittelalterlichen deutschen Recht, 1995, S. 157 (159 ff.); knappe Zusammenfassung bei *dems.*, Art. Treue, in: Lexikon des Mittelalters, Bd. 8, 1997, Sp. 977 (978).

[32] Er findet sich bei *Bayer* (Fn. 7), S. 20 („seine Geltungsberechtigung verloren") wie *Bauer* (Fn. 7), S. 101 („kein Platz mehr").

[33] *Schüle*, VerwArch. 38 (1933), 399 (423). Der bereits im Frühjahr 1931 gehaltene und erst nach der Machtübergabe publizierte Vortrag ist vom Verf. behutsam an die neue Situation angepasst worden; Hinweise auf die Rechtslage nach der „Revolution" ebda., S. 399, 401 Fn. 10, 434.

[34] Vgl. nur das Fazit von *Merk*, Deutsches Recht (A) 1934, 526 (528). – Kritische Rückschau aus der unmittelbaren Nachkriegszeit bei *A. Hueck*, Der Treuegedanke im modernen Privatrecht, 1947, S. 3 f.

[35] Eingehend *Kroeschell*, Führer, Gefolgschaft und Treue (1994), in: ders. (Fn. 31), S. 183 (190 ff.); vgl. zum Führerprinzip wie seiner Konturenlosigkeit im Detail noch *H. Dreier*, VVDStRL 60 (2001), 9 (46 ff.).

der „Betriebsführer" von seiner Belegschaft[36]; sie gilt („bis zum letzten Blutstropfen") im Familienrecht,[37] selbst bis in völkerrechtliche Sphären dringt die Treue vor, wenn etwa das nationalsozialistische Völkerrechtsdenken auf der Grundlage der „Treue zum Volkstum" errichtet werden soll.[38] Hand in Hand mit derartigen Schwüren geht die systemkonforme Neuformatierung des gesamten geltenden Rechts im Zeichen von „Treu und Glauben", die *Rüthers* magistral nachgezeichnet hat.[39]

Schließlich gilt es festzuhalten, dass auch die **religiöse bzw. weltanschauliche Konnotation** der Bundestreue bei der Deutung dieses Rechtsbegriffs wie seiner Rezeption kritische Berücksichtigung verlangt. Im theologischen Kontext soll *pistis* (Röm 3,25) beispielsweise „im Noebund die Treue Gottes zum Menschengeschlecht, im Sinaibund die Bundestreue zum Volk Gottes, im Neuen Testament die durch das Blut *Jesu Christi* neu verbürgte Treue Gottes der gesamten Menschheit gegenüber"[40] bezeichnen; der Terminus sucht damit Anschluss an fundamentale Bildmuster der christlich-jüdischen Glaubenstradition und vermag zumindest unwillkürlich auch deren Gehalte in das Recht hineinzutragen. Dass die Bundestreue nicht allein diese Gefahr der Orientierung an theologischen Wertungen birgt, belegen schließlich Fundstücke aus der Abteilung, die in Antiquariatskatalogen für gewöhnlich als „Masonica" firmiert.[41]

10

B. Bundestreue im inter- und supranationalen Kontext

I. Bundestreue als Rechtsfigur eines allgemeinen Bundesstaatsrechts?

Mißt man einer Treuepflicht gegenüber der höheren Einheit als Voraussetzung für deren Funktionsfähigkeit ein gewisses Maß von Evidenz zu, so drängt diese These mit Macht zur rechtsvergleichenden Verifikation.[42] Denn wenn die Bundestreue zum

11

---

[36] *Siebert*, Deutsches Recht (A) 1934, 537 (538); vgl. auch *dens.*, ebda., S. 539: „Die Treupflicht erzeugt keine neuen selbständigen Einzelansprüche [...], sondern sie beherrscht die bisherigen vom Gesetz geschaffenen, wandelt sie entweder zu personenrechtlichen Ansprüchen um oder beherrscht wenigstens ihren Inhalt im Wege der Auslegung...". Vgl. nochmals *Kroeschell* (Fn. 35), S. 193 ff.

[37] *Eben-Servaes*, Deutsches Recht (A) 1934, 536 f. (Zitat S. 536).

[38] *Walz*, Deutsches Recht (A) 1934, 521 (524).

[39] *Rüthers*, Die unbegrenzte Auslegung, 6. Aufl. 2005, S. 224 ff. u. passim.

[40] Nur einige Beispiele: *Pluta*, Gottes Bundestreue, 1969, bes. S. 45 ff. (Zitat S. 46); *Hahn*, Gottes Bundestreue, 2002; zuletzt A. Hilke (Hrsg.), Glaube als Bundestreue. FS für M. Hilke, 2007. – Zusammenfassend zur modernen Deutung *Diedrich/Menke*, Art. Treue Gottes, in: Kasper u.a. (Hrsg.), Lexikon für Theologie und Kirche, 3. Aufl., Bd. 10, 2001, Sp. 213 ff.

[41] Siehe zur Benennung der führenden Freimaurerloge in Preußen *Settegast*, in: N. N. (Hrsg.), Tempelschatz der Grossen Loge Kaiser Friedrich zur Bundestreue, Bd. I, 1894, S. 5 (12).

[42] Eingehend *Woelk*, ZÖR 52 (1997), 527 (527 ff.) sowie *Egli* (Fn. 7), S. 21 ff.

„**Charakter**" **des Föderalismus** gehört, muss sie unabhängig von der konkreten verfassungsrechtlichen Ausgestaltung in sämtlichen Bundesstaaten zumindest *in nuce* nachweisbar sein, die diesen Namen nicht nur der Form halber tragen. Tatsächlich mangelt es nicht an Versuchen, die angenommene Pflicht zum bundesfreundlichen Verhalten argumentativ durch den Hinweis abzustützen, dass zumindest einzelne Elemente dieser Rechtsfigur in anderen Bundesstaaten entweder normiert oder als ungeschriebene Rechtssätze von Verfassungsrang anerkannt seien.[43] Die nähere Betrachtung macht freilich deutlich, dass dieser Gedankengang rasch an Grenzen stößt.[44]

12   Im **schweizerischen Bundesstaatsrecht** war die Redeweise von der „Bundestreue" oder der „freundeidgenössischen Gesinnung" bereits vor der Totalrevision von 1999 durchaus gebräuchlich;[45] allerdings sahen Rechtsprechung wie Literatur sie vornehmlich als „politische Verhaltensmaxime"[46] und waren vergleichsweise zurückhaltend, daraus konkrete rechtliche Verhaltenspflichten abzuleiten. Das zwischenzeitlich verfolgte Vorhaben, die Bundestreue (zumindest als Artikelüberschrift) ausdrücklich im Verfassungstext zu verankern,[47] ist nicht Gesetz geworden. Immerhin verpflichtet Art. 44 BV n. F. nunmehr Bund und Kantone zur Zusammenarbeit (Abs. 1), zur gegenseitigen Rücksichtnahme (Abs. 2) und zur Beilegung von Streitigkeiten durch „Verhandlung und Vermittlung" (Abs. 3).[48] Die Norm nimmt damit zentrale Postulate der deutschen wie schweizerischen Debatte um einen ungeschriebenen Rechtssatz der Bundestreue auf und stellt sich in diesem Sinne als **Teilkodifikation** der Rechtsfigur dar;[49] Parallelen weist ferner die ausdrückliche Verpflichtung von staatlichen Organen auf den Grundsatz von Treu und Glauben auf (Art. 5 Abs. 3 BV).[50] Schließlich begegnen auf kantonaler Ebene Regelungen, die eine Rechtspflicht zur Zusammenarbeit mit anderen Kantonen oder dem Bund begründen.[51]

---

[43] Dieser Tenor etwa bei *Bayer* (Fn. 7), S. 45; ähnlich *Sommermann*, in: v. Mangoldt/Klein/Starck (Hrsg.), Grundgesetz, Bd. 2, 5. Aufl. 2005, Art. 20 Abs. 1 Rn. 37 m. Fn. 121.

[44] Grundsätzliche (und berechtigte) Skepsis bei *Bauer* (Fn. 7), S. 18 ff.

[45] *Widmer*, Normkonkurrenz und Kompetenzkonkurrenz im schweizerischen Bundesstaatsrecht, 1966, S. 30 ff. (vgl. auch den Untertitel: „Die Bundestreue als Schranke der kantonalen Kompetenzausübung"); *Kölz*, ZBl 81 (1980), 145 (148 ff.); *Häfelin/Haller*, Schweizerisches Bundesstaatsrecht, 4. Aufl. 1998, Rn. 308a ff. (m.w.N., auch aus der Judikatur des Bundesgerichts); *Woelk*, ZÖR 52 (1997), 527 (533 ff.); *Egli* (Fn. 7), S. 169 ff.

[46] *Häfelin/Haller* (Fn. 45), Rn. 308d.

[47] Konkret sah Art. 43 des Verfassungsentwurfs von 1977 die Artikelüberschrift „Bundestreue und Zusammenarbeit" vor; die Norm enthielt in Abs. 1 eine Rücksichts- und Beistandspflicht (jetzt Art. 44 Abs. 2 BV) sowie in Abs. 2 die Pflicht zur Zusammenarbeit bei Planungen (vgl. jetzt Art. 44 Abs. 1 BV). Näher m.N. *Kölz*, ZBl 81 (1980), 145 (152).

[48] Näher zur Deutung von Art. 44 BV n.F. *Häfelin/Haller*, Schweizerisches Bundesstaatsrecht, 5. Aufl. 2001, Rn. 1107 ff.

[49] Wie hier (im Vorfeld der Reform) *Woelk*, ZÖR 52 (1997), 527 (536).

[50] Dazu knapp *Häfelin/Haller* (Fn. 48), Rn. 1110.

[51] Siehe Art. 2 Abs. 1 KV Solothurn (1986: Zusammenarbeit mit den anderen Kantonen); Art. 2 Abs. 2 KV Bern (1993: Zusammenarbeit mit Bund und Kantonen); Art. 5 Abs. 1 KV Freiburg (2004:

Der Bundesverfassung der Republik **Österreich** ist ein vergleichbarer Anhalt für eine Pflicht zum bundesfreundlichen Verhalten im Verfassungstext fremd.[52] Gleichwohl hat der Verfassungsgerichtshof eine „**Rücksichtnahmepflicht**" kreiert,[53] die in der Literatur in Parallele zur deutschen Diskussion als „Kompetenzhandhabungsregel zwischen Bund und Ländern" angesprochen wird.[54] Konkrete Schlussfolgerungen aus der Erkenntnis lassen sich in der neueren Entwicklung aber kaum verzeichnen.[55]

13

Im Rahmen der Föderalisierung **Belgiens** ist schließlich in Gestalt von Art. 143 §1 die Rechtsfigur der „föderalen Loyalität" in die koordinierte Verfassung von 1994 aufgenommen worden, die Föderalstaat, Gemeinschaften und Regionen bei der Ausübung ihrer Befugnisse zu respektieren haben;[56] ob und in welchem Ausmaß sich diese Pflicht von der Bundestreue deutscher Prägung herleitet oder ihr gleicht, ist allerdings in der belgischen Staatsrechtslehre umstritten.[57]

14

In den **USA** fehlt es ebenfalls an einem normtextlichen Anhalt für Pflichten des Bundes und der Länder, die über die geschriebenen Kompetenzkataloge hinausreichen. Zu verzeichnen sind jedoch auch hier – bereits seit dem frühen 19. Jahrhundert – Überlegungen, den Einzelstaaten wie dem Bund einen solchen Gebrauch von Kompetenzen zu versagen, der der jeweils anderen Seite die sachgerechte Ausübung ihrer Aufgaben unmöglich macht. Von der Doktrin als „**intergovernmental immunity**" gefasst, begünstigt diese Maxime allerdings im Kern den Bund, dessen – enumerativ aufgezählte – Kompetenzen sie erweitert.[58]

15

Der Ertrag dieses kursorischen rechtsvergleichenden Überblicks[59] belegt zunächst, dass eine Rechtspflicht zum bundesfreundlichen Verhalten zwar verbreitet, **keineswegs** aber ein **notwendiger Bestandteil** eines jeden föderal verfassten Staates

16

Zusammenarbeit mit Bund, Kantonen sowie regionalen wie internationalen Organisationen); vgl. dazu den frühen Hinweis bei *Kölz*, ZBl 81 (1980), 145 (153).

[52] Zur österreichischen Diskussion *Pernthaler*, in: Österreichische Parlamentarische Gesellschaft (Hrsg.), FS 75 Jahre Bundesverfassung, 1995, S. 657 (664 f., 670); *Woelk*, ZÖR 52 (1997), 527 (530 ff.); R. *Walter*/H. *Mayer*/*Kucsko-Stadlmayer*, Grundriß des österreichischen Bundesverfassungsrechts, 10. Aufl. 2007, Rn. 298; weitere Hinweise bei *Bauer* (Fn. 7), S. 19 Fn. 25.

[53] VerfGH JBl. 1985, 482 (485); vgl. dazu die Anmerkungen von *Morscher*, JBl. 1985, 479 ff. sowie *Davy*, ÖJZ 1986, 225 ff., 298 ff.

[54] Die Formulierung bei *Woelk*, ZÖR 52 (1997), 527 (530); vgl. zur geläufigen Redeweise von der „Kompetenzausübungsschranke" unten bei und in Fn. 119 f.

[55] So auch das Fazit von *Walter/Mayer/Kucsko-Stadlmayer* (Fn. 52), Rn. 298.

[56] Näher *Alen/Peeters/Pas*, JÖR 42 (1994), 439 (475 ff.); *Mörsdorf*, Das belgische Bundesstaatsmodell im Vergleich zum deutschen Bundesstaat des Grundgesetzes, 1995, S. 272 ff. sowie *Woelk*, ZÖR 52 (1997), 527 (539 ff.).

[57] Im Ergebnis kritisch *Alen/Peeters/Pas*, JÖR 42 (1994), 439 (503 f.) u. passim.

[58] Vgl. die ältere Übersicht bei *Rupp*, in: Eschenburg/Heuss/Zinn (Hrsg.), FG für C. Schmid, 1962, S. 141 (146 ff.); aus der neueren Literatur *Tarr*, Understanding State Constitutions, Princeton 1998, S. 6 ff.; *Fisher/Adler*, American Constitutional Law, 7. Aufl. Durham 2007, S. 312 ff., 374 ff. sowie *Manning*, Harvard Law Review 122 (2009), 2003 (2020 ff.); zuletzt *Egli* (Fn. 7), S. 338 ff.

[59] Umfangreiche w.N. bei *Bauer* (Fn. 3), Art. 20 (Bundesstaat), Rn. 16 m. Fn. 86.

ist.[60] Bei aller Zurückhaltung gegenüber Schlussfolgerungen normativer Natur aus Befunden der Rechtsvergleichung bringt dieses Ergebnis doch jede Argumentation unter erhöhten Rechtfertigungsdruck, die eine Pflicht zum bundesstaatlichen Verhalten aus dem Bundesstaatsprinzip des Grundgesetzes oder gar dem „Wesen" des Bundesstaates überhaupt ableiten will.[61]

II. Gemeinschafts- und Unionstreue?

17 In der Rechtsprechung des Europäischen Gerichtshofs wie der Literatur wird eine Rechtspflicht zur **Gemeinschaftstreue** als in Art. 10 EGV (bzw. Art. 5 EWGV a. F.) lediglich teilpositivierter allgemeiner Rechtsgrundsatz angenommen und näher dahin charakterisiert, „daß den Mitgliedstaaten und den Gemeinschaftsorganen gegenseitige Pflichten zur loyalen Zusammenarbeit obliegen".[62] Die Gemeinschaftstreue wird damit – regelmäßig unter Hinweis auf die deutsche Figur der Bundestreue[63] – über die im Vertrag explizit niedergelegte Pflicht der Einzelstaaten zur loyalen Mitwirkung hinaus dreipolig ausgestaltet.[64] Eine in Parallele dazu entwickelte **Unionstreue** konnte sich hingegen bislang nur auf die Normierung einzelner Teilgehalte (etwa Art. 1 Abs. 3, Art. 6 Abs. 3 sowie Art. 11 Abs. 2 EUV a. F.) stützen;[65] sie soll Handlungs- wie Unterlassungspflichten der Union wie der Einzelstaaten begründen, konkret etwa die Sanktionen der Mitgliedstaaten gegen Österreich ins Unrecht setzen.[66] Der Vertrag von Lissabon führt beide Institute nunmehr in **Art. 4 Abs. 3 EUV-Lissabon** zusammen und gestaltet die Unionstreue ausdrücklich auf der Basis der Gegenseitigkeit aus. Der Gemeinschafts- wie Unionstreue zugrundeliegende

---

[60] So wohl auch die überwiegende Auffassung: *Hesse*, Bundesstaat (Fn. 5), S. 9 m. Fn. 44; *Kowalsky* (Fn. 21), S. 53 ff.; *Alen/Peeters/Pas*, JÖR 42 (1994), 439 (492, 503); *Woelk*, ZÖR 52 (1997), 527 (545). – A.A. *Unruh*, EuR 37 (2002) 41 (46 ff., bes. S. 48).

[61] Näher unter D.IV.

[62] EuGH Rs. 230/81, Slg. 1983, 255 (Rz. 37) – *Luxemburg/Parlament*; zusammenfassend *Bleckmann*, RIW 1981, 653 ff.; *Lück*, Die Gemeinschaftstreue als allgemeines Rechtsprinzip im Recht der Europäischen Gemeinschaft, 1991, S. 25 ff., 107 ff.; *Epiney*, EuR 1994, 301 (310 ff.); *Woelk*, ZÖR 52 (1997), 527 (541 ff.); *Kahl*, in: Calliess/Ruffert (Hrsg.), EUV/EGV, 2. Aufl. 2002, Art. 10 EGV Rn. 6 ff.; *Pernice*, in: H. Dreier (Hrsg.), Grundgesetz-Kommentar, Bd. 2, 2. Aufl. 2006, Art. 23 Rn. 25, 68 ff.

[63] *Bauer* (Fn. 7), S. 210. – Eingehend zur parallelen Struktur beider Figuren *Lück* (Fn. 62), S. 103 ff.

[64] Prononciert für die wechselseitige Bindung von Gemeinschaft wie Mitgliedstaaten *Lück* (Fn. 62), S. 130; *Kahl* (Fn. 62), Art. 10 EGV Rn. 14.

[65] Angenommen wird sie etwa von *Hatje*, Loyalität als Rechtsprinzip in der Europäischen Union, 2001, S. 35 ff.; *Unruh*, EuR 37 (2002) 41 (45, 57 ff.; beide m.w.N.); skeptisch bis ablehnend äußert sich hingegen *Streinz*, Europarecht, 8. Aufl. 2008, Rn. 163 („keinen zusätzlichen Rechtsgehalt").

[66] So das Ergebnis von *Unruh*, EuR 37 (2002) 41 (65 f.).

Rechtsgedanke soll schließlich für das Recht der internationalen Organisationen verallgemeinerungsfähig sein.[67]

Aus nationaler Perspektive hat das **Bundesverfassungsgericht** mehrfach wie selbstverständlich die Existenz einer Rechtsfigur der Gemeinschaftstreue postuliert, diese aber in erster Linie als Rücksichtnahmegebot zugunsten der „Verfassungsprinzipien und elementaren Interessen der Mitgliedstaaten" und damit primär als Kompetenzgrenze gegenüber der Gemeinschaft in Stellung gebracht, ohne näheren Aufschluss über die Rechtsgrundlage dieses Instituts zu geben.[68] Vorzugswürdig dürfte stattdessen die Berufung auf das in den Verfassungsverträgen mittlerweile kodifizierte **Subsidiaritätsprinzip** sein (Art. 5 Abs. 2 EGV a. F. bzw. Art. 5 Abs. 1, 3 EUV-Lissabon; vgl. noch Art. 23 Abs. 1 S. 1 GG), auch wenn dessen Wirkkraft nach wiederum fast einhelliger Auffassung beschränkt ist und dies auch unter einer Geltung des Vertragswerks von Lissabon bleiben wird.[69]

18

C. Bestandsaufnahme: Bundestreue in der verfassungsgerichtlichen Rechtsprechung

I. Entwicklungsphasen der Rechtsprechung

Der bislang aufwendigste Periodisierungsversuch zur Bundestreue-Judikatur des Bundesverfassungsgerichts stammt von *Hartmut Bauer*:[70] Er unterscheidet – dies unter Einbeziehung der wissenschaftlichen Wechselrede wie der Staatspraxis – **drei Abschnitte**, näher eine erste Phase der „Rezeption und de[s] Ausbau[s] des älteren Bundestreuegedankens" (1949–1961)[71], eine zweite Phase der Anfechtung (sechziger Jahre)[72] sowie die sich anschließende Phase der „Konsolidierung und Fortentwicklung des Bundestreuegedankens".[73] Diese letzte Phase dürfte bis heute andauern, sind doch seitdem keine Entscheidungen oder Stimmen in der Literatur zu verzeichnen, die sich als Zäsur anbieten.

19

Zentrale **Weichenstellungen** seiner Rechtsprechung zur Figur der Bundestreue hat das Bundesverfassungsgericht bereits im ersten Dezennium seiner Existenz vorgenommen.[74] *Locus classicus* ist die Entscheidung zum Ersten Wohnungsbaugesetz,

20

---

[67] *Ruffert/C. Walter*, Institutionalisiertes Völkerrecht, 2009, Rn. 259.
[68] BVerfGE 89, 155 (184); 92, 203 (237).
[69] Statt aller *Puttler*, in: Isensee/P. Kirchhof (Hrsg.), Handbuch des Staatsrechts der Bundesrepublik Deutschland, Bd. 6, 3. Aufl. 2008, § 142 Rn. 15 f., 18 ff.
[70] *Bauer* (Fn. 7), S. 105 ff.; vgl. jetzt auch *Egli* (Fn. 7), S. 75 ff.
[71] *Bauer* (Fn. 7), S. 106 (dort das Zitat), 107 ff.
[72] *Bauer* (Fn. 7), S. 107, 156 ff. (ohne präzise Zeitangabe).
[73] *Bauer* (Fn. 7), S. 107, 166 ff.
[74] So auch die Einschätzung von *Faller* (Fn. 6), S. 54; kritisch hingegen *Bauer* (Fn. 7), S. 106, der zwar konzediert, dass in diese Phase zentrale Entscheidungen fallen, anders als *Faller* aber keine spätere Korrektur dieser Judikate ausmachen kann.

die unter ausdrücklichem Hinweis auf *Smend* aus dem föderalistischen Prinzip eine „Rechtspflicht [...] zu ‚bundesfreundlichem Verhalten'" ableitet, der zufolge Bund und Länder „dem Wesen dieses Bündnisses entsprechend zusammenzuwirken" haben.[75]

21 Unmittelbar auffällig ist die **eminent materiale Aufladung** dieser frühen Bundestreue-Judikatur. Das Gericht argumentiert mit dem „Wesen" des Bündnisses,[76] fragt nach der „Wahrung ... der wohlverstandenen Belange"[77] und prüft im Detail, ob die Ablehnung des Plans zur Verteilung der Bundesmittel für den Wohnungsbau durch den Freistaat Bayern „unsachlich" sei.[78] Dieser vergleichsweise distanzlose Umgang mit letztlich metakonstitutionellem Normenmaterial dürfte nur erklärlich sein vor dem Hintergrund der sog. **Naturrechtsrenaissance** der Nachkriegszeit,[79] die auf diese Weise einen langen Schatten auf die weitere Bundestreue-Rechtsprechung wirft. Fraglich ist hingegen, ob sich diese umstandslos auf „ein latent vorhandenes ‚unitarisches Vorverständnis' der Richter" zurückführen lässt.[80]

22 Jede Periodisierung wirft zugleich die Frage auf, ob die Bundestreue im Ablauf dieser Phasen einen **Funktionswandel** erlebt hat.[81] Sie wird zu verneinen sein, wenn man in methodischer Perspektive nach der Funktion der Figur für das Gericht fragt: Die Bundestreue fungierte und fungiert als Hebel, der den Entscheidungsspielraum des Gerichts erweitert, indem er seine Bindung an das geschriebene Verfassungsrecht lockert und ihm den Zugriff auf Sachfragen eröffnet, die sich ihm andernfalls entzogen hätten.[82] Auch in materieller Perspektive lässt sich zwar eine Erweiterung dergestalt konstatieren, dass die Figur auf immer neue Sachverhalte angewandt wird, ohne dass man ihr deshalb eine **Dynamisierungsfunktion** für die Gesamtrechtsordnung wird zuschreiben können.[83] Am auffälligsten dürfte noch die Vorbildwirkung des Topos von der Bundestreue für vergleichbare Figuren auf europarechtlicher Ebene (oben B.II) sowie im übrigen öffentlichen Recht sein (unten E.I).[84]

---

[75] Urteil des Zweiten Senats vom 21. Mai 1952 (BVerfGE 1, 299 [314 ff.; Zitate: S. 315; dort auch der Hinweis auf *Smend*]).

[76] BVerfGE 1, 299 (315).

[77] BVerfGE 1, 299 (315).

[78] BVerfGE 1, 299 (316 ff.).

[79] Dazu statt aller *Kaufmann*, Die Naturrechtsrenaissance der ersten Nachkriegsjahre – und was daraus geworden ist (1991), in: ders., Über Gerechtigkeit, 1993, S. 221 (224 ff.).

[80] So der Vorwurf von *Kölz*, ZBl 81 (1980), 145 (160) u. passim.

[81] So namentlich *Kölz*, ZBl 81 (1980), 145 (161) und *Bauer* (Fn. 7), S. 103 ff.

[82] Näher unter C.II.4.a und F.

[83] Diese Tendenz aber – besonders ausgeprägt – bei *Geiger* (Fn. 2), S. 115, 117 ff.; zurückhaltender, aber gleichfalls optimistisch *Bauer* (Fn. 7), S. 152 ff., 192 ff.

[84] Beides hervorgehoben von *Bauer* (Fn. 7), S. 205 ff.

II. Gefestigte Gehalte der Bundestreue nach ständiger bundesverfassungsgerichtlicher Rechtsprechung

1. Terminologische und normative Verortung

Bis in die jüngste Rechtsprechung hinein begegnen wenigstens zwei **Benennungen** des Rechtsinstituts der Bundestreue sowie mehrere – nicht notwendig miteinander kompatible – Begründungsansätze.[85] Das Gericht spricht abwechselnd von der „Pflicht zu bundesfreundlichem Verhalten"[86], dem „Grundsatz bundesfreundlichen Verhaltens"[87] oder eben der „Bundestreue"[88], ohne dass der formellen Differenzierung materielle Unterschiede nachfolgten. Die jeweilige Terminologie verdankt sich ersichtlich auch nicht dem Profilierungssinn der beiden Senate.[89]

Sofern das Gericht nicht auf werbende Ausführungen zur **Begründung** ganz verzichtet[90] oder sich auf die Autoritätsargumente der eigenen Rechtsprechung[91] oder der Schriften *Smends*[92] stützt, rekurriert es entweder auf das „Wesen des Bundesstaates"[93] oder leitet die Bundestreue – vereinzelt unter Zitierung des Art. 20 Abs. 1 GG –

23

24

---

[85] Kritisch angemerkt etwa von *Kowalsky* (Fn. 21), S. 42 f.

[86] BVerfGE 1, 299 (316, 322); 8, 122 (131, 138, 140, 141); 12, 205 (255, 257); 21, 312 (326); 42, 103 (117); 81, 310 (345); 95, 250 (266); 104, 249 (269); 106, 1 (26). – Leicht modifiziert zuletzt E 110, 33 (52): „Pflicht zu bundes- und länderfreundlichem Verhalten".

[87] BVerfGE 8, 122 (141); 12, 205 (207, 239, 249, 259); 34, 9 (20); 34, 216 (232); 43, 291 (348, 349); 92, 203 (230); 104, 238 (238, 247); 104, 249 (270); variiert in E 61, 149 (205): „Grundsatz der wechselseitigen Pflicht des Bundes und der Länder zu bundesfreundlichem Verhalten".

[88] BVerfGE 3, 52 (57); 4, 115 (140); 6, 309 (328, 361); 13, 54 (75, 76); 14, 197 (215); 21, 312 (326); 32, 199 (218, 219); 42, 103 (117); 103, 81 (87).

[89] Angesichts der Zuständigkeitsverteilung nach §14 Abs. 1 u. 2 BVerfGG sind ohnehin Entscheidungen zur Bundestreue regelmäßig vom Zweiten Senat zu erwarten. Beispiele für die „Pflicht zu bundesfreundlichem Verhalten" aus seiner Rechtsprechung: BVerfGE 1, 299 (316, 322); 8, 122 (131, 138, 140, 141); 12, 205 (255, 257); 81, 310 (345); 106, 1 (26); 106, 225 (243); in einer weiteren Entscheidung spricht der Senat in einem Atemzug von „Bundestreue" und vom „Gebot des bundesfreundlichen Verhaltens": BVerfGE 103, 81 (87, 88). – Die explizite oder implizite Berufung auf Art. 20 Abs. 1 GG begegnet beim Ersten (E 43, 291 [348]) wie beim Zweiten Senat (E 103, 81 [88]).

[90] So – besonders ausgeprägt – BVerfGE 81, 310 (345); vgl. ferner E 104, 249 (269 f.); 106, 225 (243).

[91] Sie dürfte die häufigste Fundierungsvariante darstellen; vgl. BVerfGE 42, 103 (117: „[i]n ständiger Rechtsprechung"); 106, 1 (27: „nach gefestigter Rechtsprechung"); zuletzt E 110, 33 (52). In der Sache auch E 12, 205 (254 f.) mit einem Kurzreferat der bisherigen Rechtsprechung, E 34, 9 (20) sowie E 34, 216 (232); dort spricht das Gericht offen „den vom Bundesverfassungsgericht entwickelten Grundsatz des bundesfreundlichen Verhaltens" an.

[92] BVerfGE 12, 205 (254).

[93] BVerfGE 8, 122 (138); das Gericht reklamiert hier die „Übereinstimmung mit der Rechtslehre" für sich. Im Kern gleichsinnig E 1, 299 (315), wo auf das „Wesen dieses Bündnisses" abgestellt wird (aufgegriffen in E 6, 309 [361] sowie in E 31, 337 [354 f.] – Sondervotum *Geiger/Rinck/Wand*).

aus dem Bundesstaatsprinzip ab.[94] Erst die jüngere Rechtsprechung grenzt einen „allgemeinen Aspekt der Organtreue" von einem „spezielleren des bundesfreundlichen Verhaltens im Verhältnis zwischen dem Bund und den Ländern" ab.[95]

2. Adressaten und Tatbestandsvoraussetzungen

25 Die Pflicht zum bundesfreundlichen Verhalten trifft ungeachtet des einseitigen Wortlauts Bund wie Länder gleichermaßen,[96] gilt aber nicht innerhalb eines Landes.[97] Sie unterliegt keinem *tu-quoque*-Vorbehalt[98] und erfordert – anders als der Wortbestandteil „Treue" implizieren könnte – kein schuldhaftes Verhalten.[99] Sie ist **akzessorischer Natur**, setzt also ein anderweitig fundiertes Rechtsverhältnis voraus und „begründet für sich allein genommen keine selbständigen Pflichten des Bundes oder eines Landes".[100] Das Rechtsverhältnis selbst muss ebenso wenig verfassungsrechtlicher Natur sein wie die aus ihm folgenden Rechte und Pflichten,[101] da die Bundestreue „alle Rechte und Pflichten im Verhältnis zwischen Bund und Ländern, seien sie auch privat- oder verwaltungsrechtlicher Natur", „durchwirkt".[102] Lediglich die Geltendmachung eines Akts der „Bundesuntreue" im Wege des Organstreitverfahrens gem. Art. 93 Abs. 1 Nr. 3 GG setze ein spezifisch verfassungsrechtliches Verhältnis voraus.[103] Schließlich erlegt sich das Gericht Zurückhaltung bei der Annahme eines Verstoßes gegen die Bundestreue auf: Sie sei „keine Schranke, mit der man Nichtigkeiten inhibieren kann."[104]

---

[94] BVerfGE 34, 9 (20); 43, 291 (348); 92, 203 (230); zuletzt E 103, 81 (88): „Die Pflicht von Bund und Ländern zu bundesfreundlichem Verhalten folgt aus dem in Art. 20 Abs. 1 GG verankerten Grundsatz der Bundesstaatlichkeit." – Berufung auf den „Grundsatz des Föderalismus" ohne Normzitat in BVerfGE 1, 299 (315).
[95] BVerfGE 119, 96 (125). – Vgl. unten E.I.
[96] St. Rspr.; BVerfGE 12, 205 (254); 14, 197 (215); 61, 149 (205); 92, 203 (230); 103, 81 (88); 106, 1 (27).
[97] BVerfGE 60, 319 (327; zum Landesinnenstreit gem. Art. 93 Abs. 1 Nr. 4 GG).
[98] BVerfGE 8, 122 (140): Der Hinweis auf eine Pflichtverletzung der anderen Seite wird danach nicht gehört.
[99] Ebenfalls BVerfGE 8, 122 (140).
[100] Zitat: BVerfGE 95, 250 (266); gleichsinnig E 13, 54 (75 f.); 21, 312 (326); 42, 103 (117); 103, 81 (88); 104, 238 (247 f.); 110, 33 (52).
[101] BVerfGE 42, 103 (117 f.); 103, 81 (88).
[102] BVerfGE 103, 81 (88).
[103] BVerfGE 103, 81 (88).
[104] BVerfGE 34, 9 (10, 45).

§ 18 Die Bundestreue   511

3. Konkretisierungen nach Fallgruppen

a) **Kooperationsgebot.** Näher konkretisiert wird die Pflicht – das Rechtsverhältnis 26
vorausgesetzt – einmal als allgemeines „Gebot der Kooperation",[105] das sich in Verfahren wie Stil der Verhandlungen zwischen Bund und Ländern niederschlage.[106] Betroffen ist etwa das Verhalten im Vorfeld der Erteilung einer Weisung nach Art. 85 Abs. 3 GG[107] oder des Abschlusses einer vertraglichen Vereinbarung.[108] Eine Verletzung dieser Pflicht nimmt das Gericht an, wenn einzelne Länder von Verhandlungen und Informationen ganz ausgeschlossen werden,[109] dem Verhandlungspartner nicht genügend Zeit für eine Stellungnahme gelassen wird[110] oder eine solche Stellungnahme völlig unbeachtet bleibt;[111] sie strahlt in einem solchen Fall auch auf die Verfassungsmäßigkeit des Aktes aus, der im fehlerhaften Verfahren zustande gekommen ist.[112] Die **mangelnde Konturschärfe** dieser rudimentären bundesstaatlichen Stilfibel dokumentiert das gespaltene Votum des Gerichts zum Vorgehen der Bundesregierung im Fall des Atomkraftwerks Biblis A: Während die Senatsmehrheit in den im Vorfeld einer Weisung nach Art. 85 Abs. 3 GG geführten informellen Verhandlungen des Bundes mit dem Betreiber RWE zwar ein „gewisses Gefahrenpotential" erblickt, „bei ganzheitliche[r] Betrachtung" eine nähere Unterrichtung des betroffenen Landes aber für unnötig hält, sehen die dissentierenden Richter die Pflichten zur hinreichenden Information bzw. zum Einräumen einer Gelegenheit zur Stellungnahme verletzt, die den Bund treffen, bevor er irreversible Verpflichtungen eingehe.[113]

Die Zuspitzung dieses Kooperationsgebots zu einem „**Zwang zur Verständi-** 27
gung" begegnet in der ersten ausdrücklich der Bundestreue zugeordneten Entscheidung; hier werden die Länder verpflichtet, ihre Zustimmung zu einer Maßnahme, die

---

[105] BVerfGE 103, 81 (88); 106, 1 (27).

[106] BVerfGE 12, 205 (255); 86, 148 (211 f.); 103, 81 (88). – Vgl. auch E 72, 330 (396): Der Bund dürfe sich als „ehrlicher Makler" betätigen.

[107] BVerfGE 81, 310 (345 ff.).

[108] BVerfGE 12, 205 (255 ff.).

[109] BVerfGE 12, 205 (255, 256 f.); das Gericht spricht vom Verbot einer Politik des „divide et impera" (S. 255) und erlegt dem Bund die Verpflichtung auf, über den Plan einer Errichtung des Deutschland-Fernsehens mit allen Ländern in Verhandlungen zu treten; aufgegriffen in E 86, 148 (211 f.).

[110] Angenommen in BVerfGE 12, 205 (257 f.: hier wurden die Länder mit Schreiben vom 22.7.1960 über die bevorstehende Vertragsunterzeichnung am 25.7.1960 unterrichtet); abgelehnt in E 81, 310 (345 f.: Schreiben vom 29.9.1987 bzw. 4.11.1987 lassen vor einer Weisung im April 1988 hinreichend Zeit für eine Stellungnahme).

[111] Angenommen in BVerfGE 12, 205 (257 f.: hier wurden Gegenvorstellungen der Länder völlig ignoriert); wiederum abgelehnt in E 81, 310 (346 f.: das ausdrückliche Eingehen auf jedes einzelne Vorbringen des Landes sei entbehrlich).

[112] BVerfGE 12, 205 (259).

[113] Siehe BVerfGE 104, 249 (270 ff.) einer- sowie BVerfGE 104, 249 (282 ff.) – Sondervotum *Di Fabio/Mellinghoff* andererseits (Zitate: S. 271, 272).

der Mitwirkung aller Länder bedarf, nicht aus unsachlichen Gründen zu verweigern. Als Sanktion droht die Unbeachtlichkeit des Widerspruchs des Landes (im konkreten Fall verneint).[114] Ähnlich soll für den Bund die „Pflicht zur Neuverhandlung über die Umsatzsteueranteile" erwachsen, wenn die Länder aus den ihnen zustehenden Mitteln ihre Aufgaben nicht erfüllen können (zu Art. 106 Abs. 4 S. 1 GG).[115] Die Länder schließlich sind qua Bundestreue gehalten, bei der Regelung der Weiterverbreitung von Rundfunkprogrammen zu kooperieren.[116]

28 **b) Rücksichtnahmepflicht bzw. Kompetenzausübungsschranke.** Zweite und nach verbreiteter Ansicht wichtigste[117] Konkretisierung ist die Pflicht, bei der Ausübung von Kompetenzen „Rücksicht auf das Gesamtinteresse des Bundesstaates und auf die Belange der Länder"[118] zu nehmen (in der Literatur verbreitet[119], in der Rechtsprechung vereinzelt als „Kompetenzausübungsschranke" bezeichnet[120]). Diese im Ansatz bedenkliche freihändige Überformung der fein ausdifferenzierten Zuständigkeitsordnung des Grundgesetzes[121] sucht das Bundesverfassungsgericht durch die Einschränkung zu domestizieren, erst die **missbräuchliche Inanspruchnahme** einer Kompetenz stoße an die Schranke der Bundestreue;[122] ferner begegnet vereinzelt der Vorbehalt, es dürfe in der Kompetenzausübung kein Verstoß „gegen

---

[114] BVerfGE 1, 299 (315 f.).

[115] BVerfGE 72, 330 (402).

[116] BVerfGE 73, 118 (397).

[117] Vgl. BVerfGE 8, 122 (138): „in erster Linie eine Schranke beim Gebrauchmachen von ihren Zuständigkeiten"; zustimmend *Faller* (Fn. 6), S. 66; *Lück* (Fn. 62), S. 97. – Auch *Kölz*, ZBl 81 (1980), 145 (171) ortet im Verbot der missbräuchlichen Kompetenzausübung die „juristische Hauptbedeutung der bundesstaatlichen Treuepflicht".

[118] Zitat: BVerfGE 104, 249 (270). In der Sache wie dort E 4, 115 (140); 6, 309 (361); 13, 54 (76); 14, 197 (215); 31, 337 (355) – Sondervotum *Geiger/Rinck/Wand*; 32, 199 (218); 34, 216 (232); 43, 291 (348); 61, 149 (205); 92, 203 (230); 110, 33 (52).

[119] So *Faller* (Fn. 6), S. 56; *Lück* (Fn. 62), S. 97; *Sommermann* (Fn. 43), Art. 20 Abs. 1 Rn. 37; *Schröder* (Fn. 5), S. 359; *Sachs*, in: ders. (Hrsg.), Grundgesetz, 5. Aufl. 2009, Art. 20 Rn. 70; *Robbers* (Fn. 1), Art. 20 Abs. 1 Rn. 1166.

[120] BVerfGE 104, 238 (238); 106, 225 (243).

[121] Mögliche Konsequenzen illustriert BVerfGE 34, 9 (21): Die Bundestreue wird hier als Substitut der „Grenzen des Art. 72 Abs. 2 GG, deren Einhaltung vom Bundesverfassungsgericht grundsätzlich nicht nachgeprüft werden kann" (!) herangezogen, um Art. 74a Abs. 1 GG gegen den Vorwurf in Schutz zu nehmen, gegen Art. 79 Abs. 3 GG zu verstoßen. – Die Warnung davor, „daß die Kompetenzverteilung zwischen Bund und Ländern durch Berufung auf die Bundestreue unterlaufen oder ausgehöhlt werden" könnte, begegnet hingegen in E 61, 149 (205).

[122] BVerfGE 4, 115 (140 f.); 6, 309 (361); 12, 205 (239 f., 249 f.); 14, 197 (215); 61, 149 (205); 81, 310 (337); 104, 249 (270); 106, 1 (27); 106, 225 (243); 110, 33 (52). – Ohne ausdrücklichen Rekurs auf die Bundestreue o.ä. zieht der Erste Senat einem Missbrauch der Steuergesetzgebung zu Sachzwecken Grenzen: BVerfGE 14, 76 (99).

prozedurale Anforderungen" liegen.[123] Eingeschränkt sei weiterhin das Freigabeermessen des Bundes nach Art. 125a Abs. 2 S. 2 GG.[124] Hingegen treffe die Länder *sub specie* Bundestreue keine Pflicht zur Abstimmung ihrer Gesetzgebung.[125]

Die Rücksichtnahmepflicht erstarkte nach Auffassung des Gerichts ferner schon vor der Einfügung von Art. 23 n. F. GG zur Pflicht zur Zusammenarbeit, sofern der Bund an der Vorbereitung von **Rechtsetzungsakten der Europäischen Gemeinschaft** mitwirkt, die Gesetzgebungskompetenzen der Länder betreffen.[126] Die Rechtsprechung schmiegt sich hier eng an die Staatspraxis an und versieht bereits existierende gesetzliche wie informelle Absprachemechanismen mit einer verfassungsrechtlichen Sanktionierung.[127]

c) Beachtung völkerrechtlicher Verträge. Dritte Fallgruppe ist die Pflicht der Länder, völkerrechtliche Verträge des Bundes hinreichend zu beachten, sofern die Kompetenzverteilung des Grundgesetzes solche Pflichten nicht *in concreto* ausschließen.[128] Generell geht das Gericht davon aus, dass im Hinblick auf Art. 32 Abs. 1 GG im Bereich der auswärtigen Gewalt „die Treupflicht der Länder dem Bund gegenüber besonders ernst zu nehmen ist."[129] Umgekehrt soll im Grundsatz der Bundestreue der gleichfalls „ungeschriebene Satz von der clausula rebus sic stantibus" „wurzeln", der im Einzelfall das Festhalten an einem Staatsvertrag unzumutbar machen könne.[130]

d) Handlungspflichten. Eine Verdichtung des bundesfreundlichen Verhaltens hin zu einer aktiven Handlungspflicht hat das Gericht schließlich für den Fall angenommen, dass Kommunen in eine ausschließliche Bundeskompetenz eingreifen; die fehlende Möglichkeit des Bundes zum direkten Zugriff auf die Gemeinden wurde derart kompensiert, dass das Land zu kommunalaufsichtlichen Maßnahmen gezwungen wurde.[131]

29

30

31

4. Konsequenzen der Bundestreue-Judikatur

a) Zur Funktionsweise des Topos von der Bundestreue. Allen Anwendungsfeldern gemeinsam ist der Gedanke einer Modifikation derjenigen Rechte und Pflichten,

32

---

[123] BVerfGE 106, 1 (27).
[124] BVerfGE 111, 10 (31).
[125] BVerfGE 32, 199 (219 f.). – Vgl. aber oben Fn. 116.
[126] BVerfGE 92, 203 (230 f.).
[127] Deutlich BVerfGE 92, 203 (231 ff.) mit Hinweisen auf das Lindauer Abkommen, einzelne einfachgesetzliche Regelungen, förmlichen Vereinbarungen zwischen Bund und Ländern sowie „praktische Formen der Kooperation" (S. 231).
[128] BVerfGE 6, 309 (361 f.); 12, 205 (254 f.).
[129] BVerfGE 6, 309 (362).
[130] BVerfGE 34, 216 (232).
[131] BVerfGE 8, 122 (138 ff.). Voraussetzung ist allerdings eine „empfindliche, schwerwiegende Störung der grundgesetzlichen Ordnung" (S. 139); aufgegriffen in E 56, 298 (322).

die aus der geschriebenen Verfassung folgen; das Gericht spricht allgemein davon, dass die Bundestreue „diese anderen Rechte und Pflichten moderiert, variiert oder durch Nebenpflichten ergänzt."[132] Deutlicher hat *Kölz* von „*normberichtigender*, ja in Einzelfällen ***normändernder* Funktion**"[133] gesprochen und mit Blick auf das geschriebene Recht nicht zu Unrecht vor der Gefahr der „Verfassungs*un*treue"[134] gewarnt.

33 Ferner macht eine Durchsicht der Entscheidungen deutlich, in welchem Ausmaß die Berufung auf die Rechtsfigur der Pflicht zum bundesfreundlichen Verhalten der richterlichen „Handsteuerung" dient. Die reichlich disparaten Einzelfälle lassen sich durch die Gruppenbildung nur notdürftig dogmatisch domestizieren; die Entscheidungen wirken teils beliebig und lassen jede Prognosesicherheit vermissen. Diesen substantiellen Kränkungswinkel der Bundestreue hin zur **Kasuistik** fasst das Bundesverfassungsgericht selbst in einer der jüngeren Entscheidungen offen zusammen: „Welche Folgerungen aus dem Grundsatz bundesfreundlichen Verhaltens konkret zu ziehen sind, kann nur im Einzelfall beurteilt werden."[135]

34 **b) Negativliste.** Die greifbaren **Konsequenzen** der geschilderten Rechtsprechung wirken zunächst überschaubar, hat das Bundesverfassungsgericht doch bislang **Verletzungen** der Pflicht zu bundesfreundlichem Verhalten **regelmäßig verneint**: Der Freistaat Bayern war etwa nicht aus Treue zum Bund verpflichtet, einer für ihn nachteiligen Verteilung von Mitteln für den sozialen Wohnungsbau zuzustimmen[136] oder nach dem Vorbild des Bundes auf Weihnachtszuwendungen an seine Beamten zu verzichten;[137] auch das nordrhein-westfälische Besoldungsgesetz führte nicht zu einer treuwidrigen Erschütterung der Finanzwirtschaft von Bund und Ländern.[138] Die Bundestreue bindet die Länder weiterhin nicht an die Schulbestimmungen des Reichskonkordats;[139] ebenfalls folgt aus ihr kein Anspruch eines Landes auf Neugliederung gem. Art. 29 GG.[140] Sie verschafft den Bundesländern keine Handhabe zur Abwehr der Errichtung des Bundesaufsichtsamtes für das Kreditwesen[141] und dem Bund keine gegen eine eigenständige Besoldung der Landesrichter;[142] auch eine auslaufende Besoldungsregelung für ganze drei Kammermusiker hatte Bestand.[143] Aus der Bundestreue folgt ferner weder eine Pflicht der Länder, ihre Schulsysteme

---

[132] BVerfGE 103, 81 (88) unter Berufung auf E 42, 103 (117).

[133] *Kölz*, ZBl 81 (1980), 145 (161) (Hervorhebung durch Kursivierung i.O., F.W.).

[134] *Kölz*, ZBl 81 (1980), 145 (166) (Hervorhebung wiederum i.O., F.W.).

[135] BVerfGE 104, 249 (270). – Praktisch wortlautgleich E 106, 1 (27).

[136] BVerfGE 1, 299 (316 ff.). – *Wohnungsbauförderung*.

[137] BVerfGE 3, 52 (57) – *Weihnachtsgeld*.

[138] BVerfGE 4, 115 (140 f.) – *Besoldungsgesetz NRW*.

[139] BVerfGE 6, 309 (363) – *Reichskonkordat*.

[140] BVerfGE 13, 54 (75) – *Neugliederung Hessen*; in umgekehrter Perspektive bietet die Bundestreue auch keinen Schutz gegen eine Neugliederung: E 13, 54 (76 f.).

[141] BVerfGE 14, 197 (214 f.) – *Kreditwesen*.

[142] BVerfGE 32, 199 (218 ff.) – *Richterbesoldung II*.

[143] BVerfGE 34, 9 (38 f., 44 f.) – *Besoldungsvereinheitlichung*.

§ 18 Die Bundestreue

aufeinander abzustimmen,[144] noch die Pflicht des Bundes, das Verfahren der Ratifizierung des Grundlagenvertrages auszusetzen.[145] Eine Zuständigkeitsüberschreitung von Bundesbehörden durch Anwendung von Landesrecht verstößt gegen Art. 30 und Art. 83 GG, nicht aber gegen die Pflicht zu bundesfreundlichem Verhalten.[146]

Die Regelung des *numerus clausus* wahrte die gebotene Rücksicht auf die Bildungspolitik der Länder;[147] die Berufung auf die angeblich verletzte Bundestreue machte auch aus dem Streit über die Zentralstelle zur Vergabe von Studienplätzen keine Streitigkeit verfassungsrechtlicher Art.[148] Gleiches galt für die Auseinandersetzungen über die Verfügung des Bundes über VEAG-Aktien,[149] die Maßnahmen der Ermittlungsbehörden des Landes Nordrhein-Westfalen gegen den Bundestagsabgeordneten *Pofalla*[150] und die Entscheidung, die Erkundung des Endlagers Gorleben zu unterbrechen.[151] In der ersten Finanzausgleichsentscheidung stellte das Gericht Verstöße gegen Art. 107 Abs. 1 GG, nicht aber gegen die Bundestreue fest;[152] in der 4. Rundfunkentscheidung war Art. 5 Abs. 1 S. 2 GG verletzt, nicht aber das aus der Bundestreue folgende Kooperationsgebot.[153] Gegen die Pflicht zum länderfreundlichen Verhalten verstießen ferner weder eine atomrechtliche Weisung nach Art. 85 Abs. 3 GG im Fall Kalkar[154] noch die im Vorfeld einer solchen Weisung mit dem Betreiber geführten informellen Verhandlungen im Fall Biblis A.[155] Gleiches galt für das Zustandekommen des 8. Änderungsgesetzes zum Finanzausgleichsgesetz[156] die Übertragung der Aufgaben der Oberfinanzdirektion eines Landes auf die eines anderen Landes;[157] den Wegfall der Beihilfefähigkeit von Aufwendungen für stationäre Wahlleistungen[158] sowie im Falle des §39 Abs. 1 u. 2 AWG[159]. Zuletzt stellte das Gericht fest, dass der Bundesgesetzgeber nicht *qua* Bundestreue verpflichtet war,

---

[144] BVerfGE 34, 165 (194 f.) – *Förderstufe*.

[145] BVerfGE 35, 257 (261 f.) – *Grundlagenvertrag (einstweilige Anordnung II)*.

[146] BVerfGE 21, 312 (326) – *Wasser- und Schifffahrtsverwaltung*.

[147] BVerfGE 43, 291 (348 ff.) – *numerus clausus II*.

[148] BVerfGE 47, 103 (118) – *ZVS*.

[149] BVerfGE 95, 250 (265 f.) – *VEAG*.

[150] BVerfGE 103, 81 (88 f.) – *Pofalla I*: Die möglicherweise rechtswidrige Annahme eines hinreichenden Tatverdachts stelle sich auch im Lichte der Immunitätsvorschriften des Grundgesetzes nur als Verletzung einfach-gesetzlicher Pflichten dar.

[151] BVerfGE 104, 238 (238, 247 ff.) – *Moratorium Gorleben*. – Dazu kritisch *Ossenbühl*, NVwZ 2003, 53.

[152] BVerfGE 72, 330 (396, 402) – *Finanzausgleich I*.

[153] BVerfGE 73, 118 (197 ff.) – *4. Rundfunkentscheidung*.

[154] BVerfGE 81, 310 (345 ff.) – *Kalkar*.

[155] BVerfGE 104, 249 (269 ff.) – *Biblis A*.

[156] BVerfGE 86, 148 (211 f.) – *Finanzausgleich II*.

[157] BVerfGE 106, 1 (26 f.) – *Oberfinanzdirektionen*.

[158] BVerfGE 106, 225 (243) – *Wahlleistungen I*.

[159] BVerfGE 110, 33 (52) – *Zollkriminalamt*.

die Länder nach Art. 125a Abs. 2 S. 2 GG zur Neuregelung des Ladenschlussrechts zu ermächtigen.[160]

36   c) **Positivliste.** Demgegenüber hat das Bundesverfassungsgericht bislang nur drei **Verstöße gegen die Bundestreue** namhaft gemacht: Der Bund hat einmal durch sein Verhalten im Vorfeld wie im Verlauf der Gründung der Deutschland-Fernsehen-GmbH bundesuntreu gehandelt; allerdings steht die Bundestreue hier nur *neben* weiteren Verstößen gegen Kompetenznormen und Grundrechte.[161] Gleiches gilt für den Vorwurf, der Bund habe durch die Wahrnehmung der Mitgliedschaftsrechte der Bundesrepublik beim Zustandekommen der EWG-Fernsehrichtlinie neben dem Grundsatz des bundesfreundlichen Verhaltens Art. 24 Abs. 1 sowie 70 Abs. 1 GG verletzt.[162]

37   Das Land Hessen musste sich vorhalten lassen, durch den Verzicht auf kommunalaufsichtliches Einschreiten gegen die **Bürgerbefragungen zur atomaren Bewaffnung in Frankfurt am Main** und anderen hessischen Gemeinden die Verfassung verletzt zu haben; nur in diesem Fall war die Bundestreue bislang allein tragend für den Tenor.[163] Als bloße Eventualerwägung diente sie in der Entscheidung zum Staatshaftungsgesetz.[164] In umgekehrter Perspektive bewahrte schließlich nur die Anwendung der in der Bundestreue „wurzelnden" *clausula rebus sic stantibus* den Freistaat Bayern vor dem Vorwurf, durch die Einkreisung der Stadt Neustadt gegen den Staatsvertrag zwischen Coburg und Bayern von 1920 verstoßen zu haben.[165]

III. Bundestreue in der Rechtsprechung der Landesverfassungsgerichte

38   Entscheidungen der Landesverfassungsgerichte haben die Bundestreue nahezu ausschließlich zur Begrenzung der **Reichweite direktdemokratischer Initiativen** herangezogen (was einmal mehr die problematische Hinneigung der Rechtsfigur zur Orientierung am erwünschten Ergebnis unterstreicht[166]). Konkret fungierte die Pflicht der Länder zum bundesfreundlichen Verhalten jeweils als Transmissionsriemen, der den Verfassungsgerichten der Länder den Zugriff auf die Kompetenznormen

---

[160] BVerfGE 111, 10 (31) – *Ladenschlußgesetz III.*

[161] BVerfGE 12, 205 (206, 243 ff., 254 ff., 259 ff.) – *1. Rundfunkentscheidung.* Konkret stützt sich der Tenor neben der Bundestreue auf Art. 30 GG in Verbindung mit dem VIII. Abschnitt sowie Art. 5 Abs. 1 S. 2 GG (Rundfunkfreiheit).

[162] BVerfGE 92, 203 (230 ff.) – *EG-Fernsehrichtlinie.*

[163] BVerfGE 8, 122 (124, 138 ff.) – *Volksbefragung Hessen*; vgl. *Maunz* (Fn. 2), S. 1 ff.

[164] BVerfGE 61, 149 (205) – *Amtshaftung.* Der Senat stellt hier fest, dass der – vom Bundesgesetzgeber gar nicht beschrittene – Weg einer extensiven Normierung der Beamtenhaftung nach §839 BGB als missbräuchlich versperrt sei.

[165] BVerfGE 34, 216 (230 ff.) – *Coburg.*

[166] Zum schwierigen Verhältnis von Verfassungsgerichtsbarkeit und direkter Demokratie *Wittreck*, JÖR 53 (2005), 111 ff.

des Grundgesetzes eröffnen sollte, die nach richtiger Auffassung von ihnen nicht zum Maßstab der gerichtlichen Prüfung zu nehmen sind.[167] Gleichwohl haben sowohl die Staatsgerichtshöfe von Hessen[168] und Baden-Württemberg[169] als auch der Verfassungsgerichtshof für das Land Nordrhein-Westfalen[170] Volksbegehren im Wege der präventiven Normenkontrolle für unzulässig erklärt, weil sie durch die Inanspruchnahme dem Bund zustehender Kompetenzen (unter anderem) die Pflicht der Länder zum bundesfreundlichen Verhalten verletzt hätten.[171] Dass diese Rechtsprechung doppelt prekär ist, weil sie nicht auf die naheliegende Frage eingeht, weshalb die doch wohl (ebenfalls) der Gesamtverfassung zuzuordnende Bundestreue tauglicher Prüfungsmaßstab der Landesverfassungsgerichte sein soll, sei hier nur am Rande erwähnt.

D. Die normative Deckung des Verfassungssatzes von der Bundestreue

I. Ableitung aus dem geschriebenen Verfassungsrecht

Bis in die Rechtsprechung hinein begegnet der Versuch, das in Art. 20 Abs. 1 GG niedergelegte Bundesstaatsprinzip als **normativen Anhalt der Bundestreue** zu aktivieren.[172] Gelingen kann er nur dann, wenn eine Präzisierung des Art. 20 Abs. 1 GG in Richtung der vom „bundesfreundlichen Verhalten" umfassten Pflichten gelingt. Eine solche Konturierung kann entweder dergestalt erfolgen, dass die Annahme einer Rechtspflicht zur Bundestreue „zur Existenzbedingung, zur conditio sine qua non des funktionsfähigen Bundesstaates erklärt wird".[173] Ein solcher **Funktionsvorbehalt** setzte aber den Nachweis voraus, dass der vom Grundgesetz inaugurierte

39

---

[167] Wie hier BVerfGE 103, 332 (357 f.) und *H. Dreier*, in: ders. (Hrsg.), Grundgesetz-Kommentar, Bd. 2, 2. Aufl. 2006, Art. 28 Rn. 53 (m.w.N.); a. A. hingegen noch BVerfGE 60, 175 (206) sowie – beschränkt auf die präventive Kontrolle im Volksgesetzgebungsverfahren – *Rozek*, Das Grundgesetz als Prüfungs- und Entscheidungsmaßstab der Landesverfassungsgerichte, 1993, S. 240 ff., 280 f.
[168] HessStGH NJW 1982, 1141 (1143) – *Startbahn West*. – Ohne Bezug zu direktdemokratischen Instrumenten hatte das Gericht zuvor die Bundestreue bei der Prüfung eines Betriebsrätegesetz des Landes bemüht: HessStGH AöR 77 (1951/52), 323 (333); dazu eingehend *Bayer* (Fn. 7), S. 100 ff.
[169] StGH BW NVwZ 1987, 574 (575 f.) – *Volksbegehren für den Frieden*.
[170] VerfGH NW NVwZ 1982, 188 (189) – *Bürgerinitiative Ausländerstop*.
[171] Knapp zusammenfassend, i.E. aber offenbar zustimmend *Bauer* (Fn. 7), S. 191 f.
[172] Vgl. oben Fn. 94; so ferner *Herzog* (Fn. 13), Art. 20 IV Rn. 63; *Reimer*, Verfassungsprinzipien, 2001, S. 197; *Jestaedt* (Fn. 21), §29 Rn. 73; *Sommermann* (Fn. 43), Art. 20 Abs. 1 Rn. 37; *Grzeszick*, in: Maunz/Dürig (Hrsg.), GG, Art. 20 IV (2006), Rn. 121; *Isensee* (Fn. 10), §126 Rn. 162; *Maurer* (Fn. 10), §10 Rn. 50; *Robbers* (Fn. 1), Art. 20 Abs. 1 Rn. 1126, 1129.
[173] So *Unruh*, EuR 37 (2002) 41 (52), der fortfährt und seine „normative Letztbegründung der Bundestreue" auf das „stets präsente[n] *Konfliktpotential zwischen Bund und Ländern*" stützt (ebda., S. 53; Hervorhebung i.O., F.W.); ähnlich *Jestaedt* (Fn. 21), §29 Rn. 73 f.; *Sommermann* (Fn. 43), Art. 20 Abs. 1 Rn. 37 sowie *Robbers* (Fn. 1), Art. 20 Abs. 1 Rn.1132 f.

Bundesstaat ohne die Rechtsfigur der Bundestreue denknotwendig scheitern müsste, was angesichts des eher spärlichen Ertrags der Judikatur (oben C.II.4.b und c) wie des umfangreichen Instrumentariums des Grundgesetzes zur Kanalisierung und Schlichtung von föderalen Konflikten (das noch dazu in weiten Teilen bislang nicht aktiviert werden musste, man denke an Art. 28 Abs. 3, 35 Abs. 2 u. 3, 37, 91 Abs. 2 GG) kaum plausibel behauptet werden kann.

40 Die zweite argumentative Strategie setzt am soeben angesprochenen normativen Ensemble des Bundesstaates an und gewinnt die Pflicht zum bundesfreundlichen Verhalten aus einer „**Zusammenschau mit allen anderen Verfassungsnormen**", die das bundesstaatliche Verhältnis regeln.[174] Als solche „Ausprägungen" der Pflicht zum bundesfreundlichen Verhalten werden beispielsweise Art. 35, 36, 72 Abs. 2 (a. F.), 106 Abs. 3 u. 4 sowie Art. 109 Abs. 1 (a. F.) GG ins Feld geführt;[175] nach den „Föderalismusreformen I + II" ließen sich noch Art. 91c und 91d GG, die neuen Vorschriften zur anteiligen Haftung für gemeinschaftsrechtliche Finanzierungslasten sowie die Konsolidierungsbeihilfen (Art. 104a Abs. 6, 109 Abs. 2 u. 5, 143d Abs. 2 GG n. F.) nennen. Auch hier gilt gleichwohl, dass eine erkennbare Maxime, die einzelnen Bestimmungen zugrunde liegen mag, keinen *Rechtssatz* bildet, dessen Anwendung letztlich allein dazu dienen soll, sich im Einzelfall über eben diese Bestimmungen hinwegzusetzen, indem etwa die Annahme einer „Kompetenzausübungsschranke" dazu führt, dass Bund oder Land versagt wird, sich auf eine nach der Verfassung ihnen zugewiesene Zuständigkeit zu stützen.[176]

41 Vereinzelt geblieben ist schließlich der Vorschlag *Bernd Kowalskys*, die Bundestreue unmittelbar aus dem **Rechtsstaatsprinzip** abzuleiten.[177] In der Tat dürfte ihm entgegenzuhalten sein, dass sich die zumeist auf das Verhältnis des einzelnen zur Staatsgewalt gemünzten rechtsstaatlichen Gehalte (in Sonderheit der Grundsatz der Verhältnismäßigkeit) zumindest gegen eine umstandslose Übertragung auf im Kern staatsorganisatorische Sachverhalte sperren.[178] Eine Überdehnung des Verfassungswortlauts dürfte auch der Versuch sein, **Art. 72 Abs. 2 a. F. GG** als „ausdrückliche Grundlage" der Bundestreue anzusprechen.[179]

---

[174] BVerfGE 6, 309 (361; Hervorhebung nicht i.O., F.W.). – Ähnlich jetzt *Egli* (Fn. 7), S. 556 ff. u. passim.

[175] So *Unruh*, EuR 37 (2002) 41 (50). – Vergleichbare Auflistungen bei *Bayer* (Fn. 7), S. 35 ff. sowie *Bauer* (Fn. 3), Art. 20 (Bundesstaat), Rn. 39 m. Fn. 180.

[176] Kritisch wie hier wiederum *Bauer* (Fn. 7), S. 236 f.

[177] *Kowalsky* (Fn. 21), S. 151 ff. – Eingehende kritische Erörterung bei *Bauer* (Fn. 7), S. 239 ff.

[178] Kritisch auch *Bauer* (Fn. 7), S. 241 f., der allerdings einräumt, dass Berührungspunkte zwischen Einzelausprägungen des Rechtsstaatsprinzips und der Bundestreue bestehen (ebda., S. 240; ähnlich *Sommermann* [Fn. 43], Art. 20 Abs. 1 Rn. 39 sowie *Robbers* [Fn. 1], Art. 20 Abs. 1 Rn. 1146). – Die (durchaus strittige) Existenz eines Rechtsstaats*prinzips* sei hier unterstellt; zur (nur teilidentischen) Debatte über die Erstreckung rechtsstaatlicher Postulate auf staatsorganisatorische Fragestellungen statt aller *Schulze-Fielitz*, in: H. Dreier (Hrsg.), Grundgesetz-Kommentar, Bd. 2, 2. Aufl. 2006, Art. 20 (Rechtsstaat), Rn. 188.

[179] *Bleckmann*, JZ 1991, 901 (902), der im Kern auf Ziffer 2 („[wenn] die Regelung einer Angelegenheit durch ein Landesgesetz die Interessen anderer Länder oder der Gesamtheit beeinträchtigen könnte") rekurriert. – Luzide Kritik bei *Reimer* (Fn. 172), S. 484 m. Fn. 191.

II. Bundestreue als Satz des Verfassungsgewohnheitsrechts

Es spricht für die verbreiteten Berührungsängste gegenüber der Rechtsfigur des Verfassungsgewohnheitsrechts,[180] dass die Rechtspflicht zum bundesfreundlichen Verhalten vergleichsweise selten auf ein **gewohnheitsrechtliches Fundament** gestellt wird[181]. Prominentester Vertreter dieser Auffassung dürfte *Fritz Ossenbühl* sein, der 1990 die Bundestreue als „gewohnheitsrechtlich erhärtetes Verfassungsprinzip" ansprach.[182] In der Literatur der sechziger Jahre ist demgegenüber noch zutreffend darauf hingewiesen worden, dass sich das Bundesverfassungsgericht zumindest für seine ersten Entscheidungen auf eine *longa consuetudo* schlechterdings nicht zu stützen vermochte:[183] Angesichts der miteinander unvereinbaren Begründungsansätze, der keineswegs einhelligen Anerkennung der Bundestreue in der Weimarer Zeit und der Unterbrechung durch die NS-Diktatur konnte von einer Gewohnheit der gegenseitigen Rücksichtnahme kaum eine Rede sein.

42

Da das Gericht jedoch aller Kritik zum Trotz an seiner Rechtsprechung festgehalten hat, muss die Frage nach 60 Jahren der Geltung des Grundgesetzes erneut gestellt und differenziert beantwortet werden: Lässt man die ständige Verfassungsjudikatur und den Konsens weiter Teile der Literatur genügen, so besteht in der Tat mittlerweile die Möglichkeit der gewohnheitsrechtlichen „Erhärtung"[184] einer Pflicht zum bundesfreundlichen Verhalten. Bezieht man die gesamte Staatspraxis mit ein, so dürfte der Nachweis schwieriger sein, dass sie erstens von steter Rücksichtnahme auf die Interessen der anderen Seite bzw. der Gesamtheit geprägt war und ist (*longa consuetudo*) und zweitens dem auch die **Anerkennung einer spezifisch rechtlichen Pflicht** zugrunde liegt (*opinio necessitatis*). Auch wenn der Bonner wie der Berliner Republik föderale Konflikte nach Weimarer Muster erspart geblieben sind,[185] sprechen doch die zahlreichen und disparaten Verfassungsstreitigkeiten, in denen die Bundestreue bemüht worden ist, gegen eine klare Vorstellung von mit ihr verbundenen Rechtspflichten, die von allen relevanten Akteuren geteilt würde. Der Haupteinwand, den es weiterhin auszuräumen gälte, rührt aber aus der Unklarheit darüber her, welchen Inhalt die gewohnheitsrechtlich geltende Pflicht denn haben soll. Sieht man näher hin, so beschränkt sich der Konsens darauf, dass es die Rechtsfigur „Bundestreue" gibt, ihre nähere Konkretisierung aber enorm schwierig sei und einzelfallbezogen zu erfolgen habe. Mit einem Gewohnheitsrechtssatz dieses Inhalts aber wäre nichts gewonnen.[186]

43

---

[180] Dazu statt aller *Wolff*, Ungeschriebenes Verfassungsrecht unter dem Grundgesetz, 2000.
[181] Vom „Schattendasein" spricht *Bauer* (Fn. 7), S. 239 Fn. 26.
[182] *Ossenbühl*, in: ders. (Hrsg.), Föderalismus und Regionalismus in Europa, 1990, S. 117 (136).
[183] *Kowalsky* (Fn. 21), S. 111 f.; für die Einstufung als Gewohnheitsrecht allerdings *Bayer* (Fn. 7), S. 33, der gleichwohl mit einem eigenen Begründungsansatz fortfährt.
[184] Diese Wendung bei *Bauer* (Fn. 7), S. 239 (unter Hinweis auf *Ossenbühl* [vgl. Fn. 182]).
[185] Vgl. oben bei und in Fn. 28.
[186] Im Ergebnis wie hier *Bauer* (Fn. 7), S. 237 ff.

III. Bundestreue als allgemeiner Rechtsgrundsatz

44 Der anspruchsvollste Versuch einer normativen Verortung in der jüngeren Literatur stammt von *Hartmut Bauer*, der für eine Ableitung der Bundestreue aus dem „allgemeine[n] **Grundsatz von Treu und Glauben in bundesstaatsspezifischer Ausprägung**" votiert hat.[187] Näher geht er von der Existenz eines allgemeinen Rechtsgrundsatzes von „Treu und Glauben" aus, der auch im Öffentlichen Recht gelte und im Bundesstaatsrecht nur seine spezifische Formung durch das „wechselseitige[n] Treueverhältnis" der Bundesglieder erhalte.[188] Freilich ist der namentlich von *Jestaedt* vorgetragenen Kritik zuzugeben, dass der ungedeckte normative Wechsel der Bundestreue damit lediglich prolongiert wird, wäre im nächsten Schritt doch nachzuweisen, dass „Treu und Glauben" Bestandteile des geltenden bundesdeutschen Verfassungsrechts sind.[189]

IV. Weitere Begründungsansätze

45 Nicht mehr ernsthaft verfochten werden kann die in ersten Entscheidungen begegnende Herleitung der Bundestreue aus einem Art. 20 Abs. 1 GG vorgeordneten **„bündischen' Prinzip"**.[190] Sie mag für die verfassungsrechtliche Ambiance des Kaiserreiches noch Überzeugungskraft entfaltet haben, ist aber im verfassten Bundesstaat des Grundgesetzes ohne jeden Anhalt.[191]

46 Besonders prekär erscheint schließlich die offene Herleitung der Bundestreue aus dem **„Wesen" des Bundesstaates**.[192] Die Kritik muss dabei am „Wesen" wie am „Bundesstaat" zugleich ansetzen. Zum erstgenannten gilt es die gravierenden methodischen Bedenken gegen jede Art von Argumentation mit dem „Wesen" zu

---

[187] *Bauer* (Fn. 7), S. 243 ff.; zusammenfassend *ders.* (Fn. 3), Art. 20 (Bundesstaat), Rn. 39 (dort auch das Zitat); wie er *Sachs* (Fn. 119), Art. 20 Rn. 68 sowie *Robbers* (Fn. 1), Art. 20 Abs. 1 Rn. 1128. Zustimmend für das eidgenössische Bundesstaatsrecht auch *Kölz*, ZBl 81 (1980), 145 (169).

[188] Zitat: *Bauer* (Fn. 7), S. 248.

[189] Dieser Tenor bei *Jestaedt* (Fn. 21), §29 Rn. 73 f. m. Fn. 358; *Grzeszick* (Fn. 172), Art. 20 IV Rn. 120; *Isensee* (Fn. 10), §163 Rn. 126 m. Fn. 454. – Kritisch auch *Unruh*, EuR 37 (2002) 41 (54), der Bundestreue und Treu und Glauben „auf derselben normativen Ebene" verortet.

[190] Prägnant *Jestaedt* (Fn. 21), §29 Rn. 73; vgl. auch *Meßerschmidt*, Die Verwaltung 23 (1990), 425 (431: „anachronistisches Argument"). – So jetzt aber wieder *Robbers* (Fn. 1), Art. 20 Abs. 1 Rn. 1126, 1129, 1137, der sich allerdings in seiner Kommentierung nacheinander auf mehrere normative Begründungsansätze stützt, ohne dass vollends klar würde, welchen er bevorzugt.

[191] Vgl. nochmals oben bei und in Fn. 21.

[192] Sie begegnet in BVerfGE 8, 122 (138); ähnlich *Hertl* (Fn. 15), S. 14 („Wesen jedes Bundesstaates"); *Kössler*, Die Bundestreue der Länder und des Bundes, 1960, S. 49; *Rupp* (Fn. 58), S. 145 sowie jetzt wieder *Robbers* (Fn. 1), Art. 20 Abs. 1 Rn. 1131 (vgl. aber ebda., Rn. 1126, 1129). – Eine Verteidigung dieses Zugriffs unternimmt in der neueren Literatur wiederum *Unruh*, EuR 37 (2002) 41 (54).

berücksichtigen.[193] Zum zweitgenannten ist zu unterstreichen, dass eine Ableitung der Bundestreue nur dann gelingen kann, wenn man zuvor einen bestimmten Begriff des Bundesstaates unterstellt,[194] sich also die Karten so zurechtlegt, dass das gewünschte Ergebnis herauskommt. Neben dieser offen zirkulären Argumentation streitet auch noch der rechtsvergleichende Befund gegen die Annahme, der Bundesstaat verlange unabhängig von seiner konkreten Konstitution denknotwendig nach der Rechtsfigur einer besonderen Treue der Bundesglieder.[195] Die in der Frühzeit der Bundesrepublik intensiv erörterte Problematik etwa des **zwei- oder dreigliedrigen Bundesstaatsbegriff**s ist danach für die Frage nach der Rechtsgrundlage der Bundestreue unergiebig.[196]

V. Fazit: *Die normative Unterdeckung der Bundestreue*

Nach alledem bleibt festzuhalten, dass sich eine Rechtspflicht zum bundesfreundlichen Verhalten nur dann als Satz des geltenden deutschen Verfassungsrechts behaupten ließe, wenn man die ständige Rechtsprechung des Bundesverfassungsgerichts seit 1952 mitsamt der überwiegenden Zustimmung in der Literatur als hinreichend normativ verdichtet auffassen wollte, um Gewohnheitsrecht zu begründen (vgl. oben Rn. 44). Als vorzugswürdig erweist sich das gegenteilige Ergebnis, dass dem Verfassungsrecht der Bundesrepublik Deutschland eine Rechtspflicht zur Bundestreue fremd ist, die sich in einer Weise formulieren ließe, die dem Bestimmtheitsgebot Genüge tun könnte. Dass gegenseitige Rücksichtnahme im Bundesstaat (wie in der Europäischen Union) dem Gelingen des Ganzen förderlich ist, begründet mit anderen Worten möglicherweise **moralische Pflichten** der Akteure, wohl auch **föderative Klugheitsregeln** im Sinne der *Hobbes'schen Laws of nature*,[197] aber keine justiziablen Normen des einfachen oder gar des Verfassungsrechts.[198]

47

An die Stelle latent spekulativer und stets ideologieanfälliger Suche nach ungeschriebenen Treuepflichten sollte demnach die strikte Orientierung an der geschriebenen **Zuständigkeitsverteilung der Verfassungsurkunde** treten, die nicht unter Berufung auf eine vermeintliche Bundes- oder auch Ländertreue kurzgeschlossen werden darf. Wie reichhaltig belegt, besteht dafür zunächst kein Anlass, lassen sich

48

---

[193] Zum unbekannten „Wesen des Wesens" statt aller *Luhmann*, Grundrechte als Institution, 1965, S. 59 f.; kritisch auch *Kowalsky* (Fn. 21), S. 38 ff.; *Bauer* (Fn. 7), S. 230; *Unruh*, EuR 37 (2002) 41 (52: „Leerformel").

[194] So mit bemerkenswerter Offenheit *Hertl* (Fn. 15), S. 1 im ersten Absatz seiner Schrift.

[195] Vgl. oben unter B; so auch *Schmidt* (Fn. 2), S. 119 Fn. 1, der die Bundestreue allerdings „aus dem Wesen unseres Bundesstaates" ableiten will (ebda., S. 119).

[196] Luzide dargelegt und reichhaltig belegt von *Bauer* (Fn. 7), S. 18 ff., 128 ff., 260 ff.

[197] Statt aller *Hüning*, in: Voigt (Hrsg.), Der Leviathan, 2000, S. 129 (148 ff.).

[198] Dieses Ergebnis im Anschluss an das klare Votum von *G. Meyer/Anschütz*, Lehrbuch des Deutschen Staatsrechts, 7. Aufl. 1919, S. 697 f.

doch die wenigen Fälle, in denen die Pflicht zum bundesfreundlichen Verhalten tatsächlich Einfluss auf das Ergebnis hatte (oben Rn. 37 f.), sämtlich unter Rückgriff auf die geschriebene Verfassung lösen.[199] Das ist evident für die Fälle, in denen die Figur ohnehin nur „in Verbindung mit" firmiert,[200] gilt aber auch für den Fall der „Volksbefragung Hessen", in dem die im Organstreit zu rügende Rechtsverletzung des Landes letztlich im zurechenbaren Verstoß gegen die ausschließliche Bundeskompetenz aus Art. 73 Nr. 1 a. F. GG zu erblicken ist.[201]

49 Wie eingangs angedeutet, ist wichtiger als die fehlende Notwendigkeit der Rechtsfigur der Bundestreue ihre fehlende normative Verankerung: Selbst wenn sich einer der bislang entschiedenen Fälle nach Ansicht des Gerichts und der großen Mehrheit der Staatsrechtslehre ohne den Rekurs auf ungeschriebenes Verfassungsrecht nicht „befriedigend" lösen ließe, rechtfertigt dieser Befund nicht die **freihändige Schaffung von Richterrecht**. Den Weg weist vielmehr die Schweiz: Sollte die Bundestreue für die Funktionsweise des deutschen Bundesstaates wirklich derart unabdingbar sein, so wäre sie nach dem Vorbild von Art. 44 BV zu kodifizieren. Die geringe Anzahl von entscheidungserheblichen Konfliktfällen spricht dagegen. Im Übrigen gilt es sich zu vergegenwärtigen, dass jeder Bundesstaat das Risiko eines Konflikts sehenden Auges eingeht:[202] Die Multiplizierung von Entscheidungsträgern mitsamt deren parteipolitischer Radizierung setzt – gewollte – Reibungskräfte frei und kann nicht von Gerichts wegen auf eine prästabilierte föderale Harmonie zurückgeführt werden.[203]

E. Einzelfragen der Pflicht zum bundesfreundlichen Verhalten

50 Über die gefestigte Rechtsprechung des Bundesverfassungsgerichts (oben D.) hinaus ist die Bundestreue in der rechtswissenschaftlichen Diskussion zur Lösung einer **Fülle von Problemkonstellationen** herangezogen worden;[204] nur beispielhaft seien hier Versuche der Erstreckung auf die Rechtspflege[205] oder der Begründung einer „Pflicht zur Kompetenzerfüllung" auch jenseits der Rahmengesetzgebung (Art. 75 GG a. F.) genannt.[206] Eine Rekapitulation wäre nicht nur nach hier vertretener Auffassung fragwürdig, sondern verspricht auch wenig Aussicht auf dogmatischen Gewinn. Abschließend sollen daher nur zwei Komplexe bzw. Debatten beleuchtet werden, denen – eine Rechtspflicht zur Bundestreue unterstellt – weiterhin besondere Relevanz zukommen könnte.

---

[199] Vgl. nochmals oben Fn. 13; zusammenfassend auch *Bauer* (Fn. 7), S. 161 f.

[200] Vgl. oben Fn. 161 und 162.

[201] Wie hier nochmals *Hesse*, Bundesstaat (Fn. 5), S. 7; *Scheuner*, DÖV 1962, 641 (646). – A.A. etwa *Isensee* (Fn. 10), § 126 Rn. 168.

[202] Treffend *Kölz*, ZBl 81 (1980), 145 (168).

[203] Der Hinweis, dass vermeintlich föderative Streitigkeiten ganz überwiegend *parteipolitische* Streitigkeiten sind, bei *Hesse*, Grundzüge (Fn. 5), Rn. 269.

[204] Beispielhaft nur die Auflistungen bei *Bayer* (Fn. 7), S. 77 ff. sowie *Bauer* (Fn. 7), S. 325 ff.

[205] *Hertl* (Fn. 15), S. 20 f., 79 ff.

[206] *Hertl* (Fn. 15), S. 27 (Zitat S. 27).

I. Berechtigte und Verpflichtete der Bundestreue

Wie dargelegt, besteht mittlerweile Einigkeit, dass die Bundestreue dreipolig ausgestaltet ist, also nicht lediglich die Treue der Länder zum Bund fordert, sondern erstens umgekehrt diesen in die Pflicht nimmt, **„Ländertreue"** zu wahren und zweitens die Länder auch untereinander zur Rücksichtnahme anhält.[207] Strittig ist demgegenüber die Frage, ob auch die **Gemeinden** durch die Bundestreue zur Rücksichtnahme auf den Bund, die Länder sowie andere Kommunen verpflichtet werden.[208] Dagegen dürfte – sieht man von den grundsätzlichen Bedenken ab – nach wie vor sprechen, dass diese nicht am Bundesrechtsstaatsverhältnis beteiligt sind.[209]

51

Episode dürfte in diesem Kontext der Versuch geblieben sein, der Bundestreue eine flankierende **Pflicht zum bürgerfreundlichen Verhalten** an die Seite zu stellen, die „den föderativen Gewalten bei übergreifenden Lebenssachverhalten Rücksichtnahme gegenüber dem einzelnen" gebieten sollte, im Kern mithin auf die einhellig abgelehnte Bindung der Gesetzgebung verschiedener Hoheitsträger an den allgemeinen Gleichheitssatz hinausgelaufen wäre.[210]

52

Als bis heute wirkmächtig hat sich hingegen die Maxime der **Verfassungsorgantreue** bzw. allgemeiner Organtreue erwiesen,[211] die sich wissenschaftsgeschichtlich als Ausgründung der Bundestreue präsentiert.[212] Erst in der jüngsten Rechtsprechung wird sie vom Bundesverfassungsgericht als allgemeiner Grundsatz apostrophiert, zu der die Pflicht zum bundesfreundlichen Verhalten in einem Verhältnis der Spezialität stehe.[213] Sie muss im Kern den gleichen Bedenken begegnen wie die Bundestreue; ihre geringe normative Steuerungskraft hat sie etwa unlängst in Verfahren vor dem Verfassungsgericht der Freien und Hansestadt Hamburg unter Beweis gestellt.[214]

53

---

[207] Vgl. nochmals BVerfGE 12, 205 (254) sowie aus der Literatur *Bayer* (Fn. 7), S. 55 ff.; *Herzog* (Fn. 13), Art. 20 IV Rn. 64; *Unruh*, EuR 37 (2002) 41 (55); *Schubert*, Jura 2003, 607 (610); *Bauer* (Fn. 3), Art. 20 (Bundesstaat), Rn. 40; *Grzeszick* (Fn. 172), Art. 20 IV Rn. 119; *Maurer* (Fn. 10), §10 Rn. 52. – Speziell zur Ländertreue *Ossenbühl*, NVwZ 2003, 53.

[208] Im ersten Überblick *Meßerschmidt*, Die Verwaltung 23 (1990), 425 (428 ff.).

[209] *Bauer* (Fn. 3), Art. 20 (Bundesstaat), Rn. 40; *Pieroth* (Fn. 1), Art. 20 Rn. 20. – A.A. prominent BVerwGE 82, 266 (268 f.) – *Langeoog*; dieser Judikatur zustimmend namentlich *Meßerschmidt*, Die Verwaltung 23 (1990), 425 (438 ff.), der die Bundestreue als „Korrelat der Selbstverwaltung" bezeichnet (ebda., S. 441).

[210] *Lücke*, Der Staat 17 (1978), 343 ff. (Zitat S. 367).

[211] Grundlegend *W.-R. Schenke*, Die Verfassungsorgantreue, 1977; vgl. ferner *Voßkuhle*, NJW 1997, 2216 (2217 ff.) sowie *Lorz*, Interorganrespekt im Verfassungsrecht, 2001; knapp zur Abgrenzung *Sommermann* (Fn. 43), Art. 20 Abs. 1 Rn. 43.

[212] Statt aller Bauer (Fn. 7), S. 213 f.

[213] BVerfGE 119, 96 (125).

[214] HambVerfG NordÖR 2007, 301 (304 f.); dazu knapp *Wittreck*, in: Heußner/Jung (Hrsg.), Mehr direkte Demokratie wagen, 2. Aufl. 2009, S. 397 (402 f.).

II. Bundestreue nach den Föderalismusreformen?

54 Es bleibt der notwendige Hinweis, dass die Änderungen im bundesstaatlichen Gefüge, die durch die **Föderalismusreformen I und II** vorgenommen worden sind, nachgerade dazu einladen, unter Hinweis auf eine vermeintliche Pflicht zum bundesfreundlichen Verhalten modifiziert oder besser kupiert zu werden. Naheliegend wäre etwa die Forderung, bei der Abweichungsgesetzgebung (Art. 72 Abs. 3 GG n. F.) oder der ausnahmsweisen Regelung des Verwaltungsverfahrens (Art. 84 Abs. 1 S. 2–6 GG n. F.) besondere Rücksichtnahme walten zu lassen.[215] Zu denken wäre auch daran, die vergleichsweise rigiden Verschuldungsregeln für die Länder (vgl. Art. 109 Abs. 3 mit Art. 115 Abs. 2 GG n. F.) unter Berufung auf die gegenseitige Einstandspflicht über die Konsolidierungshilfen nach Art. 143d Abs. 2 GG n. F. hinaus zu kompensieren.[216] Derartige Überlegungen wären Paradebeispiele für das unzulässige Überspielen des geschriebenen Verfassungstextes durch Treuespekulationen; den genannten Bestimmungen mag eine Maxime des Miteinander zugrunde liegen, die allerdings nichts daran ändert, dass namentlich die Abweichungsgesetzgebung das gezielte Gegeneinander erlaubt; diese Entscheidung des verfassungsändernden Gesetzgebers heischt Respekt.

F. Schluss: Bundestreue oder Bundesverfassungsgerichtstreue?

55 Zum Schluss gilt es klarzustellen, dass die Anerkennung eines Verfassungssatzes von der Bundestreue nicht allein die geschriebene Zuständigkeitsverteilung des Grundgesetzes zu untergraben droht, sondern auch und erst recht eine Verschiebung der Gewaltenzuordnung der Verfassung nach sich ziehen kann und muss. Im Zentrum der Aufmerksamkeit sollte mit anderen Worten weniger die potentielle Verschiebung einzelner Gesetzgebungs- oder Verwaltungszuständigkeiten zwischen Bund und Ländern stehen, sondern die **Verlagerung der Entscheidungskompetenz** über Sachfragen auf das Bundesverfassungsgericht.[217] Denn schon die erste einschlägige Entscheidung zur Wohnungsbauförderung belegt, dass einziges Resultat der raumgreifenden Erwägungen zum „Wesen" des Bundesstaates die Inanspruchnahme der Prüfungskompetenz darüber war, ob die Verweigerung der Zustimmung durch den

---

[215] Eine aus der Bundestreue folgende Pflicht, im Rahmen von Art. 72 Abs. 3 GG insbesondere die Umsetzung des europäischen Gemeinschaftsrechts nicht zu erschweren, nimmt etwa *Seiler*, in: Epping/Hillgruber (Hrsg.), Beck'scher Online-Kommentar zum GG, 2009, Art. 74 Rn. 24.3 an. – Anknüpfen können solche und ähnliche Überlegungen an ältere Forderungen, die Länder müssten bereits Rücksichtnahme auf „Gesetze im Entstehen" nehmen; siehe als Beispiel nur *Hertl* (Fn. 15), S. 28. – Sachgerecht hingegen *Hermes*, in: H. Dreier (Hrsg.), Grundgesetz-Kommentar, Bd. 3, 2. Aufl. 2008, Art. 84 Rn. 56, der Schranken aus dem Normprogramm der Art. 83 ff. GG selbst herleitet.

[216] Anderer Akzent bei *Seiler*, JZ 2009, 721 (728), der die Schuldenbremse ausdrücklich als Konkretisierung der Bundestreue anspricht; dieser Gedanke der „Bundestreue als Schranke der Staatsverschuldung" bereits bei *Karstendiek*, LKV 1992, 405 ff. (Zitat S. 405).

[217] Dies eingedenk der Mahnung von *Hesse*, Grundzüge (Fn. 5), Rn. 270 a.E.

Freistaat Bayern als inhaltlich „richtig" gelten durfte.[218] Auch wenn das Gericht diese Frage letztlich bejaht hat, wird doch eines deutlich: Begibt sich die Staatsrechtslehre in die Banden der Bundestreue, so leistet sie nicht nur punktuell Gefolgschaftsdienst, sondern räumt dem Verfassungsgericht unter der Hand **beliebig erweiterbare Letztentscheidungskompetenzen** ein. Eine unkritische Annahme der Rechtsprechung zum „bundesfreundlichen Verhalten" ist in diesem Sinne ein gleich zweifacher Schritt hin zum Verfassungsgerichtspositivismus.

Schrifttum

H.-W. Bayer, Die Bundestreue, 1961
H. Bauer, Die Bundestreue, 1992
A. Bleckmann, Zum Rechtsinstitut der Bundestreue – Zur Theorie der subjektiven Rechte im Bundesstaat, JZ 1991, 900 ff.
P. Egli, Die Bundestreue, 2010
H. J. Faller, Das Prinzip der Bundestreue in der Rechtsprechung des Bundesverfassungsgerichts, in: P. Lerche/H. Zacher/P. Badura (Hrsg.), FS für T. Maunz, 1981, S. 53 ff.
E.-W. Fuß, Die Bundestreue – ein unentbehrlicher Rechtsbegriff?, DÖV 1964, 37 ff.
W. Geiger, Die wechselseitige Treuepflicht von Bund und Ländern, in: A. Süsterhenn (Hrsg.), Föderalistische Ordnung, o. J. [1961], S. 113 ff.
N. Hertl, Die Treuepflicht der Länder gegenüber dem Bund und die Folgen ihrer Verletzung (Das Problem des bundesfreundlichen Verhaltens), Diss. iur. Würzburg 1956
K. Hesse, Der unitarische Bundesstaat, 1962
A. Kölz, Bundestreue als Verfassungsprinzip?, Schweizerisches Zentralblatt für Staats- und Gemeindeverwaltung 81 (1980), 145 ff.
B. Kowalsky, Die Rechtsgrundlagen der Bundestreue, Diss. iur. München 1970
P. Lerche, Föderalismus als nationales und internationales Ordnungsprinzip, in: VVDStRL 21 (1964), S. 66 ff.
M. Lück, Die Gemeinschaftstreue als allgemeines Rechtsprinzip im Recht der Europäischen Gemeinschaft, 1991
J. Lücke, Bundesfreundliches und bürgerfreundliches Verhalten, Der Staat 17 (1978), 343 ff.
K. Meßerschmidt, Der Grundsatz der Bundestreue und die Gemeinden – untersucht am Beispiel der „kommunalen Außenpolitik", Die Verwaltung 23 (1990), 425 ff.
F. Ossenbühl, Abschied von der Ländertreue?, NVwZ 2003, 53
H. G. Rupp, Zum Problem der Bundestreue im Bundesstaat, in: T. Eschenburg/T. Heuss/G.-A. Zinn (Hrsg.), FG für C. Schmid, 1962, S. 141 ff.
W.-R. Schenke, Die Verfassungsorgantreue, 1977
J. Schmidt, Der Bundesstaat und das Verfassungsprinzip der Bundestreue, Diss. iur. Würzburg 1966
U. J. Schröder, Kriterien und Grenzen der Gesetzgebungskompetenz kraft Sachzusammenhangs nach dem Grundgesetz, 2007
A. Schüle, Treu und Glauben im deutschen Verwaltungsrecht, VerwArch. 38 (1933), 399 ff., 39 (1934), 1 ff.
R. Smend, Ungeschriebenes Verfassungsrecht im monarchischen Bundesstaat (1916), in: ders. (Hrsg.), Staatsrechtliche Abhandlungen und andere Aufsätze, 3. Aufl. 1994, S. 39 ff.
P. Unruh, Die Unionstreue, EuR 37 (2002), 41 ff.
J. Woelk, Die Verpflichtung zu Treue bzw. Loyalität als inhärentes Prinzip dezentralisierter Systeme?, ZÖR 52 (1997), 527 ff.

---

[218] BVerfGE 1, 299 (314 ff.).

§19 Die Gesetzgebungskompetenzen des Bundes und der Länder im Lichte des wohlgeordneten Rechts

Ines Härtel

Inhalt

A. Wohlgeordnetes Recht als Leitbild für die Ausgestaltung des Föderalismus 528
B. Grundlagen der Gesetzgebungskompetenzen 532
    I. Die historische Entwicklung im Überblick 532
    II. Rechtsvergleichung 536
    III. Begriffsverständnis: Staatsaufgabe, Kompetenz, Gesetzgebung 542
    IV. Die Systematik der Gesetzgebungskompetenzen 544
C. Die Föderalismusreform I 546
    I. Reformziele und -inhalte mit Blick auf die Gesetzgebungskompetenzen 546
    II. Konkrete Folgen der Föderalismusreform I 553
    III. Bewertung der Föderalismusreform I 555
D. Das Subsidiaritätsprinzip als Kompetenzverteilungsregel 562
    I. Inhalt und Bedeutung des Subsidiaritätsprinzips 563
    II. Das Subsidiaritätsprinzip in föderaler Perspektive 566
    III. Die Subsidiarität als Verfassungsprinzip 567
    IV. Das Subsidiaritätsprinzip als Maßstab für die Übernahme einer Aufgabe als Staatsaufgabe 568
    V. Die Bedeutung des Subsidiaritätsprinzips für die Gesetzgebungskompetenzverteilung zwischen Bund und Ländern 569
    VI. Fazit 580
E. Die Kompetenznormen in der verfassungsrechtlichen Ordnung 582
    I. Der materielle Gehalt von Kompetenznormen 582
    II. Grundrechte und Kompetenznormen 583
    III. Auslegung von Kompetenznormen 585
    IV. Allgemeine Schranken der Gesetzgebungskompetenzen 587
    V. Die bundesstaatliche Kompetenzverteilung im Rahmen des Unionsrechts 590
F. Die einzelnen Kompetenzarten 590
    I. Die ausschließliche Gesetzgebungskompetenz des Bundes 590
    II. Die konkurrierende Gesetzgebungskompetenz des Bundes 595
    III. Ungeschriebene Gesetzgebungskompetenzen 601
    IV. Die Gesetzgebungskompetenzen der Länder 604
G. Resümee 605
Schrifttum 609

I. Härtel (✉)
Lehrstuhl für Öffentliches Recht, Verwaltungs-, Europa-, Agrar- und Umweltrecht,
Direktorin des Instituts für Berg- und Energierecht, Juristische Fakultät,
Ruhr-Universität Bochum, Universitätsstr.150, 44801 Bochum, Deutschland
E-Mail: LS-Haertel@rub.de

I. Härtel (Hrsg.), *Handbuch Föderalismus – Föderalismus als demokratische Rechtsordnung und Rechtskultur in Deutschland, Europa und der Welt*,
DOI 10.1007/978-3-642-01573-1_21, © Springer-Verlag Berlin Heidelberg 2012

A. Wohlgeordnetes Recht als Leitbild für die Ausgestaltung des Föderalismus

1 Gesetze regeln das gemeinschaftliche Zusammensein der Menschen in einer Gesellschaft. Sie ermöglichen dadurch den freien Gestaltungsraum individueller Lebensführung. Die Beschränkung auf den Schutz einer solchen Privatsphäre jedoch wäre zu wenig. Hinzukommen muss die öffentliche Freiheit. Daraus ergeben sich Anforderungen an das politische Zusammenleben in einer Ordnung auf der Basis gemeinsamer (Grund-)Werte. Dieses wird gestaltet durch den normativen Maßstab: „Das öffentliche Wohl soll das oberste Gesetz sein"[1], wie es bereits bei Cicero in republikanischer Perspektive heißt. Dieses öffentliche Wohl findet seinen Ausdruck vor allem in den Beschlüssen des Gesetzgebers. Auch wenn das öffentliche Wohl, das Gemeinwohl, alle Bürger angeht und von allen getragen wird, ist dieser Grundsatz in der parlamentarischen Demokratie heute allgemein anerkannt. Schwieriger wird die Bestimmung des „öffentlichen Wohls" einschließlich der darauf bezogenen Institutionen und Verfahren in föderalen Staaten als Mehrebenensysteme. Denn hier muss die politische Ordnung durch entsprechende Zuordnungen von Kompetenzen so geregelt werden, dass durch die Gesetze der jeweiligen Ebene wohlgeordnetes Recht entsteht. Die Aufteilung der Kompetenzen zwischen Zentralstaat und Gliedstaaten bildet deshalb eine tragende Säule eines jeden Föderalstaates. Sie konkretisiert in Deutschland das Bundesstaatsprinzip und ist ein zusätzliches Element funktionaler Gewaltenteilung.[2]

2 Als juristische Grundregel bestimmt die Verfassung der Bundesrepublik Deutschland in Art. 30 GG, dass jede staatliche Tätigkeit zuerst Sache der Länder ist, soweit das Grundgesetz nichts anderes bestimmt. Dabei sind im Grundgesetz die drei Gewalten Legislative, Exekutive und Judikative jeweils strukturell eigenständig bei Bund und Ländern parallel aufzufinden. Zu dieser Grundnorm gibt es für die drei Gewalten Spezialvorschriften.[3] Die **Kompetenzen** für den **Erlass von Gesetzen** und deren **Ausführung** sind nicht aneinander gekoppelt, sondern können auseinanderfallen, was sogar der Regelfall ist. Dabei ist auf der einen Seite eine dominierende Kompetenz des Bundes in der Gesetzgebung auszumachen. Auf der anderen Seite liegt die Verwaltungskompetenz hauptsächlich bei den Ländern, und zwar für den Vollzug der Landesgesetze schon nach Art. 30 GG und den der Bundesgesetze nach Art. 83 GG.

---

[1] Marcus Tullius Cicero (106 - 43 v. Chr.), De legibus III, 3, 8, in: Carolus Büchner (Hrsg.), M. Tvlli Ciceronis, De Legibus, 1973.

[2] BVerfGE 16, 64 (79); 55, 274 (318); 108, 169 (178); *Stettner*, in: Dreier (Hrsg.), Grundgesetz, 2. Aufl. 2006, Art. 70 Rn. 1.

[3] Während für die Verwaltung Art. 83 GG und für die Rechtsprechung Art. 92 GG Sonderregeln darstellen und damit an Art. 30 GG anknüpfen, ist für die Gesetzgebung Art. 70 Abs. 1 GG lex specialis zu Art. 30 GG. Vgl. dazu *Rozek,* in: von Mangoldt/Klein/Starck (Hrsg.), Grundgesetz, Bd. 2, 5. Aufl. 2005, Art. 70 Rn. 7; *Pieroth,* in: Jarass/Pieroth, Grundgesetz, 10. Aufl. 2009, Art. 30 Rn. 2.

Mit Blick auf die konkrete Ausgestaltung der Gesetzgebungskompetenzen im Grundgesetz stellt sich die Frage, ob die Ausgestaltung dem **Leitbild eines wohlgeordneten (Verfassungs-) Rechts** im Föderalismus entspricht. Das wohlgeordnete Recht ist rechtliche Leitmaxime für das gesamte Recht und damit auch für die rechtlichen Regeln des Föderalismus in Deutschland. Auf diese Weise kann es als Wegweiser dienen für die von hoher Komplexität, Heterogenität und ständig neuen Herausforderungen geprägte „Föderalismuswelt". Wie notwendig ein solches Leitbild ist, zeigte auch das Defizit eines solchen bei den letzten beiden Föderalismusreformen. Zwar gab es eine Vielzahl an (theoretischen) Reformmodellen, aber kaum Reflexionen auf grundsätzliche Kriterien und Maximen im Sinne eines (konsensfähigen) Leitbildes.[4]

Was ist mit wohlgeordnetem Recht gemeint? Ein solches Recht dient als Leitbild einer Rechtsetzungslehre auf der Suche nach einer sinnvollen Ordnung des Rechts.[5] Dabei lassen sich fünf idealtypische Kriterien ausmachen, die sich in der Rechtspraxis überschneiden:

- Erstens die **Ziele, Werte** und **Rechtsprinzipien** der Verfassung sowie die **Menschen- und Grundrechte**. Dabei sind allgemeine – für das gesamte Verfassungsrecht – und spezielle auf den Föderalismus bezogene Maßstäbe heranzuziehen.
- Zweitens die **Kohärenz** als dem Gebot der Widerspruchsfreiheit der Rechtsordnung bzw. der Einheit der Verfassung.
- Drittens die **Effektivität** und die **Effizienz** von Rechtsnormen. Effizienz ist dabei die Art und Weise, wie man zum Ziel der Rechtsnorm gelangt und Effektivität ist die tatsächliche Wirksamkeit der Norm.
- Viertens die **Transparenz**. Sie bezieht sich vor allem auf die Normenklarheit und das Bestimmtheitsgebot.
- Fünftens die **Nachhaltigkeit**, die Dauerhaftigkeit mit dem dreidimensionalen Ansatz – sozial, ökonomisch und ökologisch – für die Ausgestaltung von Rechtsnormen verbindet.

Dem Wesen des Bundesstaatsprinzips gemäß Art. 20 Abs. 1 GG ist ein dynamisches Verständnis des Föderalismus immanent. Der verfassungsfeste Kern, der durch die Ewigkeitsgarantie nach Art. 79 Abs. 3 GG geschützt wird, zieht dem Verfassungsgesetzgeber keine einschneidenden Grenzen, sondern lässt ihm einen großen Gestaltungsspielraum. Das Leitbild eines wohlgeordneten Rechts bietet dem

---

[4] Ein bloßes „Weiter so" ist deshalb für die Zukunft ein fragwürdiger Weg, siehe *Scheller*, in: Baus/Scheller/Hrbek (Hrsg.), Der deutsche Föderalismus 2020, 2009, S. 15 (33); vgl. auch *Benz*, Kein Ausweg aus der Politikverflechtung? Warum die Bundesstaatskommission scheitern musste, in: PVS 2005, 204 ff.

[5] Zum Leitbild eines wohlgeordneten Rechts siehe *Härtel*, Einführung in das Klimaschutzrecht, i. E.; für die europäische Rechtsetzungslehre siehe *Härtel*, Handbuch Europäische Rechtsetzung, 2006, §2; *dies.*, Zuwachsende Legitimität: Institutionen und Verfahren der Rechtsetzung in der föderalen Europäischen Union, in: dies. (Hrsg.), Handbuch Föderalismus – Föderalismus als demokratische Rechtsordnung und Rechtskultur in Deutschland, Europa und der Welt, Bd. IV, 2012, §86 Rn. 13 f.

verfassungsändernden Gesetzgeber einen verfassungspolitischen Maßstab, der zugleich eine gute Verfassungs- und Föderalismuskultur fördert. Das Leitbild eines wohlgeordneten Rechts für den Föderalismus unter der Geltung des Grundgesetzes wird insbesondere dadurch konkretisiert, dass die Funktionen des Bundestaates zugrunde gelegt werden.[6] Für den Bundesstaat können verschiedene Legitimationsgründe angeführt werden[7], wobei sie mit dem Freiheitsschutz des Bürgers und der Gemeinwohlverträglichkeit zu verbinden sind.[8]

6 Einerseits liegt der innere Grund für den bundesstaatlichen Aufbau in der **Verstärkung des Rechtsstaats- und Demokratieprinzips**.[9] So tritt in rechtsstaatlicher Hinsicht neben die horizontale Gewaltenteilung zwischen Legislative, Exekutive und Judikative eine (allerdings strukturell anders geartete) **vertikale Gewaltenteilung**[10] in der Weise hinzu, dass diese drei Gewalten sich jeweils eigenständig auf Bundes- und Länderebene wiederfinden. Die Notwendigkeit föderaler „checks and balances" wird dadurch begründet und bestärkt. In demokratischer Hinsicht spielt vor allem die Kopplung von Bund und Ländern jeweils mit (eigenständigen) Wahlen, Parteienwettbewerb und Meinungsbildung als politisch-rechtliches Mehrebenensystem eine entscheidende Rolle.

7 Andererseits ist die Verfasstheit in einem Bundesstaat durch die **Verbesserung der Funktionsfähigkeit des Gesamtsystems** zu legitimieren.[11] Die Existenz von Gliedstaaten steigert das Potential dafür, dass Aufgaben vor Ort sachgerechter wahrgenommen werden können, indem die jeweiligen örtlichen und regionalen Belange und Besonderheiten stärker Berücksichtigung finden. In diesem Sinne kann eine dezentrale Aufgabenerledigung durchaus effizienter im Ressourceneinsatz und damit auch in den Kosten sein. Dementsprechend sind die kleineren Einheiten/die unteren Ebenen in der Regel besser in der Lage, spezifisch lokale und regionale Probleme in ihrem Bereich zu identifizieren, zu bearbeiten und zu lösen. Letztlich kann auch den spezifischen Interessen und**Belangen der Bürger** vor Ort adäquat Rechnung getragen werden. Diese Begründung weist auf den starken Sinnzusammenhang zwischen Föderalismus und dem **Grundsatz der Subsidiarität** hin. So ist es über die Sicherung von Freiheit, Vielfalt und kultureller Tradition hinaus gerade auch eine Frage der Effizienz, die Aufgabenerfüllung derjenigen Ebene zu überlassen, die dazu

---

[6] Zu der unterschiedlichen Legitimation von Einheitsstaat und Bundesstaat siehe *Mastronardi*, Verfassungslehre. Allgemeines Staatsrecht als Lehre vom guten und gerechten Staat, 2007, S. 242 f.

[7] Hierzu *Stern*, Das Staatsrecht der Bundesrepublik Deutschland, Bd. I, Grundbegriffe und Grundlagen des Staatsrechts. Strukturprinzipien der Verfassung, 2. Aufl. 1984, S. 658.

[8] Vgl. in diese Richtung u.a. *Heitsch*, Die Ausführung der Bundesgesetze durch die Länder, 2001, S. 8 f.

[9] *Hesse*, Der unitarische Bundesstaat,1962, S. 32. Auch wird in Art. 20 Abs. 1 GG zwischen dem Bundesstaatsprinzip und Demokratieprinzip ein unlösbarer Zusammenhang hergestellt, darüber hinaus auch mit dem Sozialstaatsprinzip („demokratischer und sozialer Bundesstaat").

[10] *Leisner*, in: Sodan (Hrsg.), Grundgesetz, 2009, Art. 30 Rn. 1.

[11] *Gerstenberg,* Zu den Gesetzgebungs- und Verwaltungskompetenzen nach der Föderalismusreform, 2009, S. 98 ff. m. w. N.

§ 19 Die Gesetzgebungskompetenzen des Bundes und der Länder   531

am besten in der Lage ist. Das bedeutet in der Regel, erst dann eine „Hochzonung" vorzunehmen, wenn die untere Ebene die Aufgabe im gesamtstaatlichen Interesse nicht und der Bundesstaat sie gleichzeitig besser erfüllen kann.

Der Leistungsfähigkeit des Gesamtstaates dient zudem der im Föderalismus angelegte Wettbewerb um die bessere politische Problemlösung im Sinne des „best practice" – zum einen zwischen den Gliedstaaten untereinander, zum anderen im Verhältnis zum Bund. Föderale Ordnungen besitzen deshalb das Potential, „**Laboratorien der Demokratie**" zu sein[12]. Hier können Tragfähigkeit und Qualität von Entscheidungen im kleineren Rahmen erprobt sowie Erfahrungen gesammelt werden. Föderative Ordnungen verfügen deshalb in der Anlage über eine gesteigerte Kreativität und Innovationsfähigkeit, was ein deutlicher Vorzug gegenüber rein zentralen, unitarischen Staaten ist. Allerdings gewinnt diese Qualität innovativ-wettbewerblicher Föderalstrukturen eine Steigerung durch die gleichzeitige Integration der einzelnen Glieder in einen gemeinsamen Bundesstaat. Dieser stellt ein integrierendes, den Wettbewerb kanalisierendes, für den solidarischen Ausgleich sorgendes Band dar. Auf dem Fundament gemeinsamer Werte und Rechte können kompetitiver und kooperativer Föderalismus in eine Balance gebracht und so die jeweiligen Vorzüge bewahrt respective die jeweiligen Nachteile minimiert werden.   8

Ein wohlgeordnetes Recht für den Föderalismus ist adäquater Ausdruck für die Verwirklichung des Rechtsstaats- und Demokratieprinzips, des Subsidiaritätsgrundsatzes und der Freiheit des Bürgers bei gleichzeitiger Funktionsfähigkeit des Staates. Es sucht eine föderale Balance zwischen Einheit und Vielfalt. Die Ausgestaltung und Anwendung der Verfassungsnormen sollen gemäß dem wohlgeordneten Recht zudem dauerhaft Rechtssicherheit, Transparenz und Kohärenz[13] genügen und fördern. Sie sollen aber auch den neuen Problemkonstellationen des modernen Staates – Europäisierung, Globalisierung, wissenschaftlich-technologischer Fortschritt, sozioökonomische Weiterentwicklungen – Rechnung tragen. Dabei bedarf es auch weiterhin der Entwicklungsoffenheit des Grundgesetzes, die sich im Rahmen der europäischen Integration ebenso bewährt hat wie im Rahmen der Föderalismusreform I.[14] In beiden Feldern fungiert das wohlgeordnete Recht als Leitbild für die   9

---

[12] Vgl. dazu *Tarr,* Laboratories of Democracy? Brandeis, Federalism, and Scientific Managment, in: The Journal of Federalism 2001 (31/1), 37 ff. Auch „Laboratory federalism" genannt, siehe *Oates,* Journal of Economic Literature 1999, 1132. Zu Beispielen hierfür in der Bundesrepublik Deutschland siehe u.a. *Sturm,* Bürgergesellschaft und Bundesstaat, 2004, S. 26 ff.; *Müller,* Der Sinn des Föderalismus, in: 44. Bitburger Gespräche, Föderalismusreform, 2006, S. 7 (10 f.).
[13] Mit anderen Worten: Gebot der Widerspruchsfreiheit oder Einheit der Verfassung.
[14] Zum europäisierten Bundesstaat und zur Wirkweise des Europartikels 23 Grundgesetz siehe u.a. *Puttler,* Die deutschen Länder in der Europäischen Union, in: Isensee/P. Kirchhof (Hrsg.), Handbuch des Staatsrechts, Bd. VI, 3. Aufl. 2008, § 142 Rn. 1 ff.; *Pernice,* in: Dreier (Hrsg.), GG, 2. Aufl. 2008, Art. 23 Rn. 1 ff.; *Streinz,* in: Sachs (Hrsg.), GG, 5. Aufl. 2009, Art. 23 Rn. 83 ff., 90 ff.; *Härtel,* Der staatszentrierte Föderalismus zwischen Ewigkeitsgarantie und Divided Government. Genese, Ausprägungen und Problemhorizonte des Bundesstaatsprinzips, in: dies. (Hrsg.), Handbuch Föderalismus – Föderalismus als demokratische Rechtsordnung und Rechtskultur in Deutschland, Europa und der Welt, Bd. I, 2012, § 16; zum europäischen Staaten- und Verfassungsverbund siehe *Härtel,* Kohäsion durch föderale Selbstbindung – Gemeinwohl und die Rechtsprinzipien Loyalität,

Rechtsetzung wie Rechtsausgestaltung. Wirft man beispielsweise einen Blick auf die von der Politik selbst gesetzten Ziele für die Föderalismusreform I, so sind eindeutig Bezüge zu den Elementen eines wohlgeordneten Rechts erkennbar, auch wenn die Zielumsetzung einige Schwierigkeiten aufweist. Im Folgenden werden die Verteilung und die konkrete Ausgestaltung der Gesetzgebungskompetenzen zwischen Bund und Ländern als gesamtes Föderativsystem dargestellt und im Lichte des wohlgeordneten Rechts untersucht.

B. Grundlagen der Gesetzgebungskompetenzen

I. Die historische Entwicklung im Überblick

10 Die Bundesrepublik Deutschland kann auf eine **lange föderale Tradition** zurückblicken.[15] Auch wenn die historischen Umstände jeweils kontingent und auf unterschiedliche politisch-rechtliche Herrschaftssysteme bezogen waren, nahm die Verteilung der legislativen Zuständigkeiten zwischen Bundesstaat und den Gliedstaaten stets eine bedeutsame Rolle ein. Auch das wohlgeordnete Recht lässt sich ohne den Bezug zu den historischen Entwicklungen und damit verbundenen Rechtsinterpretationen kaum zureichend bestimmen und fortentwickeln. Die demokratisch-föderale Rechtstradition[16] mit Blick auf die Gesetzgebungskompetenzen wird im Folgenden kurz skizziert.

1. Die Frankfurter Reichsverfassung von 1849

11 Bereits die im Zuge der 1848er Revolution[17] von dem Parlament in der Frankfurter Paulskirche erarbeitete Frankfurter Reichsverfassung (FRV) vom 28. März 1849[18]

Solidarität und Subsidiarität in der Europäischen Union, in: dies. (Hrsg.), Handbuch Föderalismus – Föderalismus als demokratische Rechtsordnung und Rechtskultur in Deutschland, Europa und der Welt, Bd. IV, 2012, §82.

[15] Allerdings war diese in äußerst unterschiedliche politische, soziale und ökonomische Strukturen eingebettet. Der Föderalismus der freien mittelalterlichen und neuzeitlichen Städte mit ihren Selbstverwaltungstraditionen war anders gelagert als derjenige der feudalen und monarchischen dynastischen Territorialstaaten; wiederum anders ist der moderne Föderalismus auf der Basis der Industrie- und Dienstleistungsgesellschaft und im Übergang zur Globalisierung gelagert.

[16] Siehe dazu auch *Grimm*, Entstehungs- und Wirkungsbedingungen des modernen Konstitutionalismus, 1991, S. 31 ff.

[17] Zum gesamten Revolutionsgeschehen siehe *Mommsen*, 1848 – Die ungewollte Revolution, 1998; *Siemann*, Die deutsche Revolution von 1848/49, 1985; *Dipper/Speck*, 1848. Revolution in Deutschland, 1998.

[18] Siehe Abdruck bei *Grab*, Die Revolution von 1848/1849. Eine Dokumentation, 1998, S. 180 ff; zur Entwicklung der Verfassung in den parlamentarischen Beratungen *Droysen*, Die Verhandlungen

teilte die Hoheitsgewalt zwischen Reich und Ländern nach dem **Enumerationsprinzip**[19] auf.[20] Vergleichbar mit dem heutigen Art. 30 GG galt folgende Grundregel: „Die einzelnen deutschen Staaten (...) haben alle staatlichen Hoheiten und Rechte, soweit diese nicht der Reichsgewalt ausdrücklich übertragen sind."[21] Konkret für die Gesetzgebung hieß es: „Die Reichsgewalt hat die Gesetzgebung, soweit es zur Ausführung der ihr verfassungsmäßig übertragenen Befugnisse und zum Schutz der ihr überlassenen Aufgaben erforderlich ist."[22] Als solche Aufgaben waren unter anderem die auswärtigen Angelegenheiten (§§ 6–9 FRV), das Verkehrswesen (§§ 20–32 FRV), das Wirtschafts- und Steuerrecht (§§ 33–40 FRV), die Post und Telegraphie (§§ 41–44 FRV), das Münzwesen, die Maße und Gewichte (§§ 45–47 FRV), das bürgerliche und das Handelsrecht sowie das Straf- und das Prozessrecht (§§ 64 FRV) aufgeführt.[23]

2. Die Reichsverfassung von 1871

Die **Reichsverfassung von 1871** setzte die enumerative Tradition fort und führte 16 Titel mit 48 Materien auf, für die das Reich zuständig war.[24] Zwar wurde im Verfassungstext nicht ausdrücklich zwischen ausschließlicher und konkurrierender Gesetzgebungszuständigkeit unterschieden, doch war in der Staatsrechtslehre anerkannt, dass alle Materien zur ausschließlichen Kompetenz des Reiches gehörten, die „ihrer Natur nach nicht der Machtsphäre eines einzelnen Staates (unterliegen), sondern die (die) Verbindung der Einzelstaaten zu einer höheren Einheit, dem Reiche voraus(setzen)".[25] Hingegen fielen die übrigen Bereiche unter die fakultative (konkurrierende) Gesetzgebungskompetenz des Deutschen Reiches. Die Reichsverfassung von 1871, die im Wesentlichen mit der **Verfassung des Norddeutschen Bundes von 1867** übereinstimmte[26], enthielt allerdings keine dem heutigen Art. 70 GG vergleichbare Bestimmung, da es vor dem Hintergrund der historischen Vielfalt territorialer Machteinheiten als selbstverständlich angesehen wurde, dass

12

---

des Verfassungsausschusses der deutschen Nationalversammlung, 1849; vgl. *Hein*, Die Revolution von 1848/49, 1998, S. 111 ff.; vgl. ebenso dazu *Boldt*, in: Bahners/Roellecke (Hrsg.), 1848 – Die Erfahrung der Freiheit, 1998, S. 49 ff; Scholler (Hrsg.), Die Grundrechtsdiskussion in der Paulskirche. Eine Dokumentation, 1982; *Langewiesche*, in: Dowe/Haupt/Langewiesche (Hrsg.), Europa 1848. Revolution und Reform, 1998, S. 167 ff.

[19] Enumerationsprinzip bedeutet die Aufzählung der Kompetenzmaterien.
[20] *Kotulla*, Deutsches Verfassungsrecht 1806–1918, Bd. 1, 2005, S. 167.
[21] Abschnitt I, Art. I § 5 FRV.
[22] Art. XIII § 62 FRV.
[23] Wortlaut der FRV abgedruckt bei *Kotulla* (Fn. 20), S. 1042 ff.
[24] Art. 4 RVerf.; dazu siehe u.a. *Stern*, Das Staatsrecht der Bundesrepublik Deutschland, Bd. 5, 2000, § 128 III 3, S. 364.
[25] *Laband*, Das Staatsrecht des Deutschen Reiches, Bd. 2, 5. Aufl. 1911, S. 121; vgl. auch *Dambitsch*, Die Verfassung des deutschen Reichs, 1910, S. 38 f.; *Meyer*, Lehrbuch des deutschen Staatsrechts, 8. Aufl. 2005 (unveränderter Nachdruck der 7. Aufl. von 1919), S. 260 f.
[26] *Frotscher/Pieroth*, Verfassungsgeschichte, 8. Aufl. 2009, Rn. 397.

die Gliedstaaten als Fürstentümer ihre Hoheitsbefugnisse behielten, sofern diese nicht dem Reich übertragen waren[27]. Gleiches galt später auch – auf der Grundlage parlamentarischer Demokratie – für die Weimarer Reichsverfassung.[28]

3. Die Weimarer Reichsverfassung von 1919

13   Die Weimarer Reichsverfassung (WRV) von 1919 unterschied bereits zwischen ausschließlicher Gesetzgebung (Art. 6 WRV) und fakultativer (konkurrierender) Reichsgesetzgebung (Art. 7 und 12 WRV). Art. 7 WRV zählte, vergleichbar Art. 74 GG, die Kompetenztitel der fakultativen Reichskompetenz auf, während – ähnlich dem heutigen Art. 72 Abs. 1 GG – der Art. 12 WRV bestimmte: „Solange und soweit das Reich von seinem Gesetzgebungsrecht keinen Gebrauch macht, behalten die Länder das Recht zur Gesetzgebung. Dies gilt nicht für die ausschließliche Gesetzgebung des Reiches." Eine Neuerung zur Reichsverfassung von 1871 war die Einführung einer **Bedürfnis- oder Bedarfsgesetzgebung** (Art. 9 WRV) und einer **Grundsatzgesetzgebung** (Art. 10 WRV). Ein Bedürfnis im Sinne des Art. 9 WRV wurde angenommen, „wenn das Nebeneinander nicht übereinstimmender Landesgesetze über eine und dieselbe Materie das Reichsinteresse oder sonstige erhebliche Allgemeininteressen schädigt". Dabei verfügte der Reichsgesetzgeber über einen Ermessensspielraum bei der Beurteilung des Vorliegens eines Bedürfnisses.[29] Damit liegt Art. 9 WRV auf einer Ebene mit der Erforderlichkeitsklausel des Art. 72 Abs. 2 GG a. F. mit dem Unterschied, dass die Bedürfnisklausel nicht in die konkurrierende Gesetzgebung eingebunden war, sondern nur für die in Art. 9 WRV genannten Kompetenztitel (Wohlfahrtspflege sowie öffentliche Ordnung und Sicherheit) galt. Die Grundsatzgesetzgebung nach Art. 10 WRV ist vergleichbar mit der Rahmengesetzgebungskompetenz nach Art. 75 GG a. F. Sie erlaubte dem Reichsgesetzgeber „allgemeine, leitende Rechtssätze" für die in Art. 10 WRV genannten Bereiche zu erlassen, „die der näheren Ausführung, der Ausgestaltung im einzelnen, insbesondere unter dem Gesichtspunkte ihrer Anpassung an die besonderen Verhältnisse der verschiedenen Länder, ebenso fähig wie bedürftig sind."[30]

14   Sowohl für die Weimarer Reichsverfassung als auch für die Reichsverfassung von 1871[31] waren **ungeschriebene Gesetzgebungskompetenzen** anerkannt. Sie lagen vor, wenn es sich zum einen um eine Materie handelte, die begriffsnotwendig nur durch ein Reichsgesetz geregelt werden konnte, wie beispielsweise Regelungen zur Reichsflagge oder zur Einführung eines Nationalfeiertages. Zum anderen wurde eine ungeschriebene Gesetzgebungskompetenz bejaht, wenn eine dem Reich

---

[27] *Dambitsch* (Fn. 25), S. 39; *Meyer* (Fn. 25), S. 260; *Stettner* (Fn. 2), Art. 70 Rn. 2.
[28] *Frotscher/Pieroth* (Fn. 26), Rn. 525; *Stettner* (Fn. 2), Art. 70 Rn. 2.
[29] *Gusy*, Die Weimarer Reichsverfassung, 1997, S. 237; *Stern* (Fn. 24), § 129 IV 4, S. 582.
[30] *Anschütz*, Die Verfassung des Deutschen Reiches vom 11. August 1919, 14. Aufl. 1933, Art. 10/11, Anm. 1.
[31] Vgl. *Laband* (Fn. 25), S. 121; *Dambitsch* (Fn. 25), S. 39.

ausdrücklich zugewiesene Materie nicht hätte sinnvoll geregelt werden können, ohne dass zugleich eine nicht ausdrücklich zugewiesene mit geregelt wurde.[32] Diese ungeschriebenen Gesetzgebungskompetenzen bestehen bis heute unter den Namen „Kompetenz kraft Natur der Sache" und „Kompetenz kraft Sachzusammenhangs" fort.

4. Das Grundgesetz von 1949 bis heute

Nachdem weder die Reichsverfassung von 1871 noch die Weimarer Reichsverfassung eine **ausdrückliche Zuständigkeitsvermutung zugunsten der Länder** enthielten, sollte dies mit dem Grundgesetz im Jahre 1949 – als bewusste Abkehr vom nationalsozialistischen Einheitsstaat – geändert werden.[33] So stellte der **Parlamentarische Rat**[34] Art. 70 Abs. 1 GG an die Spitze des Abschnitts über die Gesetzgebung. Zwar wurde erwogen, die Kompetenzen der Länder neben denen des Bundes aufzulisten. Dies lehnte man aber ab, da es als unnötig und wenig praktikabel empfunden wurde.[35] Art. 70 GG blieb trotz zahlreicher Verfassungsänderungen seit Inkrafttreten des Grundgesetzes unverändert. Allerdings wurde sein verfassungsrechtliches Umfeld mehrfach reformiert. Seit seinem Inkrafttreten wurde das Grundgesetz einigen wichtigen Änderungen auch und gerade in Bezug auf die Gesetzgebungskompetenzen unterzogen. In diesem Rahmen sind vor allem die Verfassungsreform aus dem Jahre 1994[36], die Föderalismusreform I aus dem Jahre 2006[37] und die Föderalismusreform II aus dem Jahre 2009[38] zu nennen.

15

Mit der **Verfassungsreform von 1994** wurde in Bezug auf die Wiedervereinigung Deutschlands (1990) und die Weiterentwicklung der Europäischen Wirtschaftsgemeinschaft (EWG) zur politischen Europäischen Gemeinschaft (EG) mit dem Vertrag

16

---

[32] *Gusy* (Fn. 29), S. 236; *Frotscher/Pieroth* (Fn. 26), Rn. 421.

[33] Verfassungsausschuss der Ministerpräsidentenkonferenz der westlichen Besatzungszonen, Bericht über den Verfassungskonvent auf Herrenchiemsee vom 10. bis 23. August 1948, in: Bucher (Bearb.), Der Parlamentarische Rat 1948-1949, Bd. 2, 1981, S. 504 ff. (584); *Uhle*, in: Maunz/Dürig (Hrsg.), Grundgesetz, Bd. 5, Loseblatt, Stand: Oktober 2008, Art. 70 Rn. 11.

[34] Zum Parlamentarischen Rat siehe *Langer*, Die Würde des Menschen ist unantastbar. Der Parlamentarische Rat und das Grundgesetz, 1992; insbesondere S. 138 ff.; vgl. auch *Pfetsch*, Verfassungspolitik der Nachkriegszeit. Theorie und Praxis des bundesdeutschen Konstitutionalismus, 1985.

[35] *Drexius*, in: Verfassungskonvent auf Herrenchiemsee, Plenarsitzungen: Siebenter Sitzungstag (23. August 1948), in: Bucher (Bearb.), Der Parlamentarische Rat 1948-1949, Bd. 2, 1981, S. 403 (417 f.); *Uhle* (Fn. 33), Art. 70 Rn. 12.

[36] Gesetz zur Änderung des Grundgesetzes vom 27.10.1994 – BGBl. I S. 3146, in Kraft getreten am 15.11.1994.

[37] Gesetz zur Änderung des Grundgesetzes vom 28.8.2006 – BGBl. I S. 2034, in Kraft getreten am 1.9.2006.

[38] Gesetz zur Änderung des Grundgesetzes vom 29.7.2009 – BGBl. I. S. 2248, in Kraft getreten am 1.8.2009.

von Maastricht (1992) das Grundgesetz in vielerlei Hinsicht geändert.[39] Mit Blick auf die Gesetzgebungskompetenzen erfolgte dabei einerseits eine Stärkung des Bundes durch neue Kompetenztitel, andererseits bewirkte die Umwandlung der Bedürfnisklausel des alten Art. 72 Abs. 2 GG in die Erforderlichkeitsklausel wegen der dadurch begründeten Justiziabilität[40] eine Stärkung der Länder.[41] Mit der **Föderalismusreform I** im Jahre 2006[42] – der quantitativ umfangreichsten Verfassungsreform seit 1949 – wurden 25 Artikel des Grundgesetzes insgesamt über hundertfach geändert, gestrichen oder ergänzt.[43] Die Änderungen betrafen vor allem die Gesetzgebungskompetenzen, die Erforderlichkeit der Zustimmung des Bundesrates, die direkte Aufgabenübertragung an die Kommunen und die Gemeinschaftsaufgaben. Die **Föderalismusreform II** aus dem Jahre 2009 brachte dagegen Änderungen des Grundgesetzes mit eher marginaler Auswirkung auf die Gesetzgebungsbefugnisse von Bund und Ländern mit sich. Vielmehr stand die Modernisierung der Bund-Länder-Finanzbeziehungen, eine Effizienzsteigerung und Zusammenarbeit in der öffentlichen Verwaltung sowie die Sicherung einer langfristigen Tragfähigkeit der Haushalte von Bund und Ländern im Vordergrund.[44] Die wenigen Änderungen im Bereich der Gesetzgebungskompetenzen beschränken sich auf die Streichung und Neueinführung von ausschließlichen Bundeskompetenzen im Bereich der Finanzverfassung.[45] Die föderale Tradition Deutschlands schlug sich einerseits in den verschiedenen Verfassungen und darauf bezogenen Institutionen wie Rechtspraxis nieder, andererseits auch in der Entwicklung einer föderalen wirtschaftlichen und politischen Alltagskultur.

II. Rechtsvergleichung

17   Bei der Aufteilung der Gesetzgebungskompetenzen zwischen Zentralstaat und Gliedstaaten als einem zentralen Problem aller föderal organisierten Staaten sind

---

[39] Einen Überblick über die Ergebnisse der Verfassungsreform bietet *Maurer*, Staatsrecht I, 5. Aufl. 2007, §5 Rn. 34.

[40] Siehe zur Umwandlung der Bedürfnisklausel in die Erforderlichkeitsklausel und der damit begründeten Justiziabilität noch unten Rn. 137.

[41] *Ipsen*, Staatsrecht I, 21. Auflage 2009, Rn. 569 ff.

[42] Einen Überblick über die Föderalismusreform I gibt *Risse*, Reformbestrebungen zur bundesstaatlichen Ordnung – Aufgaben, Arbeitsweise und Ergebnisse der Föderalismuskommission I, in: Härtel (Hrsg.), Handbuch Föderalismus – Föderalismus als demokratische Rechtsordnung und Rechtskultur in Deutschland, Europa und der Welt, Bd. II, 2012, §44.

[43] *Maurer* (Fn. 39), §5, Rn. 41c.

[44] BT-Drs. 16/12410, S. 1. Dazu siehe *Härtel*, JZ 2008, 437 ff.

[45] Art. 104b Abs. 1 S. 2, Art. 109a, Art. 115 Abs. 1 S. 3 GG. Ausführlich zur Föderalismusreform II siehe *Pendzich-von Winter/Frisch*, Reform der bundesstaatlichen Ordnung – Aufgaben, Arbeitsweise und Ergebnisse der Föderalismuskommission II, in: Härtel (Hrsg.), Handbuch Föderalismus – Föderalismus als demokratische Rechtsordnung und Rechtskultur in Deutschland, Europa und der Welt, Bd. II, 2012, §45.

§19 Die Gesetzgebungskompetenzen des Bundes und der Länder   537

verschiedene Lösungswege denkbar. Zum einen können die Kompetenzen des Gesamtstaates aufgelistet werden, während die unbenannten Kompetenzen bei den Gliedstaaten verbleiben – so in der Bundesrepublik Deutschland, den USA, Österreich und der Schweiz. Andersherum ist es möglich, wie in Kanada, die Kompetenzen der Gliedstaaten aufzuzählen, während dem Bund die übrigen Kompetenzen zustehen. Schließlich können die Kompetenzen beider Seiten enumeriert werden, wobei eine Auffangkompetenz für eine der beiden Seiten existiert, so in Indien.[46] Je nach Ausgestaltung im Einzelnen besitzt entweder der Zentralstaat oder die Gliedstaaten die Gesetzgebungsvormacht. Strukturell liegt diese eher bei dem Part, dem die Auffangkompetenz gebührt bzw. der die Grundzuständigkeit innehat, von der nur durch ausdrückliche Zuweisung an den anderen Teil abgewichen werden kann. Dass dies eher eine Zweifelsregel darstellt, zeigt sich an der deutschen Verfassungswirklichkeit, in der die Länder zwar gemäß Art. 30 GG in Verbindung mit Art. 70 Abs. 1 GG die generelle Zuständigkeit besitzen, von der aber durch zahlreiche Verweisungen an den Bund abgewichen wird, so dass die Länder gesetzgeberisch auf wenige Rechtsbereiche beschränkt sind. Im Folgenden werden einige Regelungsformen für die Kompetenzverteilung in einem föderalen Staat dargestellt. Die Beispiele USA, Schweiz, Österreich und Spanien zeigen unterschiedliche Lösungen des Grundproblems der Zuständigkeitsverteilung auf und verweisen zugleich dabei auf den breiten Gestaltungsspielraum des jeweiligen Verfassungsgesetzgebers. Das Leitbild des wohlgeordneten Rechts erfährt dabei eine unterschiedliche Berücksichtigung.

1. USA

Die Aufteilung der Gesetzgebungskompetenzen zwischen dem Bundesstaat („Union") und den 52 Gliedstaaten der USA („States")[47] ist in der amerikanischen Verfassung von 1787 in Art. I und Amendment 10 (Am. 10) geregelt. So heißt es in Art. I §1 „All legislative Powers herin granted shall be vested in a Congress of the United States..."; Am. 10 normiert: „The powers not delegated to the United States by the Constitution nor prohibited by it to the States, are reserved to the States respectively to the people." Somit liegt – wie in Deutschland auch – die **Residualkompetenz** bei den Gliedstaaten, während der Gesamtstaat (nur) für die verfassungsrechtlich zugewiesenen Materien zuständig ist.[48] Die Zuweisung bestimmter Materien als Kompetenz des Bundesstaates findet sich in Art. I §8 Cl. 1–18. Wie auch das Grundgesetz unterscheidet die amerikanische Verfassung zwischen **ausschließlichen und konkurrierenden Gesetzgebungskompetenzen**, wenn auch nicht so deutlich wie

18

---

[46] Zu Indien siehe *Grote*, Der Föderalismus in Mexiko, Indien, Südafrika und Australien, in: Härtel (Hrsg.), Handbuch Föderalismus – Föderalismus als demokratische Rechtsordnung und Rechtskultur in Deutschland, Europa und der Welt, Bd. IV, 2012, §95.
[47] Siehe zum US-amerikanischen Föderalismus auch *Heun*, Der Föderalismus in den USA, in: Härtel (Hrsg.), Handbuch Föderalismus – Föderalismus als demokratische Rechtsordnung und Rechtskultur in Deutschland, Europa und der Welt, Bd. IV, 2012, §96.
[48] *Chemerinsky*, Constitutional Law. Principles and Policies, 3. Ed. 2006, S. 234; *Brugger*, Einführung in das öffentliche Recht der USA, 2. Aufl. 2001, S. 28.

das Grundgesetz. So hat beispielsweise nach Art. I §8 Cl. 17 der Bundesstaat die „exclusive Legislation" für den District of Columbia, also eine ausschließliche Zuständigkeit, und nach Art. I §10 sind die Gliedstaaten von bestimmten Materien ausgeschlossen, was einer ausschließlichen Bundeskompetenz gleichkommt.[49]

19   Im Vergleich zu Deutschland besitzt der amerikanische Bundesstaat weniger Kompetenzen, da wichtige Bereiche wie das Bürgerliche Recht und das Strafrecht neben dem Polizei- und Ordnungsrecht sowie dem Schul- und Kulturbereich in die Zuständigkeit der Länder fallen. Allerdings ist auch in der US-amerikanischen Verfassungswirklichkeit eine starke Tendenz zur Ausweitung der Kompetenzen des Zentralstaates zu beobachten.[50] So wird die Bundeszuständigkeit des Art. I §8 Cl. 3, die „interstate comerce clause" vom Supreme Court so weit gefasst, dass jede Regelung, die aus Sicht des Kongresses den zwischenstaatlichen Handel berührt („affection theory"), in die Bundeskompetenz fällt.[51] Ebenfalls weit ausgelegt wird die wichtige Bundeskompetenz des Art. I §8 Cl. 18, die „necessary and proper clause" seit dem Präzedenzfall McCulloch vs. Maryland[52]. Danach verfügt der Gesamtstaat über alle Mittel, ohne die eine sinnvolle Wahrnehmung eines expliziten Kompetenztitels nicht möglich wäre, wobei eine Geeignetheit zur Förderung ausreicht. Diese Mittel sind die sog. **„implied powers"**.[53] Mittlerweile hat diese besondere Form der teleologischen Auslegung auch Eingang in das Völkerrecht gefunden und dient dort ebenfalls als Kompetenzerweiterung. Auch der EuGH wendet diese Regel an, indem er der Gemeinschaft die Kompetenz zugesteht, bei bestehender ausschließlicher Gemeinschaftskompetenz in dem entsprechenden Bereich auch Verträge mit Drittstaaten abzuschließen.[54] Bezogen auf das deutsche Verfassungsrecht sind die „implied powers" vergleichbar mit den ungeschriebenen Gesetzgebungskompetenzen in Form der Annexkompetenz und der Kompetenz kraft Sachzusammenhangs.

2. Schweiz

20   Die neue schweizerische Bundesverfassung (BV) ist seit dem 1. Januar 2000 in Kraft.[55] Art. 3 BV etabliert wie in Deutschland auch eine **Residualkompetenz** der Gliedstaaten (Kantone): „Die Kantone sind souverän, soweit ihre Souveränität nicht

---

[49] *Brugger*, Demokratie, Freiheit, Gleichheit – Studien zum Verfassungsrecht der USA, 2002, S. 54.

[50] *Kommers/Finn/Jacobsohn*, American Constitutional Law. Governemental Powers and Democracy, 2nd Ed. 2004, S. 237; *Chemerinsky* (Fn. 48), S. 234 f.; *Brugger* (Fn. 49), S. 55.

[51] Wichtige Entscheidungen hierzu: Pike vs. Bruce Church, Inc., 397 U.S. 137, 142 (1970) und United States vs. Lopez, 514 U.S. 549 (1995).

[52] 17 U.S. (4. Wheat.) 316 (1819).

[53] *Brugger* (Fn. 49), S. 55 f.; *Chemerinsky* (Fn. 48), S. 236 ff.

[54] EuGH, Rs. 8/55, Slg. 1956, 263 ff. – Fédéchar.

[55] Siehe zum schweizerischen Föderalismus *Brühl-Moser*, Schweizerischer Föderalismus: Ausgestaltung, Neugestaltung und Herausforderungen, in: Härtel (Hrsg.), Handbuch Föderalismus –

durch die Bundesverfassung beschränkt ist; sie üben alle Rechte aus, die nicht dem Bund übertragen sind." Die Zuweisung der Bundeskompetenzen erfolgt nach Sach- oder Rechtsbereichen, wobei im Gegensatz zum deutschen Grundgesetz kein Katalog existiert, der alle Kompetenzen auflistet. Vielmehr werden die Kompetenzen an verschiedenen Stellen der Verfassung geregelt. An einigen Stellen der Verfassung finden sich Zuständigkeiten der Länder genannt, z. B. Art. 62 Abs. 1 BV: „Für das Schulwesen sind die Kantone zuständig." Angesichts der Generalklausel des Art. 3 BV kommt dem allerdings nur deklaratorische Wirkung zu.[56] Die Bundesverfassung unterscheidet zwischen **ausschließlichen, konkurrierenden und parallelen Kompetenzen**. Parallele Kompetenzen ermächtigen Bund und Kantone, gleichzeitig und unabhängig voneinander auf einem Gebiet tätig zu werden.[57] Aus den Normen ergibt sich nicht immer, welche Kompetenzart einschlägig ist. Dies ist im Wege der Auslegung zu ermitteln. Schließlich sind im schweizerischen Staatsrecht **ungeschriebene Zuständigkeiten** anerkannt: a) Zuständigkeiten kraft Sachzusammenhangs, b) kraft föderativen Aufbaus, d. h. solche, die sinnvollerweise nur vom Bund wahrgenommen werden können – vergleichbar mit der Kompetenz kraft Natur der Sache in Deutschland, und c) Zuständigkeiten kraft nationalem oder internationalem Gewohnheitsrecht (letzteres ist umstritten). Art. 49 BV bestimmt ähnlich Art. 31 GG: „Bundesrecht geht entgegenstehendem kantonalen Recht vor."

3. Österreich

Das österreichische Bundesverfassungsgesetz (B-VG) weist die Kompetenzen zur Gesetzgebung und dem Vollzug abschließend entweder dem Bund oder den Ländern zu.[58] Für nicht ausdrücklich zugewiesene Materien bestimmt Art. 15 Abs. 1 B-VG, ähnlich der Regelung des Art. 70 Abs. 1 GG, „Soweit eine Angelegenheit nicht ausdrücklich durch die Bundesverfassung der Gesetzgebung oder auch der Vollziehung des Bundes übertragen ist, verbleibt sie im selbständigen Wirkungsbereich der Länder." Das B-VG unterscheidet nach Materien, für die der Bund zur Gesetzgebung und zum Vollzug zuständig ist (Art. 10 Abs. 1 B-VG: „Bundessache ist die Gesetzgebung und die Vollziehung in folgenden Angelegenheiten:..."), Bereiche, in denen dem Bund die Gesetzgebung und den Ländern der Vollzug zusteht (Art. 11 B-VG), einer Ländergesetzgebung mit Bundesvollzug (Art. 15 Abs. 5 B-VG), sowie einer Zuständigkeit der Länder für Gesetzgebung und Vollzug (Art. 15 Abs. 1 B-VG). Eine Reihe besonderer Zuständigkeiten enthalten die Art. 14–14b

21

Föderalismus als demokratische Rechtsordnung und Rechtskultur in Deutschland, Europa und der Welt, Bd. IV, 2012, §99.

[56] *Schweizer*, in: Ehrenzeller u.a. (Hrsg.), Die Schweizerische Bundesverfassung, Bd. 1, 2. Aufl. 2008, Art. 3 Rn. 10, 14.

[57] *Schweizer* (Fn. 56), Art. 3 Rn. 18.

[58] Siehe zum österreichischen Föderalismus auch den Beitrag von *Storr*, Österreich als Bundesstaat, in: Härtel (Hrsg.), Handbuch Föderalismus – Föderalismus als demokratische Rechtsordnung und Rechtskultur in Deutschland, Europa und der Welt, Bd. IV, 2012, §98.

B-VG für das Schulwesen und die öffentliche Auftragsverwaltung. Teilweise wird die Anwendung der Bundeskompetenz vom Vorliegen eines Bedürfnisses abhängig gemacht, für dessen Feststellung der Bundesgesetzgeber eine Einschätzungsprärogative[59] hat – die sogenannte **Bedarfsgesetzgebung**. Daneben existieren eine **Grundsatzgesetzgebung** (Art. 12 B-VG), vergleichbar mit der früher in Art. 75 GG a. F. geregelten Rahmengesetzgebung, eine **paktierende Gesetzgebung** (z. B. in Art. 2 Abs. 3 B-VG), für die übereinstimmende Bundes- und Landesgesetze notwendig sind, und eine **delegierte Gesetzgebung**, in der der Bundesgesetzgeber die Länder zum Erlass von Ausführungsgesetzen ermächtigen kann. Alle diese Kompetenzen sind ausschließliche Kompetenzen. Eine konkurrierende Zuständigkeit wie in Art. 72, 74 GG kennt die österreichische Verfassung nicht.[60] Eine Eigenart der österreichischen Verfassung ist, dass Bundes- und Landesgesetze gleichrangig sind und keine Kollisionsregel vergleichbar mit Art. 31 GG („Bundesrecht bricht Landesrecht") besteht.[61] Die Lösung dadurch bedingter Gesetzeskonflikte – also die Regelung eines Lebenssachverhaltes durch sich widersprechendes Bundes- und Landesrecht, was z. B. im Bereich der Bedarfskompetenzen vorkommen kann –, ist in der österreichischen Literatur umstritten.[62] Während einige Autoren die Anwendung der lex posterior-Regel favorisieren, halten andere eine Derogation[63] für nicht möglich. Eine vermittelnde Ansicht hält den Weg für gangbar, dass kompetenzmäßige Gesetze kompetenzwidrige derogieren können.

4. Spanien

22   Spanien ist eine Art föderaler Staat, dessen Untergliederungen (Autonome Gemeinschaften) nicht die gleiche föderale Souveränität aufweisen wie die deutschen Bundesländer. Deswegen wird Spanien als präföderaler Staat[64] bezeichnet, ist unterteilt in 17 **Autonome Gemeinschaften** (Comunidades autónomas), denen zwar keine eigene Staatsqualität zukommt, die aber eigene Legislativ- und Exekutivkompetenzen besitzen. Die Verteilung der Gesetzgebungskompetenzen zwischen dem

---

[59] Unter Einschätzungsprärogative versteht man den Beurteilungsspielraum des Gesetzgebers bei zu treffenden Wahrscheinlichkeitsurteilen (Prognosen). Die Entscheidung des Gesetzgebers ist insoweit der Nachprüfung durch das Bundesverfassungsgericht entzogen; vgl. *Voßkuhle*, in: v. Mangoldt/Klein/Starck (Hrsg.), GG, 5. Aufl. 2005, Art. 93 Rn. 44.

[60] VfSlg. 15552/1999 – „Semmering Basistunnel" im Anschluss an: *Funk*, JBl. 1976, 449 (450).

[61] *Wiederin*, Bundesrecht und Landesrecht, 1995, S. 70.

[62] Zum Meinungsstreit mit vielen Nachweisen siehe *Wiederin* (Fn. 61), S. 71 f.

[63] Derogation bedeutet die Ersetzung oder die Aufhebung eines Gesetzes durch ein ranghöheres oder ein später erlassenes, gleichrangiges Gesetz, und zwar derart, dass das Gesetz nicht vollständig beseitigt wird, sondern seine Geltung nur teilweise beendet wird. Die Derogation kann durch ausdrückliche Aufhebung oder durch inhaltlichen Widerspruch geschehen; vgl. *Creifelds*, Rechtswörterbuch, 19. Aufl. 2007, S. 266.

[64] Siehe zum spanischen (Prä)Föderalismus *Martínez Soria*, Der präföderale Staat: Das Beispiel Spanien, in: Härtel (Hrsg.), Handbuch Föderalismus – Föderalismus als demokratische Rechtsordnung und Rechtskultur in Deutschland, Europa und der Welt, Bd. IV, 2012, §102.

§19 Die Gesetzgebungskompetenzen des Bundes und der Länder   541

spanischen Staat und den autonomen Gemeinschaften war eine der am heftigsten umstrittenen Materien bei Erlass der neuen spanischen Verfassung von 1978. In der Folge erscheint sie in der Ausgestaltung unvollständig und nicht immer wohlgeordnet.[65] Art. 148 Abs. 1 SpVerf führt die Materien auf, die von den Autonomen Gemeinschaften übernommen werden können[66]; Art. 149 Abs. 1 SpVerf enthält die **ausschließlichen Zuständigkeiten** des Gesamtstaates („competencias exclusivas")[67]. Wie sich beide zueinander verhalten, deutet Art. 149 Abs. 3 SpVerf in einer sog. **Residualklausel** doppelten Inhalts an. Erstens berechtigt sie die Autonomen Gemeinschaften, die dem Staat nicht ausdrücklich zugewiesenen Kompetenzen zu übernehmen, indem sie diese in ihren **Autonomiestatuten** aufzählen. Für alle Kompetenzen, die sich nicht in den Autonomiestatuten wiederfinden, ist der Staat zuständig.[68] Zweitens hat das staatliche Recht Vorrang, sofern die Materie nicht unter die ausschließliche Kompetenz der Autonomen Gemeinschaften fällt. Drittens ergänzt das staatliche Recht das autonome Recht.[69] Damit ist der Verfassung selbst nicht eindeutig zu entnehmen, welche Kompetenzen den Autonomen Gemeinschaften zustehen. Diese reichen nur soweit, als die Autonomen Gemeinschaften sie in ihren Autonomiestatuten für sich selbst in Anspruch nehmen. Der Versuch stärkerer Zuständigkeitsaneignung der Autonomen Gemeinschaften und deren Verankerung in ihren Statuten entgegen der Verfassung[70] sowie der Mangel an hinreichender Klärung des Begriffs der ausschließlichen Gesetzgebungskompetenz des Staates nach Art. 149 Abs. 1 SpVerf weder durch die Verfassung selbst noch durch die Rechtsprechung führte zu unzähligen Verfassungsstreitigkeiten über die Gesetzgebungszuständigkeiten.[71]

---

[65] *López Guerra/Espín/García Morillo/Pérez Tremps/Satrústegui*, Derecho Constitucional II, 6a Ed., 2003, S. 324; *Wiedmann*, Idee und Gestalt der Regionen in Europa – rechtsvergleichende Untersuchung zu Unitarismus und Föderalismus, unter besonderer Berücksichtigung des Vereinten Königreichs, Frankreichs, Spaniens und Deutschlands, 1996, S. 201 ff.

[66] Art. 148 SpVerf. nennt insbesondere: die Organisation der Selbstverwaltungseinrichtungen (1o), die Ordnung des Territoriums (3o.), die Landwirtschaft (7o.), Verwaltung in Umweltschutzmaterien (9o.), das Handwerk (14o.), Kultur (17o.), soziale Unterstützung (20o.) und Gesundheit (21o.).

[67] Art. 149.1 SpVerf nennt unter anderem: Internationale Beziehungen (3o.), Verteidigung und Streitkräfte (4o.), das Handels-, Straf- und Prozessrecht (6o.), Arbeitsrecht (7o.), Zivilrecht außer der foralen Rechte (8o.), grundlegende Gesetzgebung (legislación básica) in Umweltschutzmaterien (23o.).

[68] So auch das Tribunal Constitucional in STC 18/82, caso Registro de Convenios, FJ 1: "Para determinar si una materia es de la competencia del Estado o de la Comunidad Autónoma, o si existe un régimen de concurrencia, resulta en principio decisorio el texto del Estatuto de Autonomía de la Comunidad Autónoma, a través del cual se produce la asunción de competencias. Si el examen del Estatuto correspondiente revala que la material de que se trata no está incluida en el mismo no cabe duda que la competencia sera estatal, pues así lo dice expresamente el artículo 149.3 de la Constotución".

[69] Art. 149.3 SpVerf. wird also nicht in dem Sinne „staatliches Recht bricht autonomes Recht" verstanden. Vielmehr bestehe ein Zusammentreffen und Zusammenwirken staatlicher und autonomer Gewalt, vgl. *I. de Otto*, Estudio sobre el Derecho estatal y autonómico, 1986, S. 43 ff.

[70] *Wiedmann* (Fn. 65), S. 202.

[71] Besonders deutlich zeigt dies: STC 35/1982.

In der Praxis ist die Kompetenzaufteilung daher vermehrt den politischen Kräften und einer kasuistischen Rechtsprechung des Verfassungsgerichtes überlassen[72].

III. Begriffsverständnis: Staatsaufgabe, Kompetenz, Gesetzgebung

23 Für die Feststellung des Untersuchungsgegenstandes ist maßgeblich, was staatsrechtlich unter Gesetzgebungskompetenzen zu verstehen ist. Neben den Begriffen „Kompetenz" und „Gesetzgebung" ist das Verständnis von „Staatsaufgabe" zu klären.

1. Staatsaufgabe

24 Art. 30 GG weist die Ausübung staatlicher Befugnisse und die Erfüllung staatlicher Aufgaben den Ländern zu, soweit nicht das Grundgesetz eine anderweitige Regelung trifft. Die Nennung sowohl des Begriffes der staatlichen Befugnis als auch die der staatlichen Aufgabe impliziert keine besondere Unterscheidung. Erfasst sind dadurch alle staatlichen Tätigkeiten.[73] Da der Staat nur zur Erfüllung staatlicher Aufgaben tätig werden darf, ist die Staatsaufgabe als umfassender Begriff zu verstehen.[74] Das Grundgesetz setzt staatliche Aufgaben voraus, definiert sie aber nicht selbständig. Die Kategorie der Staatsaufgabe bezieht sich auf das **Außenverhältnis des Staates zur Gesellschaft**.[75] Alle diejenigen Aufgaben, die nicht der Staat zur Erfüllung für sich beansprucht, obliegen dem Einzelnen oder den gesellschaftlichen Institutionen. Staatsaufgaben sind solche Aufgaben, die der Staat nach geltendem Verfassungsrecht zulässigerweise für sich in Anspruch nimmt.[76] Es geht um den sachlichen Bereich des Tätigwerdens.[77] Nach dem Bundesverfassungsgericht wird eine Aufgabe dann zur Staatsaufgabe, wenn sich der Staat in irgend-einer Form mit ihr befasst.[78] Dies kann etwa auch durch die Aufnahme einer Staatszielbestimmung in das Grundgesetz erfolgen. Hiermit wird deutlich, dass als Ausgangspunkt grundsätzlich von einer **Allzuständigkeit des Staates**[79] auszugehen ist.[80] Im Besonderen

---

[72] So geht selbst das Tribunal Constitucional von einer notwendigerweise kasuistischen Natur aus, vgl. STC 125/1984.

[73] *Pernice*, in: Dreier (Hrsg.), Grundgesetz, 2. Aufl. 2006, Art. 30 Rn. 25 f.

[74] *Brockmeyer*, in: Schmidt-Bleibtreu/Klein (Hrsg.), Grundgesetz, 9. Aufl. 1999, Art. 30 Rn. 3.

[75] *Isensee*, in: ders./P. Kirchhof (Hrsg.), Handbuch des Staatsrechts, Bd. VI, 3. Aufl. 2008, §133, Rn. 38.

[76] *Schoch*, DVBl. 1994, 962 ff.

[77] *Pieroth* (Fn. 3), Art. 30 Rn. 3.

[78] BVerfGE 12, 205 (243); 30, 292 (311 f.).

[79] Allzuständigkeit des Staates ist die Fähigkeit des Staates, seinen eigenen Wirkungskreis zu definieren und seine Aufgaben selbst zu wählen. Dies geschieht als Ausfluss seiner Kompetenz-Kompetenz, also „der Rechtsmacht, sich selbst die rechtlichen Handlungsgrundlagen (Kompetenzen) zu schaffen und sich mit den Befugnissen auszustatten, um seine Aufgaben wahrnehmen zu können", vgl. hierzu *Isensee*, in: ders./Kirchhoff (Hrsg.), Handbuch des Staatsrechts, Bd. IV, 3. Aufl. 2006, §73, Rn. 55.

[80] *Pernice* (Fn. 73), Art. 30 Rn. 25.

ist dadurch eine ständige Anpassungsmöglichkeit an neue Gegebenheiten eröffnet; der staatliche Aufgabenbereich ist mithin offen[81]. Auch eine Entledigung von staatlichen Aufgaben – Privatisierung – ist danach möglich. Virulent geworden ist das Problem, ob eine Staatsaufgabe vorliegt, etwa im Rahmen der Rechtschreibreform, bei der das Bundesverfassungsgericht eine Staatsaufgabe annahm.[82]

2. Kompetenz

Kompetenz ist eine **rechtliche Kategorie**, mit der die Befähigung eines Kompetenzträgers bezeichnet wird, kompetenzgemäße Handlungen vornehmen zu können.[83] Das Grundgesetz selbst verwendet den Begriff der Kompetenz nicht[84], sondern spricht vom „Recht der Gesetzgebung" (Art. 70 Abs. 1 GG), von der „Zuständigkeit" (Art. 70 Abs. 2 GG) oder der „Befugnis" (Art. 105 Abs. 2a GG). Die Kompetenzen regeln das **staatsorganisatorische Innenverhältnis** von Bund und Ländern.[85] Genau genommen bezeichnet die Kompetenz die **Befugnis**, sich einer Angelegenheit anzunehmen[86] und begründet so Zuständigkeiten[87]. Kompetenzen setzen ihren Gegenstand – die Staatsaufgabe – voraus. Allein dann, wenn eine Staatsaufgabe besteht, kann es auch eine Kompetenz geben, die dann entweder beim Bund oder bei den Ländern liegt.[88] Andererseits ist nicht von der Staatsaufgabe auf das Bestehen einer Kompetenz zu schließen. Eine Staatsaufgabe, das ist die Quintessenz, darf nur von derjenigen Ebene erfüllt werden, die auch die Kompetenz dafür besitzt.

25

3. Gesetzgebung

Dem Grundgesetz liegt kein einheitlicher Gesetzesbegriff[89] zugrunde. Vielmehr ist dieser je nach systematischer Stellung, Sinn und Zweck einer Norm zu ermitteln.[90] Aus der systematischen Stellung des Art. 70 GG im Abschnitt VII des Grundgesetzes (Gesetzgebung des Bundes), vor den Vorschriften über das parlamentarische

26

---

[81] *Ossenbühl*, VVDStRL 29 (1971), 137 (153).
[82] BVerfGE 98, 218 (246) – Rechtschreibreform.
[83] *Oppermann/Classen/Nettesheim*, Europarecht, 4. Aufl. 2009, §12, Rn. 2.
[84] *Stettner* (Fn. 2), Art. 70 Rn. 17.
[85] *Isensee* (Fn. 75), Rn. 38.
[86] So auch *Stettner* (Fn. 2), Art. 70 Rn. 17; anders *Pieroth* (Fn. 3), Art. 30 Rn. 3, der Kompetenz als Oberbegriff zu Befugnis und Staatsaufgabe sieht.
[87] *März*, in: *v.* Mangoldt/Klein/Starck (Hrsg.), Das Bonner Grundgesetz, 5. Aufl. 2005, Art. 30 Rn. 10.
[88] *Isensee* (Fn. 75), Rn. 38 f.
[89] Zum Gesetzesbegriff im Grundgesetz siehe *Starck*, Der Gesetzesbegriff des Grundgesetzes: ein Beitrag zum juristischen Gesetzesbegriff, 1970.
[90] BVerfGE 24, 184 (195); *Degenhart*, in: Sachs (Hrsg.), Grundgesetz, 5. Aufl. 2009, Art. 70 Rn. 16; *Rozek* (Fn. 3), Art. 70 Rn. 24.

Gesetzgebungsverfahren (Art. 76 ff. GG), ergibt sich, dass unter Gesetz das Produkt des parlamentarischen Gesetzgebungsverfahrens zu verstehen ist.[91] Damit geht Art. 70 GG von einem **formellen Gesetzesbegriff**[92] aus, für den ausschließlich maßgeblich ist, dass die Regelung von den gesetzgebenden Körperschaften im förmlichen Gesetzgebungsverfahren erlassen wurde und in der Form eines Gesetzes vorliegt. Auch Maßnahmen- und Einzelfallgesetze fallen unter diesen Gesetzesbegriff, ebenso Rechtsnormen, die im Wege der Volksgesetzgebung (Plebiszit) erlassen wurden, sofern das Landesrecht dies vorsieht.[93] Nicht erfasst sind untergesetzliche Rechtsnormen wie Rechtsverordnungen und Satzungen, da sie nicht den formellen Gesetzesbegriff erfüllen.[94] Auf die Entstehung von Gewohnheitsrecht ist Art. 70 GG nicht anwendbar, da dieses nicht in einem formellen Verfahren entsteht, sondern durch dauernde Übung bei allgemeiner Anerkennung.[95] Dennoch ist Gewohnheitsrecht dem Kompetenzbereich zuzuordnen, „den es durch seine Übung aktualisiert"[96]; dies schon aus Gründen seiner Revisibilität.[97] Nicht erfasst sind weiterhin Bundesgesetze zur Übertragung von Hoheitsbefugnissen auf die Europäische Union. Sie richten sich nach Art. 23 GG, während für die Umsetzung des Rechts der Europäischen Union in innerstaatliches Recht die Art. 70 ff. GG einschlägig sind.[98] Nach Klärung der Begrifflichkeiten werden im Folgenden Grundnormen und Grundeinteilung der Zuständigkeiten von Bund und Ländern dargestellt.

IV. Die Systematik der Gesetzgebungskompetenzen

1. Grundsatz der Länderzuständigkeit

27 Bei der Aufteilung der Kompetenzen zwischen Bund und Ländern ist von Art. 30 GG als Grundnorm auszugehen. Art. 30 GG enthält eine Zuständigkeitszuweisung für die Ausübung sämtlicher staatlicher Aufgaben an die Länder, soweit das Grundgesetz keine andere Regelung trifft. Für die Gesetzgebung normiert Art. 70 GG eine Spezialregelung. Nach Art. 70 Abs. 1 GG haben die Länder die Gesetzgebungskompetenz, sofern diese nicht durch das Grundgesetz dem Bund übertragen ist – die sogenannte **Residualkompetenz der Länder**. Art. 70 Abs. 2 GG konkretisiert die Zuweisung der Zuständigkeit an den Bund als die Übertragung nach den Vorschriften über die ausschließliche und die konkurrierende Gesetzgebung. Unabhängig davon, ob mit

---

[91] *Stettner* (Fn. 2), Art. 70 Rn. 42; *Degenhart* (Fn. 90), Art. 70 Rn. 16.
[92] BVerfGE 55, 7 (21).
[93] *Stettner* (Fn. 2), Art. 70 Rn. 42.
[94] *Uhle* (Fn. 33), Art. 70 Rn. 34.
[95] *Rozek* (Fn. 3), Art. 70 Rn. 32; anders *Haratsch*, in: Sodan (Hrsg.), Grundgesetz, 2009, Art. 70 Rn. 6.
[96] BVerfGE 61, 149 (203); *Haratsch* (Fn. 95), Art. 70 Rn. 6.
[97] *Heintzen*, in: Dolzer u.a. (Hrsg.), BK-GG, Loseblatt, Stand: 2003, Art. 70 Rn. 48.
[98] *Rozek* (Fn. 3), Art. 70 Rn. 29.

dem Bundesverfassungsgericht[99] Art. 70 GG als Zuständigkeitsvermutung zugunsten der Länder zu verstehen ist, oder aber als lückenlose Kompetenzzuweisung, die für eine Vermutung keinen Raum lässt[100], besitzt der Bund die Zuständigkeit zur Gesetzgebung also nur, wenn ihm diese durch das Grundgesetz zugewiesen wird. Während die Systematik der Art. 70 ff. GG auf eine hauptsächliche Ländergesetzgebung schließen lässt, sieht die **Verfassungswirklichkeit** anders aus. Durch die weitgehende Übertragung der Zuständigkeiten auf den Bund in Art. 71 ff. GG entsteht eine überwiegende Bundesgesetzgebungskompetenz.[101]

2. Überblick über die Arten der Gesetzgebungskompetenzen des Bundes

Art. 70 Abs. 2 GG unterscheidet bei der Gesetzgebung des Bundes zwischen **ausschließlicher** und **konkurrierender Zuständigkeit**. Die ausschließliche Zuständigkeit gibt dem Bund eine Vollkompetenz zur Regelung sämtlicher Aspekte. Vollkompetenz heißt, dass der Bund die Materie abschließend regeln darf und nicht auf generelle Grundsätze beschränkt ist. Auf die Festsetzung eines solchen generellen Rahmens war die mit der Föderalismusreform I aus dem Jahre 2006 abgeschaffte Rahmengesetzgebungskompetenz (Art. 75 GG a. F.) beschränkt. Hier mussten die Vorschriften des Bundes so angelegt sein, dass sie durch die Länder ausgefüllt werden konnten, also ausfüllungsfähig und ausfüllungsbedürftig sein.[102] Nur in Ausnahmefällen durfte der Bund ins Detail gehende Regelungen treffen. Während im Bereich der ausschließlichen Bundeszuständigkeit die Länder grundsätzlich keine Gesetze erlassen dürfen, es sei denn, der Bund ermächtigt sie dazu durch Gesetz (Art. 71 GG), ist eine Länderregelung im Bereich der konkurrierenden Gesetzgebung möglich, „wenn und soweit der Bund von seiner Gesetzgebungszuständigkeit nicht durch Gesetz Gebrauch gemacht hat" (Art. 72 Abs. 1 GG).

28

Eine besondere Gesetzgebungskompetenz bildet die **Grundsatzgesetzgebung** (Art. 109 Abs. 4 GG). Nach dieser vornehmlich für den Bereich des Haushaltsrechts geltenden Kompetenz, kann der Bund Grundsätze festlegen, die sowohl für ihn als auch für die Länder bindend sind – so geschehen durch das Bundeshaushalts-Grundsätzegesetz (HGrG).[103] Die Grundsatzgesetzgebung unterscheidet sich von der ausschließlichen und konkurrierenden Gesetzgebung. Der Unterschied zur ausschließlichen Kompetenz besteht darin, dass den Ländern weiterhin ein Recht zur Gesetzgebung in diesem Bereich verbleibt, ohne sie hierzu ermächtigen zu müssen. Ferner differiert sie zur konkurrierenden Gesetzgebung. Während der Bund bei der Grundsatzgesetzgebung nur Grundsätze regeln darf, erlaubt ihm die konkurrierende Kompetenz hingegen sogar Vollregelungen.[104] Neben diesen geschriebenen

29

---

[99] BVerfGE 26, 281 (297); 42, 20 (28); 98, 265 (299).
[100] So *Uhle* (Fn. 33), Art. 70 Rn. 33; m. w. N. *Stettner* (Fn. 2), Art. 70 Rn. 40.
[101] *Seiler*, in: Epping/Hillgruber (Hrsg.), Beck OK GG, 4. Ed. 2009, Art. 70 Rn. 1.
[102] *Stettner* (Fn. 2), Art. 75 Rn. 6.
[103] *Maurer* (Fn. 39), §17, Rn. 45.
[104] *Ipsen* (Fn. 41), §10, Rn. 588.

sind auch **ungeschriebene Gesetzgebungskompetenzen** des Bundes anerkannt.[105] Diese werden unterteilt in Kompetenz kraft Natur der Sache, Zuständigkeit kraft Sachzusammenhangs und in die Annexkompetenz.

C. Die Föderalismusreform I

30 Ein Blick auf föderale Staaten zeigt, dass zwar überall die Gesetzgebungskompetenzen zwischen den jeweiligen föderalen Einheiten aufgeteilt werden, aber nirgendwo mehr das reine Trennprinzip existiert.[106] Allerdings sind nur in der Bundesrepublik Deutschland die politische Koppelung und die Entscheidungsverflechtung zwischen Bund und Ländern inklusive des Parteienwettbewerbs so tief ausgeprägt. Aufgrund der vielfältigen Blockaden, Unausgewogenheiten, Intransparenzen, mangelnden Zuordnungen von Verantwortlichkeiten ergab sich die Notwendigkeit zu einer grundsätzlichen Verfassungsreform. Dazu wurde die „Kommission von Bundestag und Bundesrat zur Modernisierung der bundesstaatlichen Ordnung" eingesetzt.[107] Deren Vorschläge[108] mündeten dann in die größte Verfassungsreform seit Bestehen des Grundgesetzes von 1949. Im Mittelpunkt stand dabei die Neuordnung der Gesetzgebungskompetenzen.

I. Reformziele und -inhalte mit Blick auf die Gesetzgebungskompetenzen

31 Mit der Föderalismusreform I sollten, „demokratie- und effizienzhinderliche Verflechtungen zwischen Bund und Ländern" abgebaut und wieder „**klarere Verantwortlichkeiten**" geschaffen werden. Dabei ging es insgesamt um eine „Stärkung der Handlungs- und Entscheidungsfähigkeit sowohl des Bundes als auch der Länder"[109], wobei diese auch eine größere **Handlungsfähigkeit** und damit eine Stärkung der Landesparlamente implizierte.[110] Konkret verfolgt wurden die „Stärkung der Gesetzgebung von Bund und Ländern durch eine deutlichere Zuordnung der Gesetzgebungskompetenzen und Abschaffung der Rahmengesetzgebung" sowie der

---

[105] Siehe zu diesen Kompetenzarten noch unten Rn. 122 ff.

[106] *Scharpf*, Föderalismusreform. Kein Ausweg aus der Politikverflechtungsfalle?, 2009, S. 7.

[107] Beschlüsse vom 16. und 17. Oktober 2003, vgl. die Dokumentation in der Schriftenreihe „Zur Sache" 1/2005, S. 17 ff.

[108] Im Zuge der Gesetzgebung des Bundestages wurde eine Reihe von Vorschlägen geändert, siehe dazu *Risse*, Reformbestrebungen zur bundesstaatlichen Ordnung – Aufgaben, Arbeitsweise und Ergebnisse der Föderalismuskommission I, in: Härtel (Hrsg.), Handbuch Föderalismus – Föderalismus als demokratische Rechtsordnung und Rechtskultur in Deutschland, Europa und der Welt, Bd. II, 2012, §44.

[109] BT-Drs. 16/813, S. 7.

[110] So auch *Sturm*, in: Andersen (Hrsg.), Föderalismusreform, 2008, S. 35 (36).

„Abbau gegenseitiger Blockaden durch Neubestimmung der Zustimmungsbedürftigkeit von Bundesgesetzen im Bundesrat". Schließlich sollte die „**Europatauglichkeit** des Grundgesetzes" verbessert werden.[111]

Mit den verfassungspolitischen Zielen wurde auf Fehlentwicklungen[112] und neue Sachverhalte besonders in der Zuordnung der Gesetzgebungskompetenzen reagiert. Kritisiert wurde vor allem die starke unitarische Tendenz bei der Gesetzgebung.[113] So wurde moniert, dass sich die Gesetzgebungskompetenzen des Bundes erweitert hätten, während die Kompetenzen der Länder zurückgegangen seien. Paradoxerweise verstärkten sich zugleich die Inanspruchnahme der Mitwirkungsrechte des Bundesrates. Immer mehr Bundesgesetze hingen von seiner Zustimmung ab – vor der Reform bereits über 60 % der Bundesgesetze.[114] Der Föderalismusreform I lag die Leitmaxime zugrunde: „Weniger Einfluss der Landesexekutive über den Bundesrat auf die Bundesgesetzgebung gegen Stärkung der Landeslegislative durch Vermehrung der Landesgesetzgebungskompetenz"[115]. 32

Die verfassungspolitischen Ziele der Föderalismusreform I greifen wichtige Elemente eines **wohlgeordneten Rechts** für den Föderalismus auf, und zwar zusammengefasst: Optimierung des Demokratie- und Rechtsstaatsprinzips[116] durch Entflechtung der Kompetenzen von Bund und Ländern, Austarieren der Kompetenzen im Sinne einer föderalen Balance, wozu die Stärkung der Landesparlamente gehört, die Stärkung der Funktionsfähigkeit des Gesamtstaates sowie mehr Transparenz und Effizienz. 33

Entsprechend der politischen Zielsetzung wurde mit der Föderalismusreform I der Kompetenztyp der **Rahmengesetzgebung** (Art. 75 GG a. F.) abgeschafft. Die ihr vormals unterliegenden Sachmaterien wurden in andere Kompetenztypen überführt. Hauptgrund dafür war, dass die Rahmengesetzgebung häufig einer fristgerechten Umsetzung von EU-Richtlinien entgegenstand. Denn dieser Kompetenztyp erforderte jeweils ein Bundesgesetz und sechszehn Landesgesetze.[117] Auch erschwerte die Rahmengesetzgebung die Kodifikation des Umweltrechts durch ein Umweltgesetzbuch.[118] 34

Daneben traten gravierende Änderungen im Bereich der konkurrierenden Gesetzgebungskompetenz. Die Anwendung der **Erforderlichkeitsklausel** des Art. 72 Abs. 2 GG a. F. für sämtliche der in Art. 74 GG genannten Materien beschränkt sich nunmehr auf elf ganz bestimmte im neuen Art. 72 Abs. 2 GG erwähnte Sachmaterien. Dabei handelt es sich um die Bereiche des Ausländerrechts (Art. 74 Abs. 1 35

---

[111] BT-Drs. 16/813, S. 7 unter Bezugnahme auf eine frühere Erklärung der Bundeskanzlerin und der Ministerpräsidenten vom 14.12.2005.
[112] Einen Überblick über die Fehlentwicklungen gibt *Ipsen,* NJW 2006, 2801 ff.
[113] *Ipsen,* NJW 2006, 2801 ff.
[114] BT-Drs. 16/813, S. 14 f.
[115] Siehe *Starck,* in: ders. (Hrsg.), Föderalismusreform, 2007, Rn. 7.
[116] Zur Beleuchtung der verfassungspolitischen Ziele der Föderalismusreform unter dem Blickwinkel „Demokratiegewinn" überzeugend *Sturm* (Fn. 110), S. 35 (36).
[117] *Degenhart,* NVwZ 2006, 1209 ff.
[118] BT-Drs. 16/813, S. 8.

Nr. 4 GG), der öffentlichen Fürsorge (Nr. 7), des Rechts der Wirtschaft (Nr. 11), der Ausbildungs- und Wissenschaftsförderung (Nr. 13), der Überführung von Grund und Boden, von Naturschätzen und Produktionsmitteln in Gemeineigentum oder in andere Formen der Gemeinwirtschaft (Nr. 15), der wirtschaftlichen Sicherung der Krankenhäuser (Nr. 19a), des Lebensmittelrechts im weiteren Sinne sowie des Pflanzen- und Tierschutzes (Nr. 20), des Verkehrsrechts im weiteren Sinne (Nr. 22), der Staatshaftung (Nr. 25) und schließlich Veränderungen im Bereich der künstlichen Erzeugung menschlichen Lebens, der Veränderung von Erbinformationen sowie der Transplantationen (Nr. 26). Weiterhin besteht bleibt die Notwendigkeit einer Erforderlichkeitsprüfung im Bereich der Gesetzgebungskompetenz für die Landessteuern (Art. 105 Abs. 2 GG).

36 Die Möglichkeit, dass der Bund bei nicht mehr bestehender Erforderlichkeit bundesgesetzlicher Regelung die entsprechende Gesetzgebungsbefugnis auf die **Länder** zurücküberträgt, ist seit der Verfassungsrevision 1994 gegeben und gilt auch weiterhin (Art. 72 Abs. 4, vormals Abs. 3 GG).[119] Allerdings stand und steht eine solche Entscheidung des Bundes zur **Rückübertragung** in seinem Ermessen („kann"). Allenfalls kann der Bundesgesetzgeber durch das Prinzip der Bundestreue[120] zu einer angemessenen Berücksichtigung der Länderinteressen im Falle evidenten Wegfalls der Erforderlichkeit von Bundesrecht verpflichtet sein.[121] Von der Möglichkeit eines Freigabegesetzes hatte der Bund bis zur Föderalismusreform I keinen Gebrauch gemacht.[122] Neu und gleichzeitig eine Stärkung der Länderposition ist deshalb, dass das Bundesverfassungsgericht ein solches Bundesgesetz im Wege eines Kompetenzkontrollverfahrens nach Art. 93 Abs. 2 GG bei nunmehr fehlender Erforderlichkeit ersetzen kann. Unabhängig von dieser konkreten Möglichkeit verfassungsgerichtlichen Rechtsschutzes ging der verfassungsändernde Gesetzgeber davon aus, dass ein Freigabegesetz dann zu erlassen wäre, wenn positive Kenntnis des Bundesgesetzgebers von der fehlenden Erforderlichkeit besteht.[123] Dies kann z. B. dann der Fall sein, wenn das Bundesverfassungsgericht inzident oder in einem obiter dictum[124] eine entsprechende Bewertung vorgenommen hat. Ein Kompetenzkontrollverfahren ist jedoch erst nach Nichtberatung einer entsprechenden Gesetzesvorlage im Sinne

---

[119] Art. 72 Abs. 4 GG (ex-Abs. 3) gilt für Recht, das nach dem 15.11.1994 erlassen worden ist; für solches, das zuvor Geltung erlangt hat, trifft Art. 125a Abs. 2 GG eine inhaltsgleiche Regelung.

[120] Siehe zum Prinzip der Bundestreue *Wittrek*, Die Bundestreue, in: Härtel (Hrsg.), Handbuch Föderalismus – Föderalismus als demokratische Rechtsordnung und Rechtskultur in Deutschland, Europa und der Welt, Bd. I, 2012, §18.

[121] *Kunig*, in: von Münch/Kunig (Hrsg.), GG, Bd. 3, 5. Aufl. 2003, Art. 72 Rn. 33; siehe auch BVerfGE 111, 10 (31) zu Art. 125a II GG a. F., die Aussagen sind auf Art. 72 Abs. 4 GG übertragbar; von einem rein politischen Ermessen geht dagegen *Degenhart* (Fn. 90), Art. 72 Rn. 49 aus.

[122] BT-Drs. 16/813, S. 7; *Degenhart*, NVwZ 2006, 1209 (1211).

[123] *Rengeling*, DVBl. 2006, 1537 (1547).

[124] Inzident (lat.) heißt „im Verlauf einer Angelegenheit nebenbei auffallend". Man spricht von einer Inzidentprüfung, wenn im Rahmen der Prüfung eines Tatbestandes die Prüfung eines anderen, in sich selbständigen Tatbestandes erforderlich wird. Diese Rechtsprüfung ist also Voraussetzung für die Entscheidung des Falles und damit für die Urteilsbegründung. Obiter (lat.) heißt „obenhin", „nebenbei", „zu gleicher Zeit". Bei einem obiter dictum äußert das Gericht eine Rechtsansicht, die

des Art. 72 Abs. 4 GG im Bundestag oder einer Ablehnung im Bundestag oder -rat zulässig (Art. 93 Abs. 2 S. 3 GG).

Neben die von der Erforderlichkeit bundesgesetzlicher Regelung abhängige konkurrierende Kompetenz tritt die **Abweichungsgesetzgebung**[125] der Länder. Erlässt der Bund im Bereich der in Art. 72 Abs. 3 GG genannten Materien ein Gesetz, so haben die Länder die Möglichkeit hiervon abweichende Regelungen zu treffen. Es handelt sich bei diesen Politikfeldern im Wesentlichen um diejenigen, für die vor der Grundgesetzänderung eine Rahmengesetzgebungskompetenz des Bundes bestand. Allerdings sind teilweise ganz bestimmte Materien von der Abweichung ausgeschlossen – die abweichungsfesten Kerne[126]. Die Abweichungskompetenz stellt eine Ausnahme bzw. Spezialregelung zum Grundsatz „Bundesrecht bricht Landesrecht" (Art. 31 GG) dar.[127] Erstmals wurde der lex-posterior-Grundsatz im Grundgesetz positiv verankert (Art. 72 Abs. 3 S. 3 GG).[128] Um den Ländern Zeit für eine Reaktion auf ein neues Bundesgesetz zu gewähren und kurzfristig wechselnde Rechtsbefehle an den Bürger zu vermeiden[129], sieht Art. 72 Abs. 3 S. 2 GG vor, dass das Bundesgesetz erst sechs Monate nach seiner Verkündung in Kraft tritt, soweit nicht mit Zustimmung des Bundesrates etwas anderes bestimmt ist. Dies ist gerade auch in den Fällen bedeutsam, in denen ein Land oder mehrere Länder bereits vom Bundesrecht abweichende Regelungen getroffen haben und der Bund nun seinerseits wieder regelnd tätig werden will. So wird das damit verbundene Hin und Her jedenfalls abgemildert, da die Länder selbst entscheiden können, ob sie durch neuerliches Tätigwerden eine Geltung des neuen Bundesrechts verhindern wollen. Ebenso sieht nunmehr Art. 84 Abs. 1 GG eine Abweichungsmöglichkeit für die Länder vor, wenn der Bund Regelungen bezüglich der Einrichtung der Behörden oder des Verwaltungsverfahrens trifft. Zu beachten ist in beiden Fällen, dass das spätere Gesetz das frühere nicht derogiert, sondern lediglich Anwendungsvorrang genießt.[130] Verliert das spätere Gesetz also seine Wirksamkeit, gilt wieder das frühere.[131]

37

---

nicht notwendiger Bestandteil der Entscheidung des konkreten Falles und damit der Urteilsbegründung ist. Sie wird nebenbei geäußert; zu Letzterem vgl. *Creifelds*, Rechtswörterbuch, 19. Aufl. 2007, S. 835.

[125] Siehe zu dieser „neuen" Kompetenzart auch den Beitrag von *Schmidt-Jortzig*, „Abweichungsgesetzgebung" als neues Kompetenzverteilungsinstrument zwischen den Gliederungsebenen des deutschen Bundesstaates, in: Härtel (Hrsg.), Handbuch Föderalismus – Föderalismus als demokratische Rechtsordnung und Rechtskultur in Deutschland, Europa und der Welt, Bd. I, 2012, §20.

[126] BT-Drs. 16/813, S. 11.

[127] *Haratsch* (Fn. 95), Art. 72 Rn. 31; *Rengeling*, DVBl. 2006, 1537 (1543); *Maurer* (Fn. 39), §17, Rn. 37.

[128] *Ipsen*, NJW 2006, 2801 (2804).

[129] BT-Drs. 16/813, S. 11; zweifelnd an der Vermeidung kurzfristig wechselnder Rechtsbefehle an den Bürger *Pieroth* (Fn. 3), Art. 72 Rn. 31.

[130] *Pieroth* (Fn. 3), Art. 72 Rn. 32; *Haratsch* (Fn. 95), Art. 72 Rn. 30; *Stettner* (Fn. 2), Art. 72 Rn. 49.

[131] BT-Drs. 16/813, S. 11; *Rengeling*, DVBl. 2006, 1537 (1543).

38 Gemäß der Föderalismusreform I besteht prinzipiell eine Dreiteilung der konkurrierenden Gesetzgebung des Bundes: Neben die **Bedarfsgesetzgebung**[132] (Erforderlichkeit bundesgesetzlicher Reglung) und die **Abweichungsgesetzgebung** tritt die **Vorranggesetzgebung**[133]. Diese erfasst alle Sachbereiche, für die bei der Kompetenzausübung eine Erforderlichkeitsprüfung entbehrlich ist, also prinzipiell auch die Abweichungsgesetzgebung der Länder. Im Rahmen der Vorranggesetzgebung ist vielmehr ein Bedürfnis nach bundesgesetzlicher Regelung stets zu bejahen.[134] Insofern ist von einer „unwiderleglichen Vermutung" für die Erforderlichkeit einer bundesgesetzlichen Regelung auszugehen.[135]

39 Über diese grundlegenden Änderungen im Bereich der Kompetenzarten hinaus brachte die Föderalismusreform I auch zahlreiche **Kompetenzverschiebungen** sowohl zugunsten des Bundes als auch zugunsten der Länder mit sich. So erhielt der Bund die **ausschließliche Gesetzgebung** für das Melde- und Ausweiswesen und für den Schutz des deutschen Kulturgutes gegen Abwanderung ins Ausland[136], was vorher zur Rahmengesetzgebung gehörte. Ebenso wurden die Materien des Waffen- und Sprengstoffrechts, des Kernenergierechts und der Bereich der Kriegsfolgenfürsorge der ausschließlichen Kompetenz des Bundes zugewiesen; diese waren zuvor Titel der konkurrierenden Gesetzgebung.[137] Ganz neu in das Grundgesetz aufgenommen wurde die ausschließliche Kompetenz des Bundes zur Regelung der Terrorabwehr.[138] Vormals fiel diese in den allgemeinen Bereich der Gefahrenabwehr und damit in die Länderhoheit. Ferner wurden die Angelegenheiten hinsichtlich der Hauptstadt Berlin als ausschließliche Kompetenz des Bundes festgelegt.[139]

40 Erweitert wurden die **konkurrierenden Gesetzgebungskompetenzen** u. a. im Bereich der in Art. 74 Abs. 1 Nr. 19 GG genannten Materien. War er früher auf die Regelung des Verkehrs mit Arzneien, Heil- und Betäubungsmitteln und Giften beschränkt, so besteht nunmehr eine umfängliche Zuständigkeit. Außerdem wurde als Folge der Frischzellenentscheidung des Bundesverfassungsgerichts[140] das Apothekenwesen mit aufgenommen. Daneben wurde die Kompetenz zur Regelung der Abfallbeseitigung erweitert auf die gesamte Abfallwirtschaft (Art. 74 Abs. 1 Nr. 24 GG). Hierin ist allerdings lediglich eine Klarstellung zu sehen, da die Kompetenz

---

[132] *Rengeling*, DVBl. 2006, 1537 (1542).

[133] Den Begriff der Vorranggesetzgebung verwendet etwa *Degenhart*, NVwZ 2006, 1209 (1210), während *Ipsen* insoweit von Kernkompetenzen spricht: NJW 2006, 2801 (2803); wie *Ipsen* auch *Rengeling*, DVBl. 2006, 1537 (1542).

[134] *Ipsen*, NJW 2006, 2801 (2803); BT-Drs. 16/813, S. 11.

[135] *Degenhart*, NVwZ 2006, 1209 (1210).

[136] Art. 73 Abs. 1 Nr. 3 und Nr. 5a GG.

[137] Art. 73 Abs. 1 Nr. 12, 13, 14 GG.

[138] Art. 73 Abs. 1 Nr. 9a GG.

[139] Art. 22 Abs. 1 S. 3 GG. Siehe hierzu *Leisner* (Fn. 10), Art. 22 Rn. 1 f.; *Jarass*, in: ders./Pieroth (Hrsg.), Grundgesetz, 10. Aufl. 2009, Art. 22 Rn. 3.

[140] BVerfGE 102, 26 ff.

auch zuvor schon als umfassende für das Recht der Abfallwirtschaft aufgefasst wurde.[141] Die Materien der früheren Rahmengesetzgebung sind im Wesentlichen – mit den schon geschilderten Ausnahmen (Art. 73 Abs. 1 Nr. 3 – Melde- und Ausweiswesen und Nr. 5a GG), die nunmehr zum Bereich der ausschließlichen Gesetzgebung gehören – in den Katalog der konkurrierenden Gesetzgebung aufgenommen worden (Art. 74 Abs. 1 Nr. 27–33 GG).

Da Art. 70 Abs. 1 GG alle Materien, die nicht dem Bund zur Gesetzgebung zugewiesen sind, den Ländern belässt, bewirkt eine Streichung im Zuständigkeitskatalog, dass eine **ausschließliche Zuständigkeit der Länder** begründet wird. So sind nunmehr die Bundesländer für den Strafvollzug[142], das Versammlungsrecht[143] und die allgemeinen Rechtsverhältnisse der Presse[144] zuständig. Außerdem obliegt den Ländern nunmehr die gesetzliche Regelung für einen Großteil des Hochschulrechts mit Ausnahme der Hochschulzulassung und -abschlüsse[145]. Darüber hinaus sind Bereiche, die zuvor von anderen Kompetenztiteln mit umfasst waren, in der neuen Fassung ausdrücklich ausgenommen. Dies gilt etwa für das Recht des Ladenschlusses, der Gaststätten, der Spielhallen, der Schaustellung von Personen, der Messen und der Ausstellungen und Märkte. Diese Bereiche waren vormals vom Recht der Wirtschaft (Art. 74 Abs. 1 Nr. 11 GG) umfasst. Ebenso wurde in Art. 74 Abs. 1 Nr. 1 (Untersuchungshaftvollzug), Nr. 7 (Heimrecht), Nr. 17 (Flurbereinigung), Nr. 24 (verhaltensbezogener Lärm) und Nr. 27 (Laufbahnen, Besoldung und Versorgung von Landes- und Gemeindebeamten sowie Landesrichtern) verfahren. Die konkurrierende Gesetzgebung des Bundes nach Art. 74a GG a. F. im Bereich des Dienstrechts existiert also nicht mehr, was Art. 74 Abs. 1 Nr. 27 GG durch die ausdrückliche Ausnahme klarstellt. Damit fällt – mit Ausnahme der Statusrechte und -pflichten – für die Landesbediensteten das öffentliche Dienstrecht wieder in die Länderhoheit[146]. Hinzuweisen ist abschließend insbesondere auf die **Übergangs- und Fortgeltungsbestimmungen** der Art. 125a und 125b GG.[147]

41

---

[141] BVerfGE 83, 106 (120); BVerfGE 98, 83 (98); BVerfGE 102, 99 (115 f.); BVerfGE 110, 370 (384); BVerwG, DVBl 1991, 399 (400).
[142] Vormals in Art. 74 Abs. 1 Nr. 1 GG mit enthalten.
[143] Vorher Art. 74 Abs. 1 Nr. 3 GG.
[144] Vormals Art. 75 Abs. 1 S. 1 Nr. 2 GG.
[145] Bisher Art. 75 Abs. 1 S. 1 Nr. 1a GG.
[146] Vorher Art. 74a GG, Art. 75 Abs. 1 S. 1 Nr. 1 GG, Art. 98 Abs. 3 Satz 2 GG.
[147] Siehe hierzu ausführlich m. w. N. *Schulze*, in: Sachs (Hrsg.), Grundgesetz, 5. Aufl. 2009, Art. 125a, 125b GG.

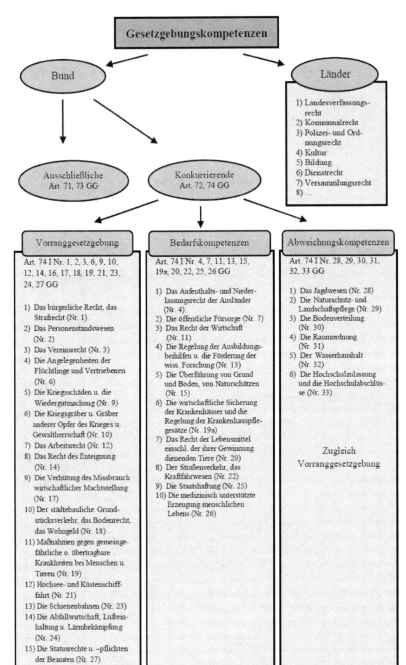

II. Konkrete Folgen der Föderalismusreform I

Die Auswirkung der Föderalismusreform I für die Gesetzgebung zeigt sich erst ganz durch die Rechtspraxis von Bund und Ländern. So haben Bund und Länder durchaus von ihren neuen Kompetenzen Gebrauch gemacht.[148] Der Bundesgesetzgeber hat auf der Grundlage seiner neuen **ausschließlichen Kompetenz** aus Art. 73 Abs. 1 Nr. 9a GG (Abwehr von Gefahren des internationalen Terrorismus durch das Bundeskriminalpolizeiamt) das Bundeskriminalamtgesetz[149] durch Art. 1 Terrorismusabwehrgesetz[150] umfassend geändert. Insbesondere verfügt das BKA nunmehr über weitreichende präventive Eingriffsbefugnisse zur Terrorismusbekämpfung, so z. B. die Möglichkeit des verdeckten Eingriffs in informationstechnische Systeme – sog. Onlinedurchsuchung, § 20k BKAG.

43

Darüber hinaus hat der Bund von seiner **konkurrierenden Kompetenz** nach Art. 74 Abs. 1 Nr. 27 GG (Statusrechte und -pflichten der Landesbeamten und -richter) Gebrauch gemacht, indem er im Jahr 2008 das Beamtenstatusgesetz erließ[151], welches das Beamtenrechtsrahmengesetz ablöste. Nach Art. 125a Abs. 1 S. 1 GG gilt allerdings sowohl das Bundesbesoldungsgesetz als auch das Beamtenversorgungsgesetz des Bundes fort. Anfang 2008 wurde das Bundesbesoldungsrecht gemäß Art. 125a Abs. 1 S. 2 GG ganz oder teilweise durch Landesbesoldungsgesetze ersetzt.

44

Zu erwarten ist, dass die Länder in spezifischen Bereichen wie dem Naturschutz- und Wasserrecht zunehmend die **Abweichungsgesetzgebung** in Anspruch nehmen werden. So haben bereits viele Bundesländer (neue) Landesnaturschutzgesetze bzw. Ausführungsgesetze zum Bundesnaturschutzgesetz erlassen, die Abweichungen vom neuen Bundesnaturschutzgesetz[152] aufweisen, wie z. B. das Landesnaturschutzgesetz von Hamburg[153], von Mecklenburg-Vorpommern[154], von Nordrhein-Westfalen[155], von Niedersachsen[156], von Sachsen[157] und von Schleswig-Holstein[158]. Gleiches gilt auch für den Bereich des Wasserrechts. Dort hat der Bundesgesetzgeber ebenfalls ein neues Wasserhaushaltsgesetz[159] als Vollregelung erlassen.

45

---

[148] So die Bundesregierung im April 2008 in ihrer Antwort auf eine Große Anfrage der FDP-Fraktion in der 16. Legislaturperiode des Deutschen Bundestages, siehe BT-Drs. 16/6499, zur Antwort der Bundesregierung siehe BT-Drs. 16/8688.

[149] Vom 7.7.1997, BGBl. I S. 1650.

[150] Vom 25.12.2008, BGBl. I S. 3083.

[151] Gesetz zur Regelung des Statusrechts der Beamtinnen und Beamten in den Ländern, BGBl. I S. 1010, größtenteils in Kraft getreten am 1.4.2009.

[152] In Kraft getreten am 1.3.2010, BGBl. I 2009, S. 2542.

[153] GVBl. 2010, S. 350.

[154] GVOBl. 2010, S. 66.

[155] GVBl. 2010, S. 185.

[156] GVBl. 2010, S. 104.

[157] GVBl. 2010, S. 114.

[158] GVOBl. 2010, S. 301.

[159] In Kraft getreten am 1.3.2010, BGBl. I 2009, S. 2585.

Darauf reagiert haben etwa die Länder Niedersachsen[160], Bayern[161] und Hessen[162] durch den Erlass neuer Landeswassergesetze. Nordrhein-Westfalen[163] hat insoweit vorgelagert zur Gesamtnovellierung seines Landeswasserrechts ein sogenanntes Vorschaltgesetz erlassen, in dem punktuelle Änderungen des bisherigen Landeswassergesetzes vorgenommen werden, um sicherzustellen, dass bezogen auf einige wichtige Regelungsbereiche die bisherige Rechtslage trotz nunmehr bundesrechtlicher Vollregelung fort gilt.

46 Im Bereich des Hochschulwesens, für das die **Länder** mit Ausnahme der Hochschulzulassung und der -abschlüsse nunmehr allein **zuständig sind**, beschloss die damalige Bundesregierung im Mai 2007 den Entwurf zur Aufhebung des Hochschulrahmengesetzes[164] – zu seiner Verabschiedung kam es nicht. Der Koalitionsvertrag von CDU/CSU und FDP sieht weiterhin die Aufhebung des Hochschulrahmengesetzes vor.[165] Erfolgte oder geplante Änderungen im Bereich des Waffen- und Sprengstoffrechts sowie des Rechts der Kernenergienutzung zu friedlichen Zwecken[166] hätten auch schon auf die vormalige konkurrierende Gesetzgebungskompetenz gestützt werden können.

47 Von den neuen **ausschließlichen Länderkompetenzen** ist deutlich mehr Gebrauch gemacht worden. So hatte schon im April 2008 jedes Bundesland ein eigenes Ladenschlussgesetz (mit Ausnahme von Bayern). Alle Bundesländer haben ein eigenes Jugendstrafvollzugsgesetz verabschiedet.[167] Bei dem allgemeinen Strafvollzug sind die Länder ebenfalls um jeweilige Eigenständigkeit gegenüber dem Bund bemüht. Zwar verfügen Baden-Württemberg, Bayern, Hamburg, Hessen und Niedersachsen bereits über ein eigenes Gesetz. Doch gilt im Übrigen das Strafvollzugsgesetz des Bundes fort (Art. 125a Abs. 1 GG). Im Gaststättenrecht können die Nichtraucherschutzgesetze, soweit sie die Gastronomie betreffen, auf die neue Länderkompetenz gestützt werden.[168] Ferner hat als erstes Bundesland Brandenburg zum 2. Oktober 2008 ein eigenes Landesgaststättengesetz in Kraft gesetzt. Ihm folgten noch im selben Monat Thüringen sowie im Jahr 2009 Bremen und Baden-Württemberg. Beim Versammlungsrecht nahm Bayern die Vorreiterrolle ein und setzte sein Versammlungsgesetz zum 1. Oktober 2008 in Kraft.[169] Allerdings

---

[160] GVBl. 2010, S. 64.
[161] GVBl. 2010, S. 66.
[162] GVBl. 2010, S. 548.
[163] Gesetz vom 25.6.1995 (GVBl. S. 926), zuletzt geändert durch Gesetz vom 16.3.2010 (GVBl. S. 185).
[164] BT-Drs. 16/6122.
[165] Wachstum. Bildung. Zusammenhalt. Koalitionsvertrag zwischen CDU, CSU und FDP, 17. Legislaturperiode, 2009, S. 61.
[166] Siehe hierzu BT-Drs. 16/8688, S. 7 f.
[167] Wegen der Entscheidung des BVerfG zur Erforderlichkeit einer gesetzlichen Grundlage beim Eingriff in Grundrechte, BVerfGE 116, 69.
[168] BT-Drs. 16/8688, S. 10.
[169] GVBl. S. 421.

hat das Bundesverfassungsgericht dieses Gesetz zwischenzeitlich teilweise in einem einstweiligen Verfahren auch schon wieder außer Kraft gesetzt.[170] Ebenfalls über ein eigenes Versammlungsrecht verfügen Sachsen-Anhalt seit dem 3. Dezember 2009[171] und Sachsen seit dem 20. Januar 2010[172]. Brandenburg hat §16 des Versammlungsgesetzes des Bundes durch das Gräberversammlungsgesetz (Gesetz über Versammlungen und Aufzüge an und auf Gräberstätten) ersetzt.

III. Bewertung der Föderalismusreform I

Politisch wie wissenschaftlich wird die Föderalismusreform I mit Blick auf die Neuordnung der Gesetzgebungskompetenzen sehr unterschiedlich bewertet.[173] Bei der Frage, ob und inwieweit die Föderalismusreform I dem **Leitbild eines wohlgeordneten Rechts** Genüge getan hat, sind die einzelnen Elemente dieses Leitbildes als Maßstab heranzuziehen.[174]

48

1. Europäisierung und Globalisierung des Bundesstaates

Im Sinne eines wohlgeordneten Rechts hat der Verfassungsgesetzgeber mit der Föderalismusreform I auf Herausforderungen für den Gesamtstaat im Mehrebenensystem der Europäischen Union reagiert, indem er die **Rahmengesetzgebung abgeschafft** hat. Des Weiteren hat er vor allem die europarechtsrelevanten Materien des Naturschutzes und des Wasserhaushaltes der konkurrierenden Gesetzgebung zugeführt – in der Ausprägung als Abweichungskompetenzen. Die Umsetzung von EU-Richtlinien wird dadurch vereinfacht, dass der Bund diese erst einmal ganz realisieren kann – es

49

---

[170] BVerfGE 122, 342.

[171] In Kraft getreten am 12.12.2009, GVBl. S. 558.

[172] In Kraft getreten am 26.1.2010, GVBl. S. 3.

[173] Überwiegend positiv zur Reform *Rengeling*, DVBl. 2006, 1537 (1549); *Gerstenberg* (Fn. 11), S. 288 ff.; mit positivem Gesamtfazit auch *Ipsen*, NJW 2006, 2801 (2804 f., 2806); *Ipsen* (Fn. 41), Rn. 587; kritisch hingegen u.a. *Degenhart*, NVwZ 2006, 1209 (1215); *Sturm* (Fn. 110), S. 35 ff.; kritisch zu den Folgen der Abweichungsgesetzgebung *Stettner* (Fn. 2), Art. 72 Rn. 53; kritisch sehen diese Form der Gesetzgebung auch *Klein/Schneider*, DVBl. 2006, 1549 (1556), obwohl die praktischen Auswirkungen (z. B. ein sog. race to the bottom) als gering eingeschätzt werden; „ambivalent" sieht *Oeter*, in: Starck (Hrsg.), Föderalismusreform, 2007, S. 9 (38 ff.) die Folgen der Reform und bezeichnet selbige als „großes Experiment"; differenzierend für den Bereich der neuen ausschließlichen Gesetzgebungskompetenzen des Bundes *Heintzen*, in: Starck (Hrsg.), Föderalismusreform, 2007, S. 41 (52); kritisch insgesamt, aber für eine Ausweitung gerade der Abweichungsrechte der Länder eintretend *Scharpf* (Fn. 106), S. 106 ff., 117 ff. Zur Bewertung der Verschiebungen bzw. Neubegründung im Bereich der einzelnen Kompetenztitel siehe *Gerstenberg* (Fn. 11), S. 174 ff.

[174] Dabei erfolgt die spezifische Bewertung unter dem Blickwinkel der Subsidiarität in einem späteren Abschnitt (Rn. 65 ff.).

müssen nicht wie früher noch zusätzlich alle 16 Bundesländer agieren. Dabei stellt sich die Frage, ob aufgrund der Abweichungsgesetzgebung durch die Länder die Umsetzung von EU-Vorgaben sich doch wieder als problematisch erweisen könnte. Diesen Bedenken ist entgegenzuhalten, dass auch die Länder an das EU-Recht gebunden sind. Verstößt gleichwohl ‚abweichendes' Landesrecht gegen das EU-Recht, gilt das europarechtskonforme Bundesrecht.[175] Die Folgsamkeit der Länder mit Blick auf die Europarechtskonformität dürfte zudem gesteigert sein, da sie nunmehr explizit nach Art. 104a Abs. 6 GG auch die Lasten einer Verletzung von supranationalen Verpflichtungen Deutschlands zu tragen haben.[176]

50 Gerade im Kontext des Umweltschutzes als globale Herausforderung und aufgrund des von EU-Richtlinien geforderten medienübergreifenden, integrierten Ansatzes ist die Forderung berechtigt, einen umfassenden Kompetenztitel „Umweltschutz" für den Bund zu schaffen.[177] Diese Chance für eine **„Generalkompetenz zum Umweltschutz"** wurde jedoch mit der Föderalismusreform nicht genutzt.

51 Außerdem erhielt der Bund für die mit der Globalisierung verbundenen Gefahren des **internationalen Terrorismus** eine neue ausschließliche Gesetzgebungskompetenz (Art. 73 Abs. 1 Nr. 9a GG). Dies ist in der Sache richtig. Die konkrete Ausgestaltung weist allerdings Unzulänglichkeiten auf. Denn es fehlt zum einen an einer kohärenten Abstimmung zu der ausschließlichen Kompetenz für die internationale Verbrechensbekämpfung nach Art. 73 Abs. 1 Nr. 10 GG. Zum anderen wurde es versäumt, für die neue Gesetzgebungskompetenz ausdrücklich eine komplementäre Verwaltungskompetenz zu schaffen[178] und dabei vor allem Kompatibilität und Einklang mit der Verwaltungskompetenz des Art. 87 Abs. 1 S. 2 GG[179] herzustellen.

2. Stärkung der Handlungsfähigkeit von Bund und Ländern im Sinne einer föderalen Balance

52 Mit der Föderalismusreform I wurde sowohl die Handlungsfähigkeit des Bundes als auch die der Länder im Sinne einer föderalen Balance gestärkt. Für beide Ebenen bedeutet diese Reform ein wechselseitiges Geben und Nehmen von Befugnissen. Die Länder haben insgesamt sogar so viele gesetzgeberische Möglichkeiten

---

[175] *Oeter* (Fn. 173), Rn. 46; *Frenz*, NVwZ 2006, 742 (746 f.).

[176] Vgl. *Kloepfer*, ZG 2006, 272 ff.; *Frenz*, NVwZ 2006, 747 ff.; *Franzius*, NVwZ 2008, 494 ff.

[177] Siehe dazu *Kloepfer*, Rechtsfragen des Umweltschutzes im föderalen System der Bundesrepublik Deutschland, in: Härtel (Hrsg.), Handbuch Föderalismus – Föderalismus als demokratische Rechtsordnung und Rechtskultur in Deutschland, Europa und der Welt, Bd. III, 2012, §77, Rn. 20 m. w. N.

[178] So zu Recht *Heintzen*, in: Starck (Hrsg.), Föderalismusreform, 2007, S. 41 (52), Rn. 104.

[179] Art. 87 Abs. 1 S. 2 GG lautet: „Durch Bundesgesetz können Bundesgrenzschutzbehörden, Zentralstellen für das polizeiliche Auskunfts- und Nachrichtenwesen, für die Kriminalpolizei und zur Sammlung von Unterlagen für Zwecke des Verfassungsschutzes und des Schutzes gegen Bestrebungen im Bundesgebiet, die durch Anwendung von Gewalt oder darauf gerichtete Vorbereitungshandlungen auswärtige Belange der Bundesrepublik Deutschland gefährden, eingerichtet werden."

§ 19 Die Gesetzgebungskompetenzen des Bundes und der Länder 557

erhalten, wie sie kaum zuvor in der 60-jährigen Geschichte des Grundgesetzes hatten.[180] Eine solche verbesserte Kompetenzzuordnung geht dabei in die Richtung des wohlgeordneten Rechts.

a) Stärkung des Bundes als Garant der Rechtseinheit. Eine substantielle Stärkung des Bundes als „Garant der Rechtseinheit"[181] erfolgte mit der Einführung der Vorranggesetzgebung – der Freistellung von der Erforderlichkeitsklausel bei 23 Titeln der konkurrierenden Gesetzgebung. Dabei handelt es sich um Materien, bei denen eine Rechtszersplitterung von besonderer Tragweite wäre.[182] Allerdings unterliegen auch weiterhin wichtige Materien – wie das Recht der Wirtschaft oder das Ausländerrecht – der Bedarfsgesetzgebung, was wiederum vor dem Hintergrund der Subsidiarität und einer föderalen Balance auch positiv bewertet werden kann.[183] Ein wesentlicher Grund für die Schaffung der Vorranggesetzgebung ist die Rechtsprechung des Bundesverfassungsgerichts.[184] In seinem Urteil zum Altenpflegegesetz[185], bestätigt durch die Urteile zum Hochschulrahmengesetz[186], stellt das Gericht nach der Neuregelung von 1994 hohe Anforderungen an die Erforderlichkeitsprüfung. Seitdem muss die Erforderlichkeit eines Bundesgesetzes zur politischen Gestaltung gesellschaftlicher Verhältnisse erheblich stärker und nachvollziehbarer begründet werden[187]. Die Folge war eine Verunsicherung des Gesetzgebers

53

---

[180] Vgl. *Gerstenberg* (Fn. 11), S. 306. Und dennoch zeigten sich maßgebliche Vertreter der Länder nach Beschluss des Reformwerkes eher enttäuscht – so mit Verweis u.a. auf den damaligen bayerischen Ministerpräsidenten Edmund Stoiber siehe *Scharpf* (Fn. 106), S. 107, eigene Einschätzung von *Scharpf* (Fn. 106), S. 117.

[181] *Oeter* (Fn. 173), Rn. 66.

[182] Vgl. *Oeter* (Fn. 173), Rn. 23.

[183] Zur Subsidiarität siehe Rn. 65 ff.

[184] Besonders beachtlich ist, dass das Urteil des Bundesverfassungsgerichts zur Juniorprofessur vom 27.7.2004, in dem das Gericht erstmals tatsächlich ein Gesetz wegen Verstoßes gegen die Erforderlichkeitsklausel für verfassungswidrig erklärte, gerade in die Zeit der Beratungen der Föderalismuskommission fiel. Hatte sich besonders die Bundesseite in Gestalt der Bundesregierung bei den Beratungen bisher eher zurückgehalten, so war nun wegen der drohenden Rechtsunsicherheit in Bezug auf die bisherige Bedarfsgesetzgebung unbedingt eine klare Positionierung des Bundes im Sinne zumindest eines Erhalts des bisherigen Regelungsregimes erforderlich. Siehe hierzu BT-Drs. 16/813, S. 7; *Scharpf* (Fn. 106), S. 93 ff.; *Gerstenberg* (Fn. 11), S. 130.

[185] BVerfGE 106, 62 – Altenpflegegesetz. Der Rekurs auf den Erforderlichkeitsmaßstab durch das Bundesverfassungsgericht führte aber nicht zur Ablehnung des Altenpflegegesetzes aus diesem Grunde; dies geschah erst mit der Entscheidung am 27.07.2004 zur Novelle des Hochschulrahmengesetzes.

[186] BVerfGE 111, 226 – Juniorprofessur (Hochschulrahmengesetz); BVerfGE 112, 226 – Studiengebühren.

[187] Folgerung zugespitzt aus politikwissenschaftlicher Sicht siehe *Scharpf* (Fn. 106), S. 95 f.; *Scharpf* sieht nach dem Altenpflege- und dem Junior-Professur-Urteilen des BVerfG und dessen Auslegung des Art 72 Abs. 2 GG „nicht nur die Rahmengesetzgebung, sondern den gesamten Bereich der konkurrierenden Gesetzgebung und damit den überwiegenden Teil des bisher geltenden Bundesrechts (als) verfassungsrechtlich prekär geworden" an. Demnach könne der Bund seine

in Bezug auf die verfassungsrechtliche Kompatibilität der Bundesgesetzgebung. So verbarg sich gleichsam hinter jeder auf die konkurrierende oder die Rahmengesetzgebung gestützten Bundesnorm das Damoklesschwert der Verfassungswidrigkeit wegen fehlender Kompetenz.[188] Es war nicht nur die Verunsicherung der Gesetzgebungspraxis in Hinsicht auf mehr Berechenbarkeit und Verhaltenssicherheit[189] zu überwinden, sondern auch der **Gefahr der Rechtszersplitterung** entgegenzutreten, die die Funktionsfähigkeit des Wirtschaftsraumes der Bundesrepublik Deutschland beeinträchtigen würde.[190] Dass diesen (möglichen) Konsequenzen entgegenzuwirken sei, wurde auch von den Ländern erkannt. Sie willigten deshalb in die Überführung wesentlicher Kompetenztitel in die Vorranggesetzgebung ein, insbesondere weil auch ihnen in den maßgeblichen Bereichen eine bundesgesetzliche Regelung notwendig erschien.[191] Mithin war auch die soeben beschriebene Entwicklung ein Grund für die Neugestaltung der Gesetzgebungskompetenzen. Im Sinne des wohlgeordneten Rechts – konkret der Rechtssicherheit – ist dies zu begrüßen, da ansonsten grundsätzlich jede bestehende Norm, die auf die konkurrierende Gesetzgebungskompetenz gestützt worden war, wegen der verschärften Anforderungen des Bundesverfassungsgerichts und auch wegen des neuen Art. 93 Abs. 2 GG erneut auf dem Prüfstand gestanden hätte.[192] Allerdings wäre durchaus zu erwägen gewesen, ob dieses Ziel nicht auch durch eine vernünftige Änderung des Erforderlichkeitskriteriums hätte erreicht werden können, um so auch die für die weiterhin der Erforderlichkeitsprüfung unterworfenen Materien einer hinreichenden Rechtssicherheit zuzuführen.

54 Zum anderen wurde der Bund durch den neuen Kompetenztitel zur Abwehr von Gefahren des internationalen Terrorismus gestärkt (Art. 73 Abs. 1 Nr. 9a GG). Die Verschiebung einzelner Kompetenztitel wirkt sich allerdings eher marginal aus[193], da der Bund auch zuvor schon in den meisten betreffenden Bereichen umfassende Regelungen erlassen konnte (etwa im Kernenergie- oder Waffen- und Sprengstoffrecht).

55 **b) Stärkung der Länder als den Laboratorien der Demokratie.** Die Föderalismusreform I eröffnet den Landesgesetzgebern die Möglichkeit, ihr politisches

---

Kompetenz nur noch zur Korrektur bereits eingetretener Folgeprobleme unterschiedlichen Landesrechts einsetzen. Zurückhaltender dagegen aus juristischer Sicht *Oeter* (Fn. 173), S. 11 ff. sowie *Gerstenberg* (Fn. 11), S. 122 ff. und S. 295. Demnach erfordert die Rechtssicherheit hier eine besonders intensive Auslegung.

[188] *Batt*, Bundesverfassungsgericht und Föderalismusreform: Stärkung der Länder in der Gesetzgebung. Zum Urteil vom 27. Juli 2004 – 2 BvF 2/02, in: ZParl 2004, 753 (759).
[189] *Oeter* (Fn. 173), S. 13.
[190] BVerfGE 106, 62 (144 ff.) – Altenpflegegesetz.
[191] *Scharpf* (Fn. 106), S. 120.
[192] In diesem Sinne auch *Oeter* (Fn. 173), S. 13.
[193] Vgl. *Scharpf* (Fn. 106), S. 87, 117.

Profil zu schärfen[194], sich als „Laboratorien der Demokratie"[195] zu bewähren und damit zugleich die föderale Vielfalt sowie den Gestaltungsföderalismus zu stärken. Realisieren können die Landesparlamente diese Chancen einerseits durch die neu geschaffene Abweichungsgesetzgebung für sechs Materien und andererseits durch ihre neuen ausschließlichen Zuständigkeiten für weitere zwölf Materien. Selbst wenn ihr gesetzgeberischer Gestaltungsspielraum durch das Verfassungs-, Europa- und Völkerrecht begrenzt wird, was im Übrigen für den Bundestag gleichermaßen gilt, verbleibt noch ein qualitativ gewichtiger Regelungsbereich für die Landesgesetzgeber. Letzteres gilt zwar etwa nicht für die neuen ausschließlichen Landeskompetenzen zum Versammlungsrecht und Pressewesen, da diese erheblich durch die Rechtsprechung des Bundesverfassungsgerichts determiniert sind. Hier können die Länder nur Einzelaspekte regeln. Hingegen sind die Länder insbesondere beim öffentlichen Dienstrecht oder beim Bildungs- und Hochschulwesen nicht auf den Erlass punktueller Regelungen beschränkt, sondern können eigene Konzeptionen entfalten.[196] Einen auch politisch bedeutsamen Bereich bildet etwa der Justizvollzug.

Abzuwarten bleibt, wie sich die Verfassungswirklichkeit entwickelt. Von Bedeutung wird sein, ob und inwiefern die Länder die Abweichungsgesetzgebung für die Entwicklung eigener Konzepte nutzen. Ein Hinnehmen des Bundesrechts könnte auf verschiedenen Gründen beruhen. So könnten die Länder das Bundesrecht für gelungen halten. Wenn nicht, können sie gleichwohl untätig bleiben, zum Beispiel wegen des beschränkten Finanzrahmens des jeweiligen Landes oder wegen begrenzter politischer Ressourcen im Bereich der Ministerialbürokratie und des Landtages. Ungeachtet dessen können die Länder das Abweichungsrecht auch bereits als Verhandlungsmittel im Rahmen der Bundesgesetzgebung nutzen.

56

Darüber hinaus wurden die Länder durch das neue Kompetenzkontrollverfahren gestärkt (Art. 93 Abs. 2 i. V. m. Art. 72 Abs. 4 GG) – wenn auch möglicherweise nur im Kleinen. Dieses Verfahren, das den nachträglichen Wegfall der Erforderlichkeit einer bundesgesetzlichen Regelung betrifft, könnte die Bedeutung der Ersetzungsbefugnisse der Länder steigern. Allerdings bestimmt Art. 93 Abs. 2 S. 3 GG als Zulässigkeitsvoraussetzung, dass eine Gesetzesvorlage erfolglos gewesen ist oder über sie nicht innerhalb eines Jahres entschieden wurde. Sowohl parlamentarisches Vorverfahren als auch Verfassungsprozesse selbst bedeuten aber einen erheblichen Zeitaufwand, der etwa bei politisch virulenten Problemen, auf die unter gewissem Zeitdruck reagiert werden muss, hinderlich sein kann.[197]

57

---

[194] *Oeter* (Fn. 173), Rn. 68; ähnlich *Huber* für die Expertenanhörung des Deutschen Bundestages, http://www.bundestag.de/ausschuesse/a06/foederalismusreform/Anhoerung/index.html.
[195] Siehe dazu oben Rn. 8.
[196] Dazu vgl. *Gerstenberg* (Fn. 11), S. 297–301.
[197] So auch und zu weiteren Problemen des Kompetenzkontrollverfahrens *Scharpf* (Fn. 106), S. 128 f., insbesondere kommt *Scharpf* zu dem Ergebnis, dass sich der tatsächlich nutzbare Spielraum der Landespolitik durch die in Art. 93 Abs. 2 GG geregelte Lösung kaum wesentlich erweitern wird.

3. Rechtssicherheit, Transparenz, Kohärenz

58 Vor allem die neue Ausgestaltung der konkurrierenden Gesetzgebung wirft Probleme auf mit Blick auf Rechtssicherheit, Transparenz und Kohärenz als Elemente des wohlgeordneten Rechts.[198] Dies betrifft die Dreiteilung der konkurrierenden Gesetzgebung und die Abweichungsgesetzgebung.

59 a) **Drei Arten konkurrierender Gesetzgebung.** Die neue Unterteilung innerhalb der konkurrierenden Gesetzgebung trägt zwar einerseits grundsätzlich zur Stärkung der Handlungsfähigkeit von Bund und Ländern bei, andererseits hat sie die Komplexität des Verfassungsrechts erhöht. Da zuvor alle Kompetenztitel des alten Art. 74 GG dem Erforderlichkeitskriterium unterlagen, konnte ein Gesetz auch auf unterschiedliche Kompetenztitel des Art. 74 gestützt werden.[199] Da sich oftmals Gesetzesvorhaben unter verschiedene Sachmaterien des Art. 74 Abs. 1 GG subsumieren lassen – vor allem, wenn auch der Bereich des Wirtschaftsrechts betroffen ist –, ist es eine praxisrelevante Frage, wie der Gesetzgeber zu verfahren hat, wenn Kompetenztitel der Vorranggesetzgebung und Bedarfsgesetzgebung berührt sind. Eine Mehrfachabstützung eines Gesetzes in der Weise, dass für alle betroffenen Materien eine Erforderlichkeitsprüfung ganz entfällt, also nur die Vorranggesetzgebung Raum einnimmt, würde die Erforderlichkeitsprüfung für die einschlägigen Materien umgehen. Dies scheidet also aus. Umgekehrt ist es nachteilig für die Handlungsfähigkeit des Bundes, sich dann bei allen tangierenden Materien an der strengen Voraussetzung der Erforderlichkeit zu orientieren. Die sinnvollste Lösung ist daher, auf Mehrfachkompetenzen zu verzichten und das Gesetz eindeutig einem Kompetenztitel zuzuordnen. Hierfür spricht gerade auch die Nennung ganz bestimmter Kompetenztitel in Art. 72 Abs. 2 GG. Bei der gewählten Lösung sind die Voraussetzungen für die Inanspruchnahme der Zuständigkeit klar, wenngleich wiederum Abgrenzungsprobleme bei der Auswahl des Kompetenztitels entstehen.[200] Verfolgt also ein Gesetz mehrere Zwecke, so ist der Schwerpunkt der Gesamtregelung festzulegen.

60 b) **Abweichungsgesetzgebung.** Die Abweichungsgesetzgebung ist im Sinne des wohlgeordneten Rechts als ambivalent zu bewerten. Dient sie in ihrem Ansatz grundsätzlich der Entflechtung zwischen den Zuständigkeiten von Bund und Ländern, führt sie im Detail doch wieder zur Verflechtung (durch änderungsfeste Kerne).[201]

61 Das flexible Konstrukt der Abweichungsgesetzgebung fördert an sich die **Funktionsfähigkeit** des Gesamtstaates **bei** gleichzeitiger **föderaler Balance**. Der Bund kann erst einmal den Regelungsbedarf decken, und die Länder können reagieren, wenn sie es für sinnvoll erachten und entsprechend Gesetzgebungsressourcen aufbringen können und wollen. Sie müssen es aber nicht. Im Gegensatz dazu steht

---

[198] Überdies tragen auch zur Komplexität bei die detailliert differenzierenden, aber unumgänglichen Übergangsregelungen der Art. 125a, 125b GG.
[199] *Rozek* (Fn. 3), Art. 70 Rn. 57.
[200] Siehe hierzu auch *Stettner* (Fn. 2), Art. 72 Rn. 33 f.; *Oeter* (Fn. 173), S. 14; *Degenhart*, NVwZ 2006, 1209 (1210).
[201] *Gerstenberg* (Fn. 11), S. 292 f.

die ausschließliche Länderzuständigkeit, durch die dann – auch in einigen Bereichen etwa aufgrund von Schutzpflichten oder wegen der Wesentlichkeitsdogmatik zu den Grundrechten – die Länder Gesetze erlassen müssen und damit voll in der gesetzgeberischen Verantwortung stehen.

Allerdings ist zu bezweifeln, ob – gerade im Hinblick auf die Abweichungsgesetzgebung mit dazugehöriger „Rückholmöglichkeit" des Bundes – das Ziel der Reduzierung der Komplexität der Bund-Länder-Beziehungen und damit mehr **Transparenz** – vor allem auch für den Bürger – erreicht werden konnte. Selbst wenn man zugibt, dass durch die Abweichungsgesetzgebung im Vergleich zur bisherigen Rahmengesetzgebung durchaus eine gewisse Entflechtung erreicht werden konnte, trägt diese Form der Gesetzgebung nicht zur größeren Übersichtlichkeit bei. Es besteht nämlich einerseits die Möglichkeit der „Ping-Pong-Gesetzgebung"[202]. Zwar wird die Gefahr, dass es dazu kommt, eher gering eingeschätzt.[203] Das kann aber nicht das Problem überspielen, dass möglicherweise unübersichtliche Gemengelagen[204] sowie die Gefahr der Rechtszersplitterung[205] eintreten, was entsprechende Rechtsunsicherheit zur Folge hat. Ein solches Problem liegt deutlich auf der Hand.[206] Es resultiert daraus, dass, wenn nur einzelne Länder abweichende Regelungen treffen, Bundesrecht partiell gilt. Noch unübersichtlicher – gerade für den Bürger – wird es, wenn Landesrecht einiger Länder nur in Einzelheiten vom Bundesrecht abweicht. Verkompliziert wird dieses System zudem dadurch, dass der Bund seinerseits wieder regelnd tätig werden darf (sog. Rückholmöglichkeit des Bundes), wofür Fristen gelten. Denkbar ist auch eine Situation, in der der Bund ein Gesetz in Kraft setzt, ein Land abweicht und der Bund etwa unter ausdrücklicher Distanzierung von der Derogation einzelner ganz bestimmter Landesvorschriften erneut regelnd tätig wird, so dass in Teilen das ursprüngliche Bundesgesetz, das abweichende Landesgesetz und das neue Bundesgesetz gelten. Es ließen sich weitere äußerst komplexe Beispiele finden. All das erschwert die Rechtsanwendung. Insbesondere kann es dem Bürger Probleme bereiten zu erkennen, ob Bundes- oder Landesrecht gilt.[207] Schließlich trägt auch die Existenz der abweichungsfesten Kerne, so sinnvoll sie im Übrigen auch

62

---

[202] Mit Ping-Pong-Gesetzgebung ist ein jeweils aufeinander reagierendes Hin und Her von Bundes- und Landesgesetzgebung gemeint. Ermöglicht wird sie im Bereich der Abweichungskompetenz der Länder, wo das vom Bundesgesetz abweichende Landesgesetz wiederum von einem zeitlich später erlassenen Bundesgesetz verdrängt werden kann. Vgl. *Schmidt-Jortzig*, „Abweichungsgesetzgebung" als neues Kompetenzverteilungsinstrument zwischen den Gliederungsebenen des deutschen Bundesstaates, in: Härtel (Hrsg.), Handbuch Föderalismus – Föderalismus als demokratische Rechtsordnung und Rechtskultur in Deutschland, Europa und der Welt, Bd. I, 2012, §20; *Maurer* (Fn. 39), §17, Rn. 37.

[203] *Häde*, JZ 2006, 930 (932); *Klein/Schneider*, DVBl. 2006, 1549 (1553); *Gerstenberg* (Fn. 11), S. 292.

[204] *Starck* (Fn. 115), Rn. 10 spricht insoweit von einem komplizierten Geltungsmix.

[205] *Scharpf* (Fn. 106), S. 137; *Rengeling*, DVBl. 2006, 1537 (1549).

[206] Diese Probleme sieht auch *Stettner* (Fn. 2), Art. 72 Rn. 47.

[207] *Stettner* (Fn. 2), Art. 72 Rn. 53.

sein mögen, nicht sonderlich zur Übersichtlichkeit und klaren, für den Bürger erkennbaren Kompetenzzuordnung bei, zumal hier wiederum Abgrenzungsschwierigkeiten zu erwarten sind. Ob dies alles mit der Abschaffung der Rahmengesetzgesetzgebung aufgewogen werden kann, erscheint mehr als fraglich.[208] Schließlich bleibt dadurch, dass der Bund beispielsweise für die allgemeinen Grundsätze des Naturschutzes im Wege der Vorranggesetzgebung (abweichungsfester Kern) zuständig ist und die Länder ansonsten im Bereich des Naturschutzes abweichende Regelungen treffen können, doch wieder eine Art der Rahmengesetzgebung erhalten.[209]

63 Der Entwicklung unübersichtlicher Gemengelagen könnte zwar in gewissem Umfang durch konzertierte Gesetzgebungsaktionen der Länder in Form des **kooperativen Föderalismus** entgegengewirkt werden, wie die Staatspraxis überhaupt oftmals durch Selbstkoordination der Länder bundeseinheitliche Regelungen hervorbringt[210]. Doch muss dann gefragt werden, worin der Vorteil gegenüber einer bundesgesetzlichen Regelung liegt.

64 Überdies trägt die Abweichungsgesetzgebung eigentlich von ihrer Anlage her einen **Wertungswiderspruch** in sich und fördert nicht die Kohärenz. So fallen die entsprechenden Sachmaterien – weil nicht in Art. 72 Abs. 2 GG genannt – prinzipiell unter die Vorranggesetzgebung. Somit ging also der verfassungsändernde Gesetzgeber im Grundsatz von der Erforderlichkeit bundesgesetzlicher Regelung aus. Dann ist aber nicht ohne Weiteres verständlich, warum die Länder von den Bundesregelungen sollen abweichen dürfen, wodurch schließlich wieder differierendes Landesrecht ermöglicht wird. Erklären lässt sich dieses Phänomen insbesondere vor dem Hintergrund **politischer Kompromisse** bei der Föderalismusreform I, bei denen die Wohlgeordnetheit des Rechts zurückzutreten hatte. Die nunmehr der Abweichungsgesetzgebung unterliegenden Materien gehörten vormals zur Rahmengesetzgebung. Als Teil der jetzigen konkurrierenden Gesetzgebung hat der Bund eine Vollkompetenz. Als Ausgleich dafür sollen die Länder abweichen dürfen. Das Ziel der größtmöglichen Transparenz wurde so nicht erreicht.

D. Das Subsidiaritätsprinzip als Kompetenzverteilungsregel

65 Subsidiarität gehört zu den Ingredienzien eines **wohlgeordneten Rechts**. Dies erschließt sich durch die Bezugnahme auf die Verfassungsprinzipien, denen das Subsidiaritätsprinzip mit seiner starken Beziehung zur föderalen Ordnung im weitesten Sinn zugeordnet werden kann. Ebenso ist dem wohlgeordneten Recht die klare Verteilung der Gesetzgebungskompetenzen zugeeignet. Deswegen ist auch in dieser Perspektive die Subsidiarität als Kompetenzverteilungsregel genuiner Bestandteil eines solchen Rechtsleitbildes.

---

[208] So auch *Degenhart*, NVwZ 2006, 1209 (1215).
[209] So auch *Gerstenberg* (Fn. 11), S. 293 f.
[210] *Sturm* (Fn. 110), S. 35 (42); *Scharpf* (Fn. 106), S. 117.

Die heutige rechtswissenschaftliche Diskussion mit Blick auf das Subsidiaritätsprinzip richtet ihren Fokus auf die Europäische Union[211], für die es in Art. 5 Abs. 1 S. 2 EUV verankert ist und als **Kompetenzausübungsregel** dient.[212] Diese Diskussion hat vor allem nach Einführung des neuen „Europa"-Artikels 23 GG im Jahre 1993 und der damit verbundenen ausdrücklichen Nennung der Subsidiarität in Art. 23 Abs. 1 S. 1 GG beträchtlichen Anschub erhalten. Die Frage allerdings, ob das Subsidiaritätsprinzip auch auf bundesdeutscher Ebene den Rang eines Verfassungsrechtsprinzips innehat, wird unterschiedlich beantwortet.[213]

66

Insgesamt genommen ist dabei jedoch zu bedenken, dass die Wahrung der Subsidiarität gesellschaftlich wie staatsorganisationsrechtlich zur Legitimität des Bundesstaates gehört und seine Funktionsfähigkeit im Sinne einer föderalen Balance mit gewährleistet. Dieses folgt auch den Kriterien des wohlgeordneten Rechts. In einer solchen Sicht geht es darum, dass das Subsidiaritätsprinzip als **Kompetenzverteilungsregel** zwischen Bund und Ländern, insbesondere im Rahmen der Gesetzgebungskompetenzen, fungiert. Subsidiarität als Bestandteil des wohlgeordneten Rechts wird im Folgenden in dieser föderalen Perspektive untersucht.

67

I. Inhalt und Bedeutung des Subsidiaritätsprinzips

Das Subsidiaritätsprinzip entstammt der **katholischen Soziallehre**. Namentlich wurde es zuerst erwähnt bei *Papst Pius XI.* in der zweiten päpstlichen Sozialenzyklika „Quadragesimo Anno" aus dem Jahre 1931 im Abschnitt Neue Gesellschaftsordnung. Das Subsidiaritätsprinzip hat Eingang in das liberale und schließlich auch in das allgemeine Gesellschaftsverständnis gefunden.[214] Gemäß dem Subsidiaritätsprinzip sind Aufgaben zuvörderst auf der jeweils möglichen untersten Ebene zu erfüllen.[215] Die niedrigste Ebene ist dabei der einzelne Mensch. „Nieder" oder „unter" soll in diesem Rahmen nicht Hierarchie suggerieren, sondern ist eine Zuschreibung von

68

---

[211] Siehe hierzu etwa *Schroeder*, Grundkurs Europarecht, 2009, §7, Rn. 18 ff.; *Härtel*, Handbuch Europäische Rechtsetzung, 2006, §4, Rn. 45 ff.

[212] Dazu z.B. *Härtel*, Kohäsion durch föderale Selbstbindung – Gemeinwohl und die Rechtsprinzipien Loyalität, Solidarität und Subsidiarität in der Europäischen Union, in: dies. (Hrsg.), Handbuch Föderalismus – Föderalismus als demokratische Rechtsordnung und Rechtskultur in Deutschland, Europa und der Welt, Bd. IV, 2012, §82 m.w.N.

[213] Siehe zu dieser Diskussion u.a. *Oppermann*, JuS 1996, 569 ff.

[214] Vgl. *Blickle/Hüglin/Wyduckel* (Hrsg.), Subsidiarität als rechtliches und politisches Ordnungsprinzip in Kirche, Staat und Gesellschaft. Rechtstheorie, Beiheft 20, 2002. Siehe hierzu auch *Härtel*, Kohäsion durch föderale Selbstbindung – Gemeinwohl und die Rechtsprinzipien Loyalität, Solidarität und Subsidiarität in der Europäischen Union, in: dies. (Hrsg.), Handbuch Föderalismus – Föderalismus als demokratische Rechtsordnung und Rechtskultur in Deutschland, Europa und der Welt, Bd. IV, 2012, §82.

[215] *Drosdowski u.a.* (Hrsg.), Duden – Deutsches Universalwörterbuch, 3. Aufl. 1996.

Ebenen der Freiheitssicherung und Grad der **Bürgernähe**.[216] Je niedriger die jeweilige Stufe danach anzusetzen ist, desto bürgernäher und problemlösungsfreundlicher ist in der Tendenz dieses Potential. Die unterste Ebene bildet in liberaler Sicht[217] jeder Einzelne. Alle Aufgaben, die das Individuum für sich selbst zu erfüllen im Stande ist, liegen auch zur Verwirklichung in seinem Verantwortungsbereich. Darin spiegelt sich einerseits eine grundlegende und essentielle **Freiheitsverbürgung** wider. Andererseits ist mit der Eröffnung von Freiheiten ein entsprechender Verantwortungsbereich verbunden. In dieser Perspektive des Liberalismus knüpft das Subsidiaritätsprinzip in seiner Ausgangsposition beim einzelnen Bürger maßgeblich an den Grundsatz der **Eigenverantwortung** an.[218] In der katholischen Sozialethik wird dagegen die gemeinschaftliche Perspektive des einzelnen Bürgers in seinem Zusammenhang mit den „kleinen Einheiten" als Verantwortungskreise eingenommen.

69 Erst wenn das einzelne Individuum mit der eigenverantwortlichen Aufgabenerfüllung überfordert und die nächst höhere[219] (eigenständige) Einheit die entsprechende Aufgabe besser zu erfüllen im Stande ist, soll diese höhere Einheit mit der Aufgabe betraut werden. Ist schließlich auch diese überfordert und die nächst höhere (eigenständige) Ebene zur Aufgabenerfüllung besser geeignet, greift wiederum diese übergeordnete Ebene ein. So würde die gesellschaftliche Gliederung vom Einzelnen über die Familie, die Vereine und Verbände bis hin schließlich zum Staat formativ erfolgen. Darüber hinaus soll aber die jeweils höhere Ebene grundsätzlich die untere Einheit bei deren Aufgabenerfüllung unterstützen oder sie überhaupt in die Lage versetzen, die eigenen Aufgaben zu erfüllen. Durch eine solche Hilfe zur Selbsthilfe wird die Eigenverantwortung gestärkt. Insgesamt besteht insoweit eine **Wechselbezüglichkeit**. Die größere Einheit besitzt eine normative Verpflichtung zur Unterstützung der unteren Ebene.[220]

---

[216] Im Anschluss an *Häberle*, AöR 1994, 169 (185).

[217] Auch wenn Subsidiarität als Begriff gemeinsam gebraucht wird, sind doch die liberale Sicht und die katholische Sozialehre keinesfalls deckungsgleich, sondern weisen substantielle Unterschiede auf. In liberaler Tradition ist es hier der Rekurs auf das Individuum als letzte Einheit, das als Rationalwesen mit seinen (egoistischen) Nutzenkalkülen und per Vertrag das gesellschaftliche und politische Verhalten regelt und der Markt mit seiner unsichtbaren Hand für die Wohlfahrt sorgt. Aus Sicht der katholischen Sozialehre (und ähnlich in der evangelischen Sozialethik) steht nicht hintergehbar im Mittelpunkt die Person mit ihrer Individual- und Sozialnatur. Danach lebt der vernunftgeleitete Mensch – unter Bezugnahme auf die Denktradition von Aristoteles und Thomas von Aquin – als Person schon immer in Gemeinschaften und wird von diesen geprägt, weswegen die „kleinen Einheiten" (Familie, Schule/Bildungseinrichtungen, Vereine/Verbände etc.) subsidiär schon immer eine große Bedeutung besitzen. Selbstverantwortung und Mitverantwortung, gesellschaftliche Selbstorganisation und staatliche Ordnung stehen hier ebenso in einem gemeinsamen Blickwinkel wie die gemeinschaftliche Aufgabe für die Herstellung des Gemeinwohls.

[218] Zu den Wurzeln des Subsidiaritätsprinzips in der liberalen Staatslehre *Kuttenkeuler*, in: Blumenwitz (Hrsg.), Schriften zum Staats- und Völkerrecht, Bd. 78, 1998, S. 39 ff.; *Isensee*, Subsidiaritätsprinzip und Verfassungsrecht, 2. Aufl. 2001, S. 44 ff.

[219] *Herzog*, Der Staat 1963, 399 (402 f.).

[220] Siehe dazu *Nothelle-Wildfeuer*, Die Sozialprinzipien der Katholischen Sozialehre, und *Uertz*, Zur Entwicklung des katholischen Staatsdenkens, in: Rauscher (Hrsg.), Handbuch der Katholischen

Als so verstandenes politisches und gesellschaftliches Leitbild begründet das Subsidiaritätsprinzip den Organisationszusammenhang von Person, Gruppen und Verbänden zur Gesellschaft als Ganzes und zum Staat. Das führt einerseits zum **Vorrang der Mit- und Eigenverantwortlichkeit** des Einzelnen und seiner Zusammenschlüsse (Familie, intermediäres Assoziationswesen, Zivilgesellschaft) vor der staatlichen Regelung, verpflichtet andererseits die übergeordnete Einheit (den Staat) zur verantwortlichen subsidiären Hilfe und Unterstützung. Diese Regel kann ihre Geltung beanspruchen angesichts der Notwendigkeit staatlicher Aufgabenwahrnehmung bei der Daseinsvorsorge, meritorischen (öffentlichen) Gütern und den supranationalen Zusammenschlüssen vor dem Hintergrund von Weltrisikogesellschaft (*Ulrich Beck*) und weltweiter Governance. Das Subsidiaritätsprinzip grenzt dabei nicht nur die Verantwortlichkeiten zwischen Staat und Gesellschaft ab, sondern auch die zwischen den staatlichen Gliederungen, deren weitere Ausgestaltung dem **Gerechtigkeitsprinzip** entsprechen sollte. Innerhalb der staatlichen Organisation fordert das Subsidiaritätsprinzip deshalb die staatliche Aufgabenerfüllung nacheinander von Kommunen, Ländern und Bund. So schließt die Subsidiarität eine Bestandsgarantie für die kommunale Selbstverwaltung ein,[221] allerdings dann auch bei Bedarf die Hilfe der Bundesebene für die Kommunen zur Instandsetzung, damit diese wieder ihre Leistung zu erbringen in der Lage sind.

70

Auf der Grundlage dieser Deskription lässt sich der formale Bezug des Subsidiaritätsprinzips im ersten Zugriff als eine Art **mehrstöckiges Haus**[222] mit „gouvernementalen" Stockwerken verbildlichen. In den Grundeinheiten des Hauses ist die Gesamtzahl der einzelnen Bürger angesiedelt. Im ersten Stock „wohnt" dann die Kommune, darüber das Land, darüber wiederum der Bund (etc.). Jeder Stock regelt selbstständig seine eigenen Angelegenheiten. Zugleich ist jede übergeordnete Wohnebene auch für die darunterliegende insoweit verantwortlich, als dass der Lebenszusammenhang der Bewohner und die Statik des Hauses gesichert sind. Innerhalb dieses Gebäudes ist zudem zwischen staatlichen und gesellschaftlichen „Wohneinheiten" (Einrichtungen) zu unterscheiden. Bevor die erste staatliche Einheit die Aufgabenerfüllung übernimmt, muss gemäß der subsidiären Abgrenzungsfunktion zwischen Staat und Gesellschaft feststehen, dass nicht ein gesellschaftlicher Zusammenschluss die Aufgabe ebenso gut erfüllen kann (z. B. Tarifautonomie – Festlegung von Mindestlöhnen in einzelnen Branchen).

71

Der Subsidiaritätsgedanke führt – in inhaltlich abgeschwächter Form – zum Begriff des „Mehrebenensystems", welches ohne eine Vorrangregel die Bezüglichkeit der Ebenen aufeinander und auch ihre jeweilige Angewiesenheit füreinander betont. Zu diesem **Mehrebenensystem** gehören auch die dem Bund übergeordnete

72

Soziallehre, 2008, S. 143 ff. und S. 775 ff. Kritisch zur Unterstützungspflicht *Herzog*, Der Staat 1963, 399 (408 ff.).

[221] BT-Drs. 12/6000, S. 21.

[222] Herzog zieht als Bild die Pyramide heran, was allerdings nur zur Hälfte zutrifft, da hier die Rückbezüglichkeit der übergeordneten Ebene /des Staates als Hilfe zur Selbsthilfe nicht einbezogen wird, *Herzog*, Der Staat 1963, 399 (401).

Europäische Union[223] und auf Weltebene[224] die völkerrechtlichen Organisationen, allen voran die WTO, die Vereinten Nationen und die damit verbundenen Governance-Systeme[225].

II. Das Subsidiaritätsprinzip in föderaler Perspektive

73   Das Subsidiaritätsprinzip als Leitbild gesellschaftlicher Ordnung und der Föderalismus als (territorial) gegliederte Form der Freiheitsentfaltung und Freiheitssicherung weisen viele gemeinsame Bezüge auf. Allerdings wird die Bedeutung des Subsidiaritätsprinzips für den Föderalismus im Schrifttum unterschiedlich gesehen. Die einen betrachten den Föderalismus als subsidiaritäts*nahe* Organisationsform[226], manche stellen Sinnzusammenhänge her[227], andere hingegen begreifen die Subsidiarität als Wesen des Föderalismus[228]. In der Tat ist zu beachten, dass der Föderalismus je nach Ausgestaltung und Ausprägung in der Realität **unterschiedliche Formen** annehmen kann. So existieren beispielsweise Formen des wettbewerbsorientierten „dual federalism"[229], des kooperativen Föderalismus[230] oder eines unitarischen Bundesstaates[231]. Auch ist die Verwirklichung des Grundsatzes der Subsidiarität in einem

---

[223] Zur Geltung des Subsidiaritätsprinzips in der Europäischen Union siehe *Härtel*, Kohäsion durch föderale Selbstbindung: Gemeinwohl und die Rechtsprinzipien Loyalität, Solidarität und Subsidiarität in der Europäischen Union, in: dies. (Hrsg.), Handbuch Föderalismus – Föderalismus als demokratische Rechtsordnung und Rechtskultur in Deutschland, Europa und der Welt, Bd. IV, 2012, §82; *Härtel* (Fn. 214), §4, Rn. 45 ff.; *Oppermann/Classen/Nettesheim* (Fn. 83), §12, Rn. 23 ff.

[224] In Fortführung der zweiten päpstlichen Sozialenzyklika Quadragesimo Anno aus dem Jahre 1931 bezieht auch *Papst Johannes XXIII.* in seinem Text „Pacem in Terris" nunmehr die Beziehungen zwischen der Weltgemeinschaft und der öffentlichen Autorität der einzelnen Nationen in den Subsidiaritätsgedanken mit ein.

[225] Siehe dazu grundlegend Benz/Lütz/Schimank/Simonis (Hrsg.), Handbuch Governance. Theoretische Grundlagen und empirische Anwendungsfelder, 2007, darin v. a. Multilevel Governance (*Benz*), Global Governance (*Behrens/Reichwein*), Europäische Union (*Eising/Lenschow*), S. 297 ff; siehe auch *Benz*, Politik in Mehrebenensystemen, 2009.

[226] So *Häberle*, AöR 1994, 169 (186).

[227] So *Isensee* (Fn. 75), §126, Rn. 184, 220, 262.

[228] So *Sturm* (Fn. 110), S. 42.

[229] Der „dual federalism" geht von einer strikten Trennung der Sphären von Gesamtstaat und Gliedstaaten aus; siehe zum „dual federalism" *Renner*, Föderalismus im Umweltrecht der Vereinigten Staaten und der Europäischen Gemeinschaft, 2003, S. 131; *Scharpf*, Autonomieschonend und gemeinschaftsverträglich: Zur Logik der europäischen Mehrebenenpolitik, 1993, S. 9 ff.

[230] Beim kooperativen Föderalismus geht es in Abgrenzung zum dual federalism um eine weitgehende Zusammenarbeit im Bundesstaat. Dabei sollen durch Abstimmung von Vorhaben und konzertierten Vorgehensweisen die Lebensbedingungen im Bundesstaat möglichst gleichwertig gehalten werden; siehe zum kooperativen Föderalismus etwa *Brockmeyer* (Fn. 74), Art. 20 Rn. 5; *Maurer* (Fn. 39), §10, Rn. 55 ff.

[231] Von der Bundesrepublik Deutschland als unitarischem Bundesstaat wegen besonders ausgeprägter Kooperation und einem hohen Grad an Verflechtung zwischen Bund und Ländern sprach etwa

Zentralstaat etwa im Sinne des **Regionalismus** durchaus denkbar. Bei diesen verschiedenen Formen des Föderalismus variiert vor allem der **Grad der Problem- und Bürgernähe**. Der Ausgangspunkt einer dezentralisierten, grundsätzlich problem- und bürgernahen, nach Ebenen gestaffelten staatlichen Aufgabenerfüllung bleibt der gleiche. Aufgrund der vielfältigen Gemeinsamkeiten lässt sich das Subsidiaritätsprinzip in den Grundgedanken des Föderalismus integrieren. Die praktische Verwirklichung des Grundsatzes der Subsidiarität im Einzelnen unterscheidet sich je nach Ausgestaltung des Föderalismus im konkret verfassten Bundesstaat. Als Aufgabenverteilungsregel fordert das Subsidiaritätsprinzip im Verhältnis der Gliedstaaten zum Bundesstaat grundsätzlich eine Aufgabenwahrnehmung des Bundesstaates erst bei besserer Aufgabenerledigungsmöglichkeit gegenüber den Gliedstaaten. Für die Verwirklichung des Subsidiaritätsprinzips mit Blick auf die Gesetzgebungskompetenzen sprechen vor allem die für die **Verteilung der Kompetenzen** maßgebliche Grundnorm des Art. 30 GG in Verbindung mit Art. 70 Abs. 1 GG sowie die **Kompetenzausübungsschranke** in der Erforderlichkeitsklausel des Art. 72 Abs. 2 GG.

III. Die Subsidiarität als Verfassungsprinzip

Zur Beurteilung, ob das Subsidiaritätsprinzip ein Maßstab für das staatliche Tätigwerden bildet, gehört die Frage, ob es ein **Verfassungsprinzip** darstellt. Wenn ja, würde es den Staat in seinem Handeln positiv binden. Ein Verstoß dagegen könnte dann als verfassungswidrig angesehen werden. In der Rechtswissenschaft hält die Diskussion darüber an, ob das Subsidiaritätsprinzip auch ein Verfassungsprinzip ist.[232] Nach einer Ansicht ist das Subsidiaritätsprinzip kein Verfassungsprinzip, sondern lediglich ein wertvolles **Prinzip der Sozialordnung** und ein **Gebot der politischen Klugheit**.[233] Für die Annahme eines Verfassungsprinzips spricht aber erstens, dass das Subsidiaritätsprinzip explizit in dem 1993 in das Grundgesetz eingefügten Europa-Artikel 23 aufgeführt ist. Das bezieht sich auf das innerstaatliche Europaverfassungsrecht. Zweitens weist das Grundgesetz hinsichtlich des Subsidiaritätsprinzips implizite Bezüge auf. So findet sich dieses in einer Reihe von Grundgesetznormen inzident wieder und ist für die staatliche Aufgabenverteilung im Bundesstaatsprinzip implizit enthalten. Mit Blick auf die Gesetzgebung konkretisiert das Grundgesetz das Subsidiaritätsprinzip in der Grundverteilungsregel des Art.

74

Hesse, Unitarischer Bundesstaat schon 1962; *Andersen*, in: ders. (Hrsg.), Föderalismusreform, 2008, S. 13 (21).

[232] Zur Diskussion siehe *Häberle*, AöR 1994, 169 ff.; *Isensee* (Fn. 218), S. 106 ff.; *Kretschmer*, ZRP 1994, 157 ff.; *Oppermann*, JuS 1996, 569 ff. Dafür z. B.: *Oppermann*, JuS 1996, 569 ff.; dagegen: *Herzog*, Der Staat 1963, 399 ff.; das Bundesverfassungsgericht hat die Entscheidung, ob das Subsidiaritätsprinzip Verfassungsrang besitzt, dahinstehen lassen, BVerfGE 58, 253.

[233] *Herzog*, Der Staat 1963, 399 (423) spricht etwa von einem Leitmotiv einer stabilen, an den Erfordernissen der Wirklichkeit orientierten Sozialordnung.

30 GG in Verbindung mit Art. 70 Abs. 1 GG sowie in der Erforderlichkeitsklausel des Art. 72 Abs. 2 GG.

75 Im Übrigen müssen sich beide Sichtweisen nicht notwendigerweise in jeder Hinsicht ausschließen. Im Sinne einer ‚coincidentia oppositorum' kann man auf eine übergeordnete Sicht verweisen: dem breiten Handlungs- und Gestaltungsspielraum des Verfassunggebers. Denn selbst die Befürworter der Subsidiarität als Verfassungsrechtsprinzip ordnen Subsidiarität nicht der **Ewigkeitsklausel** des Art. 79 Abs. 3 GG zu.[234] Demnach ist der Staat jedenfalls nicht gehindert, etwa durch Erweiterung des GG-Kompetenzkataloges das Grundgesetz zu ändern und demnach auch das Subsidiaritätsprinzip einer entsprechenden verfassungsrechtlichen Änderung zuzuführen.

IV. Das Subsidiaritätsprinzip als Maßstab für die Übernahme einer Aufgabe als Staatsaufgabe

76 Infolge der grundsätzlichen Allzuständigkeit des Staates entscheidet die öffentliche Hand selbst, welcher Aufgaben sie sich annimmt oder aus welchen sie sich gegebenenfalls auch wieder zurückzieht. Einen Maßstab, nach dem die Aufgabenübernahme zu erfolgen hat, bildet das Subsidiaritätsprinzip. Danach soll der Staat keine Aufgabe übernehmen, wenn die entsprechende Aufgabe genauso gut auf gesellschaftlicher Ebene wahrgenommen werden könnte und der Staat sie nicht besser erfüllen kann. Die Subsidiarität als Verfassungsprinzip gebietet es im Sinne eines wohlgeordneten Rechts, bei der Begründung neuer Staatsaufgaben insbesondere auf die Klarheit der Zuordnung und die Möglichkeit effizienter Gesetzgebung zu achten. Dies verbindet sich mit dem Gebot der politischen Klugheit und Vernunft.[235]

77 Eine immer mehr gesellschaftliche Aufgaben an sich ziehende Staatlichkeit[236] ist in einem modernen Rechtsverständnis nicht mit dem Subsidiaritätsprinzip vereinbar. Allerdings darf auch nicht das Gegenbild eines Minimalstaates angestrebt werden[237].

---

[234] *Oppermann*, JuS 1996, 569 (573); auch die Begründung der Grundgesetzänderung zur Einführung des Art. 23 GG geht davon aus, dass das Subsidiaritätsprinzip nicht von Art. 79 Abs. 3 GG erfasst ist, BT-Drs. 12/6000, S. 20; differenzierend: *Isensee* (Fn. 218), S. 316 f.

[235] In der Tradition dieser Sichtweise siehe bereits etwa schon *Johannes Althusius*, der in seiner Schrift Politica das Prinzip einer vernunftrechtlich und theologisch begründeten Subsidiarität als Verteilungsmodus staatlicher Aufgaben auf ständische Partikulargewalt und staatliche Zentralgewalt auffasste, *Althusius*, Politica methodice digesta, 1. Aufl. 1603 (Neudruck 1961), 4. Kapitel XVIII, §91; siehe auch *Pernice* (Fn. 73), Art. 30 Rn. 2.

[236] Zur Staatsdiskussion siehe *Ellwein/Hesse*, Der überforderte Staat, 1997; eine frühe Form der Reflexion auf staatliche Aufgabenbegrenzung zugunsten einer liberalen Gesellschaft findet sich bei Wilhelm von Humboldt 1792, siehe *Humboldt*, Ideen zu einem Versuch, die Grenzen der Wirksamkeit des Staates zu bestimmen, Stuttgart 1967/2002; zur Kritik der aktuellen Diskussion der Staatsbegrenzung *Eppler*, Auslaufmodell Staat, 2005.

[237] Zur Konzeption des Minimalstaates siehe *Nozick*, Anarchie, Staat, Utopie, 1976; vgl. auch *Willke*, Ironie des Staates. Grundlinien einer Staatstheorie polyzentrischer Gesellschaften, 1996,

Im Gegensatz zu einer paternalistischen Bevormundung der Bürger und der kleineren Einheiten muss der Staat die eigenverantwortliche Aufgabenwahrnehmung der jeweiligen Ebenen im Sinne einer „starken Demokratie"[238] unterstützen. Seine Aufgabe besteht unter anderem darin, die Grundlagen dafür zu garantieren, dass die Eigenverantwortlichkeit der jeweiligen Ebene auch tatsächlich wahrgenommen werden kann. Ein „aktivierender"[239] und „ermöglichender" Staat ist deshalb ebenso Ausdruck für das Subsidiaritätsprinzip wie die Realisierung außerordentlicher Offenheit für Freiräume der Bürger und der Gesamtgesellschaft als Zivilgesellschaft[240] wie als Bürgergesellschaft[241]. Letztlich kommt es auch im Sinne des wohlgeordneten Rechts auf die Balance staatlich-rechtlichen Handelns an. Für die Beurteilung der Wahrung der Subsidiarität verbleibt den staatlichen Stellen dabei eine gewisse Einschätzungsprärogative.

V. Die Bedeutung des Subsidiaritätsprinzips für die Gesetzgebungskompetenzverteilung zwischen Bund und Ländern

Haben die staatlichen Instanzen eine Aufgabe als staatlich zu erfüllende deklariert – im vorliegenden Kontext durch Begründung einer Gesetzgebungskompetenz –, stellt sich weiterhin die Frage, welcher staatlichen Ebene – Bund oder Länder, zu denen auch die Gemeinden und Gemeindeverbände rechnen – die jeweilige

78

S. 92 ff. sowie Schneider/Tenbrücken (Hrsg.), Der Staat auf dem Rückzug. Die Privatisierung öffentlicher Interessen, 2004. Die aktuellen Re-Kommunalisierungen beispielsweise im Bereich Verkehr oder Energie sind allerdings interessante Zeichen von Gegenbewegungen. Siehe auch *Trute*, in: Schuppert (Hrsg.), Jenseits von Privatisierung und „schlankem" Staat: Verantwortungsteilung als Schlüsselbegriff eines sich verändernden Verhältnisses von öffentlichem und privatem Sektor, 1999, S. 13 ff.

[238] Siehe *Barber*, Starke Demokratie, 1994, insbesondere S. 99 ff. und S. 233 ff.; aus Sicht der Stärkung von Kooperation und Sozialkapital siehe *Fukuyama*, Der große Aufbruch. Wie unsere Gesellschaft Ordnung erfindet, 1999; eine systemtheoretische Sicht findet sich bei Willke in seiner Konzeption des Supervisionsstaates auf der Basis selbstlernender und selbstkorrigierender Subsysteme, siehe *Willke*, Ironie des Staates. Grundlinien einer Staatstheorie polyzentrischer Gesellschaften, 1996, S. 335 ff.

[239] Frühzeitig kritisch diskutiert bei *Willke* (Fn. 238), S 107 ff. Der „aktivierende" und der „ermöglichende" Staat wurden dann später neuentdeckt im Bereich der Sozialtheorie und Sozialpolitik, siehe *Kellermann/Konegen/Staeck*, Aktivierender Staat und aktive Bürger, 2001; siehe *Mezger*, Aktivierender Sozialstaat und politisches Handeln, 2000; vgl. auch *Vogel*, Die Staatsbedürftigkeit der Gesellschaft, 2007; zum „ermöglichenden" Staat bereits schon *Ellwein/Hesse* (Fn. 236) S. 177 ff.

[240] Siehe *Adloff*, Zivilgesellschaft. Theorie und politische Praxis, 2005; *Klein*, Der Diskurs der Zivilgesellschaft. Politische Kontexte und demokratietheoretische Bezüge der neueren Begriffsverwendung, 2001.

[241] Siehe Bode/Evers/Klein (Hrsg.), Bürgergesellschaft als Projekt, 2009; Meyer/Weil (Hrsg.), Die Bürgergesellschaft. Perspektiven für Bürgerbeteiligung und Bürgerkommunikation, 2002; Olk/Klein/Hartnuß (Hrsg.), Engagementpolitik, 2010.

Gesetzgebungszuständigkeit zu übertragen ist. Die Untersuchung des Subsidiaritätsprinzips als Kompetenzverteilungsregel im Bereich der Gesetzgebungskompetenzen von Bund und Ländern knüpft an die Vor- und Entstehungsgeschichte des Grundgesetzes, die Beratungen zur Föderalismusreform I und die konkrete Ausgestaltung der bundesdeutschen Verfassung an.

1. Die Vorgeschichte und die Entstehungsgeschichte des Grundgesetzes

79 Die deutsche Verfassungsgeschichte korrespondiert mit einer langen, allerdings auch sehr differenzierten **föderalistischen Tradition**.[242] Mit der Weimarer Verfassung verbanden sich der Föderalismus und die parlamentarische Demokratie zu einem freiheitlichen politisch-rechtlichen System. In den Jahren 1933/1934 fand diese moderne Verbindung durch die **Gleichschaltung der Länder** aufgrund des Ermächtigungsgesetzes[243] und des Gesetzes über den Neuaufbau des Reiches[244] durch die NS-Diktatur ein jähes Ende. Nach der bedingungslosen Kapitulation 1945 und den negativen Erfahrungen mit dem nationalsozialistisch-diktatorischen Zentralstaat sollte das „Nie wieder" nachhaltig gesichert werden durch eine wertgebundene, rechtsstaatliche Demokratie und eine ausgeprägte föderalstaatliche Struktur. Beides, die freiheitliche parlamentarische Demokratie und die **Bundesstaatlichkeit**, wurden auch begriffen als Bollwerk gegen eine uniforme Zentralgewalt.[245] Die Etablierung einer solchermaßen strukturierten politischen Ordnung war letztlich eine der Bedingungen der Besatzungsmächte für die Wiedererlangung vollständiger Souveränität.[246] In der Entstehungsgeschichte des Grundgesetzes[247] war das Subsidiaritätsprinzip namentlich während des **Verfassungskonvents von Herrenchiemsee**[248] diskutiert worden. Einige Teilnehmer verlangten dessen Aufnahme in das Grundgesetz[249], konnten sich aber wegen Probleme bei der Formulierung und wegen des konfessionellen Begriffsursprungs nicht durchsetzen[250]. Heute führt eine Reflexion beider genannten Ursachen zu einer anderen Einschätzung der Bedeutung des Subsidiaritätsprinzips für die

---

[242] Vgl. *Holste*, Der deutsche Bundesstaat im Wandel (1867-1933), 2002, S. 25.

[243] Gesetz zur Behebung der Not von Volk und Reich v. 24.3.1933, RGBl. I S. 141.

[244] Gesetz v. 30.1.1934, RGBl. I S. 75.

[245] Anders siehe der spätere Bundespräsident Heuss, der auf eine stärkere Zentralstaatlichkeit setzte. Zum Gesamtgeschehen siehe *Fromme*, Von der Weimarer Verfassung zum Grundgesetz. Die verfassungspolitischen Folgerungen des Parlamentarischen Rates aus Weimarer Republik und nationalsozialistischer Diktatur, 1960.

[246] Die Forderung nach parlamentarischer Demokratie und einem rechts- und sozialstaatlichem Bundesstaat wurde von den Alliierten in den Frankfurter Dokumenten von 1948 ausdrücklich gestellt; vgl. *Menger*, Deutsche Verfassungsgeschichte der Neuzeit, 1986, S. 199 f.

[247] Siehe hierzu *Feldkamp*, Die Entstehung des Grundgesetzes für die Bundesrepublik Deutschland 1949, 1999.

[248] Siehe dazu *Benz*, Der Verfassungskonvent von Herrenchiemsee, in: Aus Politik und Zeitgeschichte 32-33/1998, S. 13 ff.

[249] *Isensee* (Fn. 218), S. 143.

[250] Siehe hierzu *Maunz*, Deutsches Staatsrecht, 12. Aufl. 1962, S. 68.

Verfassung. Damals tat man sich schwer, in dieser Form zur Sozial- und Wirtschaftsverfassung der neuen Bundesrepublik Stellung zu beziehen, zumal das Grundgesetz angesichts der Teilung Deutschlands immer nur als vorläufige „Verfassung" gesehen wurde.[251]

Kontroversen gab es ebenso bei den Verfassungsberatungen des **Parlamentarischen Rates**.[252] Dabei wurde die Ausarbeitung des Kompetenzgefüges von den wirtschaftlichen und sozialen Problemen der Nachkriegszeit beeinflusst, aber auch von den geistigen Haltungen der großen sozialmoralischen Milieus der Arbeiterbewegung und der christlichen Konfessionen.[253] Vor diesem Hintergrund forderte beispielsweise der Abgeordnete *Süsterhenn* eine betont föderalistische Gestaltung der Bund-Länder-Beziehungen auf der Grundlage des Subsidiaritätsprinzips.[254] Er sprach von einer subsidiären Funktion des Staates gegenüber den Einzelmenschen und den innerstaatlichen Gemeinschaften.[255] Auch der Abgeordnete *Brockmann* äußerte sich ähnlich positiv in Bezug auf die Rolle der Subsidiarität.[256] Letztendlich fand dieses Prinzip keine ausdrückliche Aufnahme in den Verfassungstext. Erneut sah sich die Mehrheit der Beratenden nicht mit dem Auftrag ausgestattet, solche weitgehenden sozialen Ordnungsprinzipien in einer provisorischen Verfassung zu regeln.[257] Dennoch ist der Grundsatz der Subsidiarität der gewählten Verteilung der Gesetzgebungskompetenzen durchaus nicht fremd[258]. Während der Beratungsprozesse suchten die Besatzungsmächte in unterschiedlicher Weise Einfluss zu nehmen in Hinblick auf eine Verfassung mit einer möglichst starken Stellung der Länder einschließlich dazugehöriger umfangreicher Kompetenzen.[259] So sah der Verfassungskonvent von Herrenchiemsee die Aufnahme einer dem heutigen Art. 70 GG entsprechenden Vorschrift vor.[260] Die Mehrheit des Parlamentarischen Rates hielt

80

---

[251] *Andersen* (Fn. 231), S. 19; *Isensee* (Fn. 218), S. 144.

[252] Siehe *Sörgel*, Konsensus und Interessen. Eine Studie zur Entstehung des Grundgesetzes für die Bundesrepublik Deutschland, 1969; *Feldkamp*, Der Parlamentarische Rat 1948-1949, 1998; *Niclauß*, Politische Kontroversen im Parlamentarischen Rat, in: Aus Politik und Zeitgeschichte 32-33/1998, S. 20 ff

[253] Zu den sozialmoralischen Milieus und politischen Lagern siehe *Rohe*, Wahlen und Wählertraditionen in Deutschland. Kulturelle Grundlagen deutscher Parteien und Parteiensysteme im 19. und 20. Jahrhundert, 1992; vgl. auch *Reichel*, Politische Kultur der Bundesrepublik, 1981, S. 59 ff.

[254] http://www.parlamentarischerrat.de/mitglieder_891_mitglied=93_seitentiefe=2.html (zuletzt aufgerufen am 18.12.2009).

[255] 2. Sitzung des Parlamentarischen Rates vom 8.9.1948 (Sten. Ber., S. 20).

[256] 3. Sitzung des Parlamentarischen Rates vom 9.9.1948 (Sten. Ber., S. 55 f.).

[257] Abgeordneter *Schmid* in der Sitzung des Parlamentarischen Rates vom 6.5.1949 (Sten. Ber., S. 172).

[258] *Kuttenkeuler* (Fn. 218), S. 58 f.

[259] *Kuttenkeuler* (Fn. 218), S. 53 ff.; vgl. *Pfetsch*, Die Verfassungspolitik der westlichen Besatzungsmächte in den Ländern nach 1945, in: Aus Politik und Zeitgeschichte 22/1986 S. 3 ff. sowie *Grabbe*, Die deutsch-alliierte Kontroverse um den Grundgesetzentwurf im Frühjahr 1949, in: Vierteljahreshefte für Zeitgeschichte 26, 1978, 393 ff.; für die Gesamtzeit siehe *Graml*, Die Alliierten und die Teilung Deutschlands. Konflikte und Entscheidungen 1941-1948, 1985.

[260] Dort Art. 32 HChE (Herrenchiemseer Entwurf für eine Deutsche Verfassung).

eine Normierung der Residualkompetenz der Länder dagegen für überflüssig, da sich deren Inhalt schon aus der Verfassungstradition ergebe. Daraufhin intervenierten die Besatzungsmächte durch ein Memorandum der Militärgouverneure vom 2. März 1949[261], was zur Wiederaufnahme der Vorschrift führte. Weitere Interventionen zur Verhinderung einer zu starken Zentralgewalt aufgrund von Memoranden gingen voraus oder folgten.[262] Zuschreibung und Ausformung der Kompetenzen von Land und Bund im Grundgesetz waren den außergewöhnlichen historischen Bedingungen geschuldet. Sie erwiesen sich aber zusammen mit den anderen Verfassungsprinzipien als tragfähiges Gerüst für die noch junge bundesdeutsche Demokratie.

2. Das Subsidiaritätsprinzip im Rahmen der Föderalismusreform I

81 Die im Laufe der Jahrzehnte gewachsene, vorherrschende Politikverflechtung hatte Politikblockaden, Intransparenzen bei der Zuständigkeit und mangelnde Klarheit bei der Verantwortungszuschreibung zur Folge. Eine Reform der bundesstaatlichen Ordnung, vor allem in Hinblick auf eine Entflechtung der politischen Ebenen, wurde immer notwendiger. Ein wichtiges Ziel der föderalen Reformbestrebungen war es deshalb, die Gesetzgebungskompetenzen zwischen Bund und Ländern so neu zu verteilen, dass zumindest im Prinzip **überregionale Materien dem Bund** und **regionale den Ländern** zur Regelung vorbehalten sein sollten.[263] Angestrebt wurde, dass der Bund für grundlegende rechtliche Voraussetzungen, wesentliche Rahmenbedingungen wirtschaftlicher Betätigung, bedeutende Infrastrukturen sowie die Sicherung der Handlungsfähigkeit des Gesamtstaates zuständig ist. Den Ländern dagegen sollten ihre Organisations- sowie Kultur- und Polizeihoheit und die Sachverhalte mit überwiegend regionalem Bezug vorbehalten bleiben.

82 Vor allem die Landesparlamente drängten darauf, unter Berücksichtigung des Grundsatzes der Subsidiarität geeignete Gegenstände der konkurrierenden Gesetzgebung und der Rahmengesetzgebung in Länderkompetenzen zu überführen.[264] So trägt etwa die **Lübecker Erklärung der deutschen Landesparlamente** als Abschlusserklärung des Föderalismuskonvents der deutschen Landesparlamente vom

---

[261] Der Text des Memorandums ist abgedruckt bei *Dennewitz*, Bonner Kommentar zum Grundgesetz, Bd. I, Einleitung, S. 106 ff.; die Gouverneure forderten darin eine klare Definition der Länderzuständigkeiten zur hinreichenden Sicherung der Stellung der Länder im föderativen System.

[262] Vgl. etwa das Memorandum der Militärgouverneure vom 22.11.1948, abgedruckt bei *Dennewitz* (Fn. 261), S. 98 ff., in dem es u.a. um eine Beschränkung der Bundeszuständigkeit ging oder das Memorandum der Außenminister von England, Frankreich und den USA vom 8.4.1949, abgedruckt bei *Dennewitz* (Fn. 261), S. 121 ff.

[263] Vgl. dazu BT-Drs. 16/813, S. 9; ferner insbesondere *Gerstenberg* (Fn. 11), S. 308.

[264] Bekenntnis zum Föderalismus und zur Subsidiarität – Landesparlamente stärken! Lübecker Erklärung der deutschen Landesparlamente, angenommen auf dem Föderalismuskonvent der deutschen Landesparlamente am 31. März 2003 in der Hansestadt Lübeck, S. 4.

§19 Die Gesetzgebungskompetenzen des Bundes und der Länder 573

31. März 2003 in der Hansestadt Lübeck die programmatische Überschrift „Bekenntnis zum Föderalismus und zur Subsidiarität – Landesparlamente *stärken!*".[265] Mit dieser Erklärung hat der deutsche Landesparlamentarismus partei- und fraktionsübergreifend seine Position für eine Reform des Föderalismus in die bundesdeutsche öffentliche Diskussion gebracht. Im Gegenzug zu der Forderung nach Erweiterung der Landeskompetenzen war man aber auch bereit – wiederum entsprechend dem Grundsatz der Subsidiarität –, bestimmte Materien dem Bund zu überlassen.[266] Darüber hinaus war das Prinzip der Subsidiarität vielfacher Bezugspunkt im Rahmen der Beratungen und Reden im **Föderalismuskonvent**. So sah etwa *von Beust* eine immer weiter fortschreitende Verletzung des Grundsatzes der Subsidiarität auf nationaler Ebene.[267] *Arens* ergriff im Namen der deutschen Landesparlamente Partei für Subsidiarität und Bürgernähe.[268] Die Landesparlamente seien die Verfassungsorgane mit der größten Bürger- und Sachnähe.

Regionale Angelegenheiten seien auf regionaler Ebene zu lösen. Dem Prinzip der Subsidiarität müsse auf allen Ebenen zum Durchbruch verholfen werden.[269] *Böhr* verwies auf die politische Äquivalenz „Das, was im gesellschaftlichen Leben unseres Landes der Grundsatz der Subsidiarität ist, das ist Föderalismus in der Organisation des staatlichen Lebens."[270] *Glück* sah das Subsidiaritätsprinzip als konsequent anzuwendendes Leitprinzip in allen Politikfeldern und Gesellschaftsbereichen als den eigentlichen Schlüssel zur Revitalisierung des Landes schlechthin.[271] Subsidiarität sei letztlich die wohl bestmögliche Antwort auf wachsende Komplexität. Das vielfältige Bekenntnis der Landesparlamente und Ländervertreter zum Grundsatz der Subsidiarität, seine Verknüpfung mit dem Föderalismus und die Forderung nach einer Stärkung dieses Prinzips war letztlich eine deutliche politische Aufforderung für eine Reform des Föderalismus und einer Revision von über die Jahrzehnte gewachsener Politikverflechtung, Blockaden und Aufgaben- wie Ansehensverlusten der föderativ-subsidiären Ebenen.

83

Auch während der Beratungen der **Kommission zur Modernisierung der bundesstaatlichen Ordnung** war der Grundsatz der Subsidiarität ausdrücklich Thema.[272] Schon eingangs der Beratungen wurde ein Vorschlag zur funktionalen Systematisierung der Zuständigkeiten von Bund und Ländern vorgelegt. Zwar fand

84

---

[265] Lübecker Erklärung (Fn. 264), S. 1

[266] Lübecker Erklärung (Fn. 264), S. 4.

[267] *Von Beust*, in: Schriftenreihe des Schleswig-Holsteinischen Landtages (Hrsg.), Föderalismuskonvent der deutschen Landesparlamente – Dokumentation, 2003, S. 27 (29).

[268] *Arens*, in: Schriftenreihe des Schleswig-Holsteinischen Landtages (Hrsg.), Föderalismuskonvent der deutschen Landesparlamente – Dokumentation, 2003, S. 35 (37).

[269] *Arens* (Fn. 268), S. 38.

[270] *Böhr*, in: Schriftenreihe des Schleswig-Holsteinischen Landtages (Hrsg.), Föderalismuskonvent der deutschen Landesparlamente – Dokumentation, 2003, S. 41 (43).

[271] *Glück*, in: Schriftenreihe des Schleswig-Holsteinischen Landtages (Hrsg.), Föderalismuskonvent der deutschen Landesparlamente – Dokumentation, 2003, S. 44 (45).

[272] So kritisiert etwa *Scholz* in einer Expertenanhörung, dass die Grundsätze von Subsidiarität, Vielfalt und auch Wettbewerb immer stärker hinter einem System von wachsender Zentralisierung (vor

dieser Vorschlag viel Zustimmung, besaß aber im Verlauf der Diskussionen nicht die notwendige Durchschlagskraft.[273] Die Begründung des Entwurfes der Föderalismusreform I[274] erwähnte schließlich den Grundsatz der Subsidiarität überhaupt nicht, obwohl doch auch die Länder maßgeblich an dessen Beratung beteiligt waren. Das Subsidiaritätsprinzip klingt lediglich in der Aussage an: „Eine weitere Stärkung der Landesgesetzgeber erfolgt dadurch, dass Kompetenzen mit besonderem Regionalbezug und solche Materien, die eine bundesgesetzliche Regelung nicht zwingend erfordern, auf die Länder verlagert werden."[275] Es muss also im Einzelnen analysiert werden, inwiefern die neue Gestaltung des Grundgesetzes auch dem Grundsatz der Subsidiarität – als Pfeiler des wohlgeordneten Rechts – Rechnung getragen hat.

3. Das Subsidiaritätsprinzip in der konkreten Ausgestaltung der Gesetzgebungskompetenzordnung

85 Im Folgenden soll untersucht werden, inwieweit der Grundsatz der Subsidiarität in den grundgesetzlichen Bestimmungen zu den Gesetzgebungskompetenzen verankert ist und insoweit auch als Kompetenzverteilungsregel fungiert.

86 **a) Die Residualklausel der Art. 30, 70 Abs. 1 GG.** Betrachtet man allein den Wortlaut dieser Vorschriften, scheint das Subsidiaritätsprinzip durch das Grundgesetz verwirklicht zu sein. Art. 30 GG weist die Ausübung aller staatlichen Befugnisse und die Erfüllung aller staatlichen Aufgaben den Ländern zu, soweit nicht das Grundgesetz anderweitige Regelung trifft oder zulässt. Daran anknüpfend bestimmt Art. 70 Abs. 1 GG für die Gesetzgebung, dass das Recht der Gesetzgebung den Ländern zusteht, soweit nicht dem Bund ein Kompetenztitel vorbehalten ist. Somit obliegt – ganz im Sinn eines wohlgeordneten Rechts – die Gesetzgebung zuallererst der kleineren Einheit – den Ländern –, während der Bund für eigenes gesetzgeberisches Tätigwerden eines speziellen Kompetenztitels bedarf. Diesen ersten, scheinbar eindeutigen Befund zugunsten des Grundsatzes der Subsidiarität relativiert das Grundgesetz selbst allerdings dadurch wieder, dass es in weitem Umfang dem Bund Kompetenzen gewährt. Das macht eine weitere Betrachtung notwendig.[276]

87 **b) Die ausschließliche Zuständigkeit des Bundes.** Art. 73 Abs. 1 GG sieht für die ausschließliche Gesetzgebung des Bundes enumerativ eine Reihe von Sachbereichen vor, in denen der Bund allein dazu berufen ist, gesetzgeberisch tätig zu werden

---

allem in der Gesetzgebung), immer stärkerer Verflechtung und Balanceverschiebungen zurückgewichen sind, Kommission von Bundestag und Bundesrat zur Modernisierung der bundesstaatlichen Ordnung, Kommissions-Drs. 0005 (2003), S. 2.

[273] *Scharpf* (Fn. 106), S. 89.
[274] BT-Drs. 16/813.
[275] BT-Drs. 16/813, S. 9.
[276] So auch *Kuttenkeuler* (Fn. 218), S. 60 ff.

(Art. 71 GG). Die betroffenen Materien sind dabei entsprechend der föderalen Zuordnung weitestgehend bei der Bundesebene zur konkreten Aufgabenwahrnehmung angesiedelt.

So liegt es etwa in der **Natur der Sache**, dass der Bund *sein* **Staatsangehörigkeitswesen** (Art. 73 Abs. 1 Nr. 2 GG), *seine* **Statistik** (Nr. 11) und die Angelegenheiten *seiner* **Eisenbahnen** (Nr. 6a) regelt. Gleiches gilt für die **auswärtigen Angelegenheiten** und die **Verteidigung**, zu der auch der Schutz der Zivilbevölkerung gehört[277] (Nr. 1), die **Freizügigkeit**, das Pass-, Melde- und Ausweiswesen sowie für die Ein- und Auswanderung und die Auslieferung (Nr. 3). Hier sind Materien betroffen, die das Bundesgebiet als Ganzes angehen oder sogar grenzüberschreitende Bezüge aufweisen. Insbesondere überzeugt die Überführung des Melde- und Ausweiswesens aus der Rahmenkompetenz in die ausschließliche Kompetenz des Bundes durch die Föderalismusreform I. Denn diese Materien sind untrennbar mit der Freizügigkeit im gesamten Bundesgebiet verbunden. Ebenso erscheint es vor dem Hintergrund des Subsidiaritätsprinzips unproblematisch, dass der Bund die Rechtsverhältnisse *seiner* **Bediensteten** (Nr. 8) regelt. Bei der Regelung kultureller Belange (5a) fragt sich, ob gerade der Bund wie bisher traditionell das deutsche **Kulturgut** gegen Abwanderung ins Ausland schützen muss und ob nicht die Länder dies ebenso gut übernehmen können, zumal für diesen Bereich vor der Föderalismusreform I lediglich eine Rahmengesetzgebungskompetenz bestand. Doch lassen sich hier gesetzgeberische Maßnahmen durch den Bund durch den starken Auslandsbezug rechtfertigen. Die Regelung des **Kriegsfolgenrechtes** (Nr. 13) knüpft an die vom Gesamtstaat zu tragenden Auswirkungen und Folgelasten des Zweiten Weltkriegs sowie an die Auslandseinsätze der Bundeswehr an. Schließlich sind die militärischen Belange stets Sache der Bundesebene.

88

Der **Luftverkehr** (Art. 73 Abs. 1 Nr. 6 GG) hat sich in den vergangenen Jahrzehnten derart verdichtet, dass sogar schon auf europäischer Ebene (Einheitlicher Europäischer Luftraum) rechtlich reagiert wurde und ernsthaft bezweifelt werden muss, dass die Länder diesen Bereich ebenso gut bewältigen könnten. Auch das **Postwesen** (Nr. 7) muss zur Sicherung der Zustellung in allen Regionen und „Winkeln" der Bundesrepublik Deutschland vom Bund geregelt werden können. Angesichts heutiger gesellschaftlicher und wirtschaftlicher Mobilität könnte kein Bundesland die Zustellungssicherung garantieren. Das gilt im Übrigen auch für die Organisation durch den Markt, der nur rentable Strecken bedient. Dabei kann der Bund zwischen unterschiedlichen Regelungsformen wählen, zumal er die Versorgung garantieren, aber nicht selbst übernehmen muss. So sind aus den Privatisierungsbestrebungen oftmals lokal und regional erfolgreich operierende Postzustellungsunternehmen hervorgegangen. Da diese aber nicht gesamtterritoriale Leistungserbringer sind, bedarf es einer bundesweit agierenden Post mit Sicherstellungsauftrag inklusive damit verbundenen Universaldienstleistungen. Gleiches gilt für die technischen Aspekte der

89

---

[277] Gemeint ist der Schutz der Zivilbevölkerung gegenüber kriegsbedingten Gefahren, *Degenhart* (Fn. 90), Art. 73 Rn. 8.

Telekommunikation.[278] Auch hier ist eine Vereinheitlichung im Interesse der Bürger erforderlich. Im Übrigen waren aus ähnlichen Erwägungen die Sachbereiche Post und Telekommunikation (Telegraphie) schon in der Frankfurter Reichsverfassung dem Reich zugeordnet.[279]

90 Die neue Nr. 9a des Art. 73 Abs. 1 GG bezieht sich auf Gefahren des internationalen **Terrorismus**, deren Bekämpfung der Bundesebene obliegt. Darüber hinaus ist Voraussetzung für die Wahrnehmung der Kompetenz durch den Bund, dass länderübergreifende Gefahren vorliegen, eine Landesbehörde nicht erkennbar zuständig ist oder ein Übernahmeersuchen vorliegt. Bei der Zusammenarbeit des Bundes und der Länder liegt der Bezugspunkt auf länderübergreifenden Angelegenheiten (Nr. 10). Das **Waffen- und Sprengstoffrecht** (Nr. 12) stellt zwar klassisches Gefahrenabwehrrecht dar, das grundsätzlich in den Zuständigkeitsbereich der Länder fällt. Doch ist dieser Bereich von solch hoher Bedeutung für das friedliche Zusammenleben im gesamten Bundesgebiet, dass sich daraus eine bundesgesetzliche Regelung rechtfertigt. Auch die Erzeugung und Nutzung der **Kernenergie** bedarf einer rechtlichen Regelung auf Bundesebene (Nr. 14).

91 Gleichermaßen verhält es sich mit den in den Nrn. 4 und 5 aufgeführten Sachgebieten. Bei Art. 73 Abs. 1 Nr. 4 GG handelt es sich um das Währungs-, Geld- und Münzwesen, Maße und Gewichte sowie die Zeitbestimmung. Art. 73 Abs. 1 Nr. 5 GG umfasst die Einheit des Zoll- und Handelsgebietes, die Handels- und Schifffahrtsverträge, die Freizügigkeit des Warenverkehrs und den Waren- und Zahlungsverkehr mit dem Ausland einschließlich des Zoll- und Grenzschutzes. Besonders das **Währungswesen** und die **Einheit des Handelsverkehrs** sowie die Freizügigkeit des **Waren- und Zahlungsverkehrs** sind Materien, auf deren einheitliche Reglung eine florierende Wirtschaft unbedingt angewiesen ist. Allenfalls der **Schutz des geistigen Eigentums** (Nr. 9) könnte unproblematisch auch im Rahmen der konkurrierenden Gesetzgebung aufgeführt sein.[280] Doch auch dann wäre dem Bund nicht grundsätzlich der Zugriff verwehrt, zumal auch hier das Argument des einheitlichen Wirtschaftsraumes greift. Darüber hinaus hat der Katalog des Art. 73 Abs. 1 GG weitgehend Anerkennung gefunden; Änderungsvorschläge sind rar.[281]

92 Auch gegenüber den **sonstigen** im Grundgesetz genannten **ausschließlichen Bundeszuständigkeiten**[282] – etwa Art. 21 Abs. 3 GG für das Parteienrecht, Art. 38 Abs. 3 GG für das Bundeswahlrecht oder die neue Kompetenz für die Repräsentation des Gesamtstaates in der Hauptstadt (Art. 22 Abs. 1 S. 3 GG) – bestehen aus Sicht der Subsidiarität keine Bedenken. Hier sind zumeist schon aus der Natur der Sache heraus Angelegenheiten des Gesamtstaates betroffen. Darüber hinaus kommt es stets auch auf die Anwendung des Kompetenztitels im Einzelfall an, wobei besonderes

---

[278] Nur diese erfasst Art. 73 Abs. 1 Nr. 7 GG, BVerfGE 12, 205 (226) – 1. Fernseh-Urteil; *Kunig* (Fn. 121), Art. 73 Rn. 31.
[279] Siehe oben Rn. 13.
[280] So auch *Kuttenkeuler* (Fn. 218), S. 64.
[281] *Kunig* (Fn. 121), Art. 73 Rn. 46.
[282] Siehe hierzu noch unten unter Rn. 122 ff.

Augenmerk auf die jeweilige Auslegung zu legen ist. Wegen der grundsätzlichen Länderzuständigkeit (Art. 30 GG i. V. m. Art. 70 Abs. 1 GG) ist eine ausfernde Interpretation zu vermeiden. Vielmehr sollte anhand des Subsidiaritätsprinzips eine funktionale Auslegung bevorzugt werden.

c) Die konkurrierende Gesetzgebungszuständigkeit des Bundes. Bei der konkurrierenden Gesetzgebung des Bundes ist zwischen der Vorranggesetzgebung, der Bedarfsgesetzgebung und der Abweichungsgesetzgebung zu unterscheiden. 93

aa) Die Vorranggesetzgebung. Im Bereich der Vorranggesetzgebung ist der Bund grundsätzlich zur Gesetzgebung befugt. Den Ländern verbleibt nur eine Zuständigkeit, soweit der Bund nicht tätig geworden ist (Art. 72 Abs. 1 GG). Eine Erforderlichkeit bundeseinheitlicher Regelungen (Art. 72 Abs. 2 GG) wird hier unterstellt. Wie bei der ausschließlichen Gesetzgebung ist also zu fragen, ob schon die Zuweisung der entsprechenden Sachmaterie an den Bund dem Subsidiaritätsprinzip entspricht. 94

Für die Materien des Art. 74 Nr. 1 GG kann dies angenommen werden: Insbesondere im Rahmen des **Bürgerlichen Rechts**, das auch schon die Frankfurter Reichsverfassung dem Reich zuordnete, und des **Strafrechts** rechtfertigt sich eine bundeseinheitliche Regelung in so wichtigen Rechtsbereichen durch weitgehend einheitliche Voraussetzungen für wirtschaftliche Betätigung und – vor allem im Bereich des Strafrechts – aufgrund einheitlicher Lebensverhältnisse für die Bürger. Auch das klassische **Vereinsrecht** (Nr. 3) sowie Teile des **Arbeitsrechts** (Nr. 12) als Untermaterien des Bürgerlichen Rechts bedürfen einer solchen bundeseinheitlichen Regelung. Ebenso wichtig für einen einheitlichen Wirtschaftsraum Bundesrepublik Deutschland ist eine weitgehend zentrale Regelung der Verhütung des **Missbrauchs wirtschaftlicher Machtstellung** und der Sicherung des Wettbewerbs (Nr. 16). Als Kehrseite freier wirtschaftlicher Betätigung ist der Bund auch subsidiaritätsgemäß zur Regelung von **Enteignungen** (Nr. 14) berufen. Darüber hinaus beschränkt sich das Recht der Enteignungen nach Nr. 14 auf die „Sachgebiete der Artikel 73 und 74", also auf solche Bereiche, in denen der Bund bereits die Gesetzgebungskompetenz innehat. 95

Das **Personenstandswesen** (Nr. 2) wäre sicherlich auch im Bereich der ausschließlichen Gesetzgebung gut untergebracht. Eine einheitliche Regelung etwa von Personenstand (Geburt, Änderung des Familienstandes und Tod) sowie des öffentlichen Namensänderungsrechts erscheint schon zur Sicherung der Freizügigkeit der Bürger im gesamten Bundesgebiet unerlässlich. Die Regelung der **Verkehrsmaterien** (Nrn. 21 und 23) durch den Bund rechtfertigen sich einerseits aus der weitgehenden Überörtlichkeit des Verkehrs und damit verbunden der Erforderlichkeit einheitlicher Regeln im Sinne eines einheitlichen Wirtschaftsraumes. Auch das Verkehrswesen war schon in der Frankfurter Reichsverfassung dem Reich zugeordnet. Im Interesse einheitlicher Wettbewerbsvoraussetzungen ist der Bund auch subsidiaritätsgemäß zur Regelung von bestimmten Materien des **Umweltrechts** nach Art. 74 Abs. 1 Nr. 24 GG zuständig. 96

97　　Die Angelegenheiten der **Flüchtlinge und Vertriebenen** (Nr. 6), der **Kriegsschäden und der Wiedergutmachung** (Nr. 9) sowie die Materie der **Kriegsgräber** (Nr. 10) knüpfen an das Kriegführen, also im weitesten Sinne auch an Verteidigung und das Aufstellen eines Heeres an. Das Führen von Krieg und das Aufstellen des Heeres sind aber naturgemäß Angelegenheiten des Gesamtstaates. Somit erscheint die Regelung dieser speziellen Kriegsfolgen durch ihn angemessen. Die Teile des **Sozialrechts** (Nrn. 12 und 18) sind ebenfalls vom Bund subsidiaritätsgemäß zu regeln. Dies ergibt sich schon korrespondierend zur weitgehenden Zuständigkeit des Bundes für das Wirtschaftsrecht und wiederum zur Schaffung einheitlicher Lebensverhältnisse im Sinne des Sozialstaatsprinzips. Gleiches gilt für das **Boden- und Grundstücksverkehrsrecht** (Nr. 18). Für die Verkehrsfähigkeit von Immobilien als Wirtschaftsgüter bedarf es hier einheitlicher Voraussetzungen. Die **Ernährungssicherung** (Nr. 17) und der **Gesundheitsschutz** (Nr. 19) sind für die Gesamtbevölkerung derart grundlegende Aufgaben, dass eine unterschiedliche Regelung – zumindest in den wesentlichen Anliegen – nicht hingenommen werden kann. Im Interesse der Konsumenten und Patienten ist ein einheitliches Sicherheits- und Schutzniveau zu gewährleisten.

98　　Problematisch ist, warum gerade der Bund die **Statusrechte und -pflichten der Beamten der Länder und Gemeinden sowie der Landesrichter** regeln soll. Auch vor der Föderalismusreform I besaß der Bund die konkurrierende Zuständigkeit für Besoldung und Versorgung[283] und die Rahmenzuständigkeit für die über die Statusrechte und -pflichten hinausgehenden Rechtsverhältnisse der Angestellten des öffentlichen Dienstes unter Einschluss der Beamten. Insoweit wurden schon einige Bereiche in die Regelungshoheit der Länder zurückverlagert. Ferner erscheint eine bundesgesetzliche Regelung jedenfalls der Statusrechte und -pflichten schon aus Gründen möglicher Versetzungen und Abordnungen zwischen den Ländern oder zwischen Bund und Ländern und damit zugunsten der Mobilität wünschenswert.[284]

99　　Auch die **abweichungsfesten Kerne** des Art. 72 Abs. 3 GG sind – wie die Abweichungsgesetzgebung insgesamt – Teil der Vorranggesetzgebung, so dass auch diesbezüglich nach der Einhaltung des Grundsatzes der Subsidiarität zu fragen ist. Dabei geht es im Bereich der Jagdscheine darum, einheitliche Voraussetzungen für die Jagdberechtigung zu schaffen. Auch erscheint es vernünftig, jedenfalls die allgemeinen Grundsätze des Naturschutzes bundeseinheitlich zu regeln. Das Recht des Artenschutzes ist ohnehin weitgehend europa- und völkerrechtlich vordefiniert. Gleiches gilt für den Meeresnaturschutz. Darüber hinaus haben diese umweltrechtlichen Materien wie auch die stoff- und anlagenbezogenen Regelungen im Bereich des Wasserhaushaltes immer auch besondere wirtschaftliche Relevanz im Sinne der Schaffung einheitlicher Wettbewerbsbedingungen. Zwingend ist die Ansiedlung beim Bund freilich nicht. So mag es vielfältige Arten geben, die nur in einem oder einigen Bundesländern vorkommen, etwa im Hochgebirge der Alpen in Bayern.

---

[283] Art. 74a GG a.F.
[284] So auch BT-Drs. 16/813, S. 14.

Ferner kommt der Meeresnaturschutz von vornherein nicht für alle Bundesländer in Betracht.

Schließlich ist aber festzuhalten, dass es immer auch auf die jeweilige – funktional angemessene – Auslegung des einzelnen Kompetenztitels ankommt. Darüber hinaus eröffnet die konkurrierende Kompetenz dem Bund ja grundsätzlich nur eine Regelungsmöglichkeit. Macht er davon keinen Gebrauch, sind weiterhin die Länder zuständig. Für den Bereich der Vorranggesetzgebung gingen Bund und Länder sogar übereinstimmend von der Erforderlichkeit bundesgesetzlicher Regelung aus.[285]

bb) Die Bedarfsgesetzgebung. Für bestimmte Materien der konkurrierenden Gesetzgebung sieht Art. 72 Abs. 2 GG vor, dass der Bund nur dann gesetzgeberisch tätig werden darf, wenn dies zur Herstellung gleichwertiger Lebensverhältnisse im Bundesgebiet oder zur Wahrung der Rechts- oder Wirtschaftseinheit im gesamtstaatlichen Interesse erforderlich ist. Aus dieser **Erforderlichkeitsklausel** lässt sich unmittelbar auch das Subsidiaritätsprinzip ablesen.[286] Ist eine einheitliche Regelung in diesem Sinne erforderlich, kann auch davon ausgegangen werden, dass die Länder eine bestimmte Materie nicht mehr zufriedenstellend regeln können und der Bund hierzu besser in der Lage ist. Dies gilt gerade vor dem Hintergrund der Rechtsprechung des Bundesverfassungsgerichts zum Altenpflegegesetz und zum Hochschulrahmengesetz. Insofern wird dem Subsidiaritätsprinzip im Bereich der Bedarfsgesetzgebung besonders Rechnung getragen.[287]

cc) Die Abweichungsgesetzgebung. Für die Materien der Nrn. 28 bis 33 des Art. 74 Abs. 1 GG sieht Art. 72 Abs. 3 GG vor, dass die Länder abweichende Regelungen treffen können. Dadurch wird dem Grundsatz der Subsidiarität auf spezifische Weise Geltung verliehen. Zwar ist der Bund befugt, eigene Regelungen zu erlassen. Doch können die Länder davon abweichen, eigene Konzepte entwickeln und so ihre spezifischen Erfordernisse zur Geltung bringen.

dd) Die Grundsatzgesetzgebung. Kompetenzen zur Grundsatzgesetzgebung finden sich in Art. 140 GG in Verbindung mit Art. 138 Abs. 1 S. 2 WRV, in Art. 91a Abs. 2 GG und in Art. 109 Abs. 4 GG. Hier darf der Bundesgesetzgeber nur Regelungen treffen, die auf eine weitere Ausfüllung durch die Landes- ggf. auch durch den Bundesgesetzgeber hin angelegt sind. Auch kann der Bund in diesem Bereich nur solche Vorschriften erlassen, die die Länder als solche binden. Die Kategorie der Grundsatzgesetzgebung – zumal im Bereich des **Haushaltes**, wo eine gewisse Vereinheitlichung schon wegen der Begrenzung der Schuldenaufnahme erforderlich erscheint – wird insgesamt dem Subsidiaritätsprinzip gerecht, da sie der Landesgesetzgebung so weit wie möglich Raum lässt.

---

[285] BT-Drs. 16/813, S. 9, 11.
[286] So auch *Jarass*, NVwZ 1996, 1041 (1042); *Oeter* (Fn. 173), S. 14; *Haratsch* (Fn. 95), Art. 72 Rn. 14.
[287] So auch *Kuttenkeuler* (Fn. 218), S. 67.

VI. Fazit

104 Die Analyse hat gezeigt, dass das Grundgesetz dem Gedanken der Subsidiarität hinreichend Rechnung trägt. Die Ausgestaltung des deutschen Föderalstaates ist vielfach vom Subsidiaritätsgedanken geprägt, auch wenn dieser nicht expressis verbis im Grundgesetz verankert wurde. Die Bestimmungen des Grundgesetzes weisen eine deutlich föderale Ausgestaltung auf. Auch in den Beratungen zur Föderalismusreform I wurde der Grundsatz der Subsidiarität einbezogen. Bereits das Bundesstaatsprinzip verlangt mit Blick auf die eigene Staatsqualität jedes einzelnen Landes, dass für die Länder jedenfalls ein substantieller Bereich an Aufgabenwahrnehmung im Sinne des Kompetenzbegriffs verbleiben muss.[288]

105 Die Plausibilitätsprüfung hat ergeben, dass die Verteilung der Gesetzgebungskompetenzen zwischen Bund und Ländern weitgehend subsidiaritätsgemäß ist. Für die Wahrung des Subsidiaritätsprinzips bei der Kompetenzausübung kommt es unter anderem darauf an, dass die einzelnen Kompetenztitel im Sinne des Subsidiaritätsprinzips **funktional ausgelegt** werden. Das muss nicht bedeuten, die jeweilige Sachmaterie allein zugunsten der Länder eng zu handhaben. Denn das Subsidiaritätsprinzip fordert nicht in jedem Fall die Aufgabenwahrnehmung durch die Länder. Vielmehr ist sie auch ein Maßstab für die Beurteilung, wann eine Angelegenheit durch die höhere Einheit wahrzunehmen ist. So ist eine vernünftige, an den Maßstäben der Subsidiarität orientierte, funktionsmäßig angemessene Auslegung vorzunehmen. Auf der anderen Seite ist im Sinne der Subsidiarität eine ausufernde Annahme der Erforderlichkeit bundesgesetzlicher Regelungen nach Art. 72 Abs. 2 GG zu vermeiden – bei gleichzeitiger Wahrung der Funktionsfähigkeit des Bundesstaates.

106 Summa summarum hat die **Föderalismusreform I** den Gedanken der Subsidiarität gestärkt.[289] So haben die Länder durch die **Abschaffung der Rahmengesetzgebung** und durch die neue **Abweichungsgesetzgebung** größere Regelungsmöglichkeiten erhalten. Insbesondere können sie in diesem Umfeld nun selbst entscheiden, welche regionalen Sachverhalte sie abweichend vom Bundesrecht regeln wollen. Allenfalls der inhaltliche Umfang der **abweichungsfesten Kerne** könnte vor dem Hintergrund des Subsidiaritätsprinzips in der Praxis Gegenstand von Kontroversen sein. Eine deutliche Stärkung der Länder erfolgte auch dadurch, dass ihnen im Zuge der Auflösung bestehender Politikverflechtung eine Vielzahl vormaliger

---

[288] *Erbguth,* in: Sachs, GG, 5. Aufl. 2009, Art. 30 Rn. 2.

[289] Anders, allerdings nicht umfassend Stellung beziehend *Scharpf* (Fn. 106), S. 108. Er geht davon aus, dass die Reform im Ergebnis die landesrechtliche Optimierung regional spezialisierter Strategien im europäischen Standortwettbewerb nicht erleichtert hat. Er hätte vielmehr eine weitergehende Regelung der Abweichungsrechte der Länder bevorzugt (S. 136 f.). Dadurch würden Gestaltungsmöglichkeiten auf der unteren, bürger- und problemnäheren staatlichen Ebene und damit zugleich die Möglichkeit zur Nutzung der ökonomischen Spezialisierungschancen im europäischen und globalen Standortwettbewerb eröffnet. Dazu ist zu sagen, dass zwar eine Ausdehnung der Abweichungsrechte vor dem Hintergrund des Subsidiaritätsprinzips zu begrüßen wäre. Das ändert aber nichts daran, dass die Errungenschaften der Föderalismusreform auch in ihrer jetzigen Ausgestaltung grundsätzlich subsidiaritätsfreundlich sind.

Bundeskompetenzen nunmehr ausschließlich zusteht. Gerade ihre **Personalhoheit** wurde größtenteils dadurch wieder hergestellt, dass sie ihr Dienstrecht weitgehend selbst regeln dürfen. Die Stärkung des Bundes durch Einzelverschiebungen der Kompetenztitel ist überwiegend sachgemäß erfolgt.[290] Die **Einschränkung der Erforderlichkeitsprüfung** durch die Vorranggesetzgebung ist vor dem Hintergrund des Subsidiaritätsprinzips zwar ein Rückschritt. Andererseits mildert sie die Konsequenzen der Rechtsprechung des Bundesverfassungsgerichts seit dem Altenpflegeurteil ab und soll damit der Funktionsfähigkeit des Bundesstaates dienen. Dass in der Folge dieser Rechtsprechung Materien in die Länderkompetenz fallen könnten, für die zweifellos von Bund und Ländern eine bundesgesetzliche Regelung gewollt war, wurde durch die Vorranggesetzgebung verhindert. Außerdem wurde gezeigt, dass die entsprechenden Kompetenztitel durchaus subsidiaritätsgemäß beim Bund angesiedelt sind. Auch gingen Bund und Länder davon aus, dass bei den betroffenen Materien die Erforderlichkeit der Bundesgesetzgebung erfüllt ist. Schließlich darf das vielfach zu beobachtende Bedürfnis der Bevölkerung nach einheitlichen respektive „gleichwertigen" Lebensverhältnissen im gesamten Bundesgebiet nicht außer Acht gelassen werden.

Nach alledem stellt sich gleichwohl die Frage, ob im Sinne der Subsidiarität eine **andere Ausgestaltung der Gesetzgebungskompetenzen** denkbar oder sogar vorzugswürdig gewesen wäre. Dazu kommen im Wesentlichen drei Ansätze in Betracht: Der erste Ansatz umfasst eine **strikte Durchsetzung des Trennungsprinzips** und dem folgend eine klare Aufteilung der Kompetenzen entsprechend dem idealräumlichen Grundsatz der Subsidiarität. Die strikte Aufteilung der Kompetenzen in ausschließliche Kompetenzen des Bundes und solche der Länder besticht zwar im Ansatz durch ihre Aufteilungsklarheit und Transparenz, stände aber angesichts wachsender politischer, sozialer und ökonomischer Komplexität notwendiger Entwicklungsoffenheit der Kompetenzen (Typus der konkurrierenden Kompetenz) sowie dem Erfordernis integrativen Zusammenhalts der föderalen Glieder entgegen. Der zweite Ansatz, der auch in den Beratungen der Föderalismuskommission I erörtert wurde, hält zwar an der Einteilung in ausschließliche Kompetenz des Bundes und der Länder sowie konkurrierende Kompetenz des Bundes fest, würde aber im Rahmen der konkurrierenden Gesetzgebung die Vorranggesetzgebung des Bundes streichen und für alle Materien der konkurrierenden Gesetzgebung ein (eventuell umfangreiches) **Abweichungsrecht der Länder** einführen.[291] Diese Lösung erfordert allerdings eine wohl überdachte Zuordnung der Materien zu der konkurrierenden Gesetzgebung und zu der ausschließlichen Kompetenz des Bundes. Für dieses Konzept spricht sein Grundanliegen, mehr Klarheit und Transparenz durch Entflechtung bei gleichzeitiger Stärkung der Länderebene zu schaffen. Hier würde vor allem den Ländern bei ihrer Abweichungsgesetzgebung die Prüfung der Subsidiarität obliegen. Die Länder würden nämlich im Bereich der konkurrierenden Bundeskompetenz jeweils selbst entscheiden können, ob landesspezifische Regelungen erforderlich sind. Solche (möglicherweise umfänglichen) Abweichungsrechte der

---

[290] So auch *Oeter* (Fn. 173), S. 39.
[291] Siehe dazu *Scharpf* (Fn. 106), S. 131.

Länder erforderten allerdings eine klare Dogmatik der Abweichungsgesetzgebung. Denn ansonsten könnte sie am Ende zu einem unüberschaubaren Normengeflecht führen, das dem Leitbild eines wohlgeordneten Rechts diametral entgegengesetzt ist. Der dritte Ansatz schafft im Sinne des Subsidiaritätsprinzips bei der konkurrierenden Gesetzgebung – unter Beibehaltung eines beschränkten Anwendungsbereichs der Abweichungsgesetzgebung – die Vorranggesetzgebung ab und bezieht stattdessen das **Kriterium der Erforderlichkeit** auf alle Materien. Dieses Kriterium müsste aber funktionsfähig und klarer ausgestaltet werden. Für den dritten Ansatz spricht, dass er zu mehr Klarheit, Transparenz und Problemoffenheit bei gleichzeitiger Stärkung der Subsidiarität beitragen kann. Der zweite Ansatz fördert im Vergleich zu dem dritten stärker die Subsidiarität und damit den Gestaltungsföderalismus. Allerdings bleibt hier die Schwierigkeit, dass sich stets auch die integrative Kraft des Föderalismus entfalten können müsste und dass dabei die Gemeinwohlverträglichkeit sichergestellt bleibt.

E. Die Kompetenznormen in der verfassungsrechtlichen Ordnung

I. Der materielle Gehalt von Kompetenznormen

108 Das wohlgeordnete Recht – hier konkret die Einheit der Verfassung – gebietet eine „systematische Zusammenschau" der Kompetenznormen, die materielle und organisatorische Normen einbezieht.[292] Dabei ist festzuhalten, dass einige Kompetenznormen selbst **materielle Gehalte** aufweisen.[293] So ist aus dem Kompetenztitel des Art. 73 Abs. 1 Nr. 14 GG[294] (friedliche **Nutzung der Kernenergie**) zu schließen, dass das Grundgesetz die Nutzung der Kernenergie zu friedlichen Zwecken trotz der Risiken eines Unfalls (GAU) anerkennt und eine Entscheidung des einfachen Gesetzgebers für ihre Nutzung nicht per se ein Verstoß gegen Art. 2 Abs. 2 GG (Recht auf Leben) darstellt und somit verfassungswidrig ist.[295] Einen materiellen Gehalt enthält auch Art. 73 Abs. 1 Nr. 1 GG (**Verteidigung**). Als die Wehrpflicht noch nicht in Art. 12a GG geregelt war, schloss das Bundesverfassungsgericht u. a. aus Art. 73 Abs. 1

---

[292] *Pestalozza*, Der Staat 11 (1972), 161 (179); *Stettner* (Fn. 2), Art. 70 Rn. 19; *Pieroth*, AöR 114 (1989), 422 (438 f.).

[293] So *Stettner* (Fn. 2), Art. 70 Rn. 19 ff.; *Pieroth*, AöR 114 (1989), 422 (423 ff.); *Becker*, DÖV 2002, 397 ff.; für eine Bewertung als „reine Kompetenznormen" ohne materiellen Gehalt aber *Hamann/Lenz*, Das Grundgesetz der Bundesrepublik Deutschland vom 23. Mai 1949, 3. Aufl. 1970, Art. 73a; *Mahrenholz/Böckenförde* im Sondervotum zu BVerfGE 69, 57 (58 ff.).

[294] Früher Art. 74 Nr. 11a GG a.F.

[295] So BVerfGE 53, 30 (56) – Kernenergie; *Bleckmann*, DÖV 1983, 129 (130); dagegen *Kunig* (Fn. 121), Art. 70 Rn. 4.

Nr. 1 GG, dass sich das Grundgesetz für eine wirksame Verteidigung entschieden habe und daher notwendig eine Wehrpflicht durch das Grundgesetz vorgesehen sei.[296] Nunmehr ist die allgemeine Wehrpflicht in Art. 12a GG normiert und ein Rückgriff auf Art. 73 Abs. 1 Nr. 1 GG erübrigt sich. Eine neuere Zuständigkeitsnorm, die einen materiellen Charakter trägt, ist Art. 74 Abs. 1 Nr. 26 GG (**Fortpflanzungsmedizin, Gentechnik und Organtransplantation**).[297] Die Aufnahme dieses Kompetenztitels im Jahre 1994 – trotz der politischen Kontroverse um die biopolitische und bioethische Dimension der Anthropotechniken – bezeugt, dass der verfassungsändernde Gesetzgeber nicht von vornherein von der Unzulässigkeit dieser Verfahren ausging.

Allerdings kann nicht jeder Kompetenztitel materiellen Verfassungsrang beanspruchen, zumal die Kompetenzkataloge der Art. 72 ff. GG nur Materien der Bundesgesetzgebung aufführen und nicht die der Landesgesetzgebung, deshalb aber Bundesmaterien nicht materiell höherwertig sind als die Landesmaterien.[298] Es ist daher im Einzelfall genau zu untersuchen, wann eine Kompetenznorm materielle Aussagen trifft. Jedenfalls immer dann, wenn eine Kompetenznorm eine bestimmte Institution im Grundgesetz verankert, erkennt das deutsche Verfassungsrecht diese Institution als solche an. Andernfalls wäre die Eröffnung der Möglichkeit einer gesetzlichen Regelung auf der Grundlage der entsprechenden Kompetenz nicht zu verstehen. Solche **Institutsgarantien bzw. institutionelle Garantien** gibt es beispielsweise für das Bestehen eines **Post- und Telekommunikationswesens**[299], für das Vorhandensein der **Kriminalpolizei**[300] oder für das **bürgerliche Recht, das Straf- und das Prozessrecht**[301].

109

II. Grundrechte und Kompetenznormen

Wenn Kompetenznormen materiellen Gehalt im Sinne von Institutsgarantien und institutionellen Garantien aufweisen, könnten auf dieser Grundlage auch **Grundrechte beschränkt** werden. So dienen materielle Kompetenznormen zur Auslegung materieller Grundgesetzbestimmungen, insbesondere der Grundrechte, um deren Inhalte im Wege der **systematischen Interpretation** zu ermitteln und ihre Schranken zu bestimmen.[302] Demnach könnten bestimmte gesetzliche Festlegungen nicht gegen Grundrechte verstoßen, wenn das Grundgesetz über materiale Kompetenznormen bestimmte Institutionen grundsätzlich anerkennt. Dagegen wird angeführt, allein die Benennung einer Kompetenzmaterie könne den Gesetzgeber nicht von sonstigen

110

---

[296] BVerfGE 12, 45 (50); 48, 127 (159). Diese Wehrpflicht (einschließlich des zivilen Ersatzdienstes) wurde mit Gesetz vom 28.4.2011 zum 1.7.2011 ausgesetzt.

[297] *Stettner* (Fn. 2), Art. 70 Rn. 20.

[298] Vgl. *Degenhart* (Fn. 90), Art. 70 Rn. 71.

[299] Art. 73 Abs. 1 Nr. 7 GG.

[300] Art. 73 Abs. 1 Nr. 10 GG.

[301] Art. 74 Abs. 1 Nr. 1 GG.

[302] Vgl. BVerfGE 7, 377 (401); 12, 45 (50).

verfassungsrechtlichen Bindungen befreien.[303] Allerdings „befreit" in diesem Fall nicht allein die Benennung einer Kompetenzmaterie, sondern vielmehr die Statuierung einer bestimmten grundgesetzlich anerkannten Institution. Schließlich sind Kompetenzbestimmungen an sich keine Verfassungsnormen minderen Ranges.[304] Ferner könnten materiale Kompetenznormen auch als kollidierendes Verfassungsrecht für vorbehaltlos gewährleistete Grundrechte (z. B. Art. 4 Abs. 1, 2 GG, Art. 5 Abs. 3 GG) herangezogen werden. Hier steht die Frage im Raum, ob materiale Kompetenznormen auch als **verfassungsimmanente Schranken** fungieren können.[305] Die Frage, ob Kompetenznormen Grundrechte beschränken können, wird noch kritischer gesehen als das Problem, ob Kompetenznormen überhaupt einen materiellen Gehalt besitzen. Dafür spricht die Einheit der Verfassung, dagegen, dass eben nur die Bundeskompetenzen aufgezählt sind, die Länderkompetenzen demgegenüber aber nicht nachrangig sind. Das Bundesverfassungsgericht geht insofern davon aus, dass schrankenlos gewährleistete Grundrechte durch **Werte mit Verfassungsrang** (kollidierendes Verfassungsrecht) eingeschränkt werden können.[306] Erkennt man an, dass auch Kompetenznormen solche Werte verkörpern, ist es nur konsequent, sie auch als verfassungsimmanente Schranke und überhaupt zur Beschränkung von Grundrechten im Sinne der Einheit der Verfassung anzuwenden.

111 Andererseits können die **Gesetzgebungskompetenzen durch Grundrechte eingeschränkt** werden. So darf beispielsweise die Kompetenz für die Bundesstatistik (Art. 73 Abs. 1 Nr. 11 GG) nicht in der Weise ausgeübt werden, dass das Recht auf informationelle Selbstbestimmung, Art. 2 Abs. 1 i. V. m. Art. 1 Abs. 1 GG verletzt wird.[307] Weiterhin können grundrechtliche Schutzpflichten[308] eine **Pflicht zum Tätigwerden** des kompetenzmäßig zuständigen Gesetzgebers statuieren. So begründet beispielsweise Art. 6 Abs. 4 GG einen Anspruch der Mutter auf Schutz und Fürsorge. Zwar steht es dem Gesetzgeber grundsätzlich frei, wie er diesem Schutzauftrag nachkommt. Grenze dieser Gestaltungsfreiheit ist aber ein Mindestschutz der einzelnen Mutter. Daher ist der Bundesgesetzgeber verpflichtet, den Kompetenztitel des Art. 74 Abs. 1 Nr. 12 GG (Arbeitsrecht) zu nutzen, um einen wirksamen arbeitsrechtlichen Kündigungsschutz der (werdenden) Mutter[309] und die Gewährung einer Schonzeit z. B. durch Beschäftigungsverbote[310] zu gewährleisten. Dies kann jedoch nicht kompetenzbegründend wirken, sondern nur die Ausnutzung bestehender Zuständigkeiten

---

[303] *Degenhart* (Fn. 90), Art. 70 Rn. 70.

[304] *Stettner* (Fn. 2), Art. 70 Rn. 19.

[305] *Pieroth*, AöR 114 (1989), 422 (442 ff.); *Bleckmann*, DÖV 1983, 129 (130 f.); dagegen *Rozek* (Fn. 3), Art. 70 Rn. 54; *Degenhart* (Fn. 90), Art. 70 Rn. 70 ff.; *Kunig* (Fn. 121), Art. 70 Rn. 4.

[306] M. w. N. *Epping*, Grundrechte, 4. Aufl. 2010, Rn. 74.

[307] BVerfGE 65, 1 (50).

[308] Siehe zu den Schutzpflichten *Epping* (Fn. 306), Rn. 116 ff. m. w. N.

[309] BVerfGE 32, 273 (277); 52, 357 (365 ff.); 55, 154 (157 f.); 84, 133 (156); 85, 360 (372).

[310] BAGE 14, 304 (309).

fordern.[311] Zudem besitzen die Kompetenznormen auch eine **grundrechtsschützende Funktion**. Sie verleihen dem Bürger ein Abwehrrecht gegen kompetenzwidrige Grundrechtsbeschränkungen. Seit der Elfes-Entscheidung[312] fordert das Bundesverfassungsgericht nämlich, dass ein Grundrechtseingriff nur gerechtfertigt werden kann, wenn er in jeder verfassungsrechtlichen Hinsicht mit dem Grundgesetz in Einklang steht, also auch das zugrunde liegende Gesetz verfassungsmäßig ist und damit auch kompetenzgemäß erlassen wurde.

III. Auslegung von Kompetenznormen

Für die Auslegung der Kompetenznormen sind vornehmlich die klassischen Auslegungsmethoden (Wortlaut, Systematik, historisch-generische und teleologische Auslegung) heranzuziehen. Dabei sind jedoch gewisse Besonderheiten hervorzuheben. Für die systematische Auslegung gilt das Prinzip der „**Einheit der Verfassung**" in besonderem Maße. Die Zuständigkeitsnormen sind in einer Zusammenschau mit den materiellen Normen des Grundgesetzes, vor allem den Grundrechten und den Strukturprinzipien wie der Bundestreue zu sehen, die diese konkretisieren oder begrenzen. In der Rechtsprechung des Bundesverfassungsgerichts hat auch die **historische Auslegung** besondere Bedeutung erlangt.[313] So bezieht das Gericht regelmäßig das Kompetenzverständnis der Weimarer Reichsverfassung[314] sowie die grundgesetzliche Entstehungsgeschichte[315] mit ein. Darüber hinaus findet die historische Entwicklung der jeweiligen Kompetenzmaterie[316] sowie die Staatspraxis[317] besondere Beachtung.

112

Fraglich ist, ob die Kompetenztitel, die eine Bundeszuständigkeit normieren, restriktiv ausgelegt werden müssen. Hierfür könnte die Zuständigkeitsvermutung zugunsten der Länder[318] angeführt werden. Versteht man diese als Auslegungsbehelf, der im Regelfall den Ländern die Zuständigkeit zuweist und dem Bund nur ausnahmsweise in den enumerierten Fällen, müssten die Kompetenzen des Bundes als Ausnahmevorschriften eng ausgelegt werden. Hiergegen spricht aber, dass die Zuständigkeitsvermutung zugunsten der Länder lediglich gewährleisten soll, dass keine Lücken in der Verteilung der Kompetenzen entstehen. Bundes- und

113

---

[311] *Rengeling*, in: Isensee/P. Kirchhof (Hrsg.), Handbuch des Staatsrechts, Bd. VI, 3. Aufl. 2008, §135, Rn. 29.

[312] BVerfGE 6, 32 – Elfes.

[313] *Rozek* (Fn. 3), Art. 70 Rn. 51.

[314] Vgl. nur BVerfGE 3, 407 (414 f.); 12, 205 (226); 26, 281 (299); 33, 52 (61).

[315] Vgl. nur BVerfGE 4, 7 (13); 12, 205 (226); 15, 1 (22); 106, 62 (105); 109, 190 (213).

[316] Vgl. nur BVerfGE 12, 205 (226 ff.); 42, 20 (30); 61, 149 (175); 67, 299 (315).

[317] Vgl. nur BVerfGE 33, 125 (153); 42, 20 (29); 61, 149 (175); 65, 1 (39).

[318] Ob Art. 30 GG i.V.m. Art. 70 Abs. 1 GG tatsächlich eine Zuständigkeitsvermutung zugunsten der Länder enthält, wird unterschiedlich beantwortet. Dieser Streit wurde m. w. N. schon oben unter Rn. 27 angedeutet.

Landesgesetzgebung stehen sich im Bundesstaat gleichwertig gegenüber.[319] Die verfassungsrechtliche Kompetenzordnung verlangt daher keine restriktive Auslegung der Bundeskompetenzen, sondern eine „strikte"[320], also sach- und funktionsgerechte Auslegung.[321] Diese sach- und funktionsgerechte Auslegung sollte im besonderen Maße den **Grundsatz der Subsidiarität** beachten.

114 Darüber hinaus stellt sich bei der Interpretation von Kompetenznormen die Frage, inwieweit **einfacher Gesetzestext** zur Auslegung verfassungsrechtlicher Begriffe herangezogen werden darf. Es ist einleuchtend, dass grundsätzlich Kompetenznormen aus der Verfassung heraus interpretiert werden müssen, also **eigene verfassungsrechtliche Definitionen** für Begriffe zu finden sind. Würden Kompetenznormen nach dem einfachen Recht ausgelegt werden, könnte der Gesetzgeber Verfassungsnormen durch einfache Gesetzesänderung uminterpretieren und mitgestalten. Allerdings finden sich unter den Zuständigkeitsnormen neben solchen, die einen bestimmten Lebensbereich benennen – z. B. den Luftverkehr, die Nutzung der Kernenergie oder die Verteidigung –, auch einige, die einen normativ-rezeptiven Ansatz verfolgen. Hierbei wird eine Kompetenz durch Aufnahme eines vorgefundenen Normkomplexes zugewiesen[322] – z. B. das bürgerliche Recht und das Strafrecht, der gewerbliche Rechtsschutz oder die Sozialversicherung. Bei letzteren liegt es nahe, die Vorschrift danach auszulegen, wie das Merkmal herkömmlicherweise zu verstehen ist. In der Tat billigt das Bundesverfassungsgericht diese **Auslegung nach der Tradition** dann, wenn der Verfassungsgesetzgeber entwicklungs- und ordnungspolitisch weitgehend abgeschlossene Normkomplexe vorfand und diese bei der Normierung der Kompetenztatbestände zugrunde legte. In diesem Fall ist eine Orientierung an dem herkömmlichen Verständnis möglich.[323] Andererseits müssen auch solche Kompetenzen offen für neuere Entwicklungen sein, so dass zwar die Grundstrukturen nicht völlig vom herkömmlichen Verständnis abweichen können, aber darüber hinaus neuere Problemstellungen durch eine **offene Interpretation** aufgegriffen werden können.[324] Ebenso gilt dies dann, wenn Kompetenznormen Bezug auf bestimmte Lebensbereiche nehmen, dazu aber schon immer gewisse rechtliche Regelungskomplexe gehörten.

115 Ein mit der Auslegung von Kompetenznormen verwandtes Problem ist das der **Zuordnung von Gesetzesvorhaben zu Kompetenznormen**, also die Frage, wer für den Erlass eines Gesetzes zuständig ist, wenn dieses mehrere Zuständigkeitstitel berührt. Hier ist zunächst hervorzuheben, dass die Zuständigkeit klar zugeordnet werden muss – entweder zum Bund oder zu den Ländern. Doppelzuständigkeiten

---

[319] *Rengeling* (Fn. 311), Rn. 34.
[320] BVerfGE 10, 89 (101); 12, 205 (228 f.); 61, 149 (174).
[321] *Uhle* (Fn. 33), Art. 70, Rn. 33 m. w. N.
[322] *Degenhart* (Fn. 90), Art. 70 Rn. 52.
[323] BVerfGE 12, 205 (226 ff.); 42, 20 (30); 61, 149 (175); 67, 299 (315); 68, 319 (328).
[324] Vgl. BVerfGE 2, 213 (220 ff.); 3, 407 (414 f.); 7, 29 (44); 10, 234 (238); 10, 285 (295); 67, 299 (315), 68, 319 (328); 77, 308 (331).

sind nicht möglich.[325] Eine Übertragung der Kompetenzen durch Gesetz ist ausgeschlossen, da die Gesetzgebungskompetenzen indisponibel sind.[326] Die Subsumtion eines Gesetzes unter eine Kompetenznorm erfolgt nach der funktionellen Qualifikation, also über den **Gesetzeszweck**. Werden mehrere Zwecke verfolgt, ist nach dem Hauptzweck und damit nach dem **Schwerpunkt der Gesamtregelung** zu fragen. Dabei ist zu klären, was das Gesetz unmittelbar regeln will und welche Wirkungen nur mittelbar oder als Reflex mit erreicht werden.[327] Ist der Hauptzweck des Gesetzes ermittelt, erfolgt die Zuordnung unter den richtigen Kompetenznormen. Problematisch ist indes, wenn mehrere Kompetenztitel in Frage kommen, was in der Praxis oft der Fall ist. Hier können **Mehrfachzuständigkeiten** angenommen werden – das Gesetz also auf eine Mehrzahl von Kompetenztiteln gestützt werden. Voraussetzung dafür ist aber, dass es sich erstens um Zuständigkeiten desselben Kompetenzträgers (also entweder nur Bundeskompetenzen oder nur Landeskompetenzen) handelt und zweitens die gleichen Voraussetzungen für die Inanspruchnahme der Kompetenz vorliegen. Dies ist beispielsweise gegeben, wenn alle möglichen Kompetenztitel der ausschließlichen Kompetenz des Bundes unterfallen, nicht aber, wenn für einen Kompetenztitel der konkurrierenden Gesetzgebung eine Erforderlichkeitsprüfung vorgesehen ist und für einen anderen Kompetenztitel eine Vorranggesetzgebung besteht. In diesem Fall ist eine eindeutige Festlegung auf einen Kompetenztitel nötig.[328] Zwar kommt zur Umgehung dieses Problems eine Teilung des Gesetzgebungsvorhabens in Betracht. Dies kann jedoch zu einer Rechtszersplitterung führen, die dem Leitbild eines wohlgeordneten Rechts widerspricht.

IV. Allgemeine Schranken der Gesetzgebungskompetenzen

Grundsätzlich steht es dem Gesetzgeber frei, inwieweit er von seinen Gesetzgebungskompetenzen Gebrauch machen will. Ausnahmsweise kann er jedoch zur Gesetzgebung verpflichtet sein, und zwar aufgrund grundrechtlicher Schutzpflichten, von Gesetzgebungsaufträgen (z. B. Art. 6 Abs. 5 GG) und des Europäischen Unionsrechts.[329] Andererseits kann aber eine Wahrnehmung der Kompetenzen auch durch allgemeine Prinzipien wie das der Bundestreue oder das Verhältnismäßigkeitsprinzip begrenzt sein.

116

---

[325] BVerfGE 36, 193 (202 f.); 61, 149 (204); 67, 299 (321); 106, 62 (114).
[326] *Stettner* (Fn. 2), Art. 70, Rn. 39.
[327] BVerfGE 8, 143 (148 ff.); 29, 402 (409); 28, 119 (149).
[328] Siehe auch *Degenhart*, Staatsrecht I, 25. Aufl. 2009, Rn. 165.
[329] *Pieroth* (Fn. 3), Art. 70 Rn. 32.

1. Bundestreue

117 Nach dem Prinzip der Bundestreue[330] nehmen Bund und Länder bei der Wahrnehmung ihrer Kompetenzen die gebotene und ihnen zumutbare Rücksicht auf das Gesamtinteresse des Bundesstaates und seiner Teile.[331] Für die Gesetzgebung bildet die Bundestreue vor allem eine Schranke der Ausübung der Kompetenzen.[332] So muss der Landesgesetzgeber, falls sich eine gesetzliche Regelung über den Raum eines Landes hinauswirkt, auf die Interessen des Bundes und der übrigen Länder Rücksicht nehmen.[333] Die rechtsetzenden Organe des Bundes und der Länder haben ihre Regelungen so aufeinander abzustimmen, dass den Normadressaten keine gegenläufigen Regelungen erreichen, die die Rechtsordnung widersprüchlich machen.[334] So ist das Prinzip der Bundestreue ein **Korrektiv für missbräuchliche Kompetenzausübung.**[335] Es erzwingt hingegen keine Unitarisierung landesrechtlicher Regelungen.[336]

118 Weiterhin können aus dem Prinzip der Bundestreue **positive Handlungspflichten** für den Gesetzgeber entstehen. Im Falle des Rundfunkrechts ist es dem Veranstalter oder Produzenten unmöglich, überregionale Sendungen einer Vielzahl von unterschiedlichen Landesregelungen anzupassen, weshalb das Bundesverfassungsgericht die Länder zur gegenseitigen Abstimmung, Rücksichtnahme und Zusammenarbeit anhielt.[337] Aufgrund dieser Entscheidung wurden die Rundfunkstaatsverträge geschlossen, die eine koordinierte Landesgesetzgebung ermöglichen.[338]

2. Verhältnismäßigkeitsprinzip

119 Zweifellos dient der Grundsatz der Verhältnismäßigkeit insofern als Kompetenzausübungsgrenze, als die zu erlassenden Gesetze sich ihrerseits an den **Grundrechten** messen lassen müssen. In diesem Zusammenhang ist das Verhältnismäßigkeitsprinzip ein unverzichtbarer Teil rechtsstaatlicher Bindung des Gesetzgebers. Darüber hinaus gehend wurde der Verhältnismäßigkeitsgrundsatz bisher vom Bundesverfassungsgericht als **Kompetenzausübungsschranke** strikt abgelehnt: „Aus dem

---

[330] Siehe hierzu auch *Wittrek*, Die Bundestreue, in: Härtel (Hrsg.), Handbuch Föderalismus – Föderalismus als demokratische Rechtsordnung und Rechtskultur in Deutschland, Europa und der Welt, Bd. I, 2012, §18.

[331] BVerfGE 92, 203 (230); *Maurer* (Fn. 39), §10, Rn. 52; *Stettner* (Fn. 2), Art. 70, Rn. 41.

[332] BVerfGE 1, 299 (315); 32, 199 (218); 43, 291 (348).

[333] *Rengeling* (Fn. 311), Rn. 24.

[334] *Rengeling* (Fn. 311), Rn. 25.

[335] *Ipsen* (Fn. 41), Rn. 720; *Maurer* (Fn. 39), §10, Rn. 53.

[336] *Stettner* (Fn. 2), Art. 70, Rn. 41.

[337] BVerfGE 73, 118 (196 f.).

[338] Siehe dazu *Cornils*, Maßstabs-, Verfahrens- und Entscheidungskoordination in der föderalen Medienordnung, in: Härtel (Hrsg.) Handbuch Föderalismus – Föderalismus als demokratische Rechtsordnung und Rechtskultur in Deutschland, Europa und der Welt, Bd. III, 2012, §66.

Rechtsstaatsprinzip abgeleitete Schranken für Einwirkungen des Staates in den Rechtskreis des Einzelnen sind im kompetenzrechtlichen Bund-Länder-Verhältnis nicht anwendbar. Dies gilt insbesondere für den Grundsatz der Verhältnismäßigkeit; ihm kommt eine die individuelle Rechts- und Freiheitssphäre verteidigende Funktion zu. Das damit verbundene Denken in den Kategorien von Freiraum und Eingriff kann weder speziell auf die von einem Konkurrenzverhältnis zwischen Bund und Land bestimmte Sachkompetenz des Landes noch allgemein auf Kompetenzabgrenzungen übertragen werden."[339] Allerdings wollen einige Stimmen nach der Neufassung des Art. 72 Abs. 2 GG (vormals Bedürfnisklausel) die Erforderlichkeitsklausel als Ausprägung des Verhältnismäßigkeitsgrundsatzes interpretieren.[340] So überprüfe das Bundesverfassungsgericht bereits die Eignung einer bundesgesetzlichen Regelung für die Erreichung der in Art. 72 Abs. 2 GG genannten Ziele (Gleichwertigkeit der Lebensverhältnisse, Rechts- und Wirtschaftseinheit) sowie die Erforderlichkeit, also die ersten Prüfungspunkte des Verhältnismäßigkeitsgrundsatzes. Lediglich die Angemessenheit als Verhältnismäßigkeit im engeren Sinne werde nicht angesprochen. Dabei könne man dadurch am besten alle Punkte, die bei Feststellung der Tatbestände des Art. 72 Abs. 2 GG relevant sein könnten, berücksichtigen.[341]

Zu fragen ist aber, ob die Prüfung der Angemessenheit als Abwägung materieller Interessen überhaupt für die Abgrenzung der Gesetzgebungskompetenzen adäquat ist. Hiergegen spricht, dass die Kompetenzen im Sinne der **Rechtssicherheit** eindeutig zwischen den Kompetenzträgern verteilt werden müssen. Würde man eine umfassende Interessenabwägung in die Kompetenzverteilung einbeziehen, würde die klare Grenze zwischen den Kompetenzen verschwimmen. Da über eine gerechte Interessenverteilung häufig unterschiedliche Auffassungen vertretbar sind, wüsste der Gesetzgeber oft nicht, ob die Abwägung in seinem Sinne ausfallen würde und ihm die Kompetenz zukommt oder nicht. Dies wäre für die Gesetzgebung ein untragbarer Zustand, der das Verfahren hemmen und unnötig Kompetenzstreitigkeiten auslösen könnte. Darüber hinaus ist die Wahrnehmung von Gesetzgebungskompetenzen durch den Bund nicht ein Eingriff in die Rechte der Länder, der möglichst schonend ausfallen muss und daher eine umfassende Güterabwägung fordert. Den Rechten des Einzelnen vergleichbare Rechte existieren hier im staatlichen Innenbereich nicht. Vielmehr geht es um die Wahrnehmung von Zuständigkeiten und Befugnissen. Die damit einhergehende Kompetenzverteilung muss aber klar sein. Die formalen Gesichtspunkte der Interpretation der Erforderlichkeitsklausel durch das Bundesverfassungsgericht dienen dieser klaren Abgrenzung besser als eine Abwägung im Wege einer Angemessenheitsprüfung. Daher gebührt der Ansicht des Gerichts, keine Verhältnismäßigkeitsprüfung zur Begrenzung der Gesetzgebungskompetenzen vorzunehmen, auch unter Geltung des neugefassten Art. 72 Abs. 2 GG der Vorzug.

---

[339] BVerfGE 81, 310 (338).

[340] *Rüfner*, in: Depenheuer/Heintzen/Jestaedt (Hrsg.), FS für J. Isensee, 2007, S. 389 (399).

[341] *Rüfner* (Fn. 340), S. 389, (399).

V. Die bundesstaatliche Kompetenzverteilung im Rahmen des Unionsrechts

121 Im Laufe der europäischen Integration wurden immer mehr Kompetenzen auf die europäische Ebene übertragen. Dies war einerseits der sukzessiven „Ausweitung" der Europäischen Union durch neue Mitgliedsstaaten, andererseits dem erklärten Ziel der integrativen „Vertiefung" geschuldet. Zwar lassen die Zuständigkeiten der Europäischen Union die innerstaatliche Kompetenzverteilung unberührt. So gibt es keine „gemeinschaftsfreundliche" Auslegung in der Weise, dass Kompetenzen zur besseren Umsetzung des Unionsrechts – im Regelfall zugunsten des Bundes – weit auszulegen sind.[342] Allerdings wirken sich die Unionskompetenzen insoweit aus, als dem Bund und den Ländern diese Kompetenzen nicht mehr oder nur noch zur **Umsetzung des Unionsrechts** zustehen. Konkret zuständig für die Umsetzung des Unionsrechts – vor allem von Richtlinien der Europäischen Union – in nationales Recht ist der durch die Kompetenzvorschriften des Grundgesetzes bestimmte Gesetzgeber, also entweder Bund oder Länder.[343] Durch die **Abschaffung der Rahmenkompetenz** im Zuge der Föderalismusreform I und weitgehende Ersetzung durch die Abweichungskompetenz der Länder ist die Umsetzung europäischen Rechts in nationales Recht vereinfacht worden. Solche Vereinfachungen führen durch ihre Transparenz zur besseren Rechtsanwendung und entsprechen damit in der Tendenz dem wohlgeordneten Recht. Nach der im Jahre 2006 neu eingefügten Vorschrift des Art. 104a Abs. 6 GG über die Kostentragung bei Verletzung von supranationalen und völkerrechtlichen Verpflichtungen Deutschlands erfolgt die Lastentragung grundsätzlich nach der innerstaatlichen Zuständigkeits- und Aufgabenverteilung (Art. 104a Abs. 6 S. 1 GG).[344]

F. Die einzelnen Kompetenzarten

I. Die ausschließliche Gesetzgebungskompetenz des Bundes

1. Der Begriff der ausschließlichen Gesetzgebungskompetenz

122 Der Begriff der ausschließlichen Gesetzgebung in Art. 71 GG ist klar bestimmt. In diesem Bereich ist eine Landesgesetzgebung grundsätzlich unzulässig.[345] Art. 71 HS. 2 GG relativiert diese Sperrwirkung zwar dahin, dass die Länder tätig werden können, wenn und soweit sie durch Bundesgesetz ausdrücklich hierzu ermächtigt werden.

---

[342] *Degenhart* (Fn. 90), Art. 70 Rn. 6.
[343] *Uhle* (Fn. 33), Art. 70 Rn. 31.
[344] Zu deren Aufnahme in das Grundgesetz im Zuge der Föderalismusreform I kurz *Sturm* (Fn. 110), 45 f.
[345] *Seiler*, in: Epping/Hillgruber (Hrsg.), Beck OK GG, 4. Ed. 2009, Art. 71 Rn. 1.

Diese Bestimmung hat jedoch in der Praxis kaum Bedeutung erlangt.[346] Kompetenztitel für die ausschließliche Gesetzgebungskompetenz finden sich einerseits in Art. 73 GG, aber auch überall dort, wo das GG ausdrücklich bestimmt „das Nähere regelt ein Bundesgesetz"[347], oder dies durch ähnliche Formulierungen impliziert.[348]

2. Die ausschließlichen Kompetenzen in concreto

Artikel 73 GG lautet nach der Änderung durch die Föderalismusreform I wie folgt: 123

Artikel 73 GG

(1) Der Bund hat die ausschließliche Gesetzgebung über:

1. die auswärtigen Angelegenheiten sowie die Verteidigung einschließlich des Schutzes der Zivilbevölkerung;
2. die Staatsangehörigkeit im Bunde;
3. die Freizügigkeit, das Passwesen, das Melde- und Ausweiswesen, die Ein- und Auswanderung und die Auslieferung;
4. das Währungs-, Geld- und Münzwesen, Maße und Gewichte sowie die Zeitbestimmung;
5. die Einheit des Zoll- und Handelsgebietes, die Handels- und Schiffahrtsverträge, die Freizügigkeit des Warenverkehrs und den Waren- und Zahlungsverkehr mit dem Auslande einschließlich des Zoll- und Grenzschutzes;
    a) den Schutz deutschen Kulturgutes gegen Abwanderung ins Ausland;
6. den Luftverkehr;
    a) den Verkehr von Eisenbahnen, die ganz oder mehrheitlich im Eigentum des Bundes stehen (Eisenbahnen des Bundes), den Bau, die Unterhaltung und das Betreiben von Schienenwegen der Eisenbahnen des Bundes sowie die Erhebung von Entgelten für die Benutzung dieser Schienenwege;
7. das Postwesen und die Telekommunikation;
8. die Rechtsverhältnisse der im Dienste des Bundes und der bundesunmittelbaren Körperschaften des öffentlichen Rechtes stehenden Personen;
9. den gewerblichen Rechtsschutz, das Urheberrecht und das Verlagsrecht;

---

[346] *Bullinger*, DÖV 1970, 761 (764); *Schnapauff*, in: Hömig (Hrsg.), GG, 8. Aufl. 2007, Art. 71.
[347] Aufzählung aller dieser Kompetenztitel außerhalb des Art. 71 GG in: *Rengeling* (Fn. 311), Rn. 149.
[348] Vgl. z. B. Art. 16a Abs. 2, 3 (Asylrecht); 17a GG (Grundrechtseinschränkung zu Verteidigungszwecken).

a) die Abwehr von Gefahren des internationalen Terrorismus durch das Bundeskriminalpolizeiamt in Fällen, in denen eine länderübergreifende Gefahr vorliegt, die Zuständigkeit einer Landespolizeibehörde nicht erkennbar ist oder die oberste Landesbehörde um eine Übernahme ersucht;

10. die Zusammenarbeit des Bundes und der Länder

   a) in der Kriminalpolizei,
   b) zum Schutze der freiheitlichen demokratischen Grundordnung, des Bestandes und der Sicherheit des Bundes oder eines Landes (Verfassungsschutz) und
   c) zum Schutze gegen Bestrebungen im Bundesgebiet, die durch Anwendung von Gewalt oder darauf gerichtete Vorbereitungshandlungen auswärtige Belange der Bundesrepublik Deutschland gefährden, sowie die Einrichtung eines Bundeskriminalpolizeiamtes und die internationale Verbrechensbekämpfung;

11. die Statistik für Bundeszwecke;
12. das Waffen- und das Sprengstoffrecht;
13. die Versorgung der Kriegsbeschädigten und Kriegshinterbliebenen und die Fürsorge für die ehemaligen Kriegsgefangenen;
14. die Erzeugung und Nutzung der Kernenergie zu friedlichen Zwecken, die Errichtung und den Betrieb von Anlagen, die diesen Zwecken dienen, den Schutz gegen Gefahren, die bei Freiwerden von Kernenergie oder durch ionisierende Strahlen entstehen, und die Beseitigung radioaktiver Stoffe.

(2) Gesetze nach Absatz 1 Nr. 9a bedürfen der Zustimmung des Bundesrates.[349]

124 Ausschließliche Gesetzgebungskompetenzen des Bundes finden sich auch außerhalb des Katalogs des Art. 73 GG überall dort, wo das Grundgesetz ausdrücklich eine **Regelung durch Bundesgesetz** vorsieht oder stillschweigend voraussetzt.[350] Knüpft der Verfassungstext dabei an eine bereits in Art. 73 GG erwähnte Materie an, liegt lediglich eine deklaratorische, ansonsten eine konstitutive Kompetenzzuweisung vor. In Art. 105 Abs. 1, 143a Abs. 1 S. 1 und Art. 143b Abs. 1 S. 2 spricht das Grundgesetz sogar ausdrücklich von ausschließlicher Gesetzgebung. Folgend soll ein Überblick über diese Kompetenztitel gegeben werden[351]:

---

[349] Inwiefern etwa bestimmte Kompetenztitel auch Regelungen im Kulturbereich ermöglichen, erörtert *Berggreen-Merkel*, Die bundesstaatliche Ordnung der Kultur aus rechtlicher und politischer Sicht, in: Härtel (Hrsg.), Handbuch Föderalismus – Föderalismus als demokratische Rechtsordnung und Rechtskultur in Deutschland, Europa und der Welt, Bd. III, 2012, §57. Die Kompetenztitel des Art. 73 Abs. 1 Nr. 9a und 10 GG behandelt *Kugelmann*, Polizei und Polizeirecht in der föderalen Ordnung des Grundgesetzes, in: Härtel (Hrsg.), Handbuch Föderalismus – Föderalismus als demokratische Rechtsordnung und Rechtskultur in Deutschland, Europa und der Welt, Bd. III, 2012, §52.

[350] *Stettner* (Fn. 2), Art. 71 Rn. 7.

[351] Ausführliche Aufzählung siehe: *Rengeling* (Fn. 311), Rn. 146; *Stettner* (Fn. 2), Art. 71 Rn. 7.

- **Verfassungsänderung**: Nach Art. 79 Abs. 1 GG bedarf eine Änderung des Grundgesetzes eines Bundesgesetzes. Naturgemäß kann eine solche allein durch den Bund erfolgen.   125
- **Verteidigung**: Im Bereich der Verteidigung und der Kriegsführung finden sich mehrere Kompetenztitel, so Art. 4 Abs. 3 S. 2 GG (Kriegsdienstverweigerung mit der Waffe), Art. 26 Abs. 2 S. 2 GG (Herstellung, Beförderung und Inverkehrbringen von zur Kriegsführung bestimmter Waffen), Art. 45b S. 2 GG (Berufung eines Wehrbeauftragten), Art. 115c Abs. 2 GG (Enteignungen und Freiheitsentziehungen im Verteidigungsfall), sowie Art. 115l Abs. 3 GG (Friedensschluss).   126
- **Bundesorgane/Bundeshauptstadt**: Einige Fälle der Bundeszuständigkeit kraft Natur der Sache finden sich im Grundgesetz ausdrücklich geregelt. Dies betrifft vor allem die Wahl und Arbeitsweise von Bundesorganen, wie beispielsweise Art. 38 Abs. 3 GG (Wahl zum Bundestag), Art. 41 Abs. 3 GG (Wahlprüfung), Art. 45c Abs. 2 GG (Petitionsausschuss des Bundestages), Art. 48 Abs. 1 S. 2 (Rechte und Pflichten der Abgeordneten) oder Art. 54 Abs. 7 GG (Wahl und Amtsdauer des Bundespräsidenten). Ferner sieht Art. 22 Abs. 1 S. 2 GG nunmehr ausdrücklich eine ausschließliche Kompetenz für Regelungen mit Blick auf die Bundeshauptstadt vor. 127
- **Völker- und Europarecht**: Im Bereich der völkerrechtlichen Repräsentation und der Übertragung von Hoheitsrechten stehen dem Bund folgende Kompetenzen zu: Art. 23 Abs. 1 Satz 2, Abs. 3 Satz 3 und Abs. 7 GG (Angelegenheiten der Europäischen Union), Art. 24 Abs. 1 GG (Übertragung von Hoheitsrechten auf zwischenstaatliche Einrichtungen) und Art. 59 Abs. 2 Satz 1 GG (Abschluss völkerrechtlicher Verträge).   128
- **Verwaltung**: Im Bereich der Verwaltung besitzt der Bund für die Verwaltung in der Bundesaufsicht nach Art. 84 Abs. 5 Satz 1 die Kompetenz, der Bundesregierung durch zustimmungsbedürftiges Bundesgesetz die Befugnis zu verleihen, in besonderen Fällen Einzelweisungen zu erteilen. Für den Bereich der Bundesauftragsverwaltung sieht Art. 85 Abs. 1 GG eine ausschließliche Bundeskompetenz vor. Daneben finden sich in den Art. 87 ff. GG einzelne ausschließliche Bundeskompetenzen, so vor allem zur Einrichtung bestimmter Behörden. Art. 87 Abs. 1 S. 2 GG sieht z. B. die Möglichkeit der Einrichtung von Bundesgrenzschutzbehörden (heute Bundespolizei) und des Bundeskriminalpolizeiamtes vor. Außerdem besteht nach Art. 87 Abs. 3 GG die Kompetenz des Bundes, durch Bundesgesetz selbständige Bundesoberbehörden und neue bundesunmittelbare Körperschaften und Anstalten öffentlichen Rechts zu errichten. 129
- Im Titel IX über die **Rechtsprechung** (Art. 92–104 GG) finden sich verstreut ausschließliche Zuständigkeiten des Bundes, z. B. Art. 93 Abs. 3 GG (Erweiterung der Zuständigkeiten des Bundesverfassungsgerichts), Art. 94 Abs. 2 GG (Verfassung und Verfahren des Bundesverfassungsgerichts) oder Art. 98 Abs. 1 GG (Rechtsstellung der Bundesrichter).   130

131 • In der **Finanzverfassung**[352] (Art. 104a–115 GG) findet sich eine Reihe von ausschließlichen Zuständigkeiten des Bundes, so z. B. Art. 105 Abs. 1 GG über Zölle und Finanzmonopole, Art. 108 Abs. 6 GG (Finanzgerichtsbarkeit) oder Art. 110 Abs. 2 S. 1 GG (Bundeshaushaltsgesetz). Besonders zu erwähnen ist die Kompetenz des Bundes nach Art. 107 GG für die Verteilung des örtlichen Steueraufkommens der Einkommen- und Körperschaftsteuer sowie der Umsatzsteuer (Abs. 1), den Finanzausgleich zwischen den Ländern (Abs. 2 S. 1) und die Bundesergänzungszuweisungen (Abs. 2 S. 2).[353] Darüber hinaus sieht Art. 108 GG diverse Regelungsmöglichkeiten des Bundes im Bereich der Finanzverwaltung vor. In diesem Zusammenhang ist (nochmalig) auf die Änderungen der (ausschließlichen) Gesetzgebungskompetenzen des Bundes in der Finanzverfassung durch die Föderalismusreform II hinzuweisen. Die Föderalismusreform I hat in diesem Bereich vor allem die neue ausschließliche Bundeskompetenz des Art. 104a Abs. 6 GG hervor gebracht. Hier ist der Bund berufen, das Nähere in Bezug auf die Lastentragung bei Verletzung supranationaler oder völkerrechtlicher Verpflichtungen Deutschlands zu regeln.

132 • Schließlich umfassen die **Übergangsvorschriften** einige ausschließliche Bundeskompetenzen, beispielsweise Art. 134 Abs. 4 GG (Rechtsnachfolge in das Reichsvermögen). Weiterhin geben Art. 16a Abs. 2 S. 2 und Abs. 3 S. 1 GG ausschließliche Bundeskompetenzen zum **Asylrecht** und Art. 21 Abs. 3 GG zum Recht der **politischen Parteien**. Diverse ausschließliche Bundeszuständigkeiten enthält auch Art. 29 GG für den Bereich der **Neugliederung des Bundesgebietes**. Art. 91a Abs. 2 GG sieht eine ausschließliche Bundeszuständigkeit für die **Gemeinschaftsaufgaben** vor. Der schon erwähnte Art. 72 Abs. 4 GG konstituiert eine ausschließliche Kompetenz für die Festlegung der **Ersetzungsbefugnisse der Länder**.

133 Das Bundesverfassungsgericht entnimmt auch Art. 35 Abs. 2 S. 2 und Abs. 3 S. 1 GG (**Einsatz der Streitkräfte beim Katastrophennotstand**) eine ausschließliche Bundeskompetenz zur Regelung der Voraussetzungen des Einsatzes der Streitkräfte bei der Bekämpfung von Naturkatastrophen und schweren Unglücksfällen, obwohl im Wortlaut „Bundesgesetz" nicht ausdrücklich auftaucht.[354]

---

[352] Siehe zur Gesetzgebungskompetenzverteilung im Bereich der Steuern auch *Leisner-Egensperger*, Gesetzgebungs- und Verwaltungskompetenzen von Bund und Ländern im Bereich der Steuern, in: Härtel (Hrsg.), Handbuch Föderalismus – Föderalismus als demokratische Rechtsordnung und Rechtskultur in Deutschland, Europa und der Welt, Bd. II, 2012, §40.

[353] Siehe hierzu die Leitentscheidungen des BVerfG: BVerfGE 1, 117 – Länderfinanzausgleich I; 72, 330 – Länderfinanzausgleich II; 86, 148 – Länderfinanzausgleich III; 101, 158 – Länderfinanzausgleich IV; 116, 327 – Länderfinanzausgleich V, extreme Haushaltsnotlage Berlin; zum vom BVerfG in seinem dritten Urteil zum Länderfinanzausgleich geforderten Maßstäbegesetz *Maurer* (Fn. 39), §17, Rn. 46a.

[354] BVerfGE 115, 118 (Leitsatz 1 und 141 ff.); *Ipsen* (Fn. 41), Rn. 554.

II. Die konkurrierende Gesetzgebungskompetenz des Bundes

1. Der Begriff der konkurrierenden Gesetzgebungskompetenz

Wie die ausschließliche verleiht auch die konkurrierende Gesetzgebungskompetenz dem Bund eine Vollkompetenz.[355] Der Unterschied besteht allerdings darin, dass die Länder im Bereich der konkurrierenden Zuständigkeit zur Gesetzgebung befugt sind, solange und soweit der Bund nicht von seiner Kompetenz Gebrauch gemacht hat oder ihnen eine Abweichungskompetenz nach Art. 72 Abs. 3 GG zusteht. Eine bundesgesetzliche Regelung entfaltet hier also – mit Ausnahme des Bereichs der Abweichungsgesetzgebung – zum einen **zeitliche Sperrwirkung** („solange"), zum anderen **sachliche Sperrwirkung** („soweit").[356] Schweigt ein Bundesgesetz über eine bestimmte Frage, kann trotzdem die sachliche Sperrwirkung den Ländern eine Regelung verwehren, wenn das Bundesrecht in diesem Bereich abschließend ist, sog. absichtsvolles Schweigen[357]. Von einer abschließenden Regelung ist insbesondere bei den großen Gesetzgebungswerken des Zivil- und Strafrechts auszugehen. Sie sind „kodifikatorisch", also für ihren Sachbereich erschöpfend.[358] Daher könnte beispielsweise der Landesgesetzgeber keinen neuen Straftatbestand, der im Strafgesetzbuch nicht enthalten ist, einführen, da das Strafgesetzbuch diesen Bereich abschließend regelt. Die Kompetenztitel der konkurrierenden Gesetzgebung sind in Art. 74 GG aufgezählt. Ist ein solcher Kompetenztitel einschlägig, richtet sich die Ausübung der Gesetzgebungskompetenz nach Art. 72 GG. Hier ist zwischen Vorrang-, Bedarfs- und Abweichungskompetenzen zu unterscheiden. Neben den in Art. 74 GG genannten Materien sieht das Grundgesetz eine konkurrierende Bundeskompetenz noch für den Bereich der Steuergesetzgebung in Art. 105 Abs. 2 GG vor.[359] Danach besteht abgesehen von Zöllen und Finanzmonopolen sowie den in Art. 105 Abs. 2a GG genannten Bereichen eine erforderlichkeitsabhängige konkurrierende Bundeszuständigkeit. Der Art nach handelt es sich auch bei Art. 84 Abs. 1 S. 2 GG um eine konkurrierende Bundeskompetenz,[360] allerdings mit Abweichungsrecht der Länder.

134

2. Arten der konkurrierenden Gesetzgebung

a) **Die Vorranggesetzgebung** (oder auch Kernkompetenz) ist dadurch gekennzeichnet, dass das Grundgesetz von der **Erforderlichkeit** einer bundesgesetzlichen

135

---

[355] *Pieroth* (Fn. 3), Art. 72 Rn. 2.
[356] *Kunig* (Fn. 121), Art. 72 Rn. 8.
[357] *Haratsch* (Fn. 95), Art. 72 Rn. 8 f.
[358] *Maurer* (Fn. 39), §17, Rn. 31; *Ipsen* (Fn. 41), Rn. 565.
[359] Vgl. *Schnapauff* (Fn. 346), Art. 72 Rn. 3.
[360] *Pieroth* (Fn. 3), Art. 84 Rn. 2.

Regelung ausgeht[361]; eine weitere Erforderlichkeitsprüfung erübrigt sich also. Zu den Kernkompetenzen gehören alle nicht in Art. 72 Abs. 2 GG aufgeführten Sachmaterien – auch die der Abweichungsgesetzgebung. Der Unterschied zu den ausschließlichen Kompetenzen in Art. 71, 73 GG besteht darin, dass im Bereich der Vorranggesetzgebung die Länder dann Gesetze erlassen können, solange und soweit der Bund von seiner Zuständigkeit keinen Gebrauch gemacht hat, während ihnen dies auf dem Gebiet der ausschließlichen Kompetenzen prinzipiell verwehrt ist.

136 **b) Bedarfskompetenzen (Art. 72 Abs. 2 GG).** Für die in Art. 72 Abs. 2 GG aufgeführten Sachmaterien bestehen Bedarfskompetenzen, das heißt, dass der Bund hier nur dann tätig werden darf, „wenn und soweit die Herstellung gleichwertiger Lebensverhältnisse im Bundesgebiet oder die Wahrung der Rechts- und Wirtschaftseinheit im gesamtstaatlichen Interesse eine bundesgesetzliche Regelung erforderlich macht." Damit erfolgt im Bereich der Bedarfskompetenzen eine zusätzliche Erforderlichkeitsprüfung als Voraussetzung für die **Kompetenzausübung**, weshalb auch von einer Erforderlichkeitsgesetzgebung gesprochen wird.[362]

137 **aa) Historische Entwicklung der Erforderlichkeitsklausel.** Art. 72 Abs. 2 GG wurde seit Bestehen des Grundgesetzes zweimal grundlegend geändert – mit den Verfassungsreformen in den Jahren 1994 und 2006. In der ursprünglichen Fassung von 1949 sollte mit der Formulierung „Bedürfnis nach bundesgesetzlicher Regelung" dem Bundesgesetzgeber ein gerichtlich nicht überprüfbares Ermessen eingeräumt werden[363], um die von den Besatzungsmächten forcierte starke Ausprägung der föderalen Gewaltenteilung zu relativieren.[364] In der Folge bestimmte das Bundesverfassungsgericht, dass die Frage, ob ein Bedürfnis nach bundesgesetzlicher Regelung bestehe, eine Frage pflichtgemäßen Ermessens des Bundesgesetzgebers und daher der Nachprüfung durch das Bundesverfassungsgericht grundsätzlich entzogen sei.[365] Es beanstandete also kein Gesetz wegen eines Verstoßes gegen das Erforderlichkeitskriterium, so dass Art. 72 Abs. 2 GG a. F. als Korrektiv weitgehend wirkungslos blieb. Dies sollte sich nach dem Willen des verfassungsändernden Gesetzgebers[366] durch die erste große **Neufassung** des Art. 72 Abs. 2 GG im Jahre **1994** ändern, weshalb

---

[361] *Ipsen* (Fn. 41), Rn. 558.

[362] So die Bezeichnung von *Degenhart*, NVwZ 2006, 1209 ff.; *Schmidt-Jortzig*, „Abweichungsgesetzgebung" als neues Kompetenzverteilungsinstrument zwischen den Gliederungsebenen des deutschen Bundesstaates, in: Härtel (Hrsg.) Handbuch Föderalismus – Föderalismus als demokratische Rechtsordnung und Rechtskultur in Deutschland, Europa und der Welt, Bd. I, 2012, §20.

[363] *Neumayer*, Der Weg zur neuen Erforderlichkeitsklausel für die konkurrierende Gesetzgebung des Bundes (Art. 72 Abs. 2 GG), 1999, S. 25, 56 f., 61 f., 64 f.

[364] *Rüfner* (Fn. 340), S. 392; *Oeter*, in: v. Mangoldt/Klein/Starck (Hrsg.), 5. Aufl. 2005, Art. 72 Rn. 31 ff.

[365] BVerfGE 2, 213 (224).

[366] Vgl. BT-Drs. 12/6633, S. 8 und BR-Drs. 886/93, S. 16.

die Bedürfnis- durch eine **Erforderlichkeitsklausel** ersetzt wurde.[367] Auch wenn die Neufassung des Wortlauts an sich nicht derart ausgeprägt schien, nahm das Bundesverfassungsgericht den eindeutigen Willen des Gesetzgebers zum Anlass, seine Rechtsprechung zur Justiziabilität des Art. 72 Abs. 2 GG grundlegend zu revidieren.[368] Im Altenpflegeurteil stellte das Gericht fest: „Die Entstehungsgeschichte des Art. 72 Abs. 2 GG n. F. belegt, dass der verfassungsändernde Gesetzgeber mit der Neufassung des Art. 72 Abs. 2 GG [...] das Ziel verfolgt hat, die Position der Länder zu stärken und zugleich eine effektive verfassungsrechtliche Überprüfung sicherzustellen."[369] Im Urteil zur Juniorprofessur bestätigte es seine Auffassung: „Art. 72 Abs. 2 GG macht eine Gesetzgebungskompetenz des Bundes von einem Erforderlichkeitskriterium abhängig, das der verfassungsgerichtlichen Kontrolle unterliegt"[370]. Damit wendet sich das Bundesverfassungsgericht ab von der Nichtüberprüfbarkeit des Art. 72 Abs. 2 GG hin zu einer **vollen Justiziabilität**, wobei es strenge Maßstäbe an die Tatbestandsmerkmale der Erforderlichkeitsklausel legt. Während die Erforderlichkeitsklausel früher für alle Materien der konkurrierenden Gesetzgebung galt, ist ihr Anwendungsbereich mit der **Föderalismusreform I (2006)** auf bestimmte Materien beschränkt worden.

bb) **Der Tatbestand des Art. 72 Abs. 2 GG n. F.** Der Tatbestand des Art. 72 Abs. 2 GG n. F. nennt drei Voraussetzungen, deren alternatives Vorliegen eine bundesgesetzliche Regelung rechtfertigen kann: die Herstellung gleichwertiger Lebensverhältnisse im Bundesgebiet, die Wahrung der Rechtseinheit und die Erhaltung der Wirtschaftseinheit im gesamtstaatlichen Interesse. Die Erforderlichkeit der „**Herstellung gleichwertiger Lebensverhältnisse**" trägt der Notwendigkeit gleicher Lebens- und Entwicklungschancen soweit wie möglich Rechnung[371], wird und soll aber nicht zur (völligen) Einheitlichkeit der Lebensverhältnisse führen. Erst wenn sich ohne bundesgesetzliche Regelung die Lebensverhältnisse in den Ländern der Bundesrepublik in erheblicher, das bundesstaatliche Sozialgefüge beeinträchtigender Weise auseinander entwickeln oder sich eine derartige Entwicklung konkret abzeichnet, soll eine bundesgesetzliche Regelung erforderlich sein.[372] Aus der Formulierung „Herstellung gleichwertiger Lebensverhältnisse" geht hervor, dass das Ziel der bloßen Verbesserung der Lebensverhältnisse eine bundesgesetzliche Regelung nicht legitimiert. Die Initiative zur Verbesserung liegt bei den Ländern. Erst wenn ihre Gesetzgebung oder ihr Untätigbleiben zu einer **Rechtszersplitterung** führt, welche die Gleichwertigkeit der Lebensverhältnisse beeinträchtigt, darf der

138

---

[367] Zur Rechtslage nach der Verfassungsreform (vollumfänglich überprüfbarer unbestimmter Rechtsbegriff) siehe *Kunig* (Fn. 121), Art. 72 Rn. 24; *Degenhart*, NVwZ 2006, 1209 (1210); *Gerstenberg* (Fn. 11), S. 123.
[368] *Rüfner* (Fn. 340), S. 393.
[369] BVerfGE 106, 62 (144) – Altenpflegegesetz.
[370] BVerfGE 111, 226 (253) – Juniorprofessur.
[371] BVerfGE 106, 62 (144) – Altenpflegegesetz.
[372] BVerfGE 106, 62 (144) – Altenpflegegesetz.

Bundesgesetzgeber tätig werden.[373] Dies wurde beispielsweise für den Bereich der Sozialversicherung angenommen.[374]

139 Die „**Wahrung der Rechtseinheit und der Wirtschaftseinheit**" betreffen unmittelbar institutionelle Voraussetzungen und (erst) mittelbar die Lebensverhältnisse der Bürger. Wird hier ein Bereich in den einzelnen Bundesländern so unterschiedlich gesetzlich geregelt, dass eine Rechtszersplitterung entsteht, so besteht die Erforderlichkeit im Sinne des Art. 72 Abs. 2 GG erst dann, wenn sie eine **Rechtszersplitterung** mit problematischen Folgen darstellt, so dass der Bund im Gesamtinteresse ein Gesetz erlassen kann. Dies ist vor allem dann der Fall, wenn die unterschiedliche Regelung eines Sachverhaltes Rechtsunsicherheiten und damit unzumutbare Behinderungen für den länderübergreifenden Rechtsverkehr erzeugen kann. Der Umstand allein, dass unterschiedliche Gesetze in den Ländern existieren, genügt nicht, da dies eine notwendige Folge des bundesstaatlichen Aufbaus darstellt.[375] Aus diesem Grunde sah das Bundesverfassungsgericht weder in der Entscheidung zur Juniorprofessur[376] noch zu den Studiengebühren[377] das Erforderlichkeitskriterium als erfüllt an.

140 Die **Wahrung der Wirtschaftseinheit** liegt dann im gesamtstaatlichen Interesse, wenn es um die Erhaltung der Funktionsfähigkeit des Wirtschaftsraums der Bundesrepublik durch bundesgesetzliche Rechtsetzung geht. Der Bund darf dann regelnd tätig werden, wenn unterschiedliche Landesregelungen oder das Untätigbleiben von Ländern erhebliche Nachteile für die Gesamtwirtschaft mit sich brächten.[378]

141 c) **Abweichungskompetenzen (Art. 72 Abs. 3 GG).** In Art. 72 Abs. 3 GG wurden als Novum in der Verfassungsgeschichte die Abweichungskompetenzen[379] der Länder eingeführt. Betroffen sind die Bereiche der früheren Rahmengesetzgebung (Jagdrecht, Naturschutzrecht, Bodenverteilung, Raumordnung, Wasserhaushalt, Hochschulzulassung und Hochschulabschlüsse). Ausgenommen von der Abweichungsmöglichkeit sind allerdings bestimmte Kernbereiche, so das Recht der Jagdscheine, die allgemeinen Grundsätze des Naturschutzes, das Recht des Artenschutzes oder des Meeresnaturschutzes und stoff- und anlagenbezogene Regelungen im Bereich des Wasserhaushalts.

---

[373] *Rüfner* (Fn. 340), S. 395.
[374] BVerfGE 113, 167 (202) – Risikostrukturausgleich.
[375] BVerfGE 106, 62 (144) – Altenpflegegesetz.
[376] BVerfGE 111, 226 (254) – Juniorprofessur.
[377] BVerfGE 112, 226 (250) – Studiengebühren.
[378] BVerfGE 106, 62 (144) – Altenpflegegesetz.
[379] *Schmidt-Jortzig*, „Abweichungsgesetzgebung" als neues Kompetenzverteilungsinstrument zwischen den Gliederungsebenen des deutschen Bundesstaates, in: Härtel (Hrsg.) Handbuch Föderalismus – Föderalismus als demokratische Rechtsordnung und Rechtskultur in Deutschland, Europa und der Welt, Bd. I, 2012, §20.

3. Die konkurrierende Bundesgesetzgebung in concreto

Neben Art. 105 Abs. 2 GG für die Steuergesetzgebung und Art. 84 Abs. 1 S. 2 GG im Bereich der Bundesaufsichtsverwaltung enthält in maßgeblicher Weise Art. 74 Abs. 1 GG die Titel der konkurrierenden Gesetzgebung. Seit der Föderalismusreform I hat Art. 74 GG folgenden Wortlaut:

142

Artikel 74 GG

(1) Die konkurrierende Gesetzgebung erstreckt sich auf folgende Gebiete:

1. das bürgerliche Recht, das Strafrecht, die Gerichtsverfassung, das gerichtliche Verfahren (ohne das Recht des Untersuchungshaftvollzugs), die Rechtsanwaltschaft, das Notariat und die Rechtsberatung;
2. das Personenstandswesen;
3. das Vereinsrecht;
4. das Aufenthalts- und Niederlassungsrecht der Ausländer;
   a) [aufgehoben];
5. [aufgehoben];
6. die Angelegenheiten der Flüchtlinge und Vertriebenen;
7. die öffentliche Fürsorge (ohne das Heimrecht);
8. [aufgehoben];
9. die Kriegsschäden und die Wiedergutmachung;
10. die Kriegsgräber und Gräber anderer Opfer des Krieges und Opfer von Gewaltherrschaft;
11. das Recht der Wirtschaft (Bergbau, Industrie, Energiewirtschaft, Handwerk, Gewerbe, Handel, Bank- und Börsenwesen, privatrechtliches Versicherungswesen) ohne das Recht des Ladenschlusses, der Gaststätten, der Spielhallen, der Schaustellung von Personen, der Messen, der Ausstellungen und der Märkte;
    a) [aufgehoben];
12. das Arbeitsrecht einschließlich der Betriebsverfassung, des Arbeitsschutzes und der Arbeitsvermittlung sowie die Sozialversicherung einschließlich der Arbeitslosenversicherung;
13. die Regelung der Ausbildungsbeihilfen und die Förderung der wissenschaftlichen Forschung;
14. das Recht der Enteignung, soweit sie auf den Sachgebieten der Artikel 73 und 74 in Betracht kommt;
15. die Überführung von Grund und Boden, von Naturschätzen und Produktionsmitteln in Gemeineigentum oder in andere Formen der Gemeinwirtschaft;
16. die Verhütung des Missbrauchs wirtschaftlicher Machtstellung;
17. die Förderung der land- und forstwirtschaftlichen Erzeugung (ohne das Recht der Flurbereinigung), die Sicherung der Ernährung, die Ein- und Ausfuhr land- und forstwirtschaftlicher Erzeugnisse, die Hochsee- und Küstenfischerei und den Küstenschutz;

18. den städtebaulichen Grundstücksverkehr, das Bodenrecht (ohne das Recht der Erschließungsbeiträge) und das Wohngeldrecht, das Altschuldenhilferecht, das Wohnungsbauprämienrecht, das Bergarbeiterwohnungsbaurecht und das Bergmannssiedlungsrecht;
19. Maßnahmen gegen gemeingefährliche oder übertragbare Krankheiten bei Menschen und Tieren, Zulassung zu ärztlichen und anderen Heilberufen und zum Heilgewerbe, sowie das Recht des Apothekenwesens, der Arzneien, der Medizinprodukte, der Heilmittel, der Betäubungsmittel und der Gifte;

   a) die wirtschaftliche Sicherung der Krankenhäuser und die Regelung der Krankenhauspflegesätze;

20. das Recht der Lebensmittel einschließlich der ihrer Gewinnung dienenden Tiere, das Recht der Genussmittel, Bedarfsgegenstände und Futtermittel sowie den Schutz beim Verkehr mit land- und forstwirtschaftlichem Saat- und Pflanzgut, den Schutz der Pflanzen gegen Krankheiten und Schädlinge sowie den Tierschutz;
21. die Hochsee- und Küstenschifffahrt sowie die Seezeichen, die Binnenschifffahrt, den Wetterdienst, die Seewasserstraßen und die dem allgemeinen Verkehr dienenden Binnenwasserstraßen;
22. den Straßenverkehr, das Kraftfahrwesen, den Bau und die Unterhaltung von Landstraßen für den Fernverkehr sowie die Erhebung und Verteilung von Gebühren oder Entgelten für die Benutzung öffentlicher Straßen mit Fahrzeugen;
23. die Schienenbahnen, die nicht Eisenbahnen des Bundes sind, mit Ausnahme der Bergbahnen;
24. die Abfallwirtschaft, die Luftreinhaltung und die Lärmbekämpfung (ohne Schutz vor verhaltensbezogenem Lärm);
25. die Staatshaftung;
26. die medizinisch unterstützte Erzeugung menschlichen Lebens, die Untersuchung und die künstliche Veränderung von Erbinformationen sowie Regelungen zur Transplantation von Organen, Geweben und Zellen;
27. die Statusrechte und -pflichten der Beamten der Länder, Gemeinden und anderen Körperschaften des öffentlichen Rechts sowie der Richter in den Ländern mit Ausnahme der Laufbahnen, Besoldung und Versorgung;
28. das Jagdwesen;
29. den Naturschutz und die Landschaftspflege;
30. die Bodenverteilung;
31. die Raumordnung;
32. den Wasserhaushalt;
33. die Hochschulzulassung und die Hochschulabschlüsse.

(2) Gesetze nach Absatz 1 Nr. 25 und 27 bedürfen der Zustimmung des Bundesrates.[380]

---

[380] Inwiefern etwa bestimmte Kompetenztitel auch Regelungen im Kulturbereich ermöglichen, erörtert *Berggreen-Merkel*, Die bundesstaatliche Ordnung der Kultur aus rechtlicher und politischer

III. Ungeschriebene Gesetzgebungskompetenzen

Gemäß Art. 70 Abs. 1 GG haben die Länder das Recht der Gesetzgebung, soweit das Grundgesetz dieses nicht dem Bund verleiht. Dieser Vorbehalt der Zuweisung von Kompetenzen an den Bund wird nicht nur durch ausdrückliche Kompetenzen gewahrt, sondern auch durch solche Regelungen, die eine Zuweisung implizit enthalten. Voraussetzung ist allerdings, dass die Kompetenzen eine Anknüpfung im Grundgesetz finden.[381] Bei den ungeschriebenen Kompetenzen wird unterschieden zwischen Kompetenz kraft Sachzusammenhangs, Annexkompetenz und Bundeskompetenz kraft Natur der Sache.[382] Sowohl die Kompetenz kraft Sachzusammenhangs als auch die Annexkompetenz knüpfen an einen bestehenden positiven Kompetenztitel an und können so als **implizit im Grundgesetz** verankert anerkannt werden.[383] Einige Stimmen halten diese Kompetenzen deshalb aber auch für entbehrlich: Wenn diese Kompetenzen im Wege der Auslegung aus der Norm bzw. dem Kompetenztitel abgeleitet werden können, sei ein Rückgriff auf ungeschriebene Kompetenzen unnötig.[384] Die Kompetenz kraft Natur der Sache knüpft hingegen nicht an einen bestehenden Kompetenztitel an, sondern bedarf vielmehr des **Rückgriffs auf allgemeine bundesstaatliche Verfassungsprinzipien**.[385] Da der Katalog der Bundeszuständigkeiten abschließend ist, sind die Ausnahmen der ungeschriebenen Kompetenzen eng auszulegen.[386]

143

1. Zuständigkeit kraft Sachzusammenhangs

Eine Kompetenz kraft Sachzusammenhangs liegt nach der Rechtsprechung des Bundesverfassungsgerichts vor, „wenn eine dem Bund ausdrücklich zugewiesene Materie verständlicherweise nicht geregelt werden kann, ohne dass zugleich eine nicht ausdrücklich zugewiesene Materie mitgeregelt wird, wenn also ein Übergreifen in letztere Materie unerlässliche Voraussetzung ist"[387]. Da die ausdrückliche Kompetenzverteilung durchbrochen wird, ist bei der Annahme einer Kompetenz kraft Sachzusammenhangs Zurückhaltung geboten. Bloße Zweckmäßigkeitserwägungen reichen hierfür nicht aus.[388] Die Grenze für die Annahme einer Kompetenz kraft Sachzusammenhangs liegt zugleich in ihrer Begründung: Nur soweit ein Rekurs auf

144

Sicht, in: Härtel (Hrsg.), Handbuch Föderalismus – Föderalismus als demokratische Rechtsordnung und Rechtskultur in Deutschland, Europa und der Welt, Bd. III, 2012, §57.

[381] *Kunig* (Fn. 121), Art. 70 Rn. 22; *Degenhart* (Fn. 90), Art. 70 Rn. 29; *Pieroth* (Fn. 3), Art. 70 Rn. 5.

[382] *Sannwald*, in: Schmidt-Bleibtreu/Klein (Hrsg.), GG, 11. Aufl. 2008, Vorb. v. Art. 70 Rn. 20.

[383] *Degenhart* (Fn. 90), Art. 70 Rn. 30.

[384] *Stettner* (Fn. 2), Art. 70 Rn. 63.

[385] *Ehlers*, Jura 2000, 323 (325).

[386] *Maurer* (Fn. 39), §17, Rn. 47.

[387] Vgl. nur BVerfGE 98, 265 (299); 3, 407 (427); 110, 33 (48).

[388] BVerfGE 3, 407 (421); *Ipsen* (Fn. 41), Rn. 593.

einen anderen Sachbereich unabdingbare Voraussetzung ist, um eine **geschriebene Materie sinnvoll zu regeln**, ist ein solcher Rückgriff zulässig. Dies wird in der Regel nur bei punktueller Inspruchnahme der nicht ausdrücklich zugewiesenen Kompetenz der Fall sein.[389] Angenommen wurde ein Sachzusammenhang beispielsweise für Teilmaterien des Rundfunkrechts im Kontext mit dem Parteienrecht: Um das Parteienrecht sinnvoll regeln zu können, darf der Bund die Vergabe von Sendezeiten für Wahlwerbespots im Rundfunk bestimmen, obwohl das Rundfunkrecht eigentlich Sache der Länder ist.[390] Wenngleich die ungeschriebenen Kompetenzen meist im Zusammenhang mit Bundeskompetenzen stehen, ist auch eine **Landeskompetenz kraft Sachzusammenhangs** möglich. Eine solche wurde beispielsweise angenommen für wirtschafts- und arbeitsrechtliche Aspekte des Spielbankenrechts[391] oder für die Verjährung von Pressedelikten[392].

2. Annexkompetenz

145 Die Annexkompetenz unterscheidet sich von der Kompetenz kraft Sachzusammenhangs dadurch, dass sie innerhalb des bezeichneten Sachbereiches verbleibt und diesen nur durch **Einbeziehung von Stadien der Vorbereitung und Durchführung** erweitert[393], so dass insoweit ein funktionaler Zusammenhang zwischen der dem Bund zugewiesenen und schwerpunktmäßig geregelten Materie einerseits und der Annexmaterie andererseits besteht bzw. bestehen muss. Dabei geht die Kompetenzausdehnung im Vergleich zur Kompetenz kraft Sachzusammenhangs nicht in die Breite, sondern vielmehr in die Tiefe.[394] Voraussetzung für die Annahme einer Annexkompetenz ist zunächst, dass der Bund von einer ihm ausdrücklich zugewiesenen Gesetzgebungszuständigkeit Gebrauch macht.[395] Die geschriebene Bundeskompetenz darf dabei nicht speziell die fragliche Annexmaterie umfassen, weil sonst für eine Aktualisierung der Annexkompetenz von Anfang an kein Bedarf besteht und ihr Anwendungsbereich nicht eröffnet ist.[396] Ein entsprechender funktionaler Zusammenhang wird typischerweise bejaht für Regelungen des Verwaltungsverfahrens[397] oder des Gesetzesvollzugs[398] sowie des Gefahrenabwehrrechts[399]. Da die

---

[389] BVerfGE 98, 265 (299 f.); *Uhle* (Fn. 33), Art. 70 Rn. 68.
[390] BVerfGE 12, 205 (240 f.) – obiter dictum.
[391] BVerfGE 28, 119 (145 ff.).
[392] BVerfGE 7, 29 (38 f.); 36, 193 (203).
[393] BVerfGE 3, 407 (433); 8, 143 (149); *Ehlers*, Jura 2000, 323 (325); *Sannwald* (Fn. 382), Vorb. v. Art. 70 Rn. 6.
[394] Statt vieler *Ehlers*, Jura 2000, 323 (325); *Maurer* (Fn. 39), §10, Rn. 29.
[395] *Uhle* (Fn. 33), Art. 70 Rn. 71.
[396] *Uhle* (Fn. 33), Art. 70 Rn. 71.
[397] Vgl. BVerfGE 3, 407 (424 f.); 15, 1 (20); 26, 281 (300).
[398] Vgl. BVerfGE 77, 288 (299 f.).
[399] *Maurer* (Fn. 39), §10, Rn. 29.

Abgrenzung zur Gesetzgebungskompetenz kraft Sachzusammenhangs nicht immer eindeutig vorgenommen werden kann[400], ist umstritten, ob der Annexkompetenz ein eigenständiger Charakter zu kommt[401] oder ob sie als Unterfall der Zuständigkeit kraft Sachzusammenhangs anzusehen ist[402]. Auch das Bundesverfassungsgericht unterscheidet nicht mehr ausdrücklich zwischen Kompetenzen kraft Sachzusammenhangs und Annexkompetenzen.[403] Einige Stimmen in der Literatur erblicken hinter dieser Entscheidung des Bundesverfassungsgerichts die Wertung, dass die in der Literatur zu findenden Versuche einer Differenzierung der beiden Rechtsfiguren zu keinem nennenswerten Erkenntnisgewinn geführt haben, gleichzeitig aber Abgrenzungsschwierigkeiten in sich bergen.[404]

3. Zuständigkeit kraft Natur der Sache

Eine Gesetzgebungskompetenz des Bundes aus der Natur der Sache wird angenommen, wenn ein Gegenstand begriffsnotwendig nur vom Bund geregelt werden kann.[405] Das Bundesverfassungsgericht[406] bejaht eine **Bundesgesetzgebungskompetenz** kraft Natur der Sache „nach dem ungeschriebenen, **im Wesen der Dinge** begründeten Rechtssatz, wonach gewisse Sachgebiete, weil sie ihrer Natur nach eigenste, der partikularen Gesetzgebungszuständigkeit a priori entrückte Angelegenheiten des Bundes darstellen, von und nur von ihm geregelt werden können"[407]. Dies ist dann der Fall, wenn eine sinnvolle Regelung einer Materie durch die Länder zwingend ausgeschlossen ist, weil die Regelung für das Bundesgebiet nur einheitlich erfolgen kann. Laut Bundesverfassungsgericht muss sie „begriffsnotwendig sein und eine bestimmte Lösung unter Ausschluss anderer Möglichkeiten sachgerechter Lösung zwingend fordern".[408] Eine Zuständigkeit des Bundes kraft Natur der Sache wurde u. a. anerkannt für die Bestimmung der Bundessymbole[409], des Sitzes der Bundesregierung[410] und eines Nationalfeiertages.[411] Die genannten Beispiele lassen sich zu einer Fallgruppe nationaler, staatlicher Selbstdarstellung und Repräsentation

146

---

[400] *Degenhart* (Fn. 90), Art. 70 Rn. 43.
[401] *Ehlers*, Jura 2000, 323 (325); dazu *Maurer* (Fn. 39), §10, Rn. 29.
[402] Vgl. *v. Mutius*, Jura 1986, 498 (500); *Pieroth* (Fn. 3), Art. 70 Rn. 12.
[403] BVerfGE 98, 265 (299); *Pieroth* (Fn. 3), Art. 70 Rn. 12.
[404] *Jarass*, NVwZ 2000, 1089 (1090).
[405] *Stettner* (Fn. 2), Art. 70 Rn. 57; *Maurer* (Fn. 39), §10, Rn. 30; *Degenhart* (Fn. 90), Art. 70 Rn. 31, *Heintzen*, in: v. Mangoldt/Klein/Starck (Hrsg.), GG, 5. Aufl. 2005, Art. 71 Rn. 17.
[406] BVerfGE 11, 89 (99).
[407] So das BVerfG in seiner Entscheidung BVerfGE 11, 89 (99) nach einem Zitat von *Anschütz* aus dem Handbuch des Deutschen Staatsrechts, 1930, S. 367. Hervorhebung durch Verfasserin.
[408] BVerfGE 11, 89 (99).
[409] BVerfGE 3, 407 (422).
[410] BVerfGE 3, 407 (422).
[411] BayVerfGH NJW 1982, 2656 (2657).

zusammenfassen.[412] Hierzu gehört auch die Kompetenz kraft Natur der Sache für die gesamtstaatliche Repräsentation im kulturellen Bereich.[413] Eine zweite Gruppe lässt sich auf raumbezogene Angelegenheiten bilden. So ist z. B. die Raumplanung für den Gesamtstaat aus der Sache heraus dem Bund vorbehalten.[414] Ein Rückgriff auf die Natur der Sache ist dann ausgeschlossen, wenn das Grundgesetz eine ausdrückliche Regelung trifft, so für die Verwaltungsorganisation (Art. 83 ff. GG).[415]

IV. Die Gesetzgebungskompetenzen der Länder

147 Aufgrund der umfangreichen Zuweisung von Gesetzgebungszuständigkeiten an den Bund und deren Ausschöpfung durch ihn in der Rechtspraxis verbleibt den Ländern trotz ihrer Residualkompetenz nach Art. 30 GG in Verbindung mit Art. 70 Abs. 1 GG nur ein relativ kleiner Bereich autonomer Gesetzgebungstätigkeit. Einerseits existieren traditionell einige Bereiche, in denen die Länder eine ausschließliche Gesetzgebungskompetenz besitzen, die also nicht in irgendeiner Form dem Bund zugewiesen sind.[416] Zu nennen sind vor allem das Gefahrenabwehrrecht[417], das Bauordnungsrecht, das Erschließungsbeitragsrecht, die (Länder-)Staatsangehörigkeit, die Regelung der internen Organisation der Länder einschließlich des Kommunalrechts und des Rechts der Wahlen in den Ländern sowie die Kultur[418], insbesondere das Bildungswesen.[419] Darüber hinaus verbleiben den Ländern die Regelung der inhaltlichen Aspekte des Rundfunks sowie das Straßen- und das Verwaltungsverfahrensrecht, soweit nicht der Bund insoweit Kompetenzen besitzt. Anderseits sind mit

---

[412] *Degenhart* (Fn. 90), Art. 70 GG Rn. 31.

[413] Siehe hierzu *Berggreen-Merkel*, Die bundesstaatliche Ordnung der Kultur aus rechtlicher und politischer Sicht, in: Härtel (Hrsg.), Handbuch Föderalismus – Föderalismus als demokratische Rechtsordnung und Rechtskultur in Deutschland, Europa und der Welt, Bd. III, 2012, §57; für die Hauptstadt Berlin nunmehr Art. 22 Abs. 1 S. 2 GG.

[414] BVerfGE 3, 407 (427 f.).

[415] *Degenhart* (Fn. 90), Art. 70 GG Rn. 36.

[416] Ausführliche Aufzählung der Länderkompetenzen in: *Uhle* (Fn. 33), Art. 70 Rn. 87 ff.

[417] Siehe hierzu den Beitrag von *Kugelmann*, Polizei und Polizeirecht in der föderalen Ordnung des Grundgesetzes, in: Härtel (Hrsg.), Handbuch Föderalismus – Föderalismus als demokratische Rechtsordnung und Rechtskultur in Deutschland, Europa und der Welt, Bd. III, 2012, §52.

[418] Zum Kulturföderalismus siehe die Beiträge *Berggreen-Merkel*, Die bundesstaatliche Ordnung der Kultur aus rechtlicher und politischer Sicht (§57), *Fuchs*, Neue Entwicklungen im Kulturföderalismus. Anforderungen und Probleme (§58) und *Zimmermann*, Fluch und Segen – wird der Kulturföderalismus in Deutschland überleben? (§59), in: Härtel (Hrsg.), Handbuch Föderalismus – Föderalismus als demokratische Rechtsordnung und Rechtskultur in Deutschland, Europa und der Welt, Bd. III, 2012.

[419] Zur Bildung siehe *Guckelberger*, Bildung und Föderalismus, in: Härtel (Hrsg.), Handbuch Föderalismus – Föderalismus als demokratische Rechtsordnung und Rechtskultur in Deutschland, Europa und der Welt, Bd. III, 2012, §61.

der Föderalismusreform I Kompetenzen hinzugetreten, insbesondere für die Materien der Beamtenbesoldung und -versorgung, des Versammlungsrechts, des Strafvollzugs, des Ladenschlussrechts, des Gaststättenrechts, des landwirtschaftlichen Grundstücksverkehrs, der Flurbereinigung, des Siedlungs- und Heimstättenwesens, des Schutzes vor verhaltensbezogenen Lärm, Teile des Hochschulwesens und das Presserecht. Allerdings sind auch diese Materien nicht völlig den Ländern überantwortet. So stehen dem Bund beispielsweise nach Art. 74 Abs. 1 Nr. 33 GG Teile des Hochschulrechts zu oder er ist befugt, gefahrenabwehrrechtliche Bestimmungen in den ihm zugewiesenen Lebensbereichen, wie z. B. dem Luftverkehr (Art. 73 Abs. 1 Nr. 6 GG), zu erlassen.

Die ausschließliche und die konkurrierende Gesetzgebung des Bundes, die ungeschriebenen Gesetzgebungskompetenzen und diejenigen der Länder bilden insgesamt vor allem nach der Föderalismusreform I ein neu austariertes System föderaler Gewaltenteilung. Auch wenn in Einzelbereichen Verbesserungspotentiale bestehen, ist eine deutlichere Zuordnung der einzelnen Kompetenzen in ihren unterschiedlichen Arten ein wichtiger Schritt hin auf ein wohlgeordnetes Recht.

148

G. Resümee

Das bundesdeutsche System des Föderalismus mit seinen vielfältigen Bezügen und Verschränkungen, mit seinen geplanten und nicht geplanten Folgewirkungen gilt als eines der schwierigsten politisch-rechtlichen Föderalsysteme der Welt. In der Tat ist es aufgrund seiner Unübersichtlichkeit und Vielschichtigkeit nicht auf Anhieb verständlich. Von daher ist es hier sinnvoll gewesen, die Gesetzgebungskompetenzen als Kern der bundesstaatlichen Ordnung in ihren materialen Gehalten und den einzelnen Kompetenzarten etwas ausführlicher darzustellen. Dazu gehörte auch die Zuordnung der Kompetenzen jeweils zu der Ebene von Bund und/oder Ländern vor dem Hintergrund der Subsidiarität als Kompetenzverteilungsregel.

149

Auch nach den letzten bundesstaatlichen Reformen ist die deutsche „Föderalismuswelt" von hoher Komplexität, Heterogenität und ständig neuen Herausforderungen geprägt. Zur Prüfung, als Wegweiser und als rechtliche Leitmaxime für die aktuelle wie künftige Ausgestaltung der föderalen Rechtsordnung ist es sinnvoll, das **Leitbild eines wohlgeordneten Rechts** heranzuziehen. Dem verfassungsändernden Gesetzgeber bietet dieses normative Leitbild einen verfassungspolitischen Maßstab, der zugleich eine gute Verfassungs- und Föderalismuskultur fördert. Für die Suche nach einer sinnvollen Ordnung des Rechts lassen sich fünf idealtypische Kriterien ausmachen, die sich in der Rechtspraxis überschneiden: erstens die Ziele, Werte und Rechtsprinzipien der Verfassung sowie die Menschen- und Grundrechte, zweitens die Kohärenz der Rechtsordnung, drittens die Effektivität und die Effizienz von Rechtsnormen, viertens die Transparenz, fünftens die Nachhaltigkeit. Konkretisiert wird das Leitbild zudem durch die Legitimationsgründe für den Bundesstaat, die Prinzipien seiner strukturellen Ausformung und seiner Funktionsimperative. Für den Föderalismus ist das wohlgeordnete Recht dabei adäquater Ausdruck für die Verwirklichung

150

des Rechtsstaats- und Demokratieprinzips, des Subsidiaritätsgrundsatzes und der Freiheit des Bürgers bei gleichzeitiger Funktionsfähigkeit des Staates. Es sucht eine föderale Balance zwischen Einheit und Vielfalt, zwischen integrativem Zusammenhalt und Pluralität der lebensweltlichen Bezüge auf den unterschiedlichen Ebenen. Die Ausgestaltung und Anwendung der Verfassungsnormen sollen aber auch die neuen Problemkonstellationen des modernen Staates – Europäisierung, Globalisierung, wissenschaftlich-technologischer Fortschritt, sozioökonomische Weiterentwicklungen – berücksichtigen. Deshalb bedarf es auch weiterhin der Entwicklungsoffenheit des Grundgesetzes – auch in Hinblick auf die jetzigen Regelungsstrukturen des Föderalismus. Unter Zugrundelegung dieser Überlegungen kommt eine Plausibilitätsprüfung zu dem Ergebnis, dass die im Grundgesetz vorgenommene Ausgestaltung der Gesetzgebungskompetenzen des Bundes und der Länder zwar in vielerlei Hinsicht dem Leitbild eines wohlgeordneten Rechts Rechnung trägt, aber in Teilaspekten auch verbesserungswürdig ist.

151   Die Rechtsvergleichung hat gezeigt, dass es verschiedene Lösungswege zur Aufteilung der Gesetzgebungskompetenzen in föderalen Systemen gibt. Allerdings kann keine Rechtsordnung für sich das Idealmodell im Sinne eines wohlgeordneten Föderalismus-Rechts beanspruchen und damit als Pate für das deutsche Verfassungsrecht fungieren.[420] Aber auch unter den gegebenen Prämissen ist eine völlig neue Umstrukturierung eines Kompetenzsystems kaum realisierbar. Dies liegt sowohl an sozioökonomischen und politischen Gründen als auch an den historisch-traditionellen Wurzeln eines Föderalstaates. So übt die historisch lange föderale Tradition erhebliche Prägekraft für die heutige Ausgestaltung des politischen Systems der Bundesrepublik Deutschland einschließlich der Entwicklung der Gesetzgebungskompetenzen von Bund und Ländern aus. Die letzten Jahrzehnte haben dabei zu erheblichen Problemen bei den föderalen Strukturen und Prozessen geführt. Erheblicher Reformbedarf war die Folge.

152   Beleuchtet man die von der Politik eigenverantwortlich gesetzten Ziele für die **Föderalismusreform I**, so sind eindeutig Bezüge zu den Elementen eines wohlgeordneten Rechts erkennbar, auch wenn die Zielumsetzung einige Schwierigkeiten aufweist. Im Sinne eines wohlgeordneten Rechts hat der Verfassungsgesetzgeber mit der größten Reform seit Inkrafttreten des Grundgesetzes auf Herausforderungen für den Gesamtstaat sowohl für die bundesstaatliche Binnenstruktur als auch für Deutschlands Einbindung in das Mehrebenensystem mit der Europäischen Union reagiert. Die wichtigste Reform lag in der Abschaffung der Rahmengesetzgebung und der Neuordnung der Gesetzgebungskompetenzen. Des Weiteren hat er vor allem die europarechtsrelevanten Materien des Naturschutzes und des Wasserhaushaltes der konkurrierenden Gesetzgebung zugeführt – in der Ausprägung als Abweichungskompetenzen. Die Umsetzung von EU-Richtlinien wird dadurch entsprechend vereinfacht. Mit Blick auf den Umweltschutz als nationale, europäische und globale Herausforderung – auch mit Blick auf ein weltweites Gemeinwohl –

---

[420] Auch wenn die untersuchten Föderalstaaten unterschiedliche Zugänge zur Ausgestaltung der Kompetenzen gewählt haben, weisen sie in manchen Grundstrukturen Gemeinsamkeiten und parallele Problemlagen auf.

wäre jedoch in einer föderalen Ordnung eine „Generalkompetenz zum Umweltschutz" die gebotene Lösung gewesen. Dass der Bund für die mit der Globalisierung verbundenen Gefahren des internationalen Terrorismus eine neue ausschließliche Gesetzgebungskompetenz erhielt (Art. 73 Abs. 1 Nr. 9a GG), ist für das sachliche Erfordernis einer effektiven Gefahrenabwehr richtig. Die konkrete Ausgestaltung weist allerdings Unzulänglichkeiten auf.[421]

Mit der Föderalismusreform I wurde sowohl die Handlungsfähigkeit des Bundes als auch die der Länder im Sinne einer **föderalen Balance** gestärkt. Eine wesentliche **Stärkung des Bundes** als „Garant der Rechtseinheit"[422] erfolgte mit der Einführung der Vorranggesetzgebung – der Freistellung von der Erforderlichkeitsklausel bei 23 Titeln der konkurrierenden Gesetzgebung. Zwar ist diese im Sinne der **Rechtssicherheit** nachvollziehbar, da ansonsten grundsätzlich jede bestehende Norm, die auf die konkurrierende Gesetzgebungskompetenz gestützt worden war, wegen der verschärften Anforderungen des Bundesverfassungsgerichts und auch wegen des neuen Art. 93 Abs. 2 GG erneut auf dem Prüfstand gestanden hätte.[423] Allerdings wäre durchaus zu erwägen gewesen, ob dieses Ziel nicht auch durch eine vernünftige Änderung des Erforderlichkeitskriteriums hätte erreicht werden können, um so auch die für die weiterhin der Erforderlichkeitsprüfung unterworfenen Materien einer hinreichenden Rechtssicherheit zuzuführen.

153

Die Föderalismusreform I ermöglicht den Landesgesetzgebern, ihr politisches Profil zu schärfen[424], sich als **„Laboratorien der Demokratie"** zu bewähren und damit zugleich die föderale Vielfalt sowie den Gestaltungsföderalismus zu stärken. Realisieren können die Landtage diese Chancen einerseits durch die neue geschaffene Abweichungsgesetzgebung für sechs Materien und andererseits durch ihre neuen ausschließlichen Zuständigkeiten für weitere zwölf Materien.

154

Allerdings wirft die neue Ausgestaltung der konkurrierenden Gesetzgebung Probleme mit Blick auf **Rechtssicherheit, Transparenz** und **Kohärenz** als Elemente des wohlgeordneten Rechts auf. So trägt die Dreiteilung der konkurrierenden Gesetzgebung (Bedarfs-, Vorrang- und Abweichungsgesetzgebung) zwar einerseits grundsätzlich zur Stärkung der Handlungsfähigkeit von Bund und Ländern bei, hat aber andererseits die Komplexität des Verfassungsrechts erhöht. Darüber hinaus ist Abweichungsgesetzgebung im Sinne des wohlgeordneten Rechts als ambivalent zu bewerten. Dient sie in ihrem Ansatz grundsätzlich der Entflechtung zwischen den Zuständigkeiten von Bund und Ländern, führt sie im Detail doch wieder zur Verflechtung (durch änderungsfeste Kerne). Das flexible Konstrukt der Abweichungsgesetzgebung fördert an sich die Funktionsfähigkeit des Gesamtstaates bei gleichzeitiger föderaler Balance. Jedoch konnte mit der Abweichungsgesetzgebung

155

---

[421] Dies betrifft die mangelnde kohärente Abstimmung zu der ausschließlichen Kompetenz für die internationale Verbrechensbekämpfung nach Art. 73 Abs. 1 Nr. 10 und die fehlende Kompatibilität mit der Verwaltungskompetenz des Art. 87 Abs. 1 S. 2 GG.
[422] *Oeter* (Fn. 173), Rn. 66.
[423] In diesem Sinne auch *Oeter* (Fn. 173), S. 13.
[424] *Oeter* (Fn. 173), Rn. 68; ähnlich *Huber* für die Expertenanhörung des Deutschen Bundestages, http://www.bundestag.de/ausschuesse/a06/foederalismusreform/Anhoerung/index.html.

gerade wegen der „Rückholmöglichkeit" des Bundes das Ziel der **Reduzierung der Komplexität** der Bund-Länder-Beziehungen und damit mehr **Transparenz** vor allem auch für den Bürger nicht in dem beabsichtigten Maß erreicht werden. Vielmehr kann die Abweichungsgesetzgebung zu **unübersichtlichen Gemengelagen** sowie zur **Gefahr der Rechtszersplitterung** führen, was entsprechende Rechtsunsicherheit zur Folge hat. Diese Problemlage entsteht, wenn nur einzelne Länder abweichende Regelungen treffen und Bundesrecht deshalb nur partiell gilt. Noch unübersichtlicher – gerade für den Bürger – wird es, wenn das Landesrecht einiger Länder nur in Einzelheiten vom Bundesrecht abweicht.

156 **Subsidiarität** gehört zu den Ingredienzien eines wohlgeordneten Rechts. Dies erschließt sich durch die Bezugnahme auf die Verfassungsprinzipien, denen das Subsidiaritätsprinzip als Strukturierungsnorm einer föderalen Ordnung im weitesten Sinn zugeordnet werden kann. Ebenso ist dem wohlgeordneten Recht die klare Verteilung der Gesetzgebungskompetenzen zugeeignet. Deswegen ist auch die Subsidiarität als Kompetenzverteilungsregel genuiner Bestandteil eines solchen Rechtsleitbildes. In dieser Perspektive gehört sie gesellschaftlich wie staatsorganisationsrechtlich zur Legitimität des Bundesstaates. Die Wahrung der Subsidiarität gewährleistet dessen Funktionsfähigkeit im Sinne einer föderalen Balance. Die diesbezügliche Plausibilitätsprüfung hat ergeben, dass die Verteilung der Gesetzgebungskompetenzen zwischen Bund und Ländern weitestgehend subsidiaritätsgemäß ist. Für die geregelten Zuständigkeiten des Bundes spricht die integrative Kraft des Gesamtstaates, die ebenso zum Wesen des Bundesstaates gehört wie die föderale Vielfalt und die Gemeinwohlverträglichkeit der Gesetzgebung. Um das Gemeinwohl geht es insbesondere, wenn eine gesamtstaatliche Regelung wegen der „Gleichwertigkeit der Lebensverhältnisse" und der erforderlichen Freizügigkeit der Bürger erforderlich ist. Für die Wahrung des Subsidiaritätsprinzips bei der Kompetenzausübung kommt es unter anderem darauf an, dass die einzelnen Kompetenztitel im Sinne des Subsidiaritätsprinzips funktional ausgelegt werden. Die Ausübung der Gesetzgebungskompetenzen unterliegt darüber hinaus den allgemeinen Schranken des Verfassungsrechts.

157 Die Ausgestaltung einer föderalen Rechtsordnung im Sinne des wohlgeordneten Rechts stößt auf vielfältige Schwierigkeiten. Dies liegt zum einen daran, dass der Verfassungsgesetzgeber nicht genau abschätzen kann, wie sich die Verfassungsnormen in der Rechtspraxis entfalten. Eine Folgenabschätzung wie bei einfachen Gesetzen stößt bei Verfassungsgesetzen aufgrund ihrer größeren Verallgemeinerung auf faktische Grenzen. Gleichwohl muss der verfassungsändernde Gesetzgeber mögliche Auswirkungen durch die Bildung entsprechender Szenarien ins Auge fassen. Ferner können zwischen den einzelnen Elementen des wohlgeordneten Rechts gewisse Zielkonflikte auftreten. So kann beispielsweise eine Regelung zwar in erheblichem Maße die föderale Vielfalt und föderale Balance fundieren, jedoch aufgrund ihrer Komplexität und Kompliziertheit den Zielen der Transparenz, Rechtssicherheit und Kohärenz widersprechen. Eine Regelung könnte aber auch sehr transparent sein, was beispielsweise bei einem strikten Trennungssystem im Sinne einer völligen Entflechtung der Kompetenzen von Bund und Ländern der Fall wäre – es gäbe nur ausschließliche

Kompetenzen. Dies stände aber angesichts wachsender politischer, sozialer und ökonomischer Komplexität notwendiger Entwicklungsoffenheit der Kompetenzen und des Kompetenzgefüges insgesamt entgegen. An diesem Beispiel wird deutlich, dass einzelne Ziele nicht isoliert quasi „um ihrer Selbst willen" verfolgt werden dürfen. Vielmehr ist stets auf eine Wechselbezüglichkeit zwischen den Elementen des wohlgeordneten Rechts zu achten. Bei Zielkonflikten bedarf es der Abwägung, des Austarierens oder der Lösung im Sinne einer Konkordanz.

Die materiale Bestimmung der Gesetzgebungskompetenzen und ihre Zuordnung zu der jeweiligen bundesstaatlichen Ebene sind genuine Bestandteile eines gut funktionierenden föderalen Gemeinwesens. Das gilt besonders für Deutschland, seine bundesstaatliche Ordnung und seine föderalen Prozesse. Mag eine solche „Föderalismuswelt" noch so komplex sein – ihre stetige wissenschaftliche Reflexion, ihre Formung im Sinne eines wohlgeordneten Rechts und ihre „kritische Bearbeitung" in den bundesdeutschen öffentlichen Diskursen können der Akzeptanz der Bürger nur dienlich sein. Wohlgeordnete Theorie und lebensweltliche Praxis einer „guten" Bestimmung und (Zu-)Ordnung der Gesetzgebungskompetenzen tragen dann auch zu jener Rechtskultur des Föderalismus bei, auf die sich ein lebendiges Gemeinwesen stützen muss, will es den jetzigen wie künftigen Anforderungen der modernen Welt gerecht werden.

158

Schrifttum

U. Andersen, Entwicklung und Reformversuche des Föderalismus in Deutschland, in: ders. (Hrsg.), Föderalismusreform, 2008, S. 13 ff.

H. L. Batt, Bundesverfassungsgericht und Föderalismusreform: Stärkung der Länder in der Gesetzgebung. Zum Urteil vom 27. Juli 2004 – 2 BvF 2/02, ZParl 2004, 753 ff.

J. Becker, Wirkung von Kompetenz-, Organisations- und Zuständigkeitsvorschriften des Grundgesetzes, DÖV 2002, 397 ff.

A. Bleckmann, Zum materiellen Gehalt der Kompetenzbestimmungen des Grundgesetzes, DÖV 1983, 129 ff.

M. Bullinger, Die Zuständigkeit der Länder zur Gesetzgebung, DÖV 1970, 761 ff.

C. Degenhart, Die Neuordnung der Gesetzgebungskompetenzen durch die Föderalismusreform, NVwZ 2006, 1209 ff.

D. Ehlers, Ungeschriebene Kompetenzen, JURA 2000, 323 ff.

M. F. Feldkamp, Die Entstehung des Grundgesetzes für die Bundesrepublik Deutschland 1949, 1999

B. C. Funk, Die grundlegenden Ordnungsprobleme im System der bundesstaatlichen Kompetenzverteilung, JBl. 1976, 449 ff.

K. Gerstenberg, Zu den Gesetzgebungs- und Verwaltungskompetenzen nach der Föderalismusreform, 2009

P. Häberle, Das Prinzip der Subsidiarität aus der Sicht der vergleichenden Verfassungslehre, AöR 119 (1994), 169 ff.

U. Häde, Zur Föderalismusreform in Deutschland, JZ 2006, 930 ff.

I. Härtel, Handbuch Europäische Rechtsetzung, 2006

dies., Föderalismusreform II – Bund-Länder-Finanzbeziehungen im Lichte aktueller Ordnungsanforderungen, JZ 2008, 437 ff.

dies., Der staatszentrierte Föderalismus zwischen Ewigkeitsgarantie und Divided Government – Genese, Ausprägungen und Problemhorizonte des Bundesstaatsprinzips, in: dies. (Hrsg.), Handbuch Föderalismus – Föderalismus als demokratische Rechtsordnung und Rechtskultur in Deutschland, Europa und der Welt, Bd. I, 2012, § 16

dies., Kohäsion durch föderale Selbstbindung – Gemeinwohl und die Rechtsprinzipien Loyalität, Solidarität und Subsidiarität in der Europäischen Union, in: dies. (Hrsg.), Handbuch Föderalismus – Föderalismus als demokratische Rechtsordnung und Rechtskultur in Deutschland, Europa und der Welt, Bd. IV, 2012, § 82

M. Heintzen, Die ausschließliche Bundesgesetzgebung, in: Starck (Hrsg.), Föderalismusreform, 2007, S. 41 ff.

R. Herzog, Subsidiaritätsprinzip und Staatsverfassung, Der Staat 2 (1963), 399 ff.

M. Höreth, Gescheitert oder doch erfolgreich? Über die kontroverse Beurteilung der ersten Stufe der Föderalismusreform, in: Europäisches Zentrum für Föderalismus-Forschung Tübingen (Hrsg.), Jahrbuch des Föderalismus 2008. Föderalismus, Subsidiarität und Regionen in Europa, 2008, S. 139 ff.

J. Ipsen, Die Kompetenzverteilung zwischen Bund und Ländern nach der Föderalismusnovelle, NJW 2006, 2801 ff.

J. Isensee, Subsidiaritätsprinzip und Verfassungsrecht, 2. Auflage 2001

H. D. Jarass, Regelungsspielräume des Landesgesetzgebers im Bereich der konkurrierenden Gesetzgebung und in anderen Bereichen, NVwZ 1996, 1041 ff.

ders., Allgemeine Probleme der Gesetzgebungskompetenz des Bundes, NVwZ 2000, 1089 ff.

O. Klein/K. Schneider, Art. 72 GG n.F. im Kompetenzgefüge der Föderalismusreform, DVBl. 2006, 1549 ff.

Kuttenkeuler, Die Verankerung des Subsidiaritätsprinzips im Grundgesetz, in: D. Blumenwitz (Hrsg.), Schriften zum Staats- und Völkerrecht, Bd. 78, 1998, S. 39 ff.

A. v. Mutius, Ungeschriebene Gesetzgebungskompetenzen des Bundes, JURA 1986, 498 ff.

C. Neumayer, Der Weg zur neuen Erforderlichkeitsklausel für die konkurrierende Gesetzgebung des Bundes (Art. 72 Abs. 2 GG), 1999

S. Oeter, Neustrukturierung der konkurrierenden Gesetzgebungskompetenz, Veränderung der Gesetzgebungskompetenzen des Bundes, in: C. Starck (Hrsg.), Föderalismusreform, 2007, S. 9 ff.

B. Oppermann, Subsidiarität als Bestandteil des Grundgesetzes, JuS 1996, 569 ff.

B. Pieroth, Materiale Rechtsfolgen grundgesetzlicher Kompetenz- und Organisationsnormen, AöR 114 (1989), 423 ff.

H.-W. Rengeling, Föderalismusreform und Gesetzgebungskompetenzen, DVBl. 2006, 1537 ff.

F. Röhling, Europäische Fusionskontrolle und Subsidiaritätsprinzip, 2002

F. Ronge, Legitimität durch Subsidiarität, 1998

W. Rüfner, Art. 72 Abs. 2 GG in der Rechtsprechung des Bundesverfassungsgerichts, in: O. Depenheuer u.a. (Hrsg.), FS für Josef Isensee, 2007, S. 389 ff.

F. W. Scharpf, Föderalismusreform. Kein Ausweg aus der Politikverflechtungsfalle?, 2009

K.-P. Sommermann, Die Stärkung der Gesetzgebungskompetenzen der Länder durch die Grundgesetzreform von 1994, JURA 1995, 393 ff.

R. Sturm, Die Föderalismusreform I: Erfolgreiche Verfassungspolitik?, in: U. Andersen (Hrsg.), Föderalismusreform, 2008, S. 35 ff.

A. Thiele, Die Neuregelung der Gesetzgebungskompetenzen durch die Föderalismusreform – ein Überblick, JA 2006, 714 ff.

§20 „Abweichungsgesetzgebung" als neues Kompetenzverteilungsinstrument zwischen den Gliederungsebenen des deutschen Bundesstaates

Edzard Schmidt-Jortzig

Inhalt

A. Einleitung 611
B. Abmessungen der Kategorie 614
    I. Benennung des neuen Instrumentes 614
    II. Systematisches Gefüge der Figur 616
C. Wirkungen der Kategorie 620
    I. Dogmatische Konsequenzen 620
    II. Systematische Folgerungen 622
D. Gesamtbewertung 623
Schrifttum 625

A. Einleitung

Dass es im Bundesstaat um die Vereinbarung und Versöhnung der Gleichförmigkeit eines Einheitsstaats mit der Vielfalt eines Staatenbundes geht, steht außer Frage. Und das Schema ist dabei bekanntlich ein festgefügtes **Zusammenspiel von Zentrum und Gliedern**, also für den deutschen Kontext von Bund und Ländern. Materiell hat das Grundgesetz der Bundesrepublik Deutschland auf der Basis territorialer und hoheitlicher „Gliederung des Bundes in Länder" (Art. 79 Abs. 3 GG) dafür als politischen Richtwert die Herstellung „gleichwertiger" Lebensverhältnisse im

1

E. Schmidt-Jortzig (✉)
Lehrstuhl für Öffentliches Recht, Universität Kiel, 24118 Kiel, Deutschland
E-Mail: esjot@web.de

Bundesgebiet (Art. 72 Abs. 2 GG) an die Hand gegeben.[1] Formell hingegen geht es um eine sinnvolle Aufteilung der staatlichen Befugnisse und Aufgabenerfüllungen zwischen Bund und Ländern und im Übrigen eine stimmige systematische Einanderzuordnung und Verzahnung der Ebenen.

2 Im Bereich der Gesetzgebung bedeutet dies, dass die verschiedenen Regelungsbereiche und entsprechenden Regelungshoheiten Bund und Ländern jeweils **getrennt zugewiesen** werden, zwischen ihnen aber auch Möglichkeiten gegenseitiger Einflussnahme und Moderierung bestehen. Seit Verfassungsbeginn der Bundesrepublik Deutschland arbeitete dieses Scharnier – neben der Rahmen- und der Grundsätzegesetzgebung – nach dem Muster der (einheitlichen) **„konkurrierenden Gesetzgebung"**, die dem Bund für bestimmte Regelungsgegenstände bei Erforderlichkeit einer speziellen Angleichung die übergreifende Normsetzung zusprach. Seit der Föderalismusreform von 2006[2] ist dies nun anders geworden. Unter Auflösung der Bundesrahmengesetzgebung ist an die Stelle der einheitlichen Konkurrenzgesetzgebung eine Dreiheit entsprechend konkurrierender Bundeslegislation getreten. Es gibt nun eine *Vorranggesetzgebung* (Art. 72 Abs. 1 GG als Regel), bei der die Länder für bestimmte Materien nur noch zum Zuge kommen, wenn und solange der Bund nicht tätig wird, eine *Erforderlichkeitsgesetzgebung* (Art. 72 Abs. 2 GG), welche der Bund nur bei nachweislichem Bedarf bundeseinheitlicher Regelung in Anspruch nehmen kann, und eine Art *Anstoßgesetzgebung* (Art. 72 Abs. 3 GG), bei welcher der eine föderative Partner – hier der Bund – mit einem Gesetz das Regelungsmuster vorgibt und der andere – hier die Länder – dann davon abweichen kann.[3]

3 Auf diesen letzteren Gesetzgebungstyp soll hier das Augenmerk gerichtet werden. Denn diese (auf die Ländermöglichkeiten abzielende) sog. „Abweichungsgesetzgebung" stellt eben eine durchaus **neue Legislativfigur** im deutschen bundesstaatlichen Verfassungskonzept dar. Im transnationalen Recht mag es zwar schon Ähnliches geben, namentlich im Europarecht.[4] Aber das deutsche Staatsrecht kannte als Grundsatzkategorie eine solche Figur bisher nicht. Nur als abgelegenes Korrektiv ist

---

[1] Dazu, dass diese Zielvorstellung (und erst recht das Kriterium der „Einheitlichkeit der Lebensverhältnisse" in Art. 106 Abs. 3 S. 4 Nr. 2 GG) kein verfassungsrechtliches Gebot bedeutet, sondern nur ein allgemeines Leitbild formuliert, ausführlich: *Rohlfs*, Die Gleichwertigkeit der Lebensverhältnisse – ein Verfassungsprinzip des Grundgesetzes?, 2008.

[2] (52.) Gesetz zur Änderung des Grundgesetzes v. 28.8.2006 (BGBl. I S. 2034).

[3] Dass dies auch umgekehrt gehen kann, belegt Art. 125a Abs. 3 S. 2 GG, wonach seinerseits der Bund von ehemals landesrechtlich erlassenen Normen abweichen kann, für die nun ihm die Regelungskompetenz zugefallen ist, die aber noch als Landesrecht fortgelten; das betrifft insb. die Bereiche Apothekenwesen, Recht der Medizinprodukte und der zur Lebensmittelgewinnung dienenden Tiere (neuer Art. 74 Abs. 1 Nrn. 19 und 20 GG).

[4] Das gilt speziell für die Umweltpolitik. Beispielsweise wird dazu in Art. 95 Abs. 5 EGV den Mitgliedstaaten die Möglichkeit eingeräumt, gegenüber Rechtsakten zur Angleichung der Rechts- und Verwaltungsvorschriften der Mitgliedsstaaten (sog. „Harmonisierungsmaßnahmen") zur Regelung von „spezifischen Problemen" unter bestimmten Voraussetzungen abweichende „einzelstaatliche Bestimmungen" zu erlassen. Oder es dürfen die Mitgliedstaaten nach Art. 176 EGV im

Vergleichbares schon seit 1994[5] vorhanden. Nach Art. 72 Abs. 3 a. F. (heute Art. 72 Abs. 4) sowie 125 a Abs. 2 S. 2 GG konnten und können Bundesgesetze nämlich bestimmen, dass eine konkurrierend ergangene Regelung, deren bundesseitiger Erlass wegen Kompetenzverlusts oder Wegfalls der Erforderlichkeit jetzt nicht mehr zulässig wäre, „durch Landesrecht ersetzt werden kann".[6] Und nach Art. 125 a Abs. 1 S. 2 GG dürfen die Länder sogar aus eigenem Recht entsprechende Bundesbestimmungen „ersetzen", die trotz Kompetenzverlust des Bundes sonst weiter gelten würden. Von allen drei Möglichkeiten hat man jedoch nie Gebrauch gemacht, weder einräumender- noch wahrnehmender Weise.

Ansonsten ist bei der Abweichungsgesetzgebung in der Tat das meiste neu und vieles unklar. Alles andere wäre aber auch verwunderlich, denn die Figur zeigt sich in der sog. „Föderalismusreform" von 2006 ja als ein **typischer Kompromiss**; er bringt die Dinge nicht richtig zur Klärung, sondern hält sie in der Schwebe.[7] Die erfassten Regelungsmaterien, die bisher der Bundesrahmenkompetenz unterfielen, hätten bei einer wirklichen Entflechtung von Bundes- und Landespolitik beherzt den Ländern (oder dem Bund) zugeordnet werden können. Sollte aus Einheitlichkeitsgründen aber doch der primäre Bundeszugriff aufrechterhalten bleiben, ohne dass die Länder zu kategorisch ausgeschlossen werden, wäre eine konkurrierende Bundes-Gesetzgebungszuständigkeit in der überkommenen Form unter Geltung der strengen Erforderlichkeitsklausel angebracht gewesen. Beide Male hätten wenigstens Gesetze „aus einem Guss" zustande kommen können. Jetzt aber bleibt das offen, mündet in eine **komplizierte Verzahnung** und scheint eher „Steine statt Brot" zu geben.

4

Die Idee einer erweiterten Landes-Änderungsbefugnis an Bundesrecht geht zurück auf einen Vorstoß der Länder-Ministerpräsidenten, die 2003 eine „Möglichkeit des **Zugriffs**" auf bestimmte Bundesregelungen verlangt hatten und diese Forderungen in die ‚Kommission von Bundestag und Bundesrat zur Modernisierung der bundesstaatlichen Ordnung' („Föderalismuskommission") einbrachten.[8] Und dass sich die Länderseite damit – wenn auch modifiziert – am Ende durchsetzte, bildete ein Surrogat zur Begrenzung bei der Erforderlichkeitsklausel Art. 72 Abs. 2 GG

5

Verhältnis zu allgemein verbindlichen europäischen Schutzmaßnahmen „verschärfte Schutzmaßnahmen ergreifen". – Auch im Völkervertragsrecht gibt es vielfach entsprechende Opting-out- bzw. Opting-up-Eröffnungen.

[5] Die betreffenden Vorschriften kamen durch das (42.) Gesetz zur Änderung des Grundgesetzes v. 27.10.1994 (BGBl. I S. 3146) in die Verfassung. Sie bestehen so auch heute noch.

[6] Die Möglichkeit solcher Freigabeentscheidung steht im Ermessen des Bundes, das allerdings eingeschränkt und gerichtlich nachprüfbar ist; vgl. BVerfGE 111, 10 (31). Vgl. jetzt auch die Ersetzungsbefugnis durch das BVerfG nach Art. 93 Abs. 2 S. 2 GG.

[7] Vgl. *Schmidt-Jortzig*, in: Magiera/Sommermann/Ziller (Hrsg.), FS für H. Siedentopf, 2008, S. 331 (342).

[8] Kommissions-Drs. 0045. Der zugrundeliegende Beschluss der Ministerpräsidentenkonferenz stammte vom 27.3.2003 (Anlage I.1). Die Anregung kam aus dem Sondervotum des ehemaligen Bremer Senators *Ernst Heinsen* 1976 zum Schlussbericht der Enquete-Kommission „Verfassungsreform", BT-Drs. 7/5924, S. 137 f. Weitere Nachw. der Wirkungsgeschichte des Gedankens bei *Schulze-Fielitz*, in: Hennecke (Hrsg.), Verantwortungsteilung zwischen Kommunen, Ländern, Bund und EU, 2001, S. 117 (134 Fn. 92).

für den Bund. Ohnehin war ja die Föderalismusreform u. a. in Gang gesetzt worden, um „die Handlungs- und Entscheidungsfähigkeit von Bund und Ländern zu verbessern, die politischen Verantwortlichkeiten deutlicher zuzuordnen", die föderativen Politikfelder also zu entflechten und dafür eben die „Zuständigkeiten und Mitwirkungsrechte der Länder in der Bundesgesetzgebung" zu überprüfen.[9] Am Ende wurde das Paket bekanntlich, nachdem zuvor in der parlamentarischen Debatte der 15. Legislaturperiode und im Kommissionsdiskurs keine Einigung erzielt werden konnte, in der **Koalitionsvereinbarung 2005** von CDU/CSU und SPD geschnürt.[10] Koalitionsverhandlungen hinter verschlossener Tür aber sind nun einmal das klassische Glacis für gegenseitige Zugeständnisse, für Formelkompromisse und Praxisabsprachen.

B. Abmessungen der Kategorie

6   Inhalt, verfolgtes Ziel und Umsetzungsbedingungen der neuen Abweichungsgesetzgebung erschließen sich aus verschiedenen Quellen. Natürlich sind dafür nach der klassischen Auslegungsmethodik vorrangig Wortlaut und systematische Stellung der einschlägigen Normen heranzuziehen. Aber auch andere Aspekte können mitunter wichtige Einsichten oder wenigstens Anhaltspunkte vermitteln.

I. Benennung des neuen Instrumentes

7   Für den Zweck, der mit dem interessierenden Gesetzgebungstyp verbunden wird, lässt sich womöglich schon aus seiner Bezeichnung einiges entnehmen.[11] Ursprünglich war – wie gesehen – von einem „Zugriffsrecht" der Länder die Rede, und die legislatorische Inanspruchnahme durch die Länder hieß in der Diskussion entsprechend **„Zugriffsgesetzgebung"**. Damit wurde auf die Befugnis des Landesgesetzgebers abgestellt, sich durch vorgreifliches Tätigwerden bestimmter Materien aus dem Bundes-Kompetenzenreservoir zu bemächtigen. Auch von

---

[9] Vgl. die Aufgabenbestimmung im Beschluss zur Einsetzung der Föderalismusreform-Kommission v. 16. bzw. 17.10.2003, BT-Drs. 15/1685 und BR-Drs. 750/03 (Beschluss), jeweils Pkt. 2 (mit Spiegelstr. 2).

[10] Abschnitt V Nr. 1 des Koalitionsvertrags „Gemeinsam für Deutschland. Mit Mut und Menschlichkeit" v. 11.11.2005 notiert insoweit bloß lakonisch, dass sich „die große Koalition... auf die Modernisierung der bundesstaatlichen Ordnung auf der Grundlage der Vorarbeiten in der Föderalismusreform(kommission) von Bundestag und Bundesrat, wie in der Anlage festgehalten, geeinigt" habe. Und in der einschlägigen Anlage 2 werden nur noch die verabredeten Vorschriftentexte aufgeführt. Erst der Gesetzentwurf BT-Drs. 16/813 bringt dann im Nachhinein einige Erläuterungen und Begründungen (und zitiert im Übrigen umfassend wieder – was gesetzgebungstechnisch sicher ein Novum ist – den Koalitionsvertrag).

[11] Zur Entwicklung der betreffenden Titulierungen *Dietsche/Hinterseh*, Jahrbuch des Föderalismus 2005, S. 187 ff.

Landes-„Vorrangsgesetzgebung" war insoweit die Rede oder bezogen auf die Restposition des Counterparts von **Bundes-„Auffanggesetzgebung"**. Da an dieser Figur indessen ganz überwiegend Kritik geübt wurde,[12] weil sie bundesstaatliche Einheitlichkeitserfordernisse negiere und einen absoluten und unkorrigierbaren Vorrang der Länder bewirke, kam man von diesem Konzept und damit der betreffenden Titulierung wieder ab.

Die stattdessen erwogene Bezeichnung **„Ersetzungsgesetzgebung"** empfahl sich sodann nicht, weil sie schon für eine bestehende Figur einer Kompetenzverteilungsautomatik zwischen Bund und Ländern vergeben war[13] und man 2006 augenscheinlich etwas anderes, zusätzliches und grundsätzlicheres einführen wollte. Und der Name **„Rückholgesetzgebung"** oder „Rückholrecht", wie er verschiedentlich gebraucht wurde und wird, eignet sich eher als Oberbegriff für die verschiedenen Zuteilungsformen. Denn nach dem Ansatz der Verfassung, dass im deutschen Bundesstaat „die Ausübung der staatlichen Befugnisse und die Erfüllung der staatlichen Aufgaben", und d. h. eben namentlich auch „das Recht der Gesetzgebung", im Grunde allein Sache der Länder sei und der Bund nur bei ausdrücklicher Zuteilung an sie herankommt (Art. 30, 70 Abs. 1 GG), ist eben alles, was die Länder bei bundesgesetzgeberischem Tätigwerden an dem Produkt noch wieder verändern dürfen, das Zurückholen eines Stücks von ihrem ursprünglichen Privileg. Nachdem mit der Vorlage des Grundgesetz-Änderungsgesetzes 2006[14] der Titulierungsstreit geklärt war und man sich für die **„Abweichungsgesetzgebung"** entschied, sollte künftig der Name „Rückholgesetzgebung" in der Tat lediglich noch als Generalkennung für alle nur denkbaren Figuren landesgesetzlicher Veränderungsmöglichkeiten an bundesgesetzlich geschaffenen Rechtslagen gebraucht werden.

Die Föderalismusreform hat nun in Art. 72 Abs. 3 GG festgeschrieben, dass die Länder bei bestimmten Materien, wenn der Bund sie normiert hat, „durch Gesetz hiervon abweichende Regelungen treffen" können (und in Art. 84 Abs. 1 S. 2 GG wird Ähnliches für bestimmte Organisationsvorschriften des Bundes an die Hand gegeben). Die gefundene Bezeichnung lässt Rückschlüsse zu. Von etwas **„abweichen"** heißt etwas anders machen, zu ihm eine Alternative finden. Das setzt begrifflich aber dreierlei voraus. Zum einen nämlich, dass eben überhaupt ein entsprechendes *Referenzobjekt* vorliegt, also ein auf seine Akzeptabilität zu prüfendes Gesetz vom Bund schon erlassen wurde; ein Gar-nicht-tätig-geworden-Sein des Bundes – und sei es noch so dezidiert – genügt mithin nicht.[15] Zum anderen darf man das vorliegende Bundesgesetz nicht einfach zerstören oder aufheben und es dann bei einer Vakanz

---

[12] Aus der Rechtswissenschaft namentlich *Grimm, H. Meyer* oder *Scholz* als Sachverständige in der Föderalismusreform-Kommission, in: Deutscher Bundestag (Hrsg.), Dokumentation der Kommission von Bundestag und Bundesrat zur Modernisierung der bundesstaatlichen Ordnung, Zur Sache 1/2005, S. 105 f., 109 f., 117.

[13] Nämlich in Art. 125a GG (s. o. Rn. 3).

[14] BT-Drs. 16/813 v. 7.3.2006 und zuvor eben schon der Koalitionsvertrag 2005.

[15] Die zur Sperrwirkung bei Art. 72 Abs. 1 GG insoweit üblich gewordenen Aufweichungen (vgl. BVerfGE 32, 319 (327 f.); 98, 265 (300); 113, 348 (371)) dürfen aus Eindeutigkeitsgründen hier nicht einreißen. I. Erg. ebenso *Degenhart*, in: Sachs (Hrsg.), Grundgesetz, 5. Aufl. 2009, Art. 72 Rn. 43; oder *Franzius*, NVwZ 2008, 492 (494, 495).

belassen („*Negativgesetzgebung*"). Es müssen dessen Bestimmungen vielmehr für den eigenen Bedarf konstruktiv anders geformt, verändert werden.[16] Und zum dritten schließlich: „Abweichen" meint eben *nicht „ersetzen"*, vollständig austauschen. Nicht das ganze Bundesgesetz muss zwingend substituiert werden. Man dürfte so zwar vorgehen, aber es genügt durchaus, auch einzelne Regelungsteile, ja, sogar nur einzelne Vorschriften abzuändern. – Das alles wird auch auf die Dogmatik des Instrumentes und seine gegenständliche Reichweite durchschlagen.

II. Systematisches Gefüge der Figur

10   Zum Verständnis der komplizierten Rechtslage im Zusammenhang mit den anderen Vorschriften der Verfassung sind zunächst die unterschiedlichen Regelungsfacetten einzeln unter die Lupe zu nehmen.

1. Inhaltlich-sachgerichtete Zuteilung

11   Für die gegenständliche Reichweite der Abweichungsgesetzgebung ist zunächst bedeutsam, dass sie nur für ganz bestimmte, nämlich für die in Art. 72 Abs. 3 S. 1 GG aufgezählten **sechs Materien** gilt. Und dies sind durchweg solche, welche in der alten Fassung des Grundgesetzes der Bundesrahmengesetzgebung unterfielen, die ja bekanntlich abgeschafft wurde. Sie tauchen nun im Grundsatz alle bei der Aufzählung der konkurrierenden Gesetzgebungsgegenstände in Art. 74 Abs. 1 GG auf, u. zw. in den dortigen Nrn. 28–33, werden bei ihrer Unterstellung unter die Abweichungsmöglichkeit der Landesgesetzgebung in Art. 72 Abs. 3 S. 1 GG z. T. aber nur eingeschränkt wieder aufgeführt.

12   Aus dieser Differenz zwischen den beiden Notierungen ergeben sich damit sog **„abweichungsfeste Kerne"**. Es sind dies – wenn man das „Recht der Jagdscheine" nach Art. 72 Abs. 3 S. 1 Nr. 1 GG einmal beiseite lässt – bei Naturschutz und Landschaftspflege nach Art. 72 Abs. 3 S. 1 Nr. 2 GG „die allgemeinen Grundsätze des Naturschutzes, das Recht des Artenschutzes und des Meeresnaturschutzes" sowie

---

[16] Vgl. *Degenhart*, (Fn. 15), Art. 72, Rn. 43; *ders.*, NVwZ 2006, 1209 (1213); *Rengeling*, in: Isensee/Kirchhof (Hrsg.), Handbuch des Staatsrechts, 3. Aufl. Bd. VI, 2008, §135 Rn. 182; und *Köck/Wolf*, NVwZ 2008, 353 (356); sowie *Uhle*, in: Maunz/Dürig, Grundgesetz, Loseblatt, Stand Dezember 2007, Art. 125a Rn. 30; *ders.*. in: Kluth (Hrsg.), Föderalismusreformgesetz, 2007, Art. 72 Rn. 51; und *Sannwald*, in: Schmidt-Bleibtreu/Klein, Grundgesetz, 11. Aufl. 2008, Art. 72 Rn. 80 i, die allerdings noch betonen, dass die schlichte Aufhebung von Einzelvorschriften unbenommen bleibe. Gegen eine Verwehrung von Negativgesetzen hingegen *J. Ipsen*, NJW 2006, 2801 (2804); *Pieroth*, in: Jarass/Pieroth, Grundgesetz, 9. Aufl. 2007, Art. 72 Rn. 30; *Haug*, DÖV 2008, 851 (854); *Haratsch*, in: Sodan (Hrsg.), Grundgesetz, 2009, Art. 72 Rn. 27; und möglicherweise von Art. 72 Abs. 1 GG hierher übertragbar BVerfGE 109, 190 (229 f.). – Aus den oben genannten Gründen dürfte im Übrigen auch eine bloße Novation ohne eigene Umnormierung unzulässig sein (s. u. Rn. 24).

beim Wasserhaushalt nach Art. 72 Abs. 3 S. 1 Nr. 5 GG dessen „stoff- oder anlagebezogenen Regelungen". Sie sollen den Bund in die Lage versetzen, auch weiterhin ein allgemeines Umweltgesetzbuch (UGB) zu schaffen, denn die „abweichungsfesten Kerne" sind als Gegenstände der konkurrierenden Bundesgesetzgebung sowohl von der strengen Erforderlichkeitsvoraussetzung nach Art. 72 Abs. 2 GG befreit als auch dem Abweichungszugriff der Länder entzogen.[17] Der Sache nach geben sie sich mithin für den Bund wie eine ausschließliche Gesetzgebungskompetenz. Der Unterschied besteht nur darin, dass bei Untätigbleiben des Bundes hier nun die Länder einspringen können (Art. 72 Abs. 1 GG).

Die allgemeine Abweichungsbefugnis der Länder gilt aber nicht nur für neu vom Bund erlassene Gesetze, sondern auch für einschlägige **Altregelungen**. Art. 125 b Abs. 1 GG ordnet zunächst an (Satz 1), dass die zu den betreffenden Materien schon ergangenen Gesetze, die unter dem alten Art. 75 GG alle als Rahmenregelung zustande kamen, auch weiterhin gelten (u. zw. mit den entsprechenden Landesausfüllungsbefugnissen und -verpflichtungen: Satz 2). Auch hiervon dürfen die Länder nun aber abweichen: Art. 125 b Abs. 1 S. 3 GG. Für einige Materien – Naturschutz und Landschaftspflege, Wasserhaushalt sowie Hochschulzulassung und Hochschulabschlüsse – gilt das freilich nur nach bestimmten Schutzfristen, die es dem Bund ermöglichen sollen, hier noch grundsätzliche Neuregelungen vorzunehmen und damit unter das Regime von Art. 72 Abs. 3 GG mit seinen „abweichungsfesten Kernen" zu gelangen.

13

Nur der Vollständigkeit halber soll auch noch das **grandiose Hin-und-Her bei Art. 84 Abs. 1 GG** erwähnt werden, das leider ein schlagendes Beispiel für das offenbar immer mehr abhanden kommende Vermögen liefert, klare, eindeutige Verfassungsregelungen zustande zu bringen.[18] Während Satz 1 festlegt, dass die Länder, wenn sie Bundesgesetze als eigene Angelegenheit ausführen, auch die Einrichtung der Behörden und das Verwaltungsverfahren regeln, lässt dann Satz 2 sogleich zu, dass der Bund sich darüber aber hinwegsetzen und doch eigene Organisationsvorschriften erlassen dürfe, hiervon aber wieder die Länder Abweichungen festlegen können. Nach Schutzfristbestimmung und Kollisionslösungsformel (Sätze 3 und 4) setzt dann Satz 5 ‚noch eins drauf': Wenn nämlich „in Ausnahmefällen... (ein) besonderes Bedürfnis nach bundeseinheitlicher Regelung (vorliegt, kann der Bund) das Verwaltungsverfahren auch ohne Abweichungsmöglichkeit für die Länder regeln". Ein solches Gesetz bedarf allerdings der Zustimmung des Bundesrates.[19]

14

---

[17] Zum Stand des UGB-Vorhabens zuletzt *Hofmann*, DÖV 2008, 833 (836 mit N. 25).

[18] Ausführlich *Schmidt-Jortzig*, in: Merten (Hrsg.), Die Zukunft des Föderalismus in Deutschland und Europa, 2007, S. 147 (153 ff.).

[19] Das dann ganz zum Schluss (Satz 7) von all den Einschränkungen und Gegeneinschränkungen in jedem Fall noch eine Aufgabenübertragung auf Gemeinden und Gemeindeverbände ausgenommen ist, hat angesichts all der Unübersichtlichkeit der Gesetzgeber dann gleich bei der ersten Bewährungsprobe auch prompt übersehen. Das am 29.6.2006 vom Bundestag beschlossene Verbraucherinformationsgesetz (BT-Drs. 16/1408) konnte deshalb vom Bundespräsidenten laut Entscheid vom 8.12.2006 (BR-Drs. 584/06) wegen „klaren Verstoßes" gegen den gerade neu ins Grundgesetz aufgenommenen Art. 84 Abs. 1 S. 7 GG nicht ausgefertigt werden.

2. Prozedurale Bedingungen

Die Kompliziertheit der Sachregelung wird ergänzt durch besondere Vorschriften für Formalia und Verfahren.

15 Für eine Wahrnehmung des Abweichungsrechts durch die Länder ist dabei zunächst – wie gesehen – Voraussetzung, dass der Bund von den betreffenden Kompetenzen in Art. 72 Abs. 3 S. 1 GG **Gebrauch gemacht** hat, also ein entsprechendes Bundesgesetz überhaupt erging. Das auslösende Gesetz muss auch wirksam und bereits in Kraft getreten sein, es genügt nicht, dass es lediglich erst beschlossen bzw. ausgefertigt und verkündet wurde. Die schon beim „Gebrauchmachen" nach Art. 72 Abs. 1 GG aufgeworfene Frage, ob immerhin die bloße gesetzliche Erteilung einer Verordnungsermächtigung ausreiche oder die betreffende Verordnung auch schon ergangen sein muss,[20] ist hier gewiss in letzterem Sinne zu beantworten.[21] Denn wie soll der Landesgesetzgeber sonst entscheiden können, ob in der Sache für ihn eine Abweichung angebracht ist oder nicht. Die Ermächtigungsvorgabe von „Inhalt, Zweck und Ausmaß" künftiger Detailregelung (Art. 80 Abs. 1 S. 2 GG) kann für diese Entscheidung kaum genügen. Ähnlich wie bei Art. 72 Abs. 1 GG wird deshalb auf jeden Fall auch ein nur pro forma ergehendes Bundesgesetz ohne Festlegung in der Sache keineswegs ausreichen (Blankettnorm, bloße Wertungsangabe oder allgemeine Richtungsbestimmung).[22]

16 Auf Seiten eines zur Abweichung entschlossenen Landes muss dazu ein **förmliches Gesetz** ergehen. Dies aber sogar vor dem anstoßgebenden Bundesgesetz tun zu wollen, wäre eindeutig unzulässig. Das folgt nicht nur aus dem Bedeutungsgehalt des verwendeten Terminus „Regelung", sondern vor allem aus dem Zusammenhang mit Art. 72 Abs. 3 S. 2 GG.

17 Eben dort wird für das initiale Bundesgesetz (in Ergänzung zu Art. 82 Abs. 2 GG) außerdem eine **„Schonfrist"** von 6 Monaten für das – nun einer Abweichung ausgesetzte – Inkrafttreten festgelegt. Damit soll erreicht werden, dass abweichungsbereite Länder sich frühzeitig und sorgfältig genug auf ihr Aktivwerden vorbereiten können,

---

[20] Für erstere Alternative etwa *Degenhart* (Fn. 15), Art. 72 Rn. 26; oder *Stettner*, in: Dreier (Hrsg.), Grundgesetz, 2. Aufl. Bd. II, Supplementum 2007, Art. 72 Rn. 38; für letztere stattdessen *Böhm*, DÖV 1998, 234 (237 f.); oder *Rengeling* (Fn. 16), § 135 Rn.160. – Im einzelnen müsste auch danach noch differenziert werden, an wen sich die Bundes-Verordnungsermächtigung richtet. Ist es eine Stelle der Bundesgubernative, wäre auf jeden Fall deren Nutzung in der Sache abzuwarten; richtet sie sich an die Landesregierungen (oder eine von ihnen), genügte wohl schon die bloße Ermächtigung (allerdings wäre dann noch das Verhältnis zu Art. 80 Abs. 4 GG zu klären).

[21] Das ergibt sich schon aus dem Sinn der Sperrwirkung. Bei Art. 72 Abs. 1 GG muss sie ja möglichst frühzeitig beginnen, d.h. schon beim ersten ernsthaften Ansatz zur Bundesregelung, weil allein das gesetzgeberische Tätigwerden maßgeblich ist (vgl. BVerfGE 34, 9 (28 f.)). Bei Art. 72 Abs. 3 GG hingegen kommt es für die Kontrastierung durch einen Landesgesetzgeber auf die genauen Sachabmessungen des Bundeskodexes an, hier wird also auf den Zeitpunkt der letzten Veränderungsmöglichkeit abzustellen sein.

[22] Zu Art. 72 I GG: BVerfGE 5, 25 (26); 18, 407 (417); 34, 9 (28); 49, 343 (359); 78, 249 (273); und zusammenfassend *Umbach/Clemens*, in: dies. (Hrsg.), Grundgesetz, 2002, Bd. 2, Art. 72 Rn. 16.

so dass unmittelbar nach dem Gesetzesinkrafttreten auch zur Abweichungstat geschritten werden kann. Dem Normadressaten, d. h. dem politisch immer im Munde geführten „Bürger", bleibt damit zudem ein kurzfristiges Neuorientierenmüssen erspart. Art. 125 b Abs. 1 S. 3 (Hs. 2) GG steigerte die Schonfrist „in den Fällen der Nummern 2 und 5" (Naturschutz und Landschaftspflege) noch bis zum 1.1.2010 und für Regelungen der Hochschulzulassung und der Hochschulabschlüsse (Nr. 6) bis zum 1.8.2008. Hier dagegen stand eindeutig die Rücksichtnahme auf den Bundesgesetzgeber im Vordergrund, der Gelegenheit behalten soll, die einschlägige Gesetzgebungszuständigkeiten bis dahin umfassend und abweichungsfrei wahrnehmen zu können. Dass diese Vorschrift bei Art. 125 b GG auftaucht, ist allerdings systematisch wenig überzeugend, denn sie knüpft eben an das (neue) Gebrauchmachen von der Gesetzgebungskompetenz an, und die wird in Art. 72 Abs. 3 GG thematisiert, während Art. 125 b GG das Fortgelten der alten Gesetze regelt.

Auf das Verfahren bei der Abweichungsgesetzgebung schlägt auch bereits die zwischen anstoßgebendem Bund und abweichendem Land festgelegte **Lex-posterior-Regel** von Art. 72 Abs. 3 S. 3 GG durch. Denn damit ist die Möglichkeit angelegt, dass der Bundesgesetzgeber nun seinerseits das abweichende Landesgesetz wieder außer Anwendung setzen, also „kontern" kann, indem er eine Neuregelung der Materie vornimmt. Im Verhältnis zum Landesrecht geht dann wieder sein Gesetz vor. Wenn jetzt der Landesgesetzgeber erneut abweicht und sich dieses gegenseitige Übertrumpfen womöglich fortsetzt, wäre die allseits kritisierte bzw. befürchtete **„Ping-Pong-Gesetzgebung"** in Gang gesetzt. Das es zu einem solchen Prozedere kommt, ist allerdings reine Theorie. In der Realität werden Bund und abweichungsentschlossenes Land den Wettstreit kaum über einen Versuch hinaus fortsetzen, sondern sich zu verständigen suchen, und sei es im förmlichen Vermittlungsverfahren nach Art. 77 Abs. 2 GG. Das normative Angelegtsein eines solchen Konfliktes stellt aber wohl doch eine Schwäche der Neuregelung dar.

18

Wenn landesseitig ein Abweichungsgesetz beschlossen wird, kann es u. U. unklar bleiben, inwieweit damit das Bundesgesetz außer Anwendung gerät. Oft wird nämlich nicht ein ganzes, geschlossenes Gesetz an die Stelle der Bundesregelung gesetzt,[23] sondern es finden nur einzelne Vorschriften oder bestimmte Vorschriftenkomplexe eine Abwandlung. Sofern dann im Landesgesetz nicht ausdrücklich die genau veränderten Bundesvorschriften genannt werden, ist **Anwendungsunsicherheit** also quasi vorprogrammiert. Für den Rechtsstaat und eine verlässliche Orientierung der Normadressaten wäre das allerdings unerträglich. Deshalb wird vorgeschlagen, dass „nur die explizite Abweichung unter Benennung der bundesrechtlichen Norm, von der abgewichen werden soll, zulässig (sei, denn) auch ohne **verfassungsrechtliches Zitiergebot** reiche eine salvatorische Abwandlungsklausel im Gesetzestext nicht aus".[24] Das erscheint einleuchtend. Nur bleibt zweifelhaft, ob

19

---

[23] Was ja auch nicht zwingend ist, s. o. Rn. 9 (nach Fn. 16).
[24] So *Franzius*, NVwZ 2008, 492 (495 l. Sp.).

20 man ohne die fehlende Verfassungsvorgabe wirklich selber gleich zur interpretatorischen Korrektur schreiten darf oder nicht rechtspolitisch doch erst eine entsprechende Verfassungsergänzung anmahnen muss.[25]

20 Schließlich ist noch auf ein praktisches Problem hinzuweisen, das bei einer Gesetzgebung zu den „abweichungsfesten Kernen", also namentlich dem anstehenden Umweltgesetzbuch, auftreten kann. All solche Regelungen dürften vom Bund sinnvoll – jedenfalls teilweise – nicht ohne einheitliche Verfahrensregeln und Zuständigkeitsbestimmungen zu treffen sein, wodurch das entsprechende Gesetz über Art. 84 Abs. 1 S. 2 GG doch wieder – u. zw. als ganzes – abweichungsfähig würde.[26] Wenn man hier nicht eine Doktrin verfassungsrechtlicher Unterscheidungsnotwendigkeit begründen will, bleibt nur wieder die gängige **Aufspaltung des Gesetzes** in ein (abweichungsfestes) Gesetz mit den materiellen Regelungen und ein (abweichungszugängliches) Gesetz mit den Verfahrensvorschriften übrig.[27] Will man bei letzterem die Abweichungsmöglichkeit ausschließen, lässt sich das über Art. 84 Abs. 1 S. 6 GG zwar machen, trägt dem Gesetzgeber aber die Zustimmungsbedürftigkeit ein. Und über diesen Hebel würden die zur Abweichung entschlossenen Länder gewiss ihre Wünsche schon politisch durchzusetzen versuchen. Mir scheint, diese Sackgasse hat der Föderalismusreform-Gesetzgeber bei seiner Beteuerung, dem Bund auf jeden Fall die Chance für ein grundlegendes Umweltgesetzbuch zu erhalten, nicht ausreichend bedacht,

C. Wirkungen der Kategorie

21 Auch bei der Folgenbewertung muss differenziert werden. Die Dogmatik bildet dafür sicherlich das Fundament. Die systematischen Auswirkungen knüpfen daran an, müssen aber auch eigene Überprüfung erfahren.

I. Dogmatische Konsequenzen

22 Ausgangspunkt ist zunächst, dass die Landes-Abweichungsgesetze die auslösenden Bundesgesetze nicht ersetzen, sondern nur überlagern.[28] Es besteht zwischen

---

[25] Eher als Appell auch: *Degenhart* (Fn. 15), Art. 72 Rn. 44; *ders.*, NVwZ 2006, 1209 (1213); oder *Haug*, DÖV 2008, 851 (854).

[26] Für die Abweichungsunterworfenheit von Gesetzen dürfte von der Verfassungsrechtsprechung kaum eine andere Argumentation bemüht werden können als zur Bundesrats-Zustimmungsbedürftigkeit; zur dortigen (freilich immer wieder kritisierten) Einheitsthese BVerfGE 37, 363 (390 f.); 55, 274 (321 f.).

[27] Zur entsprechenden Aufteilbarkeit der Gesetze beim Zustimmungsaspekt BVerfGE 37, 363 (382 f.).

[28] Ebenso die Begründung zum Föderalismusreformgesetz BT-Drs. 16/813, S. 11, und übereinstimmend die Literatur z. B. *J. Ipsen*, NJW 2007, 2801 (2804 m. N. 28); *ders.*, Staatsrecht I, 20. Aufl.

ihnen kein Geltungs-, sondern nur ein **Anwendungsvorrang**. Dies folgt daraus, dass für Lücken im Abweichungsgesetz das Bundesgesetz allemal noch die Ausfüllung bietet und ohnehin für Auslegungsfragen immer mit herangezogen werden muss. Wird das Abweichungsgesetz aufgehoben, müssen auch die Bundesregelungen wieder zu Wirksamkeit gelangen können. Und für jene Länder, die gar nicht abweichen, bleibt die Geltung des Bundesgesetzes ja sowieso unberührt; eine vertikale Geltungsaufteilung ja nach Bundesland wäre dogmatisch undenkbar.

Ein offenes Problem dürfte sodann die Frage aufwerfen, ob das in einem Land nach getätigtem Abweichungsgesetz geltende Recht nun im Verbund mit dem zugrunde liegenden Bundesgesetz **Landesrecht oder Bundesrecht** darstellt. Immerhin entscheidet sich danach, welche Verfassungsmäßigkeitsmaßstäbe, u. zw. insbesondere Grundrechtskataloge, anwendbar sind und welches Verfassungsgericht zu entscheiden hat. Wird ein Bundesgesetz vom Abweichungsgesetz komplett verdrängt, wird sicher von Landesrecht auszugehen sein, also das Landesverfassungsgericht in die Überprüfungszuständigkeit hineingelangen. Weicht ein Land nur teilweise ab (was wohl die Regel sein wird), muss über die föderative Zurechnung wohl nach dem Schwergewicht der Regelungsprovenienzen entschieden werden. Die dritte Möglichkeit, nämlich dass ein Land das Bundesgesetz lediglich wiederholt, um damit das Regelungswerk formell in Landesrecht zu überführen, wird hingegen so nicht zulässig sein. Denn „abweichen" fordert eben – wie gesehen[29] –, die Regelungen in der Sache anders zu formen, zu verändern, also eigenständig neu anzusetzen. Die schon als „Durchmischung von Bundes- und Landesrecht" bezeichnete[30] Situation kann jedenfalls aus der Adressatenperspektive nahezu unannehmbar werden, denn neben der Rechtswegfrage entscheidet sich hier ja vor allem auch, welche rechtlichen Normen überhaupt aktuell zu befolgen sind.[31]

Eine andere Frage ist, ob das zur Abweichung ermächtigende Bundesgesetz in den fraglichen Materien eine **Vollregelung** darstellen muss oder nicht. Dafür könnte sprechen, dass bei bloß lückenhaftem Regelungsaufgriff des Bundes die Länder via Abweichungsgesetzgebung ihrerseits zu einer Vollregelung quasi gezwungen würden, was systemwidrig wäre.[32] Das erscheint indessen nicht überzeugend, denn ein wirklicher Abweichungszwang entsteht auf Länderseite kaum. Immerhin war ja auch das auslösende Bundesgesetz schon für sich allein stimmig und geschlossen, mit den dort angelegten Lücken wird man deshalb auch in der Praxis des Landesrechts leben können; es muss ja nicht jeder denkbare Sachverhalt gesetzlich geregelt sein. Zudem spricht Art. 72 Abs. 3 S. 1 GG genau wie Abs. 1 nur davon, dass „der Bund

---

2008, Rdn. 581; *Degenhart* (Fn. 15), Art. 72 Rn. 40; *Oeter*, in: Starck (Hrsg.), Föderalismusreform, 2007, S. 9 (18 Rn. 33); oder *Franzius*, NVwZ 2008, 492 nach N. 4.

[29] S.o. Rn. 9 mit Fn. 16. Zum hiesigen Ergebnis ebenso: *Uhle*, in: Kluth (Fn. 16), Art. 72 Rn. 51; oder *Sannwald* (Fn. 16), Art. 72 Rn. 80 i.

[30] *Stettner* (Fn. 18), Art. 72 Rn. 53, unter Berufung auf *Oeter* (Fn. 28), S. 17 Rn. 31.

[31] Dieses Dilemma streichen auch etwa heraus: *Häde*, JZ 2006, 930 (933); *Klein/Schneider*, DVBl. 2006, 1549 (1553); *Degenhart* (Fn. 15), Art. 72 Rn. 42; oder *Stettner* (Fn. 18), Art. 72 Rdn. 53; ebenso *Nierhaus/Rademacher*, LKV 2006, 385 (389 f.); und *Selmer*, JuS 2006, 1052 (1056).

[32] So *Fischer-Hüftle*, NuR 2007, S. 78 (79); oder *Franzius*, NVwZ 2008, S. 492 (494/5).

(nicht) von seiner Gesetzgebungszuständigkeit Gebrauch gemacht" hat, und auch für Art. 72 Abs. 1 GG mit seiner Sperrwirkungsauslösung ist keine Vollgesetzgebung notwendig.

II. Systematische Folgerungen

25 Weitere Profilierung erfährt die Abweichungsgesetzgebung nach Art. 72 Abs. 3 GG durch den **Unterschied zur Vorranggesetzgebung** von Art. 72 Abs. 1 GG. Dort werden die Länder nämlich gar nicht erst „in den Ring gelassen". Mit einem gesetzgeberischen Tätigwerden in all den Bereichen, die nicht der Abweichungsmöglichkeit unterliegen, schließt der Bund die Länder von einem Regelungszugriff definitiv aus, und seine Normierung macht dann via Art. 31 GG auch eventuell noch bestehende Altregelungen der Länder zunichte; deshalb ja die Bezeichnung als „Vorranggesetzgebung". Die Länder können nur wieder in Regelungsbefugnisse hineinwachsen, wenn und soweit der Bund bei seiner Legeferrierung Lücken lässt, die Materie also nicht abschließend regelt, oder wenn er das Vorranggesetz aufhebt.

26 Ganz anders liegt das bei der Abweichungsgesetzgebung. Ist der Bund auf dem dortigen Feld legislatorisch tätig geworden, sind die Länder vollauf „wieder im Geschäft". Freilich dürfen sie nun auch **nur das abändern, was der Bund gesetzgeberisch angestoßen hat**. Trifft dieser also zu bestimmten separaten, eigenständigen Bereichen der Gesetzgebungsmaterie keine Aussage, finden die Länder diesbezüglich auch nichts zum Abweichen vor (was sich bei den ohnehin „abweichungsfesten Kernen" ja bis zur Wirkung einer ausschließlichen Bundes-Gesetzgebungszuständigkeit verdichtet).[33] Solches Blockiertsein hat sogar die Frage aufkommen lassen, ob nicht eine Pflicht des Bundes zur Abweichung ermöglichenden Gesetzgebung angenommen werden müsse, wenn bestimmte Materien oder deren spezifische Teile für das Landesrecht dringend einer Normierung bedürfen, der Landesgesetzgeber aber eben ausgeschlossen bleibt.[34] Eine entsprechende Pflicht aber wird kaum zu begründen sein. Die sich auftuenden Regelungszwänge bleiben immer eine politische Dringlichkeit, die zwar äußerst drückend werden kann, aber nicht in Rechtsqualität umschlägt.

27 Die Abweichungsgesetzgebung eröffnet jedoch – und das ist ein wirklich hoffnungsvoller Schritt – eine Perspektive, speziell mit der notleidenden **Umsetzung europäischer Richtlinien** durch den Bund fertig zu werden.[35] Schon seit langem wird ja gefordert, dass der Bund, um seine chronische Not bei der Einhaltung von europäischen Umsetzungspflichten zu überwinden, eine global-generelle Umsetzungszuständigkeit erhalten müsse und die Länder ihre Hoheitsrechte nur dadurch

---

[33] Siehe oben Rn. 12.
[34] So *Franzius*, NVwZ 2008, 492 (494 nach N. 33 und 495 sub 2 b).
[35] Die Europagünstigkeit des neuen Art. 72 Abs. 3 GG betonen auch *Haug*, DÖV 2008, 851 (855); oder *Stettner* (Fn. 20), Art. 72 Rn. 47. Skeptisch hingegen *Haratsch* (Fn. 16), Art. 72 Rn. 31.

noch gewahrt bekämen, dass sie anschließend (freilich zur Risikotragung des Bundes im Außenverhältnis)[36] davon abweichen können.[37] Für die Materien in Art. 72 Abs. 3 GG ist das nun verwirklicht worden, denn hier braucht der Bund eben auch bei Umsetzung europäischer Vorgaben sich nicht mehr wie bisher auf Rahmenvorschriften zu beschränken, sondern kann vollständige Umsetzungsregeln erlassen, und bezüglich der „abweichungsfesten Kerne" sind die Länder auch noch von jeglicher Abwandlung ausgeschlossen. Vielleicht lässt sich dieser Ansatz bei der nächsten Verfassungsrevision sogar auf alle Umsetzungspflichten des Bundes ausdehnen. Für notwendig werdende Umsetzungsvorschriften zu Behördenaufbau und Verfahren ist das immerhin schon durch Art. 84 Abs. 1 S. 6 GG ermöglicht worden – wobei freilich die genaue Abgrenzung zu Art. 23 Abs. 5 S. 2 GG doch unklar bleibt.[38]

D. Gesamtbewertung

Für die föderative Konzeption der Verfassung verschiebt die Abweichungsgesetzgebung sicherlich die Gewichte. Denn das bis dato eingespielte Verhältnis von Bund und Ländern wird durch sie um ein Feld wirklicher Konfliktmöglichkeit ergänzt. Mit der neu geschaffenen Handhabe können die Länder ja nicht agieren, sondern sie reagieren nur. Man kann und will das vorangegangene legislatorische Tun des föderativen Partners umformen, korrigieren, partiell außer Anwendung setzen.[39] Man geht mithin – bildlich gesprochen – auf **reglementorischen Konfrontationskurs** zum legislativen Vorleister und erhält die Möglichkeit, die Konkurrenz mit ihm (jedenfalls vorerst) autoritativ zu eigenen Gunsten zu entscheiden.[40]

28

Hauptmanko der gelieferten Abmessungen für die Abweichungsgesetzgebung ist und bleibt auf jeden Fall der u. U. unentwirrbare, vom Rechtsadressaten wenigstens kaum zu durchschauende **Mix aus Bundes- und Landesrecht**.[41] Eine institutionalisierte „Mischlage aus Bundes- und Landesrecht für ein und denselben Regelungsgegenstand im selben Anwendungsbereich wäre im bestehenden System der Gesetzgebung ein Fremdkörper",[42] der kaum hingenommen werden kann. Ihre Schaffung widerspricht zudem der gewünschten Entflechtung und eindeutigen Zuordnung von Verantwortlichkeiten, wie sie immer als Ziel der Föderalismusreform

29

---

[36] Das Risiko bleibt freilich gering, weil die Länder materiell ja an das – nun in Geltung gesetzte – Europarecht gebunden sind.

[37] Ausführlich *Schmidt-Jortzig*, in: Dicke u. a. (Hrsg.), FS für J. Delbrück, 2005, S. 621 (635 f.).

[38] Ebenso *Sannwald* (Fn. 16), Art. 72 Rn. 80 t.

[39] Weshalb auch von einer „umgekehrten konkurrierenden Gesetzgebung" gesprochen wird; bspw. *Möstl*, ZG 2003, 297 (303); oder *Maiwald*, Grundgesetz. Föderalismusreform mit Begleitgesetz und Einführung, 2006, S. XV.

[40] *Schmidt-Jortzig* (Fn. 7), S. 340 f..

[41] Sie schon oben zu Rn. 24.

[42] BVerfGE 111, 10 (29).

ausgerufen wurde.⁴³ Hinzu tritt noch die außergewöhnliche **Kompliziertheit** der Normierung mit Regeln, Bedingungen, Ausnahmen, Gegenausnahmen, Verweisungen, Überschneidungen etc., die zu durchschauen, dem Nichtexperten nur schwer gelingen dürfte.

30   Die Länder sind immerhin, wenn die Ausgangslage gegeben ist, in ihrem Abweichungswillen nicht begrenzt. Gegen ihr Abweichungsrecht nach Art. 72 Abs. 3 GG lassen sich weder das Prinzip der Bundestreue oder das Homogenitätsgebot (Art. 28 Abs. 1 S. 1 GG) noch die Richtgröße gleichwertiger Lebensverhältnisse im Bundesgebiet⁴⁴ ausspielen. Ob sich dadurch allerdings der schleichende **Vereinheitlichungstrend im deutschen Bundesstaat** aufhalten lässt, bleibt fraglich. Bei all ihrer Unfertigkeit, den Abgrenzungsschwierigkeiten und Folgeproblem der neuen Gesetzgebungsmöglichkeit der Länder zeigt sich diese Stoßrichtung verfassungsrechtlich zwar unübersehbar, und vielleicht könnte mit ihr auch die Bedeutung der Landesparlamente gegenüber den Landesregierungen gestärkt werden.⁴⁵ Aber was die politische Praxis daraus macht, ist völlig offen, ja, muss bezüglich der Nutzung dieser Option auch wohl eher skeptisch gesehen werden. Was die deutschen Staatsbürger von der föderativen Vielfalt halten, hat unlängst die Umfrage des infas-Instituts für die *Bertelsmann-Stiftung* erschreckend negativ an den Tag gebracht,⁴⁶ und das schlägt natürlich auf die reale Politik durch. Dort sind Sonderwegbeschreitung und Exponierungsbereitschaft immer begrenzt. Lieber flüchtet man sich in die Solidarität der A- bzw. B-Länderblocks oder verweist auf die Verantwortung des Bundes. Für eine wirkliche Ausnutzung der Abweichungsoption scheint jedenfalls eine grundlegende Änderung landespolitischen Bewusstseins wichtiger als alle Verfassungstextreformen zu sein.

31   Was sich freilich schon jetzt absehen lässt, ist die Nutzung der Abweichungsermächtigung als **Argument und Hebel in der politischen Diskussion**.⁴⁷ Nicht nur beim Tauziehen um eine Bundesratszustimmung oder im förmlichen Verfahren des Vermittlungsausschusses, sondern vor allem im informellen Diskurs zwischen Bund und Ländern wird das neue Instrument als Druckmittel für länderfreundliche Bundesgesetzgebung herhalten können. Das muss nicht von vornherein verurteilenswert sein. Nur wenn es bei diesem Effekt bliebe, würde das dem verfassungspolitischen Ziel der Reform zuwiderlaufen. Will man die Abweichungsgesetzgebung

---

[43] Schon Nr. 2 des Einsetzungsbeschlusses der Föderalismusreformkommission, BT-Drs. 15/1685 und BR-Drs. 750/03 (Beschluss); und dann vor allem die Gesetzesbegründung, BT-Drs. 16/813, sub A. S. 7 und im Deckblatt (S. 1) die Fixierung von „A. Problem und Ziel". Auch oben mit Fn. 9.

[44] Sie oben zu Fn. 1.

[45] Bis 2008 ist indessen noch keine Abweichungsinitiative der Länder bekannt geworden; vgl. die Angaben bei *Hofmann*, DÖV 2008, 833 (837 mit N. 34).

[46] http://www.bertelsmann-stiftung.de/cps/rde/xchg/bst/hs.xsl/280-htm. Danach identifizieren sich die Bürger zunächst mit der Stadt, in der sie wohnen, dann mit Deutschland, dann mit Europa und erst an letzter Stelle mit ihrem Bundesland. 91 % der befragten Menschen wünschen sich bundesweit einheitliche Standards für Kindergärten, Schulen und Universitäten und fast so viele auch einheitliche Steuersätze. Jeder Vierte hält die Länder überhaupt für überflüssig.

[47] So auch *Oeter* (Fn. 28), S. 16 Rn. 29.

wirklich zu einem gängigen, wahrnehmungsoffensiven Mittel für die Vielfalt im Bundesstaat machen, müssten aber – wie gesehen – vor allem die mannigfachen Unwuchten des neuen Modells beseitigt werden. Und das kann nicht nur Aufgabe von Rechtswissenschaft und/oder Verfassungsjudikatur sein.

Schrifttum

C. Degenhart, in: M. Sachs (Hrsg.), Grundgesetz, 5. Aufl. 2009, Art. 72 Rn. 40 ff.
C. Franzius, Die Abweichungsgesetzgebung, NVwZ 2008, 492 ff.
V. Haug, Die Abweichungsgesetzgebung – ein Kuckucksei der Föderalismusreform?, DÖV 2008, S. 851 ff.
S. Oeter, Neustrukturierung der konkurrierenden Gesetzgebungskompetenz, Veränderung der Gesetzgebungskompetenz des Bundes, in: C. Starck (Hrsg.), Föderalismusreform, 2007, S. 9 (15 ff.).
H.-W. Rengeling, Gesetzgebungszuständigkeit, in: J. Isensee/P. Kirchhof (Hrsg.), Handbuch des Staatsrechts, 3. Aufl. Bd. VI, 2008, §135.
E. Schmidt-Jortzig, Legislative Handlungsmöglichkeiten und Handlungspflichten nach der Föderalismusreform, in: S. Magiera/K.-P. Sommermann/J. Ziller (Hrsg.), FS für H. Siedentopf, 2008, S. 831 ff.
C. Schulze Harling, Das materielle Abweichungsrecht der Länder, Art. 72 Abs. 3 GG, 2011.
A. Uhle, in. W. Kluth (Hrsg.), Föderalismusreformgesetz, 2007, Art. 72 Rn. 47 ff.

§21 Der Deutsche Bundestag im Bundesstaat. Föderale Aspekte eines unitarischen Organs

Hans-Joachim Stelzl

Inhalt

A. Einleitung 627
B. Beteiligungen des Deutschen Bundestages im Bundesstaat 630
  I. Gesetzgebungsverfahren 630
  II. Mitwirkung des Bundestages in (teil-)föderal geprägten Gremien ... 631
C. Föderale Elemente in Zusammensetzung und Arbeitsweise des Bundestages ... 638
  I. Föderale Elemente im Wahlrecht 638
  II. Landesgruppen als „geographische" und „organisatorische" Untergliederung der Fraktionen 641
  III. Personelle Überschneidungen 641
  IV. Bundesratsmitglieder als Redeprivilegierte 643
  V. Kooperation mit den Landtagen 644
D. Der Deutsche Bundestag im europäischen Einigungsprozess 646
Schrifttum 648

A. Einleitung

„Die Bundesrepublik Deutschland ist ein demokratischer und sozialer Bundesstaat", so heißt es in Art. 20 Abs. 1 des Grundgesetzes für die Bundesrepublik Deutschland (GG). Die Entscheidung für eine **Reföderalisierung**, die den Zentralismus des totalitären nationalsozialistischen Staates ablöste, basierte auf der Forderung der Alliierten, war aber zugleich auch Ziel des deutschen Verfassunggebers in Herrenchiemsee und des Parlamentarischen Rates.[1] Einerseits hielt man die föderale Struktur als am besten geeignet, die deutsche Einheit wiederherstellen zu können,[2]

1

---

[1] *Sommermann*, in: v. Mangoldt/Klein/Starck, Kommentar zum Grundgesetz, Bd. 2, 5. Auflage 2005, Art. 20 Abs. 1 Rn. 23.
[2] *Sommermann* (Fn. 1), Art. 20 Abs. 1 Rn. 23 Fn. 60.

H.-J. Stelzl (✉)
Staatssekretär a.D., Direktor beim Deutschen Bundestag a.D., Deutschland
E-Mail: hans-joachim.stelzl@gmx.de

andererseits sollte die Gliederung in Bund und Länder im Zusammenspiel mit der horizontalen Gewaltenteilung eine Machtkonzentration verhindern.[3] Mit der Aufnahme des **Bundesstaatsprinzips** in das Grundgesetz wurde die föderale Tradition Deutschlands fortgesetzt und über Art. 79 Abs. 3 GG als unabänderliches Strukturmerkmal der Verfassung verankert.

2 Das Bundesstaatsprinzip hat in der Verfassungswirklichkeit bereits verschiedene Ausprägungen erfahren: Nach 1949 war die bundesstaatliche Ordnung zunächst durch eine recht strikte Trennung von Aufgaben des Bundes und der Länder mit betont länderfreundlicher Aufgabenteilung gekennzeichnet (**„dualer Föderalismus"**).[4] Dies kommt heute noch im Regel-Ausnahme-Verhältnis der Zuständigkeitsverteilung zugunsten der Länder in Art. 30, 70, 83 GG zum Ausdruck. Bereits seit Mitte der 1950er Jahre wurde dieses „Trennsystem" zunehmend relativiert, etwa durch intensive Inanspruchnahme der Gesetzgebungskompetenzen durch den Bund sowie Mischfinanzierungen und Fondswirtschaft, die damals noch keine verfassungsrechtliche Grundlage besaßen.[5] Es war dies die Phase des **„unitarischen Bundesstaates"**[6]. Seit den 70er Jahren folgte dann eine Periode mit zunehmenden Verschränkungs- und Zentralisierungstendenzen (**„kooperativer Föderalismus"**[7]), die beispielsweise in der verfassungsrechtlichen Verankerung der Gemeinschaftsaufgaben in Art. 91 a und b GG a. F. ihren Niederschlag fand und in der Praxis gekennzeichnet ist durch eine Vielzahl exekutiv besetzter Bund-Länder-Gremien. In den 80er Jahren begann unter dem Stichwort „Konkurrenz- oder **Wettbewerbsföderalismus**"[8] die Diskussion, den Folgen dieser Politikverflechtung – Intransparenz und Entmachtung der Parlamente in Bund und Ländern – mit einer Reföderalisierung entgegenzuwirken. Die Wiedervereinigung stoppte solche Reformüberlegungen zumindest auf dem Gebiet der Finanzen, da es den neuen Ländern insoweit an Wettbewerbsfähigkeit fehlte. So war fortan eher der **solidarische Föderalismus** mit seinen finanziellen Zuwendungen prägend (Solidarpakt I und II).[9] In anderen Bereichen des Bundesstaates wurden mit der Verfassungsreform von 1994 etwa mit einer verschärften „Erforderlichkeitsklausel" nach Art. 72 Abs. 2 GG neue Akzente

---

[3] Vgl. hierzu *Diekmann*, Das Verhältnis des Bundesrates zu Bundestag und Bundesregierung im Spannungsfeld von Demokratie- und Bundesstaatsprinzip, 2007, S. 111.

[4] Vgl. auch *Sommermann* (Fn.1), Art. 20 Abs. 1 Rn. 44.

[5] *Bauer*, Der erschütterte Bundesstaat – Entwicklungstendenzen des deutschen Föderalismus von seinen Anfängen bis zur Gegenwart, Überarbeiteter Vortrag, gehalten auf der Tagung der Friedrich-Ebert-Stiftung: „Moderner Bundesstaat. Handlungsfähig? Bürgernah? Innovativ?" am 29. April 2004, in: Friedrich-Ebert-Stiftung, Föderalismus im Diskurs – Perspektiven einer Reform der bundesstaatlichen Ordnung, Dokumentation des Projekts Föderalismus im Diskurs, 2004, S. 53.

[6] Zum Begriff des „unitarischen Bundesstaates": *Hesse*, Der unitarische Bundesstaat, 1962.

[7] *Sommermann* (Fn. 1), Art. 20 Abs. 1 Rn. 44.

[8] *Sommermann* (Fn. 1), Art. 20 Abs. 1 Rn. 55.

[9] *Bauer* (Fn. 5), S. 55.

zur Stärkung der Landeskompetenzen gesetzt. Politikentflechtung und klarere Zuordnung der Zuständigkeiten zwischen Bund und Ländern zählten zu den erklärten Zielen der Föderalismusreform I von 2006.[10]

Neben dem Spannungsverhältnis zwischen Bund und Ländern spielt zunehmend auch der europäische Einigungsprozess eine wichtige Rolle. So hat der deutsche Bundesstaat mit Art. 23 GG seine Entwicklung hin zu einem **europäisierten Föderalismus**[11] genommen. Das Bundesverfassungsgericht bezeichnet die Union in seinem Maastricht-Urteil als „Staatenverbund"[12]. Nach überwiegender Auffassung hat sie noch nicht das Stadium eines „Bundesstaates Europa" erreicht.[13] Der Konstitutionalisierungsgrad einer „supranationalen Föderation" ist hingegen bereits Realität.[14]

Welche Rolle spielt nun der Deutsche Bundestag in diesem föderalen „Beziehungsgeflecht"? Das Grundgesetz ordnet dem Bundesrat die Funktion des föderativen Bundesorgans zu, über den die Länder gemäß Art. 50 GG bei der Gesetzgebung und Verwaltung des Bundes mitwirken.[15] Der Deutsche Bundestag wird dagegen als das **„unitarische" Organ** im föderativ gegliederten Rechtsstaat charakterisiert,[16] das maßgeblichen Anteil an der „Gesamtaufgabe demokratischer Gesamtleitung, Willensbildung und Kontrolle"[17] im Sinne einer „Richtungsbestimmung des Staates"[18] hat. Häufig sieht man ihn eher in Konkurrenz zu den bundesstaatlichen Elementen und als Gegengewicht zum bundesstaatlich geprägten Organ des Bundesrates.[19] In diesem Zusammenhang sind die bereits in der staatsrechtlichen Literatur umfangreich behandelte Stellung des Deutschen Bundestages im Gesetzgebungsverfahren und dessen Verhältnis zum Bundesrat sowie die diversen Beteiligungen des Bundestages in (teil-) föderal geprägten Gremien zu nennen.[20] Auf diese Funktion des

---

[10] Vgl. Beschlüsse von Bundestag (BT-Drs. 15/1685) und Bundesrat (BR-Drs. 750/03) zur Einsetzung der Kommission von Bundestag und Bundesrat zur Modernisierung der bundesstaatlichen Ordnung (Föderalismuskommission I).

[11] *Bauer* (Fn. 5), S. 56.

[12] BVerfGE 89, 155 (181 und 190).

[13] Vgl. *Hölscheidt*, Europäische Union: Staatenverbund – Föderation – Bundesstaat?, Wissenschaftliche Dienste des Deutschen Bundestages; Aktueller Begriff Nr. 10/2000 vom 29.8.2000.

[14] *Ruffert*, JuS 2009, 97 (103); *v. Bogdandy*, Supranationaler Föderalismus als Wirklichkeit und Idee einer neuen Herrschaftsform, 1999, S. 61 ff; kritisch noch *Busse*, in: EuR 2000, 686 ff.

[15] *Herzog*, in: Isensee/Kirchhof (Hrsg.), Handbuch des Staatsrechts (HdStR), Bd. 3, 3. Aufl. 2005, §57 Rn. 1.

[16] *Klein* (Fn. 15), §50 Rn. 12.

[17] *Hesse*, Grundzüge des Verfassungsrechts der Bundesrepublik Deutschland, 20. Auflage 1995, Rn. 572.

[18] *Scheuner*, in: DÖV 1957, 633 (634).

[19] *Klein* (Fn. 15), §50 Rn. 12.

[20] Umfangreiche Darstellungen bei: Isensee/Kirchhof (Hrsg.) (Fn. 15), Sechster Teil, Die Staatsorgane des Bundes; Schneider/Zeh (Hrsg.), Parlamentsrecht und Parlamentspraxis, 1989, §§55 bis 60.

Bundestages im Bundesstaat soll in einem ersten Teil der nachfolgenden Ausführungen eingegangen werden. Föderale Aspekte in der Zusammensetzung und Arbeit des Deutschen Bundestages drängen sich dagegen zunächst nicht auf. Der zweite Teil des Beitrages ist diesem bislang weniger beachteten Aspekt mit Blick auf die Praxis des Deutschen Bundestages gewidmet.

5   Ein weiterer Abschnitt befasst sich mit der zunehmend an Bedeutung gewinnenden Rolle des Bundestages in **Angelegenheiten der Europäischen Union,** die mit Inkrafttreten des Vertrages von Lissabon und den diesen konkretisierenden Regelungen des Begleitgesetzes nebst Vereinbarung und Geschäftsordnungsregelungen weitere Änderungen erfahren soll.

B. Beteiligungen des Deutschen Bundestages im Bundesstaat

I. Gesetzgebungsverfahren

6   Dem Deutschen Bundestag kommt eine zentrale Rolle im Gesetzgebungsverfahren zu: Während in Bezug auf das Gesetzesinitiativrecht Bundestag, Bundesrat und Bundesregierung gleichberechtigt nebeneinander stehen (Art. 76 Abs. 1 GG), beschließt der Bundestag die Bundesgesetze (Art. 77 Abs. 1 S. 1 GG). Die jeweiligen Einflussmöglichkeiten des Bundesrates im Gesetzgebungsverfahren hängen davon ab, ob es sich bei dem zu behandelnden Gesetzesvorhaben um ein Zustimmungs- oder Einspruchsgesetz handelt. Bei Einspruchsgesetzen kann der Bundestag den Einspruch des **Bundesrates** mit qualifizierter Mehrheit zurückweisen. Bei Zustimmungsgesetzen vermag der Bundesrat mit seinem Veto das Zustandekommen des Gesetzes gänzlich zu verhindern. Diese „Blockademöglichkeit" hat der Bundesrat in der Vergangenheit vor allem dann genutzt, wenn die parteipolitischen Mehrheitsverhältnisse in Bundestag und Bundesrat unterschiedlich ausgeprägt waren. Der Bundesrat setzte sich dann nicht nur gegen solche Gesetze zur Wehr, die verwaltungs- und finanzpolitische Belange der Länder betrafen, sondern lehnte Vorhaben auch aus allgemeinpolitischen Erwägungen ab.[21] So ergab sich vor allem in diesen Konstellationen für die Opposition im Bundestag eine Möglichkeit des „Mitregierens" über den Bundesrat.[22] Kompromisse zwischen den gesetzgebenden Körperschaften wurden oft erst in langwierigen Vermittlungsverfahren gefunden.

7   Eines der wichtigsten Ziele der **Föderalismusreform I** war es, der beschriebenen „Blockadeanfälligkeit" entgegenzuwirken. Ein Schwerpunkt der Reform lag daher bei der Neuregelung des Art. 84 GG, da dieser Artikel – Zustimmungserfordernis bei bundeseigenen Regelungen der Behördenorganisation und des Verwaltungsverfahrens – in der Praxis bis zu ca. 60 % aller Bundesgesetze (durchschnittlich ca. 53 %)

---

[21] *Mußgnug*, Verschiebungen im Verhältnis von Parlament, Regierung und Verwaltung, in: Hartung (Hrsg.), Deutsche Verfassungsgeschichte, 1987, S. 100 (114 dort Fn. 64).
[22] So auch *Klatt*, in: APuZ 1982 (Beilage 31), 3 (21).

zustimmungspflichtig machte.²³ Anders als nach der früheren Fassung kann in Bundesgesetzen nunmehr aber – ohne die erforderliche Zustimmung des Bundesrates – im Wege des Einspruchsgesetzes die Behördeneinrichtung und das Verwaltungsverfahren geregelt werden. Neu ist auch, dass – entsprechend der Regelung zur Abweichungsgesetzgebung gemäß Art. 72 Abs. 3 GG – die Länder die Möglichkeit haben, in diesem Fall abweichende Regelungen zu treffen. In Ausnahmefällen kann dies allerdings vom Bund für das Verwaltungsverfahren wegen eines besonderen Bedürfnisses nach bundeseinheitlicher Regelung ausgeschlossen werden. Nur solche Gesetze bedürfen noch der Zustimmung des Bundesrates. Die Zustimmungsquote kann durch die beschriebene Änderung der Bestimmung deutlich gesenkt werden.²⁴

II. Mitwirkung des Bundestages in (teil-)föderal geprägten Gremien

Der Bundestag wirkt bei der **Besetzung** unterschiedlicher (teil-) föderal geprägter Gremien mit.²⁵ Die Beteiligung des Bundestages an diesen Gremien dient dabei in erster Linie der Vermittlung demokratischer Legitimation.²⁶ Das bundesstaatliche Element wird dagegen durch die Mitwirkung anderer Akteure – vom Bundesrat und den Landtagen benannte Mitglieder sowie Vertreter der Kommunen – geprägt und in unterschiedlicher Weise umgesetzt.

8

1. Vermittlungsausschuss

Der Vermittlungsausschuss als solcher findet im Grundgesetz keine ausdrückliche Erwähnung. Art. 77 Abs. 2 S. 1 GG spricht lediglich von einem „aus Mitgliedern des Bundestages und des Bundesrates für die gemeinsame Beratung von Vorlagen gebildeten Ausschusses". Erst die Geschäftsordnung verwendet die Bezeichnung „Vermittlungsausschuss". Die Funktionsteilung zwischen dem direkt vom Volk gewählten Bundestag und dem föderalistisch geprägten Bundesrat spiegelt

9

---

[23] *Dästner*, in: ZParl 2001, 290 (296 ff.), ermittelte für Art. 84 Abs. 1 GG während des Zeitraums von 1981 bis 1999 einen Anteil von 58,1 % an den zustimmungsbedürftigen Gesetzen, vgl. auch *Georgii/Borhanian*, Zustimmungsgesetze nach der Föderalismusreform, Wissenschaftliche Dienste des Deutschen Bundestages Ausarbeitung WD 3-37/06 und 123/06 vom 15. Mai 2006, S. 8.

[24] Nach *Georgii/Borhanian* (Fn. 23) wäre der Anteil zustimmungspflichtiger Gesetze in der 14. Wahlperiode von 55,2 % auf 25,8 % gefallen, in der 15. Wahlperiode von 51 % auf 24 %, wenn Art. 84 GG bereits in der jetzigen Fassung existiert hätte; kritisch hierzu *Höreth*, Gescheitert oder doch erfolgreich? Über die kontroverse Beurteilung der ersten Stufe der Föderalismusreform, in: Förster u.a. (Hrsg.), Jahrbuch des Föderalismus 2008, S. 139 (140).

[25] Zur Mitgliedschaft und Mitwirkungsrechten des Bundestages in gemischten Institutionen siehe auch: *Schreiner/Linn*, So arbeitet der Deutsche Bundestag, 16. Wahlperiode, 22. Auflage 2008, S. 66 ff.

[26] *Zeh* (Fn. 15), §52 Rn. 50.

sich in der paritätischen Zusammensetzung dieses Gremiums wider, durch die ein **Gleichgewicht von Demokratie- und Bundesstaatsprinzip** angestrebt wird:[27] Der Vermittlungsausschuss besteht aus 16 von den Landesregierungen entsandten Mitgliedern des Bundesrates und ebenso vielen Mitgliedern des Bundestages. Die von Bundestag und Bundesrat zu entsendende Anzahl von Mitgliedern ist damit föderal – durch die Zahl der Bundesländer – determiniert. Seine Funktionsweise ist geprägt von seiner verfassungsrechtlichen Stellung als „gemeinsamer" Ausschuss von Bundestag und Bundesrat gleichsam zwischen den beiden Gesetzgebungsorganen.[28] Er wird in dieser Rolle auch als ein unverzichtbarer und „wichtiger Bestandteil des **kooperativen Föderalismus** in Deutschland" gesehen.[29]

10 Die Aufgabe des Vermittlungsausschusses liegt in der Konsensbildung zwischen Bundestag und Bundesrat im Rahmen des Gesetzgebungsverfahrens. Das Gremium versucht, die Meinungsverschiedenheiten zwischen Bundestag und Bundesrat unter Ausschluss der Öffentlichkeit in einer gemeinsamen Lösung auszugleichen.[30] Von der Möglichkeit der Anrufung des Vermittlungsausschusses wurde unterschiedlich oft Gebrauch gemacht.[31] In der Häufigkeit der Anrufungen wird die jeweilige Verteilung der politischen Mehrheitsverhältnisse in Bundestag und Bundesrat deutlich. Die Erfolgsquote der gefundenen Kompromisse bestätigt insgesamt die hohe Effektivität dieses Organs: In der 15. Wahlperiode wurde der Vermittlungsausschuss beispielsweise bei 101 Vorlagen angerufen, wobei in lediglich 13 Fällen keine Einigung erzielt werden konnte.[32] Jedoch mehren sich in den vergangenen Jahren kritische Stimmen, die den Vermittlungsausschuss als eine Art **„Ersatz- oder Überparlament"**[33] empfinden und seine vertraulichen Verhandlungen als Verstoß gegen den parlamentarischen Öffentlichkeitsgrundsatz gemäß Art. 42 Abs. 1 GG werten.[34] Er habe sich von seiner ihm von Verfassung wegen zugedachten Funktion der reinen Kompromissfindung entfernt.[35] Das Grundgesetz gibt insoweit klare Grenzen vor: Der Vermittlungsausschuss hat kein Gesetzesinitiativrecht (Art. 76 Abs. 1 GG). Er hat zudem „keine Entscheidungskompetenz, wohl aber eine den Kompromiss vorbereitende, ihn aushandelnde und faktisch gestaltende Funktion"[36]. Der Ausschuss darf deshalb eine Änderung, Ergänzung oder Streichung der vom Bundestag

---

[27] *Dietlein* (Fn. 20), §57 Rn. 3.

[28] *Kluth* (Fn. 15), §60 Rn. 5.

[29] *Marschall*, Das politische System Deutschlands 2007, S. 232.

[30] BVerfGE 101, 297 (306); vgl. auch *Hölscheidt/Janzen*, Einberufung und Kompetenzen des Vermittlungsausschusses, Wissenschaftliche Dienste des Deutschen Bundestages, Sachstand WD 3 – 3000 – 457/08 vom 12. Dezember 2008.

[31] 10. WP: 6, 11. WP: 13, 12. WP: 85, 13. WP: 92, 14. WP: 77 Anrufungen, Datenangaben nach *Ziller*, Das Parlament vom 23. Januar 2006, 12 (12 ff.).

[32] Datenangaben nach *Feldkamp*, Datenhandbuch zur Geschichte des Deutschen Bundestages 1990–2010, Verwaltung des Deutschen Bundestages (Hrsg.), in Vorbereitung.

[33] *Kluth* (Fn. 15), §60 Rn. 2.

[34] Vgl. *Kluth* (Fn. 15), §60 Rn. 33 ff.

[35] Mit weiteren Nachweisen *Kluth* (Fn. 15), §60 Rn. 2.

[36] BVerfGE 120, 56 (74).

beschlossenen Gesetze nur im Rahmen des Anrufungsbegehrens und des ihm zugrundeliegenden Gesetzgebungsverfahrens vorschlagen; dabei muss er stets die Rechte der Abgeordneten im Gesetzgebungsverfahren wahren.[37]

2. Gemeinsamer Ausschuss

Der Gemeinsame Ausschuss wurde in Art. 53a erst nachträglich in das Grundgesetz eingefügt.[38] Die Bezeichnung als „Ausschuss" wird weitgehend als verfehlt angesehen, da er mit seiner Konstituierung zu einem obersten Bundesorgan wird.[39] Er ist Teil der Notstandsverfassung und hat die Funktion eines **„Notparlamentes"**, der im Verteidigungsfall die Befugnisse von Bundestag und Bundesrat wahrnimmt, soweit diese aufgrund der Umstände zu einer Entscheidung nicht in der Lage sind (vgl. Art. 115 e Abs. 1 GG, §1 Abs. 1 Geschäftsordnung des Gemeinsamen Ausschusses – GOGA). Es kommt also in Notsituationen zu einer Aufhebung der klassischen Rollenverteilung von Bundesrat und Bundestag.[40]

11

Der Ausschuss setzt sich gem. Art. 53a Abs. 1 Satz 1 und 3 GG zu zwei Dritteln aus Mitgliedern des Bundestages und einem Drittel aus Mitgliedern des Bundesrates zusammen. Dabei ist zu beachten, dass jedes Land von einem von ihm bestellten Mitglied vertreten werden muss. Es ergibt sich damit eine Verteilung von 32 Mitgliedern des Bundestages und 16 Mitgliedern des Bundesrates. Durch die Mitgliedermehrheit der Bundestagsseite im Gemeinsamen Ausschuss soll gerade in außergewöhnlichen Situationen die demokratische und parlamentarische Komponente verstärkt werden; zudem wird der unitarische Charakter des Organs akzentuiert.[41] Hinzu kommt, dass nach §13 GOGA Beschlüsse mit der Mehrheit der abgegebenen Stimmen herbeigeführt werden. Der Bundestag kann sich so mit seinen Vorstellungen gegen den Bundesrat gegebenenfalls durchsetzen.[42]

12

3. Bundesversammlung

Bei der Bundesversammlung wurde eine andere Beteiligung der Länder realisiert. Als **Wahlgremium des Bundespräsidenten** setzt sich die Bundesversammlung gem. Art. 54 Abs. 3 GG aus den Mitgliedern des Bundestages und einer gleichen Anzahl von den Landesparlamenten zu wählenden Vertretern zusammen. Das Nähere regelt das Gesetz über die Wahl des Bundespräsidenten durch die Bundesversammlung (BPWahlG).

13

---

[37] *Hölscheidt/Janzen* (Fn. 30), S. 4.
[38] Siebzehntes Gesetz zur Ergänzung des GG vom 24. Juni 1968, BGBl. I S. 709.
[39] *Fink* (Fn. 1), Art. 53a Abs. 1 Rn. 5 ff.
[40] *Schick* (Fn. 20), in: Schneider/Zeh (Hrsg.), §58 Rn. 12.
[41] So auch *Fink* (Fn. 1), Art. 53a Abs. 1 Rn. 9.
[42] *Zeh* (Fn. 15), §52 Rn. 56.

14 Der Proporz der je Bundesland zu entsendenden Vertreter korreliert mit der Bevölkerungszahl des jeweiligen Bundeslandes.[43] Die entsandten Vertreter der Länder sind weder weisungs- noch auftragsgebunden und müssen auch nicht dem Landesparlament angehören. Hätte man lediglich den Wahlmodus durch ein Zusammenwirken von Bundestag und Bundesrat ausgestaltet, so wäre die politische Vielfalt in den Ländern nicht zum Tragen gekommen.[44]

15 Die Bundesversammlung wird vom Präsidenten des Bundestages einberufen; er leitet die Sitzungen und die Geschäfte (§8 BPWahlG). Bei seinen Aufgaben wird der Bundestagspräsident durch die Bundestagsverwaltung unterstützt.

4. Wahlausschuss für die Richter des Bundesverfassungsgerichts

16 Bei der Wahl der Richter des Bundesverfassungsgerichts gibt es zwar kein gemeinsam von Bundestag und Bundesrat besetztes Gremium, jedoch gewährleistet der Wahlmodus auch hier demokratische Legitimation und ausreichende Berücksichtigung der bundesstaatlichen Komponente durch folgende Beteiligung der beiden Häuser:[45]

17 Nach Art. 94 Abs. 1 S. 2 GG werden die Bundesverfassungsrichter je zur Hälfte vom Bundesrat und vom Bundestag gewählt. Die paritätische Aufteilung der Wahl zwischen Bundestag und Bundesrat wird letztlich damit begründet, dass das Bundesverfassungsgericht auch über bundesstaatliche Regelungen des Grundgesetzes und damit über das Verhältnis zwischen Bund und Ländern endgültig entscheidet.[46] Der Bundestag bestimmt gem. §6 des Gesetzes über das Bundesverfassungsgericht (Bundesverfassungsgerichtsgesetz – BVerfGG) die von ihm zu berufenden Bundesverfassungsrichter in einer indirekten Wahl durch einen **Wahlausschuss**, der aus 12 nach der Verhältniswahl gewählten Abgeordneten besteht und damit die Mehrheitsverhältnisse im Plenum widerspiegelt. Gewählt als Bundesverfassungsrichter ist, wer gem. §6 Abs. 5 BVerfGG mindestens acht Stimmen auf sich vereinigen kann. Die Wahl der obersten Richter durch einen Wahlausschuss wird mitunter als eine Verkürzung des jedem Bundestagsabgeordneten aus seinem Status zukommenden Stimmrechts nach Art. 38 Abs. 1 S. 2 GG gesehen und eine Anpassung des Wahlmodus vorgeschlagen.[47] Im Bundesrat wird mit Zweidrittelmehrheit im Plenum gewählt.

---

[43] *Delfs*, Die Wahl des Bundespräsidenten am 23. Mai 2009, Wissenschaftliche Dienste des Deutschen Bundestages, Aktueller Begriff Nr. 08/09 vom 28. Januar 2009.

[44] *Nettesheim* (Fn. 15), §63 Rn. 1.

[45] Vgl. auch *Jarass/Pieroth*, Grundgesetz, 10. Auflage 2009, Art 94 Rn. 1; *Sturm*, in: Sachs (Hrsg.), Grundgesetz, 5. Auflage 2009, Art. 94 Rn. 2.

[46] Vgl. *Sierck/Sinnokrot*, Die Wahl von Richtern des Bundesverfassungsgerichts, Wissenschaftliche Dienste des Deutschen Bundestages, Aktueller Begriff Nr. 37/06 vom 11. September 2006.

[47] *Kischel* (Fn. 15), §69 Rn. 51 f.

5. Richterwahlausschuss für die Berufung der Richter der obersten Bundesgerichte

Der Richterwahlausschuss setzt sich gem. Art. 95 Abs. 2 GG in Verbindung mit dem Richterwahlgesetz als nichtständiger Ausschuss aus den für das jeweilige Sachgebiet zuständigen Ministern der Länder und einer gleichen Anzahl von Mitgliedern zusammen, die vom Bundestag gewählt werden, aber diesem nicht zwingend angehören müssen. Den Vorsitz führt der jeweils für das Sachgebiet zuständige Bundesminister. Zweck des Wahlmodus ist es auch hier, eine **demokratische und bundesstaatliche Legitimation** zu gewährleisten.[48]

6. Verfassungskommissionen

Der Bundestag wirkte in unterschiedlichen Gremien auch bei der Erörterung föderaler Fragestellungen mit; die wichtigsten werden nachfolgend beschrieben.

a) **Enquete-Kommissionen „Verfassungsreform"**. Mit dem Auftrag zu überprüfen, ob und inwieweit es erforderlich sei, das Grundgesetz den gegenwärtigen und voraussehbaren zukünftigen Erfordernissen anzupassen, setzte der Bundestag in seiner 6. Wahlperiode im Jahr 1970 und wiederholt in seiner 7. Wahlperiode im Jahr 1973 eine Enquete-Kommission „Verfassungsreform" ein.[49] Die Enquete-Kommissionen bestanden jeweils aus sieben im Stärkeverhältnis von den Fraktionen benannten Mitgliedern des Bundestages, sieben von den Regierungschefs der Länder entsandten Mitgliedern und fünf bzw. sieben von den Fraktionen des Bundestages benannten Sachverständigen.[50] Parallel dazu begleitete die Arbeit der Kommissionen eine **Länderkommission „Verfassungsreform"**. Sie setzte sich aus je elf Vertretern der Landesparlamente und der Landesregierungen zusammen, die die Vorstellungen der Länder über eine Reform des Grundgesetzes in die Beratungen einspeiste. Sechs Mitglieder dieser Länderkommission gehörten gleichzeitig den Bundestagskommissionen an. Durch die Doppelmitgliedschaft wurde ein intensiver, konstruktiver und vor allem zügiger Erfahrungs- und Meinungsaustausch zwischen den Enquete-Kommissionen auf Bundes- und Länderebene garantiert. Die weitgefächerte personelle Zusammensetzung war Ausdruck des Bemühens, die verschiedenen bundesstaatlichen Strömungen, Überlegungen und Aspekte für eine Reform des Grundgesetzes institutionell zu berücksichtigen, um die Empfehlung der Kommission von einer breiten Mehrheit getragen zu wissen.[51]

b) **Unabhängige Föderalismuskommission.** Am 4. November 1991 konstituierte sich eine aus je 16 stimmberechtigten Mitgliedern des Bundestages und des

---
[48] *Schulze-Fielitz*, in: Dreier (Hrsg.), Grundgesetz, Band III, 2. Auflage 2008, Art. 95 Rn. 28.
[49] Zwischenbericht der 1. Enquete-Kommission: BT-Drs. VI/3829 und Schlussbericht der 2. Enquete-Kommission: BT-Drs. 7/5924.
[50] Vgl. BT-Drs. VI/3829, S. 11 und BT-Drs. 7/5924, S. 4.
[51] Vorwort zum Abschlussbericht der Bundestagskommission, BT-Drs. 7/5924, S. 3.

Bundesrates zusammengesetzte „Unabhängige Föderalismuskommission" mit dem Auftrag, Vorschläge zur Verteilung nationaler und internationaler Institutionen zu erarbeiten, die der Stärkung des Föderalismus auch durch besondere Berücksichtigung der neuen Bundesländer dienen sollten.[52] Weiter gehörten der Kommission als nichtstimmberechtigte Mitglieder Vertreter der Bundesministerien, des Bundesverfassungsgerichts, der Deutschen Bundesbank und des Bundesrechnungshofs an. Sie beschloss am 27. Mai 1992 mit Zweidrittelmehrheit Vorschläge für eine ausgeglichene Verteilung der Bundesbehörden auf alle Länder, die der Deutsche Bundestag am 26. Juni 1992 annahm.[53]

21   c) **Gemeinsame Verfassungskommission.** Durch Beschlüsse von Bundestag und Bundesrat im November 1991 wurde die Gemeinsame Verfassungskommission eingesetzt.[54] Sie war neben dem Vermittlungsausschuss und dem Gemeinsamen Ausschuss das dritte **gemeinsame Organ von Bundestag und Bundesrat**.[55] Nach der Wiedervereinigung sah man die Notwendigkeit, das Grundgesetz den aktuellen Gegebenheiten anzupassen. Die Gemeinsame Verfassungskommission sollte Vorschläge für eine mögliche Verfassungsänderung oder -ergänzung beraten. Ein solches Organ ist im Grundgesetz nicht vorgesehen, und so herrschte zunächst lebhafte Diskussion über seine Zusammensetzung.[56] Man einigte sich schließlich, je 32 Mitglieder von Bundestag und Bundesrat mit gleichberechtigtem Stimmrecht zu entsenden. Damit war der politische Einfluss beider Häuser auf die Kommissionsarbeit gleichgewichtig, auch wenn für Verfahrensabläufe innerhalb der Kommission die Geschäftsordnung des Bundestags galt und die Kommission von der Verwaltung des Bundestages betreut wurde.[57] Mitglieder der Bundesregierung hatten das Recht, den Sitzungen ohne Stimm- oder Antragsrecht beizuwohnen. Auf Vorschlag der Fraktionen und anschließender Wahl durch das Plenum wurden die Kommissionsmitglieder des Bundestages bestimmt. Unabhängig von der Einwohnerzahl und der Größe wurden für den Bundesrat dem Prinzip der Einzelstaatlichkeit folgend je Bundesland zwei Vertreter durch die Landesregierungen in die Kommission entsandt. Auch die Gemeinsame Verfassungskommission wurde durch ein Sekretariat der Bundestagsverwaltung unterstützt.

---

[52] Vgl. Beschlussempfehlung des Ältestenrates zum Zweiten Zwischenbericht der Konzeptkommission des Ältestenrates zur Umsetzung des Beschlusses des Deutschen Bundestages vom 20. Juni 1991 zur Vollendung der Einheit Deutschlands, BT-Drs. 12/2850, Anhang 12.

[53] Vgl. Unterrichtung durch die Unabhängige Föderalismuskommission – Vorschläge der Unabhängigen Föderalismuskommission vom 27. Mai 1992 für eine ausgeglichene Verteilung von Bundesbehörden unter besonderer Berücksichtigung der neuen Länder, BR-Drs. 450/92; *Schindler*, Datenhandbuch zur Geschichte des Deutschen Bundestages 1949 bis 1999, Bd. II, S. 114.

[54] Einsetzungsbeschlüsse BT-Drs. 12/1590 und 12/1670 sowie BR-Drs. 741/91; Schlussbericht der Gemeinsamen Verfassungskommission: BT-Drs. 12/6000.

[55] *Busch*, Die Gemeinsame Verfassungskommission – Eine neue Institution für die Grundgesetzreform, APuZ 1993 (Beilage Nr. 52/53), 7.

[56] Vgl. auch *Fischer*, Reform statt Revolution, 1995, S. 33 ff.; *Batt*, Verfassungspolitik im vereinigten Deutschland, Staatswissenschaften und Staatspraxis 1994, 211 (215 f.).

[57] *Busch* (Fn. 55), S. 8.

Obwohl der Charakter der Kommission allein **beratender Natur** war, so konnte doch an den Empfehlungen der Kommission, die eines Zweidrittelquorums bedurften, die spätere Mehrheitsfähigkeit in Bundestag und Bundestag abgelesen werden.[58] Die auf der Grundlage der Kommissionsvorschläge erarbeiteten Verfassungsänderungen traten im November 1994 in Kraft.[59]

d) **Föderalismuskommission I und II.** Als im Grundgesetz ebenfalls nicht ausdrücklich vorgesehenes gemeinsames Gremium von Bundestag und Bundesrat ist außerdem die **Kommission von Bundestag und Bundesrat zur Modernisierung der bundesstaatlichen Ordnung** (Bundesstaatskommission/Föderalismuskommission I[60]) zu nennen. Die im Oktober 2003 von Bundestag und Bundesrat eingesetzte Föderalismuskommission I unter gemeinsamem Vorsitz von Bundestag und Bundesrat bestand aus je 16 Mitgliedern des Bundestages und des Bundesrates mit Antrags-, Rede- und Stimmrecht sowie einer gleichen Anzahl Stellvertreter. Nicht stimmberechtigte, beratende, aber mit einem Rede- und Antragsrecht ausgestattete Mitglieder waren außerdem vier Vertreter der Bundesregierung und sechs Abgeordnete der Landtage. Als ständige Gäste nahmen drei antrags- und rede-, aber nicht stimmberechtigte Vertreter der kommunalen Spitzenverbänden sowie 12 allein redeberechtigte Sachverständige teil.[61] Ein gemeinsames Sekretariat von Bundestag und Bundesrat unterstützte die Kommissionsarbeit.

Ziel der Föderalismuskommission I war es, die Kompetenzen zwischen dem Bund und den Ländern neu zu ordnen und damit einhergehend auch die **Blockadeanfälligkeit des Gesamtsystems** zu minimieren.[62] Während es den Ländern insbesondere um eine Stärkung ihrer eigenen Kompetenzen ging, wollte der Bund vor allem die Zahl der zustimmungspflichtigen Gesetze verringern.[63] Die Erarbeitung eines Reformpaketes in der Kommission scheiterte im Dezember 2004 vor allem an Differenzen in der Hochschul- und Bildungspolitik. Zu einem zweiten und erfolgreichen Anlauf der Föderalismusreform I kam es dann unter der Großen Koalition im November 2005. Das verfassungsändernde Gesetz trat am 1. September 2006 in Kraft. Die Ergebnisse werden fast drei Jahre nach Inkrafttreten der Verfassungsänderung von der Literatur unterschiedlich beurteilt.[64] In den nächsten Jahren wird wohl erst die Praxis eine

---

[58] *Batt* (Fn. 56), S. 217.

[59] Vgl. 42. Gesetz zur Änderung der Grundgesetzes vom 27. Oktober 1994, BGBl. I S. 3146.

[60] BT-Drs. 15/1685, Plenarprotokoll 15/66; BR-Drs. 750/03 (Beschluss).

[61] BT-Drs. 15/1685, Plenarprotokoll 15/66; BR-Drs. 750/03 (Beschluss).

[62] Näher zum Reformprozess des Art. 84 GG und Alternativvorschläge: *Röttgen/Boehl* sowie *Rauber*, in: Holtschneider/Schön (Hrsg.), Die Reform des Bundesstaates, 2007, S. 17 ff. und 36 ff.

[63] Inwieweit dies gelungen ist, vgl. obige Bezugnahme auf die Studie von *Georgii/Borhanian* (Fn. 24).

[64] *Risse*, Zur Entwicklung der Zustimmungsbedürftigkeit von Bundesgesetzen nach der Föderalismusreform 2006, ZParl 2007, 707 (710), zieht eine insgesamt positive Bilanz; zur Kritik an der Föderalismusreform mit weiteren Nachweisen *Pilz/Ortwein*, Das politische System Deutschlands, 4. Auflage 2008, (60 f. und 69 ff.); *Starck*, Föderalismusreform, 2007, S. 38 ff.

verlässliche Antwort auf die Frage geben können, inwieweit die Föderalismusreform I die Erwartungen erfüllt hat.

25 Um die schon lang in Diskussion stehenden Finanzstrukturen zwischen dem Bund und den Ländern neu zu ordnen, wurde am 15. Dezember 2006 eine **Gemeinsame Kommission zur Modernisierung der Bund-Länder-Finanzbeziehungen** (Föderalismuskommission II) eingesetzt, „mit dem Ziel diese den veränderten Rahmenbedingungen inner- und außerhalb Deutschlands insbesondere für Wachstums- und Beschäftigungspolitik anzupassen"[65]. Die Föderalismuskommission II unter gemeinsamem Vorsitz von Bundestag und Bundesrat konstituierte sich am 8. März 2007.

26 Bundestag und Bundesrat entsandten je 16 Mitglieder und Stellvertreter in die Kommission. Vier der vom Bundestag zu entsendenden Mitglieder gehörten der Bundesregierung an. Weiter waren die Landtage mit vier nicht stimmberechtigten, aber mit einem Rede- und Antragsrecht ausgestatteten beratenden Mitgliedern vertreten. Die Kommunen wurden bei den Sitzungen mit 3 Vertretern der Kommunalen Spitzenverbände beteiligt. Auch hier stellten Bundestag und Bundesrat gemeinsam den Vorsitz und das Sekretariat.

27 Am 5. März 2009 hat die Föderalismuskommission II letztmals getagt und zu den von ihr erarbeiteten Vorschlägen – u. a. der Verankerung einer neu gefassten Schuldenregel für Bund und Länder in Art. 109 GG – Beschluss gefasst.[66] Ein hierauf basierender verfassungsändernder Gesetzentwurf[67] befindet sich in der parlamentarischen Beratung.

C. Föderale Elemente in Zusammensetzung und Arbeitsweise des Bundestages

Auch in Zusammensetzung und Arbeitsweise des Deutschen Bundestages sind föderale Bezugspunkte zu finden.

I. Föderale Elemente im Wahlrecht

28 Nach Art. 38 Abs. 1 S. 1 GG werden die Abgeordneten des Deutschen Bundestages in allgemeiner, unmittelbarer, freier, gleicher und geheimer Wahl gewählt. Prinzipiell ergibt sich weder aus dieser Bestimmung noch aus dem Bundesstaatsprinzip

---

[65] Einsetzungsantrag BT-Drs. 16/3885 und Beschluss Plenarprotokoll 16/74 sowie Beschluss des Bundesrates BR-Drs. 913/06.

[66] Vgl. Beschlüsse der Kommission von Bundestag und Bundesrat zur Modernisierung der Bund-Länder-Finanzbeziehungen vom 5. März 2009, Komm.-Drs. 175.

[67] Gesetzentwurf der Fraktionen der CDU/CSU und SPD zur Änderung des Grundgesetzes (Artikel 91c, 91d, 104b, 109, 109a, 115, 143d), BT-Drs. 16/12410.

§21 Der Deutsche Bundestag im Bundesstaat. Föderale Aspekte eines unitarischen Organs 639

nach Art. 20 Abs. 1 GG eine zwingende Berücksichtigung **föderaler Belange** in der Ausgestaltung des Wahlrechts zum Deutschen Bundestag als dem unitarischen Vertretungsorgan des Volkes.[68] Doch in seiner konkreten Ausgestaltung durch das Bundeswahlgesetz finden sich durchaus föderale Bezüge.

1. Verrechnungsmodus der Direktmandate mit den Listenmandaten

Nach §1 BWahlG werden insgesamt 598 Abgeordnete gewählt, davon 299 mit der Erststimme in den Wahlkreisen und 299 über die Landeslisten mit der Zweitstimme. Das Bundesverfassungsgericht stellt zum geltenden Wahlsystem fest, dass die Wahl den Grundcharakter einer Verhältniswahl trage, jedoch durch eine vorgeschaltete **Direktwahl der Wahlkreiskandidaten**, die dem Prinzip der Mehrheitswahl folge, modifiziert werde.[69]   29

Bei der Entscheidung des Bundesverfassungsgerichts aus dem Jahr 2008[70] stand das „**negative Stimmgewicht**" im Mittelpunkt der Erörterung, ein mathematisches Phänomen, das durch das Zusammenspiel von §7 Abs. 3 Satz 2 i. V. m. §6 Abs. 4 und Abs. 5 BWahlG ermöglicht wird.[71] So kann es durch die nach diesen Bestimmungen vorgesehene Verrechnung der Direktmandate mit den Listenmandaten erst im Anschluss an die Unterverteilung auf die Landeslisten unter bestimmten Konstellationen vorkommen, dass die für eine Partei abgegebenen Zweitstimmen derselben Partei Mandatsverluste verursachen, sofern sie zuvor in einem Land Überhangmandate errungen hat.[72] Die Bundesverfassungsrichter sahen in diesem „negativen Effekt der Zweitstimmen" den Grundsatz der Gleichheit und Unmittelbarkeit der Wahl verletzt.[73]   30

Dieser Verrechnungsmodus – so stellt das Gericht in seiner Entscheidung fest – diene in erster Linie der Wahrung des **föderalen Proporzes**.[74] Mit der Anrechnung der Direktmandate nur auf die im Rahmen der Unterverteilung den Landeslisten entsprechend ihrem jeweiligen Zweitstimmenergebnis zugeteilten Sitze solle erreicht werden, dass der föderale Proporz der Zweitstimmen möglichst genau im Wahlergebnis der einzelnen Landeslisten wiedergegeben werde. Die Direktmandate würden u.   31

---

[68] *Schreiber*, Handbuch des Wahlrechts des Deutschen Bundestages, 8. Auflage 2009, §3 Rn. 5.
[69] BVerfGE 6, 84 (90); BVerfGE 13, 127 (129); BVerfGE 16, 130 (139); BVerfGE 66, 291 (304); BVerfGE 95, 335 (357 f.); BVerfG, NVwZ 2008, 993.
[70] BVerfG, NVwZ 2008, 991 ff.
[71] *Roth*, Negatives Stimmgewicht und Legitimationsdefizite des Parlaments, NVwZ 2008, 1199 (1199).
[72] BVerfG, NVwZ 2008, 991 (994 f.); vgl. auch *Limpert*, Wahlhandlung und Wahlsystem, Wissenschaftiche Dienste des Deutschen Bundestages, Aktueller Begriff Nr. 19/09 korr. vom 9. März 2009; *Limpert*, Neuere Entwicklungen im Wahlrecht, Wissenschaftliche Dienste des Deutschen Bundestages, Aktueller Begriff Nr. 35/08 vom 10. Juli 2008; *Lübbert*, Negative Stimmgewichte und die Reform des Bundestags-Wahlrechts, Infobrief, WD 8 – 3000 - 020/09 vom 18. März 2009.
[73] BVerfG, NVwZ 2008, 991 (Leitsatz).
[74] BVerfG, NVwZ 2008, 991 (995).

a. erst nach der Unterverteilung der Zweitstimmen auf die Landeslisten verrechnet, um die regionalen Besonderheiten einzelner Länder zu berücksichtigen.[75]

32 Die Beeinträchtigung der Gleichheit der Wahl durch den Effekt des negativen Stimmgewichts könne nur durch **„zureichende oder zwingende Gründe"** gerechtfertigt werden.[76] Zur Bedeutung föderaler Belange führt das Gericht aus, dass diese bei der Ausgestaltung des Wahlrechts grundsätzlich berücksichtigt werden können. Föderale Belange hätten aber kein so hohes Gewicht, den erheblichen Eingriff in die Wahlrechtsgleichheit durch das negative Stimmgewicht zu rechtfertigen.[77]

2. Wahlkreiseinteilung

33 Föderale Bezüge lassen sich auch bei den Detailregelungen zur Einteilung der Wahlkreise herstellen: So schreibt §3 Abs. 1 Nr. 1 BWahlG für die Wahlkreiseinteilung u. a. vor, dass sie sich an die **Ländergrenzen** zu halten hat. Mit dieser Vorgabe wird das Bundesstaatsprinzip als eine Determinante für die Wahlkreiseinteilung anerkannt.[78] Aus dieser gesetzlichen Vorgabe folgt zugleich, dass selbst bei übereinstimmendem gegenteiligen Willen der im Bundestag vertretenen Fraktionen keine anderweitige Wahlkreiseinteilung vorgenommen werden kann.[79]

34 Weitere das Bundesstaatsprinzip im Wahlrecht zum Deutschen Bundestag verwirklichende Vorgaben macht §3 Abs. 1 Nr. 2 BWahlG, wonach die Zahl der Wahlkreise in den einzelnen Ländern deren Bevölkerungsanteil soweit wie möglich entsprechen muss. Mit dieser proportionalen Verteilung der Wahlkreise auf die Länder wird letztlich deren gleichmäßige Repräsentanz durch Wahlkreisabgeordnete realisiert.[80] In diesem Zusammenhang sei auch erwähnt, dass mit der Vorgabe des §3 Abs. 1 Nr. 4 BWahlG – Wahlkreis als zusammenhängendes Gebiet – ein föderaler Anknüpfungspunkt besteht, da so die Bürger des Wahlkreises als **regionale politische Bevölkerungseinheit** fungieren sollen.[81] §3 Abs. 1 Nr. 5 BWahlG bestimmt, dass die Grenzen der Gemeinden, Kreise und kreisfreien Städte bei der Wahlkreiseinteilung nach Möglichkeit eingehalten werden sollen. Damit finden ebenfalls Länderinteressen bei der Wahlkreiseinteilung Berücksichtigung.[82]

35 Der Deutsche Bundestag ist an Entscheidungen zur Wahlkreiseinteilung folgendermaßen beteiligt: §3 Abs. 4 S. 2 BWahlG sieht die Zuleitung des **Berichts der Wahlkreiskommission** an den Deutschen Bundestag vor. In der Praxis fasst der Bundestag nach Kenntnisnahme des Berichts einen Beschluss zur Wahlkreiseinteilung

---

[75] BVerfG, NVwZ 2008, 991 (995).
[76] BVerfG, NVwZ 2008, 991 (993 f.).
[77] BVerfG, NVwZ 2008, 991 (995).
[78] *Schreiber* (Fn. 68), §3 Rn. 13.
[79] *Schreiber* (Fn. 68), §3 Rn. 13.
[80] *Schreiber* (Fn. 68), §3 Rn. 14.
[81] *Schreiber* (Fn. 68), §3 Rn. 25.
[82] *Schreiber* (Fn. 68), §3 Rn. 29.

und ersucht die Bundesregierung um Vorlage eines entsprechenden Gesetzentwurfs[83] oder initiiert eine Wahlkreisneueinteilung aus seiner Mitte[84].

II. Landesgruppen als „geographische" und „organisatorische" Untergliederung der Fraktionen

Landesgruppen sind Interessenvertretungen als geographisch-organisatorische Untergliederungen einer Fraktion. Sie können damit ihre jeweiligen **landesspezifischen und regionalen Anliegen** in die Fraktion und auf diesem Weg in den Bundestag einbringen. Die Quellenlage zu diesem föderalen Aspekt in der Arbeitsweise des Bundestages ist eher dürftig.[85] Einzig die CSU-Landesgruppe ist bisweilen in das Blickfeld der Wissenschaft gelangt.[86] Als einflussreiche und zugleich bekannteste Landesgruppe hat sie sich innerhalb der CDU/CSU-Bundestagsfraktion eine eigene Geschäftsordnung gegeben.[87] Diese sieht vier Organe vor: die Landesgruppenvollversammlung, einen Landesgruppenvorstand sowie einen Parlamentarischen Geschäftsführer und einen Vorsitzenden.[88]

36

Insbesondere in den großen Volksparteien üben die Landesgruppen dank ihrer Geschlossenheit und Organisation einen entscheidenden **Einfluss** auf ihre Bundestagsfraktionen aus. Je größer die Fraktion ist, desto ausgeprägter und organisierter sind die Landesgruppen und damit steigt auch ihr Gewicht innerhalb des Bundestages. Die Bedeutung und der Einfluss einer Landesgruppe korreliert daher mit der Fraktionsstärke.

37

III. Personelle Überschneidungen

Nicht selten entstehen personelle Überschneidungen und Berührungspunkte der verschiedenen parlamentarischen und politischen Ebenen im Bundesstaat.

---

[83] *Schreiber* (Fn. 68), §3 Rn. 38, vgl. etwa BT-Drs. 8/2166.
[84] BT-Drs. 16/6286 und 16/7815.
[85] So auch *Weber*, in: Schlemmer/Woller (Hrsg.), Politik und Kultur im föderativen Staat, 2004, S. 27 f.
[86] *Jekewitz* (Fn. 20), in: Schneider/Zeh (Hrsg.), §37 Rn. 60 f.; *Dexheimer*, Die CSU-Landesgruppe, ZParl 1972, 307 ff.; Geschlossenheit macht stark, Landesgruppen im Bundestag, Bundestags-Report 9/10 v. 1992, 22 ff.
[87] So *Weber* (Fn. 85), S. 23 ff.
[88] Siehe Geschäftsordnung der CSU-Landesgruppe für die 16. Wahlperiode des Deutschen Bundestages vom 11. Oktober 2005, abgedruckt in:*Ritzel/Bücker/Schreiner*, (Fn. 96).

1. Doppelmandat im Bundes- und Landtag

38 Das Grundgesetz beinhaltet bezüglich der zeitgleichen Bekleidung eines Mandates im Bundestag und in einem Landtag **keine explizite Regelung**. Ein Doppelmandat wird grundsätzlich als vereinbar mit dem geltenden Recht angesehen[89], wenngleich dies – allein schon in zeitlicher Hinsicht – zu „Funktionsverwirklichungsproblemen" führen kann.[90] Insgesamt bildet die Gruppe der Doppelmandatsträger im Bundestag daher die Ausnahme. In der 13. Wahlperiode bekleideten zwei Abgeordnete ein Doppelmandat, in der 14. Wahlperiode kein Abgeordneter, in der 15. Wahlperiode zwei Abgeordnete und in der 16. Wahlperiode wiederum kein Abgeordneter, wobei sich die Angaben auf ein mindestens dreimonatiges Doppelmandat beziehen.[91] Die meisten Doppelmandatsträger entscheiden sich innerhalb einer Frist von zwei Monaten nach der Wahl für eines der beiden Mandate. Die Praxis zeigt, dass ein Landtagsmandat häufig als „Karrieresprungbrett" in den Bundestag genutzt wird.[92] Die Rückkehr vom Bundestag in ein Landesparlament ist dagegen eher selten. Voraussetzung ist zumeist die Wahl in ein politisches Spitzenamt auf Landesebene.

2. Weitere Doppelmitgliedschaften

39 Im Jahre 1966 wurde in §2 der Geschäftsordnung des Bundesrates (GOBR) ausdrücklich die **Inkompatibilität von Bundesrats- und Bundestagsmitgliedschaft** verankert. Damit wurde in der Geschäftsordnung das niedergelegt, was schon lange die überwiegende Rechtsauffassung darstellte: Eine Doppelmitgliedschaft in der Landesregierung und im Bundestag ist aus Gründen der Gewaltenteilung als generell unzulässig anzusehen.[93] In der Praxis entscheiden sich die betroffenen Personen innerhalb eines Monats für die Wahrnehmung ihres Mandats als Abgeordneter oder bleiben in ihrer Funktion in der Landesregierung mit der Konsequenz des Verzichts auf ihr Bundestagsmandat.[94]

40 Als kompatibel und als Ausdruck der Verbindung von Parlamentsmehrheit und Regierung im parlamentarischen Regierungssystem der Bundesrepublik wird jedoch eine **Mitgliedschaft in der Bundesregierung und zugleich im Bundestag** angesehen. Dies ist parlamentarische Praxis.

---

[89] Vgl. *Sierck*, Inkompatibilitäten mit dem Bundestagsmandat, Wissenschaftliche Dienste des Deutschen Bundestages, Aktueller Begriff Nr. 84/05 vom 10.11.2005; *Wagner*, Zulässigkeit des parlamentarischen Doppelmandats, 1986, S. 46 ff.

[90] *Tsatsos* (Fn. 20), in: Schneider/Zeh (Hrsg.), §23 Rn. 1.

[91] *Feldkamp*, Datenhandbuch zur Geschichte des Deutschen Bundestages 1993–2004, Veröffentlichung der Wissenschaftlichen Dienste des Deutschen Bundestages, 2005, S. 134, ergänzende Angaben laut Auskunft des Parlamentsarchivs ID 2, das mit der Aktualisierung des Datenhandbuchs befasst ist.

[92] *Klatt* (Fn. 20), in: Schneider/Zeh (Hrsg.), §67 Rn. 12.

[93] Vgl. auch *Sierck*, (Fn. 89).

[94] Vgl. hierzu die Übersicht für die 13. und 14. WP. bei *Feldkamp*, (Fn. 91), S. 130 ff.

IV. Bundesratsmitglieder als Redeprivilegierte

Das Zutritts- und Rederecht der Bundesratsmitglieder findet in Art. 43 Abs. 2 GG seine verfassungsrechtliche Verankerung. Danach haben Bundesratsmitglieder und Mitglieder der Bundesregierung sowie ihre Beauftragten ein jederzeitiges Zutritts- und Rederecht in allen Sitzungen des Bundestages sowie in seinen Ausschüssen. Das Zutrittsrecht kennt grundsätzlich keine sachlichen, thematischen oder personellen Beschränkungen.[95] Das Rederecht der Bundesratsmitglieder sowie der Mitglieder der Bundesregierung im Bundestag unterliegt zudem keinen zeitlichen Beschränkungen, denn sie müssen nach dem klaren Wortlaut des Art. 43 Abs. 2 S. 2 GG „jederzeit" gehört werden. Daher spricht man hier häufig von „Inhabern eines **privilegierten Rederechts**".[96]

41

Der Bundesrat und seine Mitglieder können diese Befugnisse auch zur Stärkung der Opposition im Bundestag einsetzen, insbesondere dann, wenn die Mehrheitsverhältnisse im Bundestag und Bundesrat divergieren.[97] So kann auch erschwert werden, dass – wie das Bundesverfassungsgericht fordert – „die Fragen der Staatsführung [...] in Rede und Gegenrede der einzelnen Abgeordneten zu erörtern sind"[98]. Da der Wortlaut des Art. 43 Abs. 2 S. 2 GG eindeutig ist, kann einem privilegierten Redner grundsätzlich nicht das Wort nach Überschreitung der regelmäßigen Redezeit von 15 min entzogen werden.[99] Äußerste Grenze ist das vom Bundesverfassungsgericht entwickelte **Missbrauchsverbot**.[100] Das Gericht nennt in seinem Urteil aus dem Jahre 1959 drei Fälle des Missbrauches für die Redebeiträge von Mitgliedern der Bundesregierung: Die Reden sollen den Bundestag an der Erfüllung seiner Aufgaben hindern, den Oppositionsabgeordneten eine Darlegung ihrer Standpunkte unmöglich machen, oder die Abgeordneten sollen während einschaltquotenstarker Fernsehzeiten vom Rednerpult ferngehalten werden.[101]

42

Der 1980 eingeführte § 35 Abs. 2 GOBT sollte zu einer Entschärfung der Problematik beigetragen.[102] Dieser sieht eine **Zeitausgleichsregelung** vor, sofern ein Mitglied des Bundesrates oder der Bundesregierung einen Redebeitrag von mehr als 20 min gehalten hat. Die Fraktion, die eine abweichende Meinung vortragen möchte, kann für einen ihrer Redner eine entsprechende Redezeit verlangen. Diese

43

---

[95] *Achterberg/Schulte* (Fn.1), Art. 43 Abs. 2 Rn. 43.
[96] So z. B. *Ritzel/Bücker/Schreiner*, Handbuch für die Parlamentarische Praxis, Stand: Januar 2009, § 35 III. c)
[97] *Vonderbeck*, DÖV 1976, 555 (557).
[98] BVerfGE 10, 4 (12).
[99] *Ritzel/Bücker/Schreiner* (Fn. 96), § 35 III. c).
[100] BVerfGE 10, 4 (18 f.), vgl. hierzu auch die Ausführungen bei *Scholz* in: Roll (Hrsg.), Plenarsitzungen des Deutschen Bundestages, 1982, S. 81 (86 f.).
[101] BVerfGE 10, 4 (18 f.).
[102] *Achterberg/Schulte*, in: v. Mangoldt/Klein/Starck, GG, Art. 43 Abs. 2 Rn. 70.

Zeitausgleichsregelung ist jedoch seit der 10. Wahlperiode kaum zur Anwendung gelangt.[103]

44 Vielmehr wird nach der **Redezeitkontingentanrechnung** verfahren:[104] Die in Anspruch genommene Redezeit der Bundesregierungs- und Bundesratsmitglieder ist der entsprechenden Fraktion auf ihr Gesamtredezeitkontingent anzurechnen. Diese Praxis der freiwilligen Selbstbeschränkung wird zum Teil als verfassungsrechtlich nicht unbedenklich kritisiert, gehen doch so die in Anspruch genommenen Redezeiten – nach dieser Ansicht entgegen dem Sinn und Zweck des Art. 43 Abs. 2 S. 2 GG – zu Lasten der Fraktionen.[105]

45 Weiter ist zur Redeprivilegierung der Bundesratsmitglieder auf §44 GOBT hinzuweisen, der die unterschiedlichen Konsequenzen regelt, die sich ergeben, wenn ein Mitglied oder Beauftragter der Bundesregierung oder des Bundesrates das Wort nach Schluss der Aussprache oder nach Ablauf der beschlossenen Gesamtredezeit (Abs. 1), nach der Erschöpfung der Redezeit einer Fraktion (Abs. 2) oder zu einem nicht auf der Tagesordnung stehenden Gegenstand (Abs. 3) erhält.[106]

V. Kooperation mit den Landtagen

46 Das Grundgesetz sieht die Verfassungsordnungen von Bund und Ländern als grundsätzlich getrennt an.[107] Doch im Laufe der Zeit haben sich im föderalen System vielschichtige, mehr oder weniger **informelle Beziehungen** zwischen dem Bundestag und den Landesparlamenten herausgebildet.

1. Landtagspräsidentenkonferenz und Landtagsdirektorenkonferenz

47 Die Konferenz der Landtagspräsidenten findet seit 1947 regelmäßig statt.[108] Zunächst diente die Konferenz als Forum allein für den Meinungs- und Erfahrungsaustausch, entwickelte sich jedoch sukzessive auch zu einem Ort der Formulierung **gemeinsamer Standpunkte** in Form von Entschließungen, Empfehlungen usw. Seit der Amtszeit des Bundestagspräsidenten *Kai Uwe von Hassel* (1969–1972) nimmt neben dem Präsidenten des Bundesrates auch der Präsident des Deutschen Bundestages an den Konferenzen teil.[109] Die Landtagspräsidentenkonferenz,

---

[103] *Ritzel/Bücker/Schreiner* (Fn. 96), §35 II. a).

[104] *Ritzel/Bücker/Schreiner* (Fn. 96), §35 II. e).

[105] *Reuter*, Praxishandbuch Bundesrat, 2. Auflage 2007, Art. 50 GG Rn. 117.

[106] Vgl. im Einzelnen *Roll*, Geschäftsordnung des Deutschen Bundestages, Kommentar, 2001, §44 Rn. 1 bis 4.

[107] *Klatt* (Fn. 20), in: Schneider/Zeh (Hrsg.), §67 Rn. 61.

[108] *Böhringer*, in: Busch (Hrsg.), Parlamentarische Demokratie – Bewährung und Verteidigung, 1984, S. 153 (154).

[109] *Böhringer* (Fn. 108), S. 154.

die verfassungsrechtlich nicht ausdrücklich vorgesehen ist, kann keine bindenden Beschlüsse fassen.[110] Inhaltlich vorbereitet wird sie durch die Landtagsdirektorenkonferenz, zu deren Teilnehmerkreis auch der Direktor beim Deutschen Bundestag zählt.

Die Gremien verfahren nach keiner festen Geschäftsordnung; der Vorsitz folgt keiner strikten Regel. Die Konferenzen finden regelmäßig im Frühjahr und im Sommer eines jeden Jahres an einem Tagungsort im federführenden Bundesland statt. Das Spektrum der behandelten Themen ist vielfältig: Erörtert werden beispielsweise praktisch-organisatorische Fragestellungen wie etwa die Verwendung eines elektronischen Landtagsvorgangsbearbeitungs- und informationssystems, Themen der Parlamentsreform, neuere Entwicklungen in den Abgeordnetengesetzen sowie komplexe Fragestellungen, z. B. die Einbindung und Perspektive deutscher Parlamente im zusammenwachsenden Europa.[111] Die inhaltliche und organisatorische Vorbereitung und Betreuung der Landtagspräsidenten- und Landtagsdirektorenkonferenz wird für den Bundestag durch das Referat „Parteienfinanzierung, Landesparlamente" der Bundestagsverwaltung wahrgenommen.

48

2. Weitere Formen der Kooperation

Bereits seit 30 Jahren treffen sich in der Regel im Zweijahresrhythmus die Vorsitzenden und stellvertretenden Vorsitzenden der **Petitionsausschüsse des Bundes und der Länder** zum Zwecke des Gedankenaustausches über das Petitionsrecht und Fragen aus der Praxis.[112] Die Verfahrensabläufe sind nicht durch eine Geschäftsordnung reglementiert.

49

Als organisatorischer Zusammenschluss von Abgeordneten aus Fraktionen der Landesparlamente, des Bundestages und des Europäischen Parlaments hat sich die **Interparlamentarische Arbeitsgemeinschaft** (IPA) darüber hinaus als Vereinigung etablieren können.[113] Sie verfügt über eigene Statuten sowie eine Geschäftsordnung.[114] Ihr Ziel ist es u. a., die Zusammenarbeit von Mitgliedern der verschiedenen Parlamente durch gemeinsame Initiativen zu fördern. Dies geschieht im Wege des gegenseitigen Erfahrungs- und Materialaustausches.

50

---

[110] *Klatt* (Fn. 20), in: Schneider/Zeh (Hrsg.), §67 Rn. 66.

[111] Einen Überblick über Themen der Landtagspräsidentenkonferenzen 1994–2001 gibt: *Feldkamp* (Fn. 91), S. 686; für die Landtagspräsidentenkonferenzen vor 1994 siehe *Schindler*, (Fn. 53), S. 2940 und siehe für die Jahre bis 1984: *Böhringer* (Fn.108), S. 153–177.

[112] Vgl. auch Bericht des Petitionsausschusses – Bitten und Beschwerden an den Deutschen Bundestag – Die Tätigkeit des Petitionsausschusses des Deutschen Bundestages 2006, BT-Drs. 16/6270 vom 6.8.2007, S. 9 und weitere Beispiele für Treffen mit einzelnen Landtagsausschüssen: Bericht des Petitionsausschusses – Bitten und Beschwerden an den Deutschen Bundestag – Die Tätigkeit des Petitionsausschusses des Deutschen Bundestages 2007, BT-Drs. 16/9500 vom 17.6.2008, S. 9.

[113] *Klatt* (Fn. 20), in: Schneider/Zeh (Hrsg.), §67 Rn. 84.

[114] Vgl. die Internetpräsenz der IPA unter: http://www.interparlamentarische.de.

51   Einen weiteren Aspekt der Verschränkung von föderaler und bundesstaatlicher Ebene stellt die **interfraktionelle Zusammenarbeit** der Mitglieder des Bundestages und der Mitglieder der Landtage innerhalb einer Partei dar. Sie können so als geschlossene „parteibezogene Akteure"[115] auf Landes- und Bundesebene auftreten und ihren Vorstellungen besonderes Gewicht verleihen. In der Praxis ist diese Form der Zusammenarbeit jedoch – außer in Zeiten des Wahlkampfes – nicht sonderlich ausgeprägt.[116] Es dominiert in der Regel die individuelle Mandatsausübung.[117]

D. Der Deutsche Bundestag im europäischen Einigungsprozess

52   Art. 23 Abs. 1 GG ist die zentrale Bestimmung des Verfassungsrechts für den europäischen Integrationsprozess und ein klares Bekenntnis zur europäischen Einigung.[118] Der „Europaartikel" zeigt dem Gesetzgeber aber auch zwei Grenzen auf: Zum einen müssen im EU-Gefüge grundsätzliche Strukturprinzipien gewährleistet sein (*Struktursicherungsklausel* des Art. 23 Abs. 1 Satz 1 GG) und zum anderen dürfen die grundlegenden Verfassungsprinzipen des Grundgesetzes nicht angetastet werden (*Verfassungsbestandsklausel* des Art. 23 Absatz 1 i. V. m. Art. 79 Abs. 3 GG), darunter auch das Bundesstaatsprinzip.[119]

53   In diesem Rahmen bewegt sich die Zusammenarbeit der Bundesregierung und des Bundestages in Angelegenheiten der Europäischen Union. Denn obwohl das Grundgesetz dem Bundestag auf nationaler Ebene die Funktion des zentralen Rechtsetzungsorgans zuweist, so ist auf europäischer Ebene gem. Art. 203 EG-Vertrag unmittelbar nur die Bundesregierung im Rat der Europäischen Union bei der Entstehung europäischer Rechtsakte beteiligt. Kontrolliert wird die Bundesregierung dabei durch Bundestag und Bundesrat, wobei der Bundestag insbesondere für die erforderliche demokratische Legitimation der von der Bundesregierung auf europäischer Ebene verhandelten Rechtsakte sorgt. Die Aufgabenwahrnehmung geschieht über eine umfassende und frühestmögliche **Informationspflicht der Bundesregierung** gem. Art. 23 Abs. 2 S. 2 GG gegenüber dem Bundestag und Bundesrat sowie die Möglichkeit des Bundestages gem. Art. 23 Abs. 3 S. 1 GG **Stellungnahmen** abzugeben. Im Bereich der Beteiligung von Bundestag und Bundesrat in Angelegenheiten der Europäischen Union ist – anders als bei der oben beschriebenen Mitwirkung in Gremien – festzuhalten, dass die beiden Organe nicht gemeinsam agieren, sondern getrennt ihre Rechte wahrnehmen. Vorschläge zur Reform des föderalen Unterrichtungswesens wie etwa die **Schaffung eines „Föderalen Europakommitees"** aus

---

[115] *Klatt* (Fn. 20), in: Schneider/Zeh (Hrsg.), §67, Rn. 82.

[116] Vgl. auch *Klatt* (Fn.20), in: Schneider/Zeh (Hrsg.), §67, Rn. 81.

[117] *Klatt* (Fn. 20), in: Schneider/Zeh (Hrsg.), §67, Rn. 82.

[118] Kritisch zur Konzeption des Art. 23 GG äußert sich *Große Hüttmann*, Wie europafähig ist der deutsche Föderalismus?, APuZ Nr. 13/14 2005, 27 (27 f. und 30 f.).

[119] *Wohland*, Bundestag, Bundesrat und Landesparlamente im europäischen Integrationsprozess, 2008, S. 240 sowie *Classen* (Fn.1), Art. 23 Abs. 1 Rn. 20 und 34.

§21 Der Deutsche Bundestag im Bundesstaat. Föderale Aspekte eines unitarischen Organs 647

Vertretern des Bundestages, Bundesrates, der Landtage etc. konnten sich in der Föderalismuskommission I nicht durchsetzen.[120]

Die Beteiligung der Häuser in Angelegenheiten der Europäischen Union ist ebenfalls getrennt normiert: So sind die Einzelheiten der Mitwirkungsrechte des Bundestages im *„Gesetz über die Zusammenarbeit von Bundesregierung und Deutschem Bundestag in Angelegenheiten der Europäischen Union (EUZBBG)"*[121] geregelt. Weitere Details behält das Gesetz einer Vereinbarung zwischen Bundestag und Bundesregierung vor.[122] Die Stellungnahmen von Bundestag und Bundesrat muss die Bundesregierung bei ihren Verhandlungen auf europäischer Ebene berücksichtigen.[123] Die Länder nehmen durch den Bundesrat gegenüber der Bundesregierung gem. Art. 23 Abs. 2 S. 1 GG ihre Interessen wahr, ebenfalls konkretisiert durch ein Gesetz – *Gesetz über die Zusammenarbeit von Bund und Ländern in Angelegenheiten der Europäischen Union (EUZBLG)*[124] – sowie eine entsprechende Vereinbarung zwischen Bund und Ländern. Art. 23 Abs. 6 GG bestimmt, dass die Wahrnehmung der Rechte, die der Bundesrepublik Deutschland als Mitgliedstaat der EU zustehen, vom Bund auf einen vom Bundesrat benannten **Vertreter der Länder** übertragen wird, wenn im Schwerpunkt ausschließliche Gesetzgebungsbefugnisse der Länder auf den Gebieten der schulischen Bildung, der Kultur oder des Rundfunks betroffen sind. Die Wahrnehmung der Rechte erfolgt unter Beteiligung und Abstimmung mit der Bundesregierung; dabei ist die gesamtstaatliche Verantwortung des Bundes zu wahren.

54

Zur beschriebenen Rolle des Bundestages bei der Mitwirkung an Rechtsetzungsakten der EU wird zum Teil kritisch angemerkt, dass diese in der Entstehungsphase der europäischen Rechtsetzung eher als weniger bedeutend anzusehen ist.[125] Die Statistik belegt, dass viele Unionsvorlagen vom Bundestag in der Vergangenheit lediglich zur Kenntnis genommen wurden: So gaben die federführenden Ausschüsse in der 15. Wahlperiode nur zu 62 von 2.213 überwiesenen Unionsvorlagen Beschlussempfehlungen und Berichte ab.[126] Zur Verbesserung des Verfahrens der Beteiligung in Angelegenheiten der Europäischen Union verfügt der Deutsche Bundestag nunmehr in der **Bundestagsverwaltung** über das **Referat PA 1 „Europa"**. Es ist nicht nur zentrale Eingangsstelle von EU-Dokumenten, sondern unterstützt –

55

---

[120] Vgl. *Schmidt-Jortzig*, Schriftliche Stellungnahme zum Themenschwerpunkt „Europa" der Kommission von Bundestag und Bundesrat zur Modernisierung der bundesstaatlichen Ordnung, Kom.-Drs. 0037, S. 9.

[121] Gesetz vom 12.3.1993, BGBl. I S. 311, geändert durch Art. 2 Abs. 1 des Gesetzes vom 17.11.2005, BGBl. I S. 3178.

[122] Vgl. hierzu auch: *Hoppe*, Drum prüfe, wer sich niemals bindet – Die Vereinbarung zwischen Bundesregierung und Bundestag in Angelegenheiten der Europäischen Union, DVBl 2007, 1540 ff.

[123] *Classen* (Fn.1), Art. 23 Abs. 3 Rn. 78.

[124] Gesetz vom 12.3.1993, BGBl. I S. 313, geändert durch Gesetz vom 5.9.2006, BGBl. I S. 2098.

[125] So z. B. *Brosius-Linke*, Innerstaatliches Demokratiedefizit als Stolperstein für den Vertrag von Lissabon, DÖV 2008, 997 (999).

[126] *Brosius-Linke* (Fn. 125), S. 999.

mit Standorten in Berlin und Brüssel – Ausschüsse und Fraktionen des Bundestages bei der parlamentarischen Beratung von Rechtsetzungsvorhaben und politischen Initiativen der Europäischen Union. Das Referat erarbeitet insbesondere Vorschläge für die Fraktionen zur Priorisierung, damit sich der Bundestag auf politisch bedeutsame Vorlagen konzentrieren kann. Über das Verbindungsbüro in Brüssel erhalten Abgeordnete, Ausschüsse und Fraktionen des Bundestages frühzeitig Informationen über aktuelle politische Entwicklungen innerhalb der EU-Institutionen.[127]

56 Der Bundestag hat am 24. April 2008 die Gesetze zur Umsetzung des Vertrages von Lissabon beschlossen[128], der Bundesrat stimmte am 23. Mai 2008 zu.[129] Für das Vertragsgesetz und das Gesetz zur Änderung des Grundgesetzes ist das innerstaatliche Ratifikationsverfahren in Deutschland mit Ausfertigung und Verkündung abgeschlossen, wobei Bundespräsident *Horst Köhler* von einer Unterzeichnung der Ratifikationsurkunde und Hinterlegung allerdings bislang abgesehen hat. Das sog. **Begleitgesetz** wurde noch nicht ausgefertigt.[130] Hintergrund dieser Entscheidung sind mehrere beim Bundesverfassungsgericht anhängige Klagen[131] gegen das Vertragswerk. Durch den Vertrag und die notwendigen nationalen Rechtsänderungen werden sich auch die Mitwirkungsrechte von Bundestag und Bundesrat ändern.

Schrifttum

A. *Böhringer*, in: E. Busch (Hrsg.), Parlamentarische Demokratie – Bewährung und Verteidigung, 1984, S. 153 ff.

E. *Busch*, Die Gemeinsame Verfassungskommission – Eine neue Institution für die Grundgesetzreform, APuZ 1993 (Beilage Nr. 52/53), 7 ff.

C. *Dästner*, Zur Entwicklung der Zustimmungsbedürftigkeit von Bundesgesetzen seit 1949, ZParl 2001, 290 ff.

M. *Diekmann*, Das Verhältnis des Bundesrates zu Bundestag und Bundesregierung im Spannungsfeld von Demokratie- und Bundesstaatsprinzip, 2007

M. *Feldkamp*, Datenhandbuch zur Geschichte des Deutschen Bundestages 1993–2004, Veröffentlichung der Wissenschaftlichen Dienste des Deutschen Bundestages, 2005

---

[127] *Hoppe*, Die Mitwirkung des Bundestages an der Rechtsetzung der Europäischen Union, Wissenschaftliche Dienste des Deutschen Bundestages, Sachstand WD 3 - 3000 – 465/08 vom 20.1.2009, S. 4.

[128] Plenarprotokoll 16/157, S. 16482: Zustimmung zum Entwurf eines Gesetzes zum Vertrag von Lissabon vom 13.12.2007, BT-Drs. 16/8300 vom 28.2.2008.

[129] Gesetzesbeschluss in der Sitzung vom 23.5.2008: BR-Drs. 275/08 (Beschluss).

[130] Siehe auch *Menzenbach*, Gesetze zum Vertrag von Lissabon: Ausfertigung, Verkündung, Inkrafttreten, Wissenschaftliche Dienste des Deutschen Bundestages, Aktueller Begriff Nr. 66/08 vom 30.10.2008; *Menzenbach*, Zum Abschluss der innerstaatlichen Umsetzung des Vertrages von Lissabon, Wissenschaftliche Dienste des Deutschen Bundestages, Aktueller Begriff Nr. 63/08 vom 12.12.2008.

[131] U. a. Organklagen des MdB Peter Gauweiler (2 BvR 1010/08) und der Fraktion Die Linke (2 BvE 5/08) sowie Verfassungsbeschwerden von 53 Mitgliedern des Deutschen Bundestages – ebenso wie vom Beschwerdeführer im Verfahren 2 BvR 1010/08 – als Bürger der Bundesrepublik Deutschland erhobene Verfassungsbeschwerden (2 BvR 1259/08).

J. Isensee/P. Kirchhof (Hrsg.), Handbuch des Staatsrechts (HdStR), Bd. 3, 3. Aufl. 2005
H. Klatt, Parlamentarisches System und bundesstaatliche Ordnung, APuZ 1982 (Beilage 31), 3 ff.
R. Mußgnug, Verschiebungen im Verhältnis von Parlament, Regierung und Verwaltung, in: Hartung (Hrsg.), Deutsche Verfassungsgeschichte, 1987, S. 100 ff.
K. Reuter, Praxishandbuch Bundesrat, 2. Aufl. 2007
H. G. Ritzel/J. Bücker/H.-J. Schreiner, Handbuch für die Parlamentarische Praxis, Stand: Januar 2009
G. Roth, Negatives Stimmgewicht und Legitimationsdefizite des Parlaments, NVwZ 2008, 1199 ff.
H.-P. Schneider/W. Zeh (Hrsg.), Parlamentsrecht und Parlamentspraxis, 1989
W. Schreiber, Handbuch des Wahlrechts des Deutschen Bundestages, 8. Aufl. 2009
C. Starck (Hrsg.), Föderalismusreform, 2007
R. Wagner, Zulässigkeit des parlamentarischen Doppelmandats, 1986
E. Wohland, Bundestag, Bundesrat und Landesparlamente im europäischen Integrationsprozess, 2008

§22 Der Bundesrat. Geschichte, Struktur, Funktion

Thorsten Ingo Schmidt

Inhalt

A. Historische Vorläufer des Bundesrates 652
    I. Immerwährender Reichstag des Heiligen Römischen Reiches Deutscher Nation 1663 652
    II. Bundesversammlung des Deutschen Bundes 1815 653
    III. Versammlung der „Conferenz-Bevollmächtigten" des Zollvereins 1833 653
    IV. Reformprojekte bis zur Reichsgründung 654
    V. Bundesrat des Norddeutschen Bundes und des Deutschen Kaiserreichs 654
    VI. Reichsrat der Weimarer Republik 1919 655
    VII. Länderübergreifende Organe von 1945–1949 656
    VIII. Exkurs: DDR-Länderkammer 1949–1958 657
B. Der Weg zum Bundesrat des Grundgesetzes 658
C. Entwicklungen des Bundesrates seit In-Kraft-Treten des Grundgesetzes 658
    I. Entwicklungen bis zur Wiedervereinigung 1949–1990 659
    II. Folgen der Wiedervereinigung 1990 659
    III. Auswirkungen der Föderalismusreform 2006 660
D. Legitimation des Bundesrates 662
    I. Föderale Legitimation 662
    II. Demokratische Legitimation 663
    III. Rechtsstaatliche Legitimation 663
E. Mitglieder des Bundesrates 663
    I. Mitglieder der Landesregierungen als Mitglieder 663
    II. Bestellung und Abberufung 664
    III. Stellvertretung 664
    IV. Inkompatibilitäten 665
    V. Absicherung der Rechtsstellung 665
F. Geschäftsordnungsautonomie und interne Organisation des Bundesrates 665
    I. Geschäftsordnungsautonomie 665
    II. Plenum 666
    III. Präsidium 666
    IV. Ausschüsse 668
    V. Hilfsorgane 669
    VI. Stellen, die keine Unterorgane des Bundesrates darstellen 669

T. I. Schmidt (✉)
Juristische Fakultät, Lehrstuhl für Öffentliches Recht, insbesondere Staatsrecht, Verwaltungs- und Kommunalrecht, Universität Potsdam, August-Bebel-Str. 89, 14482 Potsdam, Deutschland
E-Mail: thorsten.ingo.schmidt@googlemail.com

G. Verfahren des Bundesrates und die Rechte und Pflichten seiner Mitglieder 670
    I. Einberufung 670
    II. Rederecht 670
    III. Fragerecht 671
    IV. Antragsrecht 671
    V. Beschlussfähigkeit 671
    VI. Stimmrecht und Mehrheitsprinzip 671
    VII. Anderweitige Erledigung der Beschlussvorlagen 674
H. Funktionen des Bundesrates 674
    I. Integrationsfunktion 674
    II. Gewaltenteilende Funktion 675
    III. Legislativfunktion 675
    IV. Gubernative Funktion? 679
    V. Administrativfunktion 680
    VI. Justizielle Funktion 680
    VII. Kreationsfunktion 681
    VIII. Kontrollfunktion 681
    IX. Reservefunktion 683
    X. Außen- und europapolitische Funktion sowie Verteidigungsfall 683
I. Verfassungsprozessuale Stellung des Bundesrates 685
    I. Kontradiktorische Verfahren 685
    II. Normenkontrollen 686
    III. Strafähnliche Verfassungsschutzverfahren 686
    IV. Sonstige Hauptsacheverfahren und einstweilige Anordnung 686
J. Reformüberlegungen 686
    I. Reformbedarf 686
    II. Ersatz des Bundesrates durch andere Formen der Ländermitwirkung? 687
    III. Änderungen der internen Organisation und Struktur 687
    IV. Änderungen der Rahmenbedingungen 688
Schrifttum 688

A. Historische Vorläufer des Bundesrates

1   Der Bundesrat des Grundgesetzes stellt eine **geschichtlich gewachsene Einrichtung** dar, die Traditionen fortführt, welche bis in die frühe Neuzeit zurückreichen. Merkmale früherer föderativer Organe finden sich im Bundesrat wieder, weshalb man von einer „Generationenfolge"[1] föderativer Organe sprechen mag.

I. Immerwährender Reichstag des Heiligen Römischen Reiches Deutscher Nation 1663

2   Aus dem von Kaiser *Leopold I.* 1663 zur Hilfe gegen die Türken einberufenen Gesandtenkongress entwickelte sich als Institution des Heiligen Römischen Reiches Deutscher Nation der **Immerwährende Reichstag in Regensburg** mit den drei Kol-

---

[1] *Anschütz*, vor Art. 60 WRV, S. 335.

legien der Kurfürsten, geistlichen und weltlichen Reichsfürsten und Freien Städte, wobei deren Stimmberechtigung umstritten war. Die Zuständigkeiten dieser Versammlung weisungsgebundener Bevollmächtigter waren nicht fest abgegrenzt und unterlagen vielfachen Änderungen. Der Immerwährende Reichstag beschloss vor allem über Bündnisse, Krieg und Frieden, Reichsgesetze sowie die Auferlegung von Steuern. Die Gesandten verfolgten vornehmlich das Ziel, die korporative Libertät zu wahren, weniger einen einheitlichen Reichswillen zu bilden. Mit der Niederlegung der Kaiserkrone durch *Franz II.* 1806 endete auch der Immerwährende Reichstag.

II. Bundesversammlung des Deutschen Bundes 1815

Die in Frankfurt am Main tagende **Bundesversammlung** des 1815 als Staatenbund gegründeten **Deutschen Bundes**, in Art. 8 Wiener Schlussakte als „Bundestag" bezeichnet, stellte eine Versammlung der weisungsgebundenen Bevollmächtigten sämtlicher erst 39, dann 41, später mit Ländervereinigungen 34 Bundesglieder mit abgestuftem Gewicht der einheitlich abzugebenden Stimmen dar. Zu unterscheiden waren das Plenum mit 69 Stimmen, für dessen Beschlüsse eine Zweidrittelmehrheit erforderlich war, und die Engere Versammlung mit elf Virilstimmen der größeren Staaten und sechs Kuriatstimmen der jeweils verbundenen kleineren Staaten, in der eine absolute Mehrheit notwendig war. Bei besonders wichtigen Angelegenheiten, wie der Annahme oder Änderung der Grundgesetze, der Aufnahme neuer Mitglieder sowie in Religionsangelegenheiten, war gar Einstimmigkeit gefordert. Die völkerrechtlichen Beschlüsse der Bundesversammlung bedurften jeweils noch der Umsetzung in mitgliedstaatliches Recht. Nach Preußens Sieg im Krieg gegen Österreich von 1866 beschloss der Deutsche Bund seine Selbstauflösung.

III. Versammlung der „Conferenz-Bevollmächtigten" des Zollvereins 1833

Der durch Vertrag von 1833 gegründete **Deutsche Zollverein** kannte als jährliche **Generalkonferenz** eine Versammlung der „Conferenz-Bevollmächtigten", auf der jedes Mitglied über eine Stimme verfügte, abgegeben durch weisungsgebundene Vertreter. Aus dieser Konferenz wurde durch Vertragsänderung von 1867 der „Zollbundesrat", wobei daneben ein „Zollparlament" als „gemeinschaftliche Vertretung der Bevölkerungen" der Mitgliedstaaten errichtet wurde. Für Beschlüsse des Zollvereins waren übereinstimmende Mehrheiten beider Häuser erforderlich.

IV. Reformprojekte bis zur Reichsgründung

1. „Staatenhaus" der Paulskirchenverfassung 1849

5   Im Unterschied dazu sah die 1849 entworfene **Paulskirchenverfassung** in Verbindung des Rats- und des mittelbaren Repräsentativprinzips[2] nach dem Vorbild des US-Senats ein **Staatenhaus**[3] vor, dessen unabhängige, nicht weisungsgebundene Mitglieder je zur Hälfte von den Regierungen und den Parlamenten der Einzelstaaten berufen werden sollten. Dieses sollte zusammen mit dem „Volkshaus" den „Reichstag" bilden, wobei ausdrücklich keine gleichzeitige Mitgliedschaft in beiden Häusern möglich sein sollte. Für einen Beschluss des Reichstages wären übereinstimmende Mehrheitsbeschlüsse beider Häuser erforderlich gewesen.

2. „Staatenhaus" der Erfurter Unionsverfassung 1850

6   Auch das in Reaktion darauf von Preußen im Rahmen der **Erfurter Unionsverfassung** initiierte „Parlament der Deutschen Union" sollte aus **„Staatenhaus"** und „Volkshaus" bestehen, scheiterte aber am Widerstand Österreichs.[4]

3. „Bundesrat" der Reformakte des Deutschen Bundes 1863

7   Der auf dem Frankfurter Fürstentag 1863 vorgestellte österreichische Plan einer **„Reformakte des Deutschen Bundes"** sah einen **„Bundesrat"** mit Sitz in Frankfurt als permanenten Kongress weisungsgebundener Gesandter vor, der das sechsköpfige „Direktorium" beraten sollte. Daneben waren auch eine Versammlung der Bundesabgeordneten, eine Fürstenversammlung und ein Reichsgerichtshof geplant. Dieses Reformprojekt scheiterte seinerseits am preußischen Widerstand.

V. Bundesrat des Norddeutschen Bundes und des Deutschen Kaiserreichs

1. Norddeutscher Bund 1867

8   Im seit 1867 bestehenden **Norddeutschen Bund** übten die im Bundesrat vertretenen monarchischen Souveräne und die Vertretungen der souveränen Gewalt der drei Freien Städte, nicht die einzelnen norddeutschen Staaten, also die Gesamtheit der

---

[2] Siehe *Wyduckel*, DÖV 1989, 181 (183).
[3] §§86 ff. Paulskirchenverfassung.
[4] Dazu *Kotulla*, Deutsche Verfassungsgeschichte, 2008, Rn. 1751 ff.

verbündeten Regierungen, durch weisungsgebundene Gesandte gemeinsam die Hoheitsrechte aus, die sie zuvor auf diesen Bundesstaat übertragen hatten. Von den 43 Stimmen im **Bundesrat** als dem maßgebenden Bundesorgan führte Preußen 17, wobei grundsätzlich eine einfache Mehrheit genügte, für Verfassungsänderungen indes eine Zweidrittelmehrheit erforderlich war. Daneben bestand ein allgemein, direkt und geheim gewählter Reichstag, der aber bei der Gesetzgebung nur mitwirkte.

2. Deutsches Reich 1870/1871

Nach der Erweiterung des Norddeutschen Bundes durch die Novemberverträge 1870 mit Bayern, Baden, Württemberg und Hessen zum **Deutschen Reich** erhielt der jetzt auf 58 Stimmen[5] ausgedehnte **Bundesrat** als oberstes Verfassungsorgan seine überragende Stellung im Verfassungsgefüge als Vertretung der Souveräne auf Bundesebene. Für den Erlass von Gesetzen war neben dem Gesetzesbeschluss des Reichstages die Zustimmung des Bundesrates erforderlich[6], der Bundesrat konnte mit Zustimmung des Kaisers den Reichstag auflösen[7], ihm oblag die Letztentscheidung der Reichsaufsicht und der alleinige Beschluss über die Reichsexekution[8]. Er entschied Streitigkeiten zwischen und innerhalb der Einzelstaaten[9], nicht aber zwischen einem Staat und dem Reich oder innerhalb des Reiches. Den Vorsitz im Bundesrat führt der Reichskanzler[10], der in der Regel zugleich stimmführender preußischer Bevollmächtigter und preußischer Ministerpräsident war. Der Bundesrat trug in sich die Spannung zwischen einzelstaatlicher Souveränität und Anerkennung gesamtstaatlicher Kompetenzen, zwischen monarchischem Prinzip und demokratischer Mitwirkung. In der Verfassungspraxis wurde er als föderalistisches Organ durch den unitarisch geprägten Reichskanzler von seiner entscheidenden Stellung in der Reichsexekutive verdrängt.

9

VI. Reichsrat der Weimarer Republik 1919

Der Reichsrat der **Weimarer Republik**[11] löste den Staatenausschuss der revolutionären Zeit ab.[12] Um dem Übergewicht Preußens in diesem System des hegemonialen Föderalismus zu begegnen, bestimmte Art. 61 Abs. 1 S. 4 WRV, dass kein Land

10

---

[5] Seit Bildung des Reichslandes Elsaß-Lothringen durch Gesetz vom 31.5.1911 (RGBl. S. 225) umfasste der Reichsrat 61 Stimmen.
[6] Art. 5 Abs. 1 S. 2 RV.
[7] Art. 24 S. 2 RV.
[8] Art. 19 RV.
[9] Art. 76 RV.
[10] Art. 15 RV.
[11] Art. 60–67 WRV.
[12] Vgl. Art. 179 Abs. 1 S. 2 WRV.

mehr als 40 % der Stimmen im **Reichsrat** führen durfte. Überdies sah Art. 63 Abs. 1 S. 2 WRV vor, dass die Hälfte der preußischen Vertreter von den Provinzialausschüssen zu wählen waren. Die Mitglieder des Reichsrates waren nach Auffassung der zeitgenössischen Literatur[13] an Weisungen gebunden. Das Gebot der einheitlichen Stimmabgabe war zwar nicht ausdrücklich vorgesehen, wurde damals für die nichtpreußischen Staaten aber als selbstverständlich betrachtet. Die Mitglieder des Reichsrates durften zugleich Abgeordnete des Reichstages sein.[14] Der Reichsrat entschied gemäß Art. 66 Abs. 4 WRV durch einfache Mehrheit der Abstimmenden, nicht der verfassungsmäßigen Mitgliederzahl. Er wurde gemäß Art. 64 WRV durch die Reichsregierung einberufen, wobei ein Mitglied der Reichsregierung den Vorsitz (allerdings ohne Stimmrecht) im Reichsrat und seinen Ausschüssen führte. Das Gesetzesinitiativrecht des Reichsrates war nach Art. 68 f. WRV an dasjenige der Reichsregierung gekoppelt. Die Weimarer Reichsverfassung kannte nur Einspruchs-, keine Zustimmungsgesetze wie nach der vorangegangenen *Bismarckschen* Reichsverfassung. Ein devolutiver Einspruch des Reichsrates konnte gemäß Art. 74 WRV nach Willen des Reichspräsidenten zum Volksentscheid führen, aber auch vom Reichstag überstimmt werden. In der Verfassungspraxis hatte der Einspruch gelegentlich Erfolg, da der Reichstag nicht zu der erforderlichen Zweidrittelmehrheit gelangte; ein Volksentscheid wurde nie angesetzt. Bei der vereinfachten Gesetzgebung auf Grund von Ermächtigungsgesetzen wurde vielfach die Zustimmung des Reichsrates gesetzlich vorgesehen. Rechtsverordnungen bedurften in den Grenzen des Art. 91 WRV der Zustimmung des Reichsrates. Soweit Verwaltungsvorschriften zu Gesetzen erlassen wurden, die die Länder ausführten, musste der Reichsrat nach Art. 77 S. 2 WRV zustimmen.

11 Der Reichsrat war anders als der Bundesrat des Kaiserreichs nicht an der jetzt nur noch durch die Reichsregierung ausgeübten Reichsaufsicht beteiligt. Nur der Reichstag, nicht aber der Reichsrat, konnte gemäß Art. 48 Abs. 3 S. 2 WRV verlangen, dass der Reichspräsident eine Reichsexekution außer Kraft setzte. Die Rechtsprechungsfunktion des alten Bundesrates wurde vom Staatsgerichtshof für das Deutsche Reich nach Art. 108 WRV übernommen. Im Ergebnis wies der Reichsrat eine **schwache verfassungsrechtliche Stellung** auf, bildete aber gleichwohl bei ständig wechselnden Reichsregierungen einen Faktor der Kontinuität. Mit dem Gesetz über die Aufhebung des Reichsrates[15] wurde dieser aufgelöst.

VII. Länderübergreifende Organe von 1945–1949

12 Bereits kurz nach Errichtung der Besatzungszonen ließen die USA und Großbritannien länderübergreifende Organe zu, die ebenfalls als Vorläufer des Bundesrates

---

[13] Vgl. *Anschütz*, Art. 63 WRV, Anm. 6 f., der dies auch für die Provinzialvertreter hinsichtlich der Weisungen der Provinzialausschüsse bejahte.

[14] Siehe *Anschütz*, Art. 63 WRV, Anm. 3.

[15] Gesetz vom 14.2.1934, RGBl. I S. 89.

betrachtet werden können. In der US-Zone bestand seit 1945 ein **Länderrat in Stuttgart**, bestehend aus den Regierungschefs der Länder Bayern, Württemberg-Baden, Hessen und Bremen, der einstimmig Gesetze für die Länder dieser Besatzungszone vorbereitete und deren Anwendung koordinierte. In der Britischen Zone wurde 1946 der **Hamburger Zonenbeirat** errichtet, bestehend aus Landesministern und Vertretern der politischen Parteien, dem allerdings nur gutachterliche Befugnisse zukamen. Ab 1947 bestand dann eine Länderkonferenz als Koordinierungsgremium der Länder der britischen Zone. Nach Zusammenschluss der amerikanischen und britischen Besatzungszone mit Wirkung zum 1.1.1947 zur Bizone wurde 1948 ein **Exekutivrat** als bizonaler Länderrat zur Vertretung der Länder gegenüber dem parlamentarischen Wirtschaftsrat und dem Verwaltungsrat als Exekutivorgan ausgebaut. Jedes Land der Bizone entsandte in diesen mit einfacher Mehrheit entscheidenden Exekutivrat zwei von der jeweiligen Landesregierung bestellte Vertreter. Diese waren zwar nicht ausdrücklich, indes faktisch an die Weisungen der jeweiligen Landesregierung gebunden. Dem Exekutivrat, dessen Vorsitz zwischen den Ministerpräsidenten wechselte, kam das Gesetzesinitiativrecht zu, er konnte dem Wirtschaftsrat Vorlagen zuleiten, diese abändern und Einspruch erheben.

VIII. Exkurs: DDR-Länderkammer 1949–1958

Keinen Vorläufer des Bundesrates, sondern geradezu ein Gegenbild stellte die **DDR-Länderkammer** gemäß Art. 71 bis 80 der Verfassung vom 7.10.1949[16] dar. In diese neben der Volkskammer zweite Kammer entsandte jedes der damals noch bestehenden Länder je 500.000 Einwohner einen Abgeordneten. Diese Abgeordneten wurden von den Landtagen im Verhältnis der Stärke der Fraktionen auf die Dauer der Wahlperiode des Landtages gewählt. Die Landtage stellten einerseits den jeweiligen Willen des Landes fest, der von den Abgeordneten gemäß Art. 72 Abs. 2 S. 1 DDR-V 1949 zu beachten war, andererseits sollte die Gewissensfreiheit der Abgeordneten nach Art. 72 Abs. 2 S. 2 DDR-V 1949 unberührt bleiben.

13

Die Länderkammer besaß das Recht der Gesetzesinitiative nach Art. 78 S. 1 DDR-V 1949, konnte gegen von der Volkskammer beschlossene Gesetze Einspruch nach Art. 78 S. 2 DDR-V 1949 erheben und wählte in gemeinsamer Sitzung mit der Volkskammer den **Präsidenten der Republik** nach Art. 101 DDR-V 1949. Obgleich durch Gesetz vom 23.7.1952[17] die Länder der DDR durch Bezirke ersetzt wurden, wählten die Bezirkstage 1954 und 1958 jeweils noch einmal Vertreter für die Länderkammer. Erst durch Gesetz vom 8.12.1958[18] wurde die Länderkammer aufgelöst. In der Ver-

14

---

[16] DDR-GBl. I S. 5.
[17] DDR-GBl. I S. 613.
[18] DDR-GBl. I S. 867.

fassung vom 6.4.1968[19] tauchen dann weder die Länderkammer noch ein anderes föderatives Organ mehr auf.

B. Der Weg zum Bundesrat des Grundgesetzes

15   Am 1.7.1948 kündigten die drei westlichen Militärgouverneure ein Besatzungsstatut an, übergaben den Ministerpräsidenten der Länder in den Westzonen die sog. **Frankfurter Dokumente** und ermächtigten diese, eine verfassungsgebende Nationalversammlung einzuberufen. Die Grenzen der Länder sollten überprüft werden und der neue Staat eine ausgeprägt föderalistische Struktur erhalten. Der vom 10.-23.8.1948 vorbereitend tätig werdende **Verfassungskonvent von Herrenchiemsee** arbeitete den Vorentwurf eines Grundgesetzes aus, welcher dem Parlamentarischen Rat als Beratungsgrundlage dienen sollte. Dieser Entwurf sah in den Art. 65 ff. alternativ einen Bundesrat mit von den Landesregierungen entsandten Vertretern oder einen Senat mit von den Landtagen gewählten Senatoren vor.

16   In dem vom 1.9.1948 bis 8.5.1949 tagenden **Parlamentarischen Rat** setzten sich schließlich die Vertreter einer Bundesratslösung durch. Beeinflusst wurde die Diskussion durch das Aide-mémoire der Westalliierten vom 22.11.1948, die – quasi in authentischer Interpretation der Frankfurter Dokumente – ein Zweikammersystem der Gesetzgebung mit starker Länderbeteiligung forderten. Nachdem das Plenum des Parlamentarischen Rates am 8.5.1949 das Grundgesetz angenommen und die Militärgouverneure dieses am 12.5.1949 genehmigt hatten, wurde das Grundgesetz am 23.5.1949 verkündet.

17   In der **Ursprungsfassung des Grundgesetzes** bestand der Bundesrat aus den Vertretern von zwölf Landesregierungen, mit insgesamt 43+4 Stimmen, und zwar aus den Regierungsvertretern von Bremen, Hamburg, Baden, Württemberg-Hohenzollern mit jeweils drei Stimmen, von Hessen, Rheinland-Pfalz, Schleswig-Holstein, Württemberg-Baden mit je vier Stimmen sowie von Bayern, Niedersachsen, Nordrhein-Westfalen mit je fünf Stimmen. Hinzu traten die auf Grund alliierter Vorbehalte nicht stimmberechtigten vier Berliner Vertreter.[20]

C. Entwicklungen des Bundesrates seit In-Kraft-Treten des Grundgesetzes

18   Seit 1949 durchlief der Bundesrat erhebliche Entwicklungen, die vor allem seine Zusammensetzung und seine Kompetenzen betreffen. Dabei sind die drei Phasen bis zur deutschen Wiedervereinigung, die Auswirkungen der Wiedervereinigung und die Föderalismusreform zu unterscheiden.

---

[19] DDR-GBl. I S. 199.
[20] Siehe dazu *Dehner*, Die Stellung Berlins im Bundesrat, Frankfurt, 1987.

I. Entwicklungen bis zur Wiedervereinigung 1949–1990

1. Veränderungen in der Zusammensetzung des Bundesrates

Das 1952 gemäß Art. 118 GG aus den bisherigen Ländern Baden, Württemberg-Baden und Württemberg-Hohenzollern mit ihren insgesamt zehn Mitgliedern bzw. Stimmen im Bundesrat **neu gebildete Land Baden-Württemberg** führte nur noch fünf Stimmen, so dass die Gesamtstimmen- und -mitgliederzahl im Bundesrat von 43 + 4 auf 38 + 4 sank. Dieser Vorgang veranschaulicht, dass die verfassungspolitisch durchaus wünschenswerte **Länderneugliederung** zur bundespolitischen Einflussminderung der betroffenen Länder führen kann, was die Neuordnung zusätzlich erschwert. Diese Veränderung der Mitglieder- und Stimmenzahl im Bundesrat erfolgte ohne ausdrückliche Wortlautänderung des Grundgesetzes, da Art. 51 Abs. 2 GG im Unterschied zu Art. 6 RV 1871 nicht die Stimmen jedes Landes namentlich aufführt, sondern abstrakte Einwohnerschwellenwerte formuliert, bei deren Überschreiten ein Land ohne Verfassungsänderung mehr Mitglieder und Stimmen im Bundesrat bekommt. Mit dem Beitritt des **Saarlandes** zum 1.1.1957 erhielt dieses drei Mitglieder und Stimmen im Bundesrat, so dass die Stimmenzahl sich von 38 + 4 auf 41 + 4 wieder erhöhte.

19

2. Kompetenzgewinne des Bundesrates

Bis zur Wiedervereinigung gewann der Bundesrat an Bedeutung: Die im Bundesrat vertretenen Länder stimmten der Zuweisung weiterer Gesetzgebungskompetenzen an den Bund durch Grundgesetzänderung gemäß Art. 79 Abs. 2 GG in der Regel nur zu, wenn dem Bundesrat zum Ausgleich **weitere Zustimmungserfordernisse** auf Verfassungsebene eingeräumt wurden. Die Teilnahme an der Rechtsetzung wurde für die Länder immer mehr zur Mitwirkung im Bundesrat[21], und der staatengegliederte Föderalismus entwickelte sich hin zu einem Beteiligungsföderalismus[22]. Im Ergebnis führte dies dazu, dass statt der einstimmigen Einigung der Länder auf parallele, gleichlautende Landesgesetze nunmehr das Mehrheitsprinzip hinsichtlich der Bundesgesetze unter den Ländern griff.[23]

20

II. Folgen der Wiedervereinigung 1990

1. Vergrößerung der Mitgliederzahl

Durch den **Beitritt der fünf neuen Länder** zur Bundesrepublik 1990 bekamen Vertreter ihrer Landesregierungen auch Sitz und Stimme im Bundesrat. Brandenburg,

21

---

[21] Vgl. *Gusy*, DVBl. 1998, 917 (927).

[22] Vgl. *Klein*, ZG 2002, 297 (311).

[23] Vgl. *Herzog*, HStR III, §57, Rn. 8.

Sachsen, Sachsen-Anhalt und Thüringen erhielten jeweils vier, Mecklenburg-Vorpommern drei Stimmen. Zudem entfielen die **alliierten Vorbehalte**, so dass auch die Berliner Vertreter nun stimmberechtigt wurden. Weil dadurch das relative Stimmgewicht der alten Länder sank, wurde durch Einfügung des letzten Teilsatzes des Art. 51 Abs. 2 GG Ländern mit mehr als sieben Millionen Einwohnern eine sechste Stimme zuerkannt. Davon profitierten die vier einwohnerstärksten Länder Nordrhein-Westfalen, Bayern, Baden-Württemberg und Niedersachsen, die mit ihren nunmehr 24 Stimmen ihre **Sperrminorität** gegen Verfassungsänderungen gemäß Art. 79 Abs. 2 GG bewahrten. Insgesamt erhöhte sich die Anzahl der Mitglieder und Stimmen im Bundesrat von 41 + 4 auf 68 Stimmen. Im Jahr 1998 fiel Hessen eine fünfte Stimme im Bundesrat gemäß Art. 51 Abs. 2 Teilsatz 3 GG zu, da es die Schwelle von sechs Millionen Einwohnern überschritten hatte, was zu derzeit 69 Stimmen führt.

2. Weiterer Bedeutungsgewinn

22 Im Rahmen der wiedervereinigungsbedingten Änderungen des Grundgesetzes wurden die Rechte des Bundesrates im Gesetzgebungsverfahren weiter gestärkt, zusätzliche Zustimmungserfordernisse eingeführt und neue prozessuale Rechte geschaffen: Dem Bundesrat wurde ein Anspruch auf Verlängerung der **Frist zur Stellungnahme** zu Gesetzgebungsvorhaben der Bundesregierung nach Art. 76 Abs. 2 GG eingeräumt. Zugleich wurde für die Bundesregierung die Frist nach Art. 76 Abs. 3 S. 1–5 GG, Vorlagen des Bundesrates an den Bundestag weiterzuleiten, verkürzt. Art. 76 Abs. 3 S. 6 GG sieht nunmehr die Pflicht des Bundestages vor, über die Vorlagen des Bundesrates innerhalb angemessener Frist zu beraten und Beschluss zu fassen. Der Bundesrat gewann **weitere Zustimmungserfordernisse** hinzu[24] bzw. bestehende Erfordernisse wurden ausgedehnt[25]. Schließlich wurde die Stellung des Bundesrates vor dem BVerfG dadurch verbessert, dass er im neu eingeführten Erforderlichkeitsprüfungsverfahren nach Art. 93 Abs. 1 Nr. 2a GG **antragsberechtigt** ist. Im Ergebnis erfolgte durch die Wiedervereinigung kein abrupter Wandel in der Bedeutung des Bundesrates, sondern Entwicklungen vor 1990 setzten sich fort.

III. Auswirkungen der Föderalismusreform 2006

23 Die Föderalismusreform 2006 veränderte das Verfahren der Europakammer des Bundesrates, schränkte die Reichweite der Zustimmungsvorbehalte ein, modifizierte die verfassungsrechtlichen Unterrichtungsansprüche und erweiterte wiederum die verfassungsprozessuale Stellung des Bundesrates.

---

[24] In Art. 23 n.F.; 87e Abs. 5; 106a S. 2; 143a Abs. 1 S. 2; 80 Abs. 2; 87f Abs. 1; 143b Abs. 2 S. 3; 74 Abs. 2; 106 Abs. 5a GG.

[25] Art. 29 Abs. 7 S. 1; 96 Abs. 5 GG.

1. Verfahren der Europakammer

Durch Neufassung des Art. 52 Abs. 3a GG kann die **Europakammer** des Bundesrates nunmehr Beschlüsse auch im Umfrageverfahren fassen, und es wird klargestellt, dass auch in dieser Kammer ein Land seine Stimmen nur einheitlich abgeben kann.

24

2. Geänderte Reichweite der Zustimmungsvorbehalte

Die Föderalismusreform trat mit dem Ziel an, die Anzahl der Zustimmungsvorbehalte des Bundesrates zu reduzieren, was nur teilweise erreicht wurde: Soweit Materien von der Rahmengesetzgebungskompetenz zur konkurrierenden Gesetzgebungskompetenz des Bundes hin verschoben wurden, wurden die Mitwirkungsrechte des Bundesrates vereinzelt sogar ausgebaut.[26] Auch bei Begründung neuer Gesetzgebungskompetenzen des Bundes zu Lasten der Länder wurde dem Bundesrat teilweise ein Zustimmungsrecht eingeräumt.[27] Allein soweit Gesetzgebungskompetenzen des Bundes an die Länder abgegeben wurden, sind auch die entsprechenden Zustimmungs- bzw. Einspruchsrechte des Bundesrates entfallen.[28] Die zahlenmäßig bedeutsamste **Verringerung von Zustimmungsvorbehalten** dürfte die Neufassung des Art. 84 Abs. 1 GG bewirkt haben. Während nach alter Fassung bei landeseigener Verwaltung von Bundesgesetzen ein Gesetz schon dann der Zustimmung des Bundesrates bedurfte, wenn es auch die Einrichtung der Behörden und das Verwaltungsverfahren regelte und somit nach der Einheitsthese des BVerfG[29] schon *eine* verfahrensrechtliche Vorschrift die Zustimmungsbedürftigkeit des ganzen Bundesgesetzes auslöste, führt nach der Neufassung die gesetzliche Regelung der Einrichtung der Behörden und des Verwaltungsverfahren grundsätzlich nicht zur Zustimmungsbedürftigkeit des Gesetzes, sondern eröffnet den Ländern nur ein Abweichungsrecht nach Art. 84 Abs. 1 Satz 2 GG. Nur wenn der Bund den Ländern auch diese Abweichungsmöglichkeit versperren will, wird das Gesetz nach Art. 84 Abs. 1 Satz 6 GG zustimmungsbedürftig.

25

Gegenläufig erscheint der **neue Zustimmungstatbestand** des Art. 104a Abs. 4 GG n. F., der gegenüber dem bisherigen Art. 104a Abs. 3 S. 2 GG a. F. mehrfach erweitert wurde: Zum einen wird die Zustimmungsbedürftigkeit eines Gesetzes nicht erst ausgelöst, wenn die Länder ein Viertel der Ausgaben oder mehr tragen, zum anderen wird nicht mehr allein auf die Ausgaben abgestellt, sondern auf die Pflicht, Geldleistungen, geldwerte Sachleistungen oder vergleichbare Dienstleistungen zu erbringen. Da in Zeiten des daseinsvorsorgenden Staates zahlreiche Bundesgesetze solche Leistungen zeitigen, erscheint es wahrscheinlich, dass Art. 104a Abs. 4 GG sich zum **neuen Einfallstor** für die Zustimmungsbedürftigkeit von Bundesgesetzen

26

---

[26] Siehe Art. 74 Abs. 2 GG hinsichtlich der Gesetze nach Art. 74 Abs. 1 Nr. 27 GG.
[27] Vgl. Art. 73 Abs. 2 GG bezüglich der Gesetze nach Art. 73 Abs. 1 Nr. 9a GG.
[28] Beispiel Art. 74a Abs. 2 GG a.F.
[29] BVerfGE 8, 274 (294); 55, 274 (319).

entwickeln wird. Gleichwohl ist der Anteil der zustimmungsbedürftigen Gesetze von 53 % vor der Föderalismusreform auf 39 % nach der Föderalismusreform gesunken.[30]

3. Veränderte verfassungsrechtliche Informationsansprüche

27 Keine klare Linie ist hinsichtlich der **verfassungsrechtlichen Informationsansprüche** des Bundesrates zu erkennen. Einerseits wurde der (neben der Bundesregierung) bestehende Unterrichtungsanspruch bei den Gemeinschaftsaufgaben nach Art. 91a Abs. 5 GG gestrichen, andererseits ein neuer Informationsanspruch (neben Bundestag und Bundesregierung) bei der Gewährung von Finanzhilfen nach Art. 104b Abs. 3 GG in die Verfassung aufgenommen.

4. Neue verfassungsprozessuale Befugnisse

28 Wiederum erweitert wurden die verfassungsprozessualen Kompetenzen des Bundesrates. Auch in dem neu eingeführten **Kompetenzfreigabeverfahren** nach Art. 93 Abs. 2 GG n. F., § 13 Nr. 6b; § 97 BVerfGG, einer Sonderform der abstrakten Normenkontrolle[31] wurde der Bundesrat (neben Landesregierungen und Landtagen) – im Unterschied zur allgemeinen abstrakten Normenkontrolle – in den Kreis möglicher Antragsteller aufgenommen.

D. Legitimation des Bundesrates

29 Der mit Gründung der Bundesrepublik Deutschland errichtete und in den folgenden sechs Jahrzehnten auf die beschriebene Art und Weise veränderte Bundesrat legitimiert sich in Ansehung der Staatsprinzipien des Art. 20 Abs. 1 GG auf dreierlei Weise, wobei die einzelnen **Legitimationsstränge** sich wechselseitig stützen und ergänzen:

I. Föderale Legitimation

30 Offenkundig ist die föderale Legitimation des Bundesrates. Die **Mitwirkung der Länder** an der Willensbildung des Bundes durch den Bundesrat stellt eine der stärksten Ausprägungen des grundgesetzlichen Bundesstaatsprinzips dar. Gerade die Weisungsgebundenheit der Bundesratsmitglieder ermöglicht es, den Landeswillen auch auf Bundesebene zum Ausdruck zu bringen. In dieser Form steht der föderalistisch geprägte Bundesrat den anderen unitarisch orientierten Bundesorganen gegenüber, insbesondere dem Bundestag und der Bundesregierung.

---

[30] Quelle: Statistik des Bundesrates unter www.bundesrat.de, Abfrage vom 18.10.2011.

[31] A.A. *Kluth*, Föderalismusreformgesetz, Art. 93 GG, Rn 3.

II. Demokratische Legitimation

Zu dieser föderalen Legitimation tritt die demokratische Legitimation des Bundesrates hinzu. Zwar verläuft eine wesentlich längere Legitimationskette von den entsandten Bundesratsmitgliedern über die jeweilige Landesregierung und das Landesparlament zu dem Landesstaatsvolk als von den direkt gewählten Bundestagsabgeordneten zu dem Bundesstaatsvolk. Doch stellt diese nur **mittelbare demokratische Legitimation** kein Legitimationsdefizit des Bundesrates im Vergleich zum Bundestag dar.[32] Das Grundgesetz geht vielmehr davon aus, dass dem Demokratieprinzip bereits dadurch genüge getan wird, dass die Bestellung von Organwaltern überhaupt auf einen Willensakt des Staatsvolkes zurückzuführen ist.

31

III. Rechtsstaatliche Legitimation

Schließlich ist der Bundesrat als Teil der Gesetzgebung wie der Bundestag gemäß Art. 20 Abs. 3 GG an das Grundgesetz, insbesondere gemäß Art. 1 Abs. 3 GG an die Grundrechte, im Übrigen als Teil der vollziehenden Gewalt auch an **Gesetz und Recht** nach Art. 20 Abs. 3 GG gebunden.

32

Diese drei aus den Staatsprinzipien fließenden Legitimationsstränge vermitteln dem Bundesrat insgesamt ein **Legitimationsniveau**, das demjenigen des Bundestages gleichkommt.

33

E. Mitglieder des Bundesrates

Der Bundesrat ist ein Verfassungsorgan des Zentralstaates Bund, nicht einer davon etwa zu unterscheidenden Gesamtheit der Länder oder gar einzelner Länder. Es handelt sich bei ihm um ein **permanentes Bundesorgan** ohne sachliche Diskontinuität. Seit der Abschaffung des bayerischen Senats[33] zum 1.1.2000 besteht in keinem Land mehr ein vergleichbares Verfassungsorgan.

34

I. Mitglieder der Landesregierungen als Mitglieder

Zwar spricht das Grundgesetz in Art. 50 GG davon, dass „Durch den Bundesrat [...] die Länder bei der Gesetzgebung und Verwaltung des Bundes und in Angelegenheiten der Europäischen Union mit[wirken]", doch sind nicht die Länder oder die Landesregierungen Mitglieder des Bundesrates, sondern die **Mitglieder der Landesregierungen**, wie sich aus Art. 51 Abs. 1 S. 1 GG ergibt. Dies stellt eine gewisse

35

---

[32] Ebenso *Klein*, ZG 2002, 297 (308).

[33] Dieser wurde allerdings nach ständestaatlichen Gesichtspunkten gebildet.

Inkonsequenz dar, die aber angesichts des eindeutigen Verfassungswortlauts hinzunehmen ist.[34] Im Unterschied zu den Vorgängerorganen stellt der Bundesrat also keinen Gesandten-, sondern einen Regierungskongress dar. Wer zu der jeweiligen Landesregierung zählt und folglich Mitglied des Bundesrates sein kann, bestimmt sich mangels gesonderter Regelung in Art. 51 Abs. 1 S. 1 GG nach dem jeweiligen Landesverfassungsrecht. Dazu zählen die Ministerpräsidenten und Minister der Flächenländer sowie die Bürgermeister und Senatoren der Stadtstaaten. Staatssekretäre und Staatsräte sind nur dann Mitglied der Landesregierung, wenn sie nach dem jeweiligen Landesverfassungsrecht über Sitz und Stimme im Kabinett verfügen.

36 Den Bundesratsmitgliedern kommt eine **janusköpfige Organwalterstellung** zu: Sie sind einerseits Organwalter der Landesregierung als Verfassungsorgan des jeweiligen Landes, andererseits Organwalter des Bundesrates als Bundesorgan. In ihrer Eigenschaft als Bundesratsmitglieder sind sie gleichberechtigt, unabhängig von ihrer ggf. unterschiedlichen landesverfassungsrechtlichen Stellung, etwa als Regierungschef (mit Richtlinienkompetenz), Minister oder Staatsrat.[35] Gleichwohl sind diese Mitglieder vielfältig korporativ eingebunden[36], was sich bei ihrer Bestellung und Abberufung, ihrer Vertretung, den Inkompatibilitäten sowie der Stimmabgabe zeigt.

II. Bestellung und Abberufung

37 Die Mitglieder des Bundesrates werden gemäß Art. 51 Abs. 1 S. 1 GG durch **Beschluss der jeweiligen Landesregierung** bestellt, der gemäß §1 GOBR dem Präsidenten des Bundesrates mitzuteilen ist (Notifizierung). Ihre Mitgliedschaft endet durch den actus contrarius der Abberufung oder durch jede andere Erledigung des Amtes als Mitglied der Landesregierung. Hinsichtlich des Bestellungsmodus folgt die grundgesetzliche Konzeption des Bundesrates also nicht dem Senatsprinzip der Wahl unmittelbar durch das jeweilige Landesstaatsvolk wie bei dem US-amerikanischen Senat und dem Schweizer Ständerat, dem mittelbaren Repräsentationsprinzip der Wahl durch das jeweilige Landesparlament wie bei dem Österreichischen Bundesrat oder gar der Ernennung durch das Staatsoberhaupt wie bei den Life Peers in Großbritannien[37] oder den Mitgliedern des kanadischen Senats.

III. Stellvertretung

38 Die Mitglieder des Bundesrates üben im Unterschied zu den Abgeordneten des Bundestages **kein persönliches Mandat** aus, sie können vielmehr von jedem anderen Mitglied ihrer Landesregierung vertreten werden, wie Art. 51 Abs. 1 S. 2 GG zeigt.

---

[34] Vgl. BVerfGE 106, 310 (330), dazu Herzog, HStR III, §57, Rn. 3.

[35] Siehe BVerfGE 106, 310 (334).

[36] Siehe *Küpper*, Der Staat 42, 387 ff.

[37] Siehe zu den verschiedenen Bestellungsprinzipien Stern, Staatsrecht, Bd. II, S. 112.

§22 Der Bundesrat. Geschichte, Struktur, Funktion

Auch insoweit ist das Grundgesetz auf landesverfassungsrechtliche Regelungen angewiesen. In der Verfassungspraxis werden alle Landesminister, die dem Bundesrat nicht als ordentliche Mitglieder angehören, zu Stellvertretern berufen.

IV. Inkompatibilitäten

Für den Bundesrat fehlt es an einer ausdrücklichen **Inkompatibilitätsvorschrift** nach dem Vorbild der Art. 55, 66 GG. Gleichwohl wird man es – anders als unter der Geltung der Weimarer Reichsverfassung – für unzulässig halten müssen, dass ein Mitglied des Bundesrates zugleich Bundestagsabgeordneter ist[38], denn das gegenseitige Kontroll- und Spannungsverhältnis zwischen Bundestag und Bundesrat würde durch solche Doppelmitgliedschaften unterlaufen. Dies wird besonders deutlich an der Besetzung des Vermittlungsausschusses und des Gemeinsamen Ausschusses, denen ein Bundesratsmitglied nicht zusätzlich noch als Bundestagsabgeordneter angehören kann.

39

Selbst wenn danach eine zeitgleiche Mitgliedschaft in beiden gesetzgebenden Häusern ausgeschlossen ist, kann es in der Praxis dennoch zu einer erheblichen **Funktionenhäufung** kommen, und zwar als Landtagsabgeordneter, Mitglied einer Landesregierung, Mitglied des Bundesrates und zudem als Präsident des Bundesrates auch noch als Vertreter des Bundespräsidenten, Art. 57 GG.

40

V. Absicherung der Rechtsstellung

Da die Mitglieder des Bundesrates zugleich die Stellung als Regierungsmitglied eines Landes innehaben, hat der Verfassungsgeber es nicht für notwendig erachtet, für sie nach dem Vorbild der Art. 46, 47 GG gesonderte Regelungen über **Indemnität, Immunität und Zeugnisverweigerungsrecht** zu treffen. Entsprechende Rechte können sich aber aus dem jeweiligen Landesverfassungsrecht (in den Grenzen des Art. 31 GG) ergeben.

41

F. Geschäftsordnungsautonomie und interne Organisation des Bundesrates

I. Geschäftsordnungsautonomie

Das Grundgesetz weist dem Bundesrat nach Art. 52 Abs. 3 S. 2 GG in gleicher Weise wie dem Bundestag nach Art. 40 Abs. 1 S. 2 GG **umfassende Geschäftsordnungsautonomie** zu. Soweit seine Struktur verfassungsrechtlich nicht vorgegeben

42

---

[38] Ebenso §2 GOBR.

ist, kann der Bundesrat durch die Geschäftsordnung als individuell-abstrakte Regelung des Innenrechts[39] die interne Organisation und das Verfahren bestimmen. Insoweit sind Plenum, Präsidium und Ausschüsse des Bundesrates zu unterscheiden. Weiterhin kann man andere Organe als seine Hilfsorgane betrachten und muss zu Nichtorganen abgrenzen.

II. Plenum

43 Im **Plenum** sind die Landesregierungen mit derzeit bis zu 69 Mitgliedern vertreten. Das Plenum trifft alle wesentlichen Entscheidungen, fasst insbesondere Beschlüsse mit Außenwirkung, und ist zuständig, sofern keine spezielle Zuständigkeitsregelung greift. Das Plenum tagt in der Regel jeden vierten Freitag. Diskussionen finden nur selten statt, da die entscheidenden Vorberatungen in den Ausschüssen erfolgen und die Mitglieder weisungsgebunden sind.

III. Präsidium

44 Das **Präsidium** besteht aus dem Präsidenten und zwei Vizepräsidenten. Vereinzelt kommen auch dem Präsidium als Kollegium Zuständigkeiten zu. Das Präsidium wird unterstützt durch Schriftführer und ein Sekretariat. Bei ihm wurde ein ständiger Beirat eingerichtet.

1. Präsident

45 Im Unterschied zum Reichsrat der Weimarer Republik, Art. 65 S. 1 WRV, führt kein Mitglied der gesamtstaatlichen Regierung den Vorsitz, sondern der Bundesrat wählt in Ausprägung seiner Autonomie seinen Präsidenten selbst. Die Begrenzung der Wahlperiode auf ein Jahr gemäß Art. 52 Abs. 1 GG verhindert die Etablierung eines „Gegenkanzlers", wenngleich eine anschließende Wiederwahl zulässig wäre, denn es fehlt eine Bestimmung wie Art. 54 Abs. 2 S. 2 GG. In der Verfassungspraxis folgen die Landesregierungen dem **Königsteiner Abkommen** vom 30.8.1950. Beginnend mit dem Ministerpräsidenten des einwohnerstärksten Bundeslandes Nordrhein-Westfalen wird jeweils der Ministerpräsident des Landes mit der nächstgeringeren Bevölkerungszahl für die Dauer eines Jahres zum Präsidenten gewählt.

46 Der **Präsident** beruft gemäß Art. 52 Abs. 2 S. 1 GG, §15 GOBR den Bundesrat ein und setzt gemäß §15 GOBR die vorläufige Tagesordnung fest, die gemäß §23 Abs. 2 GOBR vom Plenum noch gebilligt werden muss. Er leitet die Sitzungen nach §20 GOBR und schließt diese. Er übt das Hausrecht nach §6 Abs. 3 GOBR und

---

[39] Siehe *Th. Schmidt*, AöR 128 (2003), 608 ff.

die Ordnungsgewalt gegenüber Nichtmitgliedern des Bundesrates nach §22 GOBR aus. Er ist die oberste Dienstbehörde für die Beamten des Bundesrates, §6 Abs. 1 S. 2 GOBR, und vertritt den Bundesrat nach außen, §6 Abs. 1 S. 1 GOBR. Schließlich vertritt er in den Fällen des Art. 57 GG den Bundespräsidenten.

2. Vizepräsidenten

Der Präsident wird von zwei **Vizepräsidenten** unterstützt, und zwar dem Präsidenten des vergangenen und dem designierten Präsidenten des künftigen Jahres. Diese vertreten den Präsidenten im Verhinderungsfall, beraten und unterstützen ihn bei der Aufgabenerfüllung. Ihre Stellung ist nicht ausdrücklich verfassungsrechtlich abgesichert, beruht aber auf der Regelung in §7 GOBR, der eine Vereinbarung der Länder zu Grunde liegt.

47

3. Präsidium als Kollegium

Das **Präsidium** als Kollegium besteht aus dem Präsidenten und den zwei Vizepräsidenten gemäß §8 Abs. 1 GOBR. Es stellt jährlich den Haushalt des Bundesrates auf und entscheidet interne Angelegenheiten des Bundesrates, soweit dem Plenum nicht die Entscheidung vorbehalten ist.

48

4. Schriftführer und Sekretariat

Der Bundesrat wählt für jedes Geschäftsjahr gemäß §10 GOBR aus seinen Mitgliedern zwei **Schriftführer**, die nur bei Plenarsitzungen tätig werden, insbesondere bei der Stimmenauszählung mitwirken, aber nicht Teil des Präsidiums sind. Zudem besteht ein von dem Direktor des Bundesrates geleitetes **Sekretariat**, §14 GOBR, dem alle Bediensteten des Bundesrates angehören.

49

5. Ständiger Beirat

Die Bevollmächtigten der Länder beim Bund bilden einen (grundgesetzlich nicht ausdrücklich erwähnten) **Ständigen Beirat**, vergleichbar dem Ältestenrat des Bundestages, der den Präsidenten und das Präsidium berät und bei der Vorbereitung der Sitzungen und der Führung der Verwaltungsgeschäfte unterstützt. Der Ständige Beirat wirkt gemäß §9 Abs. 3 GOBR bei der Aufrechterhaltung der Verbindung zwischen Bundesrat und Bundesregierung mit.

50

IV. Ausschüsse

51 Der Bundesrat kann in gleicher Weise wie der Bundestag **Ausschüsse** bilden. Zu unterscheiden sind die Fachausschüsse, die Europakammer und die Möglichkeit der Errichtung von Untersuchungsausschüssen.

1. Fachausschüsse

52 Das Grundgesetz setzt in Art. 52 Abs. 4 GG die Bildung von Ausschüssen durch den Bundesrat voraus, was in §11 Abs. 1 S. 1 GOBR ausdrücklich geregelt wird. Derzeit bestehen **16 Ausschüsse**, die ihrerseits Unterausschüsse einsetzen können, §39 Abs. 4 GOBR. Jedes Land entsendet einen Vertreter in jeden Ausschuss und führt in einem Ausschuss den Vorsitz. Die Ausschüsse sind im Wesentlichen spiegelbildlich zu den Ministerien und zu den Ausschüssen des Bundestages gebildet. Mitglied sind die jeweiligen Fachminister der Länder, die sich in aller Regel durch Ministerialbeamte vertreten lassen, so dass die Ausschüsse zumeist **Expertengremien** darstellen. In den so genannten politischen Ausschüssen für Auswärtige Angelegenheiten und für Verteidigung sind die Länder in den meisten Fällen (schon mangels entsprechender Fachminister) durch ihre Regierungschefs vertreten. Den Ländern kommt in den Ausschüssen je eine Stimme zu, §42 Abs. 2 GOBR; die Stimmenverteilungsregel des Art. 51 Abs. 2 GG wird nicht herangezogen. Die Ausschüsse fassen ihre Beschlüsse gemäß §42 Abs. 3 GOBR mit einfacher Mehrheit. Sie bereiten die Entscheidungen des Plenums vor und sprechen Empfehlungen für die Stimmabgabe im Plenum aus, können aber nicht an Stelle des Plenums entscheiden.

2. Europakammer

53 Im Unterschied zu den sonstigen Fachausschüssen wird die mit verfassungsänderndem Gesetz vom 21.12.1992[40] im Zusammenhang mit den Mitwirkungsrechten des Bundesrates nach Art. 23 Abs. 2, 4–6 GG eingeführte **Europakammer** gemäß Art. 52 Abs. 3a GG, §45a bis §45 l GOBR nicht nur vorbereitend tätig, sondern kann **an Stelle des Plenums** des Bundesrates Beschlüsse zu fassen, weshalb für die Europakammer gemäß Art. 52 Abs. 3a Teilsatz 2 GG die Stimmenverteilungsregel des Art. 51 Abs. 2 GG entsprechend gilt. Dies soll es dem Bundesrat ermöglichen, auf neue Entwicklungen im Bereich der EU schnell zu reagieren. Im Gegensatz zu dem Europaausschuss des Bundestages nach Art. 45 GG ist die Errichtung der Europakammer für den Bundesrat fakultativ.

---

[40] BGBl. I S. 2086.

3. Untersuchungsausschüsse?

Die Einsetzung eines **Untersuchungsausschusses** durch den Bundesrat dürfte zulässig sein, wenngleich einem solchen Ausschuss mangels einer Sonderregelung wie Art. 44 GG keine besonderen strafprozessualen Befugnisse zukämen.[41]

V. Hilfsorgane

Gelegentlich[42] wird der **Bundesrechnungshof** wegen der Berichtspflicht in Art. 114 Abs. 2 S. 2 GG als Hilfsorgan nicht nur des Bundestages, sondern auch des Bundesrates betrachtet. Für weitere Hilfsorgane vergleichbar dem Wehrbeauftragten des Bundestages, Art. 45b GG, fehlt es an einer dafür erforderlichen grundgesetzlichen Regelung.

VI. Stellen, die keine Unterorgane des Bundesrates darstellen

1. Ministerkonferenzen

Von dem Bundesrat und seinen in der Regel auf Beamtenebene tagenden Fachausschüssen sind die **Ministerpräsidentenkonferenz** und die Konferenzen der Fachminister zu unterscheiden. In diesen Gremien arbeiten die Länder in ihrem eigenen Zuständigkeitsbereich selbstkoordinierend zusammen. Diese Konferenzen sind keine Organe des Bundes oder Unterorgane des Bundesrates. Gleichwohl haben einige **Fachministerkonferenzen** Geschäftsstellen beim Bundesratssekretariat eingerichtet.

2. Vertretungen der Länder

Auch die Vertretungen der Länder beim Gesamtstaat Bund stellen keine Unterorgane des Bundesrates dar, sondern einen letzten Rest des **Gesandtschaftsrechts** aus vorbundesstaatlichen Zeiten.[43]

---

[41] Wie hier *Herzog*, HStR III, §57, Rn. 41. Siehe auch §11 Abs. 1 S. 2 GOBR.
[42] Z. B. *Herzog*, HStR III, §58, Rn. 39.
[43] Siehe auch die Gewährung diplomatischen Schutzes nach Art. 10 RV 1871.

G. Verfahren des Bundesrates und die Rechte und Pflichten seiner Mitglieder

I. Einberufung

58 Gemäß Art. 52 Abs. 2 S. 1 GG beruft der Präsident des Bundesrates diesen ein. Nach Art. 52 Abs. 2 S. 2 Var. 1 GG können bereits die Vertreter von mindestens zwei Ländern (unabhängig von ihrer Stimmenzahl nach Art. 51 Abs. 2 GG) die **Einberufung verlangen**; dieses Quorum ist sehr niedrig angesetzt[44] und wird durch §15 Abs. 1 GOBR gar auf ein Land weiter abgesenkt. Außerdem kann die Bundesregierung gemäß Art. 52 Abs. 2 S. 2 Var. 2 GG die Einberufung des Bundesrates verlangen, worin ein Residuum des früheren Vorsitzrechts der Reichsregierung nach Art. 65 S. 1 WRV zu erblicken ist.

59 Der Bundesrat verhandelt gemäß Art. 52 Abs. 3 S. 4 GG grundsätzlich **öffentlich**, worin sich in Parallele zu Art. 42 Abs. 1 S. 1 GG der parlamentsähnliche Charakter des Bundesrates zeigt. Die Öffentlichkeit kann gemäß Art. 52 Abs. 3 S. 3 GG – der keine so detaillierte Regelung wie Art. 42 Abs. 1 S. 2, 3 GG trifft[45] – ausgeschlossen werden.

60 Jedes Land kann nach Art. 51 Abs. 3 S. 1 GG so viele Mitglieder entsenden, wie es Stimmen hat. Darin wird man nicht nur ein Recht, sondern aus Gründen der Bundestreue grundsätzlich auch eine Pflicht des Landes erblicken müssen, weil ohne diese Mitwirkung der Länder der Bundesrat nicht funktionsfähig wäre. Entsprechend wird nicht nur ein **Teilnahmerecht** der entsandten Mitglieder der Landesregierung, sondern auch eine **Teilnahmepflicht** anzuerkennen sein. §18 GOBR erweitert dies auf die Berichterstatter des Vermittlungsausschusses und die Staatssekretäre des Bundes.

II. Rederecht

61 Das **Rederecht** der Mitglieder des Bundesrates folgt aus Art. 52 Abs. 2 S. 3 GG, weil eine Verhandlung den Meinungsaustausch durch Reden voraussetzt. In der Verfassungspraxis finden im Bundesrat angesichts seiner erheblichen Arbeitsbelastung schon aus Zeitnot nur wenige Debatten statt. Dem steht überdies die Weisungsgebundenheit der Mitglieder entgegen. Dessen ungeachtet könnte der Bundesrat in stärkerem Maße als bisher Debatten führen und so seine Position der interessierten Öffentlichkeit vermitteln.

---

[44] Art. 64 WRV verlangte noch ein Drittel der Mitglieder des Reichsrates.
[45] Siehe dazu §17 GOBR.

III. Fragerecht

Der Bundesrat als Ganzes, nicht die Vertreter eines einzelnen Landes, können gemäß Art. 53 S. 1, 3 GG die Mitglieder der Bundesregierung befragen.[46] Stellt ein einzelnes Land eine Frage, so stellt der Präsident des Bundesrates gemäß § 19 Abs. 3 GOBR fest, ob die Frage von der Mehrheit des Bundesrates übernommen wird. Dem **Fragerecht** korrespondiert eine Beantwortungspflicht der Bundesregierung. Anders als der Bundestag hat der Bundesrat bisher in seine Geschäftsordnung kein umfangreiches Instrumentarium wie Kleine und Große Anfragen oder gar eine Aktuelle Stunde aufgenommen.

62

IV. Antragsrecht

Das im Grundgesetz nicht ausdrücklich geregelte Recht, im Bundesrat Anträge zu stellen, folgt im Wege eines argumentum a maiore ad minus aus dem Stimmrecht der Mitglieder des Bundesrates nach Art. 51 Abs. 2, 3 GG. § 26 Abs. 1 GOBR bezieht dieses Recht auf das jeweilige Land. Mit dem **Antragsrecht** verwandt ist das Recht, die Zurückstellung der Abstimmung zu verlangen, welches gemäß § 29 Abs. 3 S. 2 GOBR aber nur von wenigstens zwei Ländern gemeinsam ausgeübt werden kann.

63

V. Beschlussfähigkeit

Das Grundgesetz trifft ferner keine Regelung über die **Beschlussfähigkeit** des Bundesrates. § 28 Abs. 1 GOBR verlangt in verfassungsrechtlich unbedenklicher Weise, dass die Mehrheit der Stimmen im Plenum vertreten sein muss. Da die Vertreter eines Landes sich wechselseitig vertreten können, stellt dies in der Praxis kein Problem dar.

64

VI. Stimmrecht und Mehrheitsprinzip

1. Stimmenverteilung

Art. 51 Abs. 2 GG regelt die Stimmenverteilung im Bundesrat nach dem **Modell einer Treppe**. Auf einen Sockel von drei Stimmen im Bundesrat bei bis zu zwei Mio. Einwohnern des Landes folgt eine kleine Stufe bei mehr als zwei Mio. Einwohnern hin zu vier Stimmen. Dem schließt sich eine zweite, größere Stufe bei mehr als sechs Mio. Einwohnern hin zu fünf Stimmen an; schließlich wird nach einer weiteren

65

---

[46] A.A. *Lang*, ZParl 2001, 281 ff.

kleinen Stufe bei mehr als sieben Mio. Einwohnern das Podest von sechs Stimmen erreicht. Maßgebend ist dabei die Anzahl der **Einwohner** des Landes, nicht der Staatsangehörigen oder gar der wahlberechtigten Bürger. Die Feststellung der Einwohnerzahl erfolgt gemäß §27 GOBR nach dem Ergebnis der letzten Volkszählung bzw. deren Fortschreibung.

66 Diese Stimmenspreizung von drei bis sechs Mitgliedern bzw. Stimmen weicht vom **Prinzip der Gleichheit der Gliedstaaten** im Bundesstaat ab, dem die gleiche Anzahl von Mitgliedern und Stimmen im Bundesrat je Land entspräche.[47] Diese Differenzierung stellt aber auch keine rein proportionale Vertretung der Einwohner dar, sondern hier wird der Mittelweg der **abgestuften Gleichheit** der Länder beschritten. Zwar verfügen die einwohnerstärksten Länder über doppelt so viele Stimmen wie die einwohnerschwächsten, gleichwohl ist die Stimmenspreizung wesentlich weniger ausgeprägt als bei den föderalen Organen der Vorgängerverfassungen. Erkauft wird diese abgestufte Gleichheit der Länder im Bundesrat mit einer erheblichen Ungleichheit der Repräsentation der jeweiligen Landeseinwohner[48], was aber systematisch konsequent erscheint, da die Gleichheit der auch die Einwohner repräsentierenden Staatsbürger sich in der Wahlrechtsgleichheit zum Bundestag manifestiert.

67 Im Unterschied zu Art. 6 RV 1871 listet Art. 51 Abs. 2 GG die einzelnen Länder nicht namentlich mit den ihnen jeweils zustehenden Stimmen auf, sondern legt **abstrakte Schwellenwerte** für das Erreichen einzelner Stimmenzahlen fest. Änderungen im Bestand oder in der Einwohnerzahl der Länder führen damit ohne zusätzliche Verfassungsänderung zu einer Änderung der Stimmenzahl im Bundesrat.

2. Erforderliche Stimmenmehrheit

68 Aus der Staatsqualität der Länder könnte wie im völkerrechtlichen Verkehr das Prinzip der Einstimmigkeit im Bundesrat folgen. Indes stellt der Bundesrat das Organ eines Bundesstaates dar, weshalb im Einklang mit den Vorgängerverfassungen das **Mehrheitsprinzip** gilt. Die regelmäßig gemäß Art. 52 Abs. 3 S. 1 GG geforderte absolute Mehrheit liegt derzeit bei 35 Stimmen, die nach Art. 79 Abs. 2 GG für Verfassungsänderungen erforderliche Zweidrittelmehrheit bei 46 Stimmen. Da Stimmenthaltungen, ungültige Stimmen und nicht vertretene Stimmen praktisch zumeist[49] wie Nein-Stimmen wirken, ist die Formulierung der Abstimmungsfrage von großer Bedeutung und detailliert in §30 GOBR geregelt worden.

3. Gebot einheitlicher Stimmabgabe und Erteilung von Weisungen

69 a) Art. 51 Abs. 3 S. 2 GG gebietet eine einheitliche Stimmabgabe, trifft aber keine Aussage darüber, auf welche Weise die Einheitlichkeit herzustellen ist. Eine bloße Selbstkoordination der Vertreter im Bundesrat genügt nicht. Auch kommt einem

---

[47] *Herzog*, HStR III, §59, Rn. 1.

[48] So entfällt in Bremen eine Stimme im Bundesrat auf ca. 220.000 Einwohner, in Nordrhein-Westfalen aber auf 3 Mio. Einwohner.

[49] Zu Einspruchsgesetzen sogleich.

§22 Der Bundesrat. Geschichte, Struktur, Funktion

Ministerpräsidenten im Bundesrat keine hervorgehobene Stellung zu, insbesondere kann er nicht in Ausprägung seiner ihm nach dem Landesverfassungsrecht zugewiesenen Richtlinienkompetenz[50] über die Stimmabgabe entscheiden. Dies folgt aus der grundgesetzlichen Gleichheit der Organwalter im Bundesrat gemäß Art. 51 Abs. 1 GG. Im Übrigen muss der Ministerpräsident auch gar nicht zwingend Mitglied des Bundesrates sein. Es ist vielmehr ein **Kabinettsbeschluss** über die Stimmabgabe erforderlich.[51] Zumeist sieht eine Koalitionsvereinbarung auf Landesebene bei fehlender Einigung der Koalitionspartner Stimmenthaltung im Bundesrat vor, was sich bei Zustimmungsgesetzen wie eine Nein-Stimme, bei Einspruchsgesetzen wie eine Ja-Stimme auswirkt.[52]

Das jeweilige Landesparlament kann wegen der **gouvernementalen Ausrichtung** des Bundesrates nach Art. 51 GG keine verbindlichen Beschlüsse über die Stimmabgabe fassen;[53] entsprechende landesverfassungsrechtliche oder -gesetzliche Regelungen wären grundgesetzwidrig und nichtig. Zulässig sind indes nicht verbindliche (auch vorherige) Beschlüsse über die Stimmabgabe der Landesregierung im Bundesrat im Rahmen der parlamentarischen Kontrolle der Landesregierung.[54]

b) Zwar steht das Stimmrecht dem einzelnen Mitglied des Bundesrates individuell zu, die von Art. 51 Abs. 3 S. 2 GG geforderte einheitliche Stimmabgabe kann aber nur sichergestellt werden, wenn die Mitglieder der Landesregierung im Bundesrat an die **Weisungen der Landesregierung** gebunden sind. Aus dem Recht der Landesregierung gemäß Art. 51 Abs. 1 S. 1 GG, die Mitglieder des Bundesrates zu bestellen und abzuberufen, folgt als minus das Recht (und wegen der Bundestreue ggf. die Pflicht), Weisungen zu erteilen. Außerdem ergibt sich die Weisungsgebundenheit im Umkehrschluss zu Art. 53a Abs. 1 S. 3 Hs. 2 GG und Art. 77 Abs. 2 S. 3 GG.

c) In der Praxis des Bundesrates werden die Stimmen eines Landes gemeinsam durch den sog. **Stimmführer** abgegeben, der nach einer – meist auf Ministerial-, nur in hochpolitischen Fragen auf Kabinettsebene – erstellten Stimmliste vorgeht.[55] Nach der uneinheitlichen Stimmabgabe durch **Brandenburg** bei der Entscheidung über das **Zuwanderungsgesetz**, war in der Literatur heftig umstritten, welche Rechtsfolgen sich daraus ergeben.[56] Inzwischen hat das BVerfG[57] entschieden, dass die

---

[50] A.A. *Maurer*, Staatsrecht I, §16, Rn. 8.

[51] So ausdrücklich die meisten Landesverfassungen, z. B. Art. 49 Abs. 2 BWV; Art. 37 Abs. 2 Nr. 2 NdsV, Art. 24 SächsV.

[52] Ein Kuriosum stellte der Losentscheid über die Stimmführerschaft eines Koalitionspartners im sog. Wechselstimmverfahren dar, wie es in den 90er Jahren in Rheinland-Pfalz vorgesehen war; dazu *Jutzi*, ZRP 1996, 380 ff.

[53] Für die Berücksichtigung entsprechender Beschlüsse der Landesparlamente plädiert aber die Lübecker Erklärung, die auf dem Föderalismuskonvent der deutschen Landesparlamente in Lübeck am 31.3.2003 angenommen wurde.

[54] Ebenso *Grimm/Hummrich*, DÖV 2005, 280 (284).

[55] Siehe *Herzog*, HStR III, §59, Rn. 23.

[56] Siehe den Sammelband von *H. Meyer* (Hrsg.), Abstimmungskonflikt im Bundesrat im Spiegel der Staatsrechtslehre, 2003.

[57] BVerfGE 106, 310.

Praxis der Stimmführerschaft entfalle, wenn ein Bundesratsmitglied des Landes widerspreche. Es sei keine herausgehobene Position des jeweiligen Ministerpräsidenten anzuerkennen, weder durch die Richtlinienkompetenz noch durch die Kompetenz zur Außenvertretung des Landes oder durch das regelmäßige Auftreten als Stimmführer. Uneinheitlich abgegebene Stimmen seien nicht wirksam. Der Bundesratspräsident sei nicht berechtigt, mit weiteren Fragen auf eine Klärung hinzuwirken und so in den Landesbereich überzugreifen. Er stelle das Ergebnis der Abstimmung nur deklaratorisch fest. Dem ist zuzustimmen.

VII. Anderweitige Erledigung der Beschlussvorlagen

73 Nicht jede Vorlage, die dem Bundesrat unterbreitet wird, hat nach einer Abstimmung endgültig Erfolg oder scheitert. Das Plenum kann die Vorlage auch an die Ausschüsse verweisen, (mehrfach) den Vermittlungsausschuss anrufen, den Gegenstand vertagen oder ganz von der Tagesordnung nehmen, durch Fristverlängerung neu terminieren oder ganz für **erledigt** erklären.

H. Funktionen des Bundesrates

74 Art. 50 GG umschreibt allgemein die Aufgaben des Bundesrates als **Mitwirkung der Länder** bei der Gesetzgebung und Verwaltung des Bundes sowie in den Angelegenheiten der Europäischen Union. Diese Auflistung ist unvollständig, weil wichtige Aufgaben wie etwa die Wahl der Hälfte der Bundesverfassungsrichter fehlen, und missverständlich, da nur von Verwaltung, nicht aber von vollziehender Gewalt die Rede ist. Aus Art. 50 GG folgen keine Befugnisse des Bundesrates; diese ergeben sich vielmehr aus den Einzelnormen des Grundgesetzes.

75 Im Folgenden werden die **bedeutsamsten Betätigungsfelder** des Bundesrates nach Funktionen geordnet dargestellt. Diese Funktionen überschneiden sich teilweise, wobei die Darstellung danach trachtet, den jeweils maßgeblichen Aspekt hervorzuheben. Abgesehen von der Integrationsfunktion kommt dem Bundesrat kein eigentümlicher Aufgabenbereich zu, sondern er wirkt mit bei der Ausübung von Kompetenzen anderer Organe in den verschiedensten Bereichen. In diesem Zusammenhang verfügt der Bundesrat über Initiativ-, Einspruchs-, Zustimmungs- und Informationsrechte. Letztlich handelt es sich um Rechte der Landesregierungen zur Mitsprache bei der Ausübung der Bundesstaatsgewalt.[58]

I. Integrationsfunktion

76 Der Bundesrat ist ein Organ des Zentralstaates Bund, nicht einer davon zu unterscheidenden Gesamtheit der Länder. Er ist nicht besonders auf Länderinteressen

---

[58] Siehe *Herzog*, HStR III, §57, Rn. 11; *Wyduckel*, DÖV 1989, 181 (190).

verpflichtet, sondern trägt bundesstaatliche Gesamtverantwortung. Gleichwohl steht seine föderative Prägung im Gegensatz zu den unitarischen Verfassungsorganen Bundestag und Bundesregierung. Der Bundesrat **integriert** die einzelnen Länder in Beziehung zum Bund, aber auch den Bund in Relation zu den Ländern und schließlich die Länder in ihrem Verhältnis untereinander. Durch den Bundesrat können insbesondere die Landesregierungen ihre politischen Ziele und Interessen, aber auch ihre Verwaltungserfahrung auf Bundesebene einbringen. Unterschiedliche bevölkerungsmäßige und geographische Gesichtspunkte sollen zum Ausgleich gebracht, Minderheiten einbezogen werden.

II. Gewaltenteilende Funktion

Der Bundesrat liegt im Schnittpunkt der horizontalen und vertikalen Gewaltenteilung, lässt sich aber nicht ohne weiteres in die klassische Gewaltenteilungslehre einordnen. Horizontal bildet er als mäßigender Faktor ein **Gegengewicht** zur Bundesregierung und der sie stützenden Mehrheit des Bundestages.[59] Das Scheitern politisch umstrittener Gesetzgebungsvorhaben kann deshalb auch als Zeichen der Funktionsfähigkeit des Föderalismus gewertet werden.[60] Diese **gewaltenteilende Funktion** wird bei gleichlaufenden parteipolitischen Mehrheiten in Bundestag und Bundesrat in Frage gestellt.[61] Vertikal verschränkt der Bundesrat die Landesexekutive mit der Bundeslegislative. Dabei beeinflussen Landtagswahlen mittelbar die Zusammensetzung eines Bundesorgans. Zugleich stärkt jeder Kompetenzgewinn des Bundesrates die in ihm vertretenen Landesregierungen gegenüber den jeweiligen Landesparlamenten.[62] Diese gewaltenteilenden Aspekte werden allerdings vielfach von personellen und sachlichen Verflechtungen durch das Parteiensystem überlagert.

77

III. Legislativfunktion

Zu den wichtigsten Funktionen des Bundesrates zählt die Mitwirkung an der Rechtsetzung. Diese **Legislativfunktion** beschränkt sich nicht auf die Beteiligung an der Gesetzgebung gemäß Art. 50 Var. 1 GG einschließlich verfassungsändernder Gesetze, sondern erfasst in einem weiter verstandenen Sinne auch die Partizipation am Erlass von Rechtsverordnungen, Verwaltungsvorschriften und Geschäftsordnungen.

78

---

[59] Vgl. *H. H. Klein*, ZG 2002, 297 ff.
[60] Siehe *Gusy*, DVBl. 1998, 917 (927).
[61] Sub specie Gewaltenteilung ist eine (vermeintliche) Blockade durch den Bundesrat daher eher positiv zu bewerten.
[62] Siehe *Grimm/Hummrich*, DÖV 2005, 280 ff.

1. Bundesgesetze

79 In den Erlass von Bundesgesetzen ist der Bundesrat sowohl vor als auch nach dem Gesetzesbeschluss des Bundestages eingeschaltet:

a) Dem Bundesrat steht – im Unterschied zum Reichsrat der Weimarer Republik – ein selbstständiges **Gesetzesinitiativrecht** gemäß Art. 76 Abs. 1 Var. 3 GG zu. Dem Bundesrat sind außerdem nach Art. 76 Abs. 2 GG Vorlagen der Bundesregierung zunächst zur Stellungnahme zuzuleiten, so bezeichneter „erster Durchgang". Der Bundesrat prüft diese Vorlagen in verfassungsrechtlicher, fachlicher, finanzieller und politischer Hinsicht. Das Verfahren ist modifiziert für Haushaltsvorlagen gemäß Art. 110 Abs. 3 GG.

80 b) Nach dem Gesetzesbeschluss des Bundestages erfolgt gemäß Art. 77 Abs. 2 GG ein so genannter „zweiter Durchgang", wobei im Bundesrat im Unterschied zum Bundestag nicht mehrere Lesungen erfolgen. Das Grundgesetz kennt, was die Beteiligung des Bundesrates anbelangt, nicht nur Zustimmungsgesetze wie die Reichsverfassung 1870/1871 oder bloß Einspruchsgesetze wie die Weimarer Reichsverfassung 1919, sondern **beide Gesetzeskategorien**. Dabei gibt es keine Regel des Inhalts, dass jedes Gesetz, das in besonderem Maße die Interessen der Länder berührt, der Zustimmung des Bundesrates bedarf. Vielmehr liegt ein Zustimmungsgesetz nur bei ausdrücklicher verfassungsrechtlicher Anordnung vor. In allen anderen Fällen handelt es sich um ein Einspruchsgesetz. Der Parlamentarische Rat ging ursprünglich davon aus, dass die meisten Gesetze lediglich Einspruchsgesetze sein würden, in der Praxis bestand – zumindest bis zur Föderalismusreform 2006 – ein umgekehrtes Verhältnis.

81 aa) **Zustimmungserfordernisse** sieht das Grundgesetz insbesondere vor bei der Regelung des Verwaltungsverfahrens[63], bestimmten Finanzgesetzen[64], der Verfassungsänderung[65], der Übertragung von Aufgaben auf die EU[66] und der Länderneugliederung[67]. Nach dem vom BVerfG[68] vertretenen Grundsatz der **gesetzgeberischen Einheit** bewirkt bereits eine einzelne zustimmungsbedürftige Regelung in einem Gesetz, dass das gesamte Gesetz der Zustimmung des Bundesrates bedarf. Die Änderung eines Zustimmungsgesetzes soll nach der Rechtsprechung hingegen nur dann zustimmungsbedürftig sein, wenn das Änderungsgesetz selbst zustimmungsbedürftige Vorschriften enthält, Regelungen ändert, die ursprünglich die Zustimmungsbedürftigkeit des abzuändernden Gesetzes ausgelöst haben, jenen Vorschriften eine wesentlich andere Bedeutung und Tragweite verschafft, oder eine

---

[63] Art. 84 Abs. 1 S. 6; Art. 85 Abs. 1 S. 1; Art. 108 Abs. 2 S. 2, Abs. 4 S. 1, Abs. 5 S. 2 GG.

[64] Art. 104a Abs. 4, Abs. 5 S. 2, Abs. 6 S. 4; Art. 104b Abs. 2 S. 1; Art. 105 Abs. 3; Art. 106 Abs. 3 S. 3, Abs. 5a S. 3; Art. 106a S. 2; Art. 106b S. 2; Art. 107 Abs. 1 S. 2; Art. 109 Abs. 3, Abs. 4 S. 1; Art. 109a; Art. 120a Abs. 1 S. 1; Art. 134 Abs. 4; Art. 135 Abs. 5; Art. 143a Abs. 1 S. 2; Art. 143b Abs. 2 S. 3; Art. 143d Abs. 2 S. 3, 5, Abs. 3 GG.

[65] Art. 79 Abs. 2 GG.

[66] Art. 23 Abs. 1 S. 2, Abs. 7 GG.

[67] Art. 29 Abs. 7 S. 1 GG.

[68] BVerfGE 8, 274 (294); 55, 274 (319); kritisch dazu *Wernsmann*, NVwZ 2005, 1352 ff.

Systemverschiebung im föderalen Gefüge verursacht.[69] Überzeugender wäre es, in Fortführung der Einheitsthese das Änderungsgesetz stets für zustimmungsbedürftig zu erachten, schon weil der Bundesrat ursprünglich durch seine Zustimmung die gesetzgeberische Mitverantwortung übernommen hat.[70]

Für den Fall der verweigerten Zustimmung hat das Grundgesetz kein navette-Verfahren[71], eine gemeinsame Sitzung von Bundestag und Bundesrat[72] oder die Auflösung einer oder beider Kammern[73] oder gar eine personelle Aufstockung des Bundesrates zur Herstellung anderer Mehrheiten[74] vorgesehen, sondern den **Vermittlungsausschuss** als weiteres Verfassungsorgan zur Konfliktlösung kreiert.

82

Bei Zustimmungsgesetzen steht es dem Bundesrat frei, den Vermittlungsausschuss anzurufen, wie sich im Umkehrschluss aus Art. 77 Abs. 3 GG ergibt. Auch der Bundestag und die Bundesregierung können gemäß Art. 77 Abs. 2 S. 4 GG die Einberufung verlangen.

83

bb) Alle übrigen Gesetze, insbesondere auch solche kraft ungeschriebener Gesetzgebungskompetenzen des Bundes, sind **Einspruchsgesetze**. Hier hat der Bundesrat zunächst den Vermittlungsausschuss nach Art. 77 Abs. 2 S. 1 GG anzurufen, bevor er nach Abschluss des Vermittlungsverfahrens gemäß Art. 77 Abs. 3 GG Einspruch erheben kann. Der Einspruch kann von dem Bundestag mit der so genannten Kanzlermehrheit gemäß Art. 77 Abs. 4 S. 1 i. V. m. Art. 121 GG überstimmt werden; im Sonderfall des Art. 77 Abs. 4 S. 2 GG bedarf es dazu gar einer doppelt qualifizierten Mehrheit, nämlich der Zweidrittelmehrheit der Abstimmenden und zusätzlich auch noch mindestens der Mehrheit der gesetzlichen Mitgliederzahl. Das Grundgesetz enthält keine ausdrückliche Frist, binnen welcher der Bundestag über den Einspruch zu entscheiden hat, doch folgt aus dem Grundsatz der Verfassungsorgantreue in Verbindung mit dem Rechtsgedanken des Art. 76 Abs. 3 S. 6 GG, dass eine Entscheidung binnen angemessener Frist zu erfolgen hat.[75]

84

2. Insbesondere Verfassungsänderung

Da auch **Grundgesetzänderungen** gemäß Art. 79 Abs. 2 GG der Zustimmung des Bundesrates bedürfen, gelten auch für sie die Verfahrensvorschriften über Zustimmungsgesetze, wobei eine solche Verfassungsänderung der Zustimmung von zwei Dritteln der Stimmen des Bundesrates bedarf.

85

---

[69] Siehe BVerfGE 37, 363; 48, 127.
[70] Zum Problem *Wyduckel*, DÖV 1989, 181 (189).
[71] Ein teilweise in der Schweiz und Australien praktiziertes Verfahren, bei dem ein Gesetzentwurf bis zur Einigung zwischen den beiden Kammern des Parlaments hin und her geschickt wird.
[72] In Indien ist für einen solchen Fall die gemeinsame Sitzung beider Parlamentskammern vorgesehen.
[73] In Australien besteht auch die Möglichkeit der Parlamentsauflösung, die in Deutschland nur im Sonderfall des Art. 68 GG hinsichtlich des Bundestages vorgesehen ist.
[74] Ein Peers-Schub wie in Kanada kommt angesichts der Rekrutierung des Bundesrates aus den Landesregierungen nicht in Betracht.
[75] Siehe *Lang*, ZRP 2006, 15 ff.

3. Rechtsverordnungen des Bundes

86 Neben seiner Beteiligung an Parlamentsgesetzen wirkt der Bundesrat auch am Erlass von **Rechtsverordnungen** als Gesetze im bloß materiellen Sinne mit. Soweit der Bundesrat Rechtsverordnungen zustimmen muss, steht ihm auch ein Verordnungsinitiativrecht gemäß Art. 80 Abs. 3 GG zu.

87 Der Zustimmung des Bundesrates bedürfen gemäß Art. 80 Abs. 2 GG Verordnungen, die ihrerseits auf der Basis eines Zustimmungsgesetzes ergehen, sowie **Post-, Telekommunikations- und Eisenbahnverordnungen**. Dieses Zustimmungserfordernis kann gemäß Art. 80 Abs. 2 GG durch einfaches Bundesgesetz ausgeschlossen werden, wobei ein solches Bundesgesetz seinerseits zustimmungsbedürftig ist.[76] Für den Sonderfall konjunkturpolitischer Rechtsverordnungen findet sich eine weitere Regelung in Art. 109 Abs. 4 S. 3 GG, für Angelegenheiten der Flüchtlinge und Vertriebenen in Art. 119 S. 1 GG. Außerdem können zusätzliche Zustimmungserfordernisse in einfachen Bundesgesetzen vorgesehen werden. Im Zeitraum von 1949–2008 sind mehrere tausend Rechtsverordnungen mit Zustimmung des Bundesrates erlassen worden.[77]

88 Nach der neueren Rechtsprechung des BVerfG[78] kann die Zustimmungsbedürftigkeit nach Art. 80 Abs. 2 GG dadurch umgangen werden, dass der Bundestag, anstatt durch Gesetz die Bundesregierung oder einen Bundesminister zur Verordnungsgebung zu ermächtigen, ein **verordnungsvertretendes Gesetz** beschließt. Ein solches Gesetz soll nicht der Zustimmung nach Art. 80 Abs. 2 GG bedürfen, denn Art. 80 Abs. 2 GG enthalte ein überschießendes, den Schutzzweck verlassendes Zustimmungserfordernis. Dies stellt eine teleologische Reduktion des Art. 80 Abs. 2 GG dar. Soweit eine Verordnung nicht der Zustimmung des Bundesrates bedarf, kommt diesem – anders als bei Parlamentsgesetzen – auch kein Einspruchsrecht zu.

4. Verwaltungsvorschriften

89 In einem weiteren Sinne zählt auch die Mitwirkung des Bundesrates beim Erlass von **Verwaltungsvorschriften**, also generell-abstrakten Regelungen des Innenrechts, zu seiner Legislativfunktion. Der Bundesrat muss sowohl Verwaltungsvorschriften im Bereich der landeseigenen Verwaltung von Bundesrecht gemäß Art. 84 Abs. 2 GG als auch der Bundesauftragsverwaltung nach Art. 85 Abs. 2 S. 1 GG zustimmen. Auch allgemeine Verwaltungsvorschriften der Finanzverwaltung bedürfen gemäß Art. 108 Abs. 7 GG seiner Zustimmung, soweit die Finanzverwaltung den Landesfinanzbehörden oder kommunalen Behörden obliegt. Verwaltungsvorschriften im Bereich der bundeseigenen Verwaltung gemäß Art. 86 S. 1 GG sind hingegen zustimmungsfrei.

---

[76] Vgl. BVerfGE 28, 66.

[77] Dem Bundesrat wurden 8424 Rechtsverordnungen zugeleitet, davon versagte er nur in 59 Fällen seine Zustimmung, Quelle: Statistik des Bundesrates unter www.bundesrat.de, Abfrage vom 18.10.2011.

[78] BVerfGE 114, 196; kritisch dazu *Lenz*, NVwZ 2006, 296 ff.

Von 1949 bis 2011 hatte der Bundesrat über die Erteilung der Zustimmung zu mehr als 1000 Verwaltungsvorschriften zu entscheiden.[79]

5. Sonstige Rechtsakte

Der Bundesrat gibt sich seine Geschäftsordnung gemäß Art. 52 Abs. 3 S. 2 GG ohne Beteiligung weiterer Verfassungsorgane. Seiner Zustimmung bedürfen die vom Bundestag zu beschließenden **Geschäftsordnungen** des Vermittlungsausschusses nach Art. 77 Abs. 2 S. 2 GG, des Gemeinsamen Ausschusses nach Art. 53a Abs. 1 S. 4 GG sowie für das abgekürzte Gesetzgebungsverfahren im Verteidigungsfall nach Art. 115d Abs. 2 S. 4 GG. Schließlich entscheidet der Bundesrat im Einvernehmen mit der Bundesregierung gemäß Art. 129 Abs. 1 S. 2 GG über die Fortgeltung vorkonstitutioneller Ermächtigungen zum Erlass von Rechtsverordnungen, allgemeinen Verwaltungsvorschriften und Verwaltungsakten.

90

6. Vergleich zur Stellung des Bundestages

Vergleicht man die Stellung des Bundesrates im Rechtsetzungsverfahren mit der Position des Bundestages, so erscheint der Bundesrat bei Zustimmungsgesetzen einschließlich der Verfassungsänderung als gleichberechtigt, bei Einspruchsgesetzen indes in einer **schwächeren Position**. Seine Stellung bei Rechtsverordnungen ist nur auf den ersten Blick stärker als diejenige des Bundestages, denn der Bundestag kann stets selbst durch Bundesgesetz handeln und die Reichweite der Verordnungsermächtigung und damit mittelbar auch die Befugnis des Bundesrates bestimmen. In gleicher Weise vermag der Bundestag durch Gesetz den Anwendungsbereich von Verwaltungsvorschriften zu beschränken. Der Einfluss des Bundesrates auf Geschäftsordnungen bleibt hinter demjenigen des Bundestages zurück.

91

IV. Gubernative Funktion?

Im Unterschied zu Art. 65 HChE sieht Art. 50 GG nicht vor, dass die Länder durch den Bundesrat an der Regierung des Bundes mitwirken. Zwar ist der Bundesrat durch die Mitglieder der Landesregierungen sehr hochkarätig besetzt, doch ist er von der grundgesetzlichen Konzeption nicht mit dem Bundesrat des Norddeutschen Bundes/Deutschen Reiches vergleichbar und stellt **keine Nebenregierung** dar. Sofern grundlegende staatslenkende Entscheidungen unter Beteiligung der Länder getroffen werden, erfolgt die Willensbildung zumeist in anderen Zirkeln, und zwar in der

92

---

[79] Quelle: Statistik des Bundesrates unter www.bundesrat.de, Abfrage vom 18.10.2011: Der Bundesrat stimmte von 1025 Verwaltungsvorschriften 1016 zu und versagte nur in neun Fällen die Zustimmung.

Landesregierung, in Konferenzen der Ministerpräsidenten und der Fachminister mit und ohne Beteiligung der Bundesregierung.[80]

V. Administrativfunktion

93 Beteiligt ist der Bundesrat jedoch an der Verwaltung des Bundes gemäß Art. 50 Var. 2 GG. Über den Bundesrat bringen die Länder ihre Verwaltungserfahrung ein, die den Bundesministerien in der Regel fehlt. Diese besondere Verwaltungskompetenz kommt v. a. in der **Ausschussarbeit** gemäß Art. 52 Abs. 4 GG zum Tragen, wobei in der Praxis das Stimmverhalten weitgehend von der Landesministerialbürokratie vorgegeben wird. Die Länder sind an sorgfältiger Gesetzgebung interessiert, weil sie im Verwaltungsvollzug die Last fehlerhafter Gesetze zuerst zu tragen haben. Die Landesbürokratien wirken als **Kontrolleure der Bundesministerialbürokratie**. Der Bundesrat ist insoweit „Partner und Gegenspieler der Bundesregierung"[81] Diese Administrativfunktion stößt an ihre Grenzen, soweit der Bund seine Gesetze durch eigene Behörden vollzieht oder es überhaupt keinen Gesetzesvollzug im klassischen Sinne gibt (z. B. Außenpolitik).

94 Im Einzelnen hat der Bundesrat der **Errichtung bundeseigener Mittel- und Unterbehörden** – nicht aber bloßer Bundesoberbehörden – nach Art. 87 Abs. 3 S. 2 GG zuzustimmen. Seine nach Art. 84 Abs. 1 S. 6 GG erforderliche Zustimmung zu Gesetzen, die das Verwaltungsverfahren regeln, sowie seine Beteiligung am Erlass von Verwaltungsvorschriften wurden bereits erwähnt. Weitere Verwaltungsrechte sind dem Bundesrat einfachgesetzlich eingeräumt worden, so muss er z. B. seine Einwilligung zur Veräußerung bundeseigener Grundstücke von erheblichem Wert oder besonderer Bedeutung gemäß §64 Abs. 2 BHO erteilen.

VI. Justizielle Funktion

95 Während der Bundesrat des Kaiserreiches gemäß Art. 76 RV noch Streitigkeiten zwischen und innerhalb der Bundesstaaten abschließend zu erledigen hatte, kommt dem Bundesrat des Grundgesetzes nur noch in einem kleinen Bereich eine rechtsprechungsähnliche Funktion zu: Im **Mängelrügeverfahren** hat der Bundesrat gemäß Art. 84 Abs. 4 GG bei der landeseigenen Verwaltung von Bundesgesetzen auf Antrag der Bundesregierung oder des betroffenen Landes zu entscheiden, ob das Land das Recht verletzt hat. Erst gegen den Beschluss des Bundesrates ist dann der Rechtsweg zum BVerfG im Verfahren des Bund-Länder-Streits nach Art. 93 Abs. 1 Nr. 3 GG, §13 Nr. 7, §§68 ff. BVerfGG gegeben. Dem Verfahren vor dem Bundesrat kommt hier eine ähnliche Funktion zu wie dem Widerspruchsverfahren vor Erhebung der verwaltungsgerichtlichen Klage.

---

[80] Siehe *Klein*, ZG 2002, 297 (312).
[81] *Maurer*, Staatsrecht I, §16, Rn. 26.

VII. Kreationsfunktion

Der Bundesrat wirkt an der **Zusammensetzung anderer Verfassungsorgane** und sonstiger Stellen mit: In den Vermittlungsausschuss entsendet er gemäß Art. 77 Abs. 2 S. 1 GG ebenso wie der Bundestag die Hälfte der Mitglieder, was seiner starken Stellung im Gesetzgebungsverfahren entspricht. In dem Gemeinsamen Ausschuss ist er hingegen gemäß Art. 53a Abs. 1 S. 1 GG nur mit einem Drittel der Mitglieder vertreten, die gemäß S. 3 von den Ländern bestellt werden, während die übrigen zwei Drittel der Mitglieder Bundestagsabgeordnete sind. Der Bundesrat wählt außerdem in gleicher Weise wie der Richterwahlausschuss des Bundestages die Hälfte der Mitglieder des BVerfG gemäß Art. 94 Abs. 1 S. 2 GG, §7 BVerfGG. Im Sonderfall des Art. 23 Abs. 6 S. 1 GG benennt er den deutschen Vertreter in den Organen der EU. Außerdem sind ihm einfachgesetzlich weitere Wahlrechte eingeräumt.[82]

An der Wahl oder Entlassung des Bundeskanzlers ist er hingegen nicht beteiligt. Er entsendet auch keine Mitglieder in die Bundesversammlung, so dass er auch **keinen Einfluss auf die Wahl des Bundespräsidenten** hat. Auch die Berufung der Bundesrichter ist nach Art. 95 Abs. 2 GG nicht in die Hände des Bundesrates gelegt.

VIII. Kontrollfunktion

Der Bundesrat überwacht vor allem die Bundesregierung, eingeschränkt auch den Bundestag und nur punktuell die Länder. Den **Kontrollmöglichkeiten** des Bundesrates auf andere Verfassungsorgane korrespondieren dabei Einwirkungsmöglichkeiten dieser Organe auf den Bundesrat.[83]

1. Verhältnis des Bundesrates zur Bundesregierung

Dem Bundesrat steht gegenüber den Mitgliedern der Bundesregierung das Recht der **Interpellation** nach Art. 53 S. 1 GG zu. Er ist nach Art. 53 S. 3 GG über die Führung der Geschäfte laufend zu informieren, woraus sich das bereits erwähnte Fragerecht ergibt.

Dieses Informationsrecht ist in **Angelegenheiten der EU** zu einer umfassenden und frühestmöglichen Information gemäß Art. 23 Abs. 2 S. 2 GG gesteigert. Für den Verteidigungsfall bestehen nach Art. 115f Abs. 2 GG besondere Informationspflichten. Das Informationsrecht wird abgerundet durch die Pflicht des Bundesfinanzministers zur Rechnungslegung auch gegenüber dem Bundesrat nach Art. 114 Abs. 1 GG sowie die Entgegennahme von Berichten des Bundesrechnungshofes nach Art. 114 Abs. 2 S. 2 GG.

---

[82] Beispiele bei *Stern*, Staatsrecht, II, 1980, S. 150 f.
[83] Siehe *Diekmann*, Das Verhältnis des Bundesrates zu Bundestag und Bundesregierung im Spannungsfeld von Demokratie- und Bundesstaatsprinzip, 2007.

101 Auf das **Verordnungsinitiativrecht** nach Art. 80 Abs. 3 GG, mit dem der Bundesrat auf die Willensbildung innerhalb der Bundesregierung Einfluss nehmen kann, wurde bereits hingewiesen. Ein Zutritts- oder Rederecht in den Kabinettssitzungen ist dem Bundesrat hingegen nicht eingeräumt.

102 Maßnahmen der **Bundesaufsicht** nach Art. 84 Abs. 3 S. 2 GG und des Bundeszwangs gemäß Art. 37 Abs. 1 GG hat der Bundesrat zuzustimmen. Er kann verlangen, dass bei der Abwehr einer Gefahr für den Bestand eines Landes nach Art. 91 Abs. 2 S. 2 GG bzw. in Fällen einer länderübergreifenden Naturkatastrophe oder eines Unglücksfalles nach Art. 35 Abs. 3 S. 2 GG der Einsatz der Landespolizei(en), der Bundespolizei oder der Bundeswehr aufgehoben wird, und kann ebenso wie der Bundestag nach Art. 87a Abs. 4 S. 2 GG fordern, den Einsatz der Streitkräfte im Innern einzustellen.

103 Die **Bundesregierung** kann ihrerseits gemäß Art. 52 Abs. 2 S. 2 Var. 2 GG die Einberufung des Bundesrates verlangen und besitzt **Zutritts- und Rederecht** im Bundesrat und seinen Ausschüssen nach Art. 53 S. 1, 2 GG. Der Bundesregierung kommt indes kein Antrags- oder gar Stimmrecht zu. Allerdings kann sie durch Gesetzesinitiativen nach Art. 76 Abs. 2 S. 1 GG und durch (zustimmungsbedürftige) Verordnungen nach Art. 80 Abs. 2 GG die Willensbildung im Bundesrat anstoßen.

2. Verhältnis des Bundesrates zum Bundestag

104 Auf den Bundestag kann der Bundesrat vor allem durch das Recht zur **Gesetzesinitiative** nach Art. 76 Abs. 1 Var. 3 GG und die Stellungnahme zu Gesetzentwürfen der Bundesregierung gemäß Art. 76 Abs. 2 S. 2 GG einwirken. Mitglieder des Bundesrates haben nach Art. 43 Abs. 2 S. 1 GG Zugang zu allen Sitzungen des Bundestages und seiner Ausschüsse und müssen jederzeit gehört werden, verfügen dort aber über kein Antragsrecht.

105 **Abgeordnete des Bundestages** hingegen besitzen **kein Zugangs- und Rederecht** im Bundesrat und seinen Ausschüssen vergleichbar Art. 43 Abs. 2, Art. 53 S. 1, 2 GG. Der Bundestag kann jedoch jederzeit einen Gesetzesbeschluss fassen und dadurch eine Entscheidung des Bundesrates herbeiführen. Auf sonstige Beschlüsse des Bundesrates kann der Bundestag indes nicht direkt einwirken.

3. Verhältnis des Bundesrates zu den Ländern

106 Für den Sonderfall der **Gewährung von Finanzhilfen** sieht Art. 104b Abs. 3 GG vor, dass u. a. auch der Bundesrat verlangen kann, über die Durchführung der Maßnahmen und die erzielten Verbesserungen unterrichtet zu werden. Auf die Stellung des Bundesrates im Mängelrügeverfahren nach Art. 84 Abs. 4 GG wurde bereits hingewiesen.

107 Die Länder ihrerseits bestimmen durch ihre Landesregierungen über die personelle Zusammensetzung und das Abstimmungsverhalten des Bundesrates. Auch wenn

ein Land von einer Entscheidung besonders betroffen ist, bleibt sein Stimmrecht erhalten.

IX. Reservefunktion

Der Bundesrat als permanentes Organ, bestehend aus den Mitgliedern der Landesregierungen, ist ein Faktor der Stabilität und erscheint in besonderem Maße geeignet, bei Ausfall eines anderen Verfassungsorgans an dessen Stelle zu treten. So nimmt der Bundesrat gemäß Art. 81 Abs. 2 GG die Legislativfunktion auch des Bundestages wahr, wenn nach einer gemäß Art. 68 GG gescheiterten Vertrauensfrage auf Antrag der Bundesregierung mit Zustimmung des Bundesrates nach Art. 81 Abs. 1 GG der **Gesetzgebungsnotstand** erklärt wird.[84] Ist gemäß Art. 57 GG der **Bundespräsident verhindert** oder wird sein Amt vorzeitig erledigt, so wird er von dem Präsidenten des Bundesrates vertreten.[85] Gewisse Bezüge zur Reservefunktion des Bundesrates weist auch Art. 29 Abs. 7 GG auf, wonach im Rahmen der Neugliederung des Bundesgebietes ein Zustimmungsgesetz an die Stelle eines Staatsvertrages der beteiligten Länder treten kann.

108

X. Außen- und europapolitische Funktion sowie Verteidigungsfall[86]

Schließlich kommen dem Bundesrat Funktionen im Rahmen der Außen-, Verteidigungs- und Europapolitik zu.

109

1. Außenpolitik

In den Anfangsjahren der Bundesrepublik strebte der Bundesrat danach, auch außenpolitische Befugnisse in Anspruch zu nehmen, was sich aber in der Verfassungspraxis nicht durchsetzte.[87] **Völkerrechtliche Verträge** bedürfen gemäß Art. 59 Abs. 2

---

[84] Geradezu umgekehrt ist die Situation im Verteidigungsfall: Gemäß Art. 115e GG gehen die Befugnisse auch des Bundesrates auf den Gemeinsamen Ausschuss über, bei dem keine separate Bundesratsbank besteht und die Mitglieder des Bundesrates nach Art. 53a Abs. 1 S. 1 GG nur ein Drittel der Gesamtmitgliederzahl ausmachen.

[85] Siehe auch die inzwischen durch Zeitablauf gegenstandslose Übergangsvorschrift in Art. 136 Abs. 2 GG. Für den Ausfall eines Mitglieds der Bundesregierung hat das Grundgesetz hingegen in Art. 69 Abs. 3 GG eine andere Regelung ohne Beteiligung des Bundesrates getroffen.

[86] Siehe dazu *Müller-Terpitz*, Die Beteiligung des Bundesrates am Willensbildungsprozess der Europäischen Union, Stuttgart 1999; *Schede*, Bundesrat und Europäische Union, 1994.

[87] Dazu *Sommer*, ZParl 1992, 537 ff.

S. 1 GG nur dann der Zustimmung des Bundesrates, soweit sich aus dem Vertragstext oder dem Ratifikationsgesetz eine Zustimmungsbedürftigkeit nach anderen grundgesetzlichen Regelungen herleiten lässt.

2. Europapolitik

110 Die europapolitische Funktion des Bundesrates wird in Art. 50 Var. 3 GG ausdrücklich hervorgehoben. Auf die zu diesem Zweck geschaffene **Europakammer**, deren Beschlüsse gemäß Art. 52 Abs. 3a GG als Beschlüsse des Bundesrates gelten, wurde bereits hingewiesen. Anknüpfend an Art. 2 des Zustimmungsgesetzes zu den Römischen Verträgen[88], Art. 2 des Zustimmungsgesetzes zur Einheitlichen Europäischen Akte[89] sowie die Vereinbarung der Bundesregierung mit den Regierungen der Länder[90] findet sich nunmehr **in Art. 23 GG eine detaillierte Regelung** über die Beteiligung auch des Bundesrates in Angelegenheiten der EU.

111 Soweit Hoheitsrechte durch Bundesgesetz auf die EU übertragen werden, also vornehmlich durch das **Zustimmungsgesetz zu primärrechtlichen Verträgen**, kann dies nur mit Zustimmung des Bundesrates nach Art. 23 Abs. 1 S. 2, 3 GG erfolgen.

112 Hinsichtlich der bereits übertragenen Hoheitsrechte bestimmt sich die Mitwirkung des Bundesrates nach Art. 23 Abs. 2, 4–6 GG. Der Bundesrat ist von der Bundesregierung umfassend und frühestmöglich nach Art. 23 Abs. 2 GG über die Angelegenheiten der EU zu **informieren**. Er ist gemäß Art. 23 Abs. 4 GG an der Willensbildung des Bundes zu beteiligen, soweit er an einer entsprechenden innerstaatlichen Maßnahme mitzuwirken hätte oder soweit die Länder innerstaatlich zuständig wären.

113 Hinsichtlich des Einflusses seiner Stellungnahme auf die von der Bundesregierung zu vertretende Verhandlungsposition sind **drei Stufen** zu unterscheiden: Sind Bundesgesetzgebungszuständigkeiten betroffen, so ist die Stellungnahme des Bundesrates gemäß Art. 23 Abs. 5 S. 1 GG lediglich *zu berücksichtigen*, was der Bundesregierung ermöglicht, von ihr auch abzuweichen. Handelt es sich um Landesgesetzgebungszuständigkeiten, die Einrichtung oder das Verfahren der Landesbehörden, ist die Stellungnahme nach Art. 23 Abs. 5 S. 2 GG *maßgeblich zu berücksichtigen*, weshalb die Bundesregierung nur noch in besonders zu begründenden Ausnahmefällen eine abweichende Verhandlungsposition einnehmen darf. Sind schließlich im Schwerpunkt ausschließliche Gesetzgebungsbefugnisse der Länder im Bereich der Bildung, der Kultur oder des Rundfunks betroffen, *benennt* der Bundesrat gemäß Art. 23 Abs. 6 GG einen *Vertreter der Länder*, der die der Bundesrepublik Deutschland zustehenden Mitgliedschaftsrechte in der EU wahrnimmt. Details über die Mitwirkung des Bundesrates finden sich in den auf Grund der

---

[88] Gesetz vom 27.7.1957, BGBl. II S. 755.
[89] Gesetz vom 19.12.1986, BGBl. II S. 1102.
[90] Vereinbarung vom 17.12.1987.

§22 Der Bundesrat. Geschichte, Struktur, Funktion 685

Lissabon-Entscheidung des BVerfG[91] neu gefassten Gesetzen über die Zusammenarbeit von Bund und Ländern in Angelegenheiten der Europäischen Union sowie in dem Integrationsverantwortungsgesetz.

3. Verteidigungsfall

Was den Verteidigungsfall anbelangt, so hat der Bundesrat gemäß Art. 115a Abs. 1 S. 1 GG der **Feststellung des Verteidigungsfalles** durch den Bundestag zuzustimmen. Verfassungsdurchbrechende bundesgesetzliche Regelungen der Verwaltung und des Finanzwesens des Bundes und der Länder nach Art. 115c Abs. 3 GG sowie ihre Rückänderung nach Art. 115 k Abs. 3 S. 2 GG sind nur mit Zustimmung des Bundesrates möglich. Ebenso bedürfen die auf Sachgebieten der Länder ergehenden Bundesgesetze gemäß Art. 115c Abs. 1 S. 2 GG seiner Zustimmung. Die Aufhebung von Notstandsmaßnahmen im Verteidigungsfall, insbesondere von Gesetzen des Gemeinsamen Ausschusses, kann der Bundesrat gemeinsam mit dem Bundestag gemäß Art. 115l Abs. 1 S. 1 GG beschließen, bzw. wenigstens verlangen, S. 2. Ebenso kann er gemeinsam mit dem Bundestag den Verteidigungsfall nach Art. 115l Abs. 2 S. 1 GG für beendet erklären, bzw. dies wenigstens verlangen, S. 2.

114

I. Verfassungsprozessuale Stellung des Bundesrates

Der Bundesrat kann an kontradiktorischen, Normenkontroll- und strafähnlichen Verfassungsschutzverfahren vor dem BVerfG beteiligt sein.

115

I. Kontradiktorische Verfahren

Der Bundesrat kann gemäß Art. 93 Abs. 1 Nr. GG; §13 Nr. 5; §63 BVerfGG sowohl Antragsteller als auch Antragsgegner eines **Organstreits** sein. Insbesondere seine diversen Beteiligungsrechte kann er auf diesem Wege verteidigen. Theoretisch ist auch ein Organstreit innerhalb des Bundesrates denkbar, was aber bisher – soweit ersichtlich – noch nicht relevant geworden ist.

Hingegen wird bei einem **Bund-Länder-Streit** nach Art. 93 Abs. 1 Nr. 3, §13 Nr. 7, §68 BVerfGG für den Bund die Bundesregierung, nicht der Bundesrat tätig. Dies gilt selbst bei einem vorgeschalteten **Mängelrügeverfahren** nach Art. 84 Abs. 4 GG, was unterstreicht, dass dieses Verfahren eher wie ein gerichtliches Vorverfahren, nicht wie eine Entscheidung des Bundesrates aus eigenem Recht behandelt wird. Auch bei einer sonstigen öffentlich-rechtlichen Streitigkeit nach Art. 93 Abs. 1 Nr. 4 Var. 1 GG, §13 Nr. 8, §71 BVerfGG handelt für den Bund nur die Bundesregierung, nicht der Bundesrat.

116

---

[91] Urteil vom 30.6.2009, Az. 2 BvE 2/08.

II. Normenkontrollen

117 In den Sonderfällen der abstrakten **Erforderlichkeits-Normenkontrolle** nach Art. 93 Abs. 1 Nr. 2a; §13 Nr. 6a; §76 Abs. 2 BVerfGG sowie des **Kompetenzfreigabeverfahrens** nach Art. 93 Abs. 2 GG; §13 Nr. 6b; §97 BVerfGG zählt der Bundesrat zum Kreis möglicher Antragsteller. Allerdings ist sein Rügerecht begrenzt auf die Verletzung von Art. 72 Abs. 2 GG bzw. auf das Vorliegen der Voraussetzungen der Art. 72 Abs. 4; Art. 125a Abs. 2 S. 2 GG. Der Bundesrat ist außerdem im Normenqualifizierungsverfahren nach Art. 126 GG, §13 Nr. 14, §86 Abs. 1 BVerfGG antragsberechtigt. Da in all diesen Verfahren neben dem Bundesrat bereits eine einzelne Landesregierung den Antrag stellen kann, wird in der Verfassungspraxis der Antragstellung durch den Bundesrat keine besondere Bedeutung zukommen.

III. Strafähnliche Verfassungsschutzverfahren

118 Was **Parteiverbote** anbelangt, so regelt Art. 21 Abs. 2 GG nicht, wer den Antrag vor dem BVerfG stellen kann. §13 Nr. 2, §43 Abs. 1 BVerfGG räumen indes auch dem Bundesrat diese Position ein. Der Bundesrat kann ferner die **Präsidentenanklage** nach Art. 61 GG, §13 Nr. 4, §49 Abs. 2 BVerfGG erheben. In den Verfahren der Grundrechtsverwirkung nach Art. 18 GG, §13 Nr. 1, §36 BVerfGG und der Richteranklage gemäß Art. 98 Abs. 2 GG, §13 Nr. 9, §58 BVerfGG ist der Bundesrat hingegen nicht antragsberechtigt.

IV. Sonstige Hauptsacheverfahren und einstweilige Anordnung

119 Bei allen anderen Hauptsacheverfahren vor dem BVerfG ist der Bundesrat weder aktiv- noch passivlegitimiert. Er ist aber in den Fällen der §82a Abs. 2 Var. 2 BVerfGG, §94 Abs. 1 BVerfGG äußerungsberechtigt und kann gemäß §94 Abs. 5 BVerfGG dem Verfassungsbeschwerdeverfahren beitreten. Soweit der Bundesrat Beteiligter eines Hauptsacheverfahrens sein kann, vermag er auch einen **Antrag auf Erlass einer einstweiligen Anordnung** gemäß §32 BVerfGG zu stellen.

J. Reformüberlegungen

I. Reformbedarf

120 Der historisch gewachsene Bundesrat integriert unterschiedliche geographische und ethnische Gruppen, stellt einen bedeutenden Pfeiler der grundgesetzlichen

Gewaltenteilung dar und hat sich **im Grundsatz bewährt**. Gleichwohl sollten Verantwortlichkeiten deutlicher zugeordnet und die Anpassungsfähigkeit des politischen Systems gestärkt werden. Reformen des Bundesrates können an dem Organ als Ganzem, seiner inneren Struktur und Aufgabenverteilung sowie seinen Rahmenbedingungen ansetzen.

II. Ersatz des Bundesrates durch andere Formen der Ländermitwirkung?

Art. 79 Abs. 3 GG bestimmt die „grundsätzliche Mitwirkung der Länder bei der Gesetzgebung" als Grenze selbst für den verfassungsändernden Gesetzgeber. Dadurch wird indes nur die Mitwirkung der Länder als solche garantiert, nicht aber in der bestehenden Form oder im jetzigen Ausmaß.[92] Insbesondere ist der **Bundesrat nicht gegen jede Verfassungsänderung geschützt**.[93] Verfassungsrechtlich zulässig wäre wohl auch eine andere Mitwirkung der Länder an der Gesetzgebung des Bundes, z. B. durch Zustimmung aller oder einer Mehrheit der Länderparlamente zu Bundesgesetzen.

121

Sofern der Bundesrat in Frage gestellt wird, wird zumeist die Einführung eines **Senats** mit direkt von dem jeweiligen Landesstaatsvolk gewählten Senatoren nach US-amerikanischem Vorbild vorgeschlagen.[94] Auf diesem Wege könnten zwar ggfs. einzelne, hervorragende Persönlichkeiten gewonnen werden, doch wäre nicht auszuschließen, dass der Wahlkampf um diese Senatsmandate zu einer noch stärkeren parteipolitischen Prägung der zweiten Kammer führte, die landeseigentümliche Besonderheiten stärker einebnete.[95] Auch dürften die schon unter Gewaltenteilungsgesichtspunkten wünschenswerten Unterschiede in der Zusammensetzung beider Parlamentskammern geringer werden.[96] Zudem könnten die Landesministerialbürokratien nicht mehr in dem bisherigen Ausmaß ihre Verwaltungserfahrung in den Gesetzgebungsprozess auf Bundesebene einbringen, und es müsste eine personell umfangreiche Senatsverwaltung aufgebaut werden.

122

III. Änderungen der internen Organisation und Struktur

Erfolg versprechender erscheint es, Umgestaltungen an der internen Organisation und Struktur des Bundesrates vorzunehmen. Durch Änderung des Art. 52 Abs. 1 GG könnte die Amtszeit des Bundesratspräsidenten verlängert und auf diese Weise die

123

---

[92] Ebenso *Grimm/Hummrich*, DÖV 2005, 280 (287).
[93] Ebenso *J. Schmidt*, DÖV 2006, 379 (381).
[94] Dafür *J. Schmidt*, DÖV 2006, 379 (383).
[95] Vgl. *Herzog*, HStR III, §57, R. 17.
[96] Dazu *Sturm*, Aus Politik und Zeitgeschichte, B 29-30/2003, S. 24 (28).

Kontinuität im Bundesrat verstärkt werden.[97] Dabei sollte der Bundesratspräsident entgegen der US-amerikanischen Lösung weiterhin Mitglied einer Landesregierung sein, um die Verbindung zu den landesspezifischen Problemen zu wahren.[98] Die Stimmengewichtung des Art. 51 Abs. 2 GG hat sich als Kompromiss zwischen der Gleichheit der Gliedstaaten und der Berücksichtigung ihrer unterschiedlichen Einwohnerzahlen grundsätzlich bewährt. Allerdings sollte das **Stimmgewicht der Länder in den Ausschüssen** an ihr Stimmgewicht im Plenum angepasst werden, um die Anzahl widerstreitender Beschlüsse von Ausschüssen und Plenum zu vermindern.[99] Hingegen sollte wegen der Struktur des Bundesrats als Vertretung der Länder keine uneinheitliche Stimmabgabe ermöglicht werden.

IV. Änderungen der Rahmenbedingungen

124 Für eine Stärkung des Föderalismus erscheint es bedeutsamer, die Aufgaben des Bundes und der Länder[100] zu entflechten und die Zahl der Zustimmungsvorbehalte weiter zu reduzieren.[101] Letztlich wäre es wünschenswert, über eine partielle **Neugliederung des Bundesgebietes** aus den kleinen, leistungsschwachen Ländern große, leistungsstärkere zu schaffen, die sich auf Augenhöhe mit den bisher schon über fünf oder mehr Stimmen im Bundesrat verfügenden Staaten bewegen könnten.

Schrifttum

R. Dolzer/M. Sachs, Das parlamentarische Regierungssystem und der Bundesrat – Entwicklungsstand und Reformbedarf – VVDStRL 58 (1999), S. 7 ff., 39 ff.
R. Herzog, Der Bundesrat, in: J. Isensee/P. Kirchhof (Hrsg.), Handbuch des Staatsrechts, Bd. III, 3. Auflage, 2005, §§ 57 ff.
H.-H. Klein, Der Bundesrat im Regierungssystem der Bundesrepublik Deutschland, ZG 2002, 297 ff.
H. Küpper, Die Mitgliedschaft im Bundesrat, Der Staat 42 (2003), S. 387 ff.
J. Lang, Zum Fragerecht von Landesregierungen im Bundesrat, ZParl. 2001, 281 ff.
ders., Notwendigkeit einer Frist zur Zurückweisung von Einsprüchen des Bundesrates in Art. 77 IV GG, ZRP 2006, 15 ff.
Chr. Lenz, Die Umgehung des Bundesrates bei der Verordnungsänderung durch Parlamentsgesetz, NVwZ 2006, 296 ff.
H. Maurer, Der Bundesrat im Verfassungsgefüge der Bundesrepublik Deutschland, in: FS für G. Winkler, 1997, S. 615 ff.
ders., Mitgliedschaft und Stimmrecht im Bundesrat, in: FS für Schmitt Glaeser, 2003, S. 157 ff.
D. Merten, (Hrsg.), Der Bundesrat in Deutschland und Österreich, 2001

---

[97] Dafür *Mulert*, DÖV 2007, 25 (26).
[98] A.A. *Mulert*, DÖV 2007, 25 ff.
[99] Siehe *Mulert*, DÖV 2007, 25 (26).
[100] *Sturm*, Aus Politik und Zeitgeschichte, B 29-30/2003, S. 24 (31).
[101] Erwogen von *Sturm*, Aus Politik und Zeitgeschichte, B 29-30/2003, S. 24 ff.

G. Mulert, Der Bundesrat im Lichte der Föderalismusreform, DÖV 2007, 25 ff.
F. Ossenbühl, Die Zustimmung des Bundesrates beim Erlaß von Bundesrecht, AöR 99 (1974), 369 ff.
K. Reuter, Praxishandbuch Bundesrat, 2. Auflage, 2007
G. Riescher/S. Ruß/Chr. Haas, Zweite Kammern, 2. Auflage, 2008
J. Schmidt, Strukturelle Alternativen der Ausgestaltung des Bundesrates, DÖV 2006, 379 ff.
R. Sturm, Zur Reform des Bundesrates. Lehren eines internationalen Vergleiches der Zweiten Kammern, Aus Politik und Zeitgeschichte B 29–30/2003, 24 ff.
R. Wernsmann, Reichweite der Zustimmungsbedürftigkeit von Gesetzen im Bundesrat, NVwZ 2005, 1352 ff.
D. Wilke/B. Schulte, Der Bundesrat: die staatsrechtliche Entwicklung des föderalen Verfassungsorgans, 1990
D. Wyduckel, Der Bundesrat als Zweite Kammer – Zur Verfassungsrechtlichen Stellung des Bundesrates im Gesetzgebungsverfahren –, DÖV 1989, 181 ff.

§23 Die Mitwirkung des Bundesrates an der Gesetzgebung: Die wichtigsten Zustimmungstatbestände des Grundgesetzes

Richard Lehmann-Brauns

Inhalt

A. Zustimmungsbedürftigkeit von Bundesgesetzen 691
    I. Erfahrungen aus der Verfassungspraxis 691
    II. Verantwortung des Bundesverfassungsgerichts 693
B. Bedeutung für die Verfassungspraxis 694
    I. Historischer Abriss 694
    II. Bewertung 695
C. Änderungen der Föderalismusreform 696
D. Die wichtigsten Zustimmungstatbestände 697
    I. Art. 84 Abs. 1 GG – Einrichtung der Behörden und Regelung des Verwaltungsverfahrens 697
    II. Art. 104a Abs. 4 GG – Zustimmungsbedürftigkeit von Leistungsgesetzen des Bundes 709
    III. Art. 105 Abs. 3 GG – Zustimmungsbedürftigkeit von Gesetzen über Steuern 717
E. Zusammenfassende Bewertung 720
Schrifttum 721

A. Zustimmungsbedürftigkeit von Bundesgesetzen

I. Erfahrungen aus der Verfassungspraxis

1   Der verfassungsändernde Gesetzgeber hat sich bei der im Jahre 2006 in Kraft getretenen sog. ersten Stufe der Föderalismusreform insbesondere zum Ziel gesetzt, die Zahl der zustimmungsbedürftigen Bundesgesetze deutlich zu reduzieren. Hintergrund ist das **Blockadepotenzial von Zustimmungsgesetzen**:

R. Lehmann-Brauns (✉)
Rechtsanwälte Zirngibl Langwieser, Kurfürstendamm 54/55, 10707 Berlin, Deutschland
E-Mail: r.lehmann-brauns@zl-legal.de

Bei der Gesetzgebung des Bundes haben die ausgeprägten Zustimmungsbefugnisse der Länder über den Bundesrat bei unterschiedlichen politischen Mehrheitsverhältnissen in Bund und Ländern immer wieder zur Verzögerung oder sogar Verhinderung wichtiger Gesetzgebungsvorhaben oder zu in sich nicht stimmigen Kompromissen geführt, bei denen die jeweilige politische Verantwortlichkeit nicht oder kaum noch zu erkennen ist. Der Anteil der zustimmungspflichtigen Gesetze ist [...] im Laufe der Zeit erheblich gestiegen.[1]

2 Dies, obwohl Zustimmungsgesetze als Ausnahme gedacht waren. Ist ihr Anteil bei Inkrafttreten des Grundgesetzes noch auf 10 % geschätzt worden, lag er in allen Legislaturperioden regelmäßig bei gut 50 % aller Bundesgesetze.[2] Maßgeblich verantwortlich für diese Entwicklung war die Altfassung von Art. 84 Abs. 1 GG. Erst mit weitem Abstand folgte Art. 105 Abs. 3 GG. So lag der Anteil von Art. 84 Abs. 1 GG in der 14. Wahlperiode bei 51,7 % und der Anteil von Art. 105 Abs. 3 GG bei knapp 22 % aller Zustimmungsgesetze, in der 15. Wahlperiode betrugen die Anteile 53,8 % bzw. 22,5 %.[3] Mittlerweile wird der Großteil der Zustimmungsgesetze von **Art. 104a Abs. 4 GG und Art. 105 Abs. 3 GG** ausgelöst. Alle übrigen Zustimmungstatbestände sind über das ganze Grundgesetz verteilt[4] und haben eine nur sehr geringe praktische Bedeutung.

3 Zustimmungsgesetze sind nur solche Gesetze, bei denen die Zustimmung des Bundesrates ausdrücklich vom Grundgesetz vorgeschrieben wird. Gegen alle anderen Gesetze steht dem Bundesrat nur ein Einspruchsrecht zu. Sowohl das **Enumerationsprinzip** als auch das Gebot der Rechtssicherheit schließen ungeschriebene Zustimmungserfordernisse aus. In jedem Einzelfall muss sich die Zustimmungsbedürftigkeit ausdrücklich aus einer präzise benennbaren Norm ergeben.[5]

---

[1] BR-Drs. 178/06, S. 13, 14 f., 34 – Hervorhebungen durch Verf.; vgl. hierzu die im Verlag Duncker & Humblot in den „Schriften zum Öffentlichen Recht" erschienene Dissertation von *Lehmann-Brauns*, Die Zustimmungsbedürftigkeit von Bundesgesetzen nach der Föderalismusreform, 2008.

[2] BVerfGE 1, 76 (79); 37, 363 (381); *Korioth*, in: v.Mangoldt/Klein/Starck (Hrsg.), Grundgesetz, 5. Aufl. 2005, Bd. 2, Art. 50 Rn. 30; *Stern,* Das Staatsrecht der Bundesrepublik Deutschland, Bd. 2, 2. Aufl. 1984, §27 II. 3. b) α); *Georgii/Borhanian*, Zustimmungsgesetze nach der Föderalismusreform, Wissenschaftliche Dienste des Deutschen Bundestages, 2006, S. 39 mit Zahlen für die 14. (55,2 %) und für die 15. Wahlperiode (51,0 %).

[3] *Georgii/Borhanian* (Fn. 2), S. 39; vgl. auch BVerfGE 37, 363 (379 f.); 55, 274 (319); *Dästner,* ZParl 2001, 290 (296) für den Zeitraum von 1981 bis 1999: Art. 84 Abs. 1 GG (58,1 %) und Art. 105 Abs. 3 GG (28,5 %).

[4] Vgl. die Aufstellungen bei *Mann*, in: Sachs (Hrsg.), Grundgesetz, 5. Aufl. 2009, Art. 77 Rn. 14; *Masing*, in: v.Mangoldt/Klein/Starck (Hrsg.), Grundgesetz, 5. Aufl. 2005, Bd. 2, Art. 77 Rn. 48.

[5] Vgl. BVerfGE 1, 76 (79); 105, 313 (339); *Stettner*, in: Dreier (Hrsg.), Grundgesetz, 2. Aufl. 2006, Bd. 2, Art. 77 Rn. 11; *Masing* (Fn. 4), Art. 77 Rn. 49; *Ossenbühl*, AöR 99 (1974), 369 (388 ff.); *Pieroth*, in: Jarass/Pieroth (Hrsg.), Grundgesetz, 9. Aufl. 2007, Art. 77 Rn. 4; *Stern*, Das Staatsrecht der Bundesrepublik Deutschland, 1980, Bd. 1, §19 III. 8. h) γ) und Bd. 2 (Fn. 2), §27 IV. 2. b) α); a. A. BVerfGE 26, 338 (399); 28, 66 (77 f.); *Maunz*, in: Maunz/Dürig, Grundgesetz, Loseblatt, Stand: Oktober 2008, Bd. 5, Art. 80 Rn. 59 und 68 ff.; *Bryde*, in: v.Münch/Kunig (Hrsg.), Grundgesetz, 5. Aufl. 2003, Bd. 3, Art. 77 Rn. 20 und Art. 80 Rn. 28.

II. Verantwortung des Bundesverfassungsgerichts

Verantwortlich für den großen Einfluss des Bundesrates ist in erster Linie das Bundesverfassungsgericht gewesen. In zahlreichen Entscheidungen wurden die Rechte der Länderkammer Stück für Stück gestärkt.

An erster Stelle ist die sog. **Einheitstheorie**[6] zu nennen. Konsequenz dieser Rechtsprechung ist, dass ein Bundesgesetz mit tausenden von Vorschriften nur eine einzige zustimmungsbedürftige Norm enthalten muss, um in Gänze der Zustimmung des Bundesrates zu bedürfen. Der Einfluss des Bundesrates umfasst damit zwangsläufig auch den zustimmungsfreien Teil eines Gesetzes[7].

Die **negativen Auswirkungen der Einheitstheorie** wurden durch die weite Auslegung der Tatbestandsmerkmale von Art. 84 Abs. 1 GG maßgeblich unterstützt[8]. So durch die vom Bundesverfassungsgericht erfundene Rechtsfigur der doppelgesichtigen Norm[9]. Die bundesratsfreundliche Rechtsprechung schlug sich aber auch bei der Zustimmungsbedürftigkeit von Änderungsgesetzen[10], dem gesetzlichen Ausschluss eines Zustimmungserfordernisses bei Rechtsverordnungen[11], der Feststellung der Zustimmungsbedürftigkeit im Wege teleologischer Auslegung[12], der Zugriffsmöglichkeit des Bundes auf die kommunale Verwaltungsebene[13] und der Trennung von Gesetzen in zustimmungsfreie und zustimmungsbedürftige Teile[14] nieder. Ein Ende der extensiven Auslegungspraxis ist nicht abzusehen.[15]

Die rechtliche Verantwortung des Bundesverfassungsgerichts für den hohen Anteil von Zustimmungsgesetzen ergibt sich aus dem Umstand, dass allein das Bundesverfassungsgericht die Normen des Grundgesetzes abschließend auslegt[16]. Zudem verfügt allein das Bundesverfassungsgericht über die Verwerfungskompetenz bei Gesetzen[17]. Seine Entscheidungen binden nach Art. 100 GG und §31 Abs. 1 BVerfGG

---

[6] BVerfGE 8, 274 (294 f.); bestätigt von BVerfGE 24, 184 (195); 37, 363 (380 f.); 48, 127 (177 f.); 55, 274 (319 und 326 f.); vgl. ausführlich zu Einheitstheorie und Alternativen *Lehmann-Brauns* (Fn. 1), S. 199 ff.

[7] BVerfGE 55, 274 (319).

[8] *Lerche*, in: Maunz/Dürig, Grundgesetz, Loseblatt, Stand: Oktober 2008, Bd. 5, Art. 84 Rn. 10; *Meyer*, Die Föderalismusreform 2006, 2008, S. 63 ff.; *Ossenbühl*, AöR 99 (1974), 369 (385); *Sannwald*, in: Schmidt-Bleibtreu/Klein, Grundgesetz, 11. Aufl. 2008, Art. 78 Rn. 12; *Dästner*, ZParl 2001, 290 (293): bundesratsfreundliche Präzisierung.

[9] *Antoni*, AöR 113 (1988), 329 (350); *Meyer*, Komm. Drs. 12, S. 6; vgl. hierzu ausführlich *Lehmann-Brauns* (Fn. 1), S. 195 ff.

[10] Vgl. hierzu BVerfGE 37, 363; 48, 127; ausführlich *Lehmann-Brauns* (Fn. 1), S. 244 ff.

[11] Vgl. hierzu BVerfGE 28, 66; ausführlich *Lehmann-Brauns* (Fn. 1), S. 232 ff.

[12] Vgl. hierzu BVerfGE 26, 338; 100, 249.

[13] Vgl. hierzu BVerfGE 22, 180; 75, 108.

[14] Vgl. hierzu BVerfGE 55, 274; 105, 313; ausführlich *Lehmann-Brauns* (Fn. 1), S. 226 ff.

[15] *Meyer*, Komm. Drs. 12, S. 7 und 10 f.; *ders.*, Komm. Drs. 13, S. 31.

[16] *Gusy*, Parlamentarischer Gesetzgeber und Bundesverfassungsgericht, 1985, S. 96 und 225.

[17] *Gusy* (Fn. 16), S. 39 f.; *Sachs*, EWiR 2004, S. 1087 f. „Machtzuwachs [...] zulasten des demokratischen Entscheidungsprozesses".

die gesamte öffentliche Gewalt und erlangen nach §31 Abs. 2 BVerfGG in bestimmten Fällen sogar Gesetzeskraft. Damit hat die Rechtsprechung einen weit reichenden Einfluss auf die Zunahme der Zustimmungsgesetze[18].

B. Bedeutung für die Verfassungspraxis

I. Historischer Abriss

8   Die Frage der Zustimmungsbedürftigkeit eines Gesetzes wird vor allem dann relevant, wenn die parteipolitische **Opposition** im Bundestag über eine **Mehrheit im Bundesrat** verfügt[19]. Derartige Machtverhältnisse sind nicht selten. Von den ersten 56 Jahren seit Gründung der Bundesrepublik sah sich die jeweilige Regierungsmehrheit im Bundestag fast 38 Jahre einer absoluten Mehrheit der Opposition im Bundesrat gegenüber[20]. Allerdings zeigen die Erfahrungen der zweiten „Großen Koalition", dass es auch in dieser Konstellation zu Blockaden kommen kann[21]. Sicher ist jedenfalls, dass die Zustimmungsgesetze dem Bundesrat mit ihrem konstanten Anteil von über 50 % einen erheblichen politischen und praktischen Einfluss verschaffen[22]. Obwohl Gesetzesvorhaben selten völlig vereitelt werden, kann die von der parlamentarischen Mehrheit getragene Regierung ihre politische Linie oft nur stark modifiziert durchsetzen.

9   Die damit verbundene Gefahr politischer Stagnation wird durch die Neigung, Länderinteressen für das taktische Kalkül der Parteien zu instrumentalisieren, verschärft[23]. Das gilt zum einen für die vom damaligen saarländischen Ministerpräsidenten *Lafontaine* in der 13. Wahlperiode inszenierte Blockade sämtlicher bedeutender Reformprojekte der Regierung *Kohl*. Sie verfehlte ihre Wirkung nicht und trug bei der Bundestagswahl 1998 maßgeblich zum Sieg der Opposition bei.[24]

---

[18] *De Wall*, in: Berliner Kommentar zum Grundgesetz, Loseblatt, Stand: Dezember 2008, Bd. 3, Art. 50 Rn. 39; *Mann* (Fn. 4), Art. 77 Rn. 16; *Meyer*, Komm. Drs. 12, S. 6; *Schmidt-Jortzig*, in: Blanke/Schwanengel (Hrsg.), Zustand und Perspektiven des deutschen Bundesstaates, in: Neue Staatswissenschaften, Bd. 1 (2005), S. 59 (69); *Stettner* (Fn. 5), Art. 77 Rn. 12.

[19] *Korioth* (Fn. 2), Art. 50 Rn. 17; *Groß*, in: Berliner Kommentar zum Grundgesetz, Loseblatt, Stand: Dezember 2008, Bd. 3, Art. 84 Rn. 8.

[20] *Lehmann-Brauns* (Fn. 1), S. 40.

[21] Frankfurter Allgemeine Zeitung vom 18.4.2005, 9.7.2005, 11.3.2006 („Bundesrat weist erstmals ein Gesetz der Großen Koalition zurück"), vom 16.3.2006 („Ein unfreundlicher Akt"), vom 27.6.2006 („Politisches Pingpong"), vom 16.8.2006 („Weiter Widerstand gegen Anti-Terror-Datei") sowie vom 20.9.2006 („Scharfe Töne im Gesundheitsstreit").

[22] *Masing* (Fn. 4), Art. 77 Rn. 11.

[23] *Nierhaus/Rademacher*, LKV 2006, 385 (386 f.); *Bull*, in: (Alternativ)-Kommentar zum Grundgesetz für die Bundesrepublik Deutschland, Loseblatt, Stand: August 2002, Bd. 3, Art. 84 Rn. 21; vgl. auch *Meyer* (Fn. 8), S. 60 f.

[24] *Hufen*, VVDStRL 58 (1999), S. 117.

Weniger erfolgreich war die unionsgeführte Blockade in der 15. Wahlperiode. Die Union schnitt bei der vorgezogenen Bundestagswahl 2005 fast genauso schlecht ab wie bei ihrer schweren Niederlage im Jahr 1998 und sah sich gezwungen, eine „Große Koalition" mit der SPD zu bilden. Diese faktische Wahlniederlage kam zustande, obwohl allein im ersten Jahr der 15. Wahlperiode 12 % aller von der rot-grünen Bundestagsmehrheit beschlossenen Zustimmungsgesetze im Bundesrat blockiert wurden[25], die Opposition seit dem Frühjahr 2005 im Bundesrat beinahe über eine Zweidrittelmehrheit verfügte und der so gut wie handlungsunfähigen Regierungskoalition nichts anderes übrig blieb, als Neuwahlen einzuleiten.

II. Bewertung

Angesichts dessen kann kaum von „hochgespielten" Aktionen mit Seltenheitswert oder davon gesprochen werden, dass von einem langfristigen Blockadeverhalten keine Rede sein könne. Der Bundesrat mag statistisch gesehen von seiner **Vetoposition** nur zurückhaltenden Gebrauch machen. Jedoch kann schon die Verweigerung der Zustimmung zu einem einzigen besonders wichtigen Gesetzesvorhaben zum **Stillstand** führen.[26] Damit bedeutet Politik heute allzu oft und leider an entscheidender Stelle eine Politik des kleinsten gemeinsamen Nenners[27]. Zu häufig werden Gestaltungsinitiativen der regierenden Bundestagsmehrheit vom Bundesrat verwässert oder aufgehalten.[28]

10

Dem Vorwurf, dass Blockadeaktionen des Bundesrates **verfassungswidrig** sind, ist allerdings nicht zuzustimmen[29]. Zwar widerspricht die große Zahl von Zustimmungsgesetze der Gesamtkonzeption des Grundgesetzes[30]. Aus dem Argument, dass die Zustimmungsbedürftigkeit als Ausnahme konzipiert sei, ist aber nicht zu folgern, dass es eine entsprechende Schranke quantitativer Art gäbe[31]. Der Bundesrat

11

---

[25] *Lehmann-Brauns* (Fn. 1), S. 41; *Hofmann*, in: Schmidt-Bleibtreu/Klein, Grundgesetz, 11. Aufl. 2008, Art. 50 Rn. 39 Tabelle Nr. 8: Bei einem durchschnittlichen Wert von 2,6 % der Gesetze in den ersten 15 Wahlperioden.

[26] *Bull* (Fn. 23), Art. 84 Rn. 21; *Hofmann* (Fn. 25), Art. 50 Rn. 38; *ders.*, in: Vogel/Hrbek/Fischer (Hrsg.), Halbzeitbilanz, in: Schriftenreihe des Europäischen Zentrums für Föderalismusforschung, Bd. 23 (2006), S. 47 (57 Fn. 36); nach *Janssen*, in: Verhandlungen des 65. Deutschen Juristentages, herausgegeben von der ständigen Deputation des Deutschen Juristentages, 2004, Bd. II/1, P 21 f. sind zeitweise bis zu 90 % aller politisch wirklich relevanten Gesetze zustimmungsbedürftig.

[27] *Hofmann* (Fn. 25), Art. 50 Rn. 13 a.E.

[28] *Schmidt-Jortzig*, ZG 2005, 16 (19).

[29] *Lerche* (Fn. 8), Art. 84 Rn. 73; *Blumenwitz*, in: Bonner Kommentar, Grundgesetz, Loseblatt, Stand: Februar 2009, Bd. 7, Art. 50 Rn. 57; *Krebs*, in: v.Münch/Kunig (Hrsg.), Grundgesetz, 5. Aufl. 2001, Bd. 2, Art. 50 Rn. 6; *Ipsen*, NJW 2006, 2801 (2802); a. A. *Schmidt*, DÖV 2005, 973 (976 ff.) für parteipolitisch motivierte Bundesratsentscheidungen bei Gesetzesvorhaben zur Konsolidierung der maroden öffentlichen Haushalte.

[30] BVerfGE 37, 363 (383).

[31] BVerfGE 37, 363 (404 f.) – Sondervotum *v. Schlabrendorff, Geiger, Rinck*; *Umbach/Clemens*, in: dies. (Hrsg.), Grundgesetz, 2002, Bd. 2, Art. 84 Rn. 34.

macht vielmehr bei der Verweigerung der Zustimmung legitim von den ihm zustehenden verfassungsrechtlichen Befugnissen Gebrauch. Daher kann sich auch die parlamentarische Opposition der Einflussmöglichkeiten bedienen, die sich ihr durch eine Mehrheit im Bundesrat eröffnen.[32]

C. Änderungen der Föderalismusreform

12 Nach einem **Gutachten der Wissenschaftlichen Dienste des Bundestages** wäre der Anteil der Zustimmungsgesetze in der 14. Wahlperiode von 55,2 % auf 25,8 % und in der 15. Wahlperiode von 51 % auf 24 % gefallen, wenn die Föderalismusreform zu diesem Zeitpunkt schon in Kraft getreten wäre.[33] Dieses Ergebnis ist allerdings schweren Zweifeln ausgesetzt:

13 So wurde unterstellt, dass von der Möglichkeit des Art. 84 Abs. 1 S. 5 GG kein Gebrauch gemacht worden wäre, weil eine solche Angabe spekulativ sei[34]. Selbst wenn jedoch davon auszugehen ist, dass Art. 84 Abs. 1 GG künftig nicht mehr für bis zu 60 % aller Zustimmungsgesetze verantwortlich ist[35], folgt daraus nicht, dass der Zustimmungstatbestand überhaupt keine praktische Bewandtnis mehr hat[36]. Gegen die Bedeutungslosigkeit des Zustimmungstatbestandes spricht bereits der unverändert große Anwendungsbereich von Art. 84 Abs. 1 GG.

14 Zweifel gibt es auch im Hinblick auf die Neufassung von Art. 104a Abs. 4 GG. Im Gegensatz zu Art. 84 Abs. 1 GG wurde sie in die Prognose der Wissenschaftlichen Dienste einbezogen. Damit sind die Auswirkungen dieser Neufassung rückwirkend untersucht worden, obwohl ein solches Vorgehen nach den selbstgesetzten Maßstäben der Gutachter spekulativ wäre.[37]

15 Die prognostizierte **Halbierung der Zustimmungsgesetze** ist zudem vor dem Hintergrund des – im Vergleich zur Vorgängerregelung – erheblich erweiterten Anwendungsbereiches von Art. 104a Abs. 4 GG[38] starken Zweifeln ausgesetzt[39]: Art. 104a Abs. 3 S. 3 GG a. F. war regelmäßig für 4 bis 5 % der Zustimmungsgesetze

---

[32] *Broß*, in: v. Münch/Kunig (Hrsg.), Grundgesetz, 5. Aufl. 2003, Bd. 3, Art. 84 Rn. 46; *Lehmann-Brauns* (Fn. 1), S. 45; *Lerche* (Fn. 8), Art. 84 Rn. 73; *Risse*, in: Hömig (Hrsg.), Grundgesetz, 8. Aufl. 2007, vor Art. 50 Rn. 5.

[33] *Georgii/Borhanian* (Fn. 2), S. 3, 40 f., 45 und 95.

[34] Vgl. *Georgii/Borhanian* (Fn. 2), S. 3, 40 f. sowie Fn. 96, 99, 104 und 107.

[35] *Korioth*, ZG 2007, 1 (4); *Ipsen*, NJW 2006, 2801 (2805).

[36] *Zypries*, in: Hufen (Hrsg.), Verfassungen, FS H.-P. Schneider, 2008, S. 323 (324 Fn. 6) „Ergebnis des Gutachtens [...] nur [...] grobe Schätzung"; vgl. auch *Häde*, JZ 2006, 930 (934).

[37] Vgl. *Georgii/Borhanian* (Fn. 2), S. 35.

[38] BR-Drs. 178/06, S. 16, 43 ff.; *Hellermann*, in: Starck (Hrsg.), Föderalismusreform, 2007, Rn. 323.

[39] *Hofmann* (Fn. 26), S. 47 (59 f.); *Korioth*, ZG 2007, 1 (4); *Scharpf*, Komm. AU 59, S. 3 bescheinigt Art. 104a Abs. 4 GG ein erhebliches Blockadepotenzial; zustimmend *Wieland*, Komm. AU 61, S. 2; *Oschatz*, Stellungnahme 1. Öff. Anhörung, S. 5; *Meyer*, Stellungnahme 1. Öff. Anhörung, S. 9; *ders.*, Prot. 5. Öff. Anhörung, S. 12 A.

verantwortlich[40]. Die Prognose für Art. 104a Abs. 4 GG sieht für die 14. Wahlperiode einen Anteil von 3,9 % und für die 15. Wahlperiode einen Anteil von 6,5 % vor[41]. Damit hat sich der Anteil trotz des erheblich erweiterten Anwendungsbereiches nur unwesentlich verändert. Wenn sich dieses Ergebnis tatsächlich bestätigen sollte, hätte auf die Neuregelung verzichtet werden können. Sie ist dann jedenfalls nicht in der Lage, einen effektiven Schutz der Länder vor kostenbelastenden Bundesgesetzen zu gewährleisten. Damit wäre ein wesentliches Ziel des verfassungsändernden Gesetzgebers verfehlt worden.

Gegen die Prognose des Gutachtens spricht schließlich auch eine **Stellungnahme des Bundesfinanzministeriums** zu den Auswirkungen von Art. 104a Abs. 4 GG. Danach „*würde sich die Anzahl zustimmungspflichtiger Gesetze unter dem neuen Tatbestand nicht durchgreifend verringern und damit das Ziel einer nennenswerten Reduzierung der Anzahl zustimmungspflichtiger Gesetzes nicht erreicht werden. Bei Zugrundelegung der bisherigen Handhabung der Zustimmungstatbestände durch das Bundesverfassungsgericht lässt sich eher noch eine Zunahme zustimmungspflichtiger Gesetze prognostizieren.*"[42]

16

D. Die wichtigsten Zustimmungstatbestände

Die folgenden Ausführungen beschränken sich auf die wesentlichen Probleme der für die **Verfassungspraxis** bedeutsamsten Zustimmungstatbestände. Hierbei handelt es sich um Art. 84 Abs. 1, Art. 104a Abs. 4 und Art. 105 Abs. 3 GG. Eine umfassende Kommentierung sämtlicher Zustimmungstatbestände würde den Rahmen dieses Beitrages überschreiten.[43]

17

I. Art. 84 Abs. 1 GG – Einrichtung der Behörden und Regelung des Verwaltungsverfahrens

1. Einrichtung der Behörden

Die erste Regelungskompetenz von Art. 84 Abs. 1 GG bezieht sich auf die „Einrichtung der Behörden". Unter Behörden werden alle amtlichen Stellen auf Landesebene

18

---

[40] *Dästner*, ZParl 2001, 290 (296) für den Zeitraum von 1981 bis 1999; *Georgii/Borhanian* (Fn. 2), S. 39: In der 14. Wahlperiode 3,9 % und in der 15. Wahlperiode 3,6 %.

[41] *Georgii/Borhanian* (Fn. 2), S. 40 f., 45 und 95.

[42] BMFin, Komm. AU 71, S. 8, 15 f.; zustimmend *Möllers*, Stellungnahme 1. Öff. Anhörung, S. 3 f.; vgl. auch *Hofmann*, in: KAS (Hrsg.), Der deutsche Föderalismus im Reformprozess, S. 37 (47 Fn. 18 m.w.N.).

[43] Vgl. hierzu *Lehmann-Brauns* (Fn. 1), S. 105 ff.

verstanden[44]. Die Kommunen werden nicht erfasst. Art. 84 Abs. 1 S. 7 GG bestimmt unmissverständlich, dass der Bund ihnen keine Aufgaben übertragen kann.

19 Der Begriff „**Einrichtung**" wird weit ausgelegt: Er umfasst nach überwiegender Ansicht sowohl die Gründung, Ausgestaltung und Festlegung des Sitzes als auch die Entscheidung über die Aufgaben und Befugnisse einer Behörde.[45] Eine bloße Erweiterung des Umfangs bereits bestehender behördlicher Aufgaben soll nach herrschender Ansicht nicht genügen. Erforderlich sei eine „**qualitative" Mehrung des Aufgabenspektrums**[46]. Auf die Qualität oder Quantität einer Aufgabenmehrung kann es jedoch nicht ankommen. Maßgeblich ist allein, ob der Bund den Ländern die „Einrichtung der Behörden" verbindlich vorschreibt. Diese Frage wird vom Tatbestandsmerkmal „Regelung" abschließend entschieden.[47]

2. Regelung des Verwaltungsverfahrens

20 Die Frage, welche Regelungen nach Art und Inhalt dem Verwaltungsverfahren zuzuordnen sind, lässt sich nicht ein für allemal abschließend, etwa allein anhand der bisher von Rechtsprechung, Praxis und Schrifttum entwickelten Grundsätze, beantworten. Die Abgrenzung zwischen Verwaltungsverfahrensrecht und materiellem Verwaltungsrecht war in der Vergangenheit und ist auch künftig Wandlungen unterworfen, die sich aus der Veränderung der Staatsaufgaben im Bereich der Verwaltung und der erforderlichen Mittel zu ihrer Bewältigung unabweislich ergeben können.[48]

21 Dementsprechend umfasst die Rechtsprechung des Bundesverfassungsgerichts zum Begriff „Verwaltungsverfahren" eine Vielzahl von Entscheidungen zu Einzelfällen, die nur schwer auf einen gemeinsamen Nenner zu bringen sind und keine konsequente Linie erkennen lassen. Auch das Grundgesetz liefert weder Definitionen noch eindeutige Kriterien. Daher wird vorliegend auf die umfangreiche Darstellung von Einzelbeispielen verzichtet.[49]

3. Regelung

22 Der Bund greift nur dann in die Vollzugshoheit der Länder ein, wenn er deren Verwaltungsverfahren und Verwaltungsorganisation regelt[50], also Art, Weise und Form der Tätigkeit der Landesbehörden verbindlich vorschreibt[51]. Es bedarf eines **hinreichend konkreten und neuen Einbruchs in die Organisationsgewalt**

---

[44] BVerfGE 10, 20 (48); 37, 363 (384); *Antoni*, AöR 113 (1988), 329 (363).
[45] BVerfGE 75, 108 (150); 77, 288 (299); 105, 313 (331); *Lerche* (Fn. 8), Art. 84 Rn. 25 f.
[46] BVerfGE 75, 108 (151).
[47] *Trute*, in: v. Mangoldt/Klein/Starck (Hrsg.), Grundgesetz, 5. Aufl. 2005, Bd. 3, Art. 84 Rn. 17 f.
[48] BVerfGE 55, 274 (320) – Hervorhebungen durch Verf.
[49] *Antoni*, AöR 113 (1988), 329 (374); vgl. hierzu *Lehmann-Brauns* (Fn. 1), S. 134 ff.
[50] *Antoni*, AöR 113 (1988), 329 (362 f.).
[51] BVerfGE 37, 363 (384 f.); 55, 274 (319); *Antoni*, AöR 113 (1988), 329 (362).

der Länder[52]. Die Aufhebung von zustimmungsbedürftigen Vorschriften ist daher grundsätzlich zustimmungsfrei[53]. Sie beendet den systemwidrigen Eingriff in die Organisationshoheit der Länder[54].

4. Abweichungsgesetzgebung und Zustimmungserfordernis

Der Bund kann die Einrichtung der Behörden und das Verwaltungsverfahren ohne Zustimmung des Bundesrates regeln, um den lange Zeit für die Mehrheit der zustimmungsbedürftigen Gesetze verantwortlichen Tatbestand aufzulösen und den materiellrechtlichen Teil eines Gesetzes sinnvoll zu ergänzen[55]. Die Länder erhalten dann aber das Recht, von diesen Vorgaben abzuweichen. Sie sind dabei wegen Art. 83 GG für alle Fragen des Vollzugs zuständig. Nur der Bund ist auf die Einrichtung der Behörden und die Regelung des Verwaltungsverfahrens beschränkt.[56]

Machen die Länder vom Abweichungsrecht Gebrauch, so haben sie keinen Einfluss auf den materiellrechtlichen Teil von Bundesgesetzen. Das muss sowohl für „doppelgesichtige Normen" als auch dann gelten, wenn materiellrechtliche Regelungen den bestehenden Vollzugsvorschriften eine „wesentlich andere Bedeutung und Tragweite" verleihen[57]. Die Rechtsfolgen von Art. 84 Abs. 1 GG können nur dann ausgelöst werden, wenn ein **hinreichend konkreter Eingriff in die Vollzughoheit der Länder** vorliegt[58]. Damit kommt es für die Bestimmung der Reichweite des Abweichungsrechts entscheidend auf die Abgrenzung von formellem und materiellem Verwaltungsrecht an. Insoweit wird ein nicht unbedeutender Teil der Probleme, die sich bereits bei der Altfassung von Art. 84 Abs. 1 GG ergeben haben, auch bei der geltenden Fassung der Norm relevant.[59]

Der Bund kann den Vollzug seiner Gesetze ohne Abweichungsmöglichkeit der Länder nur noch in Ausnahmefällen wegen eines besonderen **Bedürfnisses nach bundeseinheitlicher Regelung** festlegen. Dabei ist er auf die Regelung des Verwaltungsverfahrens beschränkt. Allein in diesen Fällen bedarf es der Zustimmung des

---

[52] BVerfGE 114, 196 (224); *Trute* (Fn. 47), Art. 84 Rn. 17.

[53] BVerfGE 14, 197 (219 f.); *Hermes*, in: Dreier (Hrsg.), Grundgesetz, 2. Aufl. 2008, Bd. 3, Art. 84 Rn. 70; *Ossenbühl*, AöR 99 (1974), 369 (429).

[54] *Sannwald* (Fn. 8), Art. 78 Rn. 18; *Trute* (Fn. 47), Art. 84 Rn. 17; *Stettner* (Fn. 5), Art. 77 Rn. 14; *Antoni*, AöR 113 (1988), 329 (389); *Ossenbühl*, AöR 99 (1974), 369 (425).

[55] BR-Drs. 178/06, S. 15 f.

[56] *Broß* (Fn. 32), Art. 84 Rn. 7; *Trute* (Fn. 47), Art. 84 Rn. 3 f.

[57] *Lehmann-Brauns* (Fn. 1), S. 154; *Dittmann*, in: Sachs (Hrsg.), Grundgesetz, 5. Aufl. 2009, Art. 84 Rn. 15: Einfluss auf den materiellrechtlichen Teil nur bei Vorliegen der Voraussetzung von Art. 72 Abs. 3 GG; zustimmend *Kahl*, NVwZ 2008, 710 (714); *Trute*, in: Starck (Hrsg.), Föderalismusreform, 2007, Rn. 158; a. A. *Hermes* (Fn. 53), Art. 84 Rn. 49; *Georgii/Borhanian* (Fn. 2), S. 20 im Hinblick auf „doppelgesichtige Normen".

[58] BVerfGE 55, 274 (337 f.) – Sondervotum *Rottmann*.

[59] *Hofmann* (Fn. 26), S. 47 (57 Fn. 36); *Georgii/Borhanian* (Fn. 2), S. 20 ff.; *Scholz*, Komm. Steno 8, S. 171; *Meyer*, Komm. Drs. 25, S. 1 f.; *Huber*, Komm. Steno 8, S. 174 C; vgl. zur Abgrenzung *Lehmann-Brauns* (Fn. 1), S. 184 ff.

Bundesrates[60]. Diese erschwerten Voraussetzungen führen dazu, dass Art. 84 Abs. 1 GG nicht mehr für den Großteil aller Zustimmungsgesetze verantwortlich ist.

26 Nicht ersichtlich ist, warum dem Bund von Art. 84 Abs. 1 GG eine verbindliche Regelung der Behördeneinrichtung verwehrt wird. Der Ausschluss derartiger Vorgaben ist in Anbetracht des weitgehend voraussetzungslosen Abweichungsrechts inkonsequent. Sie hätten ihm unter den restriktiven Voraussetzungen von Art. 84 Abs. 1 S. 5 GG allemal gewährt werden müssen.[61]

27 a) **Abweichungsgesetzgebung.** Zur Ausübung des Abweichungsrechts verweist Art. 84 Abs. 1 S. 4 GG auf Art. 72 Abs. 3 S. 3 GG. Danach wird im Verhältnis von Bundes- und Landesrecht klargestellt, dass das jeweils spätere Gesetz vorgeht. Das abweichende Recht setzt die ursprüngliche Regelung dabei nicht außer Kraft, sondern hat lediglich **Anwendungsvorrang**. Wird es aufgehoben oder verfassungswidrig, gilt automatisch wieder Ursprungsrecht.[62] Das vom Bundesrecht abweichende Recht ist dabei Landesrecht[63]. Eine Übergangsbestimmung findet sich in Art. 125b Abs. 2 GG.

28 Die Abweichungsgesetzgebung ist trotz des missverständlichen Wortlautes von Art. 84 Abs. 1 S. 2 GG keine ausschließliche Kompetenz der Länder. Auch der Bund ist nicht gehindert, über Art. 84 Abs. 1 S. 2 Hs. 1 GG von bestehenden Landesregelungen abzuweichen.[64] Dabei beeinträchtigt bereits eine **Parallelregelung** die Organisationsgewalt der Länder, da sie über den Verweis von Art. 84 Abs. 1 S. 4 GG Anwendungsvorrang genießt.[65]

29 Bei der Inanspruchnahme des Abweichungsrechts unterliegen Bund und Länder keiner Beschränkung quantitativer Art[66]. Damit ist absehbar, dass es bei politisch umstrittenen Gesetzesvorhaben zu einem ständigen Wechsel von Bundes- und Landesrecht kommt.[67] Die Verwaltungskompetenzen haben für die **Machtbalance** zwischen den staatlichen Ebenen eine ähnlich große Bedeutung wie die Gesetzgebungskompetenzen.[68]

---

[60] *Georgii/Borhanian* (Fn. 2), S. 19 f.

[61] Vgl. *Trute*, in: Hufen (Hrsg.), Verfassungen, FS H.-P. Schneider, 2008, S. 302 (304); *Meyer*, Komm. Steno 8, S. 175 B; *Scharpf*, Stellungnahme 1. Öff. Anhörung, S. 3; *Pestalozza*, Prot. 1. Öff. Anhörung, S. 26 A; a. A. *Möllers*, Stellungnahme 1. Öff. Anhörung, S. 2.

[62] *Dittmann* (Fn. 57), Art. 84 Rn. 17; *Trute* (Fn. 57), Rn. 160; *Ipsen*, NJW 2006, 2801 (2804); *Kloepfer*, ZG 2006, 250 (255).

[63] *Huber*, in: Verhandlungen des 65. Deutschen Juristentages, herausgegeben von der ständigen Deputation des Deutschen Juristentages, 2004, Bd. I, D 81 f. und Fn. 359; *Grimm*, Komm. AU 60, S. 7.

[64] *Hömig*, in: ders. (Hrsg.), Grundgesetz, 8. Aufl. 2007, Art. 84 Rn. 7.

[65] *Lerche* (Fn. 8), Art. 84 Rn. 64; ähnlich *Ipsen*, NJW 2006, 2801 (2804).

[66] BR-Drs. 178/06, S. 26; *Lehmann-Brauns* (Fn. 1), S. 157; *Nierhaus/Rademacher*, LKV 2006, 385 (389).

[67] *Louis*, ZUR 2006, 340 (342 f.); *Schmidt-Jortzig*, ZG 2005, 16 (20 f. und Fn. 14); *Hömig* (Fn. 64), Einf. Rn. 7 und Art. 84 Rn. 6 „Ping-Pong-Effekt"; *Kirchhof*, Komm. AU 34, S. 4 „Gegeneinanderregeln"; a. A. *Kloepfer*, ZG 2006, 250 (255); *Nierhaus/Rademacher*, LKV 2006, 385 (389 f. und 393); *Ipsen*, NJW 2006, 2801 (2805) „unwahrscheinlich".

[68] *Broß*, in: v.Münch/Kunig (Hrsg.), Grundgesetz, 5. Aufl. 2003, Bd. 3, Art. 83 Rn. 3; *Ipsen*, Staatsrecht I, Rn. 609; *Benz*, Komm. AU 62, S. 3; vgl. auch BVerfGE 55, 274 (318 f.).

Nach früherer Rechtslage standen Eingriffe in die Vollzugshoheit der Länder generell unter dem Vorbehalt der Zustimmung des Bundesrates[69]. Davon weicht die geltende Rechtslage bewusst ab[70]. Der **Wettstreit** um das abweichende Recht führt dazu, dass sich die Länder mit ihrem Vollzugsrecht nie durchsetzen können. Allein der Bund kann das Verfahren nach Art. 84 Abs. 1 S. 5 GG verbindlich regeln. Die Länder müssen dagegen mit der ständigen Gewissheit leben, dass ihnen jederzeit die Regelung von Verwaltungsverfahren und Behördeneinrichtung vorgeben wird.[71] Sie werden der **Willkür des Bundes** ausgeliefert. In ihrem ureigensten Hoheitsbereich entscheidet weitgehend eigenständig und zumeist ohne Konsequenzen der Bund über Zeitpunkt, Intensität und Dauer seiner Eingriffe. Erst wenn er an einer verbindlichen Verfahrensregelung interessiert ist, sieht das Grundgesetz effektive Schutzvorrichtungen zugunsten der Länder vor.[72] Die Ausführungen zeigen, dass die Länder durch die Neufassung von Art. 84 Abs. 1 GG deutlich geschwächt wurden[73].

30

Um eine klare Kompetenzabgrenzung zu erreichen, wäre es effektiver und auch geradliniger gewesen, auf Art. 84 Abs. 1 S. 2, 3 und 4 GG zu verzichten und den Bund ausschließlich auf die Regelungsmöglichkeit von Art. 84 Abs. 1 S. 5 GG zu verweisen. Die beste Lösung hätte im Rahmen der Neufassung von Art. 84 Abs. 1 GG jedoch darin gelegen, die Einflussmöglichkeiten des Bundes vollständig zu beseitigen.[74]

31

Die geltende Fassung von Art. 84 Abs. 1 GG ist angesichts des flächendeckenden Netzes an allgemeinen Verfahrensgesetzen nichts anderes als Ausdruck eines unberechtigten **Misstrauens gegenüber der Leistungsfähigkeit der Landesverwaltungen**. Für zusätzliche Eingriffe in die Vollzugshoheit der Länder bleibt kein Raum.[75] Wenn überhaupt ein Abweichungsrecht in Vollzugsfragen bestehen soll, muss der Bund aus dem Anwendungsbereich ausgeschlossen werden[76]. Die geltende Regelung hat dagegen eine klare Trennung der Verantwortungsbereiche von Bund und Ländern versäumt.[77]

32

---

[69] Vgl. hierzu BVerfGE 105, 313 (339); *Trute* (Fn. 47), Art. 84 Rn. 19; *Hömig*, in: ders. (Hrsg.), Grundgesetz, 7. Aufl. 2003, Art. 84 Rn. 2.

[70] Vgl. BR-Drs. 178/06, S. 15 f.

[71] *Gerhards*, Komm. Steno 8, S. 176 B; *Georgii/Borhanian* (Fn. 2), S. 19 sprechen davon, dass die Länder abweichende Regelungen treffen können, wenn der Bund dies „duldet".

[72] A.A. *Ipsen*, NJW 2006, 2801 (2806).

[73] *Schmidt-Jortzig*, ZG 2005, 16 (21 f.); a. M. *Nierhaus/Rademacher*, LKV 2006, 385 (393).

[74] *Lehmann-Brauns* (Fn. 1), S. 156, 160, 403; *Schmidt-Jortzig* (Fn. 18), S. 59 (64 ff.); vgl. auch *Janssen* (Fn. 26), P 39 f.; *Kirchhof*, ZG 2004, 209 (220); *ders.*, Komm. AU 34, S. 2 ff.; *ders.*, Komm. Drs. 11, S. 4 f.; *Oschatz*, Stellungnahme 1. Öff. Anhörung, S. 5; *Selmer*, JuS 2006, 1052 (1057); *Schmidt-Jortzig*, ZG 2005, 16 (21 ff.); *ders.*, Komm. AU 29; a. A. *Huber* (Fn. 63), D 78 ff.

[75] *Schmidt-Jortzig* (Fn. 18), S. 59 (64 ff.); *Sachs*, VVDStRL 58 (1999), 39 (61 f.); *Meyer*, Komm. Drs. 12, S. 6; a. A. *Zypries*, Komm. Steno 8, S. 169; *Künast*, Komm. Steno 8, S. 173.

[76] *Huber* (Fn. 63), D 59 f.; *Schmidt-Jortzig*, ZG 2005, 16 (20 f.); *Schneider*, Komm. AU 26, S. 2; *Möllers*, Stellungnahme 1. Öff. Anhörung, S. 3; *Kirchhof*, Prot. 1. Öff. Anhörung, S. 23 D.

[77] *Huber*, in: Blanke/Schwanengel (Hrsg.), Zustand und Perspektiven des deutschen Bundesstaates, Neue Staatswissenschaften, Bd. 1 (2005) S. 21 (29 ff.); a. A. offensichtlich *Nierhaus/Rademacher*, LKV 2006, 385 (393).

33 Der ständige Wechsel von Landes- und Bundesrecht wird in seinen Auswirkungen kaum von der Frist des Art. 84 Abs. 1 S. 3 GG beeinträchtigt. Diese Vorgabe gilt nicht für den Fall, dass der Bund erstmalig Verwaltungsverfahren und Behördeneinrichtung regelt[78].

34 Kommt es zu einer abweichenden Landesregelung, können die Länder ihr eigenes Vollzugsrecht nach Art. 84 Abs. 1 S. 2 Hs. 2 GG ohne Umschweife in Kraft setzen. Das führt für den Rechtsanwender zu **kurzfristig wechselnden Rechtsbefehlen**[79], die durch die sechsmonatige Frist ursprünglich auch vermieden werden sollten[80].

35 Die Möglichkeit, sich nach Art. 84 Abs. 1 S. 3 Hs. 2 GG über die Frist hinwegsetzen, ist für den Bund äußerst unattraktiv: Seine Vollzugsregelungen können zwar schneller in Kraft treten, die Länder können jedoch weiterhin von ihnen abweichen. Zudem muss der Bund dafür sorgen, dass der Bundesrat zustimmt.

36 Die Regelung erweist sich auch nicht bei **europarechtlichen Umsetzungsfristen** als hilfreich[81]. Eine verspätete Umsetzung ist in Deutschland oftmals allein dem komplizierten nationalen Gesetzgebungsverfahren geschuldet[82]. Zudem wachsen sich die Umsetzungsverfahren in Deutschland immer mehr zu spezialgesetzlichen, über das europarechtlich Notwendige hinausgehenden Zusatz- oder Verschärfungsregelungen aus[83]. Diese Hindernisse werden durch Art. 84 Abs. 1 S. 3 Hs. 2 GG schwerlich behoben[84].

37 **b) Zustimmung des Bundesrates.** Nur sie vermag eine endgültige Ausschaltung landesrechtlicher Verfahrenskompetenzen zu legitimieren. Trotz des Abweichungsrechts wird das Interesse an einer einheitlichen und wirksamen Ausführung der Bundesgesetze den Bund daher auch weiterhin zu verbindlichen Verfahrensvorgaben veranlassen[85]. Jedenfalls wird der Gesetzgeber die Grenzen seiner Regelungsmöglichkeiten ausgiebig testen[86].

---

[78] *Pieroth*, in: Jarass/Pieroth (Hrsg.), Grundgesetz, 9. Aufl. 2007, Art. 84 Rn. 9.

[79] *Louis*, ZUR 2006, 340 (342); *Kirchhof*, Komm. Steno 3, S. 60 B; *ders.*, Komm. Steno 9, S. 211 B und C; *Meyer*, Stellungnahme 1. Öff. Anhörung, S. 20; *Pestalozza*, Stellungnahme 1. Öff. Anhörung, S. 8 f.; *ders.*, Prot. 1. Öff. Anhörung, S. 51 B; *Zypries* (Fn. 36), S. 331 empfiehlt zur Wahrung der Übersicht die Verwendung des Systems JURIS; vgl. auch *Groß* (Fn. 19), Art. 84 Rn. 47; *Papier*, NJW 2007, 2145 (2147).

[80] BR-Drs. 178/06, S. 26, 34 f.

[81] A.A. BR-Drs. 178/06, S. 26, 34 ff.

[82] *Margedant*, APuZ 13–14/2005, 20 (21 f.).

[83] *Franssen*, NVwZ 2001, 416 (419).

[84] Vgl. *Lehmann-Brauns* (Fn. 1), S. 158, 160 ff.; *Kirchhof*, Komm. AU 34, S. 4; *Meyer* (Fn. 8), S. 113; *ders.*, Stellungnahme 1. Öff. Anhörung, S. 19.

[85] *Georgii/Borhanian* (Fn. 2), S. 20 f.; *Löwer*, NJW 14/2006, Editorial.

[86] *Trute* (Fn. 57), Rn. 150; *Nierhaus/Rademacher*, LKV 2006, 385 (393); *Schmidt-Jortzig*, Komm. Steno 8, S. 168 D; *Gerhards*, Komm. Steno 8, S. 176 A; *Scharpf*, Stellungnahme 1. Öff. Anhörung, S. 2 f.; vgl. auch *Häde*, JZ 2006, S. 930 (934); pessimistisch *Nierhaus/Rademacher*, LKV 2006, 385 (393); *Gerhards*, Komm. Steno 8, S. 176 A.

§23 Die Mitwirkung des Bundesrates an der Gesetzgebung

Die Neufassung von Art. 84 Abs. 1 GG eröffnet dabei ein weiteres Feld **juristischer Auseinandersetzungen**[87]: Um feststellen zu können, ob der Bund überhaupt auf Art. 84 Abs. 1 S. 5 GG zurückgreifen darf, muss neben Vorliegen eines Ausnahmefalls geklärt werden, ob ein Bundesgesetz Regelungen des Verwaltungsverfahrens enthält; dafür bedarf es einer Abgrenzung der Tatbestandsmerkmale „Verwaltungsverfahren" und „Einrichtung der Behörden"[88]. Dieses Problem war jahrzehntelang nur dem praktisch weniger bedeutsamen Tatbestand von Art. 85 Abs. 1 GG zu eigen. Es entfaltet bei Art. 84 Abs. 1 GG, dessen Tatbestand über den Vollzug der meisten Bundesgesetze entscheidet, eine ungleich größere Bedeutung.[89]

38

Die Zustimmung des Bundesrates ist seit der Neufassung von Art. 84 Abs. 1 GG nur noch bei Gesetzen erforderlich, die in „Ausnahmefällen" wegen eines besonderen Bedürfnisses nach bundeseinheitlicher Regelung das Verwaltungsverfahren ohne Abweichungsmöglichkeit für die Länder regeln. Der Begriff **„Ausnahmefall"** wird vom Grundgesetz ausschließlich in Art. 84 Abs. 1 S. 5 GG verwendet. Lediglich der aufgehobene Art. 75 GG a. F. enthielt diese Tatbestandsvoraussetzung ebenfalls. Wann ein Ausnahmefall vorlag, erschloss sich jedoch weder aus der Entstehungsgeschichte noch aus dem Wortlaut der Norm.[90]

39

Im Zuge der Föderalismusreform hat sich der verfassungsändernde Gesetzgeber dazu entschlossen, die Rahmengesetzgebung und damit auch Art. 75 GG a. F. abzuschaffen, da sich die Kategorie der Rahmengesetzgebung nicht bewährt hat.[91] Allein der Begriff „Ausnahmefall", das umstrittenste[92] Tatbestandsmerkmal der gescheiterten Kategorie „Rahmengesetzgebung", fand Aufnahme in einer systematisch völlig neuen Umgebung.

40

Die zu Art. 75 Abs. 2 GG a. F. ergangene **Rechtsprechung des Bundesverfassungsgerichts**[93] kann nicht ohne weiteres auf Art. 84 Abs. 1 GG übertragen werden. Sie hätte in Anbetracht der Abschaffung der Rahmengesetzgebung normalerweise nur noch rechtshistorische Bedeutung gehabt.[94]

41

Zudem kann aus dem Bestand einer Gesetzgebungskompetenz grundsätzlich nicht auf den Bestand einer Verwaltungszuständigkeit geschlossen werden[95]. Auch muss beachtet werden, dass der Begriff „Ausnahmefall" bei Art. 75 Abs. 2 GG a. F. das

42

---

[87] *Schmidt-Jortzig*, ZG 2005, 16 (21); *Meyer*, Komm. Drs. 25, S. 1 f.; *ders.*, Stellungnahme 1. Öff. Anhörung, S. 5 f. „Arbeitsbeschaffungsprogramm für das Bundesverfassungsgericht".

[88] *Hermes* (Fn. 53), Art. 84 Rn. 61 f.; *Kahl*, NVwZ 2008, 710 (712); Scholz, Komm. Steno 8, S. 172 B; vgl. auch *Broß* (Fn. 32), Art. 84 Rn. 7; *Umbach/Clemens* (Fn. 31), Art. 84 Rn. 16; vgl. zur Abgrenzung *Lehmann-Brauns* (Fn. 1), S. 191 ff.

[89] *Trute* (Fn. 57), Rn. 165 f.; *Grimm*, Komm. AU 60, S. 3; *Pestalozza*, Stellungnahme 1. Öff. Anhörung, S. 6; a. A. *Huber*, Stellungnahme 1. Öff. Anhörung, S. 8.

[90] *Degenhart*, in: Sachs (Hrsg.), Grundgesetz, 3. Aufl. 2003, Art. 75 Rn. 12a.

[91] Vgl. BR-Drs. 178/06, S. 16.

[92] *Nierhaus/Rademacher*, LKV 2006, 385 (387) „missbrauchsanfällig".

[93] Vgl. BVerfGE 111, 226 (246 ff.).

[94] *Lehmann-Brauns* (Fn. 1), S. 401.

[95] *Rozek*, in: v. Mangoldt/Klein/Starck (Hrsg.), Grundgesetz, 5. Aufl. 2005, Bd. 2, Art. 70 Rn. 8; *Kunig*, in: v. Münch/Kunig (Hrsg.), Grundgesetz, 5. Aufl. 2003, Bd. 3, Art. 70 Rn. 30.

„Wie" und damit die Intensität der Rahmenvorgaben festlegen sollte.[96] Bei Art. 84 Abs. 1 S. 5 GG soll er dagegen über das „Ob" einer bundesgesetzlichen Verfahrensregelung entscheiden. Nur im Ausnahmefall soll sie überhaupt verbindlich sein.[97]

43 Das Vorliegen eines „Ausnahmefalls" soll sich dem Bundesverfassungsgericht zufolge nach folgenden Voraussetzungen richten: In formeller Hinsicht braucht der Bund **besondere Gründe**. In materieller Hinsicht ist auf **quantitative und qualitative Kriterien** zurückzugreifen. Fraglich ist, ob diese Voraussetzungen auf Art. 84 Abs. 1 S. 5 GG übertragbar sind. Immerhin waren Verfahrensvorschriften ausdrücklich nicht Bestandteil der abgeschafften Rahmenkompetenz[98].

44 Bereits die Übertragung der ersten Voraussetzung ist problematisch. Der **formell** geforderte „besondere Grund" wird vom Bundesverfassungsgericht zwar verlangt, aber nicht weiter geprüft. Eine analoge Anwendung von Art. 72 Abs. 2 GG wird abgelehnt[99]. Ohne weitere Eingrenzung bleibt die Reichweite der formellen Voraussetzung eines Ausnahmefalls jedoch im Dunklen.

45 Nach dem **quantitativen Kriterium** müssen Detailregelungen die Ausnahme bleiben und dürfen das Gesetz nicht schon zahlenmäßig dominieren. Umfangreiche oder gar erschöpfende Vollregelungen sind ausnahmslos unzulässig.[100] Für Art. 84 Abs. 1 S. 5 GG kann daraus sinnvoller Weise nur folgen, dass verbindliche Verfahrensregelungen des Bundes im Hinblick auf Art. 83 GG nicht zur Regel werden dürfen.

46 Keinesfalls darf das quantitative Kriterium in der Weise ausgelegt werden, dass sich der Gesetzgeber bei Art. 84 Abs. 1 S. 5 GG mit grundsätzlichen oder rahmenartigen Vollzugsvorgaben zufrieden geben muss. Dieses Verständnis hätte zur Folge, dass der Regelung neben Satz 2, 3 und 4 kein eigenständiger Aussagegehalt zukommt. Art. 84 Abs. 1 S. 5 GG eröffnet dem Bund die Möglichkeit, „das Verwaltungsverfahren" und nicht etwa nur Teilbereiche oder Rahmenvorgaben des Vollzuges zu regeln.[101]

47 Der Bund muss sich daher mit eigenen Verfahrensregelungen allenfalls im Hinblick auf die Regelvollzughoheit der Länder zurückhalten. Zu deren Schutz gilt jedoch in erster Linie das Abweichungsrecht und als zusätzliche Barriere das Zustimmungserfordernis. Die relative Zahl von verbindlichen Verfahrensregelungen ist dagegen nur begrenzt in der Lage, über die Einschränkung der Vollzugshoheit der

---

[96] *Kunig*, in: v. Münch/Kunig (Hrsg.), Grundgesetz, 5. Aufl. 2003, Bd. 3, Art. 75 Rn. 41; *Isensee*, in: Brenner/Huber/Möstl (Hrsg.), Der Staat des Grundgesetzes – Kontinuität und Wandel, FS für P. Badura, 2004, S. 689 (697).

[97] BR-Drs. 178/06, S. 15 f., 35; *Trute* (Fn. 57), Rn. 170.

[98] *Broß* (Fn. 32), Art. 84 Rn. 5 f.; *Maunz*, in: Maunz/Dürig, Grundgesetz, Loseblatt, Stand: Oktober 2008, Bd. 5, Art. 75 Rn. 17 ff. sowie *Lerche*, Art. 83 Rn. 37 a.E. und Rn. 62; a. A. *Sannwald*, in: Schmidt-Bleibtreu/Klein, Grundgesetz, 10. Aufl. 2004, Art. 75 Rn. 27.

[99] BVerfGE 111, 226 (251).

[100] *Rozek*, in: v.Mangoldt/Klein/Starck (Hrsg.), Grundgesetz, 5. Aufl. 2005, Bd. 2, Art. 75 Rn. 75; *Degenhart* (Fn. 90), Art. 75 Rn. 13 a.E.; *Isensee* (Fn. 96), S. 689 (696).

[101] *Lehmann-Brauns* (Fn. 1), S. 169 f.; *Trute* (Fn. 47), Art. 84 Rn. 3.

Länder Auskunft geben[102]. Angesichts dieses Ergebnisses muss bei Art. 84 Abs. 1 S. 5 GG auf eine Übertragung des quantitativen Kriteriums verzichtet werden.

Nach dem **zweiten materiellen Kriterium** sollen Detailregelungen vor dem Hintergrund des in Art. 75 II GG a. F. angelegten Regel-Ausnahme-Verhältnisses in qualifizierter Weise notwendig sein. Das wurde vom Bundesverfassungsgericht angenommen, wenn Rahmenvorschriften ohne in Einzelheiten gehende oder unmittelbar geltende Regelungen verständigerweise nicht erlassen werden könnten, die Details also schlechthin unerlässlich sind.[103] Überträgt man diese Anforderungen auf Art. 84 Abs. 1 S. 5 GG, ist eine verbindliche Verfahrensregelung durch den Bund nur als ultima ratio denkbar[104]. **48**

Allgemein gesprochen ist eine bundesgesetzliche Vollzugsregelung jedoch nie unerlässlich. Sie ist weder für die Gesetzesqualität noch für den Vollzug von materiellem Recht zwingend erforderlich. Der Bund kann daher auch vollständig auf den formellen Teil eines Gesetzes verzichten. Grund für diese Unabhängigkeit des materiellen Rechts ist die aus Art. 83 GG folgende Vollzugspflicht der Länder. Sie bildet die Kehrseite ihrer Regelvollzugszuständigkeit.[105] **49**

In der Literatur wird die Notwendigkeit einer Bundesregelung bejaht, wenn sie sich wegen ihrer **„Doppelgesichtigkeit"** auch auf die materiellen Gesetzgebungskompetenzen der Art. 73 ff. GG stützen könnte[106]. Dabei wird jedoch nicht nur übersehen, dass die Rechtsfolgen von Art. 84 Abs. 1 S. 5 und 6 GG allein bei hinreichend konkreten Eingriffen in die Vollzughoheit der Länder eingreifen[107]. Auch die verfassungsrechtlich gebotene Abgrenzung von formellem und materiellem Recht tritt in den Hintergrund[108]. Der Bund müsste seine gesetzlichen Regelungen nur kompliziert genug gestalten, um sich auf einen „Ausnahmefall" berufen zu können.[109] **50**

Ein weiterer Vorschlag will die Ingerenzrechte des Bundes auf Fälle beschränken, die der Konkretisierung **zwingender verfassungs- und unionsrechtlicher Vorgaben** dienen[110]. Im Hinblick auf die Umsetzung europarechtlicher Vorgaben entsprach **51**

---

[102] *Trute* (Fn. 57), Rn. 170; *Jarass,* NVwZ 2000, 1089 (1095); *Krausnick,* DÖV 2005, 902 (905); *Meyer* (Fn. 8), S. 117 ff.; *Pestalozza,* Stellungnahme 1. Öff. Anhörung, S. 6; *ders.*, Prot. 1. Öff. Anhörung, S. 25 C und D; in diesem Sinne auch BVerfGE 111, 226 (281) – Sondervotum *Osterloh, Lübbe-Wolff* und *Gerhardt.*

[103] BVerfGE 111, 226 (252).

[104] *Rozek* (Fn. 100), Art. 75 Rn. 76; *Geis/Krausnick,* in: KAS (Hrsg.), Der deutsche Föderalismus im Reformprozess, Zukunftsforum Politik Nr. 69, S. 215 (226 ff.).

[105] *Schmidt-Jortzig,* Komm. Steno 8, S. 168 D und 169 A; Stellungnahme der Länder, Komm. AU 2, S. 32; a. A. *Huber* (Fn. 63), D 79 unter Hinweis auf die grundrechtliche Schutzwirkung des Verfahrensrechts.

[106] *Henneke,* in: Schmidt-Bleibtreu/Klein, Grundgesetz, 11. Aufl. 2008, Art. 84 Rn. 9; *Huber* (Fn. 63), D 80 f. und 114; ähnlich *Grimm,* Komm. AU 60, S. 4.

[107] BVerfGE 55, 274 (337 f.) – Sondervotum *Rottmann.*

[108] *Ossenbühl,* AöR 99 (1974), 369 (399 ff.).

[109] *Isensee* (Fn. 96), S. 689 (702); *Lehmann-Brauns* (Fn. 1), S. 172.

[110] *Huber* (Fn. 63), D 58 f., D 70 ff., D 80 ff. und D 114 f.

dies vielleicht sogar dem Anliegen des verfassungsändernden Gesetzgebers[111]. Daraus folgt allerdings nicht, dass in diesen Fällen auch stets ein „Ausnahmefall" im Sinne von Art. 84 Abs. 1 S. 5 GG vorliegen muss. Vielmehr sind Bund und Länder vor- und höherrangigem Recht unabhängig von kompetenzrechtlichen Vorgaben verpflichtet[112].

52 Die Ausführungen zeigen, dass das Vorliegen eines „Ausnahmefalles" nur im **Einzelfall** festgestellt werden kann[113]. Diese sachliche Neutralität von Art. 84 Abs. 1 S. 5 GG ist Ausdruck der Regelvollzugszuständigkeit der Länder. Enumerativ zählt das Grundgesetz nur die Gegenstände der Auftrags- und der Eigenverwaltung des Bundes auf.[114] Für jede Abweichung muss bei Art. 84 Abs. 1 S. 5 GG ein **zwingendes Interesse** daran bestehen, dass die jeweilige Sachmaterie unmittelbar bundeseinheitlich gesteuert wird[115]. Es muss feststehen, dass eine von Bundesland zu Bundesland variierende Regelung diesem Interesse nicht gerecht würde[116] und damit eine gesetzliche Steuerung des Vollzuges ausschließlich durch eine bundeseinheitliche Regelung möglich wäre[117].

53 In Anbetracht der sachlichen Neutralität von Art. 84 Abs. 1 S. 5 GG stellt sich die Frage, bei welchen Materien ein bundeseinheitlicher Vollzug überhaupt zwingend geboten ist. Einen Anhaltspunkt bietet die Begründung des verfassungsändernden Gesetzgebers[118], nach der **„Regelungen des Umweltverfahrensrechts** regelmäßig einen Ausnahmefall"[119] darstellen. Selbst wenn jedoch gute Gründe für eine bundeseinheitliche Verfahrensregelung sprechen, heißt das noch lange nicht, dass sie im Bereich des Umweltverfahrensrechts auch zwingend erforderlich ist[120]. Sie ist – wie das Scheitern des Umweltgesetzbuches gegen Ende der 16. Wahlperiode zeigt – auch offensichtlich nicht gewollt[121].

---

[111] Vgl. BR-Drs. 178/06, S. 34 f.

[112] BR-Drs. 178/06, S. 24 im Hinblick auf die Ausübung des Abweichungsrechts; *Dittmann* (Fn. 57), Art. 84 Rn. 22; *Isensee*, in: Badura/Dreier (Hrsg.), FS 50 Jahre Bundesverfassungsgericht, Bd. 2, 2001, S. 719 (754); *Kloepfer*, ZG 2006, 250 (254).

[113] *Grimm*, Komm. AU 60, S. 4 f.

[114] *Broß*, in: v. Münch/Kunig (Hrsg.), Grundgesetz, 5. Aufl. 2003, Bd. 3, Art. 84 Rn. 1, Art. 85 Rn. 2, Art. 86 Rn. 2 sowie Art. 87 Rn. 2 und 4; *Hermes*, in: Dreier (Hrsg.), Grundgesetz, 2. Aufl. 2008, Bd. 3, Art. 83 Rn. 46, Art. 85 Rn. 12 und Art. 86 Rn. 17; kritisch zur sachlichen Neutralität *Battis*, Prot. 1. Öff. Anhörung, S. 79 C und D sowie S. 85 B und C.

[115] *Rozek* (Fn. 100), Art. 75 Rn. 77; *Degenhart* (Fn. 90), Art. 75 Rn. 12a f.; *Isensee* (Fn. 96), S. 689 (697); in diesem Sinne auch *Ipsen*, NJW 2006, 2801 (2805).

[116] *Rozek* (Fn. 100), Art. 75 Rn. 77 m.w.N.

[117] *Georgii/Borhanian* (Fn. 2), S. 21.

[118] *Hömig* (Fn. 64), Art. 84 Rn. 8.

[119] BR-Drs. 178/06, S. 35 – Hervorhebungen durch Verf.

[120] *Kloepfer*, ZG 2006, 250 (257); *Huber* (Fn. 63), D 65; *Meyer*, Stellungnahme 1. Öff. Anhörung, S. 6; *Pestalozza*, Stellungnahme 1. Öff. Anhörung, S. 6; *Isensee* (Fn. 96), S. 689 (698) zu der Begründung von BT-Drs. 14/6853, S. 41 f. („Erforderlichkeit im Sinne von Art. 75 Abs. 2 GG").

[121] Frankfurter Allgemeine Zeitung vom 2.2.2009 („Umweltgesetzbuch gescheitert"); vgl. *Zypries* (Fn. 36), S. 331 ff. zur Notwendigkeit eines einheitlichen Umweltverfahrensrechts.

Von der zum „Ausnahmefall" im Sinne des aufgehobenen Art. 75 Abs. 2 GG a. F. ergangene Rechtsprechung lässt sich im Ergebnis nur das **„qualitative" Kriterium** auf die Auslegung von Art. 84 Abs. 1 S. 5 GG übertragen[122]. 54

Überflüssig wird dann allerdings das Tatbestandsmerkmal „**besonderes Bedürfnis**": Hierunter kann sowohl eine zusätzliche Voraussetzung für bundesgesetzliche Verfahrensregelungen als auch eine Ergänzung der Voraussetzung „Ausnahmefall" selbst verstanden werden[123]. Der Wortlaut von Art. 84 Abs. 1 S. 5 GG legt es nahe, das „besondere Bedürfnis" als zusätzliche Voraussetzung zu sehen. Wenn für die Definition des Begriffes „Ausnahmefall" jedoch auf die genannte Entscheidung des Bundesverfassungsgerichts zurückgegriffen wird, kann das von Art. 84 Abs. 1 S. 5 GG geforderte „besondere Bedürfnis" keine eigenständige Bedeutung haben. Es ist bereits Teil eines „Ausnahmefalls". Ist die gesetzliche Steuerung des Vollzuges allein durch eine bundeseinheitliche Regelung möglich, setzt dies ein entsprechendes „besonderes Bedürfnis" zwingend voraus.[124] 55

Die nähere Bestimmung eines „Ausnahmefalles" ist auch Gegenstand eines Alternativvorschlages aus der Literatur. Im Unterschied zu den bisherigen Vorschlägen wird die Notwendigkeit einer bundeseinheitlichen Regelung allgemeiner, fast schon in Anlehnung an die **Voraussetzungen für ungeschriebene Bundeskompetenzen** bestimmt[125]. Dabei ist die Rede von Materien, die auf eine bundeseinheitliche Ausführung „angewiesen" sind. Auch Sachverhalte, die den „länderüberschreitenden Verkehr und seine Kontrolle" betreffen, bedürften einer einheitlichen Ausführung. Zudem alle Bereiche, in denen „behördliche Kontrollen der Einhaltung des materiellen Rechts dienten". Schließlich werden Materien genannt, in denen ein unterschiedlicher Vollzug zu „Erschwerungen oder Erleichterungen bei der Anwendung des materiellen Rechts" führt[126], so etwa bei Teilen des Umweltrechts. 56

Liege eine dieser **Fallgruppen** vor, müsse der Vollzug bundeseinheitlich geregelt werden[127]. Auf weitere Voraussetzungen wie das Vorliegen eines Ausnahmefalles wird verzichtet. Zum Schutz der Länder genüge die Zustimmung des Bundesrates.[128] 57

Wird auf die Voraussetzungen für ungeschriebene Verwaltungszuständigkeiten zurückgegriffen, dann liegt ein Ausnahmefall im Sinne von Art. 84 Abs. 1 S. 5 GG vor, wenn der bundeseinheitliche Vollzug **„aus Natur der Sache"** oder **„kraft Sachzusammenhangs"** notwendig ist: Aus der Natur der Sache ist der Bund zuständig, 58

---

[122] *Degenhart* (Fn. 90), Art. 75 Rn. 12a; *ders.*, RdJB 2005, 117 (124).

[123] *Dittmann* (Fn. 57), Art. 84 Rn. 21; *Pestalozza*, Stellungnahme 1. Öff. Anhörung, S. 6; *ders.*, Prot. 1. Öff. Anhörung, S. 25 D und 26 A.

[124] *Lehmann-Brauns* (Fn. 1), S. 178.

[125] *Dittmann* (Fn. 57), Art. 84 Rn. 22.

[126] *Benz*, Komm. AU 62, S. 5; *Grimm*, Komm. AU 76, S. 3; *ders.*, Komm. Steno 8, S. 169 A und B; *Scholz*, Komm. Steno 8, S. 171 C.

[127] A.A. *Meyer*, Komm. AU 63, S. 3, der die genannten Bereiche entweder dem materiellen oder dem untergesetzlichen Recht, nicht aber dem Tatbestand von Art. 84 Abs. 1 GG zuordnet.

[128] *Grimm*, Komm. AU 60, S. 5 f.; *Meyer*, Stellungnahme 1. Öff. Anhörung, S. 6; *Pestalozza*, Prot. 1. Öff. Anhörung, S. 52 B unter Hinweis auf die fehlende Bestimmtheit der Voraussetzungen von Art. 84 Abs. 1 5 GG; a. A. *Scholz*, Komm. Steno 8, S. 172 A.

wenn eine sinnvolle Regelung der jeweiligen Sachfrage durch die Länder zwingend ausgeschlossen ist[129]. Eine Zuständigkeit kraft Sachzusammenhangs liegt vor, wenn eine dem Bund ausdrücklich zugewiesene Materie nicht geregelt werden kann, ohne zugleich eine andere, dem Bund nicht zugewiesene Materie mitzuregeln[130].

59 Entscheidet man sich für diesen Lösungsvorschlag, muss auf die höchstrichterlichen Ausführungen zum Begriff „Ausnahmefall" nicht mehr zurückgegriffen werden. Dann kann das Tatbestandsmerkmal im Rahmen von Art. 84 Abs. 1 GG unabhängig von seiner früheren systematischen Stellung ausgelegt werden. Dadurch ist es möglich, den widersprüchlichen Spagat, den der verfassungsändernde Gesetzgeber bei der Neufassung von Art. 84 Abs. 1 GG vollbracht hat, zu korrigieren.[131]

5. Zusammenfassung

60 Die beabsichtigte nachhaltige Stärkung der Handlungs- und Entscheidungsfähigkeit sowohl des Bundes als auch der Länder[132] wurde bei der Neufassung von Art. 84 Abs. 1 GG verfehlt[133]. Lediglich das Verbot der Aufgabenübertragung auf Kommunen hat für Klarheit gesorgt[134].

61 Es wurde ein sprachliches Ungetüm geschaffen, das durch seine zahlreichen Ausnahmen, die hoch komplizierte Abweichungsgesetzgebung und einen unkalkulierbaren Zustimmungstatbestand nur schwer durchschaubar ist[135]. Der neue Art. 84 Abs. 1 GG kann daher schon im Hinblick auf seine Übersichtlichkeit **nicht als Verbesserung** betrachtet werden[136].

62 Da das Abweichungsrecht Bund und Ländern unbeschränkt zusteht, eine verbindliche Verfahrensregelung aber immer nur dem Bund möglich ist, ergeben sich eine Vielzahl von Problemen, die den Tatbestand von Art. 84 Abs. 1 GG schon immer begleitet haben. Das gilt zunächst für die Abgrenzung von formellem und materiellem Verwaltungsrecht. Auch die Abgrenzung der Begriffe „Verwaltungsverfahren" und „Einrichtung der Behörden" bietet ein nicht unerhebliches Konfliktpotenzial.[137]

---

[129] BVerfGE 11, 6 (17 f.); 12, 205 (251 f.); 22, 180 (216 f.); 41, 291 (312).

[130] BVerfGE 3, 407 (421); 26, 246 (256); 41, 291 (312); 98, 265 (299); 106, 62 (115).

[131] *Lehmann-Brauns* (Fn. 1), S. 180.

[132] BR-Drs. 178/06, S. 14 f.

[133] *Schmidt-Jortzig*, ZG 2005, 16 (25); *Löwer*, NJW 14/2006, Editorial; *Borchard*, in: Zukunftsforum Politik Nr. 69, S. 9 (Vorwort); *Friedrich*, Komm. Steno 10, S. 259 B; *Oschatz*, Stellungnahme 1. Öff. Anhörung, S. 5 und 8; *Pestalozza*, Stellungnahme 1. Öff. Anhörung, S. 6 ff.

[134] *Ipsen*, NJW 2006, 2801 (2805 f.).

[135] *Hömig* (Fn. 64), Einf. Rn. 7; *Starck*, in: ders. (Hrsg.), Föderalismusreform, 2007, Rn. 9 f.; *Trute* (Fn. 57), Rn. 153; *Kämmerer*, NJW 29/2006, Editorial; *Schmidt-Jortzig*, ZG 2005, 16 (20); *Margedant*, APuZ 13–14/2005, 20 (24); *Kirchhof*, Komm. AU 34, S. 2 ff.; *ders.*, Komm. Drs. 11, S. 6 f.; *Scholz*, Komm. Drs. 5, S. 10 und 5 f.; *Gerhards*, Komm. Steno 8, S. 175 D und 176 C; *Pestalozza*, Prot. 1. Öff. Anhörung, S. 16 D und 17 A; *Henneke*, Prot. 1. Öff. Anhörung, S. 68 D; *Huber*, Komm. Steno 8, S. 174 C; *ders.* (Fn. 77), S. 21 (29 f.) im Hinblick auf das Abweichungsrecht; a. A. *Risse* – zitiert von Henneke, VBlBW 2005, 249 (259); *Grimm*, Komm. AU 60, S. 7 f.

[136] *Oschatz*, Stellungnahme 1. Öff. Anhörung, S. 5.

[137] *Meyer*, Komm. Drs. 25, S. 1 f.; *Huber*, Komm. Steno 8, S. 174 C a.E.

II. Art. 104a Abs. 4 GG – Zustimmungsbedürftigkeit von Leistungsgesetzen des Bundes

1. Vorüberlegungen

Art. 104a Abs. 4 GG bezieht sich in erster Linie auf Bundesgesetze, die von den Ländern als eigene Angelegenheit ausgeführt werden. Die Auftragsverwaltung wird grundsätzlich ausgeschlossen, weil in diesen Fällen nach Art. 104a Abs. 2 GG regelmäßig der Bund die anfallenden Zweckausgaben trägt. Etwas anderes gilt für Fälle der Auftragsverwaltung auf Grund von Art. 104a Abs. 3 S. 2 GG. Solche Geldleistungsgesetze sind wegen der verbleibenden Kostenfolgen für die Länder ebenfalls zustimmungsbedürftig.[138] Wegen der Vorgaben der Art. 30, 83 und 84 Abs. 1 S. 1 GG, nach denen die Ausführung von Bundesgesetzen regelmäßig den Ländern obliegt, unterfallen damit die meisten Bundesgesetze bereits auf Grund ihrer Vollzugsform dem Tatbestand von Art. 104a Abs. 4 GG.

Durch die Verwendung des Begriffes „**Geldleistung**" knüpft Art. 104a Abs. 4 GG an den Regelungsgehalt des gestrichenen Zustimmungstatbestandes aus Absatz 3 an[139]. Das führt dazu, dass für die Rechtsfolge von Art. 104a Abs. 4 GG die Gesetzgebungs- und nicht die Vollzugstätigkeit entscheidend ist[140]. Die Ausgabenverantwortung wird wie bei Art. 104a Abs. 3 GG nicht dem Träger, sondern dem **Veranlasser** einer staatlichen Aufgabe zugeschoben. Das gilt im Hinblick auf die Rechtsfolge von Art. 104a Abs. 4 GG allerdings nur für die politische Verantwortung.[141]

Die finanzielle Verantwortung richtet sich nach dem **Konnexitätsprinzip** oder der davon abweichenden Lastentragungsregelung des Art. 104a Abs. 3 GG: Daher werden sämtliche Kosten, die bei der Ausführung von Leistungsgesetzen entstehen, grundsätzlich nach Art. 104a Abs. 1 GG dem jeweiligen Verwaltungsträger und damit zumeist den Ländern angelastet. Nur wenn es um Geldleistungsgesetze geht, die von den Ländern als eigene Angelegenheit ausgeführt werden, eröffnet Art. 104a Abs. 3 GG dem Bund die Möglichkeit, die Zweckausgaben ganz oder zum Teil zu übernehmen. Bei Sach- und Dienstleistungsgesetzen werden die Länder weiterhin von der vollen Ausgabenlast getroffen.[142]

---

[138] BR-Drs. 178/06, S. 45; *Pieroth*, in: Jarass/Pieroth (Hrsg.), Grundgesetz, 9. Aufl. 2007, Art. 104a Rn. 8.

[139] BR-Drs. 178/06, S. 43.

[140] *Prokisch*, in: Bonner Kommentar, Grundgesetz, Loseblatt, Stand: Februar 2009, Bd. 11, Art. 104a Rn. 87 f. und 99.

[141] *Lehmann-Brauns* (Fn. 1), S. 301 f.

[142] BR-Drs. 178/06, S. 45; *Hellermann*, in: v. Mangoldt/Klein/Starck (Hrsg.), Grundgesetz, 5. Aufl. 2005, Bd. 3, Art. 104a Rn. 77 und 89; *Maunz*, in: Maunz/Dürig, Grundgesetz, Loseblatt, Stand: Oktober 2008, Bd. 6, Art. 104a Rn. 40; *Georgii/Borhanian* (Fn. 2), S. 22 und Fn. 62; *Henneke*, Komm. AU 110, S. 3; *Meyer*, Stellungnahme 1. Öff. Anhörung, S. 8 f.; *ders.*, Prot. 1. Öff. Anhörung, S. 11 C sowie S. 24 C und D; *Scharpf*, Stellungnahme 1. Öff. Anhörung, S. 4 f.

66 Diese **unterschiedlichen Lastentragungsregelungen** führen zu unterschiedlich starken finanziellen Belastungen der Länder. Art. 104a Abs. 4 GG will diesen Effekt abmildern, indem alle Leistungsgesetze des Bundes, die die Haushalte der Länder belasten, der Zustimmung des Bundesrates bedürfen.[143] Daher ist auch die tatbestandliche Vereinigung von Geld- und geldwerten Sach- und Dienstleistungen im Hinblick auf ihren sachlichen Zusammenhang und ihre Austauschbarkeit grundsätzlich richtig[144].

2. Tatbestand

67 a) **Geldleistungen.** Hierunter werden gegenleistungsunabhängige, einmalige oder laufende, auch als Darlehen gewährte **geldliche Zuwendungen** an private oder ihnen gleichgestellte staatliche Empfangsberechtigte aus öffentlichen Mitteln verstanden[145]. Innerstaatliche Finanztransfers ohne Außenwirkung unterliegen allein den Vorgaben der Art. 106 und 107 GG[146].

68 Die von Art. 104a Abs. 4 GG erfassten Leistungen müssen Dritten gegenüber „erbracht" werden. Das ist der Fall, wenn der Leistungsträger sie dem Betreffenden bewusst und zielgerecht geleistet hat, und der Empfänger unter Berücksichtigung eines **objektiven Empfängerhorizonts** den Zweck der Zahlung, den Zahlenden als Leistungsträger sowie sich als den richtigen Zahlungsadressaten erkennen konnte.[147]

69 Obwohl Sach- und Dienstleistungen keine „Geldleistungen" darstellen, ist eine **Abgrenzung der Leistungsarten** angesichts der identischen Rechtsfolge im Rahmen von Art. 104a Abs. 4 GG ohne größere Bedeutung: Jede finanzielle Belastung der Länder steht unabhängig von ihrer Höhe und der jeweiligen Verwaltungsform unter dem Vorbehalt der Zustimmung des Bundesrates[148]. Auf eine Abgrenzung kommt es nur an, soweit es um Sach- oder Dienstleistungen geht, die keinen Geldwert haben. Ob es aber überhaupt gesetzliche Leistungen gibt, die sich mangels Geldwert allein auf die Gewährung ideeller Werte erstrecken, darf bezweifelt werden.[149]

---

[143] BR-Drs. 178/06, S. 16, 43.

[144] BR-Drs. 240/93; *Hellermann* (Fn. 142), Art. 104a Rn. 81, 89 und 166; *Schoch/Wieland*, Finanzierungsverantwortung für gesetzgeberisch veranlasste kommunale Aufgaben, 1995, S. 135 und 143; a. A. *Prokisch* (Fn. 140), Art. 104a Rn. 194 unter Hinweis auf den größeren Einfluss der Länder bei der Gewährung von Sach- und Dienstleistungen.

[145] *Heintzen*, in: v. Münch/Kunig (Hrsg.), Grundgesetz, 5. Aufl. 2003, Bd. 3, Art. 104a Rn. 42; *Hellermann* (Fn. 142), Art. 104a Rn. 79; *ders.* (Fn. 38), Rn. 324; *Heun*, in: Dreier (Hrsg.), Grundgesetz, 2. Aufl. 2008, Bd. 3, Art. 104a Rn. 26.

[146] *Prokisch* (Fn. 140), Art. 104a Rn. 193; *Heun* (Fn. 145), Art. 104a Rn. 26; *Heintzen* (Fn. 145), Art. 104a Rn. 40 und 42; *Ruhe*, in: Hömig (Hrsg.), Grundgesetz, 8. Aufl. 2007, Art. 104a Rn. 6; a. A. *Siekmann*, in: Sachs (Hrsg.), Grundgesetz, 5. Aufl. 2009, Art. 104a Rn. 25 ff.

[147] BSG, SozR 3 – 1300 §50 SGB X Nr. 24, S. 80 f.; Nr. 13, S. 33 f.; Nr. 10, S. 22 und 23 f.; OVG LSA LKV 2005, 462 ff. (464 ff.); vgl. auch *Steinwedel*, in: Kassler Kommentar, SGB X, Loseblatt, Stand: Januar 2009, Bd. 2, §50 Rn. 14.

[148] BR-Drs. 178/06, S. 15 f., 43 ff.; *Georgii/Borhanian* (Fn. 2), S. 23.

[149] *Heitsch*, Die Ausführung der Bundesgesetze durch die Länder, 2001, S. 368.

Von großer Bedeutung ist die Abgrenzung von Geld- und sonstigen Leistungen jedoch im Rahmen von Art. 104a Abs. 3 GG. Diese Vorschrift bezieht sich ausschließlich auf Geldleistungsgesetze. Die Abgrenzung kann im Einzelfall problematisch sein[150], entscheidend ist dann der **Schwerpunkt der Leistung**. 70

b) Geldwerte Sach- und vergleichbare Dienstleistungen. Hierunter werden staatliche Leistungen verstanden, die nicht in Form einer expliziten Zuwendung von Zahlungsmitteln gewährt werden[151], sondern einem Dritten **sonstige individuelle Vorteile** verschaffen[152]. So neben der Bereitstellung von Einrichtungen, die als Sach- und Dienstleistung zur Verfügung stehen[153], auch die Gewährung von Rechten, die Sach- oder Dienstleistungen zum Inhalt haben. 71

Reine Genehmigungen, Erlaubnisse oder sonstige **Verwaltungsakte**, die keine darüber hinausgehenden Leistungen bestimmen, sondern nur die Vereinbarkeit mit materiellen Vorschriften feststellen, unterfallen dem Tatbestand von Art. 104a Abs. 4 GG dagegen nicht[154]. 72

Ausgeschlossen sind zudem Leistungen, die keinen „Geldwert" besitzen. Es ist jedoch schon im Hinblick auf die Rückerstattung von zu Unrecht erbrachten Leistungen schwer vorstellbar, dass der Staat im Rahmen der Leistungsverwaltung **rein ideelle Werte** gewährt[155]. Da sich zudem nahezu jede Verwaltungsleistung mit einem Geldwert ausdrücken lässt[156], hat die Verwendung des Wortes „geldwert" bei Art. 104a Abs. 4 GG lediglich zum Ziel, den Sinn und Zweck des Zustimmungstatbestandes zu unterstreichen, der im Schutz der Länderhaushalte vor kostenbelastenden Bundesgesetzen besteht[157]. 73

3. Rechtsfolge

Liegen die Voraussetzungen von Art. 104a Abs. 4 GG vor, bedarf nicht nur der Teil eines Gesetzes, der die Leistungspflicht begründet, sondern das **Gesetz als Ganzes** der Zustimmung des Bundesrates[158]. 74

---

[150] *Siekmann* (Fn. 146), Art. 104a Rn. 40; *Häde*, JZ 2006, 930 (935).
[151] *Prokisch* (Fn. 140), Bd. 11, Art. 104a Rn. 194; *Ruhe* (Fn. 146), Art. 104a Rn. 13.
[152] *Georgii/Borhanian* (Fn. 2), S. 3 und 35.
[153] *Maunz* (Fn. 142), Art. 104a Rn. 63; *Heitsch* (Fn. 149), S. 363; *Schmidt-Jortzig*, Komm. Drs. 60, S. 4; *Seewald*, in: Kassler Kommentar, SGB X, Loseblatt, Stand: Januar 2009, Bd. 1, §11 Rn. 7 nennt Krankenhäuser, Anstalten und Heime für die Unterbringung.
[154] BR-Drs. 178/06, S. 44 f.; *Siekmann* (Fn. 146), Art. 104a Rn. 41; *Pieroth* (Fn. 138), Art. 104a Rn. 8; *Ruhe* (Fn. 146), Art. 104a Rn. 13.
[155] Vgl. hierzu BSGE 22, 136; *Steinwedel* (Fn. 147), §50 Rn. 26.
[156] *Heitsch* (Fn. 149), S. 368.
[157] Vgl. BR-Drs. 178/06, S. 44 zum Sinn und Zweck von Art. 104a Abs. 4 GG; *Ruhe* (Fn. 146), Art. 104a Rn. 13 „kaum Anlass zu Meinungsverschiedenheiten".
[158] *Prokisch* (Fn. 140), Art. 104a Rn. 218; *Hellermann* (Fn. 142), Art. 104a Rn. 97.

75   a) **Kostenbelastung der Länder.** Anknüpfungspunkt der Zustimmungsbedürftigkeit sind die finanziellen Auswirkungen von Bundesgesetzen auf die Haushalte der Länder[159]. Da die **Kommunen** vom Grundgesetz als Teile der Länder behandelt werden, erfasst Art. 104a Abs. 4 GG auch deren finanzielle Belastung durch den Bund[160]. Leistungen, die vollständig aus Beitragsmitteln, durch Zuschüsse aus dem **EU-Haushalt** oder aus dem **Bundeshaushalt** finanziert werden, unterfallen dem Tatbestand nicht[161]. Im Regelfall müssen die Ausgaben eines Leistungsgesetzes jedoch vollständig von den Ländern getragen werden. Diese Ausgaben sind weitgehend durch den Bund vorbestimmt.

76   Zum Ausgleich bindet Art. 104a Abs. 4 GG jede finanzielle Belastung der Länderhaushalte an die **Zustimmung des Bundesrates**. Im Gegensatz zu Art. 104a Abs. 3 GG nimmt Art. 104a Abs. 4 GG jedoch keine Lastenverteilung vor, sondern beschränkt den Schutz der Länderhaushalte auf ein Zustimmungserfordernis[162]. Eine solche Aufgabe kann nur erfüllt werden, wenn es nicht darauf ankommt, ob die Länder durch Bundesgesetz ausdrücklich zur Erbringung einer kostenverursachenden Leistung verpflichtet werden, sondern allein darauf, ob die Kostenbelastung **faktische Folge** einer gesetzlichen Regelung ist[163]. Wie bei Art. 104a Abs. 3 GG kann es daher keine Rolle spielen, ob ein Leistungsgesetz selbst anspruchsbegründend ist[164].

77   Für diese weite Auslegung des Tatbestandes spricht auch die **Entstehungsgeschichte** von Art. 104a Abs. 4 GG: Das Bundesministerium der Finanzen hatte ursprünglich vorgeschlagen, anstelle von „Pflichten der Länder" das Tatbestandsmerkmal „Ansprüche Dritter" zu verwenden. Die Verwendung des Begriffes „Pflichten der Länder" würde zu einer erheblichen Zunahme der Zustimmungsfälle führen.[165] Der verfassungsändernde Gesetzgeber hat sich diesem Vorschlag nicht angeschlossen. Dies geschah offensichtlich in der Absicht, einen effektiven Schutz der Länderhaushalte vor kostenbelastenden Bundesgesetzen zu gewährleisten.[166] Die prognostizierten Auswirkungen auf den Anteil zustimmungsbedürftiger Bundesgesetze sind dabei in Kauf genommen worden.

---

[159] BR-Drs. 178/06, S. 43.

[160] BR-Drs. 178/06, S. 15 f.; *Keller*, in: KAS (Hrsg.), Der deutsche Föderalismus im Reformprozess, Zukunftsforum Politik Nr. 69, S. 101 (110 f. Fn. 15); *Henneke*, Komm. AU 110, S. 2.

[161] BR-Drs. 180/06, S. 8; *Hellermann* (Fn. 38), Rn. 329.

[162] *Henneke*, in: Schmidt-Bleibtreu/Klein, Grundgesetz, 11. Aufl. 2008, Art. 104a Rn. 37.

[163] *Lehmann-Brauns* (Fn. 1), S. 315 f.; *Siekmann* (Fn. 146), Art. 104a Rn. 37.

[164] *Ruhe* (Fn. 146), Art. 104a Rn. 13.

[165] *Hofmann* (Fn. 42), S. 37 (47 Fn. 18): Untersucht wurden alle vom Bundestag beschlossenen Gesetze der 15. Wahlperiode bis Mitte 2004 (132). Bei Verwendung des Tatbestandsmerkmals „Ansprüche Dritter" wären 26 Gesetze, bei der Verwendung von „Pflichten der Länder" dagegen 56 Gesetze nach Art. 104a Abs. 4 GG zustimmungsbedürftig gewesen.

[166] BR-Drs. 178/06, S. 43; *Meyer*, Prot. 5. Öff. Anhörung, S. 38 D; nach *Schön*, Komm. Steno 10, S. 258 D sind „Ansprüche Dritter" nur eine kleinere Teilmenge von „Pflichten der Länder"; zustimmend *Tillman*, Komm. Steno. 10, S. 259 A; ähnlich *Koch*, Komm. Steno 10, S. 256 D.

b) Umfang der Kostenbelastung. Sowohl die Begründung des verfassungsändernden Gesetzgebers[167] als auch der Wortlaut der Norm verdeutlichen, dass es für die Anwendung von Art. 104a Abs. 4 GG nicht auf die **„Erheblichkeit"** einer finanziellen Belastung ankommt[168]: Die Zustimmungsbedürftigkeit eines Leistungsgesetzes richtet sich nicht nach der Höhe einer Belastung, sondern allein danach, ob es überhaupt zu Kostenfolgen für die Länderhaushalte kommt[169]. Die Erheblichkeit einer Kostenbelastung kann in Anbetracht der höchst unterschiedlichen Haushaltslagen von Bundesland zu Bundesland variieren und steht einer einheitlichen Anwendung von Art. 104a Abs. 4 GG im Wege.[170] Zudem würden all jene Zweifelsfragen ans Licht gekehrt, die sich bei der Vorgängerregelung ergeben haben[171]. 78

c) Tatbestandliche Besonderheit. Im Zusammenhang mit der finanziellen Belastung der Länderhaushalte muss auf eine Besonderheit des Tatbestandes von Art. 104a Abs. 4 GG eingegangen werden. Es geht um die Bedeutung des Nachsatzes **„wenn daraus entstehende Ausgaben von den Ländern zu tragen sind"**[172]: 79

Die Lastentragung richtet sich bei Geld-, geldwerten Sach- und vergleichbaren Dienstleistungen nach Art. 104a Abs. 1 und 3 GG. Nur für Geldleistungsgesetze eröffnet Art. 104a Abs. 3 S. 1 GG dem Bund die Möglichkeit, sich an den Zweckausgaben zu beteiligen. Bei Sach- und Dienstleistungsgesetzen werden die Länder dagegen stets von der vollen Ausgabenlast getroffen. Eine Kostenübernahme durch den Bund ist ausgeschlossen.[173] Wenn aber eine Ausgabenbelastung der Länder bei geldwerten Sach- und vergleichbaren Dienstleistungen ohnehin nicht zu vermeiden ist, verliert der Nachsatz von Art. 104a Abs. 4 GG insoweit seine Bedeutung. 80

---

[167] BR-Drs. 178/06, S. 45; *Ruhe* (Fn. 146), Art. 104a Rn. 10; *Heitsch* (Fn. 149), S. 369 ff.

[168] *Heun* (Fn. 145), Art. 104a Rn. 32; *Hellermann* (Fn. 38), Rn. 329; *Hofmann* (Fn. 42), S. 37 (49 f. und Fn. 21); *Georgii/Borhanian* (Fn. 2), S. 23; *Eichel*, Komm. Steno 10, S. 259 D; *Homburg*, Stellungnahme 6. Öff. Anhörung, S. 4; *Kluth*, Stellungnahme 6. Öff. Anhörung, S. 2; vgl. aber BR-Drs. 178/06, S. 44 und BR-Drs. 180/06; widersprüchlich BR-Drs. 178/06, S. 15 f.

[169] *Hofmann* (Fn. 26), S. 47 (60 Fn. 40); *Häde*, JZ 2006, 930 (935); *Korioth*, Stellungnahme 6. Öff. Anhörung, S. 4 mit kritischem Unterton.

[170] BT-Drs. 7/5924, S. 210 (3.6.3) und S. 214 (1.8) – Sondervotum *Barbarino* (Schlussbericht Enquete-Kommission Verfassungsreform); *Lehmann-Brauns* (Fn. 1), S. 317 f.; *Meyer*, Komm. Drs. 20, S. 12 f.; *Schneider*, Komm. Drs. 67, S. 1 f.; *Scharpf*, Komm. Drs. 29, S. 12; *ders.*, Komm. Drs. 68, S. 3; *ders.*, Stellungnahme 1. Öff. Anhörung, S. 4 f.; *Koch*, Komm. Steno 10, S. 255 D und 256 A und C.

[171] *de Maizière*, Komm. AU 48, S. 3; BMFin, Komm. AU 71, S. 7 f.; *Kirchhof*, Komm. AU 57, S. 4 für die Begriffe „wesentlich, erheblich, bedeutend"; vgl. zu den Streitpunkten bei der Vorgängernorm *Hellermann* (Fn. 142), Art. 104a Rn. 98 m.w.N. und *Schoch/Wieland* (Fn. 144), S. 135 f. und 141 f. m.w.N.

[172] Nach BR-Drs. 178/06, S. 8 hatte die Entwurfsfassung von Art. 104a Abs. 4 GG noch auf den Nachsatz verzichtet.

[173] *Hellermann* (Fn. 142), Art. 104a Rn. 77 und 89; *ders.* (Fn. 38), Rn. 326; *Häde*, JZ 2006, 930 (935); *Henneke*, Komm. AU 110, S. 3; *ders.*, Prot. 1. Öff. Anhörung, S. 40 A; *Meyer*, Stellungnahme 1. Öff. Anhörung, S. 8 f.; *ders.*, Prot. 5. Öff. Anhörung, S. 12 A; *Scharpf*, Stellungnahme 1. Öff. Anhörung, S. 4 f.

81 Er kann sich demnach nur auf Leistungen beziehen, bei denen die finanzielle Belastung der Länder überhaupt zu beeinflussen ist. Das trifft nach Art. 104a Abs. 3 S. 1 GG allein auf Geldleistungen zu. Hier kann der Bund anfallende Zweckausgaben ganz oder zum Teil übernehmen: Beschränkt sich seine Kostenübernahme auf einen Teil der Ausgaben, müssen die Länder nach Art. 104a Abs. 1 GG zwangsläufig den Rest tragen.

82 Da es aber im Hinblick auf den Schutzzweck bei Art. 104a Abs. 4 GG nicht auf die Höhe der Belastung, sondern allein darauf ankommt, ob die Länder überhaupt belastet werden, verengt sich der **Anwendungsbereich des Nachsatzes** weiter. Er hat letztlich nur für den Fall Bedeutung, dass der Bund die Zweckausgaben eines Geldleistungsgesetzes vollständig übernimmt. Dann ist es aber offensichtlich, dass der von Art. 104a Abs. 4 GG beabsichtigte Schutz nicht mehr notwendig ist[174]. Insoweit entpuppt sich der Nachsatz bei Art. 104a Abs. 4 GG als **überflüssig**.[175]

4. Änderungsgesetze

83 Ein Änderungsgesetz unterfällt dem Tatbestand von Art. 104a Abs. 4 GG grundsätzlich nur, wenn es leistungsbegründende Vorschriften ändert oder selbst **leistungsbegründende Vorschriften** enthält.[176]

84 Daneben ist die Zustimmung des Bundesrates auch dann erforderlich, wenn die Änderung eines Leistungsgesetzes zu einer **Reduzierung der Haushaltsbelastung** der Länder führt[177]. Das folgt in erster Linie daraus, dass hierfür regelmäßig eine leistungsbegründende Vorschrift geändert werden muss. Im Übrigen haben die bisherigen Feststellungen ergeben, dass es für die Frage der Zustimmungsbedürftigkeit allein darauf ankommt, ob es überhaupt zu Kostenfolgen für die Länderhaushalte kommt. Daher ist nur die vollständige Beseitigung einer Haushaltsbelastung ersichtlich nicht mehr vom Sinn und Zweck des Zustimmungserfordernisses erfasst.[178]

85 Wenn ein Gesetz geändert wird, das auf die **leistungsbegründende Norm eines anderen Gesetzes verweist** und es dadurch zu einer unmittelbaren Belastung der Länderhaushalte kommt, bedarf auch diese Änderung der Zustimmung des Bundesrates. Wie die Belastung im Einzelnen aussieht ist unerheblich. Eine Erweiterung

---

[174] *Kirchhof*, Prot. 5. Öff. Anhörung, S. 28 D, S. 29 A und S. 36 A ausdrücklich; *Lehmann-Brauns* (Fn. 1), S. 320; vgl. BR-Drs. 178/06, S. 16, 43 f. zum Schutzzweck von Art. 104a Abs. 4 GG.

[175] A.A. *Georgii/Borhanian* (Fn. 2), S. 23; *Möllers*, Stellungnahme 1. Öff. Anhörung, S. 4; *Meyer*, Stellungnahme 1. Öff. Anhörung, S. 8; *Korioth*, Stellungnahme 6. Öff. Anhörung, S. 4 f.; *ders.*, Prot. 5. Öff. Anhörung, S. 48 A; *Kluth*, Stellungnahme 6. Öff. Anhörung, S. 2 fordert nur eine teleologische Reduktion.

[176] *Brockmeyer*, in: Schmidt-Bleibtreu/Klein, Grundgesetz, 10. Aufl. 2004, Art. 104a Rn. 17; *Ruhe* (Fn. 146), Art. 104a Rn. 11; vgl. auch *Georgii/Borhanian* (Fn. 2), S. 36.

[177] A.A. wohl *Georgii/Borhanian* (Fn. 2), S. 36.

[178] BR-Drs. 178/06, S. 43 und S. 45; *Hellermann* (Fn. 142), Art. 104a Rn. 95; *Lehmann-Brauns* (Fn. 1), S. 323; a. A. *Ruhe* (Fn. 146), Art. 104a Rn. 11: „eindeutige Senkungen der Kostenlast sind zustimmungsfrei"; Unsicherheiten insoweit bei BMFin, Komm. AU 71, S. 9 f.

des Leistungsumfanges ist daher ebenso zustimmungsbedürftig wie die Erweiterung des Empfängerkreises.[179] Nur wenn die Änderung des Gesetzes dazu führt, dass die durch das Leistungsgesetz begründete Kostenbelastung der Länder beseitigt oder vollständig vom Bund übernommen wird, kann auch auf die Zustimmung des Bundesrates verzichtet werden[180].

Zustimmungsfrei können zudem Gesetzesänderungen erfolgen, die nur **mittelbare Auswirkungen auf die Länderhaushalte** haben. Werden etwa die Anforderungen an eine Meisterprüfung abgesenkt und steigt dadurch die potenzielle Zahl derer, die Existenzgründungshilfen in Anspruch nehmen könnten, hängt die Belastung der Länderhaushalte maßgeblich vom Verhalten der möglichen Leistungsempfänger ab.[181] In diesen Fällen besteht zwischen dem geänderten und dem leistungsgewährenden Gesetz keine Verbindung. Der Schutzzweck von Art. 104a Abs. 4 GG ist ersichtlich nicht mehr betroffen.

86

5. Zusammenfassung

Trotz der begrüßenswerten Absicht, über Art. 104a Abs. 4 GG einen Schutz der Länderhaushalte vor kostenverursachenden Bundesgesetzen zu gewährleisten, begegnet die geltende Fassung der Norm **Bedenken**: Zunächst hätte es zum Schutz der Länderhaushalte nicht der Einfügung eines neuen Zustimmungstatbestandes bedurft[182]. Zweckmäßig wäre es gewesen, eine verbindliche Lastentragung vergleichbar den Regelungen in Art. 104a Abs. 6 GG oder in Art. 109 Abs. 5 GG festzuschreiben[183]. Diese Lösung hätte den Vorteil gehabt, dass der Bund nicht mehr nach eigenem Ermessen über seine finanzielle Beteiligung entscheiden könnte[184].

87

Zudem erscheint es kaum verständlich[185], dass der Tatbestand von Art. 104a Abs. 4 GG bewusst weit gefasst wurde, der Tatbestand von Art. 104a Abs. 3 GG sich dagegen weiterhin auf Geldleistungsgesetze beschränkt. Gelingt eine Abgrenzung

88

---

[179] *Georgii/Borhanian* (Fn. 2), S. 36.

[180] A.A. *Georgii/Borhanian* (Fn. 2), S. 37, die eine Kostenübernahme des Bundes nur im (Geld-) Leistungsgesetz selbst für zulässig halten.

[181] *Georgii/Borhanian* (Fn. 2), S. 36.

[182] *Hellermann* (Fn. 38), Rn. 379 f.; *Kluth*, Stellungnahme 6. Öff. Anhörung, S. 2; *Möllers*, Stellungnahme 1. Öff. Anhörung, S. 3 f. „schlechteste Lösung"; a. A. *Huber*, Stellungnahme 1. Öff. Anhörung, S. 10.

[183] *Hofmann* (Fn. 26), S. 47 (60); *Schmidt-Jortzig*, ZG 2005, 16 (23); *ders.*, Komm. AU 31, S. 4 f.; *Findeisen*, ThürVBl. 2006, 73 (77 f.); *Janssen* (Fn. 26), P 40; *Kirchhof*, Komm. AU 57, S. 5; *ders.*, Komm. Drs. 23, S. 9; *Wieland*, Komm. AU 61, S. 2; *Meyer*, Komm. Drs. 20, S. 11 ff. und 16; *Homburg*, Komm. Drs. 24, S. 12.

[184] *Schoch/Wieland* (Fn. 144), S. 146; *Huber* (Fn. 77), S. 21 (44); *Kirchhof*, in: Verhandlungen des 61. Deutschen Juristentages, herausgegeben von der ständigen Deputation des Deutschen Juristentages, 1996, Bd. I, D 30 f.

[185] *Hellermann* (Fn. 38), Rn. 326 und 380; *Henneke*, Komm. AU 110, S. 3; *Meyer*, Stellungnahme 1. Öff. Anhörung, S. 8 ff.; in diesem Sinne auch *Schmidt-Jortzig*, Komm. Drs. 60, S. 3.

der Leistungsarten nicht, gilt die für die Länder nachteilige Regelung von Art. 104a Abs. 1 GG für sämtliche Leistungen.[186]

89 Über diese Gesichtspunkte hinaus begegnet Art. 104a Abs. 4 GG auch in verfassungspolitischer Sicht erheblichen Bedenken. Der Grund dafür liegt in der **weiten Fassung des Tatbestandes**[187]: Von ihm werden so gut wie alle staatlichen Leistungen erfasst, die von den Ländern gegenüber Dritten erbracht werden und ihren Rechtsgrund in Gesetzen des Bundes finden. Auf die tatsächliche finanzielle Belastung der Länder kommt es nicht an. In der Konsequenz sind bereits geringste Leistungspflichten geeignet, die Zustimmungsbedürftigkeit eines umfangreichen Gesetzesvorhabens auszulösen.[188] Damit ermöglicht Art. 104a Abs. 4 GG eine **Blockadepolitik**, die an ihren Folgen gemessen ohne weiteres denen der Altfassung von Art. 84 Abs. 1 GG entspricht[189].

90 Zudem erfasst die Vorschrift **politisch hochbrisante Bereiche**. Das ungleich stärkere Interesse der Öffentlichkeit an Gesetzen, die Ansprüche der Bürger oder Verpflichtungen des Staates im Bereich der Leistungsverwaltung begründen, führt zu parteipolitischen Kontroversen und damit zwangsläufig zur Ausnutzung von Zustimmungsvorbehalten[190]. Beim Umbau der Sozialsysteme, einem Kernbereich der notwendigen Reformpolitik, wird sich das Blockadepotenzial von Art. 104a Abs. 4 GG daher auf schmerzhafte Weise bemerkbar machen[191].

91 Der Bundestag kann dieses Blockadepotenzial nur umgehen, indem er die Kosten eines Leistungsgesetzes vollständig dem Bund zuweist. Diese Möglichkeit bietet sich ihm nach Art. 104a Abs. 3 S. 1 GG aber nur bei Geldleistungen.[192] Damit ist ein Leistungsgesetz, das verschiedene Leistungsarten vereint, im Hinblick auf die herrschende Einheitstheorie stets zustimmungsbedürftig. Die „Aufspaltung" eines

---

[186] BR-Drs. 178/06, S. 45; *Janssen* (Fn. 26), P 40; *Kirchhof* (Fn. 184), D 31; *Georgii/Borhanian* (Fn. 2), S. 22 und Fn. 62; *Meyer*, Stellungnahme 1. Öff. Anhörung, S. 8 f.; *ders.*, Prot. 1. Öff. Anhörung, S. 11 C sowie S. 24 C und D; *ders.*, Prot. 5. Öff. Anhörung, S. 12 A; *Scharpf*, Prot. 1. Öff. Anhörung, S. 18 D; *Henneke*, Prot. 1. Öff. Anhörung, S. 40 A; nach *Scharpf*, Stellungnahme 1. Öff. Anhörung, S. 4 f. wurde in der Föderalismuskommission mehrfach auf diese Konsequenz hingewiesen.

[187] *Heun* (Fn. 145), Art. 104a Rn. 33; *Hellermann* (Fn. 38), Rn. 323; *Hofmann* (Fn. 42), S. 37 (46 ff.); *Wieland*, Komm. AU 61, S. 2; *Meyer*, Stellungnahme 1. Öff. Anhörung, S. 8; *Möllers*, Prot. 1. Öff. Anhörung, S. 13 A; *Frank*, Prot. 1. Öff. Anhörung, S. 72 A und B.

[188] BT-Drs. 7/5924, S. 210 (3.6.3) und sogar S. 215 (2.2) – Sondervotum *Barbarino* gesteht dies ein; *Heitsch* (Fn. 149), S. 368; *Meyer*, Stellungnahme 1. Öff. Anhörung, S. 7; *Scharpf*, Stellungnahme 1. Öff. Anhörung, S. 4 f.

[189] *Schmidt-Jortzig*, ZG 2005, 16 (23); *Hofmann* (Fn. 42), S. 37 (49 f.); *Kirchhof*, Komm. AU 57, S. 3; *Lehmann-Brauns* (Fn. 1), S. 391 ff.; *Trute* (Fn. 61), S. 302 (305).

[190] *Hofmann* (Fn. 26), S. 47 (59 f.); *Scharpf*, Komm. AU 59, S. 3; a. A. *Ipsen*, NJW 2006, 2801 (2805), der Art. 104a Abs. 4 GG ignoriert und sich allein den Auswirkungen der Neufassung von Art. 84 Abs. 1 GG zuwendet.

[191] *Lehmann-Brauns* (Fn. 1), S. 393.

[192] *Meyer* (Fn. 8), S. 333 f.

§23 Die Mitwirkung des Bundesrates an der Gesetzgebung

Leistungsgesetzes verbietet sich[193], da der vollständige Verzicht auf zustimmungsbedürftige Normen das Leistungsgesetz seines Charakters berauben würde und den vom Bund beabsichtigten Zweck nicht mehr erfüllen können.

Im Ergebnis kann der Bund die Zustimmungsbedürftigkeit eines Leistungsgesetzes nur dann sicher vermeiden, wenn er sich auf die Gewährung von Geldleistungen beschränkt und deren Finanzierung vollständig übernimmt. Zustimmungsfrei bleiben wegen Art. 104a Abs. 1 und 2 GG zudem Leistungsgesetze, die der Bund selbst ausführt oder die in den von Art. 104a Abs. 3 S. 2 GG nicht erfassten Fällen im Auftrag des Bundes ausgeführt werden. 92

Abschließend betrachtet erweist sich Art. 104a Abs. 4 GG nicht nur als ein **problematisches Instrument zum Schutz der Länderhaushalte**. Die Norm führt auch dazu, dass die mit der Neufassung von Art. 84 Abs. 1 GG bezweckte Reduzierung zustimmungsbedürftiger Bundesgesetze in ihr Gegenteil verkehrt wird. Damit ist eines der wesentlichen Ziele der Föderalismusreform gescheitert.[194] 93

III. Art. 105 Abs. 3 GG – Zustimmungsbedürftigkeit von Gesetzen über Steuern

1. Steuergesetzgebung

Art. 105 GG regelt die Verteilung der Gesetzgebungskompetenzen für die Einführung, Ausgestaltung und Abschaffung von Steuern. Neben den mittlerweile bedeutungslosen Kompetenzen für Zölle[195] und Finanzmonopole[196] sind die Gesetzgebungskompetenzen für alle wichtigen Steuern dem Bund zugewiesen[197]. Hierfür 94

---

[193] *Risse* – zitiert von *Henneke*, VBlBW 2005, 249 (259); vgl. zur Aufspaltung von Gesetzen *Lehmann-Brauns* (Fn. 1), S. 226 ff., 342, 394.

[194] *Hellermann* (Fn. 38), Rn. 380; *Schmidt-Jortzig*, ZG 2005, 16 (23); *Margedant*, APuZ 13–14/2005, 20 (24); *Findeisen*, ThürVBl. 2006, 73 (77 und 79); *Kirchhof*, Komm. AU 57, S. 3; *Scharpf*, Komm. AU 59, S. 3; *ders.*, Komm. Drs. 29, S. 12 f.; *ders.*, Prot. 1. Öff. Anhörung, S. 18 D; *Wieland*, Komm. AU 61, S. 2; *Benz*, Komm. AU 62, S. 7; *Friedrich*, Komm. Steno 10, S. 259 B; *Möllers*, Stellungnahme 1. Öff. Anhörung, S. 3 f.; *Homburg*, Stellungnahme 6. Öff. Anhörung, S. 4; *Kluth*, Stellungnahme 6. Öff. Anhörung, S. 2; *Münch*, Prot. 1. Öff. Anhörung, S. 16 A; *Meyer*, Stellungnahme 1. Öff. Anhörung, S. 9; *ders.*, Komm. Drs. 27, S. 4 f. „vom Regen in die Traufe"; a. A. *Nierhaus/Rademacher*, LKV 2006, 385 (393); *Risse* – zitiert von Henneke, VBlBW 2005, 249 (259); *Schneider*, Komm. Drs. 32, S. 14 f.; *Henneke*, Prot. 1. Öff. Anhörung, S. 7 A.

[195] *Brockmeyer*, in: Schmidt-Bleibtreu/Klein, Grundgesetz, 11. Aufl. 2008, Art. 105 Rn. 10; *Heun*, in: Dreier (Hrsg.), Grundgesetz, 2. Aufl. 2008, Bd. 3, Art. 105 Rn. 29 ff. und Art. 106 Rn. 15.

[196] *Schuppert*, in: Umbach/Clemens (Hrsg.), Grundgesetz, 2002, Bd. 2, Art. 105 Rn. 41; die Einführung neuer Monopole ist nach *Maunz*, in: Maunz/Dürig, Grundgesetz, Loseblatt, Stand: Oktober 2008, Bd. 6, Art. 105 Rn. 37 f. m.w.N. wegen Verstoßes gegen Art. 12 Abs. 1 GG verfassungswidrig.

[197] *Stern* (Fn. 2), §46 II. 2. d) a.E.; *Pieroth*, in: Jarass/Pieroth (Hrsg.), Grundgesetz, 9. Aufl. 2007, Art. 105 Rn. 1.

ist die **generalklauselartige Formulierung von Art. 105 Abs. 2 GG** verantwortlich. Danach hat der Bund die konkurrierende Gesetzgebungskompetenz auch über die übrigen Steuern, wenn ihm deren Aufkommen zumindest teilweise zusteht oder die Voraussetzungen von Art. 72 Abs. 2 GG erfüllt sind. Das gilt wegen Art. 105 Abs. 2a GG und Art. 140 GG i. V. m. Art. 137 Abs. 6 WRV nicht für örtliche Verbrauch- und Aufwandsteuern sowie für die Kirchensteuer. Im Zuge der Föderalismusreform wurde den Ländern zudem das Recht gewährt, den Steuersatz bei der Grunderwerbssteuer festzulegen[198].

95   Macht der Bund von seiner Gesetzgebungskompetenz aus Art. 105 Abs. 2 GG Gebrauch, so ist es den Ländern verwehrt, gleichartige eigene Steuergesetze zu erlassen[199]. Verzichtet der Bund auf die Erhebung einer Steuer, so bedarf es für den Ausschluss landesgesetzlicher Regelungen eines gesonderten Anhaltspunktes[200]. Hat der Bund eine Steuer ersatzlos abgeschafft, sind die Länder zu deren Wiedereinführung nicht berechtigt, weil der Bund mit der Abschaffung der Steuer von seiner Gesetzgebungskompetenz abschließend Gebrauch gemacht hat.[201] Das gleiche gilt für den Fall einer Reduzierung der Steuerlast.

2. Zustimmungserfordernis

96   **a) Allgemeines.** Die beschriebene Dominanz des Bundes soll bei der Steuergesetzgebung durch Art. 105 Abs. 3 GG ausgeglichen werden. Zustimmungsbedürftig sind alle Steuergesetze, deren Aufkommen den Ländern ganz oder zum Teil zufließt. Da die Länder am Aufkommen der ertragreichsten Steuern beteiligt sind, bewirkt die Regelung finanzpolitisch, dass der Bund keine Steuerreform gegen den Widerstand des Bundesrates durchsetzen kann.[202]

97   Mittlerweile beruhen bis zu 28,5 % aller Zustimmungsgesetze auf Art. 105 Abs. 3 GG. Die Vorschrift ist damit einer der **Hauptauslöser für Blockadeaktionen** des Bundesrates. Dies unterstreicht ihre föderalistische Bedeutung.[203]

98   Im Hinblick auf seinen Sicherungszweck erfasst Art. 105 Abs. 3 GG nach herrschender Meinung nur **materiellrechtliche Regelungen**. Alle verfahrens- und organisationsrechtlichen Bestimmungen unterfallen abschließend Art. 108 GG.[204]

---

[198] Vgl. hierzu BR-Drs. 178/06, S. 20, 48 f.

[199] *Siekmann*, in: Sachs (Hrsg.), Grundgesetz, 5. Aufl. 2009, Art. 105 Rn. 25 ff.

[200] BT-Drs. 12/6000, S. 33.

[201] *Heintzen*, in: v. Münch/Kunig (Hrsg.), Grundgesetz, 5. Aufl. 2003, Bd. 3, Art. 105 Rn. 50; *Maunz* (Fn. 196), Art. 105 Rn. 42.

[202] *Müller-Franken*, in: Berliner Kommentar zum Grundgesetz, Loseblatt, Stand: Dezember 2008, Bd. 3, Art. 105 Rn. 252; *Schmidt*, DÖV 2005, 973 (975); *Stern* (Fn. 2), §46 II. 6.

[203] *Heintzen* (Fn. 201), Bd. 3, Art. 105 Rn. 54 m.w.N. in diesem Sinne; kritisch *Sachs*, VVDStRL 58 (1999), 39 (63); vgl. *Dästner*, ZParl 2001, 290 (296) mit den Zahlen für den Zeitraum von 1981 bis 1999; *Georgii/Borhanian* (Fn. 2), S. 39 für die 14. und die 15. Wahlperiode.

[204] BVerfGE 14, 197 (220 f.); *Heintzen* (Fn. 201), Art. 105 Rn. 55; *Heun* (Fn. 195), Art. 105 Rn. 44; *Siekmann* (Fn. 199), Art. 105 Rn. 11.

Im Gegensatz zu anderen Vorschriften ist es bei Art. 105 Abs. 3 GG nicht möglich, **99**
ein Gesetz in einen zustimmungsfreien- und einen zustimmungsbedürftigen Teil aufzuspalten. Jede Regelung im Sinne von Art. 105 Abs. 3 GG bedarf der Zustimmung des Bundesrates. Das gilt auch für Änderungsgesetze und für die Einführung neuer Steuerarten.[205] Daher können sogar solche Steuergesetze zustimmungsbedürftig sein, die das Steueraufkommen der Länder verbessern[206].

Verbreitet ist die Ansicht, dass Bund und Ländern wegen der umfassenden **100**
Gesetzgebungskompetenz für die „übrigen Steuern" in Art. 105 Abs. 2 GG – mit Zustimmung des Bundesrates[207] – ein allgemeines **Steuererfindungsrecht** zusteht.[208] Obwohl die Finanzverfassung keine Festlegung auf ein bestimmtes Steuersystem enthält, ist der Gesetzgeber jedoch nicht frei, neue oder neuartige Steuern zu erfinden[209]. Wegen der Verteilung des Steueraufkommens kraft Verfassung darf eine Veränderung des Steuersystems nicht dem einfachen Gesetzgeber überlassen bleiben. Insoweit bilden die Art. 105, 106 GG eine abschließende Regelung.[210] Dieses Ergebnis erscheint angesichts des Spielraums, der sich durch die generalisierenden Steuerbezeichnungen ergibt, auch erträglich[211]. Die Frage nach einer Erweiterung des Zustimmungserfordernisses von Art. 105 Abs. 3 GG stellt sich erst gar nicht[212].

b) Aufhebungsgesetze. Umstritten ist, ob auch die Aufhebung von zustimmungsbe- **101**
dürftigen Steuergesetzen zustimmungsbedürftig ist. Einer Auffassung zufolge sei die Zustimmungsbedürftigkeit zu bejahen, wenn durch die Aufhebung die den Ländern zustehende Finanzmasse geschmälert und damit das **System des Finanzausgleichs** zwischen Bund und Ländern aus dem Lot gebracht werde. Dies zeige bereits der Wortlaut von Art. 105 Abs. 3 GG, der generalisierend von „Bundesgesetzen über Steuern" spreche.[213]

---

[205] *Heun* (Fn. 195), Bd. 3, Art. 105 Rn. 44; *Schmidt*, DÖV 2005, 973 (977 ff.); *Antoni*, AöR 113 (1988), 329 (422).

[206] *Lehmann-Brauns* (Fn. 1), S. 342; *Meyer*, Komm. Drs. 12, S. 12.

[207] *Heun* (Fn. 195), Art. 105 Rn. 44; *Brockmeyer* (Fn. 195), Art. 105 Rn. 18.

[208] Vgl. BVerfGE 16, 64 (78 f.) – die Entscheidung ist mittlerweile von BVerfGE 67, 256 überholt; *Brockmeyer*, in: Schmidt-Bleibtreu/Klein, Grundgesetz, 11. Aufl. 2008, Art. 106 Rn. 7; *Heun* (Fn. 195), Art. 106 Rn. 14.

[209] BVerfGE 67, 256 (286); BFHE 141, 369 (372); *Heintzen* (Fn. 201), Art. 105 Rn. 45 f.; *Siekmann* (Fn. 199), Art. 105 Rn. 50; *Jachmann*, in: v. Mangoldt/Klein/Starck (Hrsg.), Grundgesetz, 5. Aufl. 2005, Art. 105 Rn. 32 ff. und *Schwarz* Art. 106 Rn. 17 ff. m.w.N.; *Pieroth*, in: Jarass/Pieroth (Hrsg.), Grundgesetz, 9. Aufl. 2007, Art. 106 Rn. 2 und 12.

[210] BFHE 141, 369 (372); 149, 369; *Schwarz*, in: v. Mangoldt/Klein/Starck (Hrsg.), Grundgesetz, 5. Aufl. 2005, Art. 106 Rn. 17 f.; *Pieroth* (Fn. 209), Art. 106 Rn. 2; *Vogel/Walter*, in: Bonner Kommentar, Grundgesetz, Loseblatt, Stand: Februar 2009, Bd. 11, Art. 105 Rn. 63 ff.

[211] *Stern* (Fn. 2), §46 II. 4. b) a.E.

[212] *Pieroth* (Fn. 197), Art. 105 Rn. 25; *Heintzen* (Fn. 201), Art. 105 Rn. 55.

[213] *Siekmann* (Fn. 199), Art. 105 Rn. 11 und 59; *Maunz* (Fn. 196), Art. 105 Rn. 63.

102 Die **Gegenauffassung** ist der Ansicht, dass die Aufhebung von Zustimmungsgesetzen generell ohne Zustimmung des Bundesrates erfolgen kann[214]. Bei Art. 105 Abs. 3 GG trete hinzu, dass die Norm auch dem Schutz der Rechte des Bürgers diene. Würden diese entlastet, bedürfe es der Absicherung durch den Bundesrat nicht mehr.[215]

103 Für die **Zustimmungsbedürftigkeit** spricht vor allem der Wortlaut von Art. 105 Abs. 3 GG. Hier ist von „Bundesgesetzen über Steuern" die Rede. Angesichts dessen muss für die Herleitung des Zustimmungserfordernisses nicht erst auf den Sinn und Zweck von Art. 105 Abs. 3 GG zurückgegriffen werden. Zwar können die Finanzen der Länder auch durch die Aufhebung eines Steuergesetzes geschmälert werden. Oftmals ist jedoch bei der Aufhebung eines Gesetzes nicht absehbar, ob es tatsächlich zu unmittelbaren Einnahmeverlusten der Länder kommt. Soweit der Rückgriff auf Sinn und Zweck vor dem Hintergrund erfolgt, auch mittelbare Einnahmeverluste zu erfassen, muss dem ohnehin eine klare Absage erteilt werden. Diese Auslegung ist von Art. 105 Abs. 3 GG ersichtlich nicht erfasst.[216]

E. Zusammenfassende Bewertung

104 Neben der misslungenen Neufassung von Art. 84 Abs. 1 und Art. 104a Abs. 4 GG hat die Föderalismusreform auch im Übrigen wenig für die Rückführung der Zustimmungsgesetze getan. So wurde Art. 105 Abs. 3 GG unverändert gelassen, obwohl die Norm für bis zu 30 % aller Zustimmungsgesetze verantwortlich ist.[217] Auch das Blockadepotenzial von Art. 80 Abs. 2 GG besteht unverändert fort[218]. Hinzukommen sind dafür sechs neue Zustimmungstatbestände. Zwar führt dies für sich genommen nicht automatisch zu einer Zunahme von Zustimmungsgesetzen.[219] Es passt jedoch in das Bild einer sich offensichtlichen verfestigenden Verfassungspraxis, dass bei der Änderung des Grundgesetzes falsche Zeichen gesetzt werden.

---

[214] *Masing* (Fn. 4), Art. 77 Rn. 55; *Sannwald* (Fn. 54), Art. 78 Rn. 18; *Pieroth* (Fn. 5), Art. 77 Rn. 5; *Bryde* (Fn. 5), Art. 77 Rn. 22; *Stettner* (Fn. 5), Art. 77 Rn. 14 berufen sich jeweils auf BVerfGE 24, 197 (208 und 219 f.).

[215] *Georgii/Borhanian* (Fn. 2), S. 15 f.

[216] BVerfGE 14, 197 (219 f.); *Brockmeyer* (Fn. 195), Art. 105 Rn. 18; *Heun* (Fn. 195), Art. 105 Rn. 44; *Jachmann* (Fn. 209), Art. 105 Rn. 53; *Lehmann-Brauns* (Fn. 1), S. 342 f.; in diesem Sinne auch *Schmidt*, DÖV 2005, 973 (976); a. A. *Meyer*, Komm. Drs. 13, S. 48.

[217] *Georgii/Borhanian* (Fn. 2), S. 24 und S. 40 f. (Fn. 97, 101, 105 und 109); kritisch *Meyer* (Fn. 8), S. 107 f., 138, 146 ff.

[218] *Meyer* (Fn. 8), S. 108, 137, 149; *ders.*, Stellungnahme 1. Öff. Anhörung, S. 10 f.; *Huber*, Stellungnahme 1. Öff. Anhörung, S. 9.

[219] *Mann* (Fn. 4), Art. 77 Rn. 16; die neu hinzugekommenen Zustimmungstatbestände finden sich in Art. 73 Abs. 2, Art. 74 Abs. 2 (zu Abs. 1 Nr. 27), Art. 104a Abs. 4, Art. 104a Abs. 6 S. 4, Art. 109 Abs. 5 S. 4 und Art. 143c Abs. 4 GG.

Schrifttum

M. Antoni, Zustimmungsvorbehalte des Bundesrates zu Rechtssetzungsakten des Bundes, AöR 113 (1988), S. 329 ff.

C. Dästner, Zur Entwicklung der Zustimmungsbedürftigkeit von Bundesgesetzen seit 1949, ZParl 2001, S. 290 ff.

C. Degenhart, Anmerkungen zum Urteil des Bundesverfassungsgericht über die „Juniorprofessur", RdJB 2005, S. 117 ff.

M. T. Findeisen, Die Neuordnung der Ausgabenverantwortung nach Art. 104a GG vor dem Hintergrund der wirtschaftlichen Situation der Kommunen, ThürVBl. 2006, S. 73 ff.

E. Franssen, Jahresbilanz 2000 des BVerwG, NVwZ 2001, S. 416 ff.

M.-E. Geis/D. Krausnick, Die Neujustierung der Gesetzgebungskompetenzen, in: Konrad-Adenauer-Stiftung (Hrsg.), Der deutsche Föderalismus im Reformprozess, Zukunftsforum Politik Nr. 69, S. 215 ff.

H. Georgii/S. Borhanian, Zustimmungsgesetze nach der Föderalismusreform, Wissenschaftliche Dienste des Deutschen Bundestages, 2006

C. Gusy, Parlamentarischer Gesetzgeber und Bundesverfassungsgericht, 1985

U. Häde, Zur Föderalismusreform in Deutschland, JZ 2006, S. 930 ff.

C. Heitsch, Die Ausführung der Bundesgesetze durch die Länder, 2001

H.-G. Henneke, Bestandsaufnahme der Kommissionsarbeit und Umsetzungsperspektiven für die Föderalismusreform in Deutschland, VBlBW 2005, S. 249 ff.

H. Hofmann, Die Vorschläge der Bundesstaatskommission im Spiegel notwendiger Reformen der Finanzverfassung, in: Konrad-Adenauer-Stiftung (Hrsg.), Der deutsche Föderalismus im Reformprozess, Zukunftsforum Politik Nr. 69, S. 37 ff.

ders., Reformtendenzen im Finanzföderalismus, in: B. Vogel/R. Hrbek/T. Fischer (Hrsg.), Halbzeitbilanz, in: Schriftenreihe des Europäischen Zentrums für Föderalismusforschung, Bd. 23 (2006), S. 47 ff.

P. M. Huber, Klarere Verantwortungsteilung von Bund, Ländern und Kommunen?, in: Verhandlungen des 65. Deutschen Juristentages, herausgegeben von der ständigen Deputation des Deutschen Juristentages, 2004, Bd. I, D 1 ff.

ders., Das Bund-Länder-Verhältnis de constitutione ferenda, in: H.-J. Blanke/W. Schwanengel (Hrsg.), Zustand und Perspektiven des deutschen Bundesstaates, Neue Staatswissenschaften, Bd. 1 (2005), S. 21 ff.

J. Ipsen, Die Kompetenzverteilung zwischen Bund und Ländern nach der Föderalismusnovelle, NJW 2006, S. 2801 ff.

J. Isensee, Der Bundesstaat – Bestand und Entwicklung, in: P. Badura/H. Dreier (Hrsg.), FS 50 Jahre Bundesverfassungsgericht, Bd. 2, 2001, S. 719 ff.

ders., Die dreifache Hürde der Bundeskompetenz „Hochschulwesen", in: M. Brenner/P. M. Huber/M. Möstl (Hrsg.), Der Staat des Grundgesetzes – Kontinuität und Wandel, FS für P. Badura, 2004, S. 689 ff.

A. Janssen, Klarere Verantwortungsteilung von Bund, Ländern und Kommunen?, in: Verhandlungen des 65. Deutschen Juristentages, herausgegeben von der ständigen Deputation des Deutschen Juristentages, 2004, Bd. II/1, P 9 ff.

H. D. Jarass, Allgemeine Probleme der Gesetzgebungskompetenz des Bundes, NVwZ 2000, S. 1089 ff.

W. Kahl, Die Zustimmungsbedürftigkeit von Bundesgesetzen nach Art. 84 I GG unter besonderer Berücksichtigung des Umweltverfahrensrechts, NVwZ 2008, S. 710 ff.

S. Keller, Die Kommunen im Verhältnis zu Bund und Ländern, in: Konrad-Adenauer-Stiftung (Hrsg.), Der deutsche Föderalismus im Reformprozess, Zukunftsforum Politik Nr. 69, S. 101 ff.

F. Kirchhof, Empfehlen sich Maßnahmen, um in der Finanzverfassung Ausgaben- und Ausgabenverantwortung von Bund, Ländern und Gemeinden stärker zusammenzuführen?, in: Verhandlungen des 61. Deutschen Juristentages, herausgegeben von der ständigen Deputation des Deutschen Juristentages, 1996, Bd. I, D 1 ff.

ders., Ein neuer Ansatz zur Reform des Grundgesetzes, ZG 2004, S. 209 ff.

M. Kloepfer, Föderalismusreform und Umweltgesetzgebungskompetenzen, ZG 2006, S. 250 ff.

Kommission zur Modernisierung der bundesstaatlichen Ordnung (Komm.), Arbeitsunterlagen (AU), Kommissionsdrucksachen (Drs.) und Stenographische Protokolle (Steno), abrufbar unter www.bundesrat.de

S. Korioth, Neuordnung der Bund-Länder-Finanzbeziehungen?, ZG 2007, S. 1 ff.

D. Krausnick, Aus dem Rahmen gefallen: Die Hochschulgesetzgebung des Bundes vor dem Aus?, DÖV 2005, S. 902 ff.

R. Lehmann-Brauns, Die Zustimmungsbedürftigkeit von Bundesgesetzen nach der Föderalismusreform, 2008

H. W. Louis, Die Gesetzgebungszuständigkeiten für Naturschutz und Landschaftspflege nach dem Gesetzesentwurf zur Föderalismusreform, ZUR 2006, S. 340 ff.

U. Margedant, Ein bürgerfernes Machtspiel ohne Gewinner, Aus Politik und Zeitgeschichte (APuZ) 13–14/2005, S. 20 ff.

H. Meyer, Die Föderalismusreform 2006, 2008

M. Nierhaus/S. Rademacher, Die große Staatsreform als Ausweg aus der Föderalismusfalle?, LKV 2006, S. 385 ff.

Öffentliche Anhörungen zur Föderalismusreform, abrufbar unter: www.bundestag.de/ausschuesse/a06/anhoerungen/Archiv/index.html

F. Ossenbühl, Die Zustimmung beim Erlaß von Bundesrecht, AöR 99 (1974), S. 369 ff.

H.-J. Papier, Aktuelle Fragen der bundesstaatlichen Ordnung, NJW 2007, S. 2145 ff.

M. Sachs, Das parlamentarische Regierungssystem und der Bundesrat – Entwicklungsstand und Reformbedarf (2. Bericht), VVDStRL 58 (1999), S. 39 ff.

ders., Anmerkung zu BVerfGE 111, 226, EWiR 2004, S. 1087 f.

R. Schmidt, Verfassungsrechtliche Grenzen der Blockadepolitik des Bundesrates zum Nachteil der öffentlichen Haushalte, DÖV 2005, S. 973 ff.

E. Schmidt-Jortzig, Die fehlgeschlagene Verfassungsreform, ZG 2005, S. 16 ff.

ders., Die Entflechtung von Verantwortlichkeiten im Beziehungsgefüge des deutschen Bundesstaates, in: H.-J. Blanke/W. Schwanengel (Hrsg.), Zustand und Perspektiven des deutschen Bundesstaates, in: Neue Staatswissenschaften, Bd. 1 (2005), S. 59 ff.

F. Schoch/J. Wieland, Finanzierungsverantwortung für gesetzgeberisch veranlasste kommunale Aufgaben, 1995

P. Selmer, Die Föderalismusreform – Eine Modernisierung der bundesstaatlichen Ordnung?, JuS 2006, S. 1052 ff.

C. Starck (Hrsg.), Föderalismusreform, 2007

H.-H. Trute, Verwaltungskompetenzen nach der Föderalismusreform, in: F. Hufen (Hrsg.), Verfassungen, FS für H.-P. Schneider, 2008, S. 302 ff.

B. Zypries, Die Föderalismusreform, in: F. Hufen (Hrsg.), Verfassungen, FS für H.-P. Schneider, 2008, S. 323 ff.

§24 Zweite Kammern in Deutschland und Europa: Repräsentation, Funktion, Bedeutung

Roland Sturm

Inhalt

A. Wozu Zweite Kammern? 723
B. Parteienwettbewerb in Zweiten Kammern 728
C. Zweite Kammern im Gesetzgebungsverfahren 734
D. Territorial Politics und die Zukunft Zweiter Kammern 738
Schrifttum 741

A. Wozu Zweite Kammern?

Der Deutsche **Bundesrat** ist in der komfortablen Lage, auf die Frage nach dem Sinn und Zweck seiner Existenz gleich mehrfach antworten zu können. Da ist zunächst der Verweis auf historische Vorläufer, der nicht über-, aber auch nicht unterschätzt werden sollte. Wie die Erfahrung anderer europäischer Länder zeigt, kann schon alleine eine relativ ungebrochene **historische Traditionslinie** einer Zweiten Kammer Anerkennung und Legitimation verschaffen, auch wenn deren Existenzberechtigung mit Verweis auf demokratische oder Effizienzdefizite in Frage gestellt wird. Dies gilt in besonderem Maße beispielsweise für den polnischen Senat oder das britische Oberhaus. Der Bundesrat hat in seinen Selbstdarstellungen gerne die große Linie zum Heiligen Römischen Reich Deutscher Nation bzw. zum Reichstag gezogen.[1] Damit tritt er in Konkurrenz zum US-Senat, wenn es um die Frage der ältesten Zweiten Kammer geht.

Übersehen sollte man bei solchen Vergleichen aber nicht, dass im Unterschied zum amerikanischen Föderalismus die deutsche Vielstaatlichkeit ein entscheidendes

1

2

---

[1] *Funk*, Föderalismus in Deutschland. Von den Anfängen bis heute, 2009; *Reuter*, Praxishandbuch Bundesrat, 2. Auflage 2007, S. 2 ff.

R. Sturm (✉)
Institut für Politische Wissenschaft der Universität Erlangen-Nürnberg, Kochstr. 4/7,
91054 Erlangen, Deutschland
E-Mail: Roland.Sturm@polwiss.phil.uni-erlangen.de

I. Härtel (Hrsg.), *Handbuch Föderalismus – Föderalismus als demokratische Rechtsordnung und Rechtskultur in Deutschland, Europa und der Welt*,
DOI 10.1007/978-3-642-01573-1_26, © Springer-Verlag Berlin Heidelberg 2012

demokratisches Defizit hatte, auch wenn man im amerikanischen Fall Sklaverei und Wahlrechtsbeschränkungen in Rechnung stellt. Demokratie und Föderalismus fanden in Deutschland lange nicht zueinander. Im Bundesrat des **Deutschen Reiches** von 1871, so *Graf Kielmansegg* „war gegen die gesetzgeberischen, vor allem auch gegen mögliche auf Verfassungsänderung zielende Aspirationen des nach demokratischem Wahlrecht gewählten Reichstages Vetomacht des ancien régime institutionalisiert."[2] Der Bundesrat war der Hort derjenigen politischen Kräfte, die der Demokratie skeptisch gegenüber standen mit der fatalen und bis heute nachwirkenden Konsequenz, dass eigenständiger Landespolitik ein berechtigtes Misstrauen entgegenschlug. Hier liegt einer der tieferen Gründe für die erstaunliche Karriere des Topos „Einheitlichkeit der Lebensverhältnisse" in der deutschen Föderalismusdiskussion. Mit der Durchsetzung demokratischer Spielregeln in der **Weimarer Republik** verlor die Länderkammer (der Reichsrat) an Macht. Die dem monarchischen Prinzip verpflichtete Bundesratsidee konnte sich nur noch in der demokratisierten Form der Mitsprache gewählter Länderregierungen behaupten. Hieran knüpfte die Entscheidung für eine Bundesratskonstruktion 1949 an.

3   Nun wurde, auch in Abgrenzung zum zentralstaatlich organisierten Machtmissbrauch der nationalsozialistischen Diktatur, die **vertikale Gewaltenteilung** und damit die Mitsprache der Länder bei der Bundesgesetzgebung, ein effizienter Teil der deutschen Verfassung. Die Verbindung von substaatlicher Territorialität und Mitwirkung an der Gesetzgebung ist alles andere als eine Selbstverständlichkeit, auch in föderalen Staaten. Das Grundgesetz hat mit der Festlegung, dass die Landesregierungen im Bundesrat mitsprechen, dem Bundesrat eine Ausnahmestellung im Reigen der hier betrachteten europäischen Regierungssysteme gegeben. Nirgendwo sonst in der EU (und außerhalb, wie beispielsweise in Südafrika[3], auch nur in abgeschwächter Form) ist so deutlich die Chance eröffnet worden, den **Landesinteressen Stimme und Geltung** zu verschaffen. Der Bundesrat kann hier als Institution etwas leisten, was ansonsten trotz des Vorhandenseins Zweiter Kammern häufig auf Kanäle außerhalb des parlamentarischen Verfahrens, sei es die innerparteiliche Willensbildung, sei es den territorialen Lobbyismus, verwiesen ist, wenn nicht – wie in der Schweiz – mittels Dezentralität und direkter Demokratie die Anforderungen an die territoriale Responsivität der Zweiten Kammer ohnehin schon reduziert wurde.

4   Allerdings kann der Bundesrat als Institution die vertikale Gewaltenteilung nicht ernster nehmen, als ihr gesellschaftlicher Stellenwert ist. Hier treffen wir auf ein Paradox. Während in anderen europäischen Zweikammersystemen das Bewusstsein für regionale Interessenvertretung mittels der Zweiten Kammer und die entsprechenden Möglichkeiten unterentwickelt sein mögen, sind sich diese Zweiten Kammern, man denke an Italien, die Schweiz oder auch Tschechien, aber durchaus ihrer **strategischen Rolle für die Entwicklung der Demokratie** im Lande bewusst. In Deutschland ist dies umgekehrt.

---

[2] *Graf Kielmansegg*, in: Bundesrat (Hrsg.), Vierzig Jahre Bundesrat, 1989, S. 49.

[3] *Mulert*, Die Funktion zweiter Kammern in Bundesstaaten. Eine verfassungsvergleichende Untersuchung des deutschen Bundesrates und des südafrikanischen National Council of Provinces, 2006.

§24 Zweite Kammern in Deutschland und Europa: Repräsentation, Funktion, Bedeutung   725

Die tschechische Verfassung sieht sogar vor, dass der Senat bei Auflösung des 5
Parlaments in der Interimsperiode die Kontinuität des Gesetzgebungsprozesses alleine aufrechterhält. Die vom Senat verabschiedeten Gesetze müssen allerdings bei der ersten Sitzung des neu gewählten Abgeordnetenhauses bestätigt werden. Dem **tschechischen Senat** wird bescheinigt, dass er sich „als Absicherung gegen zweckbestimmte Verfassungsänderungen im Interesse der jeweiligen Regierungskoalition" bewährte.[4] In Deutschland hat sich ein an dem technischen Problem des politischen Entscheidens in einem Mehrebenensystem (EU-Bund-Länder-Kommunen) orientierter Föderalismusbegriff durchgesetzt, der – trotz besserer Partizipationsmöglichkeiten der Länder an zentralstaatlicher Politik als in vielen anderen europäischen Ländern – der demokratietheoretischen Begründung des deutschen Föderalismus wenig Aufmerksamkeit schenkt.[5] Der Bundesrat arbeitet im Rahmen der vertikalen Gewaltenteilung, hat aber große Mühe, diese immer wieder als strategischen Ausgangspunkt und Leitidee des Staatswesens erkennbar werden zu lassen.

Weitere Begründungen für die Bundesratskonstruktion finden sich, obwohl in 6
deutschen Darstellungen des Bundesrates weniger beachtet, in zweierlei Hinsichten, die beide der internationale Vergleich Zweiter Kammern verdeutlichen kann, nämlich bezogen auf das **„sanior pars"-Argument** und auf die Funktion Zweiter Kammern. In der Politikwissenschaft besteht Einigkeit darüber, dass die legitimatorische Basis für Zweite Kammern bzw. einer föderalen Kammer neben dem Parlament in föderalen Regierungssystemen am ausgeprägtesten ist.[6] Für die Zweite Kammer im Föderalismus spricht das Funktionsargument. Im Bundesstaat bedarf es einer Kompetenzaufteilung zwischen dem Bund und seinen Gliedern sowie eines Mitspracherechts Letzterer bei der Willensbildung des Bundes. „Ohne ihre Mitwirkungsmöglichkeiten im Bundesrat", so *Reuter*, „liefen die Länder Gefahr, auf die Funktion ‚höchstpotenzierter Selbstverwaltung' reduziert zu werden, die ihnen schon 1919 bei den Beratungen der Weimarer Verfassung zugedacht war, die sie aber auch damals abwehren konnten."[7]

Der enge sachliche Zusammenhang zwischen einer föderalen Ordnung und der 7
Funktion der territorialen Repräsentation mit Hilfe Zweiter Kammern erlaubt aber weder Vorhersagen über den Modus der Bestellung Zweiter Kammern noch über deren politisches Gewicht. Sowohl die These, je autonomer die Gliedstaaten in einem Föderalstaat organisiert sind, desto stärker (unterstellt man ein Interesse der Mitwirkung der Gliedstaaten an der Bundespolitik) oder desto schwächer (unterstellt man die Bedeutungslosigkeit des Zentrums für die Gliedstaaten) ist die Zweite Kammer,

---

[4] *Vodička*, in: Ismayr (Hrsg.), Die politischen Systeme Osteuropas, 2. Auflage 2004, S. 247 (255).
[5] *Sturm*, Bürgergesellschaft und Bundesstaat. Demokratietheoretische Begründung des Föderalismus und der Föderalismuskultur, 2004.
[6] Vgl. u. a. *Schüttemeyer/Sturm*, Wozu Zweite Kammern? Zur Repräsentation und Funktionalität Zweiter Kammern in westlichen Demokratien, ZParl 1992, 517 (524 f.); *Riescher/Ruß*, in: dies./Haas (Hrsg.), Zweite Kammern, 2000, S. 388.
[7] *Reuter* (Fn. 1), S. 160.

als auch die These, je autonomer die Gliedstaaten sind, desto eher findet eine Direktwahl der Repräsentanten durch das seine **regionale Autonomie** wahrnehmende Staatsvolk statt, sind empirisch nicht nachzuweisen.

8 **Alle föderalen Verfassungen** (mit Ausnahme jener der Komoren[8]) sehen neben der demokratisch-egalitär legitimierten Volkskammer Zweite Kammern vor. Und in sich föderalisierenden Ländern, wie in Spanien oder im Vereinigten Königreich, wächst mit dem politischen Gewicht der substaatlichen Einheiten das Bedürfnis die nach nicht-föderalen Kriterien zusammengesetzten Zweiten Kammern zu reformieren.[9] Dies muss nicht immer erfolgreich sein. Der Preis der Erfolglosigkeit ist ein **Legitimationsdefizit** für die Zweite Kammer, das im spanischen, polnischen, belgischen aber auch im österreichischen Fall immer wieder diskutiert wurde und wird.

9 Zweite Kammern können als **„Chambre de réflexion"** als „sanior pars" in der politischen Entscheidungsfindung wirken. Dies ist heute weniger als früher demokratieskeptisch zu verstehen, also als Korrektiv einer volksgewählten Versammlung, die in der Hitze des politischen Streits zu Übertreibungen, Auslassungen und Ungerechtigkeiten neigt. Ob ein solches Korrektiv notwendig ist, ist umstritten. Dänemark (1953), Schweden (1974) und Island (1991) haben ihre Zweiten Kammern abgeschafft. Schon im 18. und 19. Jahrhundert wurde von Autoren wie *Abbé Sieyes* und *John Stuart Mill* dezidiert die Position vertreten, dass „gute Gesetzgebung" durchaus auch Aufgabe der Ersten Kammer sei und dass man nicht mit dem Versagen der gewählten Kammer eine weitere Kammer begründen sollte. *Abbé Sieyes* brachte dies auf die vielzitierte Formel, dass eine solche weitere Kammer überflüssig sei, wo sie mit dem Parlament übereinstimme und gefährlich, wo sie von ihr abweiche.

10 In der politischen Praxis zeigt sich selbst in einem Regierungssystem wie dem britischen, in dem es nur wenige Widerlager zur Macht des Premierministers gibt und Einparteienregierungen die Regel sind, dass die Parlamentsarbeit im Unterhaus des Korrektivs eines sanior pars bedarf. Trotz der de jure dem Unterhaus im Gesetzgebungsprozess nachgeordneten Position des **Oberhauses**, also der Möglichkeit des Unterhauses, die Einsprüche des Oberhauses letztendlich zu ignorieren, spielt dieses eine oft übersehene wichtige Rolle bei der Sicherung der Qualität der nationalen Gesetzgebung (Tab. 1).

11 Die Begründung der politischen Funktion des Bundesrates mit dem sanior pars-Argument ist mindestens in gleichem Maße stichhaltig. Denn in Deutschland gestaltet sich die politische Entscheidungsfindung durch Koalitionsregierungen, Dauerwahlkämpfe in den Ländern, aber noch mehr durch die dezentrale Implementation der meisten Gesetze weitaus komplizierter und fehleranfälliger als im Vereinigten Königreich. Im Bundesrat geht es für die Länder darum, im Idealfalle das Länderinteresse an effizientem (weil auf die Umsetzung durch die Verwaltung abgestimmtem), bürgernahem und dezentralem Regieren, das seine Begründung im

---

[8] Von 1992 bis 2001 gab es auch hier eine Zweite Kammer.
[9] Vgl. z. B. *Punset*, El senado y las comunidades autonomias, 1987, S. 221 ff.; *Russell*, Reforming the House of Lords. Lessons from Overseas, 2000.

Tab. 1 Ergebnisse der Einsprüche des House of Lords nach der Bedeutsamkeit des jeweiligen Gesetzgebungsvorhabens (1999–2006). (Quelle: *Russell/Sciara*, The Policy Impact of Defeats in the House of Lords, BJPIR 2008, 571 (577))

Bedeutsamkeit der Gesetzgebung	Regierung gewinnt	House of Lords gewinnt	Insgesamt	Erfolge der Lords in %
Gering	27	12	39	30,8
Mittel	60	45	105	42,9
Hoch	77	53	130	40,8
Insgesamt	164	110	274	40,1

Tab. 2 Ergebnisse der Vorbehalte des Bundesrates gegen Gesetzesbeschlüsse des Bundestags (1949–2005). (Quelle: *Reuter* (Fn. 1), S. 706)

A. Versagen der Zustimmung	
Gesetzesbeschlüsse des Bundestages, zu denen der BR seine Zustimmung versagt hat	171
Verkündete Gesetze (z. B. nach anschließendem Vermittlungsverfahren)	99
Nicht verkündete Gesetze	71
B. Einspruch des BR	
Anzahl der Einsprüche	71 (100 %)
Einspruch vom Bundestag zurückgewiesen	59
Einspruch vom Bundestag nicht zurückgewiesen oder nicht behandelt	12 (8,5 %)

Subsidiaritätsprinzip findet, dem „instinktiven Zentralismus" einer nationalen Regierung gegenüberzustellen und in diesem Sinne als sanior pars zu wirken. Die Daten zeigen aber, dass, wenn der Bundesrat seine mahnende Stimme im Gesetzgebungsprozess erhebt, er außerhalb seiner im Grundgesetz garantierten Vetomöglichkeit in begrenzterem Maße als beispielsweise das britische Oberhaus Gehör findet (Tab. 2).

Die Vorbehalte des Bundesrates gegen Gesetzesbeschlüsse des Bundestags bilden allerdings nur einen kleinen Teil dessen ab, was die „Rationalitätsreserve" Bundesrat bewirken kann. Der wichtigere Teil der „Gesetzesverbesserung" findet in den **Ausschüssen des Bundesrates** und auf Beamtenebene statt. Um die Qualität solcher Verbesserungen beurteilen zu können, wären aber Informationen darüber erforderlich, wie das Verhältnis von besserer Anwendbarkeit von Gesetzen durch die Ausschussarbeit und deren inhaltlicher „Überformung" durch die Interessen der auf der Beamtenebene besonders wirksamen und einflussreichen und in den einzelnen Politikfeldern dominierenden „Fachbruderschaften" aussieht, die weniger in der Logik gesamtgesellschaftlicher Anforderungen als vielmehr in derjenigen ihrer jeweiligen Sachpolitik denken.

Dass sich Zweite Kammern in ihrer Regierungspraxis ihrer Rolle als Rationalitätsreserve des Regierens bewusst sind, lässt sich in der Regel auch an der Art und Weise ablesen, wie sie ihre politische Streitkultur organisieren. Nur in Zweiten Kammern, die sich den strengen Regeln der Parteidisziplin der Ersten Kammer bis hin zur parteipolitischen Fraktionsbildung unterwerfen, wie beispielsweise in Österreich, Tschechien oder Italien, ähnelt sich das Selbstverständnis beider Kammern.

Ansonsten finden wir Abstufungen des parteipolitischen Konflikts. Der **Debattenstil**[10] des Bundesrates deutet in die Richtung parteipolitischer Mäßigung, ebenso wie der häufig zu findende Verweis auf die „Sachbezogenheit der Tätigkeit des Bundesrates"[11].

14   Die Frage nach dem „wozu" Zweiter Kammern kann also mit historischen, demokratietheoretischen, funktionalen (im Föderalismus) und sanior pars-Argumenten beantwortet werden. Für den Bundesrat scheint zu gelten, dass die historischen Argumente eine besondere Rolle in Feierstunden spielen, über die funktionalen Argumente wenig nachgedacht wird und die demokratietheoretischen in Vergessenheit geraten sind. Die sanior pars-Argumente spielen eine größere Rolle in der tagespolitischen Praxis des Bundesrates als im Diskurs über seine Aufgaben. Geredet und geschrieben wird in der Politikwissenschaft über Anderes, nämlich vorwiegend den Parteieneinfluss auf den Bundesrat bzw. seine „Extremform", die **parteipolitische „Blockade"**.

B. Parteienwettbewerb in Zweiten Kammern

15   Zweite Kammern sind Teile des Parlaments und damit eine weitere Arena des politischen Wettbewerbs. Der Bundesrat bildet hier eine verfassungsrechtliche Ausnahme. Er ist eines der fünf obersten Bundesorgane. Die Politikwissenschaft misst dieser Besonderheit eine systematische Bedeutung bei,[12] während in der Rechtswissenschaft die Meinung vorherrscht, die Unterscheidung von Bundesrat und Zweiter Kammer sei „rein terminologischer Natur"[13]. Aus der Sicht der Politikwissenschaft fehlt den Mitgliedern des Bundesrates das einen Parlamentarier auszeichnende „freie Mandat". Zum **imperativen Mandat** tritt im Bundesrat noch das Gebot der einheitlichen Stimmabgabe eines jeden Landes, was auch ermöglicht, die Stimme eines Bundesratsmitglieds bei seiner Abwesenheit abzugeben, weil es eben nicht seine persönliche Stimme, sondern die seines Landes ist – undenkbar in einem demokratischen Parlament. Ebenso ungewöhnlich ist, wie der Vergleich zeigt, dass der Bundesrat mit absoluter Mehrheit entscheidet. Eine solche Entscheidungsregel findet sich ansonsten nur noch im belgischen Senat bzw. im tschechischen Senat bei besonders hervorgehobenen Entscheidungen über Krieg und Frieden (Tab. 3).

16   Trotz dieser Besonderheiten ist der Bundesrat nicht immun gegen den **Parteienwettbewerb**. Die Bindung an das Landesinteresse reicht offenbar nicht aus, den Bundesrat aus dem in Zweiten Kammern dominierend gewordenen Einfluss der Parteipolitik herauszuhalten. Ganz gleich, ob es für eine Zweite Kammer eine föderale,

---

[10] Vgl. *Herles*, in: Bundesrat (Hrsg.), Vierzig Jahre Bundesrat, 1989, S. 231 ff.

[11] Mit Beispielen von Aussagen der Ministerpräsidenten *Laufer*, Der Bundesrat. Untersuchungen über Zusammensetzung, Arbeitsweise, politische Rolle und Reformprobleme, APuZ 1972, 3 (22).

[12] Vgl. *von Beyme*, Das politische System der Bundesrepublik Deutschland, 10. Auflage 2004, S. 340.

[13] *Reuter* (Fn.1), S. 55.

§24 Zweite Kammern in Deutschland und Europa: Repräsentation, Funktion, Bedeutung   729

Tab. 3 Zweite Kammern in Europa: Entscheidungsregeln

LAND	Stimmabgabe	Mehrheitsregel	Vetorechte der zweiten Kammer
Irland	Freies Mandat	Relative Mehrheit	Suspensives Veto (mit Ausnahmen)
Schweiz	Freies Mandat	Relative Mehrheit	Absolutes Veto
Vereinigtes Königreich	Freies Mandat	Relative Mehrheit	Suspensives Veto (mit Ausnahmen)
Österreich	Freies Mandat	Relative Mehrheit, aber Anwesenheit eines Drittels der Zweiten Kammer erforderlich	Suspensives Veto Absolutes Veto bei Verfassungsbestimmungen, die die Institution Bundesrat betreffen. 2/3 Mehrheit im Bundesrat erforderlich bei Eingriffen in die Verfassungsrechte der Länder
Niederlande (hier: Erste Kammer genannt)	Freies Mandat	Relative Mehrheit	Absolutes Veto
Frankreich	Freies Mandat	Relative Mehrheit	Suspensives Veto. Absolutes Veto bei Gesetzen, die den Senat betreffen
Spanien	Freies Mandat	Relative Mehrheit	Suspensives Veto. Absolutes Veto bei einer Gesamtrevision der Verfassung (2/3 Mehrheit). Suspensives Veto bei Verfassungsänderungen (3/5 Mehrheit)
Belgien	Freies Mandat	Absolute Mehrheit	Für Verfassungsänderungen (2/3 Mehrheit) und „Sondergesetze" (Regelungen, die die bundesstaatliche Struktur betreffen): absolutes Veto Für begrenzte Politikfelder: Suspensives Veto
Italien	Freies Mandat	Relative Mehrheit	Absolutes Veto
Polen	Freies Mandat	Relative Mehrheit	Suspensives Veto
Tschechien	Freies Mandat	Relative Mehrheit, aber Anwesenheit eines Drittels der Zweiten Kammer erforderlich. Absolute Mehrheit bei Erklärung des Kriegszustandes und Stationierung fremder Truppen. 3/5 Mehrheit bei Verfassungsgesetz	Für begrenzte Politikfelder: absolutes Veto Für begrenzte Politikfelder: Suspensives Veto
Deutschland	Imperatives Mandat	Absolute Mehrheit. Bei Verfassungsänderungen 2/3 Mehrheit	Absolutes Veto bei Gesetzen, die Länderangelegenheiten betreffen. Suspensives Veto

eine ständestaatliche oder eine funktionale Begründung gibt, überall hat sich der Parteienwettbewerb als strukturierendes Element über die Entscheidungsprozesse gelegt. Auch in der Geschichte des Bundesrats stand der Parteienstaat an dessen Wiege. Wie *Niclauß* nachweist, war schon die Entstehungsphase des Bundesrates von parteipolitischem Kalkül geprägt.[14] Zwei Demokratievorstellungen standen sich gegenüber. Zum einen die von der SPD befürwortete „soziale Mehrheitsdemokratie". Damit verbindet sich nach *Niclauß* im Idealfall ein Einkammerparlament, das zu einer weitgehenden sozialen Umgestaltung der Gesellschaft fähig sein sollte. Die SPD verfocht, als die Notwendigkeit eines „zweiten Organs" allgemein anerkannt worden war, eine entsprechend politisch zu denkende Senatslösung.[15] Zum anderen die „konstitutionelle Demokratie", die *Niclauß* als ein **System von checks und balances** definiert, in dem der Bundesrat die Aufgabe hat, den Parteieneinfluss in der Ersten Kammer einzuhegen.

17   Das Bekenntnis zur Aufgabe, den Parteieneinfluss „einzuhegen", stellt weit weniger die Architektur des Bundesrates an sich in Frage als die Aussage, der Parteienwettbewerb sei der Konstruktion des Bundesrates „systemfremd." Letztere ist Ausfluss der sogenannten **„Strukturbruchthese"** Gerhard Lehmbruchs. *Lehmbruch*[16] geht von einem „Strukturbruch" hinsichtlich der Rolle des Bundesrates in der Verfassung aus. Die Bruchlinie verläuft zwischen parteipolitischer und landespolitischer Repräsentation und zwischen den politischen Modi der Interessenwahrnehmung durch Konkurrenz im Parteienwettbewerb und Konkordanz bzw. Mehrheitsbildung und Verhandeln im Verhältnis Bund-Länder. Im Bundesrat stehen sich nach *Lehmbruch* Parteienwettbewerb und Landesdiplomatie unversöhnlich gegenüber, was ursprünglich aber nicht geplant war. *Wilhelm Hennis* hat wegen des scheinbar nicht zu beherrschenden Problems der „Parteipolitisierung des Bundesrates" diesen als Institution in Frage gestellt. Er argumentierte: „Wenn wir eine Föderalismusdebatte führen wollen, dann doch bitte die richtige. Nicht über den Föderalismus überhaupt, sondern über die genauere Frage, ob nicht der Bundesrat – als Vertretung der Landesregierungen – ein Relikt des monarchischen Obrigkeitsstaats ist. Dieses Organ ist demokratisch kaum zu rechtfertigen und inzwischen das eigentliche Scharnier eines sich selbst blockierenden Parteienstaats."[17]

18   Der Gegensatz Parteieninteressen-Länderinteressen erweist sich in der empirischen Analyse als zu grobschlächtig und verwischt die Tatsache, dass der Parteienstaat der größere Rahmen ist, der aber Entscheidungen entlang der Linie von Landesinteressen nicht ausschließt. Je unterschiedlicher diese werden, desto mehr reagiert die parteienstaatliche Entscheidungslogik auf Landesspezifika bis hin zu einer stärkeren programmatischen und organisatorischen Ausdifferenzierung und

---

[14] Vgl. *Niclauß*, Parlament und Zweite Kammer in der westdeutschen Verfassungsdiskussion von 1946 bis zum parlamentarischen Rat, ZParl 2008, 595 ff.

[15] Vgl. *Morsey*, in: Bundesrat (Hrsg.), Der Bundesrat als Verfassungsorgan und politische Kraft, 1974, S. 63 ff.

[16] Vgl. *Lehmbruch*, Parteienwettbewerb im Bundesstaat. Regelsysteme und Spannungslagen im Institutionengefüge der Bundesrepublik Deutschland, 3. Auflage, 2000.

[17] *Hennis*, Auf dem Weg in den Parteienstaat, 1998, S. 159.

Pluralisierung nun wiederum auch der nationalen Parteiorganisationen. In diesem Zusammenhang erweist sich die Modifikation als hilfreich, die *Niclauß* an der Strukturbruchthese vornimmt. Er formuliert die *Lehmbruchsche* Formel vom Bundesrat als „Widerlager zur Parteipolitik" in ein **„Widerlager in der Parteipolitik"**[18] um. Ob der Bundesrat ein solches Widerlager sein sollte, bleibt bis heute umstritten – auch wenn ein völlig parteiferner Bundesrat bloßes Wunschdenken bleiben muss.

Zu einem Teil parteifern war er aber immer, wie *Münch* argumentiert. Sie sieht die Einstellung einzelner Landesregierungen bestimmt durch deren Verantwortung „gegenüber der Wahlbevölkerung in ihrem Land, aber auch durch ein phasenspezifisch unterschiedlich großes Bedürfnis der Landespolitiker, sich gegenüber der im Bund regierenden eigenen Bundespartei zu profilieren."[19] Heute ist die Voraussetzung für ein Wiedererstarken autonomer Länderinteressen im Bundesrat, neben nicht zu unterschätzender landesspezifischer Betroffenheit, vor allem eine weitere **Föderalisierung und Pluralisierung des deutschen Parteiensystems**. Hierfür gibt es durchaus Anzeichen, sowohl was die Unterschiede der Parteiensysteme in den Ländern als auch was innerparteiliche Differenzen betrifft, z. B. hinsichtlich möglicher Koalitionen mit den Grünen (CDU/CSU) oder der Linkspartei (SPD) oder inhaltlicher Art beispielsweise bezogen auf Fragen der Sozial-, Gesundheits-, Industrie- oder Arbeitsmarktpolitik.[20] *Detterbeck* und *Renzsch* kommen zu dem Ergebnis: „Seit den 1990ern lässt sich eine Tendenz zu einer verstärkten politischen Autonomie der Landesverbände der Parteien in Bezug auf ihre elektoralen Strategien, ihre sachpolitischen Orientierungen und die Wahl ihrer Koalitionspartner feststellen."[21]

19

Im internationalen Vergleich Zweiter Kammern ist die Rolle, die territoriale Politik im Bundesrat spielt, eine große Ausnahme. Niemand sucht in anderen Ländern nach Widerlagern zur Parteipolitik. Allenfalls ist die dauerhafte einseitige parteipolitische Prägung der Zweiten Kammer ein Ärgernis für die dortigen parteipolitischen Minderheiten. Sanior pars wurde in den Fällen einseitiger **parteipolitischer Dominanz** meist als konservativ interpretiert[22], und durch den Wahlmodus der Zweiten Kammer wurde diese Orientierung abgesichert. Besonders ausgeprägt war die konservative Dominanz im britischen Oberhaus bis zu seiner Reform im Jahre 1999. Hier haben die Reduktion der Zahl der Erblords und die Ernennungspraxis der Regierungen *Blair* und *Brown* inzwischen dazu beigetragen, dass keine der beiden großen Parteien mehr eine automatische Mehrheit in der Zweiten Kammer hat. Anders ist

20

---

[18] *Niclauß* (Fn. 14), 610.

[19] *Münch*, in: Derlien/Murswieck (Hrsg.), Regieren nach Wahlen, 2001, S. 133 (140).

[20] *Schmid*, Die CDU. Organisationsstrukturen, Politiken und Funktionsweisen einer Partei im Föderalismus, 1990; *Schmid/Blancke*, Arbeitsmarktpolitik der Bundesländer. Chancen und Restriktionen einer aktiven Arbeitsmarktpolitik im Föderalismus, 2001.

[21] *Detterbeck/Renzsch*, in: Jun/Haas/Niedermayer (Hrsg.), Parteien und Parteiensysteme in den deutschen Ländern, 2008, S. 39 (52). Vgl. auch *Hildebrandt/Wolf* (Hrsg.), Die Politik der Bundesländer. Staatstätigkeit im Vergleich, 2008.

[22] *Vatter*, Politische Institutionen und ihre Leistungsfähigkeit. Der Fall des Bikameralismus im internationalen Vergleich, ZParl 2002, 125 (126).

21 dies immer noch im Falle des ebenfalls konservativ dominierten französischen Senats.[23] Hier sorgt ein Wahlsystem, das den Repräsentanten der Gebietskörperschaften eine zentrale Rolle einräumt, bisher dafür, dass das traditionsbewusste ländliche, in zahlreiche kleine Gemeinden zergliederte Frankreich eine Stimme hat.

21 Der Grad der Parteipolitisierung ist unabhängig von dem vorzufindenden Repräsentationsprinzip der Zweiten Kammer und von ihrem Wahlmodus. Mit dieser Feststellung verbinden sich zwei wichtige Sachverhalte im Hinblick auf eine eventuelle Reform des Bundesrates hin zu einer stärkeren Parlamentarisierung.[24] Erstens: Für den Wahlmodus zur Bestellung der Mitglieder einer durch den Parteienwettbewerb geprägten Zweiten Kammer gilt, dass dieser von demjenigen der Ersten Kammer deutlich entkoppelt werden muss, um eine **Verdoppelung der Repräsentation** der Ersten Kammer möglichst auszuschließen. Variieren können Wahltermine, Wahlsysteme und es kann nur eine Teilerneuerung statt einer Vollerneuerung der Zweiten Kammer erfolgen. Besonders wichtig ist die Variation von Wahlsystemen, wenn am gleichen Tag die Erste und die Zweite Kammer gewählt werden und die Zweite Kammer, wie im italienischen bicameralismo perfetto, der Ersten in der Gesetzgebungsarbeit völlig gleichgestellt ist, d. h. auch jegliche Gesetzgebung blockieren kann.

22 Zweitens, das **Senatsprinzip**, also die gleiche Vertretung aller Teilterritorien in der Zweiten Kammer, hat sich in Europa trotz der Parlamentarisierung der Zweiten Kammern, kaum durchgesetzt. Alle Länder, außer der Schweiz, bevorzugen eine gemäßigte Form des Bundesratsprinzips, sofern sie sich überhaupt um territoriale Repräsentation bemühen oder diese nicht nur als einen Faktor unter anderen betrachten (wie in Spanien oder Belgien). Das Spektrum reicht hier von der polnischen Orientierung an relativ geringen Abweichungen von der gleichen Repräsentation der subnationalen Einheiten bis hin zu den deutlicheren Stimmenspreizungen bei der Repräsentation der Länder in Deutschland und Österreich.

23 In Deutschland ist die Reform des Bundesrates und der Übergang zu einem Senatssystem zum einen mit der Tatsache, dass dieses bei den Grundgesetzberatungen schon einmal in der Diskussion war, und zum anderen mit dem Hinweis darauf, dies trüge der unvermeidlichen Parteipolitisierung des Bundesrates Rechnung, begründet worden. Der **Übergang zum Senatsprinzip** verbunden mit der Wahl der Senatoren würde zwar den Bundesrat in seiner Arbeitsweise den Zweiten Kammern anderer Länder angleichen. Und auf der Basis von Wahlen in den Ländern ließe sich sicherlich eine Kammer bilden, deren parteipolitische Zusammensetzung von der Ersten Kammer abweicht. Auch ließe sich mit der einmaligen Senatswahl der Dauerwahlkampf in den Ländern beenden und den Ministerpräsidenten die bundespolitische

---

[23] Zu den „Konservativen" in diesem Sinne, zählten nach 1962 zunächst nicht die Gaullisten, sondern die Christdemokraten und das Zentrum. *Kempf*, Das politische System Frankreichs, 4. Auflage, 2007, S. 151 ff.; *Mastias*, in: Mastias/Grangé (Hrsg.), Les secondes chambres du parlement en Europe occidentale, 1987, S. 215 ff.

[24] *Sturm*, Vorbilder für eine Bundesratsreform? Lehren aus den Erfahrungen der Verfassungspraxis Zweiter Kammern, ZParl 2002, 166 ff.

Bühne nehmen. Es ist allerdings fraglich, ob der Bundesrat auf diesem Weg zu einer „echten" Zweiten Kammer nicht mehr verlieren als gewinnen würde.[25]

Im Bundesrat spielt **Territorialität** eine wichtige Rolle und damit auch das Demokratie sichernde Prinzip der vertikalen Gewaltenteilung. Es steht also ein Legitimationsgrund auf dem Spiel, wollte man die auch vom früheren Präsidenten des Bundesverfassungsgerichts, *Hans-Jürgen Papier*, befürwortete Trennlinie zwischen den staatlichen Organen in Bund und Ländern ziehen und den Bundesrat durch einen Senat ersetzen.[26] Dies ist auch der Haupteinwand gegen die von *Wagschal* und *Grasl* vorgeschlagene modifizierte Senatslösung. Sie sieht vor, jedem Ministerpräsidenten im Bundesrat eine Stimme zu geben und den Bundesrat mit relativer Mehrheit entscheiden zu lassen.[27] Ein weiterer Legitimationsgrund, dessen Wegfall durch die Einführung eines Senats auch *Papier* für problematisch hält, ist die sanior pars-Rolle des Bundesrates mit Blick auf die Gesetzesoptimierung im Felde der öffentlichen Verwaltung. „Am schwersten", so *Papier*, „würde wohl wiegen, dass die Erfahrung und der Sachverstand der Landesexekutiven von der Bundesgesetzgebung abgekoppelt würde."[28]

Zwischen den Extremen der Abschaffung einer Zweiten Kammer bzw. ihrer Parlamentarisierung liegen strategische Möglichkeiten der Modifikation ihrer Entscheidungsregeln. Hier fällt auf, dass das Erfordernis absoluter Mehrheiten für Entscheidungen im Bundesrat eine im internationalen Vergleich ungewöhnlich hohe Hürde bildet. Vielerorts war im Zusammenhang mit der Diskussion um eine „Entblockierung" des Bundesrates bzw. eine größere Handlungsfähigkeit der Bundesregierung der Vorschlag zu hören, man solle für Bundesratsentscheidungen von einer absoluten zu einer relativen Mehrheit übergehen.[29] Dieser Vorschlag ist aus mehreren Gründen problematisch. Erstens funktioniert er nicht. Es lässt sich empirisch belegen, dass der Übergang zu relativen Mehrheiten auch zu Oppositionsmehrheiten führen kann, also das erstrebte „Durchregieren" der Regierungskoalition nicht automatisch möglich wird.[30] Die kritische Variable sind die **„verstummten Länder"**, die sich der Stimme enthalten, weil sich die Koalitionspartner in diesen Ländern nicht auf eine einheitliche Stimmabgabe im Bundesrat einigen können. Enthaltungen zählen als Nein-Stimmen. Dies impliziert aber, Bundesratsblockaden entstehen nicht nur, wenn die Regierung, sondern auch, wenn die Opposition eine bloß relative Mehrheit im Bundesrat hat (Tab. 4).

---

[25] *Sturm*, Der Bundesrat im Grundgesetz: falsch konstruiert oder falsch verstanden?, Jahrbuch des Föderalismus 2009, 137.

[26] Vgl. *Papier*, in: Staatsanzeiger vom 17.11.2003, S. 3. (Rede von *Hans-Jürgen Papier* zum 50-jährigen Bestehen der Landesverfassung von Baden-Württemberg)

[27] *Wagschal/Grasl*, Die modifizierte Senatslösung. Ein Vorschlag zur Verringerung von Reformblockaden im deutschen Föderalismus, ZParl 2004, 723 (752).

[28] *Papier* (Fn. 26).

[29] Zum Beispiel: Bertelsmann-Kommission „Verfassungspolitik & Regierungsfähigkeit, Entflechtung 2005, 2000, S. 30 f.

[30] Vgl. *Sturm*, in: Bertelsmann-Kommission „Verfassungspolitik & Regierungsfähigkeit" (Hrsg.): Institutionelle Entflechtung in Zweiten Kammern, 2002, S. 25 (41).

Tab. 4 „Verstummte Länder" im Bundesrat

JAHRE	ZAHL DER LÄNDER	In % der LÄNDER
1990–1994	5	31,25
1994–1998	5	31,25
1998–2002	5	31,25
2002–2005	6	37,50

26 Den in parteipolitischen Konfliktfällen „verstummten Ländern" könnte dann wieder ihre Stimme zurückgegeben werden, wenn die Vorschrift des Grundgesetzes (Artikel 51(3)), dass nämlich die Stimmen eines Landes „nur einheitlich" abgegeben werden können, dem heute im Bundesrat faktisch vorherrschenden doppelten Repräsentationsmodus von Parteiinteressen und Landesinteressen angepasst würde. Das würde heißen, eine an koalitionspolitischen Konstellationen ausgerichtete **geteilte Stimmabgabe** auf Länderebene zuzulassen. Das impliziert auch, die Aufteilung der Landesstimmen im Bundesrat zum Gegenstand des Koalitionsvertrags zu machen, wie dies auch heute schon im Bezug auf den Bundesrat für die Vereinbarung einer Stimmenthaltung bei abweichenden Positionen der Koalitionspartner der Fall ist. Eine solche Vereinbarung ist mechanischen Modellen der Aufteilung der Stimmen eines Landes im Bundesrat (wie erreichter Wählerstimmenanteil oder Anteil der Kabinettssitze), die auch an mathematische Grenzen stoßen, vorzuziehen.[31]

27 Wichtig am Ende ist: Das Land spricht wieder im Bundesrat, wenn auch nicht (immer) mit einer Stimme. In keiner anderen Zweiten Kammer Europas wird durch „Enthaltungspolitik" die **Repräsentationsfunktion** der Zweiten Kammer so eingeschränkt, wie dies heute im Bundesrat der Fall ist. Ca. ein Drittel der Länder waren zwischen 1990 und 2005 potentiell ohne wirksame Vertretung im Bundesrat. Diese Art der unfreiwilligen Selbstbeschränkung steht im eklatanten Widerspruch, zu der im Vergleich zu Zweiten Kammern in Europa herausgehobenen Stellung des Bundesrates im nationalen Gesetzgebungsprozess, zumindest wenn man dessen Vetomöglichkeiten beachtet, die nur noch vom italienischen Senat, wo diesen auch eine in der Tagespolitik hohe Bedeutung zukommt, und dem Schweizer Ständerat, sowie der niederländischen Ersten Kammer übertroffen werden.

C. Zweite Kammern im Gesetzgebungsverfahren

28 Die Rolle von Zweiten Kammern im Gesetzgebungsverfahren ist von jüngsten Studien in der Politikwissenschaft vor allem unter zwei Aspekten betrachtet worden. Erstens wurde gefragt, ob Zweite Kammern als **„Vetospieler"** zu betrachten sind, die entweder Gesetze verhindern oder zumindest einen retardierenden oder mäßigenden Einfluss auf Gesetzgebung haben. Aufgrund theoretischer Überlegungen wurde geschlossen, dass Zweite Kammern den Erhalt des Status Quo befördern, Reformpolitik erschweren und die institutionelle Autonomie nichtparlamentarischer Entscheider,

---

[31] Vgl. *Wagschal/Grasl* (Fn. 27), 746.

wie der Verwaltung und der Justiz aufgrund ihrer relativen Unabhängigkeit von parlamentarischen Entscheidungsprozessen erhöhen.[32] In diesem Zusammenhang wurden auch weitgehende Annahmen eingeführt, was das Zusammenspiel Erster und Zweiter Kammer betrifft. So wurde vermutet, dass Zweite Kammern in nicht föderalen politischen Systemen vor allen Dingen durch ihr Ansehen (auctoritas) wirken, während Zweite Kammern in föderalen politischen Systemen die Möglichkeiten stärker nutzen, die ihnen machtpolitisch im Rahmen der Konfliktschlichtungsmechanismen bei von den Entscheidungen der Ersten Kammer abweichenden Positionen zur Verfügung stehen (potestas). Mit letzterem verbunden wurde die Hypothese, dass die Häufigkeit der Befassung mit Konfliktschlichtungswegen (im Navette-Verfahren und/oder beispielsweise einem Vermittlungsausschuss) den Einfluss der Zweiten Kammer auf das Ergebnis von Gesetzgebung erhöht.[33]

Die zweite Frage, die bezüglich des Einflusses Zweiter Kammern auf das Gesetzgebungsverfahren untersucht wurde, bezieht sich auf die Qualität der Politikergebnisse. Knapp formuliert: Wenn Zweite Kammern durch ihre Mitsprache im Gesetzgebungsverfahren Entscheidungen in der Regel verlangsamen, verbessern sie diese dann wenigstens, oder sind sie nur eine **„chambre de démolition"**[34]? Effizienz- und Qualitätsfragen sind in abstrakter Form ohne Offenlegung von Maßstäben schwer zu beantworten. Die vermuteten Zusammenhänge deuten wieder in die Richtung, die auch schon die Überlegungen zur „Vetoposition" der Zweiten Kammern nahe legen. Zweite Kammern gelten als Hemmschuh gegen einen Ausbau des Wohlfahrtsstaats und gegen politische Zentralisierung. Weitergehende Konsequenzen der Mitwirkung Zweiter Kammern bei der Gesetzgebung werden von einigen Autoren bestritten. *Adrian Vatter* argumentiert: „Bikamerale Strukturen schränken die Macht der Regierung im Vergleich zum Parlament nicht stärker ein als unikamerale Systeme, sie führen zu keiner höheren Stabilität des politischen Systems, sie erreichen keine höhere Qualität der Demokratie und begünstigen auch keine besseren ökonomischen Systemleistungen."[35]

(1) Wie ein Weberschiffchen auf dem Webstuhl hin-und hergleitet, wird im **Navetteverfahren** ein Gesetz zwischen Erster und Zweiter Kammer so lange hin-und hergereicht bis die beiden Kammern zu einem einvernehmlichen Ergebnis gekommen sind.

Diese meist auf der Grundlage eines quantitativen Vergleichs mit statistischen Methoden, wie der Regressionsanalyse, gewonnenen Thesen blenden zum einen Bewertungsfragen und zum anderen die Besonderheiten der Fälle in ihren Kontexten weitgehend aus. Verfassungstheoretiker haben normative Antworten auf die Rolle von Zweiten Kammern im Gesetzgebungsprozess zu geben versucht. Für *Giovanni*

---

[32] *Tsebelis*, in: Wagschal/Rentsch (Hrsg.), Der Preis des Föderalismus, 2002, S. 295 ff.; *Miller/Hammond/Kile*, Bicameralism and the Core, LSQ 1996, 83 ff.

[33] *Money/Tsebelis*, Cicero's Puzzle: Upper House Power in Comparative Perspective, IPSR 1992, 25 ff.

[34] *Mastias* (Fn. 23), S. 215 (226).

[35] *Vatter* (Fn. 22), S. 143.

Sartori ist eine Konstruktion zweier gleichstarker Kammern schlicht eine Fehlentscheidung („bad bicameralism").[36] In einem föderalen Staat allerdings fordert er eine **starke Zweite Kammer**. Er findet eine nach seiner Meinung in diesem Sinne hervorragende Lösung in der Konstruktion des Deutschen Bundesrates: „All in all, it is Germany, it seems to me, that shows how federal bicameralism can best be amalgamated with a parliamentary system."[37] Auch andere ausländische Kommentatoren hegen keinen Zweifel, dass Konflikte zwischen Bundestag und Bundesrat dieses Idealbild nicht stören, auch wenn gelegentlich fälschlicherweise unterstellt wurde, das Bundesverfassungsgericht sei eine Art permanenter Schiedsrichter.[38]

32   In Deutschland selbst wurde die Rolle des Bundesrates im Gesetzgebungsprozess weit kontroverser diskutiert. Es wurde zwar nicht argumentiert, dass dessen Mitwirkung zu politisch einseitigen Ergebnissen führe, wie von quantitativen Vergleichsstudien angenommen. Eingeräumt wurde aber die Verlangsamung des Gesetzgebungsprozesses durch den Bundesrat und der Zwang zu einer **„informellen großen Koalition"**[39] der Regierungs- und Oppositionsparteien, die Entscheidungen häufig erst ermögliche. Nicht zuletzt findet diese „informelle Koalition" einen Ort im Vermittlungsausschuss. Die Zahl von ca. 60 % der Gesetze, die in der Vergangenheit zustimmungspflichtig waren, wurde als Gefahr interpretiert, so als ob der Bundesrat automatisch jede Möglichkeit zur Blockade wahrnehmen würde. Dass dies empirisch nicht zutraf und dass wir uns im Bereich von drei bis maximal sechs Prozent der Gesetzesvorhaben bewegten, die tatsächlich blockiert wurden (und dies auch nur bei entsprechender Stärke und Geschlossenheit der Opposition im Bundesrat, die auf die Zeit in den 1970er Jahren beschränkt blieb und dann erst wieder seit den 1990er Jahren häufiger gegeben war), wurde in der Diskussion weniger beachtet. Die Föderalismusreform I setzte sich in Übereinstimmung mit der quantitativen Problemsicht das Ziel, die Zahl der zustimmungspflichtigen Gesetze zu begrenzen, vor allem durch eine Reform des Artikel 84 GG.

33   Aus Bundessicht ist die **Reform des Artikels 84 GG** ganz zentral für die Effizienz des Gesetzgebungsverfahrens: „Mit der Halbierung der Zustimmungsfälle auf ein Viertel der Bundesgesetze wird der Deutsche Bundestag wieder in die Rolle des effektiven Bundesgesetzgebers einrücken und den Vermittlungsausschuss in die von der Verfassung eigentlich zugewiesene Reservefunktion verweisen. Die Länder haben wieder das letzte Wort in der Ausgestaltung des ihnen obliegenden verwaltungsmäßigen Vollzugs der Bundesgesetze. Die Bundespolitik wird wieder von Bundespolitikern gemacht; die Länder sind wieder stärker auf Mitwirkung (Hervorhebung im Original) an der Bundesgesetzgebung und eigene Gestaltungsrechte in den Ländern selbst verwiesen. Das zentrale Reformziel ist damit erreicht. Durch die Änderung des Artikels 84 GG wird das Verhältnis von Bundestag und Bundesrat wieder in das von den Verfassungsvätern intendierte Gleichgewicht gebracht und

---

[36] *Sartori*, Comparative Constitutional Engineering. An Inquiry into Structures, Incentives and Outcomes, 2. Auflage, 1997, S. 187.

[37] *Sartori* (Fn. 35), S. 189.

[38] So *Sharman*, in: Bakvis/Chandler (Hrsg.), Federalism and the Role of the State, 1987, S. 82 (87).

[39] *Schmidt*, in: Colomer (Hrsg.), Political Institutions in Europe, 2. Auflage, 2002, S. 57 ff.

im Ergebnis sowohl der Bund, als auch die Länder gestärkt."[40] Die Länder sahen dies weit weniger euphorisch und betonten vor allem, dass sich nun leichter eine bürgernahe Verwaltungsrealität verwirklichen ließe.[41]

Auch wenn genaue Zahlen umstritten bleiben, scheinen sich die Hoffnungen der Reformer insofern zu bestätigen, dass in der Tat weniger Gesetze zustimmungspflichtig sind. Retrospektiv für die 14. Wahlperiode wurde eine Reduktion der Zustimmungspflicht von 55,2 % der Gesetze auf 25,8 % berechnet bzw. für die 15. Wahlperiode von 51 % auf 24 %.[42] *Horst Risse*[43] hat in einer vorläufigen Bilanz entsprechende Erwartungen für die zukünftige Gesetzgebung etwas nach oben korrigiert, bleibt aber dabei, dass sich eine Abnahme der zustimmungspflichtigen Gesetze beobachten lasse. Er konstatiert aber auch, dass es im Bereich des Steuer- und Finanzrechts bei der Zustimmungsbedürftigkeit geblieben ist, was durchaus auch von statistischer Bedeutung sei. Dieser Befund lässt sich verallgemeinern. Nicht dass Gesetzesvorhaben zustimmungspflichtig sind, ist für die Rolle des Bundesrates im Gesetzgebungsprozess entscheidend, sondern dass dies wichtige Vorhaben – im Sinne von politisch umstrittenen mit hohem öffentlichem Profil – sind. Und in dieser Beziehung hat sich nach der **Föderalismusreform I** wenig geändert. *Höreth* konstatiert, dass „in ‚konfliktiven' Politikfeldern, in denen es [...] zu [...] Uneinigkeit zwischen der Regierungsmehrheit im Bund und einer oppositionellen Mehrheit im Bundesrat kommen kann, die zum Missbrauch der Zweiten Kammer als parteipolitisch genutztes Blockadeinstrument führt, die Föderalismusreform keine Blockade lösenden Wirkungen entfalten kann."[44]

34

Die Mechanik der Föderalismusreform zeigt auch ihre offene Flanke. Quantitative Antworten können auf qualitative Probleme nicht gefunden werden. Und das qualitative Problem, das sich aus der wichtigen Rolle des Bundesrates bei der Gesetzgebung ergibt, ist mehr als ein **Gesetzgebungsproblem**. Die Art und Weise der Aufgabenerledigung, sowohl was die Einnahmen- als auch was die Ausgabenseite im deutschen Föderalismus betrifft, entscheidet über das Blockadepotential des Bundesrates. Blockiert der Bundesrat, tut er dies in Wahrnehmung der Möglichkeiten, die ihm der deutsche Föderalismus in seiner heutigen eng verflochtenen Gestalt einräumt. Und er kann auch sanior pars-Argumente („Schadensbegrenzung") legitimatorisch ins Feld führen.

35

---

[40] *Röttgen/Boehl*, in: Holtschneider/Schön (Hrsg.), Die Reform des Bundesstaates, 2007, S. 17 (34 f.)

[41] Vgl. *Rauber*, in: Holtschneider/Schön (Hrsg.), Die Reform des Bundesstaates, 2007, S. 36 ff.

[42] Vgl. *Georgii/Borhanian*, Zustimmungsgesetze nach der Föderalismusreform, 2006. Kritisch dazu mit höheren Werten (30–40 %) *Burkhart/Manow*, Was bringt die Föderalismusreform? Wahrscheinliche Effekte der geänderten Zustimmungspflicht, 2006.

[43] *Risse*, Zur Entwicklung der Zustimmungsbedürftigkeit von Bundesgesetzen nach der Föderalismusreform 2006, ZParl 2007, 707 ff. Mit ähnlichen Ergebnissen *Höreth*, Zur Zustimmungsbedürftigkeit von Bundesgesetzen. Eine kritische Bilanz nach einem Jahr Föderalismusreform I, ZParl 2007, 712 ff.

[44] *Höreth*, in: Jahrbuch des Föderalismus 2008, 139 (156).

36   Inzwischen wird das sanior pars-Argument ausgedehnt auf die **Leistungsfähigkeit von Regierungssystemen.** So vermutete *William Riker* schon 1992, dass Zweite Kammer-Entscheidungen in der Politik maßgeblich für den Erfolg von Regierungen sind, weil durch deren Mitwirkung vom Wählerwillen abweichende Entscheidungen weitgehend vermieden werden können.[45] *König* hat für den deutschen Fall Ähnliches festgestellt: „Im Vergleich zur Situation in der Einspruchsgesetzgebung, die dem unikameralen Handlungsspielraum des Bundestags entsprechen würde, fällt [...] der bikamerale Handlungsspielraum geringer aus. Zwar bestätigt dieser Vergleich die höhere Blockadegefahr im deutschen Zweikammersystem, doch werden auch die externen Kosten der unikameralen Entscheidungsfindung höher liegen, da die Politikalternativen der Bundesratsakteure keine Berücksichtigung finden müssen."[46] Mit anderen Worten und analog zu *Riker*, auch in Deutschland sorgt der Bundesrat für das Maß an Mäßigung, das den **Präferenzen der politischen Mitte** Geltung verschafft.

D. Territorial Politics und die Zukunft Zweiter Kammern

37   Zweite Kammern sind für Regierungen unbequem, insbesondere dann, wenn sie nicht durch eine parteipolitische Überformung bzw. faktische oder verfassungsrechtliche Machtlosigkeit gezähmt sind. Und selbst solche Zweite Kammern weisen erfolgreich auf ihre **deliberative Funktion** hin (chambre de réflexion). Auch wenn sie aus historischer Perspektive gelegentlich wie Relikte einer überholten Verfassungswirklichkeit scheinen, ist gerade die historische Funktion Zweiter Kammern heute moderner denn je. Die Schule der deliberativen Demokratietheorie, die sich in erster Linie an den Schriften von *Jürgen Habermas* orientiert, zielt auf die breite Beteiligung aller Interessen, die Möglichkeit zum herrschaftsfreien Diskurs, die Orientierung an Argumenten und offener Beratung.[47]

38   Wenn es in der Politik einen solchen Ort geben kann, in dem außerhalb der Hektik des Medienrummels und der Tagespolitik Argumente eine gewisse Chance haben, in Ruhe gehört und abgewogen zu werden, so ist dies die Zweite Kammer und gelegentlich auch ein Vermittlungsausschuss. Je machtloser die Zweite Kammer ist, desto mehr muss sie auf Deliberation vertrauen. Der deutsche **Vermittlungsausschuss** wurde als Ort der „institutionalisierten Konfliktbearbeitung durch politische Deliberation" bezeichnet, als „verkleinerte, elitäre" Institution, als eine „Spielart der aus Qualitäts- und Effizienzerwägungen gespeisten ‚aristokratischen' Deliberation".[48] Jenseits dieser Rhetorik bleibt der bemerkenswerte Befund, dass

---

[45] *Riker*, The Justification of Bicameralism, IPSR 1992, 101 ff.

[46] *König*, Politikverflechtungsfalle oder Parteienblockade? Das Potential für politischen Wandel im deutschen Zweikammersystem, Staatswissenschaften und Staatspraxis 1997, 135 (154).

[47] Einführend *Schmidt*, Demokratietheorien, 4. Auflage, 2008, S. 236 ff.

[48] *Lhotta*, in: Holtmann/Voelzkow (Hrsg.), Zwischen Wettbewerbs- und Verhandlungsdemokratie. Analysen zum Regierungssystem der Bundesrepublik Deutschland, 2000, S. 79 (88 f.).

Tab. 5 Zweite Kammern in Europa: Repräsentation und Rolle in der Gesetzgebung

LAND	Repräsentations-prinzip	Wahlmodus	Konfliktschlichtung
Irland	Ständevertretung	Indirekt	Erste Kammer überstimmt Zweite
Schweiz	Senatsprinzip	Direkt	Navetteverfahren (1) und ad-hoc Vermittlungsausschuss
Vereinigtes Königreich	Meritokratisch und Reste der Ständevertretung	Ernennung	Erste Kammer überstimmt Zweite
Österreich	Bundesratsprinzip	Indirekt	Erste Kammer überstimmt Zweite
Niederlande	Bundesratsprinzip	Indirekt	nur informell durch politische Konventionen
Frankreich	Bundesratsprinzip	Indirekt	Navetteverfahren und von Regierung eingesetzter Vermittlungsausschuss. Erste Kammer überstimmt Zweite (bei Verfassungsänderungen mit absoluter Mehrheit)
Spanien	Bundesratsprinzip	Mischsystem	Erste Kammer überstimmt Zweite. Wird 3/5 Mehrheit nicht erreicht: Vermittlungsausschuss. Für Annahme des Vermittlungsergebnisses genügt 2/3 Mehrheit in Erster und absolute Mehrheit in Zweiter Kammer
Belgien	Bundesratsprinzip	Mischsystem	Erste Kammer überstimmt Zweite. Konzertierungsausschuss, paritätisch aus beiden Kammern besetzter Ausschuss, der über Konflikte der Zuordnung von Politikfeldern entscheidet. Bei Nichteinigung der beiden Hälften des Ausschusses Entscheidung im Ausschuss mit 2/3 Mehrheit
Italien	Bundesratsprinzip	Direkt und Ernennung	Navetteverfahren, aber kein Konfliktschlichtungsverfahren
Polen	Bundesratsprinzip	Direkt	Erste Kammer überstimmt Zweite
Tschechien	Bundesratsprinzip	Direkt	nur informell durch politische Konventionen
Deutschland	Bundesratsprinzip	Indirekt	Vermittlungsausschuss kann dreimal angerufen werden (zustimmungspflichtige Gesetze). Vermittlungsausschuss kann einmal angerufen werden (Einspruchsgesetze)

trotz der gelegentlichen Zunahme „unechter Einigungsvorschläge" in Zeiten parteipolitischer Konfrontation[49] ein hohes Maß an durch Deliberation ermöglichter Kompromissbereitschaft im Vermittlungsausschuss herrscht (Tab. 5 und 6).

---

[49] *Dästner*, Der „unechte Einigungsvorschlag" im Vermittlungsverfahren. Oder: Hat der Vermittlungsausschuss versagt, ZParl 1999, 26 ff.

Tab. 6 Kompromissfähigkeit des Vermittlungsausschusses 1949–1994. (Quelle: *Lhotta* (Fn. 48), S. 88)

Wahlperiode	Durchgeführte Verfahren	Kompromissquote
1949–1953	73	100,0
1953–1957	64	100,0
1957–1961	49	100,0
1961–1965	39	100,0
1965–1969	37	100,0
1969–1972	33	100,0
1972–1976	102	93,1
1976–1980	72	83,3
1980–1983	19	100,0
1983–1987	6	100,0
1987–1990	13	100,0
1990–1994	78	97,5

39 Mächtigere Zweite Kammern spüren den Wettbewerbsdruck des **Parteienstreits**. Dies kann so weit gehen, dass die politischen Präferenzen einer neuen Regierungsbildung im Hinblick auf ihre Kompatibilität mit den Kräfteverhältnissen in der Zweiten Kammer selektiert werden, wie eine empirische Studie nachweisen konnte.[50] Unterschieden werden können symmetrische (beide Kammern sind gleich stark), asymmetrische (die Erste Kammer ist stärker als die Zweite) und unitarische (die Zweite Kammer ist machtlos) Machtbalancen zwischen Ersten und Zweiten Kammern.[51] Die so vorgenommene verfassungsrechtliche Verortung sagt aber wenig über die tatsächlich wahrgenommene politische Funktion der Zweiten Kammern aus, wie sich am italienischen Fall (Entwicklung von Jahrzehnten der Machtlosigkeit zur entscheidenden Kammer für die Regierungsmehrheit) oder am Falle des britischen Oberhauses (vgl. Tab. 1) zeigen lässt.

40 Die **Territorialisierung** der Politik in früheren Zentralstaaten, wie Belgien, Frankreich, Vereinigtes Königreich und Spanien, der Übergang von der kommunistischen Diktatur zur Demokratie in Polen und Tschechien, um nur die Beispiele weniger Länder zu nennen, haben auch für Zweite Kammern neue Bezugspunkte geschaffen. Nicht nur Deliberation und Parteienwettbewerb stehen sich nun als gegenläufige Prinzipien gegenüber, sondern auch regionale Interessenvertretung und Zentralstaat. Selbst in Föderalstaaten, wie Österreich und Deutschland, bedeutet dies nicht automatisch, dass eine starke Stellung der Zweiten Kammer im politischen System garantiert ist. Hat sich einmal die territoriale Begründung für eine Zweite Kammer durchgesetzt, wie das beispielhaft in Belgien 2005 gelungen ist, so wird diese viel schwieriger abzuschaffen sein, als eine Zweite Kammer in nicht-föderalen Staaten.

41 Man darf aber nicht allzu optimistisch hinsichtlich der territorialen Komponente der Interessenvertretung in Zweiten Kammern sein. Nur in Deutschland und Belgien

---

[50] *Druckman/Martin/Thies*, Influence without Confidence: Upper Chambers and Government Formation, LSQ 2005, 529 ff.
[51] *Russell* (Fn. 9), S. 120 ff.

haben territoriale Interessen in der Zweiten Kammer noch einen systematischen Bezugspunkt. Die immer wieder diskutierte stärkere Orientierung des Bundesrates an **„Länderinteressen"** findet, selbst wenn sich diese griffig von der Parteipolitik abgrenzen ließen, was bezweifelt werden kann[52], kein ausländisches Vorbild. Aus dem Vergleich mit Zweiten Kammern in Europa ist eher abzulesen, dass Zweite Kammern in der Regel zu einer weiteren Arena des nationalen Parteienwettbewerbs geworden sind.

Ein systematischer verfassungsrechtlicher Bezugspunkt zur territorialen Politik in der Organisation der Zweiten Kammer genügt alleine nicht, um territorialer Politik eine besonders große Relevanz zu geben. Dies zeigt die Erfahrung des Bundesrates. Defizite bei der Vertretung von Länderinteressen im Bundesrat sind nicht nur in parteipolitischen Einflüssen begründet. Problematisch ist auch die unitarische Form des deutschen Föderalismus, der auch nach der Föderalismusreform I relativ wenige autonom wahrgenommene Länderaufgaben kennt. Wenn Kompetenzen nicht bestehen oder in der Form von Politikverflechtung nur in Kooperation mit dem Bund oder anderen Ländern wahrgenommen werden können, muss nicht erstaunen, wenn der Bundesrat nicht beharrlich über Grundsatzfragen der vertikalen Gewaltenteilung diskutiert. Hinzu kommt der politisch-kulturelle Vorbehalt gegen Vielfalt im deutschen Föderalismus, den Umfragen immer wieder bestätigen[53] und der sich in der Neigung der Landesregierungen zur Stärkung der **Dritten Ebene** und in ihrer Abneigung gegen „Alleingänge" einzelner Länder zeigt.

42

Unter unterschiedlichen Vorzeichen von Effizienzvermutungen, die internationale Organisationen (Beispiel: IWF[54]) mit einer Politik der Dezentralisierung verbinden, über Bemühungen um eine Staatsreform (wie in Italien) bis hin zur politischen Reorientierung im Zeichen der **„Identitätspolitik"** (beispielsweise in Belgien, Spanien oder dem Vereinigten Königreich), sind in Europa Bestrebungen zu beobachten, die territoriale Komponente in den Zweiten Kammern zu stärken. In einigen Ländern ist diese schlicht aus der Zweiten Kammer „ausgewandert", wie im Falle der Landeshauptmännerkonferenz in Österreich. Wo Versuche unternommen werden, in der Zweiten Kammer selbst wieder stärker an territoriale Politik anzuknüpfen, erscheint der Bundesrat in der Außensicht anderer europäischer Länder in weit günstigerem Licht als häufig in der innerdeutschen Debatte.

43

Schrifttum

J. Mastias/J. Grangé (Hrsg.), Les secondes chambres du parlement en Europe occidentale, 1987
J. Money/G. Tsebelis, Cicero's Puzzle: Upper House Power in Comparative Perspective, IPSR 1992, 25 ff.

---

[52] *Reuter* (Fn. 1), S. 71.

[53] Daten von 2009 des ESF-Projekts „Citizenship after the Nation-State", an dem der Verfasser beteiligt ist. *Bertelsmann Stiftung*, Bürger und Föderalismus. Eine Umfrage zur Rolle der Bundesländer, 2008.

[54] *Sturm*, Fiskalföderalismus im weltweiten Praxistest – Neuere Forschungsergebnisse des Internationalen Währungsfonds (IWF), Jahrbuch des Föderalismus 2002, 33 ff.

K. Reuter, Praxishandbuch Bundesrat, 2. Aufl. 2007
G. Riescher/S. Ruß/C. M. Haas (Hrsg.), Zweite Kammern, 2. Aufl. 2010
M. Russell, Reforming the House of Lords. Lessons from Overseas, 2000
S. S. Schüttemeyer/R. Sturm, Wozu Zweite Kammern? Zur Repräsentation und Funktionalität Zweiter Kammern in westlichen Demokratien, ZParl 1992, 517 ff.
R. Sturm, Vorbilder für eine Bundesratsreform? Lehren aus den Erfahrungen der Verfassungspraxis Zweiter Kammern, ZParl 2002, 166 ff.
ders., Der Bundesrat im Grundgesetz: falsch konstruiert oder falsch verstanden?, Jahrbuch des Föderalismus 2009, 137 ff.
A. Vatter, Politische Institutionen und ihre Leistungsfähigkeit. Der Fall des Bikameralismus im internationalen Vergleich, ZParl 2002, 125 ff.

§25 Länder und Landesparlamente im föderalen System der Bundesrepublik Deutschland

Sven Leunig und Werner Reutter

Inhalt

A. Länder und Landesparlamente – noch immer Stiefkinder der Forschung? 743
B. Länder und Landesparlamente: grundgesetzliche Strukturvorgaben 745
   I. Die Staatsqualität der Länder 746
   II. Die funktionelle Einordnung der Länder in den deutschen Bundesstaat 747
   III. Homogenitätsklausel und Bindungswirkung des Art. 28 Abs. 1 750
C. Der Parlamentarismus in den Ländern 752
   I. Wahlrecht und Wahlsysteme in den Ländern 752
   II. Strukturen der Landesparlamente 754
   III. Funktionen der Landesparlamente 758
   IV. Volksgesetzgebung 762
   V. Landesparlamentarische Regierungssysteme und Demokratie
      in der Bundesrepublik Deutschland 763
D. Ausblick 764
Schrifttum 766

A. Länder und Landesparlamente – noch immer Stiefkinder der Forschung?

Länder und Landesparlamente waren lange Zeit Stiefkinder der politik- und rechtswissenschaftlichen Forschung. Zu unbedeutend waren, so die herrschende Meinung, die autonomen Gestaltungsbereiche, die der Landespolitik verblieben waren, und zu dominant schien der Einfluss des Bundes auf Inhalt und Ergebnisse politischer Entscheidungen in den Ländern. Unitarisierung (und seit Anfang der 1990er Jahre Europäisierung), Politikverflechtung und Entparlamentarisierung waren die

1

S. Leunig (✉)
Institut für Politikwissenschaft, FSU Jena, Carl-Zeiß-Straße 3, 07740 Jena, Deutschland
E-Mail: s.leunig@uni-jena.de

W. Reutter
Philosophische Fakultät III, Institut für Sozialwissenschaften, HU Berlin, Unter den Linden 6, 10099 Berlin, Deutschland
E-Mail: werner.reutter@rz.hu-berlin.de

Stichworte, mit denen die Strukturen und Funktionsweisen des **kooperativen Föderalismus in Deutschland** beschrieben wurden. Eine autonome Politik von Ländern war damit konzeptionell ausgeschlossen, und Landesparlamente fielen in dieser Perspektive als eigenständige, politisch relevante Institutionen aus.[1] Durchaus konsequent konzentrierte sich die deutsche Föderalismusforschung denn auch auf den Bund und die Exekutiven von Zentralstaat und Gliedstaaten.

In den letzten Jahren hat sich der Forschungsstand allerdings grundlegend geändert. Insbesondere die Vereinigung und die Föderalismusreform waren wirkmächtige Anlässe, sich politikwissenschaftlich eingehender als bisher mit den **institutionellen Strukturen** der Landesregierungssysteme und den Politiken der deutschen Länder zu beschäftigen.[2] Die zunehmende Heterogenisierung der Länder, deren verfassungsrechtliche Aufwertung durch die Grundgesetzänderungen 1993/1994 und 2006, sowie eine sich daran anschließende deutlich länderfreundlichere Rechtsprechung des Bundesverfassungsgerichts ließen Landespolitik stärker in den Vordergrund treten. Hinzu kam eine sich verstärkende „regionale Logik" im Parteienwettbewerb,[3] die sich in der jüngeren Vergangenheit immer wieder in spektakulären Ereignissen niedergeschlagen hat – man denke an die missglückte Wahl der schleswig-holsteinischen Ministerpräsidentin *Heide Simonis* oder an die Vorgänge in Hessen in den Jahren 2008/2009.[4] Kurzum: Es scheint auch politikwissenschaftlich zunehmend lohnenswert, sich mit den rechtlichen und institutionellen Bedingungen der Politik in den Ländern zu befassen. Denn nur so lässt sich die Rolle der Länder und der Landesregierungssysteme im politischen System der Bundesrepublik Deutschland adäquat erschließen.

Deutlich besser ist der Forschungsstand zur Funktion der Länder im deutschen **Bundesstaat**. Dies gilt insbesondere für die Mitwirkung der Länder an der Bundesgesetzgebung (Bundesrat), für die Mechanismen der Politikverflechtung sowie für

---

[1] Für viele: *Eicher*, Der Machtverlust der Landesparlamente. Historischer Rückblick, Bestandsaufnahme, Reformansätze, 1988

[2] Vgl. dazu *Freitag/Vatter* (Hrsg.), Die Demokratien der deutschen Bundesländer. Politische Institutionen im Vergleich, 2008; *Jun/Haas/Niedermayer* (Hrsg.), Parteien und Parteiensysteme in den deutschen Ländern, 2008; *Könen*, Wo sind die Rebellen? Dissentierendes Abstimmungsverhalten in ost- und westdeutschen Landtagen, 2009; *Marx*, Landtagsabgeordnete im Fokus der Medien. Ihre Sicht auf Entstehung, Wirkung und Qualität landespolitischer Berichterstattung, 2009; *Putz*, Macht und Ohnmacht kleiner Koalitionspartner. Rolle und Einfluss der FDP als kleiner Regierungspartei in vier ostdeutschen Landesregierungen (1990–1994). Studien zum Parlamentarismus, Bd. 7, 2008; *Reutter*, Föderalismus, Parlamentarismus und Demokratie. Landesparlamente im Bundesstaat, 2008; *Mielke/Reutter* (Hrsg.), Länderparlamentarismus in Deutschland, 2004; *Menzel*, Landesverfassungsrecht, 2002; *Niedobitek*, Neuere Entwicklungen im Verfassungsrecht der deutschen Länder, 1995; *Stiens*, Chancen und Grenzen der Landesverfassungen im deutschen Bundesstaat der Gegenwart, 1997; *von Blumenthal*, Das Kopftuch in der Landesgesetzgebung. Governance im Bundesstaat zwischen Unitarisierung und Föderalisierung, 2009; *Leunig*, Die Regierungssysteme der deutschen Länder im Vergleich, 2007.

[3] *Detterbeck/Renzsch*, in: Jun et al. (Hrsg.), Parteien und Parteiensysteme in den deutschen Ländern, 2008, S. 53

[4] *Saretzki/Tils*, ZParl 2006, 145 ff.; *Schmidt-Beck/Faas*, ZParl 2009, 16 ff.; *Schmidt-Beck/Faas*, ZParl 2009, 358 ff.; *Schümer*, Die Stellung des Ministerpräsidenten in den Bundesländern im Vergleich, 2006

die bundesstaatliche Finanzordnung.[5] Aber auch hier lassen sich zwei Desiderate ausmachen: Zum einen werden die Länder in der Regel nur im Rahmen allgemeiner Darstellungen zum deutschen Föderalismus bearbeitet, wobei fast ausschließlich die Perspektive des Bundes eingenommen wird. Im Fokus stehen zumeist die Formen und Folgen der exekutiven Kooperation im Rahmen der vertikalen und horizontalen Politikverflechtung. Zum anderen werden die Länder nahezu ausschließlich als strukturell gleichartige staatliche Einheiten behandelt. Unterschiede zwischen den Ländern wurden lange Zeit vernachlässigt und gingen allenfalls als Variablen bei der Analyse der Finanzordnung ein. Aber auch das hat sich in der Zwischenzeit geändert, wie etwa die Studie *Julia von Blumenthals* über das Kopftuchverbot in der Landesgesetzgebung oder der Sammelband von *Hildebrandt* und *Wolf* über die Staatstätigkeit der Länder belegen.[6]

Im Folgenden sollen die genannten Aspekte resümierend beleuchtet und danach gefragt werden, welche Rolle Landesparlamente im föderalen System der Bundesrepublik Deutschland spielen. Um diese Frage zu beantworten, werden wir zunächst die einschlägigen **Strukturvorgaben des Grundgesetzes** darlegen und uns dann mit den Strukturen und den Funktionen von Landesparlamenten befassen. Abschließend diskutieren wir den Beitrag von Landesparlamenten für die demokratische Entwicklung der Bundesrepublik Deutschland.

B. Länder und Landesparlamente: grundgesetzliche Strukturvorgaben

Die Länder sind die **Gliedstaaten** des deutschen Bundesstaates. Daraus resultieren strukturelle und funktionale Charakteristika, die in detaillierten verfassungsrechtlichen Regelungen ihren Niederschlag gefunden haben und für die Stellung der Länder im Bund, deren Kompetenzen sowie die institutionelle Ausgestaltung der landesparlamentarischen Regierungssysteme relevant sind.[7]

---

[5] Hier seien nur politikwissenschaftliche Standardwerke sowie eine Neuerscheinung genannt: *Scharpf/Reissert/Schnabel*, Politikverflechtung. Theorie und Empirie des kooperativen Föderalismus in der Bundesrepublik, 1976; *Lehmbruch*, Parteienwettbewerb im Bundesstaat. Regelsysteme und Spannungslagen im politischen System der Bundesrepublik Deutschland, 3. Aufl., 2000; *Kilper/Lhotta*, Föderalismus in der Bundesrepublik Deutschland. Eine Einführung, 1996; *Laufer/Münch*, Das föderative System der Bundesrepublik Deutschland, 7. Aufl. 1997; *Sturm/Zimmermann-Steinhart*, Föderalismus, 2005, *Renzsch/ Detterbeck/Schieren*, Föderalismus in Deutschland, i.E.

[6] *Von Blumenthal* (Fn. 2); *Hildebrandt/Wolf* (Hrsg.), Die Politik der Bundesländer. Staatstätigkeit im Vergleich, 2008.

[7] Aus Platzgründen muss auf Ausführungen zur Position der Länder in der Finanzverfassung verzichtet werden.

I. Die Staatsqualität der Länder

6   Anders als subnationale Strukturen von Einheitsstaaten – man denke beispielsweise an die Départements oder die Regionen Frankreichs – kommt den Gliedern eines Föderalstaates eine eigene **Staatsqualität** zwingend zu. Diese gilt sowohl für den Oberstaat als auch für die Gliedstaaten, in unserem Falle also die Länder. Beide zusammen bilden den Gesamtstaat, hier: den Bund (wobei sich dieser Begriff in Deutschland für den Oberstaat eingebürgert hat). Staatsqualität haben territoriale Gebilde, wenn diese – nach der klassischen Definition *Jellineks* – über ein Staatsgebiet verfügen, in dem sie über ein Staatsvolk unumschränkte Staatsgewalt ausüben.[8] Unter Staatsgewalt wird daher die „Herrschaftsmacht des Staates über sein Gebiet und die auf diesem befindlichen Personen" verstanden.[9] Allerdings ist dies für die Gliedstaaten einer Föderation sogleich einzuschränken, denn „unumschränkt" ist ihre Staatsgewalt gegenüber ihren Staatsbürgern nicht, jedenfalls insofern nicht, als ihre Staatsorgane nicht in allen das Staatsvolk betreffenden Fragen aus eigenem Beschluss und eigenem Recht heraus handeln können. Eine solche autonome Kompetenz besitzen die Länder lediglich in bestimmten Rechtsmaterien, während andere *de constitutione lata* dem Oberstaat zugeordnet sind. Der Umfang dieser verfassungsrechtlichen Aufgabenzuweisung – vor allem aber ihre praktische Ausübung – variiert im Zeitablauf und zwischen den unterschiedlichen Bundesstaaten. Es handelt sich also um eine geteilte Souveränität, denn der Oberstaat kann Gesetze erlassen, die auf den Territorien seiner Gliedstaaten befolgt werden müssen. Zugleich sind diesen Bereiche verbindlicher Rechtsetzung zugeordnet, in denen der Oberstaat keine Gesetzgebungskompetenz hat.

7   Diese **Einschränkung der gliedstaatlichen Souveränität** lässt sich daraus rechtfertigen, dass die Glieder sich freiwillig zu einem Bund zusammengeschlossen, also bewusst einen Teil ihrer Staatsgewalt abgegeben haben. Im demokratischen Bundesstaat ist obendrein davon auszugehen, dass diese Entscheidung vom Staatsvolk legitimiert wurde, denn hier geht bekanntlich alle Staatsgewalt vom Volk aus und wird von diesem in Form von direkt oder indirekt gewählten Staatsorganen ausgeübt. Gehen wir im Weiteren also von einem **demokratischen Bundesstaat** aus, so ergibt sich über das Merkmal der Volkssouveränität hinaus noch ein weiteres typisches Merkmal: die Aufteilung der Staatsgewalt auf verschiedene Organe (Gewaltenteilung).[10] Diesem Strukturprinzip muss auf beiden staatlichen Ebenen entsprochen werden.

8   *Cum grano salis* folgt aus der Staatsqualität der Länder also dreierlei: Die Ausübung der Landesstaatsgewalt bedarf, erstens, einer eigenständigen, nicht vom Bund abgeleiteten Legitimation; die Länder müssen dafür, zweitens, Organe errichten,

---

[8] Vgl. *Pehle*, in: Holtmann (Hrsg.), Politiklexikon, 3. Aufl., 2000, S. 87 und *Seifert/Hömig*, Grundgesetz für die Bundesrepublik Deutschland. Taschenkommentar, 7. Aufl., 2003, Art. 20 Rn. 6, mit Verweis auf BVerfGE 1, 34.

[9] *Kauffmann* (Hrsg.), Creifelds Rechtswörterbuch, 1994, S. 1097, vgl. auch *Seifert/Hömig* (Fn. 8), Art. 20 Rn 7.

[10] Vgl. *Brinkmann*, in: Holtmann (Hrsg.), Politiklexikon, 3. Aufl., 2000, S. 610.

deren Zuordnung und Kompetenzen den Prinzipien der demokratischen Gewaltenteilung entsprechen, und sie müssen, drittens, über ein Mindestaß an eigenen, nicht vom Bund abgeleiteten Kompetenzen verfügen. Und gerade die Art der Zuordnung der Staatsfunktionen auf Bund und Länder gibt dem bundesdeutschen Föderalismus seine strukturtypische Prägung.

II. Die funktionelle Einordnung der Länder in den deutschen Bundesstaat

Die Stellung der Gliedstaaten als Teile eines Bundesstaates hat **funktionale Folgen**. Wie ausgeführt, ist die Staatsgewalt in Bundesstaaten nicht nur horizontal, sondern auch vertikal geteilt. Das heißt, die Staatsaufgaben werden zum Teil vom Oberstaat, zum Teil von den Gliedstaaten wahrgenommen.

In einigen Bundesstaaten übernehmen die Organe der Gliedstaaten die Durchführung und ggf. Durchsetzung der Bundesgesetze, die nicht von eigenen Bundesorganen implementiert werden. Hinsichtlich des Ausmaßes dieser Aufteilung existieren allerdings Unterschiede zwischen föderalen Staaten. So wird in der Literatur häufig der Typ des kooperativen demjenigen des dualen Föderalismus gegenübergestellt. Der kooperative Föderalismus, wie er in der Bundesrepublik besteht, ist dadurch geprägt, dass der Bund über die meisten Gesetzgebungskompetenzen verfügt. Demgegenüber sind die Länder vorwiegend für die Ausführung der eigenen Landes- wie der Bundesgesetze zuständig. Der duale Föderalismus, wie er – idealtypisch! – in den USA oder Kanada besteht, zeichnet sich durch eine eingeschränkte Kompetenzfülle des Bundes im Bereich der Gesetzgebung aus. Dafür werden alle Bundesgesetze von eigenen Bundesbehörden ausgeführt.[11] In jedem Fall muss den Ländern ein **eigenständiger Teil der Staatsgewalt** verbleiben, sonst würden sie ihre Staatsqualität verlieren.

In Deutschland ist die Aufteilung der Staatsgewalt zwischen Bund und Ländern detailliert im Grundgesetz festgehalten. In der Summe lässt sich feststellen, dass es sich in Deutschland um eine ausgeprägte Form des kooperativen, ja sogar **unitarischen Föderalismus** handelt – trotz der Grundnorm des Art. 30 GG, der die Ausübung aller staatlichen Befugnisse bzw. die Erfüllung staatlicher Aufgaben den Ländern überlässt, sofern und soweit das Grundgesetz nichts anderes bestimmt.

Der Grund für die Schwäche der Länder in der **Gesetzgebung** der Bundesrepublik wird zumeist darin gesehen, dass die Grundnorm des Artikels 70 GG, wonach die Kompetenz zur Gesetzgebung grundsätzlich den Ländern obliegt, durch eine Vielzahl von ausschließlichen und konkurrierenden Bundeskompetenzen ausgehebelt wurde.[12] Der Bund habe, so die gängige Auffassung, nicht nur seine ihm bereits 1949 zugewiesenen Gesetzgebungskompetenzen – wider Erwarten – extensiv

---

[11] Vgl. *Laufer/Münch* (Fn. 5), S. 186.
[12] Anders: *Reutter* (Fn. 2), S. 230 ff.; *Reutter*, Publius, The Journal of Federalism, 2006, S. 277 ff.

ausgeschöpft und im Zuge von Verfassungsänderungen im Laufe der Zeit weitere Kompetenzen erhalten. Insbesondere die Liste der Materie der konkurrierenden Gesetzgebung sei sukzessive erweitert und damit die Länder einer eigenständigen Gestaltungsmacht beraubt worden. In diesem Bereich konnte der Bund zwar bis 2006 nur unter bestimmten Bedingungen („Erforderlichkeit") tätig werden. Die entsprechenden Klauseln waren aber (jedenfalls bis 1994) so weit gefasst, dass sie – in Verbindung mit einer bundesfreundlichen Rechtsprechung des Bundesverfassungsgerichts – keine ernsthafte Sperre für ein Tätigwerden des Bundes darstellten.

13 Erst eine länderfreundlichere Rechtsprechung des Bundesverfassungsgerichts in jüngerer Vergangenheit bewog Bund und Länder im Rahmen der **Föderalismusreform I** dazu, hier eine erkennbare Veränderung vorzunehmen: Der Katalog der konkurrierenden Gesetzgebung in Artikel 74 GG schließt nun dreierlei Gesetzestypen ein: ein Teil der Materien unterliegt nicht mehr der Erforderlichkeitsklausel, der Bund kann hier also ohne weitere Begründung legislativ tätig werden; für ein Teil der Materien gilt wie bisher weiterhin die Bedürfnisklausel; und bei einem Teil der Materien, die bis 2006 der Rahmengesetzgebungskompetenz des Bundes[13] unterlagen und jetzt in die konkurrierende Gesetzgebung verlagert wurden, haben die Länder nun das Recht zur Abweichungsgesetzgebung, was zu einer Stärkung der Landesparlamente (bzw. deren Mehrheitsfraktionen) beitragen soll. Zudem wurde ein – wenn auch geringer – Teil der Materien aus der konkurrierenden Gesetzgebung des Bundes in die ausschließliche Gesetzgebung der Länder verschoben. Am bekanntesten sind wohl die Beispiele, des Strafvollzuges, des Nichtraucherschutzes in Gaststätten und des Ladenschlusses (in den beiden zuletzt genannten Bereichen sind in der Zwischenzeit fast alle Länder tätig geworden).[14]

14 Selbst die den Ländern grundsätzlich zugewiesene Aufgabe der **Ausführung der Bundesgesetze** blieb von dem bis in die 1990er Jahre anhaltenden Trend zur Unitarisierung nicht verschont. Das Grundgesetz schreibt zwar vor, dass die Ausführung der Bundesgesetze „eigene Angelegenheit" der Länder sei (Art. 83 GG). Werden Gesetze – ausnahmsweise – „im Auftrag des Bundes" ausgeführt, kann der Bund mit Zustimmung des Bundesrates allgemeine Verwaltungsvorschriften erlassen, während die Einrichtung der Behörden auch in diesem Fall den Ländern überlassen bleibt (Art. 85 GG). Darüber hinaus sind die Länder bei der Bundesauftragsverwaltung weisungsgebunden und unterliegen nicht nur der Rechts-, sondern auch der Fachaufsicht des Bundes. Insbesondere über letzteres kann der Bund erheblichen Einfluss auf die Ausführung seiner Gesetze durch die Länder ausüben (z. B. bei der Anwendung der atomrechtlichen Genehmigungen).

15 Auch im Fall des Art. 83 GG konnte der Bund bis 2006 problemlos in die Ausführung seiner Gesetze durch die Länder eingreifen, indem er – unter der Bedingung, dass der Bundesrat zustimmt – das **Verwaltungsverfahren** sowie ggf. auch den Behördenaufbau bereits in dem durch die Länder auszuführenden Gesetz regelt (Art. 84

---

[13] Hier konnte der Bund in einer bestimmten Materie (z. B. dem Hochschulrecht) einen gesetzlichen Rahmen beschließen, der dann von den Ländern ausgefüllt werden musste.

[14] *Scharpf*, Föderalismusreform. Kein Ausweg aus der Politikverflechtungsfalle?, 2009, S. 78 ff.

Abs. 1 GG). Diese Möglichkeit des Bundes hat aber nicht nur eine Begrenzung der Landesautonomie im Bereich der Gesetzesausführung verursacht. Sie hat zugleich die Zahl der zustimmungspflichtigen Gesetze ansteigen lassen, was deren Zustandekommen zum Teil erheblich erschwert und die Debatte um den „Reformstau" in Deutschland immer wieder befeuert hat. Daher einigten sich Bund und Länder im Zuge der Föderalismusreform I darauf, dass die Länder nunmehr von Vorgaben des Bundes abweichen können. Sollte dieser ein solches Abweichungsrecht ausschließen, wird das Gesetz wieder zustimmungspflichtig. Insgesamt hat insbesondere die Neuregelung des Art. 84 Abs. 1 GG denn auch den Anteil der zustimmungspflichtigen Gesetze auf rund 44 % sinken lassen, so zumindest die ersten einschlägigen Befunde.[15]

Auch im **Finanzwesen**, das heißt, bei der Steuergesetzgebung und der Verteilung des Steueraufkommens, waren die Verfasser des Grundgesetzes dem Bund gegenüber recht freundlich gestimmt. Obwohl in den Verhandlungen des Parlamentarischen Rates „die Erinnerung an die finanzielle Unselbständigkeit der Länder in der Weimarer Republik"[16] noch sehr präsent war, waren der unabhängige (!) Anteil der Länder am Steueraufkommen und deren Kompetenz, diesen zu ändern, schon 1949 vergleichsweise gering.[17] Gerade hier wurde die Kompetenz- sowie die Einnahmenverteilung in den folgenden Jahren, insbesondere mit den großen Finanzreformen der späten 1960er Jahre, noch stärker zugunsten des Bundes verschoben. Die finanzielle Ausstattung der Länder wurde über einen **Steuerverbund** mit derjenigen des Bundes verknüpft, womit geradezu „der unitarisch-kooperative Föderalismus verfassungsrechtlich verankert" wurde.[18] Hinzu kam ein größer werdender Anteil gemeinschaftlicher Steuern. Deren Aufteilung entscheidet über die Einnahmen von Bund, Ländern und Kommunen. In diesem Sektor hat die erste Föderalismusreform nur marginale Änderungen hervorgebracht, was sich auch in der zweiten Reform 2009 nicht wesentlich geändert hat. 16

Zur vertikalen Aufteilung der Gesetzgebungskompetenzen zwischen Bund und Ländern kommt die Teilhabe der Länder an der Gesetzgebung und Verwaltung des Bundes über den **Bundesrat** hinzu, der Teil der horizontalen Gewaltenteilung auf Bundesebene ist. Auch hier hat sich, wie erwähnt, der potenzielle Einfluss der Länder an der Gesetzgebung im Zuge der Föderalismusreform I verändert, allerdings zu ihren Lasten. 17

---

[15] *Höreth*, in: Jahrbuch des Föderalismus 2008, S. 139 ff.

[16] *Hesse/Ellwein*, Das Regierungssystem der Bundesrepublik Deutschland. Bd. 1: Text, 9. Aufl., 2004, S. 101.

[17] Vgl. *Abromeit*, Der verkappte Einheitsstaat, 1992, S. 130. Dabei kam die 1949 gefundene Lösung auch nur auf Druck der Alliierten zustande. Die ursprünglich im Parlamentarischen Rat diskutierten Modelle der Finanzverteilung sahen noch weniger eigene Finanzierungsquellen für die Länder vor, vgl. *Laufer/Münch* (Fn. 5), S. 67. Dennoch dauerte es bis 1955, dass eine endgültige Verteilung der Steuern vorgenommen werden konnte, vgl. *Kilper/Lhotta* (Fn. 5), S. 104.

[18] *Mielke/Reutter*, in: dies. (Hrsg.), Länderparlamentarismus. Geschichte, Struktur, Funktionen, 2004, S. 22.

III. Homogenitätsklausel und Bindungswirkung des Art. 28 Abs. 1

18 Die grundgesetzlichen Vorgaben ordnen die Länder nicht nur strukturell in den Gesamtstaat ein und legen eine funktionelle Kompetenzverteilung fest, sondern prägen auch die **institutionelle Ausgestaltung** der landesparlamentarischen Regierungssysteme in Grundzügen vor. Danach sind auf beiden Ebenen des Bundesstaates folgende politische Institutionen einzurichten: eine Volksvertretung in Form eines direkt gewählten Parlaments, eine – direkt oder indirekt – gewählte Staatsregierung sowie eine von beiden unabhängige Justiz, deren Rechtsprechung alle Bürger – einschließlich der Parlamentarier und Regierungsmitglieder – unterworfen sind. Hinzu kommt auf Bundesebene ein Organ zur Vertretung der Interessen der Gliedstaaten. Diese wird in den meisten föderalen Staaten durch eine zweite Parlamentskammer wahrgenommen.[19]

19 Abgesehen vom Bundesrat und vom Bundespräsidenten findet sich die **institutionelle Grundstruktur** des Bundes in den Ländern fast identisch wieder. Dies wird verfassungsrechtlich durch das Homogenitätsgebot des Art. 28 GG vorgegeben, wonach die verfassungsmäßige Ordnung in den Ländern den Grundsätzen des republikanischen, demokratischen und sozialen Rechtsstaats entsprechen muss, was gemäß Artikel 28 Abs. 3 GG durch den Bund gewährleistet wird. Für die Ausgestaltung landesparlamentarischer Regierungssysteme ist dabei vor allem das Demokratieprinzip relevant.[20]

20 Bezüglich des **demokratischen Prinzips** gilt zunächst einmal, dass, wie es in Art. 20 Abs. 1 GG formuliert wird, „alle Staatsgewalt (...) vom Volke" ausgehen muss. Diese Formulierung findet sich denn auch in den meisten Landesverfassungen in der einen oder anderen Weise wieder, nur die nordrhein-westfälische Verfassung hält eine solche Bestimmung für verzichtbar. Auch die Frage, in welcher Weise das Volk seine Gewalt ausübt, gehört zur Präzisierung des demokratischen Prinzips. Theoretisch könnte dies *direkt* und *unmittelbar* in Form von Abstimmungen geschehen. Dabei wurde die Formulierung des Art. 20 GG, das Volk übe seine Staatsgewalt unter anderem in Form von „Abstimmungen aus", in einigen Landesverfassungen aufgenommen[21] und sehr viel weiter interpretiert, wie noch zu zeigen sein wird. In jedem Fall, so erklärt auch Art. 20 GG, wird die Staatsgewalt „durch Wahlen" und die durch diese direkt bzw. indirekt legitimierten Organe der Gesetzgebung, der vollziehenden Gewalt und der Rechtsprechung ausgeübt. Diese Organe werden in den meisten Landesverfassungen – anders als im Grundgesetz – explizit benannt: So wird z. B. von Regierung (und Verwaltung) als ausführender Gewalt gesprochen, und die judikative Gewalt wird in die Hände unabhängiger Gerichte gegeben. Dass es sich bei einem der Organe um eine Volksvertretung handeln muss, legt bereits

---

[19] Vgl. *Schulze* in: Nohlen (Hrsg.), Wörterbuch Staat und Politik, 1998, S. 139 ff.

[20] Auf die drei anderen verfassungsrechtlichen Strukturprinzipien kann hier aus Platzgründen nicht eingegangen werden.

[21] So in Mecklenburg-Vorpommern, Baden-Württemberg, Niedersachsen, Sachsen, Sachsen-Anhalt und dem Saarland.

Art. 28 Abs. 1 GG fest: Danach muss das Volk in den Ländern „eine Volksvertretung haben, die aus allgemeinen, unmittelbaren, freien, gleichen und geheimen Wahlen hervorgegangen ist."[22] Dadurch verfügt das Parlament durch seine Direktwahl zwar über die größte Legitimation. Es steht jedoch nach der herrschenden Gewaltenteilungslehre nicht *über* den beiden anderen Gewalten (Regierung und Gerichte).[23] Das Demokratieprinzip schreibt jedenfalls weder eine bestimmte Parlamentsstruktur (Ein- oder Zweikammerparlament) noch die Wahl des Regierungschefs durch das Parlament vor noch schließt es den Einsatz direktdemokratischer Verfahren aus.[24] Kurzum: Die Länder sind in der Ausgestaltung ihrer Regierungssysteme und ihrer Verfassungen weitgehend frei. Denkbar wäre also auch die Einrichtung von Präsidenten als Staatsoberhäupter oder zweiter Parlamentskammern, wie dies bis 1999 in Bayern ja auch der Fall gewesen war. Und tatsächlich weisen die landesparlamentarischen Regierungssysteme im Vergleich zum Bund eine Reihe von Besonderheiten auf.

Insgesamt lassen sich die Regierungssysteme der Länder mit mehr oder minder großen Abweichungen als **„parlamentarische(n) Demokratie[n] mit plebiszitären Erweiterungen"**[25] klassifizieren. Ihre *strukturtypischen Merkmale* bestehen darin dass:

- die Regierungschefs der Länder vom Parlament abwählbar sind (ausgenommen ist hier lediglich Bayern, wo dem Landtag formal kein Recht zur Abwahl des Ministerpräsidenten eingeräumt wird)
- Exekutive und Parlamentsmehrheit eine politische Aktionseinheit bilden, der die Parlamentsminderheit als Opposition gegenübersteht
- die Zugehörigkeit der Regierungsmitglieder zum Parlament möglich ist (in Nordrhein-Westfalen für den Regierungschef sogar Pflicht)

21

---

[22] Zur Bedeutung der Wahlrechtsgrundsätze vgl. Kapitel D I.

[23] Allerdings hat der Bremische Staatsgerichtshof aus Artikel 67 der Bremischen Verfassung herausgelesen, dass nur die legislative Gewalt *ausschließlich* einem Staatsorgan, nämlich der Bürgerschaft (bzw. dem Volk) zugewiesen werde. Daraus schloss der Staatsgerichtshof, dass die Verfassung der gesetzgebenden Gewalt ein größeres Gewicht als den beiden anderen Organen (Senat, Richterschaft) eingeräumt habe; vgl. *Mielke/Reutter* (Fn. 5), S. 35.

[24] So die überwiegende Auffassung in der Staatsrechtslehre, vgl. z. B. *Hömig*, Art. 28, Rn 4, in: Seifert/Hömig (Fn. 8) und *Decker*, in: APuZ B50/51 2004, S. 3. Das Bundesverfassungsgericht ist dabei allerdings zweideutig. So weist Jun zu Recht darauf hin, dass das Gericht in einer seiner Entscheidungen den Art. 28 I so interpretiert hat, dass „in den Ländern der Grundsatz der parlamentarischen Verantwortlichkeit der Regierung gegeben sein muss" (BVerfGE 24, 44 ff.), was einem Kernprinzip der parlamentarischen Regierungsform entspricht, vgl. *Jun*, in: Westphalen (Hrsg.), Parlamentslehre. Das parlamentarische Regierungssystem im technischen Zeitalter, 1996, S. 490. Zugleich hat es aber bereits in einer früheren Entscheidung (BVerfGE 9, 281) betont, dass „die Form des parlamentarischen Regierungssystems, in dem die parlamentarische Verantwortlichkeit der Regierung gegenüber dem Parlament im Misstrauensvotum Ausdruck findet, für die Landesverfassungen nicht zwingend festgeschrieben" werde.

[25] So treffend *Koch-Baumgarten*, in: Mielke/Reutter (Fn. 2), S. 341.

- und die Gesetzgebung zwar in der Praxis im Wesentlichen beim Parlament und der Regierung liegt, die Beteiligung des Volkes an der Gesetzgebung aber möglich ist.

C. Der Parlamentarismus in den Ländern

22 Wie erwähnt, wird der **Landesparlamentarismus** – zumindest bis zur Föderalismusreform 2006 – in der einschlägigen Literatur als *quantité négligeable* betrachtet. Landesparlamenten stünden, so die immer wieder erhobenen Vorwürfe, keine relevanten Gesetzgebungskompetenzen zu, sie würden von der Exekutive dominiert und verfügten über „zweitklassige", im Grunde wenig kompetente Abgeordnete. Unterstellt wird dabei häufig, dass Landesparlamente Bundestage *en miniature* zu sein hätten und dass in der Frühzeit der Bundesrepublik eine Art „goldenes Zeitalter des Landesparlamentarismus" existiert habe. Vor einem solch romantisch-verklärenden Hintergrund kann die landesparlamentarische Realität bestenfalls farblos scheinen. Eine genauere Analyse zeigt aber, dass zentrale Vorwürfe einer empirischen Überprüfung nicht standhalten können – ohne dass dadurch der Landesparlamentarismus von Kritik freizusprechen wäre. Ehe jedoch auf Strukturen und Funktionen von Landesparlamenten eingegangen wird, sind die legitimatorischen Grundlagen landesparlamentarischer Regierungssysteme darzulegen.

I. Wahlrecht und Wahlsysteme in den Ländern

23 Das Demokratiegebot nach Art. 28 GG setzt voraus, dass in den Ländern Volksvertretungen nach den bekannten Wahlrechtsgrundsätzen zu wählen sind.[26] Eine personalisierte Verhältniswahl, wie wir sie vom Bund kennen, ist damit nicht impliziert, und tatsächlich weicht das **Wahlrecht** in vielen Ländern durchaus in wichtigen Aspekten von demjenigen des Bundes ab. So kann man z. B. in Hessen zwar schon ab 18 Jahren wählen, sich jedoch erst ab 21 Jahren in ein Amt wählen lassen (eine Absenkung des passiven Wahlrechtes auf 18 Jahre wurde 1995 in einer Volksabstimmung abgelehnt). Des Weiteren halten das Saarland und Baden-Württemberg daran fest, dass die Wähler nur eine Stimme haben, so dass hier ein Stimmensplitting wie auf Bundesebene nicht möglich ist.[27] In Hamburg ist das Wahlverfahren im letzten Jahrzehnt, auch aufgrund von Volksentscheiden, mehrfach geändert worden, so dass wir heute dort ein Wahlrecht haben, bei dem – wie in Bremen und Bayern – die

---

[26] Vgl. zum Folgenden *Leunig* (Fn. 2), S. 69–85.

[27] Gleichwohl gab es in Nordrhein-Westfalen bis 2005 wie auf Bundesebene Direkt- und Listenmandate, für die beide mit einer Stimme votiert wurde, so dass es auch hier zu Überhangmandaten kommen konnte. Demgegenüber gibt es in Baden-Württemberg keine Landesliste, während letztere im Saarland fakultativ eingereicht werden kann.

personelle Zusammensetzung des Landesparlaments stärker durch die Wähler beeinflusst werden kann als in anderen Ländern. Während in Bayern aber nur auf der Landesliste panaschiert und kumuliert werden kann, ist dies in Hamburg dort gerade nicht möglich. Dafür können in Hamburg auf den Wahlkreislisten der Parteien einzelne Kandidaten mehr Stimmen erhalten (insgesamt fünf). Überdies gibt es – erstmals in Deutschland – seit der Bürgerschaftswahl 2008 in der Hansestadt Mehrmandatswahlkreise. Auch die Stimmenberechnung erfolgt unterschiedlich; während im Bund und sieben weiteren Ländern das System *Hare/Niemeyer* genutzt wird, wird in drei das Verfahren *d'Hondt* angewandt, und die restlichen sechs Länder haben das Berechnungsmodell nach *Sainte-Laguë* gewählt.

Viel entscheidender ist freilich, dass es in den Ländern – im Unterschied zum Bund – für Überhangmandate der einen Partei **Ausgleichsmandate** der anderen Partei(en) gibt, um zu gewährleisten, dass die Stimmen für die Landesliste das ausschlaggebende Moment für die Verteilung der Parlamentsmandate bleibt. Dem Proporzprinzip wird in den Ländern also eine wesentlich größere Bedeutung eingeräumt als im Bund. Angesichts der noch immer anhaltenden Wahlrechtsdiskussion auf Bundesebene ist dies sicherlich eine besonders bedenkenswerte Anregung aus den Ländern. Dagegen gibt es die so genannte **Grundmandatsklausel** außer im Bund nur in den Ländern Berlin, Brandenburg, Schleswig-Holstein und Sachsen (wobei der Gewinn eines Direktmandates – in Sachsen sind zwei notwendig – ausreicht, um die Sperrklausel von fünf Prozent zu umgehen). Große Differenzen gibt es schließlich bei der gesetzlich vorgeschriebenen Anzahl von Parlamentsmandaten, die in den Ländern zwischen 51 (Saarland) und 181 (Nordrhein-Westfalen) schwankt und im Bund bekanntlich 598 beträgt. Diese Größenunterschiede der Parlamente lassen sich zwar mit der Bevölkerungsgröße eines Landes rechtfertigen, doch prägen sie auch die Arbeitsfähigkeit von Fraktionen und Parlament insgesamt. Große Parlamente und Fraktionen erlauben eher interne Differenzierungen und fachliche Spezialisierungen.

Wie bereits angedeutet, unterscheiden sich Bund und Länder nicht nur in der Frage des Wahlrechts. Auch kann in den Ländern eine **Legislaturperiode** – die bei regulärem Verlauf nur noch in Hamburg und Bremen wie im Bunde vier Jahre, ansonsten fünf Jahre dauert – anders als im Bund auf unterschiedliche Weise vorzeitig beendet werden.

Im Bund kann der Bundespräsident die **Legislaturperiode** nur unter zwei Bedingungen **vorzeitig beenden**: nach einer missglückten (Neu-)Wahl eines Kanzlers gemäß Art. 63 Abs. 4 GG oder nach einer negativ beschiedenen Vertrauensfrage des Kanzlers gemäß Art. 68 Abs. 1 GG (in letzterem Falle kann der Kanzler beim Bundespräsidenten die Auflösung des Bundestages beantragen). Beide Fälle sind in ähnlicher Form in einem Teil der Länder möglich. So kennen neun Länder[28] eine automatische Auflösung des Parlaments nach einer missglückten (Neu)Wahl des Regierungschefs (es bedarf also keines weiteren Beschlusses des Parlaments). In

---

[28] Berlin, Brandenburg, Baden-Württemberg, Saarland, Sachsen, Bayern, Hessen, Rheinland-Pfalz und Saarland, wobei dies in den letzten drei Ländern für die Fälle gilt, in denen nach einem erfolgreichen destruktiven Misstrauensvotum kein neuer Ministerpräsidenten gewählt worden ist.

allen übrigen Ländern liegt es hingegen in der Hand des Parlaments, in einer solchen Situation die Legislaturperiode vorzeitig zu beenden. Diese Möglichkeit, die allen Landesparlamenten jederzeit offen steht, wurde in den vergangenen 60 Jahren allerdings selten genutzt, zuletzt in Hessen 2008 (Übersicht 1). Lediglich in sieben Ländern haben sich Landesparlamente zu einer Selbstauflösung entschließen können. Allerdings wurde in Hamburg die Bürgerschaft öfter vorzeitig aufgelöst – vier Mal – als der Bundestag nach einer gescheiterten Vertrauensfrage (1972, 1982, 2005).

27 Auflösungen eines Parlamentes durch Ministerpräsidenten erfolgten noch seltener als Selbstauflösungen. Sie sind ohnehin nur in Mecklenburg-Vorpommern, Sachsen-Anhalt und Schleswig-Holstein möglich, wo dies von Ministerpräsident *Peter-Harry Carstensen* (CDU) im August 2009 auch genutzt worden ist, nachdem ein Antrag, die Legislaturperiode des Landtags vorzeitig zu beenden, nicht die erforderliche Zweidrittelmehrheit gefunden hatte. Hier liegt im Übrigen auch ein Problem, wenn eine Landesverfassung sowohl die Selbstauflösung des Parlaments als auch die Auflösung nach gescheiterter **Vertrauensfrage** durch den Ministerpräsidenten vorsieht, und dies an divergierende Abstimmungsquoren bindet. Wenn ein Antrag auf Selbstauflösung eine Zweidrittelmehrheit fordert, eine solche Mehrheit aber nicht zustande kommt, kann der Ministerpräsident diese Hürde umgehen, indem er mit seiner Regierungsmehrheit eine Vertrauensfrage absichtlich scheitern lässt, um in einer für seine Partei günstigen Stimmungslage Wahlen abhalten zu können.[29] Insofern erscheint es nicht verwunderlich, dass auf diese „Dopplung" in den meisten Landesverfassungen verzichtet worden ist (Tab. 1).[30]

28 Schließlich gibt es in sechs Ländern[31] noch eine weitere Option, die Legislaturperiode des Landtags vorzeitig zu beenden, die die Bundesebene nicht kennt: eine **Volksabstimmung**. Allerdings ist diese Variante noch nie realisiert worden, wenngleich es einen Versuch in Baden-Württemberg und zwei „Drohungen" mit einem Volksbegehren in Berlin gegeben hatte (1981 und 2001).

II. Strukturen der Landesparlamente

29 Strukturell entsprechen die Landesparlamente weitgehend dem deutschen Bundestag.[32] Wie der Bundestag verfügen Landesparlamente über Leitungs-, funktionale

---

[29] Letzteres – die Wahlen zu einem für ihn günstigen Zeitpunkt durchführen zu können – ist *Carstensen* denn auch von seinem Koalitionspartner SPD vorgeworfen worden. Allerdings kann aufgrund des offensichtlichen Zerwürfnisses zwischen beiden Parteien in diesem Fall wohl kaum von einer „fingierten" Vertrauensfrage gesprochen werden, da die Vertrauensverweigerung seitens der SPD in der Abstimmung offensichtlich „echt" war.

[30] Lediglich der Bürgermeister von Hamburg und der Ministerpräsident von Brandenburg können eine Vertrauensfrage stellen, deren Scheitern dem Regierungschef das Recht einräumt, nach 14 bzw. 20 Tagen die Bürgerschaft bzw. den Landtag aufzulösen.

[31] Bayern, Berlin, Brandenburg, Bremen, Baden-Württemberg und Rheinland-Pfalz.

[32] Vgl. zum Folgenden für die Länder *Leunig* (Fn. 2), S. 149–185; zum Bundestag: *Ismayr*, Der Deutsche Bundestag, 2000.

§25 Länder und Landesparlamente im föderalen System der Bundesrepublik Deutschland   755

Tab. 1 Selbstauflösungen von Landesparlamenten (1946–2007).

Landesparlament im/in	Datum[a]	Fraktionen (Anzahl der Mandate)[b]							[c]Abstimmungsergebnis	
		CDU	SPD	FDP	G	Sonstige	Gesamt	Ja	Nein
Saarland	29.10.1955	29	17	–	–	4	50	[d](46)	k.A.
Niedersachsen	21.04.1970	63	66	10	–	10	149	139	1
Berlin	16.03.1981	63	61	11	–	–	135	„Einstimmig"	
Hamburg	24.10.1982	55	56	–	9	–	120	64	k.A.
Hessen	04.08.1983	52	49	8	9	–	110	101	9
Hessen	17.02.1987	44	51	–	7	–	110	109	1
Hamburg	19.03.1987	54	53	–	13	–	120	100	k.A.
Schleswig-Holst.[f]	09.03.1988	33	36	4	–	1	74	„Einstimmig"	
Berlin	11.10.1990	65	55	7	17	11	138	[e](137)	1
Hamburg	22.07.1993	44	61	7	9	–	121	96	k.A.
Saarland	18.08.1994	18	30	3	–	–	51	46	4
Bremen	01.03.1995	32	41	10	11	6	100	k.A.	k.A.
Berlin	01.09.2001	76	42	–	18	33	169	143	9
Hamburg	30.12.2003	33	46	6	11	25	121	„Einstimmig"	
Hessen	19.11.2008	42	42	11	9	6	110	108	0

[a]Datum des Parlamentsbeschlusses
[b]Stand zu Beginn der Wahlperiode
[c]die Anzahl von Enthaltungen, Ja-, und Nein-Stimmen wird nicht immer protokolliert
[d]das Protokoll weist lediglich vier Stimmenthaltungen aus und stellt fest, dass die Zweidrittelmehrheit erreicht worden ist; vertretene Parteien im Parlament waren: CVP, SPS und KPD; die Sitze von CVP wurden der CDU, von SPS der SPD zugeschlagen
[e]das Protokoll weist eine Gegenstimme und keine Enthaltung aus; ansonsten wird festgestellt, dass die Zweidrittelmehrheit erreicht worden ist
[f]in Schleswig-Holstein scheiterte im Juli 2009 eine Selbstauflösung an der dafür notwendigen Zweidrittelmehrheit.

(Quelle: *Reuter* (Fn. 2), S. 222; eigene Ergänzungen)

und politische Substrukturen, deren rechtliche Grundlagen sich in den Landesverfassungen, den Geschäftsordnungen der Parlamente und in einfachgesetzlichen Regelungen (z. B. Abgeordnetengesetze, Fraktionsgesetze) finden.

30   Kern und Basis der Landesparlamente bilden Plenum und Ausschüsse als **funktionale Substrukturen**. Im Plenum, also der Versammlung aller Abgeordneten, werden alle relevanten Entscheidungen des Parlaments, insbesondere Gesetzesbeschlüsse, getroffen. Die Zahl der jährlichen Plenarsitzungen schwankt zwischen 15 (Saarland und Brandenburg) und 36 (Bayern).[33] Dass diese Sitzungen scheinbar so selten stattfinden, liegt daran, dass in ihnen, wie im Bundestag, zwar die Beschlüsse formal gefasst werden. Politisch und inhaltlich vorbereitet werden sie aber an anderer Stelle: zum einen in den Ausschüssen, zum anderen – und noch entscheidender – in den (Regierungs-)Fraktionen des Parlaments, die dies in enger Abstimmung mit der jeweiligen Landesregierung tun. Auch zwischen Ausschüssen und Fraktionen gibt es enge Verknüpfungen: Die Fraktionen bilden Arbeitsgruppen, die sich in ihrer inhaltlichen Spezialisierung – zumindest bei den großen Fraktionen – an den Ausschüssen orientieren. Diese wiederum spiegeln im Groben die Ministerien der Landesregierungen wider. Es wird also schon hier eine enge Verzahnung von Parlaments- und Regierungsstrukturen deutlich.

31   Landesparlamente verfügen über ein differenziertes **Ausschusswesen**. Neben Ad-hoc-Ausschüssen (z. B. Untersuchungsausschüsse) sowie weiteren ständigen Ausschüssen (z. B. Petitionsausschüsse, Wahlprüfungsausschüsse etc.) besitzen die Landesparlamente zwischen 9 (SH und MV) und 18 (NRW) Fachausschüsse. Bei den Ausschüssen gibt es auf Landesebene die eine oder andere Besonderheit: So tagen sie z. B. in einigen Ländern grundsätzlich öffentlich,[34] während die Öffentlichkeit in den Bundestagsausschüssen und in den anderen Ländern zugelassen werden muss. In Bremen ist die Einrichtung des Geschäftsordnungsausschusses verfassungsrechtlich vorgeschrieben. Eine weitere Besonderheit in den beiden Hansestädten sind die so genannten „Deputationen", welche die Verwaltung überwachen und in Bremen aus Mitgliedern des Senats und der Bürgerschaft bestehen, in Hamburg nur von der Bürgerschaft gewählt werden und sich aus Nichtparlamentariern zusammensetzen. In einigen Verfassungen ist zudem ein so genannter „Haupt"- oder „Zwischenausschuss" vorgesehen, welcher der Wahrung der Rechte des Parlaments in den Zeiträumen zwischen den Sitzungen und der Zeit zwischen der letzten Sitzung einer Legislaturperiode und dem ersten Zusammentritt des neu gewählten Parlaments dient. Zu nennen wäre auch der „Parlamentarische Einigungsausschuss" des schleswig-holsteinischen Landtags, der zusammentritt, wenn sich die Landesregierung weigert, im Rahmen des parlamentarischen Fragerechts Akten vorzulegen. Die Aufgaben der Ausschüsse bestehen im Wesentlichen in der Kontrolle der Exekutive und der Vorbereitung parlamentarischer Vorgänge (Gesetzentwürfe, andere Beschlussvorlagen, Volksinitiativen). Einschlägige Untersuchungen verweisen

---

[33] Vgl. *Reutter* (Fn. 2), S. 173 ff.

[34] So in Bayern, Berlin, Hamburg und Schleswig-Holstein (außer bei der Behandlung von Petitionen und der Haushaltsprüfung), Art. 52 Abs. 3 der sächsischen Verfassung lässt dies fakultativ zu.

dabei darauf, dass die Gesetzgebungsarbeit für viele Ausschüsse von „verhältnismäßig untergeordneter Bedeutung" ist; Hauptfunktion der Ausschüsse ist die Regierungskontrolle.[35]

Aus dem bisher Gesagten, lässt sich ohne Weiteres folgern, dass sich die Landesparlamente – wie der Bundestag – als Mischung aus Rede- und Arbeitsparlamente qualifizieren lassen. Sie weisen aber auch starke Züge eines Fraktionenparlamentes auf, was auf die Bedeutung der **politischen Substrukturen** verweist. Im Gegensatz zu landläufigen Annahmen, sind Fraktionen nicht bloße Anhängsel außerparlamentarischer Parteiorganisationen, sondern „zentrale Aktionseinheiten"[36] in Landesparlamenten. Denn in parlamentarischen Regierungssystemen kann eine nachhaltige Unterstützung und Kontrolle der Regierung durch Volksvertreter nur in organisierter und stabiler Form erfolgen. Ein modernes Parlament ist ohne Fraktionen nicht vorstellbar.[37]

Verfassungsrechtlich waren **Fraktionen** in den Bundesländern lange Zeit nicht anerkannt, doch haben sie nach der Vereinigung sukzessive eine verfassungsrechtliche Anerkennung und Aufwertung erfahren. Jedenfalls sind Fraktionen inzwischen in sieben Landesverfassungen erwähnt. An den Fraktionsstatus ist dabei eine Reihe von Rechten gebunden. Fraktionen besitzen Antragsrechte, können Gesetzesinitiativen einbringen, erhalten finanzielle Unterstützung, ihnen werden Redezeiten zugewiesen u. ä. m. Zu Recht lässt sich daher sagen, dass die „Konzentration parlamentarischer Rechte auf die Fraktionen (...) nicht nur deren Bedeutung [anzeigt], sondern auch den Grad der Mediatisierung des einzelnen Abgeordneten, der praktisch nur über seine Mitgliedschaft in einer Fraktion an vielen parlamentarischen Funktionen teilhaben kann."[38]

Die **Binnenstrukturen der Fraktionen** folgen den Prinzipien repräsentativer Demokratie und orientieren sich zudem an funktionalen Anforderungen. In der Regel geben sich die Fraktionen eine Geschäftsordnung, in der Arbeitsabläufe, die Beschlussregeln, die Kompetenzen der Fraktionsführung, die Folgen bei abweichendem Verhalten und das Verfahren für einen möglichen Ausschluss von Fraktionsmitgliedern festgelegt sind.[39] Abhängig von der Größe sind Fraktionen ähnlich aufgebaut: Die Fraktionsversammlung trifft die wesentlichen Entscheidungen und „wählt" den Fraktionsvorstand, bestehend aus einem (oder mehreren) Vorsitzenden, den Stellvertretern und dem Parlamentarischen Geschäftsführer. Die zentrale Arbeitsebene sind die Fraktionsarbeitskreise, deren fachliche Ausrichtung sich aus der parlamentarischen Ausschussstruktur, der Größe der jeweiligen Fraktion und politisch-weltanschaulichen Traditionen ergeben. Die Arbeitskreise haben die schwierige Aufgabe, weltanschauliche Grundüberzeugungen in Fachpositionen zu

---

[35] *Vetter*, Die Parlamentsausschüsse im Verfassungssystem der Bundesrepublik Deutschland. Rechtsstellung, Funktionen, Arbeitsweise 1986, S. 121; *Reutter* (Fn. 2), S. 177 ff.
[36] So *Schüttemeyer*, Fraktionen im Deutschen Bundestag 1949–1997. Empirische Befunde und theoretische Folgerungen, 1998, S. 24 ff.
[37] Vgl. dazu auch *Patzelt*, in: ZParl 1998, S. 324 ff.
[38] *Leunig* (Fn. 2), S. 166 f.
[39] Vgl. hierzu *Reutter* (Fn. 2), S. 183 ff. m.w.N.

übersetzen, aber auch sachlich-inhaltliche Überlegungen in programmatische Positionen von Parteien zu überführen. Sie bilden gleichzeitig wichtige Schnittstellen zwischen dem Ausschusssystem und dem Plenum.

35 Wie jede Organisation bedürfen auch Parlamente **Leitungsstrukturen**. In Landesparlamenten zählen die Präsidenten, die Vizepräsidenten, die Präsidien sowie die Ältestenräte zu den Leitungsorganen. Die formelle Spitze eines Landesparlamentes bildet der Präsident, der über weitreichende Kompetenzen (u. a. das Hausrecht) verfügt und das Parlament nach außen vertritt. Das Präsidium ist ein Beratungsorgan des Präsidenten für Verwaltungsangelegenheiten und besteht in der Regel aus dem Präsidenten, den Vizepräsidenten sowie ggf. Vertretern der Fraktionen. Unterstützt wird der Präsident darüber hinaus vom Ältestenrat, der sich aus einer unterschiedlich großen, von den Fraktionen benannten Zahl an Abgeordneten zusammensetzt und den Präsidenten in parlamentarischen Angelegenheiten berät.

III. Funktionen der Landesparlamente

36 Prinzipiell besitzen Landesparlamente dasselbe **Funktionsprofil** wie der Bundestag. Sie nehmen die klassischen Parlamentsfunktionen der Kreation (1), der Gesetzgebung (2), der Kontrolle (3) sowie der Kommunikation und Artikulation (4) wahr. Allerdings gibt es durchaus Unterschiede im Grad der Wahrnehmung dieser Aufgaben.

37 (1) Ihre Kreationsfunktion erfüllen die Landesparlamente, wie der Bundestag, vor allem durch die **Wahl der jeweiligen Regierungschefs**. Hier ist zunächst bemerkenswert, dass für dessen Wahl in Berlin, Bayern und Bremen die Mehrheit der abgegebenen Stimmen – also nicht notwendigerweise aller Parlamentsmitglieder – ausreicht. Dies ist in den anderen Ländern sonst erst bei einem zweiten oder dritten Wahlgang der Fall. Letzteres hat im Falle der beiden SPD-Minderheitsregierungen in Sachsen-Anhalt 1994–1998 und 1998–2002 (erstere noch zusammen mit Bündnis 90/Die Grünen) bereits politische Relevanz entfaltet. Bemerkenswert ist zudem, dass in Hessen und im Saarland die Amtszeit des Ministerpräsidenten und seiner Regierung nicht automatisch mit dem Ende der Legislaturperiode endet. Vielmehr bleibt der Ministerpräsident auch in der neuen Legislaturperiode so lange im Amt, bis ein Nachfolger gewählt wird. Welche interessante Konstellationen dabei zu Stande kommen können, zeigt die Entwicklung des Jahres 2008 in Hessen, wo der amtierende Ministerpräsident *Roland Koch* nach den Landtagswahlen im Januar des Jahres zwar keine Mehrheit mehr hatte, es aber auch den anderen Fraktionen nicht gelang, ihn abzuwählen und durch einen neuen Regierungschef zu ersetzen. In dem der Landtagswahl folgenden Jahr des „hessischen Interregnums" sah sich die Regierung sogar gezwungen, mit der Mehrheit des Parlaments beschlossene Gesetze (wie die Abschaffung der Studiengebühren) umzusetzen, die ihren eigenen politischen Überzeugungen diametral entgegenstanden. Diese Phase endete allerdings mit der Bildung der neuen CDU/FDP-Koalition im Februar 2009.

Eine weitere Besonderheit ergibt sich insofern, als in einigen Ländern – anders als im Bund – auch die **Bildung der Regierung** der Zustimmung des Landesparlaments bedarf. In Bremen werden die Mitglieder des Senats sogar einzeln von der Bürgerschaft gewählt, was bis Mitte der 1990er Jahre auch noch in Hamburg und Berlin der Fall war. Diese Bestätigung ist zwar angesichts der im Vorfeld schon bestehenden Koalitionen oder Einparteienmehrheiten in der Regel eine Formalie. Es hat aber auch schon Fälle gegeben, in denen diese „Formalie" politische Folgen hatte: So war in Berlin die Nicht-Bestätigung einer vom damaligen Regierenden Bürgermeister *Stobbe* geplanten Regierungsumbildung 1981 der Anfang vom Ende der dortigen sozialliberalen Koalition. Und 1976 musste der zunächst im zweiten Wahlgang geheim gewählte niedersächsische Ministerpräsident *Ernst Albrecht* einen Monat warten, bis er nach seiner Bestätigung in einem weiteren Wahlgang seine Regierung ernennen durfte, die nunmehr keiner Bestätigung der damals noch unsicheren Mehrheit des Landtages mehr bedurfte.

Auch bei der **Abwahl der Regierung** ergeben sich Unterschiede zwischen Bund und Ländern bzw. den einzelnen Ländern untereinander. Vor allem die nachgrundgesetzlichen Landesverfassungen enthalten ein dem Art. 67 GG vergleichbares konstruktives Misstrauensvotum, wobei interessant ist, dass in Nordrhein-Westfalen für die Wahl des neuen Ministerpräsidenten die absolute Mehrheit der abgegebenen Stimmen anstelle der Mehrheit der Mitglieder des Landtags ausreicht. In einigen Ländern ist es aber möglich, den Regierungschef im Wege des einfachen oder destruktiven Misstrauensvotums aus dem Amt zu entfernen (Rheinland-Pfalz, Hessen, Saarland, Bremen und Berlin). Gelingt es allerdings nicht, binnen einer vorgegebenen Frist einen neuen Ministerpräsidenten (bzw. Regierenden Bürgermeister) zu wählen, führt dies in diesen Ländern automatisch zur Auflösung des Parlaments. Diese Möglichkeit des Misstrauensvotums besteht in Baden-Württemberg und Rheinland-Pfalz im Übrigen auch gegenüber anderen Mitgliedern der Regierung. Das Berliner Beispiel zeigt aber, dass eine solche verfassungsrechtliche Fallkonstellation erst aufgrund außerparlamentarischer Vereinbarungen politische Relevanz entfaltet. Denn bislang ist es nur zu einem erfolgreichen einfachen Misstrauensvotums gekommen: bei der Abwahl des Berliner Regierenden Bürgermeisters *Eberhard Diepgen* im Juni 2001, der umgehend die Wahl seines Nachfolgers, *Klaus Wowereit,* folgte. Nur in Bayern gibt es keine formale Möglichkeit, den Ministerpräsidenten per Parlamentsbeschluss zum Rücktritt zu zwingen, wenngleich dieser von der Verfassung aufgefordert wird zurückzutreten, wenn eine vertrauensvolle Zusammenarbeit zwischen ihm und der Mehrheit des Landtages nicht mehr möglich ist. Das mag auch *Edmund Stoiber* (CSU) im Januar 2007 zum Rücktritt bewogen haben, nachdem ihm bedeutet worden war, dass er in seiner die Mehrheit des Parlaments bildenden Partei keinen Rückhalt mehr besaß.

Erfolgreiche konstruktive Misstrauensvoten gab es in den Ländern bisher lediglich drei Mal: 1950 wurde in Schleswig-Holstein *Bruno Diekmann* (SPD) von *Walter Bartram* abgelöst, der bereits 1951 einem Minderheitenkabinett aus CDU und FDP unter *Wilhelm Lüdke* (CDU) Platz machen musste. NRW erlebte zwei Regierungswechsel nach konstruktiven Misstrauensvoten: 1956 wurde *Karl Arnold* (CDU) nach einem Koalitionswechsel der FDP durch *Fritz Steinhoff* (SPD) ersetzt,

1966 wechselte die FDP erneut die Seite und ermöglichte damit *Heinz Kühn* (SPD) die Ablösung *Franz Meyers* (CDU).

41 **(2) Gesetzgebung** sowie die Mitwirkung an der Politikformulierung sind weitere zentrale Aufgaben der Landesparlamente. Gerade in diesem Bereich wurde den Landesparlamenten ein kontinuierlicher Macht- und Einflussverlust attestiert, weil Politikverflechtung und Kompetenzverschiebungen von den Ländern zum Bund den legislativen Spielraum der Länder beschränkt und die Exekutive privilegiert hätten. Generell hat die „enge Kooperation der Exekutiven zwangsläufig Einschränkungen der allein verantwortlichen Kompetenzwahrnehmung durch das einzelne Land, insbesondere und in erster Linie durch die Landesparlamente zur Folge" gehabt, so die ganz überwiegende Auffassung.[40] Eine nähere Analyse zwingt allerdings zur Revision, zumindest zur Differenzierung dieses Urteils. Zum ersten ist festzustellen, dass in den Ländern eine deutlich geringere Anzahl von Vetospielern existiert und damit der vom Bund bekannte Zwang zum Konsens aufgrund unterschiedlicher Mehrheitsverhältnisse in Bundestag und Bundesrat in den Ländern fehlt. Gemessen an den Kriterien Zurechenbarkeit von Entscheidungen und Transparenz der Verfahren entspricht das Gesetzgebungsverfahren in den Ländern eher demokratischen Anforderungen. Zum zweiten: Die Anzahl der von den Landesparlamenten verabschiedeten Gesetze ist im Zeitablauf keineswegs kontinuierlich gesunken. Im Gegenteil, es dominiert vielmehr eine zyklische Entwicklung, wobei ab Anfang der 1990er Jahre sogar von einer „legislativen Renaissance" der Länder gesprochen werden kann, die durch die Föderalismusreform noch unterfüttert worden ist. Auch findet die Vermutung, in den Ländern würden allenfalls noch Ausführungs- und Anpassungsgesetze verabschiedet, in den einschlägigen Untersuchungen keine Bestätigung. Insgesamt relativieren diese Befunde die verbreitete Annahme eines kontinuierlichen Macht- und Einflussverlustes der Landesparlamente.[41]

42 (3) Ist die Regierung einmal im Amt, wird sie durch das Parlament **kontrolliert**. Gemeinhin wird unterstellt, dass in parlamentarischen Parteiendemokratien die Regierungskontrolle hauptsächlich von der Opposition wahrgenommen wird. Umso bemerkenswerter ist, dass die Hamburgische Verfassung darauf verzichtet hat, der Opposition die Aufgabe der Regierungskontrolle zuzuweisen. Dies geschah in der Absicht, deutlich zu machen, dass es eben nicht nur die Opposition sei, welche die Regierung kontrolliere. Vielmehr wurde zu Recht unterstellt, dass auch die Mehrheitsfraktionen Kontrollaufgaben wahrnehmen, aber in informeller, also nicht öffentlicher Form.

43 Die **Kontrollfunktion** unterscheidet sich in Bundestag und Landesparlamenten insofern voneinander, als diese in den Ländern deutlich ausgeprägter und auch stärker auf die Verwaltung konzentriert ist als auf die politische Kontrolle. Dies liegt zum einen daran, dass die Landesparlamente aufgrund ihrer – auch nach der Föderalismusreform I noch – vergleichsweise geringen gesetzgeberischen Kompetenzen ihr Schwergewicht auf diese Tätigkeit legen. Zum anderen – und damit verbunden –

---

[40] *Jun* (Fn. 24), S. 490.
[41] *Reutter* (Fn. 2), S. 230 ff. m.w.N.

liegt der Schwerpunkt landespolitischer Aktivität auf der Ausführung von Bundesgesetzen, was dazu führt, dass die Landtage sich auf deren Kontrolle weitaus stärker konzentrieren müssen als ihre Kollegen im Bundestag.

Soweit es die **Formen der Kontrolle** – Anfragen, Fragestunden, Untersuchungsausschüsse etc. – angeht, unterscheiden sich Bund und Länder nicht wesentlich. Allerdings sind, resultierend aus der genannten stärkeren Konzentration auf die Verwaltungskontrolle, die Möglichkeiten, etwa Akteneinsicht zu nehmen oder Zugang zu einzelnen Behörden zu erlangen, für die Landesparlamentarier verfassungsrechtlich stärker ausgeprägt als für die Abgeordneten des Bundestages. Angesichts der Bedeutung der sukzessiven Abwanderung landespolitischer Kompetenzen an die Europäische Union verwundert auch nicht, dass die Landesverfassungen Fragerechten der Abgeordneten und Informationspflichten der jeweiligen Regierungen in diesem Punkt besondere Aufmerksamkeit schenken. Hinzu kommt, dass in der langfristigen Entwicklung der Gebrauch der Kontrollinstrumente keineswegs zurückgegangen ist. Vielmehr lässt sich auch hier von eine zyklischen Entwicklung mit aufsteigender Tendenz sprechen. Während in einzelnen Bundesländern in den 1950er Jahren nachlassende Kontrollaktivitäten festzustellen sind, wurde diese Entwicklung ab den 1960er Jahren revidiert, nachdem in vielen Ländern Parlamentsreformen durchgeführt worden waren.

44

(4) Die **Kommunikationsfunktion** setzt Öffentlichkeit voraus und wird daher vor allem im Plenum erfüllt. Doch Landtagsdebatten entfalten nur selten öffentliche Wirkung, was im Wesentlichen auf drei Aspekte zurückzuführen ist: Zum ersten erzwingt die Anzahl der pro Plenarsitzung zu entscheidenden Gegenstände einen straff rationalisierten Verfahrensablauf, der wenig Raum lässt für Spontaneität und freien Meinungsaustausch. Zum zweiten sind die inhaltlichen Positionen durch Arbeitskreis-, Fraktions- und Ausschusssitzungen, die den Plenarsitzungen zeitlich vorgelagert sind, weitgehend vorgeprägt. Plenardebatten sind daher in aller Regel lediglich eine Aneinanderreihung von Fensterreden. Und dies müssen sie auch sein! Zum dritten weisen die Tagesordnungen der Landesparlamente allenfalls sporadisch politisch brisante Themen auf. *Jun* stellt daher zu Recht fest, dass die Kommunikationsfunktion von den Landesparlamenten „faktisch nur unzureichend wahrgenommen wird".[42] Um dem entgegenzuwirken, greifen die Landtage in den vergangenen Jahren verstärkt Themen auf, die auch auf Bundesebene eine Rolle spielen (z. B. Rechtsextremismus). Dies gelingt ihnen dann besonders gut, wenn sie dabei auf ihnen verbliebene Regelungskompetenzen zurückgreifen können, wie z. B. beim Einbürgerungsrecht bzw. der Integration von Zuwanderern. Allerdings ist dabei festzuhalten, dass auf die Arbeit Landesparlamente noch mehr zutrifft, was schon für den Bundestag konstatiert worden ist: sie entzieht sich systematisch einer massenmedial tauglichen Vermittlung.

45

---

[42] *Jun* (Fn. 24), S. 502.

IV. Volksgesetzgebung

46 In einer Hinsicht unterscheiden sich Bund und Länder deutlich: in der **Beteiligung des Volkes an der Gesetzgebung**.[43] Während im Bund Demokratie als strikt repräsentatives Formprinzip verwirklicht ist, haben in der Zwischenzeit in allen Ländern die Landesvölker die Möglichkeit, in unterschiedlicher Form und Verbindlichkeit an der Gesetzgebung teilzunehmen. Generell lässt sich dabei feststellen, dass je verbindlicher eine Sachentscheidung des Souveräns ausfallen könnte, desto höher sind die Hürden. Dies beginnt schon mit der Initiativtätigkeit: Die **Volksinitiative** ist in einigen Ländern die Voraussetzung für die Einbringung eines Volksbegehrens und ersetzt dann den ansonsten notwendigen Antrag auf Zulassung des Begehrens. Das Parlament hat das Anliegen einer erfolgreichen Initiative, die dazu von einer unterschiedlich hohen Zahl an Bürgern unterschrieben sein muss, innerhalb einer bestimmten Frist zu behandeln. Ist dies geschehen, steht es den Initiatoren frei, ungeachtet dessen zur selben Thematik ein Volksbegehren zu starten.

47 Das **Volksbegehren** beinhaltet grundsätzlich einen Gesetzentwurf, der vom Parlament beschlossen werden soll. Bevor das Parlament darüber berät, muss entweder die Regierung über die Zulässigkeit des Entwurfs entscheiden, gegen deren Beschluss die Anrufung des Verfassungsgerichts zulässig ist. Oder aber die Regierung bzw. eine qualifizierte Minderheit des Parlaments kann das Verfassungsgericht anrufen, um die Zulässigkeit des Begehrens prüfen zu lassen. Unzulässig sind in praktisch allen Ländern Begehren, die sich auf den Landeshaushalt, die Dienst- und Versorgungsbezüge von Beamten sowie Abgaben und Personalentscheidungen beziehen. Bestehen keine diesbezüglichen Bedenken, wird der Gesetzentwurf mit einer Stellungnahme der Regierung dem Parlament zur Beschlussfassung vorgelegt. Hier entspricht das weitere Verfahren im Kern der Behandlung von Gesetzesvorlagen der Regierung oder aus dem Parlament selbst. Allerdings sind dem Parlament bei Entwürfen, die auf Volksbegehren zurückzuführen sind, Fristen zur Beratung gesetzt. Findet sich eine Mehrheit für den Entwurf, so fasst das Parlament einen Gesetzesbeschluss. Ist dem nicht so, ist der Entwurf gescheitert, es sei denn, es handelt sich um einen solchen, der auf ein Volksbegehren zurückgeht.

48 In diesem Falle kommt es zu einem **Volksentscheid**, in dem das Volk dazu aufgerufen wird, über den vom Parlament abgelehnten Entwurf zu beschließen. Hier kann das Parlament einen eigenen Entwurf als Alternative vorlegen. Für eine positive Entscheidung muss die Mehrheit der Abstimmenden, die in fast allen Ländern einem bestimmten Quorum der Wahlberechtigten entsprechen muss, diesem Entwurf zustimmen.[44] Die Möglichkeiten des Volksbegehrens erstrecken sich in allen Ländern mit Ausnahme Berlins, wo dies nur eingeschränkt möglich ist, und des Saarlands im Übrigen auch auf Verfassungsänderungen.

---

[43] Vgl. zum Folgenden *Leunig* (Fn. 2), S. 260 ff.

[44] Mit Ausnahme von Bayern, Hessen, Sachsen, Berlin und Rheinland-Pfalz, wobei es in den beiden letzteren eine Mindestbeteiligung an der Abstimmung gibt.

Zwischen 1949 und 2005 gab es lediglich **13 Volksentscheide** in den deutschen Bundesländern wobei in lediglich 6 Fällen die Vorlage in einem Volksentscheid angenommen wurde. Diese Befunde lassen nur einen Schluss zu: Eine Erosion landesparlamentarischer Regierungssysteme durch Volksgesetzgebung hat weder stattgefunden noch ist sie wahrscheinlich. Ebenso kritisch zu bewerten sind aber auch Hoffnungen, mit einem Ausbau direktdemokratischer Elemente Politikverdrossenheit bekämpfen zu können.

49

V. Landesparlamentarische Regierungssysteme und Demokratie in der Bundesrepublik Deutschland

Untersucht man, welchen Beitrag Landesparlamente zur Entwicklung der Demokratie in Deutschland nach 1945 geleistet haben, fällt die **Bilanz** keineswegs nur negativ aus. Im Gegenteil, Landesparlamente entlasten nicht nur den Bundestag und kontrollieren die Verwaltung. Vielmehr haben sie in vielfältiger Weise an der **bundesrepublikanischen „Erfolgsgeschichte"** mitgewirkt. Zu diesem Schluss kommt man jedenfalls, wenn man die Kriterien anlegt, die *Manfred G. Schmidt* für seine Bewertung des politischen Systems der Bundesrepublik Deutschland entwickelt hat.[45] Nicht alle der von *Schmidt* genannten Dimensionen sind ohne Weiteres auf die Landesparlamente anwendbar, doch lassen sich immerhin einige Leistungen der Landesparlamente benennen:

50

- **Beteiligungschancen:** Die Bundesrepublik gehört zu den „weltweit partizipationsfreundlichsten Staaten"[46] – auch aufgrund von Landtagswahlen, der Möglichkeit zur Volksgesetzgebung in den Ländern oder den Petitionsausschüssen in den Landesparlamenten. Sicher, die Wahlbeteiligung ist bei Landtagswahlen teilweise auf ein kritisches Niveau gefallen, dennoch gilt: Landesparlamente haben nach 1946 dazu beigetragen, dass sich zuerst in West- und nach 1990 in Ostdeutschland ein demokratisches System etablieren konnte – unbeschadet der in den neuen Bundesländern nachlassenden Akzeptanz demokratischer Werte und Institutionen.
- **Integration:** Stabilität von Demokratie hängt unter anderem davon ab, dass die relevanten politischen Kräfte in der Herrschaftsordnung vertreten sind. Landesparlamente haben in doppelter Hinsicht zu dieser Integration beigetragen: 1) räumlich dadurch, dass sie landsmannschaftliche und regionale Repräsentationsmöglichkeiten bieten. Und diese Integrationsleistung wird kontinuierlich erbracht, weil Parteien und Landesparlamente über einen zum Teil komplizierten Regionalproporz (wie in Bayern, Baden-Württemberg, Nordrhein-Westfalen)

---

[45] *Schmidt*, Das politische System Deutschlands. Institutionen, Willensbildung und Politikfelder, 2007, S. 461 ff. m.w.N.
[46] *Schmidt* (Fn. 45), S. 464.

eine ausgewogene landsmannschaftliche Vertretung sicherstellen. 2) Landesparlamente verschaffen der politischen Opposition im Bund und neuen Parteien Repräsentations- und Beteiligungschancen. Abgesehen von rechtsextremistischen Parteien (und dem SSW), sind in der Bundesrepublik alle Parteien meist zugleich in der Opposition und in der Regierung. Und in vielen Landesparlamenten haben Minderheitsfraktionen nicht nur weitgehende Rechte, sondern Oppositionsparteien auch die Chance, sich bei der nächsten Landtagswahl schadlos zu halten. Damit wird Opposition in die Herrschaftsordnung eingebunden und eine Verstetigung von Politik unterstützt.

- **Machtwechsel:** Demokratie bewährt sich vor allem darin, dass Regierungswechsel nach anerkannten Regeln vollzogen werden. Machtwechsel müssen „geordnet, verfahrensgenau und ohne Blutvergießen" erfolgen.[47] Länder und Landesparlamente haben ohne Zweifel dazu beigetragen, dass in der Bundesrepublik ein „bloodless dismissal of government" (*Karl Popper*) politische Normalität geworden ist. Stets hat sich der Regierungswechsel in den Ländern in demokratisch geordneten Bahnen vollzogen und damit einem zentralen Mechanismus demokratischer Herrschaftsordnung zur Anerkennung verholfen.
- Weniger beeindruckend als die bisher genannten prozess- und institutionenbezogenen Vorzüge sind die Beiträge der Landesparlamente für Politikproduktion und Politikresultate. Zu Buche schlägt hier vor allem der geringe Einfluss, den Landesparlamente auf die Gestaltung der Lebenswelt besitzen. Immerhin lassen sich auch hier zwei Aspekte benennen: die **Innovationsfunktion** sowie der Beitrag der Landesparlamente zur **Verwaltungskontrolle**. Innovationen der Länder umfassen verfassungsrechtliche Regelungen, politische Konstellationen (neue Koalitionen und Koalitionsformate), aber auch in einigen Politikfeldern machten Länder als „Labore" von sich reden. Dadurch erhöht sich die „Lern-" und „Fehlerkorrekturfähigkeit" des politischen Systems, ein Element, das sich sogar in Politikfeldern, die in hohem Maße zentralstaatlich geprägt sind, niederschlägt.

51 Es steht außer Frage, dass Landesparlamente in mancher Hinsicht auch für **Defizite** des politischen Systems verantwortlich zeichnen. Sie verursachen Zeitverzögerungen, erschweren Strukturreformen, beteiligen sich bisweilen aktiv an einer „Verantwortungsdiffussion" („der Bund oder die EU ist schuld") und tendieren dazu, ihre Kompetenzen nicht auszuschöpfen. Dennoch gilt, dass die Bilanz für Landesparlamente so marginal oder vernachlässigenswert, wie manche Niedergangstheoretiker behaupten, nicht ausfällt.

D. Ausblick

52 Wie ausgeführt, werden Landesparlamenten **kontinuierliche Funktionsverluste** attestiert, bisweilen wird sogar ihre Existenzberechtigung angezweifelt. Thesen über den Niedergang der Landesparlamente beruhen dabei nicht selten auf impliziten

---

[47] *Schmidt* (Fn. 45), S. 467.

Prämissen über eine „goldene Zeit" des Landesparlamentarismus und reduzieren landesparlamentarische Funktionen auf staatliche Gestaltung, das heißt auf die Gesetzgebung. Die vorstehende Darstellung sollte deutlich gemacht haben, dass auch bei Landesparlamenten die Verfassungswirklichkeit sich weniger dramatisch gestaltet, als die Niedergangsrhetorik vermuten lässt. Weder kann von einem kontinuierlichen Machtverlust gesprochen werden noch kann davon die Rede sein, dass die Volksvertretungen der Länder sich allein über Gesetzgebung ihre Existenzberechtigung verschafften. Im Gegenteil: Landesparlamente erfüllen unterschiedliche Aufgaben, und im langfristigen Verlauf lassen sich *prima facie* keine grundstürzenden Funktionsverluste aufweisen. Das gilt sogar für die Gesetzgebung, die, wie dargelegt, zyklisch verlaufen ist und seit den 90er Jahren des letzten Jahrhunderts sogar eine Art Renaissance erfahren hat. (Wie sich die Föderalismusreform langfristig auswirken wird, ist noch nicht abzusehen, zumal der zweite Teil, die Finanz- und Verwaltungsreform, noch aussteht.) Noch weniger scheint die Vermutung des kontinuierlichen Machtverlustes zuzutreffen, wenn man die Kreations- und Kontrollfunktion betrachtet. Hier muss wohl sogar von einem Kompetenzgewinn ausgegangen werden. Insgesamt ist damit eher von einem Funktionswandel denn von einem kontinuierlichen Niedergang zu sprechen.

Doch auch wenn man der Niedergangsrhetorik skeptisch gegenübersteht (oder sie gar insgesamt ablehnt) und Landesparlamenten zugesteht, einen positiven Beitrag zur Entwicklung der Demokratie in Deutschland geleistet zu haben, ist die Liste der Herausforderungen und Probleme, denen sich Landesparlamente gegenüberstehen, lang. Sie umfasst: Klagen der Parlamentarier über das Plenargeschehen, strukturelle Defizite bei der Öffentlichkeitsfunktion, Einflussgrenzen bei Angelegenheiten der Europäischen Union, die Exekutivlastigkeit politischer Entscheidungsprozesse im kooperativen Bundesstaat oder eine teilweise erschreckend niedrige Wahlbeteiligung. Um diesen **Herausforderungen** zu begegnen, wird immer wieder eine „Re-Parlamentarisierung des Mehrebenensystems" gefordert.[48] Sie umfasst im Kern zwei Aspekte: zum einen die Restrukturierung der legislativen Zuständigkeiten von Bund und Ländern (also Entflechtung und, soweit möglich, eine Rückverlagerung von Gesetzgebungskompetenzen an die subnationale Ebene); zum anderen wollen Landesparlamente Mitspracherechte bei bundes- und europapolitischen Angelegenheiten, was die Überlegung einschließt, das Stimmverhalten von Mitgliedern von Landesregierungen im Bund, der EU oder auf der „dritten Ebene" mit einem „imperativen Mandat" festlegen zu können. Das sind Forderungen, die die Landesparlamente in unterschiedlicher Form und Dringlichkeit seit mehr als dreißig Jahren vorbringen.

Eine Reihe der Forderungen wurde inzwischen erfüllt: Mit der **Föderalismusreform** wurde das Institut der Abweichungsgesetzgebung geschaffen, die Rahmengesetzgebung abgeschafft und die Liste der Gegenstände der ausschließlichen Gesetzgebung der Länder erweitert. Ob und inwieweit diese Maßnahmen eine solche Aufwertung der Landesparlamente nach sich ziehen werden, dass damit die demokratischen Kosten, die aus der „Politikverflechtung" resultieren, kompensiert

---

[48] Vgl. zum Weiteren *Reutter* (Fn. 2), S. 339 ff. m.w.N.

werden können, ist jedoch fraglich. Denn in landesparlamentarischen Regierungssystemen ist der Einfluss von Volksvertretungen auf *Policy-making* limitiert, informell und häufig lediglich nachträglich legitimierend. Landesparlamente werden auch dann „reaktive" Gesetzgeber bleiben, wenn die Länder über mehr Zuständigkeiten verfügen. Die bisherige Staatspraxis unterstützt diese Vermutung: Die ganz überwiegende Anzahl der Gesetze in den Ländern stammt von den Regierungen, die auch über die Ressourcen verfügen, Themen auf die politische Agenda zu setzen und komplexe Gesetzentwürfe zu erarbeiten. Noch mehr gilt dies bei Staatsverträgen und Entscheidungen in Angelegenheiten der EU. Auch hier war die Beteiligung der Landesparlamente allenfalls nachträglich legitimierend und auf die Umsetzung beschlossener Programme begrenzt.

55 Wird anerkannt, dass man ohne Landesparlamente schlechterdings von einem Bundesstaat sprechen kann, dass der Bundesstaat Gesetzgebungskompetenzen der Länder notwendig beschränkt und dass landesparlamentarische Regierungssysteme Volksvertretungen ebenfalls einer spezifischen Funktionslogik unterwerfen, kommt man nicht umhin, Landesparlamenten auch in Zukunft nur **eingeschränkte Gestaltungsfunktionen** zuzugestehen. Das gilt auch dann, wenn weitere legislative Kompetenzen an die Länder verlagert werden. Allerdings ist zu betonen, dass es sich hier um verfassungsrechtlich gewollte Beschränkungen handelt. Ebenso unrealistisch ist eine „Re-Parlamentarisierung des Mehrebenensystems", die den Grundlagen parlamentarischer Regierungssysteme widersprechen würde. Parlamente sind Institutionen territorialer Repräsentation. Ihre Legitimationsgrundlage und ihr Herrschaftsanspruch beziehen sich auf ein definiertes Staatsgebiet. Und ihre Mitglieder – die Abgeordneten – sind durch ihre wahlkreisbezogenen Aktivitäten daran gebunden. Vor diesem Hintergrund liegt das **landesparlamentarische Reformpotential** auf drei Ebenen: in der Verwaltungskontrolle, in der Umsetzung von Politik und in der Vermittlung zwischen Staat und Bürger. In allen drei Bereichen verfügen die Landesparlamente über die notwendigen Instrumente.

Schrifttum

S. Leunig, Die Regierungssysteme der deutschen Länder im Vergleich, 2007
J. Menzel, Landesverfassungsrecht. Verfassungshoheit und Homogenität im grundgesetzlichen Bundesstaat, 2002
S. Mielke/W. Reutter (Hrsg.), Landesparlamentarismus in Deutschland, 2. Aufl., 2011.
M. Niedobitek, Neuere Entwicklungen im Verfassungsrecht der deutschen Länder, 3. Aufl. 1995
W. Reutter, Föderalismus, Parlamentarismus und Demokratie. Landesparlamente im Bundesstaat, 2008
F. W. Scharpf, Föderalismusreform. Kein Ausweg aus der Politikverflechtungsfalle?, 2009
A.-L. Schümer, Die Stellung des Ministerpräsidenten in den Bundesländern im Vergleich, 2006
A. Stiens, Chancen und Grenzen der Landesverfassungen im deutschen Bundesstaat der Gegenwart, 1997

Sachverzeichnis

Fettgedruckte Zahlen bezeichnen die §-Nummer des jeweiligen Beitrags, normalgedruckte die Randnummer der Fundstelle.

A
Abweichungsgesetzgebung, **20**, 2 ff.; **25**, 54; **71**, 13
   Abweichung des Bundesgesetzes, **20**, 20
   abweichungsfeste Kerne, **19**, 99, 141; **20**, 12; **68**, 34 ff.
      Artenschutz, **68**, 37
      Meeresnaturschutz, **68**, 36
      Naturschutz, **68**, 35
      Wasserrecht, **68**, 38
   Altregelungen, Erstreckung auf, **20**, 13
   Anwendungsvorrang, **20**, 22; **23**, 27
   Ausnahmefall, **23**, 39 ff.
   Bedürfnis einheitlicher Regelung, **23**, 25
   Begriff, **19**, 37, 141
   Behördeneinrichtung, **23**, 23
   Bundestreue als mögliches Hindernis, **20**, 30
   BVerfG, Rechtsprechung
      Ausnahmefall, **23**, 43 ff.
   Europäische Richtlinien, Umsetzung von, **20**, 27
   Geschichte
      Landesministerpräsidentenkonferenz von 2003, **20**, 5
      Rückholgesetzgebung, **20**, 8
      Zugriffsgesetzgebung, **20**, 7
   Konfrontationskurs, reglementatorischer, **20**, 28
   Mix aus Bundes- und Landesrecht, **20**, 29
   Ping-Pong-Gesetzgebung, **19**, 62; **20**, 18
   Subsidiaritätsprinzip, **19**, 102
   Umweltschutz, **68**, 21, 29, 32 ff.
   Verfahren, **20**, 18
   Voraussetzungen, **20**, 9 ff., 15 ff.
      Bundesgesetz, wirksames, **20**, 15, 17, 26
      Landesgesetz, **20**, 16
      Regelungsmaterien, **20**, 11
   Wasserrecht
      Ortsnäheprinzip, **70**, 22
   Zitiergebot, **20**, 19
   Zurechnung zu Bund oder Land, **20**, 2
Agrarwesen
   Bundesministerium für Ernährung, Landwirtschaft und Verbraucherschutz (s. dort)
   BVerfG, Rechtsprechung zu EU-Agrarfördermaßnahmen
      Einstandspflicht der Länder, **71**, 83
      Verwaltungskoordinierung, **71**, 43
   EU-Agrarbeihilfen
      Finanzkorrekturen, Einstandspflicht für, **71**, 82 ff.
   Föderalismus, kooperativer, **71**, 26
   Gemeinsame Agrarpolitik (s. dort)
   Gesetz über die Gemeinschaftsaufgabe Verbesserung der Agrarstruktur und des Küstenschutzes, **71**, 46 ff.; s.a. dort
   Gesetzgebungskompetenzen
      ausschließliche, **71**, 9, 15
      konkurrierende, **71**, 10, 14
   Landwirtschaftsgesetz, **71**, 1
   Lebensmittel- und Futterüberwachung, **71**, 57 ff.
      Bundesamt für Verbraucherschutz und Lebensmittelsicherheit, **71**, 59 ff.

Bundesinstitut für Risikobewertung, **71**, 59
Gesetzesvollzug, **71**, 57
Gesetzgebungskompetenz, konkurrierende, **71**, 62
Kooperation zwischen Bund und Ländern, **71**, 58 f.
Rechtsetzung, **71**, 62
nichthoheitlicher Föderalismus, **48**, 87 ff.
Tierseuchenbekämpfung, **71**, 63 ff.
Amtshilfe, **71**, 65
Bundeszuständigkeit, Verbot der, **71**, 64
Gesetzesvollzug, **71**, 63 f.
Koordinierung durch den Bund, **71**, 66
Mobiles Bekämpfungszentrum, **71**, 70
Task Force Tierseuchenbekämpfung, **71**, 69
Verbraucherschutzministerkonferenz, **71**, 71
Zentraler Krisenstab Tierseuchen, **71**, 68
Verwaltung, **71**, 27
Finanzierungskompetenz, ungeschriebene, **71**, 74 ff.
Flurbereinigungsabkommen, **71**, 75
Kostentragung, **71**, 73 ff.
Antiterrordateigesetz, **52**, 66 ff.
ARD, **67**, 2, 7, 10 ff.
Asymmetrischer Föderalismus, **6**, 23 ff.
spieltheoretische Modellierung, **6**, 25
stabilisierende Funktion, **6**, 25
Symmetrisierung des Föderalismus, **6**, 25
Ausbildungsförderung, **73**, 224 ff.
Ausschließliche Gesetzgebungskompetenz, **19**, 122 ff.; **71**, 9
Länder, **19**, 41
Subsidiaritätsprinzip, **19**, 85 ff.
Überblick, **19**, 122 ff.
Verfassungsänderung, **19**, 125
Ausschuss der Regionen, **10**, 36; **15**, 15; **17**, 28; **32**, 14; **93**, 1 ff.; **58**, 22
Anhörung
fakultative, **93**, 44
obligatorische, **93**, 44
Arbeitsweise, **93**, 44 ff.
Aufgaben, **93**, 44 ff.
Ausschuss, beratender, **93**, 12
Auswahl- und Ernennungsverfahren, **93**, 31 ff.
Auswahl auf nationaler Ebene, **93**, 32 ff.
Rolle der Verbände, **93**, 33
unionsrechtliches Ernennungsverfahren, **93**, 37 ff.

Bedeutung, politische, **93**, 14 ff.
Bekanntheit, **93**, 56
Bürgernähe, **93**, 1 f.
Dritte Kammer, **93**, 15, 54 f.
Einflussmöglichkeiten, informelle, **93**, 46
Europa der Bürger, **93**, 55
Europäische Rechtsetzung, **86**, 78 f.
Geschäftsordnung, **93**, 48
Geschäftsordnungsautonomie, **93**, 11
geschichtliche Entwicklung, **93**, 3 ff.
Beirat der regionalen und lokalen Gebietskörperschaften, **93**, 7
Dezentralisierungsmaßnahmen, **93**, 3
Einheitliche Europäische Akte, **93**, 6
Europäischer Fonds für regionale Entwicklung, **93**, 5
Generaldirektion Regionalpolitik, **93**, 5
Ländervertretungen in Brüssel, **93**, 9
Römische Verträge, **93**, 4
Vertrag von Amsterdam, **93**, 11
Vertrag von Lissabon, **93**, 11, 18, 45
Vertrag von Maastricht, **93**, 10
Vertrag von Nizza, **93**, 11, 18, 24
Heterogenität der Interessen, **93**, 16
institutionelles Gefüge, Stellung im, **93**, 12 ff.
Klagerechte des AdR, **93**, 11, 13
Kompetenzverlagerung, innerstaatliche, **93**, 8
Mitglieder/Mitgliedschaft
Grundmandat, **93**, 27
Inkompatibilität, **93**, 30
Mandatswechsel, innerstaatlicher, **93**, 29
Pauschalvergütung, **93**, 42
Staatssekretäre, verbeamtete, **93**, 26
Stellvertreter, **93**, 41
Vergütung, **93**, 42
Vertreter aller Regionen, **93**, 40
Voraussetzungen einer Mitgliedschaft, **93**, 22 ff.
Vorrechte und Befreiungen, **93**, 43
Weisungsfreiheit, **93**, 40
Networking, regionales, **93**, 47
Stellungnahmen des AdR, **93**, 16
Subsidiarität, **93**, 1, 13
Hüter der, **93**, 13, 55
Untergliederungen, **93**, 48 ff.
Fachkommissionen, **93**, 51
Generalsekretariat, **93**, 53
Plenarversammlung, **93**, 50
Präsidium, **93**, 49

Zusammensetzung, **93**, 18 ff.
    disparate, **93**, 55
    Verhältnis der Mitgliederzahlen, **93**, 19
Australien
    Bundesstaat, **95**, 1
    Geschichte, **95**, 6 f.
    Souveränität, **95**, 7
    Gesetzesvollzug, **95**, 20
    Gesetzgebung
        Zuständigkeiten, **95**, 14 f.
    Zweite Kammer, **95**, 9
    Rechtsprechung, **95**, 23
    Steuern, **95**, 29 ff.
Autonome Gemeinschaften Spaniens
    Autonomiestatute, **102**, 36 ff.
        Änderung, **102**, 73
        Ausgestaltung, **102**, 40 ff.
        Rechtsnatur, **102**, 36 ff.
        Schutz, **102**, 70, 74 ff.
    Einheitlichkeit der Wirtschaftsordnung, Prinzip der, **102**, 25
    Finanzverfassung, **102**, 55 ff.
        Baskenland, **102**, 62
        Finanzautonomie, **102**, 57
        interterritoriale Ausgleichsfonds, **102**, 61
        Navarra, **102**, 62
        Steuern, **102**, 58 ff.
    Geschichte, **102**, 10 f.
    Gesetzgebungskompetenzverteilung, **102**, 43 ff.
        ausschließliche Gesetzgebungskompetenz, **102**, 47 f.
        doppelte Residualklausel, **102**, 46
        Grundlagengesetzgebungskom-petenz, **102**, 49
        Harmonisierungsgesetze, **102**, 50
        Schutz, **102**, 70
    Gleichheitsgebot, **102**, 21 ff.
    Gründung, **102**, 26 ff.
    Kooperationsprinzip, **102**, 63 ff.
        Sektorenkonferenz, **102**, 69
        Senat, **102**, 64 ff.
    Solidaritätsprinzip, **102**, 24
    Verfassung, **102**, 14 ff.
    Verwaltungskompetenzen, **102**, 53 f.
        Annex zur Gesetzgebungskompetenz, **102**, 53
        Grundlagengesetzgebungskom-petenz, **102**, 54

B
Bauleitplanung, **69**, 14 f., 33 ff.
    Bebauungsplan, **69**, 36
    Flächennutzungsplanung, **69**, 34 f.
Bauordnungsrecht, **69**, 17 f.
    Baugenehmigung, **69**, 18
Bauplanungsrecht, **69**, 13 ff.
    Bauleitplanung, **69**, 14 f.
    Planungshoheit, gemeindliche, **69**, 16
Beauftragter der Bundesregierung für Kultur und Medien, **57**, 22 ff., 40; **58**, 11
Beauftragter für Informationsfreiheit, **56**, 14
Bedarfsgesetzgebung
    (s. Erforderlichkeitsgesetzgebung)
Beitrittskandidaten, Europäische Union, **82**, 109 f.
Belgien
    flämische Bewegung, **100**, 101
    Föderalismus, **100**, 5 ff.
        asymmetrischer, **100**, 7
        Entwicklung, **100**, 87 ff.
        Geschichte, **100**, 2 f., 87 f.
        horizontaler, **100**, 6
        Reformen (s. Belgien, Staatsreformen)
        Regionen und Gemeinschaften, **100**, 5, 105 ff.
    Geschichte, **100**, 2 f.
    Gesetzgebungsaktivität 2001-2002, **100**, 21
    Gliedstaaten, **100**, 8 ff.
        auswärtige Zuständigkeit, **100**, 22 ff.
        Regierungen der, **100**, 11
        Verwaltung der, **100**, 12
        Wahl der Gliedstaatenparlamente, **100**, 8 ff.
    Institutionen, **100**, 7
    Kooperationen, **100**, 35 ff.
        Kooperationsabkommen, **100**, 36 ff.
    Referendum, **100**, 97
    Regierungsbildung, **100**, 44 ff.
        Regionalwahljahr 2004, **100**, 46
        Föderalwahljahr 2008, **100**, 47
        Grundsatz, **100**, 44
        Legislaturperioden, **100**, 48
        Wahlen (s. Belgien, Wahlen)
    Staatsrat, **100**, 34
    Staatsreformen, **100**, 61 ff.
        1970, **100**, 63 ff.
        1980, **100**, 66 ff.
        1984, **100**, 71 ff.
        1988, **100**, 75 ff.
        1993, **100**, 79 ff.
        2001, **100**, 83 ff.
    Verfassung
        Verfassungsänderungen, **100**, 53

Verfassungsänderungsverfahren, **100**, 54 ff.
Verfassungsgerichtshof, **100**, 30 ff.
   Einrichtung, **100**, 30
   Grundrechtsschutz, **100**, 31
   Rechtsprechung, **100**, 32 f.
   Wahlen
      Besonderheiten, **100**, 50 f.
      Legislaturperioden, **100**, 48
      Vorzugsstimmen, **100**, 49
      Wahlkampf, **100**, 52
   wallonische Bewegung, **100**, 102
   Zuständigkeiten, **100**, 13 ff.
      Alarmglockenverfahren, **100**, 28
      gemeinsame Gemeinschaftskommission, **100**, 16
      Gemeinschaften, **100**, 15
      Grundsatz, **100**, 6
      Regionen, **100**, 14
      Region Brüssel, **100**, 16
      Kompetenzzuweisungen, **100**, 14 ff.
      Konzertierungsausschuss, **100**, 29
      Zuständigkeitsübertragung, **100**, 17 ff.
Benchmarking, **45**, 35, 79 ff.
   Föderalismuskommission II, **45**, 79 ff.
      Benchmarking-Agentur, **45**, 80
      Verwaltungsmodernisierung, **45**, 79
   Italien, **101**, 13
Betriebsstättenprinzip, **37**, 38
Bildung (s. Bildungswesen)
Bildungsausgaben
   Ausgabenentwicklung
      Bewertung, **65**, 97, 100 ff.
      Folgen, **65**, 97 ff.
      Hochschulbereich, **65**, 90 ff., 100, 104
      lebenslanges Lernen, **65**, 95 f., 97, 105
      Schulbereich, **65**, 86 ff., 97, 103
      Vorschulbereich, **65**, 80 ff., 102
   Bildungsbudget (s. dort)
   Bruttoinlandsprodukt, Anteil am, **65**, 5
   Föderalismus, kooperativer, **65**, 21
   Öffentliche Hand, Anteile der, **65**, 7
   private Anteile, **65**, 7
   Reformen
      Hochschulbereich, **65**, 76 f.
      lebenslanges Lernen, **65**, 78
      Schulbereich, **65**, 74 f.
      Vorschulbereich, **65**, 72 f.
   Verteilung, **65**, 25 ff.; s.a. Budget für Forschung, Entwicklung sowie sonstige Bildungs- und Wissenschaftsinfrastruktur
   Schulen, **65**, 31

   Schultypen, **65**, 32
   Volumen, **65**, 3, 16 ff.
   Zukunftsprognose, **65**, 70 f.
Bildungsbudget
   Ausland, Vergleich, **65**, 33 ff.
   Begriff, **65**, 13
   Bruttoinlandsprodukt, Anteil am, **65**, 24
      Hochschulbereich, **65**, 38
      Personal- und Sachkosten, **65**, 36
      Schülerkosten, **65**, 37
   Folgenabschätzung, **65**, 40 ff.
      bildungsökonomisches Interesse, **65**, 43
      Humankapital, **65**, 42
      Wissensgesellschaft (s. dort)
   Gebühren, **65**, 23
   Verteilung, **65**, 25 ff.
      Hochschulbereich, **65**, 28
      Schulbereich, **65**, 26 f.
      vorschulischer Erziehungsbereich, **65**, 29
   Volumen, **65**, 18
Bildungsgipfel
   Auswirkungen, finanzielle, **65**, 3
   Beschlüsse, **65**, 2, 100 ff.
   Durchführung, **65**, 1
Bildungssystem, **79**, 38 ff.; s.a. Bildungswesen
Bildungssystem, frühkindliches, **64**, 1 ff.
   Kindertageseinrichtungen (s. dort)
   Länderreport frühkindliche Bildungssysteme 2009 (s. dort)
Bildungswesen
   Bildungsausgaben (s. dort)
   Bildungsbenachteiligte, **79**, 36
   Bildungsbudget (s. dort)
   Bildungsföderalismus, **79**, 27
      Bildungsschock, **79**, 38
      Chancen und Benachteiligungen, **79**, 30 ff.
   Bildungsgipfel (s. dort)
   Bildungsprivilegierte, **79**, 36
   Bologna-Prozess (s. dort)
   Bruttoinlandsprodukt (s. Bruttoinlandsprodukt, Bildungswesen)
   Budget für Forschung, Entwicklung sowie sonstige Bildungs- und Wissenschaftsinfrastruktur (s. dort)
   Bund-Länder-Kooperationen, **61**, 34 ff.; **62**, 20 ff.
      Bildungsplanung, **61**, 19 f.
      Bund-Länder-Kommission für Bildungsplanung, **61**, 20
      Erstausbildung, berufliche, **62**, 32

Hochschulbereich, **62**, 33
Kinder- und Jugendhilfegesetz, **62**, 30 f.
Leistungsfähigkeit im internationalen
 Vergleich, **62**, 28
Lissabon-Vertrag, **62**, 34
Nationaler Bildungsbericht, **62**, 29
Steuerungsgruppe, **62**, 23, 25 f.
Demographie (s. dort)
Demoskopie
 Bildungssysteme der Länder, **76**, 8 f.
Deutscher Ausschuss für das Erziehungs-
 und Bildungswesen, **61**, 13
Deutscher Bildungsrat, **61**, 13
Föderalismus, kooperativer, **62**, 7
Föderalismusreform I, **61**, 30 ff.; **62**,
 8 ff.; s.a. Föderalismusreform I,
 Bildungswesen
Föderalismusreform II
 Reformüberlegungen, **65**, 63 ff.
frühkindliches Bildungssystem (s. unter
 Bildungssystem, frühkindliches)
Gemeinschaftsaufgabe, **79**, 31, 60
Geschichte, **62**, 1 f., 5 ff.
 Aufstiegsfortbildungsförderungs-
  gesetz, **61**, 16
 Ausbildungsbeihilfen, **61**, 16
 Bundesministerium für Bildung und
  Wissenschaft, **61**, 24
 Bund-Länder-Kommission für
  Bildungsplanung, **61**, 20
 Deutscher Ausschuss für das
  Erziehungs- und Bildungswesen,
  61, 13
 Deutscher Bildungsrat, **61**, 13
 Hochschulausbau, **61**, 18
 Hochschulrahmengesetz, **61**, 17
 Investitionshilfekompetenz, **61**, 22
 Kompetenzverteilung ab 1969, **61**, 15 ff.
 Kompetenzverteilung ab 1971, **61**, 23 ff.
 Kompetenzverteilung ab 1994, **61**, 26 ff.
 Kompetenzverteilung in der Weimarer
  Verfassung, **61**, 9
 Kompetenzverteilung von 1949-1969,
  61, 8, 10 ff.
 Kooperation bei der Bildungsplanung,
  61, 19 f.
 Kultusministerkonferenz, **61**, 12; **62**,
  12 ff.
 PISA, **62**, 9
 Strukturhilfegesetz, **61**, 22
 Verfassungsreformen 1969, 1971, **62**, 7
 Weimarer Reichsverfassung, **62**, 6

Wissenschaftseinrichtungen, Förderung
 von, **61**, 21
Hochschulwesen (s. dort)
Juniorprofessur
 BVerfG, Rechtsprechung, **61**, 27
Kindertageseinrichtungen (s. dort)
Kompetenzen/Kompetenzver-teilung, **61**,
 7 ff.; **62**, 5; **79**, 59
 Geschichte, **61**, 8 ff.; s.a.
  Bildungswesen, Geschichte
Kulturhoheit der Länder, **62**, 5
Kultusministerkonferenz, **61**, 12; **62**, 12 ff.;
 s.a. dort
Länderpolitik, **62**, 3
Länderreport frühkindliche
 Bildungssysteme 2009 (s. dort)
Religion
 Bremer Klausel, **60**, 47
 Privatschulen, **60**, 49
 Religionsunterricht, **60**, 43 ff.
 Schulpflicht, **60**, 48
 Universität, **60**, 50
Schweiz (s. Schweiz, Bildungswesen)
Studiengebühren
 BVerfG, Rechtsprechung, **61**, 28
Vereinheitlichung des Bildungswesens, **61**,
 4 ff.; 41 f.
 Gebot bundesfreundlichen Verhaltens,
  61, 42
 Rechtsprechung des BVerfG, **61**, 41
Wettbewerb, **61**, 39
Wissenschaftsrat, **61**, 13
Wissensgesellschaft (s. dort)
Zusammenarbeit, internationale, **61**, 43 ff.
 Bologna-Prozess, **61**, 44 f.
 Europarecht, **61**, 43 ff.
Bologna-Prozess, **61**, 44 f.; **62**, 18
Bruttoinlandsprodukt
Begriff, **65**, 57
Bildungswesen
 Länderfinanzausgleich, **65**, 61
 Unterschiede, regionale, **65**, 57 ff.
**Budget für Forschung, Entwicklung
 sowie sonstige Bildungs- und
 Wissenschaftsinfrastruktur**
Begriff, **65**, 13 f.
Bruttoinlandsprodukt, Anteil am, **65**, 24
Durchführungskonzept, **65**, 14
Finanzierungskonzept, **65**, 14
Quellen, **65**, 20
Verteilung, **65**, 25
Volumen, **65**, 18, 20

Bund-Länder-Kommission für Bildungsplanung und Forschungsförderung, **58**, 35; **59**, 18 f.; **61**, 20
Bundesamt für Bevölkerungsschutz und Katastrophenhilfe, **53**, 68; **54**, 43, 47
Bundesamt für Migration und Flüchtlinge, **79**, 10
  handlungsrelevante Migrationsforschung, **79**, 10
  Nationale Zentralstelle des Europäischen Flüchtlingsfonds, **79**, 10
Bundesamt für Sicherheit in der Informationstechnik, **53**, 45
Bundesamt für Verbraucherschutz und Lebensmittelsicherheit, **71**, 59 ff.
Bundesamt für Verfassungsschutz, **52**, 60 f.; **53**, 41 ff.
  Verfassungsschutzbericht 2007, **53**, 6
Bundesbeauftragter für den Datenschutz und die Informationsfreiheit, **56**, 10, 14, 31, 35
Bundesdatenschutzgesetz, **55**, 6
  Erlass, **55**, 10
Bundesergänzungszuweisungen, **37**, 68 ff.; **41**, 46 ff.; **46**, 24 ff.
  allgemeine Ergänzungszuweisungen, **41**, 51 f.
  Allgemeines, **41**, 46
  BVerfG, Rechtsprechung (s. unter Bundesverfassungsgericht, Rechtsprechung, Finanzverfassung)
  Gemeinschaftsaufgaben, **39**, 63
  Neugliederung des Bundesgebietes, Hemmung durch, **47**, 7
  Sonderbedarfsbundesergänzungszuweisungen, **41**, 52 ff.; **46**, 24 ff.
  BVerfG, Rechtsprechung, **46**, 23
  Voraussetzungen, **41**, 47
Bundesgesetze
  Aufgabenübertragung auf Kommunen, **33**, 14 ff.; **44**, 30 f.; s.a. Durchgriffsverbot auf kommunale Ebene
  kostenbelastende (s. Leistungsgesetze)
  Kostenfolgen für die Länder, **44**, 32 ff.
  zustimmungsbedürftige (s. Zustimmungsgesetze)
Bundeshauptstadt (s. Hauptstadt)
Bundesinstitut für Risikobewertung, **71**, 59
Bundeskriminalamt, **53**, 32 ff.
  Aufgaben, **52**, 51

Befugnisse, **52**, 54 ff.
BKA-Gesetz, Änderung des, **53**, 26 f.
Datenschutz, **55**, 42ff.
Online-Durchsuchung, **52**, 55 f.; **53**, 27.; **55**, 44
Strafverfolgungszuständigkeit, **52**, 53
Verbunddateien, **55**, 45
Zuständigkeitsabgrenzung zur Landespolizei, **52**, 52
Bundeskulturministerium, **57**, 27
Bundesministerium für Bildung und Wissenschaft, **61**, 24
Bundesministerium für Ernährung, Landwirtschaft und Verbraucherschutz, **68**, 71
  Agrarbeihilfen
  Koordinierungsstelle, nationale, **71**, 40 ff.
  Gesetzesvollzug
  Finanzierung, **71**, 73
  Task Force Tierseuchenbekämpfung Beteiligung, **71**, 69
Bundesministerium für Umwelt, Naturschutz und Reaktorsicherheit, **68**, 71
Bundesnachrichtendienst, **52**, 62
Bundespolizei, **52**, 48 f.; **53**, 35 ff.
  Eisenbahn, **53**, 37
  Luftverkehr, ziviler, **53**, 38 ff.
  maritimer Einsatz, **53**, 39
  Schengener Durchführungsübereinkommen, **53**, 36
Bundesrat
  Ausschüsse, **22**, 51 ff.; **24**, 12
  Außen- und Europapolitik, **22**, 109 ff.
  Begriff, **17**, 25
  Beschlussfähigkeit, **22**, 64
  Beschlussfassung des EU-Rates, Beteiligung, **15**, 23, 34
  Blockadepotential, **15**, 32
  Bundesstaatsprinzip, **21**, 4
  divided government, **16**, 106 ff.
  Einberufung, **22**, 58 ff.
  Einspruchsgesetze, **22**, 84
    Anzahl 1949-2005, **24**, 11
  Ersatz-Opposition, **15**, 33
  EU
    Beauftragter des Bundesrates, **58**, 29
  föderales Beziehungsgeflecht, **21**, 4
  Föderalismuskommission I, **15**, 51
  Föderalismusreform I, **22**, 23 ff.; s.a. dort
    Zustimmungsgesetze, **24**, 34

Sachverzeichnis

Funktion, **22**, 74 ff.
Gemeinsamer Ausschuss von Bundestag und Bundesrat (s. dort)
Geschäftsordnung, **22**, 42, 90
Geschichte
   DDR, **22**, 13
   Deutscher Bund, **22**, 3, 7
   Deutsches Reich, **22**, 9
   Deutscher Zollverein, **22**, 4
   Exekutivrat, **22**, 12
   Erfurter Unionsvertrag, **22**, 6
   Grundgesetz, nach Inkrafttreten, **22**, 18 ff.
   Grundgesetz, vor Inkrafttreten, **22**, 15 ff.
   Hamburger Zonenbeirat, **22**, 12
   Königsteiner Abkommen, **22**, 45
   Norddeutscher Bund, **22**, 8
   Parlamentarischer Rat, **22**, 16
   Paulskirchenverfassung, **22**, 5
   Reichstag, immerwährender, **22**, 2
   Verfassungskonvent von Herrenchiemsee, **15**, 53; **22**, 15
   Weimarer Republik, **22**, 10 f.
   Wiedervereinigung, **22**, 21 f.
Gesetzgebung, **24**, 32
   Beteiligung, **15**, 22, 58; **23**, 5 ff.
   Beteiligung der Länder, **25**, 17
   Gesetzgebungsrecht, **22**, 78 ff.
   Gesetzgebungsverfahren, **21**, 6; **71**, 19; **73**, 15 ff.
   Große Koalition, informelle, **24**, 32
Grundgesetzänderung, Beteiligung, **22**, 85, 121
Instrumentalisierung, **16**, 109 ff.
Länder, verstummte, **24**, 25 f.
Legitimation, **22**, 29 ff.; **24**, 1 ff.
   föderale, **22**, 30
   demokratische, **22**, 31
   rechtsstaatliche, **22**, 32
   sanior pars-Argument, **24**, 6; s.a. Bundesrat, sanior pars-Argument
Lissabon-Vertrag, **21**, 56; s.a. dort
Mediatisierung der Länder, **15**, 34, 58
Mehrheitsprinzipien, **22**, 65 ff.
Ministerpräsidentenkonferenz, **22**, 56
Mitglieder, **22**, 34 ff.
   Inkompatibilität zur Mitgliedschaft im Bundestag, **21**, 39
   Rechte, **22**, 58 ff.
   Rechtsstellung, **22**, 41
   Rederecht, privilegiertes, im Bundestag, **21**, 41, 44

   Redezeitkontingentanrechnung, **21**, 44
   Zeitausgleichsregelung in Bezug auf Reden, **21**, 43
Organisation, **22**, 42 ff.
   Plenum, **22**, 43
   Präsidium, **22**, 44 ff.
Organstreitverfahren, Rechtsdurchsetzung im, **22**, 115
Parteienpolitisierung, **24**, 18 ff.
Parteienwettbewerb, **24**, 15
Parteifähigkeit im Bund-Länder-Streit, **22**, 116
Politikverflechtung, **15**, 50
Rechtsverordnungen, **71**, 21
   Beteiligung des Bundesrates, **71**, 21
Reformüberlegungen, **22**, 120 ff.
   Mehrheitsprinzip bei Entscheidungen, **24**, 25
   Senatsprinzip, **24**, 22 f.; (s. zum Senatsprinzip a. unter Bundesrat, Senatsmodell)
   Territorialität, **24**, 24
Repräsentationsfunktion der Länder, **24**, 27
sanior pars-Argument
   Ausdehnung auf Leistungsfähigkeit, **24**, 35 f.
   Legitimation des Bundesrates, **24**, 6
Senatsmodell, **16**, 84; s.a. Bundesrat, Zweite Kammer sowie Zweite Kammern
   Entflechtungseffekt, **15**, 55
   Sachverstand der Landesexekutive, Abkoppelung des, **15**, 56
   Verfassungskonvent von Herrenchiemsee, **15**, 53
Steuergesetzgebung (s. dort)
   Mitwirkung der Länder, **37**, 10
Strukturbruchthese
   Lehmbruch, Gerhard, **24**, 17
   Widerlager in der Parteipolitik, **24**, 18
Verhältnis zum/zur
   Bundesrechnungshof, **22**, 55
   Bundesregierung, **22**, 99 ff.
   Bundestag, **22**, 104 f.
   Vermittlungsausschuss, **22**, 82; **24**, 38; **71**, 20; s.a. dort
   Verteidigungsfall, **22**, 114
   Widerlager gegen Parteiinteressen, **26**, 18 ff.
Zusammensetzung, **71**, 20
zustimmungsbedürftige Gesetze (s. Zustimmungsgesetze sowie Bundesrat, Zustimmungsgesetze)

Zustimmungsgesetze, **22**, 80 ff.; **23**, 1 ff.; s.a. dort
   Blockade, **23**, 8 ff.
Zuwanderungsgesetz, **26**, 22 f.
Zweite Kammer, **15**, 27, 54; s.a. Bundesrat, Senatsmodell sowie Zweite Kammern
Bundesregierung
   Bürgerschaftliches Engagement, **77**, 101 ff.
   Gesetzgebung, europäische Informationspflicht gegenüber Bundestag und Bundesrat, **21**, 53
   Gesetz über die Zusammenarbeit von Bundesregierung und Bundestag in Angelegenheiten der EU (s. dort)
Bundesstaat, **40**, 1, 3; **53**, 1, 9; **95**, 7
   Begrenzung der Integrationsgewalt (EU), **17**, 28
   Begriff, **16**, 8 ff.; **17**, 3; **20**, 1; **25**, 5 f.; **34**, 11; **36**, 1
   dreigliedriger Bundesstaatsbegriff, **16**, 22 ff.
   zweigliedriger Bundesstaatsbegriff, **16**, 23.
   Bundesrat, **21**, 4; s.a. dort
   Bundesstaatskommission (s. Föderalismuskommission I)
   Bundestag, **21**, 4; s.a. dort
   Bundestreue (s. dort)
   Defekte, **16**, 4 ff.
   demokratischer, **25**, 7
   demokratischer Mehrwert, **1**, 11
   demokratische Repräsentation, **1**, 44
   Dezentralisierung (s. dort)
   Divided Government (s. dort)
   einheitsichernde Funktion der Judikative, **16**, 65
   Einheitsstaat (s. dort)
   einheitsstiftende Normen, **16**, 61 ff.
   Einwirkungsrechte des Bundes auf die Länder, **16**, 64
   EU
      Abgrenzung zum Bundesstaat, **81**, 28
      europäischer Bundesstaat, **16**, 137 ff.; **82**, 14 f.; **83**, 17 ff.
   europäische Integration, **16**, 124 ff.
   Europäisierung, **19**, 49 ff.
   Europäisierungsdruck, **12**, 3
   Ewigkeitsgarantie (s. dort)
   Finanzausgleich (s. dort)
   Finanzverteilung, **1**, 24 ff.
   Föderalismus (s. dort)
   funktionaler, **25**, 9
   Gemeinschaftsaufgaben (s. dort)
   Geschichte (s. Föderalismusgeschichte und Bundesstaatsgeschichte)
   Gesetzgebung, **20**, 2; **25**, 12; s.a. dort
   Gleichbehandlungsgebot, föderatives, **41**, 4, 39
   Gleichwertigkeit der Lebensverhältnisse, **16**, 49
   Gliederung des Bundes in Länder, **16**, 75 ff.
   Globalisierung, **19**, 49 ff.
   Grundgesetz, **21**, 1; s.a. dort
   historische Entwicklung (s. Föderalismusgeschichte und Bundesstaatsgeschichte)
   Homogenitätsprinzip, **16**, 61
   Innovation (s. dort)
   Innovationserfolg (s. dort)
   integrales Bundesstaatsverständnis, **16**, 69
   interföderale Haftung (s. dort)
   Kodifikation, **20**, 1; **68**, 10
   Kompetenzen (s. dort)
   Kompetenzverteilung (s. dort)
   Kooperation im (s. dort und Kooperativer Föderalismus)
   kooperativer (s. Kooperation im Bundesstaat und unter Kooperativer Föderalismus)
   Koordinationszwang, **1**, 34
   labiler, **47**, 3
   Länder (s. dort)
   Länderfinanzausgleich (s. dort)
   Legitimation (s. Legitimation des Bundesstaates)
   Lissabon-Urteil, **16**, 139; s.a. dort
   Neugliederung des Bundesgebietes (s. dort)
   politische Zukunft, **68**, 2 ff.
   Rangverhältnisse zwischen Bund und Ländern, **16**, 26 f.
   Selbstbindung, kohäsive, **82**, 44
   separtiver, **39**, 48
   Solidargemeinschaft, bündische, **17**, 13
   Souveränitätsbegriff, **16**, 142 ff.
   Staatenbund (s. dort)
   Staatsgrundprinzip, **40**, 1
   Staatsqualität von Bund und Ländern, **16**, 21 ff.
   Subsidiaritätsprinzip (s. dort)
      Begriff, **1**, 18
   summatives Bundesstaatsverständnis, **16**, 69
   Territorialismus, neuer, **7**, 35 ff.

Theorien, **10**, 13 ff.
    Bundesstaatskonzepte, **10**, 25 f.
    gemischtes Bundesstaatsverständnis, **10**, 17
    gemischtes kulturwissenschaftliches Bundesstaatsverständnis, **10**, 14 f., 18 ff.
    kulturwissenschaftliches Bundesstaatsverständnis, **10**, 18 ff.
Umweltschutz, **68**, 5 ff., 10 ff.
Unitarismus (s. dort)
Vereinheitlichungstrend, **20**, 30
Verfassungsautonomie der Länder (s. unter Länder, Verfassungsautonomie)
verfassungsrechtliche Grundlagen des Bundesstaatsprinzips, **16**, 57 ff.
Verflechtung zwischen Bund und Ländern (s. dort)
Verrechtlichung, **16**, 159
vielfaltschützende Normen, **16**, 58 ff.
Vorrang des Bundesrechts, **16**, 63
Wesensmerkmal, **1**, 14 ff.
    Homogenität, **1**, 14 ff.
    Verfassungsautonomie, **1**, 12 ff., 17
    verfassungsrechtliche Kompetenzabgrenzung, **1**, 7
Zweite Kammern (s. dort)
Bundesstaatlichkeit (s. Bundesstaat)
Bundesstaatsgeschichte, **12**, 11 ff.; s.a. Föderalismusgeschichte
historische Entwicklung in Deutschland, **16**, 28 ff.
    Deutsches Reich, **16**, 35 ff.
    föderale Entwicklung nach 1945, **16**, 41 ff.
    Traditionsstränge des Föderalismus bis zum 19. Jh., **16**, 31 ff.
    Weimarer Republik, **16**, 38 ff.
Bundesstaatskommission (s. Föderalismuskommission I)
Bundesstaatsprinzip, **16**, 57 ff.; (s. maßgeblich unter Bundesstaat)
Bundestag
Angelegenheiten der EU, Beteiligung, **21**, 54 f.
Bundesstaat, **21**, 6
Bürgerschaftliches Engagement, **77**, 96
Doppelmandat, Bundestag/Landtag, **21**, 38
Föderalismus
    unitarisches Organ, **21**, 4

Gemeinsamer Ausschuss von Bundestag und Bundesrat (s. dort)
Gesetzgebungsverfahren, **21**, 6; s.a. dort
Inkompatibilität zur Mitgliedschaft im Bundesrat, **21**, 39
Landesgruppen, **21**, 36 f.
Lissabon-Vertrag, **21**, 56; s.a. dort
Petitionsausschüsse des Bundes und der Länder (s. dort)
teilföderal geprägte Gremien, Mitwirkung, **21**, 8 ff.
    Bundesversammlung (s. dort)
    Gemeinsamer Ausschuss von Bundestag und Bundesrat (s. dort)
    Richterwahlausschuss für oberste Bundesgerichte (s. dort)
    Richterwahlausschuss für Richter des Bundesverfassungsgerichts (s. dort)
    Verfassungskommissionen (s. dort)
    Vermittlungsausschuss (s. dort)
Wahlen (s. Bundestagswahl)
Bundestagswahl, **21**, 28 ff.
Direktmandat, **21**, 29
Stimmgewicht, negatives, **21**, 30 ff.
Wahlkreiseinteilung, **21**, 33 ff.
    Bevölkerungsanteil, Berücksichtigung, **21**, 34
    Ländergrenzen, **21**, 33
    Wahlkreiskommission, Bericht, **21**, 35
Wahlverhalten, **15**, 31
Bundestreue, **18**, 1 ff.; **28**, 33; **66**, 63 ff.
Abweichungsgesetzgebung, **20**, 30
Begriff, **18**, 1
Belgien
    Loyalität, **18**, 14
Geschichte
    Deutscher Bund, **3**, 6
    Hartmut Bauer, **18**, 19
    Johann Caspar Bluntschlis, **18**, 6
    Rudolf Smend, **18**, 4
Konnotation, theologische, **18**, 8 ff.
Weimarer Republik, **18**, 7
Herleitung
    Bundesstaatsprinzip, **18**, 39
    Bündisches Prinzip, **18**, 45
    Rechtsstaatsprinzip, **18**, 41
    Treu und Glauben, **18**, 44
    Verfassungsgewohnheitsrecht, **18**, 42 f.
    Wesen des Bundesstaatsprinzips, **18**, 46
    Zusammenwirken weiterer Verfassungsnormen, **18**, 40
Konkretisierungen
    bürgerfreundliches Verhalten, **18**, 52

Gebot der Kooperation, **18**, 26
Gemeinden, **18**, 51
Handlungspflicht, aktive, **18**, 31
Kompetenzausübungsschranke, **18**, 28
Verfassungsorgantreue, **18**, 53
Völkerrechtliche Verträge, Beachtung durch die Länder, **18**, 30
Zwang zur Verständigung, **18**, 27
Landesverfassungsgerichte
   Rechtsprechung zur Bundestreue, **18**, 38
Mix aus Bundes- und Landesrecht, **20**, 29
Österreich
   Rücksichtnahmepflicht, **18**, 13
Rechtsfigur, naturrechtsfähige, **18**, 2
Rechtspflicht, **18**, 47
Rechtsprechung des BVerfG, **17**, 12
Rundfunk, **66**, 63 ff.; **19**, 118
   Beteiligungs- und Mitwirkungsrechte, **66**, 66 ff.
   Koordinierungszwang, **66**, 73
   Verfahrenspflichten, **66**, 65
Schranke der Gesetzgebungskompetenzen, **19**, 116
Schweiz
   Freundeidgenössische Gesinnung, **18**, 12
   Kodifikation, **18**, 49
USA
   intergouvernmental immunity, **18**, 15
Bundesverfassungsgericht
Rechtsprechung (s. Bundesverfassungsgericht, Rechtsprechung)
Verwerfungskompetenz, **23**, 7
Bundesverfassungsgericht, Rechtsprechung
Abweichungsgesetzgebung
   Ausnahmefall, **23**, 43 ff.
Baurechtsgutachten, **69**, 5, 7, 9
Bundesrat, **17**, 25
Bundesrat, Beteiligung am Gesetzgebungsverfahren, **23**, 5 ff.
   doppelgesichtige Norm, **23**, 6
   Einheitstheorie, **23**, 5
   Verwerfungskompetenz, **23**, 7
Bundesstaatsprinzip, **17**, 4 ff.
Bundestreue, **17**, 12; **18**, 20 f.
   Herleitung, **18**, 24
   Konkretisierung, **18**, 26 ff.
   Verstöße, **18**, 36 f.
Bundeswasserstraßenreinhaltungsgesetz, **70**, 3

Deutschland-Fernsehen-Urteil, **57**, 13, 15; **66**, 1
direkte Demokratie, **35**, 10 ff.
Direktmandate bei Bundestagswahlen, **21**, 29 ff.
Emissionshandel-Beschluss, **88**, 12 f.
Erforderlichkeitsklausel des Art. 72 Abs. 2 GG, **33**, 54 ff.
EU-Agrarfördermaßnahmen
   Einstandspflicht der Länder, **71**, 83
   Verwaltungskoordinierung, **71**, 43
EU, Rolle des Bundes, **17**, 26 ff.
EU-Gemeinschaftstreue, **18**, 18
Eurocontrol-Entscheidung, **88**, 10
Europäischer Haftbefehl, **85**, 16; **88**, 33 f.
Finanzverfassung
   Überblick, **41**, 4
   bedarfsbezogene Ausgestaltung des Finanzausgleichs, **41**, 32
   Bundesergänzungszuweisungen, **13**, 24; **41**, 46 f.; **46**, 22 f.
   Bundesergänzungszuweisungen an Berlin, **13**, 27 ff.
   Bundesergänzungszuweisungen an Bremen und das Saarland, **13**, 24 ff.
   Bundeshaushalt 2004, **15**, 43
   bündisches Prinzip, **41**, 17
   Finanzkraft, **41**, 25
   Finanzkraft der Kommunen, **41**, 28
   horizontaler Finanzausgleich, **41**, 17
   Maßstäbegesetz, **41**, 11, 42
   Sonderbedarf der Länder, **41**, 37 ff.
   Sonderbedarfsbundesergänzungszuweisungen, **41**, 52, 54; **46**, 23
Gesetzgebung, konkurrierende, **33**, 55 ff.
Gesetzgebungskompetenzen, **17**, 19 ff.
Glücksspielstaatsvertrag, **36**, 22
Görgülü-Entscheidung, **88**, 46
Grundrechtsschutz und EMRK
   Görgülü-Entscheidung, **88**, 46
   Sicherungsverwahrung, **88**, 47
Grundrechtsschutz und Unionsrecht, **88**, 10 ff.
   Abgrenzung zwischen nationalem und unionalem Grundrechtsschutz, **88**, 33 f.
   Emissionshandel-Beschluss, **88**, 12 f.
   EMRK, Verhältnis zur, **88**, 46 f.
   Eurocontrol-Entscheidung, **88**, 10
   Europäisches Haftbefehlsgesetz, **88**, 33 f.

Sachverzeichnis

Intergouvernementaler Bereich, **88**, 33 f.
Reservefunktion des BVerfG, **88**, 11
Solange II - Entscheidung, **88**, 10
Warnhinweise-Beschluss, **88**, 13
Grundsicherung für Arbeitsuchende, **33**, 74 ff., 77 ff.
Hartz IV-Urteil
    Sondervotum, **34**, 15
Jugendpflege, **33**, 68
Jugendwohlfahrtsgesetz, **57**, 13
Juniorprofessur, **61**, 27
Kulturhoheit der Länder, **58**, 13
Länder
    Außenpolitik, **17**, 9 f.
    Staatlichkeit, **17**, 5 ff.
    Verfassungsautonomie, **17**, 6 f.
    Verfassungsgerichtsbarkeit, **17**, 8
Lissabon-Urteil (s. dort)
Maastrichturteil (s. dort)
nachrichtendienstlich geprägte Instrumente der Polizei, **52**, 80 ff.
    akustische Wohnraumüberwachung, **52**, 81
    automatisierte Erfassung von KfZ-Kennzeichen, **52**, 81
    Online-Durchsuchung, **52**, 81
    präventive Rasterfahndung, **52**, 81
    Überwachung der Telekommunikation zur Straftatvorsorge, **52**, 82
    vorbeugende Telefonüberwachung, **52**, 81
    Vorratsdatenspeicherung, **52**, 83 f.
Nassauskiesungsentscheidung, **70**, 1, 24
Rastede-Entscheidung, **70**, 28
Reden im Bundestag, Missbrauchsverbot, **21**, 42
Religion
    Ausschluss der staatlichen Justizgewährleistung, **60**, 55
Religionsfreiheit, **60**, 6 ff.
    Schutzbereich, **60**, 7 f., 11
    vorbehaltsloses Grundrecht, **60**, 24
Rundfunkurteil, erstes, **66**, 50 f.
Sicherungsverwahrung, **88**, 47
Solange II - Entscheidung, **88**, 10
Sozialversicherungsrecht
    Gesetzgebungskompetenz, **73**, 96
Studiengebühren, **61**, 28
Überordnungsprinzip, **17**, 15
Volkszählungsurteil, **55**, 26
Warnhinweise-Beschluss, **88**, 13

Bundesversammlung, **21**, 13 ff.
    Einberufung, **21**, 15
    Funktion, **21**, 13
    Sitzungsleitung, **21**, 15
    Zusammensetzung, **21**, 14
Bundeswasserstraßenreinhaltungsgesetz
    BVerfG, Rechtsprechung, **70**, 3
Bundeswehr
    Afghanistan, **53**, 14 ff.
    Aufgabentrennung, **53**, 20 ff.
        Einsatz im Inland, **53**, 21 f.
        Wehrverfassung, **53**, 22
    Piraterie, **53**, 17 ff.
Bündisches Prinzip, **18**, 45; **41**, 17, 22
Bürgergesellschaft, **77**, 56 ff.
    Begriff, **77**, 91
    freiheitliche, **77**, 169 ff.
    Mikroebene, **77**, 63
Bürgerschaftliches Engagement, **77**, 1 ff.
    aktivierender Staat, **77**, 83
    Anerkennungskultur, **77**, 4, 55, 113, 119, 173
        europäische, **77**, 166
    Anreizsysteme, **77**, 131
    Arbeitsgruppe „Ehrenamt" **77**, 89
    Begriff, **77**, 7 f.
    Best Practice, **77**, 31, 45, 123
    Bottom-Up, **77**, 2, 136
    Bundesfreiwilligendienst, **77**, 98, 112
    Bundesnetzwerk Bürgerschaftliches Engagement (BBE), **77**, 81, 101, 117, 139
    Bundesregierung, **77**, 101 ff.
    Bürger, **77**, 31 ff.
        Begriff, **77**, 32
        Bürgerschaft, **77**, 32
        freier Bürger, **77**, 33
        partizipative Revolution, **77**, 31, 87 f.
    Bürgerarbeit, **77**, 90
    Bürgergeld, **77**, 90
    Bürgertum, **77**, 31 ff.
    Caritas, **77**, 18 ff.
    Corporate Citizenship, **77**, 5, 116, 126 f., 143
    Corporate Social Responsibility, **77**, 115 ff., 126 f., 139
    Demokratie, **77**, 22
        starke Demokratie, **77**, 5, 53, 57, 73, 147, 150, 169 ff.
    Deutscher Bundestag, **77**, 96
    Elberfelder System, **77**, 23
    empirische Daten, **77**, 70 ff.
        Ältere, **77**, 76

Baden-Württemberg als Pionierland, **77**, 80
Föderalstruktur, **77**, 79
Freiwilligensurvey, **77**, 71
geschlechtsspezifisch, **77**, 78
Jugendliche, **77**, 77
Nord-Südgefälle, **77**, 79
Stadt-Landgegensätze, **77**, 79
West-Ostgefälle, **77**, 79
Enabling Empowerment, **77**, 48
Engagementformen, **77**, 35
Engagementförderplan des Bundes, **77**, 113
Engagementförderung, **77**, 104 ff., 140
Engagementinfrastruktur, **77**, 72, 75, 141 f., 174 ff.
Engagementnetzwerke, **77**, 14
Engagementstrategie, föderale, **77**, 45
Engagementstruktur, **77**, 13, 167
Engagementvita, **77**, 3
Enquête-Kommission des Deutschen Bundestages „Zukunft des bürgerschaftlichen Engagements", **77**, 59, 81, 91 ff.
Europäische Union, **77**, 11 f., 148 ff.
   Bürgerstatus, **77**, 149
   Europa der Bürger, **77**, 153
   Europäische Bürgerinitiative, **77**, 149
   Europäische Zivilgesellschaft, **77**, 149 ff.
   Europäischer Freiwilligendienst, **77**, 164
   Europäischer Verein, **77**, 153
   Europäisches Jahr der Bürger 2013, **77**, 148, 159
   Europäisches Jahr der Freiwilligentätigkeit 2011, **77**, 12, 148, 153 ff., 160
   Europäisches Jahr des aktiven Alterns, **77**, 148, 159
Freiwilligendienste, **77**, 112 ff.
Föderalismus, **77**, 9 ff., 53, 81 ff., 143 ff.
   Baden-Württemberg, **77**, 127 f.
   Bayern, **77**, 129
   Bundesebene, **77**, 89 ff.
   föderale Eigenständigkeit, **77**, 123
   föderaler Wettbewerb, **77**, 123
   Förderkompetenz des Bundes, **77**, 144 f.
   Gemeinschaftsaufgabe, **77**, 145 ff.
   Kommunen, **77**, 120 ff.
   kooperativer Föderalismus, **77**, 14, 126, 142, 176
   Länder, **77**, 120 ff.
   Subsidiarität, **77**, 146

Gesetz zur Förderung des bürgerschaftlichen Engagements, **77**, 98
Gewährleistungsstaat, **77**, 143
Governance, **77**, 11, 31, 33, 83, 94, 135 ff.
homo oeconomicus, **77**, 43
humanistische Tradition, **77**, 24 ff.
Initiative ZivilEngagement: Miteinander – Füreinander, **77**, 111
Inkrementalismus, **77**, 89 ff.
Internationales Jahr der Freiwilligen, **77**, 11
klassisches Ehrenamt, **77**, 82 ff.
   Engagementwege, neue, **77**, 87
   Europäisierung, **77**, 82
   Globalisierung, **77**, 82
   Professionalisierung, **77**, 84
   Teil-Rückzug des Staates, **77**, 83
kommunale Selbstverwaltung, **77**, 36
kooperativer Staat, **77**, 33
Kosten-Nutzen-Kalkül, **77**, 42
L-Strang, **77**, 37 f.
Ligaturen, **77**, 5 f., 33
M-Richtung, **77**, 39 ff.
Markttheorie, **77**, 26
Menschenrechte, **77**, 26
Modellprojekte, **77**, 111 ff.
Monetarisierungsfragen, **77**, 140
Motivationskontinuum, mehrdimensionales, **77**, 43
Nationale Engagementstrategie, **77**, 101 ff., 119, 135
Nationaler Engagementpreis, **77**, 113
Nationales Forum für Engagement und Partizipation, **77**, 101, 119
Neue Arrangements, **77**, 143
paid volunteering, **77**, 140
Philanthropie, **77**, 18 ff.
Querschnittsaufgabe, **77**, 15
Servicestelle für bürgerschaftliches und kommunales Engagement, **77**, 114
Solidarität, **77**, 18
soziales Kapital, **77**, 2
Top-Down-Ansatz, **77**, 136
Tätigkeitsgesellschaft, **77**, 17 ff., 63, 88, 140, 151, 173
UNO-Jahr der Freiwilligen, **77**, 168
Unterausschuss „Bürgerschaftliches Engagement" des Deutschen Bundestages, **77**, 81, 96, 99
Verbraucherbürger, **77**, 5
Vernetzungsstrukturen, **77**, 131
vita activa, **77**, 17, 46 ff., 140, 147, 151, 173
vita contemplativa, **77**, 51

Sachverzeichnis

C
Chorzów-Urteil, **42**, 22
Commerce clause, **96**, 8 f.
Conseil constitutionnel, Rechtsprechung
  Grundrechtsschutz und Unionsrecht, **88**, 17 ff.
Conseil d'Etat, Rechtsprechung
  Grundschutz auf europäischer Ebene, **88**, 16, 20 f.
Corte Constituzionale, Rechtsprechung
  Grundrechtsschutz auf europäischer Ebene, **88**, 23 f.
Datenaustausch zwischen Bund und Ländern, **55**, 27 ff.
  Grundgesetz, **55**, 29
  via Internet, **55**, 28

D
Datenschutz
  Best-Practise-Beispiele, **56**, 34
  Bundesbeauftragter für den Datenschutz und die Informationsfreiheit, **56**, 10, 14, 31, 35
  Bundesdatenschutzgesetz (s. dort)
  Bundeskriminalamt (s. dort)
  Datenaustausch zwischen Bund und Ländern (s. dort)
  Datenmissbrauch, **56**, 33
  Datenschutzauditgesetz (s. dort)
  Datenschutzaufsicht (s. dort)
  Datenschutzbehörden (s. dort)
  Datenschutzbüro, virtuelles, **56**, 31
  Datenschutzgütesiegel, europäisches, **56**, 18
  Datenschutzkonferenz, **56**, 31
  Datenschutzkontrolle (s. dort)
  Datenschutzmanagement, mangelhaftes, **55**, 22
  Datenschutzniveau, gleichwertiges, hohes, **56**, 1 ff., 25, 34
  Datenschutzrichtlinie der EG (s. EG-Datenschutzrichtlinie)
  Datenschutzverstöße
    fahrlässig, **56**, 23
    Internet, **56**, 33
    vorsätzlich, **56**, 23 f.
  Defizite, strukturelle, **56**, 22 f.
  Effektivierung, **56**, 36
  EG-Datenschutzrichtlinie (s. dort)
  Fortschritt, technischer, **56**, 26, 34
  Föderalismus
    Landesgesetzgebung, **55**, 10
  Geschichte
    Bundesdatenschutzgesetz, **55**, 10
  EG-Übereinkommen, **55**, 3 f.
  Länderwettbewerb, **55**, 11
  OECD, **55**, 2
  Vereinte Nationen, **55**, 2
  Gesetzgebungskompetenz, **55**, 19 ff., 41 ff.; **56**, 6 f.
    ausschließliche, **55**, 20
    konkurrierende, **55**, 21
    Landesgesetzgebung, **55**, 10
    Telekommunikationsgesetz, **55**, 22
    Unterschiede, **55**, 23 ff.
  Grundrechtecharta, **55**, 7; s.a. dort
  Grundrechtsschutz, Optimierung, **56**, 27
  Harmonisierung des Rechts, **56**, 2, 35
  Informationsfreiheit, Beauftragter für, **56**, 14
  Konferenz der Datenschutzbeauftragten des Bundes und der Länder, **56**, 12
  Konferenz der Informationsfreiheitsbeauftragten, **56**, 14
  Landesbeauftragter für den Datenschutz, **56**, 10, 13 f., 35
  Mangelverwaltung, **56**, 29
  Mindeststandards, **56**, 34
  Online-Durchsuchung, **55**, 44; s.a. dort
  Rahmenbeschluss, **56**, 2
  Rechtsauslegung, einheitliche, datenschutzfreundliche, **56**, 30
  Reformen, **55**, 49 ff.
  Struktur, dezentrale, **56**, 25
  Verbunddateien, **55**, 45; **56**, 32
  Vereinheitlichung von Sicherheitsanforderungen, **56**, 30
  Verwaltung, **56**, 8 f.
  Volkszählungsurteil des BVerfG, **55**, 26
  Zentralisierung und Harmonisierung, **56**, 25 ff.
  Zusammenarbeit von Sicherheitsbehörden in der EU, **56**, 1
Datenschutzauditgesetz, **56**, 18, 34
Datenschutzaufsicht (s.a. Datenschutzkontrolle)
  Datenschutzkonferenz, **55**, 37
  Düsseldorfer Kreis, **55**, 37; **56**, 13, 31
  Kompetenzverteilung im Ausland, **55**, 31
  Kompetenzverteilung in Deutschland, **55**, 32 ff.
  Kooperationen, nationale, **55**, 37 ff.

Datenschutzbehörden
Arbeitsteilung, **56**, 33, 37
Aufgaben, **56**, 15 ff.
Aus- und Fortbildung, **56**, 18
Austausch, dauernder qualifizierter, **56**, 30
Beratung, **56**, 18
dezentrale, **56**, 29 f., 33
Gutachtenerstellung, **56**, 18
Konkurrenz, **56**, 27
Öffentlichkeitsarbeit, **56**, 18, 20, 24
präventive Tätigkeit, **56**, 18, 21, 24, 26, 38
Vorrang, **56**, 18 f.
regionale Einbindung, **56**, 28
regionale Ergebnisse, Zusammenführung, **56**, 33
repressive Tätigkeit, **56**, 16 f., 26
Schwerpunktsetzungen, **56**, 27
Zuständigkeitsüberschneidungen, **56**, 27
Datenschutzgütesiegel, europäisches, **56**, 18
Datenschutzkontrolle, **56**, 10 ff., 32; s.a. Datenschutzaufsicht
anlasslose, **56**, 20
Aufgabenteilung, föderale, **56**, 10
Aufsichtsbehörden für die Wirtschaft, **56**, 10
Beanstandung, **56**, 17, 21
dezentralisiertes Vorgehen, **56**, 28 ff.
Harmonisierung, **56**, 30
Industrialisierung von Beschwerdeverfahren, **56**, 37
konzertierte Aktion, **56**, 32
Kooperationsformen zwischen den Datenschutzbehörden, **56**, 11 ff.
Koordination und Kooperation, **56**, 11 ff., 31 ff., 35, 37
Kooperations- und Koordinationsgremien, **56**, 31
Ordnungsverfügung, **56**, 17
Ordnungswidrigkeiten, **56**, 21
Ordnungswidrigkeitenverfahren, **56**, 17
Öffentliche Bekanntgabe eines Verstoßes, **56**, 17
Petitionen, **56**, 16, 20
Prüfungen, verdachtsunabhängige, **56**, 20
Ressourcenmangel, struktureller, **56**, 27
Sanktionen, **56**, 16 f., 20 ff., 24, 32
Unrechtsahndung, **56**, 21
Datenschutzrichtlinie der EG
(s. EG-Datenschutzrichtlinie)
Demographie, **78**, 1 ff.
Auswanderung, **78**, 19
Bevölkerungsentwicklung in Deutschland, **65**, 48 ff., 70 ff.
Besonderheiten, regionale, **65**, 49
Entgegenwirken, Möglichkeiten, **65**, 50 ff.
Hochschüler, **65**, 70
Kindergartenkinder, **65**, 70
Schüler, **65**, 70
Bevölkerungsentwicklung, natürliche, **78**, 5
Binnenwanderung, **78**, 29 ff.
Durchschnittsalter, **78**, 20 ff.
Altersstruktur, **78**, 25 ff.
Pflegebedürftigkeit, **78**, 23
Grundversorgung, öffentliche, **78**, 32 ff.
Kinderzahl je Frau, **78**, 4, 6 ff.
Unterschiede, regionale, **78**, 8 ff.
Wiedervereinigung, **78**, 9
Zuwanderung, **78**, 14 ff.
Bildung, **78**, 18
Migrationshintergrund, **78**, 15 ff.
Demokratie
Bürgerschaftliches Engagement, **77**, 5, 22, 53, 57, 73, 147, 150, 169 ff.
Demokratie-Theorie, **5**, 23
Direkte Demokratie (s. dort)
EU, **84**, 1 ff.; **86**, 22 ff.
Aufbau, sukzessiver, **82**, 6
Demokratiedefizit, **82**, 6; **84**, 1, 26; **86**, 28
Kompetenzübertragung durch die BRD, **83**, 10 ff., 23 ff.
Legitimation, demokratische, **84**, 24 ff., 31 ff., 38 ff.; **86**, 23
repräsentative, **82**, 7
Sprachenvielfalt, **84**, 20, 49
Unionsbürgerschaft (s. dort)
unmittelbare, **84**, 34
Föderalismus, **16**, 4 f.; **26**, 9
Gemeinschaftsaufgaben, **39**, 49
Kooperation, **5**, 24 ff., 29 f.
Länderebene, **25**, 20 f.
Mehr-Ebenen-Demokratie, **5**, 14; **84**, 18 ff.
Nachhaltigkeit, **108**, 18
Neugliederung des Bundesgebietes (s. dort unter Demokratieprinzip)
Verwaltungshandeln, **34**, 12
Demokratieprinzip (s. Demokratie)
Demoskopie
Bildungssysteme der Länder, **76**, 8 f.
Föderalismus, **76**, 3 f., 10 ff.
Polizei, **76**, 12
Schulabschlüsse, **76**, 13
Wettbewerb, **76**, 10 f., 14
Länder
Bildungssysteme, **76**, 8 f.
Leistungsfähigkeit, **76**, 5 f.

Sachverzeichnis 781

Denkmalschutz, **57**, 10, 23
Deutsche Vernetzungsstelle Ländliche Räume (DVS)
  Funktion, **50**, 18
  Leader-Regionen, **50**, 53 ff.
  Vernetzung, **50**, 21 ff., 43ff.
Deutscher Ausschuss für das Erziehungs- und Bildungswesen, **61**, 13
Deutscher Bildungsrat, **61**, 14
Deutscher Bund, **2**, 40 ff.
  Föderalismus, **2**, 48 ff.
  Gründung, **2**, 40 f.
  Staatstheorie, **2**, 45 ff.
    Friedrich von Gagerns, **2**, 52 ff.
    Karl Theodor Welcker, **2**, 56 ff.
    Paul Achatius Pfizer, **2**, 50 f.
  Wiener Schlussakte, **2**, 42
Deutscher Juristentag (DJT)
  61. DJT
    Föderalismus, Empfehlungen, **33**, 1 ff.
  65. DJT
    Verantwortungsteilung von Bund, Ländern und Kommunen, **33**, 9
Deutscher Kulturrat, **57**, 26
Deutscher Landkreistag
  Föderalismuskommission I, Beteiligung, **33**, 6, 12 ff.
    Art der Beteiligung, **33**, 13 f.
    Kernanliegen, **33**, 14 ff.
    Konnexitätsprinzip, **33**, 14
    Positionspapier, **33**, 7 f.
  Föderalismuskommission II, Beteiligung, **33**, 11, 25 ff., 33 ff.
  Föderalismuskommission II, Forderungen, **33**, 33 ff.
    Bundesdurchgriffsrecht, Unterbindung, **33**, 33
    Eigengestaltungsmöglichkeiten, kommunale, **33**, 37
    Kooperationen im IT-Bereich, **33**, 40
    Mischverwaltung, Abbau, **33**, 39
    Verschuldungsregelung, **33**, 36
  Grundgesetzänderungsvorschlag v. 7.6.2001, **33**, 5
Deutscher Städtetag
  Bundesstaat, **34**, 3
  Kooperationen
    Reformvorschläge, **34**, 17 ff.
Deutsches Reich, **2**, 74 ff.
  Föderalismus, **2**, 75 ff.
  Monarchie, **2**, 76
  Reichverfassung, **2**, 74 ff.
  Staatstheorie, **2**, 80 ff.
    Hugo Preuß, **2**, 84
    Max von Seydel, **2**, 82
    Otto Mayer, **2**, 84
    Otto von Giercke, **2**, 84
    Robert von Mohl, **2**, 81
    Rudolf Smend, **2**, 84
Dezentralisierung, **1**, 2
  Entscheidungskompetenzen, **106**, 11
  Fremdbestimmtheit, **106**, 13
  Italien, **101**, 25
  Nationalstaaten, **106**, 14 f.
  Schweiz
    Sozialhilfe, **14**, 40
  Theorie, **6**, 7
  Wallace Oates
    Dezentralisierungstheorem, **14**, 8
    Laborföderalismus, **14**, 14
    Wohlfahrtsniveau, **14**, 9
Direkte Demokratie
  bundesweiter Volksentscheid
    bayerische Vorbehalte, **35**, 24 ff.
    DDR, **35**, 30
    doppeltes Quorum, **35**, 32 ff., 41 ff.
    Gemeinsame Verfassungskommission, **35**, 32 ff.
    Hofgeismarer Entwurf, **35**, 30 f.
    Kalter Krieg, **35**, 28
    Kommission Verfassungsreform, **35**, 32
    Mitwirkung der Länder bei der Gesetzgebung, Umgehung, **35**, 31 ff.
    Mitwirkung des Bundesrates, Umgehung, **35**, 33 ff., 50 ff.
    rot-grünes Reformprojekt, **35**, 39 ff.
    Schweizerisches Modell, **35**, 39, 41 ff.
    unitarisierende Lösungen, **35**, 30 f.
    unitarisierende Wirkung, Furcht vor der, **35**, 24
    Verfassung, neue, **35**, 31
    Verfassungskonvent auf Herrenchiemsee, **35**, 24
    Vorbehalte, föderalistische, **35**, 24 ff.
  BVerfG-Entscheidung 1982, **35**, 10 ff.
  Demokratieprinzip, Ausgestaltung, **35**, 11
  Finanztabu, **35**, 14 ff.
    Sonderweg, deutscher, **35**, 14
    Verfassungsrechtsprechung, einheitliche, **35**, 15 f.
    Geist des Föderalismus, Verstoß gegen, **35**, 17
  föderale Vielfalt, **35**, 3
  Homogenitätsgebot, **35**, 7, 10, 19, 21
  Landesverfassungsrecht, gespaltenes, **35**, 3

Länderpraxis ab 1945, **35**, 3 ff.
  Landesverfassunggebung 1946/47, **35**, 4 ff.
  Landesverfassunggebung 1949-1952, **35**, 7
  Verfassungsgeschichte 1945-1979, **35**, 9
  Neugliederung des Bundesgebietes (s. dort)
  Siegeszug direktdemokratischer Institutionen, **35**, 12
  Super-repräsentative Argumentation, **35**, 11
  Volksgesetzgebung, verfassungsändernde, **35**, 18 ff.
    Abschaffung des bayerischen ständischen Senats 1998, **35**, 19 ff.
    Bestandsschutz der Verfassung, **35**, 19
    Verfassungsänderung, richterrechtliche, **35**, 22
    Zustimmungsquorum, **35**, 22
Divided Government, **16**, 106 ff.
  Instrumentalisierung des Bundesrates, **16**, 109 ff.
  Theorie der Politikverflechtung, **16**, 115
  Theorie des Strukturbruchs, **16**, 116
  Zustimmungsgesetze, **16**, 117 ff.
Durchgriffsverbot auf kommunale Ebene, **28**, 21; **33**, 14 ff.; **44**, 30 f.; **73**, 210
  Deutscher Landkreistag, Vorschlag, **33**, 14
  negative Kompetenzvorschrift (Art. 84 Abs. 1 Satz 7 GG), **33**, 17 f.
Düsseldorfer Kreis, **55**, 37; **56**, 13, 31

E
EG (s. EU)
EG-Datenschutzrichtlinie, **55**, 5 f.; **56**, 1 f., 10
  Erlass, **55**, 5
  Umsetzung in deutsches Recht, **55**, 6
  Vertragsverletzungsverfahren, **56**, 10
EGMR, Rechtsprechung
  Grundrechtsschutz, **88**, 41 ff.
    Bosphorus-Entscheidung, **88**, 42 ff.
    Matthews-Entscheidung, **88**, 41
Einheitsstaat, **1**, 39
  Begriff, **16**, 16
  Bundesstaat, Unterschied, **12**, 7 f.
  Entwicklung, historische, in Europa, **12**, 11 ff.
    akteursbezogene Gründe, **12**, 14
    institutionelle Gründe, **12**, 15
    soziostrukturelle Gründe, **12**, 13
  EU- Erweiterung 2004 und 2007, **12**, 39
  Strukturmerkmale, **12**, 10
  Zentralismus als Ausdruck, **12**, 6

Einkommensteuer
  Zuschlagsrechte zugunsten der Länder, **37**, 98 ff.
ELER
  Entwicklungsprogramme, **50**, 6 ff.
  Inhalt, **50**, 4
  Leader-Regionen (s. dort)
  nichthoheitlicher Föderalismus, **48**, 87 ff.
  Schwerpunkte, **50**, 10 ff., 26 ff., 32 ff.
  Strategiepläne, **50**, 5
  Vernetzung, **50**, 15 ff.
    Deutsche Vernetzungsstelle Ländliche Räume (DVS) (s. dort)
    Europäisches Netzwerk für ländliche Entwicklung (ENRD), **50**, 19 ff.
    Schwerpunkte, **50**, 32 ff.
    Verwaltung, **50**, 26 ff.
  Ziele, **50**, 9 ff.
EMRK
  Bedeutung im Rahmen des Unionsrechts, **88**, 39
  Beitritt der EU, **88**, 45
  BVerfG, Rechtsprechung, **88**, 46 f.; s.a. dort
  EGMR, Rechtsprechung (s. dort)
  Funktion, **88**, 49 ff.
  Unionsgrundrechte (s. dort)
Engagementpolitik, **77**, 88, 93 ff., 141, 174
  engagementpolitische Agenda, **77**, 93
  engagementpolitischer Masterplan, **77**, 94
  engagementpolitischer Neustart, **77**, 111
  Landes-Engagementpolitik, **77**, 124
  Ressortkreis Engagementpolitik, **77**, 108
Entnazifizierung, **75**, 4 ff.
  68er-Generation, **75**, 12
  Aussöhnung, **75**, 13
  Bundeswehr, **75**, 6
  Eichmann-Prozess, **75**, 10
  Frankfurter Auschwitz-Prozess, **75**, 10
  Holocaust-Bewusstsein, **75**, 7
  Identitätssuche der BRD, **75**, 14 ff.
  politische Aufklärung, **75**, 9
  Totalitarismustheorie, **75**, 8
  Verjährungsdebatten im Bundestag, **75**, 11
  Wiedereingliederung von NS-Angehörigen, **75**, 4 ff.
  Wiedergutmachung, **75**, 2, 8
Erforderlichkeitsgesetzgebung, **20**, 2
  Begriff, **19**, 136
  Erforderlichkeitsklausel des Art. 72 Abs. 2 GG (s. dort)
  historische Entwicklung, **19**, 137
  Subsidiaritätsprinzip, **19**, 101
  Tatbestand, **19**, 138

Erforderlichkeitsklausel des Art. 72 Abs. 2 GG, **33**, 54 ff.; **44**, 47 f.
   BVerfG-Rechtsprechung, **33**, 50 ff.
   Föderalismusreform I, **19**, 35; **71**, 12 f.
   Herstellung gleichwertiger Lebensverhältnisse, **19**, 138
   historische Entwicklung, **19**, 137
   Justiziabilität, **40**, 29
   Neufassung des Art. 72 Abs. 2 GG, **40**, 30
   Tatbestand, **19**, 138 ff.
   Wahrung der Rechts- und Wirtschaftseinheit, **19**, 139 f.
Erinnerungskultur (s.a. Erinnerungspolitik, historische sowie Geschichtspolitik)
   Aufarbeitung deutscher Vergangenheit, **74**, 10 ff.
   Ausstellung: Fragen an die deutsche Geschichte, **74**, 49 f.
   Behörde der Bundesbeauftragten für die Unterlagen des Staatssicherheitsdienstes der ehemaligen DDR, **74**, 34
   Bundesarchiv, **74**, 32
   Bundeszentrale für politische Bildung, **74**, 36
   Christina Weiß **74**, 28 f.
   Deutsches Historisches Museum, **74**, 22, 41
   Ehrenmal der Bundeswehr, **74**, 53
   Enquête-Kommission, **74**, 25 ff.
   Erinnerungsstätte für die Freiheitsbewegungen in der deutschen Geschichte, **74**, 19
   Goethe-Institut, **74**, 35
   Haus der Geschichte der Bundesrepublik Deutschland, **74**, 22, 41, 44
   Haushaltsausschuss, **74**, 58
   Helmut Kohl, **74**, 22, 38 ff.
   Historikerstreit, **74**, 43
   Holocaust-Gedenkstätte, **74**, 54
   Institut für Zeitgeschichte, **74**, 67
   Jüdisches Museum, **74**, 46
   Kooperation im Bereich der politischen und historischen Bildung, **74**, 38 ff.
   KulturBrauerei am Prenzlauer Berg, **74**, 45
   Militärgeschichtliches Forschungsamt, **74**, 48
   Neue Wache, **74**, 53
   Philipp Jenninger, **74**, 23
   Richard von Weizsäcker, **74**, 24
   rot-grüne Koalitionsregierung, **74**, 60 f.
   Schülerwettbewerb Deutsche Geschichte, **74**, 18
   Stiftung Flucht, Vertreibung, Versöhnung, **74**, 42
   Stiftung Preußischer Kulturbesitz, **74**, 69
   Theodor Heuss, **74**, 10 f.
   Walter Scheel, **74**, 21
   Zentrum für zeithistorische Forschung, **74**, 68
Erinnerungspolitik, historische (s.a. Geschichtspolitik sowie Erinnerungskultur)
   Europa, **94**, 5 ff.
     monologische Erinnerung, Begriff, **94**, 28
     dialogisches Erinnern, Begriff, **94**, 23, 28
     nationales Gedächtnis, **94**, 23 ff.
   Holocaust als Gründungsmotiv für ein vereintes Europa, **94**, 5 ff.
   Holocaust-Gedenktag, **94**, 7 ff.
   Holocaust-Erinnerungsgemeinschaft, **94**, 11
   Sandra Kalniete, **94**, 17
   Simone Veil, **94**, 17
   Verhältnis zum Stalinismus, **94**, 14 ff.
Erziehungsgeld, **73**, 229
EU, **10**, 46
   Agrarbeihilfen, **71**, 82 ff.
     BVerfG, Rechtsprechung zu EU-Agrarfördermaßnahmen, **71**, 43, 83
   Agrarwesen (s.a. EU, Agrarbeihilfen)
     Einstandspflicht der Mitgliedstaaten für Finanzkorrekturen, **71**, 82 ff.
     Gemeinsame Agrarpolitik (s. dort)
   Assembly of European Regions, **58**, 22
   Ausschuss der Regionen (s. dort)
   Ausschuss der ständigen Vertreter, **86**, 53 ff.
   Auswirkungen der europäischen Integration
     Entwicklung in Deutschland, **12**, 27 ff.
     Kompetenzordnung, binnenstaatliche, **12**, 29
     Staatsorganisationsrecht, **12**, 18, 20 ff.
   Beauftragter des Bundesrates, **58**, 29
   Begriff, **92**, 2
   Bildungswesen
     Hochschulpolitik, **63**, 23
     Zusammenarbeit, internationale, **61**, 43 ff.
   Brückenklauseln, **83**, 30
     Lissabon-Urteil, **83**, 30 f.
   Bund als Sachwalter, **71**, 24

Bund als Vertretung, **58**, 28
Bundesländer, Kompetenzverlust, **17**, 26 ff.
Bundesregierung
    Informationspflicht gegenüber Bundestag und Bundesrat, **21**, 53
Bundesstaat, **16**, 124 ff.
    Abgrenzung, **81**, 28
    europäischer, **16**, 137 ff.; **82**, 14 f.; **83**, 17 ff.
Bundestag, Beteiligung in Angelegenheiten der EU, **21**, 54 f.
Bürgernähe, **82**, 8, 152; **93**, 1 f.
Bürgerschaftliches Engagement, **77**, 11 f., 148 ff.
BVerfG, Rechtsprüfung unionaler Rechtsakte, **83**, 36 ff.
Demokratie, **84**, 1 ff.; s.a. Demokratie, EU
    Aufbau, sukzessiver, **82**, 6
    repräsentative, **82**, 7
    unmittelbare, **84**, 34
Demokratiedefizit, **82**, 6; **84**, 1, 26; **86**, 28
demokratische Legitimation, **84**, 24 ff., 31 ff., 38 ff.; **86**, 23
Einheit in Vielfalt, **81**, 3, 44
    Einheitsbildung, **81**, 19
    Postulat der, **81**, 48
ELER (s. dort)
Entscheidungsstrukturen, dezentrale, **93**, 1
Etat sans souveraineté nationale, **84**, 6
EU-Kommission (s. dort)
EU-Ministerrat (s. dort)
EuGH (s. dort)
EuGH-Rechtsprechung (s. dort)
Europa der Bürger, **93**, 55
Europarecht (s. dort)
Europawahl (s. dort)
Europäische Bürgerinitiative, **84**, 34
Europäische Metropolregionen, **49**, 70 ff.
Europäische Nation, **82**, 106
Europäische Öffentlichkeit, **82**, 201
Europäischer Landwirtschaftsfonds für die Entwicklung des ländlichen Raums (s. ELER)
Europäischer Rat (s. dort)
Europäisches Parlament (s. dort)
Europäisches Raumentwicklungs-konzept, **49**, 12
Fernsehrichtlinie, **67**, 15
Finalität, **82**, 4
Finanzsystem der EU (s. dort)
Flexibilitätsklausel, **83**, 32; **85**, 11 f., 35
Föderalismus, **73**, 6; **82**, 23 ff.; **89**, 3 ff.; **92**, 60 ff.
    Ausdifferenzierung, **89**, 15
    Binnenmarktrecht, **92**, 62
    Exekutivföderalismus, **89**, 6
    Grundgedanke, **82**, 14
    Homogenitätsprinzip, **81**, 39 ff.
    Kohäsion (s. dort)
    konsoziativer, **82**, 25
    offene Methode der Koordinierung, **89**, 14
    Selbstbindung, kohäsive (s. dort)
    Sozialrecht, **92**, 60
    Spannungslage, föderale, **81**, 30
    supranationaler, **81**, 1
    unterschiedliches Verständnis der Mitgliedstaaten, **82**, 31 f.
    Vertrag von Lissabon, **89**, 4
    Verwaltung, **89**, 5 ff.
    Verwaltungsverbund, **89**, 7 ff.
    Verwaltungszusammenarbeit, horizontale, **89**, 14
    Vollzugsföderalismus, **82**, 36
    Vorrangprinzip, **89**, 20
    Zukunft, **82**, 295 ff.
Förderpolitiken
    Gemeinschaftsaufgaben nach dem GG, **39**, 55
Gebilde sui generis, **86**, 5
Gemeinsame Agrarpolitik (s. dort)
Gemeinschaftsrecht (s. dort)
Gemeinschaftsrechtsvollzug (s. dort)
Gemeinwohl (s. Europäisches Gemeinwohl)
Gemeinwohlverbund, **82**, 190
Geschichte (s. EU-Geschichte)
Gesetz über die Zusammenarbeit von Bundesregierung und Bundestag in Angelegenheiten der EU (s. dort)
Gesetz über die Zusammenarbeit von Bund und Ländern in Angelegenheiten der EU (s. dort)
Gleichheit, rechtliche, **81**, 8
gubernatives Arcanum, **81**, 22
Grundgesetz, **71**, 23
    Europaartikel, **21**, 52
Grundrechtecharta (s. dort)
Haftung zwischen Union und Mitgliedstaaten (s. Verwaltungshaftung, EG – Mitgliedstaaten)
Handlungsformen
    gubernative/exekutive Rechtsetzung, **86**, 95 ff.
    legislative Rechtsetzung, **86**, 95 ff.

Sachverzeichnis   785

System, **86**, 91 ff.
Wahlfreiheit, **86**, 96 ff.
Homogenitätsprinzip, **81**, 39 ff.
Instrumentalisierungsthese, **81**, 11
Integration, europäische, **1**, 42; **16**, 124 ff.
   Rechtsetzung, **87**, 1 ff.
Katastrophenschutzrecht, **54**, 55 f.
Kirchen- und Religionsgemeinschaften, **60**, 56 f.
   Primärrecht, **60**, 56
Kohäsion (s. dort)
Kommission (s. EU-Kommission)
Kommunen, Vertretung
   Ausschuss der Regionen (s. dort)
   Dachverband, europäischer (CEPLI), **32**, 15
Kompetenzen, **85**, 5, 21 ff.; s.a. EU, Zuständigkeiten
   Abgrenzungsfragen, **85**, 35
   EuGH, **85**, 37
   Kompetenz-Kompetenz, **85**, 5, 21
   Kompetenzarten, besondere, **85**, 33
   Prinzip der begrenzten Einzelermächtigung, **82**, 36; **85**, 21
   Solidaritätsprinzip, **82**, 252 f.
   Subsidiaritätsprinzip, **82**, 37, 256 ff.; **85**, 22
   Verfassungsänderung, **81**, 24
   Verhältnismäßigkeitsprinzip, **85**, 23
   Zuweisung, **85**, 22
Kompetenzübertragung durch die BRD, **83**, 10 ff., 23 ff.
Kompetenzverflechtung zwischen Union und Mitgliedstaaten, **81**, 32
Konstitutionalisierung der Verträge, **81**, 23
Konstitutionalismus, europäischer, **81**, 1
Kultur
   Kulturministerrat, **57**, 31; **58**, 27
   Kulturpolitik, neue europäische, **58**, 8
   kulturpolitische Tätigkeit des Bundes auf europäischer Ebene, **57**, 28 ff.
   Methode der offenen Koordinierung, **57**, 34
   Vertrag von Lissabon, **57**, 31
   Vertrag von Maastricht, **57**, 29 f.
ländliche Räume, **50**, 2 ff.
„Lerngemeinschaft" **82**, 138
   Lissabon-Urteil des BVerfG (s. dort)
Lissabon-Vertrag (s. Vertrag von Lissabon)
Maastricht-Urteil des BVerfG (s. dort)
Mehrebenenbegriff, **81**, 36
Mehr-Ebenen-Demokratie, **5**, 14; **84**, 18 ff.

Mehrebenensystem, **82**, 23, 27; **86**, 5
Ministerrat (s. EU-Ministerrat)
Mitgliedstaaten (s. Mitgliedstaaten der EU)
neofunktionalistisches Verständnis, **82**, 16
Netzwerkbegriff, **81**, 36
Neugliederung des bundesdeutschen Gebietes, **47**, 15
normatives Verständnis, **82**, 16
Output-Legitimation, **81**, 8
Öffentliches Interesse, **84**, 29
Passerelle-Klauseln, **81**, 24; **85**, 8
Politikverflechtung, **92**, 64
Polizei (s. Polizei, EU)
Prinzipien der EU (s. unter EU-Prinzipien)
Rat der Europäischen Union
   Hierarchie, **81**, 31
   Polyzentrik, **81**, 31
Raumordnungspolitik, **49**, 77 ff.
   Bedeutung für Deutschland, **49**, 82 ff.
   Umsetzung der Raumordnungs-politik, **49**, 82 ff.
Rechtsetzung (s. Europäische Rechtsetzung)
Rechtsgemeinschaft, **81**, 5, 10; **82**, 114, 119
Rechtsnatur, **84**, 3 ff.
Referendum, **84**, 34
Regierungsinstitution, als postmoderne, **92**, 50
Region
   Euregios, **92**, 55 f.
   Regionalisierung, **92**, 56
Richtlinien der EU (s. dort)
Rundfunk, **67**, 15
Schuldenbremse in der Eurozone, **91**, 1 ff.
Schwedische Initiative, **52**, 89 ff.
   Selbstbindung, kohäsive (s. dort)
Solidargemeinschaft, **82**, 235
Sozialrecht und -politik (s. unter Sozialrecht und -politik der EU)
Sozialunion, **82**, 234, 248
Sprachenvielfalt, **84**, 4, 13, 20
Staatenverbund, **16**, 19; **84**, 4, 32
Staatshaftung, gemeinschaftsrechtliche, **81**, 7; **87**, 24 f.
Staatsqualität, **92**, 5
Staatsziel europäische Integration, **58**, 26
Stabilitätsmechanismus
   Selbstbindung, vernunftstrategische, **82**, 136 f.
Stabilitäts- und Wachstumspakt, **91**, 1 ff.; s.a. dort
Stockholmer Holocaust-Konferenz, **75**, 62
Strukturentwicklungen, **80**, 101 ff.

Subsidiaritätsprinzip, **15**, 15 f.; s.a. unter
 Subsidiarität
sui-generis-Charakter, **82**, 1, 17 ff., 39
Supranationale Union, **84**, 5 ff.; s.a. dort
Supranationalität, **86**, 11
Unionsbürgerschaft (s. dort)
Unionsgrundrechte (s. dort)
Unionstreue (s. dort)
Unionsvolk (s. dort)
Verbund
 Staatenverbund, **81**, 36
 Verfassungsverbund, **81**, 36
Vereinigte Staaten von Europa, **82**, 14 f.
Verfassung, **84**, 36
Verfassunggebung, **84**, 37 ff.; s.a. unter
 Verfassunggebung, EU
Verfassungsnatur des Primärrechts, **81**, 20
Verfassungsreferendum, **84**, 51 ff., 56 f.
Verordnung, **71**, 22
Vertrag von Amsterdam (s. dort)
Vertrag von Lissabon (s. dort)
Vertrag von Maastricht (s. dort)
Vertrag von Nizza (s. dort)
Vertragsverletzungs- und Sanktions-
 verfahren vor dem EuGH, **87**,
 11 ff.
Vertragsänderungsverfahren, **85**, 7 ff.
 Beteiligung, nationale, **85**, 13
 Einflussnahme der Mitgliedstaaten,
  paralegale, **81**, 23
 Flexibilitätsklausel, **83**, 32; **85**, 11 f., 34
 ordentliches, **84**, 40
 Passerelle-Klausel, **81**, 24; **85**, 8
 vereinfachtes, **83**, 29 ff.; **85**, 9 f.
Vertrag über eine Verfassung für Europa,
 84, 37, 52 f.
Verwaltungsrecht (s. EU-Verwaltungsrecht)
Verzahnung des unionalen und mit-
 gliedstaatlichen Bereichs, **81**,
 37
Vielfalt
 Verfassungen, mitgliedstaatliche, **81**, 40
 Schutz, **81**, 46
Volk, **84**, 14 ff.
Vorabentscheidungsverfahren, **81**, 17 f.
 Kooperationsverfahren, **81**, 18
Wasserrahmenrichtlinie, europäische
 (s. dort)
Weißbuch: Governance in European Union,
 58, 50
Wertegemeinschaft, **82**, 100 ff., 119
Wirtschafts- und Sozialausschuss, **86**, 77

Zukunftsausrichtung, **80**, 101 ff.; **82**, 5 ff.,
 295 ff.
Zusammenarbeit, loyale Pflicht, **81**, 44
Zusammenhalt, **81**, 12
Zuständigkeiten, **85**, 29 ff.; **89**, 16 ff.; s.a.
 EU, Kompetenzen
 ausschließliche, **85**, 39 f.; **89**, 17
 geteilte, **85**, 31; **89**, 18
 Peremtionsprinzip, **85**, 31
 unterstützende, **85**, 32
EU-Geschichte
 Assoziierungsverträge, **80**, 51
 Delors-Paket, **80**, 48
 Deutsche Einheit, **80**, 51
 Eigenfinanzierungssystem, **90**, 1 f., 5
 Einheitliche Europäische Akte, **80**, 31 ff.,
  43 ff.
 Entwicklung Anfang der 1980er Jahre, **80**,
  31 ff.
 EU-Gründung, **80**, 38, 42 ff.
 Europa 1992, **80**, 49
 Europa-Kongress, **80**, 6
 Europawahl, **80**, 25
 Europäische Atomgemeinschaft, **80**, 17
 Europäische Freihandelszone, **80**, 51
 Europäische Gemeinschaft für Kohle und
  Stahl (EGKS), **80**, 8
 Europäische Politische Gemeinschaft, **80**,
  12 ff.
 Europäische Politische Zusammenarbeit,
  80, 23
 Europäischer Konvent, **84**, 46
 Europäischer Rat, **80**, 25
 Europäische Verteidigungsgemeinschaft,
  80, 11
 Europäische Wirtschaftsgemeinschaft,
  80, 17
 Fouchet-Verhandlungen, **80**, 19
 Freundschaftsvertrag,
  deutschfranzösischer,
  80, 20
 Gipfel von Fontainebleau, **80**, 39 f.
 Gründungsmitgliedstaaten, politische
  Interessen, **80**, 17
 Haager Gipfelkonferenz, **80**, 22
 Lissabon-Vertrag (s. dort)
 Luxemburger Gipfel, **80**, 43 ff.
 Luxemburger Kompromiss, **80**, 21
 Mailänder Gipfel, **80**, 41 ff.
 OEEC, **80**, 7
 Osterweiterung, **84**, 12
 Römische Verträge, **80**, 16 f.
 Süderweiterungen, **80**, 40

Sachverzeichnis 787

Umwandlung der EG in EU, **80**, 28 ff.
Vertrag von Amsterdam (s. dort)
Vertrag von Maastricht (s. dort)
Vertrag von Nizza (s. dort)
Währungsunion, **80**, 26
Wirtschaftsunion, **80**, 26
Zukunftsentwicklungen, **86**, 121
Zwangsgewalt, **81**, 9 f.
EU-Kommission
 Aufgaben, **86**, 70 ff.
 Befugnisse, **86**, 70 ff.
 Bürgernähe, **82**, 152
 Europäisches Gemeinwohl, **82**, 204
 Organisation, **86**, 66 ff.
 Selbstbindung, vernunftstrategische, **82**, 128
 Zusammensetzung, **86**, 66 ff.
EU-Ministerrat
 Aufgaben, **86**, 57 f.
 Ausschuss der ständigen Vertreter, **86**, 53 ff.
 Befugnisse, **86**, 57 f.
 Funktion, **86**, 48
 Generalsekretariat, **86**, 56
 Organisation, **86**, 49 ff.
 qualifizierte Mehrheitsentscheidung, **86**, 59 ff.
 Zusammensetzung, **86**, 49 ff.
EU-Prinzipien
 begrenzte Einzelermächtigung, **85**, 21, 27
 beschränkte Einzelermächtigung, **81**, 27 ff.
 beschränkte Ermächtigung, **81**, 13
 duale Legitimation, **81**, 38
 freie Interessenverfolgung, **81**, 33 ff.
 Homogenität, **81**, 39 ff.
 institutionelles Gleichgewicht, **81**, 30
 Integrationsprinzip, **81**, 35
 Legalität, **81**, 19 ff.
 loyale Zusammenarbeit, **81**, 34
 Peremptionsprinzip, **85**, 31
 Rechtssicherheit, **81**, 13
 Rechtsstaatlichkeit, **81**, 2 ff., 19 ff.
 strukturelle Kompatibilität, **81**, 41
 Subsidiarität, **81**, 13, 32; **85**, 4, 22, 28; s.a. dort
 umfassender Rechtsschutz, **81**, 16 ff.
 Verfassungshomogenität, **81**, 39 ff.
 verfassungsmäßige Legalität, **81**, 21
 Verhältnismäßigkeit, **85**, 23
 Vielfalt, **81**, 35
 Vorrang, **81**, 15
 Wirksamkeit, **81**, 7 ff.
EU-Verwaltungsrecht, **89**, 9 ff.
 Äquivalenzprinzip, **89**, 26 f.

Effektivitätsprinzip, **89**, 28
Gemeinschaftsrechtsvollzug (s. dort)
Grundsatz der unmittelbaren Anwendbarkeit, **89**, 21
Kodifikation, **89**, 38 ff.
Kooperationen, **89**, 34 f.
Mehrebenenverwaltungsrecht, **89**, 9
Prinzip der einheitlichen Anwendung des Unionsrechts, **89**, 26 f.
Prinzip der Lastengleichheit, **89**, 31
Rechtsschutz, **89**, 32, 36
Trennungsprinzip, **89**, 13
Verfahrensautonomie, **89**, 22 ff.
Vertrag von Lissabon, **89**, 33 ff.
EuGH
 Gemeinwohljudikatur, **82**, 205
 Klagerechte des AdR, **93**, 11, 13
 Kontrolle der Prinzipien der Kompetenzordnung, **81**, 29
 Rechtsprechung (s. EuGH, Rechtsprechung)
 Selbstbindung, vernunftstrategische, **82**, 129
 Vertragsverletzungs- und Sanktionsverfahren bei Nichtumsetzung von Richtlinien, **87**, 11 ff.
 Vorabentscheidungsverfahren, **81**, 17 f.
 Kooperationsverfahren, **81**, 18
EuGH, Rechtsprechung
 Äquivalenzprinzip, **89**, 27
 EG-Datenschutzrichtlinie, **56**, 10
 Francovich-Entscheidung, **87**, 24 f.
 Gemeinschaftstreue, Herleitung, **18**, 17
 Gemeinwohljudikatur, **82**, 205
 Normsetzung im Rahmen der europäischen Integration, **92**, 3
 Unionsgrundrechte, **88**, 4 ff., 28 ff.
  Bindung der Mitgliedstaaten, **88**, 7, 14
  Entwicklung, **88**, 4
  im intergouvernementalen Bereich, **88**, 28 ff.
 Verfahrensautonomie der Mietgliedstaaten, **89**, 24
Europa
 Erinnerungspolitik, historische, **94**, 5 ff.
  monologische Erinnerung, Begriff, **94**, 28
  dialogisches Erinnern, Begriff, **94**, 23, 28
  Gedächtnis, nationales, **94**, 23 ff.
 Europäische Charta der Regional- oder Minderheitensprachen, **10**, 35
 Europäisches Sozialmodell, **92**, 57 ff.

Europäischer Konstitutionalismus, **10**, 8
Europäischer Traum, **94**, 3
Gemeinschaftscharta der Regionalisierung, **10**, 35
Grundrechte (s. Unionsgrundrechte)
Holocaust als Gründungsmotiv für ein vereintes Europa, **94**, 5 ff.
Holocaust-Erinnerungsgemeinschaft, **94**, 11
Holocaust-Gedenktag, **94**, 7 ff.
Sandra Kalniete, **94**, 17
Simone Veil, **94**, 17
Stalinismus, Verhältnis, **94**, 14 ff.
präföderale Strukturen, **10**, 45 ff.
Europarecht (s.a. Gemeinschaftsrecht)
Ausführung, **28**, 10 ff.
Gemeinschaftsrecht, mittelbarer Vollzug, **28**, 11
Einwirkung auf Gemeinschaftsaufgaben nach dem GG, **39**, 53 ff.
Instrumentalisierungsthese, **81**, 11
Subjektivierung, **105**, 28
Wirksamkeit als Voraussetzung für die rechtliche Gleichheit der Rechtsunterworfenen, **81**, 8
Zwangsgewalt, **81**, 9 f.
Europawahl
Beteiligung, **80**, 62
Gleichheit der Wahl, **84**, 16, 32
Wahlmüdigkeit, **80**, 62
Europäische Menschenrechts-konvention (s. EMRK)
Europäische Metropolregionen, **49**, 2 ff.
Begriff, **49**, 11, 13, 70
Einbezug auf EU-Ebene, **49**, 70 ff.
Entstehung, **49**, 10 f.
Funktionen, **49**, 11 f., 26 ff.
Entscheidungs- und Kontrollfunktion, **49**, 27
Gatewayfunktion, **49**, 29
Innovations- und Wettbewerbsfunktion, **49**, 28
Symbolfunktion, **49**, 32
Governance (s. Governance, Europäische Metropolregionen)
Initiativkreis Europäische Metropolregionen in Deutschland, **49**, 86 ff.
Arbeitsbereiche, **49**, 89
Entstehung, **49**, 87 f.
Forderungen, **49**, 92 ff.
Zielsetzung, **49**, 90
Leitbild, **49**, 15 ff.

Ressourcen und Kulturlandschaften, **49**, 25 f.
Sicherung der Daseinsvorsorge, **49**, 24
Wachstum und Innovation, **49**, 16 ff.
Stärken und Schwächen, **49**, 36 ff.
Raumordnungsbericht 2005, **49**, 36
Regionales Monitoring, **49**, 37 f.
strategische Entwicklungen, **49**, 74
The Network of European Metropolitan Regions and Areas (METREX), **49**, 75
Unterschiede und Gemeinsamkeiten, **49**, 33 ff.
Verwaltungsorganisation
Governance (s. Governance, Europäische Metropolregionen)
Europäische Nation, **82**, 106
Europäische Öffentlichkeit, **82**, 201
Europäische Rechtsetzung, **86**, 1 ff.
Akteure der Rechtsetzung, **86**, 31 ff.
Ausschuss der Regionen, **86**, 78 f.
Delegations- und Durchführungsrechtsetzung, **86**, 105 ff.
Einfluss der Bundesländer, **15**, 16
Integrative Wirkung der Europäischen Rechtsetzung, **87**, 1 ff.
Interessengruppen, **86**, 76 ff.
kooperativer Föderalismus als Strukturprinzip, **86**, 115 ff.
Lobbying, **86**, 76 ff.
Mitwirkung der Bundesländer, **71**, 24 ff.
nationale Parlamente, **86**, 73 ff.
nichtinstitutionalisierte Interessengruppen der Zivilgesellschaft, **86**, 80 ff.
Rechtsetzungsverfahren, **86**, 98 ff.
besonderes Verfahren, **86**, 101 ff.
ordentliches Verfahren, **86**, 99 f.
Übertragung von Rechtsetzungsbefugnissen, **86**, 105 ff.
Wirtschafts- und Sozialausschuss, **86**, 77
Europäische Sozialunion, **82**, 234, 248
Europäischer Gerichtshof für Menschenrechte, Rechtsprechung (s. EGMR, Rechtsprechung)
Europäischer Haftbefehl
Rechtsprechung des BVerfG, **85**, 16
Europäischer Landwirtschaftsfonds für die Entwicklung des ländlichen Raums (ELER) (s. ELER)

Sachverzeichnis 789

Europäischer Rat
  Aktionsplan zur Bekämpfung des internationalen Terrorismus, **52**, 79
  Aufgaben, **86**, 45 f.
  Beschlussfassung, Beteiligung des Bundesrates, **15**, 23
  Entwicklung, **86**, 43
  Rechtsetzungsinstanz, **15**, 23, 59
  Zusammensetzung, **86**, 44
Europäischer Stabilitätsmechanismus
  Selbstbindung, vernunftstrategische **82**, 136 f.
Europäischer Traum, 94, 3
Europäisches Gemeinwohl, 82, 186 ff.; s.a. Gemeinwohl
  Begriff, **82**, 186
    Gemeinwohlbelange, **82**, 198
    Gemeinwohlgrundsätze, **82**, 198
    Europäische Kommission, **82**, 204
    Europäische Öffentlichkeit, **82**, 201
    Gemeinwohljudikatur, **82**, 205
    Gemeinwohlverbund, **82**, 190
    Globalisierung, **82**, 207, 209
    Nachhaltigkeit, **82**, 207 f.
    Vertrag von Lissabon, **82**, 199, 203
Europäisches Parlament, 84, 25, 31 f.
  Anhörungsrecht, **86**, 103
  Entwicklung, **86**, 35
  Kompetenzen, **86**, 40 ff.
  Organisation, **86**, 36 ff.
  Repräsentation der Bürger, ungleiche, **84**, 16, 32
  Stärkung, **82**, 107
  Wahlen (s. Europawahl)
  Zusammensetzung, **86**, 36 ff.
Europäisches Raumentwicklungskonzept, 49, 12
„Europäisches Semester"
  Selbstbindung, vernunftstrategische, **82**, 135
Europäisches Sozialmodell, 92, 57 ff.
Ewigkeitsgarantie, 15, 52; **16**, 66 ff.; **19**, 75
  Bundesstaatsprinzip, **16**, 67 ff.
  Fehlen auf europäischer Ebene, **82**, 124
  funktionale Betrachtungsweise, **16**, 78 f.
  Gliederung des Bundes in Länder, **16**, 75 ff.
  Hausgut, **16**, 77
  institutionelle Betrachtungsweise, **16**, 80 ff.
  Mitwirkung der Länder bei der Gesetzgebung, **16**, 83 ff.
  Selbstbindung, vernunftstrategische, **82**, 9
  Senatsmodell, **16**, 84

  Staatsqualität der Länder, **16**, 76
  unitarischer Kerngehalt des Bundes, **16**, 86
Exekutivföderalismus, 15, 21; **16**, 95
  Begriff, **29**, 5
  EU, **89**, 6
  Gemeinschaftsaufgaben, **39**, 60
  Unterscheidung zum Legislativföderalismus, **8**, 10
Exzellenzinitiative
  Hochschulpolitik, **63**, 22
  Mischfinanzierung, **63**, 30 ff.
    Förderung, institutionelle und projektbezogene, **63**, 31
    Parlamentsvorbehalt, **63**, 32

F
Fernsehrichtlinie, 67, 15
Finanzausgleich, 41, 15 ff.; s.a. Länderfinanzausgleich
  Italien, **101**, 28
  Schweiz, **99**, 19, 52 f., 57 ff.
Finanzföderalismus, 37, 1 ff.
  Finanzausgleich (s. dort)
  interföderale Haftung (s. dort)
  Länderfinanzausgleich (s. dort)
  Reform, **37**, 145 ff.
    Länderfinanzausgleich, **37**, 152 ff.; s.a. dort
    Steuerautonomie für die Länder, Schaffung, **37**, 148 ff.
    Staatsverschuldung (s. dort und unter Verschuldung)
    Steuerautonomie, **37**, 7 ff., 91 ff.; s.a. dort
    Steuern (s. dort)
    Steuerverteilung (s. dort)
    Verschuldung, **37**, 86 ff.; s.a. dort und unter Staatsverschuldung
Finanzhilfen des Bundes, 41, 62 f,; **45**, 32, 71 ff.
Finanzkraft
  Bestimmung, **41**, 32 ff.
  Einwohnerzahl, **41**, 33
  Kommunen, **41**, 26 ff.
  Länder
    Begriff, **41**, 24
    durchschnittliche Finanzkraft, **41**, 24
    Gegenstand und Maßstab des Finanzausgleichs, **41**, 24 ff.
Finanzmonopole, 40, 16
Finanzsystem der EU
  Ausgaben, **90**, 34 ff.
  Finanzrahmen 2007-2013, **90**, 41 f.
  Finanzumverteilungssystem, **90**, 45 ff.

Haushaltsdisziplin, **90**, 37
Haushaltsverfahren, **90**, 34 ff., 38 f.
Haushaltsvolumen 2009, **90**, 40
Rechnungsprüfung, **90**, 39
Reformen, **90**, 66 ff.
Eigenmittel, **90**, 3 ff.
    Eigenmittelarten, **90**, 6 ff.
    Eigenmittelbeschlüsse, **90**, 3 ff., 60 f.
    Reformen, **90**, 66 ff.
    Steuern, **90**, 20 ff.
    weitere Einnahmen, **90**, 19
Eigenfinanzierungssystem, **90**, 1 ff.
Einnahmenautonomie, begrenzte, **90**, 29 ff.
    Durchsetzung gegenüber den Mitgliedstaaten, **90**, 33
    Geschichte, **90**, 1 f., 5
Finanzkrisenhilfe, **90**, 50 ff.
    finanzieller Beistand der Union, **90**, 53
    gegenseitiger Beistand, **90**, 51 f.
    Haftung der EU für Mitgliedstaaten, **90**, 54 ff.
Finanzumverteilungssystem, **90**, 45 ff.
    Kohäsionsfonds, **90**, 47 f.
    Strukturfonds, **90**, 46
Kreditaufnahme, **90**, 24 ff.
    Anleihen zwecks Darlehensgewährung, **90**, 27 f.
    Verbot, **90**, 24 ff.
Rechnungshof, **90**, 39
Schuldenbremse in der Eurozone, **91**, 1 ff.
Stabilitäts- und Wachstumspakt, **91**, 1 ff.; s.a. dort
Steuern, **90**, 20 ff.
    Kompetenz, **90**, 21 f.
    Steuerfindungsrecht, **90**, 23
Finanzverfassung
    Ausgabenverantwortung, **71**, 84
    Ausgestaltung, **15**, 35 ff.
    Bedeutung für den Bundesstaat, **41**, 2
    Bundesauftragsverwaltung, **71**, 79
    Bundesergänzungszuweisungen (s. dort)
    BVerfG, Entscheidungen zu wesentlichen Fragen (s. BVerfG, Rechtsprechung, Finanzverfassung)
    Entwicklung im Bundesstaat, **9**, 47 ff.
    Finanzausgleich (s. dort)
    Finanzautonomie der Länder, **30**, 54 ff.
    Finanzhilfen des Bundes (s. dort)
    Finanzkraft (s. dort)
    Föderalismus, kooperativer, **46**, 9
    Föderalismusreformen I und II, Auswirkungen, **41**, 59 ff.
    Finanzhilfen des Bundes, **41**, 62
    Konsolidierungshilfen, **41**, 64
    Gemeinschaftsaufgaben
        Spezialregelungen, finanzverfassungsrechtliche, **39**, 45
    Gesetzesvollzug
        Finanzierung, **68**, 64 f.
        Mischfinanzierung, **68**, 65
    Haftungsregelung, **71**, 81
    Haushaltsnotlagen (s. dort)
    Hebesätze für die Grund- und Gewerbesteuer, **40**, 41
    Insolvenz von Gebietskörperschaften, **9**, 54 ff.
        Notwendigkeit einer gesetzlichen Regelung, **9**, 57 f.
        Schuldenbremse, **9**, 60
    interföderale Haftung (s. dort)
    Investitionshilfekompetenz des Bundes (s. dort)
    Italien, **101**, 24
    Kompetenzen, **15**, 35; s.a. Steuergesetzgebungskompetenzen und Steuerverwaltungskompetenzen
    Konnexität (s. Konnexitätsprinzip)
    Länderfinanzausgleich (s. dort)
    Leistungsgesetz, **71**, 80
    Mischfinanzierung, **68**, 65
        Abbau, **15**, 37
    Neugliederung des Bundesgebietes, **47**, 6; s.a. dort
    Neuverschuldungsverbot (s. dort und unter Schuldenbremse)
    Schuldenbremse (s. dort und unter Neuverschuldungsverbot)
    Staatsverschuldung (s. dort und unter Verschuldung)
    Steuern (s. dort)
    Steuergesetzgebungskompetenzen (s. dort)
    Steuerverteilung (s. dort)
    Steuerverwaltungskompetenzen (s. dort)
    Trennsystem, **46**, 10
    Verschuldung (s. dort und unter Staatsverschuldung)
    Verschuldungsverbot, **13**, 32 ff.; **46**, 61; s.a. Schuldenbremse und unter Neuverschuldungsverbot
        Ausnahmen, **13**, 37
        Kontrollkonto, Einführung, **13**, 34
    Stabilitätsrat (s. dort)
Finanzwesen
    Finanzbedarf, **41**, 32 ff.
    Finanzföderalismus (s. dort)

Finanzkraft (s. dort)
Finanzmonopole, **40**, 16
Finanzverfassung (s. dort)
  Geschichte, **13**, 13 ff.
Haushaltsregeln (s. dort)
interföderale Haftung (s. dort)
Kapitalmärkte
  Deutschland als Maßstab für andere Länder, **91**, 41
  Einfluss von Haushaltsregeln, **91**, 13, 23
  Konjunkturzyklen, symmetrische, **91**, 57
  Konnexität (s. Konnexitätsprinzip)
  Staatsanleihen, **13**, 29
  Verfassungsgrenzen, **38**, 12
Staatskredit
  Legitimation, **38**, 10, 14, 30
  Ratingagenturen, **38**, 28
Staatsverschuldung (s. dort und unter Verschuldung)
Stabilitäts- und Wachstumspakt, **91**, 1 ff.; s.a. dort
Steuern (s. dort)
Verschuldung (s. dort und unter Staatsverschuldung)
Zölle, **40**, 14
Flutopfersolidaritätsgesetz, 54, 33
Forum der Föderationen, 34, 37
Föderalisierungsprozess, 12, 1
Föderalismus, 10, 1 ff.; **27**, 3
  Administrativföderalismus, **1**, 23
  Anpassungsfähigkeit, **6**, 8
  asymmetrischer Föderalismus (s. dort)
  Aspekte, **6**, 2
  Ausprägungen, **6**, 1
  Begriff/Grundverständnis, **8**, 3 ff.; **9**, 9; **12**, 6; **16**, 8 ff.; **43**, 2; **71**, 6 f.; **73**, 3; **82**, 29; **92**, 1; **105**, 1 ff.; **106**, 18 f.
    enger Föderalismusbegriff, **8**, 4
    erweiterter Föderalismusbegriff, **8**, 7
    gouvernementaler Begriff, **12**, 6
    Konrad Hesse, **105**, 1
    konstitutioneller Begriff, **12**, 6
    Mehrebenensystem, **105**, 3
    politikwissenschaftlicher, **99**, 20
    soziologischer Begriff, **12**, 6
    Ursprung, **1**, 5
    vermittelnder Föderalismusbegriff, **8**, 6
    weiter Föderalismusbegriff, **8**, 5
  Belgien (s. dort)
  Beteiligungsföderalismus
    Steuern, **46**, 62

Bildung/Bildungswesen, **61**, 4 ff.; s.a. Bildungswesen
  Stärken und Schwächen, **79**, 30 ff.
Bundesrat, **21**, 4
Bundesstaat (s. dort)
Bundestag
  unitarisches Organ, **21**, 4
Bürgerschaftliches Engagement, **77**, 9 ff., 53, 81 ff., 143 ff.
Datenschutz, **55**, 10; s.a. unter Datenschutz
Demokratie, **16**, 4 f.; **26**, 9 ff.
Demoskopie (s. unter Demoskopie, Föderalismus)
Dezentralisierung (s. dort)
Einheitsstaat (s. dort)
Empfehlungen des 61. Deutschen Juristentages, **33**, 1 ff.
EU, **15**, 60; **89**, 3 ff.; **73**, 6; **82**, 23 ff.; **92**, 60 ff.
  europäischer Bundesstaat, **82**, 14 f.; **83**, 17 ff.
  Föderalismus, supranationaler, **81**, 1
  Kompetenzordnung, **82**, 35 ff.
  Politikverflechtung, **92**, 64
  Spannungslage, föderale, **81**, 30
  Vollzugsföderalismus, **82**, 36
europäisierter, **21**, 3
evolutorischer Prozess, **13**, 8
Exekutivföderalismus (s. dort)
Finanzföderalismus (s. dort)
Fiskalföderalismus, **6**, 7
föderale Balance, **19**, 52 ff.
föderale Intervention, **107**, 1 ff.
Föderalisierungsprozess, **12**, 1
Föderalismusreform in Deutschland
  Föderalismuskommission I (s. dort)
  Föderalismuskommission II (s. dort)
  Föderalismusreform I (s. dort)
  Föderalismusreform II (s. dort)
  Föderalismustheorien (s. dort)
  Föderalstaat (s. dort)
  Geschichte (s. Föderalismusgeschichte und Bundesstaatsgeschichte)
  Gewaltenteilung, **1**, 6
    vertikale, **73**, 7 ff.
Handlungskoordinierung, **9**, 3 f., 16 f.
historische Entwicklung
  (s. Föderalismusgeschichte und Bundesstaatsgeschichte)
Hochschulwesen, **63**, 6 ff.
  Wettbewerbsföderalismus, **63**, 39 ff., 45 ff.
Hochzonung von Aufgaben, **15**, 8

hoheitlicher (s. dort)
Identitätspolitik, **11**, 4, 6, 13, 33
institutionelle Kongruenz, **13**, 14
interföderale Haftung (s. dort)
Italien, **101**, 1 ff.; s.a. dort
Kernelemente
  Solidarität und Subsidiarität, **58**, 4
Katastrophenschutz, **54**, 19 ff.
Kommunalföderalismus im Bereich der Steuern, **40**, 41
Kohäsion (s. dort)
Kompetenz-Kompetenz, **92**, 6
Konkurrenzföderalismus, **1**, 27
Kontextsensibilität, **6**, 3
Kooperation im Bundesstaat (s. dort und Kooperativer Föderalismus)
kooperativer (s. Kooperativer Föderalismus und Kooperation im Bundesstaat)
Kultur, **59**, 1 ff.
  Föderalismus, kooperativer, **57**, 36 ff.
  Zukunftsperspektive, **59**, 45 ff.
Kulturföderalismus (s. dort)
Legislativföderalismus (s. dort)
Legitimation, **10**, 24
Medien, **67**, 1 ff.; s.a. dort
Mehrebenenkoordination, **9**, 25 ff.
  Formen, **9**, 25
  zustimmungspflichtige Gesetzgebung, **9**, 27 ff.
Mehrebenenpolitik (s. dort)
Mehrebenenstruktur, **9**, 11
Mehrebenensystem (s. dort)
Migration und Integration
  Stärken und Schwächen, **79**, 15 ff., 30 ff.
Mitwirkungsföderalismus, **7**, 3
Nachhaltigkeit, **108**, 1 ff.
Neo-Institutionalismus, **11**, 25 ff.
Neo-Nationalismus, **11**, 33 ff.
Neugliederung des Bundesgebietes (s. dort)
nichthoheitlicher (s. dort)
Opportunismus
  burden shifting, **6**, 4
  encroachment, **6**, 4
  Gefahr, **6**, 4
  shirking, **6**, 4
Parteiensystem, **6**, 17; **26**, 3 f.
  input-Perspektive, **26**, 5
  output- Perspektive, **26**, 7
Partizipation, demokratische, **15**, 3
Politikverflechtung, **11**, 39 f.; **43**, 3; s.a. dort
Präföderalismus (s. dort)

Rechtskultur (s. dort)
Regionalbewusstsein, Stärkung, **14**, 27 f.
Regionalismus (s. dort)
Regionenwettbewerb, **14**, 17 ff.; s.a. dort
Religionsverfassungsrecht, **60**, 18 ff.; s.a. dort
republikanischer, **8**, 41
robuster, **6**, 4
Russland (s. dort)
Schweiz (s. dort)
Selbstbindung, kohäsive (s. dort)
separative und kompetitive Ausgestaltung, **39**, 56
Skaleneffekte, **14**, 29 ff.
Spanien (s. dort)
staatszentrierter, **16**, 13
Stabilitätsbedingungen
  structural federalism, **6**, 6
  juridical federalism, **6**, 6
Steuergleichheit, entföderalisierende Wirkung, **40**, 51
Studie, **13**, 3
Subsidiarität (s. Subsidiaritätsprinzip)
supranationaler, **16**, 124 ff.; **81**, 1
Systemwettbewerb, **13**, 11 f.
Territorialismus, neuer, **7**, 35 ff.
Theorien (s. Föderalismustheorien)
Unitarismus (s. dort)
Unterschied zum Regionalismus, **10**, 38
USA (s. unter USA)
Verbundföderalismus, **7**, 1, 3
Verfassungsautonomie der Länder (s. unter Länder, Verfassungsautonomie)
Verflechtung zwischen Bund und Ländern (s. dort)
Verwaltungsföderalismus, **29**, 3 ff.
Vielgestaltigkeit, **6**, 1
Vollzugsföderalismus, **82**, 35
Vor- und Nachteile, **11**, 41 ff.
Weltverfassung
  UN-Charta, **105**, 42
Wesensmerkmale, **8**, 36 ff.; **82**, 27
  Partizipationsmöglichkeiten, **8**, 38
Wettbewerbsföderalismus (s. dort)
Wettbewerbssystem, **6**, 7
Wiedervereinigung, **1**, 40
Zentralisierung, **1**, 3 f.
Zweite Kammern (s. dort)
Föderalismusgeschichte, 7, 4 ff.; **13**, 13; **17**, 1; s.a. Bundesstaatsgeschichte
1949 bis Ende der 1960er Jahre, **7**, 5 f.
1969 bis 1982, **7**, 8
Altes Reich, **3**, 2 ff.

Sachverzeichnis 793

Bismarck, **3**, 26 f.
  Sozialversicherungsgesetzgebung, **3**, 42
Bundesrepublik, **3**, 45 ff.
Bundesverfassung von 1787,
  nordamerikanische, **3**,
  10 f.
critical juncture, **3**, 22
Deutscher Bund, **2**, 48 ff.; **3**, 5 ff.
Deutsches Reich, **2**, 75 ff.
Dietramszeller Notverordnung, **3**, 38
Erzbergsche Reichsfinanzreform, **3**, 37 f.
Föderalismus, kooperativer, **7**, 6
  im Kaiserreich, **3**, 25
Föderalismusreform in den 1960er Jahren,
  7, 6
Friedrich Murhard, **3**, 12
Georg Waitz, **3**, 16 ff.
Heiliges Römisches Reich deutscher
  Nationen, **2**, 6 ff.; s.a. dort unter
  Föderalismus
Kaiserreich, **3**, 19 ff.
Nationalsozialisten, **3**, 44
Patriotenpartei, antipreußische katholische,
  3, 24
Paulskirchenverfassung, **2**, 61 ff.; **3**, 13 ff.
Putbusser Diktate, **3**, 23
Robert von Mohl, **3**, 12, 21
Strukturprobleme, **3**, 33 ff.
Theodor Heuß, **4**, 37 ff.
Verfassungskompromiss, föderaler, **3**, 47
Wandel und Kontinuität seit dem 19.
  Jahrhundert, **4**, 1 ff.
Weimarer Republik, **2**, 88 ff.; **3**, 37 ff.
Wiedervereinigung, **7**, 12 ff.
Föderalismuskommission I, **19**, 84; **44**, 6 ff.;
  58, 25
  Arbeitsergebnisse, **44**, 13 ff.
  Arbeitsgruppen, **44**, 10
  Bundesgesetze, zustimmungsbedürftige,
    44, 19 ff.
  Bundesrat, **15**, 51
  Deutscher Landkreistag, Beteiligung, **33**, 6,
    12 ff.; s.a. Deutscher Landkreistag,
    Föderalismuskommission I, Beteiligung
  Einberufung, **33**, 6
  Einsetzung, **21**, 23
  Erforderlichkeitsklausel, **33**, 61
  Kompetenzverteilung, **33**, 61 ff.
    Abweichungsgesetzgebung, **33**, 62
  Neugliederung des Bundesgebietes, **47**, 3;
    s.a. dort
  Projektgruppen, **44**, 11 f.
  Sachverständige, **44**, 8

  Spitzenverbände, kommunale, **44**, 8
  Übergangsregelungen, **33**, 21 ff.
  Vorsitz, **44**, 9
  Ziel, **21**, 24
  Zusammensetzung, **21**, 23; **33**, 6 **44**, 6 ff.
Föderalismuskommission II, **21**, 25 ff.
  Arbeitsgruppen, **45**, 18 f.
  Arbeitsweise
    Fachdiskurse, **45**, 17
    Klausurtagungen, **45**, 12, 17
    Plenarsitzungen, **45**, 12, 14
    Sachverständigenanhörungen, **45**, 12 f.
  Auftrag, **45**, 5
  Deutscher Landkreistag, Beteiligung, **33**,
    11, 25 ff., 33 ff.
  Eckpunktepapier, **45**, 18
  Einsetzung, **21**, 25; **45**, 1 ff.
  Einsetzungsbeschluss, **33**, 25
  Ergebnisse
    Benchmarking, **45**, 35
    Bund-Länder-Kooperationen im
      IT-Bereich, **45**, 33 f.
    Bundesfernstraßen, **45**, 39
    Bundeskrebsregisterdatengesetz, **45**, 40
    Finanzhilfen des Bundes, **45**, 32
    Frühwarnsystem zur Vermeidung von
      Haushaltsnotlagen, **45**, 31
    Konsolidierungshilfen (s. dort)
    Schuldenbremse (s. dort)
    Stabilitätsrat, **45**, 31, 61 ff.
    Steuerverwaltung, **45**, 36 ff.
  Finanzthemen, **33**, 33 f.; **45**, 41 ff.
    Altschuldenfonds, **45**, 55, 57
    Altschuldentilgung, **45**, 58
    Finanzhilfen des Bundes, **45**, 71 ff.
    Haushaltsautonomie der Länder, **45**,
      52 ff.
    Hebesatzgestaltungsbefugnis, **33**, 42
    Hessisches Modell, **45**, 55
    Hilfeleistungen, solidarische, **45**, 54
    Insolvenzfähigkeit der
      Gebietskörperschaften, **45**, 45
    Investitionsbegriff, **45**, 48
    Konsolidierungshilfen, **45**, 59;
      s.a. dort
    Länderfinanzausgleich, **30**, 60 ff.;
      s.a. dort
    Neuverschuldungsverbot, **45**, 44, 50 f.;
      s.a. dort und unter Schuldenbremse
    Sanierungsverfahren, **45**, 63 ff.
    Schuldenbremse, **37**, 179; s.a. dort und
      unter Neuverschuldungsverbot
    Schuldenregelung, **45**, 49

Schweizer Schuldenbremse, **45**, 46
Solidaritätszuschlag, **45**, 56
Staatsverschuldung, **45**, 43; s.a. dort
  und unter Verschuldung
Stabilitätsrat, **33**, 41; **45**, 61 ff.; s.a. dort
Steuerkompetenzen der Länder, **45**, 68 ff.
Vorbeugung von Haushaltskrisen, **45**, 60
Sachverständige, Anhörung, **33**, 30
Verwaltungsthemen, **45**, 75 ff.
  Aufgabenautonomie, **45**, 90 ff.
  Benchmarking, **45**, 79 ff.
  Bund-Länder-Kooperation im IT-Bereich, **45**, 77 f.
  Bundesfernstraßen, **45**, 85 ff.
  Steuerrecht, **45**, 82 ff.
  Zusammenschluss von Ländern, freiwilliger, **45**, 94 f.
Zusammensetzung, **21**, 26; **45**, 6 ff.
  Beteiligung der Länder und Gemeinden, **45**, 8
  Obleutegremium, **45**, 11
  Sachverständige, **45**, 9
  Ständige Gäste, **45**, 8
  Stellvertreter, **45**, 7
  Vorsitz, **45**, 10
Föderalismusreform I, **19**, 30 ff.; **53**, 1 ff., 37; **58**, 25
Abweichungsrecht der Länder, **20**, 2 ff.; **25**, 53; **43**, 20, 38; s.a. Abweichungsgesetzgebung
Zugriffsgesetzgebung, **44**, 40 ff.
Anlass und Reichweite, **71**, 12
Art. 84 GG, **68**, 39 ff.
Aufgabenübertragung auf Kommunen (s. Durchgriffsverbot auf kommunale Ebene)
Auswirkungen, **19**, 43 ff.; **43**, 38 ff.
  Kompetenzen, **43**, 38 f., 44
  weitere Änderungen, **43**, 40
Beamtenrecht, **43**, 43
Bewertung, **19**, 48 ff., 152 ff.
Bildungswesen, **62**, 8 ff.
  Bildungsevaluation, **61**, 36
  Finanzierung, **61**, 37
  Gemeinsame Wissenschaftskonferenz, **61**, 35
  Gesetzgebungskompetenzen, **61**, 30 ff.
  Kooperationen zwischen Bund und Ländern, **61**, 34 ff.
  Wettbewerbsföderalismus, **61**, 40

Bundesgesetze, zustimmungsbedürftige (s. Föderalismusreform I, Zustimmungsgesetze)
Bundeskompetenzen, Stärkung, **33**, 63 f.
Bundesstaatskommission, **43**, 5 f., 9; s.a. Föderalismuskommission I
Chronologie, **43**, 47
Durchgriffsverbot auf kommunale Ebene, **28**, 21; **33**, 14 ff.; **44**, 30 f.; **73**, 210; s.a. dort
Erforderlichkeitsklausel, **71**, 12 f.
Finanzhilfen, **41**, 62 f.; **71**, 88
Finanzverfassung, Auswirkungen, **41**, 59 ff.
Föderalismuskommission I (s. dort)
Gemeinschaftsaufgaben, **28**, 54; **39**, 13 ff.
Geschichte, **44**, 3 ff.
  Lübecker Erklärung der deutschen Landesparlamente (s. dort)
Gesetz über die Gemeinschaftsaufgabe Verbesserung der Agrarstruktur und des Küstenschutzes, **71**, 54
Gesetzgebung, **20**, 2; **25**, 13
Gesetzgebungskompetenzen, Neuordnung, **30**, 51
Hochschulrecht, **63**, 1 ff.
  Abweichungsrecht, **63**, 3
  Bundeskompetenz, **63**, 3
  Hochschulrahmengesetz, **63**, 2, 4 f.
Inhalt, **15**, 11 f.; **19**, 31 ff.
internationaler Terrorismus, **52**, 17; **53**, 25
Investitionshilferegelung des Art. 104b GG, **39**, 14
Kinder- und Jugendhilferecht
  Aufgabenzuweisung durch den Bund, **73**, 210
Kompetenzverlagerung, **43**, 14
Kompetenzverteilung
  Kritik, **7**, 19
Konfrontationskurs, reglementatorischer, **20**, 28
Konsolidierungshilfen, **41**, 64
kooperativer Föderalismus, **16**, 93
Kostenfolgen von Bundesgesetzen für die Länder, **44**, 32 ff.
Kultur, **57**, 3, 11, 14, 32, 35; **59**, 2, 17, 37 ff.
  Kooperationen, **58**, 14
Ministerpräsidentenkonferenz (s. dort)
Nationaler Stabilitätspakt, **43**, 45
Politikverflechtung (s. dort)
  Auflösung, **26**, 55 ff.
Polizeirecht
  Bundeskompetenzen, **52**, 8
  Kooperationen, **52**, 18

Sachverzeichnis

Presserecht, **66**, 40 f.
Rahmengesetzgebung, **44**, 49; **68**, 21; **71**, 8
Raumordnung, **69**, 4
Raumordnungsgesetz, **69**, 10 f.
Reformmaßnahmen, **43**, 7 f.
  Kompetenzordnung, **43**, 8
  Finanzordnung, **43**, 8
Reformpolitik, **44**, 51 ff.
  Bildung, **44**, 51
  Dienstrecht, öffentliches, **44**, 53
  Finanzen, **44**, 55 ff.
  Hochschulbereich, **44**, 52
  Kompetenzübertragung von den Gemeinden auf die Länder, **44**, 54
  Mitwirkung der Länder auf EU-Ebene, **44**, 60
Reformvorschläge
  Berliner Programm zur Reform des Föderalismus, **43**, 24 f.
  Bertelsmann-Stiftung, **43**, 34
  CDU, **43**, 23
  Deutscher Landkreistag, **43**, 37
  Friedrich-Naumann-Stiftung, **43**, 32 f.
  Kommunale Spitzenverbände, **43**, 36
  Konrad-Adenauer-Stiftung, **43**, 29 ff.
  SPD, **43**, 26 f.
  Stiftung Marktwirtschaft, **43**, 35
  Stiftungsallianz Bürgernaher Bundesstaat, **43**, 28
Subsidiaritätsprinzip, **19**, 81 ff., 106
Umweltschutz, **68**, 19 ff.
  Abweichungsgesetzgebung, **68**, 29 ff.
  Gesetzgebungskompetenz, **68**, 20 ff.
  Umweltgesetzbuch, **68**, 19
Versammlungsrecht, **52**, 16
Verwaltungskompetenzen, **28**, 3
Wettbewerbsföderalismus (s. Wettbewerbsföderalismus, Föderalismusreform I)
wohlgeordnetes Recht, **19**, 33, 48 ff., 152 ff.
Ziel(e), **13**, 30; **34**, 5; **43**, 4
  Stärkung der regionalen Parlamente, **15**, 41
Zugriffsgesetzgebung, **44**, 40 ff.
Zustimmungsgesetze, **7**, 18; **15**, 28; **21**, 7; **24**, 34; **25**, 15; **43**, 42 **44**, 20 ff.; **68**, 39 ff.; s.a. dort
  Anteil, **71**, 20
  Reduzierung zustimmungsbedürftiger Gesetze, **23**, 1, 40, 93
Föderalismusreform II
  Art. 109 Abs. 5 GG, Entstehung, **42**, 91
  Benchmarking, **45**, 35

Bildungswesen
  Reformüberlegungen, **65**, 76 ff.
Bund-Länder-Kooperation im IT-Bereich, **45**, 33 f.
Bundesfernstraßen, **45**, 39
Bundeskrebsregisterdatengesetz, **45**, 40
Finanzautonomie der Länder, **30**, 54
Finanzhilfen des Bundes, **41**, 62 f.; **45**, 32; **71**, 89
Finanzverfassung, Auswirkungen, **41**, 59 ff.
Frühwarnsystem zur Vermeidung von Haushaltsnotlagen, **45**, 31
Gemeinschaftsaufgaben, **39**, 18
Inhalt, **13**, 30 ff.; **15**, 37, 43
Konsolidierungshilfen (s. dort)
Kultur, **59**, 44
Neuverschuldungsverbot, **13**, 32 ff.; s.a. dort und unter Schuldenbremse
  Ausnahmen, **13**, 37
  Kontrollkonto, **13**, 34
  Stabilitätsrat, **13**, 36
Schuldenbremse (s. dort und Neuverschuldungsverbot)
Staatsverschuldung, **38**, 1 ff.; s.a. dort und unter Verschuldung
Stabilitätsrat, **45**, 31; s.a. dort
Steuergesetzgebung, **7**, 20; s.a. dort
Steuerverwaltung, **45**, 36 ff.
Umsetzung der Vorschläge der Föderalismuskommission II, **45**, 98 ff.
  Gesetzgebungsverfahren im Bundesrat, **45**, 101
  Gesetzgebungsverfahren im Bundestag, **45**, 98 f.
Verschuldung (s. dort und unter Staatsverschuldung)
Wasserrecht, **70**, 3, 5 f.
Ziel(e), **13**, 30; **34**, 5
Föderalismustheorien, **10**, 11, 25 ff.; **11**, 1 ff.; **13**, 7
  Asymmetrisierung, **11**, 10, 28 f., 32
  Bereichstheorien, **6**, 3
  Coming-together-Föderalismus, **11**, 9
  Demokratie, **11**, 2
  Depenztheorie, **11**, 33
  Dezentralisierung, **6**, 7; **11**, 2
  Differenzierungsföderalismus, **11**, 8
  drei Fragen der Föderalismustheorie, **6**, 4 ff.
  dynamischer Föderalismus, **6**, 8, 18 ff.
    institutionelle Veränderungen, **6**, 18
    Institutionenwandel, **6**, 19 f.

ökonomischer und demographischer Strukturwandel, **6**, 18
Wandel der Aufgabenstruktur, Entscheidungsstruktur, Ressourcenstruktur, **6**, 19
Fiskalföderalismus, **6**, 7
Hans Kohnsinn, **11**, 15
Karl Deutsch, **11**, 14
Modernisierungstheorie, **11**, 33
nach dem 2. Weltkrieg, **11**, 39
Philosophische Theorien
　Arrow-Theorem, **5**, 18
　Gibbhard-Satterthwaite-Theorem, **5**, 20
　Sen-Theorem, **5**, 21
　Theorie des demokratischen Friedens, **5**, 13 f.
Pluralismustheorie, **6**, 7
politisch-soziologisch/systemorientierter Ansatz, **6**, 5
Quasi-Föderalismus, **11**, 9
Souveränitätstheorien, **11**, 31
staatszentrierter, institutionalisierter Ansatz, **6**, 5
steuerungstheoretische Perspektive, **6**, 9
Strukturbruchthese, **6**, 17; **16**, 116
Theorie der Politikverflechtung (s. unter Politikverflechtung)
Theorie des Wertewandels, **11**, 33
umfassende, einheitliche Föderalismustheorie, **6**, 3, 26

Föderalstaat
　Entwicklung zum, **10**, 10
　Neugründungen, **10**, 10
　Übergang zum, **10**, 10

Frankreich
　Grundrechtsschutz und Unionsrecht, **88**, 16 ff.
　　Conseil constitutionnel, Rechtsprechung, **88**, 17 ff.
　　Conseil d'Etat, Rechtsprechung, **88**, 16, 20 f.

Fünf Zivilisierte Nationen
　Beispiel für überregionale Bündnisse, **104**, 19 ff.; s.a. unter Weltrepublik, föderale

G

Gebietskörperschaften
　Kommunen (s. dort)
　Länder (s. dort)
　Verschuldung, **13**, 26, 33
Gegenstromverfahren, **73**, 34 f.

Geldleistungsgesetze (s. Leistungsgesetze)
Gemeinsame Agrarpolitik (GAP)
　Beihilfen, **71**, 33
　Bescheinigende Stelle, **71**, 39
　Bestandteile, **71**, 32
　Geschichte, **71**, 2 ff., 32
　integriertes Verwaltungs- und Kontrollsystem, **71**, 35 ff.
　　Bestandteile, **71**, 36
　　Verwaltungsverfahren, **71**, 37 f.
　Kontrolle, **71**, 41 f.
　Verwaltungszuständigkeiten, **71**, 34 ff.
　Ziel, **50**, 1 f.
Gemeinsame Wissenschaftskonferenz, **61**, 35
Gemeinsamer Ausschuss von Bundestag und Bundesrat, **21**, 11 f.
　Funktion, **21**, 11
　Zusammensetzung, **21**, 12
Gemeinschaftsaufgaben, **28**, 53 ff.
　Agrarstruktur, Verbesserung, **28**, 58
　Ausgabenlast, **39**, 7
　Benchmarking, **39**, 20
　Bildungsplanung, **28**, 62; **39**, 12, 17
　Bildungswesen, **39**, 27; **79**, 31, 60
　　Leistungsfähigkeit, **28**, 62, 66
　　Investitionshilfekompetenz des Bundes, **39**, 27
　Bundesergänzungszuweisungen, **39**, 63
　Bund-Länder-Kooperation, **16**, 92 f.; **39**, 2, 8 ff., 36
　Bundesstaat, **39**, 48
　Demokratie, **39**, 49
　echte, **28**, 55 ff.; **39**, 4, 13 ff., 32 ff.
　Einrichtungen und Vorhaben von überregionaler Bedeutung, **28**, 63
　Entwicklung, **39**, 8 ff.
　　Föderalismusreform I, **39**, 13 ff.
　　Föderalismusreform II, **39**, 18
　　Große Finanzreform, **39**, 10 ff.
　　Troeger-Kommission, **39**, 9
　　Vorgeschichte, **39**, 8
　EU-Recht, Einwirkung, **39**, 53 ff.
　　Beihilfenkontrolle, gemeinschaftliche, **39**, 54
　　EU-Förderpolitiken, **39**, 55
　Exekutivföderalismus, **39**, 60
　Finanzierung, **28**, 60 f.; **39**, 7
　Finanzierungslast (s. Gemeinschaftsaufgaben, Ausgabenlast)
　Finanzierungsverantwortung, **39**, 46
　Finanzkraftausgleich, horizontaler, **39**, 40
　Forschungsbauten und Großgeräte, **28**, 65

Sachverzeichnis

Forschungsförderung, **28**, 62 f.; **39**, 24
Föderalismusreform I, **28**, 54
Gesetzgebungszuständigkeiten, **39**, 42
Gesetz über die Gemeinschaftsaufgabe Verbesserung der Agrarstruktur und des Küstenschutzes, **71**, 46 ff.; s.a. dort
Haushaltsplanvorbehalt, **39**, 41
Hochschulen, **39**, 25
Hochschulneu- und -ausbau, **39**, 26
informationstechnische Systeme, **39**, 21
Informationstechnologie, **39**, 18
Investitionshilfe, **39**, 63
Investitionshilfekompetenz des Bundes, **39**, 7, 10, 27
Investitionshilferegelung des Art. 104b GG, **39**, 14
Konkretisierung, **28**, 60
Koordinierung, **28**, 60
Kostenlast (s. Gemeinschaftsaufgaben, Ausgabenlast)
Kostentragung (s. Gemeinschaftsaufgaben, Ausgabenlast)
Küstenschutz, Verbesserung, **28**, 59
Leistungsvergleiche, **39**, 20
Mischfinanzierung (s. dort)
Mischverwaltung (s. dort)
Mitfinanzierung (s. Mischfinanzierung)
Rahmenplanung, **39**, 11, 16, 38 f.
Rechtfertigung, verfassungspolitische, **39**, 61 ff.
Rechtsstaat, **39**, 49, 52
regionale Wirtschaftsstruktur, Verbesserung, **28**, 57
unechte, **28**, 55, 62 ff.; **39**, 5, 17, 22
Zustimmung der Länder, **28**, 64
Vereinbarungen, **28**, 67
Verwaltungsverflechtung, **28**, 54; s.a. dort
Verwaltungsvergleiche, **39**, 18
Verwaltungszusammenarbeit, **39**, 6
Vorhaben der Wissenschaft und Forschung an den Hochschulen, Förderung, **28**, 64
wissenschaftliche Forschung, Förderung, **39**, 9, 15 ff., 23 ff.
Wissenschaftsförderung, **39**, 23
Gemeinschaftsrecht (s.a. Europarecht)
Autonomie, **81**, 7, 37
Befolgung, freiwillige, **81**, 43
effektive und gleichwertige Durchführung, **81**, 7
Gemeinschaftsrechtsvollzug (s. dort)
Instrumentalisierungsthese, **81**, 11

Prinzipien (s.a. unter EU-Prinzipien)
richtlinienbezogene Auslegung, **87**, 17 f.
richtlinienkonforme Auslegung, **87**, 22 f.
Steuergesetzgebungskompetenzen, **40**, 39
unmittelbare Wirksamkeit, **81**, 7
Zwangsgewalt, **81**, 9 f.
Gemeinschaftsrechtsvollzug, **89**, 13 ff.
Ausdifferenzierung, **89**, 15
ausschließliche Rechtsetzungskompetenzen, **89**, 17
geteilte Rechtsetzungskompetenzen, **89**, 18
offene Methode der Koordinierung, **89**, 14
Verwaltungsrecht (s. EU-Verwaltungsrecht)
Verwaltungszusammenarbeit, horizontale, **89**, 14
Vorrangprinzip, **89**, 20
Gemeinsinn, **82**, 174, 183 ff.; s.a. Gemeinwohl
Gemeinwohl, **82**, 155 ff.
Begriff, **82**, 155 ff., 174 ff.
Gemeinwohlbelange, **82**, 158
Gemeinwohlgrundsätze **82**, 158
Erkenntnis, **82**, 175 f
Europäisches Gemeinwohl (s. dort)
Gemeinsinn, **82**, 174, 183 ff.
Gemeinwohljudikatur, **82**, 180, 205
Geschichte, **82**, 163 ff.
Grundgesetz, **82**, 179 f.
Normativität und Faktizität, **82**, 177 ff.
Prozeduren, **82**, 175 f.
Verfassungsstaat, **82**, 160
Weimarer Verfassung, **82**, 180
Weltgemeinwohl, **82**, 209
Generationengerechtigkeit
Generationenvertrag (s. dort)
Staatsverschuldung, **38**, 30
Generationenvertrag
Generationengerechtigkeit (s. dort)
Staatsverschuldung, **38**, 9
allgemeiner Spargrundsatz, **38**, 10
Gegenwartsgerechtigkeit, **38**, 14
Verschuldensgrenze, **38**, 19
Geschichte
Belgien, **100**, 2 f.
Föderalismus, **100**, 3, 87 f.
Staatsreformen, **100**, 61 ff.
Bildungswesen (s. Bildungswesen, Geschichte)
Bundesrat (s. Bundesrat, Geschichte)
Bundesstaat (s. Föderalismusgeschichte und Bundesstaatsgeschichte)
Bundestreue
Deutscher Bund, **3**, 6

Datenschutz (s. Datenschutz, Geschichte)
Deutscher Bund (s. dort)
Deutsches Reich (s. dort)
Entnazifizierung (s. dort)
Erinnerungskultur (s. dort)
Erinnerungspolitik, historische (s. dort)
EU (s. EU-Geschichte)
Föderalismus, **2**, 6 ff.; **7**, 4 ff.; **13**, 13; **17**, 1; **21**, 2; s.a.
    Föderalismusgeschichte und Bundesstaatsgeschichte
Föderalismusreformen, **44**, 2 ff.
Föderalismusreform I, **44**, 3 ff.
Föderalismustheorien (s. dort)
Föderativnation, **4**, 19, ff.
    Loyalitätsräume, **4**, 24 ff.
gemeineuropäisches Verfassungsrecht, **10**, 4 ff.
Gemeinsame Agrarpolitik, **71**, 2 ff.
Geschichtspolitik (s. dort)
Gesetzgebungskompetenzen, **19**, 10 ff.
    Erforderlichkeitsklausel, **19**, 137; **44**, 47 f.
    Frankfurter Reichsverfassung, **19**, 11
    Grundgesetz, **19**, 15 ff.
    Norddeutscher Bund, **19**, 12
    Parlamentarischer Rat, **19**, 15
    Verfassungsreform 1994, **19**, 16
    Weimarer Reichsverfassung, **19**, 13
Heiliges Römisches Reich deutscher Nationen (s. dort)
Kultur (s. unter Kultur, Geschichte)
Medien, **66**, 2 ff.; s.a. Medien, Geschichte
Nachrichtendienste (s. Nachrichtendienste, Geschichte)
Nationalstaat von 1871, **4**, 27 ff.
    Anerkennung, **4**, 30 f.
    föderale Strukturen, **4**, 29
    Parlamentarisierungshemmnis, **4**, 32 ff.
Norddeutscher Bund (s. dort)
Paulskirchenverfassung (s. dort)
Polizei (s. Polizei, Geschichte)
Presse, **66**, 6
Revolution von 1848/49, **4**, 4 ff.
    Ausscheiden Österreichs, **4**, 9
    Frankfurter Nationalversammlung, **4**, 5
Rheinbund (s. dort)
Rundfunk, **66**, 1 ff.; **7**, 7 f.; s.a. Rundfunk, Geschichte
Russland (s. dort)
Schweiz (s. unter Schweiz, Geschichte)
Steuergesetzgebungskompetenzen, **13**, 16 ff.

Theodor Heuß, **4**, 37 ff.
Umweltschutz, **68**, 14 ff.; s.a. Umweltschutz, Geschichte
Verfassungskonvent von Herrenchiemsee (s. dort)
    Bundesrat als Senat, **15**, 53
Verwaltungspolitik, **29**, 9 ff.
Verwaltungsstaat, bürokratischer, Entwicklung zum, **26**, 2 ff.
Weimarer Republik (s. dort)
Wiener Kongress 1815, **4**, 14
Geschichtspolitik (s.a. Erinnerungspolitik, historische sowie Erinnerungskultur)
    föderale Ausprägungen, **75**, 30 ff.
    Bayern, **75**, 31, 34 f., 38 ff., 42
    Nordrhein-Westfalen, **75**, 32 f., 36 f., 41 ff.
    Saarland, **75**, 44
    Geschichtskulturen im vereinten Deutschland, **75**, 58 ff.
    Erinnerungsstätten, **75**, 60
    Täter-Opfer-Diskurs, **75**, 61
    Hauptstadtstreit, **75**, 57
    Identitätsfragen nach der Teilung Deutschlands, **75**, 17 ff., 45
    DDR, **75**, 18 ff.
    Parallelen in West- und Ostdeutschland, **75**, 22
    Tradition und Erbe-Programm der DDR, **75**, 25
    Neue Ostpolitik, **75**, 50 ff.
    Ostalgie, **75**, 55
    Totalitarismustheorie, **75**, 63
    Wasserrecht, **70**, 2 f., 9
    Wiedervereinigung, Reaktionen, **75**, 46 ff.
    Wiedervereinigung, Vergangenheitsbewusstsein, **75**, 63 ff.
    Menschenrechtspolitik, **75**, 64
    Zwangsarbeiterentschädigung, **75**, 65
Gesetz über die Gemeinschaftsaufgabe Verbesserung der Agrarstruktur und des Küstenschutzes, **71**, 46 ff.
Föderalismusreform I, **71**, 54
Förderrichtlinien, **71**, 49
Kostenerstattung durch den Bund, **71**, 50
Rahmenplan, **71**, 48
Ziel, **71**, 47
Gesetz über die Zusammenarbeit von Bund und Ländern in Angelegenheiten der EU, **21**, 54

Sachverzeichnis   799

Gesetz über die Zusammenarbeit von Bundesregierung und Bundestag in Angelegenheiten der EU, 21, 54
Gesetz zur Begrenzung und Steuerung der Migration und Integration, 79, 22
Gesetz zur Förderung von Kindern unter drei Jahren in Kindertageseinrichtungen und in Kindertagespflege (KiFöG), 64, 6 f.
Gesetzesvollzug (s. Verwaltung)
Gesetzgebung
    Abweichungsgesetzgebung (s. dort)
    Anstoßgesetzgebung, 20, 2 ff.
    Bedarfsgesetzgebung
        (s. Erforderlichkeitsgesetzgebung)
    Begriff, 19, 26
    Beteiligung der Länder durch den Bundesrat, 25, 17; 73, 15 ff.
    Bundesrat, 21, 4
    Bundesstaat, 25, 12
    Bundestag, 21, 4
    Erforderlichkeitsgesetzgebung (s. dort)
    Föderalismusreform I, 30, 51; s.a. dort
        bis zur, 20, 2
        nach der, 20, 2; 25, 13
    Gesetzgebungskompetenzen (s. dort)
    Gesetzgebungspflicht, 19, 111
    Gesetzgebungsverfahren (s. dort)
    Grundsatzgesetzgebung, 19, 29
    Kooperationen zwischen Bund und Ländern, 73, 14 f.
    Länder, 25, 41 ff.
        Kontrollfunktion, 25, 42 ff.
        Volksbegehren, 25, 47
        Volksentscheid, 25, 48
    Mitwirkung der Länder, 16, 83 ff.
    Rahmengesetzgebung (s. dort)
    Reform, 30, 52 f.
    Verflechtung zwischen Bund und Ländern, 73, 14 f.
    Vermittlungsausschuss (s. dort)
    Vorranggesetzgebung (s. dort)
    Zugriffsgesetzgebung, 44, 40 ff.
Gesetzgebungskompetenzen
    Abgrenzung Bund/Länder, 36, 2
    Abweichungsgesetzgebung (s. dort)
    Agrarrecht, 71, 14 f.
    Arten, 19, 28 ff., 122 ff.
    Asylrecht, 19, 132
    Aufenthalts- und Niederlassungsrecht, 79, 7 ff., 50 ff.
    Ausländerrecht, 79, 9, 50 ff.
    ausschließliche (s. dort)

    Ausübungsschranken, 19, 116 ff.
        allgemeine, 19, 116
        Bundestreue, 19, 117 f.
        Verhältnismäßigkeitsprinzip, 19, 119 ff.
    auswärtige Angelegenheiten, 19, 88
    Bauordnungsrecht, 69, 17
    Bauplanungsrecht, 69, 13
    Bedienstete des Bundes, 19, 88
    Befugnisse des Bundes, Stärkung der, 33, 53 ff.
    Begriff, 19, 25
    Bildungswesen, 61, 7 ff.; 62, 5; 79, 59
    Boden- und Grundstücksverkehrsrecht, 19, 97
    Bundeshauptstadt, 19, 127
    Bundesorgane, 19, 127
    Bürgerliches Recht, 19, 95
    Datenschutz (s. Datenschutz, Gesetzgebungskompetenz)
    Eisenbahnen, 19, 88
    Enteignungen, 19, 95
    Ernährungssicherung, 19, 97
    Ersetzungsbefugnisse der Länder, 19, 132
    Europarecht, 19, 128
    Finanzverfassung, 19, 131
    Flüchtlinge und Vertriebene, 19, 97
    Fortpflanzungsmedizin, 19, 108
    Föderalismusreform I, 19, 30 ff.
    Föderalismusreform II, 19, 16
    Freizügigkeit, 19, 88
    geistiges Eigentum, 19, 91
    Gemeinschaftsaufgaben, 39, 42
    Gentechnik, 19, 108
    Gesundheitsschutz, 19, 97
    Grundsatzgesetzgebung, 19, 29
    Grundsicherung für Arbeitsuchende, 33, 75
    Handelsverkehr, 19, 91
    historische Entwicklung, 19, 10 ff.; s.a. Geschichte, Gesetzgebungskompetenzen
    Hochschulrecht, 63, 6 ff.
    Innere Sicherheit, 53, 24 ff.
    Jagdrecht, 71, 17
    Jagdscheine, 19, 99
    Jugendschutz, 66, 42 ff.
    Katastrophennotstand, 19, 133
    Katastrophenschutz, 54, 22 ff.
    Kernenergie, 19, 90
    konkurrierende (s. dort)
    Kriegsfolgenrecht, 19, 88
    Kriegsgräber, 19, 97
    Kriegsschäden und Wiedergutmachung, 19, 97

Kultur, **58**, 18 f.
Kulturgut, **19**, 88
Landeskompetenzen, **19**, 147
Länderzuständigkeit, Grundsatz, **19**, 27
Lebensmittelrecht, **71**, 62
Luftverkehr, **19**, 89
Medien, **66**, 3 ff., 9 ff., 27 ff.
Meeresnaturschutz, **19**, 99
Mehrfachzuständigkeiten, **19**, 119
Missbrauch wirtschaftlicher Machtstellung, **19**, 95
Naturschutz, **19**, 99; **71**, 18
Neugliederung des Bundesgebietes, **19**, 132
Personenstandswesen, **19**, 95
Politische Parteien, **19**, 132
Polizei, **52**, 9 ff.
Postwesen, **19**, 89
Rahmengesetzgebung (s. dort)
Raumordnung, **69**, 4 ff.
Rechtsprechung, **19**, 132
Rechtsvergleichung, **19**, 17 ff., 151
    Österreich, **19**, 21
    Schweiz, **19**, 20
    Spanien, **19**, 22
    USA, **19**, 18
Residualkompetenz der Länder, **16**, 58; **19**, 27
Subsidiaritätsprinzip, **19**, 85
Rundfunk, **66**, 3 ff., 27 ff.
Rundfunk- und Telekommunikationsgesetzgebung, **58**, 30
Sozialrecht, **19**, 111; **73**, 14
Sozialversicherungsrecht, **73**, 94 ff.; s.a. unter Sozialversicherungsrecht, Gesetzgebungskompetenzen
Staatsangehörigkeitsrecht, **19**, 88; **79**, 8
Statusrechte und -pflichten der Beamten der Länder und Gemeinden, **19**, 98
Steuergesetzgebungskompetenz(en) (s. dort)
Subsidiaritätsprinzip, **19**, 65 ff., 156
Systematik, **19**, 27 ff.
Telekommunikation, **19**, 89
Terrorismus, **19**, 90
Umweltschutz (s. Umweltschutz, Gesetzgebungskompetenzen)
ungeschriebene Gesetzgebungskompetenzen (s. dort)
Übergangsvorschriften, **19**, 132
Vereinsrecht, **19**, 95
Verfassungsänderung, **19**, 125
Verfassungsvorbehalt, **17**, 24
Verhältnismäßigkeitsgrundsatz als allgemeine Schranke, **19**, 119
Verkehrsmaterien, **19**, 96
Verteidigung, **19**, 88, 126
Völkerrecht, **19**, 128
Währungswesen, **19**, 91
Waffen- und Sprengstoffrecht, **19**, 90
Waldrecht, **71**, 18
Warenverkehr, **19**, 91
Wasserhaushalt, **19**, 99
Wasserrecht, **70**, 7
Zahlungsverkehr, **19**, 91
Zugriffsgesetzgebung, **44**, 40 ff.
Zuständigkeitsvermutung zugunsten der Länder, **19**, 27, 113

Gesetzgebungsverfahren, **21**, 6; **71**, 19
    Beteiligung des Bundesrates, **23**, 5 ff.; **73**, 15 ff.
    doppelgesichtige Norm, **23**, 6
    Einheitstheorie, **23**, 5
    Mitwirkung der Länder, **16**, 83 ff.

Gewaltenteilung
    verfassungsrechtliche Kompetenzabgrenzung, **1**, 7
    vertikale, **73**, 7 ff.
    Legitimation des Bundesstaates, **16**, 48 ff.

Globalisierung, **104**, 3 ff.
    Begriff, **105**, 4
    Dezentralisierung (s. dort)
    Europäisches Gemeinwohl, **82**, 207, 209
    innere Sicherheit, **53**, 6, 8 f.
    internationale Organisationen (s. dort)
    Gewaltgemeinschaft, **104**, 5
    Governance, regionale, **49**, 47; s.a. Governance, regionale Governance
    nichthoheitlicher Föderalismus, **48**, 7 ff.
    nichtwirtschaftliche Ursachen, **104**, 4
    ökonomistische Verkürzung, **104**, 3
    Umweltschutz, **68**, 1, 82
    Weltgemeinwohl, **82**, 209
    Weltrechtsordnung, föderale (s. dort)
    Weltrepublik, föderale, **104**, 13 ff.; s.a. dort
    Wissensgesellschaft, **65**, 44
    Wohlstand als Zielsetzung, **104**, 12

Glücksspielstaatsvertrag, **36**, 20 ff.; s.a. Spielvermittlung, gewerbliche
    BVerfG-Rechtsprechung, **36**, 22
    Erlaubnispflicht, **36**, 21
    Veranstaltungsmonopol, staatliches, **36**, 20

Sachverzeichnis   801

Governance
  Begriff, **49**, 40 ff.; **86**, 18; **106**, 2 f.
    aktivierender Staat, **49**, 42
    Regelungsstruktur, **9**, 2, 4 ff.
    Steuerungsdebatte, **49**, 40
    Wissensbestände, Zugriffsmöglichkeit
      auf, **49**, 44
  Bürgerschaftliches Engagement, **77**, 11, 31,
    33, 83, 94, 135 ff.
  Europäisierung, **86**, 7
  Europäische Metropolregionen, **49**,
    39 ff., 56 ff.
    Ausprägungen der Governanceent-
      wicklung, regionenbezogene, **49**,
      61 ff.
    Kooperationen zwischen regionalen
      Verwaltungsträgern, **49**, 51 ff.
    Voraussetzungen effektiver Governance,
      49, 61
  Föderalismus
    Governance und Finanzverfassung,
      9, 44 ff.
    Governance im Mehrebenensystem,
      9, 11
    Governance und
      Verflechtungsstrukturen, **9**, 16 ff.
    Governance im Wettbewerb, **9**, 32 ff.
  Good Governance, **86**, 17 ff.
  Handlungskoordination, **9**, 13 ff.
    Governanceformen in der Verwaltung,
      9, 14
  kooperative Politikgestaltung, **86**, 19
  metropolitane Governance, **49**, 53 ff.
    Begriff, **49**, 53
    Bestandteile, **49**, 54
  Multi-Level-Governance, **106**, 1, 17 ff.
    Begriff, **106**, 18 f., 24
    Systeme und Ausnahmen, **106**, 20
    Trennsystem, **106**, 25
    Verbundsystem, **106**, 26
    Vorteile, **106**, 22
  Nationalstaat, **106**, 14 ff.
  nichthoheitlicher Föderalismus, **48**, 25 ff.;
    s.a. dort
  regionale Governance, **48**, 30; **49**, 46 ff.;
    51, 1 ff.
    Ausprägung kooperativen Föderalismus,
      49, 69 ff.
    Bestandteile, **49**, 48 ff.
    Europäische Metropolregionen, **49**,
      56 ff.
    Globalisierung, Einfluss der, **49**, 47
    kooperativer Föderalismus, **49**, 69

  Lokale Arbeitsgruppen (LAG), **48**, 89 f.
  Regionen Aktiv, **51**, 1 ff.
  Verwaltungsrechtswissenschaft, **48**, 35 ff.
Große Finanzreform, **39**, 9 ff.
Grundgesetz
  Bedürfnisklausel, **15**, 9
  Bundesstaatsprinzip, **21**, 1; **36**, 1; s.a.
    Bundesstaat
  Erforderlichkeitsklausel, **15**, 10; s.a. dort
  Europaartikel, **21**, 52
  Ewigkeitsgarantie (s. dort)
  Ewigkeitsklausel (s. Ewigkeitsgarantie)
  Finanzverfassung (s. dort)
  Gesetzgebung (s. dort)
  Gesetzgebungskompetenzen (s. dort)
  Gesetzgebungsverfahren (s. dort)
  Grundlagen des Bundesstaatsprinzips, **16**,
    57 ff.
  Grundrechte (s. dort)
  interföderale Haftung (s. dort)
  Kompetenzvorschrift, negative (Art. 84
    Abs. 1 Satz 7 GG), **33**, 17 f.
  kooperativer Föderalismus, Vorschriften im
    GG, **16**, 89; s.a. dort
  Neugliederung des Bundesgebietes, **17**, 14;
    s.a. dort
  Ratifikation von EU-Vertragsänderungen,
    85, 7
  Religion
    Kirchensteuer, **60**, 42
    Kooperation zwischen Staat und Kirche,
      60, 15 f.
    Neutralität, religiöse, **60**, 14 ff.
    öffentliche Förderung, **60**, 17
    religiöse Selbstbestimmung, **60**, 4
    religiöse Vereinigungen, **60**, 9 f.
    Staatskirche, Verbot der, **60**, 13
  Religionsfreiheit (s. unter Grundrechte,
    Religionsfreiheit)
  Religionsverfassungsrecht (s. dort)
  Staatsziel europäische Integration, **58**, 26
  Struktursicherungsklausel des Art. 23 Abs.
    1 GG, **16**, 132; **85**, 1 ff.
    föderatives Element, **85**, 3
  Verwaltung (s. dort)
  Verwaltungskompetenzen (s. dort)
  Weltrechtsoffenheit, **105**, 24
  zustimmungsbedürftige Gesetze
    (s. Zustimmungsgesetze)
  Zustimmungsgesetze (s. dort)
Grundrechte
  Kunstfreiheit, **57**, 21
  Nachhaltigkeit, **108**, 20, 27

Religionsfreiheit, **60**, 5 ff.
  BVerfG, Rechtsprechung, **60**, 6 ff.;
    s.a. unter BVerfG, Rechtsprechung,
    Religionsfreiheit
  Einschränkungen, **60**, 24 ff.
  internationales Recht, Schutz durch,
    60, 39
  Landesverfassungen, Schutz durch,
    60, 38
  Schutzsystem, trilaterales, **88**, 3
  Unionsgrundrechte (s. dort)
Grundrechtecharta, **80**, 95; **92**, 28 f.
  Datenschutz, **55**, 7
  Kohäsion, **82**, 107, 115 f. 118
  Solidarität, **82**, 240
Grundsicherung, **73**, 182 ff.; s.a. unter
  Sozialversicherung

H
Hauptstadt
  Kultur, **57**, 3, 10; **58**, 31
Haushaltsnotlagen
  Anlass für Reformen der Finanzverfassung,
    41, 3
  Ausgleichspflicht der finanzstarken
    Bundesländer, **41**, 16
  Entscheidungen des BVerfG, **41**, 4
  Frühwarnsystem zur Vermeidung, **45**, 31
  Sonderbedarfsbundesergänzungszuweisungen,
    41, 54
Haushaltsregeln
  Anforderungen, **91**, 9 ff.
  Arten
    Ausgabenregelungen, **91**, 29
    Saldoregeln, **91**, 28
    Schuldenregeln, **91**, 28
    Sozialsysteme, **91**, 30
  Europäische Währungsunion, **91**, 25 ff.
  Kapitalmärkte, **91**, 13, 23
  numerische, **91**, 25
  prozedurale, **91**, 26
  Schuldenreduzierung, **91**, 31
Heiliges Römisches Reich deutscher
  Nationen, **2**, 6 ff.
  Auflösung, **4**, 12 f.
  Föderalismus, **2**, 6 ff.
    Bündnis- und Assoziationswesen, **2**, 13
    Fürstenbund, **2**, 20 f.
    Lehnswesen, **2**, 6
    Reichsdeputationshauptschluss, **2**, 23
    Reichskreise, **2**, 14
    reichsständische Libertät, **2**, 8
    Westfälischer Frieden, **2**, 7, 13

  Staatstheorie, **2**, 15 ff.
    Adam Christian Gaspari, **2**, 26
    Andreas Joseph Schnaubert, **2**, 28
    Gottfried Wilhelm Leibniz, **2**, 12
    Johann Gottlieb Pahl, **2**, 25
    Johann Heinrich Gottlob von Justi, **2**, 18
    Johann Jakob Moser, **2**, 16
    Johann Stephan Pütter, **2**, 19
    Justus Möser, **2**, 17
    Karl Solomo Zachariä, **2**, 29
    Ludolph Hugo, **2**, 10
    Nikolaus Thaddäus Gönner, **2**, 27
    Samuel Pufendorf, **2**, 11
    Theodor von Schmalz, **2**, 28
Hochschulpolitik
  Bund, **63**, 21 f.
  Exzellenzinitiative, **63**, 22
  Fördermaßnahmen, finanzielle, **63**, 22
  EU-Kommission, **63**, 23
Hochschulrahmengesetz, **19**, 46; **61**, 17
Hochschulrecht
  Bundesgesetzgebungskompetenzen, **63**,
    2 ff.
    Abweichungsgesetzgebung, **63**, 20
    Ausbildungsbeihilfen, **63**, 9 ff.
    Erforderlichkeitsklausel, **63**, 19 f.
    Forschungsförderung, **63**, 12 ff.
    Gesetzesinitiativen, **63**, 6 f.
    Hochschulzulassung und
      Hochschulabschlüsse, **63**,
      15 ff.
  Föderalismusreform I, **63**, 1 ff.
  Hochschulorganisation
    Hochschulräte und Kuratorien, **63**, 46
    Leistungsstrukturen, **63**, 45 ff.
    Rechtsformwahl, **63**, 40, 43
    Privatrechtsform, **63**, 44
    Selbstverwaltungskörperschaft, **63**, 43
    Stiftungsuniversität, **63**, 41 f.
    Studienbeiträge, **63**, 49 f.
  Mischfinanzierung und Mischverwaltung,
    63, 24 ff.
    Bundesuniversität, **63**, 24
    Deutsche Zentren der Ge-
      sundheitsforschung,
      63, 37
    Exzellenzinitiative, **63**, 30 ff.
    Forschungsbauten mit überregionaler
      Bedeutung, **63**, 27
    Gemeinsame Wissenschafts-konferenz,
      63, 28 f.
    Hochschulwesen, **63**, 26

Sachverzeichnis

Jülich-Aachen Research Alliance
(JARA), **63**, 36
Karlsruher Institut für Technologie, **63**,
34 f.
Wissenschaftsbereich, **63**, 25
WissenschaftsCampus, **63**, 38
Ständige Konferenz der Kultusminister der
Länder, **63**, 51
Hochschulwesen
Bildungsausgaben
Ausgabenentwicklung, **65**, 90 ff.,
97, 104
Reformen, **65**, 76 ff.
Bildungsbudget
Bruttoinlandsprodukt, Anteil am, **65**, 35
Verteilung, **65**, 28
Exzellenzinitiative (s. dort)
Hochschulpolitik (s. dort)
Hochschulrahmengesetz, **19**, 46; **61**, 17
Hochschulrecht (s. dort)
Religion, **60**, 50
Studienanfänger, Zahl der, **65**, 70
Studienbeiträge (s. Studiengebühren)
Studiengebühren (s. dort)
Hoheitlicher Föderalismus, 48, 1 ff.
der vertraute Bundesstaat, **48**, 1 ff.
historische Entfaltung, **48**, 4
nichthoheitlicher Föderalismus (s. dort)
Plastizität des Föderalismus, **48**, 5
Homogenitätsanforderungen, 16, 61; **95**, 7

I
Implied powers-Lehre, 96, 8
Indien
Gesetzesvollzug, **95**, 20 ff.
Gesetzgebung
Zuständigkeiten, **95**, 12 f.
Zweite Kammer, **95**, 11
Indische Union, **95**, 1
Geschichte, **95**, 3 f.
Gouverneur, **95**, 21
Souveränität, **95**, 7
Rechtsprechung, **95**, 23
Steuern, **95**, 25
Infektionsschutzgesetz, 54, 42
**Initiativkreis Europäische Metropolregionen
in Deutschland, 49**, 86 ff.;
s.a. Europäische Metropolregionen, Initiativkreis Europäische
Metropolregionen in Deutschland
Innenministerkonferenz, 53, 47 f.
Innere Sicherheit
Bundesamt für Bevölkerungsschutz und
Katastrophenhilfe **54**, 40, 43, 47

Bundesamt für Sicherheit in der
Informationstechnik, **53**, 45
Bundesamt für Verfassungsschutz (s. dort)
Bundeskriminalamt (s. dort)
Bundesnachrichtendienst, **52**, 62
Bundespolizei (s. dort)
Bundeswehr (s. dort)
Föderalismusreform I
internationaler Terrorismus, **53**, 25
Globalisierung, **53**, 6, 8 f.
Gremien, **53**, 46 ff.
Arbeitskreise, **53**, 49 ff.
Innenministerkonferenz, **53**, 47 f.
Infrastrukturen, kritische, **53**, 11
Kompetenzen, **53**, 24 ff.
Kooperationen, **53**, 57 ff.
Deutsche Hochschule der Polizei, **53**,
60 f.
gemeinsames Internetzentrum, **53**, 59
gemeinsames Terroris-
musabwehrzentrum,
53, 58
Nationaler Integrationsplan, **53**, 62 ff.
Notfallvorsorge- und Gefahren-
abwehrsystem, staatliches, **53**,
67 ff.
Programm innere Sicherheit, **53**, 72 ff.
Militärischer Abschirmdienst (s. dort)
Polizei (s. dort)
polizeiliche Kriminalstatistik, **53**, 5
private Sicherheitsdienste (s. dort)
Terrorismus (s. dort)
Vorratsdatenspeicherung (s. dort)
Innovation, 31, 2 ff.
Begriff, **31**, 2
Finanzierungsverteilung, **31**, 7
Fördermittel, öffentliche, **31**, 43 ff.
Beantragung, **31**, 51 ff.
Mittelherkunft, **31**, 45
ostdeutsche Unternehmen, **31**, 44
Innovationsbedingungen, **31**, 15 ff.,
24 ff., 49
Innovationserfolg (s. dort)
Innovationsfähigkeit in den Bundesländern,
31, 5 ff.
Innovationsförderung, Zuständigkeit, **31**,
56 f.
Rahmenbedingungen, Verbesserung, **31**, 4
Unternehmen, **31**, 36 ff.; s.a.
Innovationserfolg, Unternehmen
Innovationserfolg
Begriff, **31**, 11 ff.
Bundesländer, **31**, 19 ff.

Entwicklungserfolg, **31**, 22
Forschungserfolg, **31**, 21
Umsetzung, unternehmerische, **31**, 23
Methode zur Ermittlung des
  Innovationserfolgs
Methode der gepoolten Mehrfachregression nach der Kleinste-Quadrate-Methode, **31**, 13 ff.
Rahmenbedingungen
  Entwicklung, **31**, 28
  Forschung, **31**, 27
  Unternehmertum, **31**, 29
Unternehmen, **31**, 36 ff.
  kleine Unternehmen, **31**, 39
  Mangel an Finanzmitteln, **31**, 50
  mittelgroße Unternehmen, **31**, 40
  Wirtschaftskrise, **31**, 41
Integration, **53**, 62 ff.
  Ausländerbeteiligung bei Staat und Zivilgesellschaft, **79**, 17 ff.
  Gesetz zur Begrenzung und Steuerung der Migration und Integration, **79**, 22
  Gesetzgebungszuständigkeiten, **79**, 8 ff.
  Integrationskurse, **53**, 66
  Integrationskursverordnung, **79**, 57
  Migranten, **53**, 64
  Migration (s. dort)
  Nationaler Integrationsplan, **53**, 62 ff.; **79**, 42 f.
  Vertriebene und Flüchtlinge, **53**, 63
Interföderale Haftung (s.a. unter Verwaltungshaftung)
  nach Art. 104a Abs. 5 Satz 1 Hs. 2 GG, **42**, 62 ff.
    Anwendungsbereich, **42**, 67
    Geschichte, **42**, 61
    Kernbereichstheorie, **42**, 64 ff.
    Notwendigkeit eines Ausführungsgesetzes, **42**, 63
    Rechtsfolgen, **42**, 78 ff.
    Tatbestandsmerkmale, **42**, 71 ff.
  nach Art. 104a Abs. 6 GG, **42**, 81 ff.
    Anwendungsbereich, **42**, 83 f.
    Pflichtverletzung, **42**, 88 f.
    Rechtswegeröffnung, **42**, 95 f.
    Regelungsinhalt, **42**, 85 ff.
    Solidarhaftung, **42**, 90
    Verjährung, **42**, 97 ff.
  nach Art. 109 Abs. 5 GG, **42**, 91 ff.
    Anwendungsbereich, **42**, 92
    Föderalismusreform II, **42**, 91

Rechtsfolgen, **42**, 93
Rechtswegeröffnung, **42**, 95 f.
Verjährung, **42**, 97 ff.
Internationale Organisationen
  Tätigkeitsfeld, **106**, 5 ff.
  Abkommen, multilaterale, **106**, 6
  Rolle der Staaten, **106**, 7 f.
Internationaler Terrorismus (s.a. unter Terrorismus)
  Europäischer Rat
    Aktionsplan zur Bekämpfung des internationalen Terrorismus, **52**, 79
  Föderalismusreform I, **52**, 16; **53**, 24
  Gesetzgebungskompetenz, **54**, 21
  Katastrophenschutzrecht, **54**, 22
Internationaler Staatsgerichtshof, **105**, 25
Internet
  regulative Dilemmata, **67**, 21
  multilingualer öffentlicher Diskurs, **84**, 20, 49 f.
Investitionshilfekompetenz des Bundes, **39**, 7, 10, 27; **61**, 22
  Bildungswesen, **39**, 27
  Investitionshilferegelung des Art. 104b GG, **39**, 14
Irland
  Bruttoinlandsproduktentwicklung, **30**, 64
  Steuersätze, **30**, 65
Irokesenbund
  Beispiel für überregionale Bündnisse, **104**, 19 ff.; s.a. unter Weltrepublik, föderale
Italien
  Arbeitslosenquote, **101**, 15
  asymmetrischer Regionalstaat, **101**, 6
  Benchmarking, **101**, 13
  Best-Practice-Imperativs, **101**, 13
  Bürgernähe, **101**, 6
  Dezentralisierung, fiskalische, **101**, 25
  Finanzausgleich, **101**, 28
  Finanzverfassung, **101**, 24
  Foedus, **101**, 3
  Föderalismus, **101**, 1 ff.
    assoziativer, **101**, 2
    dissoziativer, **101**, 1 ff.
    Legitimation, **101**, 26
  Grundrechtsschutz und Unionsrecht
    Corte Constituzionale, Rechtsprechung, **88**, 23 f.
  Immunitätsgesetze Berlusconi, **82**, 126
  Konnexitätsprinzip, **101**, 21
  Laboratorien, regionale, **101**, 11
  Mehrebenensystem, **101**, 19

Sachverzeichnis

Nord-Süd-Problematik, **101**, 10, 28, 31
Rat der lokalen Autonomien, **101**, 22
Reformen, föderale, **101**, 17 ff.
Rescaling, **101**, 9
Schmiergeldskandal Tangentopoli, **101**, 7
Staatsverschuldung, **101**, 31
Subsidiaritätsprinzip, **101**, 10
Transparenz, **101**, 6
Umverteilung, finanzielle, **101**, 28
Ungleichheit der Regionen, **101**, 10, 14 ff., 28, 31
Unitarismus, **101**, 1, 19
Verwaltungsineffizienz, **101**, 6
Wirtschaft, **101**, 14 ff., 26
WTO, **101**, 9
Zentralismus, **101**, 1, 19

J
Jugendschutz
Gesetzgebungskompetenz, **66**, 42 ff.
Juniorprofessur
BVerfG, Rechtsprechung, **61**, 27

K
Kanada
anglophon, **97**, 2 f., 9, 92
Asymmetrie
asymmetrisch, **97**, 17, 67 f., 71, 90
de facto, **97**, 54
Basisformel, **97**, 14 ff.
Bestandsänderung im kanadischen Verfassungsrecht, **97**, 80 ff.
Binnenmarktschranken, **97**, 53, 57
Canadian Charter of Rights and Freedoms, **97**, 2, 13 f., 17
Clarity Act, **97**, 84 ff.
Conditional grant, **97**, 62
Council of the Federation, **97**, 78
Declaratory power, **97**, 42, 48
Department of Intergovernmental Affairs, **97**, 77
Distinct society (s. Kanada, société distincte, Quebec)
Doctrine of exhaustive distribution, **97**, 35
Doctrine of federal paramountcy, **97**, 51
Dualismus, **97**, 12, 67, 87
Dualismustheorie, **97**, 56
dualistisch, **97**, 91
Modell, **97**, 31 f.
Finanzwesen
Equalization payment, **97**, 62, 64
Finanzausgleichssystem, **97**, 64
Finanzautonomie, **97**, 67
Finanzverfassung, **97**, 61
First Minister's Conferences, **97**, 75
First Nations, **97**, 20, 24, 88
Föderalismus
asymmetrischer, **97**, 17, 68, 90
dualistisch, **97**, 72
Exekutivföderalismus, **97**, 79
interstaatlich, **97**, 7, 27, 29, 66 ff., 77, 90 f.
intrastaatlich, **97**, 68 ff., 76, 91
open federalism, **97**, 71
föderatives Prinzip, **97**, 30, 32
frankophon, **97**, 2 f., 9
Gebietskörperschaften, lokale, **97**, 29
Geschichte
Act of Union, **97**, 5
Auftrag für Verfassungsreformen, **97**, 12
Autonomiebewegung in Québec, **97**, 10
British Columbia, **97**, 6, 8
British North America Act, **97**, 6 f., 13, 33
Canada Act 1982, **97**, 18
Canada East, **97**, 5
Canada West, **97**, 5
Charlottetown Accord, **97**, 21
Constitution Act 1982, **97**, 13, 15, 18 f.
Constitution Act 1867, **97**, 13, 33
Constitutional Act von 1791, **97**, 5
Dominion of Canada, **97**, 6 ff., 18
Earl of Durham, **97**, 5
French-language-policy, **97**, 13
Kompetenzverteilung, dualistische, **97**, 7
Lower Canada, **97**, 5
Meech Lake Constitutional Accord, **97**, 19 f.
Neufrankreich, **97**, 4
Non-constitutional renewal, **97**, 24
Parti Québécois, separatistische, **97**, 22
Québec Act, **97**, 4
Souveraineté-association, **97**, 11
Spannungen zwischen frankophonen Minderheiten und anglophonen Mehrheiten, **97**, 3, 9
United Province of Canada, **97**, 5 f.
Upper Canada, **97**, 5
Zuwachs der kanadischen Föderation, **97**, 8 f.
Gesetzgebungskompetenzen
Bund, **97**, 36
Double aspect-Doktrin, **97**, 50
exklusive, ausschließliche, **97**, 36, 37
Kompetenzfragen, Klärung von, **97**, 53
Kompetenzkonflikt, **97**, 51

Kompetenzverteilung, Veränderung der, **97**, 52
konkurrierende, **97**, 50
Pith and substance-Doktrin, **97**, 50
Provinzen, **97**, 37
Governor General, **97**, 25
House of Commons, **97**, 7, 25, 84, 85
indigene Völker, **97**, 88, 92
Judicial Committee of the Privy Council, **97**, 39
Kolonie, französische (s. Kanada, Neufrankreich)
Konsensformel, **97**, 16
Kooperation
 asymmetrische, **97**, 67 f.
 fiskale, **97**, 67
 horizontale, **97**, 78
 symmetrische, **97**, 67 f.
 vertikale, **97**, 76
Lieutenant-Governor (s. Kanada, Provinzgouverneur)
Nation within a united Canada, Québec, **97**, 24
Notwithstanding clause, **97**, 17
Opting in, **97**, 54, 68
Opting out, **97**, 15 ff., 19, 54, 68, 90
Patriation, **97**, 18
Peace, Order and Good Government clause (POGG-clause), **97**, 38
Power of disallowance, **97**, 44
Power of reservation, **97**, 45
Prinzip der Gleichheit der Provinzen, **97**, 2, 20
Property and Civil Rights in the Province, **97**, 40
Provinzgouverneur, **97**, 16, 26 f., 45
Referendum, **97**, 11, 21 ff., 84 f.
Regierungsebene
 erste, **97**, 25
 zweite, **97**, 26
 dritte, **97**, 27
Regional veto statute, **97**, 14, 23
Remedial laws, **97**, 47
Residualkompetenz, **97**, 32, 38, 40
 Restkompetenzen, **97**, 38, 42
Senat **97**, 7, 25
Sezessionsbestrebungen Québecs, **107**, 99
Sezessionsrecht, **107**, 77 ff.
Sezessionsrecht Québecs
 kanadisches Verfassungsrecht, **97**, 81
 völkerrechtlich, **97**, 82
Shared-cost programme, **97**, 62
Secession Reference, **97**, 80 ff.

Société distincte, Québec, **97**, 2, 19, 21, 23, 88
Sozialversicherung, **97**, 40
Spending power, **97**, 49, 63
Steuern
 Harmonisierung, **97**, 65
 natürliche Ressourcen, **97**, 66
Unabhängigkeit, richterliche, **97**, 46
Urbevölkerung (s. Kanada, Ureinwohner)
Ureinwohner, **97**, 21, 28
 Inuit, **97**, 88
Verfassungsänderungen
 mega-konstitutionelle, **97**, 24
 Verfahren, **97**, 14
Vertragsschlusskompetenz
 Bund, **97**, 36, 55
 Provinzen, **97**, 40, 58
Kassenärztliche Bundesvereinigung, **73**, 120
Katastrophe (s.a. unter Katastrophenschutz)
 Begriff, **54**, 7 ff.
Katastrophenschutz
 Bundesamt für Bevölkerungsschutz und Katastrophenhilfe, **54**, 43, 47
 Finanzhilfen des Bundes, **54**, 32 ff.
 Flutopfersolidaritätsgesetz, **54**, 33
 Frühwarnsysteme, internationale, **54**, 57
 gemeinsames Melde- und Lagezentrum, **54**, 47
 Generalklausel, katastrophenschutzrechtliche, **54**, 52
 gesellschaftliche Aufgabe, **54**, 18
 IFRC-Bericht, **54**, 1 f.
 Infektionsschutzgesetz, **54**, 42
 Informationsmanagement, **54**, 15
 Katastrophenaktionismus, **54**, 6
 Katastrophenalarm, **54**, 50
 Katastrophenbegriff, **54**, 7 ff.
 Katastrophenfall, Feststellung, **54**, 17, 50, 58
 Katastrophenrecht, Begriff, **54**, 12
 Katastrophenschutzgerechtigkeit, **54**, 36
 Katastrophenschutzrecht (s. dort)
 Kooperation zwischen Bund und Ländern, **54**, 28 ff.
 neue Strategie im Katastrophenschutz, **54**, 37 f., 43, 45 ff., 58
 private Hilfsorganisationen, **54**, 18
 Robert-Koch-Institut, **54**, 44
 Schadensereignis, atypisches, **54**, 8
 Staatsverträge der Länder, **54**, 30

Sachverzeichnis 807

Standardmaßnahmen, katastrophenschutzrechtliche, **54**, 53
Sturmflut 1962, **54**, 34
Technisches Hilfswerk, **54**, 41, 43
THW-Helferrechtsgesetz, **54**, 41
Tsunami, **54**, 1, 55
Überforderung der Einsatzkräfte, **54**, 8
Zivilschutz, **54**, 22, 32
    Zivilschutz- und Katastrophenhilfegesetz, **54**, 40, 45
Zuständigkeitsübergang, **54**, 17
Katastrophenschutzrecht, 54, 1 ff.
    Anforderungen, rechtsstaatliche, **54**, 34 ff.
    Begriff, **54**, 7 ff.
    Elemente des Katastrophenschutzrechts, **54**, 14 ff.
    Entwicklung, **54**, 4 f.
        Kalter Krieg, **54**, 4
    europäische und internationale Ebene, **54**, 55 ff.
        einheitlicher Katastrophenraum, **54**, 56
    föderaler Bundesstaat, **54**, 19 ff.
    Gesetzgebungszuständigkeiten, **54**, 21 ff.
        Kernenergie, **54**, 24
        Seuchenbekämpfung, **54**, 25
        Terrorismus, internationaler, **54**, 23
        Zivilschutz, **54**, 22
    Grundrechte, **54**, 34 ff.
    Regelungen der Länder, **54**, 49 ff.
        Katastrophenschutzgesetze der Länder, **54**, 49 ff.
    Regelungen des Bundes, **54**, 39 ff.
        Flutopfersolidaritätsgesetz, **54**, 33
        THW-Helferrechtsgesetz, **54**, 41
        Zivilschutz- und Katastrophenhilfegesetz, **54**, 40, 45
        Infektionsschutzgesetz, **54**, 42
    Regelungsbereiche, **54**, 12 f.
        Katastrophenbekämpfung, **54**, 12
        Katastrophennachsorge, **54**, 12
        Katastrophenvermeidung, **54**, 12
        Katastrophenvorsorge, **54**, 12
    Verwaltungszuständigkeiten, **54**, 26
Kinder- und Jugendhilfe, 73, 210 f.; s.a. Sozialversicherung, Kinder- und Jugendhilfe
    Kinder- und Jugendhilfegesetz (s. dort)
Kinder- und Jugendhilfegesetz, 62, 30 f.
    Aufgabenzuweisung durch den Bund, **73**, 210

Kindergeld, 73, 228 f.
Kindertageseinrichtungen, 64, 5 ff.
    Gesetz zur Förderung von Kindern unter drei Jahren in Kindertageseinrichtungen und in Kindertagespflege (KiFöG) **64**, 6 f.
    Kooperation mit Grundschulen, **64**, 23
    Länderreport frühkindliche Bildungssysteme 2009 (s. dort)
    Legitimation, **64**, 5 f.
    Personalaufwand, **64**, 26 ff.
    Rechtsanspruch auf Teilhabe, **64**, 16, 27
    Weiterentwicklung, qualitative, **64**, 22 ff.
Kirche (s.a. unter Religion)
    EU, **60**, 56 f.
    Kirchensteuer (s. dort)
    Kooperation zwischen Staat und Kirche, **60**, 15 f.
    Staatskirche, Verbot der, **60**, 12
Kirchensteuer, 40, 38; **60**, 42
    Kirchensteuergesetzgebung, **40**, 38
Kohäsion, 82, 1 ff., 40 ff.
    demokratisch-föderale, **82**, 7
    EU, **82**, 1 ff., 40 ff., 92 ff.
        Gemeinwohl, **82**, 186 ff.; s.a. dort
        Loyalitätsprinzip, **82**, 121 ff.; s.a. dort
        Solidaritätsprinzip, **82**, 227 ff.
        Subsidiaritätsprinzip, **82**, 256 ff.; s.a. dort
        Zukunft, **82**, 295 ff.
    Gemeinwohl, **82**, 155 ff.; s.a. dort
    politisch-ökonomische Perspektive, **82**, 59
    Selbstbindung, kohäsive (s. dort)
    Staatstheorie, **82**, 57
    Weltebene, **82**, 144, 307 ff., 312 f.
Kommission zur Modernisierung der bundesstaatlichen Ordnung (s. Föderalismuskommission I)
Kommunen
    Aufgabenübertragung durch Bundesgesetz (s. Durchgriffsverbot auf kommunale Ebene)
    Durchgriffsverbot auf kommunale Ebene (s. dort)
    Finanzausstattung, **41**, 12
    Finanzkraft, **41**, 20
    horizontaler Finanzausgleich, **41**, 26 ff.
    Parlamentsvorbehalt, **16**, 21
    Rastede-Entscheidung des BVerfG, **70**, 28
    Selbstverwaltung
        Selbstverwaltungsgarantie, **27**, 19; **32**, 2 f.

Eigenverantwortlichkeit, finanzielle, **32**, 9
Planungshoheit, gemeindliche, **69**, 16
Wasserversorgung, **70**, 25
Spitzenverbände, kommunale, **32**, 16 f.
Umweltschutz, **68**, 67 ff.
Aufgabenbereich, **68**, 68 f.
Untergliederung der Länder, **32**, 4 ff.
Aufgabenerfüllung, **32**, 7 f.
Garantie, institutionelle, **32**, 6
verfassungsrechtliche Garantien, **41**, 12
Verhältnis zum Bund, **32**, 10
Kompetenzen
   Finanzverteilung, **1**, 24 ff.; s.a. unter Finanzverfassung und unter Finanzwesen
   Gesetzgebungskompetenzen (s. dort)
   Kompetenzausübungsregel, **19**, 66
   Kompetenznormen (s. dort)
   Kompetenzverteilung (s. dort)
   Steuergesetzgebung (s. dort)
   Subsidiaritätsprinzip (s. dort)
   Verwaltungskompetenzen (s. dort)
Kompetenznormen, **19**, 108 ff.
   Auslegung, **19**, 92, 100, 112 ff.
   Grundrechte, **19**, 110 ff.
   grundrechtsschützende Funktion, **19**, 111
   kollidierendes Verfassungsrecht, **19**, 110
   materieller Gehalt, **19**, 108 ff.
   Mehrfachzuständigkeiten, **19**, 119
   systematische Interpretation, **19**, 112
   verfassungsimmanente Schranken, **19**, 110
Kompetenzverteilung, **14**, 61 ff.
   Abgrenzungskriterium von Bundesstaat und Einheitsstaat, **12**, 8
   Bundesstaat, im, **1**, 7, 18 f.
   Einnahmenkompetenz, **14**, 69 ff.
   Finanzierungspflichten, **14**, 66 ff.
   funktionale, **7**, 2
   Gesetzesvollzug, **14**, 63; s.a. Verwaltung und Verwaltungskompetenzen
   Kompetenzverteilungsregel, **19**, 67
   Steuergesetzgebung (s. dort)
   theoretisch optimale Finanzierungspflicht des Bundes, **14**, 50 f.
   Finanzkraftausgleich, **14**, 59 f.
   öffentliche Güter, **14**, 48 ff.; s.a. dort
   Verwaltungskompetenzen (s. dort)
Konferenz der Datenschutzbeauftragten des Bundes und der Länder, **56**, 12

Konferenz der Informationsfreiheitsbeauftragten, **56**, 14
Konkurrierende Gesetzgebungskompetenz, **19**, 134 ff.; **71**, 10 ff.
   Abweichungsgesetzgebung (s. dort)
   Arten, **19**, 135
   Änderungen durch Föderalismusreform I, **19**, 35
   Bedarfsgesetzgebung (s. Erforderlichkeitsgesetzgebung)
   Begriff, **19**, 134
   Erforderlichkeitsgesetzgebung (s. dort)
   Erforderlichkeitsklausel (s. dort)
   Subsidiaritätsprinzip, **19**, 94 ff.
   Vorranggesetzgebung (s. dort)
   wohlgeordnetes Recht, im Lichte des, **19**, 59
Konnexitätsgrundsatz (s. Konnexitätsprinzip)
Konnexitätsprinzip, **23**, 65; **54**, 32; **68**, 64; **71**, 72
   Italien, **101**, 21
Konsolidierungshilfen, **41**, 64 ff.; **45**, 28 ff.
   Begriff, **45**, 28
   Finanzierung, **45**, 29
   Gesetz zur Gewährung von Konsolidierungshilfen, **45**, 30
Konvent
   Europäischer, **84**, 46
   Zusammensetzung, **84**, 46
   Föderalismuskonvent, **19**, 82
   ordentliches Vertragsänderungsverfahren, **84**, 40
   Verfassungskonvent, **84**, 44 ff., 50
Kooperation im Bundesstaat, **1**, 29 ff.; s.a. Kooperativer Föderalismus
   Brasilien, **34**, 38 f.
   Bund-Länder, **17**, 17; **39**, 2; **73**, 13 ff.
   Bildungsausgaben, **65**, 21
   Bildungswesen, **61**, 34 ff.; **62**, 20 ff.; s.a. Bildungswesen, Kooperation im Bundesstaat
   Bund-Länder-Kommission für Bildungsplanung und Forschungsförderung (s. dort)
   Gesetzesvollzug, **73**, 37 ff., 49 ff.
   Gesetzgebung, **73**, 14 ff.
   innere Sicherheit, **53**, 57 ff.; s.a. Innere Sicherheit, Kooperationen
   IT-Bereich, **45**, 33 f., 77 f.
   Katastrophenschutz, **54**, 28 ff.

Sachverzeichnis

Konferenz der Datenschutzbeauftragten des Bundes und der Länder, **56**, 12
Konferenz der Informationsfreiheitsbeauftragten, **56**, 14
Krankenversicherung, gesetzliche, **73**, 146 ff.
Petitionsausschüsse des Bundes und der Länder (s. dort)
Ständige Konferenz der Kultusminister der Länder in der Bundesrepublik Deutschland, **58**, 11; s.a. unter Kultusministerkonferenz
Verflechtung zwischen Bund und Ländern (s. dort)
Verwaltung, **73**, 37 ff., 49 ff.
   Föderalismusreform I, **34**, 1
   Föderalismusreform II, **34**, 1, 24
   Gemeinschaftsaufgaben, **39**, 8 ff., 36
   horizontale, **1**, 33
   Kaiserreich, **3**, 25
   Kultur, **57**, 36 ff.
   Länder untereinander, **1**, 30 ff.
     Kritik, **15**, 49
     Landtagspräsidentenkonferenz (s. dort)
     Staatsverträge (s. dort)
   Mischverwaltung (s. dort)
   Mustergesetz, **1**, 36
   Reformvorschläge
     Bedarfsermittlung, **34**, 30 ff.
     Deutscher Städtetag, **34**, 17 ff.
     Grundgesetz, Verankerung im, **34**, 29
     Kooperationsverträge, vertikale, **34**, 33
     Verwaltungskooperation, informatorische, **34**, 35
     Verwaltungsverbund, vertikaler, **34**, 25 f.
     verwaltungsvertragliche Beziehungen zwischen Verwaltungsträgern, **34**, 27 f.
     Zielvereinbarung der Verwaltungsträger, **34**, 34
   vertikale, **1**, 30 ff.
Kooperativer Föderalismus, **9**, 17; **16**, 87 ff.; **17**, 18; **19**, 63; **25**, 10 f.; **28**, 54; **39**, 56; **40**, 22 ff.; **43**, 12; **62**, 7; **68**, 8 f.; s.a. Kooperation im Bundesstaat
Agrarwesen, **71**, 26
Bildungsausgaben, **65**, 21
direktive und kooperative Koordination, **16**, 88
Entwicklungen, **16**, 88 ff.
Finanzausgleich, **41**, 9
Finanzverfassung, **46**, 9
Formen der Kooperation, **16**, 94
Föderalismusreform I, **16**, 93
Gemeinschaftsaufgaben, **16**, 92 f.
Governance, regionale, **49**, 69
Gründe, **16**, 87 ff.
horizontale Kooperation, **16**, 97
Kultur, **57**, 36 ff.
Nachteile, **16**, 93
Polizeirecht, **52**, 92
Troeger-Kommission, **16**, 91
unitarischer Bundesstaat, **16**, 90
verfassungsrechtliche Grenzen, **16**, 98 ff.
   Verbot der Mischverwaltung, **16**, 100 ff.
vertikale Kooperation, **16**, 96
Vorschriften des Grundgesetzes, **16**, 89
Kostenbelastende Bundesgesetze (s. Leistungsgesetze)
Krankenkassen, **73**, 118 ff., 138 ff.; s.a. unter Sozialversicherung, Krankenversicherung
Kassenärztliche Bundesvereinigung, **73**, 120
Spitzenverband Bund der Krankenkassen, **73**, 120
Krankenversicherung, gesetzliche, **73**, 118 ff.; s.a. unter Sozialversicherung, Krankenversicherung
Kreuzbergurteil, **52**, 43
Kultur
Abkommen, internationale, **58**, 20
Ausschuss für Kultur und Medien, **57**, 27
Beauftragter der Bundesregierung für Kultur und Medien, **57**, 22 ff., 40; **58**, 11
   Kulturverträglichkeitsprüfung, **57**, 23
   Vermittlungsarbeit, kulturelle, **57**, 25
Bildung (s. Bildungswesen)
Bildungswesen (s. dort)
Bund
   Ausgaben, **74**, 6
   Bundesförderung, institutionelle, **74**, 31 ff., 57 ff.
   Förderung, **58**, 32 ff.
   Gedenkstätten, **74**, 30, 51 ff., 61 f.
Bund-Länder-Kommission für Bildungsplanung und Forschungsförderung (s. dort)
Bundeskulturministerium, **57**, 27
Bundesstaat, Künstler als Vorreiter, **59**, 10 ff.
Denkmalschutz, **57**, 10, 23
Deutscher Kulturrat, **57**, 26

Enquête-Kommission „Kultur in
  Deutschland", **57**, 27
Erinnerungskultur (s. dort)
Erinnerungspolitik, historische (s. dort)
EU, kulturpolitische Tätigkeit des Bundes
  auf europäischer Ebene, **57**, 28 ff.
  EU-Kulturministerrat, **57**, 31
  Methode der offenen Koordinierung,
    57, 34
  Vertrag von Lissabon, **57**, 31
  Vertrag von Maastricht, **57**, 29 f.
Finanzierung durch den Bund, **58**, 24, 32 ff.
Flurbereinigungsabkommen, **57**, 13
Föderalismus, **59**, 1 ff.
  kooperativer, **57**, 36 ff.
  Kultur- und Bildungspolitik, **58**, 23
  Kulturkompetenz der Länder, **58**, 15 f.
  Zukunftsperspektive, **59**, 45 ff.
Föderalismusreform I, **57**, 3, 11, 14, 32, 35;
    59, 2, 17, 37 ff.
  Kooperationen im Bereich der Kultur,
    58, 14
Föderalismusreform II, **59**, 44
Gedenk- und Jahrestage, **74**, 70 f.
gesamtstaatliche Repräsentation, **57**, 3,
    13 ff., 30
Geschichte
  Bildungsplanung, gemeinsame, **59**, 18
  Einigung, europäische, **59**, 26 ff.
  Kulturpolitik, deutsche, ab 1994, **59**,
    22 ff., 27 ff.
  Staatsziel, **59**, 14 ff., 21
  Weimarer Republik, **59**, 13, 16
  Wiedervereinigung, **59**, 20 f.
Geschichtspolitik (s. dort)
Gesetzgebungskompetenzen, **57**, 2 ff.; **58**,
    17 f.
  Art. 35 EV
  Buchpreisbindung, **57**, 5
  Deutsche Nationalbibliothek, **57**, 4
  Flurbereinigungsabkommen, **57**, 13
  gesamtstaatliche Repräsentation, **57**, 3,
    13 ff., 30
  geschriebene, **57**, 3 ff.
  Hauptstadt, **57**, 3
  Künstlersozialversicherung, **57**, 5
  Rahmenbedingungen der Kultur,
    Gestaltung, **57**, 5
  Rundfunk- und Telekommu-
    nikationsgesetzgebung,
    58, 30
  Stasi-Unterlagen-Gesetz, **57**, 12
  Stiftung Preußischer Kulturbesitz, **57**, 3

ungeschriebene Kompetenzen, **57**, 12 ff.
Zukunftsinvestitionsgesetz, **57**, 6
Hauptstadt, **57**, 3, 10; **58**, 31
Konsultation und Politikberatung, **58**, 9 f.
kulturelle Identität (s. dort)
Kulturföderalismus (s. dort)
Kulturhoheit der Länder, **57**, 1; **58**, 1; (s. a.
  dort)
Kulturlandschaft in Deutschland, **59**, 6 ff.
Kulturpolitik (s. dort)
Kulturstaatsbegriff, **58**, 47
  Agenda 2010, **58**, 49
  Kulturstaat, aktivierender, **58**, 47 ff.
Kulturstaatsminister, **59**, 30 ff.
Kulturwirtschaft (s. dort)
Kultusministerkonferenz (s. dort)
Kunstfreiheit, **57**, 21
Künstlerenquête, **58**, 38 ff.
  Hauptbereiche, **58**, 46
  Handlungsempfehlungen, **58**, 39
  Staatsziel Kultur, **58**, 40 ff.
Künstlersozialkasse, Abschaffung, **57**, 5;
    59, 3
Leuchtturm-Programm, **57**, 10
Medien (s. dort)
Programm „Investitionen für nationale Kul-
    tureinrichtungen in Ostdeutschland",
    57, 9
Rundfunk (s. dort)
Staatsferne, **57**, 21
Staatsziel, **57**, 18 ff.; **59**, 14 ff.
Ständige Konferenz der Kultusminister
  der Länder in der Bundesrepublik
  Deutschland, **58**, 11; s.a. unter
  Kultusministerkonferenz
Trägerpluralismus, **57**, 21
UNESCO-Kovention Kulturelle Vielfalt,
    59, 27
Verfassungsfolklore, **58**, 1, 3
Zukunftsinvestitionsgesetz, **57**, 6
Kulturelle Identität
Heiliges Römisches Reich, **8**, 19
Identität, kulturbegründende, **8**, 18 ff.
Begriff, **8**, 18
Sozialistische Föderative Republik
  Jugoslawien, **8**, 20
Sprache, Einfluss des Faktors, **8**, 21
Unitarisierung und Dezentralisierung, **8**,
    23 ff.
Kulturföderalismus, **10**, 23; **74**, 1; s.a. unter
    Kultur
Bedeutung der Länder, **74**, 47
Bestandteile, **8**, 28 ff.

Sachverzeichnis 811

Institutionen, **8**, 32 ff.
Interessenausgleichsverfahren, **8**, 31
Verfassungsstrukturen, **8**, 28 ff.
Kooperation, **57**, 36 ff.; **74**, 65
Kultur und Bildungspolitik, **58**, 23
Kulturhoheit der Länder, **58**, 1; s.a. dort
Kulturkompetenz der Länder, **58**, 16 f.
Kulturhoheit der Länder, **57**, 1; **58**, 1; **62**, 5
Entscheidungen des BVerfG, **58**, 13
Kulturpolitik, **58**, 2 ff.
Auswärtige Kultur- und Bildungspolitik, **58**, 37
deutsche Kulturpolitik ab 1994 **59**, 22 ff., 27 ff.
Handlungsfelder, zentrale, **58**, 7
Kulturstaatsminister, **59**, 30 ff.
Kulturwesen (s. Kultur)
Kulturwirtschaft, **57**, 24; **59**, 42
Initiative Kultur- und Kreativwirtschaft, **57**, 24
Kultusministerkonferenz, **57**, 37; **58**, 11; **61**, 12; **62**, 12 ff.; **63**, 51
Aufgabe, **62**, 12
Bologna-Prozess, **62**, 18
Frankfurter Toleranzedikt, **62**, 14
Geschichte, **61**, 12; **62**, 12 ff.
Husumer Plenarsitzung, **62**, 19
Leitentscheidungen im Schul- und Hochschulwesen, **62**, 14 ff.
PISA, **62**, 17
Zusammensetzung, **62**, 12
Kunstfreiheit, **57**, 21
Künstlersozialkasse
Abschaffung, **59**, 3
Gesetzgebungskompetenz, **57**, 5

L

Ladenschlussgesetz, **19**, 47
Landesbeauftragte für den Datenschutz, **56**, 10, 13 f., 35
Landesmedienanstalt, **67**, 2
Landespolitik
Interesse der Bevölkerung, **76**, 1
Zutrauen der Bevölkerung, **76**, 2 f.
Landesrecht
Handbücher, **36**, 10 f.
Kommentare, **36**, 10 f.
Recherche, **36**, 4 ff.
Gesetze, **36**, 6 ff.
Landesrecht, unterschiedliches, **36**, 6 ff.
Zugriffsmöglichkeiten, **36**, 4 f.
Widerspruchsverfahren
Entbehrlichkeit, **36**, 13 f.

Landesrundfunkanstalt, **67**, 7
Landesverfassung
Ergänzungsfunktion, **27**, 4
föderale Strukturen, Ausdruck der, **27**, 12
Legitimation durch das Grundgesetz, **27**, 5
Minderheitenschutz, **27**, 15 ff.
Regionalbewusstsein, **27**, 26
Religionsfreiheit, **60**, 38
Staatszielbestimmungen, **27**, 6 f.
Verfassungsautonomie der Länder, **27**, 5; s.a. unter Länder, Verfassungsautonomie
Landesverfassungsgerichtsbarkeit, **27**, 1 f., 8 ff.
Einrichtungsgarantien, **27**, 6
föderale Strukturen, Ausdruck der, **27**, 12
Grundrechtskataloge, **27**, 6
Länderkompetenz, **27**, 8 f.
Ausdruck bundesstaatlichen Bewusstseins, **27**, 12
Hintergrund, rechtspolitischer, **27**, 11
Organisation, **27**, 10
Prüfungskompetenz, **27**, 23 ff.
Rechtsprechung, **27**, 13 ff.
Beitrag zum Föderalismus, **27**, 13 ff.
Bundesrecht, Vorrang des, **27**, 17, 23 ff.
Honecker-Beschluss, **27**, 23
Finanzausstattung, kommunale, **27**, 19 ff.
Rechtsschutz, **27**, 10
Regionalbewusstsein, **27**, 26
Staatszielbestimmungen, **27**, 6
Landtagspräsidentenkonferenz, **21**, 47 f.
Ablauf, **21**, 48
Einberufung, **21**, 48
Funktion, **21**, 47
Landwirtschaftsgesetz, **71**, 1
Länder
Bundesgesetze, Ausführung, **25**, 14; s.a. unter Verwaltung
Bund-Länder-Kooperation (s. Kooperation im Bundesstaat)
Bundesstaat, **25**, 5 ff.
Demokratieprinzip, **25**, 20 f.
Demoskopie (s. unter Demoskopie, Länder)
Eigenstaatlichkeit, **16**, 21 ff.; **25**, 6 f.; **27**, 5, 11; **39**, 51, 59; **40**, 1, 31; **62**, 5
Einkommensteuer
Zuschlagsrechte, **37**, 98 ff.
EU
Beteiligung der Länder an der Rechtsetzung, **71**, 24 ff.

Beteiligung der Länder an der
  Willensbildung, **16**, 135 f.
Finanzausgleich (s. dort)
Finanzautonomie, **30**, 54 ff.
Finanzkraft
  Finanzverteilung, Auswirkungen
    unterschiedlicher, **14**, 45 f.
  Finanzkraftausgleich, **14**, 59 f., 70 ff.
  fiskalische Gleichheit, **14**, 47
  Verteilung in Deutschland, **14**, 43 f.
Gesetzgebung (s. dort)
  Beteiligung des Volkes, **25**, 46 ff.; s.a.
    unter Direkte Demokratie
  Beteiligung durch den Bundesrat, **25**,
    17; **73**, 15 ff.
Gesetz über die Zusammenarbeit von Bund
  und Ländern in Angelegenheiten der
  EU (s. dort)
Haushaltsautonomie, **39**, 41
Identifikation der Bevölkerung, **76**, 16 f.
Innovation (s. dort)
Innovationsbedingungen, **31**, 15 ff.,
  24 ff., 49
Innovationserfolg (s. dort)
Innovationsfähigkeit, **31**, 5 ff.
  Einfluss der Landesregierungen, **31**, 31
  Finanzierung, **31**, 7 f.
  Förderung der, **31**, 9
  Schaffung einer Organisationsstruktur,
    31, 8
Innovationsförderung, Zuständigkeit, **31**,
  56 f.
interföderale Haftung (s. dort)
Kirchensteuer, **40**, 38; **60**, 42
Kooperation untereinander (s.a. unter
  Kooperation im Bundesstaat)
  Kritik, **15**, 49
Kostenbelastende Bundesgesetze
  (s. Leistungsgesetze)
Kostenfolgen, von Bundesgesetzen, **44**,
  32 ff.
Kulturhoheit, **57**, 1; **58**, 1; **62**, 5; s.a. dort
Kulturwirtschaft, **59**, 42
Länderfinanzausgleich (s. dort)
Länderparlamente (s. dort)
Landespolitik (s. dort)
Landesrecht (s. dort)
Landesverfassung (s. dort)
Landesverfassungsgerichtsbarkeit (s. dort)
Landtagspräsidentenkonferenz (s. dort)
materielle Gleichbehandlung, **41**, 41
Mischverwaltung (s. dort)
Mobilität der Bevölkerung, **76**, 15

Neugliederung des Bundesgebietes
  (s. dort)
Petitionsausschüsse des Bundes und der
  Länder (s. dort)
Religion
  Feiertage, **60**, 51 f.
  Schul- und Hochschulwesen, **60**,
    44 ff.; s.a. Religion, Schul- und
    Hochschulwesen
Religionsverfassungsrecht
  Landesrecht, einfaches, **60**, 34
  Zuständigkeiten, **60**, 31 ff.
Repräsentationsfunktion im Bundesrat,
  24, 27
Staatsverträge (s. dort)
Standortwettbewerb (s. Standortwettbewerb
  unter den Ländern)
Steuerautonomie (s. dort)
Steuergesetzgebung
  Mitwirkung durch den Bundesrat,
    37, 10
  Steuererfindungsrecht, **37**, 12
Steuerkompetenz, **25**, 16
Verfassungsautonomie, **27**, 5; **40**, 2; **95**, 7
Verschuldung, **46**, 33
Volksabstimmung, **25**, 28; s.a. unter Direkte
  Demokratie
Vollverfassungen, **27**, 6
Wahlrecht, **25**, 23 f.
  Ausgleichsmandate, **25**, 24
Länderfinanzausgleich, **40**, 42 f.; **41**, 15 ff.
  Anreize, **46**, 12
  Ausgaben, notwendige, **46**, 14
  Ausgleichspflicht der finanzstarken
    Bundesländer, **41**, 16 f.
  Auswirkungen, **30**, 26 ff.
    Förderung der Wirtschaftstätigkeit der
      Länder, **30**, 27 ff.
    Vor- und Nachteile, **30**, 30
  Begriff, **37**, 26; **41**, 5, 8
  Bundesergänzungszuweisungen (s. dort)
  Eigenverantwortlichkeit der Länder, **47**, 26
  Ertragsverteilung, **40**, 43
  Fehlanreize zum wirtschaftspolitischen
    Handeln, **37**, 23
  Finanzgleichgewicht, **40**, 43
  Formen, **37**, 26 ff.
  Funktion, **46**, 16 ff.
  horizontaler Finanzausgleich, **41**, 18, 20 ff.
    Angemessenheit des Ausgleichs, **41**,
      42 ff.
    Aufgabe, **41**, 21 ff.

Sachverzeichnis

Finanzkraft als Gegenstand und
  Maßstab, **41**, 24 ff.
Gemeindeeinnahmen, **41**, 26 f.
im engeren Sinne, **37**, 51 ff.
primärer, **37**, 36 ff.
sekundärer, **37**, 27
Sonderbedarf, **41**, 34 ff.
Kritik, **41**, 16
Länderfinanzausgleich 2020 (s. dort)
Maßstäbegesetz, **46**, 24
Mehrbelastungsausgleich, **41**, 55 f.
Neugliederung des Bundesgebietes, **41**, 1;
  47, 7, 25 ff.; s.a. dort
Nivellierungswirkung, **47**, 25
Reform(en), **30**, 49 ff., 57 ff.; **37**,
  116 ff., 152 ff., 207 ff., s.a.
  Länderfinanzausgleich 2020
  Abbau von Kompetenzdefiziten, **30**, 49
  Absenken der Finanzausgleichstarife,
    37, 122
  Pauschalzahlungen, **30**, 61 ff.
  Trennsteuersystem, **37**, 120 f.
Selbstbehaltklausel, **41**, 43
Solidarpakt II, **41**, 4
Sonderbedarfsbundesergänzungszuweisungen,
  41, 52 ff.; **46**, 24 ff.
Steuerverteilung, horizontale, **46**, 20
  Reformvorschläge, **46**, 21
System
  Fairness, **37**, 20 ff.
  Intransparenz, **37**, 19
  Komplexität, **37**, 18
Transparenz, **46**, 13
vertikaler Finanzausgleich, **41**, 18, 45 ff.
  Ergänzungszuweisungen des Bundes,
    37, 68 ff.; **41**, 46 ff.; **46**, 24 ff.; s.a.
    Bundesergänzungszuweisungen
  Mehrbelastungsausgleich, **41**, 55 ff.
  primärer, **37**, 29 ff.
  Wirkungen, **37**, 73 ff.
    Abschöpfungsquoten, **37**, 79 ff.
    Anreizwirkung, **37**, 77 ff.
    Verteilungswirkung, **37**, 75 f.
Länderfinanzausgleich, 2020
  kombinierter Finanzausgleich, **46**, 50 ff.
    Bestandteile, **46**, 52
    Mindestausstattung, finanzielle, **46**, 51
    Trennsystem, **46**, 53
  Optionsmodell, **46**, 54 ff.
    Erhöhung von Länderantei-
      len der Einkommen- und
      Körperschaftsteuer, **46**, 55
    Kündigungsrecht, **46**, 57

Verzicht auf Mittel, **46**, 54
Wirkungen, **46**, 56
Steuerautonomie der Länder, **46**, 48 f.
  horizontaler und vertikaler
    Finanzausgleich, **46**, 48
  Steuerwettbewerb, **46**, 49
vertikaler Finanzausgleich, **46**, 37 ff.
  garantierter Länderanteil, **46**, 37
  Gesetzgebungskompetenzen, **46**, 39
  Verteilungsmodus, **46**, 38
Vertikalmodell, **46**, 44 ff.
  Bestandteile, **46**, 46
  Schuldenschranke, **46**, 47
  vertikaler Finanzausgleich, **46**, 45
  Zuschlag zur Einkommensteuer, **46**, 44
Zuweisungssystem, **46**, 40 ff.
  Steuerkompetenzen, **46**, 40
  Vergleich zum vertikalen
    Finanzausgleich, **46**, 41
  Verschuldung, **46**, 42
Länderneugliederung (s. Neugliederung des
  Bundesgebietes)
**Länderreport frühkindliche Bil-
  dungssysteme 2009**, **64**,
  9 ff.
  Betreuungsumfang, rechtlich festgelegter,
    64, 13
  Betreuungszeiten, vertraglich vereinbarte,
    64, 15
  Investitionen, öffentliche, **64**, 20
  Kinder mit Migrationshintergrund, **64**, 19
  Kindertageseinrichtungen, **64**, 12
  Personalaufwand, **64**, 26 ff.
    Arbeitszeit, vertragliche, **64**, 29
    Ganztagsbetreuungszeiten, **64**, 30
    Personalschlüssel, **64**, 26 ff.
  Qualitätsüberprüfung, **64**, 24 f.
  Teilhabequoten, **64**, 17 ff.
Länderparlamente
  Funktionen, **25**, 36 ff.
    Abwahl der Regierung, **25**, 39 f.
    Bildung der Regierung, **25**, 38
    Gesetzgebung, **25**, 41
    Kommunikationsfunktion, **25**, 45
    Regierungskontrolle, **25**, 42 ff.
    Wahl des Ministerpräsidenten, **25**, 37
  Legislaturperiode, **25**, 25 f.
  Reformen, **25**, 55
  Vertrauensfrage, **25**, 27
  Wahlrecht, **25**, 23 f.
    Ausgleichsmandate, **25**, 24
  Zusammensetzung, **25**, 29 ff.
    Ausschüsse, **25**, 30 f.

Fraktionen, **25**, 33 f.
Plenum, **25**, 30
Präsidium, **25**, 35
Leader-Regionen, 48, 87 ff.
Begriff, **50**, 48, 51
Deutsche Vernetzungsstelle Ländliche Räume (DVS), **50**, 53 ff.
Verwaltung, **50**, 51
Legislativföderalismus
Unterscheidung zum Exekutivföderalismus, **8**, 10
Legitimation des Bundesstaates, 16, 44 ff.; **19**, 5 ff.
Effizienzsteigerung, **16**, 54
Freiheitsbegründung und -gewährleistung, **16**, 50 ff.
Identitätsbildung der Bürger, **16**, 56
Standortwettbewerb, **16**, 55
Subsidiaritätsprinzip, **16**, 53
Systemstabilisierung, **16**, 54
vertikale Gewaltenteilung, **16**, 51
Verstärkung demokratischer Rechte, **16**, 52
Wahrung der regionalen Vielfalt, **16**, 56
Legitimation, demokratische
EU, **84**, 24 ff., 31 ff., 38 ff.; **86**, 23
Primat der Legitimierung durch das Unionsvolk, **84**, 13
Referendum, **84**, 34
Verfassung der EU, **84**, 38 ff.
Verfassungsreferendum, **84**, 51 ff., 56 f.
Legitimität
BRD, **86**, 2
Definition, **86**, 2
EU, **86**, 3 ff., 22 ff.
Leistungsgesetz(e), 23, 63 ff.; **71**, 80
Geldleistungen, **23**, 67 ff.
Abgrenzung zu sonstigen, **23**, 69
Begriff, **23**, 67
Erbringung der Geldleistung, **23**, 68
Geldwerte Sach- und Dienstleistungen, **23**, 71 ff.
Lastentragungsregeln, **23**, 65 f.
Konnexitätsprinzip, **23**, 65
Zustimmungsbedürftigkeit, **23**, 74 ff.
Änderungsgesetze, **23**, 83 ff.
Kostentragung der Länder, gesetzlich angeordnete, **23**, 79 ff.
Umfang der Kostenbetroffenheit, **23**, 78
Lissabon-Urteil des BVerfG, 1, 43; **80**, 88; **83**, 3 ff.; **84**, 4, 27, 32; **85**, 5 ff.
Aushöhlungsverbot, **83**, 8
Brückenklausel, **83**, 30 f.
Bundesstaat, **16**, 139 f.

Demokratieprinzip, **83**, 4 ff.
demokratische Legitimation, **86**, 27 ff.
Europarechtsfreundlichkeit, **83**, 7
europäischer Bundesstaat, **83**, 24 f.
Flexibilitätsklausel, **83**, 32
Kompetenzübertragung, **83**, 10 ff., 23 ff.; **85**, 17 f.
Prinzip der begrenzten Einzelermächtigung, **85**, 27
Rechtsprüfung unionaler Rechtsakte, **83**, 36 ff.
Reservekompetenz, **85**, 16, 38
Schutzrechte gegen Verlust der Staatlichkeit, **83**, 9, 22
Sozialstaatsprinzip, **83**, 26 f.
Staatsaufgabenlehre, **83**, 34 f.
ultra-vires-Kontrolle, **85**, 18, 38
Vertragsänderungsverfahren, vereinfachtes, **83**, 29 ff.; **85**, 10
Vorrangprinzip, **89**, 20
Lissabon-Vertrag (s. Vertrag von Lissabon)
Loyalitätsprinzip
EU, **82**, 212 ff.
Abgrenzung Solidarität, **82**, 220 ff.
Begriff, **82**, 149, 223 f.
Durchsetzung des Europäischen Rechts, **82**, 218
Europäische Sozialunion, **82**, 234
Kohäsion, **82**, 212 ff.
Rücksichtnahme gegenüber den Mitgliedstaaten, **82**, 219
Selbstbindung, kohäsive, **82**, 212 ff.
Umsetzungspflicht der Mitgliedstaaten, **82**, 217
Lübecker Erklärung der deutschen Landesparlamente, 19, 82; **43**, 15, 21
Maastrichturteil des BVerfG, 84, 4, 27
Steuerkompetenz der EU, **90**, 21
Maßstäbegesetz, 41, 3, 11, 39, 42, 46; **46**, 24
Medien, 67, 1 ff.
Beauftragter der Bundesregierung für Kultur und Medien, **58**, 11
Digitalisierung, **66**, 24
Föderalismus, **67**, 1 ff.
Gesetzgebungskompetenz, **66**, 3 ff., 9 ff., 27 ff.
Jugendschutz, **66**, 42 ff.
Geschichte, **66**, 2 ff.
Drittes Reich, **67**, 4
Reichspresse-, Reichspost- und Reichsrundfunkgesetz, **66**, 4 f.
Telekommunikation, **66**, 8

Sachverzeichnis

Grundrechtsschutz, **66**, 16 ff.
Identitätsstiftung, **67**, 16 ff.
Kooperationen, **66**, 19 ff.
Kulturbezug, **66**, 12 ff.
Landesmedienanstalt, **67**, 2
Medienwirtschaft, **67**, 20
Medienzukunft, **67**, 21 ff.
Pluralismus, **67**, 7, 9, 23
Presse (s. dort)
Regionen, **67**, 23
Rundfunk (s. dort)
Staatsvertrag, **66**, 23
Unitarisierung durch Bundes-
   verfassungsrecht, **66**,
   16 ff.
Verwaltung, **66**, 46 ff.
   erstes Rundfunkurteil, **66**, 50 f.
   Rundfunkaufsicht, **66**, 53 ff.
   Rundfunkrat, **66**, 55
   Verwaltungsrat, **66**, 56
   Verwaltungskompetenzen, **66**, 46 ff.; s.a.
      Medien, Verwaltung
Wettbewerb, föderaler, **67**, 20

M
Medium-Term Objectives (MTOs)
   Anpassung an Reformbedarf/ -erfolg, **91**, 60
   Schuldenbremse, deutsche, **91**, 39
   Schuldenbremse in der Eurozone, **91**, 48 f.
   Stabilitäts- und Wachstumspakt, **91**, 16
Mehrebenendemokratie, 84, 18 ff.
   Mehrfachidentifikation des Bürgers, **84**, 19
Mehrebenenpolitik
   Praxis, **9**, 29
Mehrebenensystem, 19, 72; **24**, 5; **105**, 3
   Begriff, **82**, 127; **106**, 21
   Europäische Union als föderales Mehrebe-
      nensystem, **82**, 23;
      86, 5 ff.
   funktionaler Zugang, **86**, 7 f.
   institutioneller Zugang, **86**, 7
   Italien, **101**, 19
   Mehrebenendemokratie (s. dort)
   Mehrebenenpolitik (s. dort)
   Nachhaltigkeit, **108**, 1 ff.
   nichthoheitlicher Föderalismus, **48**, 7 ff.
   Parteienwettbewerb, **7**, 23
   Politikwissenschaft, Betrachtungsweise,
      26, 36
   Rechtsebenen und -schichten, **86**, 8 f.
   Resümee, **106**, 26
Metropolregionen
   Europäische Metropolregionen (s. dort)

metropolitane Governance, **49**, 53 ff.
nichthoheitlicher Föderalismus, **48**, 71 ff.
The Network of European Metropolitan
   Regions and Areas (METREX),
   49, 75
Mexiko
   Bundesstaat, **95**, 1
      Geschichte, **95**, 2
      Gouverneur, **95**, 22
      Souveränität, **95**, 7
   Gesetzesvollzug, **95**, 22
   Gesetzgebung
      Zuständigkeiten, **95**, 16
      Zweite Kammer, **95**, 10
   Rechtsprechung, **95**, 23
   Steuern, **95**, 27 f.
Migration
   Anwerbung ausländischer Arbeitskräfte,
      79, 24
   Asylartikel des GG, **79**, 6
   Asylverfahrensgesetz, **79**, 56
   Aufenthaltsgesetz, **79**, 54
   Aufenthaltsverordnung, **79**, 55
   Ausländerbehörden, **79**, 10
   Bildung, **78**, 18
   Bundesamt für Migration und Flüchtlinge
      (s. dort)
   demographischer Wandel, **79**, 24
   Drittstaatenregelung, **79**, 6
   Gesetz zur Begrenzung und Steuerung der
      Migration und Integration, **79**, 22
   Gesetzgebungszuständigkeiten, **79**, 7 ff.
   Migrationshintergrund, **78**, 15 ff.
   Staatsangehörigkeit (s. dort)
   Zuwanderungsgesetz, **79**, 7, 10, 22
Militärischer Abschirmdienst, 52, 61
Ministerpräsidentenkonferenz
   Föderalismusreforminitiativen, **43**, 15 f.
   Gesetzgebungskompetenzen, **43**, 16
   Rahmengesetzgebung, **43**, 16
   Lübecker Erklärung der deutschen
      Landesparlamente (s. dort)
Mischfinanzierung, 41, 57
   Gemeinschaftsaufgaben, **39**, 40, 63 f.
   Hochschulrecht, **63**, 24 ff.
   Regelung des Art. 104b GG, **39**, 63
Mischverwaltung
   Begriff, **71**, 28; **73**, 110
   Gebot der eigenverantwortlichen Wahr-
      nehmung der Kompetenzen,
      28, 8
   Gemeinschaftsaufgaben, **39**, 64
   Hochschulrecht, **63**, 24 ff.

Kompetenzerhaltungsgebot, **28**, 8
Umgehungsverbot, **28**, 8
Verbot, **16**, 100 ff.; **28**, 8; **39**, 2
Mitgliedstaaten der EU
  Ausscheiden aus der EU, **84**, 58
  Einflussnahme, paralegale, auf die Vertragsänderung, **81**, 23
  Gleichheit der Staaten, **84**, 16, 32 f.
  Haftung zwischen Union und Mitgliedstaaten (s. Verwaltungshaftung, EG – Mitgliedstaaten)
  Letztverantwortung, **84**, 23
  Loyalität, **81**, 47
  Parlamente, **84**, 30
  Rechtsordnungen, **81**, 15
  Staatsvolk, **84**, 11 f., 18 ff., 24 ff., 41, 54
  Souveränität, unbeeinträchtigte, in der Integration, **84**, 23
  Verfahrensautonomie, **89**, 24
Mobilität der Landesbevölkerung, **76**, 15
Nachhaltigkeit
  Begründung von Nachhaltigkeit, **108**, 16
  Definitionen und Konkretisierungen, **108**, 6 ff.
    Brundtland-Report, **108**, 6
    Rio-Deklaration, **108**, 13
    Säulenmodell der Nachhaltigkeit, **108**, 7 ff.
    Vier Nachhaltigkeits-Managementregeln, **108**, 14
  Demokratie, **108**, 18
  Ebenen nachhaltigkeitssozialwissenschaftlicher Analyse, **108**, 1 ff.
  Erfordernis einer globalen Ebene, **108**, 28
  Erneuerbare Energien, **108**, 29
  Europäisches Gemeinwohl, **82**, 207 f.
  Föderalismus, **108**, 1 ff.
  Globale Mengenbegrenzungen, **108**, 32
  Grundrechte
    Vorsorge, **108**, 20
    Neuinterpretation, **108**, 27
  Instrumentenanalyse, **108**, 22 ff.
  Klimawandel, **108**, 21 ff.
  Nachhaltigkeitsbegriff in den Gesetzen, **108**, 23
  Neues Freiheitsverständnis, **108**, 17
  Ökonomische Instrumente, **108**, 31
  Ordnungsrecht, **108**, 30 f.
  Völkerrechtsprinzip Nachhaltigkeit, **108**, 26
Nachhaltigkeitsprinzip (s. Nachhaltigkeit)

Nachrichtendienste
  Bundesamt für Verfassungsschutz (s. dort)
  Bundesnachrichtendienst (s. dort)
  Geschichte, **52**, 57 ff.
  Polizei-Brief der alliierten Militärgouverneure, **52**, 57
  Trennungsgebot, **52**, 57 ff.
  Militärischer Abschirmdienst (s. dort)
Nationaler Bildungsbericht, **62**, 29
Nationaler Integrationsplan, **53**, 62 ff.; **79**, 42 f.
Nationalstaat
  Philosophie
    Ernest Renan, **94**, 1 f.
Neugliederung des Bundesgebietes, **17**, 14; **15**, 45 ff.
  Baden-Württemberg, **15**, 45
  Bestandsschutz für die föderative Ordnung als solche, **47**, 2
  Bestandsschutz für die Länder, **47**, 2
  Bundesstaatskommission, **47**, 3
  Bundesstaatsprinzip, **47**, 3f., 25 f., 29
  Defizite, **47**, 19 ff.
  Demokratieprinzip
    Folgenverantwortung, **47**, 27
    Legitimation, **47**, 23, 31
    plebiszitäre Elemente, **47**, 30
  Finanzverfassung, **47**, 6
  Gemeinsame Verfassungskommission, **47**, 15
  Gemeinschaftsrecht, **47**, 15
  Geschichte, **47**, 5 ff.
  Hemmung der Neugliederung durch Bundesergänzungszuweisungen, **47**, 7
  Hemmung der Neugliederung durch finanzielle Ausgleichsleistungen, **47**, 7
  Länderfinanzausgleich, **47**, 7, 25 ff.
  Modelle für Neugliederungen auf freiwilliger Basis, **47**, 16 ff.
  Neugliederungsauftrag, **47**, 5
  Partizipationsmöglichkeiten der Bevölkerung, **47**, 2, 14, 21, 27, 30 f.
  Sachverständigenkommission, **47**, 10
  Sozialstaatsprinzip, **47**, 4
  Staatsvertrag, **47**, 23 f.
  Stabilisierungseffekt, **47**, 32
  Verfassungsauftrag, **47**, 5
  Verfassungsvorbehalt, **47**, 3
  Volksabstimmung Berlin/Brandenburg, **47**, 21
  Wettbewerbsföderalismus, **47**, 8; s.a. dort

Sachverzeichnis

Wiedervereinigung, **47**, 13
Zielvorgaben, **47**, 15 f.
Zusammenarbeit als Alternative, **47**, 22 ff.
Zweck, **47**, 16 ff.
Neuverschuldungsverbot, 13, 32 ff.; **37**, 134 f.; **38**, 1 ff.; s.a. Schuldenbremse
   Eigenständigkeit der Haushaltsführung, **38**, 4
   Gebot des materiellen Haushaltsausgleichs, **38**, 17
   gerichtlicher Kontrollmaßstab, **38**, 19
   konjunkturbedingte Haushaltsdisziplin, **38**, 17
   Konsolidierungsfortschritt, **38**, 18
   Staatsgrundlagenbestimmungen, **38**, 4
   Verbot der strukturellen Neuverschuldung, **38**, 2
Nichthoheitlicher Föderalismus, 16, 6; **48**, 7 ff.; **51**, 1, 23 f.
   Agrarpolitik, **48**, 87 ff.
   Beispiele, **48**, 44 ff.
      Lernende Regionen, **48**, 52 ff.
      XperRegio-Ansatz, **48**, 64 ff.
      Metropolregionen, **48**, 71 ff.; s.a. dort
      Modellvorhaben der Raumordnung (MORO), **48**, 76 ff.
      ELER/LEADER, **48**, 87 ff.
      Regionen Aktiv, **48**, 91 ff.
   Bottom-up-Ansatz, **48**, 9 ff.; **51**, 8
   Deutsche Vernetzungsstelle Ländliche Räume (DVS) (s. dort)
   Entwicklung, **48**, 7 ff.
   Europäische Metropolregionen (s. dort)
   Europäischer Landwirtschaftsfonds für die Entwicklung des ländlichen Raums (ELER), **48**, 87 ff.; s.a. ELER
   Europäisierung, **48**, 7 ff.
   Globalisierung, **48,** 7 ff.
   Governance, **48**, 25 ff.; s.a. dort
   hoheitlicher Föderalismus (s. dort)
   Koordination, multiple, **48**, 22
   Leader-Regionen, **48**, 87 ff.; s.a. dort
   Mehrebenensystem, **48**, 7 ff.
   Region(en) (s. dort)
   Regional Governance, **48**, 30 ff.
   Regionalisierungsbestrebungen, **48**, 12
   Regionen Aktiv, **48**, 91 ff.; **51**, 1, 23 f.
   Standortwettbewerb, **48**, 16
   Top-Down-Ansatz, **48**, 18
   Wissensgesellschaft, **48**, 21 ff., 52
Nichtsteuerliche Abgaben, 40, 23 f.
   Sonderabgaben, **40**, 23
   Unterlaufen der steuergesetzlichen Kompetenzordnung, **40**, 23
   Vorzugslasten, **40**, 23
      Beiträge, **40**, 23
      Gebühren, **40**, 23
Norddeutscher Bund, 2, 71 ff.
   Gründung, **2**, 71
   Staatstheorie, **2**, 73
   Verfassung, **2**, 72

O
Offene Methode der Sozialpolitik, 92, 43 ff.
   Angleichungstendenz, **92**, 45
   makroökonomisches Verständnis, **92**, 44
   Monitoring und Benchmarking, **92**, 47
   Rechtfertigung, innere, **92**, 46
   Zielvorstellungen, Vereinbarung gemeinsamer, **92**, 49
Online-Durchsuchung, 52, 55 f.; **53**, 27 f.; **55**, 44
Öffentliche Güter
   Begriff, **14**, 29 f.
   Güter mit landesweiter Wirkung
      Bereitstellung, **14**, 48 ff.
      Finanzierungspflicht, **14**, 50
      Steuererhebungskompetenz, **14**, 51
   Güter mit lokaler Wirkung
      Bereitstellung, **14**, 52 ff.
      Finanzierungspflicht, **14**, 54
      Normsetzung, **14**, 53
      Steuererhebungskompetenz, **14**, 54
      Vollzug, **14**, 53
   Sozialleistungen, **14**, 56 ff.
      Finanzierungspflicht, **14**, 58
      Normsetzung, **14**, 57
      Steuerhebungskompetenz, **14**, 58
      Vollzug, **14**, 57
Öffentliches Interesse
   europäisches, **84**, 29
Österreich
   Beitrittserklärung, **98**, 2
   Bundesaufsicht, **98**, 57 ff.
   Bundesexekution, **98**, 58
   Bundesrat, **98**, 47 f.
   Bundesstaat, unitarischer, **98**, 14, 77
   Bundesstaatsprinzip, **98**, 3, 10 f.
   Bundesstaatstheorien, **98**, 7 ff.
      Dezentralisierungstheorie, **98**, 8 f.
      Drei-Kreis-Theorie, **98**, 9
      Zwei-Staatentheorie, **98**, 7
   Bundestreue
      Rücksichtnahmepflicht, **18**, 13
   Devolution, **98**, 60

Einheitsstaat, **98**, 2
Entwicklung des Bundesstaates, **98**, 1 ff.
EU
   EU-Beitritts-B-VG, **98**, 67
   Integrationskonferenz der Länder, **98**, 68
   Mitwirkung der Länder in Angelegenheiten der EU, **98**, 66 ff.
   ständiger Integrationsausschuss, **98**, 68
Finanzwesen, **98**, 31 f.
   Finanzausgleich, **98**, 31
   Finanzverfassung, **98**, 30
Föderalismus, kooperativer, **98**, 78 f.
   Landesamtsdirektorenkonferenz, **98**, 78
   Landeshauptleute-Konferenz, **98**, 78
   Raumordnungskonferenz, **98**, 78
Gesetzgebung
   Ausführungsgesetz, **98**, 23
   Bedarfsgesetzgebung, **98**, 27
   delegierte, **98**, 28
   Grundsatzgesetzgebung, **98**, 23
   paktierende, **98**, 26
Kompetenzabgrenzung
   Adhäsionsprinzip, **98**, 46
   Berücksichtigungsprinzip, **98**, 44 f.
   Exklusivität der Kompetenzbereiche, **98**, 20
   Gesichtspunktetheorie, **98**, 43
   intrasystematische Fortentwicklung, **98**, 41 f.
   Versteinerungstheorie, **98**, 40, 42
   Weder-Noch-Kompetenzen, **98**, 38
Kompetenzverteilung, **98**, 20 ff.
   Kompetenzkonflikt, **98**, 57, 60
Kronländer, **98**, 1
Landeshauptmann, **98**, 18
Landesregierung, **98**, 19
Landesverfassungsgerichtsbarkeit, fehlende, **98**, 16
Landtag, **98**, 17
Normenkontrolle
   präventive, **98**, 62
   konkrete, **98**, 64
Privatwirtschaftsverwaltung, **98**, 36 f.
Separation, **98**, 2
Staatsverträge der Länder, **98**, 35
Verfassung
   ständestaatliche, **98**, 6
Verfassungsautonomie der Länder, **98**, 12 f.
Verfassungsgerichtshof, **98**, 61 ff.
Vollziehung im Bundesstaat, **98**, 53 ff.

P
Parteien
   Parteiensystem, Veränderungen, **7**, 28 ff.
   Integration der Parteien, vertikale, **7**, 31
   Parteienwettbewerb (s. dort)
   Regionalisierung, **7**, 32 ff.
   Wettbewerbslogik, dualistische, **7**, 23, 28
Parteienwettbewerb
   Bundesrat, **24**, 15
   Mehrebenensystem, **7**, 23
   Strukturbruchthese, **7**, 24 ff.; **26**, 15 ff.
   Situation in Deutschland, **26**, 13 ff.
   vor Inkrafttreten des Grundgesetzes, **7**, 24
   Wettbewerbslogik, dualistische, **7**, 23, 28
Passerelle-Klauseln, **81**, 24; **85**, 8
Paulskirchenverfassung, **2**, 60 ff.
   Föderalismus, **2**, 61 ff.
   Staatstheorie, **2**, 67 ff.
   Alexis de Toqueville, **2**, 67
   Georg Waitz, **2**, 67 ff.
   Johann Kaspar Bluntschli, **2**, 64
Petitionsausschüsse des Bundes und der Länder, **21**, 49 ff.
   interparlamentarische Arbeitsgemeinschaft, **21**, 50
   Zusammenarbeit, interfraktionelle, **21**, 51
   Zusammenkunft, **21**, 49
Pflegeversicherung, gesetzliche, **73**, 166 ff.;
   s.a. unter Sozialversicherung, Pflegeversicherung
PISA, **62**, 9, 17
Polen
   Grundrechtsschutz und Unionsrecht Abgrenzung zwischen nationalem und unionalem Grundrechtsschutz, **88**, 36
   Europäischer Haftbefehl, **88**, 36
   Trybunal Konstytucyjny, Rechtsprechung, **88**, 25
Politik
   Erinnerungspolitik, historische (s. dort)
   Gemeinsame Agrarpolitik (GAP) (s. dort)
   Geschichtspolitik (s. dort)
   Kulturpolitik (s. dort)
   Landespolitik (s. dort)
   marktstärkende, **14**, 21 f.
   Mehrebenenpolitik, **9**, 29
   Politikverdrossenheit, **15**, 62
   Politikverflechtung (s. dort)
   Rent-seeking, **14**, 18, 21 f.
   Verwaltungspolitik (s. dort)
   Wettbewerbsföderalismus, **14**, 17 ff.; s.a. unter Wettbewerbsföderalismus

Sachverzeichnis

Politikverdrossenheit, **15**, 62
Politikverflechtung, **11**, 39 f.; **43**, 3; s.a. unter Verflechtung zwischen Bund und Ländern
    Bundesrat, **15**, 50
    Bundesratsblockade, **26**, 26 ff.
    Bundestagswahlen, Einfluss von Landtagswahlen, **26**, 31 ff.
    Dezentralisierungsprozess, **6**, 21
    doppelte, **9**, 30
    Entflechtung, **6**, 21
    EU-Ebene, **92**, 64
    Fachbruderschaften, **26**, 39
    Föderalismusreform, Auflösung durch, **26**, 55 ff.
    Grundgesetz, unter Geltung des, **3**, 51
    Koordinationen, **26**, 40 ff.
    Nicht-formalisierte Kooperation, **6**, 21
    Politikverflechtungsfalle, **6**, 13
    Theorie, **6**, 8 f., 10 ff.; **9**, 18; **16**, 115; **26**, 34 ff.
        Einigungszwang, **6**, 10
        Gemeinschaftsaufgaben, **6**, 10
        Koordinationsprobleme, **6**, 14
        Politikverflechtungsfalle, **6**, 13
        Schwäche, **6**, 15
    Verflechtungsstrukturen, **9**, 19 ff.
        strukturtypische Verhaltensweisen, **9**, 20 ff.
    Verteilungskonflikte, **6**, 21
    Verwaltungsverflechtung (s. dort)
Polizei (s.a. Innere Sicherheit)
    Aufbau, föderalistischer, **52**, 1 ff., 36 ff.
    Bundeskriminalamt (s. dort)
    Bundespolizei (s. dort)
    Dateien, gemeinsame, **52**, 63 ff.
        Antiterrordateigesetz, **52**, 66 ff.
        Gemeinsame-Dateien-Gesetz
    Einheits- und Trennungssystem, **52**, 42 f.
    EU
        internationale polizeiliche Kooperationen, **52**, 85 ff.
        informatorische polizeiliche Kooperation, **52**, 93 ff.
        Prüm-Beschluss, **52**, 86 ff.
        Schwedische Initiative, **52**, 89 ff.
        Vorratsdatenspeicherung, **52**, 83
    Föderalismusreform I
        Bundeskompetenzen für das Polizeirecht, **52**, 8
        Kooperationen im Polizeirecht, **52**, 18
    Geschichte, **52**, 2 ff.
        DDR, **52**, 5
        Einheits- und Trennungssystem, **52**, 42 f.
        Grundgesetz, nach Inkrafttreten, **52**, 4, 6 ff.
        Kreuzberg-Urteil, **52**, 43
        Nationalsozialismus, **52**, 2 f.
    Grundrechtsgebundenheit, **52**, 27 f.
    Informationseingriffe, **52**, 31 f.
    internationaler Terrorismus, **52**, 17; s.a. dort **52**, 64
    Kompetenzen, **52**, 9 ff.
        Gesetzgebungskompetenzen, **52**, 9 ff.
        Verwaltungskompetenzen, **52**, 14 ff.
    kooperativer Föderalismus, **52**, 92
    Nachrichtendienste (s. dort)
    Organisation, **52**, 36 ff.
        Behördenaufbau, **52**, 42 ff.
        Beschäftigte, Anzahl, **52**, 37 f.
        Gefahrenabwehrrecht, besonderes, **52**, 40
        Landeszuständigkeit, **52**, 39
        Ordnungsbehörden, **52**, 41
    polizeiliche Aufgaben, **52**, 19 ff.
        präventive und repressive Maßnahmen, **52**, 19 ff.
        Vorfeldmaßnahmen, **52**, 21 f.
    polizeiliche Befugnisse, **52**, 23 ff.
        rechtsstaatliche Anforderungen, **52**, 23 f.
        Standardmaßnahmen, **52**, 25 f.
    polizeiliche Kriminalstatistik (s. dort)
    Polizeirecht als kooperativer Föderalismus, **52**, 92
    Presserecht, **52**, 30
    Prüm-Beschluss, **52**, 86 ff.
    Rechtsprechung des BVerfG, **52**, 80 ff.
    Schwedische Initiative, **52**, 89 ff.
    Terrorismus (s. dort)
    Trennungsgebot, nachrichtendienstliches (s. dort)
    Versammlungsrecht, **52**, 29; s.a. dort
    Vorratsdatenspeicherung (s. dort)
Polizeiliche Kriminalstatistik, **53**, 5
Präföderalismus
    Europa, **10**, 45 ff.
    Spanien, **10**, 10
Presse, **67**, 5, 22
    Geschichte, **66**, 6
    Hugenberg-Presse, **67**, 4
    Journalismus, **67**, 5, 22
    Presserecht **52**, 30
        Föderalismusreform I, **66**, 40 f.

Private Sicherheitsdienste, 52, 33 ff.
  Beauftragung durch den Staat, **52,** 35
  Befugnisse, **52,** 34
  Charakter der Dienstleistung, **52,** 33
Privatisierung, 28, 1
  private Sicherheitsdienste (s. dort)

R
Rahmengesetzgebung, 19, 28; **71,** 11
  Abschaffung, **19,** 34
  Begriff, **19,** 28
  EU-Richtlinien, **19,** 34
  Subsidiaritätsprinzip, **19,** 102
  Umweltgesetzbuch, **19,** 34
Rat für nachhaltige Entwicklung, 68, 73
Rat von Sachverständigen für Umweltfragen, 68, 73
Raumordnung
  Europäische Metropolregionen (s. dort)
  Europäisches Raumentwicklungskonzept (EUREK), **49,** 12
  Föderalismusreform I, **69,** 4
  Gesetzgebungskompetenz, **69,** 4 ff.
  Raumordnungsbericht 2005, **49,** 36
  Raumordnungsgesetz, **69,** 10 f.
  Raumordnungsplanung, **69,** 20 ff.
    Abwägung, **69,** 37 ff.
    Abwägung auf städtebaulicher Ebene, **69,** 50 f.
    Bundesplanung, **69,** 23 ff.
    Flughäfen, **69,** 43 ff.
    Landesplanung, **69,** 27 ff.
    Regionalplanung, **69,** 31
    Verhältnis der räumlichen Gesamtplanungen zueinander, **69,** 52 ff.
  Raumplanung, überfachliche (s. dort)
  Raumordnungspolitik
    EU-Ebene (s. EU, Raumordnungspolitik)
    raumordnungspolitischer Orientierungsrahmen, **49,** 9
  Raumstruktur, Wandel, **49,** 5 ff.
    Metropolisierung **49,** 8
    System der zentralen Orte, **49,** 4
    Zielausrichtung der Raumordnung in Deutschland, **49,** 76
Raumordnungsgesetz, 69, 10 f.
Raumplanung, überfachliche, 69, 19 ff.; s.a. Raumordnung
  Bauleitplanung, **69,** 33 ff.
    Bebauungsplan, **69,** 36
    Flächennutzungsplanung, **69,** 34 f.

  Raumordnungsplanung, **68,** 20 ff.
    Abwägung, **68,** 37 ff.
    Abwägung auf städtebaulicher Ebene, **69,** 50 f.
    Bundesplanung, **69,** 23 ff.
    Landesplanung, **69,** 27 ff.
    Regionalplanung, **69,** 31
    Verhältnis der räumlichen Gesamtplanungen zueinander, **69,** 52 ff.
    Vorrang der Landes- gegenüber der Regionalplanung, **69,** 53
    Vorrang der Landes- gegenüber der Bauleitplanung, **69,** 55 ff.
    Vorrang des Flächennutzungs- gegenüber dem Bebauungsplan, **69,** 54
Rechtskultur
  Auswirkungen, **8,** 39 f.
    Alexis de Tocqueville, **8,** 40
    John Stuart Mill, **8,** 40
  Begriff, **8,** 11 ff.
    Begriffsvielfalt, **8,** 11 f.
    Cultural Turn, **8,** 13
    funktionaler Begriff, **8,** 15
    politische Kultur, **8,** 14
    Rudolf Smend, **8,** 14
Rechtsstaat
  Gemeinschaftsaufgaben, **39,** 49, 52
  Gewaltenteilung (s. dort)
  Kohäsion, **82,** 62 ff.
  Rechtsstaatlichkeit im Rahmen der EU, **81,** 2 ff., 19 ff.
  Selbstbindung, kohäsive, **82,** 62 ff.
  Verwaltungshandeln, **34,** 13
Rechtsstaatlichkeit (s. Rechtsstaat)
Rechtsstaatsprinzip (s. Rechtsstaat)
Rechtsverordnungen
  Bundesratsbeteiligung, **71,** 21
  Krankenversicherung, gesetzliche, **73,** 128 ff.
  Sozialversicherungsrecht, **73,** 99
  Unfallversicherung, gesetzliche, **73,** 159
Region(en), 10, 27, 29 ff., 34 f.
  AktivRegionen, **48,** 94
  Begriff, **48,** 12 ff.
  Beispiele, **10,** 29 ff.
  Bestandsgarantie, **12,** 7
  Euregios, **92,** 55 f.
  Europäische Metropolregionen (s. dort)
  grenzüberschreitende Großregionen, **48,** 11
  lernende Regionen, **48,** 52 ff.
  Medien, Bedeutung, **67,** 23
  Politik, **14,** 17 ff.

Sachverzeichnis

Beteiligung politisch interessierter
  Bürger, **14**, 24 ff.
Regionalbewusstsein, Stärkung, **14**,
  27 f.
regionale Governance (s. Governance,
  regionale Governance)
Regionalisierung (s. dort)
Regionalismus (s. dort)
Regionen Aktiv (s. dort)
Regionenwettbewerb (s. dort)
Spillover-Effekt (s. dort)
Regionalisierung, **92**, 56
Einheitsstaaten, **12**, 40 ff.
Regionalisierungsbestrebungen, **48**, 12
Standortwettbewerb, **48**, 16
Regionalismus, **10**, 1 ff.; **19**, 73
Begriff, **48**, 13
innerbayerischer, **75**, 34
Unterschied zum Föderalismus, **10**, 38
verfassungsrechtlicher, **10**, 27 f.
Regionen Aktiv, **51**, 1 ff.
Bottom-up-Ansatz, **51**, 8
nichthoheitlicher Föderalismus, **48**, 91 ff.;
  51, 1, 23 f.
Regionenwettbewerb
Politikabhängigkeit, **14**, 17 ff.
System, föderales, **14**, 19
Unternehmensbesteuerung, **14**, 35 f.
Religion
BVerfG, Rechtsprechung, **60**, 55
EU, **60**, 56 f.
Feiertage, **60**, 51 f.
Grundgesetz
  Kirchensteuer, **60**, 42
  Kooperation zwischen Staat und Kirche,
    60, 15 f.
  Neutralität, religiöse, **60**, 14 ff.
  öffentliche Förderung, **60**, 17
  religiöse Selbstbestimmung, **60**, 4
  religiöse Vereinigungen, **60**, 9 f.
  Religionsfreiheit, **60**, 5 ff.; s.a.
    Grundrechte, Religionsfreiheit
  Staatskirche, Verbot der, **60**, 13
  Zuständigkeiten, **60**, 31 ff.
Kirchensteuer, **40**, 38; **60**, 42
Religionsfreiheit, **60**, 5 ff.; s.a. Grundrechte,
  Religionsfreiheit
Religionsgemeinschaft
  Mitgliedschaft, **60**, 41
religionsverfassungsrechtlicher Vertrag, **60**,
  35 ff.
Schul- und Hochschulwesen
  Bremer Klausel, **60**, 47

Privatschulen, **60**, 49
Religionsunterricht, **60**, 43 ff.
Schulpflicht, **60**, 48
Universität, **60**, 50
Staatskirche, Verbot der, **60**, 13
Religionsfreiheit, **60**, 5 ff.; s.a. unter
  Grundrechte, Religionsfreiheit
Religionsgemeinschaft (s.a. Religion)
Mitgliedschaft, **60**, 41
Religionsverfassungsrecht, **60**, 18 ff.; s.a.
  Religion
Föderalismus, **60**, 18 ff.
Gewährleistungen, **60**, 24 ff.
Kompetenzen, **60**, 22 ff.
Privilegienbündel, **60**, 19
Vertrag, religionsverfassungsrechtlicher, **60**,
  35 ff.
Zuständigkeiten, **60**, 31 ff.
Rentenversicherung, gesetzliche, **73**, 151 ff.;
  s.a. unter Sozialversicherung,
  Rentenversicherung
Residuum, fiskalisches
Begriff, **14**, 42
Rheinbund, **2**, 30 ff.
Gründung, **2**, 30
Staatstheorie, **2**, 33 ff.
  Günther Heinrich von Berg, **2**, 35
  Johann Ludwig Klüber, **2**, 34
  Karl Solomo Zachariä, **2**, 36
  Wilhelm Joseph Behr, **2**, 37 ff.
Zweck, **2**, 31 f.
**Richterwahlausschuss für die obersten
  Bundesgerichte**, **21**, 18
**Richterwahlausschuss für Richter des
  Bundesverfassungsgerichts**, **21**,
  16 f.
Legitimation, demokratische, **21**, 16
Wahl der Richter, **21**, 17
Richtlinien der EU, **71**, 22
Abweichungsgesetzgebung, **20**, 27
Doppelfunktion, **87**, 7
EG-Datenschutzrichtlinie (s. dort)
Fernsehrichtlinie (s. dort)
föderalismusspezifische Handlungsform,
  87, 6 ff.
Rahmengesetzgebung, **19**, 34
richtlinienbezogene Auslegung, **87**, 17 f.
richtlinienkonforme Auslegung, **87**, 22 f.
Staatshaftung, **87**, 24 f.
Umsetzungsdefizite, **87**, 3
unmittelbare Wirkung von Richtlinien, **87**,
  19 ff.

Vertragsverletzungs- und Sanktionsverfahren zur Durchsetzung von Richtlinien, **87**, 11 ff.
Vorwirkung von Richtlinien, **87**, 17 f.
Wasserrahmenrichtlinie
  (s. Wasserrahmenrichtlinie, europäische)
Zweistufigkeit, **87**, 6
Römisches ius genitum
  Beispiel für überregionale Bündnisse, **104**, 19 ff.; s.a. unter Weltrepublik, föderale
Rundfunk
  ARD (s. dort)
  Bundestreue, **66**, 63 ff.
  DDR, **67**, 15
  Deutschland-Fernsehen-Urteil, **66**, 1
  duales System, **67**, 15
  EU, **67**, 15
  Fernsehrichtlinie, **67**, 15
  Filmförderung, **67**, 19
  Frequenzordnung, **66**, 33
    Verwaltung, **66**, 36 f.
  Gebühren (s. Rundfunkgebühren)
  Geschichte, **66**, 1 ff., 7 f.
    Deutschland-Fernsehen-Urteil, **66**, 1
  Gesetzgebungskompetenzen, **66**, 3 ff., 27 ff.
    Verbot der Doppelkompetenz, **66**, 29
  Kooperationen, **66**, 74 ff.
    Aufsicht und Beteiligung, **66**, 77 ff.
    Gremienvorsitzendenkonferenz, **66**, 79 ff.
    Mehrländeranstalten, **66**, 75
    ZDF, **66**, 75 f.
  Landesrundfunkanstalten, **67**, 7
  Medien (s. dort)
  Niederlande, **67**, 15
  öffentlich-rechtlicher, **67**, 2, 6 ff.
  privater, **67**, 2, 13 ff.
  Privatsender, **67**, 2, 13
  Radio, **67**, 4
  Rundfunkänderungsstaatsvertrag, 10.
    (s. unter Rundfunkstaatsvertrag)
  Rundfunkänderungsstaatsvertrag, 12.
    (s. unter Rundfunkstaatsvertrag)
  Rundfunkordnung, duale, **66**, 2, 7
  Rundfunkprogramme
    ARD, **67**, 2, 7, 10 ff., 18
    Dritte, **67**, 8 ff., 18
    Privatsender, **67**, 2, 13
    Regionalbezug, **67**, 17 f.
    ZDF, **67**, 12
  Rundfunkstaatsvertrag (s. dort)

Selbstverwaltung, **66**, 25 f.
Staatsfreiheit, **66**, 25
Vertrag von Amsterdam, **67**, 15
Verwaltungskompetenzen, **66**, 46 ff.
  erstes Rundfunkurteil, **66**, 50 f.
  Rundfunkaufsicht, **66**, 53 ff.
  Rundfunkrat, **66**, 55
  Verwaltungsrat, **66**, 56
ZDF (s. dort)
Zentralisierung, **66**, 74 ff.
Rundfunkgebühren, **66**, 38
  Erhebung, **67**, 7
  Europäische Union, **67**, 15
Rundfunkstaatsvertrag, **66**, 23; **67**, 15
  Bundestreue, **19**, 118
  Rundfunkänderungsstaatsvertrag, 10. **66**, 81 ff.
    Aufsicht, **66**, 84 f.
    Bund-Länder-Gemeinschaftsbehörde, **66**, 83
    Kontrollkommission, **66**, 84 ff.
  Rundfunkänderungsstaatsvertrag, 12. **58**, 30; **59**, 43
Russland
  Exekutivkompetenzen, **103**, 34 ff.
    Grundsatz, **103**, 34
    Vollmachten, **103**, 35 ff.
  Föderalismus
    Anerkennung föderaler Elemente, **103**, 14
    asymmetrischer Föderalismus, **103**, 12 f.
    Einflussnahme, **103**, 46 ff.
    Geschichte, **103**, 49 ff.
    Kompetenzen, **103**, 20 ff.
    Konfliktlösungen, **103**, 40 ff.
    Reformen, **103**, 23
    Souveränität einzelner Staaten der russischen Föderation, **103**, 15 ff.
    Verfassung, **103**, 9 ff.
  Geschichte
    1990er Jahre, **103**, 49 f.
    föderales System, **103**, 3 ff., 49 ff.
    Holocaust, **94**, 22
    Identitätswechsel nach dem 2. Weltkrieg, **94**, 18
    Rezentralisierung, **103**, 51 ff.
    Stalinismus, **94**, 22
    Verfassung, **103**, 9 ff.
    Zentralstaat, **103**, 1 ff.
  Gesetzgebungskompetenzen, **103**, 25 ff.
    ausschließliche, **103**, 31 ff.
    Föderation, **103**, 26 f.

gemeinsame, **103**, 28
Kritik, **103**, 33
Subjekte, **103**, 31 f.
Umfang, **103**, 29 f.
Judikativkompetenzen, **103**, 38
Konfliktlösungen im Verhältnis Zentrum – Regionen, **103**, 40 ff.
Ausnahmezustand, **103**, 42
Verfassungsgericht, **103**, 43 ff.
Vermittlungsverfahren, **103**, 41
Steuerrecht, **103**, 39

S
Sachleistungsgesetze (s. Leistungsgesetze)
Schuldenbremse, **13**, 32 ff.; **37**, 3, 86 ff., 178 ff., 211 ff.; **41**, 64 **45**, 22 ff.; **46**, 61; **91**, 3, 8; s.a. Neuverschuldungsverbot
Ausführungsgesetz, **45**, 25
Ausnahme, **45**, 24
demographischer Wandel, **91**, 37
Europäische Währungsunion, **91**, 1 ff.
Selbstbindung, vernunftstrategische, **82**, 132
Übertragung des deutschen Modells, **91**, 37 ff.
Wege der Umsetzung, **91**, 62 ff.
Föderalismuskommission II, **37**, 179
für Bund und Länder, **37**, 178 ff.
Föderalismuskommission II, **37**, 179
Ziele, **37**, 178 ff.
Inhalt, **45**, 24
konjunkturabhängige Neuverschuldungskomponente, **91**, 40
Kritik, **91**, 51 ff.
öffentliche Investitionen, **37**, 88
Sanierungshilfen, **37**, 180
Schweizer Schuldenbremse, **45**, 46; **99**, 71 ff.
Selbstbindung, vernunftstrategische, **82**, 132, 135
strukturelle Neuverschuldungskomponente, **91**, 39
Übergangsregelung, **45**, 27
Verbindlichkeit, **91**, 46, 49
zyklische Saldoregel, **91**, 38
Schuldengrenze (s. Schuldenbremse und Neuverschuldungsverbot)
Schwedische Initiative, **52**, 89 ff.
Schweiz
Bestands- und Gebietsgarantie, **99**, 108 ff.

Bildungswesen
koordiniertes Zusammenwirken im Bereich der Bildung, **61**, 1
Bundesaufsicht, **99**, 110
Bundesexekution, **99**, 111
Bundesintervention, **99**, 107
Föderalismus, **99**, 15 ff.
Bestandteile, **99**, 16 ff.
Finanzausgleich, **99**, 19
Finanzverfassung, **99**, 24
horizontaler kooperativer, **99**, 95 ff.
Kantone, **99**, 17 f.
Mischsystem, **99**, 21
Ständerat, **99**, 23
vertikaler kooperativer, **99**, 83 ff.
Vollzugsföderalismus, **99**, 22
Föderalismusreform, **99**, 8 ff.
Anlass, **99**, 9 f.
Aufgaben- und Finanzierungsentflechtung, **99**, 65
Finanzausgleich, **99**, 52 ff., 56 ff.
Härteausgleich, **99**, 63
interkantonale Zusammenarbeit mit Lastenausgleich, **99**, 67, 102
Lastenausgleich, **99**, 60 f.
Phasen der Föderalismusreform, **99**, 11 f.
Reform der Territorialstruktur, **99**, 13
Ressourcenausgleich, **99**, 58 f.
Verbundaufgaben, **99**, 66, 92
freundeidgenössische Gesinnung, **18**, 12
Geschichte, **99**, 1 ff.
Bundesstaat, **99**, 15 ff.
Bundesvertrag, **99**, 3
Föderalismus (s. unter Schweiz, Föderalismusreform)
helvetische Republik, **99**, 1
Mediationsakte, **99**, 2
Sonderbund, **99**, 4
Kompetenzen
Aufteilung, **1**, 20
Gerichtswesen, **1**, 23
Homogenitätsforderungen, **1**, 15
Steuergesetzgebung, **1**, 25
Verfassungsgerichtsbarkeit, **1**, 13
Kantone
Aufgabenautonomie, **99**, 77
Autonomie, **99**, 77 ff.
Einflussnahme auf Bundesebene, **99**, 94
Finanzausgleich, **99**, 53 ff., 57 ff.
Finanzautonomie, **99**, 78 f.
Gemeindeautonomie, **99**, 81
Härteausgleich, **99**, 63

interkantonale Institutionen, **99**, 700
interkantonale Konferenzen, **99**, 96 ff.
interkantonale Verträge, **99**, 101 f.
Lastenausgleich, **99**, 60 f.
Mitwirkung in der Außenpolitik, **99**, 44 ff.
Mitwirkung an der Willensbildung im Bund, **99**, 83 ff.
Organisationsautonomie, **99**, 75 f.
öffentlich-rechtliche Verträge, **99**, 93
Ressourcenausgleich, **99**, 58 f.
Schuldenbremse, **99**, 73
Steuerföderalismus, **99**, 50 f.
Subventionen, **99**, 91
Umsetzung von Gesetzen des Bundes, **99**, 90
Verbundaufgaben, **99**, 66, 92
Vertragsautonomie, **99**, 79
Kompetenzverteilung, **99**, 26 ff.
  ausschließliche Kompetenz, **99**, 37
  fiskalische Äquivalenz, **99**, 29
  Generalkompetenz, subsidiäre, **99**, 33 ff.
  Gesetzesdelegation, **99**, 41 ff.
  Grundsätze, **99**, 26 f.
  kantonale Kompetenz, **99**, 37
  kompensatorische Kompetenz, **99**, 37
  Kompetenz-Kompetenz, **99**, 32
  Kompetenzkonflikte, **99**, 39 f.
  konkurrierende Kompetenz, **99**, 37
  Prinzip der begrenzten Einzelermächtigung, **99**, 27, 30 f.
  Rechtswirkung, **99**, 37
  Regelungsintensität, **99**, 38
  Subsidiaritätsprinzip, **99**, 28
Schuldenbremse, **45**, 46; **99**, 71 ff.
  kantonale Ebene, **99**, 73
  Ergänzungsregel, **99**, 72
Sozialhilfe, **14**, 40
Ständerat
  zweite Kammer, **99**, 23
Vorrang des Bundesrechts, **99**, 103 ff.
Selbstbestimmungsrecht der Völker, **107**, 3 ff.
Autonomie, **107**, 50 ff.
dogmatische Grundlage eines Rechts auf Sezession, **107**, 14 ff.
rechtliche Einordnung, **107**, 4 ff.
Friendly-Relations-Deklaration, **107**, 11
UN-Charta, **107**, 3 ff.
UN-Menschenrechtspakt, **107**, 9
rechtswidrige Ausübung des, **107**, 70 ff.

Selbstbindung, kohäsive, **82**, 9 ff., 40 ff.
Bindungsformen, rechtliche, **82**, 41
dreifache, **82**, 10, 43, 94
Fortschritt, zivilisatorischer, **82**, 143 ff.
rechtsbezogene, **82**, 60 ff., 111 ff.
Vernunft, moralisch-praktische, **82**, 46 ff., 97 ff.
vernunftstrategische, **82**, 77 ff., 123 ff.
Europäisches Gemeinwohl, **82**, 186 ff.; s.a. dort
EU, **82**, 1 ff., 92 ff.
Gemeinwohl (s. dort)
  Loyalitätsprinzip (s. dort)
Weltebene, **82**, 144, 307 ff., 312
Sezession
Baskenland, **107**, 98
Bundeszwang, **107**, 92
Kanada, **107**, 77 ff.
Katalonien, **107**, 98
Québec, **107**, 99
Sezessionsrecht der Völker (s. dort)
Staatsnotstand, **107**, 91
Tschetschenien, **107**, 97
USA, **107**, 80 ff.
Verhältnismäßigkeitsgrundsatz, **107**, 46 ff., 69
Sezessionsrecht der Völker
Fallgruppen, **107**, 37 ff.
Neutralität des Völkerrechts, **107**, 20
Rechtsvergleich, **107**, 73 ff.
Kanada, **107**, 77 ff.
USA, **107**, 80 ff.
Deutschland, **107**, 83 ff.
Selbstbestimmungsrecht als dogmatische Grundlage, **107**, 14 ff.
Verhältnismäßigkeitsgrundsatz, **107**, 46 ff., 69
Solidargemeinschaft, bündische, **17**, 13
Solidarität, **82**, 227 ff.; s.a. Solidaritätsprinzip
EU, **82**, 234 f.
Katholische Soziallehre, **82**, 230
Solidaritätsprinzip
EU, **82**, 227 f.
Abgrenzung Loyalität, **82**, 220 ff.
Bedeutung, dogmatische, **82**, 246 ff.
Begriff, **82**, 149, 225, 227 ff.
Europäische Sozialunion, **82**, 248
Geschichte, **82**, 236 ff.
Kohäsion, **82**, 227 ff., 254 f.; s.a. dort
Kompetenzausübung, **82**, 253
Kompetenzübertragung, **82**, 252
Selbstbindung, kohäsive, **82**, 227 ff., 254 f.; s.a. dort

Sachverzeichnis

Solidaritätsklausel, Art. 222 AEUV, **82**, 244
Vertrag von Lissabon, **82**, 241 ff.
Solidaritätszuschlag, 45, 56
Souveränität, 84, 23
Begriff, **16**, 142 ff.
Sozialhilfe, 73, 192 ff.; s.a. unter Sozialversicherung, Sozialhilfe
Sozialrecht
  Begriff, **73**, 56 ff.
    formeller Begriff, **73**, 57 f.
    materieller Begriff, **73**, 59 ff.
  Einflüsse des Föderalismus, **73**, 109 ff.
    Gerichtsentscheidungen, **73**, 113 ff.
    Verwaltungsentscheidungen, **73**, 110 ff.
  Gesetzgebungskompetenzen, **73**, 14
  Sozialrecht und -politik der EU (s. dort)
  Sozialversicherung (s. dort)
  Sozialversicherungsrecht (s. dort)
Sozialrecht und -politik der EU, 92, 7 ff., 24 ff., 29, 33
  Devolution, **92**, 54
  Europäisches Sozialmodell, **92**, 41
  Kapitalverkehrsfreiheit, **92**, 38
  Niederlassungsfreiheit, **92**, 37
  Sozialpolitik
    betriebliche, **92**, 39
    offene Methode, **92**, 43 ff.; s.a. unter Offene Methode der Sozialpolitik
  Vertrag von Lissabon, **92**, 9 ff.; s.a. dort
  Sicherheit, soziale, **85**, 14
  Wohlfahrtsstaat, Ablösung des, **92**, 53 f.
Sozialversicherung, 73, 117 ff.
  Begriff, **73**, 117
  Beitrags- und Leistungsgerechtigkeit, föderative Besonderheiten, **73**, 179 ff.
  Grundsicherung, föderative Elemente, **73**, 182 ff.
    Arbeitslosengeld II, **73**, 185
    Bundesangelegenheit, **73**, 182, 186 f.
    Finanzierung, **73**, 183
    Grundsicherung für Arbeitsuchende, **73**, 184, 187 ff.
    Kooperationszwang, **73**, 190 f.
  Kinder- und Jugendhilfe, föderative Elemente, **73**, 210 f.
    Kooperationen, **73**, 211
    Rechtsgrundlagen, **73**, 210 f.
  Krankenversicherung, gesetzliche, föderative Elemente, **73**, 118 ff.
    Bundesausschuss, gemeinsamer, **73**, 126 f.
    Kassenärztliche Bundesvereinigungen, **73**, 120
    Konferenz der obersten Sozialbehörden, **73**, 127
    Kooperationen zwischen Bundes- und Ländereinrichtungen, **73**, 146 ff.
    Krankenkassen, **73**, 118 ff., 138 ff.
    Landesausschüsse, **73**, 125
    Rechtsverordnungen, **73**, 128 ff.
    Schiedswesen, **73**, 124
    Spitzenverband Bund der Krankenkassen, **73**, 120
    Vertragspartnerschaften, **73**, 121
    Vertragswesen, **73**, 122 f.
  Pflegeversicherung, gesetzliche, föderative Elemente, **73**, 166 ff.
    Ausgleichsfonds, **73**, 169
    Bedarfsermittlung, **73**, 196
    Grundsatz der Stabilität, **73**, 173
    Organisation, **73**, 166 ff.
    Pflegekassen, **73**, 166 ff.
    Schiedswesen, **73**, 168, 174
    Versorgungsvertrag, **73**, 176
  Rehabilitationsrecht, föderative Elemente, **73**, 212 ff.
    Begriff, **73**, 212 ff.
    Bundesarbeitsgemeinschaft für Rehabilitation, **73**, 221
    gemeinsame Empfehlungen, **73**, 219 ff.
    gemeinsame örtliche Servicestellen der Rehabilitationsträger, **73**, 217 f.
    Kooperationen, **73**, 215 f., 218
  Rentenversicherung, gesetzliche, föderative Elemente, **73**, 151 ff.
    Bundesrecht, **73**, 152 f.
    Leistungswesen, **73**, 154 ff.
    Organisation, **73**, 151
  soziale Entschädigung, föderative Elemente, **73**, 206 ff.
    Begriff, **73**, 206
    Organisation, **73**, 208 f.
    Rechtsgrundlagen, **73**, 207
  soziale Förderung, föderative Elemente, **73**, 223 ff.
    Ausbildungsförderung, **73**, 224 ff.
    Begriff, **73**, 224
    Erziehungsgeld, **73**, 229
    Kindergeld, **73**, 228
    Unterhaltsvorschuss, **73**, 230
    Wohngeld, **73**, 227
  Sozialhilfe, föderative Elemente, **73**, 192 ff.
    Finanzierung, **73**, 194 ff.
    Kooperationen, **73**, 199 ff.

Organisation, **73**, 192
Rechtsetzung, **73**, 193
Sozialversicherungsrecht (s. dort)
Unfallversicherung, gesetzliche, föderative
    Elemente, **73**, 157 ff.
    Kooperation, **73**, 162 ff.
    Organisation, **73**, 157 f.
    Prävention, **73**, 160 f.
    Rechtsverordnungen, **73**, 159
Sozialversicherungsrecht
    Gesetzgebungskompetenzen, **73**, 95 ff.
    Abgrenzungskriterien, **73**, 97 ff.
    BVerfG, Rechtsprechung, **73**, 96
    formelle Gesetze, **73**, 98
    Rechtsverordnungen, **73**, 99
    Satzungen, **73**, 100 ff.
    sonstiges Recht, **73**, 105 ff.
    Verwaltungsvorschriften, **73**, 104
Sozialversicherung (s. dort)
Spanien
    autonome Gemeinschaften (s. unter
        Autonome Gemeinschaften
        Spaniens)
    Baskenland
        Sezessionsbestrebungen, **107**, 98
    Föderalisierung, **8**, 22
    Geschichte, **102**, 6 ff.
        erste Republik, **102**, 9
        Zentralstaat, Konzept, **102**, 8
        zweite Republik, **102**, 10
    Gesetzgebung
        Kompetenzverteilung, **102**, 43 ff.
    Katalonien
        Sezessionsbestrebungen, **107**, 98
    präföderale Strukturen, **10**, 10
    Region, **10**, 29
    Regionalstaat, **10**, 44 f.
    Steuern, **102**, 58 ff.
    Territorialordnung, **102**, 12 ff.
        Autonomie, **102**, 14 ff.
        Einheitlichkeit der Wirtschaftsordnung,
            102, 25
        Geschichte, **102**, 12 ff.
        Gleichheitsgebot, **102**, 21 ff.
        Solidaritätsprinzip, **102**, 24
        Staatlichkeit, **102**, 14 ff.
    Verfassung
        autonome Gemeinschaften, **102**, 14 ff.;
            s.a. unter Autonome Gemeinschaften
            Spaniens
        Autonomiestatute, **102**, 36 ff.
        Änderung, **102**, 72 f.
        Finanzverfassung, **102**, 55 ff.

Geschichte, **102**, 12 f.
Gründung einer autonomen
    Gemeinschaft, Verfahren,
    102, 32 ff.
Verfassungsänderung, **102**, 3
Verfassungsgericht, Rechtsprechung
    Einheit der Verfassungsordnung, **102**,
    17 f.
Verwaltung
    Kompetenzen, **102**, 53 f.
Spielvermittlung, gewerbliche, **36**, 19 ff.
    Begriff, **36**, 19
    Glücksspielstaatsvertrag, **36**, 20 ff.
    Lotterie, **36**, 19
    Verwaltungsgebühr, **36**, 23
Spillover-Effekt, **14**, 31 ff.
    Kernstadt – Umland, **14**, 32
    öffentliche Güter, **14**, 33 f.; s.a. dort
Sprachenvielfalt, **84**, 4, 13, 20
Staatenbund
    Begriff, **16**, 16
Staatenverbund, **16**, 19; **84**, 4 f., 32
Staatsangehörigkeit
    Abstammungsprinzip (ius sanguinis),
        79, 17
    Gesetzgebungskompetenz, **79**, 8
    Staatsangehörigkeitsgesetz, **79**, 58
    Territorialprinzip (ius soli), **79**, 17
Staatsaufgabe
    Begriff, **19**, 24 ff.
Staatstheorie
    Deutscher Bund, **2**, 45 ff.
        Friedrich von Gagerns, **2**, 52 ff.
        Karl Theodor Welcker, **2**, 56 ff.
        Paul Achatius Pfizer, **2**, 50 f.
    Deutsches Reich, **2**, 80 ff.
        Hugo Preuß, **2**, 84
        Max von Seydel, **2**, 82
        Otto Mayer, **2**, 84
        Otto von Giercke, **2**, 84
        Robert von Mohl, **2**, 81
        Rudolf Smend, **2**, 84
    Heiliges Römisches Reich deutscher
        Nationen, **2**, 15 ff.
        Adam Christian Gaspari, **2**, 26
        Andreas Joseph Schnaubert, **2**, 28
        Gottfried Wilhelm Leibniz, **2**, 12
        Johann Gottlieb Pahl, **2**, 25
        Johann Heinrich Gottlob von Justi, **2**, 18
        Johann Jakob Moser, **2**, 16
        Johann Stephan Pütter, **2**, 19
        Justus Möser, **2**, 17
        Karl Solomo Zachariä, **2**, 29

Sachverzeichnis 827

Ludolph Hugo, **2**, 10
Nikolaus Thaddäus Gönner, **2**, 17
Samuel Pufendorf, **2**, 11
Theodor von Schmalz, **2**, 28
Immanuel Kant, **5**, 9 ff.
   Analyse der foedus pacificum- Theorie, **5**, 13
   foedus pacificum-Theorie, **5**, 9
Jean-Jacques Rousseau, **5**, 6 ff.
John Locke, **5**, 4 f.
Norddeutscher Bund, **2**, 73
Paulskirchenverfassung, **2**, 67 ff.
   Alexis de Toqueville, **2**, 67
   Georg Waitz, **2**, 67 ff.
   Johann Kaspar Bluntschli, **2**, 64
Rheinbund, **2**, 33 ff.
   Günther Heinrich von Berg, **2**, 35
   Johann Ludwig Klüber, **2**, 34
   Karl Solomo Zachariä, **2**, 36
   Wilhelm Joseph Behr, **2**, 37 ff.
Thomas Hobbes, **5**, 2 f.
Utilitarismus, **5**, 15 ff.
   Analyse, **5**, 16
Weimarer Republik, **2**, 93 ff.
   Carl Bilfinger, **2**, 101
   Carl Schmitt, **2**, 103 ff.
   Gerhard Anschütz, **2**, 101
   Hans Kelsen, **2**, 96 ff.
   Hans Nawiasky, **2**, 94 f.
   Hermann Heller, **2**, 102
   Konrad Beyerle, **2**, 99
   Rudolf Smend, **2**, 106 ff.
   Wilhelm Mommsen, **2**, 100
Staatsverschuldung (s.a. Verschuldung)
   Abhängigkeit von Finanzinstituten, **38**, 24 ff.
     Ratingagenturen, **38**, 28
     Souveränitätsverlust, **38**, 25 ff.
   allgemeiner Spargrundsatz, **38**, 10
   Europa, **91**, 1 ff.
   fiktiver Generationsvertrag, **38**, 9
   Föderalismusreform II, **41**, 1
   Frühwarnsystem, **38**, 3
   Gegenrevolution der Geldtheorie, **38**, 15
   Generationengerechtigkeit, **38**, 14, 30
   Generationenvertrag (s. dort)
   Haushaltsnotlagen (s. dort)
   historisches Dilemma, **38**, 6 ff.
   implizite, **91**, 49, 58
   Italien, **101**, 31
   Junktim zwischen Investitions- und Kreditsumme, **38**, 13

   Störung des gesamtwirtschaftlichen Gleichgewichts, **38**, 15
   Konsolidierungshilfen, **41**, 64 ff.; s.a. dort
   Legitimation, **38**, 10, 14 ff.
   Neuverschuldungsverbot (s. dort)
   Problem des Gesamtstaates, **38**, 5
   Rettung notleidender Banken oder Produktionsbetriebe, **38**, 20 ff.
   Schuldenbremse (s. dort)
   Souveränitätsverlust, **38**, 25 ff.
   Übermaßverbot, **38**, 6, 30
   Verfassungsgrenzen
     bisherige, **38**, 12
     Föderalismusreform II, **38**, 2, 17 ff.
   Wirtschaftskrise, **91**, 2, 44
   Wirtschaftswachstum, **38**, 7
Staatsverträge
   Glücksspielstaatsvertrag (s. dort)
   Katastrophenschutz, **54**, 30
   Neugliederung des Bundesgebietes durch, **47**, 23 f.; s.a. dort
   Rundfunkstaatsvertrag (s. dort)
Staatsvolk, **84**, 12 f., 18 ff., 24 ff., 41, 54
Stabilitäts- und Wachstumspakt, **91**, 1 ff.
   Bilanz, **91**, 14 ff., 66
   Ergänzung, **91**, 6
   Ergänzung um nationale Haushaltsregeln, **91**, 15 ff.
   korrektiver Arm, **91**, 17
   Medium-Term Objectives (MTOs), **91**, 16, 39, 48 f.; s.a. dort
   präventiver Arm, **91**, 16, 48 f.
   Schuldenbremse, deutsche, **91**, 3, 39
   Vertrag von Amsterdam, **91**, 1
   wirtschafts- und währungspolitische Stabilität, **91**, 1
Stabilitätsrat, **13**, 36; **33**, 41; **38**, 3; **45**, 31, 61 ff.
Standortwettbewerb unter den Ländern, **30**, 13, 33 ff.
   Analyse der Zielgröße Einkommen, **30**, 42 ff.
   Innovationswettbewerb, **31**, 10 ff.
   Kapitalproduktivität, **30**, 5, 7 ff.
   Legitimation des Bundesstaates, **16**, 55
   Steuerbelastung, **30**, 6, 9
   Zielgrößenbereich Einkommen, **30**, 37 ff.
Stasi-Unterlagen-Gesetz, **57**, 12
Ständige Konferenz der Kultusminister der Länder (s. Kultusministerkonferenz)
Steuerautonomie, **37**, 7 ff., 192 ff.; **46**, 30 ff.
   Föderalismusreform I, **37**, 91

Reformen, **37**, 92 ff.
  Gemeinschaftssteuern, **37**, 94
  Trennsystem, **37**, 92 f.
  Zuschlags- und Abschlagsrechte, **37**, 95 ff.
  Schaffung von Steuerautonomie für die Länder, **37**, 148 ff.
Steuergesetzgebung
  Bundesrat, Mitwirkung der Länder, **37**, 10
  Kompetenzen (s. Steuergesetzgebungskompetenzen)
  Steuererfindungsrecht, **23**, 100; **40**, 22
  Zustimmungsbedürftigkeit, **23**, 96 ff.
  Zustimmungsgesetz, Aufhebung eines, **23**, 101 ff.
  Zustimmungsgesetz, Aufspaltung eines, **23**, 99
Steuergesetzgebungskompetenz(en), **1**, 26 ff.; **23**, 94 f.; **25**, 16; **40**, 1 ff.; **46**, 10, 29
  abschließende Regelung der Finanzverfassung, **40**, 6
  Ausgestaltungsmöglichkeiten, unterschiedliche, **40**, 3 ff.
  ausschließliche Gesetzgebung der Länder, **40**, 32 ff.
    Aufwandsteuern, **40**, 32, 34
    Bundessteuern nicht gleichartige Steuern, **40**, 35 f.
    Grunderwerbsteuer, Steuersatz, **40**, 37
    Kirchensteuergesetzgebung, **40**, 38
    örtliche Abgaben, **40**, 32, 35
    Steuergefälle, **40**, 35
    Verbrauchsteuern, **40**, 32 f.
  ausschließliche Gesetzgebung des Bundes, **40**, 6 ff.
    Bedeutungslosigkeit, **40**, 13 ff., 26
  Bundesdominanz, quasi-totale, **40**, 40
  Bundesstaat, **40**, 3 ff.
    Aufgabenerhebungskompetenz geteilte, **40**, 3
    Beschränkung auf Ertragshoheit, **40**, 3
    Föderalismus, hinkender, **40**, 25
    Länder als Kostgänger des Bundes, **40**, 5
    Regionalismus, dezentralisierender, **40**, 5
    Steuergesetzgebung als offene Flanke der Bundesstaatlichkeit, **40**, 25
    Zuweisung eines angemessenen Anteils am Gesamtsteueraufkommen als unentziehbares Hausgut der Länder, **40**, 3

  EU, **90**, 20 ff.
  Föderalismusreform II, **7**, 20
  Gemeinschaftsrecht, **40**, 39
  Haushaltsgrundsätze für Bund und Länder, **40**, 6
  historische Entwicklung, **13**, 16 ff.; **40**, 9 ff.
    Abführung der Steuern, **13**, 18
    Einkommensteuer, **13**, 17
    Gleichschaltung der Länder 1933, **40**, 10
    Grundgesetz, Entstehung, **40**, 11
    Körperschaftsteuer, **13**, 17
    Mischsystem, **13**, 20
    Reichsverfassung von 1871, **40**, 9
    Steuerertragsverteilung von 1879, **40**, 9
    Steuergesetzgebungsreform von 1969, **13**, 21 ff.
    unitarische Tendenzen nach 1949, **40**, 11 f.
    Verschuldung, **13**, 19 f.
    Weimarer Reichsverfassung, **40**, 10
    Weimarer System, **40**, 12
  Kommunalföderalismus, **40**, 41
  Kommunalgesetzgeber, **40**, 41
    Hebesätze für Grund- und Gewerbesteuer, **40**, 41
  Kompetenzverteilung, Einzelheiten, **40**, 26 ff.
  konkurrierende Gesetzgebung des Bundes, **40**, 6 ff., 26 ff.
    Ausschöpfung, **40**, 31
    Bundeseinheitlichkeit als Kompetenzbegründung, **40**, 29 ff.
    Ertragshoheit, Verweisung des Art. 105 Abs. GG, **40**, 27
    Großsteuern, **40**, 28
    Voraussetzungen des Art. 105 Abs. 2 GG, **40**, 26
  Reformüberlegungen, **40**, 44 f.
  Steuern (s. dort)
  Trennung der Gesetzgebungszuständigkeiten im Abgabenbereich zwischen Bund und Ländern, **40**, 4
  Verteilung der Abgabenerträge, **40**, 4
Steuern, **40**, 13 ff.
  Aufwandsteuern, **40**, 32, 34
  ausschließliche Landessteuern, **40**, 32 ff.; s.a. Steuergesetzgebungskompetenzen, ausschließliche Gesetzgebung der Länder
  Beteiligungsföderalismus, **46**, 62
  Betriebsstättenprinzip, **37**, 28

Sachverzeichnis 829

Bund als Herr der Steuern, **40**, 25
Bundessteuern, **40**, 26 ff.; s.a. Steuergesetzgebungskompetenzen, ausschließliche Gesetzgebung des Bundes
Bundessteuern nicht gleichartige Steuern, **40**, 36
Einkommensteuer, **37**, 98 ff.
Einzelsteuern, **40**, 20
EU, **90**, 20 ff.
    Kompetenz, **90**, 21 f.
    Steuerfindungsrecht, **90**, 23
Finanzhilfen des Bundes, **41**, 62 f,; **45**, 32, 71 ff.; **46**, 34
Finanzierung öffentlicher Aufgaben, **40**, 18
Finanzmonopole, **40**, 16
Großsteuern, **40**, 28
Grunderwerbsteuer, **40**, 37
Hebesätze für die Grund- und Gewerbesteuer, **40**, 41
Kirchensteuer, **40**, 38; **60**, 42
Kommunalföderalismus im Bereich der Steuern, **40**, 41
Länder
    Steuerautonomie, **46**, 30 ff.
    Verschuldung, **46**, 33
legislative Disposition des einfachen Bundesgesetzgebers, **40**, 20
Nichtsteuerliche Abgaben (s. dort)
örtliche Abgaben, **40**, 32, 35
Steuerautonomie (s. dort)
Steuerbegriff, **40**, 18 ff.
Steuerbestimmungsrecht, **40**, 21
Steuererfindungsrecht, **23**, 100; **40**, 22
Steuergesetzgebung (s. dort)
Steuergesetzgebungskompetenzen (s. dort)
Steuerstaat, **40**, 18
Steuerverteilung (s. dort)
Steuerverwaltungskompetenzen (s. dort)
Steuerzerlegung (s. dort)
Trennsystem, **46**, 10
Umsatzsteuerausgleich (s. dort)
Verbrauchsteuern, **40**, 32 f.
Verhaltenslenkung, **40**, 19
Zerlegungsgesetz (s. dort)
Zölle, **40**, 14 f.
    EG-Zoll-Kodex, **40**, 14
Steuerverteilung, 41, 8 ff.
    Anpassung der Ertragsverteilung, **41**, 11
    horizontale Steuerertragsaufteilung, **41**, 13
    primäre Steuerverteilung, **41**, 8, 11 ff.
    sekundäre Steuerverteilung, **41**, 8
    Steuerzerlegung (s. dort)

vertikale Steuerertragsverteilung, **41**, 11
vierstufiges Verfahren, **41**, 10
Zerlegungsgesetz (s. dort)
Steuerverwaltungskompetenzen, 40, 46 ff.
Art. 108 GG als lex specialis, **40**, 49
Ausbildung der Beamten, **40**, 62
Bundesdominanz, **40**, 64
Bundesfinanzverwaltung, **40**, 55 ff.
    Behördenorganisation, **40**, 57
    Blankoermächtigung des Art. 108 Abs. 4 Satz 1 GG, **40**, 56
    Einrichtung der Bundessteuerbehörden, **40**, 58
    Finanzmonopole, **40**, 55
    Verbrauchsteuern, **40**, 55
    Zölle, **40**, 55
EG-Behörden, **40**, 57
historische Entwicklung, **40**, 52 ff.
    Entwicklung von 1945 bis 1969, **40**, 53
    Finanzverfassungsgesetz von 1950, **40**, 53
    Kaiserreich, **40**, 52
    Verfassungsänderung von 1969, **40**, 54
    Weimarer Republik, **40**, 52
komplexes System, **40**, 46, 48 ff.
Länderfinanzverwaltung
    Bundesauftragsverwaltung, **40**, 60
    Fachaufsicht, **40**, 60
    Gemeindesteuern, **40**, 63
    Mischverwaltung, **40**, 61
    Normalzustand einer Steuerverwaltung durch Landesbehörden, **40**, 60
    Organisation der Landessteuerverwaltung, **40**, 61
    Systembruch, **40**, 61
    Weisungen, **40**, 60
Ordnungszuständigkeit des Oberstaates, **40**, 47
Rechtsetzung der Verwaltung, **40**, 51
Rechtsverordnungen, **40**, 51
Regelungsmöglichkeiten, unterschiedliche, **40**, 46
Schwachstelle des deutschen Föderalismus, **40**, 48
Steuergleichheit, **40**, 51
    entföderalisierende Wirkung, **40**, 51
Steuerrecht als Recht der Verwaltung, **40**, 51
Verwaltungsvorschriften, **40**, 51
Verwaltungszuständigkeit, einheitliche, **40**, 46
Steuerzerlegung, 37, 36 ff.
    Zerlegungsgesetz, **37**, 39

Struktursicherungsklausel des Art. 23 Abs.
1 GG, **16**, 132; **85**, 1 ff.
Studienbeiträge (s. Studiengebühren)
Studiengebühren
BVerfG, Rechtsprechung, **61**, 28
Studienbeiträge, **63**, 49 f.
Sturmflut 1962, **54**, 34
Subsidiarität, **19**, 65 ff.; **30**, 14
Auslegung, **19**, 86 ff., 105
ausschließliche Zuständigkeit des Bundes, **19**, 87 ff.
europarechtliches Subsidiaritätsprinzip, **15**, 14 ff., 63, 32; **82**, 256 ff.; **85**, 22; **93**, 1, 13
AdR als Hüter der Subsidiarität, **93**, 13, 55
Begriff, **82**, 258 ff., 265 ff.
Geschichte, **82**, 268 ff.
katholische Soziallehre, **82**, 260 ff.
Kohäsion, **82**, 256 ff.; s.a. dort
Kompetenzausübungsschranke, **82**, 268
Selbstbindung, kohäsive, **82**, 256 ff.; s.a. dort
Subsidiaritätsklage, **82**, 286 ff.
Subsidiaritätsrüge, **82**, 281 ff.
Vertrag von Lissabon, **82**, 278
europäische Integration, **16**, 134
föderale Perspektive, **19**, 73 ff.
Föderalismusreform I, **19**, 81 ff., 106
Inhalt, **19**, 68 ff.
Italien, **101**, 11
katholische Soziallehre, **19**, 68; **82**, 260 ff.
Kompetenzverteilungsregel, **19**, 78
konkurrierende Gesetzgebung, **19**, 93 ff.
Legitimation des Bundesstaates, **16**, 53
Maßstab für Übernahme von Staatsaufgaben, **19**, 76 ff.
Negativkriterien, **19**, 69
Positivkriterium, **19**, 69
Residualkompetenz, **19**, 86
Schweiz, **99**, 28
Verankerung im GG, **19**, 81 ff., 106
Verfassungsprinzip, **19**, 74 f.
Vertrag von Lissabon, **85**, 4, 22, 28
Subsidiaritätsprotokoll, **85**, 6, 22
Subsidiaritätsrüge, **85**, 28
weltstaatliche Subsidiarität, **104**, 30; **105**, 48
Subsidiaritätsprinzip (s. Subsidiarität)
Supranationale Union, **84**, 3 ff.
Begriff, **84**, 7
Charakter, föderaler, **84**, 8
neue Organisationsform, **84**, 5
Staatsähnlichkeit, **84**, 9 f.
supranationale Organisation, **84**, 3, 18
Volk, **84**, 12 ff.
Supranationalisierung
Begriff, **106**, 9
EU, **106**, 10
supranationale Union (s. dort)
Supreme Court, Rechtsprechung (s. unter USA, Supreme Court)
Südafrika
Gesetzesvollzug, **95**, 20
Gesetzgebung
Zuständigkeiten, **95**, 17 ff.
zweite Kammer, **95**, 9
Rechtsprechung, **95**, 23
Steuern, **95**, 26
unitarische Staatsorganisation, **95**, 1
Geschichte, **95**, 5
Souveränität, **95**, 7 f.
Westminster-Modell, **95**, 1

T
Technisches Hilfswerk, **54**, 41, 43
THW-Helferrechtsgesetz, **54**, 41
Terrorismus, **52**, 72 ff.
§ 129a StGB, **52**, 75, 78
§ 129b StGB, **52**, 77 f.
Aktionsplan des Europäischen Rates, **52**, 79
gemeinsames Terrorismusabwehrzentrum, **53**, 58
internationaler Terrorismus, **53**, 25; s.a. dort
Terroranschläge vom 11.9.2001, **53**, 68
Terrorismusbekämpfungsgesetz, **52**, 76
Terrorcamps, **53**, 23
The Network of European Metropolitan Regions and Areas (METREX), **49**, 75
Trennungsgebot, nachrichtendienstliches, **52**, 57 ff.
Trybunal Konstytucyjny, Rechtsprechung
Grundrechtsschutz und Unionsrecht, **88**, 25

U
Umsatzsteuerausgleich, **37**, 43 ff.
Ergänzungsanteile, **37**, 45 ff.
Länderanteil, **41**, 14
Volumen, **37**, 46
Umweltgesetzbuch, **68**, 19; **70**, 9
Umweltministerkonferenz, **68**, 73
Umweltschutz
Föderalismusreform I
(s. Föderalismusreform I, Umweltschutz)
Gerichtsbarkeit, **68**, 76 ff.

Sachverzeichnis

Geschichte, **68**, 14 ff.
   Rechtslage ab 2006, **68**, 17 ff.
   Rechtslage von 1949-1972, **68**, 15
   Rechtslage von 1972-2006, **68**, 16
Gesetzgebungskompetenzen, **68**, 13, 20 ff.
   Abweichungsgesetzgebung, **68**, 29, 32 ff.
   ausschließliche, **68**, 24, 46
   konkurrierende, **68**, 25 ff., 47 f.
   Länder, **68**, 44 ff.
   ungeschriebene, **68**, 43
Globalisierung, **68**, 1, 82
Kommunen, **68**, 67 ff.
   Aufgabenbereich, **68**, 68 f.
   Kooperationen, **68**, 66
Verwaltungskompetenzen
   Bundesministerium für Ernährung, Landwirtschaft und Verbraucherschutz, **68**, 71
   Bundesministerium für Umwelt, Naturschutz und Reaktorsicherheit, **68**, 71
   Bundesoberbehörden, **68**, 72
   Grundsatz, **68**, 51 ff.; s.a. unter Verwaltung und Verwaltungskompetenzen
   Landesebene, **68**, 74 f.
   Rat von Sachverständigen für Umweltfragen, **68**, 73
   Rat für nachhaltige Entwicklung, **68**, 73
   Umweltministerkonferenz, **68**, 73
Umweltgesetzbuch, **68**, 19; **70**, 9
Umweltstaat, **68**, 10
Umweltstaat
   Begriff, **68**, 10
UN (s. Vereinte Nationen)
UN-Charta
   Gewaltverbot, **107**, 34, 62
   Recht auf Selbstverteidigung, **107**, 66
   Selbstbestimmungsrecht der Völker, **107**, 3 ff.; s.a. dort
   territoriale Integrität, **107**, 24
   Weltverfassung, **105**, 42
UNESCO-Konvention Kulturelle Vielfalt, **59**, 27
Unfallversicherung, gesetzliche, **73**, 157 ff.; s.a. unter Sozialversicherung, Unfallversicherung
Ungeschriebene Gesetzgebungskompetenzen, **19**, 143 ff.
   Annexkompetenz, **19**, 145
   Zuständigkeit kraft Natur der Sache, **19**, 146
   Zuständigkeit kraft Sachzusammenhangs, **19**, 144
Unionsbürgerschaft, **82**, 106; **84**, 13 ff.
Europäisches Gemeinwohl, **82**, 191 f.
Unionsgrundrechte
   Begriff und Entwicklung, **88**, 4 ff.
   EMRK, **88**, 4
   Grundrechtecharta, **88**, 4 f.; s.a. dort
   BVerfG, Rechtsprechung (s. dort)
   EuGH, Rechtsprechung (s. dort)
   im intergouvernementalen Bereich, **88**, 28 ff.
   BVerfG, Rechtsprechung, **88**, 28 ff.
   EuGH, Rechtsprechung, **88**, 33 f.
   Schutz durch den EGMR, **88**, 38 ff.; s.a. dort
   Verhältnis zur EMRK, **88**, 39 ff.
Unionstreue, **18**, 17; **89**, 29 f.
Unionsvolk, **84**, 21 f., 27 ff., 42 ff.
   Verfassunggebung, **84**, 43 ff.
Unitarismus
   Begriff, **16**, 16
   Italien, **101**, 1, 19
   Österreich, **98**, 14
   unitarischer Bundesstaat, **16**, 90
Unterhaltsvorschuss, **73**, 230
USA
   Bundesstaaten
      Justizsystem, **96**, 19
      Reformen, **96**, 21
      Repräsentation, **96**, 20
      Verfassungsautonomie, **96**, 1, 18
   Finanzverfassung, **96**, 14 ff.
      Finanzausgleich, **96**, 16
      Finanzzuweisungen des Bundes, **96**, 15 ff.
      Welfare clause, **96**, 15
   Föderalismus, **96**, 1 ff.
      Ausgestaltung, **26**, 10
      Geschichte, **96**, 23 ff.
   Gesetzesvollzug, **96**, 6
   Implied powers-lehre, **96**, 8
   Intergouvernmental immunity, **18**, 15
   Kompetenzverteilung, **1**, 20 f.; **96**, 4 ff.
      auswärtige Gewalt, **96**, 5
      Gerichtswesen, **1**, 23
      Homogenitätsforderungen, **1**, 15
      Vorrang des Bundesrechts, **96**, 5
   Sezessionsrecht, **107**, 80 ff.
   Supreme Court, Rechtsprechung, **96**, 7 ff.
      Auswirkungen auf Grundrechte, **96**, 11
      Commerce clause, **96**, 8 f.
      Finanzverteilung, **96**, 14

Kompetenz der Bundesstaaten, **96**, 7, 12 f.
Preemption, **96**, 10

V

Verbraucherpolitik, 72, 1 ff.
Verbraucherschutzministerkonferenz, 71, 71
Vereinte Nationen
  Begriff, **105**, 29
  Brundtland-Report, **108**, 6
  föderale Weltrepublik, **105**, 56 ff.
  Gerichtsbarkeit, fehlende, **105**, 59
  Rechtsetzung, **105**, 58
  Völkerstaat, Entwicklung zum, **105**, 60
  Gewaltverbot, **105**, 30
  UN-Charta (s. dort)
  UN-Menschenrechtspakt, **107**, 9
Verfassung
  Begriff, **1**, 13
  EU, **84**, 36
    Verfassunggebung, **84**, 37 ff.; s.a. unter Verfassunggebung, EU
    Verfassungsvertrag, **84**, 37, 52 f.
  Finanzverfassung (s. dort)
  Grundgesetz (s. dort)
  Grundlagen des Bundesstaatsprinzips, **16**, 57 ff.
  Kohäsion, **82**, 41, 62 ff.; s.a. dort
  Kulturverfassungsrecht, **10**, 21 f.
  Landesverfassung (s. dort)
  Paulskirchenverfassung (s. dort)
  Selbstbindung, kohäsive, **82**, 41, 62 ff.; s.a. dort
  Verfassungsautonomie der Länder (s. Länder, Verfassungsautonomie)
  Verfassungskommissionen (s. dort)
  Verfassungskonvent von Herrenchiemsee (s. dort)
  Verfassungskultur (s. dort)
  Verfassungsorgantreue, **18**, 53
  Verfassungsstaat (s. dort)
  Verfassungsverbund, **84**, 5
  Vollverfassungen der Länder (s. Länder, Vollverfassungen)
  Weltverfassung (s. dort)
Verfassunggebung, EU, 84, 37 ff.
  Gewalt, **84**, 37
  Verfahren, **84**, 38 ff.
  Verfassungskonvent, **84**, 44 ff., 50
  Verfassungsreferendum, **84**, 51 ff.
  Vorvertrag zur Regelung der Modalitäten der Reform der EU, **84**, 57 f.

Verfassungskommissionen
  Enquête-Kommission Verfassungsreform, **21**, 19
  Föderalismuskommission I, **21**, 23 f.
  Föderalismuskommission II, **21**, 25 ff.
  Föderalismuskommission, unabhängige, **21**, 20
  gemeinsame Verfassungskommission, **21**, 21 f.
  Länderkommission Verfassungsreform, **21**, 19
Verfassungskonvent von Herrenchiemsee
  Bundesrat als Senat, **15**, 53
  Verwaltungskompetenzen, **28**, 2
Verfassungskultur, 10, 5 ff.
  Elemente, **10**, 8
  gemeineuropäische Verfassungskultur, **10**, 4
Verfassungsorgantreue, 18, 53
Verfassungsstaat
  EU, **10**, 46
  Regionalismus, **10**, 37, 39 ff.
  Legitimation, **10**, 42
  Strukturen, **10**, 39
  Strukturformen, **10**, 10
  Föderalstaat, **10**, 10
  Regionalstaat, **10**, 10
  Zentralstaat, **10**, 10
Verfassungsverbund, 84, 5
Verflechtung zwischen Bund und Ländern
  Gesetzesvollzug, **73**, 41 ff.
  Gegenstromverfahren, **73**, 34 f.
  Gesetzgebung, **73**, 14 f.
  legislativ-normativer Bereich, **73**, 19 ff.
  Mischverwaltung (s. dort)
  Planungsrecht, **73**, 34
  Politikverflechtung (s. dort)
  Sozialversicherungsrecht (s. unter Sozialversicherung, föderative Elemente)
  Spitzenverband Bund der Krankenkassen, **73**, 26 ff.
  Verbundverwaltung, **73**, 25
  Verfassungsorganisationsrecht, **73**, 16 ff.
  Verwaltungsverflechtung (s. dort)
Vermittlungsausschuss, 22, 82; **24**, 38; **71**, 20
  Funktion, **21**, 10
  Zusammensetzung, **21**, 9
Versammlungsrecht, 52, 29
  Föderalismusreform I, **52**, 16
Verschuldung (s.a. Staatsverschuldung)
  Bemühungen zur Begrenzung, **37**, 124 ff.
  Verschuldungsgrenze, langfristige, **37**, 131 ff.

Sachverzeichnis

Verschuldungsverbot, **37**, 134 f.;
(s. Neuverschuldungsverbot und Schuldenbremse)
Neuverschuldungsverbot (s. dort)
Sanktionen, **37**, 143 f.
Schuldenbremse (s. dort)
Schuldenpolitik
 Europäischer Stabilitäts- und Wachstumspakt, **37**, 129
 Insolvenzverfahren, **37**, 127
 Schuldenaufsicht, **37**, 143 ff.
 Solidarhaftung, **37**, 127 ff.
 Überwachung, **37**, 143 f.
 wachsende, **37**, 86 ff., 200 ff.
Verschuldungsverbot (s. Neuverschuldungsverbot und Schuldenbremse)
Vertrag über eine Verfassung für Europa, **84**, 37, 52 f.
Vertrag von Amsterdam
 Ausschuss der Regionen, **93**, 11
 Inhalt, **80**, 63 ff.
  Flexibilitätsklausel, allgemeine, **80**, 67
  GASP (Gemeinsame Außen- und Sicherheitspolitik), Hoher Vertreter, **80**, 64
  Mehrheitsentscheidungssystem, Ausweitung, **80**, 66
  PJZS (Polizeiliche und Justizielle Zusammenarbeit in Strafsachen), **80**, 65
 Rundfunk, **67**, 15
 Subsidiaritätsprinzip, **82**, 276 f.
 Subsidiaritätsprotokoll, **82**, 276 f.
 Stabilitäts- und Wachstumspakt, **91**, 1
Vertrag von Lissabon, **10**, 2; **84**, 8, 31 ff., 36; **85**, 3 ff., 26 ff.
 Abschluss, **80**, 87
 Ausschuss der Regionen, **93**, 11, 18, 45
 Begleitgesetz, **21**, 56
 Beitritt zur EMRK, **88**, 45
 Bildungswesen, **62**, 35
 Bundesrat, **21**, 56
 Bundestag, **21**, 56
 doppelte Mehrheit, **80**, 93 f.
 dreifache Mehrheit, **80**, 93
 Drei-Säulen-Konzept, **88**, 28 ff.
  Auflösung, **88**, 28
  EuGH, Rechtsprechung, **88**, 35
 EU-Parlament, Stärkung, **80**, 96
 EU-Rechtsetzung, **15**, 13 ff., 23, 34, 57 ff.
  Ausschuss der Regionen, **15**, 17
  Bundesrat, Mitwirkung, **15**, 34, 58

  Frühwarnsystem, **15**, 18
  Mitspracherecht der Länder, **15**, 16 ff.
  Subsidiaritätsklage, **15**, 19
  Subsidiaritätsprinzip, **15**, 16 ff., 23, 57 ff.
 Europäisches Gemeinwohl, **82**, 199, 203
 Föderalismus, **89**, 4
 Gesetzgebung, **82**, 6 f.
 Grundrechtecharta, **80**, 95; **88**, 5
 Inhalt, **92**, 14 ff.
  Aufgaben der EU, **92**, 15
  EU als einheitliche Bezeichnung, **92**, 14
  Europäisches Sozialmodell, **92**, 41
  Grundprinzipien und Grundsätze, **92**, 16
  Grundrechte, soziale, **92**, 31 f.
  Grundrechtecharta, **92**, 28 f.
  Kapitalverkehrsfreiheit, **92**, 38
  Kooperationen, **89**, 34 f.
  Kooperation der Mitgliedstaaten in der Wirtschafts- und Beschäftigungspolitik, **92**, 20
  Niederlassungsfreiheit, **92**, 37
  Wirtschafts- und Sozialpolitik, **92**, 17 f.
  Zuständigkeitsabgrenzung, **92**, 19 ff.
 Kohäsion, **82**, 115 ff.
 Kultur, **57**, 31
 Mehrheitsabstimmungsverfahren, **80**, 91
 Parlamentarisierung, **82**, 6 f.
 Parlamentsprotokoll, **85**, 6
 Passarelle-Klausel, **80**, 98
 Prinzip der begrenzten Einzelermächtigung, **85**, 27
 Rechtsschutz, **89**, 36
 Reformpunkte, zentrale, **80**, 90 ff.
 Säule, zweite und dritte, **88**, 28 ff.
 Schuldenbremse, **91**, 70
 Selbstbindung, kohäsive, **82**, 115 ff.
 Solidaritätsprinzip, **82**, 241 ff.
 Sozialpolitik, **92**, 9 ff., 24 ff., 29, 33
  Offene Methode der Sozialpolitik, **92**, 43 ff.; s.a. dort
  Sicherheit, soziale **85**, 14
 Stimmengewichtung, **80**, 92
 Subsidiaritätsprinzip, **82**, 278 f.; **85**, 4, 22, 28
 Subsidiaritätsprotokoll, **85**, 6, 22
 Subsidiaritätsrüge, **82**, 281 ff.; **85**, 28
 Unionstreue, **18**, 17
 Urteil des BVerfG (s. Lissabon-Urteil)
 Verwaltungsrecht, **89**, 33 ff.
Vertrag von Maastricht
 Ausschuss der Regionen, **93**, 10
 Inhalt, **80**, 54 ff.

Drei-Stufen-Plan, **80**, 56
EU-Parlament, Kompetenzen, **80**, 57
GASP (Gemeinsame Außen- und Sicherheitspolitik), **80**, 54, 60, 64
PJZS (Polizeiliche und Justizielle Zusammenarbeit in Strafsachen), **80**, 65
ZJIP (Zusammenarbeit in der Justiz- und Innenpolitik), **80**, 54
Kultur, **57**, 29 f.; **58**, 27
Maastrichturteil des BVerfG, **84**, 4, 27
Steuerkompetenz der EU, **90**, 21
Ratifikation, **80**, 61f.
Solidaritätsprinzip, **82**, 239
Subsidiaritätsprinzip, **82**, 273 f.
Vertrag von Nizza
　Annexerklärung zum Vertrag, **80**, 75 f.
　Ausschuss der Regionen, **93**, 10, 18, 24
　EU-Parlament, Sitzverteilung, **80**, 74
　Kommission, Verkleinerung, **80**, 71
　Mehrheitsentscheidungsverfahren, Ausweitung, **80**, 73
　Stimmengewichtung, **80**, 72
Verwaltung, 68, 51 ff.
　Abstimmungsverfahren, **71**, 30
　Agrarbereich, **71**, 34 ff.
　　Finanzierungskompetenz, ungeschriebene, **71**, 74 ff.
　　Flurbereinigungsabkommen, **71**, 75
　　Kostentragung, **71**, 73 ff.
　　Lebens- und Futtermittelüberwachung, **71**, 57
　　Tierseuchenbekämpfung, **71**, 63 f.
　Aufgabenerledigung, Gebot eigenverantwortlicher, **39**, 1, 49
　Aufgabenträgerschaft auf Antrag, **33**, 88
　Ausbildung der Beamten und Angestellten, **28**, 28
　Ausführung der Bundesgesetze durch die Länder, **25**, 14; s.a. Verwaltung, Landesvollzug von Bundesgesetzen
　Behördeneinrichtung, **28**, 28
　Bildung und Betreuung von Kindern, **33**, 93 ff.
　　Aufgabenverantwortung, **33**, 97
　　Erziehungs- und Bildungsauftrag des Staates, **33**, 94
　　Finanzverantwortung, **33**, 96
　　Verantwortung für das Schulwesen, **33**, 95 f.
　Bundesaufsichtsverwaltung, **28**, 25, 35

Bundesauftragsverwaltung, **28**, 6, 27 ff.; 71, 79
　Behördeneinrichtung, **28**, 30
　Bindungswirkung von Weisungen, **28**, 34
　Einzelweisungen, **28**, 23, 33
　informales Handeln, **28**, 32
　Sachkompetenz, **28**, 29
　Verfahrensregelung, **28**, 30
　Wahrnehmungskompetenz, **28**, 29
　Weisungen, **28**, 28, 31 ff.
bundeseigene Verwaltung, **28**, 7, 36 ff.; s.a. unter Verwaltung, Bundesverwaltung
Bundesgesetze, Ausführung
　Abweichungsmodell, **28**, 15
　Regeltypus, **28**, 13
Bundesoberbehörden, **28**, 39
Bundesverwaltung, **28**, 7, 36 ff.
　fakultative, **28**, 43
　mittelbare, **28**, 39 f.
　nichtrechtsfähige Anstalten, **28**, 39
　öffentliche Unternehmen, **28**, 40
　privatrechtsförmige, **28**, 40
　Sozialversicherungsträger, **28**, 41
　unmittelbare, **28**, 39
　Verwaltungsunterbau, **28**, 39
　Zentralstellen, **28**, 43
Datenschutz (s. unter Datenschutz; s.a. Datenschutzaufsicht; s.a. Datenschutzbehörden; s.a. Datenschutzkontrolle)
Finanzierung, **68**, 64 f.
　Konnexitätsgrundsatz, **68**, 64
　Mischfinanzierung, **68**, 65
Gebot effektiver Ausführung, **71**, 29
Gemeinschaftsaufgaben (s. dort)
Gemeinschaftskompetenzen (s. Gemeinschaftsaufgaben)
Gemeinschaftsrechtsvollzug (s. dort)
gesetzesausführende, **28**, 9
gesetzesfreie, **68**, 63
Grundsatz, **33**, 81; **71**, 27
Grundsatz getrennter, eigenverantwortlicher Aufgabenwahrnehmung, **39**, 1
Grundsicherung für Arbeitsuchende, **33**, 74 ff.
　Mischverwaltung in Arbeitsgemeinschaften, **16**, 100 f.; **33**, 77 ff.
　Optionsmodell, **33**, 91
Kooperation, **28**, 42; **73**, 37 ff., 49 ff.
Koordinierungsfunktion, **28**, 43
Landesvollzug von Bundesgesetzen, **28**, 6

Medien, **66**, 46 ff.; s.a. Medien, Verwaltung
Mischverwaltung (s. dort)
Neues Steuerungsmodell, **29**, 17 ff.
Optionsmodell, **33**, 85 ff.
  kommunales, **33**, 86 ff.
Privatisierung vormaliger Verwaltungsmonopole, **28**, 1
Reformen, **29**, 1 f., 7
  Entwicklung, zukünftige, **29**, 32 ff.
Selbstkoordination der Länder, **28**, 41
Verflechtung (s. Verwaltungsverflechtung)
Verwaltungsföderalismus, **29**, 3 ff.
Verwaltungshaftung (s. dort)
Verwaltungskompetenzen (s. dort)
Verwaltungsmonopole, **28**, 1
Verwaltungspolitik (s. dort)
Verwaltungsstrukturreform (s. dort)
Verwaltungstypen, **28**, 5
Verwaltungstypus, **28**, 36
Verwaltungsverfahren, **28**, 17, 28
Verwaltungsvorschriften, **28**, 23
  Erlass, **28**, 28
Vollzug von Europarecht (s. Europarecht, Ausführung von)
Zustimmungsmodell, **28**, 17 ff.
  Ausnahmefall, **28**, 19
  Bedürfnis nach bundeseinheitlicher Regelung, **28**, 18 f.
  Einheitsthese, **28**, 20
  Zustimmungsbedürftigkeit von Bundesgesetzen, **28**, 3
Verwaltungsföderalismus
Begriff, **29**, 3 ff.
Mischverwaltung (s. dort)
Verwaltungshaftung (s.a. interföderale Haftung)
allgemeine Grundsätze der Haftung, **42**, 5
Amtswalterhaftung, **42**, 32 ff.
Begriff, **42**, 2, 9
Bund und Länder, zwischen, **42**, 25, 27
EG-Mitgliedstaaten, **42**, 6 ff., 26 ff., 44 ff.
  Anlastungsverfahren im Bereich der Gemeinsamen Agrarpolitik, **42**, 46 ff.
  finanzielle Berichtigungen im Bereich der Strukturfonds, **42**, 54 f.
  Haftung im Zusammenhang mit der Erhebung von Eigenmitteln, **42**, 56 ff.
  Primärrecht, **42**, 6
  Sekundärrecht, **42**, 7 f.

interföderale Haftung, **42**, 9 ff.; s.a. dort
  Anwendungsfälle, **42**, 14 ff.
  Grundgesetz, **42**, 61 ff.
  Rechtfertigung, **42**, 22 f.
rechtliche Herleitung
  Chorzów-Urteil, **42**, 22
  Grundgesetz, **42**, 3 f.
  Lastentragungsgesetz, **42**, 3
  Sanktionszahlungs-Aufteilungsgesetz, **42**, 3
Verwaltungskompetenzen, **28**, 1 ff.; **29**, 3 ff.; **39**, 1, 62; **68**, 51 ff.
Annexkompetenz, **28**, 50 f.
Durchgriffsverbot auf kommunale Ebene, **28**, 21
Entwicklung, **28**, 2 f.
Föderalismusreform I, **28**, 3
historische Entwicklung des deutschen föderalen Modells, **28**, 2
Katastrophenschutz, **54**, 26
kraft Sachzusammenhangs, **28**, 50
Medien, **66**, 46 ff.
Mischverwaltung (s. dort)
Natur der Sache, **28**, 50
Polizei, **52**, 14 f.
Rundfunk, **66**, 46 ff.
Umweltschutz (s.a. Umweltschutz, Verwaltungskompetenzen)
  Bundesoberbehörden, **68**, 72
  Rat von Sachverständigen für Umweltfragen, **68**, 73
ungeschriebene, **28**, 49 ff.
Vollzug von Bundesrecht durch den Bund, **68**, 57 ff.
Vollzug von Bundesrecht durch die Länder, **68**, 52 ff.
Vollzug von europäischem Recht, **68**, 61 f.
Vollzug von Landesrecht, **68**, 60
Verwaltungspolitik
Begriff, **29**, 8
Entwicklungsphasen, **29**, 9 ff.
  aktiver Staat, **29**, 11
  aktivierender Staat, **29**, 15
  schlanker Staat, **29**, 12 ff.
Verwaltungsstrukturreform
Bundesverwaltung, **29**, 30 ff.
Kommunalverwaltung, **29**, 18 ff.
  Erfolgsstudie, **29**, 20 ff.
  Organisationsinnovation, **29**, 19
  Outputsteuerung, **29**, 18
  Personalinnovation, **29**, 19
  Verfahrensinnovation, **29**, 19

Landesverwaltung, 29, 24 ff.
  Beispiele, 29, 26 ff.
  Makrostruktur, Reorganisation, 29, 25
  Leistungslücken, 29, 17
  Neues Steuerungsmodell, 29, 17 ff.
Verwaltungsverflechtung, 28, 54; **73**, 41 ff.
  Mischverwaltung (s. dort)
  Verbundverwaltung, 73, 25
  Verflechtungstendenzen, 28, 3
Volk
  bayerisches, 84, 19, 23
  europäisches, 84, 1 f., 12 ff.
  Nation, 84, 13
  Pluralität der Völker, 84, 11 ff.
  Regionalvolk, 84, 21
  Staatsvolk, 84, 11f., 18 ff., 24 ff., 41, 54
  Treue- und Loyalitätspflicht eines Volkes gegenüber dem Staat, 107, 47
  Träger des Rechts zur Abspaltung von Staaten, 107, 21 ff.
  Unionsvolk, 84, 21f., 27 ff., 42 ff.
  Volksbegriff, 84, 12 ff., 21
  subjektiv-objektiver, 107, 21 ff.
Volksbegehren, 25, 47; s.a. unter Direkte Demokratie
Volksentscheid, 25, 48; s.a. unter Direkte Demokratie
Vorranggesetzgebung, 20, 2, 25
  Begriff, 19, 38
  Subsidiaritätsprinzip, 19, 94
Vorratsdatenspeicherung, 52, 83
Völkerrecht
  Konstitutionalisierung, 105, 62
  Local Remedies Rule, 107, 48
  Nachhaltigkeitsprinzip, 108, 26
  Notwehr- und Selbsterhaltungsrecht, 107, 67
  Recht auf Selbstverteidigung, 107, 66
  Selbstbestimmungsrecht der Völker (s. dort)
  Sezessionsrecht der Völker (s. dort)
  territoriale Integrität, 107, 24 ff.
  Unvollkommenheit, 105, 8
  Uti possidetis iuris-Doktrin, 107, 28 ff.
  Weltrecht, Entwicklung zum, 105, 10 ff.
  WTO-Recht (s. dort)
Völkerstaat, 105, 53
  Entwicklung der Vereinten Nationen zum, 105, 60

W
Wahlen
  Ausgleichsmandate, 25, 24
  Bundespräsident (s. Bundesversammlung)
  Bundestagswahl (s. dort)
  Wahlkreisergebnisse, Abweichungen vom Landesdurchschnitt, 30, 17 f.
  Europawahl (s. EU, Europawahl)
  Länder
  Wahlrecht, 25, 23 f.
  Wahlverhalten (s. dort)
Wahlverhalten
  Bundestagswahlen, 15, 31
  EU, Wahlmüdigkeit, 80, 62
Wasserhaushaltsgesetz
  Abweichungsfestigkeit, 70, 6
  Wasserrahmenrichtlinie, europäische, 70, 16; s.a. dort
Wasserrahmenrichtlinie, europäische, 70, 12 ff.
  Landeswassergesetz Rheinland-Pfalz, 70, 15
  Maßnahmenprogramm, Aufstellung, 70, 13
  Transformation, bundesdeutsche, 70, 14
  Wasserhaushaltsgesetz, 70, 16
Wasserrecht
  dreiteiliges System, 70, 10
  Föderalismusreform I, 70, 3, 5 f.
  Geschichte, 70, 2 f., 9
  Gesetzgebungskompetenzen, 70, 7
  Ortsnäheprinzip, 70, 19 ff.
  Umweltgesetzbuch, 70, 9
  Ursprung, rechtlicher, 70, 11
  Wasserhaushaltsgesetz
    Abweichungsfestigkeit, 70, 6
    Wasserrahmenrichtlinie, europäische, 70, 16; s.a. dort
  Wasserpreisgestaltung
    Bewirtschaftungsgrundsatz, 70, 29
    Kartellrecht, 70, 23, 25, 27 f.
  Wasserversorgung
    Selbstverwaltung, 70, 25
Weimarer Republik, 2, 85 ff.
  Föderalismus, 2, 88 ff.
  Reichsrat, 2, 89
  Reichstag, 2, 90
  Staatstheorie, 2, 93 ff.
    Carl Bilfinger, 2, 101
    Carl Schmitt, 2, 103 ff.
    Gerhard Anschütz, 2, 101
    Hans Kelsen, 2, 96 ff.
    Hans Nawiasky, 2, 94 f.
    Hermann Heller, 2, 102
    Konrad Beyerle, 2, 99
    Rudolf Smend, 2, 106 ff.
    Wilhelm Mommsen, 2, 100
Welfare clause, 96, 15

Sachverzeichnis

Weltordnung, föderale, **82**, 144, 307 ff.
   Begriff
      staatsrechtlich organisierter, **105**, 52
   Gründung, **105**, 34
   Kohäsion, **82**, 144, 307 ff., 312 f.
   Koordination, **105**, 43
   Notwendigkeit der Existenz von
      Einzelstaaten, **105**, 31 ff.
   Subordination, **105**, 43
   Weltrechtsordnung, föderale (s. dort)
   Weltrepublik, föderale
Weltrechtsordnung, föderale
   Demokratie, liberale, **104**, 6 ff.
      Begriff, **104**, 7
      Rang, rechtmoralischer, **104**, 12
   Weltordnung, föderale (s. dort)
   Weltrepublik, föderale, **104**, 13 ff.; s.a. dort
Weltrepublik, föderale, **105**, 54 ff.
   Angriffskrieg, Gefahr, **104**, 39 f.
   Anzahl der zu Regierenden, **104**, 26 f.
   Beispiele
      Fünf Zivilisierte Nationen, **104**, 19
      Irokesenbund, **104**, 19 ff.
      römisches ius genitum, **104**, 19 ff.
   Gegenbewegungen, **104**, 34
   Legitimation
      Bürgerlegitimation, exklusive, **104**, 46
      kombinierte Strategie, **104**, 48
      Staatenlegitimation, exklusive, **104**, 47
   Menschenrechte, **104**, 29 ff.
      globaler Friede durch globale
         Demokratisierung, **104**, 36 f.
      Grundsatz der weltstaatlichen
         Subsidiarität, **104**, 30
      Nivellierungsgefahr, **104**, 43 ff.
         Anspruch auf einzelstaatliche Besonderheit und Differenz, **104**, 44 f.
   Notwendigkeit der Schaffung, **104**, 13 ff.
   Philosophie der Weltrepublik, **104**, 32
   Staatlichkeit, **104**, 15 f.
   Ultraminimalstaat, **104**, 33
   Überforderung der Menschheit, **104**, 17 ff.
   Vereinte Nationen, **105**, 56 ff.
   Voraussetzungen, **104**, 20 ff.
      Gleichberechtigung, **104**, 23
      Handlungsbedarf, **104**, 20
      Komplementarität, **104**, 21
      Konsens, **104**, 22
      Recht auf Differenz, **104**, 23
      Säkularisierung, **104**, 23
      tatsächliches Recht, **104**, 20
      Willensautonomie, **104**, 23

Weltbürgerschaft, **104**, 28
Weltgerichte, **104**, 41
Weltgesellschaftsvertrag, doppelter, **105**, 54
Weltrechtsbewusstsein, **104**, 40 ff.
Zwischeneinheiten, großregionale, **104**, 28
Weltverfassung
   Anwendungsvorrang, **105**, 19
   Bestandteile, **105**, 50
   Entwicklung, **105**, 10 ff.
   Grundprinzipien, **105**, 18, 43 ff.
      Effizienzgrundsatz, **105**, 48
      rudimentäre Prinzipieneinheit, **105**, 44
      Subsidiaritätsprinzip, **105**, 48
      Untergliederung in kleinere
         Gemeinschaften, **105**, 46
      Verbindung, verfassungsrechtliche, **105**, 45
   internationaler Staatsgerichtshof, **105**, 25
   Mensch als Rechtssubjekt, **105**, 16
   Modelle
      Konstitutionalisierung von Völkerrecht, **105**, 62
      Weltparlament, **105**, 63
      Weltrecht ohne Staat, **105**, 64
   Notwendigkeit, **105**, 6 ff., 39
   Rechtsdurchsetzung, **105**, 22
   Rechtsverbindlichkeit, **105**, 20
   Subjektivierung, **105**, 21
   UN-Charta, **105**, 42
   Voraussetzungen, **105**, 39 f.
   Weltmenschengerichtshof, **105**, 17
Wettbewerbsföderalismus, **8**, 36
   Bildungswesen, **61**, 40
   EU, **9**, 36 ff.
      benchmarking, **9**, 37 ff.
      open method of coordination, **9**, 40 ff.
   Föderalismusreform I
      Flexibilisierung, **43**, 10
      Positionspapier, **43**, 22
      Wettbewerbsföderalisten, **43**, 10
      Ziel, **43**, 13
   Hochschulwesen, **63**, 39 ff., 45 ff.
   Medien, **67**, 20
   Neugliederung des Bundesgebietes, **47**, 8; s.a. dort
   Regionenwettbewerb (s. dort)
Wissenschaftsrat, **61**, 13
Wissensgesellschaft
   Abschlüsse, qualifizierte, **65**, 46
   Begriff, **65**, 44
   Berufsausbildungslage, **65**, 47

Globalisierung, **65**, 45
nichthoheitlicher Föderalismus, **48**, 21 ff., 43
Wohlgeordnetes Recht
Bedeutung, **19**, 150
Effektivität von Rechtsnormen als Element, **19**, 4
Effizienz von Rechtsnormen als Element, **19**, 4
Föderalismusreform I, **19**, 33, 48 ff., 152 ff.
Funktionen des Bundesstaates, **19**, 5 ff.
Grundrechte als Element, **19**, 4
Kohärenz als Element, **19**, 4, 58 ff., 155
Kriterien/Elemente, **19**, 4; **86**, 13
Leitbild, **19**, 3 ff.
Menschenechte als Element, **19**, 4
Nachhaltigkeit als Element, **19**, 4
Transparenz als Element, **19**, 4, 58 ff., 155
Wohngeld, **73**, 227
WTO-Recht
Anwendungsvorrang, **105**, 27

Z

ZDF, **66**, 75 f.; **67**, 12
Zerlegungsgesetz, **37**, 39
Zivilgesellschaft, **77**, 56 ff.
Dritter Sektor, **77**, 67
Mesoebene, **77**, 64
Multi-Level-Verankerung, **77**, 119
Organisationen, **77**, 119
Zivilschutz, **54**, 22, 32
Zivilschutz- und Katastrophenhilfegesetz, **54**, 40, 45
Zölle, **40**, 14 f.
EG-Zoll-Kodex, **40**, 14
Zugriffsgesetzgebung, **44**, 40 ff.
Zukunftsinvestitionsgesetz, **41**, 63; **57**, 6
zustimmungsbedürftige Bundesgesetze
(s. Zustimmungsgesetze)

Zustimmungsgesetze, **23**, 1 ff.
Anteil, **23**, 2
Anteil nach der Föderalismusreform I, **23**, 12 ff.; **71**, 20
Anzahl, **24**, 11, 34
Begriff, **23**, 3
Bundesratsblockade, **23**, 8 ff.
divided government, **16**, 117 ff.
Effizienz des Gesetzgebungsverfahrens, **24**, 33
Einrichtung von Behörden, **23**, 18 ff.
Föderalismusreform I, **68**, 39 ff.
Abweichungsmodell, **68**, 40
Reduzierung zustimmungsbedürftiger Gesetze, **23**, 1, 40, 93
Zustimmungsmodell, **68**, 41
Leistungsgesetze (s. dort)
Reformen, **24**, 33 ff.
Steuergesetzgebung (s. dort)
Verwaltungsverfahren, **23**, 20 f.
Zuwanderungsgesetz (s. Bundesrat, Zuwanderungsgesetz)
Zweite Kammern
England
Ober- und Unterhaus, **24**, 10
Parteipolitisierung, **24**, 20
Frankreich
Parteipolitisierung, **24**, 20
Funktion, deliberative, **24**, 37
Gesetzgebungsverfahren
Effizienz, **24**, 29
Qualität, **24**, 29
Sartori, Giovanni, **24**, 31
Vetospieler, **24**, 28
Länderinteressen, **24**, 41
Parteienwettbewerb, **24**, 39
Senatsmodell, **16**, 84
Territorialisierung, **24**, 40
Tschechien
Senat, **24**, 5

Printed by Publishers' Graphics LLC